Dierk Hoffmann
Aufbau und Krise der Planwirtschaft

Quellen und Darstellungen zur
Zeitgeschichte
Herausgegeben vom Institut für
Zeitgeschichte

Band 60

R. Oldenbourg Verlag München 2002

Dierk Hoffmann

Aufbau und Krise der Planwirtschaft

Die Arbeitskräftelenkung in der SBZ/DDR 1945 bis 1963

Veröffentlichungen zur SBZ-/DDR-Forschung
im Institut für Zeitgeschichte

R. Oldenbourg Verlag München 2002

1003095675

Die Deutsche Bibliothek – CIP-Einheitsaufnahme

Hoffmann, Dierk:
Aufbau und Krise der Planwirtschaft : die Arbeitskräftelenkung in der SBZ/DDR 1945
bis 1963 ; Veröffentlichungen zur SBZ-/DDR-Forschung im Institut für Zeitgeschichte /
Dierk Hoffmann. – München : Oldenbourg, 2002
   (Quellen und Darstellungen zur Zeitgeschichte ; Bd. 60)
   ISBN 3-486-56616-4

© 2002 Oldenbourg Wissenschaftsverlag GmbH, München
Rosenheimer Straße 145, D-81671 München
Internet: http://www.oldenbourg.de

Umschlaggestaltung: Dieter Vollendorf
Gedruckt auf säurefreiem, alterungsbeständigem Papier (chlorfrei gebleicht).
Gesamtherstellung: R. Oldenbourg Graphische Betriebe Druckerei GmbH, München

ISBN 3-486-56616-4

Inhalt

Für Astrid, Julia Mugdha und Aron Vimal

Einleitung

Thema und Methode

„Seit dem 13. August erfolgt allmählich eine ökonomische Festigung der Lage in der DDR. Die Abwerbung von Arbeitskräften ist unmöglich gemacht. Im Produktionsaufgebot treten die besten Kräfte der Arbeiterklasse und ihrer Verbündeten freier und entschlossener hervor. Sie drängen die Anhänger rückständiger Auffassungen, die Bummelanten und Egoisten, die sich vor dem 13. August nicht selten zu ‚Wortführern der Arbeiter‘ aufgespielt hatten, weiter zurück. Die negativen Einflüsse der Abwerbung auf die Arbeitsmoral und die Disziplin in den Betrieben sind abgeschwächt."[1] Mit diesen Sätzen versuchte der 1. Sekretär des ZK der SED, Walter Ulbricht, in einem längeren Brief an den 1. Sekretär des ZK der KPdSU, Nikita S. Chruschtschow, die veränderte wirtschafts- und arbeitsmarktpolitische Lage in der DDR ein halbes Jahr nach dem Bau der Berliner Mauer zu charakterisieren. Dabei wird zweierlei deutlich: Zum einen hatte Ulbricht offensichtlich positive Erwartungen für die zukünftige Entwicklung der Arbeitsproduktivität in den Betrieben – aus Sicht der SED-Führung ein Gradmesser für den vermeintlich unaufhaltsamen ökonomischen Aufstieg des Landes. Zum anderen räumte er aber indirekt auch ein, daß die staatlichen Maßnahmen zur Steuerung des Arbeitskräftepotentials vor dem 13. August 1961 unzureichend bzw. mit erheblichen Schwächen behaftet gewesen waren. Diese waren vor allem auf die nach Westen offene Grenze zurückzuführen, die – so Ulbricht – auch Folgen für die Arbeitsweise in den DDR-Betrieben hatte. Der sogenannte Kampf gegen das Bummelantentum, seit Beginn der fünfziger Jahre eine selbst gewählte Aufgabe der SED und der staatlichen Verwaltungen, schien erst jetzt erfolgversprechend anlaufen zu können.

Die vorliegende Studie untersucht die Arbeitskräfteplanung und -steuerung in der SBZ/DDR zwischen dem Kriegsende 1945 und dem Beginn des Neuen Ökonomischen Systems der Planung und Leitung (NÖSPL) 1963. Das Thema war ein zentraler Bestandteil der allgemeinen Wirtschaftsplanung nicht nur in der DDR, sondern auch in den anderen ostmitteleuropäischen Staaten des sowjetischen Hegemonialbereichs. Die Entscheidung zugunsten einer zentralen Steuerung der Wirtschaft bedeutete letztlich die Absage an einen freien Arbeitsmarkt, bei dem – idealtypisch gesehen – Angebot und Nachfrage aufeinandertreffen und über den Preis (Lohn) in Übereinstimmung gebracht werden. In einem planwirtschaftlichen Wirtschaftssystem werden Preise und Löhne dagegen von einer zentralen Verwaltung festgesetzt[2]. Eine auf Planvorgaben für nahezu sämtliche Bereiche basierende Volkswirtschaft machte auch die Lenkung des Arbeitskräftepotentials

---

[1] SAPMO, DY 30/J IV 2/202/32, Schreiben Ulbrichts vom 8. 2. 1962 an Chruschtschow, S. 17.
[2] Vgl. zur Unterscheidung der beiden Idealtypen „Zentralverwaltungswirtschaft" und „Marktwirtschaft" aus volkswirtschaftlicher Perspektive Gruber/Kleber, Grundlagen der Volkswirtschaftslehre, S. 33–52. Max Weber unterschied dagegen zwischen „Planwirtschaft" und „Verkehrswirtschaft". Weber, Wirtschaft und Gesellschaft, 59–62. In der vorliegenden Studie werden die Begriffe „Zentralverwaltungswirtschaft" und „Planwirtschaft" synonym verwendet.

erforderlich. Durch bereits frühzeitig getroffene ordnungspolitische Weichenstellungen wurde zweifellos die weitere ökonomische Entwicklung in der SBZ/DDR wesentlich geprägt, wenn nicht sogar präjudiziert[3]. Diese Entwicklung sollte jedoch nicht nur von ihrem Ende her, sondern in gleichem Maße auch durch die umgekehrte Perspektive betrachtet werden, wobei Zwangslagen und Handlungsspielräume[4] der politisch Verantwortlichen sowie Möglichkeiten und Grenzen staatlichen Handelns[5] in einer Zentralverwaltungswirtschaft im Mittelpunkt stehen. Der von oben geplante Einsatz der zur Verfügung stehenden Arbeitskräfte stieß nämlich in der SBZ/DDR von Anfang an auf besondere Schwierigkeiten, da sich die staatlichen Interessen nicht zwangsläufig mit den Bedürfnissen der Betriebe und Arbeiter deckten. Außerdem ergab sich das Problem, daß die beruflichen Qualifikationen oftmals nicht mit den konkreten Erfordernissen im Betrieb übereinstimmten. Aus diesem Grunde wurden zur Realisierung einer effektiven Arbeitskräftelenkung eine Reihe von Instrumenten entwickelt, um diesen Anpassungsschwierigkeiten begegnen zu können. Somit erscheint die Zentralverwaltungs- bzw. Planwirtschaft nicht als monolithischer und statischer Block mit einer Zentralverwaltung an der Spitze, deren Anweisungen von den untergeordneten Organisationseinheiten umgehend ausgeführt wurden[6]. Entscheidend war vielmehr das Zusammenspiel der verschiedenen beteiligten Akteure, wobei im folgenden der Schwerpunkt auf den staatlichen Verwaltungen liegt. Dieses Zusammenspiel – so die Grundannahme – gestaltete sich nicht reibungslos, sondern war vielmehr von Brüchen und zum Teil gegenläufigen Entwicklungen gekennzeichnet.

Arbeitskräftelenkung kann nicht nur als Bestandteil der zentralen Wirtschaftsplanung, sondern auch als Ausformung staatlicher Arbeitsmarktpolitik verstanden werden, die es in Deutschland nicht erst nach 1945 gegeben hat. Arbeitsmarktpolitik kann vielmehr in Verbindung gebracht werden mit den arbeitsteiligen Industriegesellschaften Europas und Nordamerikas im 19. und 20. Jahrhundert. Es war vor allem die soziale Frage, die sich anfangs auf die stark expandierende Industriearbeiterschaft konzentrierte und die die Entwicklung des modernen Interventions- und Sozialstaates im 19. Jahrhundert vorantrieb[7]. Daraus resultierte unter anderem auch der Aufbau und die weitere Differenzierung eines arbeitsmarktpolitischen Maßnahmenkataloges. Im 20. Jahrhundert wurde dieser nicht nur in Deutschland, sondern auch in den westeuropäischen Staaten durch die Weltwirtschaftskrise Ende der zwanziger bzw. Anfang der dreißiger Jahre wesentlich geprägt.

Unter dem Begriff „Arbeitsmarkt" wird im folgenden der ökonomische Ort verstanden, an dem die Arbeitsnachfrage auf das Arbeitsangebot trifft und in Übereinstimmung gebracht wird[8]. Angesichts des Anspruches der KPD- bzw. SED-Führung, die Wirtschaft in der SBZ/DDR vollständig zu planen und zu

---

[3] Vgl. Buchheim, Die Wirtschaftsordnung als Barriere; ders., Kriegsfolgen und Wirtschaftswachstum in der DDR.
[4] Vgl. Borchardt, Zwangslagen und Handlungsspielräume.
[5] Vgl. Bessel/Jessen, Die Grenzen der Diktatur.
[6] Einen solchen Eindruck vermitteln: Schneider, Von der nationalsozialistischen Kriegswirtschaftsordnung zur sozialistischen Zentralplanung; Schwarzer, Sozialistische Zentralplanwirtschaft.
[7] Vgl. Ritter, Der Sozialstaat, S. 19.
[8] Pierenkemper, Historische Arbeitsmarktforschung, S. 9.

steuern, scheint der Gebrauch des Begriffes „Arbeitsmarkt" auf den ersten Blick sehr fragwürdig. Zentrale Funktionsmechanismen wurden frühzeitig beseitigt: Da ist vor allem die Sowjetische Militäradministration (SMAD) zu nennen, die nicht nur einen Lohnstopp verhängte, sondern auch die Gründung von Unternehmer-verbänden verhinderte. Damit konnte die Arbeitgeberseite gar nicht als Teilneh-mer an Tarifverhandlungen auftreten. Die Arbeitnehmerseite unterlag wiederum anderen Restriktionen. Der Freie Deutsche Gewerkschaftsbund (FDGB) sowie die Industriegewerkschaften nahmen in diesem Bereich nicht primär die Interes-sen ihrer Klientel wahr, sondern mutierten spätestens Ende der vierziger Jahre bzw. Anfang der fünfziger Jahre zu Transmissionsriemen der SED. Die Autono-mie der einzelnen Akteure auf dem Arbeitsmarkt war somit frühzeitig nicht mehr gegeben bzw. erheblich eingeschränkt.

Doch auch im Westen Deutschlands unterlagen der Arbeitsmarkt bzw. die Teil-arbeitsmärkte[9] in den ersten Nachkriegsjahren starken Reglementierungen, die auf die drei westlichen Besatzungsmächte zurückgingen. Zu verweisen ist in dem Zusammenhang auf den Lohnstopp, der erst im November 1948 aufgehoben wurde[10]. Mit dem 8. Mai 1945 begann daher in den Westzonen nicht sofort und nicht automatisch der Übergang von der Kriegswirtschaft zur freien Marktwirt-schaft, vielmehr sind auch dort die Jahre zwischen Kriegsende und Währungs-reform von einem System der Zwangsbewirtschaftung gekennzeichnet[11]. Erst am 21. Juni 1948 wurden im Zuge der Währungsreform in den westlichen Besat-zungszonen markthemmende und -regulierende Instrumentarien abgebaut[12], al-lerdings noch nicht vollständig beseitigt. Wichtige Veränderungen brachte dabei das Gesetz über Leitsätze für die Bewirtschaftung und Preispolitik, das vom Wirt-schaftsrat des Vereinigten Wirtschaftsgebietes am 18. Juni 1948 verabschiedet wurde und die Preisfestsetzung aufhob[13]. Nur wenige Konsumgüter, industrielle Grundstoffe, aber auch Wohnungsmieten, Gas und Strom waren von dieser Rege-lung ausgenommen. Das neue Wirtschaftssystem wurde jedoch schon bald einer harten Bewährungsprobe ausgesetzt, da es nicht gelang, ein Ansteigen der Ar-beitslosenzahlen zu verhindern: Im Februar 1950 zählten die westdeutschen Ar-beitsämter knapp zwei Millionen Erwerbslose[14]. Im Zusammenhang mit dem Ko-rea-Krieg spitzten sich die wirtschaftlichen Probleme für die noch junge Bundes-republik weiter zu[15], und die Zahl derjenigen stieg wieder an, die Kritik am Kurs von Wirtschaftsminister Ludwig Erhard übten und zum Teil eine Rückkehr zum Bewirtschaftungssystem verlangten[16]. Nach Ansicht von Werner Abelshauser hatte die Bundesrepublik erst am Ende des Koreabooms zur Sozialen Marktwirt-

[9] Die historische Arbeitsmarktforschung beschäftigt sich bereits seit geraumer Zeit mit der Segmen-tierung des Arbeitsmarktes in diverse Teilmärkte. Vgl. dazu Pierenkemper, Historische Arbeits-marktforschung, S. 21 f.; Sengenberger, Arbeitsmarktstruktur; ders., Der gespaltene Arbeitsmarkt.
[10] Akten zur Vorgeschichte der Bundesrepublik Deutschland. Bd. 4, S. 803, Anm. 14.
[11] Vgl. Drexler, Planwirtschaft in Westdeutschland 1945–1948.
[12] Buchheim, Die Wiedereingliederung Westdeutschlands, S. 61. Vgl. zur gewerblichen Wirtschaft in Bayern: Boyer, Zwischen Zwangswirtschaft und Gewerbefreiheit.
[13] Buchheim, Die Währungsreform 1948 in Westdeutschland, S. 220–222.
[14] Schwarz, Die Ära Adenauer. Gründerjahre der Republik 1949–1957, S. 77.
[15] Abelshauser, Wirtschaftsgeschichte der Bundesrepublik Deutschland, S. 68–70.
[16] Hentschel, Ludwig Erhard, S. 131 f.; Koerfer, Kampf ums Kanzleramt, S. 95.

schaft gefunden, deren wirtschaftlicher Erfolg die Kritiker zum Verstummen brachte[17].

Arbeitskräftelenkung in der SBZ ist ohne den Verweis auf sowjetische Vorbilder nicht zu erklären. Der sowjetische Einfluß auf die Entwicklung in der SBZ/ DDR hing zunächst mit der bedingungslosen Kapitulation des Deutschen Reiches, der Besetzung durch die Rote Armee sowie der Etablierung der Herrschaft von SMAD und anderer Organe der Besatzungsmacht zusammen[18]. Dadurch wurde der äußere Handlungsrahmen weitgehend abgesteckt. Da sich die ostdeutschen Kommunisten schon frühzeitig anschickten, wichtige Veränderungen in Staat, Wirtschaft und Gesellschaft in enger Absprache mit der sowjetischen Besatzungsmacht und mit deren Unterstützung durchzusetzen, war es naheliegend, zahlreiche Elemente des sowjetischen Herrschaftssystems, die in der Sowjetunion bereits vor dem Zweiten Weltkrieg entwickelt worden waren, in der SBZ zu übernehmen. Es wäre allerdings verfehlt, pauschal von einer Sowjetisierung der DDR auszugehen. In vielen Bereichen vermischten sich vielmehr sowjetische Vorbilder mit deutschen Traditionen, so etwa in der Sozialpolitik[19]. Auf anderen, wirtschaftspolitischen Feldern war dagegen die sowjetische Einflußnahme sehr viel größer: Dies galt gerade für die Wirtschaftsplanung und -lenkung. Von der Entwicklung des Volkswirtschafts-, Fünfjahr- und zeitweise sogar Siebenjahrplanes, die in dieser Form von der Sowjetunion übernommen worden waren, war auch die Arbeitskräftelenkung betroffen. Doch auch hier entwickelten sich Ziele, Methoden und Instrumentarien des Arbeitskräfteeinsatzes in der SBZ/DDR in eine etwas andere Richtung; von einer Kopie des sowjetischen Modells kann hierbei keine Rede sein. Gleichzeitig war die Ausgangslage in beiden Ländern höchst unterschiedlich: Während in Rußland bzw. der Sowjetunion im Verlauf der zwanziger Jahre der Wandel von einer in erster Linie agrarisch geprägten Gesellschaft zu einer Industriegesellschaft vollzogen wurde[20], der letztlich mit enormen Menschenverlusten verbunden war, stand die SBZ/DDR nicht vor einer vergleichbaren Aufgabe. Trotz Kriegszerstörungen und Demontagen konnten die politisch Verantwortlichen auf ein ökonomisch hochentwickeltes Potential zurückgreifen, mit zahlreichen industriellen Schwerpunkten in Sachsen, Sachsen-Anhalt, teilweise auch in Thüringen. Diese ganz anders geartete Ausgangslage erforderte letztlich auch andere Konzepte und andere Methoden bei der Arbeitskräfteplanung und -lenkung.

---

[17] Abelshauser, Wirtschaftsgeschichte der Bundesrepublik Deutschland, S. 71.
[18] Vgl. Creuzberger, Die sowjetische Besatzungsmacht und das politische System der SBZ; Foitzik, Sowjetische Militäradministration in Deutschland; Naimark, The Russians in Germany.
[19] Vgl. Boldorf, Sozialfürsorge; Hockerts, Drei Wege deutscher Sozialstaatlichkeit; Hoffmann, Sozialpolitische Neuordnung.
[20] Aus der umfangreichen Forschungsliteratur: Altrichter, Die Bauern von Tver; Davies, The Industrialization of Soviet Russia; Filtzer, Soviet Workers and Stalinist Industrialization; Fitzpatrick, Stalin's peasants; Hildermeier, Geschichte der Sowjetunion; Hofmann, Die Arbeitsverfassung der Sowjetunion; Kotkin, Magnetic Mountain; Maier, Die Stachanov-Bewegung; Merl, Die Anfänge der Kollektivierung in der Sowjetunion; ders., Bauern unter Stalin; Schröder, Arbeiterschaft, Wirtschaftsführung und Parteibürokratie; ders., Industrialisierung und Parteibürokratie in der Sowjetunion; Siegelbaum, Stakhanovism and the Politics of Productivity in the USSR; Social Dimensions of Soviet Industrialization; Süß, Die Arbeiterklasse als Maschine.

In den ersten Nachkriegsjahren stand die staatliche Arbeitsmarktpolitik in der SBZ vor der Aufgabe, sowjetischen Reparationsanforderungen nachzukommen und einen Beitrag zur Bewältigung der wirtschaftlichen und sozialen Folgen des Zweiten Weltkrieges zu leisten. Aufgrund der zum Teil katastrophalen Ausgangslage konnte es sich dabei weniger um langfristig angelegte Strategien als vielmehr um ein Bündel von Ad-hoc-Maßnahmen handeln. Während in dieser Phase die Zwangsbewirtschaftung – wie übrigens auch in den drei westlichen Besatzungszonen – hervorstechendes Merkmal der Wirtschaftsordnung war, konnten ab 1948/49 verstärkt Elemente einer Zentralverwaltungswirtschaft zum Tragen kommen. Diese waren zwar teilweise schon zuvor eingesetzt worden und hatten bereits frühzeitig prägende Wirkungskraft entfaltet; von einer geordneten „Planwirtschaft" mit einem ausgereiften Verwaltungsapparat konnte jedoch nur eingeschränkt die Rede sein. Dies lag zum einen an der sowjetischen Besatzungsmacht, die das Tempo sowie die Stoßrichtung der ökonomischen Neuordnung wesentlich bestimmte, zum anderen muß eine Einarbeitungsphase der neuen Planungsinstanzen in Rechnung gestellt werden. Wichtige Weichenstellungen auf dem Weg zur Zentralverwaltungswirtschaft waren in den ersten Jahren nach Kriegsende die Bodenreform[21], die Verstaatlichung von Banken und großen Teilen der Grundstoffindustrie[22] sowie der Aufbau der Deutschen Wirtschaftskommission (DWK) als neue wirtschaftspolitische Lenkungszentrale[23]. Erste Ansätze zu einer zentralen Wirtschaftsplanung führten schließlich zum Zweijahrplan 1949/50. Die Neuordnung der Wirtschaft wurde nach der DDR-Gründung von der SED und den beteiligten Ministerien in Berlin konsequent fortgesetzt: Ein wesentliches Kennzeichen bestand in der weiteren Zentralisierung und in der forcierten Zurückdrängung des privaten Wirtschaftssektors, der allerdings in einzelnen Wirtschaftszweigen – vor allem dem Handwerk – noch bis Anfang der siebziger Jahre existieren konnte. Der erste Fünfjahrplan (1951–1955) bestätigte letztlich die bis dahin bereits herausgebildete Aufgabenstellung für die Arbeitsverwaltung und differenzierte sie weiter: Planung und Steuerung des Arbeitskräftepotentials wurden ein zentraler Bestandteil der allgemeinen Wirtschaftsplanung.

Es wurde bereits darauf hingewiesen, daß die staatliche Arbeitsmarktpolitik in der SBZ unter dem Eindruck der Bewältigung der Kriegsfolgen sowie der Erfüllung sowjetischer Ansprüche gestanden hatte. Anfang der fünfziger Jahre traten andere Ziele in den Vordergrund: Angesichts eines rasch aufgetretenen Facharbeitermangels und der einsetzenden Flucht in den Westen Deutschlands, die bis zum Mauerbau mindestens 2,7 Millionen Menschen umfaßte, strebten die SED-Führung und die beteiligten Planungsbehörden eine stetige Vergrößerung der erwerbstätigen Bevölkerung an, um damit die gesteckten Produktionsziele erreichen zu können. Die Erwerbsquote lag Ende der achtziger Jahre, bezogen auf die Bevölkerung zwischen 15 und 64 Jahren, bei etwa 90 Prozent[24]. In dem Zusam-

---

[21] Vgl. Bauerkämper, „Junkerland in Bauernhand"?
[22] Vgl. Halder, „Prüfstein … für die politische Lauterkeit der Führenden"?; Kluge/Halder, Die befohlene Wirtschaftsordnung in Sachsen 1945/46.
[23] Vgl. Steiner, Zwischen Länderpartikularismus und Zentralismus.
[24] Kohli, Die DDR als Arbeitsgesellschaft?, S. 41. Die genaue Höhe ist umstritten, da die Arbeitskräfte im sogenannten Sicherheitsbereich statistisch nicht erfaßt wurden. Ritschl kommt in seinen Untersuchungen zu einer niedrigeren Quote von 82,4 Prozent bei der weiblichen und 78,4 Prozent

menhang muß auf die im Vergleich zu westeuropäischen Staaten extrem hohe Beschäftigtenrate unter den Frauen verwiesen werden. Sie war kurz vor dem Untergang der DDR prozentual ähnlich hoch wie bei den Männern, wenn auch aufgrund eines größeren Ausmaßes von Teilzeitarbeitskräften[25]. Die DDR-Gesell-
schaft kann somit als eine besonders stark ausgeprägte Arbeitsgesellschaft bezeichnet werden[26]. Wesentliche Fundamente für die eben skizzierte Entwicklung
wurden in den fünfziger Jahren gelegt.

Die hohe Erwerbsquote entsprach im übrigen den ideologischen Zielen der
DDR-Staats- und SED-Parteiführung. Das in der Verfassung garantierte Recht
auf Arbeit wurde mit der gesellschaftlichen Pflicht jedes Bürgers verbunden, eine
Erwerbstätigkeit aufzunehmen[27]. Die ideologische Aufwertung von „Arbeit"
hing vor allem mit den Grundlagen des marxistisch-leninistischen Gesellschafts-
verständnisses zusammen: Im Sozialismus sollte demzufolge „Arbeit" nicht nur
zum Broterwerb dienen, sondern zur persönlichen Selbstverwirklichung beitragen[28]. Daraus folgte, daß die Arbeit – wie in privatkapitalistischen Systemen –
keine Ware sein durfte[29]. Ausbeutung einer breiten Masse der Bevölkerung durch
eine kleine herrschende Schicht sollte – so die Vorstellung – unmöglich gemacht
werden.

Fragestellung und Aufbau der Arbeit

Die vorliegende Studie beschränkt sich bei der Untersuchung der DDR-Planwirtschaft auf die Planung und Steuerung des Produktionsfaktors Arbeit bzw. genauer: der Arbeitskräfte. Es wird also nicht der Versuch unternommen, ein Gesamtbild der Zentralverwaltungswirtschaft in der SBZ/DDR zu entwerfen. Statt
dessen soll durch eine klare inhaltliche Eingrenzung Tiefenschärfe gewonnen werden. Das Thema wird außerdem noch auf die Grundstoff- und Schwerindustrie
fokussiert. Die zentralen Fragestellungen lauten somit: Welche Planungen und
Konzepte wurden von der SED, dem FDGB und den zuständigen staatlichen Verwaltungen entworfen, um Arbeitskräfte in diesem Bereich zu lenken, und welche
Schwierigkeiten haben sich dabei ergeben? Wie gestaltete sich die Zusammenarbeit zwischen den einzelnen sozialpolitischen Akteuren? Welche Rolle nahmen
die Landesverwaltungen in diesem politischen Kräftefeld ein? Wie sah die Einflußnahme der sowjetischen Besatzungsmacht aus? Außerdem soll die längerfristige Entwicklung der Arbeitskräftelenkung bis Anfang der sechziger Jahre untersucht werden. Gab es einen linearen Weg, oder handelte es sich vielmehr um einen
Prozeß voller Brüche und Gegenbewegungen? Darüber hinaus wird danach ge-

---

bei der männlichen Erwerbsbeteiligung im Jahr 1989. Ritschl, Aufstieg und Niedergang der Wirtschaft der DDR, S. 15. Insgesamt bleibt jedoch der stetige Aufwärtstrend der Frauenbeschäftigung
unübersehbar.

[25] Vgl. Oertzen/Rietzschel, Das „Kuckucksei" Teilzeitarbeit. Zur Entwicklung in der Bundesrepublik: Oertzen, Teilzeitarbeit und die Lust am Zuverdienen.

[26] Kohli, Die DDR als Arbeitsgesellschaft?, S. 38.

[27] Während das Recht auf Arbeit bereits in der Verfassung von 1949 verankert wurde, verknüpfte erst
das Gesetzbuch der Arbeit 1961 das Recht mit einer Pflicht zur Arbeit. Zur verfassungsrechtlichen
Entwicklung dieser Bestimmung: Mampel, Die sozialistische Verfassung der DDR, S. 655–675.

[28] Dost, Arbeitsrecht, S. 95.

[29] Nove, Das sowjetische Wirtschaftssystem, S. 243.

fragt, welche Instrumente zur bedarfsgerechten Arbeitskräftelenkung bestanden, wie sich diese im Untersuchungszeitraum entwickelten und welche Zielkonflikte sich dabei ergaben. Und schließlich: Welche Folgen hatte die planwirtschaftliche Lenkung für den Arbeitsmarkt? Bestand ein kausaler Zusammenhang mit dem drastischen Rückgang der Arbeitslosenzahlen Anfang der fünfziger Jahre? Welchen Erfolg hatte die Arbeitskräfteplanung und -lenkung im ausgewählten Wirtschaftsbereich Schwerindustrie? Die inhaltliche Eingrenzung des Untersuchungsgegenstandes auf einen Wirtschaftszweig gestattet es, die Durchführung staatlicher Wirtschafts- und Arbeitsmarktpolitik exemplarisch zu untersuchen. Diese Einschränkung ergibt sich aber auch aus der Tatsache, daß dieser Wirtschaftszweig für die DDR von Anfang an oberste Priorität bei der Verteilung der knappen Ressourcen genoß. Dies hing mit der eingangs erwähnten Belastung durch die sowjetische Besatzungsmacht sowie der Notwendigkeit zusammen, im Zuge des aufkommenden Kalten Krieges wirtschaftliche Unabhängigkeit von westlichen Warenlieferungen zu gewinnen. Dazu diente letztlich auch der Aufbau einer eigenen Schwerindustrie in der DDR. Die zeitliche Eingrenzung erfolgt ebenfalls aus inhaltlichen Überlegungen heraus: Beim Untersuchungszeitraum von 1945 bis 1961 handelt es sich um eine in sich geschlossene Periode. Durch den Bau der Berliner Mauer am 13. August 1961 veränderte sich die Situation auf dem ostdeutschen Arbeitsmarkt radikal. Der ungehinderte und unkontrollierte Wegzug von Menschen im erwerbsfähigen Alter wurde dadurch gestoppt. Auf dem Gebiet der Arbeitskräftelenkung änderte sich somit der äußere Handlungsrahmen. Überspitzt könnte man sagen, daß aus Sicht der SED-Führung und des DDR-Ministerrates erst mit dem Mauerbau eine langfristige Steuerung des „Arbeitsmarktes" möglich schien. In einem kurzen Ausblick wird am Ende der vorliegenden Studie die Arbeitskräftelenkung zwischen 1961 und 1963, dem Beginn der Wirtschaftsreformen, untersucht.

Die Studie verknüpft politik- und wirtschaftshistorische Fragestellungen. So geht es etwa um den Aufbau der Arbeitsverwaltung und die Entwicklung des Arbeitsrechts in der SBZ/DDR, aber auch um die Veränderungen auf dem Arbeitsmarkt und die Instrumente der Arbeitskräftelenkung. Auf diese Weise läßt sich der Untersuchungsgegenstand nicht nur von verschiedenen Seiten durchleuchten, sondern auch in einen größeren Kontext einbetten. Dabei geht es allgemein um die Neuordnung von Staat, Wirtschaft und Gesellschaft unter sowjetischer Kontrolle. Die Transformation der nachkriegsbedingten Zwangsbewirtschaftung hin zur Planwirtschaft soll dadurch anschaulich gemacht werden. Die Untersuchung zerfällt in drei große Kapitel und greift dabei theoretische Überlegungen János Kornais auf. Dieser hat unter anderem darauf hingewiesen, daß die Mobilisierung des Arbeitskräfteüberschusses und damit die Bekämpfung der Arbeitslosigkeit eine extensiv genutzte Methode der sozialistischen Wirtschaftssysteme sei[30]. Nach der Erreichung der Vollbeschäftigung gehe es darum, den chronischen Arbeitskräftemangel zentral zu verwalten[31] und die auftretenden Bedarfslücken so weit wie möglich zu schließen. Diese idealtypische Konstruktion, die im übrigen für

[30] Kornai, Das sozialistische System, S. 228.
[31] Ebenda, S. 236.

sämtliche Staaten mit einer Zentralverwaltungswirtschaft gilt, schließt nicht aus,
daß bereits in der Anfangsphase Mängel bei der Bedarfsdeckung auftreten können. Von entscheidender Bedeutung ist des weiteren die Feststellung Kornais, daß
im Laufe dieses Prozesses die bisherige Marktkoordinierung durch eine bürokratische Koordinierung verdrängt wird, ohne daß erstere vollständig verloren
geht[32].

In Anknüpfung an dieses Konzept befaßt sich das erste Kapitel mit der Arbeitskräftelenkung zwischen Kriegsende und DDR-Gründung. Diese Phase war im
wesentlichen geprägt von Ad-hoc-Maßnahmen. So mußte etwa die Arbeitsverwaltung wieder errichtet und das Arbeitsrecht den neuen Gegebenheiten angepaßt werden. Dabei griffen SED-Führung und Arbeitsverwaltung auf Instrumente zurück, die bereits ein Kennzeichen nationalsozialistischer Arbeitsmarktpolitik gewesen waren: das Arbeitsbuch und die Arbeitseinweisung. Anschließend wird die Registrierung der erwerbsfähigen Bevölkerung beschrieben und ein
Überblick über die Entwicklung auf dem Arbeitsmarkt gegeben. Im Anschluß
daran werden Tragfähigkeit und Reichweite staatlicher Arbeitskräftelenkung in
einzelnen Bereichen der Schwerindustrie ausführlich untersucht. Dabei gerät die
sowjetische Besatzungsmacht erneut ins Blickfeld, da sie zum Teil erhebliche Arbeitskräfteanforderungen an die deutschen Arbeitsämter stellte. Dieser Abschnitt
thematisiert außerdem die Folgeprobleme, die im Zuge der Zuteilung von Arbeitskräften z. B. auf dem städtischen Wohnungsmarkt entstanden. Die Vorstellung der Instrumente der Arbeitskräftelenkung sowie die Maßnahmen für einzelne soziale Gruppen runden dieses Kapitel ab.

Im Mittelpunkt des zweiten Kapitels steht die Mobilisierung der Arbeitskräftereserven durch die Arbeitsverwaltung. Der erste Fünfjahrplan, der von einer
nachhaltigen Planungseuphorie geprägt war, brachte einen qualitativen und quantitativen Wandel. Durch den Aufbau zahlreicher Stahl- und Walzwerke sowie der
Eisenhüttenindustrie, der unter großem Zeitdruck erfolgen sollte, entwickelte
sich rasch eine enorme Arbeitskräftenachfrage. Das Problem der Arbeitslosigkeit,
das bis 1949 nicht endgültig gelöst werden konnte, schien sich damit automatisch
zu lösen. Nach der Vorstellung der expandierenden Zentralverwaltungswirtschaft
werden die weiteren arbeitsrechtlichen Veränderungen erörtert. Im Anschluß
daran wird wiederum die Bereitstellung von Arbeitskräften für die sogenannten
Schwerpunktbetriebe, d. h. vor allem Betriebe der Schwerindustrie analysiert. Das
Kapitel schließt mit einer Darstellung der sich wandelnden Instrumente sowie der
gruppenspezifischen Arbeitskräftelenkung.

Das dritte Kapitel befaßt sich in erster Linie mit den immer stärker auftretenden
Insuffizienzen der Zentralverwaltungswirtschaft auf dem Gebiet der Arbeitskräftelenkung. In Anlehnung an den medizinischen Sprachgebrauch umschreibt dieser Begriff die mangelhafte Funktionsfähigkeit eines Organs[33], d. h. in unserem
Falle der Planwirtschaft. Die SED-Führung hielt jedoch an ihrem Anspruch fest,
sämtliche Bereiche der Volkswirtschaft planen und lenken zu können. Die daraus
resultierende mangelhafte Flexibilität des von ihr maßgeblich aufgebauten Pla-

---

[32] Ebenda, S. 255.
[33] Vgl. Pschyrembel, Klinisches Wörterbuch, S. 561.

nungssystems führte bereits während des ersten Fünfjahrplans zu einer Ernüchterung. Nachdem das zur Verfügung stehende Arbeitskräftepotential weitgehend ausgeschöpft worden war, kamen die Mängel der zentralen Planung und Lenkung in zunehmendem Maße zum Vorschein. Zunächst wird die Ausarbeitung der Volkswirtschafts- und Arbeitskräftepläne auf den einzelnen Ebenen der staatlichen Verwaltung thematisiert. Die „Republikflucht" beeinflußte dabei nachhaltig die Wirtschaftsplanung und beschäftigte somit auch die Arbeitsverwaltung. Diese mußte Strategien entwickeln, um auf die massenhafte Fluchtbewegung in die Bundesrepublik zu reagieren. Dabei befand sie sich – so ein Resultat – immer in der Defensive. Im Anschluß daran werden erneut arbeitsrechtliche Veränderungen ins Visier genommen. Der gewachsenen Bedeutung der Berufsausbildung wird im darauf folgenden Abschnitt Rechnung getragen. Das Kapitel schließt mit einer Darstellung der Regulierungsversuche des planwirtschaftlichen Systems ab: Am Beispiel der Lenkung von Industriearbeitern in die Landwirtschaft sowie der Neubeschäftigung von entlassenen Wismut-Arbeitern soll gezeigt werden, wie die Planungsbehörde auf Versorgungsengpässe bzw. Überhänge im einzelnen reagierte. Wie bereits eingangs angedeutet, wird in einem Exkurs die Arbeitskräftelenkung nach dem Mauerbau kurz skizziert.

Forschungslage

Zur Zentralverwaltungswirtschaft in der SBZ/DDR liegen zahlreiche Untersuchungen vor: Politik-, Wirtschafts- und Sozialwissenschaftler haben sich zum Teil noch vor dem Untergang der DDR mit diesem Gegenstand beschäftigt[34]. Dabei überwog oftmals ein eher statischer Gesamteindruck, was unter anderem darauf zurückzuführen ist, daß sich die bundesrepublikanische Forschung bis in die sechziger Jahre hinein sehr stark vom Totalitarismusmodell hat leiten lassen. Eine weitere Ursache bestand in der Unzugänglichkeit der DDR-Archive, so daß eine historisch empirische Forschung vor nahezu unüberwindlichen Hindernissen stand. Aus der älteren Forschungsliteratur ragt daher vor allem die wirtschaftshistorische Studie von Wolfgang Zank heraus, der den Rekonstruktionsansatz von Franz Jánossy zur Untersuchung der ökonomischen Entwicklung der SBZ herangezogen hat[35]. Anlehnend an die Vorgehensweise von Werner Abelshauser[36] versuchte Zank die These zu bestätigen, daß das Arbeitskräftepotential noch vor der DDR-Gründung ein erhebliches Reservoir darstellte und eine günstige Ausgangsbedingung für den wirtschaftlichen Aufbau des Landes bot. Seine Studie, die sich auf den Zeitraum von 1945 bis 1949 beschränkt und allein auf veröffentlichtem Material sowie der Auswertung der im Berliner Landesarchiv lagernden Aktenbestände basiert, verfolgt in erster Linie wirtschaftshistorische Fragestellungen. Lesenswert ist außerdem die Untersuchung von Jörg Roesler, die sich allgemein

---

[34] Vgl. Buck, Technik der Wirtschaftslenkung; Gleitze, Die Wirtschaftsstruktur der Sowjet-Zone; ders., Ostdeutsche Wirtschaft; Gutmann, Das Wirtschaftssystem der DDR; Stolper, The Structure of the East German Economy; Thalheim, Die Wirtschaft der Sowjetzone. Aus Sicht des zeitweiligen Sekretärs bei der SPK und persönlichen Referenten des SPK-Vorsitzenden: Schenk, Magie der Planwirtschaft.

[35] Zank, Wirtschaft und Arbeit in Ostdeutschland. Vgl. Jánossy, Das Ende der Wirtschaftswunder.

[36] Abelshauser, Wirtschaft in Westdeutschland.

mit dem Aufbau der Planwirtschaft in der SBZ/DDR beschäftigt und dabei nur
am Rande auf die Arbeitskräftelenkung eingeht[37]. Ausgewählte Probleme der
Arbeitskräftelenkung thematisierte Manfred Rexin 1964 in einem Beitrag, der in
einem Sammelband von Peter Christian Ludz enthalten ist[38].

Die Forschungslage änderte sich 1989/90 schlagartig: Die zuvor verschlossenen
DDR-Archive öffneten sich der wissenschaftlichen Öffentlichkeit. Gleichwohl
zählt die Wirtschaftsgeschichte immer noch nicht zu den Schwerpunkten der
neueren DDR-Forschung. Untersuchungen, die sich mit der Errichtung der Planwirtschaft beschäftigen, bieten bisher entweder einen Gesamtüberblick[39] oder
sind sehr stark ordnungstheoretisch und damit statisch angelegt[40]. Empirisch fun-
dierte Forschungsarbeiten, die sich mit dem Zeitraum zwischen Kriegsende und
Mauerbau befassen, stehen dagegen noch weitgehend aus. Erste Ausnahmen bilden die Untersuchungen von Christian Heimann über die Textilindustrie, die sich
jedoch über den gesamten Zeitraum der DDR erstreckt, sowie die Arbeit von
Heinz Hoffmann über die Betriebe mit staatlicher Beteiligung[41]. Die umfassende
Studie von André Steiner, die sich auf die Wirtschaftsreformen der sechziger Jahre
konzentriert, behandelt das Thema „Arbeitskräftelenkung" nur am Rande[42]. Darüber hinaus enthält das von Johannes Frerich und Martin Frey 1993 überarbeitete
Handbuch zur Sozialpolitik in der DDR einige Absätze zum Thema. Nahezu
sämtliche relevanten Befehle, Gesetze und Verordnungen werden dabei aufgeführt und kurz zusammengefaßt[43]. Außerdem ergeben sich zahlreiche Anknüpfungspunkte zu Arbeiten, die sich mit sozialpolitischen Themen befassen. So liegen bereits einige neuere Studien zur Lohn- und Normenpolitik[44], Sozialfürsorge[45] oder Sozialversicherung[46] vor. Mit der sozialen Lage der Wismut-Arbeiter
befaßt sich Rob Roeling, der dabei auch auf die Arbeitseinweisung und Arbeitskräfteanwerbung in diesem Wirtschaftszweig eingeht[47]. Der Verfasser der vorliegenden Studie hat bereits einige Detailergebnisse seines Projektvorhabens in Zeitschriften bzw. Sammelbänden veröffentlicht[48]. Kurz vor Drucklegung erschien

---

[37] Roesler, Die Herausbildung der sozialistischen Planwirtschaft in der DDR.
[38] Rexin, Veränderungen der Berufs- und Beschäftigtenstruktur.
[39] Vgl. Kopstein, The Politics of Economic Decline in East Germany; Wenzel, Wirtschaftsplanung in
  der DDR. Wenzel war vor 1989/90 Sekretariatsmitglied im Zentralvorstand der VdgB.
[40] Vgl. Gutmann/Buck, Die Zentralverwaltungswirtschaft der DDR; Schneider, Von der nationalsozialistischen Kriegswirtschaftsordnung zur sozialistischen Zentralplanung; Schroeder, Der SED-
  Staat, S. 487–512; Schwarzer, Sozialistische Zentralplanwirtschaft; Wolf/Sattler, Entwicklung und
  Struktur der Planwirtschaft der DDR.
[41] Heimann, Systembedingte Ursachen; Hoffmann, Die Betriebe mit staatlicher Beteiligung.
[42] Steiner, Die DDR-Wirtschaftsreform der sechziger Jahre. Vgl. auch die informativen Literaturbe-
  richte: Bähr, Institutionenordnung und Wirtschaftsentwicklung; Steiner, Startbedingungen, Wirtschaftssystem und Wachstum. Wichtige Erkenntnisse liefert auch der Sammelband von Baar/Pet-
  zina, Deutsch-Deutsche Wirtschaft 1945 bis 1990.
[43] Frerich/Frey, Sozialpolitik in der DDR.
[44] Hübner, Konsens, Konflikt und Kompromiß, S. 16–88.
[45] Boldorf, Sozialfürsorge in der SBZ/DDR.
[46] Hoffmann, Sozialpolitische Neuordnung.
[47] Roeling, Arbeiter im Uranbergbau.
[48] Vgl. Hoffmann, Vertriebenenintegration durch Arbeitsmarktlenkung?; ders., Die Lenkung des
  Arbeitsmarktes; ders., Zweijahresplan und Wirtschaftsverwaltung; ders., Im Laboratorium der
  Planwirtschaft.

schließlich noch eine Untersuchung zur Wirtschaftspolitik in Sachsen zwischen 1945 und 1948[49].

Quellengrundlage

Die Studie basiert auf der systematischen Auswertung zahlreicher zentraler Aktenbestände[50]. Als erstes wären die Bestände des Ministeriums für Arbeit und Berufsausbildung und der Staatlichen Plankommission zu nennen. Beide Institutionen waren im Untersuchungszeitraum maßgeblich mit der Arbeitskräfteplanung und -lenkung befaßt: zunächst das Arbeitsministerium und ab Mitte der fünfziger Jahre in zunehmendem Maße die oberste Planungsbehörde. Ende der fünfziger Jahre kam dann noch das Staatssekretariat für Arbeit und Löhne hinzu, das sich jedoch stets im Schatten der Staatlichen Plankommission befand und über einen eingeschränkten Aktionsradius verfügte. Als weitere relevante Akteure müssen vor 1949 die Deutsche Wirtschaftskommission (DWK) und danach der Ministerrat der DDR angeführt werden. Dort wurden Entscheidungen, die in den Führungsgremien der SED vorbereitet wurden, letztlich verabschiedet. Von nachgeordneter Bedeutung waren dagegen das Ministerium des Innern und für die ersten Nachkriegsjahre die Zentralverwaltung für deutsche Umsiedler.

Die SED-Führung hatte stets den Anspruch erhoben, sämtliche Bereiche des staatlichen, wirtschaftlichen und gesellschaftlichen Lebens zu planen und zu lenken. Daher sollten auch die wesentlichen Entscheidungen von den Führungsgremien der Partei getroffen werden: dem Zentralsekretariat, dem Politbüro und dem Sekretariat des Zentralkomitees der SED. Die überlieferten Beschluß- und Arbeitsprotokolle wurden deshalb für die vorliegende Studie systematisch ausgewertet. Erwähnenswert sind des weiteren die Bestände von SPD und KPD 1945/46 und die überlieferten Akten der mit der Thematik befaßten ZK-Abteilungen und Kommissionen der Parteispitze, also der ZK-Abteilung Gewerkschaften und Sozialpolitik, des Sekretariats Paul Merker, des Büros Erich Apel, der Wirtschaftskommission beim Politbüro, der ZK-Abteilung Wirtschaftspolitik und des Büros Walter Ulbricht. Ein weiteres Standbein bilden die Nachlässe, vor allem die von Wilhelm Pieck, Otto Grotewohl und Walter Ulbricht. Neben der SED-Überlieferung ist auch die des FDGB einschlägig. So wurden im Rahmen der Untersuchung die Protokolle der Führungsgremien des Gewerkschaftsbundes und die Sachakten der zuständigen Abteilungen ausgewertet.

Eine wichtige Quellengrundlage stellen neben der staatlichen und der SED-Aktenüberlieferung die Bestände der einzelnen Landeshauptarchive dar. Die Länder bestimmten bis 1949 zum Teil ganz wesentlich die wirtschafts- und sozialpolitische Entwicklung, zumal die Zentralverwaltungen anfangs mit unzureichenden Kompetenzen ausgestattet waren. In der Folgezeit ging dieser Einfluß spürbar zurück und war bereits vor der endgültigen Zerschlagung der föderalen Strukturen 1952 nicht mehr vorhanden. Die Studie beruht daher auch auf der systematischen Auswertung der einschlägigen Bestände in vier Landeshauptarchiven (Sachsen,

---

[49] Halder, „Modell für Deutschland".
[50] Vgl. dazu das Verzeichnis ungedruckter Quellen im Anhang der Studie.

Thüringen, Sachsen-Anhalt und Brandenburg). Da Mecklenburg vorwiegend agrarisch geprägt war und – bis auf die Werften – über keine nennenswerte Schwerindustrie verfügte, wurde auf eine Sichtung der dortigen Aktenbestände verzichtet. Auf der Länderebene konzentrierte sich die Quellenauswahl vor allem auf das Büro des Ministerpräsidenten und das Wirtschaftsministerium bzw. das Ministerium für Arbeit und Sozialfürsorge. In dem Zusammenhang sei noch auf einige zum Teil sehr umfangreiche und aussagekräftige Betriebsarchive hingewiesen, die in den Landeshauptarchiven lagern.

Für den Untersuchungsgegenstand waren die Bestände der früheren Blockparteien von untergeordnetem Stellenwert. Sie wurden bei der Darstellung nur ergänzend hinzugezogen. Darüber hinaus konnten beim Bundesbeauftragten für die Unterlagen des Staatssicherheitsdienstes der ehemaligen DDR einige Aktenbände gewinnbringend eingesehen werden. Obwohl sich in den letzten Jahren der Zugang zu Unterlagen der SMAD/SKK in Moskau merklich verschlechtert hat, wurden einige Dokumente aus dem Archiv des russischen Außenministeriums ausgewertet. Dafür danke ich ganz besonders herzlich meiner Kollegin, Frau Dr. Elke Scherstjanoi, die mir diese Unterlagen zur Verfügung gestellt hat.

Abschließend möchte ich all denen danken, die dazu beigetragen haben, daß die vorliegende Studie in dieser Form und zu diesem Zeitpunkt abgeschlossen werden konnte. Zunächst einmal danke ich dem Direktor des Instituts für Zeitgeschichte, Herrn Prof. Dr. Dr. h. c. Horst Möller, und unserem Verwaltungsdirektor und seiner Nachfolgerin, Herrn Georg Maisinger und Frau Ingrid Morgen, für die vorbehaltlose Förderung und Unterstützung des Projektes. Erste Ergebnisse konnte ich im Kollegenkreis in Potsdam/Berlin und in München sowie im Oberseminar von Prof. Dr. Hans Günter Hockerts und Prof. Dr. Drs. h. c. Gerhard A. Ritter an der Ludwig-Maximilians-Universität München im Sommersemester 1997 vortragen. Allen Teilnehmern möchte ich für die kritischen Bemerkungen und die eingebrachten Verbesserungsvorschläge meinen Dank aussprechen. Henrik Bispinck M.A., Philipp Heldmann M.Sc., Dr. Damian van Melis, Frau Dr. Hildegard Möller, Dr. Dieter Pohl, Dr. Peter Skyba, Dr. Matthias Uhl und PD Dr. Hermann Wentker haben das Manuskript in diversen Fassungen gelesen, wofür ich ganz herzlich danken möchte. Henrik Bispinck erstellte dankenswerterweise die beiden Graphiken. Tilo Wagner half mir bei der Erstellung des Personenregisters. Dem Wissenschaftlichen Beirat des Instituts danke ich für die rasche Aufnahme in die „Quellen und Darstellungen zur Zeitgeschichte".
Widmen möchte ich dieses Buch meiner Frau und unseren Kindern.

I. Aufbau der Arbeitsverwaltung und Erprobung der Lenkungsinstrumentarien (1945–1949)

1. Die Arbeitsämter als Lenkungszentralen[1]

Rahmenbedingungen für den Verwaltungsaufbau in den Gemeinden und Ländern

Der Aufbau der Arbeitsverwaltung in der SBZ wurde nach dem Ende des Zweiten Weltkrieges maßgeblich beeinflußt durch die sowjetische Besatzungsmacht, die von der Sowjetischen Militäradministration (SMAD) rasch wieder zugelassenen Parteien sowie die besonderen Anforderungen, die sich angesichts des Zusammenbruchs auf dem Arbeitsmarkt stellten. Frühzeitig wurde die kommunale Selbstverwaltung wieder errichtet. Dies geschah in den neu gebildeten Ländern bzw. Provinzen recht unterschiedlich; auf die Sonderrolle Berlins muß ebenfalls hingewiesen werden. Eine eigens eingerichtete Abteilung für Wirtschaft hatte sich um den Wiederaufbau des Wirtschaftlebens zu bemühen, so etwa auch in der ehemaligen Reichshauptstadt Berlin bereits seit Anfang Mai 1945[2]. Zu den Hauptaufgaben dieser Abteilung, die in Berlin einen Gesamtpersonalbestand von 61 Angestellten hatte, gehörte zunächst die Registrierung der erwerbsfähigen Bevölkerung sowie die Betreuung des gewerblichen Mittelstands. Darüber hinaus hatte die gesamte Magistratsverwaltung Befehle der Stadtkommandantur zu erfüllen. Während anfangs in den Bezirksarbeitsämtern die leitenden Angestellten von den Bezirksämtern und im Einvernehmen mit dem Hauptarbeitsamt ernannt wurden, änderte sich die rechtliche Stellung im Oktober 1945: Am 12. Oktober gab die Alliierte Kommandantur eine Anweisung heraus, nach der Personalveränderungen nur mit Zustimmung der „zentralen wie der örtlichen Militärbehörde vorgenommen werden" konnten[3].

Die Erfassung und Steuerung der arbeitsfähigen Bevölkerung war eine Aufgabe, die sich die ostdeutsche Verwaltung selbst gestellt hatte. Entsprechende Befehle und Anweisungen erteilten ferner die Siegermächte. So beschloß der Magistrat der Stadt Berlin am 9. Juli 1945 eine „Anordnung zur Sicherung des Bedarfs an Arbeitskräften für lebenswichtige Aufgaben"[4]. Diese lag jedoch lange Zeit unbestätigt bei der Alliierten Kommandantur. Daraufhin versuchte der Stadtrat für Arbeit in Berlin und Mitbegründer des Freien Deutschen Gewerkschaftsbundes (FDGB), Hans Jendretzky, das ZK der KPD mit dem Ziel einzuschalten, die Bestätigung durch die Militärverwaltung zu beschleunigen. Die Anordnung würde „eine günstige Handhabe dafür bieten, ohne große Umstände die Frage der Erfassung der Drückeberger und Bummelanten und ihre Überführung in produktive

---

[1] Diesen Begriff prägte erstmals für die Arbeitsämter: Zank, Wirtschaft und Arbeit, S. 90.
[2] SAPMO, DY 30/IV 2/6.02/50, Bl. 78–81, Bericht vom 7. 8. 1945 über die Tätigkeit der Abt. für Wirtschaft (Mai-Juli 1945).
[3] SAPMO, NY 4182/1158, Bl. 39, Hans Jendretzky am 19. 10. 1945 an das ZK der KPD (Walter Ulbricht).
[4] SAPMO, NY 4182/1158, Bl. 45–48.

Arbeit vorzunehmen"[5]. Dadurch sollte vor allem den Arbeitsämtern eine Handhabe gegeben werden, um die Kontrolle über den Arbeitsmarkt zu gewinnen. Neben einzelnen arbeitsrechtlichen Bestimmungen[6] zur Arbeitseinweisung war die Festlegung von entscheidender Bedeutung, daß eine Arbeitsvertragsauflösung der Zustimmung des Arbeitsamtes bedurfte, „soweit nicht gegenseitige Verständigung vorliegt"[7]. Konjunkturbedingte Kündigungen und damit entstehende Arbeitslosigkeit sollte verhindert werden. Zu den sogenannten Mangelberufen zählten nach Ansicht des Magistrats von Berlin die Facharbeiter des Bau- und Baunebengewerbes, Fleischer, Bäcker, Schuhmacher und Müller[8]. Diese Anordnung spiegelte den konkreten, großstädtischen Arbeitskräftebedarf wider, der in anderen Regionen der SBZ teilweise ganz anders gelagert war. Berlin übernahm in diesem Zusammenhang eine Vorreiterrolle gegenüber den Ländern bzw. Provinzen der SBZ, auch wenn die entsprechende Verordnung von der Alliierten Kommandantur erst am 17. Dezember 1945 bestätigt wurde[9].

Die Funktionsweise der Arbeitsverwaltung war von Anfang an sehr stark belastet durch die millionenfache Wanderungsbewegung, die durch das Ende des Zweiten Weltkrieges und die bedingungslose Kapitulation des Deutschen Reiches ausgelöst worden war. Die Bevölkerungsverschiebung in den Westen Deutschlands war am 8. Mai 1945 keineswegs abgeschlossen[10]. So erreichte der Vertriebenenzustrom in der SBZ erst um die Jahreswende 1946/47 einen ersten Höchststand. Am 31. Dezember 1946 wiesen die Statistiken rund 3,9 Millionen „Umsiedler" aus – das entsprach einem Bevölkerungsanteil von 22,3 Prozent[11]. Im März 1949 hielten sich etwas mehr als 4,4 Millionen Flüchtlinge und Vertriebene in der SBZ auf (25 Prozent der Gesamtbevölkerung)[12]. Dabei war zum selben Zeitpunkt die regionale Verteilung gemessen an der jeweiligen Wohnbevölkerung äußerst unterschiedlich: Sachsen hatte den geringsten prozentualen Anteil (17,1), Mecklenburg den höchsten (46,5)[13]. Die Arbeitsämter waren oftmals vor zum Teil unlösbare Aufgaben gestellt, da die Versorgung der Neuankömmlinge mit Arbeit nicht so rasch und nicht für alle Betroffenen zufriedenstellend erfolgen konnte. Die „Umsiedler" konkurrierten zwangsläufig mit der eingesessenen Bevölkerung um zahlreiche knappe Ressourcen, vor allem Lebensmittel, Wohnraum und eben auch Arbeitsplätze. Zudem war die Bevölkerungswanderung innerhalb des ostdeutschen Teilstaates zum Zeitpunkt seiner Gründung im Oktober 1949 keineswegs abgeschlossen; die Fluktuation stellte aus Sicht der staatlichen Organe auch weiterhin ein großes Problem dar und konnte oftmals gar nicht gesteuert wer-

---

[5] Ebenda, Bl. 44, Hans Jendretzky am 22. 11. 1945 an Walter Ulbricht.
[6] Einen Vergleich der arbeitsrechtlichen Bestimmungen im Dritten Reich, in der DDR und in der Bundesrepublik stellt an: Hachtmann, Arbeitsverfassung.
[7] SAPMO, NY 4182/1158, Bl. 46, „Anordnung zur Sicherung des Bedarfs an Arbeitskräften für lebenswichtige Aufgaben", beschlossen in der Magistratssitzung am 9. 7. 1945.
[8] Ebenda, Bl. 48.
[9] Ebenda, Bl. 144, Oberstleutnant M. J. Krisman (Vorsitzführender Stabschef) am 17. 12. 1945 an den Oberbürgermeister der Stadt Berlin.
[10] Vgl. Die Vertreibung der Deutschen; Steinert, Die große Flucht.
[11] BAB, DO 2/13, Bl. 43.
[12] Dieter Marc Schneider, Zentralverwaltung für deutsche Umsiedler, in: SBZ-Handbuch, S. 239. Schneider stützt sich bei den Zahlenangaben auf: Roesler, Die Integration der Umsiedler, S. 3.
[13] Schneider, Zentralverwaltung für deutsche Umsiedler, in: SBZ-Handbuch, S. 240.

den[14]. Für die unmittelbare Nachkriegszeit ist nochmals festzuhalten, daß Flucht und Vertreibung die Mangelsituation in allen Besatzungszonen dramatisch verschärften. Dies galt aber besonders für die SBZ mit ihrem vergleichsweise hohen Vertriebenenanteil.

Die Vertreibung hatte auch direkte Folgen für die Unternehmen, deren Betriebsteile diesseits und jenseits der Oder-Neiße-Grenze lagen bzw. deren Arbeitnehmer ihren Wohnsitz im Vertreibungsgebiet besaßen. So beklagte sich etwa die Betriebsleitung des Braunkohlen- und Großkraftwerkes Hirschfelde darüber, daß 800 Arbeiter aus 22 Ortschaften östlich der Neiße am 22. Juni 1945 ausgewiesen worden seien und „deshalb notdürftig anderweit untergebracht werden" mußten[15]. Sehr viel schwerer wog allerdings aus Sicht der Firmenleitung, daß sich das gesamte Grubengebiet „mit den darin befindlichen und zur Produktion erforderlichen Fördergeräten" nunmehr auf polnischem Gebiet befand. Die Wiederaufnahme des Produktionsprozesses war akut gefährdet, da polnische Soldaten Betriebsgeräte konfisziert hatten.

Der Zweite Weltkrieg hatte bedingt durch Tod, Verwundung und Kriegsgefangenschaft erhebliche demographische Veränderungen mit sich gebracht. Die Verluste unter der Zivilbevölkerung waren zwar durch den bereits angesprochenen Zustrom der „Umsiedler" mehr als ausgeglichen worden, so daß sich im Oktober 1946 bei der Volkszählung etwa 1,1 Millionen Menschen mehr auf dem Gebiet der SBZ aufhielten als 1939. Dagegen war jedoch die Gesamtzahl der arbeitsfähigen Menschen im gleichen Zeitraum um etwa 400 000 gesunken. Langfristig betrachtet schlug die Arbeitskräfteknappheit erst Anfang der fünfziger Jahre in einen Arbeitskräfteüberschuß um: Neben den Flüchtlingen und Vertriebenen trugen auch die allmählich aus der Kriegsgefangenschaft heimkehrenden Männer zu diesem Prozeß bei. Nach Angaben von Wolfgang Zank war das Arbeitskräftepotential um 1950 sowohl quantitativ als auch qualitativ, was das Angebot an Facharbeitern anging, ein Überschußbereich[16]. Auch dies hatte Folgen für die Arbeitsweise der Arbeitsämter in der SBZ. Gleichwohl stellte das sächsische Landesarbeitsamt in einzelnen Regionen einen Mangel an männlichen Fachkräften fest und wies darauf hin, daß das Arbeitsangebot oftmals nicht mit der Arbeitsnachfrage übereinstimmen würde: „In den Industrieorten, wo die Industrie nicht durch Kriegseinwirkungen gelitten hat, herrscht allgemeiner Mangel an Arbeitskräften. Dagegen besteht in den gebombten [sic] Städten Überschuß an Arbeitskräften."[17] Ein überregionaler Arbeitskräfteausgleich scheiterte in der Regel immer an der ungeklärten Unterbringungsfrage. Vor allem der Mangel an intaktem, d. h. nicht zerstörtem Wohnraum verhinderte letztlich eine solche pragmatische Lösung.

Die KPD versuchte frühzeitig einen wesentlichen Einfluß auf die Neugestaltung der Wirtschaft zu gewinnen. Erste Initiativen startete vor allem die Bezirksleitung Sachsen, die im Oktober 1945 gegenüber den Kreisleitungen erklärte, daß

[14] Hoffmann, Vertriebenenintegration durch Arbeitsmarktlenkung?
[15] SAPMO, NY 4182/953, Bl. 2, Aktiengesellschaft Sächsische Werke, Braun- und Großkraftwerk Hirschfelde, an das ZK der KPD am 2. 10. 1945.
[16] Zank, Wirtschaft und Arbeit, S. 57.
[17] SAPMO, NY 4182/953, Bl. 39–50, hier Bl. 42, Denkschrift „Die wirtschaftliche und politische Lage im Bundesland Sachsen", o.J. (vermutlich 1945/46).

die KPD „das entscheidende Element beim Neuaufbau der deutschen Wirtschaft und des neuen demokratischen Staatsapparates" sei[18]. Es war das erklärte Ziel der kommunistischen Kaderpolitik[19], den „ausschlaggebende[n] Einfluß der Partei auf allen Gebieten der Wirtschaft und in allen Organen des öffentlichen Lebens" zu erlangen. Diese Forderung bezog sich auf die personelle Besetzung der öffentlichen Verwaltung, unter anderem auch der Arbeitsämter, mit „geeigneten Genossen". Darüber hinaus standen die Betriebe rasch im Mittelpunkt des Interesses der KPD. Über betriebliche Parteigliederungen sollten Entscheidungen der Betriebsleitung, beispielsweise zur Aufstellung der Produktionspläne, mit beeinflußt werden. Des weiteren war an eine „Mitwirkung beim Einsatz der Arbeitskräfte" gedacht[20]. Der Aufgabenkatalog griff nicht nur in die Belange der Unternehmen, sondern auch in die der Arbeitsverwaltung direkt ein. So sollten etwa in Zusammenarbeit mit den Arbeitsämtern „alle verfügbaren Arbeitskräfte planvoll nutzbar gemacht werden." Die Interventionsmöglichkeiten waren teilweise recht weit gesteckt: „Es muß hingewirkt werden auf eine planvolle Beschränkung der handwerklichen Betriebe und Handelsgeschäfte auf das notwendigste Maß, um die dort frei werdenden Kräfte einer wichtigeren Betätigung zuzuführen." Einen relativ kritischen Bericht über die wirtschaftliche Lage im Land Sachsen legte die Wirtschaftsabteilung der KPD-Bezirksleitung Ende 1945 vor, in dem allgemein beklagt wurde, daß „der Arbeitseinsatz uneinheitlich" sei[21]. Zur Lösung der nicht bedarfsgerechten Verteilung von einsatzfähigen Arbeitskräften schlug die KPD Sachsen zwei Instrumente vor: Umsiedlung und Umschulung.

Ähnlich wie in Sachsen versuchte die KPD auch in Thüringen den wirtschaftlichen Wiederaufbau in ihrem Sinne zu steuern. Die KPD-Bezirksleitung Thüringen betrachtete es als Kernstück der eigenen Arbeit, vorbereitende Maßnahmen zu treffen „zur Überführung der Wirtschaft von der Form des Privatkapitalismus zur sozialistischen Planwirtschaft"[22]. Die Besetzung von leitenden Positionen in der staatlichen Verwaltung galt als unabdingbare Voraussetzung. Bereits im Herbst 1945 war es der KPD-Bezirksleitung Thüringen offenbar gelungen, „führende Genossen [des] Wirtschaftsaktivs in leitende Funktionen einzubauen"[23]. Dazu gehörte auch das Landesamt für Arbeit. Innerhalb des ersten Jahres nach Kriegsende entsprach jedoch die Personalpolitik in der Verwaltung nicht den Vorstellungen der KPD- bzw. SED-Führung. Kurzfristiger Personalaustausch und stellenweiser Rückgriff auf alte Funktionseliten standen auf der Tagesordnung[24]. So erklärt sich die Klage des Leiters der Abteilung Wirtschaft beim SED-Parteivorstand, Bruno Leuschner, daß „kein Genosse in einer verantwortlichen Position" im Landesamt für Wirtschaft Thüringens tätig sei[25]. Doch auch die Abtei-

18 SAPMO, DY 30/IV 2/6.02/49, Bl. 210–216, hier Bl. 210, Rundschreiben der KPD-Bezirksleitung Sachsen vom 22. 10. 1945.
19 Vgl. für die Frühphase bis 1952: Boyer, „Die Kader entscheiden alles …". Mit Schwerpunkt auf den 80er Jahren: Wagner, Ab morgen bist du Direktor.
20 SAPMO, DY 30/IV 2/6.02/49, Bl. 214.
21 Ebenda, Bl. 262–265, hier Bl. 265, Bericht vom 30. 12. 1945.
22 SAPMO, NY 4182/952, Bl. 16–19, hier Bl. 17, Bericht der KPD-Bezirksleitung Thüringen an das ZK der KPD vom 18. 11. 1945.
23 Ebenda, Bl. 18.
24 Vgl. Boyer, „Die Kader entscheiden alles …", S. 13.
25 SAPMO, NY 4182/952, Bl. 31, Notiz Leuschners vom 20. 5. 1946.

lung Wirtschaft der KPD-Bezirksleitung war nach Ansicht der Berliner Zentrale fehlbesetzt und handlungsunfähig. Ein Untersuchungsbericht hielt fest, daß der für die Abteilung Verantwortliche „als Hochstapler in Haft genommen werden mußte"[26].

Neben dem Auf- und Ausbau von Wirtschaftsabteilungen bei der KPD/SED ist auf die Vergrößerung der staatlichen Verwaltung zu verweisen. Hier gab es Unterschiede in den Ländern und Provinzen der SBZ. So entschloß sich etwa das thüringische Landesamt für Wirtschaft, auf regionaler Ebene Abteilungen für Wirtschaft zu bilden, welche „die gesamte Wirtschaft eines bestimmten Gebietes mit dem Grundsatz der Betriebsnähe zu überblicken und zu beurteilen in der Lage sind"[27]. Die regionalen Wirtschaftsabteilungen, die am 2. Mai 1946 ihre Arbeit aufnahmen, sollten verantwortlich sein „für die Gestaltung der Produktion in ihrer Stadt bzw. ihrem Kreis." Sie unterstanden den kommunalen Selbstverwaltungsorganen; die Weisungsbefugnis, die sich auf die Allokation der knappen Produktionsfaktoren und -güter erstreckte, besaß jedoch das Landesamt für Wirtschaft. Dahinter stand bereits das Ziel einer „Koordinierung der gesamten Wirtschaft."

Der Aufbau der Arbeitsverwaltung wurde dadurch erschwert, daß die sowjetische Besatzungsmacht oftmals eine personelle Aufstockung abblockte und sogar eine Kürzung im Personalbestand der Landes- bzw. Provinzialverwaltungen vornahm. Dabei erhielt die Zentralverwaltung für Arbeit und Sozialfürsorge (ZVAS) Anweisungen von seiten der SMAD, die sie gegenüber den Landesämtern durchzuführen hatte. Obwohl die deutschen Vertreter darauf hinwiesen, daß Stellenplanstreichungen „unweigerlich zu ernsten Konflikten mit den Landes- und Provinzialverwaltungen führen" würden[28], unternahm die sowjetische Besatzungsbehörde kaum etwas zur Entschärfung des Interessengegensatzes. Einzelne SMAD-Offiziere versprachen in solchen Situationen völlig unverbindlich, daß alles geschehen werde, um zu einer „Klärung" zu gelangen. Die Landesverwaltungen lehnten ihrerseits Kürzungen ab. So beschwerte sich das Personalamt der Landesverwaltung Sachsen am 16. August 1946, daß der von der Finanzverwaltung der SMAD vorgelegte Stellenplan nur 1757 Stellen für sämtliche Abteilungen der sächsischen Landesverwaltung vorsehen würde[29]. Tatsächlich seien 2904 Stellen bereits vorhanden, benötigt würden aber 3 751. Als eine der wenigen Abteilungen habe die für „Arbeit und Soziale Fürsorge" nahezu eine Verdoppelung der Stellenzahl von 64 auf 117 zu verzeichnen. Die wichtigen Abteilungen „Brennstoffindustrie" und „Industrie", deren Mitarbeit für eine effektive Arbeitskräftelenkung von zentraler Bedeutung war, müßten dagegen eine erhebliche Verkleinerung hinnehmen. Das sächsische Personalamt zog drohend die Schlußfolgerung, daß es „vollkommen ausgeschlossen [erscheint], mit diesem Stellenplan eine geordnete Arbeit im Bundeslande Sachsen aufrechtzuerhalten und insbesondere den Befeh-

---

[26] Ebenda, Bl. 23–25, hier Bl. 23, vorläufiger Bericht über Aufenthalt in Weimar (15.–17. 4. 1946).
[27] Ebenda, Bl. 33–46, hier Bl. 33, Bericht des Landesamtes für Wirtschaft über die allgemeine wirtschaftliche Gesamtlage Thüringens vom 24. 5. 1946.
[28] BAB, DQ 2/1, Bl. 47–49, hier Bl. 48.
[29] SAPMO, NY 4182/1190, Bl. 167 und 173.

len der SMA fristgemäß nachzukommen"[30]. Ähnliche Vorkommnisse wurden auch aus Mecklenburg berichtet[31]. Die Abteilung Arbeitskraft der SMAD verlangte außerdem eine „bessere Kontrolle der Angestellten der Zentralverwaltung [ZVAS]"[32]. Alle Neueinstellungen sollten Karlshorst gemeldet werden. Die ZVAS könne die vorgesehenen Beschäftigten „schon vorher zur Arbeit einsetzen, jedoch mit der Einschränkung, daß in jedem einzelnen Falle die Zustimmung der SMA[D] noch erforderlich ist." Aus diesem Grunde seien die Arbeitsverträge nur für die Dauer von zwei Monaten abzuschließen. Durch solche Konditionen wurde letztlich eine reibungslose Verwaltungstätigkeit nicht unerheblich belastet.

Die SMAD in Karlshorst und die SMA in den Ländern überwachten regelmäßig und vor allem kritisch die Tätigkeit der Arbeitsverwaltung. So bemängelte beispielsweise der Vertreter der SMAD-Abteilung Arbeitskraft, Morenow, die Arbeit der Landesarbeitsämter von Brandenburg und Thüringen bei einer gemeinsamen Besprechung mit Vertretern der ZVAS am 12. Dezember 1945: Die vorgelegten statistischen Angaben würden „keineswegs mit der Wirklichkeit übereinstimmen"[33]. Der SMAD-Vertreter verlangte in dem Zusammenhang von der ZVAS, „geeignete Inspektoren" in die Länder bzw. Provinzen zu entsenden, „um dort genaueste Erhebungen auf den Arbeitsämtern vorzunehmen." Die Überprüfungen sollten stichprobenartig erfolgen, d. h. jeweils ein Bezirks- oder Kreisamt in jedem Land; die Kontrollberichte waren dann der SMAD zuzuleiten. Zum Jahreswechsel 1945/46 zeigte sich die SMAD vor allem mit der Arbeitsweise des Landesamtes Brandenburg unzufrieden[34].

Für die Landes- bzw. Provinzialverwaltungen genoß der Braun- und Steinkohlenbergbau frühzeitig Priorität. Das hing zum einen mit sowjetischen Anforderungen und Befehlen zusammen, die eine Steigerung der Kohlenförderung verlangten, zum anderen aber auch mit dem ersten bevorstehenden Nachkriegswinter und der damit zusammenhängenden Notwendigkeit, die Versorgung der Bevölkerung mit Brennstoffen so weit wie möglich sicherzustellen. Dazu waren Absprachen der Verwaltungen untereinander notwendig. Auf Anordnung der SMAD trafen sich die Präsidenten und Vizepräsidenten der Länder und Provinzen sowie die Direktoren der Zentralverwaltungen am 13./14. November 1945 in Karlshorst, um die Tätigkeit zu koordinieren[35]. Für das Land Sachsen erklärte der Präsident Rudolf Friedrichs (SPD), daß ein großer Mangel an Arbeitskräften im Kohlenbergbau bestünde[36]. Das Problem verschärfe sich durch die Überalterung der Belegschaft, so Friedrichs weiter; das Durchschnittsalter der Bergarbeiter betrage 47 Jahre. Marschall Schukow, der an der Konferenz teilgenommen hatte, unterstrich, daß „das Schwergewicht der Arbeit" bei den Landes- und Provinzial-

---

[30] Ebenda, Bl. 167.
[31] Ebenda, Bl. 165, Schreiben Walter Ulbrichts vom 22. 8. 1946, vermutlich an die SMAD in Karlshorst.
[32] BAB, DQ 2/1, Bl. 70–72, hier Bl. 72, Aktenvermerk über Besprechung mit Morenow und Lamin am 10. 5. 1946.
[33] Ebenda, Bl. 22 f., hier Bl. 23.
[34] Ebenda, Bl. 25, Aktenvermerk über Besprechung mit der SMAD-Abt. Arbeitskraft am 4. 1. 1946.
[35] Ebenda, Bl. 8–14, Bericht von der Konferenz in Karlshorst am 13./14. 11. 1945.
[36] Ebenda, Bl. 11.

verwaltungen und noch nicht bei den Zentralverwaltungen liege[37]. Er regte an, alle zwei Monate vergleichbare Tagungen abzuhalten.

Die Landes- bzw. Provinzialverwaltungen widmeten sich rasch der Frage der Arbeitsmarktpolitik. Sowohl die bereits erwähnten kriegsbedingten demographischen Verwerfungen als auch die Anforderungen der sowjetischen Militärverwaltungen auf Landesebene veranlaßten die Landesarbeitsämter, zunächst einmal eine vollständige Erfassung der verfügbaren Arbeitskräfte vorzunehmen. In dieser Angelegenheit reagierte das thüringische Landesarbeitsamt kurz nach dem Magistrat von Berlin: Bereits am 9. August 1945 wurde dort eine vorläufige Verordnung „über die Meldung offener Arbeitsplätze und die Einstellung von Arbeitskräften" erlassen[38]. Damit führte das Landesamt eine Meldepflicht für alle privaten und öffentlichen Betriebe ein und hob gleichzeitig die Verordnung über die Beschränkung des Arbeitsplatzwechsels vom 1. September 1939 auf. Das Arbeitsamt erhielt eine zentrale Position in der sich noch konstituierenden Wirtschaftsverwaltung, da es über die Besetzung der offenen Stellen in allen Wirtschaftszweigen entscheiden konnte. Die Kündigung von Arbeitsverträgen war allerdings nicht von der Zustimmung der Arbeitsämter abhängig. Dies sollte sich im weiteren Verlauf der Zentralisierung wieder ändern. Schulungskurse waren ein Instrument, um die Mitarbeiter der Arbeitsämter mit den neuen arbeitsrechtlichen Bestimmungen vertraut zu machen. Diese Veranstaltungen dienten in erster Linie der Informationsweitergabe[39]: So sollten etwa neue Verordnungen oder Anweisungen sowie die Aufhebung nationalsozialistischer Bestimmungen mitgeteilt werden.

Eine erhebliche Belastung für den wirtschaftlichen Aufbau und den Arbeitsmarkt der SBZ stellten die Reparationsforderungen der sowjetischen Besatzungsmacht dar, die sich auch auf Sachleistungen erstreckten[40]. So wurden zahlreiche Fachleute als „Spezialisten" in die UdSSR zum Teil gegen ihren Willen deportiert[41]. Außerdem blieben viele ostdeutsche Betriebe noch lange Zeit in sowjetischer Hand. Darüber hinaus richteten die SMAD, aber auch die SMA in den Ländern bzw. Provinzen, ja sogar einzelne sowjetische Dienststellen auf Kreisebene, pausenlos Anforderungen an die Arbeitsämter zur Zusammenstellung von Arbeitskräftekontingenten für Demontagetätigkeiten oder die eigenen Sowjetischen Aktiengesellschaften (SAG). Diese Form der Reparationsleistung geschah im einzelnen unkoordiniert, obwohl die sowjetische Militärverwaltung ihrerseits bemüht war, entsprechende Richtlinien herauszugeben und auch durchzusetzen, um dadurch die Tätigkeit der deutschen Arbeitsverwaltung zu erleichtern. Dies gelang aber bis ungefähr 1947 weitgehend nicht. Die sowjetischen Arbeitskräfteanforderungen hatten in der Regel unmittelbare Auswirkungen auf den Produktionsablauf anderer Betriebe, da das Heer der Arbeitslosen zahlenmäßig begrenzt war. So mußten oftmals Arbeiter aus den Betrieben herausgenommen werden und Reparationsaufgaben zugeführt werden[42]. Die Arbeitsämter gerieten dabei in eine

---

[37] Ebenda, Bl. 14.
[38] ThHStA, Land Thüringen, Ministerium für Wirtschaft und Arbeit, Bd. 3692, Bl. 138.
[39] ThHStA, Land Thüringen, Ministerium für Wirtschaft und Arbeit, Bd. 3591, Bl. 106–108, Niederschrift über Schulung der Arbeitsvermittlungskräfte des Arbeitsamtes Erfurt am 13. 10. 1945.
[40] Vgl. Karlsch, Allein bezahlt?; Fisch, Reparationen.
[41] Vgl. Ciesla, Der Spezialistentransfer; ders., „Intellektuelle Reparationen".
[42] SAPMO, NY 4182/1139, Bl. 33, Protokoll der erweiterten Vorstandssitzung des FDGB am 2./3. 4.

schwierige und undankbare Position, da sie die Einweisungsbefehle durchzuführen hatten und für die Erfüllung der sowjetischen Befehle verantwortlich
waren.

Die Zusammenarbeit zwischen den Landes- bzw. Provinzialverwaltungen und
den Zentralverwaltungen in Berlin gestaltete sich in Wirtschaftsfragen zum Teil
recht schwierig. Das hing vor allem damit zusammen, daß die Zentralverwaltungen zunächst kaum über nennenswerte Eingriffsmöglichkeiten verfügten, die sie
erst im Laufe der Zeit von der SMAD zugeteilt bekamen. Gerade die Zielvorgabe
einer zu planenden und lenkenden Wirtschaft erforderte letztlich aber auch hier
ein besseres Zusammenspiel der beteiligten staatlichen Verwaltungen auf den verschiedenen Ebenen und einen erheblichen Kompetenzzuwachs für die wirtschaftlichen Zentralverwaltungen. Auf dem Gebiet der Arbeitskräftelenkung hatten die
betroffenen Ressorts die Problemlage bald erkannt. Die mangelhafte Koordinierung erstreckte sich nicht nur auf die Zuteilung von Arbeitskräften, sondern auch
auf die Umschulung und Ausbildung. Bis Ende 1946 verfügten nämlich die Länder über vergleichsweise große Handlungsspielräume. Die SED-Führung versuchte über ihre Landesverbände Einfluß auf die jeweilige Landespolitik zu nehmen. Dazu gab es regelmäßige Treffen, auf denen auch über arbeitsmarktrelevante
Themen gesprochen wurde. So stellte etwa eine Mitarbeiterin der Abteilung Arbeit und Sozialfürsorge des SED-Zentralsekretariats bei einer Besprechung in
Weimar fest, daß in Thüringen „die Lenkung in der Umschulung viel zu wünschen übrig" lasse[43]. Die Berliner Vertreter konnten zu diesem Zeitpunkt jedoch
nur Kritik an der bestehenden Praxis üben, da zentrale Weisungen in diesem Bereich noch nicht möglich waren.

Die SED-Führung drängte Ende 1946 auf eine Vereinheitlichung der Verwaltungsstruktur zur besseren Abstimmung der Wirtschaftspläne. Daher sollte in jeder Landes- bzw. Provinzialregierung beim zuständigen Ministerium für Wirtschaft ein Amt für Wirtschaftsplanung gebildet werden[44]. Zu den Aufgaben dieses
Amtes, dessen Leiter gleichzeitig Stellvertreter des Ministers sein sollte, gehörte
unter anderem die Arbeitskräfteplanung[45]. Parteisekretäre und Funktionäre der
Partei wurden vom Zentralsekretariat für den reibungslosen Aufbau und die Tätigkeit dieses Amtes verantwortlich gemacht. Von erheblicher Bedeutung war allerdings die Bildung der Deutschen Wirtschaftskommission (DWK) und die zunehmende Ausstattung dieses Gremiums mit Kompetenzen und Eingriffsmöglichkeiten. Dadurch konnten letztlich der Einfluß der Länder langfristig zurückgedrängt werden und wesentliche Grundlagen für einen einheitlichen Aufbau der
Wirtschaftsverwaltung geschaffen werden[46].

1946; ThHStA, Land Thüringen, Ministerium für Wirtschaft und Arbeit, Bd. 3700, Bl. 56, Landesdirektor Gustav A. Müller am 26. 7. 1946 an den Präsidenten des Landes Thüringen Rudolf Paul.
[43] SAPMO, DY 30/IV 2/2.027/2, Bl. 25–27, hier Bl. 25, Bericht über Besprechungen in Weimar und
Halle am 18. bzw. 20. 12. 1946.
[44] SAPMO, DY 30/IV 2/2.022/31, Bl. 5–7, Rundschreiben Nr. 29/46 des Zentralsekretariats an die
Landes- bzw. Provinzialvorstände der SED vom 17. 12. 1946.
[45] Ebenda, Bl. 6.
[46] Vgl. Wolfgang Zank, Wirtschaftliche Zentralverwaltungen und Deutsche Wirtschaftskommission
(DWK), in: SBZ-Handbuch, S. 253–290; Steiner, Zwischen Länderpartikularismus und Zentralismus.

Von der Kommunalisierung zur Zentralisierung

Der Aufbau der Arbeitsverwaltung entwickelte sich in der SBZ nach dem Ende des Zweiten Weltkrieges relativ uneinheitlich und war oftmals zunächst eine Angelegenheit der Länder. Am 27. Juli 1945 hatte zwar die SMAD mit dem Befehl Nr. 17 unter anderem die ZVAS ins Leben gerufen. Nach den Vorstellungen der sowjetischen Besatzungsmacht sollte diese Behörde „die zentrale Zusammenfassung des gesamten Arbeitsgebietes" sein[47]. Die Abteilung sei, so das Ergebnis einer Unterredung mit dem SMAD-Offizier J. T. Remissow am 28. Juli 1945, berechtigt, Anordnungen an die Landes- und Provinzialregierungen sowie den Magistrat der Stadt Berlin zu erlassen. In ihrer ersten Mitteilung überreichte die ZVAS den Landes- und Provinzialverwaltungen am 26. September 1945 eine Darstellung der Aufgabengebiete der einzelnen ZVAS-Abteilungen und empfahl, für „eine ähnliche Abgrenzung der Aufgaben durch Errichtung gleicher Abteilungen, Unterabteilungen oder Referate Sorge zu tragen"[48]. Die politische Umsetzung ließ jedoch länger auf sich warten: Zunächst verfügte die ZVAS de facto über einen eingeschränkten Kompetenzkatalog, während die Handlungsspielräume der Länder größer waren. Dies hing mit der rechtlichen Stellung der Zentral- bzw. Landesverwaltungen, aber auch mit der personellen Besetzung der jeweiligen Führungspositionen zusammen. So verfügte beispielsweise das thüringische Landesamt für Arbeit und Sozialfürsorge mit Gustav Brack über einen einflußreichen Sozialpolitiker, der im April 1946 die Leitung der DVAS übernahm.

In den Ländern sollte die Errichtung der Arbeitsämter in Anlehnung an die früheren Arbeitsamtsbezirke erfolgen. Aufgrund der neuen Grenzziehung (Oder-Neiße-Grenze) mußte aber zwangsläufig eine Neueinteilung vorgenommen werden. Die Leitung des brandenburgischen Landesarbeitsamtes sprach sich dafür aus, die Aufteilung allein nach wirtschaftlichen und verkehrspolitischen Bedürfnissen vorzunehmen[49]. Gleichzeitig wurde die Forderung, die Arbeitsämter den Landräten und Oberbürgermeistern zu unterstellen, zurückgewiesen. Dies sei „ein Rückschritt gegenüber der Entwicklung vor dem Jahre 1933". Die Kommunikation zwischen dem Landesarbeitsamt und den Arbeitsämtern war anfangs stark behindert durch ein brachliegendes Fernsprechnetz sowie durch die eingeschränkte Mobilität der Mitarbeiter. Anfang November 1945 mußte das Landesarbeitsamt feststellen, daß der Neuaufbau der Arbeitsämter „nur langsam vorwärts[schreitet]"[50]. Die kommunalen Vertreter hätten zum Vorschlag der Neuabgrenzung noch keine Stellung genommen. Dieser Schwebezustand führte insgesamt dazu, daß die Arbeitseinsatzstellen, die nach dem Einmarsch der Roten Armee errichtet worden waren, sukzessive zu Kreisarbeitsämtern zusammengefaßt wurden. Verantwortlich dafür zeichneten auch die Landräte, die offensichtlich davon ausgingen, daß „zur Erleichterung ihrer Verwaltungsarbeit die bezirkliche

---

[47] BAB, DQ 2/3923, Bl. 136–138, hier Bl. 137, Aktenvermerk vom 29. 7. 1945. Den folgenden Abschnitt (S. 21–43) habe ich bereits an anderer Stelle publiziert. Vgl. Hoffmann, Arbeitsmarkt, Zweijahresplan und Wirtschaftsverwaltung, S. 109–131.
[48] SAPMO, NY 4182/1158, Bl. 1–4, hier Bl. 1.
[49] BAB, DQ 2/2085, Bericht über eine Besprechung beim Landesarbeitsamt in Potsdam am 18. 9. 1945.
[50] BAB, DQ 2/1511, Monatsbericht des Landesarbeitsamtes der Mark Brandenburg vom 6. 11. 1945.

Abgrenzung der Arbeitsämter mit der Abgrenzung ihres Kommunalbezirks übereinstimmen müßte"[51]. Unter dem Eindruck der akuten Finanznot der Gemeinden
bot sich für diese vermutlich eine Zentralisierung an – so jedenfalls der Eindruck
des brandenburgischen Landesarbeitsamtes, der allerdings über die tatsächlichen
Interessenkonflikte hinwegtäuschte. Diese Kontroverse hatte im übrigen auch
konkrete Folgen für die Tätigkeit der Arbeitsverwaltung, die somit nicht reibungslos verlief und in der Anfangszeit erhebliche Schwierigkeiten bei einer einheitlichen statistischen Erfassung der Bevölkerung hatte. Letztere sollte wiederum eine wesentliche Voraussetzung für die Arbeitskräftelenkung sein.

Die ZVAS konnte diese Entwicklung zunächst nur kritisch beobachten, konkrete Eingriffsmöglichkeiten gab es für sie noch nicht[52]. Die Berliner Zentrale
blieb jedoch nicht untätig, sondern war bestrebt, den Landesarbeitsämtern Vorschläge zu unterbreiten, die auf eine stärkere Koordinierung und vor allem Vereinheitlichung abzielten. So schlug die ZVAS etwa am 24. November 1945 den
Landes- und Provinzialarbeitsämtern die Schaffung von Spruchausschüssen bei
den Arbeitsämtern vor[53]. Den Ländern blieb es zwar vorbehalten, entsprechende
Verordnungen auszuarbeiten. Gleichzeitig wies die Abteilung II der ZVAS aber
explizit darauf hin, daß „eine einheitliche Ausrichtung, die im Interesse einer einheitlichen Arbeitsgesetzgebung erforderlich ist"[54], erwünscht sei. Dazu war dem
Schreiben eine Richtlinie beigefügt. Inwieweit sich die Landesverwaltungen an
diesen Vorschlägen orientierten, ist nicht mehr nachweisbar. Festzuhalten bleibt
aber, daß die ZVAS trotz der eindeutigen rechtlichen Lage zugunsten der Länder
frühzeitig versuchte, den dortigen Aufbau der Arbeitsverwaltung zu beeinflussen.
Eng verbunden mit der Frage einer Einbindung der Arbeitsämter in die Kommunalverwaltung war zudem die Finanzierungsfrage. So mußte die ZVAS leicht
resigniert feststellen, daß die Finanzierung „außerordentlich unterschiedlich" erfolge[55]. Hier seien die Landräte und die Bürgermeister in den Gemeinden gegen-
sätzlicher Auffassung. Eine Entscheidung müsse rasch herbeigeführt werden, so
das Resümee des ZVAS-Abschnittsleiters Fritz Bohlmann.

Aus Sicht der ZVAS waren die Zustände in Brandenburg Ende 1945 unerträg-
lich geworden. Die in Arbeitsrechtsfragen zuständige Abteilung I a traf sich des
öfteren mit den Leitern des Landesarbeitsamtes sowie der Arbeitsämter. Dabei
mußte sich die Provinzialregierung heftige Kritik gefallen lassen, der von seiten
der ZVAS vorgeworfen wurde, eine zu „geringe Initiative" entfaltet zu haben[56].
Besonders problematisch erschien den Berliner Vertretern die mangelhafte Zusammenarbeit zwischen der Provinzialregierung in Potsdam und einzelnen Bezirken. Als Beispiel wurde das Lausitzer Gebiet genannt: Hier seien, so der 2. Vizepräsident der Berliner Zentralverwaltung Max Herm, Kontrollen und Besichti-
gungen „dringend notwendig". Die Abteilung II (Erfassung und Arbeitseinsatz

---

51 Ebenda.
52 BAB, DQ 2/1511, Vermerk der Abt. I a (ZVAS) vom 9. 11. 1945.
53 BAB, DQ 2/2042, ZVAS am 24. 11. 1945 an das Provinzialamt für Arbeit und Sozialfürsorge der
   Provinz Sachsen.
54 Ebenda.
55 BAB, DQ 2/2085, Bericht Bohlmanns an Präsident Gundelach über Konferenz der Arbeitsämter
   Brandenburg in Potsdam am 30. 11. 1945.
56 BAB, DQ 2/1511, Aktennotiz der ZVAS über Besprechung in Potsdam am 17. 12. 1945.

der Bevölkerung) der ZVAS wollte bereits am 18. Dezember 1945 ein Rundschreiben an alle Landesarbeitsämter herausgeben, in dem der rechtzeitige organisatorische Aufbau der Arbeitsämter nochmals angemahnt werden sollte[57]. Erklärungen von seiten der Landesverwaltungen wurden deutlich kritisiert: „Die Entschuldigung, daß dieser Mißstand auf das Fehlen und die Schwierigkeiten der Verständigungstechnik zurückzuführen sei, kann wohl für das Tempo, jedoch nicht für die Durchführung an sich gelten." Eine „gute Funktion und verläßliche Arbeit" der Arbeitsämter sei eine wichtige Voraussetzung, um ein Vertrauensverhältnis zwischen Verwaltung und Bevölkerung herzustellen und der konkreten Arbeitsmarktlage gerecht werden zu können. Das Rundschreiben wurde allerdings nicht verschickt; offensichtlich wollte die ZVAS einen offenen Konflikt mit den Landesarbeitsämtern nicht provozieren. Zum 1. Januar 1946 wurden die Arbeitsämter in Brandenburg provisorisch den Kreis- und Gemeindeverwaltungen unterstellt[58]. Das Provinzialamt für Arbeit und Sozialfürsorge setzte allerdings bei den vier Oberlandräten eigene Beauftragte für den Arbeitseinsatz ein, „die für das Funktionieren der einzelnen Arbeitsämter verantwortlich gemacht werden"[59].

In der SBZ hatte die Arbeitsverwaltung bald wieder einen dreigliedrigen Aufbau: An der Spitze stand die ZVAS, auf der mittleren Ebene befanden sich die Landesarbeitsämter und auf der untersten Ebene die Arbeitsämter. Damit wurde stellenweise an Traditionen aus der Weimarer Republik angeknüpft, auch wenn es kein Äquivalent zur Reichsanstalt für Arbeitsvermittlung und Arbeitslosenversicherung[60] mehr geben sollte. Die ZVAS beklagte lange Zeit die fehlende Machtfülle auf der zentralen Ebene. Zur Begründung wies sie immer wieder darauf hin, daß der wirtschaftliche Zusammenbruch die Arbeitsämter vor Aufgaben stelle, „die in ihrem Umfange und in ihrer Schwere in der Vergangenheit ohne Beispiel sind"[61]. Dies erfordere wiederum „als Fundament eine einheitlich geführte, im Großen und im Einzelnen gut arbeitende Organisation"[62].

Die sowjetische Besatzungsmacht hatte die Frage nach dem Aufbau der Arbeitsverwaltung anfangs in Richtung Kommunalisierung beantwortet. Laut SMAD-Befehl Nr. 65 vom 15. September 1945 trugen die „örtlichen Organe der Selbstverwaltung und die Bürgermeister in den Städten und Bezirken" die Verantwortung für die Arbeit der Arbeitsämter[63]. In den deutschen Akten finden sich dann lange Zeit keinerlei Hinweise auf die Position der SMAD in dieser Auseinandersetzung. Karlshorst hat die Ansicht der ZVAS nachweislich erst im I. Quartal 1946 unterstützt. So erklärte Oberleutnant Rutkowski von der Finanzabteilung in Karlshorst bei einer Beratung am 13. März, daß die von der Zentralverwal-

[57] BAB, DQ 2/2084, Entwurf eines Rundschreibens der ZVAS vom 18. 12. 1945.
[58] BAB, DQ 2/2085, Bericht über die Besprechung zwischen Vertretern des Provinzialamtes für Arbeit und Sozialfürsorge in Potsdam und der ZVAS am 9. 1. 1946. Diese Regelung wurde im Frühjahr 1946 nach Rücksprache mit der SMAD und der ZVAS nochmals bestätigt. BLHA, Ld. Br., Rep. 206, Bd. 3016, Vermerk des Landesarbeitsamtes Brandenburg vom 28. 5. 1946.
[59] BAB, DQ 2/2085, Bericht über die Besprechung zwischen Vertretern des Provinzialamtes für Arbeit und Sozialfürsorge in Potsdam und der ZVAS am 9. 1. 1946, S. 4.
[60] Vgl. Lewek, Arbeitslosigkeit und Arbeitslosenversicherung, S. 389–392.
[61] BAB, DQ 2/2064, Denkschrift der ZVAS (Abt. II) vom 16. 1. 1946, S. 3f.
[62] Ebenda, S. 4.
[63] Arbeit und Sozialfürsorge 1 (1946), S. 3.

tung vertretene Auffassung „die einzig richtige sei"[64]. Zwei Tage später unterstrich ein weiterer SMAD-Vertreter (Kulischow) diese Haltung. Er erklärte, daß eine andere Struktur in den Ländern und Provinzen „keinesfalls [...] geduldet werden" dürfe[65]. Gegen eine Kommunalisierung der Arbeitsämter sprach sich kurz darauf auch die FDGB-Landesleitung Thüringen aus[66]. Für eine Zentralisierung der Arbeitsverwaltung plädierte außerdem noch der SPD-Landesverband Thüringen[67]. Unterstützung erhielt die ZVAS auch vom Sekretariat des ZK der KPD, das sich erst vergleichsweise spät in die Diskussion eingeschaltet hatte[68]. Die KPD-Bezirksleitungen wurden vom Sekretariat des ZK gebeten, „sofort unsere führenden Genossen in der Landes- (Provinzial-)Verwaltung und der Landes- (Provinzial-)Abteilung für Arbeit und soziale Fürsorge zusammenzurufen und sie zu überzeugen, daß nur in dieser Linie die Arbeit geleistet und die von der SMA gestellten Aufgaben durchgeführt werden können"[69].

Der führende SED-Sozialpolitiker Helmut Lehmann versuchte daraufhin zu vermitteln und schlug vor, die Arbeitsämter organisatorisch der jeweiligen Stadt- bzw. Kreisverwaltung zu unterstellen, die „sachliche" Aufsicht jedoch beim zuständigen Landesarbeitsamt zu belassen[70]. Somit hätte die Kommunalverwaltung nur sehr eingeschränkt Personalpolitik betreiben können. Die „entscheidende Einflußnahme" des Landesarbeitsamtes blieb aber dadurch gewahrt, daß ohne seine Zustimmung das Personal nicht ausgewechselt werden konnte. In ihrer praktischen Arbeit wären die Arbeitsämter nur an die Weisungen des Landesarbeitsamtes gebunden gewesen. Der Direktor des Landesamtes für Arbeit und Sozialfürsorge in Mecklenburg-Vorpommern, Carl Moltmann, lehnte zwar eine Unterordnung der Arbeitsämter unter die Kreis- und Stadtverwaltungen ab, stimmte dem Vorschlag Lehmanns aber zu[71]. Dagegen konnte sich der Leiter des thüringischen Landesamtes, Gustav Brack, mit der vorgeschlagenen Regelung nicht einverstanden erklären[72]. Er lehnte jegliche Mitsprache der Kommunalverwaltung ab: Es könne „nur zu Reibungen führen, wenn in Personalfragen diese Ämter [Arbeitsämter] den Kreis- oder Stadtverwaltungen und deren Aufsicht unterliegen." Es sei ganz selbstverständlich – so Brack weiter –, daß die kommunalen Behörden bei einem Aufsichtsrecht auch Anweisungen erteilen würden. Damit werde aber einer zentral gesteuerten Arbeitslenkung „die wesentlichste Stütze" genommen. Der Hinweis, daß die Städte und Gemeinden nicht berechtigt sein sollten, eingreifen zu können, sei „nur platonischer Art."

Die ZVAS versuchte in der Folgezeit die Abteilung Arbeitskraft der SMAD für ihre Ziele zu gewinnen. Der stellvertretende Abteilungsleiter Morenow gab An-

[64] BAB, DQ 2/1, Bl. 47–49, hier Bl. 48.
[65] Ebenda, Bl. 50, Aktenvermerk über Besprechung mit Kulischow am 15. 3. 1946.
[66] BAB, DQ 2/9, Bl. 63, FDGB-Landesleitung Thüringen an ZVAS am 23. 3. 1946.
[67] Ebenda, Bl. 67, SPD-Landesvorstand Thüringen an die ZVAS am 25. 3. 1946.
[68] SAPMO, DY 30/IV 2/2.027/5, Bl. 8–10, Schreiben des Sekretariats des ZK der KPD an die Bezirksleitungen (30. 3. 1946). Erstmals abgedruckt in: Dokumente zur Geschichte der kommunistischen Bewegung in Deutschland, Bd. 3, S. 481 f.
[69] Ebenda, S. 482.
[70] SAPMO, DY 30/IV 2/2.027/5, Bl. 11, Schreiben Lehmanns an Carl Moltmann und Gustav Brack am 30. 3. 1946.
[71] Ebenda, Bl. 12, Schreiben Moltmanns an Lehmann vom 4. 4. 1946.
[72] Ebenda, Bl. 13, Schreiben Bracks an Lehmann vom 8. 4. 1946.

fang April 1946 die Zusage, einen entsprechenden Befehl auszuarbeiten und „baldigst" herauszugeben, „denn nur bei einem einheitlichen Aufbau in der ganzen sowjetischen Zone sei auch die Durchführung der gestellten Aufgaben möglich"[73]. Als weiteren Verbündeten konnte die ZVAS offenbar auch den FDGB-Bundesvorstand gewinnen. Nach einer gemeinsamen Besprechung am 12. April 1946, in deren Verlauf die Berliner Zentralverwaltung ihre Haltung erläutert hatte, stimmte die FDGB-Delegation den Zentralisierungsbestrebungen zu und versprach, „ihrerseits dazu beizutragen, daß unter den Gewerkschaftlern entsprechende Aufklärung geschaffen wird"[74]. Die Rückversicherung bei den Gewerkschaften hatte für die ZVAS darüber hinaus eine allgemeine legitimatorische Funktion: Gerade bei der Arbeitskräftelenkung sei eine enge Zusammenarbeit unerläßlich, „um in der Arbeitnehmerschaft nicht die Meinung aufkommen zu lassen, daß über ihre wesentlichen Belange entschieden wird, ohne daß ihr ein Mitwirkungsrecht eingeräumt wird"[75].

Im Frühjahr 1946 konnte die ZVAS immer noch nicht zufrieden sein mit dem Aufbau der Arbeitsverwaltung auf der Länderebene, da die Verwaltungsstruktur zu unterschiedlich war. Damit war das Ziel einer Vereinheitlichung nach wie vor nicht erreicht worden: Die Zahl der Ämter für Arbeit und Sozialfürsorge entsprach mit Ausnahme der Provinz Mark Brandenburg nicht der Zahl der Land- und Stadtkreise. Es seien weniger Arbeitsämter als Kreisverwaltungen vorhanden, so das Urteil des ZVAS-Präsidenten Gustav Gundelach[76]. Die verantwortlichen Leiter der Landesämter hätten ihren Verwaltungsbereich entsprechend der Verwaltungsstruktur, wie sie bis zum 8. Mai 1945 bestand, aufgebaut. Nur in der Provinz Sachsen existierten offensichtlich Bezirksverwaltungen, während es in der Provinz Brandenburg anstelle von Bezirksverwaltungen Verwaltungen bei den Oberlandräten gab. Inwieweit solche Strukturen wie in Brandenburg auch in den übrigen Ländern bestanden, konnte selbst die ZVAS nicht ermitteln.

Die Städte und Gemeinden erkannten angesichts der nach wie vor ungeklärten Stellung der Arbeitsämter Handlungsspielräume und drängten ihrerseits auf eine vollständige Eingliederung in die kommunale Verwaltung. Nur so ließe sich „eine ungehemmte und reibungslose Zusammenarbeit zwischen sämtlichen Dienststellen der kommunalen Selbstverwaltung [...] erzielen", führte etwa der Magistrat der Stadt Halle am 21. Juni 1946 gegenüber dem Präsidenten der Provinz Sachsen, Erhard Hübener, aus[77]. Die Kommunalisierung der Arbeitsämter schließe die zentrale Steuerung der Arbeitsmarktpolitik nicht aus. Diese sei dadurch gewährleistet, daß sowohl das Provinzialamt für Arbeit und Sozialfürsorge als auch die Bezirksämter für Arbeit bestehen blieben; somit ließen sich auch weiterhin die Aufgaben des überbezirklichen Ausgleiches von Arbeitskräften verwirklichen. Der Magistrat der Stadt Halle vertrat außerdem den Standpunkt, daß „bei einer

[73] BAB, DQ 2/1, Bl. 57, Aktenvermerk über eine Besprechung mit Morenow am 3. 4. 1946.
[74] BAB, DQ 2/9, Bl. 81–83, hier Bl. 82, Aktenvermerk über Besprechung mit Vertretern des FDGB am 12. 4. 1946 bei der ZVAS. Auf Gewerkschaftsseite nahmen die 1. und 2. Vorsitzende des FDGB-Bundesvorstandes Hans Jendretzky und Bernhard Göring sowie Erich Bührig an den Gesprächen teil. Vgl. auch die Notizen für diese Besprechung, in: ebenda, Bl. 72–76.
[75] BAB, DQ 2/2042, Vermerk der Abt. II der ZVAS vom 4. 5. 1946.
[76] BAB, DQ 2/961, Erläuterungen Gundelachs vom 15. 4. 1946.
[77] SAPMO, NY 4182/1158, Bl. 54.

solchen räumlichen Begrenzung die überbezirklichen Vermittlungsaufgaben stark zurücktreten gegenüber den Funktionen, die die Arbeitsämter innerhalb ihrer eigenen Zuständigkeitsbereiche zu erfüllen haben." Mit dieser Argumentation wurden aber mögliche Verteilungskonflikte, die zwischen den Arbeitsämtern und den Landesarbeitsämtern etwa bei der Ein- und Zuweisung von Arbeitskräften entstehen konnten, geschickt verdeckt. Um eine rasche Entscheidung herbeizuführen, wurde auch Walter Ulbricht eingeschaltet[78].

Dem neuen Präsidenten der Deutschen Verwaltung für Arbeit und Sozialfürsorge (DVAS)[79] Brack gelang es, die Diskussion über die Vereinheitlichung der Verwaltungsstrukturen voranzutreiben. So schlug er der Abteilung Arbeitskraft in Karlshorst am 2. Juli 1946 einen Strukturplan vor, der für alle Ebenen der Arbeitsverwaltung Geltung besitzen sollte und insgesamt sieben Abteilungen (Erfassung und Lenkung der Arbeitskraft, Arbeits- und Tarifrecht, Arbeitsschutz und Unfallverhütung, Sozialfürsorge, kulturelle Betreuung, Rechtsabteilung und Präsidialbüro) vorsah[80]. Um der Forderung nach „Demokratisierung" entgegenzukommen, schlug Brack die Bildung von Verwaltungsbeiräten vor. Bei der DVAS sollte der Beirat aus dem Präsidenten oder seinem Stellvertreter und 15 weiteren Personen bestehen, davon zwei Drittel Gewerkschaftsvertreter und ein Drittel Vertreter der Wirtschaft und öffentlichen Verwaltung. Den Beiräten bei den Landesämtern für Arbeit und Sozialfürsorge bzw. den Ausschüssen bei den Arbeitsämtern sollten neben der jeweiligen Leitung noch zwölf bzw. neun Personen angehören. Offen blieb aber, ob Brack sich mit dieser Position würde durchsetzen können. Zunächst verschärfte er den Konflikt mit seiner Vorgehensweise. Eine Besprechung am 6. Juli mit Helmut Lehmann, der 1. Vizepräsidentin der DVAS Jenny Matern, dem 2. Vizepräsidenten Max Herm und dem Leiter der Abteilung Arbeit beim Zentralsekretariat der SED Rudolf Belke war in dieser strittigen Frage ergebnislos verlaufen[81]. Brack bestand darauf, daß die Arbeitsämter selbständig bleiben und nicht der kommunalen Selbstverwaltung eingegliedert werden sollten. Außerdem verlangte er die Übernahme der in Thüringen durchgesetzten Bezeichnung „Landesamt" bzw. „Ämter für Arbeit und soziale Fürsorge". Da am 11./12. Juli auf Einladung der SMAD eine Konferenz sämtlicher Leiter der Landesämter für Arbeit und Sozialfürsorge in Karlshorst stattfinden sollte, schlugen Lehmann und Belke eine weitere Besprechung zusammen mit Ulbricht und Max Fechner für den 9. oder 10. Juli vor. Ob dieses informelle Treffen stattfand, läßt sich nicht mehr ermitteln. Auf der Arbeitstagung am 11./12. Juli in Karlshorst konnte der Konflikt aber nicht vollständig ausgeräumt werden. Brack hielt in seinem Ergebnisprotokoll allgemein fest, daß die Verbindung zwischen den Landesämtern und der DVAS in Zukunft „erheblich enger und besser gestaltet" werden müßte[82].

---

[78]   Ebenda, Bl. 53, Oberbürgermeister der Stadt Halle am 2. 7. 1946 an Ulbricht.
[79]   Die ZVAS war auf Anweisung der SMAD am 19. 6. 1946 in DVAS umbenannt worden. Vgl. Hoffmann, Sozialpolitische Neuordnung, S. 27.
[80]   SAPMO, DY 30/IV 2/2.027/5, Bl. 40–42.
[81]   Ebenda, Bl. 43 f., Aktennotiz Belkes vom 8. 7. 1946.
[82]   BAB, DQ 2/1, Bl. 89 f. hier Bl. 89, Notiz Bracks vom 15. 7. 1946.

Die SED-Führung wollte eine Entscheidung in dieser strittigen Frage nicht herbeiführen, obwohl Brack mehrmals darauf gedrängt hatte. Der DVAS-Präsident wandte sich auch an Otto Grotewohl, einen der beiden SED-Vorsitzenden, der sich jedoch mit einer eindeutigen Stellungnahme zurückhielt[83]. Bracks Position wurde zu diesem Zeitpunkt uneingeschränkt vom FDGB-Bundesvorstand unterstützt. Bei einer gemeinsamen Besprechung von der DVAS-Führung (Brack und Matern), der FDGB-Leitung (Göring und Jendretzky) und Vertretern der SED-Führung (Paul Merker, Belke, Walter Hamacher und Horst Paffrath) schien sich Ende Juli 1946 zunächst eine Niederlage Bracks anzubahnen. Es wurde nämlich Einverständnis darüber erzielt, daß „eine zu straffe Zentralisation verhindert" werden müsse[84]. Das „Schwergewicht der Verantwortung" sei auf die „unteren Selbstverwaltungsorgane" zu legen. Gleichzeitig erhielt Brack aber den Auftrag, Richtlinien auszuarbeiten, die mit der SED-Führung nochmals beraten werden sollten. Damit behielt er die weiteren Gestaltungsmöglichkeiten in der Hand; bei der Bezeichung der Arbeitsämter konnte er sich durchsetzen. Die SMAD legte ihrerseits nur fest, daß die DVAS „ein Organ der [d]eutschen Selbstverwaltung" ist[85] und überließ damit die Entscheidung weiterhin den verantwortlichen deutschen Politikern. Aufgrund der Tatsache, daß sowohl die Potsdamer Erklärung[86] als auch der SMAD-Befehl Nr. 65 allgemein eine Stärkung der kommunalen Selbstverwaltung gefordert hatten, konnte die DVAS-Leitung nicht ohne weiteres einen gegenläufigen Weg in Richtung Zentralisierung beschreiten. Ein Machtwort von seiten der sowjetischen Militärverwaltung war somit notwendig, blieb aber lange Zeit aus. Dadurch verlängerte sich wiederum der Schwebezustand, den alle beteiligten deutschen Stellen beklagten. Nach Ansicht von Helmut Lehmann war zunächst einmal eine Entscheidung des SED-Zentralsekretariats erforderlich[87], um wenigstens auf deutscher Seite eine einheitliche Meinung vertreten zu können.

Sozialpolitiker der SED, Mitarbeiter der DVAS sowie ein Vertreter des FDGB berieten am 13. August 1946 über den Organisationsaufbau der Arbeitsämter. Die Vertreter der SED nahmen einen anderen Standpunkt ein als die von DVAS und FDGB. Gustav Brack betonte erneut, daß die Arbeitsämter von seiner Verwaltung zentral gesteuert werden müßten und sprach sich wieder einmal gegen einen Einfluß der Landräte und Bürgermeister aus. Dagegen verwies Paul Merker auf die Notwendigkeit, den Arbeitseinsatz von den Gemeinden organisieren zu lassen. Er begründete dies mit dem Argument, daß der Großeinsatz von Arbeitskräften bei der „fortschreitenden Wirtschaftsentwicklung" entfallen werde und von daher der örtlichen Vermittlung eine größere Bedeutung beigemessen werden müsse[88].

Am 23. Oktober 1946 veröffentlichte der DVAS-Präsident im hauseigenen Organ eine Verordnung, in welcher der Verwaltungsaufbau und die Kompetenzen klar und deutlich festgehalten wurden. Dabei wurden alle Landes- und Kreisver-

---

[83] SAPMO, DY 30/IV 2/2.027/5, Bl. 45, Aktennotiz Belkes vom 19. 7. 1946 für Walter Ulbricht.
[84] Ebenda, Bl. 46, Notiz Belkes vom 27. 7. 1946. Erstmals zitiert bei Boldorf, Sozialfürsorge, S. 134.
[85] SAPMO, DY 30/IV 2/2.027/5, Bl. 47–49, Bestimmung des Obersten Chefs der SMAD über die DVAS vom 29. 7. 1946.
[86] Vgl. Kap. III, A 9 des Potsdamer Abkommens vom 2. 8. 1945, in: Potsdam 1945, S. 356.
[87] SAPMO, NY 4182/1158, Bl. 55 f., Notiz Lehmanns vom 14. 8. 1946.
[88] SAPMO, DY 34, 42/979/4540, Bericht über die Sitzung am 13. 8. 1946, S. 2.

waltungen erstmals verpflichtet, die von der DVAS erlassenen „richtunggebenden Dokumente und Anweisungen in Fragen der Arbeit und Löhne, der Sozialfürsorge und Sozialversicherung zu befolgen"[89]. Bei Aufgaben, die die bisherigen Tätigkeitsfelder der kommunalen Selbstverwaltung tangierten, war eine Absprache mit dem zuständigen Ministerpräsidenten vorgesehen. Da die Verordnung vorher mit der SMAD abgestimmt worden war, hatte sich nunmehr wohl auch die sowjetische Besatzungsmacht für einen einheitlichen und vor allem zentralisierten Aufbau der Arbeitsverwaltung ausgesprochen. Die eindeutige Zuordnung von Aufgabenbereichen, die mit dieser Verordnung verbunden war, machte auch eine Abgrenzung zwischen den einzelnen Abteilungen der DVAS erforderlich. So wollte etwa die Juristische Abteilung die Federführung in arbeitsrechtlichen Fragen der Abteilung I a (Lohn- und Arbeitsbedingungen) überlassen[90]. Lediglich bei der Vorbereitung von Gesetzen, Verordnungen und anderen rechtlichen Bestimmungen behielt sie sich ein Mitwirkungsrecht vor. Eine Ausnahme sollten dagegen die Entscheidungen der Berufungsarbeitsgerichte sein: Diese könnten nur von der Juristischen Abteilung bearbeitet werden.

Die Länder nahmen den Kompetenzzuwachs der DVAS nicht widerspruchslos hin. So protestierte beispielsweise das thüringische Landesamt für Arbeit und Sozialfürsorge direkt bei der Abteilung Arbeitskraft in Karlshorst. Diese wies jedoch die Einwände strikt zurück: „Ihre Aufregung darüber, daß die Rechte des Präsidenten des föderalen Landes Thüringen durch die Arbeiter [sic] der Deutschen Verwaltung für Arbeit und Sozialfürsorge irgendwie gekürzt und daß sie die Verantwortung über die Ausführungen der Befehle des Oberbefehlshabers verlieren werden, gleichfalls auch für alle Maßnahmen, die im Lande durchgeführt werden, [ist] ganz unbegründet."[91] Langfristig gesehen hatte sich Gustav Brack im Gegensatz zu Gustav Gundelach gegen die Landesverwaltungen durchsetzen können. Auf einer Tagung der DVAS mit Vertretern der Landes- und Provinzialämter für Arbeit und Sozialfürsorge sowie der Landesfinanzverwaltungen am 12./ 13. November 1946 in Brandenburg feierte er die Verordnung vom 23. Oktober als Durchbruch. Dadurch habe die DVAS die Rechtstellung erhalten, „die sie notwendig braucht, um ihre Arbeit in der gesamten Zone ausüben zu können"[92]. Im übrigen werde – so Brack mit Blick auf die ehemaligen Kontrahenten – die „Verantwortungsfreudigkeit" der Länder und Provinzen nicht eingeengt. Einzelne Ländervertreter bemängelten allerdings, daß die Verabschiedung der Verordnung ohne vorherige Rücksprache mit den Ländern erfolgt sei[93]. Präsident Brack deutete in seinem Schlußwort eine deutschlandpolitische Überlegung an: „Es muß das große Ziel im Auge behalten werden, nach Einheitlichkeit zu streben und die Grundlage zu schaffen, die auch für die anderen Zonen vorbildlich sein soll."[94]

[89] Arbeit und Sozialfürsorge 1 (1946), S. 346–348. Eine erste, nahezu identische Übersetzung aus dem Russischen stammte vom 31. 8. 1946, wurde aber erst rund zwei Monate später veröffentlicht. Vgl. BAB, DQ 2/1503, Bl. 55 f.
[90] BAB, DQ 2/81, Bl. 87, Juristische Abt. am 23. 9. 1946 an Abt. I a.
[91] SAPMO, DY 30/IV 2/2.027/5, Bl. 86, Schreiben des 1. stellv. Obersten Chefs der SMAD, Generaloberst Pawel A. Kurotschkin, am 15. 10. 1946 an den Präsidenten des Landes Thüringen Paul.
[92] Ebenda, Bl. 92–104, hier Bl. 92, Bericht von der Tagung.
[93] Ebenda, Bl. 99.
[94] Ebenda, Bl. 103.

Die Umsetzung der Verordnung vom 23. Oktober 1946 geschah nicht reibungslos. Einzelne Städte und Gemeinden setzten sich nach wie vor über die
neuen Regelungen hinweg bzw. waren von dem Kompetenzgewinn der DVAS
noch nicht unterrichtet worden. So griff etwa der Oberbürgermeister der Stadt
Potsdam direkt in die Angelegenheiten des dortigen Arbeitsamtes ein, indem er
das Amt zeitweise schließen ließ, „um das Personal bei der Volkszählung zu verwenden"[95]. Darüber hinaus übernahm der Personalchef der Stadtverwaltung die
Prüfung des Personals auf Eignung, Auslastung und Gehaltseinstufung. Beides
kam einer Ausschaltung des Landesarbeitsamtes gleich, das sich daraufhin hilfesuchend an die DVAS wandte[96]. Präsident Brack stimmte dem Antrag des brandenburgischen Landesarbeitsamtes zu und stellte fest, daß die Eingriffe des Oberbür-
germeisters „ungerechtfertigt [sind], weil die Finanzierung des Amtes für Arbeit
und Sozialfürsorge durch das Provinzialamt bzw. aus Landesmitteln erfolgt"[97].
Daher stehe das Weisungsrecht dem Provinzialamt und nicht dem Oberbürgermeister zu. Eine andere Auffassung vertrat dagegen der Leiter der Juristischen
Abteilung, Rolf Helm, der sich in seiner Argumentation primär auf die entsprechenden Aussagen des SMAD-Befehls Nr. 65 bezog[98].
Ende 1946 erarbeitete Brack einen Vorschlag für eine Strukturreform der Arbeitsverwaltung in den Ländern und Provinzen der SBZ, der an der Zentralisierung keinen Zweifel ließ[99]. Demzufolge sollten alle Ämter für Arbeit und Sozialfürsorge „nach politischen Kreisen" abgegrenzt werden. Die Finanzierung hatte
aus den Etatmitteln des Landes bzw. der Provinz zu erfolgen. Das Weisungsrecht
„bis zur untersten Stelle" sollte nach wie vor bei der DVAS sowie dem zuständigen Landesministerium bestehen bleiben. Das alles war nicht neu. Der DVAS-
Präsident versuchte nun aber auch den Interessen der Städte und Gemeinden etwas entgegenzukommen. So schlug er zur Sicherstellung der „Demokratisierung
der Verwaltungen" vor, daß die „kommunalen Stellen für die Ämter für Arbeit
und Sozialfürsorge die Mehrverantwortung" übernehmen könnten[100]. Worin
diese Mehrverantwortung bestand und welche Kompetenzen damit verbunden
waren, ließ Brack allerdings offen. Somit kann an der Ernsthaftigkeit seines Kom-
promißvorschlages durchaus gezweifelt werden. Helmut Lehmann leitete Bracks
Vorschlag an einzelne Mitglieder des Zentralsekretariats weiter[101], die den Vorstoß
jedoch nicht aufgriffen.
Zum Jahreswechsel 1946/47 bestand in der SBZ immer noch keine einheitliche
Struktur der Arbeitsverwaltung. Nach den Vorstellungen Bracks sollten bei der
Errichtung der Arbeitsämter die kreisfreien Städte mit den Landkreisen zusammengelegt werden. Der Zuständigkeitsbereich der Arbeitsämter wäre damit größer geworden. Vor allem konnte man auf diese Weise Verwaltungs- und Personal-

---

[95] BAB, DQ 2/2085, Landesarbeitsamt der Mark Brandenburg am 21. 11. 1946 an die DVAS.
[96] Ebenda.
[97] BAB, DQ 2/2085, Präsident Brack am 6. 12. 1946 an das Provinzialamt für Arbeit und Sozialfürsorge in Potsdam.
[98] BAB, DQ 2/81, Bl. 317, Aktenvermerk Helms für Präsident Brack vom 4. 12. 1946.
[99] SAPMO, DY 30/IV 2/2.027/5, Bl. 177, Brack am 17. 12. 1946 an Lehmann.
[100] Ebenda.
[101] SAPMO, DY 30/IV 2/2.027/5, Bl. 178, Aktenvermerk Lehmanns für Max Fechner, Walter Ulbricht, Franz Dahlem und Erich W. Gniffke vom 27. 12. 1946.

kosten einsparen. Bei 69 Stadt- und 147 Landkreisen wären insgesamt 216 Ämter für Arbeit und Sozialfürsorge notwendig gewesen, um alle Stadt- und Landkreise gleichmäßig zu erfassen; Ende 1946 existierten aber nur 117 Arbeitsämter[102]. Eine Zusammenlegung von Stadt- und Landkreisen reichte allein nicht aus, vielmehr mußten auch einzelne Landkreise zusammengelegt werden. Nur so hätten sich Bracks Vorstellungen realisieren lassen. Der Präsident der DVAS sprach sich explizit gegen Neugründungen von Arbeitsämtern aus und verlangte von den bestehenden Ämtern, daß diese mit dem vorhandenen Personalbestand auszukommen hätten. Aufschlußreich war außerdem die Anregung Bracks, einen Wettbewerb zwischen den Ländern der SBZ zur weiteren Einsparung im Verwaltungsapparat durchzuführen. Für die Arbeitsverwaltung gab er die Losung aus, mit „kleinstem Aufwand und den geringsten Mitteln die größten Erfolge [...] zu erzielen"[103]. Ein Vertreter der SMAD, Lamin, kritisierte auf der gemeinsamen Tagung am 12./ 13. November 1946 in Brandenburg die Position der Länder und kündigte für 1947 eine einheitliche Struktur für die ganze SBZ an[104]. Nach Ansicht Lamins sei es notwendig, ein System zu entwickeln, das der DVAS „die Möglichkeit gibt, die Arbeit für die ganze Zone im gesamten [sic] zu kontrollieren und auf keinen Fall die Verantwortung von den örtlichen Selbstverwaltungsorganen zu nehmen." Offenbar wollte die SMAD die im Befehl Nr. 65 angekündigte Stärkung der kommunalen Selbstverwaltung nicht vollständig aufgeben. Eine Verschiebung der Gewichte zugunsten der Zentralinstanzen war aber unübersehbar.

DVAS-Präsident Brack hatte im Sommer 1947 noch weitergehende, deutschlandpolitische Pläne: So schlug er gegenüber der SMAD-Abteilung Arbeitskraft die Errichtung eines Arbeitsministeriums für alle vier Besatzungszonen vor und griff damit Überlegungen der vier Siegermächte aus der unmittelbaren Nachkriegszeit auf. In der Potsdamer Erklärung hatten sich die drei Alliierten darauf geeinigt, Deutschland als wirtschaftliche Einheit zu behandeln und die Errichtung von gesamtdeutschen Zentralverwaltungen in Aussicht gestellt[105]. Dieses Arbeitsministerium sollte – so die Überlegung Bracks – die Sachgebiete Arbeit und Sozialfürsorge, Gesundheitswesen und „Umsiedlung" umfassen; die Leitung des Ministeriums sei von der SED im Einvernehmen mit dem FDGB zu besetzen[106]. Sollten die Alliierten einer Vermehrung der ursprünglich fünf vorgesehenen Zentralverwaltungen nicht zustimmen, so war das Gebiet Arbeit und Sozialfürsorge als selbständiges Ressort unter der Leitung eines Unterstaatssekretärs dem Ressort für Industrie unterzuordnen. Sollte sich dieses Ziel wiederum nicht verwirklichen lassen, „so verbleibt kein anderer Weg, als es bei dem gegenwärtigen Zustand zu belassen"[107]. In dem Falle müsse aber die DVAS in die durch den SMAD-Befehl Nr. 138 am 4. Juni 1947 neu gebildete Deutsche Wirtschaftskommission

---

[102] Zu den Zahlen: Ebenda, Bl. 92–104, hier Bl. 93, Bericht von der Tagung am 12./13. 11. 1946 in Brandenburg, S. 3.
[103] Ebenda, S. 4.
[104] Ebenda, S. 21.
[105] Vgl. dazu Kraus, Ministerien für das ganze Deutschland?
[106] SAPMO, DY 30/IV 2/2.027/5, Bl. 148 f., Brack am 4. 7. 1947 an Morenow. Helmut Lehmann war im Gegensatz zu Gustav Brack sehr viel skeptischer, was die Frage der Errichtung von gesamtdeutschen Zentralverwaltungen anging. Vgl. ebenda, Bl. 155, Lehmann am 11. 7. 1947 an Brack.
[107] Ebenda, Bl. 149.

(DWK) eingegliedert werden. Im Zuge der Neuorganisation der DWK sollte dann schließlich die DVAS am 12. Februar 1948 in Hauptverwaltung für Arbeit und Sozialfürsorge (HVAS) umbenannt werden[108].

Aus der Diskussion über ein gesamtdeutsches Arbeitsministerium entwickelte sich kurzfristig eine von Sozialpolitikern der SBZ kontrovers geführte Debatte über die mögliche Wiedererrichtung der Reichsanstalt für Arbeitsvermittlung und Arbeitslosenversicherung. Die Arbeitsminister der amerikanischen und britischen Zone hatten sich auf Anregung der amerikanischen Manpower Division mit der Errichtung eines bizonalen Verbindungsausschusses für Arbeitsfragen sowie mit dem Aufbau von Landesanstalten für Arbeitsvermittlung und Arbeitslosenversicherung beschäftigt[109]. Nachdem die Gewerkschaften in den westlichen Zonen ihre Zustimmung zum Aufbau einer eigenständigen Verwaltung für die Arbeitslosenversicherung mit Finanzhoheit signalisiert hatten, erkannte die DVAS Handlungsbedarf. Nach Ansicht Bracks würde diese Frage in der SBZ „in absehbarer Zeit auch [...] von Bedeutung sein"[110]. Der DVAS-Präsident schlug zur Klärung der Angelegenheit eine gemeinsame Besprechung mit dem FDGB vor und informierte außerdem noch die Abteilung Arbeitskraft der SMAD von seinen Plänen. Dadurch erhoffte sich Brack eine wirksamere Verbesserung der Arbeitskräftelenkung[111]. Der FDGB war „nicht grundsätzlich gegen die Schaffung einer Reichsanstalt", verlangte allerdings die Vorlage eines Finanzierungskonzeptes[112]. Nach Ansicht des Bundesvorstandes sollten die Haushaltmittel der Sozialversicherung ausschließlich für die Unterstützung und Umschulung der Arbeitslosen verwendet werden, während die Verwaltungskosten von den Ländern zu übernehmen waren.

Aus Sicht des Abschnittsleiters der DVAS-Abteilung I a Donau war eine Umbildung der bestehenden Landesämter für Arbeit und Sozialfürsorge entsprechend der Vorschläge aus den westlichen Besatzungszonen nicht erforderlich[113]. Durch die Errichtung von selbständigen Landesanstalten für Arbeitsvermittlung und Arbeitslosenversicherung – wie in der amerikanischen Zone[114] – solle „die politisch gewollte föderative Aufspaltung Deutschlands auf diesem Gebiete vorangetrieben werden." Es bestünde für die SBZ daher kein Anlaß, diese Bestrebungen zu unterstützen, so Donau in seiner ablehnenden Begründung weiter. Weniger die Entwicklung in den drei Westzonen als vielmehr der Handlungsbedarf aufgrund der sowjetischen Reparations- und Demontageforderungen sowie das Bestreben zu einer langfristigen Planung und Lenkung der Produktionsfaktoren entschieden langfristig die festgefahrene Auseinandersetzung. Doch selbst innerhalb der DVAS gab es Unstimmigkeiten; der Präsident und die 1. Vizepräsidentin

[108] Vgl. Hoffmann, Sozialpolitische Neuordnung, S. 27.
[109] Vgl. zum folgenden: Ebenda, S. 80.
[110] SAPMO, DY 34, 42/979/4540, Schreiben Bracks vom 22. 5. 1947 an den 2. FDGB-Vorsitzenden Göring.
[111] Ebenda, Aktennotiz Buchows (FDGB) vom 30. 6. 1947.
[112] Ebenda.
[113] SAPMO, DY 30/IV 2/2.027/5, Bl. 166 f., Aktenvermerk Donaus vom 8. 8. 1947.
[114] In der britischen Zone hatte eine andere Entwicklung eingesetzt: Hier existierte bereits ein Zentralarbeitsamt in Lemgo, das die fachliche Aufsicht über die vier Landesarbeitsämter in Nordrhein-Westfalen, Niedersachsen, Schleswig Holstein und Hamburg besaß.

vertraten gegensätzliche Positionen. Während Gustav Brack eine einheitliche und streng hierarchisch gegliederte Arbeitsverwaltung favorisierte, sprach sich Jenny Matern in Anlehnung an den SMAD-Befehl Nr. 65 für eine Eingliederung von Teilaufgaben der Arbeitsmarktpolitik in die kommunale Selbstverwaltung aus. Diese Position unterstützten – darauf ist bereits hingewiesen worden – auch einzelne Mitglieder des Zentralsekretariats der SED. Gegenüber der Abteilung Arbeitskraft der SMAD betonte Matern, daß ihr „persönlich [...] eine starke Einschaltung der örtlichen Selbstverwaltungen in der Frage der Arbeitsvermittlung bei der Berufsschulung und Arbeitslosenversicherung zweckmäßig" erscheine[115]. Die Schaffung einer „besonderen Arbeitsverwaltung im Sinne der früheren Reichsanstalt" würde dagegen ein „Rückschritt" sein[116].

Die Diskussion über die Errichtung einer Reichsanstalt für Arbeitsvermittlung und Arbeitslosenversicherung brach ergebnislos ab, nachdem im Alliierten Kontrollrat eine Einigung über die Neuordnung der Sozialversicherung in allen vier Besatzungszonen nicht mehr erzielt werden konnte. Eine Folge davon war, daß in der SBZ die Zuständigkeit für die Verwaltung der Arbeitslosenversicherung bei den Landesarbeitsämtern verblieb. Der Ausbau der Ämter für Arbeit und Sozialfürsorge schritt dagegen in der SBZ zügig voran. Mitte September 1947 gab es insgesamt 134 Kreisämter, 347 Nebenstellen und 106 „Hilfsstellen"[117]. Schwerpunkte waren dabei die Länder Sachsen und Sachsen-Anhalt; Thüringen verfügte zu diesem Zeitpunkt über die geringste Anzahl von Arbeitsämtern.

Die Diskussion über den Aufbau der Arbeitsverwaltung wurde wesentlich beeinflußt von der Kampagne zur Senkung der Personal- und Verwaltungskosten, die auch andere Bereiche wie etwa die Sozialversicherung erfaßt hatte. So erfolgte etwa die Auszahlung von Leistungen der Arbeitslosenversicherung durch die Sozialversicherungskassen, während der Etat dieses Versicherungszweiges bei den Sozialversicherungsanstalten aufgeführt wurde. Die Bildung einer zentralen Behörde für Arbeitsvermittlung und Arbeitslosenversicherung, wie sie sich in der dargestellten Diskussion zumindest angebahnt hatte, hätte somit auch zu haushaltsrechtlichen Konsequenzen geführt. Nach einem klärenden Gespräch mit der Abteilung Arbeitskraft in Karlshorst gab die DVAS den entsprechenden Landesministerien bekannt, daß die Finanzmittel der Sozialversicherungsanstalten „nach Bedarf für Zwecke der Arbeitslosenpflichtversicherung" abgerufen werden sollen[118]. Entscheidend war jedoch, daß keine zusätzlichen Planstellen und nicht einmal weitere Finanzmittel für Personal- und Sachkosten bewilligt wurden.

Die Befürworter einer Zentralisierung der Arbeitsverwaltung sahen sich in zunehmenden Maße bestätigt durch die konkreten Anforderungen des Arbeitsmarktes in der SBZ. So verwies etwa das Landesarbeitsamt Potsdam darauf, daß große Arbeitsvorhaben in Brandenburg, wie etwa die Oderregulierung oder der Bau des Flughafens Schönefeld, „bei einer dezentralisierten Verwaltung schon in

[115] SAPMO, DY 30/IV 2/2.027/5, Bl. 161 f., Schreiben Materns vom 21. 8. 1947 an Morenow.
[116] Ebenda, Bl. 162.
[117] BAB, DQ 2/30, Bl. 1, Abt. I b am 16. 9. 1947: Anzahl der Ämter für Arbeit und Sozialfürsorge.
[118] BAB, DQ 2/1388, Vizepräsidentin Matern am 22. 11. 1947 an die Landesregierungen.

ihren Anfängen gescheitert" wären[119]. Eine Kommunalisierung der Arbeitsämter hätte zu Methoden der Arbeitskräftelenkung geführt, „die mit dem eigentlichen Zweck des planmäßigen Einsatzes der Arbeitskräfte nicht das Mindeste mehr gemein haben", da die Gemeindeverwaltungen „naturgemäß nur an ihrem Grenzbereich interessiert sind, was darüber hinaus in anderen Kreisen oder Städten vorgeht, ist ja Angelegenheit jener Behörden"[120]. Das brandenburgische Landesarbeitsamt bezog jedoch seine Stellungnahme nicht ausschließlich auf die Lenkung der Arbeitskräfte, sondern auch auf angrenzende arbeitsmarktpolitische Felder: die Berufsberatung, die Umschulung sowie die Arbeitslosenunterstützung. Das Ministerium für Arbeit und Sozialwesen der Landesregierung Brandenburg sandte diese Meinungsäußerung an die SED-Landesleitung mit der Bitte, die Frage der Verwaltungsstruktur nochmals zu überprüfen und zu einer einheitlichen Lösung zu gelangen[121]. Da auch von einzelnen Arbeitsämtern Anfragen an die Landesregierung Brandenburg gerichtet worden waren, die unter anderem die einheitliche Bezeichnung der Arbeitsämter betrafen[122], sah sich Vizepräsidentin Matern veranlaßt, beim Zentralsekretariat der SED eine erneute Besprechung zu beantragen[123]. Gegenüber dem SED-Landesvorstand der Mark Brandenburg betonte daraufhin Paul Merker, daß eine endgültige Regelung in Verbindung mit den Verhandlungen über einen neuen Wirtschaftsplan erfolgen werde[124]. Merker erteilte gleichzeitig den Mitarbeitern der Zentralsekretariats-Abteilung den Auftrag, den Aufbau der Arbeitsämter in den einzelnen Ländern zu überprüfen[125]. Der kommunalpolitische Beirat der SED sprach sich Ende 1947 gegen eine Eingliederung der Arbeitsämter in die kommunale Selbstverwaltung aus; die enge Zusammenarbeit sollte allerdings beibehalten werden[126]. Dem Zentralsekretariat wurde empfohlen, eine Neueinteilung aller Kreisarbeitsämter nach wirtschaftspolitischen Grundsätzen durchzuführen.

Die Trennlinie zwischen Befürwortern und Gegnern einer Zentralisierung konnte über die Parteigrenzen hinweg verlaufen. Dies hatte sich bereits bei der SED angedeutet: Während Mitglieder des Zentralsekretariats eine Kommunalisierung der Arbeitsämter favorisierten, stemmte sich der DVAS-Präsident Brack vehement dagegen. Ähnliches war auch bei den bürgerlichen Blockparteien, besonders der CDU zu beobachten. So sprach sich der Minister für Arbeit und Sozialwesen Brandenburgs Fritz H. Schwob für die Zentralisierung aus[127], einige

---

[119] SAPMO, DY 30/IV 2/2.027/21, Bl. 13–18, hier Bl. 15, Bericht des Landesarbeitsamtes Potsdam vom 22. 10. 1947.

[120] Ebenda, Bl. 16.

[121] SAPMO, DY 30/IV 2/2.027/21, Bl. 11 f.

[122] Vgl. SAPMO, DY 30/IV 2/2.027/5, Bl. 176, Arbeitsamt Niederbarnim am 20. 11. 1947 an Landesarbeitsamt in Potsdam.

[123] Ebenda, Bl. 174, Matern am 6. 11. 1947 an Zentralsekretariat der SED; ebenda, Bl. 175, Matern am 8. 12. 1947 an Zentralsekretariat der SED.

[124] SAPMO, DY 30/IV 2/2.027/21, Bl. 29, Merker am 12. 12. 1947 an SED-Landesvorstand.

[125] Ebenda, Bl. 30, Vermerk Merkers vom 12. 12. 1947.

[126] Ebenda, Bl. 31, Vorlage an das ZS der SED: Entschließung der Tagung des kommunalpolitischen Beirats (18.–20. 12. 1947).

[127] Ebenda, Bl. 11 f., Ministerium für Arbeit und Sozialwesen Brandenburgs am 10. 11. 1947 an SED-Landesleitung. Schwob blieb auch 1948 bei seiner ablehnenden Haltung zur Kommunalisierung der Arbeitsverwaltung. Vgl. ACDP, VII/011/1286, Rundschreiben der CDU-Hauptgeschäftsstelle

Bürgermeister und Oberbürgermeister dagegen[128]. Die Front verlief somit zwischen der Zentralverwaltung, die von einigen Landesverwaltungen unterstützt wurde, und den Kommunalverwaltungen. Dies war letztlich nicht überraschend, ging es doch um die Zuteilung von Kompetenzen innerhalb der staatlichen Verwaltung.

Auch Anfang 1948 war die Frage des Aufbaus der Arbeitsverwaltung noch nicht zur Zufriedenheit der DVAS gelöst. So berichtete die Abteilung I b, daß die organisatorische „Untergliederung [...] nicht den Bedürfnissen der heutigen Arbeitslenkung" genügen würde[129]. Vor allem in Randgemeinden der Arbeitsamtsbezirke hänge die Erfassung und Arbeitslenkung der Bevölkerung „mehr oder minder in der Luft." Eine Kontrolle der Registrierung und „der rationellen Auswertung der Arbeitskräfte im Rahmen der weitläufigen geographischen Ausdehnung des Bezirkes" sei wegen der bestehenden Verkehrsprobleme „außerordentlich erschwert und zum Teil nicht durchführbar."

Vor allem die oftmals unzureichende Abstimmung zwischen der Berliner Zentralverwaltung und den Arbeitsämtern vor Ort veranlaßte die DVAS-Abt. I b, einen Verordnungsentwurf auszuarbeiten, der die jeweiligen Kompetenzen festlegte. Der am 7. Februar 1948 fertiggestellte Referentenentwurf sah eine klar hierarchisch gegliederte Verwaltungsstruktur vor, bei der die Arbeitsämter Befehlsempfänger der DVAS bzw. der Landesarbeitsämter sein sollten[130]. Demzufolge trug die DVAS die Gesamtverantwortung bei der Organisierung und Durchführung der öffentlichen Arbeitsvermittlung; die Landesämter für Arbeit und Sozialfürsorge waren somit ausführende Organe. Die Juristische Abteilung, der der Referentenentwurf vorgelegt worden war, arbeitete kurz darauf einen ersten Verordnungsentwurf aus[131]. Eine gemeinsame Besprechung von Vertretern beider Abteilungen mit dem Präsidenten Brack am 12. Februar ergab, daß zunächst zwei getrennte Gutachten erstellt werden sollten, „und zwar Abt. I b vom Standpunkt der Praxis und Abt. V vom juristischen Standpunkt aus"[132]. Das Kernproblem der weiteren Debatte bestand nach wie vor in der Auslegung des SMAD-Befehls Nr. 65, der die Verantwortung für die Arbeit der Arbeitsämter der Kommunalverwaltung übertragen hatte. Nach Ansicht der Juristischen Abteilung konnte diese Bestimmung nicht als Grundlage einer Kommunalisierung der Arbeitsämter angesehen werden[133]. Offensichtlich favorisierten aber immer noch einzelne Vertreter der SMAD diese Lösung: „Einer Übertragung der Ämter für Arbeit und Sozialfürsorge in der Art, wie sie in einer der letzten Präsidialsitzungen als Wunsch der SMAD vorgetragen worden sind, stehen auch erhebliche verwaltungs- und staatsrechtliche Bedenken entgegen."[134] In ihrem Gutachten unterschied die Juristische Abteilung zwischen einer „dezentralisierten" und einer „dekonzentrierten" Ver-

---

Nr. 9/48 vom 21. 4. 1948. Zur selben Gesamtbeurteilung gelangte übrigens auch der Minister für Arbeit und Sozialpolitik in Sachsen-Anhalt, Leo Herwegen (CDU). Vgl. ebenda.
[128] SAPMO, DY 30/IV 2/2.027/21, Bl. 28, Vermerk Wecks vom 2. 12. 1947.
[129] BAB, DQ 2/2084, Aktennotiz der Abt. I b vom 8. 1. 1948.
[130] BAB, DQ 2/2775.
[131] Ebenda, Jurist. Abt. am 10. 2. 1948 an Abt. I b.
[132] Ebenda, Aktennotiz der Abt. I b vom 12. 2. 1948.
[133] Ebenda, Jurist. Abt. am 13. 2. 1948 an Präsident Brack.
[134] Ebenda, S. 1.

waltung: Während sich die Verwaltung bei der ersten Variante auf zahlreiche Selbstverwaltungskörperschaften stütze, bestehe bei der zweiten Variante eine zentrale Verwaltungsbehörde, „die als Unterbau eine Vielzahl von eigenen Dienststellen besitzt, die den Weisungen der zentralen Instanz folgen müssen und von ihr finanziert werden"[135]. Die dekonzentrierte Verwaltung sei dort angebracht, „wo überbezirkliche Belange" im Vordergrund stehen würden, so auch bei der Arbeitsverwaltung. Die Abteilung I b sprach sich ebenfalls gegen eine Stärkung der kommunalen Kompetenzen bei der Arbeitskräftelenkung aus. Der wirtschaftliche Wiederaufbau lasse sich nur durch eine „straffe Arbeitslenkung" erzielen[136]. Statt dessen wurde vorgeschlagen, die Kommunalverwaltung stärker in die Pflicht zu nehmen. Der SMAD-Abteilung Arbeitskraft schien die Argumentation der Juristischen Abteilung einsichtig gewesen zu sein. Bei einer Besprechung signalisierte Morenow in Karlshorst am 24. Februar, daß er auf einer Kommunalisierung der Arbeitsämter nicht bestehen werde[137].

Der DVAS-Präsident schloß sich den Stellungnahmen der beiden Abteilungen seines Hauses an und übermittelte sie am 25. Februar der zuständigen Abteilung des SED-Zentralsekretariats, die mehrheitlich stets für eine Eingliederung der Arbeitsämter in die Verwaltung der Städte und Gemeinden eingetreten war[138]. Das Antwortschreiben war deutlich im Weisungsstil gehalten und sparte nicht mit harscher Kritik. Der DVAS-Leitung wurde im einzelnen vorgehalten, daß sie „innerlich" nicht davon überzeugt sei, daß die Neuordnung von Staat, Wirtschaft und Gesellschaft auch für den Bereich Arbeit und Sozialfürsorge gelte. Und weiter: „Beinahe zwei Jahre ist der Auftrag, die Strukturänderung praktisch durchzuführen, nicht ausgeführt worden."[139] Der Brief endete unmißverständlich: „Es ist genug geredet worden. Die Grundsätze sind bekannt. Wir halten darum eine nochmalige Aussprache für Zeitvergeudung"[140]. Brack erhielt den Auftrag, einen Verordnungsentwurf über die Neugestaltung der Struktur der Arbeitsämter „in dem von der Partei gewünschten Sinne unverzüglich"[141] auszuarbeiten und vorzulegen.

Die Abt. I b der DVAS legte am 13. März 1948 einen überarbeiteten Referentenentwurf vor, der auf den ersten Blick nach einem Kompromiß aussah[142]. Auf der einen Seite behielt die DVAS die Gesamtverantwortung für die Arbeitsvermittlung in der SBZ; sie hatte ein Weisungs- und Kontrollrecht. Die von ihr erlassenen gesetzlichen Bestimmungen waren für die nachgeordneten Dienststellen bindend. Die genaue Abgrenzung der einzelnen Arbeitsämter – eine alte strittige Frage – sollte auf Anweisung des zuständigen Landesamtes für Arbeit und Sozialfürsorge erfolgen; dabei waren sowohl politische als auch wirtschaftliche Erfordernisse zu berücksichtigen. Zur Verwaltungsvereinfachung trug außerdem die Bestimmung bei, daß kreisfreie Städte mit mindestens einem Landkreis zu einem Arbeitsamtsbezirk vereinigt werden sollten. Dagegen konnten Neben- bzw.

[135] Ebenda, S. 2.
[136] BAB, DQ 2/1754, Notiz der Abt. I b vom 16. 2. 1948, S. 1.
[137] BAB, DQ 2/2197, Jurist. Abt. am 25. 2. 1948 an Präsident Brack.
[138] SAPMO, DY 30/IV 2/2.027/21, Bl. 43.
[139] Ebenda, Bl. 45–47, hier Bl. 45, ZS-Abteilung Arbeit und Sozialfürsorge am 1. 3. 1948 an Brack.
[140] Ebenda, Bl. 46.
[141] Ebenda, Bl. 47.
[142] SAPMO, DY 30/IV 2/2.027/21, Bl. 49–51.

Hilfsstellen nach Bedarf aufgebaut werden. Auf der anderen Seite – und das sollte vermutlich den Forderungen des SED-Zentralsekretariats Rechnung tragen – erhielten die Kommunalverwaltungen ein Vorschlagsrecht bei der personellen Zusammensetzung der Landesämter für Arbeit und Sozialfürsorge sowie der Arbeitsämter. Darüber hinaus sollten die Stadt- und Gemeindeverwaltungen Diensträume und Sachmittel bereitstellen. Auch die Besoldung der Angestellten der Arbeitsämter war aus den Haushaltsmitteln der Kommunalverwaltung aufzubringen. Der Leiter der Abteilung Arbeit und Sozialfürsorge beim Zentralsekretariat der SED, Rudolf Belke, war mit dem Entwurf überhaupt nicht einverstanden: „Der Entwurf hat keine klare Linie."[143] Im einzelnen stellte Belke fest, daß die Arbeitsämter nicht „mehrere politische Kreise oder Teile derselben" umfassen dürften[144]. Eine Neuordnung der Länder und Kreise wollte er im Interesse einer zweckmäßigen Wirtschaftsplanung keineswegs ausschließen; dies sei aber eine Aufgabe, der sich die DWK anzunehmen habe. Neben Änderungsvorschlägen zu einigen Bestimmungen des Referentenentwurfes machte Belke grundsätzliche Bedenken an der Vorarbeit der DVAS geltend: „Wir haben kein Interesse an einer Inflation von Durchführungsverordnungen [...]. In der Verordnung soll schon alles enthalten sein."[145]

Somit blieb die DVAS aufgefordert, die Mitarbeit der Kommunalverwaltung beim Aufbau der Arbeitsverwaltung gesetzlich zu regeln. Bereits am 16. März 1948 lag ein neuer Entwurf der zuständigen Abteilung I b vor, der die Bildung von „Parlamenten der Arbeitskräfte" vorsah[146]. Konkret ging es um die Errichtung von „Verwaltungs-Kontrollausschüssen" bei den Ämtern für Arbeit und Sozialfürsorge. Diese Ausschüsse sollten aus jeweils drei Vertretern des FDGB, der „öffentlich anerkannten" Unternehmerorganisationen (Industrie- und Handelskammern sowie Handwerkskammern), sowie der Kreis- oder Landesparlamente, und jeweils einem Vertreter des Demokratischen Frauenbundes Deutschland (DFD), der Freien Deutschen Jugend (FDJ), des Arbeitsamtes und einem des Kreisrates oder des Landesministeriums bestehen. Die „Verwaltungs-Kontrollausschüsse" nahmen die Funktion eines Aufsichtsorgans wahr und hatten beispielsweise alle Geschäftsvorgänge zu überprüfen, „ganz gleich, ob es sich um die zweckmäßige Abgrenzung der Amtsbezirke, um Anordnungen des Amtes oder um Einsprüche des Amtes gegen behördliche Anordnungen der Selbstverwaltungs-Körperschaften" handelte[147]. Inhaltlich gesehen konnten sich die Ausschüsse – so sah es der Entwurf vor – in nahezu jedes Aufgabengebiet des Arbeitsamtes einschalten. Eine nicht absehbare Auseinandersetzung zwischen Arbeitsämtern und Kontrollausschüssen wäre bei einer Realisierung die Folge gewesen, da in Streitfällen zunächst der übergeordnete Landeskontrollausschuß, letztendlich aber die oberste Landesbehörde entscheidungsbefugt gewesen wäre. Diese Regelung hätte zu einer nicht unbeträchtlichen Lähmung der Arbeitsverwaltung beitragen können. Sowohl die SED-Führung als auch die DVAS-Leitung erkannten offensichtlich diese dro-

---

[143] Ebenda, Bl. 52 f., Bemerkungen Belkes vom 7. 4. 1948.
[144] Ebenda, Bl. 52.
[145] Ebenda, Bl. 53.
[146] BAB, DQ 2/2197.
[147] Ebenda, § 10.

hende Gefahr und einigten sich schließlich auf die Schaffung von Beratungsausschüssen bei den Landesministerien für Arbeit und Sozialfürsorge[148].

Der FDGB-Bundesvorstand sprach sich insgesamt für den Aufbau von Verwaltungsausschüssen aus, verlangte allerdings eine stärkere Berücksichtigung der Gewerkschaftsinteressen: Diese Ausschüsse sollten sich – so die Hauptabteilung 3 (Sozialpolitik) – zu zwei Dritteln, mindestens aber zu 50 Prozent aus Vertretern der Gewerkschaften zusammensetzen[149]. Ansonsten hielt sich der FDGB in dieser Auseinandersetzung auffallend zurück.

Auf Landesebene war nach wie vor Thüringen ein entschiedener Befürworter einer Zentralisierung der Arbeitsverwaltung. Daran hatte auch der Wechsel Gustav Bracks vom Landesamt für Arbeit und Sozialfürsorge zur DVAS im Juni 1946 nichts geändert; sein Nachfolger, Minister Georg Appell, behielt diese Position bei. Zur Begründung verwies Appell auf die nach wie vor drängenden Probleme der Arbeitskräftelenkung, insbesondere des überbezirklichen Ausgleichs[150]. Ein anderer Faktor war ebenfalls von entscheidender Bedeutung, der in der Diskussion noch keine tragende Rolle gespielt hatte, den Handlungsspielraum aber indirekt immer mehr beeinflussen sollte, und zwar die Aufstellung des Zweijahresplanes, der mittel- und langfristig eine straff organisierte Arbeitsverwaltung erforderlich machte. Darauf wird weiter unten noch genauer einzugehen sein[151].

Einen neuen Verordnungsentwurf präsentierte die Hauptverwaltung für Arbeit und Sozialfürsorge (HVAS) am 9. April 1948[152]. Dieser enthielt zwei wesentliche Veränderungen: Zunächst einmal wurden die Arbeitsämter ausdrücklich der Dienstaufsicht des Bürgermeisters der betreffenden Gemeinde unterstellt[153]. Damit wurde die Forderung nach Kommunalisierung der Arbeitsverwaltung erstmals von der HVAS berücksichtigt. Die zweite Veränderung betraf die Einrichtung von Verwaltungsausschüssen, wobei der Verordnungsentwurf jedoch keine näheren Angaben über die Zusammensetzung und die Befugnisse dieser Gremien machte[154]. Über allem stand allerdings nach wie vor die HVAS, die etwa in Streitfällen die Entscheidungskompetenz besaß. Die Abteilung Kommunalpolitik beim SED-Zentralsekretariat meldete nur kleinere Korrekturwünsche am Entwurf an[155]. Interessanterweise hatte sie keinerlei Vorbehalte gegen die zentrale Aufsicht und Lenkung der HVAS und die gleichzeitige Übertragung der Dienstaufsicht an die Kommunalvertreter. Eine geringfügig überarbeitete Fassung sandte Gustav Brack am 14. April an das SED-Zentralsekretariat[156]. Helmut Lehmann lehnte auch diesen Entwurf weiterhin ab und warf Brack vor, er wolle „sich absolut nicht davon überzeugen lassen, daß die Ämter für Arbeit und Sozialfürsorge Abteilun-

---

[148] BAB, DQ 2/2063, Protokoll vom 30. 3. 1949 über die Sitzung des Beratungsausschusses am 28. 3. 1948 [sic]. Aus dem Protokoll geht hervor, daß diese Sitzung nur am 28. 3. 1949 stattgefunden haben kann.

[149] SAPMO, DY 34/20149, Aktennotiz der HA 3 vom 3. 4. 1948.

[150] SAPMO, DY 30/IV 2/2.027/21, Bl. 67, Ministerium für Arbeit und Sozialwesen des Landes Thüringen am 7. 4. 1948 an das Ministerium für Arbeit und Sozialwesen des Landes Brandenburg.

[151] Vgl. Kap. I.5 (Arbeitskräftelenkung als Bestandteil der allgemeinen Wirtschaftsplanung).

[152] SAPMO, DY 30/IV 2/2.027/21, Bl. 54–57.

[153] Ebenda, § 4.

[154] Ebenda, § 5.

[155] SAPMO, DY 30/IV 2/2.027/21, Bl. 64, SED-Hausmitteilung vom 26. 4. 1948.

[156] Ebenda, Bl. 59–63, Entwurf der HVAS vom 10. 4. 1948 mit Anschreiben Bracks.

gen der Stadt- und Landkreisverwaltungen sein müssen"[157]. Der Kommunalverwaltung stünde die Aufgabe der Arbeitsvermittlung und -lenkung zu, so Lehmann weiter. Es sei notwendig, die Weisungsbefugnisse des Landesarbeitsamt gegenüber den Arbeitsämtern festzulegen. Hier bahnte sich ein möglicher Kompromiß an: Die Arbeitsämter sollten demzufolge in die Stadt- und Gemeindeverwaltung eingegliedert werden, die jeweiligen Landesarbeitsämter aber als übergeordnete Verwaltung weisungsbefugt sein bzw. bleiben. Damit wäre nur noch eine Feinabstimmung zwischen den Zuständigkeiten der kommunalen Verwaltungen und der Landesarbeitsämter erforderlich gewesen. Lehmann nutzte die Gelegenheit, um grundsätzliche Kritik an der Vorgehensweise Bracks zu üben: „Ich habe seit langem die Überzeugung, daß Brack nicht in der Lage ist, einen Entwurf aufzustellen, wie er unseren Vorstellungen entspricht, da er unseren Auffassungen absolut ablehnend gegenübersteht."[158] Lehmann erklärte sich bereit, einen Gegenentwurf aufzustellen, „sobald ich von meinem jetzigen Krankenurlaub zurückkomme." Der Gründungsvater der ostdeutschen Einheitsversicherung hatte zu diesem Zeitpunkt bereits an Einfluß verloren, was vermutlich mit seinem angeschlagenen Gesundheitszustand zusammenhing. Der Höhepunkt seiner sozialpolitischen Tätigkeit war eng mit den Vorarbeiten zum SMAD-Befehl Nr. 28 vom 28. Januar 1947 verwoben[159].

Auch die Hauptabteilung Sozialpolitik beim FDGB-Bundesvorstand erkannte die Mängel und Widersprüche des HVAS-Verordnungsentwurfes vom 10. April 1948. Im einzelnen kritisierten die Sozialpolitikexperten des FDGB die Übertragung der Dienstaufsicht an die Bürgermeister. Im Rahmen des einheitlichen und übersichtlichen Organisationsaufbaus wirke diese Regelung „wie ein Fremdkörper"[160]. Es sei „völlig unlogisch", die Dienstaufsicht einer Verwaltung zu übertragen, die nicht Bestandteil der Arbeitsverwaltung sei. Die Hauptabteilung Sozialpolitik befürchtete daher für die Zukunft „einen hemmenden Dualismus" zwischen der HVAS und den kommunalen Behörden. Als zentrales Problem bezeichnete der FDGB jedoch die anstehenden Aufgaben einer Arbeitsmarktpolitik für die SBZ insgesamt, denen der Entwurf nicht gerecht werden könne. Man befürchtete auch in inhaltlichen Fragen „einen dauernden Widerstreit" zwischen der HVAS und der Kommunalverwaltung, „unter dem eine den wirtschaftlichen Gegebenheiten angepaßte Arbeitsmarktpolitik im weitesten Sinne des Wortes leiden muß"[161]. Dagegen hielt der 1. Vorsitzende des FDGB-Bundesvorstandes, Hans Jendretzky, den Entwurf „für tragbar"[162]. Allerdings sprach er sich für die Ausarbeitung einer detaillierten Geschäftsordnung aus, die den möglichen Dualismus, den er offenbar doch sah, verhindern müsse.

Die nach wie vor umstrittene Frage nach Kommunalisierung oder Zentralisierung der Arbeitsverwaltung war ein zentrales Thema der in unregelmäßigen Abständen von der DVAS bzw. HVAS zusammengerufenen Arbeitstagungen, an der

[157] Ebenda, Bl. 58, Vermerk Lehmanns vom 19. 4. 1948 für Paul Merker.
[158] Ebenda.
[159] Vgl. dazu: Hoffmann, Sozialpolitische Neuordnung, passim.
[160] BAB, DQ 2/2197, Kommentierung der HA III des FDGB-Bundesvorstandes vom 24. 4. 1948, S. 1.
[161] Ebenda, S. 2.
[162] SAPMO, DY 30/IV 2/2.027/21, Bl. 71, Jendretzky am 22. 5. 1948 an Brack.

Vertreter der zuständigen Landesministerien, des Berliner Magistrats und des FDGB-Bundesvorstandes teilnahmen. Zu diesen Treffen waren auch SMAD-Offiziere eingeladen, die in der Regel die Gelegenheit wahrnahmen, zu den Versammelten zu sprechen. Diese Arbeitstagungen hatten sowohl Informations- als auch Abstimmungscharakter. Die Struktur der Arbeitsämter war etwa auf der Tagung am 27./28. April 1948 in Erfurt von wesentlicher Bedeutung, versuchte doch die HVAS-Leitung eine einvernehmliche Lösung herbeizuführen. Es blieb allerdings bei einer grundsätzlichen Debatte, in der sich wiederum einige Ländervertreter gegen den Einbau der Arbeitsämter in die Kommunalverwaltung aussprachen[163]. Eine Einigung konnte nicht erzielt werden, und es blieb dem HVAS-Präsidenten Brack überlassen, die Suprematie der sowjetischen Besatzungsmacht auch in dieser Angelegenheit deutlich zu machen[164]. Es hat den Anschein, als ob die SMAD eine endgültige Entscheidung nicht unbedingt selbst treffen wollte. Bei gemeinsamen Besprechungen mit Vertretern der HVAS in Karlshorst machte die Abteilung Arbeitskraft wiederholt darauf aufmerksam, daß die entsprechende Bestimmung des SMAD-Befehls Nr. 65 nach wie vor nicht umgesetzt worden sei. Bei dieser Feststellung beließen es jedoch dann die sowjetischen Vertreter und nahmen nur noch die bekannte ablehnende Haltung der HVAS sowie der Landesarbeitsämter zur Kenntnis[165].

Eine wichtige Vorentscheidung brachte eine gemeinsame Besprechung am 9. Juni 1948, an der Vertreter der HVAS, des FDGB, der kommunalpolitischen Abteilung sowie der Abteilung für Arbeit und Sozialfürsorge beim SED-Zentralsekretariat teilnahmen. Die Aussprache ergab „das Fallenlassen aller bisherigen Vorschläge, die darauf gerichtet waren, Arbeitsämter bei den Gemeinden, Landesarbeitsämter bei den Landesregierungen zu schaffen, die jeweils der Kommunalverwaltung oder Landesregierung unterstellt werden sollten"[166]. Damit war das Projekt von der Kommunalisierung der Arbeitsverwaltung endgültig begraben. Statt dessen einigte man sich darauf, „eine besondere Institution [zu schaffen], die der Selbstverwaltung unterstellt werden soll." Konkret handelte es sich dabei um die bereits seit längerer Zeit diskutierten Verwaltungsausschüsse, in der die Gewerkschaften nunmehr eine deutliche Majorität besitzen sollten: Zwei Drittel der jeweils 18 Personen umfassenden Ausschüsse standen demnach der Gewerkschaftsseite zu und ein Drittel den Vertretern der Industrie- und Handelskammern, der Kommunalverwaltung, der Volkseigenen Betriebe und der VdgB. Der FDGB hatte sich mit seinen Vorstellungen durchsetzen können. Der Selbstverwaltungsgedanke hatte damit auch einen völlig anderen inhaltlichen Schwerpunkt bekommen: Während anfangs eine Mitwirkung der kommunalen Körperschaften geplant war, trat dieser Gedanke ganz in den Hintergrund und wurde durch einen dominierenden gewerkschaftlichen Einfluß ersetzt. Eine ähnliche Entwicklung zeichnete sich in etwa zeitgleich bei den Organen der Sozialversicherung ab[167],

---

[163] BAB, DQ 2/1537, Niederschrift über den Verlauf der am 27./28. 4. 1948 stattgefundenen Arbeitstagung der HVAS in Erfurt, S. 7.
[164] Ebenda, S. 8.
[165] Vgl. BAB, DQ 2/2040, Bl. 129, Niederschrift über Besprechung bei der SMAD am 22. 5. 1948.
[166] SAPMO, DY 30/IV 2/2.027/21, Bl. 72 f., hier Bl. 72, Aktennotiz Hamachers vom 9. 6. 1948.
[167] Vgl. Hoffmann, Sozialpolitische Neuordnung, S. 113–118.

ohne daß auf diesem sozialpolitischen Gebiet aber zuvor die Forderung nach einer Kommunalisierung ernsthaft erhoben worden wäre. Die Stärkung des gewerkschaftlichen Einflusses auf die Arbeitsämter war ein Vorschlag, der von Helmut Lehmann kam und letztlich den Kompromiß erst möglich machte[168]. Sowohl die HVAS-Leitung als auch die beiden Abteilungen des Zentralsekretariats stimmten dieser Lösung zu. Lehmann legte noch am selben Tag einen neuen Verordnungsentwurf vor, der inhaltlich dieser getroffenen Einigung entsprach[169]. Zwar sah der Entwurf vor, daß die Arbeitsämter als Abteilungen der Kreis- und Stadtverwaltungen zu bilden waren. Gleichzeitig wurde aber unmißverständlich festgelegt, daß die Lenkung und Leitung der Arbeitskräfteverteilung allein der HVAS oblag, an deren Weisungen die Arbeitsämter und Landesarbeitsämter gebunden waren.

An dieser Stelle seien noch einige wenige Bemerkungen zur wechselnden Bezeichnung der Arbeitsämter in der SBZ gestattet[170]: Vor allem in den ersten beiden Nachkriegsjahren herrschte eine große Uneinheitlichkeit; die genaue Amtsbezeichnung wurde letztlich von der jeweiligen Landes- bzw. Provinzialregierung festgelegt. So verfügte beispielsweise das thüringische Landesamt für Arbeit und Sozialfürsorge am 15. Februar 1946 die Umbenennung der Arbeitsämter in Ämter für Arbeit und Sozialfürsorge und begründete diesen Schritt mit der Erweiterung der Tätigkeitsfelder[171]. Nachdem der SED-Landesvorstand im März 1948 eine erneute Umbenennung in „Ämter für Arbeit" angeregt hatte, schloß sich auch das thüringische Ministerium für Arbeit und Sozialwesen dieser Meinung an[172]. Dadurch sollten Verwechslungen mit den Sozialämtern in der Öffentlichkeit vermieden werden. Die HVAS bat daraufhin die übrigen Landesämter für Arbeit und Sozialfürsorge um eine Stellungnahme[173]. Gegen eine Umbenennung wandte sich das Landesarbeitsamt Brandenburg[174]. Der Minister für Arbeit und Sozialpolitik von Sachsen-Anhalt wollte zunächst die Eingliederung der Arbeitsämter in die Kommunalverwaltung abwarten[175]. Die HVAS nahm daher Abstand von dem Versuch, eine Vereinheitlichung der Amtsbezeichnung in allen Ländern zu erreichen: Es bestünde keine Möglichkeit, „zwingend eine einheitliche Benennung der Ämter zu verfügen"[176]. Dagegen existierte innerhalb der Arbeitsämter eine einheitliche Bezeichnung der Abteilungen.

Auch nach der grundsätzlichen Entscheidung über die Struktur der Arbeitsverwaltung ebbte damit die Diskussion doch nicht automatisch ab. Sowohl die SED-Führung als auch die HVAS bzw. die Landesarbeitsämter versuchten in der Folgezeit, wenn auch nur noch vereinzelt, neue Strukturverbesserungen durchzusetzen.

---

[168] BAB, DQ 2/2197, Vermerk der FDGB-Hauptabteilung 3 vom 10. 6. 1948.
[169] SAPMO, DY 30/IV 2/2.027/21, Bl. 74–76, Entwurf Lehmanns vom 9. 6. 1948.
[170] Vgl. dazu auch Boldorf, Sozialfürsorge, S. 141 f.
[171] BAB, DQ 2/1553.
[172] BAB, DQ 2/2084, Ministerium für Arbeit und Sozialwesen des Landes Thüringen am 16. 3. 1948 an die DVAS. Erstmals zitiert bei Boldorf, Sozialfürsorge, S. 142.
[173] BAB, DQ 2/2084, HVAS am 21. 5. 1948 an die Landesämter für Arbeit und Sozialfürsorge in Schwerin, Dresden, Halle und Potsdam.
[174] Ebenda, Ministerium für Arbeit und Sozialwesen der Landesregierung Brandenburg am 3. 6. 1948 an die HVAS. Erstmals zitiert bei Boldorf, Sozialfürsorge, S. 142.
[175] BAB, DQ 2/2084, Minister für Arbeit und Sozialpolitik Sachsen-Anhalt am 24. 6. 1948 an die HVAS.
[176] Ebenda, Notiz der HVAS (Abt. I b) vom 26. 6. 1948.

Daneben schaltete sich die sowjetische Besatzungsmacht in die Debatte wieder ein. So erteilte etwa die SMA des Landes Brandenburg dem dortigen Ministerium im Sommer 1948 den Auftrag, einen Vorschlag für die Reorganisation der Abteilung Arbeit und Sozialfürsorge bei der Landesregierung und in den Kreisen auszuarbeiten[177]. Eine Absprache war in diesem Fall weder mit der SMAD in Karlshorst noch mit der SED-Führung noch mit der HVAS-Leitung getroffen worden. Das zeigte, daß auch in Zukunft eine einheitliche Regelung für die SBZ schwierig bleiben würde. Bei den wöchentlich stattgefundenen Besprechungen zwischen Mitarbeitern der HVAS und der Abteilung Arbeitskraft in Karlshorst wurden die sowjetischen Ziele durchaus deutlich. So sollten wesentliche Aufgaben der Arbeitsämter nach den Vorstellungen der SMAD langfristig an die Industrieverwaltungen übergehen[178]. Die wirtschaftlichen Zentralverwaltungen bzw. Ministerien hatten demnach die Planung des Arbeitskräfteeinsatzes zu übernehmen, während den Arbeitsämtern eine kontrollierende Funktion zukam. Dies entsprach offensichtlich der Entwicklung in der Sowjetunion, wo „[b]esondere Ämter für Arbeit" nicht existierten[179].

Um die Zuordnung der Kompetenzen und Zuständigkeiten auf die einzelnen Ebenen der Arbeitsverwaltung zu verdeutlichen, legte Lehmann am 5. Oktober 1948 einen weiteren Verordnungsentwurf vor[180]. Dem Arbeitsamt sollte danach die Aufgabe der Lenkung, Vermittlung, Einweisung, Umschulung von Arbeitskräften sowie die Auszahlung der Arbeitslosenunterstützung zufallen. Dem Landesarbeitsamt oblag die Überwachung und Anleitung der Arbeitsämter. An der Spitze stand bekanntlich die HVAS, der die „oberste Lenkung und Leitung der Verteilung der Arbeitskräfte [...] sowie Erlasse über den Arbeitsschutz und der Unfallverhütung" zustanden[181]. Der Vorschlag Lehmanns fand jedoch keinerlei Resonanz, wie sich bereits auf der Arbeitsministerkonferenz am 12. Oktober abzeichnete; zu dieser hatte die HVAS wieder die Vertreter der Landesministerien eingeladen[182]. Auf einer weiteren Konferenz, knapp zwei Monate später, beabsichtigte die HVAS-Leitung, einen einheitlichen Stellenplan für die Landesverwaltungen beschließen zu lassen[183]. Dahinter stand letztlich das Ziel, Personal- und Verwaltungskosten einzusparen. Die HVAS mußte es aber bei Appellen belassen, da die Landesregierungen nach wie vor über die Personalpolitik in ihrem Verwaltungsbereich entscheiden konnten.

Die DWK konnte sich in der Folgezeit zu einer klaren Regelung jedoch nicht durchringen. Im Einvernehmen mit der Deutschen Verwaltung des Innern faßte sie am 15. Dezember 1948 folgenden Beschluß: „Die Steuerämter, Arbeitsämter und Eichämter bleiben selbständig, werden aber der administrativen Dienstauf-

[177] SAPMO, DY 30/IV 2/2.027/5, Bl. 220, Merker am 22. 7. 1948 an J. Matern (HVAS).
[178] BAB, DQ 2/2040, Bl. 163, Aktennotiz über Besprechung mit der SMAD in Karlshorst am 1. 10. 1948.
[179] Ebenda. Vgl. allgemein zur Wirtschaftsplanung in der UdSSR nach dem Ende des Zweiten Weltkrieges: Hildermeier, Geschichte der Sowjetunion, S. 689–701.
[180] SAPMO, DY 30/IV 2/2.027/21, Bl. 79–83.
[181] Ebenda, § 4.
[182] BAB, DQ 2/1303, Bl. 67–73, Bericht der HVAS vom 20. 10. 1948.
[183] Ebenda, Bl. 26–34, Sitzungsbericht über die Arbeitsministerkonferenz am 9./10. 12. 1948.

sicht der Landräte, bzw. der Oberbürgermeister unterstellt."[184] Gleichzeitig hielt das Sekretariat der DWK „eine völlige Eingliederung der genannten Ämter in die kommunale Verwaltung nicht für zweckmäßig". Gerade vor dem Hintergrund des Zweijahrplanes sollte an einer zentralen Planung und Lenkung des Arbeitskräftepotentials festgehalten werden. Die allgemeine Wirtschaftsplanung und vor allem die Ausarbeitung des Zweijahrplanes prägten in der Folgezeit den weiteren Diskussionsverlauf. So wurde etwa von seiten der HVAS ein Vorschlag zur Zusammenlegung von Arbeitsämtern ausgearbeitet, der explizit diesen kausalen Zusammenhang herstellte[185]. Dabei sollte jedoch nach den Plänen der HVAS keine neue Einteilung der Kreise vorgenommen werden, sondern nur eine Zusammenlegung von zwei oder mehreren Kreisen in einem Arbeitsamtsbezirk: Die Anzahl der Arbeitsämter hätte auf diese Weise von 132 auf 81 sinken können[186]. Die HVAS legte Anfang 1949 zwei Verordnungsentwürfe vor, die dem Beschluß des Sekretariats der DWK vom Dezember 1948 Rechnung tragen sollten[187].

Abstimmungsprobleme ergaben sich nicht nur zwischen der HVAS und den Landesverwaltungen, sondern auch zwischen der Berliner Hauptverwaltung und der SED-Führung. So beklagte sich etwa HVAS-Präsident Brack gegenüber Lehmann, daß „die Genossen vom ZS [Zentralsekretariat] oft nicht zu bekommen wären"[188]. Dies sei ein wesentlicher Grund für die Verzögerungen. Als Leiter der HVAS habe er – so Brack weiter – „nicht das Gefühl, daß sie beim ZS genügend Unterstützung hätten"[189]. Daraufhin schlug Lehmann vor, daß die HVAS den Kontakt nur zur Abteilung Arbeit und Sozialfürsorge beim Zentralsekretariat, und nicht mehr direkt zu den Parteivorsitzenden aufnehmen solle. Außerdem seien Differenzen „nicht schriftlich, sondern persönlich aus der Welt" zu schaffen[190].

Auch im Sommer 1949 war die Strukturänderung der Arbeitsverwaltung in den Ländern noch nicht abgeschlossen. Die SMAD drängte häufig auf eine Reduzierung der Arbeitsämter und des Personalbestandes[191] und bezog sich inhaltlich auf die Pläne der HVAS, die offensichtlich nicht realisiert worden waren. Dabei wurden Einsparungsmöglichkeiten von bis zu 20 Prozent genannt[192]. Vertreter der sowjetischen Besatzungsmacht, in erster Linie der Abteilung Arbeitskraft, wieder-

---

[184] BAB, DQ 2/1754, Brack am 5. 1. 1949 an die Abt. Arbeit und Sozialfürsorge beim SED-Zentralsekretariat.
[185] BAB, DQ 2/2084, Notiz der HVAS (Abt. I) vom 12. 1. 1949.
[186] Laut einer anderen Statistik existierten in der SBZ 135 Arbeitsämter. Vgl. BAB, DQ 2/2063. Im Jahr 1944 hatte diese Zahl bei 76 gelegen. Die HVAS versuchte unter dem Eindruck der geforderten Senkung der Personal- und Verwaltungskosten an diese Zahl heranzukommen.
[187] SAPMO, NY 4182/1158, Bl. 66–68. Dabei bezog sich der eine Entwurf vom 12. 1. 1949 auf die Ämter für Arbeit und Sozialfürsorge, der zweite vom 13. 1. 1949 auf die Ämter für Arbeit. Ansonsten waren beide Entwürfe inhaltlich nahezu identisch.
[188] SAPMO, DY 30/IV 2/2.027/5, Bl. 285–288, hier Bl. 285, Bericht über die Besprechung Helmut Lehmanns mit Gustav Brack, Jenny Matern und Karl Litke am 1. 4. 1949.
[189] Ebenda, Bl. 286.
[190] Ebenda.
[191] BAB, DQ 2/1175, Bericht über die Arbeitsministerkonferenz am 17. 8. 1949, S. 2.
[192] Ebenda, Bericht über die Arbeitsministerkonferenz am 5. 9. 1949, S. 2.

holten diese Forderung nicht nur auf den Arbeitsministerkonferenzen, sondern auch im Rahmen kleinerer Besprechungen in Karlshorst[193].

Bildung von Beratungsausschüssen bei den Arbeitsämtern

Zur Stärkung der kommunalen Selbstverwaltung sollten bei den Arbeitsämtern Beratungsausschüsse errichtet werden. Dies war jedoch in erster Linie kein Kompromißvorschlag der ZVAS, sondern basierte letztlich auf den Demokratisierungsvorstellungen der vier Siegermächte. Mit der Direktive Nr. 29 hatte der Alliierte Kontrollrat am 17. Mai 1946 die Errichtung der Beratungsausschüsse verfügt[194]. Diese sollten nicht nur bei den Arbeitsämtern, sondern auch bei den Landesarbeitsämtern gebildet werden. Die ehrenamtlich tätigen Ausschußmitglieder waren vom Präsidenten des Landesarbeitsamtes in Absprache mit dem betreffenden Arbeitsamtsleiter aus Vorschlagslisten auszuwählen, welche die Gewerkschaften, Arbeitgebervertreter und öffentlichen Körperschaften einreichen konnten. Alle drei Interessengruppen sollten zahlenmäßig in gleicher Stärke vertreten sein. Die Amtsdauer betrug ein Jahr, eine Wiederwahl war möglich. Über die konkreten Aufgaben und Kompetenzen machte die Direktive jedoch keine Angaben. Dies blieb den deutschen Arbeitsbehörden überlassen, die entsprechende Bestimmungen auszuarbeiten hatten. Hervorgehoben sei die frühzeitige Verknüpfung von zwei Forderungen: Kommunalisierung der Arbeitsämter und Bildung von Beratungsausschüssen.

Die Landesverwaltungen, denen die Direktive Nr. 29 bekannt war, drängten die DVAS auf eine rasche Bekanntmachung der bereits angekündigten Vorschriften über die Zusammensetzung und die Aufgaben der Beratungsausschüsse[195]. Allerdings erhielt die DVAS erst am 18. September 1946 von der SMAD-Abteilung Arbeitskraft die Anweisung, eine Verordnung über die Errichtung der Beratungsausschüsse bei den Arbeitsämtern zu erlassen; die SMAD legte dem Schreiben sogar einen eigenen Entwurf bei[196]. Kurz darauf präsentierte die DVAS einen ersten Entwurf, der die Aufgaben und Vollmachten der Ausschüsse näher bestimmen sollte[197]. Demnach konnten die Beratungsausschüsse zu jedem vom Arbeitsamtsleiter aufgestellten Haushaltsplan Stellung nehmen. Ferner sollten sie die Aufgabe erhalten, „Vorschläge auf dem Gebiete der Lohn- und Preisgestaltung, der Sozialpolitik und der Arbeitslenkung, insbesondere der Umschulung von Arbeitskräften zu unterbreiten." Außerdem war ihnen das Mitwirkungsrecht in Personalangelegenheiten einzuräumen. Ein weiterer Verordnungsentwurf beschränkte sich dagegen im wesentlichen auf Bildung und Zusammensetzung der Beratungsausschüsse[198]. Die weitere Verabschiedung einer entsprechenden Verordnung durch die DVAS geriet allerdings zunächst einmal ins Stocken. Die Landesverwaltungen, die ihrerseits eine Verordnung der DVAS abwarten wollten, mußten jedoch

---

[193] Vgl. BAB, DQ 2/1918, Aktenvermerk Herms vom 26. 8. 1949 über eine Besprechung bei Morenow.
[194] Amtsblatt des Kontrollrates in Deutschland, S. 153.
[195] BAB, DQ 2/545, Landesamt für Arbeit und Sozialfürsorge Thüringen am 28. 8. 1946 an die DVAS.
[196] Ebenda, Stellvertreter des Leiters der Abt. Arbeitskraft Kulischow am 18. 9. 1946 an Brack.
[197] SAPMO, DY 30/IV 2/2.027/5, Bl. 52.
[198] Ebenda, Bl. 14 f.

auf Druck der SMA auf Landesebene eigene Entwürfe ausarbeiten, so etwa das Provinzialamt für Arbeit und Sozialfürsorge von Sachsen-Anhalt am 12. September 1946[199].

Auch innerhalb der DVAS mußten zunächst eine Reihe von Detailfragen geklärt werden. So schlug etwa die Juristische Abteilung der DVAS einen überarbeiteten Paragraphen vor, der die Durchführung der Beschlüsse der Beratungsausschüsse ausschließlich den Arbeits- und Landesarbeitsämtern zusprach[200]. Damit wurde den neu geschaffenen Ausschüssen ein Kontrollrecht de facto abgesprochen. Vermutlich sollte mit dieser Regelung ein Konflikt der beteiligten Stellen von vornherein vermieden werden. Einen Tag später legte die Juristische Abteilung einen eigenen Entwurf vor, der sich jedoch auf organisatorische Fragen beschränkte und vor allem die beratende Funktion der neuen Gremien betonte[201]. Demzufolge sollten sich die Beratungsausschüsse bei den Arbeitsämtern aus neun Mitgliedern und vier Stellvertretern, beim zuständigen Landesministerium aus zwölf Mitgliedern und sechs Stellvertretern zusammensetzen. Das Vorschlagsrecht für diese Positionen besaßen der FDGB, die örtlichen Frauen- und Jugendausschüsse, die Industrie- und Handelskammern sowie die Handwerkskammern. Der Entwurf sah des weiteren vor, daß der Leiter der Landes- bzw. Provinzialabteilung für Arbeit und Sozialfürsorge unter Hinzuziehung des Arbeitsamtsleiters die Ausschußmitglieder bei den Arbeitsämtern ernennt. Der Präsident der DVAS besaß wiederum das Berufungsrecht für die Beratungsausschüsse bei den Landesbzw. Provinzialabteilungen. Mit diesen Bestimmungen hatte die Juristische Abteilung die Direktive des Alliierten Kontrollrates etwas präzisiert. Neu war dagegen der Paragraph 6, der von den Mitgliedern der Beratungsausschüsse verlangte, daß sie „politisch einwandfrei und im Besitz der bürgerlichen Ehrenrechte sind"[202]. Eine zentrale Veränderung bestand außerdem darin, daß die Kommunalvertretung in den Ausschüssen überhaupt nicht vertreten war, im Gegensatz dazu hatten der FDGB und die Frauen- und Jugendausschüsse eine Mehrheit gegenüber den Arbeitgebervertretern. Zu diesem Entwurf brachte die Abteilung II (Erfassung und Arbeitslenkung) einige Änderungsvorschläge ein[203]. So sollte etwa für jedes Ausschußmitglied auch ein Stellvertreter ernannt werden. Kritik äußerte die Abteilung II auch am Begriff „politisch einwandfrei", der unter „demokratischen Parteientwicklungen zu Mißbräuchen" führen könnte. Der Ausschuß müßte sich demzufolge – so Abteilungsleiter Kreil – auf „nazistisch belastete Personen" beschränken. Kurz darauf überreichte Präsident Brack den Landes- und Provinzialämtern für Arbeit und Sozialfürsorge die Verordnung über die Bildung von Beratungsausschüssen und wies ausdrücklich darauf hin, daß diese im Einvernehmen mit der SMAD entstanden sei[204]. Somit konnten die Landesverwaltungen nunmehr beginnen, die personelle Besetzung der einzelnen Beratungsausschüsse vor-

---

[199] BAB, DQ 2/545.
[200] BAB, DQ 2/81, Bl. 104, Juristische Abt. am 25. 9. 1946 an Brack.
[201] Ebenda, Bl. 110–113, Verordnungsentwurf mit Anschreiben vom 26. 9. 1946.
[202] Ebenda.
[203] BAB, DQ 2/545, Notiz Kreils vom 26. 9. 1946.
[204] Ebenda, Präsident Brack am 30. 9. 1946 an das Provinzialamt von Sachsen-Anhalt. Durch einen Zeitungsartikel von Präsident Brack im „Neuen Deutschland" wurde am 24. 10. 1946 auch die breite Öffentlichkeit über die Gründung der Beratungsausschüsse informiert.

zunehmen. Die DVAS kontrollierte die eingereichten Vorschlagslisten und reichte sie teilweise mit der Bemerkung zurück, daß diese „unvollständig" seien[205]. Am 23. November teilte DVAS-Präsident Brack der SMAD mit, es bestünde „die begründete Aussicht, daß bis Ende November 1946 sämtliche Mitglieder der Beratungsausschüsse ernannt worden sind"[206]. Verzögerungen wurden darauf zurückgeführt, daß die sowjetische Militäradministration auf der Landesebene ihre Zustimmung zum Teil noch nicht gegeben habe.

Eine gesonderte Verordnung sollte dagegen noch die Funktionen und Vollmachten der Ausschüsse festlegen. Diese lag zumindest in einem ersten Entwurf im November 1946 vor und machte erneut die eingeschränkten Mitspracherechte deutlich[207]. So durften die Beratungsausschüsse zu den Haushaltsplänen nur Stellung nehmen und Vorschläge zur Lohnpolitik sowie zur Arbeitskräftelenkung machen. Eingeschränkte Mitwirkungsmöglichkeiten besaßen sie außerdem bei der Einstellung und Entlassung von leitenden Angestellten der Arbeitsämter: So konnten sie Bewerbungsunterlagen einsehen und eine Stellungnahme abgeben. Die Juristische Abteilung der DVAS hatte keinerlei Bedenken gegen den Entwurf vorgebracht und nur auf eine einheitliche Sprachregelung bei der Bezeichnung der Arbeitsämter hingewiesen[208]. Am 8. Januar 1947 wollte die DVAS schließlich die Verordnung über die Funktionen und Vollmachten der Beratungsausschüsse bei den Arbeitsbehörden veröffentlichen[209]. Innerhalb der DVAS wurden relativ spät nochmals grundsätzliche Bedenken gegen die geplante Verordnung erhoben. Der Leiter der Juristischen Abteilung legte daraufhin am 10. März 1947 einen neuen Entwurf vor, der in einigen Punkten zum Teil erheblich verändert worden war. Die Mitarbeit der Beratungsausschüsse wurde auf eine beratende Funktion beschränkt; es gab keinerlei Mitspracherechte mehr bei der Prüfung der Haushaltspläne sowie bei der Personalpolitik[210].

In der Praxis führte die Errichtung der Beratungsausschüsse jedoch nur zu einer weiteren Aufblähung des Verwaltungsapparates, die inhaltlich nicht gerechtfertigt war, da eine genaue Aufgabentrennung nicht eingehalten werden konnte. So erklärte etwa ein Ministerialdirektor auf der konstituierenden Sitzung des Beratungsausschusses im thüringischen Ministerium für Wirtschaft, Arbeit und Verkehr, daß eine der Hauptaufgaben darin bestehen werde, die Arbeit des Ministeriums aktiv zu unterstützen[211]. Aus Sicht der DVAS-Leitung ging diese vage Aufgabenzuordnung entschieden zu weit und führte zu einer „Überorganisation", der Einhalt geboten werden müsse[212]. Da zu den einzelnen sozialpolitischen Sachgebieten noch andere Ausschüsse innerhalb des Ministeriums, aber auch im Landtag

---

[205] BAB, DQ 2/81, Bl. 259, Präsident Brack am 18. 11. 1946 an die Provinzialverwaltung Brandenburgs.

[206] Ebenda, Bl. 287.

[207] Ebenda, Bl. 271 f., Entwurf der DVAS (o.D., vermutlich vom November 1946). Eine andere, ähnlich lautende Fassung findet sich in: BAB, DQ 2/9, Bl. 120.

[208] BAB, DQ 2/545, Juristische Abt. am 18. 11. 1946 an Brack.

[209] BAB, DQ 2/1503, Bl. 36 f.

[210] BAB, DQ 2/70. Die Verordnung wurde anschließend veröffentlicht in: Arbeit und Sozialfürsorge 2 (1947), S. 134.

[211] SAPMO, DY 30/IV 2/2.027/5, Bl. 143 f., Bericht über die konstituierende Sitzung des Beratungsausschusses am 12. 5. 1947.

[212] Ebenda, Bl. 142, J. Matern am 6. 6. 1947 an das SED-Zentralsekretariat (Merker).

existierten, wäre damit der Beratungsausschuß nur ein „allgemeiner Ausschuß". Die DVAS vergaß bei ihrer Kritik allerdings, daß die Überschneidung der Aufgabengebiete zum Teil schon in der Verordnung selbst angelegt war. Bereits dort waren die Kompetenzen und Mitspracherechte unverbindlich formuliert worden.

Errichtung von Kammern der Arbeit

Der Gedanke der Selbstverwaltung stand auch hinter der Errichtung der Kammern der Arbeit, die erst Mitte des Jahres 1948 in Angriff genommen wurde, nachdem die Auseinandersetzung über die Kommunalisierung der Arbeitsämter negativ entschieden worden war. Die Kammern der Arbeit sollten somit ebenso wie die Beratungsausschüsse die „demokratische Selbstverwaltung" gegenüber der sich immer stärker zentralisierenden Arbeitsverwaltung erhalten und stärken. Nach den Vorstellungen der HVAS-Abt. I b hatten die Kammern zuständig zu sein für die Arbeitsvermittlung, Arbeitslosenversicherung, Berufsausbildung und -umschulung sowie für den Arbeitsschutz[213]. Eine inhaltliche Abgrenzung zu den Kompetenzen der HVAS und zu den Beratungsausschüssen lag noch nicht vor. Die Kammern der Arbeit sollten in den Kreisen, auf der Landesebene sowie auf der zentralen Ebene errichtet werden. Als Vorbild diente offenbar die Verwaltungsstruktur der Sozialversicherung und ihrer Organe; das betraf vor allem das Kräfteverhältnis zwischen Gewerkschaften und Arbeitgeberseite. Die Abteilung I b der HVAS verwies in diesem Zusammenhang auf Vorarbeiten der SPD und der sozialistischen Gewerkschaftsbewegung aus der Zeit des Norddeutschen Bundes bzw. der Weimarer Republik[214]. Am 12. Juni 1948 konnte die HVAS bereits einen ersten Gesetzentwurf unterbreiten, der sich jedoch nur auf die Struktur und Zusammensetzung der Kammern bezog und zunächst auch nur innerhalb der HVAS diskutiert wurde[215]. Drei Tage später lag ein weiterer überarbeiteter Entwurf vor, der sich ebenfalls mit strukturellen Fragen beschäftigte[216]. Das HVAS-Präsidium debattierte am 18. Juni über die vorliegenden Entwürfe, wobei auch hierbei eher prinzipielle Fragen nach der Gewichtung dieser neu zu schaffenden Gremien im Mittelpunkt standen. Vor allem der Vertreter der Abteilung I b, Krüger, verwies darauf, daß der Entwurf „die Grundlage für ein Rahmengesetz bilden [solle], welches die Vereinigung aller Kammern in einem Kreis vorsieht"[217]. Gleichzeitig sprach er sich gegen einen zu dominierenden Einfluß der Gewerkschaften aus: Es dürfe nicht vergessen werden, „daß es sich nicht um Arbeiterkammern, sondern um die Kammer der Arbeit handelt." Auch innerhalb der HVAS war umstritten, ob die Mitglieder der Kammern der Arbeit zu ernennen oder zu wählen waren[218]. Offen blieb außerdem die Frage nach der Amtszeit: zwei oder fünf Jahre. Und schließlich konnte man sich nicht einigen, ob im Zentrum der Tätigkeit dieser Kammern in erster Linie überwachende, kontrollierende oder sogar gestaltende

---

[213] BAB, DQ 2/2197, Aktenvermerk der Abt. I b vom 10. 6. 1948.
[214] Ebenda, S. 2.
[215] BAB, DQ 2/2197, Entwurf der HVAS-Abt. I b vom 12. 6. 1948.
[216] SAPMO, DY 30/IV 2/2.022/21, Bl. 41–46, Entwurf der Abt. I b vom 15. 6. 1948.
[217] BAB, DQ 2/2049, Bl. 138–143, hier Bl. 142, Protokoll der Präsidiumssitzung am 18. 6. 1948.
[218] Vgl. BAB, DQ 2/2775, Abt. III am 21. 6. 1948 an Abt. I.

Aufgaben stehen sollten: die Frage also nach einer Vermischung von legislativen und exekutiven Funktionen.

Am 1. Juli 1948 lag von der Abteilung I b der HVAS ein neuer Diskussionsentwurf vor, der zumindest einige offene Fragen entscheiden wollte[219]. So wurde etwa die geheime Wahl der Kammermitglieder festgeschrieben, wobei die Ausarbeitung einer Wahlordnung der DWK in Aussicht gestellt wurde. Außerdem wurde die Amtsdauer auf drei Jahre beschränkt. Der Entwurf enthielt dagegen nur wenige konkrete Angaben zu den Aufgabengebieten: Dieser umspannte zwar das gesamte Tätigkeitsfeld der HVAS, ohne aber genaue Kompetenzen abzustekken. Die Kammern erhielten ein allgemeines Begutachtungsrecht von Gesetzes- und Verordnungsentwürfen, die das eigene Aufgabengebiet tangierten. Etwas weitergehend war die Bestimmung, die den Kammern das Recht einräumte, Gesetzentwürfe auszuarbeiten und vorzulegen[220]. Die Abteilung I b zog im weiteren Diskussionsverlauf die Juristische Abteilung beratend zur Hilfe: Diese wurde nämlich gebeten, eine Zusammenstellung aller gesetzlichen Bestimmungen vorzunehmen, „die das Gebiet der Arbeit" und damit das Aufgabengebiet der Kammern betrafen[221]. Dadurch erhofften sich die Mitarbeiter der Abteilung eine Vergrößerung des Handlungsdruckes auf die HVAS-Leitung, aber auch auf die SED-Führung, die sich bis zu diesem Zeitpunkt nicht eingeschaltet hatte.

Im Sommer 1948 tauchten haushaltsrechtliche Fragen im Zusammenhang mit der Errichtung der Kammern der Arbeit auf. Die HVAS (Abt. I b) orientierte sich an der Einheitsversicherung und schlug vor, daß die Kammern ähnlich wie die Sozialversicherungsanstalten über einen eigenen Haushalt verfügen sollten, der durch Beiträge zu finanzieren war[222]. Dazu sollten jedoch keine neuen Beiträge erhoben werden, vielmehr hatte die Finanzierung nach den zu optimistischen Erwartungen der Abteilung I b über die Einnahmen der Arbeitslosenversicherung zu erfolgen, die zwar nicht exakt festgelegt waren, in der Regel aber etwa ein Fünftel des Beitragsaufkommens zur Sozialversicherung ausmachten. Die gesamten Kosten der Arbeitsverwaltung wurden nach den sehr vagen Berechnungen mit höchstens 100 Millionen Mark beziffert[223]. Diese etwas abenteuerlich anmutende Berechnungsgrundlage ging jedoch im weiteren Diskussionsverlauf zunächst völlig unter; dagegen sollte aber der Vorschlag zur Finanzierung der Kammern durch das Beitragsaufkommen zur Arbeitslosenversicherung wieder aufgegriffen werden.

Nach weiteren internen Absprachen überarbeitete die Abteilung I b den Verordnungsentwurf erneut, der inhaltlich jedoch keine großen Unterschiede zur Fassung vom 1. Juli aufwies[224]. Eine wichtige Veränderung bestand allerdings darin, daß der Entwurf vom 24. August die Mittelaufbringung durch die Arbeits-

[219] BAB, DQ 2/111, Bl. 141–146. Eine andere, leicht abweichende Version des Entwurfes befindet sich in: BAB, DQ 2/2197.

[220] Dieser Abschnitt, der vermutlich nachträglich eingearbeitet worden ist, findet sich nur in: BAB, DQ 2/2197, § 15, Abs. 4.

[221] Ebenda, Abt. I b (Krüger) am 5. 7. 1948 an die Juristische Abt.

[222] Ebenda, Aktenvermerk Donaus vom 20. 8. 1948.

[223] Ebenda.

[224] BAB, DQ 2/2197, Entwurf der Abt. I b vom 24. 8. 1948.

losenversicherung vorsah[225]. Damit schien sich die Abteilung I b durchgesetzt zu haben; die Debatte war jedoch noch nicht beendet. Die Finanzierungsfrage verhinderte offensichtlich eine rasche Veröffentlichung der Verordnung. Deutlich wurde das beim Verordnungsentwurf vom 14. September 1948, den wiederum die Abteilung I b ausgearbeitet hatte, und der eine Reduzierung der Kammermitglieder auf der Kreisebene von 18 auf zwölf sowie auf der Landesebene von 36 auf 24 vorsah[226]. Dagegen blieb das Kräfteverhältnis zwischen Gewerkschafts- und Arbeitgebervertretern gewahrt. Veränderungen ergaben sich außerdem beim Aufgabenkatalog: So waren die Kammern der Arbeit nicht mehr zuständig für Fragen des Wohnungsbaus sowie für die „kulturelle Betreuung"[227].

Die Ausarbeitung der vorgestellten Verordnungsentwürfe war allem Anschein nach nicht mit der SED-Führung abgesprochen gewesen, sondern stellte ein eigenmächtiges Vorpreschen des HVAS-Präsidenten Brack dar, der der Forderung nach Kommunalisierung der Arbeitsverwaltung eigenmächtig nachkommen wollte. Bei einer gemeinsamen Besprechung am 24. September 1948 kritisierte Paul Merker die HVAS-Spitze und machte den Machtanspruch des Zentralsekretariats deutlich: „Auf keinen Fall sei es möglich, irgendwelche Projekte, die vom Zentralsekretariat nicht zur Diskussion in der Partei oder in anderen Institutionen freigegeben sind, einfach zur Diskussion zu stellen und dadurch Verwirrung zu stiften."[228] Damit war der Plan Bracks gescheitert, Kammern der Arbeit in der SBZ aufzubauen, welche die Aufgaben der Arbeitsämter mit zu übernehmen hatten und auf der Grundlage des Selbstverwaltungspostulates, d. h. mit zwei Drittel Mehrheit der Gewerkschaftsvertreter zu errichten waren.

[225] Ebenda, § 19.
[226] BAB, DQ 2/2197, Entwurf der Abt. I b vom 14. 9. 1948.
[227] Ebenda, § 15.
[228] SAPMO, DY 30/IV 2/2.027/5, Bl. 236, Aktennotiz Merkers vom 30. 9. 1948.

2. Die arbeitsrechtlichen Grundlagen

SMAD-Befehl Nr. 65 und Kontrollratsbefehl Nr. 3

Rechtliche Grundlagen der Arbeitskräftelenkung in der SBZ bildeten anfangs der SMAD-Befehl Nr. 65 vom 15. September 1945 sowie der Kontrollratsbefehl Nr. 3 vom 17. Januar 1946. Der SMAD-Befehl verpflichtete die ZVAS, die Registrierung der Bevölkerung vorzubereiten, Arbeitsbücher bzw. Registrierkarten einzuführen und monatlich einen Bericht über den Beschäftigten- und Arbeitslosenstand zu erstellen[1]. Den Arbeitsämtern „in den Städten und Bezirken" wurde die Aufgabe übertragen, die Zählung „der gesamten beschäftigten und arbeitsfähigen arbeitslosen Stadtbevölkerung" vorzunehmen. Gleichzeitig erhielt die Arbeitsverwaltung eine herausgehobene Stellung, da nur sie die Arbeitsvermittlung durchführen konnte. Dagegen wurde Unternehmen, Organisationen, anderen Behörden aber auch Privatpersonen ausdrücklich untersagt, „Einstellungen ohne das Arbeitsamt vorzunehmen." Die Registrierung der von den Arbeitsämtern erfaßten Arbeitslosen hatte wöchentlich zu erfolgen. Darüber hinaus wurde die Kommunalverwaltung aufgefordert, jeden Monat der ZVAS einen ausführlichen Bericht über die Arbeitsmarktlage in ihrem Zuständigkeitsbereich vorzulegen. Personen, die sich der Registrierung widersetzten, drohte der Befehl mit dem Entzug der Lebensmittelkarten. Mitte Januar 1946 gab der Alliierte Kontrollrat einen Befehl heraus, der sich ebenfalls der Registrierung der arbeitsfähigen Bevölkerung und der Arbeitslosen sowie deren beruflicher Unterbringung widmete[2]. Im Gegensatz zum SMAD-Befehl enthielt der Befehl des Alliierten Kontrollrats viel präzisere Angaben, die für die SBZ von Relevanz waren und in späteren Befehlen der sowjetischen Besatzungsmacht bzw. in Gesetzen und Verordnungen der deutschen Verwaltungen oftmals wieder aufgegriffen wurden. So wurde etwa die Registrierung auf die arbeitsfähigen Männer im Alter von 14 bis 65 Jahren und auf die arbeitsfähigen Frauen im Alter von 15 bis 50 Jahren festgelegt[3]. Außerdem hatten sich die Arbeitslosen und -suchenden bei den Arbeitsämtern zur Registrierung zu melden. Erst gegen Vorlage eines Registrierungsausweises sollte dieser Personengruppe dann die Lebensmittelkarte ausgehändigt werden. Arbeitsunfähigkeit war von einer Ärztekommission zu überprüfen; in diesen Fällen konnte dann ein sogenanntes Arbeitsbefreiungszeugnis ausgestellt werden. Die Arbeitsplatzvermittlung erfolgte auch im Kontrollratsbefehl Nr. 3 über die Arbeitsämter. Neu war allerdings die Bestimmung, daß das Arbeitsamt „Personen durch Zwangsanordnungen in Arbeitsplätze" einweisen konnte[4]. Der Alliierte Kontrollrat setzte auch Strafen fest: Bei Arbeitgebern konnte demzufolge eine Geldstrafe bis zu 10 000 RM und/oder eine Gefängnisstrafe bis zu einem Jahr verhängt werden. In „allen anderen Fällen", d.h. bei Arbeitnehmern, lag die Geldstrafe bei bis zu 1000 RM und die Gefängnisstrafe bei bis zu drei Monaten[5].

---

[1] Arbeit und Sozialfürsorge 1 (1946), S. 3.
[2] Kontrollratsbefehl Nr. 3 vom 17. 1. 1946, in: Amtsblatt des Kontrollrats in Deutschland, S. 131–133.
[3] Ebenda, S. 131.
[4] Ebenda, S. 132.
[5] Ebenda, S. 133.

Die arbeitsrechtliche Lage war in der unmittelbaren Nachkriegszeit stellenweise unübersichtlich, da einzelne Gesetze und Bestimmungen aus der nationalsozialistischen Kriegswirtschaft rasch aufgehoben wurden[6], während einige andere Verordnungen zunächst noch weiter Bestand hatten. Innerhalb der DVAS
erstellte die Juristische Abteilung im Sommer 1946 eine Liste über nationalsozialistische Vorschriften, die den Arbeitseinsatz etwa im Rahmen des Vierjahrplanes
regelten und die aufgehoben werden sollten[7]. Dieselbe Abteilung nannte im
Spätsommer 1947 insgesamt 85 Verordnungen, Anordnungen, Durchführungsbestimmungen, Gesetze, Erlasse und Bekanntmachungen, die vom NS-Regime
erlassen worden waren und nach 1945 außer Kraft gesetzt wurden[8]. Die Abteilung I b bezweifelte allerdings, daß damit sämtliche Bestimmungen des nationalsozialistischen Arbeitsrechts aufgehoben seien[9].

Da die Zentralverwaltungen in der Anfangszeit über wenig Einflußmöglichkei-
ten verfügten, fiel den Landes- bzw. Provinzialverwaltungen die Aufgabe zu, die
Registrierung der Bevölkerung vorzunehmen. Hierbei spielten Berlin und Thüringen eine gewisse Vorreiterrolle. Gleichzeitig bereitete die ZVAS einige Verordnungen vor, welche die Arbeitskräftelenkung auf ein neues Fundament stellen
sollten. Bereits am 28. September 1945, zwei Wochen nach Veröffentlichung des
SMAD-Befehls Nr. 65, legte die ZVAS-Abteilung IV (Erfassung und Arbeitseinsatz der Bevölkerung) einen Verordnungsentwurf „über die Einstellung von Arbeitskräften in der [SBZ]" vor[10]. Dieser unterstrich nochmals die monopolartige
Stellung des Arbeitsamtes bei der Einstellung von Arbeitskräften; darüber hinaus
mußten offene Stellen „rechtzeitig" gemeldet werden. Zu den Ausnahmeregelungen zählten nur Arbeitskräfte mit geringer Beschäftigung sowie Arbeitseinweisung bzw. -verpflichtung durch sowjetische Dienststellen. Diese blieben von Anfang an von der Kontrolle durch die Arbeitsverwaltung ausgenommen. Knapp
zwei Wochen später präsentierte die Abteilung IV einen veränderten Entwurf, der
zum einen die Aufgaben der Arbeitsämter aufzählte, zum anderen aber die Zuständigkeit der Arbeitsverwaltung auf kommunaler Ebene leicht einschränkte.
Arbeitsvermittlung, Berufsberatung und Lehrstellenvermittlung durften zwar
von anderen Stellen nicht betrieben werden. Gleichzeitig sollte die ZVAS Ausnahmen gestatten können: Für einzelne Berufe konnte demnach eine „gewerbsmäßige
oder nichtgewerbsmäßige Arbeitsvermittlung" zugelassen werden[11]. Dies bedeutete die Zulassung von privater Arbeitsvermittlung und war letztlich der Aus-
nahmesituation der unmittelbaren Nachkriegszeit geschuldet. Die Arbeitsämter,
die noch nicht vollständig errichtet worden waren, verfügten in dieser schwierigen
Anfangszeit noch nicht über die nötigen Informationen, um den Arbeitsmarkt in
seiner ganzen Breite analysieren sowie einen Arbeitskräftebedarf rechtzeitig erkennen und abdecken zu können. Insofern diente die Arbeitsvermittlung, die
nicht von Arbeitsämtern, sondern beispielsweise von Subunternehmern durch-

---

[6] Vgl. allgemein dazu Etzel, Die Aufhebung von nationalsozialistischen Gesetzen.
[7] BAB, DQ 2/81, Bl. 71–73.
[8] BAB, DQ 2/111, Bl. 63–70, Juristische Abt. am 25. 9. 1947 an Abt. I b.
[9] Ebenda, Bl. 74, Aktenvermerk der Abt. I b vom 4. 11. 1947.
[10] BAB, DQ 2/2064.
[11] Ebenda, Entwurf der Abt. IV vom 9. 10. 1945, § 5, Abs. 1.

geführt wurde, der Entlastung auf dem Arbeitsmarkt bzw. auf den Teilarbeitsmärkten.

Frühzeitig wurde erkennbar, daß der Befehl der sowjetischen Besatzungsmacht
nicht ohne weiteres umzusetzen war. So berichteten einige thüringische Arbeitsämter, daß staatliche Behörden nach wie vor Einstellungen ohne Einschaltung des
Arbeitsamtes vornehmen würden[12]. Das Landesamt für Arbeit bat daraufhin Präsident Rudolf Paul, eine entsprechende Weisung an alle nachgeordneten Behörden
des Landes zu erteilen. Es dürfe nicht der Eindruck entstehen, daß „zwar die privaten Betriebe sich nach den Weisungen der staatlichen Stellen richten müssen, die
staatlichen Stellen selbst aber die erlassenen Anordnungen nicht beachteten"[13]. Im
Zusammenhang mit dem Befehl Nr. 3 des Alliierten Kontrollrates erließ das thüringische Landesamt für Arbeit erst am 6. März 1946 eine Durchführungsbestimmung, die nochmals unterstrich, daß Einstellungen nur mit Zustimmung des zuständigen Arbeitsamtes vorzunehmen waren[14]. In einigen anderen Punkten ging
die Durchführungsbestimmung noch etwas weiter: Für die Registrierung der Arbeitskräfte wurde eine Frist genannt (20. März). Diejenigen, die bis zu diesem
Zeitpunkt nicht im Besitz der Registrier- oder Meldekarte waren, sollten demzufolge vom Bezug der Lebensmittelkarten ausgeschlossen werden.

Die Arbeitsvermittlung wurde rasch mit der immer drängenderen Aufgabe der
Bereitstellung von Arbeitskräften für zentrale Wirtschaftsbranchen verknüpft.
Hintergrund dafür waren die sowjetischen Reparationsforderungen und der
wachsende Arbeitskräftebedarf von seiten der sowjetischen Besatzungsmacht. In
diesem Zusammenhang muß die Ausarbeitung einer Richtlinie durch die Juristische Abteilung der ZVAS gesehen werden. Diese verpflichtete die Betriebsräte,
Betriebsobleute und Vertrauensleute des FDGB sowie die Betriebsleiter dazu, „in
vertrauensvoller, kameradschaftlicher Einflußnahme die Arbeitspflichtigen zur
Durchführung der ihnen obliegenden Pflichten anzuhalten"[15]. Das Arbeitsamt
konnte sogar die genannten Funktionsträger zur Verantwortung ziehen. Der Entwurf betonte zugleich die Durchführung der statistischen Erfassung aller erwerbstätigen Personen. Dazu erließ die ZVAS kurz nach dem Erscheinen des
Kontrollratsbefehls Nr. 3 eine Richtlinie[16].

Sowohl der SMAD-Befehl Nr. 65 als auch der Kontrollratsbefehl Nr. 3 ließen
etliche Detailfragen offen, die die Arbeitsverwaltung sukzessive selbst zu klären
hatte. Dabei erwies sich das in der Anfangszeit noch weitgehend ungeklärte Verhältnis zwischen Zentral- und Landesverwaltungen durchaus als Hindernis. Oftmals waren es sogar die jeweiligen Landesämter, die sich mit einer Problemstel-
lung an die Berliner Zentralverwaltung wandten. So warf etwa der Präsident des
Landesarbeitsamtes Sachsen am 15. Mai 1946 die Frage nach der Zulässigkeit von
Kündigungen auf[17]. Die arbeitsrechtlich gesehen offene Lage ergab sich daraus,
daß der Befehl des Alliierten Kontrollrats eine Kündigung indirekt von der Zu-

---

[12] ThHStA, Land Thüringen, Büro des Ministerpräsidenten, Bd. 1678, Thüringisches Landesamt für
Arbeit am 4. 10. 1945 an den Präsidenten des Landes.
[13] Ebenda, S. 1 f.
[14] ThHStA, Land Thüringen, Ministerium für Wirtschaft und Arbeit, Bd. 3704, Bl. 79.
[15] BAB, DQ 2/1754, Richtlinienentwurf vom 1. 2. 1946.
[16] Arbeit und Sozialfürsorge 1 (1946), S. 9 f.
[17] BAB, DQ 2/1767, Präsident des Landesarbeitsamtes Sachsen am 15. 5. 1946 an ZVAS.

stimmung des Arbeitsamtes abhängig machte. Dagegen sprachen allerdings die bestehenden tariflichen Bestimmungen. Das sächsische Landesarbeitsamt drängte auf eine Lösung und verwies darauf, daß in ihrem Zuständigkeitsbereich „viele Betriebe erwerbsbeschränkte Personen entlassen [würden], um volleinsatzfähige Kräfte, die jetzt mit dem Auslaufen von Demontagen in größerer Zahl verfügbar werden, einzustellen"[18]. Die Juristische Abteilung der ZVAS bestätigte die Einschätzung, daß der Kontrollratsbefehl Nr. 3 ausdrückliche Bestimmungen über die Zulässigkeit von Kündigungen nicht enthielt[19]. Nach Ansicht der ZVAS-Abteilung konnten jedoch die Unternehmer keine Entlassungen mehr alleine vornehmen. Bei der Auslegung des Befehls müsse vielmehr die allgemeine Arbeitsmarktlage und die Notwendigkeit zur Steuerung durch die Arbeitsämter berücksichtigt werden. Daher sollte „in Zweifelsfällen [...] den Grundsätzen einer straffen Arbeitslenkung Rechnung getragen" werden. Eine Einschaltung des Arbeitsamtes sei – so die Juristische Abteilung – nicht erforderlich bei einer Lösung des Arbeitsverhältnisses im gegenseitigen Einverständnis. Ansonsten sei die Mitwirkung des Arbeitsamtes „unter allen Umständen zu bejahen". Etwas anders sah dies offensichtlich die Abteilung II b der ZVAS, die zu dem Schluß gelangte, daß „die Kündigung als solche ohne Genehmigung des Arbeitsamtes formell gesehen zulässig ist"[20]. Das Arbeitsamt könne somit die Lösung eines Arbeitsverhältnisses nur zur Kenntnis nehmen. In der Folgezeit entwickelte sich eine rege Debatte über die Frage, inwieweit das Arbeitsamt einer Kündigung zustimmen oder sie nur registrieren durfte, die nicht so rasch entschieden werden konnte.

Vergleichsweise unstrittig war dagegen die Zustimmungspflicht der Arbeitsämter bei einem Arbeitsplatzwechsel, zumal auch hier die Bestimmung des Kontrollratsbefehls Nr. 3 eindeutig war. Die ZVAS gab am 12. Juni 1946 ein Rundschreiben an die Landes- bzw. Provinzialämter heraus und unterstrich nochmals die Einschaltung des jeweiligen Arbeitsamtes[21]. Das Provinzialamt für Arbeit und Sozialfürsorge von Sachsen-Anhalt ging sogar noch einen Schritt weiter und wies seinerseits die ihr unterstehende Arbeitsverwaltung an, auch in dem Fall auf der Zustimmungspflicht zu bestehen, wenn ein Arbeitsvertrag im beiderseitigen Einverständnis aufgelöst wurde[22]. Das bedeutete, daß ein Arbeitsverhältnis ohne vorherige Zustimmung des Arbeitsamtes generell nicht rechtswirksam gekündigt werden konnte. Der Leiter des Provinzialamtes begründete dies gegenüber der ZVAS mit dem Hinweis auf die „hiesige sehr angespannte Arbeitseinsatzlage". Zwischen einzelnen Abteilungen der DVAS herrschten jedoch in diesem Punkt unterschiedliche Auffassungen über die arbeits- und sozialrechtlichen Konsequenzen. So erschien im amtlichen Organ der DVAS am 1. November 1946 ein Beitrag über „Entlassungsschutz und Arbeitsamt", in welcher der Autor Günther Müller die Schlußfolgerung zog, daß „die Zustimmungserklärung des Arbeitsamtes auf eine Kündigung oder Entlassung ohne Einfluß auf die tatsächlichen Be-

---

[18] Ebenda, S. 2.
[19] BAB, DQ 2/1767, ZVAS am 18. 5. 1946 an das Landesarbeitsamt Sachsen.
[20] BAB, DQ 2/729, Vermerk vom 20. 5. 1946.
[21] BAB, DQ 2/63, Rundschreiben Nr. 78 vom 12. 6. 1946.
[22] BAB, DQ 2/1767, Provinzialamt für Arbeit und Sozialfürsorge von Sachsen-Anhalt am 25. 6. 1946 an die ZVAS.

ziehungen zwischen Arbeitnehmer und Arbeitgeber bleiben muß"[23]. Zivilrechtlich relevant blieben lediglich die Rechtsfolgen einer Schadensersatzpflicht für den Fall der Nichtbeachtung. Doch auch dies wurde im Beitrag in Zweifel gezogen, da ansonsten die zivilrechtliche Bestimmung den Charakter eines Kündigungsschutzes gewinnen würde, der bereits hinreichend festgelegt worden sei. Gustav Schaum von der Abteilung III a teilte diese Rechtsauffassung nicht und bat Vizepräsident Herm, eine gemeinsame Aussprache herbeizuführen, „damit nicht nach außen der Eindruck erweckt wird, daß jede Abteilung unseres Hauses anders entscheidet"[24]. Dagegen unterstützte der Leiter der Juristischen Abteilung Helm den in dem Artikel geäußerten Standpunkt und zeigte sich über die Reaktion Schaums verwundert, der angeblich zuvor auf einer Konferenz in Meißen seine Zustimmung gegeben hatte[25]. Eine gemeinsame Aussprache, die wenige Tage später stattfand, erbrachte Übereinstimmung darüber, daß Entscheidungen der Arbeitsämter „auch entsprechende Auswirkungen auf die Rechtsbeziehungen der Vertragsparteien eines Einzelarbeitsvertrages haben"[26]. Damit hatte sich interessanterweise die Juristische Abteilung nicht durchsetzen können. Das Ergebnis muß allerdings auch vor dem Hintergrund des wachsenden Arbeitskräftebedarfs und der Fluktuation von Arbeitskräften gesehen werden, der die Arbeitsverwaltung offenbar etwas ratlos gegenüberstand.

Auch die Bestimmung des Kontrollratsbefehls Nr. 3, wonach Entlassungen durch den Arbeitgeber dem zuständigen Arbeitsamt mitzuteilen waren, schien aus Sicht der DVAS klärungsbedürftig zu sein. Abteilungsleiter Heinrich Kreil sprach sich auch in diesem Fall für eine Zustimmungspflicht des Arbeitsamtes aus und schlug eine entsprechende Anweisung vor[27]. Danach sollte jeder Arbeitsplatzwechsel zustimmungspflichtig sein. Die Zustimmungspflicht hatte sich auf alle Arbeitskräfte, die in einem Arbeits- oder Ausbildungsverhältnis standen, zu beziehen. Auch eine Kündigung im beiderseitigen Einverständnis war – so der Vorschlag Kreils – erst dann rechtsgültig, wenn das Arbeitsamt keinen Einspruch einlegte. In Fällen, bei denen sich Arbeitgeber und Arbeitnehmer nicht einigen konnten, fiel dem Arbeitsamt ebenfalls die alleinige Entscheidung zu. Kreil schlug deshalb im Januar 1947 dem DVAS-Präsidenten die Herausgabe einer gesonderten Verordnung vor, die den Arbeitsplatzwechsel gesetzlich regeln sollte[28]. Im einzelnen sollten die Arbeitgeber verpflichtet werden, Massenentlassungen mindestens eine Woche vorher beim Arbeitsamt anzuzeigen. Darüber hinaus hatte das Arbeitsamt seine Zustimmung zu jeder Auflösung eines Arbeitsvertrages zu geben. Einer Zustimmung – so Kreil weiter – bedurfte es nicht bei Betriebsschließungen sowie bei einer probeweisen Anstellung bzw. Aushilfsanstellung. Von zentraler Bedeutung war aber der Vorschlag, nach der das Arbeitsamt „nicht über die rechtliche Zulässigkeit der Kündigung, sondern allein auf Grund arbeits-

---

[23] Arbeit und Sozialfürsorge 1 (1946), S. 369 f., hier S. 370.
[24] BAB, DQ 2/262, Bl. 7, Schaum am 28. 1. 1947 an Herm.
[25] Ebenda, Bl. 8, Helm am 30. 1. 1947 an Vizepräsident Herm.
[26] Ebenda, Bl. 9, Niederschrift der Abt. III a (Schaum) vom 6. 2. 1947.
[27] BAB, DQ 2/63, Kreil am 13. 11. 1946 an Gustav Schaum.
[28] BAB, DQ 2/1767, Kreil am 31. 1. 1947 an Brack.

marktbedingter Erwägungen" zu entscheiden hatte[29]. Damit öffnete sich der Arbeitsverwaltung ein breiter Interpretationsspielraum.

Als weiterer Konfliktfall erwies sich das im Kontrollratsbefehl Nr. 3 verbriefte Recht der Arbeitsämter, Arbeitsplatzeinweisungen vornehmen zu können. Im Befehl des Alliierten Kontrollrates rangierte dieses Zwangsmittel allerdings unter dem Kapitel, das sich mit der beruflichen Unterbringung von Arbeitslosen befaßte. Deshalb drehte sich auch die bald einsetzende Diskussion um die Frage, ob die Zwangseinweisung nur für Arbeitslose oder generell für alle Erwerbstätigen zu gelten hatte. Die DVAS-Abteilung I b legte am 25. März 1947 einen Anweisungsentwurf vor, der die sogenannte Lösung von Arbeitsverhältnissen regeln sollte, und vertrat in dem Zusammenhang einen gemäßigten Kurs: Es müsse bei der Durchführung vermieden werden, daß „die Arbeitnehmerschaft diesen Befehl als eine Zwangseinrichtung gemäß der üblen Praxis des vergangenen Regimes empfindet"[30]. Daher solle vom Recht der Arbeitseinweisung – so die Abteilung I b in ihrer Stellungnahme – nur in „dringenden Fällen" Gebrauch gemacht werden. Dazu gehörten Befehle der sowjetischen Besatzungsmacht, der Katastrophendienst, die Versorgung der Bevölkerung mit lebenswichtigen Gütern sowie die Aufrechterhaltung des Personen- und Güterverkehrs. Arbeitseinweisungen seien aber auch erforderlich, „um arbeitsscheue Elemente in den wirtschaftlichen Wiederaufbau einzugliedern"[31]. Gleichzeitig betonte die DVAS-Abteilung, daß das Prinzip der Freiwilligkeit Vorrang genießen müsse. Während sich die Abteilung III a zum Entwurf ablehnend äußerte[32], gab die Juristische Abteilung teilweise ihre Zustimmung[33]. Offen kritisiert wurde dagegen auch von ihr der Versuch, Arbeitseinweisungen als sozial disziplinierendes Instrument einzusetzen. Die Ausarbeitung einer Verordnung über die Arbeitseinweisung zog sich allerdings in die Länge; darauf wird weiter unten noch eingegangen.

Vor allem die Länder drängten die DVAS, eine klare und verständliche Richtlinie zur Lösung von Arbeitsverträgen herauszugeben[34]. Die bestehende Rechtsunsicherheit hatte sich dadurch ergeben, daß in der Praxis eine Zustimmung des Arbeitsamtes nicht eingeholt wurde, wenn ein beiderseitiges Einverständnis vorlag. Die Arbeitsverwaltung in den Ländern bestand darauf, daß diese prinzipiell eingeholt werden müsse. Auf einer Konferenz der Landesämter für Arbeit und Sozialfürsorge am 13./14. März 1947 konnte noch keine Einigung erzielt werden. Der SMAD-Mitarbeiter Schaposchnikow, der bei der Frage der Arbeitsvertragsauflösung eine Zustimmung des zuständigen Arbeitsamtes für unentbehrlich hielt, räumte gegenüber DVAS-Vertretern ein, daß der Kontrollratsbefehl „Zweifel in der Auslegung" zulasse[35]. Die Juristische Abteilung brachte zum Anweisungsentwurf der Abteilung I b noch einige Änderungsvorschläge ein, die insgesamt eine weitere Stärkung der Eingriffsmöglichkeiten der Arbeitsämter bedeute-

---

[29] Ebenda. S. 4, Punkt 5.
[30] BAB, DQ 2/63, Anweisungsentwurf der DVAS-Abt. I b vom 25. 3. 1947, S. 1.
[31] Ebenda, S. 2.
[32] BAB, DQ 2/63, Abt. III a am 28. 3. 1947 an Abt. I b.
[33] Ebenda, Juristische Abt. am 9. 4. 1947 an Abt. I b.
[34] BAB, DQ 2/1767, Ministerium für Wirtschaft, Arbeit und Verkehr des Landes Thüringen am 7. 5. 1947 an die DVAS.
[35] Ebenda, Abt. I b am 12. 4. 1947 an Brack.

ten und vor allem ein Beschwerdeverfahren einführten[36]. Alle Vorschläge, denen die Abteilung III a zustimmte[37], fanden sich im übrigen in der endgültigen Fassung wieder, die am 16. Mai als Dienstanweisung zum Kontrollratsbefehl Nr. 3 (Lösung von Arbeitsverhältnissen)[38] veröffentlicht wurde. Gleichzeitig hob die DVAS die Anweisung vom 12. Juni 1946 wieder auf. Nun konnten die Landesverwaltungen entsprechende Rundverfügungen an die Arbeitsämter herausgeben. Aus diesen geht unzweideutig hervor, daß die Diensteinweisung die Arbeitnehmer stärker an die Betriebe binden und insgesamt die Fluktuation in der SBZ eindämmen sollte[39]. Gleichzeitig stellte dies auch ein Instrument zur Verhinderung von Massenentlassungen dar. Voraussetzung war allerdings, daß die Arbeitsämter ihren Zuständigkeitsbereich vollständig erfassen und kontrollieren konnten.

Die Eingriffe, welche die Dienstanweisung den Arbeitsämtern einräumte, wurden von der DVAS durchaus erkannt und in Beziehung gesetzt zu den enormen Aufbauarbeiten in der SBZ, die eine solche arbeitsrechtliche Regelung zwingend erforderlich machten: Das „Chaos, die Erbschaft des Hitlerregimes, in der sich die deutsche Volkswirtschaft zur Zeit befindet", könne nur durch eine „planmäßige Aufbauarbeit" beseitigt werden[40]. Dazu sei eine Einschränkung des Einstellungs- und Kündigungsrechtes für Unternehmer und Arbeitnehmer notwendig. Dieses bedeute „naturgemäß auch eine Einschränkung der Freizügigkeit für die Beteiligten", müsse aber im Gesamtinteresse der Bevölkerung hingenommen werden. Es sei selbstverständlich, daß die Arbeitsämter nur in Ausnahmefällen Arbeitseinweisungen vornehmen dürften. Andererseits betonte die DVAS-Abteilung, daß dieses Instrument ein wirksames Mittel sei, um gegen „arbeitsscheue Elemente" vorgehen zu können: „Jeder Arbeitsfähige ist heute verpflichtet zu arbeiten, denn nur so kann die allgemeine Not allmählich beseitigt werden."[41] Hintergrund für diese Forderung war die Tatsache, daß die Arbeitsverwaltung widerständiges Verhalten unter der Bevölkerung registrierte. Der brandenburgische Minister für Arbeit und Sozialwesen Schwob erklärte anläßlich einer Amtsleitertagung, daß vor allem „viele junge Leute unser Gebiet [verlassen], um sich vor einer Arbeitseinweisung zu drücken"[42]. Bereits zu diesem Zeitpunkt kristallisierte sich der enge Zusammenhang von Arbeitsverpflichtung und Westflucht heraus. Es kann festgehalten werden: Auch wenn die Pflicht zur Arbeit erst im Arbeitsgesetzbuch von 1961 festgeschrieben worden ist, so lassen sich doch bereits in dieser frühen Phase erste Ansätze dazu erkennen.

Die Dienstanweisung zum Kontrollratsbefehl Nr. 3 schuf kein neues Recht, sondern stellte vielmehr eine „amtliche und authentische Interpretation der Zweifelsfragen dar", wie die Juristische Abteilung der DVAS in einem internen Ver-

---

[36] BAB, DQ 2/262, Bl. 24f., Juristische Abt. am 2. 5. 1947 an Abt. I b.
[37] BAB, DQ 2/1767, Abt. III a am 6. 5. 1947 an Vizepräsident Herm.
[38] Arbeit und Sozialfürsorge 2 (1947), S. 233 f.
[39] BAB, DQ 2/1767, Rundverfügung VIII 1000/R 41 des thüringischen Ministerums für Wirtschaft, Arbeit und Verkehr vom 9. 7. 1947 an alle Ämter für Arbeit und Sozialfürsorge und deren Nebenstellen.
[40] Ebenda, Vermerk der Abt. I vom 26. 6. 1947, S. 1.
[41] Ebenda, S. 2.
[42] BAB, DQ 2/2030, Protokoll über die Amtsleitertagung im Landesarbeitsamt Potsdam am 15. 7. 1947.

merk treffend notierte[43]. Der Berliner Zentralverwaltung ging es dabei vor allem um eine Vereinheitlichung einzelner arbeitsrechtlicher Bestimmungen für die gesamte SBZ, die allerdings auch gegen die Landesverwaltungen durchgesetzt werden mußte. Darüber hinaus verfolgte die DVAS das Ziel, die Arbeitsgerichte als Kontrollinstanz langfristig auszuschalten. Dazu wurde in der Dienstanweisung ein eigenes Beschwerdeverfahren eingeführt. Angesichts dieser Rechtslage verbiete es sich – so die Juristische Abteilung – , daß ein Arbeitsgericht „die Verwaltungsakte der Arbeitslenkungsbehörden nachprüft"[44].

Im Laufe des Sommers 1947 entwickelte sich eine Debatte um eine weitere Bestimmung des Kontrollratsbefehls Nr. 3, welche die Vergabe von Lebensmittelkarten an die Registrierung bei den Arbeitsämtern band. Gegen einen automatischen Entzug der Lebensmittelkarten sprach sich wiederum die Juristische Abteilung aus, mit einem bemerkenswerten Vergleich: Selbst „ein Raubmörder [erhalte] am Tage der Hinrichtung noch immer seine Ration"[45]. Mit keinem Wort sei im Befehl die Rede davon, daß die Arbeitsverwaltung diese drakonische Strafe verhängen dürfe, die gleichbedeutend sei mit einem „Todesurteil des Verhungernlassens." Dagegen wandte sich die Abteilung I b und berief sich dabei auf das Prinzip der Gleichbehandlung: Wenn man „dem einen das Recht zubillige, trotz seiner Arbeitsverweigerung den Anspruch auf Lebensmittel stellen zu dürfen", dann müsse man allen dieses Recht zubilligen[46]. Das sei im übrigen eine „absolut soziale, ja sozialistische" Auffassung. Eine Einigung konnte noch nicht gefunden werden, so daß es letztlich den Landesämtern bzw. Arbeitsämtern überlassen blieb, inwieweit sie sich an diese gesetzliche Regelung hielten. In der unmittelbaren Nachkriegszeit mit seiner mangelhaften Ernährungslage blieb die Androhung des Entzugs von Lebensmittelkarten ein hartes Sanktionsmittel.

Einzelne Arbeitsgerichte erkannten die Dienstanweisung zunächst nicht an, sondern orientierten sich weiterhin an der alten arbeitsrechtlichen Ordnung. So vertraten beispielsweise einzelne Arbeitsrichter in Sachsen-Anhalt den Standpunkt, daß diese erst durch ein entsprechendes Landesgesetz verbindlich sein könne[47]. Das machte deutlich, wie schwierig es war, Entscheidungen auf zentraler staatlicher Ebene in den Ländern umzusetzen. Letztlich förderte dies auf seiten der SED-Führung und der DVAS-Leitung das Bestreben, Einfluß auf die personelle Zusammensetzung der Arbeitsgerichte zu nehmen und deren Kompetenzen langfristig zurückzudrängen.

Die Dienstanweisung zum Kontrollratsbefehl regelte erstmals den Beschwerdeweg bei Entscheidungen der Arbeitsämter. Ansprechpartner für die Betroffenen waren die Beratungsausschüsse bei den Arbeitsämtern, die mit dieser Anweisung eine nicht unwichtige Aufgabe erhielten. Auch gegen die Entscheidung des Beratungsausschusses konnte eine Beschwerde vorgetragen werden; in diesem Fall entschied dann letztlich das Landesamt für Arbeit und Sozialfürsorge. Beide Beschwerdewege hatten jedoch keine aufschiebende Wirkung. Die DVAS-Abteilung

---

[43] BAB, DQ 2/262, Bl. 27 f., Juristische Abt. am 1. 7. 1947 an Abt. I b.
[44] Ebenda, Bl. 39, Juristische Abt. am 11. 7. 1947 an Abt. III a.
[45] Ebenda.
[46] BAB, DQ 2/262, Bl. 41 f., hier Bl. 42, Abt. I b am 26. 7. 1947 an Abt. III a.
[47] Ebenda, Bl. 46, Regierungsrat Dr. Wagner am 20. 8. 1947 an Helm (DVAS).

I b sprach sich gegen diesen Funktionszuwachs der Beratungsausschüsse aus und erhielt dafür auch Unterstützung auf einer Arbeitstagung der DVAS am 19./20. August 1947 in Rostock[48]. Auf dieser Tagung wurde übereinstimmend festgestellt, daß die Beratungsausschüsse nach der Kontrollratsdirektive Nr. 29 nur beratend tätig sein sollten. Deshalb gehe die Dienstanweisung weit über die ursprünglich zugeteilten Befugnisse hinaus. Kurz darauf machte die Juristische Abteilung deutlich, daß die Dienstanweisung „in ihrem materiellen Inhalt in vollem Umfange" auf dem Befehl des Alliierten Kontrollrates beruhe und nur eine „Klarstellung gewisser Zweifelsfragen" herbeigeführt habe[49]. Sie begründete die Einführung des Beschwerdeverfahrens bei den Beratungsausschüssen mit dem Hinweis auf die „demokratische[n] Selbstverwaltungsprinzipien". Die Juristische Abteilung hatte gegen die von der Abteilung I b vorgebrachten Bedenken nichts einzuwenden und schlug wenige Tage später eine Regelung vor, die eine Mitwirkung der Beratungsausschüsse nicht mehr vorsah[50]. Gleichzeitig schlug sie vor, wie bei Arbeitseinweisungen so auch bei Kündigungen das Einspruchsverfahren den Beschwerdeausschüssen zu übertragen. Bedenken wurden aber auch von seiten der Länder vorgebracht. So erklärte das thüringische Ministerium für Arbeit und Sozialwesen, daß eine Dienstanweisung, „die schon ihrem Wort nach rein internen Charakter trägt, kein neues Rechtsmittelverfahren schaffen" könne[51]. Die Errichtung von Beschwerdeinstanzen sei nur in Form eines Gesetzes oder einer Verordnung möglich. Die Juristische Abteilung der DVAS stimmte den vorgetragenen Bedenken grundsätzlich zu, wandte sich aber gleichzeitig gegen eine arbeitsrechtliche Änderung oder Ergänzung. Das Argument klang dabei nicht sehr überzeugend: Da die Dienstanweisung bereits ein halbes Jahr in Kraft sei, könne sich die DVAS nur auf den Standpunkt stellen, „daß es sich bei ihr um etwas Ähnliches handelt, wie die früher im Reichsmaßstab und jetzt noch in den Ländern üblichen Ministerialerlasse"[52]. Nach Ansicht der Juristischen Abteilung konnten diese Erlasse – verwaltungsrechtlich gesehen – durchaus sogenannte Rechtssätze enthalten. Was die Frage nach den Entscheidungsbefugnissen für die Beratungsausschüsse anbelangte, so verwies die Juristische Abteilung etwas hilflos auf die Befehlslage von seiten der sowjetischen Besatzungsmacht. Nur so glaubte man das Handeln der DVAS noch legitimieren zu können: „Wir können [...] jedoch nunmehr, um das Ansehen der DVAS nicht zu gefährden, gar nicht anders argumentieren, als daß wir den Standpunkt einnehmen, die Dienstanweisung ist auf Anordnung der SMAD erfolgt und diese kann die Zuständigkeit der Beratungsausschüsse auch in der dargestellten Form erweitern."[53] Eine Einigung konnte auch auf der Arbeitstagung der DVAS am 6./7. Januar 1948 in Leipzig nicht erzielt werden. Auffallend war die Tatsache, daß die DVAS die Ländervertreter nicht zu überzeugen vermochte. Die Präsidentin des sächsischen Landesarbeitsamtes, Hildegard Heinze, hielt sogar die Ausarbeitung einer neuen Verordnung über die Lö-

[48] Ebenda, Bl. 52, Abt. I b am 26. 8. 1947 an Juristische Abt.
[49] Ebenda, Bl. 53, Juristische Abt. am 28. 8. 1947 an Abt. I b.
[50] Ebenda, Bl. 54, Juristische Abt. am 5. 9. 1947 an Abt. I b.
[51] Ebenda, Bl. 69, Ministerium für Arbeit und Sozialwesen des Landes Thüringen am 29. 12. 1947 an die DVAS.
[52] Ebenda, Bl. 70, Juristische Abt. am 31. 12. 1947 an Abt. I b, S. 1.
[53] Ebenda.

sung von Arbeitsverhältnissen für unerläßlich[54]. Erst nachdem die „Verordnung über die Sicherung und den Schutz der Rechte bei Einweisungen von Arbeitskräften" veröffentlicht worden war, machte sich die HVAS an die Ausarbeitung einer Durchführungsbestimmung zur Errichtung von Beschwerdeausschüssen, die dann am 22. Oktober 1948 in Kraft trat[55]. Eine enge Verbindung zu den Beratungsausschüssen blieb aber bestehen, da diese die Beisitzer der Beschwerdeausschüsse auswählen und berufen konnten. Darüber hinaus mußten die Beisitzer Mitglieder des Beratungsausschusses sein.

Die SMAD verfolgte die Kontroverse über die Auslegung des Kontrollratsbefehls Nr. 3 zwischen einzelnen Abteilungen der DVAS mit großem Unverständnis. Auf einer gemeinsamen Besprechung mit Vertretern der Berliner Zentralverwaltung stellte der SMAD-Mitarbeiter Iljuschin fest, daß der Befehl klar und eindeutig formuliert sei und er die Meinungsverschiedenheiten nicht verstehen könne[56]. Bei der Interpretation der Bestimmungen zum Arbeitsplatzwechsel betonte Iljuschin, daß für diesen Fall die Zustimmung des Arbeitsamtes stets einzuholen sei, und übte damit Kritik an der Juristischen Abteilung.

Meinungsverschiedenheiten ergaben sich auch bei den Strafbestimmungen des Kontrollratsbefehls Nr. 3, da einzelne Landesverwaltungen noch gesonderte Verordnungen verabschieden wollten. So hatte etwa das sächsische Ministerium für Arbeit und Sozialfürsorge einen entsprechenden Entwurf ausgearbeitet, der allerdings vom dortigen Justizministerium einer kritischen Bewertung unterzogen wurde. Hauptkritikpunkt war, daß mit dieser Verordnung eine „doppelte Bestrafung" erfolgen könnte, da bereits der Kontrollratsbefehl entsprechende Strafen vorsehe[57]. Eine strafrechtliche Verfolgung solle aber – so das sächsische Ministerium der Justiz weiter – nicht bei Ordnungswidrigkeiten, sondern nur bei „kriminelle[m] Unrecht" einsetzen. Dagegen schloß der Verordnungsentwurf bei der Verhängung einer Ordnungsstrafe die strafrechtliche Verfolgung nicht aus[58]. In dem Zusammenhang tauchte auch wieder die Frage nach Entzug der Lebensmittelkarten als Sanktionsmittel auf. Anlaß dafür war unter anderem die offensichtlich unterschiedliche Handhabung in den Ländern. Deshalb stellte die Juristische Abteilung unmißverständlich fest, daß die Verhängung dieses Strafmittels im Sinne des Kontrollratsbefehls nur die Herabstufung auf die niedrigste Stufe bedeuten könne. Die Lebensmittelkarten durften demzufolge nicht vollständig entzogen werden, da dieser Schritt ansonsten mit „einem Todesurteil auf Verhungernlassen gleichzusetzen ist"[59]. Daraus wurde deutlich, daß auch in dieser Frage keine Einigkeit zwischen den Abteilungen der DVAS herrschte. Die Juristische Abteilung kündigte an, daß sie eine endgültige Entscheidung durch das Präsidium der DVAS veranlassen würde. Nach den Vorstellungen dieser Abteilung sollte der

---

[54] BAB, DQ 2/1537, Niederschrift über den Verlauf der Arbeitstagung der DVAS in Leipzig am 6./7. 1. 1948, S. 32.
[55] Arbeit und Sozialfürsorge 3 (1948), S. 449 f.
[56] BAB, DQ 2/2040, Bl. 83 f., Niederschrift der Abt. I b über eine Besprechung mit der SMAD in Karlshorst am 30. 8. 1947.
[57] BAB, DQ 2/262, Bl. 65, Ministerium der Justiz der Landesregierung Sachsen am 18. 10. 1947 an die DJV. Der Verordnungsentwurf befindet sich in: ebenda, Bl. 66.
[58] Ebenda, Bl. 66.
[59] BAB, DQ 2/262, Bl. 57 f., hier Bl. 57, Jurist. Abt. am 7. 11. 1947 an Abt. III a.

Entzug der Lebensmittelkarten jedoch nicht von einem Gericht ausgesprochen werden, sondern vielmehr eine Verwaltungsangelegenheit bleiben. Somit ermächtigte der Befehl die Verwaltungen dazu, diese Strafe auszusprechen, er verpflichtete sie allerdings nicht zu diesem Schritt[60]. Dieser Meinung schloß sich daraufhin die Abteilung III a der DVAS an[61]. Gleichzeitig machte die Juristische Abteilung darauf aufmerksam, daß die SMAD eine strenge Anwendung des Kontrollratsbefehls wünsche[62]. Am 11. Februar 1948 legte die DVAS-Abteilung I b einen Entwurf für ein Rundschreiben an die Landesarbeitsämter vor, das zur „Bekämpfung von Arbeitsvertragsbrüchen oder unentschuldigtem Fernbleiben von der Arbeit" die Sperrung der Lebensmittelkarte vorsah[63]. Letztlich schreckten die deutschen Zentralverwaltungen aber vor einer zu rigide erscheinenden Praxis zurück und beließen es – arbeitsrechtlich gesehen – zunächst bei einer Koppelung der Registrierung der Bevölkerung mit der Kontrolle bei der Lebensmittelkartenausgabe. Dazu erließen die Deutsche Verwaltung für Handel und Versorgung, die DVAS und die Deutsche Zentralfinanzverwaltung am 13. Februar 1948 einen gemeinsamen Runderlaß[64].

Das Ministerium für Sozialwesen von Mecklenburg-Vorpommern warf die grundsätzliche Frage nach der rechtlichen Bedeutung einer Arbeitseinweisung auf: „Entweder betrachtet man die Arbeitseinweisung nur als zwangsweise Anordnung oder Herstellung eines privatrechtlichen Arbeitsverhältnisses und behandelt die Eingewiesenen dann gleichstehend wie alle privatrechtlich im Arbeitsverhältnis stehenden Personen."[65] Im letztgenannten Fall war aus Sicht des mecklenburgischen Ministeriums nur eine zivilrechtliche Verfolgung möglich. Von dieser Frage schien insgesamt die Wahl der Sanktionsmittel abhängig zu sein. Die Juristische Abteilung der DVAS wich dieser Anfrage jedoch aus und beschränkte sich auf eine erneute Interpretation des Kontrollratsbefehls[66]. Danach galt die Strafandrohung nur für Arbeitslose, die sich einer Arbeitseinweisung widersetzten, und nicht für Personen, die bereits in einem Beschäftigungsverhältnis standen. Für diese Gruppe der „Arbeitsbummelanten" galten die Strafbestimmungen der kurz zuvor im engen Zusammenhang mit dem SMAD-Befehl Nr. 234 veröffentlichten Arbeitsordnung[67]. Die DVAS mußte bald erkennen, daß ein Widerspruch bestand zwischen der Dienstanweisung, die den Arbeitsämtern ein Widerspruchsrecht gegen Entlassungen einräumte, und der Arbeitsordnung, nach der Verstöße gegen die arbeitsrechtlichen Bestimmungen unter anderem mit einer Entlassung bestraft werden konnten. Das hatte offenbar dazu geführt, daß einzelne Betriebe sogenannte Bummelanten entließen, ohne erst die in der Arbeits-

---

[60] Ebenda, Bl. 62, Juristische Abt. am 4. 12. 1947 an die Abt. III a.

[61] Ebenda, Bl. 67, Abt. III a am 12. 12. 1947 an DJV.

[62] Ebenda, Bl. 62.

[63] BAB, DQ 2/111, Bl. 80–82.

[64] Arbeit und Sozialfürsorge 3 (1948), S. 223 f., Gemeinsamer Runderlaß Nr. 1/48 betr. Überprüfung der Arbeitsverhältnisse der im arbeitsfähigen Alter stehenden Lebensmittelkartenempfänger.

[65] BAB, DQ 2/262, Bl. 59, Ministerium für Sozialwesen von Mecklenburg-Vorpommern am 13. 11. 1947 an die DVAS (Juristische Abt.).

[66] Ebenda, Bl. 61, DVAS am 28. 11. 1947 an Ministerium für Sozialwesen der Landesregierung Mecklenburg.

[67] Arbeit und Sozialfürsorge 2 (1947), S. 454–456, Arbeitsordnung für volkseigene, SAG- und andere Betriebe in der SBZ vom 13. 10. 1947.

ordnung vorgesehenen übrigen Strafmaßnahmen heranzuziehen[68]. Dadurch hatte
sich die Fluktuation der Arbeitskräfte erhöht, welche die Dienstanweisung ursprünglich stärker reglementieren sollte.

Anfang 1948 wuchs der Druck auf die DVAS, gezielter gegen „Arbeitsbummel-
lanten" und Arbeitsvertragsbrüche vorzugehen und die strafrechtlichen Regelungen im Arbeitsrecht zu konkretisieren. Zu diesem Zeitpunkt wurde innerhalb der
DVAS diskutiert, eine gesonderte Verordnung zu erlassen, welche die Strafen bei
Nichtbefolgung des Kontrollratsbefehls Nr. 3 beinhalten sollte. Die Veröffentlichung einer eigens dazu aufgesetzten Verordnung befürwortete im übrigen auch
auf Anfrage die Deutsche Zentralverwaltung für Justiz[69]. Der Entwurf eines
Rundschreibens, den die Abteilung I b am 11. Februar aufsetzte, sah teilweise
drastische Mittel vor. So sollten Arbeitskräfte, die der Arbeit unentschuldigt fernblieben, polizeilich vernommen werden[70]. Es war wiederum die Juristische Abteilung, die deutliche Kritik an diesem Vorstoß übte. Sie beanstandete vor allem die
enge Verknüpfung zwischen „polizeilichen und arbeitsamtlichen Maßnahmen"[71].
Es sei sozialpolitisch nicht besonders „glücklich", den SMAD-Befehl Nr. 234 und
die Arbeitsordnung „mit immerhin recht massiven Repressalien in unmittelbaren
Zusammenhang zu bringen"[72]. Statt dessen sollten die Maßnahmen gegen „Arbeitsbummelanten" - so die Juristische Abteilung – in erster Linie auf den Befehl
Nr. 3 des Alliierten Kontrollrates gestützt werden. Einig war man sich in der
DVAS darüber, daß die Arbeitsunfähigkeit von einer Ärztekommission festzustellen war. So stand es auch im Kontrollratsbefehl (Ziffer 11)[73]. Die Arbeitsverwaltung verstärkte ihr Vorgehen gegen die „Arbeitsbummelanten"; dabei hing die
Intensität der Maßnahmen von der Motivation der Mitarbeiter des jeweiligen Arbeitsamtes ab. So veröffentlichte etwa das Amt für Arbeit und Sozialfürsorge von
Haldensleben im Amtlichen Mitteilungsblatt des Kreises eine Liste von Personen,
die in Schnellgerichtsverfahren zu Gefängnisstrafen zwischen sechs und elf Wochen verurteilt worden waren; 18 namentlich genannte Personen hatten sich der
Aburteilung durch Flucht entzogen[74]. Das Arbeitsamt hatte daraufhin die örtlichen Polizeidienststellen beauftragt, die Gesuchten zu inhaftieren. Das rigorose
Vorgehen schlug sich auch in der sprachlichen Ausdrucksweise nieder und machte
gewisse Parallelen zum NS-Regime und dessen wirtschafts- und sozialpolitischen
Vorstellungen[75] deutlich: „Dieses verschärfte Vorgehen gegen Arbeitsbummelanten und Arbeitsverweigerer, die auf Kosten der werktätigen Bevölkerung ein be-

---

[68]   BAB, DQ 2/1891, Bl. 12, Auszug aus den Berichten, Mappe 5, über Betriebskontrollen bzw. über
       Berichte der Arbeitsministerien, 10. 1. 1948.
[69]   BAB, DQ 2/262, Bl. 72, Vizepräsident Herm am 18. 2. 1948 an Ministerium für Sozialwesen des
       Landes Mecklenburg.
[70]   BAB, DQ 2/111, Bl. 82.
[71]   BAB, DQ 2/262, Bl. 83, Juristische Abt. am 24. 2. 1948 an Abt. I b.
[72]   Ebenda.
[73]   BAB, DQ 2/262, Bl. 73, Abt. I b am 24. 2. 1948 an Juristische Abt. Die Juristische Abt. verwies
       dagegen auf die Ziffer 18, die bei der Begründung der amtsärztlichen Untersuchung herangezogen
       werden müßte. Vgl. ebenda, Bl. 74, Juristische Abteilung am 27. 2. 1948 an Abt. I b.
[74]   BAB, DQ 2/137, Bl. 274, Auszug aus dem Amtlichen Mitteilungsblatt für den Kreis Haldensleben
       vom 14. 2. 1948.
[75]   Vgl. dazu: Geyer, Soziale Sicherheit und wirtschaftlicher Fortschritt; Herbst, Der Totale Krieg;
       Recker, Nationalsozialistische Sozialpolitik.

quemes Leben führen wollen, gibt den ehrlichen Arbeitern die Gewißheit, daß ihre Arbeit anerkannt wird und alles getan wird, sie gegen die Parasiten der heutigen Notzeit zu schützen."[76] Die DVAS verwies in einem Rundschreiben auf die bestehende Arbeitsordnung vom 13. Oktober 1947 und mahnte die Einhaltung der darin festgelegten Vorgehensweise an[77]. Das bedeutete aber keineswegs, daß die DVAS einen konzilianteren Kurs verfolgte. Wenig später übernahm die Berliner Zentralverwaltung die Position des FDGB-Bundesvorstandes und beanstandete, daß das Arbeitsamt Haldensleben „nicht energisch genug gegen notorische Arbeitsbummelanten vorgehe"[78]. Die Kritik bezog sich offensichtlich auf die Personengruppe, die sich einer Verurteilung bislang entziehen konnte. Die örtlichen Polizeidienststellen wurden noch im Frühjahr 1948 zur Unterstützung der Arbeitsämter „bei der Hebung der Arbeitsmoral" herangezogen[79].

Zusammenfassend sei nochmals darauf hingewiesen, daß sowohl der SMAD-Befehl Nr. 65 als auch der Kontrollratsbefehl Nr. 3 einen ersten arbeitsrechtlichen Rahmen für die Registrierung der arbeitsfähigen Bevölkerung aber auch für Arbeitseinweisungen bzw. -verpflichtungen absteckten. In der Praxis, d. h. vor allem in der täglichen Arbeit der Arbeitsverwaltung, zeigten sich jedoch rasch die Unzulänglichkeiten und Widersprüchlichkeiten, die beide Befehle enthielten. Das bedeutete letztlich, daß die DVAS als oberste und leitende Instanz der deutschen Arbeitsbehörde in der SBZ daran gehen mußte, in Form von Verordnungen diese Lücken zu füllen und arbeitsrechtliche Bestimmungen zu präzisieren.

Verordnung über die Sicherung und den Schutz der Rechte bei Einweisungen von Arbeitskräften

Ausgangspunkt für diese Verordnung waren die Bestimmung des Kontrollratsbefehls Nr. 3, welche die Zwangseinweisung in Arbeit zu regeln hatte, und der SMAD-Befehl Nr. 153 vom 29. November 1945[80]. Dieser sowjetische Befehl räumte den Arbeitsämtern das Recht ein, Arbeitslose „ohne Rücksicht auf den Beruf" zu vermitteln. Außerdem wurden der DVAS-Präsident sowie die Ministerpräsidenten ermächtigt, eine Umverteilung von Arbeitskräften unter den Ländern bzw. innerhalb eines Landes vorzunehmen. Damit schien die arbeitsrechtliche Lage eindeutig zu sein. Dennoch war in der Arbeitsverwaltung zunächst unklar, ob davon alle Erwerbstätigen oder nur die Arbeitslosen betroffen sein sollten. So hatte etwa die Staatsanwaltschaft beim Landgericht Dresden entsprechende Strafverfahren mit der Begründung eingestellt, die gesetzlichen Regelungen seien nur auf Arbeitslose anzuwenden[81]. Dagegen hob die Präsidentin des sächsischen Landesarbeitsamtes hervor, daß die Vollmachten der Arbeitsämter „gegenstandslos wären, wenn sie sich nur auf Arbeitslose erstrecken sollten"[82].

---

[76] BAB, DQ 2/137, Bl. 274.
[77] Ebenda, Bl. 276, Rundschreiben Nr. 206 der DVAS vom 16. 3. 1948.
[78] Ebenda, Bl. 271, DVAS (Abt. I b) am 25. 3. 1948 an FDGB-Bundesvorstand (HA 3).
[79] Ebenda, Bl. 277, DVdI am 21. 4. 1948 an die Leiter der Landespolizeibehörden.
[80] Arbeit und Sozialfürsorge 1 (1946), S. 3 f.
[81] BAB, DQ 2/2080, Bl. 6, Landesarbeitsamt Sachsen am 26. 11. 1946 an den Generalstaatsanwalt der Landesverwaltung Sachsen.
[82] Ebenda.

Die Juristische Abteilung der DVAS vertrat dazu die Meinung, daß „auch bereits Erwerbstätige auf einen anderen Arbeitsplatz umgesetzt werden können"[83]. Sowohl der DVAS als auch dem Landesarbeitsamt ging es darum, die Zuständigkeiten der Arbeitsämter im Sinne einer umfassenden Arbeitskräftelenkung auszubauen.

Bei der Ausarbeitung einer Verordnung nahm Thüringen wiederum eine Vorreiterfunktion ein und legte Anfang 1947 einen ersten Entwurf vor, der zunächst nur innerhalb der Landesverwaltung diskutiert wurde[84]. Dieser legte fest, daß nicht nur Erwerbslose, sondern auch Personen in einem Arbeitsverhältnis in eine neue Arbeit eingewiesen werden konnten. Von dieser Regelung waren auch die Selbständigen betroffen. Die Hauptabteilung Arbeit und Sozialfürsorge im thüringischen Ministerium für Wirtschaft, Arbeit und Verkehr begründete dieses Vorgehen mit dem Hinweis, daß „einzelne Wirtschaftszweige besonders bei Handel und Gewerbe als überbesetzt angesehen werden müssen". Die Anforderungen der sowjetischen Besatzungsmacht könnten vor allem bei kurzfristigen Aufträgen „nicht immer durch alleinige Heranziehung der unselbständig Beschäftigten abgedeckt werden"[85]. Der Entwurf sah offensichtlich eine zeitliche Befristung der Arbeitseinweisung nicht vor. Bestimmte Bevölkerungsgruppen waren laut SMAD-Befehl Nr. 153 von der Melde- und Einsatzpflicht befreit: Frauen mit Säuglingen bzw. Kindern unter sechs Jahren, Schüler, „Kulturschaffende", Freiberufler und Invaliden, die zwei Drittel und mehr von ihrer Arbeitskraft verloren hatten. Die SMAD plante vermutlich eine Erweiterung dieses Personenkreises. Das thüringische Justizministerium hatte nur wenige Änderungsvorschläge[86]. Die DVAS-Abteilung I b benötigte etwas mehr Zeit und konnte erst am 21. März 1947 ihren Entwurf vorlegen, der die Überschrift „Gesetz über die Regelung von Arbeitseinweisungen" trug[87]. Danach sollten die Arbeitseinweisungen auf die „Durchführung von Arbeiten vordringlicher Art" beschränkt bleiben. Im einzelnen zählte die Abteilung I b dazu sowjetische Auftragsarbeiten, Arbeiten aufgrund von Verpflichtungen zu anderen Staaten, Tätigkeiten zur Behebung eines „öffentlichen Notstandes" sowie die Versorgung der von der DVAS „als lebenswichtig anerkannten" Wirtschaftsbranchen und Betriebe mit Arbeitskräften. Ausnahmen sollten nur bei Parlamentsabgeordneten und Betriebsratsmitgliedern gemacht werden. Als Regelzeit setzte der Entwurf sechs Monate fest, ließ aber auch die Möglichkeit einer Verlängerung bis zu einem Jahr offen. Darüber hinaus wurden ausführlich die Einspruchsmöglichkeiten gegen einen Einweisungsbeschluß erläutert. Beide Entwürfe ergänzten sich teilweise. Während der Schwerpunkt des thüringischen Gesetzentwurfes auf der Ausnahmeregelung sowie den Strafbestimmungen lag, nahm der Beschwerdeweg im DVAS-Entwurf größeren Raum ein.

---

[83] BAB, DQ 2/262, Bl. 1 f., Juristische Abt. am 27. 11. 1946 an Abt. II. Diese Rechtsauffassung teilten die Landesarbeitsämter kurz darauf den Arbeitsämtern mit. Vgl. ebenda, Bl. 3 f., Landesarbeitsamt Potsdam am 30. 11. 1946 an die 27 Arbeitsämter der Provinz Brandenburg.
[84] Vgl. ThHStA, Land Thüringen, Ministerium für Wirtschaft und Arbeit, Bd. 3694, Bl. 1.
[85] Ebenda.
[86] ThHStA, Land Thüringen, Ministerium für Wirtschaft und Arbeit, Bd. 3694, Bl. 7, Ministerium für Justiz am 27. 1. 1947 an Ministerium für Wirtschaft, Arbeit und Verkehr. In der Anlage befindet sich ein überarbeiteter Entwurf. Vgl. ebenda, Bl. 12–14.
[87] BAB, DQ 2/63.

Nach Ansicht der Hauptabteilung Arbeit und Sozialfürsorge im thüringischen Ministerium für Wirtschaft, Arbeit und Verkehr war die Herausgabe eines „Gesetzes zur Regelung von Arbeitseinweisungen [...] unbedingt erforderlich"[88]. Als Hauptargument wurde angeführt, daß dieses Zwangsmittel bereits in Branchen eingesetzt worden wäre, die der SMAD-Befehl Nr. 153 ursprünglich gar nicht vorgesehen hätte. Daher müsse die Liste der Wirtschaftszweige erweitert werden. Die bisherige praktische Erfahrung diente auch als Begründung für die zeitliche Verlängerung der Arbeitseinweisung. Die Arbeitsämter müßten die Möglichkeit erhalten, Einweisungen „auch auf unbestimmte Zeit auszusprechen"[89]. Die DVAS erkannte die Notwendigkeit, die mit der Arbeitseinweisung angefallenen Fragen einheitlich durch eine Verordnung zu klären. Auf einer Arbeitstagung am 13./ 14. März 1947 war darüber bereits Einigkeit zwischen den Vertretern der Berliner Zentralverwaltung und denen der Landesämter erzielt worden[90]. Um die Einheitlichkeit der Gesetzgebung in der SBZ zu wahren, bat die DVAS das thüringische Ministerium, den bereits ausgearbeiteten und dem Landtag vorgelegten Verordnungsentwurf wieder zurückzuziehen[91]. Dieser Bitte kam das thüringische Ministerium für Wirtschaft, Arbeit und Verkehr kurze Zeit später nach und begrüßte die angekündigte einheitliche Regelung von Arbeitseinweisungen[92].

Gegen eine Ausweitung und Verschärfung der gesetzlichen Bestimmungen wandte sich die Abteilung III a, die vor allem mit der zeitlichen Ausdehnung der Arbeitseinweisung überhaupt nicht einverstanden war[93]. Daran zeigten sich nicht zum ersten Mal die unterschiedlichen Meinungen zwischen einzelnen Abteilungen der DVAS. Auch die Juristische Abteilung hielt eine „erhebliche Umarbeitung" des Entwurfes der Abteilung I b für unvermeidlich[94]. Dieser enthalte nämlich „einseitige Zwangsmaßnahmen" gegen den Arbeitnehmer[95]. Die Einschränkung der Freizügigkeit des Arbeitnehmers bei der Arbeitsplatzwahl müsse – so die Juristische Abteilung – mit einer Einschränkung der Wahlfreiheit des Arbeitgebers bei der Einstellung von Arbeitskräften korrespondieren. In der Praxis habe sich gezeigt, daß die Arbeitseinweisung in erster Linie die Arbeiter und Angestellten, nicht aber die Unternehmer und Selbständigen treffe. Die Abteilung I b übernahm nur teilweise die vorgebrachten Änderungsvorschläge, eine grundsätzliche Überarbeitung erfolgte nicht. Vor allem die zeitliche Dauer der Arbeitseinweisung wurde auf maximal sechs Monate beschränkt[96].

Das zuständige Ministerium in Thüringen brachte zum überarbeiteten Entwurf einige Verbesserungsvorschläge ein. So sollten etwa „Spitzenfunktionäre" der Parteien und Massenorganisationen von der Arbeitseinweisung ausgenommen

---

[88] ThHStA, Land Thüringen, Ministerium für Wirtschaft und Arbeit, Bd. 3694, Bl. 32–34, hier Bl. 33, Abt. I am 24. 3. 1947 an Ministerialdirektor Müller.
[89] Ebenda, Bl. 34.
[90] ThHStA, Land Thüringen, Ministerium für Wirtschaft und Arbeit, Bd. 3694, Bl. 20, DVAS-Präsident Brack am 29. 3. 1947 an das thüringische Ministerium für Wirtschaftsplanungen [sic], HA Arbeit und Sozialfürsorge.
[91] Ebenda.
[92] ThHStA, Land Thüringen, Ministerium für Wirtschaft und Arbeit, Bd. 3694, Bl. 29.
[93] BAB, DQ 2/63, Abt. III a am 28. 3. 1947 an Abt. I b, S. 2.
[94] BAB, DQ 2/261, Bl. 6–10, hier Bl. 7, Juristische Abt. am 1. 4. 1947 an Abt. I b.
[95] Ebenda, Bl. 6.
[96] BAB, DQ 2/261, Bl. 12–17, hier Bl. 13, 2. Entwurf der Abt. I b vom 12. 4. 1947.

werden. Gleichzeitig wurde vorgeschlagen, den Gesetzentwurf nicht von den Landesparlamenten verabschieden zu lassen, sondern auf dem Verordnungswege einzuführen. Andernfalls sei damit zu rechnen, daß Änderungen vorgenommen würden, „die den Gedanken der Einheitlichkeit für die gesamte Sowjetzone wieder umstoßen"[97]. Die Juristische Abteilung der DVAS bedauerte ausdrücklich, daß der Entwurf ohne vorherige Rücksprache bereits den Landesregierungen zugestellt worden war und fügte dem eine leichte Drohung hinzu: „Es darf angenommen werden, daß sich das in diesem Falle vorliegende Mißverständnis nicht noch einmal wiederholt"[98]. Inhaltlich wurde kritisiert, daß die vorgetragenen Änderungsvorschläge unberücksichtigt geblieben seien. Gleichzeitig plädierte die Juristische Abteilung dafür, Bestimmungen über Ordnungsstrafen in den Entwurf nicht aufzunehmen. Auf einer Präsidiumssitzung der DVAS am 15. April 1947 konnte immer noch keine Übereinstimmung erzielt werden. Immerhin wurde zwischen den beteiligten Abteilungen vereinbart, bei der Ausarbeitung der Verordnung über Arbeitseinweisungen enger zusammenarbeiten. So sollten etwa Mitarbeiter bei Arbeitsbesprechungen der jeweils anderen Abteilung hinzugezogen werden[99].

Auch andere Landesverwaltungen hatten gegen den Entwurf der DVAS etwas einzuwenden. So stand der Minister für Arbeit und Sozialpolitik von Sachsen-Anhalt, Leo Herwegen, auf dem Standpunkt, daß das Gesetz von den Landtagen der Länder in Kraft gesetzt werden müsse; der DVAS stehe ein Gesetzgebungsrecht nicht zu[100]. Die Kritik von mehreren Seiten zeigte offensichtlich Wirkung, da die DVAS-Abteilung I b am 9. Mai 1947 die Änderungsvorschläge zum Gesetzentwurf zumindest einmal auflistete[101]. Drei Wochen später lag der neu überarbeitete Entwurf vor, der nur noch als Verordnung ausgewiesen wurde[102]. Die Abteilung I b hatte sich bemüht, Verbesserungsvorschläge vom FDGB aufzugreifen. So wurde etwa der Katalog der „Arbeiten vordringlichster Art" erweitert. Darüber hinaus unterlagen Parlamentsabgeordnete, Betriebsratsmitglieder, Personen in der Berufsausbildung und „leitende Personen" des FDGB, der Parteien und der Massenorganisationen, „soweit sie hauptberuflich als solche tätig sind", nicht der Verordnung. Außerdem begrenzte der Verordnungsentwurf die Arbeitseinweisung auf sechs Monate. Unübersehbar war der Versuch, die mit der Verordnung verbundene Einschränkung der Freizügigkeit so weit wie möglich rechtsstaatlich zu regeln. Dennoch blieb für die Arbeitsverwaltung ein nicht unbeträchtlicher Gestaltungsspielraum übrig. Das betraf vor allem die Festlegung der Arbeiten, bei denen Arbeitseinweisungen vorgenommen werden durften. Dagegen schränkte die zeitliche Begrenzung sowie die Möglichkeit, gegen die Einweisung in Arbeit

[97] ThHStA, Land Thüringen, Ministerium für Wirtschaft und Arbeit, Bd. 3694, Bl. 41–43, Ministerium für Wirtschaft, Arbeit und Verkehr (HA Arbeit und Sozialfürsorge) am 23. 4. 1947 an die DVAS.
[98] BAB, DQ 2/261, Bl. 18 f., Juristische Abt. am 24. 4. 1947 an Abt. I b.
[99] BAB, DQ 2/63, Mitteilung der Juristischen Abt. vom 28. 4. 1947 an die Abt. I b.
[100] BAB, DQ 2/1737, Bl. 61 f., hier Bl. 61, Minister für Arbeit und Sozialpolitik von Sachsen-Anhalt am 8. 5. 1947 an die DVAS.
[101] ThHStA, Land Thüringen, Ministerium für Wirtschaft und Arbeit, Bd. 3694, Bl. 44–46.
[102] BAB, DQ 2/1737, Bl. 81–85, Entwurf der DVAS (Abt. I b) vom 28. 5. 1947.

Beschwerde einzulegen (allerdings ohne aufschiebende Wirkung), die Lenkungs-
möglichkeiten der Arbeitsämter wieder etwas ein.

Am 2. Juni 1947 legte die Abteilung I b einen geringfügig überarbeiteten Verordnungsentwurf vor[103], der von der Juristischen Abteilung erneut eingehend kritisiert wurde[104]. Daran zeigte sich das weitgehend zerrüttete Verhältnis zwischen
den beiden DVAS-Abteilungen. So stellte die Juristische Abteilung einleitend fest,
daß der Entwurf „in seinen Formulierungen und in seinem Aufbau noch nicht den
Anforderungen entspricht, die an eine so wichtige, in das Leben der Werktätigen
tief eingreifende Verordnung zu stellen sind"[105]. Erneut wurde die Berücksichtigung der bisherigen Stellungnahmen sowie die konkrete Vereinbarung einer inhaltlichen Aussprache angemahnt. Außerdem beanstandete die Juristische Abteilung, daß der Entwurf an die Deutsche Zentralverwaltung für Justiz gegangen sei,
ohne daß zuvor eine „restlose Übereinstimmung" innerhalb der DVAS erfolgt sei.
Neben einer detaillierten, zuweilen auch etwas kleinlichen Einzelkritik hatte sich
die Juristische Abteilung entschlossen, einen eigenen Entwurf abzufassen[106]. Dieser unterschied sich in einigen Punkten: So enthielt er etwa eine Bestimmung, wonach die Arbeitseinweisung die Zustimmung des Betriebsinhabers beim Abschluß
eines Arbeitsvertrages ersetzen sollte. Darüber hinaus wurde die Personengruppe,
die von der Einweisung ausgenommen wurde, um die anerkannten „Opfer des
Faschismus" erweitert. Außerdem hatten beide Entwürfe eine andere Struktur.
Ansonsten bestanden aber zwischen beiden Entwürfen keine unüberbrückbaren
inhaltlichen Gegensätze. Der Grund für das Zerwürfnis bestand vermutlich darin,
daß sich die Juristische Abteilung übergangen fühlte und ihre Kompetenzen bei
der Ausarbeitung von Gesetzestexten deutlich machen wollte. Davon zeigte sich
die Abteilung I b leicht beeindruckt und legte am 9. Juli 1947 einen neuen Entwurf
vor, der eine gewisse Annäherung erkennen ließ, die sich vor allem auf die Bestimmungen zum ruhenden Arbeitsverhältnis bezog[107]. Mit diesem Kompromiß gab
sich die Juristische Abteilung jedoch keineswegs zufrieden, sondern forderte eine
vollständige Einarbeitung ihrer Verbesserungsvorschläge[108].

In den ersten Nachkriegsjahren war das Instrument der Arbeitseinweisung kein
Spezifikum der SBZ, sondern läßt sich auch in den westlichen Besatzungszonen
feststellen. Die ostdeutsche Arbeitsverwaltung registrierte daher auch aufmerksam die Entwicklung auf diesem Gebiet im Westen Deutschlands. Im Gegensatz
zur SBZ hatte der Einspruch gegen eine Arbeitsverpflichtung etwa in Nordrhein-
Westfalen aufschiebende Wirkung[109]. Dadurch hatte die Arbeitseinweisung automatisch an Durchschlagskraft verloren, was sich wohl auch in den Statistiken nie-

---

[103] Ebenda, Bl. 97–104, II. Entwurf der Abt. I b vom 2. 6. 1947. Im Vergleich zur Fassung vom 28.5.
waren einzelne Passagen nur umgestellt und stellenweise neu formuliert worden. Inhaltlich bestanden jedoch keine Unterschiede.
[104] BAB, DQ 2/63, Kommentar der Juristischen Abt. vom 16. 6. 1947 zum Entwurf der Abt. I b vom
2. 6. 1947.
[105] Ebenda, S. 1.
[106] BAB, DQ 2/63, Entwurf der Juristischen Abt. vom 17. 6. 1947.
[107] Ebenda, III. Entwurf der Abt. I b vom 9. 7. 1947.
[108] BAB, DQ 2/261, Bl. 49f., Juristische Abt. am 17. 7. 1947 an Abt. I b.
[109] BAB, DQ 2/1737, Bl. 76f., Aktennotiz der DVAS-Abt. I b vom 12. 5. 1947. Die darin enthaltenen
Informationen stammten offenbar aus dem Mitteilungsblatt des Arbeitsministeriums von Nordrhein-Westfalen vom 15. 4. 1947.

derschlug. Früher als in der SBZ waren daher die Arbeitsämter in der britischen Zone dazu übergegangen, das Prinzip der Freiwilligkeit bei der Stellenvermittlung anzustreben. Generell blieb aber auch hier der quantitative Umfang der Arbeitsverpflichtungen unmittelbar von der britischen Militärbehörde abhängig, die rasch die Erfolgslosigkeit der Dienstverpflichtungen erkannte: So kehrten beim Ruhrkohlenbergbau rund 73 Prozent der eingewiesenen Bergarbeiter im Monatsdurchschnitt 1946 wieder zurück[110]. Der Landtag von Württemberg-Baden debattierte im Frühjahr 1947 über ein Arbeitsverpflichtungsgesetz[111]. Ein gravierender Unterschied zur arbeitsrechtlichen Lage in der SBZ bestand aber darin, daß der Gesetzentwurf vom 1. August 1947 eine zeitliche Begrenzung bis zum 31. Dezember 1948 vorsah[112]. Der hessische Landtag verabschiedete wiederum am 26. Juni 1947 ein Arbeitspflichtgesetz, das nach Intervention des amerikanischen Militärgouverneurs General Lucius D. Clay erst am 19. August in Kraft treten konnte[113]. Entsprechende Pläne für ein einheitliches Zonengesetz waren aber zuvor im Länderrat der amerikanischen Besatzungszone am anhaltenden Widerspruch Bayerns gescheitert[114].

Parallel zur Ausarbeitung einer Verordnung zur Regelung der Arbeitseinweisungen entwickelte sich im Laufe des Sommers 1947 eine neue Debatte, nämlich über die Einrichtung eines sogenannten Dringlichkeitsausschusses. Beide Verfahren hingen inhaltlich eng zusammen, verliefen aber über einen längeren Zeitraum getrennt voneinander und fanden erst 1948 unter dem Dach einer einzigen Verordnung zusammen[115]. Der Auslöser für das neue Aufgabenfeld der DVAS – auch hier war wieder die Abteilung I b federführend tätig – war der bereits erwähnte SMAD-Befehl Nr. 153 vom 29. November 1945, der die Bereitstellung von Arbeitskräften für die als wichtig erachteten Wirtschaftszweige gewährleisten wollte. Dazu war letztlich die Aufstellung einer Prioritätenliste notwendig. Diesem Zweck sollte offensichtlich die geplante Errichtung eines „deutschen Dringlichkeitsausschusses" bei der DVAS und den Landesämtern für Arbeit und Sozialfürsorge dienen. Erst am 12. Juli 1947 legte die DVAS einen ersten Entwurf vor, der einen sehr provisorischen Charakter hatte[116]. Dieser Ausschuß sollte sich aus jeweils einem Vertreter des Landesarbeitsamtes, des zuständigen Landesministeriums oder der Zentralverwaltung, des FDGB, der „öffentlichen Körperschaften"

---

[110] Abelshauser, Der Ruhrkohlenbergbau, S. 30.

[111] Vgl. Entwurf eines Arbeitsverpflichtungsgesetzes vom 29. 5. 1947. Eine Kopie befindet sich in: ThHStA, Land Thüringen, Ministerium für Wirtschaft und Arbeit, Bd. 3694, Bl. 64 f.

[112] Vgl. Entwurf eines Arbeitsverpflichtungsgesetzes nach den Beschlüssen der 3. Beratung im Landtag von Württemberg-Baden. Eine Kopie befindet sich in: ThHStA, Land Thüringen, Ministerium für Wirtschaft und Arbeit, Bd. 3694, Bl. 80 f.

[113] Mai, Der Alliierte Kontrollrat, S. 382, Anm. 318.

[114] Ebenda.

[115] Daneben liefen noch Planungen für die Ausarbeitung einer Verordnung über die Verhängung von Ordnungsstrafen sowie einer Verordnung über die Zahlung von Trennungsgeld und Härteausgleich. Auch diese Vorarbeiten, auf die an dieser Stelle nicht näher eingegangen werden muß, da sie keinen unmittelbaren Einfluß auf die Verrechtlichung der Arbeitseinweisung hatten, flossen letztlich in die Verordnung über die Sicherung und den Schutz der Rechte bei Einweisungen von Arbeitskräften vom 2. 6. 1948 ein.

[116] BAB, DQ 2/2077. Der Berliner Magistrat hatte bereits am 9. 7. 1945 eine Anordnung zur Sicherung des Bedarfs an Arbeitskräften für lebenswichtige Aufgaben beschlossen, die solche Dringlichkeitsstufen vorsah, in: SAPMO, NY 4182/1158, Bl. 45–47, hier Bl. 47.

sowie der Wirtschaft zusammensetzen. Die Eingruppierung in eine der sechs
Dringlichkeitsstufen[117] mußte beim zuständigen Landesamt zunächst beantragt
werden; die Einordnung bzw. „Genehmigung einer Dringlichkeit" sollte sich auf
eine feste Anzahl von Arbeitskräften beschränken und galt offenbar nur für drei
Monate. Die Landesverwaltungen konnten jedoch die endgültige Fertigstellung
des Gesetzestextes nicht abwarten, sondern mußten sofort handeln, da die zahlreichen Arbeitskräfteanforderungen von seiten der sowjetischen Besatzungsmacht
zu erfüllen waren. Dabei ergaben sich zwangsläufig inhaltliche Unterschiede. So
enthielt etwa die Rundverfügung des thüringischen Ministeriums für Wirtschaft,
Arbeit und Verkehr vom 7. August nur drei Dringlichkeitsstufen[118]. Am 16. August legte die DVAS einen erheblich überarbeiteten Entwurf vor, der Aufbau und
Funktion des Ausschusses festlegte[119]. Dieser sollte nur bei der DVAS gebildet
werden und sich aus jeweils einem Vertreter der SMAD, DVAS, Deutschen Zentralverwaltung für Industrie, Deutschen Zentralverwaltung für Brennstoffindustrie, Deutschen Zentralverwaltung für Verkehr, Deutschen Verwaltung für Land-
und Forstwirtschaft und des FDGB zusammensetzen. Mit der Durchführung und
Überwachung aller erforderlichen Maßnahmen wurden sogenannte Planungsstel-
len beauftragt, die bei der DVAS, den Landesämtern und den Arbeitsämtern zu
bilden waren. Der Referentenentwurf sah außerdem fünf Dringlichkeitsstufen
vor[120].

Der bisherige Diskussionsverlauf über die Bildung von Dringlichkeitsstufen
hatte zu einer erheblichen Differenzierung geführt. Während anfangs eine Rangfolge der einzelnen Wirtschaftsbereiche vorgenommen worden war, ging die
DVAS immer mehr dazu über, einzelne Berufsgruppen in das abgestufte System
einzuordnen. Damit ergaben sich wieder Konfliktfelder mit den Landesverwaltungen, die in die Diskussion mit einbezogen worden waren[121]. Zwar unternahm
die DVAS Ende September 1947 noch einen Anlauf und legte eine Dienstanweisung „über die Koordinierung der Arbeitskräfteanforderungen zum Zwecke der
zweckmäßigen Vermittlung" aus[122]. Kurz darauf erhielt die Dienstanweisung die
Überschrift „über die Organisierung der zweckmäßigsten Vermittlung von Arbeitskräften"[123]. Dieser Entwurf wies große Ähnlichkeiten mit der Anweisung
zur Errichtung eines Dringlichkeitsausschusses auf. Obwohl die DVAS den Ent-

---

[117] In ihrer Reihenfolge: 1) Unternehmen, die für die sowjetische Besatzungsmacht tätig waren;
2) Brennstoffindustrie; 3) Elektrizitätswerke; 4) Betriebe, die landwirtschaftliches Inventar herstellten; 5) Eisenbahntransportwesen; 6) Wohnungsbau und kommunale Unternehmen. Vgl. BAB,
DQ 2/2077, I. Entwurf der DVAS vom 12. 7. 1947 zur Errichtung eines Dringlichkeitsausschusses.
[118] ThHStA, Land Thüringen, Ministerium für Wirtschaft und Arbeit, Bd. 3597, Bl. 159.
[119] BAB, DQ 2/2077.
[120] 1) Anforderungen der sowjetischen Besatzungsmacht sowie Katastropheneinsatz; 2) Anforderungen für Bergbau und Brennstoffindustrie sowie für „lebenswichtige" Betriebe; 3) Textil-, Be-
kleidungs-, Schuh-, Metall- und Bauindustrie; 4) Haushaltswaren-, Gebrauchsartikelindustrie;
5) Gaststättengewerbe, häusliche Dienste, Theater und Musik. Vgl. ebenda, § 9.
[121] Vgl. ThHStA, Land Thüringen, Ministerium für Wirtschaft und Arbeit, Bd. 3700, Bl. 475–477,
Niederschrift über die Konferenz der Direktoren und Einsatzleiter der Ämter für Arbeit und Sozialfürsorge am 8. 9. 1947; ThHStA, Land Thüringen, Ministerium für Wirtschaft und Arbeit,
Bd. 3597, Bl. 38–42, Ministerium für Wirtschaft, Arbeit und Verkehr des Landes Thüringen am
10. 9. 1947 an die SMATh.
[122] BAB, DQ 2/2077, Referentenentwurf der DVAS (Abt. I b) vom 22. 9. 1947.
[123] ThHStA, Land Thüringen, Ministerium für Wirtschaft und Arbeit, Bd. 3597, Bl. 49–52, I. Entwurf
der DVAS (Abt. I b) vom 23. 9. 1947.

wurf nochmals überarbeitete[124], konnte eine Einigung in dieser Frage letztlich nicht erzielt werden. Die DVAS mußte zunächst einmal darauf verzichten, eine allgemein verbindliche Anordnung zu erlassen. Somit blieb die Frage der Bildung von Dringlichkeitsstufen im Herbst 1947 immer noch ungelöst. Nach Auffassung des thüringischen Landesamtes für Arbeit waren die Dringlichkeitsstufen leicht durchlässig: So konnten sich etwa Unternehmer darum bemühen, für ihren Arbeitskräftebedarf einen sowjetischen Befehl zu erwirken und in die oberste Dringlichkeitsstufe eingeordnet zu werden[125]. Der Verteilungskampf um knappe Ressourcen, in diesem Fall um Arbeitskräfte, verlagerte sich auf diese Weise nur auf eine andere Ebene.

Gleichzeitig war es der DVAS nicht gelungen, die interne Auseinandersetzung über den Verordnungsentwurf zur Regelung der Arbeitseinweisungen zu beenden. Zwar legte die Abteilung I b am 21. Juli 1947 einen erneuten Entwurf vor[126]. Dieser fand aber wieder nicht die Zustimmung der Juristischen Abteilung: Wichtige Vorschläge seien ohne Begründung nicht aufgenommen worden[127]. Aus Sicht der Juristischen Abteilung war eine Klärung und Einigung nicht mehr möglich. Der Abteilung I b wurde vorgeworfen, sie habe auch in ihrem letzten Entwurf die Aufnahme einer gesetzlichen Regelung unterlassen, „in der eine Zwangsanordnung an einen Arbeitgeber, eine bestimmte Person zu beschäftigen, enthalten ist"[128]. Die Abteilung I b wies diese Kritik am 5. August weit von sich und setzte sich ausführlich mit dem Vorschlag auseinander, bei den Zwangsmaßnahmen auch die Arbeitgeber einzubeziehen[129]. Dies sei nicht erforderlich, da sowohl der SMAD-Befehl Nr. 153 als auch der Kontrollratsbefehl Nr. 3 den Arbeitsämtern die Einweisung von Arbeitskräften übertragen habe. Insofern war die Entscheidungsfreiheit der Unternehmer in dieser Hinsicht bereits frühzeitig eingeschränkt worden. Ferner berief sich die Abteilung I b auf die Deutsche Zentralverwaltung der Industrie, die auf die Wahrung des Produktionsinteresses aufmerksam gemacht habe[130]. Ein Betrieb müsse die berufliche Qualifikation eines zugewiesenen Arbeitnehmers prüfen und notfalls eine Anstellung auch ablehnen können. Bei der Vorlage des nächsten Verordnungsentwurfes kam die Abteilung I b der Juristischen Abteilung etwas entgegen und nahm die „Opfer des Faschismus" in die Gruppe derjenigen auf, die der Verordnung und damit der Arbeitseinweisung nicht unterlagen[131].

Meinungsverschiedenheiten traten auch zwischen der Juristischen Abteilung der DVAS und einzelnen Landesregierungen auf. Der Minister für Arbeit und Sozialpolitik von Sachsen-Anhalt hatte sich dafür ausgesprochen, im Verordnungsentwurf stärker den Weisungscharakter der SMAD zum Ausdruck zu bringen: Die Rechtsquelle solle „zweifellos eine Weisung der sowjetischen Besatzungs-

[124] BAB, DQ 2/261, Bl. 84–88, 2. Entwurf der DVAS (Abt. I b) vom 6. 10. 1947.
[125] BAB, DQ 2/2077, Aktenvermerk der Abt. I b (Kreil) vom 28. 11. 1947.
[126] BAB, DQ 2/261, Bl. 54–61.
[127] Ebenda, Bl. 51–53, Juristische Abt. am 24. 7. 1947 an Abt. I b.
[128] Ebenda, Bl. 51.
[129] BAB, DQ 2/261, Bl. 62–64, Abt. I b am 5. 8. 1947 an Juristische Abt.
[130] Vgl. ebenda, Bl. 62.
[131] BAB, DQ 2/261, Bl. 65–68, Entwurf der Abt. I b vom 7. 8. 1947.

macht sein"[132]. Diesen Vorstoß kritisierte wiederum die Juristische Abteilung, die eine Einschränkung der Befugnisse der DVAS kategorisch ablehnte[133].

Die CDU stimmte Arbeitseinweisungen nur in Ausnahmefällen zu und sprach sich dafür aus, in einer entsprechenden Verordnung den Betroffenen die „notwendige Rechtssicherung" zu geben[134]. Arbeitseinweisungen waren nach Ansicht der CDU nur für eine „vorübergehende Periode eines Notstandes zu rechtfertigen." Eine zeitliche Befristung der geplanten Verordnung auf zwei Jahre wurde daher gefordert. Dieser Standpunkt fand sich auch im Wirtschafts- und Sozialprogramm der CDU wieder. Grundsätzlich zog man dort die freiwillige Arbeitsvermittlung der Arbeitseinweisung vor, die „zur Zeit noch unvermeidlich" sei[135].

Anfang September 1947 näherten sich die konträren Positionen der beiden DVAS-Abteilungen weiter an. Am 4. September hatte die Abteilung I b einen weiteren überarbeiteten Entwurf präsentiert[136], an dem die Juristische Abteilung nur wenig auszusetzen hatte[137]. Nach abschließenden redaktionellen Arbeiten konnte die Abteilung I b am 11. September die vorläufig letzte Fassung der geplanten Verordnung „über die Regelung von Arbeitseinweisungen in der sowjetischen Besatzungszone" vorlegen[138]. Letztlich war es der Juristischen Abteilung gelungen, sich in einigen Fragen gegenüber der Abteilung I b doch noch durchzusetzen. Insgesamt gesehen überwog aber der Eindruck eines Kompromisses.

Bei den Arbeitstreffen von Vertretern der Landesarbeitsämter, der zuständigen Landesministerien sowie der Berliner Zentralverwaltung war das Thema Arbeitseinweisung von zentraler Bedeutung. Eine Analyse der überlieferten Tagungsberichte in der zweiten Hälfte des Jahres 1947 vermittelt einen Einblick in die sich inhaltlich langsam wandelnde Diskussion. Auffallend ist dabei vor allem die Tatsache, daß zahlreiche Vertreter der Arbeitsverwaltung ab dem Spätsommer 1947 immer kritischer über das Instrument der Zwangsverpflichtung berichteten und einen Wechsel in der Arbeitsmarktpolitik forderten. Nachdem auch noch die SMAD den Befehl Nr. 234 veröffentlicht hatte, verstärkten sich die Stimmen auf deutscher Seite, welche die Einführung eines Anreizsystems verlangten. Die Freiwilligenwerbung sollte insgesamt die Arbeitseinweisung ablösen.

Das Ausmaß der Arbeitseinweisungen in den einzelnen Ländern hing wesentlich mit den Anforderungen der sowjetischen Besatzungsmacht zusammen. Eine besonders hohe Belastung meldete etwa das Landesarbeitsamt in Potsdam für Brandenburg im Juli 1947: Gemäß SMA-Befehl Nr. 193 mußten 4000 Arbeitskräfte für die Oderregulierung gestellt werden; im September erfolgte eine Ergänzungsauflage in Höhe von weiteren 3730 „Fachkräften"[139]. Etwa zeitgleich hatte das Potsdamer Landesarbeitsamt 3000 Arbeitskräfte für das Arbeitsvorhaben Flugplatz Schönefeld zur Verfügung zu stellen. Dies waren in Brandenburg zu

[132] BAB, DQ 2/63, Minister für Arbeit und Sozialpolitik am 19. 8. 1947 an DVAS.
[133] Ebenda, Juristische Abt. am 1. 9. 1947 an Abt. III a.
[134] ACDP, VII/011/A 533, Entschließung des 2. Unionstages zur Sozial- und Gewerkschaftspolitik (6.–8.9.1947).
[135] ACDP, VII/011/906, Wirtschafts- und Sozialprogramm der CDU, S. 6f.
[136] BAB, DQ 2/261, Bl. 77–81.
[137] Ebenda, Bl. 76, Juristische Abteilung am 10. 9. 1947 an Abt. I b.
[138] BAB, DQ 2/2079.
[139] BAB, DQ 2/2156, Landesarbeitsamt Potsdam am 6. 10. 1947 an die DVAS, S. 1.

diesem Zeitpunkt nur die beiden größten Projekte mit Arbeitskräfteanforderungen. Daneben gaben sowohl die SMA der Länder als auch die örtlichen Kommandanturen Auflagen an die Arbeitsämter weiter. Im Ländervergleich lag Brandenburg Mitte 1947 vermutlich an der Spitze[140]. Vor allem die zahlenmäßig hohen Anforderungen von seiten der sowjetischen Besatzungsmacht waren nur durch den Einsatz mehrerer Kreisverwaltungen zu erfüllen. Es sei aber – so das Potsdamer Landesarbeitsamt – „ein Unding, annehmen zu wollen, daß diese vielen Tausend Arbeitskräfte sich freiwillig in die primitiveren Lebensverhältnisse an der Oder begeben hätten"[141]. Wolle man zur Freiwilligenmeldung übergehen, müsse vielmehr „ein besonderer Anreiz" gegeben sein. Mit Rücksicht auf die Bevölkerung plädierte das Landesarbeitsamt für eine Abkehr von der Arbeitseinweisung: „Die Aversion der Bevölkerung gegen die Oderarbeiten erhellt am besten die Tatsache des Abwanderns von rd. 1000 Frankfurter Einwohnern, die an sich ja noch den Vorteil hatten, trotz der Einweisung in ihrer Heimatstadt wohnen zu können." Die Landesverwaltungen konnten offensichtlich ihren Handlungsspielraum auch nutzen, um diesen drohenden sozialen Konflikt vorbeugend zu entschärfen. So schloß das Landesarbeitsamt in Potsdam Verträge mit den Baustäben an der Oder ab, welche gewisse Verbesserungen bei der Versorgung mit Bekleidung oder mit warmen Mahlzeiten vorsahen. Dieser Handlungsspielraum hing von der sowjetischen Zustimmung und der finanziellen Ausstattung ab. Es kann aber festgehalten werden, daß bei der arbeitsintensiven Oderregulierung bereits im Spätsommer 1947 ein Wechsel der arbeitsmarktpolitischen Instrumente eingesetzt hatte. Die Umsetzung dieser Politik erfolgte allerdings nicht schlagartig und Arbeitseinweisungen blieben prinzipiell auch nicht ausgeschlossen. Das Landesarbeitsamt war jedoch der Ansicht, auf diesem Wege das Zwangsmittel der Einweisung in Arbeit „auf ein Mindestmaß" reduzieren zu können[142].

Der Politikwechsel von der Zwangseinweisung zur Freiwilligenwerbung hatte auch Folgen für die arbeitsrechtliche Diskussion, die zunächst einmal unterbrochen wurde. Von enormer Bedeutung war in diesem Zusammenhang – darauf ist bereits aufmerksam gemacht worden – der SMAD-Befehl Nr. 234. Dieser hatte sogar die Überprüfung und Bestätigung einer „Instruktion über die Regelung der Arbeitsbeschaffung und der Verteilung der Arbeitskräfte" angeordnet[143]. Die DVAS versuchte Ende Oktober die geplante Verordnung dem Paradigmenwechsel anzugleichen und arbeitete eine Anweisung zum „Verfahren des Arbeitseinsatzes und der Verteilung der Arbeitskräfte" aus[144]. Die SMAD signalisierte ihre grundsätzliche Zustimmung zum Entwurf, behielt sich aber eine Einzelprüfung noch vor[145]. Der Anweisungsentwurf versuchte die Arbeitsvermittlung und -einweisung umfassend zu regeln. Er enthielt unter anderem Bestimmungen zur Ver-

---

[140] Sachsen-Anhalt registrierte im August 1947 insgesamt 4591 Zwangseinweisungen. Damit lag der Anteil im Vergleich zu den Arbeitsvermittlungen unter 10%. LA Magdeburg LHA, Rep. K MW, Nr. 10148, Situationsbericht vom 10. 9. 1947.

[141] BAB, DQ 2/2156, Landesarbeitsamt Potsdam am 6. 10. 1947 an die DVAS, S. 2.

[142] Ebenda, S. 4.

[143] Vgl. SMAD-Befehl Nr. 234 vom 9. 10. 1947, Ziff. 13, Abschnitt a), in: Arbeit und Sozialfürsorge 3 (1948), S. 453.

[144] BAB, DQ 2/2077.

[145] Ebenda, Notiz der Abt. I B (Kreil) vom 21. 10. 1947 an Präsident Brack.

teilung der Arbeitskräfte und betonte erneut die Vorrangigkeit der Freiwilligenwerbung vor der Arbeitseinweisung. Anschließend legte er drei Dringlichkeitsstufen fest, deren genaue Abgrenzung aber etwas unklar blieb. Ausführlich behandelte der Entwurf das zentrale und umstrittene Thema der Arbeitseinweisung
und verband dieses inhaltlich mit Bestimmungen über Trennungsgelder, Härteausgleich sowie über das Beschwerdeverfahren. Die geplante Anweisung enthielt
bis auf die von der SMAD gewünschte Reduzierung der Dringlichkeitsstufen[146]
wenig Neues, sondern stellte vielmehr den erstmaligen Versuch dar, die einzelnen,
bisher getrennten gesetzlichen Planungen in einer Verordnung zusammenzufas-
sen. Die SMAD war vermutlich die treibende Kraft bei der Bündelung der verschiedenen Entwürfe zu einer Anweisung; gegenüber der DVAS gab sie frühzeitig
zu erkennen, daß sie Wert legte auf eine rasche Verabschiedung und Veröffentlichung in Verbindung mit dem Befehl Nr. 234[147]. Sowohl der FDGB als auch die
DVAS brachten bei gemeinsamen Unterredungen mit SMAD-Vertretern eine
ganze Reihe von Änderungsvorschlägen ein. So sollte beispielsweise die Bezeichnung „Anweisung" in „Verordnung" geändert werden. Die Einschaltung von Arbeitsgerichten im Zuge des Beschwerdeverfahrens wurde von deutscher Seite
ebenfalls kritisiert[148]. Darüber hinaus brachte die DVAS einige sprachliche und
stilistische Verbesserungen ein, welche von der SMAD offensichtlich auch gebilligt wurden[149].

Bei der weiteren Ausarbeitung der geplanten Verordnung wurde wieder die
Juristische Abteilung eingeschaltet, die bereits am 3. Dezember 1947 einen überarbeiteten Entwurf vorlegte, der in erster Linie sprachliche Veränderungen enthielt[150]. Helmut Lehmann unterbreitete dem Zentralsekretariat eine Beschlußvorlage, in der dem Entwurf mit einzelnen Änderungen und Ergänzungen zugestimmt wurde[151]. Lehmann sprach sich vor allem dafür aus, Frauen mit Kindern
von der Arbeitseinweisung ausdrücklich zu befreien. Mehrere SED-Landesvorstände hielten es für angebracht, die Finanzierung des Härteausgleiches nur den
Unternehmern zu überlassen. Lehmann ging diese Forderung zu weit, er hielt
einen Finanzierungsanteil in Höhe von 50 Prozent für „gerechtfertigt"[152]. Eine
Verschärfung verlangte Lehmann bei den Strafregelungen: „Wenn jemand der Arbeitseinweisung keine Folge leistet, kann der Zweck der Verordnung nicht durch
eine Geldstrafe erreicht werden, sondern nur durch Einweisung in ein Arbeitslager."[153] Die Einweisung in ein Arbeitslager konnte demzufolge für eine Dauer bis
zu sechs Monaten verhängt werden. Nachdem die SMAD zuvor auf eine rasche

---

[146] SAPMO, NY 4182/1198, Bl. 7–12, hier Bl. 9, Bericht der Abt. für Wirtschaftsfragen vom 13. 11.
1947 über die 1. Sitzung des Ausschusses zur Überwachung der Maßnahmen zum Befehl Nr. 234.
[147] SAPMO, DY 34, 18/e/331, Aktennotiz des FDGB (HA 3) über eine Besprechung bei der DVAS
am 10. 11. 1947. Die treibende Kraft der SMAD bei der Ausarbeitung der Verordnung bleibt dagegen weitgehend unberücksichtigt bei: Thiel, Arbeitsrecht in der DDR, S. 38.
[148] SAPMO, DY 34, 18/e/331, Aktennotiz des FDGB (HA 3) über eine Besprechung bei der DVAS
am 10. 11. 1947.
[149] BAB, DQ 2/2040, Bl. 103–105, Aktenvermerk der Abt. I b über Besprechung mit der SMAD am
11. 11. 1947.
[150] SAPMO, NY 4182/1158, Bl. 168–180.
[151] Ebenda, Bl. 165–167, Vorlage Lehmanns vom 10. 12. 1947 an das Zentralsekretariat.
[152] Ebenda, Bl. 167.
[153] Ebenda.

Verabschiedung der Verordnung gedrängt hatte, nahm sie sich mit einem Male sehr viel Zeit, ohne daß die DVAS oder die SED-Führung den Grund für das geänderte Verhalten erkennen konnten[154]. Das Zentralsekretariat der SED befaßte sich am 22. Dezember 1947 mit dem Entwurf und erteilte den beiden Abteilungen Arbeit und Sozialfürsorge sowie Wirtschaft den Auftrag, die Fertigstellung der Verordnung aufmerksam zu verfolgen[155]. Vergleichsweise spät meldete sich der FDGB-Bundesvorstand Ende Dezember nochmals zu Wort und brachte seinerseits einige Änderungsvorschläge ein, die er für unabdingbar hielt[156]. Obwohl die Hauptabteilung Sozialpolitik zu Beginn ihres Schreibens betonte, daß „die Interessen der arbeitenden Bevölkerung, die wir ja wahrzunehmen haben, einige Änderungen notwendig machen"[157], bezogen sich doch die Vorschläge insgesamt nur auf zusätzliche Erläuterungen oder Ergänzungen, die inhaltlich keinen Dissens erkennen ließen. Bei den Trennungsgeldern plädierte der FDGB-Bundesvorstand für eine Erhöhung von 2,50 RM auf 3 RM.

Bei Besprechungen zwischen Vertretern der DVAS und der SMAD konnte über den Wortlaut der Verordnung auch Ende Dezember 1947 noch keine endgültige Einigung erzielt werden. Als offene Fragen erwiesen sich in erster Linie zwei Paragraphen, zum einen der Härteausgleich und zum anderen die Strafbestimmungen. Nach Ansicht der SMAD, die ausdrücklich für eine Einschränkung der Arbeitseinweisung eintrat, sollten die Betriebe den Härteausgleich alleine tragen[158]. Dagegen machte der DVAS-Mitarbeiter Kreil geltend, man dürfe nicht verkennen, daß damit die unternehmerische Kalkulation „erheblichen Störungen ausgesetzt sei, da er ja nie wissen kann, wie hoch der Prozentsatz der Arbeitskräfte sei, die ihm von außerhalb zugewiesen werden und wie hoch die Summe des Härteausgleiches sei, die auf das Produkt einkalkuliert werden müßte." Unbeeindruckt reagierte der SMAD-Vertreter Schaposchnikow und erklärte, „daß Unternehmer, die nicht konkurrenzfähig sind, verschwinden müssen." Durch die Aufbürdung der Einweisungskosten auf den Unternehmer werde – so die Mutmaßung Schaposchnikows – dieser veranlaßt, seinen Betrieb zu überprüfen, „ob nicht doch durch Organisationsmaßnahmen innerhalb des Betriebes Arbeitskräfte eingespart oder durch technische Verbesserungen die Arbeitsleistungen gesteigert werden können." Da ein Kompromiß nicht gefunden werden konnte, sprach sich Kreil für eine nochmalige „reifliche" Überprüfung auch von seiten der DVAS aus. Der zweite Streitpunkt drehte sich um die Frage, wem die Aufgabe der Bestrafung zufallen sollte. Während der SMAD-Vertreter die Auffassung vertrat, die Befugnisse ordentlichen Gerichten und nicht den Arbeitsämtern zu übertragen, verwies Kreil darauf, daß auf diese Weise die Arbeitskräftelenkung „sehr erschwert" würde[159]. Gerade die Tatsache, daß die Arbeitsämter über diese Sanktionsmöglichkeit in der Vergangenheit nicht verfügt hätten, „hätte den böswilligen Arbeitsbummelanten die Gewißheit gegeben, daß Strafverfahren bis zu ihrer Erledigung sehr lange Zeit

154 BAB, DQ 2/2040, Bl. 109, Niederschrift über die Besprechung mit der SMAD am 4. 12. 1947.
155 SAPMO, DY 30/IV 2/2.1/159.
156 BAB, DQ 2/2077, FDGB-Bundesvorstand (HA 3) am 29. 12. 1947 an die DVAS.
157 Ebenda, S. 1.
158 BAB, DQ 2/1711, Niederschrift der DVAS (Abt. I b) über Besprechung mit der SMAD am 31. 12. 1947 in Karlshorst, S. 2 f.
159 Ebenda, S. 4.

benötigen und sie infolgedessen diese nicht zu befürchten brauchten", so Kreil weiter. Offenbar hatte die SMAD in diesem Punkte ihre bisherige Meinung vollständig geändert; auch hier waren weitere Verhandlungen erforderlich.

Im Oktober 1947 konnte zumindest mit der SMAD in Karlshorst Einigkeit darüber erzielt werden, daß bei zwei Befehlen gleicher Dringlichkeit „den in Frage kommenden Kräften die Entscheidung freisteht, sich freiwillig für das eine oder andere Arbeitsvorhaben zu entscheiden oder sich nach dem Ermessen des Arbeitsamtes einweisen zu lassen"[160]. Damit sollten zeitraubende Konflikte zwischen der deutschen Arbeitsverwaltung und den Organen der sowjetischen Besatzungsmacht vermieden werden. Erst Anfang des nächsten Jahres brachten die Landesämter „beachtliche grundsätzliche Bedenken" gegen die Einteilung der nunmehr drei Dringlichkeitsstufen vor[161]. Ihre Vorbehalte richteten sich dagegen, daß die einzelnen Gruppen nicht nach Wirtschaftszweigen aufgebaut, sondern von den Entscheidungen der sowjetischen Besatzungsmacht sowie der DVAS abhängig sein sollten. Auch in diesem Punkte mußte die DVAS Nachverhandlungen mit der SMAD aufnehmen. Der Vorschlag der DVAS wenige Tage später stellte einen Kompromiß dar: Während in der ersten Stufe Anforderungen der SMAD und der DVAS aufgeführt wurden, sahen die beiden anderen Stufen primär eine Auflistung von einzelnen Wirtschaftszweigen vor[162].

Das Umdenken bei der Arbeitsverwaltung – weg von der Arbeitsverpflichtung und hin zur Anwerbung – wurde erheblich beeinflußt durch die Situation im Uranbergbau. An dieser Stelle sei nur kurz der größere Zusammenhang angedeutet[163]: Hier konnten die stellenweise hohen Arbeitskräfteforderungen nur durch Einweisungen erfüllt werden. Die katastrophale soziale Lage im sächsischen und thüringischen Erzbergbau schien einen Instrumentenwechsel bei der Rekrutierung von Arbeitskräften zu verlangen[164]. Allerdings wurde auf das Mittel der Arbeitseinweisung nicht grundsätzlich verzichtet. Die DVAS forderte die Länder auf, bei der Erfüllung ihrer Kontingente für den Uranbergbau „möglichst durch Anwerbung" Freiwillige zu gewinnen und nur im Notfall auf Arbeitsverpflichtungen zurückzugreifen[165]. Am Rande sei darauf hingewiesen, daß eine wichtige Voraussetzung für die Aufnahme neuer Arbeitskräfte die Lösung der Unterbringungsfrage in den Kreisen war, die von Anfang an nicht befriedigend gelöst werden konnte. Der Wohnraumbedarf blieb gerade in den ersten Nachkriegsjahren oftmals ungedeckt, vor allem in den Gebieten mit Großprojekten wie der Oderregulierung und dem Uranbergbau im Erzgebirge.

Anfang des Jahres 1948 setzte die DVAS die Debatte über die Verordnung fort. Dabei schalteten sich auch die Vertreter der Länder wieder ein, die vor allem bei der Formulierung der Bestimmungen, welche die Finanzierung des Härteaus-

---

[160] BAB, DQ 2/1891, Bl. 23–32, hier Bl. 32, Bericht über die Konferenz der Arbeitsminister der Länder am 20./21. 10. 1947 in Berlin.
[161] BAB, DQ 2/2077, Fernspruch von Kreil (DVAS-Abt. I b) an Schaposchnikow am 12. 1. 1948.
[162] Ebenda, Vorschlag der DVAS (Abt. I b) vom 15. 1. 1948.
[163] Vgl. dazu Kap. I.4. (Arbeitskräfte für den Uranbergbau im Erzgebirge).
[164] Vgl. Karlsch, Allein bezahlt?, S. 136–146; Roeling, Arbeiter im Uranbergbau.
[165] BAB, DQ 2/1537, Niederschrift über den Verlauf der Arbeitstagung der DVAS am 6./7. 1. 1948 in Leipzig, S. 9.

gleichs regeln sollten, ihre Einwände vorbrachten[166]. Nach einer Aussprache am 6. Januar 1948 einigten sich Vertreter der DVAS und der Länder darauf, daß „80% aus öffentlichen Mitteln und 20% vom Unternehmer zu tragen sind"[167]. Auf dieser Basis sollten die Verhandlungen mit der SMAD wieder aufgenommen werden. Die DVAS stimmte außerdem dem Vorschlag einzelner Ländervertreter zu, den Härteausgleich nur für ein halbes Jahr auszahlen zu lassen. Gleichzeitig waren die Länder, aber auch die DVAS einverstanden mit der Forderung der SMAD, den Arbeitsämtern das Ordnungsstrafrecht nicht zu übertragen. Als Voraussetzung wurde allerdings die Einrichtung von „Schnellgerichten" gefordert, die „eine sofortige Bestrafung ermöglichen" sollten[168]. Auf Anweisung der sowjetischen Besatzungsmacht durften zunächst jedoch die Beratungen auf deutscher Seite nicht weitergeführt werden. Vermutlich wollte die SMAD und ihre Abteilung Arbeitskraft die bei den Verhandlungen aufgetretenen Fragen intern klären und mit einem einheitlichen Meinungsbild wieder in die Beratungen mit der DVAS gehen. Die geplante Verordnung über das Verfahren der Arbeitsvermittlung und der Verteilung der Arbeitskräfte wurde im übrigen von einzelnen Ländervertretern ausdrücklich begrüßt. So äußerte etwa der Mitarbeiter des thüringischen Ministeriums für Arbeit und Sozialwesen, Oberregierungsrat Studzinski, die Hoffnung, daß die Einführung der Dringlichkeitsstufen den einzelnen Ortskommandanten die Möglichkeit nehmen werde, in den Vermittlungsprozeß direkt eingreifen zu können. Die Zurückdrängung dieser Einflußnahme und die einheitliche Kontrolle durch die Arbeitsverwaltung treffe aber auch die Betriebe: Diese könnten „nun nicht mehr zu den Ortskommandanten laufen, um Befehle zur Gestellung von Arbeitskräften durch die Arbeitsämter zu erwirken"[169].

Mitte Februar 1948 waren die Arbeiten an der Verordnung über das Verfahren der Arbeitsvermittlung und die Verteilung der Arbeitskräfte bereits sehr weit gediehen. So stellte die Juristische Abteilung zusammen mit der Abteilung I b der DVAS fest, daß der Entwurf „im Gesamtergebnis einen sehr beachtlichen Fortschritt" gebracht habe[170]. Die DVAS-Abteilung vermittelte den Eindruck, als ob der Verordnungsentwurf nur noch redaktionell bearbeitet zu werden brauchte. Gespräche mit Vertretern der Abteilung Arbeitskraft erbrachten zu diesem Zeitpunkt nur noch eine Ergänzung des Paragraphen 24 der geplanten Verordnung: Dabei ging es konkret um die Ausweitung der Fälle, bei denen eine Arbeitseinweisung nicht erfolgen durfte[171]. Die DVAS konnte die SMAD von der Notwendigkeit dieser Ergänzung überzeugen und wurde auch in dieser Angelegenheit vom FDGB-Bundesvorstand unterstützt[172]. Die nochmals überarbeitete Verordnung bestätigte der Chef des Stabes der Sowjetischen Militärverwaltung, Generalleut-

[166] Ebenda, Niederschrift über den Verlauf der Arbeitstagung der DVAS (Abt. I b) am 6./7. 1. 1948 in Leipzig.
[167] Ebenda, S. 4.
[168] BAB, DQ 2/137, Bl. 204–206, hier Bl. 204, Niederschrift über den Verlauf der Arbeitstagung der DVAS (Abt. I b) am 6./7. 1. 1948 in Leipzig.
[169] BAB, DQ 2/2062, Protokoll der 2. Sitzung der Arbeitstagung am 6./7. 1. 1948 in Leipzig, S. 1. Zu dieser Tagung existieren einige, in unterschiedlicher Ausführlichkeit gehaltene Protokolle.
[170] BAB, DQ 2/154, Bl. 4, Juristische Abt. am 14. 2. 1948 an Präsident Brack.
[171] BAB, DQ 2/1082, Aktenvermerk Bracks vom 14. 2. 1948.
[172] SAPMO, DY 34/20149, FDGB-Bundesvorstand (HA 3) am 14. 2. 1948 an die SMAD-Abteilung Arbeitskraft (Schaposchnikow).

nant G. Lukjantschenko, bereits am 24. Februar 1948[173]. Gleichzeitig begannen
der FDGB-Bundesvorstand und die HVAS-Leitung mit Vorarbeiten zu einer
Durchführungsbestimmung, in der das Verfahren vor den Beschwerdeausschüssen genau geregelt werden sollte[174]. In den Gesprächen zwischen den an der Ausarbeitung beteiligten deutschen Stellen drehte es sich vor allem um die Zusammensetzung der Ausschüsse. Unterschiedliche Ansichten bestanden bei der Frage,
wer als juristischer Vertreter vor den Ausschüssen noch zugelassen werden
konnte. Während die Juristische Abteilung der HVAS dafür plädierte, Rechtsanwälte auch in solchen Verfahren prinzipiell zuzulassen, sprach sich der FDGB-
Bundesvorstand eindeutig dagegen aus. So betonte auch die Hauptabteilung 6
(Arbeitsrecht) beim FDGB-Bundesvorstand, daß Rechtsanwälte vor den Beschwerdeausschüssen „nichts zu suchen [haben], abgesehen davon, daß bei dem
Mangel an Anwälten wohl kaum ein Anwalt sich dazu hergibt, derartige Streitfälle
[…] überhaupt zu vertreten"[175]. Der von der HVAS-Abteilung I b vorgelegte Entwurf einer Dienstanweisung enthielt jedoch nur präzisierende Angaben zum
ersten Abschnitt der geplanten Verordnung und beschränkte sich daher auf die
Einstufung in die Dringlichkeitsstufen, die Durchführung der Arbeitsvermittlung
sowie die Regelung der monatlichen Meldungen[176]. In einer weiteren Durchführungsbestimmung sollte offenbar das Verfahren vor den Beschwerdeausschüssen
festgeschrieben werden. Hierzu gab es wiederum Besprechungen zwischen Vertretern der HVAS und des FDGB-Bundesvorstandes. Anfang April 1948 bestand
dann Einmütigkeit darüber, daß sich dieser Ausschuß aus nicht mehr als drei
Personen zusammensetzen sollte[177].
Insgesamt gesehen muß festgehalten werden, daß die Diskussion über die Intensivierung der Arbeitskräfteanwerbung und der damit verbundenen Zurückdrängung der Arbeitsverpflichtung die Ausarbeitung einer grundlegenden Verordnung zunächst einmal ins Stocken brachte. Auf der Arbeitstagung der HVAS
am 27./28. April 1948 in Erfurt machte der SMAD-Vertreter Schaposchnikow
deutlich, daß der „Sinn der Verordnung ist, von den Arbeitseinweisungen abzu-
kommen und einen zweckmäßigen Arbeitseinsatz zu garantieren"[178]. Die Notwendigkeit der Zuweisungen sei „genauestens" zu überprüfen; für einen „besonderen Schutz der Rechte der Arbeiter" müsse gesorgt werden. Darüber hinaus sei
– so Schaposchnikow weiter – die Trennungsentschädigung zu garantieren und
ein Lohnausgleich einzuführen, „wenn eine Differenz zwischen dem Lohn der
alten und der neuen Arbeitsstelle besteht." Die HVAS kam diesem sowjetischen
Anliegen nach und legte noch im Mai 1948 einen sprachlich veränderten Verordnungsentwurf vor, der als Anlage zum SMAD-Befehl Nr. 234 geführt wurde und
die neue Bezeichnung hatte: Verordnung „über die Sicherung und den Schutz der

[173] BAB, DQ 2/261, Bl. 148–154.
[174] SAPMO, DY 34/20149, FDGB-Hausmitteilung vom 15. 3. 1948.
[175] Ebenda, Hausmitteilung von HA 6 für HA 3 vom 23. 3. 1948.
[176] BAB, DQ 2/111, Bl. 98–108, Dienstanweisung (Entwurf) der HVAS (Abt. I b) vom 31. 3. 1948.
[177] SAPMO, DY 34/20149, Aktennotiz der HA 3 des FDGB-Bundesvorstandes über eine Besprechung mit Donau und Krüger am 2. 4. 1948.
[178] BAB, DQ 2/1711, Niederschrift über den Verlauf der am 27./28. 4. 1948 stattgefundenen Arbeitstagung der HVAS (Abt. I b) in Erfurt, S. 4f.

Rechte für Arbeiter und Angestellte bei Arbeitseinweisungen"[179]. Die Akzentverschiebung war nicht zu übersehen. Allerdings hatte sich schon 1947 angedeutet, daß die Arbeitseinweisung in weitgehend geordnete Bahnen gelenkt werden sollte. Dazu waren Ausnahmeregelungen und Einspruchsmöglichkeiten geschaffen worden. Bereits Paragraph 1 des neu erstellten Entwurfes legte fest, daß die Versorgung mit Arbeitskräften „in der Regel auf dem Wege der Werbung freiwilliger Arbeitskräfte" zu erfolgen habe. Arbeitseinweisung war demzufolge nur erlaubt, wenn auf andere Weise der Bedarf nicht zu decken war. Allerdings war der Katalog der Arbeiten, bei denen dieses Zwangsmittel eingesetzt werden konnte, relativ unscharf gefaßt und ließ den Arbeitsämtern große Interpretationsspielräume: Dazu zählten die Beseitigung von „öffentlichen Notständen sowie von Unfall- und Katastrophenfolgen", die Erfüllung von Produktionsprogrammen „in lebenswichtigen" Industrie- und Wirtschaftszweigen sowie die Erledigung von „Aufgaben der Besatzungsmächte"[180]. Gleichzeitig führte der Entwurf sogenannte Dringlichkeitsstufen ein, in welche einzelne Industrie- und Wirtschaftszweige eingeordnet wurden[181]. Dadurch erhoffte man sich offensichtlich eine weitgehende Sicherung der Versorgung mit Arbeitskräften, die zudem in geregelten Bahnen ablaufen sollte. So gehörten zur ersten Dringlichkeitsstufe die Betriebe der Bergbau- und Hüttenindustrie sowie die Zulieferbetriebe für den Eisenbahnbau. Des weiteren fielen die Kommunalbetriebe der Wasser- und Stromversorgung in diese Gruppe. Zur zweiten Gruppe zählte vor allem die Bau- und Landwirtschaft. Betriebe der Konsumgüterindustrie befanden sich dagegen in der dritten Gruppe. Die Einordnung in die einzelnen Dringlichkeitsstufen bevorzugte die Schwer- und Grundstoffindustrie, diente in erster Linie dem Aufbau einer neuen Infrastruktur und war vor allem der unmittelbaren Nachkriegszeit geschuldet. Der Verordnungsentwurf wollte jedoch nicht nur die Arbeitseinweisung, sondern auch die Arbeitsvermittlung regeln. Erneut wurde die zentrale Position der Arbeitsämter als Schalt- und Lenkungszentrale festgeschrieben. Erstmals erhielten nun aber die Arbeitsämter die Aufgabe zugewiesen, den konkreten Bedarf in den einzelnen Betrieben zu überprüfen, um eine Hortung von Arbeitskräften auszuschließen. Die Arbeitseinweisung wurde wie auch in den ersten Entwürfen auf sechs Monate begrenzt; in Ausnahmefällen war eine Verlängerung bis zu drei Monaten möglich. Die Einweisung in Arbeit wurde auf bestimmte Altersgruppen beschränkt: Männer zwischen 18 und 60 Jahren sowie Frauen zwischen 18 und 45 Jahren. Dagegen hatte sich die Gruppe derjenigen vergrößert, die von vornherein nicht herangezogen werden konnten[182]. Zu den bisher in den Entwürfen bereits aufgenommen Personengruppen kamen nunmehr neu hinzu: Frauen mit Säuglingen bzw. mit Kindern unter sechs Jahren sowie Frauen mit einem eigenen Haushalt. Darüber hinaus waren auch Invaliden und „Arbeitsunfähige" von der Einweisung befreit. Wichtige Bestandteile des neuen Verordnungsentwurfes waren ferner die Bestimmungen über Trennungsgeld und sogenannten Härteaus-

---

[179] BAB, DC 15/325, Bl. 12–19.
[180] Ebenda, § 3 des Verordnungsentwurfes.
[181] Ebenda, § 4.
[182] Ebenda, § 11 und 12.

gleich[183]. Soziale Härten, die im Zuge der Arbeitseinweisung für den Betroffenen auftraten, sollten somit vermindert werden. Abschließend enthielt der Entwurf noch jeweils einen Abschnitt zum Beschwerdeverfahren sowie zu den Strafen bei Verletzung der Verordnungsbestimmungen, die im Grunde keine wesentlichen Veränderungen mit sich brachten.

Bei der weiteren Überarbeitung des Verordnungsentwurfes entfiel vor allem Paragraph 2, der die Werbung und Vermittlung von Arbeitskräften den Arbeitsämtern zugewiesen hatte[184]. Vermutlich sahen HVAS und DWK darin eine überflüssige Wiederholung bereits bekannter rechtlicher Bestimmungen. Das Sekretariat der DWK stimmte auf seiner Sitzung am 19. Mai 1948 dem Entwurf mit der vorgesehenen Kürzung grundsätzlich zu[185]. Nach einer redaktionellen Überarbeitung sollte der Entwurf anschließend von der Vollversammlung der DWK verabschiedet werden. Vor allem der FDGB[186] aber auch das thüringische Ministerium für Wirtschaft[187] brachten noch einige Änderungsvorschläge ein, die jedoch keine grundsätzlichen Meinungsverschiedenheiten erkennen ließen. Die Vollversammlung der DWK stimmte dem Entwurf mit einigen geringfügigen Veränderungen am 2. Juni schließlich zu[188]. Bei der redaktionellen Überarbeitung schaltete sich die SMAD ein. Ob erst zu diesem Zeitpunkt eine Aussprache über die geplante Verordnung in Karlshorst stattfand, kann nicht eindeutig beantwortet werden. Fest steht, daß die Abteilung Arbeitskraft Verbesserungsvorschläge einbrachte, nachdem die DWK ihren Beschluß bereits gefaßt hatte. Viele Anfragen der SMAD-Vertreter zeigten Unkenntnis und partiell auch Desinteresse. So wollte etwa Iljuschin bei einer gemeinsamen Besprechung mit dem HVAS-Mitarbeiter Krüger am 19. Juni wissen, warum in der Verordnung die Bezeichnung „Amt für Arbeit und Sozialfürsorge" gewählt worden sei[189]. Dabei handele es sich doch um „zwei verschiedene Ämter". Daraufhin mußte Krüger erklären, daß dies die amtliche Bezeichnung sei. Außerdem vermißte Iljuschin eine Bestimmung, die der HVAS das Recht zur Arbeitseinweisung ausdrücklich einräumte. Nach Ansicht des HVAS-Vertreters war dieses „ein selbstverständliches Recht", das nicht besonders hervorgehoben werden mußte. Die Verordnung wurde offiziell am 6. Juli im Zentralverordnungsblatt veröffentlicht[190], nachdem der Text in Karlshorst endgültig abgesprochen worden war. Dabei wurde auch vereinbart, einige Detailfragen in einer Durchführungsbestimmung gesondert zu regeln[191].

---

[183] Ebenda, § 21–27.
[184] BAB, DC 15/325, Bl. 23–30, Entwurf der HVAS vom 14. 5. 1948.
[185] Ebenda, Bl. 2.
[186] ThHStA, Land Thüringen, Ministerium für Wirtschaft und Arbeit, Bd. 3695, Bl. 42, Änderungsvorschläge des FDGB (o.O., o.D.).
[187] ThHStA, Land Thüringen, Ministerium für Wirtschaft und Arbeit, Bd. 3695, Bl. 40 f., Ministerium für Wirtschaft (Abt. I) des Landes Thüringen am 29. 5. 1948 an Minister Willy Hüttenrauch.
[188] BAB, DC 15/329, Bl. 1–4, Protokoll über die 3. ordentliche Sitzung der DWK am 2. 6. 1948. Die Verordnung ist abgedruckt in: Arbeit und Sozialfürsorge 3 (1948), S. 220–222.
[189] BAB, DQ 2/261, Bl. 242–245, hier Bl. 242, Aktennotiz der Abt. I b vom 21. 6. 1948.
[190] ZVBl. 1948, S. 255–258.
[191] Das läßt sich aus einem Aktenvermerk über eine Besprechung in Karlshorst am 19. 7. 1948 schließen. Vgl. BAB, DQ 2/2040, Bl. 154 f. Diese Arbeiten waren auch im August noch nicht abgeschlossen. Vgl. BAB, DQ 2/1950, Bericht über Besprechung mit der SMAD am 3. 8. 1948, S. 2.

Bei der Auslegung der neuen Verordnung ergaben sich rasch Meinungsverschiedenheiten zwischen der HVAS und einzelnen Landesregierungen. So hatte etwa das Ministerium für Arbeit und Sozialpolitik in Sachsen-Anhalt darauf hingewiesen, daß die Frage der Beteiligung des Arbeitsamtes bei Entlassungen nicht angesprochen worden sei. Deshalb müsse in dieser Frage nach wie vor der Kontrollratsbefehl Nr. 3 und die Dienstanweisung vom 16. Mai 1947 herangezogen werden. Demzufolge war – so das Landesministerium weiter – bei der Entlassung die Genehmigung durch das Arbeitsamt nicht erforderlich, das allerdings ein Widerspruchsrecht besitze[192]. Die Hauptabteilung 3 des FDGB-Bundesvorstandes war von seinem Landesverband in Sachsen-Anhalt darüber informiert worden und kritisierte diese Interpretation heftig: Die Frage der Mitwirkung des Arbeitsamtes bei Entlassungen habe mit der gerade in Kraft getretenen Verordnung „doch überhaupt nichts zu tun"[193]. Dem zuständigen Mitarbeiter des Ministeriums in Halle wurde vorgeworfen, die Verordnung „in einem von ihm gewünschten Sinne zu verbiegen." Der FDGB-Bundesvorstand wies den Landesvorstand in Halle an, bei zukünftigen Besprechungen „derartige Absichten [...] künftig von vornherein mit dem nötigen Nachdruck [zu] zerschlagen." Sehr viel grundsätzlicher erschien dagegen die Auseinandersetzung mit dem thüringischen Ministerium für Arbeit und Sozialwesen, das für eine striktere Eingrenzung der Arbeitseinweisungen eintrat und in dem Zusammenhang auf einige Unstimmigkeiten in der Verordnung aufmerksam machte[194]. Die HVAS verteidigte die maßgeblich unter ihrer Federführung erarbeitete Verordnung, machte aber auch deutlich, daß an einzelnen Stellen der Wortlaut zu Mißverständnissen Anlaß geben kann[195]. Ein merkwürdiges Rechtsverständnis offenbarte der HVAS-Präsident mit der Bemerkung, daß „bei strittiger Auslegung nicht nur der Wortlaut der Verordnung, sondern auch der Wille des Gesetzgebers zur Auslegung herangezogen" werden müsse. Einzelfragen sollten nach den Vorstellungen Bracks in einer eigenen Durchführungsverordnung geklärt werden. Zu den noch offenen Fragen gehörte auch die Einteilung von Betrieben in eine der drei Dringlichkeitsstufen. Hierzu mußten die Landesregierungen Listen erstellen, die dann der HVAS unterbreitet wurden[196].

Zu diesem Zeitpunkt arbeitete bereits die Hauptabteilung I (Arbeitskraftplanung) der HVAS an einer entsprechenden Dienstanweisung. Der dritte Entwurf vom 28. September 1948 verdeutlichte nochmals die Problemzonen, die es zu regeln galt[197]. Das betraf in erster Linie die Durchführung der Einstufung, die vom jeweiligen Arbeitsamt vorgenommen werden sollte. Das Landesamt für Arbeit und Sozialfürsorge hatte dies zu prüfen und zu genehmigen. Die grundsätzliche

[192] SAPMO, DY 34, 18/e/331, Aktenvermerk des Ministeriums für Arbeit und Sozialpolitik vom 14. 7. 1948.
[193] Ebenda, FDGB-Bundesvorstand (HA 3) am 1. 9. 1948 an den FDGB-Landesvorstand Sachsen-Anhalt (HA 3).
[194] ThHStA, Land Thüringen, Ministerium für Wirtschaft und Arbeit, Bd. 3695, Bl. 133 f., Briefentwurf des thüringischen Ministeriums für Arbeit und Sozialwesen vom 17. 8. 1948 an die HVAS.
[195] Ebenda, Bl. 135, HVAS-Präsident Brack am 6. 9. 1948 an das Ministerium für Arbeit und Sozialwesen in Erfurt.
[196] Vgl. etwa ebenda, Bl. 141, Ministerium für Wirtschaft des Landes Thüringen (HA Industrie und Brennstoff) am 21. 9. 1948 an das Ministerium für Arbeit und Sozialwesen in Erfurt.
[197] BAB, DQ 2/2047.

Schwierigkeit bei diesem Einstufungsverfahren wurde explizit an der Bestimmung erkennbar, wonach ein Betrieb in verschiedene Dringlichkeitsstufen eingeordnet werden konnte, „wenn es nach der Art seiner Produktion erforderlich ist." Darüber hinaus versuchte der Entwurf die Durchführung der Arbeitsvermittlung festzulegen, die in den Händen der Arbeitsämter lag und auch das Recht zum überbezirklichen Ausgleich von Arbeitskräften beinhaltete. Die SMAD genehmigte die Dienstanweisung Nr. 1 noch Anfang Oktober[198]. Daneben erstellte die HVAS eine Durchführungsbestimmung, welche die Errichtung der Beschwerdeausschüsse sowie das Beschwerdeverfahren regeln sollte und die am 22. Oktober 1948 von der DWK veröffentlicht wurde[199].

Die Umsetzung der Verordnung erfolgte oftmals nicht reibungslos. Vor allem bei den festgesetzten Trennungsgeldern, die bei einer Arbeitseinweisung auszuzahlen waren, zeigten sich die unterschiedlichen Positionen von der HVAS auf der einen und den Betrieben auf der anderen Seite, welche die finanzielle Belastung nicht ohne weiteres zu übernehmen bereit waren. An ihre Grenzen stieß jedoch die HVAS bei den SAG: Hier stellten im Sommer 1949 einige SAG-Betriebe die Zahlung von Trennungsentschädigung unter fadenscheiniger Begründung ein[200]. Daraufhin wandte sich die Berliner Hauptverwaltung direkt an die SMAD-Abteilung Arbeitskraft und machte auf die negativen Folgen für die Freiwilligenwerbung aufmerksam: „Wenn die SAG-Betriebe die Zahlung von Trennungsgeld einstellen, so wird es uns in Zukunft kaum möglich sein, die zur Erfüllung ihrer Produktionsauflagen erforderlichen Arbeitskräfte, vor allem Spezialkräfte, auf freiwilliger Basis zu vermitteln, sofern sie nicht auf dem örtlichen Arbeitsmarkt zur Verfügung stehen."[201] Die SMAD-Abteilung wurde gebeten, die Generaldirektion der SAG-Betriebe in Berlin-Weißensee auf diese Konsequenzen hinzuweisen. Letztlich hatte die HVAS jedoch keinerlei Druckmittel in der Hand, um ihren Standpunkt in dieser Frage gegenüber der sowjetischen Besatzungsmacht durchsetzen zu können. Schließlich stimmte die HVAS sogar der Abfassung von Arbeitsverträgen zwischen den SAG-Betrieben und einzelnen Beschäftigten zu, in denen der Anspruch auf Trennungsentschädigung ausdrücklich ausgeschlossen wurde[202].

Aufbau der Arbeitsgerichte

Arbeitsrechtliche Auseinandersetzungen zwischen Arbeitgebern und Arbeitnehmern werden in modernen Industriegesellschaften vor Arbeitsgerichten ausgetragen. Nach dem Zusammenbruch 1945 mußte in der SBZ diese arbeitsrechtliche Schiedsstelle neu konzipiert und aufgebaut werden. Inhaltlich gab es zunächst einige Anknüpfungspunkte zur Weimarer Republik. Gleichzeitig war das Ziel einer strukturellen Veränderung unübersehbar: In der SBZ sollte die organisatorisch

[198] Das geht aus der Niederschrift über den Verlauf der Arbeitstagung der HVAS in Bad Kösen am 5./6. 10. 1948 (S. 11) hervor, in: BAB, DQ 2/1762.
[199] Sowohl die Dienstanweisung Nr. 1 als auch die Durchführungsbestimmungen sind abgedruckt in: Arbeit und Sozialfürsorge 3 (1948), S. 449–451.
[200] Vgl. BAB, DQ 2/2063, Aktenvermerk der HVAS-Abt. I a vom 28. 6. 1949.
[201] BAB, DQ 2/2076, HVAS am 21. 6. 1949 an Morenow.
[202] BAB, DQ 2/2063, Aktenvermerk der HVAS-Abt. I a vom 28. 6. 1949.

enge Verbindung der Arbeitsgerichte mit der ordentlichen Gerichtsbarkeit aufgelöst werden. Darin bestand die große Verbesserung gegenüber Weimar; eine
ähnliche Entwicklung ist übrigens auch für die westlichen Besatzungszonen bzw.
die frühe Bundesrepublik zu beobachten[203]. In der DDR wurde 1953 eine neue,
konkurrierende Einrichtung geschaffen: die Konfliktkommission. Dadurch
wurde der Interessengegensatz, der nach Ansicht der SED-Führung zwischen Arbeitnehmern und Betriebsleitern nicht mehr bestand, der arbeitsrechtlichen Ebene
entzogen und weitgehend der betrieblichen zugeführt[204]. Daneben hatten zwar
die Arbeitsgerichte nach wie vor Bestand, ihre Bedeutung sollte aber sukzessive
abnehmen.

Beim Aufbau der Arbeitsgerichte schien in der SBZ eine rasche und einheitliche
Lösung geboten zu sein. Da die ZVAS Ende 1945 über keine Weisungsbefugnisse
verfügte, drohte die Entwicklung in den einzelnen Ländern und Provinzen aus-
einanderzudriften, zumal der Bedarf an Arbeitsgerichten offenkundig war. So
meldete etwa der Berliner Magistrat am 23. Oktober 1945, daß bei den Amtsgerichten „die ersten gerichtlichen Austragungen von Arbeitsstreitigkeiten [lau-
fen]"[205]. Vorschläge von seiten des FDGB gingen wohl dahin, zunächst einmal
eine provisorische Regelung zu treffen und durch eine Vollzugsanweisung das
Arbeitsgerichtsgesetz vom 23. Dezember 1926 in der Fassung vom 10. April 1934
sowie vom 30. März 1935 in Kraft zu setzen[206]. Dabei hätten allerdings einige Änderungen, die nach der nationalsozialistischen Machtergreifung vorgenommen
worden waren, wieder rückgängig gemacht werden müssen: die Übertragung bestimmter Rechte auf die Treuhänder der Arbeit, die Einbeziehung der Deutschen
Arbeitsfront (DAF) und die Zulassung von Anwälten als Prozeßbeauftragte.

Erste Anregungen zum Neuaufbau der Arbeitsgerichtsbarkeit in der SBZ kamen offensichtlich aus Berlin. Die Tatsache, daß die Nationalsozialisten wichtige
Bestandteile der Arbeitsgerichtsbarkeit aus der Weimarer Republik mit übernommen und anschließend verändert hatten, war ein zusätzlicher Beweggrund für
zahlreiche KPD-Politiker nach 1945, eine grundsätzliche Neuordnung vorzunehmen. So wurde etwa betont, daß bei einer „Demokratisierung" des Arbeitsrechts
„keineswegs" auf das Weimarer Gesetz von 1926 zurückgegriffen werden
könne[207]. Die „Herstellung demokratischer Verhältnisse" verlange daher die
Schaffung eines Arbeitsgerichtsgesetzes, „auf der Grundlage der Trennung von
den ordentlichen Gerichten und der Bestellung von Vorsitzenden, die mit den
betrieblichen Verhältnissen vertraut sind." Der KPD ging es frühzeitig um eine
partielle Herauslösung der Arbeitsgerichtsbarkeit aus der traditionellen Rechtsprechung: Deren Aufgabe sei es vielmehr, „durch eine betriebsnahe und demo-

---

[203] Vgl. zur Sozial- und Arbeitsgerichtsbarkeit in der frühen Bundesrepublik: Hockerts, Sozialpolitische Entscheidungen, S. 160–165.
[204] Vgl. zu den Konfliktkommissionen: Frerich/Frey, Sozialpolitik in der DDR, S. 123–125; Hachtmann, Arbeitsverfassung, S. 45; Mampel, Beiträge zum Arbeitsrecht, S. 86–129.
[205] SAPMO, NY 4182/1158, Bl. 79, Hans Jendretzky an Walter Ulbricht.
[206] Vgl. ebenda. Vgl. zur Arbeitsgerichtsbarkeit in der Weimarer Republik: Bähr, Entstehung und
Folgen des Arbeitsgerichtsgesetzes; Preller, Sozialpolitik in der Weimarer Republik, S. 341–345;
Ritter, Der Sozialstaat, S. 124 f.
[207] SAPMO, NY 4182/1158, Bl. 81–84, hier Bl. 83, Denkschrift vermutlich vom Magistrat der Stadt
Berlin (o. D.).

kratischen Auffassungen entsprechende Rechtsprechung an der Demokratisierung des betrieblichen Lebens und damit an der Schaffung eines neuen demokratischen Deutschlands mitzuwirken"[208].

Einer der ersten Entwürfe für ein Arbeitsgerichtsgesetz stammte vermutlich ebenfalls vom Berliner Magistrat[209], der explizit eine gegensätzliche Position zum nationalsozialistischen Arbeitsrecht bezog und dies bereits in der Präambel sehr deutlich machte. Der Aufbau der Arbeitsgerichte wurde als Aufgabe der Selbstverwaltungsorgane in den Gemeinden und Provinzen bzw. Ländern bezeichnet; eine vergleichbare Entwicklung war auch beim Aufbau der Arbeitsverwaltung zu beobachten gewesen. Die Errichtung sollte ebenso auf drei unterschiedlichen Ebenen erfolgen: Arbeitsgerichte bei den Kommunen, den Landesverwaltungen sowie bei der ZVAS. Gleichzeitig war jedoch eine Unterordnung bei der zuständigen Abteilung für Arbeit vorgesehen[210]. Der Entwurf legte insgesamt die personelle Zusammensetzung der Gerichte und das Verfahren selbst fest. Demzufolge waren bei den einzelnen Arbeitsgerichten eine oder mehrere Kammern zu bilden, die sich aus jeweils einem Vorsitzenden und zwei Beisitzern zusammensetzten und von der zuständigen Abteilung für Arbeit bestellt werden mußten. Bei den Beisitzern sollte je ein Vertreter von seiten der Gewerkschaften sowie der Unternehmer ernannt werden. Alle Kammermitglieder, die nur für ein Jahr ernannt wurden – eine erneute Bestellung war durchaus möglich –, sollten „arbeitsrechtliche und sozialpolitische Kenntnisse" besitzen und mit „dem Betriebsleben vertraut" sein. Die Berufung von Berufsrichtern oder Rechtsanwälten als Vorsitzende oder Beisitzer wurde ausdrücklich ausgeschlossen. Somit spielte die berufliche Qualifikation eine geringere Rolle als das Bekenntnis zur neuen politischen Ordnung: „Sie müssen eine antifaschistische, demokratische Lebensauffassung besitzen."[211] Funktionäre der NSDAP sowie der nationalsozialistischen Organisationen wurden von der Mitwirkung explizit ausgeschlossen. Die Zuständigkeit der Arbeitsgerichte erstreckte sich auf individuelle Streitfälle, die den Arbeitsvertrag, die Lohnregelung, die Betriebsordnung, die tariflichen Vereinbarungen und den Lehrvertrag betrafen.

In der Folgezeit wurde die Vorstellung von der Abkoppelung der Arbeitsgerichte von den ordentlichen Justizbehörden und der Anbindung an die allgemeinen Arbeitsverwaltungsbehörden immer drängender vorgebracht[212]. Der FDGB-Bundesvorstand plädierte für die Bildung von zwei Kammern innerhalb der Arbeitsgerichte: jeweils für arbeits- und für sozialrechtliche Angelegenheiten[213]. Anfang 1946 bestanden noch keine eigenständigen Arbeitsgerichte in der SBZ; diese waren vielmehr „im Rahmen der allgemeinen Justiz tätig"[214]. Der stellvertretende Chef der SMAD-Abteilung Arbeitskraft P. J. Morenow verwies bei einer

---

[208] Ebenda, Bl. 83 f.
[209] SAPMO, NY 4182/1158, Bl. 85–94, Entwurf (o. Verf.; o. D.). Aus dem Aktenzusammenhang ergibt sich, daß als Urheber nur der Magistrat der Stadt Berlin in Frage kommen kann.
[210] Ebenda, Bl. 86.
[211] Ebenda, Bl. 87.
[212] SAPMO, NY 4182/1180, Bl. 57–59, Notiz vom 6. 12. 1945.
[213] SAPMO, NY 4182/1158, Bl. 98–101, Vorschlag des FDGB (o. D.).
[214] BAB, DQ 2/797, Bericht über die Besprechung mit Vertretern des Landesamtes für Arbeit und Sozialfürsorge in Dresden am 15./16. 1. 1946, S. 5.

Besprechung am 23. Januar auf die laufenden Verhandlungen im Alliierten Kontrollrat und betonte, daß eine Einigung über die Grundsätze, „wie sie von der Zentralverwaltung ausgearbeitet wurden", bereits erreicht worden sei[215]. Die SMAD kam allerdings einer Regelung für alle vier Besatzungszonen zuvor und veröffentlichte am 25. Januar eine Verordnung über Arbeitsgerichte in der SBZ[216]. Dabei wurden die Arbeitsgerichte als Gerichte erster und zweiter Instanz errichtet und den Ämtern für Arbeit bei den Landes- und Provinzialverwaltungen unterstellt, welche die arbeitsrechtlichen Entscheidungen allerdings nicht aufheben konnten. Neu war die Einführung der beruflichen Qualifikation als Voraussetzung zur Ernennung des Vorsitzenden in der zweiten Instanz. Inhaltlich ergaben sich keine größeren Unterschiede zum Gesetz Nr. 21 des Alliierten Kontrollrates, das etwa zwei Monate später, nämlich am 30. März 1946 vorlag[217]. Sowohl der SMAD-Befehl als auch das Kontrollratsgesetz nahmen Bezug auf das Weimarer Gesetzeswerk von 1926, das weiterhin in Kraft blieb, sofern es in einzelnen Bestimmungen den neuen Gesetzestexten nicht widersprach. Damit war die gesetzliche Grundlage für die Arbeitsgerichtsbarkeit in der SBZ gelegt.

Während die Ausarbeitung des SMAD-Befehls in enger Zusammenarbeit mit der ZVAS, aber auch mit dem FDGB-Bundesvorstand erfolgte, trat das ZK der KPD vor allem bei der personellen Besetzung der neuen Gerichte in Erscheinung. So wurden die KPD-Bezirksleitungen am 20. Februar 1946 angewiesen, sich über den weiteren Verlauf zu informieren und diesen zu beeinflussen: „Greift mit dem FDGB überall ein, wo es notwendig ist." Die Zielrichtung lieferte das Sekretariat des ZK der KPD unmißverständlich mit: „Je mehr Genossen und bewährte Antifaschisten in diese Ämter eingesetzt werden, umso mehr besteht die Gewißheit, daß die Arbeitsgerichte nicht wieder reaktionäre Urteile fällen, wie in der Weimarer Republik, sondern Arbeitstribunale werden, die im antifaschistisch-demokratischen Deutschland nicht zu Klagen Anlaß geben."[218] Da die Errichtung der Arbeitsgerichte nicht in dem Maße voranschritt, wie sich das ZVAS, FDGB und KPD ursprünglich erhofft hatten, wurde bei der Berliner Zentralverwaltung über den Aufbau von sogenannten Spruchausschüssen bei den Ämtern für Arbeit und Sozialfürsorge zur Entlastung der bereits bestehenden Arbeitsgerichte nachgedacht[219]. Dieser Plan wurde jedoch nicht realisiert; statt dessen konzentrierte sich die Berliner Zentralverwaltung auf die rasche Umsetzung der KPD-Anweisungen.

Die DVAS verfolgte aufmerksam den weiteren personellen Aufbau und die inhaltliche Tätigkeit der Arbeitsgerichte in den Ländern und Provinzen. Zu diesem Zweck unternahm die zuständige Juristische Abteilung gezielt Dienstreisen. Am 1. März 1946 bestanden in Thüringen 17 Arbeitsgerichte sowie ein Landesarbeitsgericht mit Sitz in Erfurt; Sachsen verfügte zu diesem Zeitpunkt über 25 Arbeits-

[215] BAB, DQ 2/1, Bl. 31.
[216] SMAD-Befehl Nr. 23 vom 25. 1. 1946 mit Anlage und Richtlinien, in: Arbeit und Sozialfürsorge 1 (1946), S. 14–18.
[217] Amtsblatt des Kontrollrats in Deutschland, S. 124–127.
[218] Dokumente zur Geschichte der kommunistischen Bewegung in Deutschland, Bd. 3, S. 443.
[219] BAB, DQ 2/1738, Notiz der Abt. II vom 26. 2. 1946, S. 4-8.

gerichte und ein Landesarbeitsgericht mit Sitz in Dresden[220]. Die parteipolitische
Bindung der Vorsitzenden war eindeutig zugunsten der Arbeiterparteien: In Thüringen wurden acht Vorsitzende der SPD, vier der KPD und einer der CDU zugeordnet, vier waren parteilos[221]; für Sachsen lag eine vergleichbare Übersicht nicht
vor. In Brandenburg besaßen alle Vorsitzenden der insgesamt 27 Arbeitsgerichte
das SED-Parteibuch; auch der Leiter des Berufungsgerichtes in Potsdam gehörte
der SED an[222]. Auffallend war, daß keiner der Arbeitsgerichtsvorsitzenden eine
juristische Ausbildung vorzuweisen hatte; nur der Vorsitzende beim Berufungs-
gericht war ausgebildeter Jurist. Dies entsprach aber insgesamt den gesetzlichen
Bestimmungen von seiten des Alliierten Kontrollrates und der SMAD. Die brandenburgische Provinzialverwaltung schätzte die Tätigkeit der Arbeitsgerichte insgesamt sehr positiv ein und sorgte in Form von monatlichen Besprechungen mit
allen Vorsitzenden für einen relativ engen Informationsaustausch[223]. Auch die
Angaben der mecklenburgischen Landesverwaltung[224] bestätigen den allgemeinen
Trend: In der Regel waren die Vorsitzenden der Arbeitsgerichte keine Juristen;
einzige Ausnahme war die übergeordnete Instanz. Darüber hinaus ist der domi-
nierende Einfluß der SED in diesem Bereich nochmals zu unterstreichen. Im Spätsommer 1946 war der Aufbau der Arbeitsgerichte in den Ländern und Provinzen
abgeschlossen. Insgesamt bestanden 110 Arbeitsgerichte: Sachsen (25), Thüringen
(17), Mecklenburg-Vorpommern (21), Sachsen-Anhalt (20) und Brandenburg
(27)[225].

Auf der 1. Konferenz der Vorsitzenden der Berufungsarbeitsgerichte mit den
Leitern der Landesämter für Arbeit und Sozialfürsorge am 6. August 1946 machte
der Leiter der Juristischen Abteilung der DVAS, Rudolf Helm, die gewandelte
Funktion der Arbeitsgerichtsbarkeit in der SBZ deutlich, die sich trotz diverser
Anknüpfungspunkte doch erheblich von der Situation während der Weimarer Republik unterscheiden sollte. Die „neuen" Arbeitsrichter sollten – so Helm in seinem Vortrag – „keine Formaljuristen sein und werden, keine Formalisten und
Doktrinäre, sondern über Streitigkeiten aus dem Arbeits- und Sozialleben unver-
bildet [sic], lebensnahe, mit ihrem gesunden Menschenverstand entscheiden"[226].
Sie seien Männer der „werktätigen" Bevölkerung, mit dem Berufsleben vertraut
und vor allem unbelastet von den „gelehrten, spitzfindigen, jetzt so sehr anfecht-
baren Entscheidungen des höchsten Gerichts der Weimarer Republik und des
Hitler-Staates." Entscheidend für die Berufung der Arbeitsrichter war auch hier
nicht so sehr die fachliche Qualifikation, sondern die „antifaschistische Gesin-
nung [und] klare demokratische Haltung." Im Zuge der als „Demokratisierung"
bezeichneten Umwälzungen in der Wirtschaft (in erster Linie waren damit Sequestrierung und Verstaatlichung gemeint) wurde den Arbeitsgerichten eine „ent-

---

[220] BAB, DQ 2/1237, Bericht der DVAS (Juristische Abt.) vom 18. 4. 1946 über eine Dienstreise
(6.–17. 4. 1946).
[221] Ebenda, S. 1.
[222] BAB, DQ 2/89, Bl. 2–9, Bericht aus der brandenburgischen Landesverwaltung vom 16. 9. 1946.
[223] Ebenda, Bl. 9.
[224] BAB, DQ 2/89, Bl. 11–14, Bericht, vermutlich von der Landesregierung Mecklenburg-Vorpommern vom Spätsommer 1946.
[225] BAB, DQ 2/88, Bl. 3, Juristische Abt. der DVAS am 24. 9. 1946.
[226] BAB, DQ 2/273, Vortrag Helms, S. 4.

scheidende Rolle"[227] zugesprochen. Sie hatten diesen Prozeß nach den Vorstellungen der DVAS-Leitung zu fördern und zu unterstützen.

Die SMAD nahm vermutlich keinen direkten Einfluß auf die Errichtung der Arbeitsgerichtsbarkeit der SBZ, ließ sich aber von der DVAS in unregelmäßigen Abständen über die Tätigkeit derselben berichten. Gegenüber der Abteilung Arbeitskraft machte die DVAS-Leitung detaillierte Angaben über die Gesamtzahl der Streitfälle in den einzelnen Ländern bzw. Provinzen sowie über einzelne arbeitsrechtliche Bereiche. Die mit Abstand meisten Streitfälle wurden in Sachsen registriert: Hier lagen bis zum 30. November 1946 in erster Instanz 3142 Fälle vor; davon waren noch 986 unerledigt. Dabei trafen die dortigen Arbeitsgerichte 967 Entscheidungen zu Lohnfragen, 503 betrafen Entlassungen und 30 tangierten Urlaubsfragen[228]. In zweiter Instanz gab es 119 Streitfälle, von denen 25 noch nicht abschließend geregelt werden konnte; auch hier zeigte sich eine ähnliche Verteilung auf die jeweiligen arbeitsrechtlichen Gebiete. Die geringste Anzahl an Streitfällen hatte die Landesverwaltung von Mecklenburg-Vorpommern gemeldet: Hier wurden 832 Streitfälle registriert, von denen 171 noch nicht abgeschlossen worden waren. Die Anzahl der Entscheidungen betraf auch hier mehrheitlich Lohnfragen (371), gefolgt von 151 Entlassungsfällen sowie sechs Entscheidungen zu Urlaubsfragen[229]. Aufschlußreich für die Einschätzung der Tätigkeit der Arbeitsgerichte wäre eine statistische Erfassung der Entscheidungen zugunsten der Arbeitnehmer bzw. der Arbeitgeber gewesen; diese lag der DVAS jedoch zu diesem Zeitpunkt nicht vor. Eine Gegenüberstellung existiert dagegen für das 1. Halbjahr 1948: Hier wurden 2294 Entscheidungen zugunsten der Arbeitnehmer und 1337 zugunsten der Unternehmer getroffen. Das Zahlenverhältnis verbesserte sich aus Arbeitnehmersicht nochmals im 1. Halbjahr 1949: 3855 Urteilen zugunsten der Arbeitnehmer standen 1949 zugunsten der Arbeitgeber gegenüber[230].

Fragen des Arbeitsrechts spielten auch auf der Juristenkonferenz am 1./2. März 1947 eine zentrale Rolle, da Helm erneut den funktionalen Charakter der Arbeitsgerichte in der sich wandelnden Wirtschaftsordnung ansprach. Er stellte die gesetzliche Fundierung der Arbeitsgerichtsbarkeit in der SBZ in eine Reihe mit dem Betriebsrätegesetz und dem Schlichtungsgesetz. Dies seien – so der Leiter der Juristischen Abteilung – Rahmengesetze, die „dem wirtschaftlichen, insbesondere dem gewerkschaftlichen Kampf zur Entfaltung aller demokratischen Kräfte den erforderlichen Spielraum geben"[231]. Daher sollten „nur die absolut reifen Fragen in Gesetzesform gekleidet werden [...], um eine Erstarrung zu vermeiden". Letztlich ging es der DVAS darum, den eigenen Handlungsspielraum durch arbeitsrechtliche Bestimmungen nicht zu sehr einzuengen. Der Gestaltungsspielraum und die Flexibilität staatlichen Handelns sollten gewahrt bleiben. Maßgeblich war aus Sicht der DVAS-Leitung aber auch der SED-Führung der wirtschaftliche Auf-

227 Ebenda, S. 10.
228 BAB, DQ 2/81, Bl. 360, Statistische Unterlagen der Arbeitsgerichte im Land Sachsen. Es blieb eine Restgröße von 656 Entscheidungen, die nicht weiter eingruppiert wurden.
229 Ebenda, Bl. 358, Statistische Unterlagen der Arbeitsgerichte im Land Mecklenburg-Vorpommern. Auch hier tauchte in der Statistik ein Restgröße von 133 Entscheidungen auf, die nicht eindeutig zugeordnet waren.
230 Frerich/Frey, Sozialpolitik in der DDR, S. 54.
231 BAB, DQ 2/273, Referat Helms, S. 3.

bau nach den Vorstellungen der Hegemonialpartei; diesem Ziel wurden andere Projekte untergeordnet. Interessant war Helms Vorstoß, Arbeitsrecht in den Unterrichtsplan der Volksrichterausbildung aufzunehmen. Dies müsse „als eines der Kernprobleme bei der Demokratisierung der Justiz und der Wirtschaft mit behandelt werden"[232]. Damit sollte offensichtlich langfristig gewährleistet bleiben, daß die Vorsitzenden der Berufungsgerichte, die laut Verordnung Juristen sein mußten, ebenfalls im Sinne der SED- und DVAS-Führung arbeitsrechtliche Entscheidungen treffen. In der Rundverfügung des Chefs der Deutschen Zentralverwaltung für Justiz an die Landesregierungen am 8. September 1947, welche die Lehrpläne der Volksrichterlehrgänge beinhaltete, wurde auch das Arbeitsrecht mit geringer Stundenzahl im Vorlesungsplan berücksichtigt[233].

Aus Sicht der Arbeitsverwaltung entwickelten sich die Arbeitsgerichte in zunehmendem Maße zu einem Bremsfaktor bei der Arbeitskräftelenkung, vor allem bei der Arbeitseinweisung. Gegen dieses Zwangsinstrument konnten die Betroffenen durchaus Einspruch anmelden, der jedoch keine aufschiebende Wirkung hatte. Neben den Beschwerdekommissionen wurden nunmehr auch die Arbeitsgerichte mit Einzelklagen überhäuft. Neben der DVAS-Leitung beklagte auch die SMAD-Abteilung Arbeitskraft, daß die Beschwerdeausschüsse „nicht den Erfordernissen der Arbeitslenkung entsprechen und sich in der Praxis überdies als undurchführbar" erwiesen hätten[234]. Im einzelnen wurde moniert, daß die Anzahl der eingereichten Beschwerden gar nicht zu bewältigen sei. Darüber hinaus bestünde die Gefahr des Autoritätsverlustes der Arbeitsamtsleiter, da ihre Entscheidungen „dauernd umgeworfen werden könnten." Als weitere Folgewirkung nannten die SMAD-Vertreter außerdem, daß die Leiter der Arbeitsämter vor dem Hintergrund der Erfahrungen, die sie mit den Beschwerdeausschüssen gemacht hätten, vor unpopulären Entscheidungen zurückschrecken würden. Dadurch wäre aber die Erfüllung der sowjetischen Arbeitskräfteanforderungen gefährdet. SMAD und DVAS einigten sich darauf, daß eine frühzeitige Absprache mit den Beratungsausschüssen zu suchen sei. Letztlich hätten aber die Arbeitsämter bzw. Landesarbeitsämter die Verantwortung alleine zu tragen, und daher müßten ihre Beschlüsse auch bindenden Charakter haben. Die Einwände trafen nach Ansicht der Tagungsteilnehmer in Rostock „im verstärkten Maße" auf die Arbeitsgerichte zu[235]. Die Juristische Abteilung der DVAS kritisierte in dem Zusammenhang die Arbeitsgerichte und warf diesen vor, ihren Zuständigkeitsbereich verlassen zu haben. Einige Gerichte hätten den Versuch unternommen, Arbeitseinweisungen individuell zu überprüfen und „in verschiedenen Fällen als ungesetzlich" zu bezeichnen. Vertreter der Landesverwaltungen äußerten daraufhin den Wunsch, daß dieser Standpunkt „in einer offiziellen Form zur allgemeinen Kenntnis gelangen solle."

Die Arbeitsgerichtsbarkeit blieb auch weiterhin ein Thema bei den Treffen der Landesarbeitsminister mit der DVAS-Leitung. Dabei betonte im Oktober 1947

---

[232] Ebenda, S. 6.
[233] Volksrichter in der SBZ/DDR, S. 191.
[234] BAB, DQ 2/111, Bl. 53 f., Aktenvermerk über Tagung der Abt. Arbeitslenkung in Rostock am 19./20. 8. 1947.
[235] Ebenda, Bl. 54.

ein Mitarbeiter der Berliner Zentralverwaltung, Schaum, die Notwendigkeit, Ausbildung und Unterbringung der Arbeitsrichter weiter zu verbessern[236]. Im einzelnen wurde beanstandet, daß die Arbeitsgerichte räumlich gesehen bei den Ämtern für Arbeit und Sozialfürsorge, den Amtsgerichten oder beim FDGB untergebracht waren. Die Unterbringung müsse – so Schaum – „mehr der Würde derselben entsprechen"[237]. Fragen der Besoldung und Amtsbezeichnung wurden in der Regel von einer Geschäftsordnung geregelt, die zu diesem Zeitpunkt offensichtlich noch nicht vorgelegen hatte. Im Sommer 1948 war außerdem das Verfahren vor den Arbeitsgerichten noch nicht restlos geklärt, was die Unsicherheit etwa auf seiten der Arbeitsämter erhöhte. Diese mußten in Einzelfällen entscheiden, ob Arbeitskräfte, die sich in einem schwebenden Arbeitsgerichtsprozeß befanden, in eine andere Arbeit eingewiesen werden konnten, und wandten sich hilfesuchend an das zuständige Landesministerium[238]. Ungefähr zu diesem Zeitpunkt setzte auch ein Bedeutungsverlust der Arbeitsgerichte in der SBZ ein, der sich bis zur DDR-Gründung fortsetzen sollte. So wurden Anfang 1949 Polizeiangestellte der ordentlichen Arbeitsgerichtsbarkeit entzogen[239].

---

[236] BAB, DQ 2/1891, Bl. 23–32, Bericht über die Konferenz der Landesarbeitsminister am 20./21. 10. 1947 in Berlin.
[237] Ebenda, Bl. 30.
[238] ThHStA, Land Thüringen, Ministerium für Wirtschaft und Arbeit, Bd. 3695, Bl. 143, Amt für Arbeit und Sozialfürsorge Gera am 28. 6. 1948 an das Ministerium für Arbeit und Sozialwesen in Erfurt.
[239] SAPMO, DY 30/IV 2/2.027/5, Bl. 285, Bericht über die Besprechung Lehmanns mit Brack, Matern und Litke am 1. 4. 1949.

3. Die Erfassung des Arbeitsmarktes durch die Arbeitsverwaltung

Registrierung der erwerbsfähigen Bevölkerung

Die Arbeitsverwaltung konnte in der SBZ nach dem Ende des Zweiten Weltkrieges nur in einem sehr eingeschränkten Maße auf statistische Unterlagen der Reichsanstalt für Arbeitsvermittlung und Arbeitslosenversicherung zurückgreifen, da diese im Verlauf des Krieges zu einem beträchtlichen Teil verloren gegangen waren[1]. Dies betraf etwa die Meldungen der Berufszählung vom 17. Mai 1939, welche nach Wirtschaftszweigen und nach Berufsgruppen aufgeschlüsselt waren. Insofern bedeutete das Kriegsende für die ostdeutschen Statistiker in zahlreichen Bereichen einen völligen Neuanfang. Die Durchführung einer Volks-, Berufs- und Betriebszählung stellte daher eine vordringliche Aufgabe für die wirtschaftlichen Zentral- und Landesverwaltungen dar. Ein Sachbearbeiter im ehemaligen Statistischen Reichsamt arbeitete dazu im Sommer 1945 einen entsprechenden Entwurf aus, der am 15. August Walter Ulbricht zugeleitet wurde[2]. Darin verwies der Autor auf den „fühlbare[n] Mangel an neuen Zahlen"[3] in allen vier Besatzungszonen und berief sich auf Empfehlungen der statistischen Kommission des Völkerbundes aus der Zeit vor 1933 an die Mitgliedstaaten, nach denen solche „grundlegenden" Zählungen am 31. Dezember eines Jahrfünfts oder Jahrzehnts erfolgen sollten, um die Vergleichbarkeit der Ergebnisse gewährleisten zu können. Der Sachbearbeiter wollte diese detaillierte statistische Erhebung mit einer „allumfassenden Inventur des deutschen Volkes und der deutschen Wirtschaft in der Gegenwart und zu Beginn des Krieges" verknüpfen. Im einzelnen sollten die Bevölkerungs- und Materialverluste während des Krieges sowie die Einkommensverteilung zu Kriegsbeginn, Kriegsende und beim Stichtag der Zählung erfaßt werden. Diese Ergebnisse waren getrennt nach den einzelnen Besatzungszonen zu gliedern. Darüber hinaus wurde vorgeschlagen, die Mitglieder von NSDAP und weiteren nationalsozialistischen Organisationen zu erfassen. Der Entwurf, der eine Volks-, Berufs- und Betriebszählung am 31. Dezember 1945 vorsah, wurde sehr stark von dem pädagogischen Gedanken geleitet, einen Beitrag zur „Abwicklung des grausamen Krieges" zu leisten und für die Zukunft einen erneuten Krieg zu verhindern[4].

Einzelne Landesregierungen waren auch auf diesem Gebiet der ZVAS einen Schritt voraus. So erließ etwa das thüringische Landesamt für Arbeit am 9. August 1945 eine vorläufige Verordnung über die Meldung offener Stellen und die Einstellung von Arbeitskräften[5]. Darin wurde unter anderem die Verordnung über die Beschränkung des Arbeitsplatzwechsels vom 1. September 1939 aufgehoben. Außerdem wurde die Meldepflicht für alle privaten und öffentlichen Betriebe festgelegt. In Thüringen war diese vorläufige Verordnung eng gekoppelt mit einer Verordnung über die Registrier- und Arbeitspflicht, die am 16. August in Kraft

---

[1] BAB, DQ 2/137, Bl. 169, DVAS-Abt. I a am 9. 4. 1948 an SMAD-Abt. Arbeitskraft.
[2] SAPMO, NY 4182/948, Bl. 8–10.
[3] Ebenda, Bl. 8.
[4] Ebenda, Bl. 9.
[5] BAB, DQ 2/1978.

trat[6]. Demzufolge bestand eine Registrierpflicht für alle Männer im Alter von 14 bis 65 Jahren und alle Frauen im Alter von 14 bis 50 Jahren. Die Arbeitsämter konnten bei Verstößen gegen die Verordnung Ordnungsstrafen verhängen sowie die Lebensmittelkarten sperren lassen.

Am 15. September erschien der bereits mehrfach erwähnte SMAD-Befehl Nr. 65[7], der eine Vereinheitlichung für die gesamte SBZ brachte. Um eine Zählung der arbeitsfähigen Bevölkerung in den Ländern und Provinzen der SBZ nach einheitlichen Kriterien zu gewährleisten, erarbeitete die ZVAS-Abteilung für Erfassung und Einsatz der Bevölkerung einen Richtlinienkatalog, der am 24. September 1945 an die Landesarbeitsämter verschickt wurde[8]. Darin wurde unter anderem die Wiedereinführung des Arbeitsbuches angekündigt, das anfangs die Bezeichnung „Arbeitspaß" trug, um vermutlich die Distanz zur nationalsozialistischen Arbeitseinsatzpolitik zu verdeutlichen. Bereits am 1. Oktober legte die ZVAS eine Verordnung über die „Meldepflicht und die Einführung eines Arbeitspasses und einer Kontrollkarte" vor, die erste ausführliche Bestimmungen enthielt[9]. Zeitgleich veröffentlichte die ZVAS eine Verordnung über die „Erfassung und Zählung der arbeitsfähigen deutschen Bevölkerung"[10]: Die Karteikarten, die von den Arbeitsämtern nach Berufs- und Altersgruppen zu sortieren und zu führen waren, sollten nach den Vorstellungen der ZVAS genaue Angaben zu jedem Beschäftigten enthalten, vor allem zum Ausbildungsgang sowie zur beruflichen Qualifikation und Weiterbildung. Nach Angaben des Landesamtes für Arbeit in Thüringen war der Erfassungsgrad unterschiedlich und primär abhängig vom jeweiligen Wirtschaftssektor. So fiel die Registrierung in die Erntezeit, was zur Folge hatte, daß die Erhebungen in der Landwirtschaft „lückenhaft" waren[11]. Darüber hinaus habe sich die auf dem Lande „außerordentlich hohe Zahl" von Evakuierten nur als „vorübergehend anwesend" betrachtet und daher auch nicht bei den Arbeitsämtern gemeldet. Ähnliche Schwierigkeiten ergaben sich offensichtlich auch bei der Gruppe der Selbständigen sowie den mithelfenden Familienangehörigen. Aus diesem Grunde war es wenig glaubhaft, daß das thüringische Landesamt für Arbeit den relativ geringen Anteil derjenigen, die sich der Registrierung entzogen haben, mit nur fünf Prozent angab[12]. Dennoch bleibt festzuhalten, daß der ZVAS bereits Anfang Oktober 1945 erste statistische Erhebungen sowie erste Arbeitsmarktberichte aus den Ländern vorlagen, die im Laufe der Zeit weiter verfeinert werden sollten.

Die Herausgabe der Verordnung über die Meldepflicht und die Einführung des „Arbeitspasses" verzögerten sich zunächst aus nicht erkennbaren Gründen. Ver-

---

[6] Ebenda. Gleichzeitig wurde die Verordnung des Beauftragten für den Vierjahresplan zur Sicherstellung des Kräftebedarfs für Aufgaben von besonderer staatspolitischer Bedeutung vom 13.2. 1939 sowie die dazu ergangenen Anordnungen des Reichsarbeitsministeriums und des Generalbevollmächtigten für den Arbeitseinsatz aufgehoben.

[7] Arbeit und Sozialfürsorge 1 (1946), S. 3.

[8] BAB, DQ 2/111, Bl. 8–11.

[9] BAB, DQ 2/2008.

[10] BAB, DQ 2/1614. In einer sogenannten 2. Verordnung wurden explizit die Aufgaben der Arbeitsämter nochmals festgehalten. Beide Verordnungen sind abgedruckt in: Arbeit und Sozialfürsorge 1 (1946), S. 26–29.

[11] BAB, DQ 2/1978, Landesamt für Arbeit Thüringen am 2. 10. 1945 an die ZVAS, S. 3.

[12] Ebenda.

mutlich hielt die ZVAS eine rasche Veröffentlichung für nicht opportun. Am 20. Oktober 1945 erklärten Vertreter der SMAD bei einer Besprechung in Karlshorst, daß zwei getrennte Verordnungen ausgearbeitet werden sollten: „Die Verordnung über die Meldepflicht muß herausgebracht werden ohne die Verordnung über das Arbeitsbuch, die später herauszugeben ist."[13] Auch bei dieser Gelegenheit machten die sowjetischen Vertreter unmißverständlich klar, daß erst nach einer Registrierung beim Arbeitsamt die Betroffenen mit der Ausgabe von Lebensmittelkarten rechnen konnten; und umgekehrt galt, daß das „Recht zum Erhalt der Lebensmittelkarten" entzogen werden konnte[14]. Die statistische Erfassung der arbeitsfähigen Bevölkerung wurde von der sowjetischen Besatzungsmacht des öfteren angesprochen; Karlshorst verlangte immer wieder ausführliche Berichte. Am 17. Mai 1946 erteilte der SMAD-Mitarbeiter Lamin der DVAS den Auftrag, „die Gründe für die Abwanderung der Bevölkerung nach dem Westen" anzugeben[15]. Neben der Binnenwanderung, die bis zu diesem Zeitpunkt nie zur Zufriedenheit der deutschen und sowjetischen Dienststellen gesteuert werden konnte, rückte damit erstmals ein anderes Phänomen in den Blickpunkt, das ab Ende der vierziger Jahre zunehmend an Bedeutung gewinnen sollte: die Flucht in die westlichen Besatzungszonen. Die SMAD-Abteilung Arbeitskraft richtete auch in der Folgezeit kritische Nachfragen an die DVAS, die in erster Linie Einzelfragen im Zusammenhang mit den einzelnen Erhebungsbögen betrafen[16]. So wurden etwa die Altersaufgliederung modifiziert und zum Teil neue Berufsgruppen als Erfassungsgröße eingeführt. Offiziell galt das Junktim von Registrierung und Vergabe der Lebensmittelkarten für den gesamten Zeitraum der SBZ[17], seine Bedeutung nahm jedoch sukzessive ab. Die Arbeitsämter setzten dieses Zwangsmittel immer seltener ein; der drakonische Sanktionscharakter, den die Lebensmittelkartensperre in der unmittelbaren Nachkriegszeit durchaus noch hatte, war somit weitgehend verloren gegangen.

Mitte des Jahres 1946 lag eine einheitliche betriebliche Meldekartei für die SBZ noch nicht vor. Die Arbeitsverwaltung beklagte nach wie vor die Verluste an statistischen Materialien der Reichsarbeitsverwaltung vor 1945 und ließ damit indirekt erkennen, daß dieser Rückstand immer noch nicht aufgeholt worden war[18]. Der Aufbau der Meldekartei sollte nach den Vorstellungen der DVAS-Leitung auf der betrieblichen Ebene erfolgen, da nur so der konkrete Arbeitskräftebedarf und das bestehende Arbeitskräfteangebot angezeigt werden konnten. Noch im Frühjahr 1949 arbeitete die HVAS Dienstanweisungen „über die Führung und Pflege der Karteien" aus[19]. Im Zuge der aufkommenden allgemeinen Wirtschaftsplanung stand auch eine Veränderung bei der Registrierung der Bevölkerung auf der Tagesordnung: Die Meldebögen sowie die einzelnen statistischen Kategorien sollten of-

[13] BAB, DQ 2/2008, Aktenvermerk der Abt. IV, S. 1.
[14] Ebenda, S. 2.
[15] BAB, DQ 2/1, Bl. 73, Aktennotiz über Besprechung mit Lamin (SMAD) am 17. 5. 1946.
[16] BAB, DQ 2/2040, Bl. 20 f., Aktenvermerk der DVAS-Abt. II über eine Besprechung mit der SMAD-Abt. Arbeitskraft am 30. 8. 1946.
[17] So erließ beispielsweise die Landesregierung von Sachsen-Anhalt noch am 14. 9. 1949 einen entsprechenden Aufruf. Vgl. BAB, DQ 2/2008.
[18] BAB, DQ 2/2064, Denkschrift der ZVAS (Abt. II) vom 2. 7. 1946.
[19] BAB, DQ 2/2063, Entwurf vom 29. 4. 1949.

fensichtlich nach dem Willen einzelner Landesverwaltungen den neuen wirtschaftspolitischen Anforderungen angepaßt werden. So schlug etwa das thüringische Ministerium für Arbeit und Gesundheitswesen im Mai 1949 vor, eine „vollkommene Änderung des Erfassungssystems mit einer gleichzeitigen organisatorischen Trennung der Arbeitsverwaltung von der Sozialpolitik und der Hinwendung zur Wirtschaft" zu verbinden[20].

Ein gesondertes Problem stellte die Registrierung der Ausländer und der sogenannten Staatenlosen – den Displaced Persons in der SBZ – dar. Hier forderte das sächsische Landesarbeitsamt die DVAS Anfang Dezember 1946 auf, eine entsprechende Verordnung zu erlassen, die „für dringend notwendig" angesehen wurde[21]. Von dieser Regelung sollten Angehörige der alliierten Siegermächte ausgenommen werden. Die SMAD überließ es der DVAS, „nach eigenem Ermessen [zu] entscheiden", ob eine solche gesetzliche Bestimmung erforderlich war[22]. Eine nochmalige Rücksprache war nach Ansicht der sowjetischen Besatzungsmacht nicht mehr notwendig. Daraufhin erließ die DVAS am 16. Januar 1947 eine Verordnung, in der die oben genannte Personengruppe der Registrierpflicht unterworfen wurde[23].

Damit war allerdings die Situation nicht geklärt, da die SMAD im Herbst 1947 Änderungswünsche einbrachte und damit für Verwirrung sorgte: So sollte sich die Erfassung durch die Arbeitsverwaltung nunmehr nur noch auf die Staatenlosen beschränken[24]. Nach den Vorschlägen aus Karlshorst hatten sich Ausländer bei den Arbeitsämtern nicht zu melden; nur bei Arbeitsaufnahme sollten Arbeitsbücher ausgegeben werden. Der Grund für das sowjetische Eingreifen lag darin, daß der Kontrollratsbefehl Nr. 3 eine Verpflichtung von Ausländern zur Registrierung bei den Arbeitsämtern nicht vorsah[25]. Auf einer Arbeitstagung in Leipzig am 6./7. Januar 1948 betonten Vertreter der DVAS, daß die „Verhältnisse [...] inzwischen jedoch unhaltbar geworden [seien], da erfahrungsgemäß eine ganze Anzahl von Ausländern den Schwarzmarkt bevölkern" würden[26]. Verhandlungen mit der SMAD waren erneut aufgenommen worden. Nach Mitteilung der Berliner Zentralverwaltung mußte die Verordnung vom 16. Januar 1947 aufgehoben werden, da sich „einzelne Staaten dagegen auf[ge]lehnt" hätten. Die einzelnen Landesregierungen reagierten offenbar unterschiedlich: Während in Mecklenburg-Vorpommern die Registrierpflicht für Ausländer weiterhin galt, hatte das Berliner Amt für Arbeit der Kommandantur eine entsprechende Vorlage unterbreitet, über die aber noch weiter verhandelt werden mußte. Die DVAS übte sich in Zurück-

---

20 ThHStA, Land Thüringen, Ministerium für Wirtschaft und Arbeit, Bd. 3597, Bl. 192–194, hier Bl. 194, Studzinski am 17. 5. 1949 an die HVAS.
21 BAB, DQ 2/2064, Aktenvermerk der DVAS-Abt. I über eine Besprechung am 6./7. 12. 1946.
22 BAB, DQ 2/1, Bl. 27, Aktenvermerk über die Besprechung mit der SMAD in Karlshorst am 14. 1. 1947.
23 Arbeit und Sozialfürsorge 2 (1947), S. 2.
24 BAB, DQ 2/2040, Bl. 94, Niederschrift der Abt. I b über eine Besprechung in Karlshorst am 18. 9. 1947. Eine entsprechende Verordnung mußte die DVAS am 10. 7. 1947 erlassen. Vgl. Arbeit und Sozialfürsorge 2 (1947), S. 328.
25 BAB, DQ 2/1711, Niederschrift der DVAS-Abt. I b über Besprechung mit der SMAD in Karlshorst am 23. 12. 1947.
26 BAB, DQ 2/1537, Niederschrift der Arbeitstagung, S. 24.

haltung und machte nur deutlich, daß sie dem Vorgehen der mecklenburgischen Landesverwaltung nicht zustimmen konnte.

Die DVAS erließ am 25. März 1948 eine Verordnung, die den Kontrollratsbefehl völlig neu interpretierte. Zu den registrierpflichtigen Personen gehörten nun doch „alle Personen ausländischer Staatsangehörigkeit oder staatenlose Personen, die in der sowjetischen Besatzungszone ihren Wohnsitz" hatten[27]. Ausgenommen blieben Staatsangehörige der alliierten Besatzungsmächte, Mitglieder von diplomatischen oder Militärmissionen sowie von internationalen Organisationen. Auffallend ist der Umstand, daß diese Verordnung kurz nach dem Auszug des sowjetischen Vertreters aus dem Alliierten Kontrollrat veröffentlicht wurde. Das läßt zumindest die Vermutung zu, daß die SMAD zuvor in dieser Angelegenheit nicht vorpreschen und den drei westlichen Siegermächten keinen Vorwand liefern wollte, die Gespräche abzubrechen. Insbesondere die Länder fühlten sich jedoch bei der Ausarbeitung dieser Verordnung übergangen[28].

Aus der Registrierpflicht für ausländische Staatsbürger ließ sich keineswegs das Recht der Arbeitsämter zur Arbeitseinweisung ableiten. Da die Verordnung vom 25. März 1947 diese Frage jedoch unbeantwortet ließ, nahmen vor allem einige Bürgermeister eine eigenmächtige Gesetzesauslegung vor und veranlaßten des öfteren die Einweisung in Großbetriebe. So hatte sich beispielsweise ein in Brandenburg lebender schweizerischer Staatsbürger an die dortige Landesregierung gewandt, nachdem er den Einweisungsbefehl in das Stahl- und Walzwerk Hennigsdorf erhalten hatte[29]. Unterstützt wurde der Betroffene von der schweizerischen Heimschaffungsdelegation, die ausdrücklich darauf verwies, daß aufgrund einer zwischenstaatlichen Vereinbarung zwischen der Schweiz und Deutschland, die noch vor Ende des Zweiten Weltkrieges geschlossen worden war, Schweizer in Deutschland nicht den Arbeitseinweisungen Folge zu leisten brauchten[30]. Das Landesarbeitsamt in Potsdam hob daraufhin die Arbeitseinweisung auf und stellte gleichzeitig bei der HVAS den Antrag, eine grundsätzliche Klärung herbeizuführen. Die HVAS ließ sich sehr viel Zeit und informierte relativ spät die Deutsche Verwaltung des Innern über den Vorgang und bat um Mitteilung, ob mit anderen Staaten ähnliche Abkommen vorlägen[31]. Ein Antwortschreiben ist nicht mehr auffindbar. Vermutlich sah die Arbeitsverwaltung von einer Einweisung dieser zahlenmäßig ohnehin kleinen Gruppe ab; zumindest sind weitere Fälle nicht mehr aktenkundig geworden.

Wiedereinführung des Arbeitsbuches

Ein zentrales Instrument zur Erfassung und Steuerung des Arbeitskräftepotentials stellte in der SBZ/DDR das Arbeitsbuch dar; in ihm wurden berufliche Qualifikation und beruflicher Werdegang jedes Beschäftigten detailliert wiedergegeben.

[27] Arbeit und Sozialfürsorge 3 (1948), S. 137f.
[28] So äußerte sich etwa der Vertreter des mecklenburgischen Ministeriums für Arbeit und Sozialfürsorge Rosenträger: BAB, DQ 2/1537, Niederschrift über den Verlauf der am 27./28. 4. 1948 stattgefundenen Arbeitstagung der HVAS (Abt. I b) in Erfurt, S. 12.
[29] BAB, DQ 2/262, Bl. 81, Landesarbeitsamt Potsdam am 15. 7. 1948 an die HVAS.
[30] Ebenda, Bl. 82, Schweizerische Heimschaffungsdelegation am 5. 7. 1948 an Rudolf H.
[31] Ebenda, Bl. 91, HVAS (Herm) am 19. 5. 1949 an DVdI.

In der SBZ wurde frühzeitig die Einführung des Arbeitsbuches diskutiert. Während die sowjetische Besatzungsmacht diesen Schritt befürwortete und auch erwartete, blieb die DVAS zunächst noch skeptisch, da hierbei auf ein Element staatlicher Arbeitsmarktpolitik zurückgegriffen wurde, das bereits vom NS-Regime eingesetzt worden war und das daher diskreditiert schien[32]. Die deutsche Arbeitsverwaltung fürchtete letztlich einen Ansehensverlust und schob eine Entscheidung hinaus.

Bereits am 8. September 1945 erteilte die SMAD-Abteilung Arbeitskraft der ZVAS den Auftrag, „baldmöglichst" einen einheitlichen „Arbeitspaß" einzuführen, der die Voraussetzung für die Vergabe von Lebensmitteln sein sollte[33]. Die Abteilung IV (Erfassung und Arbeitseinsatz der Bevölkerung) legte rund drei Wochen später einen ersten Verordnungsentwurf vor, der die Meldepflicht mit der Vergabe von „Arbeitspässen" verband[34]. Demzufolge hatten alle Beschäftigten im Besitz eines „Arbeitspasses" zu sein, in dem der Arbeitgeber Beginn und Funktion der jeweiligen Tätigkeit eintragen sollte. Die Arbeitsämter hatten ihrerseits eine Kartei über die Arbeitspässe zu führen. Karlshorst sah keinerlei Probleme für eine rasche Veröffentlichung der Verordnung; die zuständige Abteilung Arbeitskraft ging davon aus, daß noch Ende des Jahres 1945 mit dem Druck der mittlerweile umbenannten Arbeitsbücher begonnen werden konnte[35]. Die Bereitstellung entsprechender Papierkontingente war von der SMAD offenbar genehmigt worden. Angeblich waren sich wohl auch die vier Siegermächte im Alliierten Kontrollrat über die Herausgabe eines einheitlichen Arbeitsbuches für ganz Deutschland einig[36]. Einer raschen Verabschiedung schien nichts im Wege zu stehen, und auch der FDGB signalisierte seine prinzipielle Zustimmung[37]. In inhaltlichen Fragen herrschte Übereinstimmung zwischen den sowjetischen und den deutschen Dienststellen: Auch die ZVAS hielt die Wiedereinführung eines Arbeitsbuches „für das Wirtschaftsleben unbedingt erforderlich" und bezog diese Feststellung auf alle vier Besatzungszonen unter Berufung auf die Bestimmung des Potsdamer Abkommens, nach der Deutschland als wirtschaftliche Einheit zu betrachten war[38]. Neben der Forderung nach einer Regelung für alle vier Besatzungszonen sprach sich die ZVAS-Abteilung für eine Ausdehnung der Arbeitsbuchpflicht auf die gesamte arbeitnehmende Bevölkerung aus. Ende November stimmte die SMAD dem deutschen Vorschlag zu, den vorliegenden Verordnungsentwurf den

---

[32] Obwohl das Arbeitsbuch 1935 eingeführt worden war, zog sich die Durchsetzung doch bis zum Frühjahr 1939 hin. Erst zu diesem Zeitpunkt galt die Registrierung der Bevölkerung als abgeschlossen. Befreit von der Arbeitsbuchpflicht waren Beamte, Teile der Selbständigen sowie die freien Berufe. Vgl. Mason, Sozialpolitik im Dritten Reich, S. 162.
[33] BAB, DQ 2/2040, Bl. 1. Auch der SMAD-Befehl Nr. 65 vom 15. 9. 1945 sah die Einführung von Arbeitsbüchern für die abhängig Beschäftigten in einzelnen zentralen Wirtschaftsbereichen sowie Registrierkarten für die Arbeitslosen vor. Vgl. Arbeit und Sozialfürsorge 1 (1946), S. 3.
[34] BAB, DQ 2/2483, Entwurf zu einer Verordnung über die Meldepflicht und die Einführung eines Arbeitspasses und einer Kontrollkarte vom 1. 10. 1945.
[35] BAB, DQ 2/2006, Aktenvermerk über eine Besprechung mit Remissow am 22. 11. 1945.
[36] Ebenda.
[37] BAB, DQ 2/2069, Roman Chwalek (FDGB) am 26. 11. 1945 an Gustav Gundelach (ZVAS).
[38] BAB, DQ 2/2006, Memorandum der ZVAS-Abt. II vom 27. 11. 1945, S. 1.

Landes- und Provinzialverwaltungen zuzuleiten, „damit es [das Arbeitsbuch] möglichst bald zur Anwendung gelangt"[39].

Wenige Wochen später ergaben sich unerwartete Verzögerungen, da die sowjetische Besatzungsmacht damit liebäugelte, eine Ersatzkarte und kein Arbeitsbuch einzuführen[40]. Inwieweit übergeordnete Interessen, vor allem deutschlandpolitische Absichten dahintersteckten, kann nur vermutet werden. Auffallend ist jedoch, daß die SMAD auch hier mit einem Mal als Bremser auftrat und von einem Vorhaben, das sie zunächst initiiert und nachdrücklich unterstützt hatte, wieder etwas Abstand nahm. Die ZVAS meldete dagegen „erhebliche Bedenken"[41] an und verwies darauf, daß die Ersatzkarte zwar Aufschluß über die verschiedenenen Beschäftigungsverhältnisse geben würde; sie enthalte aber keine Angaben über die berufliche Ausbildung. Beides sei für die Arbeitsverwaltung aber eine „grundlegende Voraussetzung, um den Arbeitseinsatz der Bevölkerung zweckmäßig und rationell lenken zu können." Die Ersatzkarte – so die Schlußfolgerung der Berliner Zentralverwaltung – könne nur als „Notbehelf" eingesetzt werden und sei als „verbindliches Dokument [...] gänzlich abzulehnen." Für die sowjetische Besatzungsmacht genoß zu diesem Zeitpunkt das Ziel einer Einigung mit den drei Westmächten im Alliierten Kontrollrat Priorität, und das war wohl auch der eigentliche Grund für den Vorschlag, eine provisorische Lösung mit der Ersatzkarte zu favorisieren. Gegenüber Vertretern der ZVAS gab der SMAD-Mitarbeiter Remissow am 22. Januar 1946 bekannt, daß im Kontrollrat eine Einigung über die Herausgabe eines einheitlichen Arbeitsbuches erzielt worden sei[42].

Der Berliner Magistrat hatte auch bei der Wiedereinführung des Arbeitsbuches eine Vorreiterrolle eingenommen; in der früheren Reichshauptstadt lag bereits am 26. Juni 1945 eine Verordnung vor[43]. Der für den Arbeitseinsatz zuständige Dezernent meldete der ZVAS, daß der Alliierte Kontrollrat eine einheitliche Lösung anstrebe und deshalb eine vorschnelle Entscheidung in der SBZ zu vermeiden sei[44]. Die ZVAS-Führung schien sich langsam mit diesem Gedanken anzufreunden, zumal sie ähnliche Signale auch von der SMAD-Abteilung Arbeitskraft empfangen hatte. Die Verhandlungen im Kontrollrat waren dann Ende Januar ins Stocken geraten, und die zuständigen SMAD-Vertreter in Karlshorst deuteten gegenüber der Berliner Zentralverwaltung an, daß nun doch das Arbeitsbuch, „so wie es im Entwurf [der ZVAS] vorliege, sofort heraus[gebracht]" werden solle[45].

Für die SMAD und ZVAS stellte das Arbeitsbuch eine wichtige Voraussetzung für eine zielgerichtete Arbeitskräftelenkung dar; daran bestand kein Zweifel. Allein die Frage des Zeitpunktes blieb strittig und konnte letztlich nur von der sowjetischen Besatzungsmacht entschieden werden. Auch der FDGB-Bundesvorstand äußerte sich grundsätzlich zustimmend zu der geplanten Maßnahme, allerdings mit einer nicht unerheblichen Abweichung: So vertrat der FDGB den

---

[39] BAB, DQ 2/1, Bl. 15, Aktenvermerk über Besprechung mit Remissow am 28. 11. 1945.
[40] Dies geht aus einem Schreiben der ZVAS-Abt. II b vom 16. 1. 1946 an die SMAD hervor, in: BAB, DQ 2/2006.
[41] Ebenda.
[42] BAB, DQ 2/1, Bl. 17, Aktenvermerk Gundelachs.
[43] Vgl. BAB, DQ 2/2069, Aktenvermerk der ZVAS vom 31. 1. 1946, S. 1.
[44] Ebenda.
[45] BAB, DQ 2/1, Bl. 37 f., Aktenvermerk über Besprechung mit Remissow am 13. 2. 1946.

Standpunkt, daß das Arbeitsbuch „bei der nächsten Gelegenheit abgeschafft werden müsse"[46]. Zum gegenwärtigen Zeitpunkt könne aber – so die pragmatische Stellungnahme von seiten der Gewerkschaften – nicht darauf verzichtet werden. Während die SMAD mit der DVAS bereits die praktische Durchführung erörterte und am 3. September 1946 vorschlug, die Drucklegung der Arbeitsbücher den Landes- bzw. Provinzialämtern zu überlassen[47], mußten die zuständigen Abteilungen innerhalb der ZVAS erst noch den endgültigen Verordnungsentwurf weiter ausarbeiten. Im Laufe des Septembers lag ein überarbeiteter Entwurf der Abteilung II vor, der sich nur noch auf das Arbeitsbuch und die Kontrollkarte beschränkte[48]; dagegen waren Bestimmungen über die Registrierung herausgelöst worden. Arbeitsbuchpflichtig waren nunmehr alle unselbständig Beschäftigten, allerdings mit einigen Ausnahmen: geringfügig Beschäftigte, Mitglieder der Besatzungen von „Seefahrzeugen" (diese führten ein Seefahrtbuch), Heimarbeiter und Hausgewerbetreibende sowie die Gruppe der mithelfenden Familienangehörigen. Der Verordnungsentwurf legte außerdem fest, daß der Arbeitnehmer sein Arbeitsbuch bei Aufnahme der Tätigkeit „unverzüglich dem Arbeitgeber zur Vornahme der notwendigen Eintragungen vorzulegen" hatte[49]. Die Eintragungen des Arbeitgebers mußten anschließend vom Arbeitsamt mit einem Sichtvermerk bestätigt werden. Wohnortwechsel, Namensänderung und vor allem Arbeitsplatzwechsel waren ebenfalls dem Arbeitsamt sofort mitzuteilen, das zudem der Beendigung eines Arbeitsverhältnisses zustimmen mußte. Schwarzarbeit sollte dadurch verhindert werden, daß den Arbeitgebern die Anstellung von Personen, die nicht über ein Arbeitsbuch verfügten, untersagt wurde. Dadurch sollte die Position der Arbeitsämter insgesamt gestärkt werden. Für den Fall, daß ein Arbeitsbuchpflichtiger nach Auflösung eines Arbeitsvertrages nicht sofort in eine andere Arbeit vermittelt werden konnte, sah der Entwurf den Einzug des Arbeitsbuches durch das Arbeitsamt vor, das dem Betroffenen dann eine Kontrollkarte für die Dauer der Arbeitslosigkeit aushändigte[50]. Darüber hinaus wurde festgelegt, daß das Arbeitsbuch im Besitz der Beschäftigten zu bleiben hatte. Ausführliche Strafbestimmungen (Geld- und Gefängnisstrafen) untermauerten den festen Entschluß der DVAS, die Verordnung kompromißlos umzusetzen und das Arbeitsbuch in der SBZ rasch einzuführen.

Die Juristische Abteilung setzte sich eingehend mit dem Verordnungsentwurf auseinander und arbeitete eine Liste mit Verbesserungsvorschlägen aus, die sich im wesentlichen auf inhaltliche Präzisierungen und sprachliche Veränderungen bezogen[51]. Darüber hinaus sprach sie sich für eine Vergrößerung des Personenkreises aus, welcher der Arbeitsbuchpflicht unterliegen sollte: Nicht nur die unselbständig, sondern auch die selbständig Beschäftigten sollten nach den Vorstellungen der Juristischen Abteilung erfaßt werden. Aufschlußreich war außerdem

---

[46] BAB, DQ 2/1237, Bericht der DVAS (Jurist. Abt.) über die Tagung der arbeitsrechtlichen Kommission des FDGB am 9./10. 5. 1946.
[47] BAB, DQ 2/2040, Bl. 21, Aktenvermerk der DVAS (Abt. II) über Besprechung mit der SMAD-Abteilung Arbeitskraft am 30. 8. 1946.
[48] BAB, DQ 2/2483.
[49] Ebenda, § 12.
[50] Ebenda, § 15 und 16.
[51] BAB, DQ 2/81, Bl. 143 f., Juristische Abt. am 2. 10. 1946 an die Abt. II.

die Bemerkung, daß „die ganze Diktion des Entwurfes viel zu sehr den Charakter eines unter der Naziherrschaft erlassenen Gesetzes trägt, von der wir uns künftig freihalten sollten"[52]. Daher kündigte die Juristische Abteilung, die eine verständliche „Gesetzessprache" anmahnte, auch die Ausarbeitung eines Gegenentwurfes an[53]. Beide Abteilungen konnten sich in der Folgezeit darauf verständigen, einen neuen Entwurf „gemeinschaftlich" auszuarbeiten[54], um nicht zu sehr in zeitlichen Verzug zu geraten. Vergleichsweise unbedenklich fanden dagegen beide DVAS-Abteilungen die im Entwurf vorgesehenen Strafbestimmungen, die starke Ähnlichkeiten zur Verordnung von 1939 aufwiesen[55]. Etwa zeitgleich nahm die DVAS Gespräche mit den Landesarbeitsämtern auf, um die konkrete Umsetzung der Verordnung abzustimmen. Dabei standen vor allem die Papierzuteilung, Drucklegung und Auslieferung der Arbeitsbücher in den Ländern im Mittelpunkt[56]. Angesichts der unzureichenden Versorgung mit Papier und des Bewirtschaftungssystems, das häufigen Änderungen durch die sowjetische Besatzungsmacht unterworfen war, mußte mit erheblichen Verzögerungen gerechnet werden. Eine flächendeckende und rasche Einführung der Arbeitsbücher schien gefährdet zu sein. Noch Ende September 1947 berichtete das sächsische Landesarbeitsamt über einen gravierenden Papiermangel; infolgedessen konnte dort mit dem Neudruck der Arbeitsbücher erst im Verlauf des vierten Quartals begonnen werden[57].

Die endgültige Fassung der Verordnung über die Wiedereinführung eines Arbeitsbuches und die Einführung einer Kontrollkarte, die zuvor noch von der SMAD genehmigt worden war und die schließlich am 15. Februar 1947 in Kraft treten konnte, enthielt die wichtigsten Verbesserungsvorschläge der Juristischen Abteilung[58]. Vor allem war die Arbeitsbuchpflicht erheblich ausgeweitet worden; von der Verordnung ausgenommen blieben nur noch die geringfügig Beschäftigten sowie volksschulpflichtige Kinder. Dagegen wurden die Heimarbeiter und Hausgewerbetreibenden zu der Gruppe der unselbständig Beschäftigten hinzugezählt, die somit ein Arbeitsbuch führen mußten[59]. Arbeitsbuchpflichtig wurden nunmehr auch die mithelfenden Familienangehörigen mit Ausnahme der Ehefrauen und der minderjährigen Kinder. Anfang Januar 1948 machte die DVAS die Landesämter darauf aufmerksam, daß weitere kleinere Personengruppen von der Arbeitsbuchpflicht befreit blieben: So etwa die freischaffenden Künstler, die Geistlichen sowie die Angehörigen der Ordensgemeinschaften[60]. Da die Geistlichen und Ordensangehörigen durch den SMAD-Befehl Nr. 153 vom 29. Novem-

---

[52] Ebenda, Bl. 142, Juristische Abteilung am 4. 10. 1946 an Abt. II.
[53] Ebenda.
[54] BAB, DQ 2/81, Bl. 210, Vermerk der Juristischen Abt. vom 6. 11. 1946 für Vizepräsident Voß (Abt. II).
[55] Vgl. ebenda, Bl. 282, Juristische Abt. am 22. 11. 1946 an das Provinzialamt für Arbeit und Sozialfürsorge in Halle.
[56] BAB, DQ 2/2064, Aktenvermerk der DVAS-Abt. I über Besprechung mit dem LAA Sachsen am 6./7. 12. 1946, S. 2.
[57] BAB, DQ 2/1537, Niederschrift über den Verlauf der Arbeitstagung in Neuruppin (25.–27. 9. 1947), S. 15.
[58] Arbeit und Sozialfürsorge 2 (1947), S. 38–42.
[59] Ebenda, § 4.
[60] BAB, DQ 2/1537, Niederschrift über den Verlauf der Arbeitstagung in Leipzig am 6./7. 1. 1948, S. 32.

ber 1945[61] von der Melde- und Arbeitseinsatzpflicht nicht ausdrücklich befreit worden waren, schien der Juristischen Abteilung eine einheitliche gesetzliche Regelung für die gesamte SBZ geboten zu sein[62].

Für zahlreiche Betriebe erwies sich die Bestimmung, daß das Arbeitsbuch beim Beschäftigten verblieb und für jede Änderung von der betrieblichen Verwaltung immer wieder angefordert werden mußte, als nicht sehr praktikabel. So sprachen sich etwa die Buna-Werke aber auch das zuständige Landesamt in Halle für den Verbleib der Arbeitsbücher bei den Betrieben aus[63]. Dies diene – so die Befürworter – den Betriebsüberprüfungen, da sofort der „berufsrichtige" Einsatz kontrolliert werden könne. Darüber hinaus ließe sich der Verschleiß an Büchern reduzieren. Die DVAS nahm eine gegenteilige Position ein und verteidigte die Verordnungsbestimmung mit dem Hinweis, daß das Arbeitsbuch den Charakter eines Ausweises besitze und sich daher bei der Einstufung in die Lebensmittelkartengruppen und sogar bei Straßenkontrollen als nützlich erweisen würde. Vor einer abschließenden Entscheidung wollte die DVAS die Stellungnahmen der einzelnen Landesämter nochmals einholen. Diese stimmten mehrheitlich für die bestehende Regelung, d. h. für die Aushändigung der Arbeitsbücher an die Arbeitnehmer. Auf der Leipziger Arbeitstagung am 6./7. Januar 1948 wurde daher der Antrag des Landesamtes für Arbeit in Halle abgelehnt[64]. Auch die SMAD-Abteilung Arbeitskraft sprach sich in der Folgezeit für einen Verbleib der Arbeitsbücher bei den Betrieben aus, wollte diese Position, die wohl für die sowjetische Besatzungsmacht nur von untergeordneter Bedeutung war, aber nicht gegenüber der HVAS durchsetzen[65]. Somit blieb es weiterhin bei der bestehenden Regelung.

Während die Landesregierungen an der erlassenen Verordnung keine inhaltliche Kritik übten, beanstandeten sie doch den eingeschlagenen Verfahrensweg, bei dem sie weitgehend ausgeschlossen worden waren. Das Justizministerium von Sachsen-Anhalt äußerte Bedenken, „weshalb derartig wichtige Bestimmungen nicht als Gesetz vom Landtage beschlossen" wurden[66]. Zu diesem Zeitpunkt sahen die Länder das Recht der DVAS, bindende Verordnungen für die SBZ zu erlassen, immer noch als umstritten an. Die Berliner Zentralverwaltung wischte diese rechtlichen Bedenken, hinter denen eigene landespolitische Interessen standen, beiseite. Abteilungsleiter Kreil betonte in seinem Antwortschreiben, daß aus „rein sachlichen und technischen Gründen" es nicht möglich sei, die Wiedereinführung des Arbeitsbuches der Ländergesetzgebung zu überlassen[67]. Der DVAS-Vertreter ging darüber hinaus auch auf die prinzipielle Frage des Verhältnisses zwischen Zentral- und Landesverwaltung ein, die er eindeutig beantwortete: Es

---

[61] Arbeit und Sozialfürsorge 1 (1946), S. 3 f.
[62] BAB, DQ 2/2483, Juristische Abt. (Holling) am 27. 8. 1948 an Abt. I.
[63] LA Magdeburg LHA, Rep. K MW, Nr. 10148, Bl. 66, Bericht über Arbeitstagung in Neuruppin am 25./26. 7. 1947.
[64] SAPMO, DY 34/20149, Bericht der FDGB-HA 3. Ein entsprechender Beschluß, der auf der Arbeitstagung gefaßt wurde, findet sich im ausführlichen Verlaufsprotokoll, S. 11, in: BAB, DQ 2/1537.
[65] BAB, DQ 2/2483, Aktenvermerk Grodeckis über Besprechung in Karlshorst am 30. 3. 1948.
[66] BAB, DQ 2/2069, Justizministerium von Sachsen-Anhalt am 11. 10. 1947 an das Ministerium für Arbeit und Sozialpolitik in Halle.
[67] Ebenda, Leiter der DVAS-Abt. I b am 4. 11. 1947 an das Ministerium für Arbeit und Sozialpolitik von Sachsen-Anhalt.

sei unbegründet, „daß zu einer Zeit, in der Zentralverwaltungen für ganz Deutschland verlangt werden, ausgerechnet aus einem Land unserer Zone einer bestehenden Zentralverwaltung das Recht abgesprochen werden soll, wenigstens im sowjetischen Besatzungsgebiet eine Vereinheitlichung der Gesetzgebung herbeizuführen, in Fragen, die nur einheitlich gelöst werden können."

Im Sommer 1948 war die Verteilung der neu gedruckten Arbeitsbücher an die Beschäftigten keineswegs abgeschlossen. Die SMAD drängte mehrmals auf einen zügigen Abschluß und äußerte gegenüber Vertretern der DVAS sogar den Verdacht, „die Ausstellung würde [...] leichtfertig oder zumindest nachlässig behandelt werden"[68]. Die DVAS, die sich in dieser Angelegenheit stets unter Rechtfertigungsdruck sah, verwies auf die Schwierigkeiten bei der Papier- und Kartonbeschaffung, die letztlich die Auslieferung der Arbeitsbücher verzögert habe. Der SMAD-Vertreter Iljuschin machte am 1. Juli unmißverständlich klar, daß die Fertigstellung „endlich" abzuschließen sei; dazu sollte auch die DWK eingeschaltet werden, um die Lieferung von Papier sicherzustellen[69]. Mecklenburg-Vorpommern bildete unter den Ländern der SBZ das Schlußlicht und mußte Anfang 1949 der HVAS die Mitteilung machen, daß das Arbeitsbuch „bisher noch nicht herausgebracht werden konnte", was primär mit der schlechten finanziellen Ausstattung im Landeshaushalt zusammenhing[70]. Das brachte dem mecklenburgischen Minister für Sozialwesen Friedrich Burmeister heftige Vorhaltungen von seiten der SMAD[71] und der HVAS[72] ein. Sehr weit fortgeschritten waren dagegen die Landesämter in Sachsen und Thüringen; hier stand die Ausgabe der Arbeitsbücher kurz vor dem Abschluß[73]. Verzögerungen meldete offensichtlich die brandenburgische Landesverwaltung, und in Sachsen-Anhalt sollte die Verteilung erst Anfang März 1949 erfolgen[74].

Die sowjetische Besatzungsmacht intervenierte nur selten. Da mit der DVAS Konsens darüber herrschte, daß das Arbeitsbuch wiedereingeführt werden sollte und dafür eine Verordnung auszuarbeiten war, war das nicht weiter verwunderlich. Bei der praktischen Durchführung schaltete sich die SMAD sehr wohl ein, darauf ist bereits hingewiesen worden. Dagegen blieb die inhaltliche Ausarbeitung der Verordnung eine Angelegenheit der zuständigen Zentralverwaltung in Berlin. Vertreter der Abteilung Arbeitskraft brachten zwar des öfteren eigene Vorschläge ein, die offenbar aber keinen verbindlichen Charakter hatten. So schlug etwa Iljuschin am 30. März 1949 vor, im Arbeitsbuch eine neue Rubrik aufzunehmen, „in welcher die Gründe der Entlassungen, z.B. Diebstahl, Nichteignung usw. eingetragen" werden sollten[75]. Die HVAS riet „dringend" davon ab und verwies auf die geltende Verordnung, die solche Eintragungen ausdrücklich untersagte.

---

[68] BAB, DQ 2/2040, Bl. 129, Niederschrift über die am 22. 5. 1948 stattgefundene Besprechung bei der SMAD.
[69] Ebenda, Bl. 143, Aktennotiz über Besprechung bei SMAD am 1. 7. 1948.
[70] BAB, DQ 2/2063, Ministerium für Sozialwesen von Mecklenburg-Vorpommern am 28. 1. 1949 an die HVAS.
[71] BAB, DQ 2/2049, Bl. 22, Protokoll der Abteilungsleitersitzung am 7. 2. 1949.
[72] BAB, DQ 2/2063, Litke am 9. 4. 1949 an Burmeister.
[73] Ebenda, Aktenvermerk Donaus (Abt. I a) vom 11. 2. 1949.
[74] Ebenda.
[75] BAB, DQ 2/2483, Aktenvermerk Grodeckis über Besprechung in Karlshorst am 30. 3. 1949.

Um ein zügiges und vor allem ein einheitliches Arbeitsverfahren bei den Arbeitsämtern zu gewährleisten, hatte die HVAS etwas verspätet im Sommer 1948 damit begonnen, eine entsprechende Dienstanweisung auszuarbeiten[76]. Sie unterrichtete die Landesämter für Arbeit über das Vorhaben auf den unregelmäßig einberufenen Arbeitstagungen. Konflikte ergaben sich hier jedoch nicht mehr[77], so daß die Dienstanweisung über die Ausfertigung, Schließung und Wiedereröffnung von Arbeitsbüchern in der Dezemberausgabe der Zeitschrift „Arbeit und Sozialfürsorge" veröffentlicht werden konnte[78].

Eine Änderung der Arbeitsbuchverordnung wollte die HVAS im Sommer 1949 durch das Sekretariat der DWK vornehmen lassen. Ausgangspunkt waren die beiden Paragraphen 1 und 14 der Verordnung über die Wiedereinführung eines Arbeitsbuches, welche die Arbeitsämter verpflichteten, die Arbeitsbücher der nicht sofort zu vermittelnden Erwerbslosen einzuziehen. Aus den Tätigkeitsberichten der Arbeitsämter ging hervor, daß dadurch eine unnötige Mehrbelastung auftrat. Darüber hinaus waren zahlreiche Ämter nicht in der Lage, „die ihnen zur Verwahrung übergebenen Arbeitsbücher unter sicherem Verschluß zu halten"[79]. Die HVAS schloß sich diesen Bedenken an und plädierte für eine Nachbesserung der Gesetzeslage, die darauf hinauslaufen sollte, die Arbeitsbücher im Besitz der Erwerbslosen zu belassen[80]. Der Leiter des Sekretariatsbüros der DWK, Erwin Lampka, hatte zunächst keinerlei Einwände gegen den eingebrachten Entwurf[81]. Überraschenderweise lehnte das Sekretariat der DWK auf seiner Sitzung am 27. Juli die Vorlage jedoch ab, was weniger inhaltliche als vielmehr formale Gründe hatte. Gleichzeitig wurde nämlich der HVAS der Auftrag erteilt, eine Anweisung „entsprechend der Vorlage" an die Landesarbeitsämter herauszugeben[82]. Deren Ausarbeitung zog sich bis Anfang Januar 1950 hin; erst zu diesem Zeitpunkt wurden die Arbeitsämter von der Verpflichtung entbunden, Arbeitsbücher von Erwerbslosen während des Zeitraumes der Arbeitslosigkeit einzuziehen und aufzubewahren[83].

Gesetz zur Bekämpfung von Scheinselbständigkeit

Grundlage einer effektiven Arbeitskräftelenkung bildete für die Arbeitsverwaltung die vollständige Registrierung der erwerbsfähigen Bevölkerung. Frühzeitig glaubte die ZVAS dem Bestreben von Teilen der Bevölkerung entgegentreten zu müssen, die sich dieser Erfassung durch den Gang in die berufliche Selbständigkeit angeblich entziehen wollten. Dahinter stand das Problem der von den Arbeitsämtern nicht vermittelten und nicht registrierten Arbeitskräfte – ein Phäno-

[76]   BAB, DQ 2/2047, Entwurf der HVAS-Abt. I b vom 19. 7. 1948.
[77]   Vgl. BAB, DQ 2/1762, Niederschrift über den Verlauf der Arbeitstagung in Bad Kösen am 5./6. 10. 1948, S. 14.
[78]   Arbeit und Sozialfürsorge 3 (1948), S. 451–453.
[79]   BAB, DQ 2/2063, Notiz Bracks vom 30. 5. 1949 an das Sekretariat der DWK.
[80]   Einen Anordnungsentwurf legte die HVAS (Abt. I a) am 7. 6. 1949 vor, in: BAB, DQ 2/2063.
[81]   BAB, DC 15/II/1–37, Bl. 46, Vorlage vom 30. 6. 1949 für die Sekretariatssitzung. Die Vorlage war von Lampka unterzeichnet worden.
[82]   BAB, DC 15/412, Bl. 2.
[83]   BAB, DQ 2/903, Bl. 175, Begründung Litkes (Ministerium für Arbeit und Gesundheitswesen) vom 6. 1. 1950.

men, das signifikant für diesen Zeitraum bis ungefähr 1948 war und im übrigen in allen vier Besatzungszonen zu beobachten war. Unter dem Schlagwort der „Schwarzmarktzeit" verbergen sich diese Entwicklungen, die von der staatlichen Verwaltung frühzeitig erkannt worden waren, denen aber nur schwer Einhalt geboten werden konnte. In der SBZ versuchte die ZVAS unter anderem mit arbeitsrechtlichen Bestimmungen das gesamtwirtschaftliche Problem in den Griff zu bekommen. In einem Rundschreiben an die Landesarbeitsämter und Arbeitsämter wies die Berliner Zentralverwaltung am 8. November 1945 darauf hin, daß grundsätzlich niemand daran gehindert werden solle, „sich eine selbständige Existenz zu sichern"[84]. Bei vielen seien allerdings andere Gründe ausschlaggebend: Dazu zählte die ZVAS das Bestreben, dem Arbeitseinsatz auszuweichen, zusätzliche Nahrungsmittel zu beziehen und „Freizügigkeit zu erlangen, um sich auf dem schwarzen Markt betätigen zu können." Daher sollte die Gewerbeerlaubnis nur nach sorgfältiger Prüfung und nach Einschaltung des zuständigen Arbeitsamtes erteilt werden. Als Scheinarbeitsverhältnis definierte die ZVAS-Abteilung II am 26. Februar 1946 jede Vereinbarung, „die ein Arbeitsverhältnis vortäuscht, während tatsächlich zwischen den Vertragspartnern weder Arbeit gefordert noch geleistet, noch ein Entgelt bezahlt wird"[85]. Zur wirksamen Einschränkung dieses Phänomens sprach sich die Berliner Zentralverwaltung dafür aus, regelmäßige und sorgfältige Prüfungen der Arbeitsbücher sowie Betriebskontrollen durchzuführen[86].

Die ZVAS hatte zwar in den Richtlinien über die Registrier- und Meldepflicht vom 25. Oktober 1945 unmißverständlich klargestellt, daß Scheinarbeitsverhältnisse keine Beschäftigungsverhältnisse darstellten. Den Ämtern für Arbeit und Sozialfürsorge reichte allerdings die bestehende Rechtslage nicht aus; sie verlangten die Ausarbeitung einer Verordnung mit weitreichenden Vollmachten, vor allem mit der Einführung von Strafbestimmungen[87]. Nach Beratung mit dem zuständigen Abteilungsleiter Kreil verfügte Präsident Brack die Vorbereitung eines Gesetzentwurfes, der den Landes- und Provinzialregierungen zur Beschlußfassung durch die Landtage vorzulegen war[88]. Die DVAS-Abteilung I b legte am 8. Februar 1947 einen Gesetzentwurf zur Bekämpfung von Scheinarbeitsverhältnissen vor[89]: Danach sollten die Sanktionen sowohl die Auftraggeber als auch die Auftragnehmer treffen und konnten im Höchstfall eine Gefängnisstrafe von sechs Monaten bzw. eine Geldstrafe von 10000,– RM erreichen. Eine inhaltliche Kontroverse bahnte sich erneut mit der Juristischen Abteilung an, die nur eine Verordnung erlassen wollte und außerdem für eine enge Auslegung des Begriffes „Scheinarbeitsverhältnis" eintrat[90]. Als problematisch erwies sich ferner der Versuch, einheitlich über die Landtage ein entsprechendes Gesetz verabschieden zu lassen, da somit unmittelbar in die noch bestehende Länderhoheit eingegriffen wurde. Dazu schlug die DVAS ein eng abgestimmtes Vorgehen zwischen den

---

[84] BAB, DQ 2/2064, ZVAS-Abt. II (Kreil) am 8. 11. 1945 an das LAA Mecklenburg-Vorpommern.
[85] BAB, DQ 2/1738, Notiz vom 26. 2. 1946, S. 2.
[86] Ebenda, S. 3.
[87] BAB, DQ 2/1746, Aktennotiz der DVAS-Abt. I b vom 4. 2. 1947, S. 2.
[88] Ebenda, S. 3.
[89] BAB, DQ 2/2194.
[90] BAB, DQ 2/2194, Aktennotiz der DVAS-Abt. I b vom 16. 2. 1947.

Landesämtern und der Zentralverwaltung in Berlin vor, das sich auf alle sozialpolitischen Gesetzesvorhaben erstrecken sollte[91]. DVAS-Präsident Brack übersandte den zuständigen Ministern der Landes- bzw. Provinzialregierungen am 3. März den Gesetzentwurf mit der Bitte, diesen durch den Landtag verabschieden zu lassen[92]. Die weitere Entwicklung zeigte, daß eine einheitliche Gesetzesregelung in den Ländern nicht so ohne weiteres zustande kommen würde. So hielt etwa das mecklenburgische Ministerium für Sozialwesen ein „besonderes Strafgesetz" nicht für erforderlich[93]. Als „wirksame Erziehungsmaßnahme" sei vielmehr auf die Zwangseinweisung zurückzugreifen, „wenn notwendig in eine Arbeitskolonne mit niedriger Arbeit oder ungünstigen Umständen." Dagegen nahm der sächsische Landtag den Gesetzentwurf am 6. Juni an[94]. In Thüringen zog sich das Verfahren noch etwas länger hin, da die Landesregierung den zugesandten Gesetzentwurf überarbeitete und teilweise verschärfte: So wurde bereits der Versuch, ein Scheinarbeitsverhältnis einzugehen, unter Strafe gestellt. Darüber hinaus unterschied der thüringische Entwurf bei den Strafbestimmungen zwischen schwereren und leichteren Tatbeständen[95].

Die Deutsche Justizverwaltung unterrichtete die DVAS am 9. September 1947 über das geplante Gesetzesvorhaben in Thüringen und bat um eine Stellungnahme[96]. Offensichtlich war die DVAS von der thüringischen Landesregierung nicht informiert worden; anders läßt sich das Antwortschreiben ihres Präsidenten Brack nicht erklären[97]. Dieser kritisierte den thüringischen Entwurf allerdings nicht wegen seiner inhaltlichen Verschärfung. Sein Einwand ging in eine andere Richtung: Die Strafbestimmungen müßten auch auf die Unternehmerseite bezogen werden. Das habe die thüringische Landesregierung bei ihrer Überarbeitung fallengelassen. Ende September war der Streit zwischen der DVAS und der thüringischen Landesverwaltung, die auf ihrem Entwurf beharrte, noch nicht beigelegt. In der Zwischenzeit war in Mecklenburg in Verbindung mit der dortigen Justizverwaltung eine „Polizeiverordnung" erlassen worden, um auf diesem Wege die Zustimmung des Landtages zu umgehen[98]. Die brandenburgische Landesverwaltung hatte zu diesem Zeitpunkt bereits eine Gesetzesvorlage in den Landtag eingebracht, während in Sachsen-Anhalt noch gar keine Initiative entfaltet worden war.

Die DVAS registrierte im Oktober 1947 eine nicht unerhebliche Diskrepanz zwischen der Zahl der registrierten Erwerbstätigen und der der registrierten Versicherten; das betraf sowohl die unselbständig Beschäftigten als auch die selbständig Beschäftigten[99]. So waren in der SBZ bei den Arbeitsämtern am 31. Juli 1947 insgesamt 5 891 055 unselbständig Beschäftigte gemeldet, bei den Sozialversiche-

[91] Ebenda, Aktennotiz der DVAS-Abt. I b vom 24. 2. 1947.
[92] BAB, DQ 2/2194.
[93] Ebenda, Ministerium für Sozialwesen in Schwerin am 8. 4. 1947 an die DVAS.
[94] Ebenda, Landesarbeitsamt Sachsen am 21. 6. 1947 an die DVAS.
[95] Ebenda, Ministerium für Wirtschaft, Arbeit und Verkehr in Weimar am 9. 7. 1947 an die DVAS.
[96] BAB, DQ 2/1820.
[97] BAB, DQ 2/1820, Präsident Brack am 23. 9. 1947 an den Chef der Deutschen Justizverwaltung.
[98] BAB, DQ 2/1537, Niederschrift über den Verlauf der Arbeitstagung in Neuruppin (25.–27. 9. 1947), S. 15.
[99] Zu den folgenden Zahlen: BAB, DQ 2/1711, Vermerk der DVAS-Abt. I a (Donau) vom 1. 10. 1947 an Präsident Brack.

rungsanstalten allerdings nur 5 131 570 Versicherte. Darunter befanden sich 175 679 Männer und immerhin 583 806 Frauen. Vergleichsweise größer waren die Unterschiede bei den Selbständigen, wobei in dieser Gruppe auch die mithelfenden Familienangehörigen erfaßt wurden: Hier zählte die Arbeitsverwaltung 1 783 856 Personen, denen nur 1 099 408 Versicherte gegenüberstanden. Wo lagen die Ursachen dafür? Gerade in der Landwirtschaft waren zahlreiche Beschäftigte nicht versicherungspflichtig, weil sie aufgrund des Verdienstes oder der Dauer des Arbeitsverhältnisses nicht unter die Bestimmungen der Sozialpflichtversicherung fielen. Darüber hinaus wurden versicherungspflichtige Personen vom Arbeitgeber oftmals nicht versichert; hinzu kamen die mithelfenden Familienangehörigen, die von der DVAS wie auch die beiden erstgenannten Gruppen nicht quantifiziert werden konnten. Zur geringeren Zahl der bei der Sozialversicherung gemeldeten Personen trug außerdem bei, daß Beschäftigte bei den sowjetischen Dienststellen zumeist nicht versichert waren. Als letztes sind die Frauen zu nennen, die mit ihrem Verdienst aufgrund einer geringfügigen Beschäftigung unter dem Mindestsatz der Sozialversicherung lagen. DVAS-Präsident Brack leitete diesen Bericht an die SMAD-Abteilung Arbeitskraft weiter und machte deutlich, daß die Arbeitsämter auch in Zusammenarbeit mit den Ernährungsämtern nicht in der Lage waren, eine Klärung herbeiführen[100]. Die Kommunalverwaltung sei „in allzu starkem Ausmaße mit der Bevölkerung verbunden", so daß der Aufbau eines eigenen „Kontrollapparates" erforderlich sei, „der völlig unabhängig und durch keinerlei Bindungen in seiner Arbeit gehemmt" werde. Die DVAS hatte sich in dieser Frage mit der Deutschen Verwaltung für Handel und Versorgung bereits abgesprochen und schlug der SMAD vor, zehn Inspektoren zusätzlich einzustellen, die den Arbeitsschutzinspektoren in der Besoldung gleichgestellt werden sollten. Die SMAD-Finanzabteilung lehnte diesen Vorstoß ab[101].

Anfang 1948 äußerte der Leiter der DVAS-Abteilung I b Kreil in einem hausinternen Vermerk Zweifel an den Erfolgsaussichten des eingeschlagenen Weges, den er sicherlich zutreffend als zu „zeitraubend" einschätzte[102]. Immerhin war seit der Zustellung des Gesetzentwurfes an die Landesverwaltungen fast ein Jahr verstrichen, ohne daß eine einheitliche Regelung gefunden werden konnte. Auf diese Weise sei ein Gesetz für die SBZ „nie zu einer einheitlichen Durchführung zu bringen", so die realistische Einschätzung Kreils. Etwas frustriert stellte er abschließend noch die Frage: „Wenn schon bei einem so einfachen Gesetz, das nur zwei fachliche Paragraphen umfaßt, die Meinungen in der Beurteilung soweit voneinander abweichen, wie soll es dann gelingen, ein Gesetz von einigen dutzend Paragraphen ordnungsgemäß unter Dach und Fach zu bringen." Dieser Meinung schloß sich die Juristische Abteilung an, die an allen vorliegenden Entwürfen der einzelnen Länder inhaltliche Kritik übte, und sogar noch einen Schritt weiter ging, indem sie sich dafür aussprach, „auf das Gesetz überhaupt zu verzichten"[103]. Letztlich verzichtete die DVAS darauf, ein eigenes Gesetz gegen Scheinarbeitsverhältnisse zu verabschieden, sei es als Gesetz durch die Landtage oder als Ver-

---

[100] BAB, DQ 2/1711, Brack am 2. 10. 1947 an Morenow.
[101] Ebenda, Aktenvermerk der DVAS-Abt. I b vom 4. 11. 1947.
[102] BAB, DQ 2/2194, DVAS-Abt. I b am 30. 1. 1948 an Juristische Abt.
[103] BAB, DQ 2/111, Bl. 86 f., hier Bl. 87, Juristische Abt. am 3. 2. 1948 an Abt. I b.

ordnung durch die Zentralverwaltung. Dabei spielte wohl auch die Überlegung eine Rolle, daß sich bei der Umsetzung einer solchen rechtlichen Bestimmung erhebliche Schwierigkeiten für die Kommunalverwaltung ergeben würden. So stellte etwa die Juristische Abteilung der DVAS die Frage, wie die Verwaltungsstellen, welche für die Ausgabe der Lebensmittelkarten verantwortlich zeichneten, das Vorliegen von Scheinarbeitsverhältnissen überprüfen sollten[104]. Die SMAD-Abteilung Arbeitskraft drängte zwar des öfteren auf eine umfassende Kontrolltätigkeit von seiten der Landesverwaltungen[105], intervenierte aber nicht bei der Diskussion über die Ausarbeitung eines Gesetzes durch die Landtage. Für die sowjetische Besatzungsmacht war die reibungslose Tätigkeit der Arbeitsämter und die Eindämmung der Scheinarbeitsverhältnisse von entscheidender Bedeutung, die Wahl der Mittel blieb – so hat es den Anschein – der deutschen Arbeitsverwaltung überlassen. Die zahlenmäßige Erfassung der Personengruppe, die sich der Registrierung entzog, bereitete den Arbeitsämtern immer noch große Probleme. Ende 1948 lagen nur für Brandenburg erste Ergebnisse vor. Dort ging das zuständige Landesarbeitsamt von über 20000 Personen aus, die in einem Scheinarbeitsverhältnis standen[106].

Verordnung betr. eine Erhebung über Fluktuation, Arbeitsdisziplin und Leistung

Die Binnenwanderung innerhalb der SBZ, aber auch die Fluktuation erwiesen sich für die Arbeitsverwaltung in der unmittelbaren Nachkriegszeit als ein zentrales Problem, dem Einhalt geboten werden sollte. Die zentrale Registrierung des Arbeitskräftepotentials schien dadurch gefährdet zu sein. Aus diesem Grunde brachte die DVAS am 1. November 1947 eine Verordnung heraus, die alle Unternehmer mit mehr als 100 Beschäftigten verpflichtete, einmal monatlich eine Arbeitsstatistik beim zuständigen Arbeitsamt einzureichen[107]. Diese Berichte sollten genaue Angaben über die Veränderung des Beschäftigtenstandes, der ausgefallenen Arbeitszeit sowie eine Leistungsübersicht enthalten. Unmittelbar zuvor hatte die SMAD den Befehl Nr. 234 über „Maßnahmen zur Steigerung der Arbeitsproduktivität und zur weiteren Verbesserung der materiellen Lage der Arbeiter und Angestellten in der Industrie und im Verkehrswesen" veröffentlicht[108], der den inhaltlichen Hintergrund für die neue Verordnung bildete. Durch ein kombiniertes System von leistungsbezogenen Löhnen[109], betrieblicher Sozialpolitik und Kontrollen zur Senkung des Krankenstandes[110] sollte insgesamt die Produktivität in den Betrieben gesteigert werden. Dazu schien zunächst einmal eine detaillierte statistische Erhebung erforderlich zu sein.

---

[104] BAB, DQ 2/70, Aktenvermerk der Juristischen Abt. vom 15. 3. 1948.
[105] BAB, DQ 2/1950, Aktennotiz der Abt. I b über die Besprechung bei der SMAD in Karlshorst am 3. 11. 1948, S. 2.
[106] Ebenda.
[107] Arbeit und Sozialfürsorge 2 (1947), S. 471 f.
[108] Ebenda, S. 452 f.
[109] Vgl. Hübner, Konsens, Konflikt und Kompromiß, S. 21–27.
[110] Vgl. Hoffmann, Sozialpolitische Neuordnung, S. 81–85.

Bereits am 5. November 1947 informierte die DVAS sämtliche Arbeitsämter in einem Rundschreiben über die Verordnung und erteilte die Anweisung, die Durchführung zu überprüfen[111]. Die DVAS teilte in dem Zusammenhang mit, daß die Gründe für die Fluktuation „größtenteils" bekannt seien, „doch kommt es jetzt darauf an, das tatsächliche Ausmaß in den verschiedenen Wirtschaftszweigen festzustellen". Dazu sollten die Arbeitsämter vorgefertigte Berichtsmuster an alle Betriebe innerhalb ihres Zuständigkeitsbereiches versenden, die mehr als 100 Beschäftigte hatten.

Bereits im Sommer 1948 wurde diese Verordnung von der DWK wieder aufgehoben, da die in der Zwischenzeit durch den SMAD-Befehl Nr. 282 vom 26. Dezember 1947 geänderte Betriebsberichterstattung eine weitere zusätzliche statistische Erhebung überflüssig gemacht hatte[112]. Damit war die Verordnung vom 1. November 1947 de facto außer Kraft gesetzt worden, zumal die örtlichen Industrieämter, die Industrie- und Handelskammern sowie die Statistischen Kreis- und Landesämter die Zusammenstellung des Zahlenmaterials übernehmen mußten. Für die Arbeitsverwaltung bedeutete dies auch eine Arbeitsentlastung. Das Sekretariat der DWK verabschiedete auf der Sitzung am 11. August 1948 die von der HVAS ausgearbeitete Verordnung[113].

Eine ganz besondere Form der Fluktuation stellte die Abwanderung von Arbeitskräften in die westlichen Besatzungszonen dar, die von der Arbeitsverwaltung, aber auch von SED und SMAD aufmerksam beobachtet wurde. Die Abwanderung in den Westen kann als Vorläufer der erst zu Beginn der fünfziger Jahre abqualifizierten und verfolgten „Republikflucht" gewertet werden, und dennoch kommt ihr in der Zeit der unmittelbaren Besatzungsherrschaft bis zur Gründung der DDR 1949 eine eigene Spezifik zu. Diese beruhte auf den sozialen und wirtschaftlichen Umwälzungen der Zusammenbruchsgesellschaft. Insofern muß die Abwanderung in den Westen Deutschlands in den ersten Nachkriegsjahren als Bestandteil der allgemeinen Bevölkerungswanderung gesehen werden; sie war sehr stark von wirtschaftlichen Faktoren geprägt, erhofften sich doch die Abwandernden bessere Arbeitsbedingungen als in der SBZ. Frühzeitig brachte die SMAD diese berufliche Migration mit gezielter Abwerbung von seiten westdeutscher Unternehmer, ja sogar von seiten westlicher Arbeitsämter in Verbindung. So erklärte der stellvertretende Leiter der Abteilung Arbeitskräfte Morenow, daß sich das Landesarbeitsamt Bremen „anmaßt, Arbeitskräfte für Mangelberufe in den einzelnen Ländern und Provinzen der Sowjetzone zu werben"[114]. Morenow wollte diese Angelegenheit beim Alliierten Kontrollrat zur Sprache bringen. Die vier Siegermächte konnten sich jedoch allem Anschein nach nicht auf ein einheitliches Vorgehen in dieser Frage einigen, so daß es der SMAD und den deutschen Arbeitsverwaltungen überlassen blieb, Gegenmaßnahmen zu ergreifen. Möglichkeiten zur wirksamen Einschränkung dieser Wanderungsbewegung bestanden ohnehin kaum. So stellte die DVAS im Frühjahr 1947 fest: „Wenn einer der Alli-

---

[111] BAB, DQ 2/1754, Rundschreiben Nr. 177 der DVAS vom 5. 11. 1947.
[112] BAB, DC 15/II/1–6, Bl. 75, Begründung der Verordnung über die Einstellung der Erhebung über Fluktuation, Arbeitsdisziplin und Leistung.
[113] BAB, DC 15/344, Bl. 2.
[114] BAB, DQ 2/67, Bl. 9, Aktenvermerk über Besprechung mit der SMAD (Morenow) am 27. 2. 1946.

ierten Staaten durch einen Beauftragten Fachkräfte anwirbt, so können wir dies zur Zeit nicht [ver]hindern."[115] Gleichwohl betonte die DVAS, daß „es nicht wünschenswert ist, die Auswanderung von qualifizierten Fachkräften durch irgendwelche tätige Unterstützung oder Auskunftserteilung zu fördern." Dieses Problem erstreckte sich nicht nur auf die Wanderung nach Westdeutschland, sondern auch auf die Abwanderung ins Ausland. Der Kontrollratsbefehl Nr. 3 hatte den Arbeitsämtern eine Monopolstellung bei der Arbeitsvermittlung und -lenkung zugeschrieben; damit war eine Werbung außerhalb der Arbeitsämter faktisch nicht zugelassen. Nach Einschätzung der Berliner Zentralverwaltung untersagte außerdem die Proklamation Nr. 2 des Alliierten Kontrollrates allen Deutschen, „ohne Erlaubnis oder Befehl der alliierten Vertreter deutsches Gebiet zu verlassen"[116]. Diese Bestimmung war allerdings recht vage gehalten, und die Siegermächte hatten auch im Frühjahr 1947 kein ausdrückliches Verbot der Abwerbung durch ausländische Staaten erlassen.

Eine Quantifizierung dieser Wanderungsbewegung ist für die ersten Nachkriegsjahre nicht möglich, da die Arbeitsämter dieses Phänomen nicht systematisch erfassen konnten. Vielmehr blieb es bei Einzelmeldungen, die zumindest die Schlußfolgerung zulassen, daß die betroffenen Zentral- und Landesverwaltungen in der SBZ die Abwanderung durchaus ernst nahmen. So berichtete ein Mitarbeiter der SED-Bezirksleitung Berlin im Herbst 1947, daß sich in Berlin-Heiligensee eine französische „Werbungsstelle" für ostdeutsche Facharbeiter befinde, die täglich 120 Bewerber beraten und weiter vermitteln würde[117]. Auf diese Weise seien bisher 565 Facharbeiter in das Saargebiet und 1120 weitere Facharbeiter in die französische Besatzungszone abgewandert; 90 Prozent dieser Gruppe stammten offensichtlich aus der SBZ bzw. aus dem russischen Sektor Berlins. Neben Berlin waren vor allem einige Bezirke in Thüringen betroffen: So meldete das dortige Landesarbeitsamt, daß im November 1947 ein Sonderzug aus Jugoslawien in Ilmenau eingetroffen sei, der mit 100 angeworbenen Arbeitskräften der Glasindustrie und deren Familienangehörigen wieder abgefahren sei[118]. Die thüringische SMA hielt sich auffallend zurück und weigerte sich im letztgenannten Fall sogar, ein Werbungsverbot zu verhängen[119]. Aufschlußreich war die Tatsache, daß die SMAD in Karlshorst keine Informationen über die Vorgänge in Thüringen besaß und erst durch die Berliner Zentralverwaltung darüber in Kenntnis gesetzt worden war. Nach Angaben der DVAS betrieben Frankreich, das für seine äußerst restriktive Einwanderungspolitik in die eigene Besatzungszone bekannt war, und Schweden eine gezielte Pressepropaganda, um Facharbeiter zu gewinnen.

Die DVAS konnte die angebliche Anwerbung von Arbeitskräften durch ausländische Firmen nur registrieren und alle Arbeitsämter anweisen, „alle Beobachtungen" umgehend mitzuteilen. Anschließend sollten die gesammelten Berichte der

115 BAB, DQ 2/2058, Abteilungsleiter Kreil am 17. 3. 1947 an das thüringische Ministerium für Wirtschaftsplanung.
116 BAB, DQ 2/2009, Abschnittsleiter Kreil am 20. 5. 1947 an Josef F.
117 SAPMO, NY 4090/561, Bl. 29, Aktennotiz Stephanowitz für Otto Grotewohl vom 22. 9. 1947.
118 BAB, DQ 2/2040, Bl. 108, Niederschrift über Besprechung mit der SMAD am 4. 12. 1947.
119 Ebenda, Bl. 109.

SMAD unterbreitet werden[120]. Auch der FDGB-Bundesvorstand wies aufgrund von Berichten seines thüringischen Landesverbandes darauf hin, daß in Thüringen „systematisch Werber aus den westlichen Zonen und von ausländischen Firmen auftreten, die Fachkräfte anzuwerben versuchen"[121]. Die HVAS wurde gebeten, konkrete Maßnahmen zu treffen, daß „uns das wertvolle Kapital der Fachkräfte, besonders in den Spezialindustrien, erhalten bleibt." Nach Ansicht des Gewerkschaftsbundes spielte die Ernährungsfrage ein entscheidendes Motiv bei der Abwanderung aus der SBZ. Der SMAD-Befehl Nr. 234 vom Oktober 1947 hatte bereits eine Verbesserung der Lebensmittelversorgung für ausgewählte Berufsgruppen anvisiert. Nach den Vorstellungen des FDGB sollten diese Bestimmungen auch auf andere Berufsgruppen ausgedehnt werden, um die Migration in die Westzonen zu unterbinden. Die HVAS hielt es letztlich für „unzweckmäßig", eine eigene Rundverfügung in dieser Angelegenheit zu erlassen und verwies zur Begründung auf den Kontrollratsbefehl Nr. 3, der die „illegale" Werbung bzw. Vermittlung unter Strafe gestellt hatte[122]. Vor allem die SMAD zeigte wenig Interesse daran, neue gesetzliche Bestimmungen auszuarbeiten und zu veröffentlichen. Die Abteilung Arbeitskraft in Karlshorst sprach sich zwar dafür aus, „gegen derartige illegale Werbung vor[zu]gehen"[123]. Dies sollte aber ausschließlich über entsprechende Propagandaaktivitäten und Pressemitteilungen erfolgen, die von den Arbeitsämtern zu veröffentlichen waren. Die SMAD schlug in dem Zusammenhang vor, „diejenigen Personen sprechen zu lassen, die aus Frankreich zurückgekehrt sind und über die wahren Zustände dort Auskunft geben können."

Die gezielte Abwerbung von Arbeitskräften wurde aber auch von Firmen und Unternehmen innerhalb der SBZ praktiziert, die eigens dafür sogenannte Werber einsetzten. Dagegen versuchte die DVAS frühzeitig vorzugehen. Ihre Handlungsspielräume waren eng gesteckt, sobald es sich um SAG-Betriebe handelte oder um Betriebe, die für die sowjetische Besatzungsmacht produzierten. Daran läßt sich unter anderem die stellenweise mangelhafte Absprache zwischen deutschen und sowjetischen Dienststellen ablesen. So kritisierte etwa das Arbeitsamt Halberstadt, daß ein Arbeitseinsatzleiter vom Eisen- und Hüttenwerk Thale/Harz versucht habe, ausgebildete Schweißer anzuwerben[124]. Außerdem zeigte sich das Arbeitsamt, das dieses Ersuchen abgelehnt hatte, darüber verärgert, daß dies unter der Androhung geschah, die Kreiskommandantur einzuschalten, um von dort die Abstellung der Arbeitskräfte zu erwirken. Das Ministerium für Arbeit und Sozialpolitik von Sachsen-Anhalt stellte ohne Umschweife fest, daß das Eisen- und Hüttenwerk Thale „in keiner Weise berechtigt [war], derartige Abwerbungen vorzunehmen"[125]. Es bestehe zwar ein großer Arbeitskräftebedarf; dies dürfe jedoch nicht dazu führen, „daß Handlungen vorgenommen werden, die jeder recht-

---

[120] BAB, DQ 2/1537, Niederschrift über den Verlauf der Arbeitstagung der DVAS (Abt. I b) in Leipzig am 6./7. 1. 1948, S. 26 f.
[121] BAB, DQ 2/2009, FDGB-Bundesvorstand (HA 2: Wirtschaftspolitik) am 1. 6. 1948 an die HVAS.
[122] Ebenda, HVAS am 29. 6. 1948 an FDGB-Bundesvorstand (HA 2).
[123] BAB, DQ 2/2040, Bl. 143, Aktennotiz über Besprechung bei der SMAD am 1. 7. 1948.
[124] BAB, DQ 2/2009, Amt für Arbeit und Sozialfürsorge Halberstadt am 13. 9. 1947 an das Ministerium für Arbeit und Sozialpolitik der Landesregierung Sachsen-Anhalt.
[125] Ebenda, Ministerium für Arbeit und Sozialpolitik der Landesregierung Sachsen-Anhalt am 18. 9. 1947 an das Eisen- und Hüttenwerk Thale.

lichen Grundlage entbehren". Die angegriffene Werksleitung von Thale ging nunmehr in die Offensive und erklärte, daß „es im Rahmen der allgemeinen Verpflichtung unserer Wirtschaft mit dem Ziel, die Arbeitskräfte dahin zu bringen, wo sie am notwendigsten gebraucht werden, für uns durchaus nicht ‚selbstverständlich' ist, daß ein derartiges Ersuchen [Arbeiter anzuwerben] verweigert worden ist"[126]. Mit leicht süffisantem Unterton rechtfertigte die Direktion von Thale die Androhung, gegebenenfalls die sowjetische Kreiskommandantur einzuschalten, denn schließlich sei die Anweisung direkt von der SMAD in Karlshorst gekommen. Damit mußte die Landesregierung von Sachsen-Anhalt, die über diese Rückendeckung nicht unterrichtet worden war, klein beigeben.

„Arbeitsmarkt"[127] und Arbeitslosigkeit

Neben der Registrierung der erwerbsfähigen Bevölkerung bestand eine weitere Hauptaufgabe der Arbeitsverwaltung darin, regelmäßig über Disproportionen und Anpassungsschwierigkeiten auf dem Arbeitsmarkt zu berichten. Somit rückte die Arbeitslosigkeit in das Zentrum des Interesses der DVAS/HVAS und nahm einen herausragenden Stellenwert in der Verwaltungstätigkeit bis zur DDR-Gründung 1949 ein. Im einzelnen sollten monatlich und quartalsweise ausführliche Berichte erstellt werden, die unter anderem der sowjetischen Besatzungsmacht zugesandt wurden. Die SMAD-Abteilung Arbeitskraft hatte ein großes Interesse an diesen Informationen und verlangte beispielsweise am 16. Oktober 1945 „Unterlagen über den Stand der Arbeitslosigkeit in den einzelnen Provinzen und Ländern, nach Berufen aufgeteilt"[128]. Wenige Tage später betonte die SMAD, daß die Arbeitslosigkeit nicht nur „genau" festzustellen, sondern in Zusammenarbeit mit den zuständigen „Wirtschaftsstellen" zu beseitigen sei. Begründet wurde diese Vorgabe mit dem Hinweis, „daß es Arbeitslose nicht geben soll"[129]. Ende November empfahl die Abteilung Arbeitskraft, nur solche Personen als Arbeitslose zu registrieren, „die unmittelbar zur Arbeitsvermittlung zur Verfügung stehen"[130]. Dagegen sollten die Arbeitspflichtigen, welche „aus familiären Gründen oder aus Krankheitsgründen oder weil sie sich in der Umschulung befinden", nicht erfaßt werden. Dieser Vorschlag war allerdings überflüssig, da die deutsche Arbeitsverwaltung eine solche statistische Erhebung überhaupt nicht vorgenommen hatte.

Im folgenden Abschnitt wird nicht der Versuch unternommen, eine umfassende und in sich geschlossene Darstellung zur Entwicklung des ostdeutschen Arbeitsmarktes zwischen Kriegsende und DDR-Gründung zu geben[131]. Vielmehr

---

126 Ebenda, Eisen- und Hüttenwerke Thale am 30. 9. 1947 an das Ministerium für Arbeit und Sozialpolitik der Landesregierung Sachsen-Anhalt.
127 Auf die Schwierigkeiten bei der Verwendung dieses Begriffes für die SBZ/DDR ist bereits in der Einleitung hingewiesen worden.
128 BAB, DQ 2/1, Bl. 6, Aktenvermerk über Besprechung mit Remissow in Karlshorst am 16. 10. 1945.
129 Ebenda, Bl. 7, Aktenvermerk über Besprechung mit Remissow und Morenow in Karlshorst am 24. 10. 1945.
130 Ebenda, Bl. 15, Aktenvermerk über Besprechung mit Remissow in Karlshorst am 28. 11. 1945.
131 Vgl. dazu etwa Zank, Wirtschaft und Arbeit, S. 30–57, 170–181.

sollen einige zentrale Problemfelder kurz skizziert werden, die aus Sicht der Arbeitsverwaltung die Lenkung der Arbeitskräfte beeinflußt und vor allem erschwert haben. Dadurch lassen sich wiederum Rückschlüsse auf die Handlungsspielräume der Arbeitsämter in dieser Periode ziehen. Ein enorm wichtiger Faktor wird an dieser Stelle zunächst nicht weiter untersucht, sondern erst im folgenden Kapitel vorgestellt: der Einfluß der sowjetischen Besatzungsmacht und deren Arbeitskräfteanforderungen.

Der Zweite Weltkrieg hatte in den drei westlichen wie auch in der sowjetischen Besatzungszone zu einer erheblichen Veränderung der Bevölkerungsstruktur geführt. Die Verluste unter der Zivilbevölkerung waren zwar durch den millionenfachen Zustrom von Flüchtlingen und Vertriebenen mehr als ausgeglichen worden, so daß sich im Oktober 1946 bei der Volkszählung in der SBZ etwa 1,1 Millionen Menschen mehr aufhielten als noch 1939. Dagegen war jedoch die Gesamtzahl der arbeitsfähigen Menschen im gleichen Zeitraum um rund 400 000 gesunken. Erst Anfang der fünfziger Jahre schlug die Arbeitskräfteknappheit in der SBZ in einen Arbeitskräfteüberschuß um: Vor allem die „Umsiedler", aber auch die aus der Kriegsgefangenschaft heimkehrenden Männer trugen – wie bereits anfangs erwähnt – zu diesem Prozeß bei. Nach Angaben von Wolfgang Zank war das Arbeitskräftepotential um 1950 sowohl quantitativ als auch qualitativ, was das Angebot an Facharbeitern betraf, ein Überschußbereich[132]. Ab 1950 setzte dann bis zum Mauerbau am 13. August 1961 ein Rückgang der Bevölkerungszahl ein, der in erster Linie auf die massive Fluchtbewegung von mindestens 2,7 Millionen Menschen in den Westen Deutschlands zurückzuführen ist. Der DDR gingen dadurch in hohem Maße junge Menschen und qualifizierte Fachkräfte verloren.

In der SBZ registrierte die Arbeitsverwaltung im IV. Quartal 1945 zwischen 536 000 und 590 000 Arbeitslose[133]; 1946 sank diese Zahl im langfristigen Trend bis auf 182 000 im September. Diese Entwicklung setzte sich 1947 fort und erreichte einen Tiefstand von 102 000 (August 1947); 1948 erfolgte eine leichte Trendwende, bei der die Arbeitslosenzahlen wieder etwas anstiegen. Insgesamt gesehen konnten in den beiden Jahren 1947/48 die Erwerbslosenzahlen auf einem Monatsniveau zwischen 102 000 und 231 000 gehalten werden. Ende 1948 stiegen die Erwerbslosenzahlen wieder kontinuierlich an[134] und erreichten im März 1949 eine

---

[132] Zank, Wirtschaft und Arbeit, S. 57.

[133] Vgl. zu den Zahlen auch die folgende Tabelle 1.

[134] Durch die Währungsumstellung und die damit einhergehende Verknappung der Geldmenge waren vor allem kleinere und mittlere Betriebe in Mitleidenschaft gezogen worden, da deren vergleichsweise dünne Kapitaldecke nunmehr vollends zusammenzubrechen drohte. Von dieser Entwicklung waren auch zahlreiche Flüchtlingsbetriebe betroffen. Langfristig betrachtet ging damit auch ein Rückgang der Selbständigen in der SBZ/DDR einher. Eine weitere Folge war außerdem das Zurückgehen der bei den Arbeitsämtern registrierten offenen Stellen, da zahlreiche Betriebe keine weiteren Arbeitskräfte mehr nachfragten. Damit wurde ein Großteil der Arbeitsuchenden, die erst nach der Währungsumstellung auf den Arbeitsmarkt strömten, als Arbeitslose registriert. Vgl. BAB, DQ 2/1888, Niederschrift der HVAS vom 29. 3. 1949 über das Ergebnis der Untersuchungskommission im Bereich des Arbeitsamtes Magdeburg. Vgl. zur Währungsreform in der SBZ: Zschaler, Die vergessene Währungsreform. Die Haltung der Sowjetunion in dieser Frage beleuchtet Laufer, Die UdSSR und die deutsche Währungsfrage. Ein Ansteigen der Arbeitslosenzahlen zeichnete sich im übrigen auch in den drei Westzonen ab. Vgl. dazu: Erker, Ernährungskrise und Nachkriegsgesellschaft, S. 263–267; Woller, Gesellschaft und Politik, S. 301 f. Buchheim hat

Rekordmarke von 390 000, die zuletzt im Februar 1946 höher gelegen hatte (435 000). Als wichtigste Ursachen für die ansteigende Arbeitslosigkeit lassen sich folgende Faktoren ausmachen: die zu diesem Zeitpunkt sich herausbildende strukturelle Arbeitslosigkeit, die statistische Verschiebung von Unterstützungsempfängern zu den meldepflichtigen Arbeitslosen[135] sowie die anhaltende Entlassung von Kriegsgefangenen aus den sowjetischen Lagern, die auf den deutschen Arbeitsmarkt zurückströmten. Darüber hinaus wirkten sich der Rohstoff- und Materialmangel hemmend auf die Produktion und damit indirekt auf die Beschäftigungslage in den Betrieben aus[136]. Erst 1951 erreichte die DDR Arbeitslosenzahlen[137], die unter 200 000 lagen, und es sollte noch ein weiteres Jahr dauern, bis erstmals Werte unter 100 000 registriert wurden (Mai 1952).

Grafik 1: Entwicklung der Arbeitslosigkeit in der SBZ (ohne Berlin) 1945–1949 (in Tausend)

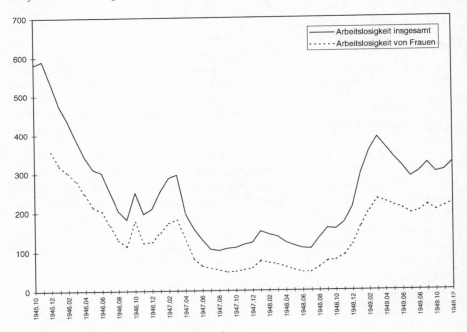

Quelle: Vgl. Tabelle 1 und 3 in diesem Band

darauf hingewiesen, daß mit dem Ansteigen der Arbeitslosigkeit auch ein leichter Anstieg der Erwerbstätigkeit und Beschäftigung zwischen Juni und Dezember 1948 verbunden war. Vgl. Buchheim, Die Währungsreform 1948 in Westdeutschland, S. 224.
135 Boldorf, Sozialfürsorge in der SBZ/DDR, S. 54.
136 Vgl. BAB, DQ 2/1919, Erläuterungen der HVAS (Abt. Statistik) vom 15. 3. 1949.
137 Vgl. zu den Zahlen ab 1950: Boldorf, Sozialfürsorge, S. 45; Zank, Wirtschaft und Arbeit, S. 173.

Tabelle 1: Entwicklung der Arbeitslosigkeit in der SBZ (ohne Berlin) 1945–1949 (in Tausend)

Monat/Jahr	1945	1946	1947	1948	1949
Januar		474	252	151	297
Februar		435	287	143	354
März		386	295	137	390
April		342	197	122	364
Mai		310	158	114	338
Juni		301	130	107	315
Juli		251	105	106	288
August		203	102	134	301
September		182	107	158	323
Oktober	581	249	109	156	299
November	590	196	117	173	304
Dezember	536	208	122	211	325

Quellen: Boldorf, Sozialfürsorge, S. 45. Eigene Angaben stammen aus: BAB, DQ 2/498, Bl. 247–250 [Dezember 1945]. Eine Addition der einzelnen Meldungen der Länder- bzw. Provinzverwaltungen ergibt dagegen für Dezember 1945 eine andere Summe: 595 487. BAB, DQ 2/2213, Statistische Übersichten über die Bevölkerungsstruktur und die Lage auf dem Arbeitsmarkt in der SBZ für Dezember 1945, zusammengestellt von der ZVAS. BAB, DQ 2/112, Bl. 168, Vierteljahresbericht der DVAS vom 12. 5. 1947 [Januar-März 1947]. BAB, DQ 2/1949, Vierteljahresbericht der DVAS vom 7. 8. 1947 über die Arbeitsmarktlage [April-Juni 1947]. BAB, DQ 2/1949, Vierteljahresbericht der DVAS vom 12. 11. 1947 über die Arbeitsmarktlage [Juli-September 1947]. BAB, DQ 2/817, Vierteljahresbericht der HVAS vom 27. 8. 1949 [Juni 1949]. BAB, DQ 2/817, Übersicht über die Arbeitsmarktstatistik der Länder der DDR [Oktober 1949].

Die prozentualen Angaben, d.h. der Anteil der Erwerbslosen an der Erwerbsbevölkerung, unterstreichen diese Entwicklung teilweise[138]: Im Januar 1946 lag der Anteil bei 7,2 Prozent, im Dezember desselben Jahres bei 2,7; auch hier lag der tiefste Stand im September 1947 (1,4 Prozent). Bis zum März 1949 kletterte diese Prozentzahl auf 4,9, im März 1950 lag sie bei 5,0 Prozent.

Die statistische Erfassung der Bevölkerung blieb im Untersuchungszeitraum keineswegs einheitlich, sondern unterlag zahlreichen Veränderungen, welche die ZVAS in enger Absprache mit der zuständigen SMAD-Abteilung durchführte. Karlshorst – das sei noch einmal betont – verfolgte sehr aufmerksam die Registrierung durch die Arbeitsverwaltung. Anfang 1946 verlangte die SMAD erneut „ernste Kontrollen der Arbeitsämter zwecks Erreichung einer zuverlässigen Statistik über die *wirkliche* Zahl der Arbeitslosen"[139]. Kurz darauf schlug der stellvertretende Chef der Abteilung Arbeitskraft Morenow ZVAS-Vertretern vor, Stichproben in „bedeutsamen Orten" durchzuführen, um die statistischen Erhebungsmethoden überprüfen und verbessern zu können[140]. Ein schwerwiegender Eingriff erfolgte Anfang 1947: Seit März 1947 wurden die Arbeitspflichtigen, die keine Arbeit suchten, von den Arbeitslosen getrennt registriert. Durch diese statistische „Bereinigung" sank die Gesamtgruppe der Erwerbslosen beträchtlich: Von

[138] Zu den folgenden Zahlen: Zank, Wirtschaft und Arbeit, S. 173.
[139] BAB, DQ 2/1, Bl. 24, Aktenvermerk über Besprechung mit der SMAD-Abt. Arbeitskraft am 4.1. 1946 (Hervorhebung im Original).
[140] Ebenda, Bl. 31, Aktenvermerk über Besprechung am 23. 1. 1946.

295 257 (März 1947)[141] auf 197 477 (April 1947)[142]. Im Sommer 1948 regte die SMAD-Abteilung Arbeitskraft an, Teile der Arbeitsmarktstatistik – ähnlich wie in der Sowjetunion – vom Statistischen Zentralamt weiterführen zu lassen[143]. Die Vertreter der HVAS lehnten diesen Vorschlag mit der Begründung ab, daß die Arbeitsämter „mindestens" einmal monatlich statistische Unterlagen für die Lenkung der Arbeitskräfte erhalten sollten. Mit dieser Aufgabe sei das Statistische Zentralamt allerdings überfordert: So lägen die Ergebnisse der Berufszählung vom Oktober 1946 „bis jetzt" noch nicht vor[144]. Zur Stärkung der eigenen Position verwies der HVAS-Mitarbeiter Donau explizit auf entsprechende Bestimmungen des Kontrollratsbefehls Nr. 3 und der SMAD-Befehle Nr. 65 und 153, in denen die Arbeitsämter mit dieser Aufgabe beauftragt worden waren[145]. Kurz darauf begründete die Leitung der HVAS ihre Haltung ein weiteres Mal und konnte sich damit offensichtlich auch durchsetzen[146].

Tabelle 2: Zahl der Arbeitspflichtigen in der SBZ (ohne Berlin), die keine Arbeit suchen, 1947–1949 (in Tausend)

Monat/Jahr	1947	1948	1949
Januar		292	
Februar		314	
März	64	306	439
April	69	317	
Mai	156	311	
Juni	173	337	437
Juli	188		
August	259	338	
September	278	352	446
Oktober	281	357	
November	290	364	
Dezember	291	394	474

Quellen: BAB, DQ 2/1949, Vierteljahresbericht der DVAS vom 7. 8. 1947 [März-Juni 1947]. Die starke Zunahme dieses Personenkreises im Mai 1947 beruhte darauf, daß in den beiden Monaten zuvor nur geschätzte Zahlen vorlagen. BAB, DQ 2/1949, Vierteljahresbericht der DVAS vom 12. 11. 1947 [Juli-September 1947]. BAB, DQ 2/1949, Vierteljahresbericht der DVAS vom 2. 3. 1948 [Oktober-Dezember 1947]. BAB, DQ 2/179, Bl. 31, Bericht der HVAS vom 2. 4. 1948 [Januar 1948]. BAB, DQ 2/179, Bl. 48, Bericht der HVAS vom 4. 5. 1948 [Februar 1948]. BAB, DQ 2/3858, Bericht der HVAS vom 7. 6. 1948 [März 1948]. BAB, DQ 2/3858, Bericht der HVAS vom 8. 7. 1948 [April 1948]. BAB, DQ 2/3403, Übersichten der HVAS [Mai, Juni, August-Dezember 1948]. SAPMO, DY 30/IV 2/2.027/ 21, Bl. 159 f., Vierteljahresbericht der HVAS vom 25. 5. 1949 [März 1949]. BAB, DQ 2/817, Vierteljahresbericht der HVAS vom 27. 8. 1949 [Juni 1949]. BAB, DQ 2/817, Vierteljahresbericht des Ministeriums für Arbeit und Gesundheitswesen vom 5. 12. 1949 [September 1949]. BAB, DQ 2/817, Vierteljahresbericht des Ministeriums für Arbeit und Gesundheitswesen vom 20. 3. 1950 [Dezember 1949].

[141] BAB, DQ 2/112, Bl. 167–171, hier Bl. 168 (Rückseite), Vierteljahresbericht der DVAS vom 12. 5. 1947 über die Arbeitsmarktlage (Januar-März 1947).

[142] Ebenda, Bl. 174–179, hier Bl. 175 (Rückseite), Vierteljahresbericht der DVAS vom 7. 8. 1947 über die Arbeitsmarktlage (April-Juni 1947).

[143] BAB, DQ 2/2040, Bl. 147, Aktennotiz über Besprechung bei der SMAD in Karlshorst am 29. 6. 1948.

[144] Ebenda.

[145] Ebenda, Bl. 143, Aktennotiz über Besprechung bei der SMAD am 1. 7. 1948.

[146] BAB, DQ 2/498, Bl. 273 f., HVAS am 5. 7. 1948 an die SMAD-Abt. Arbeitskraft (Morenow).

Insgesamt galt, daß die Arbeitsmarktlage bei DDR-Gründung für Männer günstiger war als für Frauen[147]. Das hing mit mehreren Faktoren zusammen: Von zentraler Bedeutung war die Rückkehr der allmählich aus der Kriegsgefangenschaft entlassenen Männer, die rasch zu einer Verdrängung der Frauen auf dem Arbeitsmarkt führte. Darüber hinaus berichteten zahlreiche Arbeitsämter schon Anfang 1946 über die „mangelnde Bereitwilligkeit vieler Betriebe, Frauen einzustellen"[148]. Offensichtlich nutzten einige Betriebe auch die Umstellung von der Kriegs- auf die Friedenswirtschaft dazu, den Anteil der weiblich Beschäftigten zu reduzieren. In der Gruppe der Arbeitspflichtigen, die laut Statistik keine Arbeit suchten, befanden sich mehrheitlich weibliche Erwerbspflichtige: Darunter waren zahlreiche Hausfrauen, die unter die Registrierungspflicht fielen, die aber aufgrund der Belastung durch Kindererziehung und Haushaltsführung – oftmals als Alleinerziehende – eine Arbeit überhaupt nicht aufnehmen konnten. Insgesamt läßt sich feststellen, daß der Anstieg der Arbeitslosigkeit zur Jahreswende 1948/49 vor allem die weibliche Erwerbsbevölkerung traf. Deren Anteil an der Gesamterwerbslosenquote, die ohnehin stets über der der Männer lag, erhöhte sich nunmehr nochmals stärker. So erklärt sich auch der Umstand, daß unter den als arbeitslos registrierten Frauen die Gruppe der als vollarbeitsfähig Eingestuften dominierte. Das Verhältnis zu der Gruppe der erwerbsbeschränkten weiblichen Arbeitslosen lag im Laufe des Jahres 1949 ungefähr bei 5:1. Im Gegensatz dazu waren die männlichen Arbeitslosen mehrheitlich erwerbsbeschränkt eingestuft worden. Daraus zogen die SED-Führung sowie die Arbeitsverwaltung bei der Ausarbeitung des Zweijahrplanes die Konsequenz, daß zur Vergrößerung des Arbeitskräftepotentials in erster Linie die erwerbsfähigen Frauen zu mobilisieren waren. Diese Erkenntnis war nicht neu: Bereits Mitte Oktober 1947 hatte die DVAS die SMAD-Abteilung Arbeitskraft darauf hingewiesen, daß die „Arbeitskraftreserve bei den vollarbeitsfähigen Frauen im Alter von über 18 Jahren" größer sei als bei den Männern[149], bei denen die Berliner Zentralverwaltung eine Langzeitarbeitslosigkeit nicht mehr feststellen konnte.

Einen großen Anteil in der Gruppe der erwerbsbeschränkten Arbeitslosen hatten die Flüchtlinge und Vertriebenen, die ebenfalls der Registrierungspflicht unterlagen und aufgrund der Vertreibung gesundheitlich stark angeschlagen waren. Es deutet einiges darauf hin, daß unter den „Umsiedlern" der Anteil der als arbeitsfähig eingestuften Personen erheblich unter dem prozentualen Anteil bei der eingesessenen Bevölkerung lag[150]. Das Ansteigen der Erwerbs-

[147] So auch das Urteil bei: Zank, Wirtschaft und Arbeit, S. 173.
[148] BAB, DQ 2/2213, Bericht der ZVAS (Abt. II a) vom 6. 3. 1946 über die Arbeitsmarktlage in Sachsen-Anhalt im Januar 1946.
[149] BAB, DQ 2/512, Abt. I a am 17. 10. 1947 an SMAD (Morenow).
[150] Vgl. Hoffmann, Vertriebenenintegration durch Arbeitsmarktlenkung?, S. 179. Im Frühjahr 1949 stellte die HVAS die gesonderte Erfassung der „Umsiedler" ganz ein. Begründet wurde dieser Schritt mit einer angeblichen Vereinfachung des statistischen Meldewesens; entscheidend dürfte aber vielmehr die Überzeugung gewesen sein, daß die Eingliederung der Flüchtlinge und Vertriebenen vor dem vermeintlich erfolgreichen Abschluß stand und deshalb eine besondere Betreuung dieser Bevölkerungsgruppe nicht mehr erforderlich schien. Letztlich waren also politische Überlegungen von ausschlaggebender Bedeutung. Vgl. BAB, DQ 2/817, Vierteljahresbericht der HVAS über die Arbeitsmarktlage in der SBZ (April-Juni 1949), S. 8.

Tabelle 3: Arbeitslosigkeit von Frauen in der SBZ (ohne Berlin) 1945–1949 (in Tausend)

Monat/Jahr	1945	1946	1947	1948	1949
Januar		320	149	76	164
Februar		300	172	71	202
März		279	181	67	230
April		245		60	223
Mai		213	82	53	214
Juni		202	63	47	207
Juli		166		47	194
August		130		60	199
September		113	47	75	215
Oktober		177	49	77	201
November		121	53	90	
Dezember	355	124	57	116	220

Quellen: BAB, DQ 2/498, Bl. 247–250, hier Bl. 250 [Dezember 1945]. BAB, DQ 2/1949, Vierteljahresbericht der DVAS vom 8. 6. 1946 über die Arbeitsmarktlage [Januar-März 1946]. BAB, DQ 2/1949, Vierteljahresbericht der DVAS vom 1. 8. 1946 über die Arbeitsmarktlage [April-Juni 1946]. BAB, DQ 2/3403, Bl. 258, Übersicht der DVAS [Juli-November 1946]. BAB, DQ 2/1949, Vierteljahresbericht der DVAS vom 28. 1. 1947 über die Arbeitsmarktlage [Oktober-Dezember 1946]. BAB, DQ 2/112, Bl. 167–171, hier Bl. 168, Vierteljahresbericht der DVAS vom 12. 5. 1947 über die Arbeitsmarktlage [Dezember 1946-März 1947]. SAPMO, NY 4182/1158, Bl. 158–163, hier Bl. 159, Bericht der DVAS vom 2. 7. 1947 über die Arbeitsmarktlage [Mai 1947]. BAB, DQ 2/112, Bl. 174–179, hier Bl. 176, Vierteljahresbericht der DVAS vom 7. 8. 1947 über die Arbeitsmarktlage [Juni 1947]. BAB, DQ 2/1949, Vierteljahresbericht der DVAS vom 12. 11. 1947 über die Arbeitsmarktlage [September 1947]. BAB, DQ 2/3858, Übersicht der DVAS [Oktober 1947]. BAB, DQ 2/3858, Übersicht der DVAS [November 1947]. BAB, DQ 2/1949, Vierteljahresbericht der DVAS vom 2. 3. 1948 über die Arbeitsmarktlage [Dezember 1947]. BAB, DQ 2/3858, Bericht der HVAS vom 2. 4. 1948 über die Arbeitsmarktlage [Januar 1948]. BAB, DQ 2/3858, Bericht der HVAS vom 4. 5. 1948 über die Arbeitsmarktlage [Februar 1948]. BAB, DQ 2/3858, Vierteljahresbericht der HVAS vom 7. 6. 1948 [März 1948]. BAB, DQ 2/3858, Bericht der HVAS vom 8. 7. 1948 über die Arbeitsmarktlage [April 1948]. BAB, DQ 2/3403, Bl. 1, vorläufige Zonenübersicht der HVAS [Mai 1948]. BAB, DQ 2/3403, Bl. 3, vorläufige Übersicht der HVAS [Juni 1948]. BAB, DQ 2/3403, Bl. 12, vorläufige Übersicht der HVAS [Juli 1948]. BAB, DQ 2/3403, Bl. 14, vorläufige Übersicht der HVAS [August 1948]. BAB, DQ 2/3403, Bl. 16, vorläufige Übersicht der HVAS [September 1948]. BAB, DQ 2/3403, Bl. 19, Übersicht der HVAS [Oktober 1948]. BAB, DQ 2/3403, Bl. 20, Übersicht der HVAS [November 1948]. BAB, DQ 2/3403, Übersicht der HVAS [Dezember 1948]. BAB, DQ 2/3403, Bl. 25, Übersicht der HVAS [Januar 1949]. BAB, DQ 2/3403, Bl. 28, Übersicht der HVAS [Februar 1949]. BAB, DQ 2/3403, Bl. 36, Übersicht der HVAS [März 1949]. BAB, DQ 2/3403, Bl. 40, vorläufige Übersicht der HVAS [April 1949]. BAB, DQ 2/3867, vorläufige Übersicht der HVAS [Mai 1949]. BAB, DQ 2/3867, Übersicht der HVAS [Juni 1949]. BAB, DQ 2/3867, Übersicht der HVAS [Juli 1949]. BAB, DQ 2/2070, Erläuterungen der HVAS (Abt. Statistik) vom 21. 9. 1949 [August 1949]. BAB, DQ 2/817, Vierteljahresbericht des Ministeriums für Arbeit und Gesundheitswesen vom 5. 12. 1949 [September 1949]. BAB, DQ 2/817, Übersicht des Ministeriums für Arbeit und Gesundheitswesen [Oktober 1949]. BAB, DQ 2/2070, Statistische Übersicht des Ministeriums für Arbeit und Gesundheitswesen über die Arbeitslage [Dezember 1949].

Tabelle 4: Zahl der erwerbsbeschränkten Arbeitslosen in der SBZ (ohne Berlin) 1946–1949 (in Tausend)

Monat/Jahr	1946	1947	1948	1949
Januar			88	113
Februar			84	124
März	209	143	81	131
April	238	105	77	126
Mai	189	88	70	119
Juni	176	82	66	116
Juli	156	72	65	107
August	132	70	70	102
September	115	71	79	100
Oktober	110		77	95
November	116		80	95
Dezember	118	80	93	100

Quellen: BAB, DQ 2/1949, Vierteljahresbericht der ZVAS vom 8. 6. 1946 [März 1946]. BAB, DQ 2/1949, Vierteljahresbericht der DVAS vom 1. 8. 1946 [April-Juni 1946]. BAB, DQ 2/1949, Vierteljahresbericht der DVAS [Juli-September 1946]. BAB, DQ 2/1949, Vierteljahresbericht der DVAS vom 28. 1. 1947 [Oktober-Dezember 1946]. BAB, DQ 2/1949, Vierteljahresbericht der DVAS vom 12. 5. 1947 [März 1947]. BAB, DQ 2/1949, Vierteljahresbericht der DVAS vom 7. 8. 1947 [April-Juni 1947]. BAB, DQ 2/1949, Vierteljahresbericht der DVAS vom 12. 11. 1947 [Juli-September 1947]. BAB, DQ 2/1949, Vierteljahresbericht der DVAS vom 2. 3. 1948 [Dezember 1947]. BAB, DQ 2/179, Bl. 31, Bericht der HVAS vom 2. 4. 1948 [Januar 1948]. BAB, DQ 2/179, Bl. 48, Bericht der HVAS vom 4. 5. 1948 [Februar 1948]. BAB, DQ 2/179, Bl. 1, Übersicht der HVAS [März 1948]. BAB, DQ 2/3858, Bericht der HVAS vom 8. 7. 1948 [April 1948]. BAB, DQ 2/3858, Bericht der HVAS vom 7. 7. 1948 [Mai 1948]. BAB, DQ 2/3403, Übersichten der HVAS [Juni, August, September, Dezember 1948]. BAB, DQ 2/970, HVAS am 2. 3. 1949 an SMAD-Abt. Arbeitskraft [Juli 1948, Januar 1949]. BAB, DQ 2/4048, Übersicht der HVAS [Februar 1949]. SAPMO, DY 30/IV 2/2.027/21, Bl. 159, Vierteljahresbericht der HVAS vom 25. 5. 1949 [März 1949]. BAB, DQ 2/4048, Übersicht der HVAS [April 1949]. BAB, DQ 2/4048, Übersicht der HVAS [Mai 1949]. BAB, DQ 2/817, Vierteljahresbericht der HVAS vom 27. 8. 1949 [Juni 1949]. BAB, DQ 2/4048, Übersicht der HVAS [Juli 1949]. BAB, DQ 2/2070, Erläuterungen der HVAS vom 21. 9. 1949 [August 1949]. BAB, DQ 2/817, Vierteljahresbericht des Ministeriums für Arbeit und Gesundheitswesen vom 5. 12. 1949 [September 1949]. BAB, DQ 2/817, Übersicht des Ministeriums für Arbeit und Gesundheitswesen [Oktober 1949]. BAB, DQ 2/3403 Übersichten der HVAS [Oktober, November 1949]. BAB, DQ 2/1013, Bericht des Ministeriums für Arbeit und Gesundheitswesen vom 9. 1. 1950 [November 1949]. BAB, DQ 2/817, Vierteljahresbericht des Ministeriums für Arbeit und Gesundheitswesen vom 20. 3. 1950 [Dezember 1949].

beschränkten unter den Arbeitslosen führte auch die DVAS auf die „Umsiedler" zurück, „von denen nur ein geringer Prozentsatz volleinsatzfähig" sei[151]. Als weiterer belastender Faktor für den Arbeitsmarkt wurden die Kriegsheimkehrer genannt.

---

[151] BAB, DQ 2/1949, Vierteljahresbericht der DVAS vom 8. 6. 1946 über die Arbeitsmarktlage, S. 4.

Tabelle 5: Zahl der offenen Stellen in der SBZ (ohne Berlin) 1946–1949 (in Tausend)

Monat/Jahr	1946	1947	1948	1949
Januar	156	92	140	53
Februar	180	89	157	52
März	192	100	169	59
April	157		186	64
Mai	147	166	185	70
Juni	144	187	189	77
Juli		201	193	100
August		206	168	95
September		199	155	93
Oktober	148	196	142	88
November	121	171	111	67
Dezember	105	141	72	53

Quellen: BAB, DQ 2/1949, Vierteljahresbericht der ZVAS vom 8. 6. 1946 [Januar-März 1946]. BAB, DQ 2/1949, Vierteljahresbericht der DVAS vom 1. 8. 1946 [April-Juni 1946]. BAB, DQ 2/1949, Vierteljahresbericht der DVAS vom 28. 1. 1947 [Oktober-Dezember 1946]. BAB, DQ 2/1949, Vierteljahresbericht der DVAS vom 12. 5. 1947 [Januar-März 1947]. SAPMO, NY 4182/1158, Bl. 158–163, hier Bl. 159, Bericht der DVAS vom 2. 7. 1947 über die Arbeitsmarktlage [Mai 1947]; BAB, DQ 2/1949, Vierteljahresbericht der DVAS vom 12. 11. 1947 [Juni-September 1947]. BAB, DQ 2/1949, Vierteljahresbericht der DVAS vom 2. 3. 1948 [Oktober-Dezember 1947]. BAB, DQ 2/179, Bl. 31, Bericht der HVAS vom 2. 4. 1948 [Januar 1948]. BAB, DQ 2/179, Bl. 48, Bericht der HVAS vom 4. 5. 1948 [Februar 1948]. BAB, DQ 2/3858, Bericht der HVAS vom 7. 6. 1948 [März 1948]. BAB, DQ 2/3858, Bericht der HVAS vom 7. 7. 1948 [April 1948]. BAB, DQ 2/3858, Bericht der HVAS vom 7. 7. 1948 [Mai 1948]. BAB, DQ 2/3403, Übersichten der HVAS [Juni-August 1948]. SAPMO, DY 34/21434 [September-Dezember 1948]. BAB, DQ 2/4048, Übersicht der HVAS [Januar 1949]. BAB, DQ 2/4048, Übersicht der HVAS [Februar 1949]. SAPMO, DY 30/IV 2/2.027/21, Bl. 159, Vierteljahresbericht der HVAS vom 25. 5. 1949 [März 1949]. BAB, DQ 2/4048, Übersicht der HVAS [April 1949]. BAB, DQ 2/4048, Übersicht der HVAS [Mai 1949]. BAB, DQ 2/817, Vierteljahresbericht der HVAS vom 27. 8. 1949 [Juni 1949]. BAB, DQ 2/4048, Übersicht der HVAS [Juli 1949]. BAB, DQ 2/3867, Übersicht der HVAS [August 1949]. BAB, DQ 2/4048, Übersicht der HVAS [September 1949]. BAB, DQ 2/817, Übersicht des Ministeriums für Arbeit und Gesundheitswesen [Oktober 1949]. BAB, DQ 2/1013, Bericht des Ministeriums für Arbeit und Gesundheitswesen vom 9. 1. 1950 [November 1949]. BAB, DQ 2/817, Vierteljahresbericht des Ministeriums für Arbeit und Gesundheitswesen vom 20. 3. 1950 [Dezember 1949].

Die vergleichsweise hohe Zahl der offenen Stellen in der SBZ bis zum Jahresende 1948 erklärt sich vor allem aus den sowjetischen Arbeitskräfteanforderungen. Von den Arbeitsämtern wurden die Forderungen der sowjetischen Besatzungsmacht oftmals als offene Stellen ausgewiesen. In ihren Quartalsberichten wies die DVAS selbst auf diesen Zusammenhang hin[152]. Die Deutsche Zentralverwaltung für Industrie befürchtete ihrerseits ein Ansteigen der Arbeitslosenzahlen, sobald die Demontagearbeiten abgeschlossen waren[153]. Dabei ist jedoch zu berücksichtigen, daß die Demontagen nicht nur positive Beschäftigungsauswirkungen hatten, son-

---

[152] Vgl. ebenda, Vierteljahresbericht der DVAS vom 1. 8. 1946 über die Arbeitsmarktlage in der SBZ (April-Juni 1946), S. 5.
[153] BAB, DQ 2/2060, Protokoll über die Besprechung der Vertreter der Zentralverwaltungen am 7. 5. 1946, S. 2.

dern auch zu nicht unerheblichen Störungen der betrieblichen Produktion geführt haben, da Arbeitskräfte zum Teil aus der laufenden Produktion herausgezogen und sowjetischen Demontagebetrieben zugeführt bzw. entlassen wurden, weil es die Betriebe nach der Demontage faktisch nicht mehr gab.

Auffallend ist der dramatische Rückgang der gemeldeten offenen Stellen ab Dezember 1948, während die Arbeitsämter nahezu zeitgleich ein Ansteigen der Arbeitslosenzahlen registrierten. Zwischen beiden Entwicklungen bestand daher spiegelbildlich eine negative Korrelation, wie die Abteilung Statistik der HVAS Ende Januar 1949 treffend feststellte[154]. Die Hauptverwaltung wies darauf hin, daß die Zahl der offenen Stellen Ende Dezember 1948 erstmals unter der Gesamtzahl der männlichen Arbeitslosen gelegen hatte. Das verdeutlichte zum einen den oben beschriebenen Rückgang der sowjetischen Arbeitskräfteanforderungen, zum anderen die immer geringer werdende Bereitschaft oder Fähigkeit ostdeutscher Betriebe, neue Arbeitskräfte einzustellen.

Sowohl die HVAS als auch die Landesverwaltungen stellten die Ende 1948 einsetzende Entlassungswelle als „Beginn eines Gesundungsprozesses" der SBZ-Wirtschaft dar[155]. So erklärte der sächsische Minister für Industrie und Verkehr, Gerhart Ziller, auf einer Arbeitstagung am 10. Februar 1949, daß die Betriebe die Vorgabe erhalten hätten, die Arbeitsproduktivität zu erhöhen. Daher seien auch zahlreiche „gehortete Arbeitskräfte" vor allem in der Textilindustrie entlassen worden[156]. Damit wurde ein Phänomen angesprochen, das im Verlauf der fünfziger Jahre an Bedeutung gewinnen sollte: Aufgrund der zentralen Planungsvorgaben gingen immer mehr Betriebe dazu über, knappe Ressourcen zu horten, um für wirtschaftlich schlechte Zeiten gewappnet zu sein. Auch die HVAS-Leitung betonte gegenüber der Abteilung Arbeitskraft der SMAD in Karlshorst, daß sich die Steigerung der Arbeitsproduktivität „arbeitskräftesparend" auswirke[157]. Einzelne Landesarbeitsämter wandten sich an die Berliner Hauptverwaltung mit der Bitte, Kredite für die betroffenen Gemeinden durch die DWK zu bewilligen, um „für die Übergangszeit Straßenbauten und Enttrümmerungsarbeiten" durchzuführen[158]. Die Arbeitsverwaltung erkannte diese sich verschlechternde Entwicklung und forderte daraufhin die SED-Führung auf, gezielt Investitionsprogramme zur Bereitstellung neuer Arbeitsplätze vorzubereiten.

---

[154] BAB, DQ 2/970, Bericht der HVAS (Abt. Statistik) vom 25. 1. 1949, S. 1.
[155] So der sächsische Wirtschaftsminister Ziller am 10. 2. 1949. BAB, DQ 2/2040, Bl. 186–188, hier Bl. 187.
[156] Ebenda.
[157] BAB, DQ 2/970, HVAS am 2. 3. 1949 an SMAD-Abt. Arbeitskraft (Morenow), S. 3.
[158] Ebenda, Aktenvermerk der HVAS-Abt. I a vom 31. 1. 1949.

4. Die Schwerpunkte der Arbeitskräftelenkung

Anforderungen der sowjetischen Besatzungsmacht

Der Arbeitsmarkt in der SBZ war in den ersten Nachkriegsjahren sehr stark gekennzeichnet durch Ad-hoc-Maßnahmen, so daß längerfristige Planungen überhaupt nicht möglich waren. Das hing unter anderem mit der Besatzungspolitik der SMAD zusammen. So belasteten die sowjetischen Reparationsansprüche die ostdeutsche Wirtschaft erheblich. Neben Sachleistungen[1], die von Betrieben in der SBZ erbracht wurden, mußten zahlreiche Fachleute als sogenannte Spezialisten in der UdSSR beim dortigen Wirtschaftsaufbau mitarbeiten[2]. Darüber hinaus blieben viele Unternehmen in der SBZ noch längere Zeit in der sowjetischen Verfügungsgewalt. Erst zwischen 1949 und 1954 gab die Sowjetunion diese Betriebe, die sie als Sowjetische Aktiengesellschaft (SAG) geführt hatte, an die DDR wieder zurück[3]. Einzige Ausnahme blieb bis zur staatlichen Vereinigung Deutschlands 1990 der Uranbergbau im Erzgebirge, die Sowjetisch-deutsche Aktiengesellschaft (SDAG) Wismut[4].

Der Einfluß der sowjetischen Besatzungsmacht war auch auf dem Arbeitsmarkt bzw. den Teilarbeitsmärkten zu spüren: Die SMAD, die SMA in den Ländern und Provinzen, sogar einzelne sowjetische Dienststellen auf lokaler Ebene richteten nahezu pausenlos Anforderungen an die Arbeitsämter zur Zusammenstellung von Arbeitskräftekontingenten für Demontagetätigkeiten oder für einzelne SAG-Betriebe. Diese Reparationsform[5] verlief im einzelnen oftmals unkoordiniert, obwohl die Besatzungsmacht bemüht war, entsprechende Richtlinien herauszugeben und auch durchzusetzen, um dadurch die Tätigkeit der deutschen Arbeitsverwaltung zu erleichtern. Damit war sie jedoch bis 1947 weitgehend erfolglos. Zu unterscheiden ist in dem Zusammenhang zwischen kurzfristigen und langfristigen Anforderungen von seiten der sowjetischen Dienststellen. Langfristige Aufträge waren in der Regel auf mehrere Wochen angelegt und konnten von den Arbeitsämtern häufig erfüllt werden. Sehr viel problematischer waren dagegen kurzfristige Forderungen, denen innerhalb von ein bis zwei Wochen nachgekommen werden mußte. Mit dieser Aufgabe war die Arbeitsverwaltung in der Regel überfordert. So erteilte etwa die SMA Sachsen dem Landesarbeitsamt in Dresden am 6. November 1946 den Auftrag, binnen zwei Wochen 4200 Arbeitskräfte für 48 Betriebe aus dem Maschinen- bzw. Schwermaschinenbau bereitzustellen[6]. Daraufhin wandte sich der Vizepräsident der sächsischen Landesverwaltung, Fritz Selbmann, am 16. November direkt an Walter Ulbricht und beklagte, daß die SMA die sächsische Landesverwaltung „zu einem einfachen Befehlsempfänger"

---

[1] Vgl. allgemein zur Thematik: Fisch, Reparationen. Zur SBZ/DDR: Karlsch, Allein bezahlt?; Karlsch/Ciesla, Vom „Karthago-Frieden".
[2] Vgl. Ciesla, Der Spezialistentransfer; ders., „Intellektuelle Reparationen".
[3] Vgl. zur historischen Entwicklung dieser Betriebsform: Karlsch, Allein bezahlt?, S. 110–135; Karlsch/Bähr, Die Sowjetischen Aktiengesellschaften.
[4] Vgl. Karlsch, „Ein Staat im Staate"; Karlsch/Schröter (Hrsg.), „Strahlende Vergangenheit".
[5] Zu den Konzeptionen der vier Besatzungsmächte: Mai, Der Alliierte Kontrollrat, S. 370–384.
[6] SAPMO, NY 4182/1189, Bl. 21 f. Unter dieser Signatur zitiert Mai ein völlig anderes Dokument. Vgl. Mai, Der Alliierte Kontrollrat, S. 381, Anm. 316.

degradiere[7]. Ulbricht wurde gebeten, eine Verbesserung „in der Praxis der SMA – Abteilung Arbeitskraft – [...] zu erwirken." Die unterschiedliche Arbeitsmarktlage in den Ländern und Provinzen sowie die unterschiedlich hohen Anforderungen durch die sowjetische Militäradministration auf Landesebene müssen bei einer Gesamtbeurteilung berücksichtigt werden. Außerdem hatten die einzelnen Befehlsauflagen für die sowjetische Besatzungsmacht nicht dieselbe Priorität: Vordringlich zu erfüllen waren die Anforderungen für die Wismut AG in Sachsen und Thüringen.

Mit dem Befehl Nr. 153 vom 29. November 1945 hatte der Oberste Chef der SMAD die Wirtschaftsbereiche genannt, die bevorzugt mit Arbeitskräften zu versorgen waren. Dazu zählten allgemein Unternehmen, die für Reparationsaufgaben produzierten, ferner die Brennstoffindustrie, die Elektrizitätswerke, Betriebe, die landwirtschaftliches Inventar herstellten, das Eisenbahntransportwesen sowie Instandsetzungsarbeiten von Brücken, Straßen und Wohnungen[8]. Diese Prioritätenliste wiederholte der damalige ZVAS-Präsident Gustav Gundelach in seinen Richtlinien zum SMAD-Befehl Nr. 153[9]. Darüber hinaus wurden erstmals die Berufe genannt, bei denen nach Einschätzung der Berliner Zentralverwaltung ein großer Bedarf bestand. Dieser Mangel betraf in erster Linie Facharbeiter der metallverarbeitenden Industrie, des Bauhandwerks, der Bekleidungs- sowie der holzverarbeitenden Industrie. Die Arbeitsämter erhielten die Anweisung, „den Mangelberufen bevorzugt Lehrlinge zuzuführen" sowie Facharbeiter „durch laufende Umschulungen zu gewinnen"[10]. Zur Umschulung sollten vor allem arbeitsfähige Arbeitslose herangezogen werden. Insgesamt kann hervorgehoben werden, daß sowohl die Berufsausbildung als auch die Berufsumschulung frühzeitig Bestandteil der staatlichen Arbeitskräftelenkung war; dies erfolgte in enger Abstimmung zwischen sowjetischer Besatzungsmacht und ZVAS. Gleichzeitig schälten sich aber auch rasch die Grenzen dieses arbeitsmarktpolitischen Ansatzes heraus, da bereits die Richtlinien eine nicht unerhebliche Einschränkung der beruflichen Mobilität vorsahen. So konnten etwa Arbeitslose die ihnen zugewiesene Arbeit verweigern, wenn gesundheitliche Gründe, die vom Amtsarzt bestätigt werden mußten, dagegen sprachen. Als weiterer Grund galten mangelnde Versorgung mit Wohnraum und Verpflegung[11]. Diese Bestimmungen sollten das Verfahren der Arbeitseinweisung korrekt regeln, schränkten aber auf der anderen Seite die Eingriffsmöglichkeiten der Arbeitsämter nicht unerheblich ein.

Die Praxis der Arbeitseinsatzpolitik sah allerdings in den ersten Nachkriegsjahren etwas anders aus und wurde durch stellenweise rüdes Vorgehen einzelner sowjetischer Kommandanten geprägt, wodurch sich das Stimmungsbild in der Bevölkerung erheblich negativ prägen sollte. So monierte der SED-Landesvorstand Thüringen (Abteilung Arbeit und Sozialfürsorge) in einem Bericht an das Zentralsekretariat der SED vom 15. Januar 1947 die „rigorose Betreibung [sic] von Arbeitskräften und zum Teil unwürdige Behandlung deutscher Arbeiter" durch die

---

[7] SAPMO, NY 4182/953, Bl. 54.
[8] Arbeit und Sozialfürsorge 1 (1946), S. 4.
[9] Ebenda, S. 4-8.
[10] Ebenda, S. 5.
[11] Ebenda, S. 6.

sowjetischen Dienststellen[12]. Bei der gewaltsamen Rekrutierung der Arbeitskräfte werde auf Befehl sowjetischer Offiziere auch die Polizei mit eingeschaltet. Die SED-Landesleitung wies in dem Zusammenhang darauf hin, daß „durch die Übergriffe, die Nichtbeachtung von Gesetz und Recht, die Ablehnung alter marxistischer Forderungen [...] in weiten Kreisen der Thüringer Arbeiterschaft die Abneigung gegen die russische Besatzungsmacht" um sich greife[13]. Darüber hinaus erwies sich die sowjetische Besatzungsmacht oftmals als unberechenbar, was die Dauer der Arbeitsverpflichtungen anging. In Pölitz (Mecklenburg-Vorpommern) waren im Juni 1946 rund 3000 Arbeiter für Demontagetätigkeiten verpflichtet worden[14]. Nach Beendigung der Arbeiten Anfang August sollten die Eingewiesenen wieder in ihre Heimatorte zurückkehren dürfen. Diese Absprache wurde von sowjetischen Offizieren, welche die Demontagearbeiten leiteten, einseitig gebrochen. Nach Angaben der DVAS, die sich deshalb umgehend an die Abteilung Arbeitskraft in Karlshorst wandte, wurden die Arbeiter gegen ihren Willen zurückgehalten und sollten statt dessen „für die polnische Regierung arbeiten." Präsident Brack wies die SMAD darauf hin, daß ein solches Vorgehen „jedes Vertrauen der arbeitenden Bevölkerung zu den Arbeitsämtern" untergrabe und das Ansehen der Roten Armee schädige.

Darüber hinaus protestierten zahlreiche Arbeitsämter in Brandenburg bei der SED-Landesleitung im Herbst 1947 darüber, daß die Anforderungen der sowjetischen Besatzungsbehörde „gemessen an der zu leistenden Arbeit zu hoch gegriffen" seien[15]. Außerdem entsprach der angemeldete Bedarf wohl nicht immer den konkreten Erfordernissen vor Ort, d. h. eine quantitativ geringere Menge an Arbeitskräften wäre oftmals ausreichend gewesen[16]. Die zu hohe Fehlplanung in Verbindung mit dem Materialmangel in zahlreichen Betrieben hatte zur Folge, daß verpflichtete Arbeitskräfte wieder entlassen werden mußten. So hatte etwa das Kreisarbeitsamt Bernau 100 Baufacharbeiter für die Errichtung eines russischen Erholungsheimes bei Erkner zu stellen; 80 der eingewiesenen Arbeitskräfte konnten wegen Materialmangels erst gar nicht eingestellt werden[17]. Bereits im Frühjahr 1947 hatten Vertreter der DVAS die SMAD gebeten, ihren Einfluß nachdrücklich geltend zu machen, daß sich die „Kräfteanforderungen [...] mit Rücksicht auf den Arbeitermangel auch nur im Rahmen des unbedingt notwendigen Bedarfs bewegen"[18]. Ferner erwiesen sich zahlreiche von der SMAD bzw. der SMA angeordnete Arbeitseinsätze als äußerst unproduktiv: So waren etwa Verladearbeiten von demontierten Eisenteilen auf dem Potsdamer Güterbahnhof eingestellt und von seiten der SMA die Entladung der Waggons wieder befohlen wor-

---

12 SAPMO, NY 4090/314, Bl. 39. Vgl. Mai, Der Alliierte Kontrollrat, S. 381, Anm. 316.
13 SAPMO, NY 4090/314, Bl. 43.
14 Zum folgenden: BAB, DQ 2/2064, DVAS-Präsident Brack am 14. 8. 1946 an die SMAD-Abt. Arbeitskraft.
15 Beispielhaft das Schreiben des Arbeitsamtes Potsdam an den SED-Landesvorstand (Abt. Arbeit und Sozialfürsorge) vom 26. 9. 1947, in: SAPMO, DY 30/IV 2/2.027/21, Bl. 7–10, hier Bl. 7.
16 Dies ist den Berichten der Arbeitsämter Prenzlau, Bernau, Kyritz, Teltow-Mahlow, Luckau und Nauen zu entnehmen. Vgl. SAPMO, DY 30/IV 2/2.027/21, Bl. 19.
17 Ebenda, Bl. 20, Bericht des Landesarbeitsamtes Potsdam vom 14. 10. 1947 über Schwierigkeiten der Arbeitsämter mit den sowjetischen Dienststellen.
18 BAB, DQ 2/2014, Aktenvermerk über Besprechung mit der SMAD (Schaposchnikow) am 29. 5. 1947 in Karlshorst.

den, da die Demontageware zunächst registriert und mit einer Rostschutzfarbe angestrichen werden mußte[19]. Dadurch sei die Tätigkeit von 50 Arbeitskräften über einen Zeitraum von fünf bis sechs Wochen „umsonst gewesen", so das zuständige Arbeitsamt in Potsdam. Gegenüber dem brandenburgischen SED-Landesvorstand betonte die Arbeitsverwaltung, daß „die Lust zu derartigen Arbeiten vollkommen schwindet, wenn die Menschen die Nutzlosigkeit ihrer Arbeit täglich vor Augen sehen"[20]. Wenn man bedenke, so die Stellungnahme weiter, daß Arbeitslose nicht zur Verfügung stehen, so daß Arbeiter aus anderen Betrieben herausgezogen werden müßten, könne man die große Verärgerung in den betroffenen Bevölkerungskreisen ermessen.

Die SMAD erteilte vor allem in den ersten beiden Nachkriegsjahren sehr kurzfristige Auflagen, die oftmals nicht mit der DVAS abgestimmt waren. So verlangte etwa der SMAD-Befehl Nr. 178 vom 22. Dezember 1945 die Bereitstellung von 218 000 Arbeitern für die Abteilungen der sowjetischen Beutekommissionen innerhalb von zehn Tagen[21]. Die DVAS, die daraufhin alle Landesarbeitsämter unterrichtete, mußte rasch feststellen, daß einige Landesverwaltungen von der Besatzungsmacht bereits informiert worden waren[22]. Zur Kurzfristigkeit der Aufträge kam also noch die fehlende bzw. mangelhafte Koordinierung erschwerend hinzu. Anfang 1947 hatte sich an diesem Zustand wenig geändert: Die Berliner Zentralverwaltung bemängelte nach wie vor, daß sie von einzelnen SMAD-Befehlen „keine direkte Kenntnis erlangt"[23]. Die Abteilung Arbeitskraft in Karlshorst wurde daher gebeten, Abschriften von Befehlen, die an die Landesverwaltungen ergangen waren, umgehend an die DVAS weiterzureichen. Nur so schien eine „sofortige Kontrolle" der einzelnen Befehlsauflagen und deren Durchführung möglich zu sein.

Die Landes- und Provinzialverwaltungen versuchten frühzeitig mit der jeweiligen SMA eine enge Abstimmung herbeizuführen. So gab Garde-Generalmajor Kolesnitschenko der thüringischen Landesregierung am 8. Oktober 1946 die Zusage, daß Arbeitskräfteanforderungen durch die einzelnen sowjetischen Kommandanten nicht mehr direkt an die Arbeitsämter ergehen sollten, sondern zentral über die SMA in Weimar an das Landesarbeitsamt geleitet werden, „damit eine einwandfreie Lenkung und Versorgung der Betriebe und die Erfüllung der Befehle besser gewährleistet wird, als das bisher der Fall war."[24] Darüber hinaus sollte den Arbeitsämtern für die „Gestellung von Spezialarbeitern" eine längere Frist eingeräumt werden. Solche Absprachen zwischen DVAS, SMAD und örtlichen sowjetischen Kommandanturen blieben jedoch auch 1948 meist wirkungslos. Karlshorst erkannte zwar die Unzulänglichkeiten der unkoordinierten Be-

---

[19] SAPMO, DY 30/IV 2/2.027/21, Bl. 6, Arbeitsamt Potsdam am 18. 10. 1947 an den SED-Landesvorstand in Potsdam (Abt. Arbeit und Sozialfürsorge).
[20] Ebenda.
[21] BAB, DQ 2/1503, Bl. 83. Der Befehl wird erstmals erwähnt bei: Zank, Wirtschaft und Arbeit, S. 61.
[22] BAB, DQ 2/2055, Bericht der DVAS-Abt. II vom 3. 1. 1946.
[23] BAB, DQ 2/498, Bl. 127 f., hier Bl. 128, DVAS-Abt. I b am 11. 3. 1947 an die SMAD-Abt. Arbeitskraft.
[24] ThHStA, Land Thüringen, Ministerium für Wirtschaft und Arbeit, Bd. 3700, Bl. 15 f., Aktennotiz des Landesdirektors Gustav A. Müller vom 9. 10. 1946 über eine Besprechung bei Kolesnitschenko.

fehlspraxis, war jedoch nicht bereit, gegen die SMA in den Ländern und die eigenen Dienststellen in den Gemeinden vorzugehen. Im Spätsommer 1948 hatten einzelne Kommandanturen in Mecklenburg-Vorpommern Arbeitskräfte, die zur Erfüllung des Befehls Nr. 209 vorgesehen waren, eigenmächtig für den Aufbau der Werften eingesetzt. Vertreter der DVAS, die in Karlshorst vorstellig wurden, erhielten vom zuständigen SMAD-Mitarbeiter die unbefriedigende Antwort, daß diese Angelegenheit in den Ländern selbst geregelt werden müsse. Die Kommandanten, die gegenüber der Zentrale in Karlshorst verantwortlich seien, hätten vermutlich „nur aus dringenden Gründen diese Anordnung erteilt"[25]. Dies zeigte beispielhaft, daß für die sowjetische Besatzungsmacht letztlich die Bereitstellung von Arbeitskräften entscheidend war, dagegen blieb die konkrete Durchführung der entsprechenden Befehle der deutschen Arbeitsverwaltung überlassen.

Als zusätzliches Hindernis erwies sich außerdem die Tatsache, daß die sowjetische Besatzungsmacht Arbeitskräfte anforderte, ohne die Versorgung der jeweiligen Betriebe mit Rohstoffen zu beachten. Aufgrund von Rohstoffmangel, besonders von Kohle, konnten etwa die Hüttenwerke ihre Produktion im Herbst 1948 nicht weiter steigern. Dies hatte wiederum zur Folge, daß die Nichterfüllung von Befehlen ohne Konsequenzen blieb oder ein Großteil der angeforderten Arbeitskräfte wieder nach Hause geschickt werden mußte. So benötigte die SMAD für die Formgießereien in Thüringen insgesamt 2000 Arbeitskräfte, von denen nur 872 gestellt werden konnten; die restlichen 1128 Arbeiter wurden wegen des Rohstoffmangels nicht mehr angefordert[26]. Für Sachsen-Anhalt und Sachsen ist eine ähnliche Entwicklung zu beobachten: Die sowjetischen Anforderungen waren oft zu hoch bemessen und entsprachen damit nicht den Produktionsmöglichkeiten der Betriebe.

Die Landes- und Provinzialverwaltungen hatten auf Anweisung der DVAS regelmäßig Bericht zu erstatten über die Durchführung der einzelnen SMA-Befehle. Obwohl nicht alle Berichte überliefert sind, läßt sich doch ein erster vorläufiger Gesamteindruck formulieren: Arbeitskräfteanforderungen für die Grundstoff- und Schwerindustrie konnten in der Regel zur Zufriedenheit der sowjetischen Besatzungsmacht erfüllt werden[27]. Dies gelang jedoch nur über einen längeren Zeitraum, d. h. kurzfristige Auflagen unter vier Wochen ließen sich in der Regel nicht vollständig realisieren. Aus den statistischen Erhebungen der Landesämter geht die berufliche Qualifikation der eingestellten Arbeitskräfte nicht hervor. Als äußerst problematisch erwies sich allerdings die Bereitstellung von Facharbeitern für einzelne Betriebe der Schwerindustrie, wie die DVAS gegenüber der SMAD-Abteilung Arbeitskraft oftmals einräumen mußte. Diese waren häufig nicht vorhanden, konnten aus der Gruppe der Arbeitslosen auch nicht gewonnen werden oder waren in weniger wichtige Wirtschaftszweige eingewiesen worden[28].

[25] BAB, DQ 2/2040, Bl. 165, Aktennotiz über eine Besprechung mit der SMAD in Karlshorst am 1. 10. 1948.
[26] BAB, DQ 2/498, Bl. 127, DVAS-Abt. I b am 11. 3. 1947 an die SMAD-Abt. Arbeitskraft.
[27] Vgl. BAB, DQ 2/518, Bl. 5–7, Bericht des Landesarbeitsamtes in Potsdam vom 29. 7. 1946; BAB, DQ 2/1785, Bl. 28–36, Bericht des Landesarbeitsamtes in Dresden vom 1. 10. 1946.
[28] BAB, DQ 2/498, Bl. 128, DVAS-Abt. I b am 11. 3. 1947 an SMAD-Abt. Arbeitskraft.

Einschränkend muß betont werden, daß die Zahl der Arbeitseinweisungen nicht automatisch deckungsgleich war mit der Zahl der Arbeitskräfteanforderungen, d. h. nicht jeder SMAD-Befehl zur Bereitstellung von Arbeitskräftekontingenten für Demontagetätigkeiten oder SAG-Betriebe wurde mit dem Instrument der Zwangsverpflichtung durchgeführt. Dennoch stellten die sowjetischen Anforderungen bis 1949 den entscheidenden Faktor für die Arbeitseinweisungen dar. Entscheidend für den Einsatz dieser Zwangsmaßnahme waren die Dringlichkeit und der Umfang des Auftrages, der Zeitrahmen sowie die konkrete Situation auf dem Arbeitsmarkt in einem Bezirk. Die Arbeitsämter und Landesarbeitsämter registrierten durchaus die Zahl der Arbeitseinweisungen und korrelierten diese immer mit den Arbeitsvermittlungen, nicht jedoch mit den sowjetischen Anforderungen. Dabei zeigten sich Unterschiede zwischen den einzelnen Ländern und Provinzen: So meldete etwa das Landesarbeitsamt Sachsen im Februar 1947 11646 Zwangseinweisungen; darunter befanden sich 4029 Arbeitslose, gleichzeitig aber 7066 Personen, die bereits in einem Beschäftigungsverhältnis standen[29]. Relativ unbedeutend war dagegen die Zahl der verpflichteten Selbständigen im Handwerk und in der Landwirtschaft (539) sowie von Angehörigen der Freien Berufe (12). Bei einer Gesamtzahl von 70594 Vermittlungen durch die Arbeitsämter lag der Anteil von Zwangseinweisungen bei 16,5 Prozent. In der Mehrzahl traf dies im übrigen die Männer: Hier standen 45073 Vermittlungen 10418 Arbeitsverpflichtungen gegenüber. Insofern erhöhte sich der relative Anteil der Arbeitseinweisungen bei den Männern auf 23,1 Prozent. Dagegen betrug der Anteil von Zwangseinweisungen an den Arbeitsvermittlungen in Mecklenburg-Vorpommern zum selben Zeitpunkt 10,85 Prozent[30], während er in Thüringen bei 21,5 Prozent lag[31]. Der Unterschied erklärt sich aus den spezifischen Anforderungen in den einzelnen Ländern, die vor allem mit Großprojekten und mit den bereits erwähnten sowjetischen Anforderungen in direktem Zusammenhang standen. Auf dem Land Sachsen ruhte beispielsweise die Hauptlast bei der Versorgung des extrem arbeitsintensiven Uranbergbaus im Erzgebirge mit Arbeitskräften. Da für dieses Arbeitsvorhaben zahlreiche Arbeitskräfte innerhalb kürzester Zeit von der Besatzungsmacht angefordert wurden, konnte die dortige Arbeitsverwaltung nur unter Rückgriff auf die Zwangseinweisung den Anforderungen einigermaßen gerecht werden.

In der zweiten Hälfte des Jahres 1947 ging in der SBZ der Anteil der Arbeitseinweisungen an den Gesamtvermittlungen langfristig zurück[32]: Von 12,7 Prozent (Juli) auf 11,2 Prozent (August) und 9,8 Prozent (Oktober); der niedrigste Wert wurde im Dezember erreicht (7,7 Prozent). Gegenüber der SMAD-Abteilung Arbeitskraft stellte die DVAS am 30. Dezember 1947 zwar fest, daß die Zahl der Arbeitseinweisungen insgesamt gesehen rückläufig sei, sie betonte aber gleichzei-

[29] BAB, DQ 2/1936, Meldung des Landesarbeitsamtes Sachsen über die im Februar 1947 getätigten Zwangseinweisungen von Arbeitskräften.
[30] Ebenda, Ministerium für Sozialwesen der Landesregierung Mecklenburg am 19. 4. 1947 an die DVAS.
[31] Ebenda, Ministerium für Wirtschaft, Arbeit und Verkehr des Landes Thüringen am 8. 5. 1947 an die DVAS.
[32] Ebenda, Statistik der DVAS-Abt. I a über die Entwicklung der Zahl der Arbeitseinweisungen im II. Halbjahr 1947.

tig, daß sich dieses Instrument bei größeren Arbeitsvorhaben „immer noch als notwendig" erweise, „da Arbeitslosenreserven an vollwertigen Arbeitskräften nicht mehr vorhanden sind und infolge des Lohnstopps ein Anreiz, freiwillig eine Arbeitsstelle aufzugeben, um eine andere abseits vom Wohnort anzunehmen, nicht besteht"[33]. Die absolute Zahl der Arbeitseinweisungen stabilisierte sich in der SBZ Anfang 1948 und lag zwischen 11950 (Januar) und 14205 (April) – im Dezember 1947 hatte sie bei 14510 gelegen. Da gleichzeitig die Zahl der Arbeitsvermittlungen anstieg, verringerte sich der prozentuale Anteil der Zwangsverpflichtungen: von 6,9 Prozent (Februar) auf 5,5 Prozent (April)[34]. Dieser Abwärtstrend setzte sich in der Folgezeit weiter fort: Im Juli 1948 wurden 10900 Arbeitseinweisungen registriert (4,9 Prozent)[35], im Oktober lag der Anteil bereits bei 1,9 Prozent[36]. In der ersten Jahreshälfte 1949 bewegte sich dieser Prozentsatz zwischen 0,2 (April) als tiefstem und 1,0 (Juni) als höchstem Wert[37].

Die Arbeitsämter verfügten über eine Reihe von Sanktionsmitteln, um ihren getroffenen Maßnahmen Nachdruck zu verleihen. Dazu zählten Geld- und Gefängnisstrafen, die verhängt werden konnten. Angesichts der Mangelsituation und der allgemeinen Notlage nach dem Ende des Zweiten Weltkrieges versprach allerdings ein anderes Instrument sehr viel mehr Erfolg: die Androhung des Entzugs von Lebensmittelkarten bei Nichtbefolgung von Anweisungen der Arbeitsverwaltung. Frühzeitig meldeten jedoch einzelne Arbeitsämter, daß insbesondere in ländlichen Gebieten der Entzug von Lebensmittelkarten „nicht als Strafe" angesehen wurde, da die Versorgung mit lebensnotwendigen Gütern auch anderweitig gesichert werden konnte. So berichtete etwa das Arbeitsamt in Meiningen, schon mehrfach hätten „Arbeitsverweigerer" ausgesagt, daß diese Strafmaßnahme „auf sie keinen Eindruck mache"[38]. Dennoch wurde in der Folgezeit das Sanktionsmittel durchaus eingesetzt. Das Landesarbeitsamt in Halle meldete Ende August 1948, daß im Vormonat 910 Männern und 543 Frauen die Lebensmittelkarten entzogen worden seien[39]. In diesem Monat waren 47263 Arbeitsvermittlungen und darunter 1629 Einweisungen registriert worden. Noch höher hatte die Zahl im Dezember 1947 gelegen: Nach Angaben des Landesarbeitsamtes hatten 1158 Männer und 455 Frauen keine Lebensmittelkarte erhalten. Das thüringische Ministerium für Arbeit und Sozialwesen wies noch am 30. September 1948 alle Ämter für Arbeit und

---

33 BAB, DQ 2/512.
34 BAB, DQ 2/1063, Statistik der HVAS über die Entwicklung der Zahl der Arbeitseinweisungen von September 1947 bis April 1948 (o.D.).
35 BAB, DQ 2/498, Bl. 287f., DVAS-Abt. I a am 8. 9. 1948 an SMAD-Abt. Arbeitskraft. In diesem Monat war erstmals der Prozentsatz der Arbeitseinweisungen aus der Summe der Vermittlungen in den jeweiligen Amtsbezirken und den Überweisungen in den zwischen- und überbezirklichen Ausgleich gebildet worden, und nicht wie zuvor von der Zahl der Gesamtvermittlungen. Dadurch wurde nach Einschätzung der DVAS das prozentuale Verhältnis „nur unwesentlich berührt."
36 BAB, DQ 2/1531, Bl. 28, Niederschrift über die Besprechung des DVAS-Abt. I am 30. 10. 1948. Im Ländervergleich bildete Brandenburg das Schlußlicht. Dort betrug der Anteil der Einweisungen noch 5,3 Prozent, bei Männern sogar 7,5 Prozent.
37 BAB, DQ 2/1063, Übersicht der HVAS über die Arbeitseinweisungen von Januar bis Juni 1949 (o.D.).
38 ThHStA, Land Thüringen, Büro des Ministerpräsidenten, Bd. 1678, Arbeitsamt Meiningen am 23. 8. 1945 an das Landesamt für Arbeit in Weimar.
39 LA Magdeburg LHA, Rep K MW, Nr. 10185, Bl. 516, Landesarbeitsamt Halle am 31. 8. 1948 an den Landesausschuß für den Befehl 234.

Sozialfürsorge des Landes an, für die Einhaltung der bestehenden gesetzlichen Bestimmungen Sorge zu tragen[40]. Dies deutet auf die mangelnde Effektivität des
Sanktionsmittels hin.

In den Kommunen wurden Arbeitskräfte teilweise unter Androhung schwerer
Strafen aus einem festen Beschäftigungsverhältnis herausgezogen und für Demontagetätigkeiten verpflichtet. So veröffentlichte beispielweise der Bürgermeister
von Wildau am 15. Dezember 1945 einen Befehl Marschall Schukows und kündigte an, daß jedes „Fernbleiben" bei der Arbeitsverpflichtung nicht nur mit dem
Entzug der Lebensmittelkarte, sondern auch mit sofortiger Verhaftung und Aburteilung zu „mindestens" 15 Jahre Zuchthaus geahndet werde[41]. Bei Nachweis von
„Unwillen" drohe sogar die Todesstrafe. Es muß allerdings festgehalten werden,
daß ein solcher Sanktionsfall nicht nachweisbar ist. Auch aus anderen Gemeinden
Brandenburgs wurde ein unnachgiebiges Vorgehen bei der Bereitstellung von Arbeitskräften für sowjetische Kommandanten gemeldet, wobei sich in zahlreichen
Fällen der begrenzte Erfolg bemerkbar machte. So ließ die sowjetische Besatzungsmacht im Dezember 1945 in Zeuthen sämtliche Geschäfte schließen, um alle
verfügbaren 1879 Erwerbsfähigen (963 Männer und 916 Frauen) erfassen und 400
Arbeitskräfte für Demontageaufgaben verpflichten zu können. Trotz „schärfster
Maßnahmen (Abriegelung, Razzien, Entzug von Lebensmittelkarten) konnten
von der Gemeinde nur 235 männliche Personen" gestellt werden, berichtete der
dortige Bürgermeister der ZVAS bei einer gemeinsamen Besprechung in Berlin[42].
Von diesen schieden wiederum 42 Personen noch vor Arbeitsbeginn wegen
Krankheit bzw. Erwerbsbehinderung aus. Von den verbliebenen 193 Personen
seien in den ersten acht Tagen „weitere Kranke sowie mit vordringlichen Arbeiten
Beschäftigte" von der Arbeitsverpflichtung wieder entbunden worden, so daß
sich der Bestand an einsatzfähigen Arbeitern auf rund 120 reduziert habe. Die
ZVAS (Abteilung II a) schlug daraufhin vor, daß die brandenburgische Arbeitsverwaltung die Anforderungen von seiten der SMA zentral erfassen und organisieren sollte. Zur Begründung gab sie an: „Durch die unzusammenhängenden Anforderungen der örtlichen Kommandanturen werden die überbezirklichen Auflagen höherer Kommandostellen für noch dringlichere Arbeiten gestört, ja gefährdet, und auf den zweckdienlichen Einsatz der Mangelberufe kaum Rücksicht
genommen."[43]

Die Großaufträge von seiten der sowjetischen Besatzungsmacht hatten zum
Teil katastrophale Folgen für die Arbeitsmarktlage in einzelnen Kreisen. So berichtete das Kreisarbeitsamt Teltow Ende Mai 1947 über einen akuten Arbeitskräftemangel sowie einen steigenden Arbeitskräftebedarf für sowjetische Demon-
tage- und Reparationsaufgaben[44]. Besondere Schwierigkeiten bereitete der Kabelausbau für die sowjetische Besatzungsmacht, der sehr arbeitsintensiv war. Die
mangelhafte Zusammenarbeit zwischen deutschen und sowjetischen Stellen erschwerte die Erfüllung der Befehlsauflagen zusätzlich: Das Kreisarbeitsamt hatte

---

[40] ThHStA, Land Thüringen, Ministerium für Wirtschaft und Arbeit, Bd. 3699, Bl. 152.
[41] BAB, DQ 2/2035.
[42] BAB, DQ 2/2035, Aktennotiz der ZVAS-Abt. II a vom 28. 12. 1945, S. 1.
[43] Ebenda, S. 3.
[44] BAB, DQ 2/1739, Arbeitseinsatzbericht des Kreisarbeitsamtes Teltow vom 27. 5. 1947, S. 1.

beispielsweise vorgeschlagen, den Kabelausbau „als eine Sondermaßnahme durchzuführen und die Gemeinden dafür heranzuziehen"[45]. Die zuständige Kommandantur lehnte dies jedoch mit dem Hinweis auf die anstehende Frühjahrsbestellung in der Landwirtschaft ab. Völlig resigniert unterstrich das Teltower Kreisarbeitsamt, daß es mittlerweile unerläßlich geworden sei, bei der SMAD Schritte zu unternehmen, daß bei dem „katastrophalen Fehlbedarf an Arbeitskräften nicht noch gleichzeitig mehrere Großaufträge hergegeben werden, die außerdem wegen der zu kurzen Termingestellung von vornherein zum Scheitern verurteilt sind."

Die Leiter der Arbeitsämter hatten teilweise auch persönlich mit Sanktionen zu rechnen, falls die sowjetischen Arbeitskräfteforderungen nicht erfüllt werden konnten. So nannte das Landesarbeitsamt in Potsdam der DVAS am 6. Juni 1947 sieben Amtsleiter, die von russischen Kommandanten vorübergehend inhaftiert worden waren[46]. Das Arbeitsamt Westprignitz berichtete am 15. Oktober, daß bei „nicht sofortiger Gestellung der Arbeitskräfte für die Besatzungsmacht [...] die Angestellten des Arbeitsamtes immer der Sabotage beschuldigt und mit Erschießen bedroht" würden[47]. Darüber hinaus scheint die Haftandrohung gegenüber Mitarbeitern der Arbeitsverwaltung keineswegs auf Einzelfälle beschränkt gewesen zu sein. Das NKWD versuchte noch Anfang 1948 die Arbeitsämter für eigene Zwecke einzusetzen: Dem Leiter des Amtes für Arbeit und Sozialfürsorge in Gotha war von seiten des sowjetischen Sicherheitsapparates mitgeteilt worden, daß er einzelne Personen zu sich bestellen solle, die dann das NKWD verhaften wollte. Der Präsident der HVAS protestierte gegen dieses Vorgehen und betonte: „Zum Arbeitsamt muß jeder mit dem unbegrenzten Vertrauen hingehen können, nicht aber damit rechnen, daß er evtl. dort verhaftet werden kann."[48] Ein ähnlicher Fall wurde kurz darauf vom Amtsleiter in Jena gemeldet. In beiden Fällen sind die Leiter der Arbeitsämter offenbar gezwungen worden, „solche Vorladungen auszusprechen, denen die Verhaftung folgte"[49]. HVAS-Präsident informierte daraufhin auch die SED-Führung über die Vorfälle und vertrat dabei die Auffassung, daß die sowjetische Besatzungsmacht in solchen Fällen die deutschen Polizeidienststellen, nicht aber die Arbeitsämter einschalten sollte[50]. Die Juristische Abteilung der DVAS war in einem Gutachten Ende Dezember 1947 zum Ergebnis gekommen, daß die Arbeitsämter keinerlei rechtliche Grundlagen besaßen, um Vorladungen vornehmen zu können[51]. Helmut Lehmann, der als Mitglied des Zentralsekretariats zuständig war für sozialpolitische Angelegenheiten, reichte die Beschwerde „mit der Bitte um Vermittlung bei der zuständigen Stelle in Karlshorst" an Walter Ulbricht weiter[52].

45 Ebenda, S. 2.
46 BAB, DQ 2/498, Bl. 153.
47 SAPMO, DY 30/IV 2/2.027/21, Bl. 21 f., Arbeitsamt Westprignitz am 15. 10. 1947 an den Minister für Arbeit und Sozialwesen der brandenburgischen Landesregierung.
48 BAB, DQ 2/137, Bl. 64, Brack am 24. 2. 1948 an die SMAD-Abt. Arbeitskraft (Morenow).
49 SAPMO, NY 4182/951, Bl. 274, Brack am 15. 6. 1948 an die SED-Abt. Arbeit und Sozialfürsorge (Lehmann).
50 Ebenda.
51 Vgl. BAB, DQ 2/1537, Niederschrift über den Verlauf der Arbeitstagung der DVAS (Abt. I b) in Leipzig am 6./7. 1. 1948, S. 29.
52 SAPMO, NY 4182/951, Bl. 273, SED-Hausmitteilung Lehmanns für Ulbricht vom 23. 6. 1948.

Die Arbeitsämter befanden sich oftmals in einem Interessenkonflikt, da sie auf der einen Seite die Befehle der sowjetischen Besatzungsmacht zu erfüllen hatten, auf der anderen Seite aber die Belange der zum Arbeitseinsatz verpflichteten Erwerbstätigen berücksichtigen sollten. Zu letzterem ermahnte sie häufig auch die Berliner Zentralverwaltung, an die sich zahlreiche Betroffene gewandt hatten. Das Kreisarbeitsamt Belzig (Nebenstelle Beelitz) ordnete etwa im Sommer 1946 die Schließung sämtlicher Geschäfte in ihrem Zuständigkeitsbereich an; ausgenommen blieben Bäckereien, Drogerien und Apotheken[53]. Sämtliche freiwerdenden Arbeitskräfte sollten sich umgehend bei einem Demontagebetrieb einfinden; bei Nichtbefolgung der Anweisung drohte eine längere Schließung der Geschäfte. Kurze Zeit später drohte das Arbeitsamt in einer offiziellen Bekanntmachung: „Wer unentschuldigt und ohne Grund fern bleibt, wird der Roten Armee wegen Sabotage zur Bestrafung übergeben."[54] Einzelne Firmeninhaber wandten sich daraufhin an die DVAS in Berlin und machten deutlich, daß sich die angedrohte Schließung der Geschäfte „sehr störend auf den großen Kundenkreis der umliegenden Dörfer" auswirken werde[55]. Außerdem sei der Gewinn an zusätzlichen Arbeitskräften durch diese Maßnahme sehr gering, da die betroffenen kleinen mittelständischen Betriebe nur über wenige Angestellte verfügten. Als besonders unglücklich erwies sich jedoch die Vorgehensweise des Arbeitsamtes, die bei den Betroffenen Unmut ausgelöst hatte. So beklagte ein Geschäftsmann gegenüber der DVAS, daß „der Ton dieser Bekanntmachung doch wohl nicht mehr in das heutige demokratische Deutschland paßt, sondern noch recht nach Bataillonsbefehlen anmutet"[56]. Die Berliner Zentralverwaltung versuchte in diesem Fall zu vermitteln und bat die betroffenen Geschäftsleute um Verständnis für die Arbeitseinsatzpolitik, die auf entsprechende SMAD-Befehle zurückzuführen sei[57]. Gleichzeitig wurde das Arbeitsamt aufgefordert, die Anforderungen im Konsens mit der Bevölkerung zu erfüllen. So sollten die Geschäftsleute und Gewerbetreibenden zu einer Versammlung eingeladen werden, auf der die Mitarbeiter des Arbeitsamtes die Arbeitsmarktlage und die sowjetischen Auflagen erklären sollten. Die DVAS verurteilte die Vorgehensweise der Arbeitsamtsnebenstelle und schloß mit der Bemerkung: „Wir wollen doch die Gepflogenheiten der Nazizeit nicht aufrechterhalten."[58] Das kritisierte Arbeitsamt reagierte auf die Vorwürfe und betonte gegenüber der DVAS die allgemein angespannte Lage auf dem Arbeitsmarkt im Zusammenhang mit den sowjetischen Arbeitskräfteanforderungen. Da sich keine Freiwilligen gemeldet hätten, sei man gezwungen gewesen, „zu einer uns sehr unliebsamen etwas härteren Maßnahme [zu] greifen"[59].

[53] BAB, DQ 2/1739, Kreisarbeitsamt Belzig (Nebenstelle Beelitz) am 10. 7. 1946 an Kurt Sch.
[54] Ebenda, Kreisarbeitsamt Belzig (Außenstelle Beelitz) am 12. 7. 1946 an alle Geschäftsleute und Gewerbetreibende.
[55] Ebenda, Kurt Sch. am 14. 7. 1946 an die DVAS.
[56] Ebenda.
[57] BAB, DQ 2/1739, DVAS-Abt. II am 7. 8. 1946 an Kurt Sch. Bei der Weitergabe sowjetischer Befehle durften die SMAD, die SMA oder einzelne Offiziere von den Arbeitsämter nicht einmal genannt werden. BLHA, Ld. Br. Rep. 206, Bd. 3016, Bl. 39, Rundschreiben Nr. 46/1947 des LAA Brandenburg an die Arbeitsämter vom 10. 3. 1947, S. 1.
[58] BAB, DQ 2/1739, DVAS-Abt. II am 7. 8. 1946 an die Arbeitsamtsnebenstelle Beelitz.
[59] Ebenda, Kreisarbeitsamt Belzig (Nebenstelle Beelitz) am 14. 8. 1946 an die DVAS.

Arbeitskräfte für den Uranbergbau im Erzgebirge

Eines der Haupttätigkeitsfelder der Arbeitsverwaltung bestand bis Anfang der fünfziger Jahre darin, Arbeitskräfte für den Uranbergbau bereitzustellen. Hierbei handelte es sich um eine Sonderform der sowjetischen Anforderungen, genoß doch die Wismut AG innerhalb kürzester Zeit oberste Priorität für die Sowjetunion und ihre Besatzungsbehörden in der SBZ. Gerade in diesem Bereich trug das Instrument der Zwangseinweisung zu einer erheblichen Verschlechterung der Stimmungslage in der Bevölkerung gegenüber der SMAD, der Sowjetunion, mittelfristig aber auch gegenüber der rasch als „Russen-Partei" abgestempelten SED bei[60]. Der Arbeitskräftebedarf bei der Wismut AG war enorm: Das Arbeitsamt Aue zählte im März 1948 über 50 000 Arbeitnehmer, im September über 70 000. Im April 1950 wurden dort bereits über 110 000 Arbeitnehmer registriert[61]. Während anfangs das Landesarbeitsamt in Sachsen bei der Versorgung des Uranbergbaus mit Arbeitskräften auf sich alleine gestellt war, trat Ende 1946 eine Veränderung ein, als in zunehmenden Maße Absprachen mit den übrigen Landes- bzw. Provinzialverwaltungen sowie der DVAS erfolgten[62]. Diese Zusammenarbeit war notwendig geworden, da die sowjetischen Arbeitskräfteanforderungen stark angestiegen waren und die sächsische Arbeitsverwaltung nicht mehr in der Lage war, den Bedarf aus dem eigenen Zuständigkeitsbereich zu decken. Die sächsische Landesregierung drängte deshalb gegenüber der DVAS darauf, die übrigen Länder bei der Bereitstellung von Arbeitskräften für die Wismut AG aktiv einzubeziehen[63]. Mit der Erhöhung der Beschäftigtenzahlen im Erzgebirge stellten sich akute Probleme bei der Wohnraum- und Lebensmittelversorgung ein. Die Gemeindeverwaltungen waren oftmals nicht auf diesen Ansturm vorbereitet und standen daher den wachsenden sozialen Konfliktherden hilflos gegenüber[64].

Die Einbeziehung der übrigen Länder bei der Bereitstellung von Arbeitskräften für die Wismut AG hatte indirekt auch Folgen für das Verhältnis zwischen der jeweiligen SMA und der Landesverwaltung. Die SMA-Vertreter mußten den Uranbergbau bei ihren eigenen Befehlsplanungen berücksichtigen. Letztlich verringerte sich dadurch der Arbeitskräftebestand, der ausschließlich für landesspezifische Demontagetätigkeiten vorgesehen war. Die SMA in Thüringen verhandelte daher mit dem Ministerium für Wirtschaft und Arbeit über eine Zentralisierung der Arbeitsvermittlung, um auf diese Weise Bedarfsplanung und -deckung besser aufeinander abstimmen zu können. Dies erwies sich jedoch auch noch im September 1947 als kaum durchführbar, da die Befehle für den Uranbergbau sowie die Befehle der thüringischen SMA nicht genau kalkulierbar waren[65].

---

[60] Naimark, The Russians in Germany, S. 247f.
[61] Karlsch, Allein bezahlt?, S. 141.
[62] BAB, DQ 2/2064, Aktenvermerk über Besprechung der DVAS-Abt. I mit dem Landesarbeitsamt Sachsen am 6./7. 12. 1946.
[63] BAB, DQ 2/2091, Ministerium für Arbeit und Sozialfürsorge der Landesregierung Sachsen am 16. 4. 1947 an die DVAS.
[64] Karlsch, Allein bezahlt?, S. 142–144; Roeling, Arbeiter im Uranbergbau, S. 108f.
[65] Vgl. ThHStA, Land Thüringen, Ministerium für Wirtschaft und Arbeit, Bd. 3597, Bl. 24, Aktennotiz vom 24. 9. 1947 über eine Unterredung mit der SMA (Proschljakow).

Die Durchführung der SMAD-Befehle zur Bereitstellung neuer Arbeitskräfte für den Erzbergbau war auch ein Thema der in unregelmäßigen Abständen stattfindenden Arbeitstagungen, zu denen die DVAS Vertreter der Landesämter und der Gewerkschaften nach Berlin einlud. Ein Vertreter der sowjetischen Besatzungsmacht, in der Regel von der Abteilung Arbeitskraft, war ebenfalls anwesend. Auf diesen Tagungen versuchte die Berliner Zentralverwaltung die Werbemaßnahmen der Länder zu koordinieren. Im Vorfeld der Konferenz in Neuruppin vom 25. bis 27. September 1947 hatten sich DVAS-Präsident Brack sowie Abschnittsleiter Kreil nach Sachsen begeben, um zuallererst mit der dortigen Landesregierung sowie der Bergwerksleitung in Aue Vorabsprachen zu treffen. Dabei wurde die herausgehobene Position des Arbeitsamtes Aue unterstrichen, das nicht nur die ankommenden Arbeitskräfte registrieren und auf die einzelnen Schachtanlagen verteilen, sondern auch die zeitlich befristet eingestellten Arbeiter wieder entlassen sollte[66]. Diese sogenannte Entpflichtung bedurfte jedoch stets der Zustimmung der Bergwerksleitung. Dadurch erhoffte sich die Arbeitsverwaltung, die hohe Fluktuation eindämmen zu können. Darüber hinaus wurde das Arbeitsamt in Aue verpflichtet, der DVAS direkt und regelmäßig Informationen über den Stand der Arbeitskräftewerbung und -lenkung zukommen zu lassen. Um die angespannte Situation auf dem Wohnungsmarkt etwas zu entkrampfen, einigten sich die DVAS-Leitung und die sächsische Landesregierung darauf, zunächst nur noch Arbeitskräfte ohne deren Familien im Arbeitsamtsbezirk anzusiedeln. Dies konnte allerdings nur eine vorübergehende Lösung sein. Im Bezirk Aue bestand der größte Bedarf an Arbeitskräften; so erklärt sich auch die Aufteilung der Befehlsauflage, welche Brack am 8. September 1947 mit dem sowjetischen Leiter der Bergwerksverwaltung, General Malzew, vorgenommen hatte: So sollten 13 000 Arbeiter in Aue eingesetzt werden, 3000 in Annaberg und 2000 in Marienberg. Von entscheidender Bedeutung war die sowjetische Zusage, daß seitens der Besatzungsmacht „keine Eingriffe in die Zuweisungen von Arbeitskräften vorgenommen werden." Die einzelnen sowjetischen Dienststellen sollten dazu eine entsprechende Anweisung erhalten[67]. Eingriffe der Bergbauverwaltung Aue blieben jedoch in der Folgezeit nicht aus: So wurden im Auftrag von General Malzew sowjetische Offiziere in die Umsiedlerlager geschickt, die unter Umgehung der zuständigen Arbeits- und Umsiedlerämter mehrere Transporte in einer Personenstärke zwischen sechs und 900 zusammenstellten und diese nach Aue überführten[68]. Am 16. September fand auf Veranlassung der DWK eine Sitzung statt, an der neben der DVAS, dem sächsischen Landesarbeitsamt und dem FDGB sämtliche Zentralverwaltungen teilnahmen. Nach „ergiebiger Aussprache" wurde festgelegt, daß die Federführung der gesamten Aufgaben bei der DVAS liegen sollte[69]. Grundsätzlich war vorgesehen, die sowjetischen Anforderungen „örtlich, bezirklich oder im Landesmaßstab zu lösen und nur die im Zonenmaßstab zu lösenden

---

[66] Vgl. BAB, DQ 2/1537, Niederschrift über den Verlauf der Arbeitstagung der DVAS (Abt. I b) vom 25. bis 27. 9. 1947, S. 8.
[67] Ebenda.
[68] Vgl. BAB, DQ 2/1995, Niederschrift der DVAS über Besprechung am 13. 10. 1947.
[69] BAB, DQ 2/1537, Niederschrift über den Verlauf der Arbeitstagung der DVAS (Abt. I b) in Neuruppin vom 25. bis 27. 9. 1947, S. 9.

Aufgaben [...] an die Zentralverwaltungen heranzutragen". Auf den ersten Blick schien diese Entscheidung die zuvor getroffene Absprache wieder aufzuheben, die Arbeitskräftelenkung zur Wismut AG in enger Abstimmung mit den übrigen Ländern und vor allem der DVAS zu organisieren. Letztlich bezog sich diese dezentrale Anweisung aber nicht auf die Bereitstellung der angeforderten Arbeitskräfte, sondern vielmehr auf die Versorgung mit Wohnraum, Lebensmitteln und Bekleidung.

Die Aufteilung der Arbeitskräfteanforderung für den Uranbergbau blieb der DVAS überlassen: Sie hatte am 1. September festgelegt, daß die Länder Sachsen-Anhalt und Thüringen jeweils 4000 Arbeiter zu stellen hatten, Mecklenburg 3000, Sachsen 2000 und Brandenburg 1000. Außerdem sollten aus den Kreisen der „Umsiedler" und Kriegsheimkehrer 1800 bzw. 1200 Arbeitskräfte bereitgestellt werden[70]. Ende des Monats mußte die DVAS feststellen, daß die einzelnen Landesämter ihre jeweiligen Auflagen nicht annähernd erfüllen konnten. Dies machte den begrenzten Nutzen der engen Absprachen zwischen Berliner Zentralverwaltung und Landesverwaltungen deutlich. Der Erfolg der Lenkungsmaßnahmen war letztlich von einem entsprechenden Arbeitskräfteüberhang abhängig, auf den die Landesarbeitsämter sofort zurückgreifen konnten. Andernfalls mußten durch Auskämmungsaktionen Erwerbstätige aus den Betrieben herausgezogen werden. Dadurch ließ sich zwar die Hortung von Arbeitskräften eindämmen, die dabei eingesetzten Maßnahmen förderten jedoch nicht die langfristige Zusammenarbeit zwischen Arbeitsverwaltung und Betrieben. Darüber hinaus klagten mehrere Landesverwaltungen über die Mehrfachbelastung durch SMAD- sowie SMA-Befehle[71]: Wie bereits angedeutet, mußten nicht nur Anforderungen der Wismut AG bedient werden, sondern auch arbeitsintensive Demontage- und Reparationsaufgaben in den einzelnen Ländern. Trotz der ausbleibenden Erfolge gingen die Propagandaaktionen in den Ländern mit dem Ziel weiter, die geforderten Arbeitskräfte möglichst schnell zur Verfügung zu stellen. Dabei hatten die Vertreter der Landesämter die undankbare Aufgabe, gegenüber den Leitern der Arbeitsämter auf eine Erfüllung der festgesetzten Auflage zu drängen. Diese brachten – wie etwa in Thüringen – nahezu einmütig zum Ausdruck, daß „es nicht möglich sei, die Kräfte zu stellen"[72]. Der FDGB-Bundesvorstand unterstützte die Werbemaßnahmen zugunsten der Wismut AG und betonte gegenüber den eigenen Landesvorständen sowie den Zentralvorständen der Industriegewerkschaften, daß „die Gestellung dieser Kräfte ein Erfordernis [ist], dem auch wir uns aus wirtschaftlichen und politischen Gründen nicht verschließen dürfen"[73].

Da in den Ländern nicht genügend Arbeitskräfte zur Verfügung standen, die für den Uranbergbau zu gewinnen waren, entdeckte als erstes die Bergbauverwal-

[70] Ebenda, S. 11.
[71] SächsHStA, Landesregierung Sachsen, Ministerium für Arbeit und Sozialfürsorge, Bd. 307, Bericht über Vorsprache von Frau Dr. Heinze beim Leiter der SMA (Sektor Arbeit, Löhne und Soziale Fürsorge) am 7. 10. 1947.
[72] ThHStA, Land Thüringen, Ministerium für Wirtschaft und Arbeit, Bd. 3700, Bl. 468–474, hier Bl. 474, Protokoll über die Tagung der Einsatz- und Gruppenleiter der Ämter für Arbeit und Sozialfürsorge am 1. 10. 1947.
[73] SAPMO, DY 30/IV 2/2.027/25, Bl. 80, Rundschreiben Nr. 64/47 des FDGB-Bundesvorstandes vom 2. 10. 1947.

tung Aue ein neues Arbeitskräftepotential: die „Umsiedler". Auf die fehlende Absprache mit der deutschen Arbeitsverwaltung ist bereits hingewiesen worden. Die von sowjetischen Offizieren angeordnete Überführung aus den Umsiedlerlagern in die Bezirke des Erzbergbaus erwies sich rasch als überhastet, da die Zahl der bergbautauglichen „Umsiedler" relativ gering war und durch die geschlossene Ansiedlung von Familien die Wohnungsnot[74] erneut verschärft wurde[75]. Während zuvor ein Zuwanderungsstopp für Familien verhängt worden war, hatte die sowjetische Besatzungsmacht diesen Kurs nunmehr selbst durchbrochen. Die DVAS hatte zwar im Sommer 1947 bei der Zentralverwaltung für deutsche Umsiedler (ZVU) eine Überprüfung der Umsiedlertransporte sowie eine Überführung von bergbautauglichen Personen zur Wismut AG angeregt[76], war aber vom eigenmächtigen Vorgehen einzelner sowjetischer Offiziere völlig überrascht worden. Daraufhin wies die sächsische SMA die Kommandanten der Kriegsgefangenen- und Umsiedlerlager an, alle in den Lagern eintreffenden Personen unter die bereits festgelegte Quarantäne zu stellen. Diese sollten ärztlich untersucht, und ihre Einsatzfähigkeit für den Uranbergbau überprüft werden. Erst nach Ablauf der Quarantänezeit durften demzufolge die bergbautauglich eingestuften „Umsiedler" auf Anweisung des zuständigen Arbeitsamtes „zur Ansiedlung und Arbeit nach den einzelnen Objekten der Aktiengesellschaft Wismuth [sic] geleitet" werden[77]. Anweisungen von Vertretern der Wismut AG bedurften der ausdrücklichen Genehmigung von seiten der SMA Sachsen; dadurch sollte das eigenmächtige Vorgehen der Bergbauverwaltung gestoppt werden. Die sächsische Landesverwaltung klagte nicht nur über die unzureichende Abstimmung mit der sowjetischen Besatzungsmacht, sondern hatte offensichtlich auch Probleme mit Arbeitsämtern außerhalb der eigenen Landesgrenzen. So hatte das Arbeitsamt Nordhausen im Juli 1947 22 „illegale Grenzgänger" von der Landespolizei übernommen und sie umgehend nach Aue weitergeleitet. Das thüringische Ministerium für Arbeit und Sozialwesen, das vom zuständigen Ministerium in Dresden über das Vorgehen informiert worden war, beanstandete zwar, daß das Arbeitsamt die 22 Personen nach Aue geschickt habe ohne vorliegenden Einweisungsbescheid, ohne ärztliche Untersuchung sowie ohne polizeiliche An- bzw. Abmeldung[78]. Zu weiteren Strafmaßnahmen sah man jedoch keine Veranlassung.

Mit der zunehmenden Arbeitskräftewerbung trat auch die Finanzierungsfrage immer stärker in den Vordergrund. Die Kreisverwaltungen im Erzgebirge waren aufgrund der steigenden Zuwanderung an die Grenzen der finanziellen Belastbarkeit gelangt, mußten sie doch die Kosten der Umsiedlung sowie die der Unterbringung alleine tragen. Die sächsische Landesverwaltung beantragte daher bei

---

[74] Die Sonderabteilung „Erzbergbau" in Aue kam am 21.11.1947 zum Ergebnis, daß statistisch gesehen nur 5 qm Wohnraum pro Kopf der Bevölkerung zur Verfügung standen. SächsHStA, SED-Landesleitung Sachsen, Bd. 685, Bl. 74.

[75] BAB, DQ 2/1995, Niederschrift der DVAS über Besprechung am 13.10.1947.

[76] BAB, DQ 2/2138, Abteilungsleiter Donau am 6.8.1947 an die ZVU.

[77] BAB, DQ 2/1964, Richtlinie des Leiters der Abt. Umsiedler bei der SMA im Land Sachsen, Oberstleutnant Wolodin, und des Leiters des Sektors Arbeit, Löhne und Soziale Fürsorge im Land Sachsen, Danilow, am 23.10.1947 an alle Kommandanten der Kriegsgefangenen- und Umsiedlerlager.

[78] BAB, DQ 2/2138, Ministerium für Arbeit und Sozialwesen des Landes Thüringen am 7.11.1947 an die DVAS.

der Zentralfinanzverwaltung, der DVAS und der DWK die Bereitstellung von Sondermitteln in Höhe von 1,5 Millionen RM[79]. Eine einvernehmliche Lösung konnte bei den Reisekosten nie gefunden werden: Dabei ging es um die Frage, ob das Abwanderungs- oder das Zuwanderungsland diese Kosten zu übernehmen hatte. Gegen letzteres wandte sich verständlicherweise die sächsische Landesregierung. Somit mußte die Finanzierungsfrage bei jedem Personentransport ins Erzgebirge neu geregelt werden. Ende 1947 entwickelte sich zwischen den Landesverwaltungen und der Wismut AG eine Kontroverse über die Inhalte der Werbemaßnahmen. Während die deutsche Seite den Standpunkt vertrat, daß die Arbeitsbedingungen „doch tatsächlich so [sind], daß man nichts zu verbergen hat", untersagte die sowjetische Bergwerksverwaltung entsprechende Veröffentlichungen in der Presse oder im Rundfunk[80]. Offensichtlich befürchtete die sowjetische Seite eine öffentlich geführte und vor allem kritische Diskussion über den Uranbergbau in der SBZ. Stellungnahmen einzelner Bergarbeiter gegenüber Mitarbeitern der Arbeitsämter zeigen jedenfalls, daß die Propagandaparolen und die Arbeitsbedingungen in den Schachtanlagen keineswegs übereinstimmten[81]. Ein entscheidendes Problem bei der Beurteilung der Arbeitsbedingungen waren die Unfallziffern in der Wismut AG, und ganz besonders die Zahl der Todesfälle, die unter anderem Rückschlüsse auf den betrieblichen Arbeitsschutz zuließen. Während einzelne Berichte von entlassenen Bergarbeitern auf eine nicht unbedeutende Größenordnung hinwiesen, versuchte die sächsische Landesverwaltung das Thema herunterzuspielen. Das Ministerium für Arbeit und Sozialfürsorge (Abteilung Erzbergbau) registrierte im November 1947 19 Todesopfer in den Revieren Aue, Annaberg und Marienberg und legte Wert auf die Feststellung, daß im Steinkohlenbergbau die Anzahl der Unfälle und Todesfälle „weit höher" sei[82]. Als „vollkommen unwahr" wurde außerdem die Meldung bezeichnet, Frauen seien untertage beschäftigt.

Die DVAS beabsichtigte daraufhin, eine Broschüre herauszugeben, mit der die einzelnen Werbemaßnahmen öffentlichkeitswirksam erläutert und umlaufenden Gerüchten entgegengetreten werden sollte. Die Verwirklichung scheiterte jedoch an der mangelnden Kooperationsbereitschaft der sowjetischen Bergwerksleitung, die allen schriftlichen und mündlichen Anfragen ablehnend begegnete[83]. Diese ließ sogar Werbematerial (Plakate und Prospekte) vorab beschlagnahmen. Die von der SMAD angeordneten Propagandaaktivitäten zur Gewinnung neuer Arbeitskräfte für den Erzbergbau wurden somit von der Werksleitung in Aue konterkariert.

---

[79] BAB, DQ 2/2091, Schreiben des Ministeriums für Arbeit und Sozialfürsorge der Landesregierung Sachsen vom 3. 11. 1947.
[80] Ebenda, Ministerium für Arbeit und Sozialwesen des Landes Thüringen am 11.11. 1947 an die DVAS.
[81] SAPMO, DY 30/IV 2/2.027/25, Bl. 92, Bericht des Bergarbeiters Norbert Sch., abgegeben im Arbeitsamt Mühlhausen/Thüringen (Nebenstelle Horsmar) am 11. 11. 1947.
[82] Ebenda, Bl. 100, Ministerium für Arbeit und Sozialfürsorge der Landesregierung Sachsen am 28. 1. 1948 an das Amt für Arbeit und Sozialfürsorge Mühlhausen/Thüringen.
[83] SAPMO, DY 34/20149, Notiz des FDGB-Bundesvorstandes (HA 3: Sozialpolitik) vom 29. 1. 1948.

Obwohl die DVAS bzw. einzelne Landesministerien bei der SMAD die Zusicherung erhalten hatten, daß Arbeitskräfteanforderungen rechtzeitig angekündigt werden sollten, umgingen einige sowjetische Offiziere diese Abmachung und erteilten im Dezember 1947 erneut kurzfristige Aufträge. So erhielt die thüringische Landesverwaltung zunächst den Befehl, im Dezember 800 Arbeiter für Aue zu stellen; kurz darauf wurde ein weiterer Auftrag in Höhe von 2000 Arbeitern eingereicht. Das Landesministerium wies darauf hin, daß „dieses unmöglich sei und überdies jetzt kurz vor Weihnachten eine größere Beunruhigung in der Bevölkerung hervorrufen würde"[84]. Die DVAS wurde gebeten, sich mit der SMAD in Karlshorst in Verbindung zu setzen und eine Verschiebung des Termins bis Ende Januar zu erreichen. Die SMAD lehnte es allerdings ab, im Sinne Thüringens einzuschreiten und eine Aussetzung des Befehls zu erwirken[85]. Auch die mecklenburgische Landesregierung meldete nahezu zeitgleich, daß sie innerhalb von zwei Wochen 3000 Arbeitskräfte für den Erzbergbau bereitzustellen hatte. Gegenüber der SMA in Schwerin machte das Ministerium für Sozialwesen deutlich, daß diese Auflage trotz aller Anstrengungen nicht zu erfüllen sei, da die Arbeitsämter auch noch Arbeitskräfte für die Werften sowie für Meliorationsaufgaben stellen mußten[86]. Das mecklenburgische Landesarbeitsamt schaltete ebenfalls die DVAS ein und erklärte: „Wir möchten ungern mit polizeilichen Maßnahmen die Gestellung für den Erzbergbau durchführen."[87] Der Verzicht auf das Instrument der Zwangseinweisung wurde mit dem Hinweis auf die angebliche westdeutsche Propaganda, aber auch mit dem negativen Stimmungsbild in der ostdeutschen Bevölkerung begründet: „Es ist bekannt, daß die Westzonen eine verstärkte Propaganda gegen den Erzbergbau führen und solche Zwangsmaßnahmen sich nur nachteilig für das politische Leben und unsere demokratische Verwaltung in der Ostzone auswirken werden."

Nachdem mehrere alarmierende Berichte aus Sachsen bei der SED-Führung in Berlin eingegangen waren – auch der SED-Landesvorstand Sachsen hatte sich am 30. Juli 1947 hilfesuchend an das Zentralsekretariat gewandt[88] –, befaßte sich das Zentralsekretariat mit den schlechten Arbeits- und Lebensbedingungen im Erzgebirge. Helmut Lehmann faßte in einer Vorlage für Otto Grotewohl am 12. August 1947 die stellenweise chaotischen Zustände im Uranbergbau kurz und prägnant zusammen: Vielfach würden „körperlich und gesundheitlich ungeeignete Personen" eingewiesen[89]. Die Verpflegung und Unterbringung sei angesichts der schweren Arbeit „völlig unzulänglich"; zugesagte Lebensmittelzuteilungen würden die Arbeitskräfte oftmals nicht erreichen. Hinzu komme, daß „der größte Teil der Beschäftigten berufsfremd" eingesetzt werde. Die mit der gesundheitlichen Überwachung betrauten Ärzte hätten zudem die Anweisung erhalten, „entgegen ihrer Überzeugung die von ihnen Untersuchten für arbeitsfähig zu erklären, obwohl sie es nicht sind." Da die Arbeitsämter laufend neue Arbeitskräfteanforde-

[84] BAB, DQ 2/2091, Aktennotiz der Abt. I b vom 3.12.1947.
[85] BAB, DQ 2/2040, Bl. 108, Niederschrift über Besprechung mit der SMAD am 4.12.1947.
[86] BAB, DQ 2/2091, Ministerium für Sozialwesen der Landesregierung Mecklenburg am 2.12.1947 an die SMA (Abt. Arbeit und Löhne) in Schwerin.
[87] Ebenda, Landesarbeitsamt Schwerin am 5.12.1947 an die DVAS.
[88] SAPMO, DY 30/IV 2/2.027/25, Bl. 5.
[89] SAPMO, NY 4090/359, Bl. 4.

rungen erhielten, und die Zahl der Freiwilligen sehr gering sei, würden Arbeitskräfte „aus den Betrieben und Büros" zu dieser schweren Arbeit herangezogen. Nach Ansicht Lehmanns blieben die für die SED negativen politischen Auswirkungen nicht auf das Erzgebirge beschränkt, sondern hatten bereits die gesamte SBZ erfaßt.

Im Herbst 1947 setzte allmählich ein begrenzter Lernprozeß ein, zunächst auf deutscher und etwas später auf sowjetischer Seite[90], der langfristig dazu führte, daß die Arbeitseinweisung immer seltener praktiziert und statt dessen ein Anreizsystem geschaffen wurde. Mit Hilfe einer besseren Entlohnung, eines zusätzlichen Prämiensystems, einer besseren Versorgung mit Wohnraum und Gütern des täglichen Bedarfs sollten Arbeitskräfte für den Uranbergbau gewonnen werden. Die Erfahrungen mit der unzureichenden sozialen Lage vieler Wismut-Arbeiter hatte letztlich zu diesem Politikwechsel geführt. Die Leitung der DVAS-Abteilung I b wies bei einer gemeinsamen Besprechung mit einem Vertreter der sächsischen Landesregierung am 25. August 1947 darauf hin, daß die Vermittlung von Arbeitskräften „möglichst im Wege der Freiwilligkeit mit Hilfe einer umfangreichen Propaganda bewerkstelligt werden" sollte[91]. Die SMAD erkannte zunächst die Notwendigkeit eines Instrumentenwechsels nicht an. Noch Ende August 1947 beklagte sich der Vertreter der sowjetischen Besatzungsmacht Iljuschin darüber, daß die Einweisungen in die Wismut AG „zu langsam vor sich gehen"[92]. Er zog daraus eine Schlußfolgerung, welche die Rückkehr zu alten Praktiken befürchten ließ: „Wenn durch Propaganda auf freiwillige Meldungen Erfolge erzielt werden, sei es gut, wenn aber nicht, müßte zu Einweisungen geschritten werden."

Einen qualitativen Wandel brachte in dieser Frage erst der SMAD-Befehl Nr. 234 über „Maßnahmen zur Steigerung der Arbeitsproduktivität und zur weiteren Verbesserung der materiellen Lage der Arbeiter und Angestellten in der Industrie und im Verkehrswesen" vom 9. Oktober 1947[93]. Die Einwände, welche die DVAS-Führung und Vertreter der SED in Karlshorst vorgetragen hatten, zeigten offenbar Wirkung: Die SMAD bestand nicht mehr in dem Maße auf dem Instrument der Zwangseinweisung und ließ den verantwortlichen deutschen Stellen vergleichsweise freie Hand bei der Erprobung verschiedener Werbemaßnahmen. Hintergrund für diese Entwicklung bildete das allgemeine sowjetische Interesse, die Arbeitsproduktivität in den Betrieben zu erhöhen. Dabei schien sich auch auf seiten der SMAD die Erkenntnis durchzusetzen, daß dies eher auf dem Weg freiwilliger Anwerbung als über Zwangsmaßnahmen zu erreichen war. Nach dem Willen der sowjetischen Besatzungsmacht sollten im Zusammenhang mit Befehl Nr. 234 unter anderem eine zusätzliche Lebensmittelversorgung eingeführt und die ärztliche Versorgung in den Betrieben verbessert werden. Darüber hinaus diente die Erweiterung des Systems der Stück- und Akkordlöhne zunächst einmal

---

[90] Nach Einschätzung von Karlsch trug ein Brief des FDGB-Landesvorstandes Sachsen vom 15. 4. 1947 an die russischen Gewerkschaften wesentlich dazu bei, daß das Problem in Moskau überhaupt wahrgenommen wurde. Karlsch/Zacharov, Ein GULag im Erzgebirge?, S. 27. Der Brief ist abgedruckt in: ebenda, S. 29–32.
[91] SAPMO, DY 30/IV 2/2.027/25, Bl. 54f.
[92] Ebenda, Bl. 66.
[93] Arbeit und Sozialfürsorge 2 (1947), S. 452f.

der Steigerung der Arbeitsproduktivität, hatte gleichzeitig aber auch eine Anreizfunktion für Arbeitsuchende.

Die DVAS legte Anfang November 1947 einen ersten Maßnahmenkatalog vor,
der die angestrebten Änderungen bei der Arbeitskräftelenkung verwirklichen
sollte[94]. Darin wurden die Arbeitsämter aufgefordert, mit den örtlichen Kommandanturen der SMA Verhandlungen aufzunehmen, um eine geregelte Auftragsertei-
lung zu erreichen. Der Verzicht auf Arbeitseinweisungen bedinge, daß „die Fristen für Gestellung von Arbeitskräften [...] zeitlich so gestellt werden, daß die
Gewinnung dieser Arbeitskräfte auf freiwilliger Basis möglich ist"[95]. Auch die
Zusammenarbeit zwischen Arbeitsämtern und Betriebsleitern sollte intensiviert
werden. Dazu war vorgesehen, innerhalb eines Arbeitsamtsbezirkes „mit einer
den vordringlichsten Bedürfnissen entsprechenden Anzahl von Unternehmern
Vereinbarungen zu treffen, daß diese im Benehmen mit ihrer Belegschaft jederzeit
auf Abruf dem Arbeitsamt eine Anzahl von Arbeitnehmern zu kurzfristigen Ein-
sätzen zur Verfügung stellen." Zugleich wurden die Arbeitsämter von der DVAS
angewiesen, in Zukunft sorgfältig zu prüfen, ob Anforderungen überhöht seien.
Mit den vorhandenen Arbeitskräften müsse – so die Berliner Zentralverwaltung –
„weit sparsamer gewirtschaftet" werden. Bei niedriger Arbeitsproduktivität in
einzelnen Betrieben sei die Neuzuführung von Arbeitskräften dort zu verweigern.
Abschließend wies jedoch die DVAS nochmals darauf hin, daß Arbeitseinweisungen dann unvermeidbar seien, wenn sich nicht genügend Arbeitskräfte freiwillig
melden würden. Bei Verfehlungen müßten aber die „verantwortlichen Personen"
zur Rechenschaft gezogen werden[96].

Die Versorgung mit Wohnraum erschwerte Ende 1947 in zunehmenden Maße
den Zuzug von neuen Arbeitskräften zur Wismut AG[97]. Der „Wohnungsmarkt"
war zu diesem Zeitpunkt in zahlreichen Städten und Bezirken der SBZ erheblich
angespannt[98]. Beim Uranbergbau kam jedoch hinzu, daß der Bedarf nach Wohnungen rapide angestiegen war, was in erster Linie mit dem von der SMAD sowie
der Bergwerksleitung forciert betriebenen Ausbau der Schachtanlagen zusammenhing. Während also die Lenkung von Arbeitskräften ins Erzgebirge weitgehend zufriedenstellend verlief, traf dies für die Situation auf dem Wohnungsmarkt
überhaupt nicht zu. Es fehlten nicht nur Wohnungen, die bereits vorhandenen
waren oftmals unzureichend. Aufgrund der schlechten Stimmungslage im Zusammenhang mit der mangelhaften Versorgung auf diesem konsumptiven Sektor versuchte die Besatzungsmacht in enger Absprache mit der Arbeitsverwaltung, ein
Wohnungsbauprogramm für die Wismut-Arbeiter zu entwerfen, von dem man

[94] SAPMO, DY 30/IV 2/2.027/21, Bl. 24f., Rundschreiben der DVAS vom 3. 11. 1947 an den Minister für Arbeit und Sozialwesen der Landesregierung Brandenburg.
[95] Ebenda, Bl. 24.
[96] Ebenda, Bl. 25.
[97] Einen Engpaß mußte selbst die IG Bergbau (Revierleitung Aue) in ihrem ansonsten stark geschön-
ten Bericht über die Arbeitsbedingungen im Bergbaugebiet Aue, Annaberg, Marienberg konstatie-
ren. Vgl. BAB, DQ 2/1964, IG Bergbau (Revierleitung Aue) am 29. 12. 1947 an das Landesarbeitsamt in Dresden, S. 1.
[98] Vgl. allgemein: Hoffmann, Wohnungspolitik in der DDR; in vergleichender Perspektive: Schildt,
Wohnungspolitik.

annahm, daß sich erst 1949 entlastende Wirkungen bemerkbar machen würden[99]. Die sowjetische Besatzungsmacht behielt sich in dieser Frage die Federführung vor und machte rasch deutlich, daß zunächst einmal kurzfristige Maßnahmen zu ergreifen waren. Darunter verstanden Vertreter der sächsischen SMA „eine stärkere Belegung des vorhandenen Wohnraumes"[100] und verwiesen auf das Gesetz Nr. 18 des Alliierten Kontrollrates (Wohnungsgesetz) vom 8. März 1946[101], das die Erfassung und Verteilung des knappen Gutes regelte. Nach den Vorstellungen der sowjetischen Besatzungsmacht sollten bei der Erfassung nicht nur das Erzbergbaugebiet, sondern auch die angrenzenden Landkreise systematisch untersucht werden. Verworfen wurde dagegen die Idee, Barackenlager aufzubauen. Diese würden – so die Begründung – „leicht de[n] Eindruck eines Gefangenenlagers" vermitteln[102].

Sachsen trug trotz Absprachen mit der DVAS sowie den übrigen Landesverwaltungen auch weiterhin die Hauptlast bei der Bereitstellung von Arbeitskräften für den Uranbergbau. Der Präsident des Landesarbeitsamtes in Dresden betonte gegenüber der DVAS, daß das Land Sachsen dazu nicht mehr in der Lage sei: „Die Eingriffe, die in die sächsische Wirtschaft getan werden mußten, sind unverantwortlich."[103] Die Berliner Zentralverwaltung wurde gebeten, die anderen Länder anzuweisen, „die gegebenen Auflagen unverzüglich zu erfüllen". Von insgesamt 19 000 angeforderten Arbeitskräften hatte nur Sachsen sein Soll fast verdoppeln können, von 2000 auf letztlich 3702. Sachsen-Anhalt konnte von 4000 geforderten Arbeitern nur 394 stellen; Thüringen, Mecklenburg und Brandenburg wiesen einen Erfüllungsstand zwischen 30 und 50 Prozent auf. Die SMAD gab daraufhin die Anweisung heraus, daß die Stellung von Arbeitskräften für Aue Vorrang genießen sollte gegenüber anderen sowjetischen Befehlsauflagen[104]. Aus diesem Grunde wurde auch eine Ausnahmeregelung zugunsten des Kupferschieferbergbaus in Mansfeld wieder zurückgezogen.

Die einzelnen Landesarbeitsämter waren Anfang 1948 bei der Ausführung der SMAD-Befehle für die Wismut AG so weit in Rückstand geraten, daß an die Umsetzung neuer Auflagen von seiten der sowjetischen Besatzungsmacht überhaupt nicht zu denken war. Der damit verbundene Arbeitsaufwand war zudem enorm: So berichtete ein Vertreter des mecklenburgischen Landesarbeitsamtes, daß man insgesamt 12 799 Personen auf Bergbautauglichkeit überprüft habe, um schließlich die geforderten 3000 Arbeitskräfte nach Aue zu vermitteln. Von diesen seien nur 2216 Personen am Bestimmungsort eingetroffen, darunter befänden sich 1580 Freiwillige (70 Prozent)[105]. Dies belegte, daß sich zum einen zahlreiche für den Uranbergbau angeworbene Arbeiter während des Transportes wieder absetzten,

---

[99] BAB, DQ 2/2091, Niederschrift über eine Unterredung mit Major Baronjuk am 6. 12. 1947 in Aue.

[100] Ebenda.

[101] Amtsblatt des Kontrollrats in Deutschland, S. 117–121.

[102] BAB, DQ 2/2091, Niederschrift über Unterredung mit Major Baronjuk am 6. 12. 1947 in Aue.

[103] BAB, DQ 2/1785, Bl. 144, Präsident des LAA Sachsen am 12. 12. 1947 an die DVAS.

[104] BAB, DQ 2/512, DVAS (Abt. I b) am 19. 12. 1947 an das Landesamt für Arbeit und Sozialfürsorge in Halle/Saale.

[105] BAB, DQ 2/1537, Niederschrift über den Verlauf der Arbeitstagung der DVAS (Abt. I b) in Leipzig am 6./7. 1. 1948, S. 6.

und zum anderen der Anteil der Zwangsverpflichteten nach wie vor nicht unbeträchtlich war. Der mecklenburgische Vertreter ging dennoch davon aus, bis Ende Januar die Auflage erfüllen zu können. Gleichzeitig hatte das nördlichste Land der SBZ in der Zwischenzeit eine weitere Auflage in Höhe von 3000 Arbeitskräften erhalten. Man bemühe sich, so der Mitarbeiter des dortigen Landesarbeitsamtes, den Befehl zu erfüllen, „weise aber jetzt schon darauf hin, es nicht zu können." Auf das Instrument der Zwangseinweisung könne nicht mehr zurückgegriffen werden, da zahlreiche Arbeitsamtsleiter erklärt hätten, „in [einem] solchen Falle ihre Ämter niederzulegen." Noch dramatischer hatte sich die Situation in Brandenburg entwickelt, wo von 922 bergbautauglichen Personen, die nach Aue geschickt worden waren, nur 48 Personen ankamen; der Anteil der Freiwilligen betrug hier nur 20 Prozent, in Sachsen-Anhalt sogar nur knapp über 10 Prozent[106]. Die DVAS reagierte auf diese Berichte nur mit dem etwas hilflosen Hinweis, daß die Werbung und Propaganda weiter zu verstärken seien. Nicht nur die DVAS, sondern auch die Landesarbeitsämter und der FDGB-Bundesvorstand erwarteten für das I. Quartal 1948 eine steigende Zahl an Arbeitskräfteanforderungen von seiten der sowjetischen Besatzungsmacht[107].

Der Wandel von der Arbeitseinweisung zur Freiwilligenwerbung vollzog sich in der Praxis jedoch nur langsam. So meldete etwa der thüringische SED-Landesvorstand der SED-Führung in Berlin am 12. Februar 1948, daß sich unter den insgesamt 4204 Arbeitskräften, die aus Thüringen dem sächsischen Erzbergbau zugewiesen worden waren, 1530 Freiwillige befanden[108]. Die Anzahl der Eingewiesenen betrug demzufolge 2674. Die Arbeitsämter hatten außerdem 2524 Personen registriert, die noch vor der Einweisung in die Westzonen gegangen waren, 428 Arbeitskräfte hatten sich noch während des Transportes in den Westen abgesetzt. In der Folgezeit sank die Zahl der Arbeitseinweisungen weiter: Nach Angaben des sächsischen Ministeriums für Arbeit und Sozialfürsorge befanden sich unter den 7475 Arbeitskräften, die im Laufe des August 1948 aus der gesamten SBZ dem Erzbergbau zugewiesen wurden, 7332 Freiwillige (95,4 Prozent)[109]. Im Dezember lag die Quote bei 96,7 Prozent, wobei die absolute Zahl der zugewiesenen Arbeiter sich nahezu halbiert hatte (3745)[110]. Im Verlauf des Jahres 1948 trug das Land Sachsen erneut mit weitem Abstand die Hauptlast: Von insgesamt 81 432 Arbeitern, die zwischen dem 1. Januar und dem 31. Dezember 1948 zur Wismut AG kamen, stellte Sachsen 48 739 Arbeiter, Sachsen-Anhalt 9461, Thüringen 9222, Mecklenburg-Vorpommern 7413 und Brandenburg 6597[111]. Die Arbeitsverwaltung konnte für das I. Quartal wiederum verbesserte Ergebnisse vorlegen[112]: Das

---

[106] Ebenda.
[107] SAPMO, DY 34/20149, Bericht der Abt. Arbeitslenkung, Berufsausbildung, Kriegsgefangene, Heimkehrer und Umsiedler vom 11. 1. 1948.
[108] SAPMO, DY 30/IV 2/2.027/25, Bl. 101.
[109] BAB, DQ 2/1964, Halbmonatsmeldung des Ministeriums für Arbeit und Sozialfürsorge der Landesregierung Sachsen vom 2. 9. 1948 an die HVAS.
[110] BAB, DQ 2/1914, Halbmonatsmeldung des Ministeriums für Arbeit und Sozialfürsorge der Landesregierung Sachsen vom 5. 1. 1949 an die HVAS.
[111] Ebenda.
[112] BAB, DQ 2/1964, Halbmonatsmeldung des Ministeriums für Arbeit und Sozialwesen der Landesregierung Sachsen vom 4. 4. 1949 an die HVAS. Der Bericht enthält auch Angaben über die Entwicklung im I. Quartal 1949.

Auflagensoll von 22 500 Arbeitskräften war weit übertroffen worden; insgesamt 34 656 Arbeiter hatten für die Arbeit im Uranbergbau gewonnen werden können. Bis auf Brandenburg und Mecklenburg-Vorpommern hatten alle Länder ihre Anforderungen erfüllt, wobei Sachsen mit 19 139 Arbeitern zum wiederholten Male die Spitzenposition einnahm. Auch der prozentuale Anteil der Freiwilligen unter den zugewiesenen Arbeitern (99,6 Prozent) konnte die Arbeitsverwaltung zufriedenstellen.

Im Verlauf des Jahres 1948 verbesserte sich zunächst die soziale Lage der Beschäftigten der Wismut AG. Die nunmehr einsetzende Bevorzugung der Bergarbeiter bei der Versorgung mit Konsumgütern hatte eine Magnetwirkung auf Arbeitskräfte auch außerhalb Sachsens. Aufgrund des massenhaften Zuzugs kam es jedoch zu einer erneuten Verschlechterung der Lebensbedingungen ab Mitte 1948[113]. Bereits im Herbst 1947 hatte sich die Sogwirkung bemerkbar gemacht, die von der übertariflichen Bezahlung der Bergarbeiter ausging. Dies hing auch mit der herausgehobenen Stellung dieses Berufsstandes innerhalb der Sozialversicherung zusammen[114], verstärkte sich aber zumindest für die Beschäftigten des Uranbergbaus im Zusammenhang mit dem SMAD-Befehl Nr. 234. So existierte frühzeitig in einzelnen Bezirken des Erzgebirges ein Prämiensystem, „wonach in den meisten Fällen die Tariflöhne bei weitem überschritten" wurden[115]. Nach Angaben der DVAS konnten rund 50 Prozent der in Aue beschäftigten Bergarbeiter „das Mehrfache ihres tariflichen Schichtlohnes" verdienen.

Die Freiwilligenwerbung für die Wismut AG blieb nicht ohne Wirkung auf die Wirtschaftsbranchen, die nicht dem SMAD-Befehl Nr. 153 unterlagen, zunächst in Sachsen und etwas zeitversetzt in den übrigen Ländern der SBZ. Aufgrund der deutlich gestiegenen Löhne und der besseren Lebensmittelversorgung – dies hing unmittelbar mit dem SMAD-Befehl Nr. 234 zusammen – hatten sich offensichtlich zahlreiche Arbeiter zu einem Arbeitsplatzwechsel entschlossen. Diese Entwicklung war von seiten der Arbeitsverwaltung und der SED-Führung durchaus intendiert gewesen, über die Konsequenzen hatte man sich allerdings keine weiteren Gedanken gemacht. Planungen über die Abdeckung des dabei auftretenden Arbeitskräftebedarfs in den Wirtschaftsbranchen, aus denen die Arbeiter abwanderten, existierten nicht. Es hat sogar den Anschein, daß sich bei den an der Arbeitskräftelenkung beteiligten Ressorts auf Zentral- und Landesebene zunächst eine gewisse Ratlosigkeit breit machte. Die Berichte über die Abwanderung erreichten als erstes die sächsische Landesverwaltung. So berichtete ein Vertreter der Industrie- und Handelskammer (IHK) in Aue, daß er „von der gesamten Industrie Meldungen habe, daß Spitzenkräfte in den Erzbergbau abwandern"[116]. Durch eine unterschiedliche Behandlung von Fach- und Hilfsarbeitern versuchte die Leiterin des Landesarbeitsamtes in Dresden, Hildegard

[113] Roeling, Arbeiter im Uranbergbau, S. 118.
[114] Vgl. dazu: Hoffmann, Sozialpolitische Neuordnung in der SBZ/DDR, S. 57–63. Vgl. zur historischen Entwicklung der knappschaftlichen Versicherung bis 1945: Geyer, Die Reichsknappschaft.
[115] SAPMO, DY 30/IV 2/2.027/25, Bl. 76, DVAS-Präsident Brack am 20. 9. 1947 an die Abt. Arbeit und Sozialfürsorge des SED-Zentralsekretariats.
[116] SächsHStA, Landesregierung Sachsen, Ministerium für Arbeit und Sozialfürsorge, Bd. 307, Niederschrift über die Besprechung wegen der Abwanderung von Fachkräften aus der Industrie zum Erzbergbau im Arbeitsamt Aue am 15. 3. 1948, S. 1.

Heinze, eine Problemlösung zu finden. Nach ihren Vorstellungen sollten Facharbeiter, die sich freiwillig für den Uranbergbau meldeten, für die aber vom zuständigen Arbeitsamt kein Ersatz gestellt werden konnte, keine Genehmigung zum Arbeitsplatzwechsel erhalten[117]. Anders sei dagegen bei der Freigabe von Hilfsarbeitern zu verfahren. Dieser Vorschlag erwies sich jedoch als nicht sehr praktikabel, da er eine lückenlose Erfassung der Wanderungsbewegung durch die Arbeitsämter voraussetzte. Das Landesarbeitsamt informierte kurz darauf die sächsische Landesregierung sowie den FDGB-Landesvorstand über die neu eingetretene Entwicklung und betonte, daß die Abwanderung von Fachkräften aus der Industrie „ein bedrohliches Ausmaß" angenommen habe[118]. Heinze kündigte in dem Zusammenhang an, daß sie versuchen werde, bei der SMA Sachsen zu erreichen, daß „die Einstellung von Arbeitskräften in den einzelnen Objekten des Erzbergbaus nur bei Zuweisung des Arbeitsamtes zu erfolgen hat." Es blieb jedoch bei dieser Absichtserklärung; eine konkrete Absprache zwischen der sowjetischen Besatzungsmacht in Sachsen und dem dortigen Landesarbeitsamt ist nicht nachweisbar. Zu vermuten ist, daß sich die SMA und vor allem die Bergwerksleitung in Aue zu einer solchen Zusicherung nicht bereitfinden wollten. Die unzureichende Zusammenarbeit zwischen sowjetischen und deutschen Dienststellen hatte sich, wie gezeigt werden konnte, bereits zuvor angedeutet, was mit der mangelnden Bereitschaft auf seiten der Wismut AG zusammenhing. Diese Abwanderung zum Erzbergbau setzte sich in der Folgezeit weiter fort und betraf schließlich auch Betriebe der Schwerindustrie, so etwa die Gießereien[119]. Einzelne Arbeitsamtsleiter in Sachsen befürchteten sogar langfristige Auswirkungen für den Stein- und Braunkohlenbergbau: Falls dort keine Besserung für die Bergarbeiter einträte, sei mit einer Wanderungsbewegung hin zur Wismut AG zu rechnen[120]. Den Mangel an Nachwuchskräften führte die Hauptverwaltung Kohle jedoch weniger auf die Abwanderung von Arbeitskräften als vielmehr auf die „Unlust der Jugendlichen zum Bergbauberuf" zurück[121]. Statistische Erhebungen über die Fluktuation vom Kohlen- zum Erzbergbau konnte die Hauptverwaltung nicht vorlegen. Nach Einschätzung der sächsischen Landesverwaltung war jedoch eine „Störung der Kohlenförderung" nicht zu befürchten, da etwa die Steinkohlegruben ebenfalls zu den Bereichen gehörten, die bevorzugt mit Arbeitskräften zu versorgen waren. Ein Arbeitsplatzwechsel konnte zudem nur mit Zustimmung des abgebenden Betriebes stattfinden, berichtete das sächsische Ministerium für Arbeit und Sozialfürsorge der HVAS[122]. In den ersten neun Monaten des Jahres 1948 hatten in den Arbeitsamtsbezirken

---

[117] Ebenda, S. 2.
[118] BAB, DQ 2/2091, LAA Sachsen am 16. 3. 1948 an den Ministerpräsidenten, den Minister für Arbeit und Sozialfürsorge, das Ministerium für Handel und Versorgung, das Ministerium für Wirtschaft und Wirtschaftsplanung (Abt. Verkehr) und den FDGB-Landesvorstand (Abt. Wirtschaftspolitik).
[119] BAB, DQ 2/1763, Niederschrift über die Amtsleitertagung am 5. 8. 1948 im Arbeitsamt Dresden, S. 6.
[120] Ebenda, S. 7.
[121] BAB, DQ 2/1995, HVAS-Abt. I b am 13. 9. 1948 an Präsident Brack.
[122] Ebenda, Ministerium für Arbeit und Sozialfürsorge (HA Arbeit) der Landesregierung Sachsen am 6. 10. 1948 an die HVAS.

Dresden, Lugau und Zwickau insgesamt 57 Fach- und 8 Hilfsarbeiter den Steinkohlenbergbau verlassen und waren zum Erzbergbau abgewandert[123].

Die Betriebe besaßen ihrerseits durchaus Möglichkeiten, Auflagen der Arbeitsämter abzulehnen bzw. zu reduzieren. Dabei wurden nicht nur die entsprechenden Landesverwaltungen, sondern sogar die Zentralverwaltungen bzw. Hauptverwaltungen der DWK eingeschaltet. Diese versuchten des öfteren bei Auseinandersetzungen zwischen Betrieben und Arbeitsämtern als Vermittler aufzutreten. So berichtete die HVAS am 14. Mai 1948, daß Verhandlungen mit der Betriebsleitung des Kraftwerkes Plessa ergeben hätten, daß dieses Unternehmen „vorläufig" nur fünf ungelernte bergbautaugliche Arbeiter für Aue zu stellen hatte; auf die restlichen fünf solle dagegen verzichtet werden[124]. Damit war es der Kraftwerksleitung letztlich gelungen, die Anforderung zu halbieren. Diese Verfahrensweise war mitunter aber sehr zeit- und personalaufwendig; außerdem standen Aufwand und Ertrag der Verhandlungen in keinem günstigen Verhältnis. Dennoch bleibt festzuhalten, daß die HVAS bestrebt war, die Erfüllung der Arbeitskräfteauflagen für die Wismut AG im Konsens zwischen allen Beteiligten herbeizuführen.

Um die Arbeitskräftelenkung zu verbessern, schlug der Leiter der HVAS Brack im Mai 1948 vor, bei der DWK einen Sonderbeauftragten für den sächsischen Erzbergbau zu bestellen[125]. Zu dessen Aufgaben sollten die konkrete Planung und Lenkung der Arbeiter, Fragen der Wohnraum- und Lebensmittelversorgung, der Verkehrsverbesserung und die „kulturelle Betreuung" gehören. Dabei hatte er vor allem die Tätigkeit der kommunalen Behörden, der Landesverwaltungen und der beteiligten Hauptverwaltungen zu koordinieren sowie für die Durchführung von DWK-Beschlüssen zu sorgen. Die DWK-Spitze reagierte jedoch auf diesen Vorstoß nicht weiter, obwohl ein Koordinierungsbedarf mittlerweile deutlich geworden war. Die sächsische Landesregierung unterstützte Brack vehement und bat darum, den Sonderbeauftragten „recht bald zu bestimmen, damit die notwendigen Maßnahmen insbesondere zur Arbeitskräftebeschaffung, aber auch für die Versorgung der Bergarbeiter mit Wohnraum, Kleidung und Hausrat unter Beteiligung aller Länder der Zone durchgeführt werden können"[126].

Die Fluktuation unter der Belegschaft der Wismut AG war bis Ende der vierziger Jahre stets hoch und lag vermutlich über der durchschnittlichen Quote in der gesamten SBZ. Dies hing mit den Besonderheiten des Uranbergbaus und vor allem mit dem Instrument der Arbeitseinweisung zusammen. Diese konnte, so sah es die „Verordnung über die Sicherung und den Schutz der Rechte bei Einweisungen von Arbeitskräften" vor, nur für sechs Monate erfolgen; in begründeten Ausnahmefällen war eine Verlängerung um weitere sechs Monate möglich. Anschließend mußten die eingewiesenen Arbeitskräfte von den Arbeitsämtern im Erzgebirge entlassen werden und konnten in ihre Heimatorte zurückkehren. Dabei ergaben sich oftmals Anpassungsschwierigkeiten, da die Arbeitsverwaltung die Neuankömmlinge wieder mit Arbeit versorgen mußte. Zwar hatten die arbeits-

---

[123] Ebenda.
[124] BAB, DQ 2/1995, HVAS (Donau) am 14. 5. 1948 an HV Energiewirtschaft.
[125] BAB, DQ 2/2091, HVAS (Brack) am 15. 5. 1948 an den DWK-Vorsitzenden Rau.
[126] Ebenda, Ministerium für Arbeit und Sozialfürsorge der Landesregierung Sachsen am 1. 6. 1948 an die HVAS.

rechtlichen Bestimmungen vorgesehen, daß eingewiesene Arbeiter von ihrem ursprünglichen Arbeitgeber wieder einzustellen waren. Eine Garantie gab es letztlich aber nicht, so daß in einzelnen Betrieben die Arbeitslosenzahl wieder leicht anzusteigen drohte. So meldete das mecklenburgische Ministerium für Sozialwesen der HVAS, zahlreiche Arbeitsämter würden sich darüber beklagen, daß „von der Entpflichtung der Arbeitskräfte die Abgabeämter keine Nachricht erhalten." Dies habe zur Folge, daß „die zurückgekehrten Arbeitskräfte tage- und wochenlang ohne Beschäftigung in ihren Heimatorten sind, bis sie es für richtig finden, sich beim zuständigen Amt für Arbeit wieder anzumelden"[127].

Das Präsidium der HVAS erwartete für das 2. Halbjahr 1948 einen weiteren Anstieg des Bedarfs an Arbeitskräften für den sächsischen Erzbergbau, der zwischen 15 und 20 Prozent über dem des ersten Halbjahrs liegen werde[128]. Erstmals wurde erwogen, bei der Vermittlung Frauen zu berücksichtigen. Gespräche mit der Abteilung Arbeitskraft in Karlshorst hatten offensichtlich ergeben, daß die SMAD ein „besonderes Interesse" daran zeigte, im Rahmen der Werbemaßnahmen „die Lebensweise nicht rosiger" zu machen, „als sie tatsächlich ist." Es sei vielmehr zweckmäßig, sich auf eine sachliche Beschreibung der Arbeits- und Lebensverhältnisse zu beschränken, „damit keine Enttäuschungen eintreten"[129]. Diese Position mußte die deutschen Vertreter einigermaßen überraschen, hatte doch die SMAD bis zu diesem Zeitpunkt eine Darstellung der Verhältnisse im Uranbergbau in der Öffentlichkeit kategorisch abgelehnt. Erstaunlich war außerdem, daß Karlshorst SAG-Betriebe bei der Abstellung von Arbeitskräften für die Wismut AG nicht ausnehmen wollte. Inwieweit dies jedoch nur eine Absichtserklärung war, mußte die Praxis der Arbeitsverpflichtung noch zeigen.

Aus Sicht des sächsischen Landesarbeitsamtes hatte sich Mitte des Jahres 1948 die Freiwilligenwerbung spürbar verbessert; der von der HVAS prognostizierte Anstieg des Arbeitskräftebedarfs hatte sich wohl noch nicht eingestellt. Auch die Bergwerksleitung in Aue teilte diese Einschätzung, wies aber gleichzeitig darauf hin, daß „das nicht bedeuten soll, daß die Gestellung von Arbeitskräften für den Erzbergbau eingestellt werden kann"[130]. Erhöhte Entlohnung und zusätzliche Versorgung mit Lebensmitteln boten offensichtlich genügend Anreize, so daß sich die Situation insgesamt leicht entspannt hatte. Das Problem der Gewinnung neuer Arbeiter für die Wismut AG sei „im Hinblick auf die augenblickliche Lage nicht sehr akut [...], da die Leute ohne besondere Werbung in den Bergbau strömen"[131], so die Einschätzung eines Ministerialdirektors des Landesarbeitsamtes. Die sowjetische Besatzungsmacht überließ es weitgehend der deutschen Arbeitsverwaltung, Arbeitskräfte in den sächsischen Erzbergbau zu lenken. Für sie war nur die annähernde Erfüllung der Auflagen entscheidend, damit die Gewinnung des uranhaltigen Gesteins gesteigert werden konnte. Daneben bestanden aber massive Si-

---

[127] Ebenda, Ministerium für Sozialwesen der Landesregierung Mecklenburg am 4. 6. 1948 an die HVAS.
[128] BAB, DQ 2/2049, Bl. 138, Protokoll der Präsidiumssitzung am 18. 6. 1948.
[129] Ebenda.
[130] BAB, DQ 2/1763, Niederschrift über die Amtsleitertagung am 5. 8. 1948 im Arbeitsamt Dresden, S. 7.
[131] BAB, DQ 2/1762, Bericht der DVAS-Abt. I b über die Amtsleitertagung am 9./10. 7. 1948 des LAA Dresden im Mittweida.

cherheitsbedenken auf seiten der sowjetischen Besatzungsmacht gegenüber zwei Personengruppen: entlassene politische Strafgefangene, darunter fielen in erster Linie NS-Belastete, sowie Westmigranten. Diesen wurde der Zugang kategorisch verwehrt. Ein sowjetischer Offizier faßte dies im Sommer 1948 gegenüber Vertretern der sächsischen Arbeitsverwaltung kurz zusammen: „Ehemalige politische . Inhaftierte sollen nicht für den Erzbergbau eingesetzt werden. Personen, die aus der Westzone herüberkommen, sind nicht zum Einsatz für den Erzbergbau zu vermitteln, da der Spionageverdacht vorliegt."[132] Allerdings bestanden in dieser Frage unterschiedliche Positionen: So erklärte ein Vertreter der Bergwerksleitung in Aue, daß auch Arbeitskräfte aus den westlichen Besatzungszonen in den Erzbergbau vermittelt werden könnten[133]. Die Nachfrage nach Arbeitskräften wog dabei schwerer als die Furcht vor der Einschleusung vermeintlicher Westagenten. Festzuhalten bleibt, daß sich die Arbeitskräftewerbung für die Wismut AG primär auf die SBZ konzentrierte. Darüber hinaus gewannen die angesprochenen Sicherheitsbedenken die Oberhand, je weiter die Blockbildung in Europa und die damit zusammenhängende wirtschaftliche und politische Teilung Deutschlands voranschritt.

Für die Arbeitsverwaltung gerieten im Sommer 1948 zwei Bevölkerungsgruppen in den Mittelpunkt des Interesses, die bisher bei der Rekrutierung vernachlässigt worden waren: Frauen und Jugendliche. Aufgrund der arbeitsrechtlichen Bestimmungen sowie der Kriterien für die Bergbautauglichkeit blieben die weibliche Bevölkerungsgruppe sowie die Jugendlichen von dieser Tätigkeit bis dahin ausgeschlossen. Der Politikwechsel ging auf die sowjetische Besatzungsmacht zurück, wobei betont werden muß, daß bereits zu diesem Zeitpunkt Frauen zu leichten Arbeiten etwa in der Verwaltung eingesetzt worden waren. Dagegen blieb die Untertagearbeit nach wie vor eine Männerdomäne; daran änderte sich auch in der Folge nichts. Neu war dagegen der Versuch, Frauen in größerem Umfange für Verwaltungsarbeiten zu gewinnen. Dadurch hätten wiederum Männer für die körperlich schwere Arbeit in den Schachtanlagen freigesetzt werden können. Die sowjetische Bergwerksleitung hatte allerdings völlig illusorische Vorstellungen: „Es können beliebig viele Frauen nach Aue geschickt werden, jedoch werden nur 30 % auf das Auflagesoll angerechnet."[134] Die eingestellten Frauen sollten die gleichen Löhne und gleiche Verpflegung erhalten wie ihre männlichen Kollegen. Die HVAS informierte das Landesarbeitsamt in Dresden umgehend über den neuen Kurs[135]. Die Berliner Hauptverwaltung hatte aber erhebliche Zweifel an der Ankündigung der Wismut AG, daß die Unterbringung der Frauen „vorwiegend" in Einzelquartieren garantiert werde, stand dies doch im krassen Widerspruch zu den bisherigen Berichten über die Wohnverhältnisse im Erzbergbaugebiet. Einzelne Schachtanlagen der Wismut AG lehnten jedoch die Einstellung von Frauen ab, angeblich um die Verbreitung von Seuchen im Vorfeld zu verhindern[136]. Das

---

132 BAB, DQ 2/1763, Niederschrift über die Amtsleitertagung am 5. 8. 1948 im Arbeitsamt Dresden, S. 7.
133 Ebenda, Bericht über die Amtsleitertagung in Halle/Saale am 10. 8. 1948, S. 1.
134 Ebenda, S. 2.
135 BAB, DQ 2/2091, Schreiben Krügers vom 16. 8. 1948 an das sächsische Landesarbeitsamt.
136 BAB, DQ 2/1995, Arbeitsamt Aue am 10. 9. 1948 an das Ministerium für Arbeit und Sozialfürsorge der Landesregierung Sachsen.

Arbeitsamt Aue berichtete, daß einige ärztliche Untersuchungs- und Betreuungs-
stellen nicht nur Schwangerschaftsfälle, sondern auch Geschlechtskrankheiten
festgestellt hätten. Die Ambulatorien im Erzbergbaugebiet verzeichneten „diese
Fälle in großem Ausmaß"[137]. Dadurch stieg die Rate der Fehlvermittlungen sowie
der Arbeitsentpflichtungen, so daß das Arbeitsamt anregte, daß „vor Zuweisung
von Frauen zum Erzbergbau die Untersuchung auf Geschlechtskrankheiten und
Schwangerschaft durchgeführt werden muß und ein entsprechender Vermerk auf
den Papieren zu stehen hat". Die HVAS übernahm diesen Vorschlag[138]. Da die
Frage der wohnlichen Unterbringung nicht so rasch gelöst werden konnte, schlug
die SMA Sachsen vor, die Zuweisung von Frauen ins Erzbergbaugebiet vorerst zu
beenden, ohne allerdings das Gesamtsoll der zu stellenden Arbeitskräfte zu reduzieren[139]. Die sowjetische Bergwerksleitung in Aue hob schließlich nach Rücksprache mit Karlshorst die von der SMAD der DWK erteilte Anweisung auf, nach
der die Länder die Auflagen für den Erzbergbau zu 30 Prozent mit Frauen abdecken konnten, und senkte den Anteil auf 5 Prozent[140]. Nach den Meldungen
einzelner Arbeitsamtsbezirke betonte die HVAS, daß die Versorgung der eingewiesenen Frauen nicht allein eine Aufgabe der sächsischen Landesverwaltung sei,
und unterstrich die Bedeutung von ärztlichen Eingangsuntersuchungen, die auch
auf männliche Arbeitskräfte ausgedehnt werden sollten. Strittig war dagegen die
Finanzierungsfrage; nach Ansicht der HVAS mußte die Zentralfinanzverwaltung
die erforderlichen Mittel bereitstellen. Zur Begründung gab ihr Präsident Brack
an: „Einen Seuchenherd einzudämmen ist immer billiger, als wenn man ihn ausbreiten läßt."[141]

Darüber hinaus befürwortete die sowjetische Bergwerksleitung die Vermittlung von Jugendlichen nach Aue, die kurz vor der Vollendung des 18. Lebensjahres standen[142]. In dem Zusammenhang war geplant, eigene Aus- und Weiterbil-
dungskurse einzurichten. Die Angaben der HVAS, daß die SMAD beabsichtigte,
5000 Jugendliche im Alter von 16 bis 21 Jahren zu kurzfristigen und 2000 Lehrlinge im Alter von 14 bis 16 Jahren zu einer dreijährigen Ausbildung in der Wismut AG unterzubringen, waren jedoch deutlich überhöht[143]. Tatsächlich sollten
vielmehr 2350 Jugendliche für eine dreijährige und nur 2400 für eine kurzfristige
Ausbildung eingesetzt werden. Im August 1948 gab es offensichtlich keinen Lehrling. Gleichzeitig registrierte die IG Bergbau aber eine Reihe von Jugendlichen,
die das 18. Lebensjahr noch nicht erreicht hatten. Sie schätzte die Gesamtzahl der
im Uranbergbau beschäftigten Jugendlichen auf 10000 (18–21 Jahre) bzw. 20000

[137] Ebenda.
[138] BAB, DQ 2/1950, Aktennotiz über Besprechung mit der SMAD am 1. 10. 1948.
[139] BAB, DQ 2/1762, Niederschrift über den Verlauf der Arbeitstagung der DVAS (Abt. I b) in Bad
Kösen am 5./6. 10. 1948, S. 2.
[140] SächsHStA, Landesregierung Sachsen, Ministerium für Arbeit und Sozialfürsorge, BD. 396, Vermerk über Vorsprache beim Vertreter von General Malzew, Oberst Domaschnikow, am 18. 10.
1948 in Aue.
[141] BAB, DQ 2/1762, Niederschrift über den Verlauf der Arbeitstagung der DVAS (Abt. I b) in Bad
Kösen am 5./6. 10. 1948, S. 3.
[142] BAB, DQ 2/1763, Bericht über die Amtsleitertagung in Halle/Saale am 10. 8. 1948, S. 3.
[143] SAPMO, DY 30/IV 2/16/111, Bl. 206–211, hier Bl. 206, Bericht des FDGB-Bundesvorstandes
(HA 10: Jugend) vom 30. 8. 1948.

(21–25 Jahre)[144]. Am 27. September veröffentlichte die HVAS (HA Ausbildung und Umschulung) „Richtlinien für die Werbung und Einstellung von Jugendlichen zur Ausbildung im Erzbergbau bei der Wismut AG"[145]. Demzufolge durften nur Jugendliche ab dem vollendeten 17. Lebensjahr eingestellt werden, die ein ärztliches Zeugnis über ihre Bergbautauglichkeit vorweisen konnten und nicht in der Ausbildung für einen „Mangelberuf" standen. Erst Ende November gab die Leitung der Wismut AG die Zusage, für die Ausbildung Lehrkräfte, Bekleidung und Unterkünfte bereitzuhalten[146]. Die HVAS erteilte daraufhin eine Anweisung, nach der die Werbung von Jugendlichen, insbesondere in den ländlichen Regionen, fortzusetzen war. Die Massenorganisationen wurden weniger zur Werbung von Arbeitskräften eingebunden – dies blieb eine Aufgabe der Arbeitsverwaltung und der Werber – als vielmehr zur Mobilisierung der eigenen Klientel mit dem Ziel, die Produktion in der Wismut AG zu steigern. So legte der FDGB-Kreisvorstand Wismut am 21. Februar 1949 einen Aktionsplan für eine Schachtanlage in Annaberg vor, die zum „Jugendschacht" ernannt worden war[147].

Mitte Oktober 1948 legte die Wismut AG einen Plan zur Verbesserung der Arbeitskräftewerbung vor[148]. Demzufolge sollten die Werber nicht mehr ohne Absprache mit der Arbeitsverwaltung ausschwärmen und ihrer Tätigkeit nachgehen, sondern jeweils einem Arbeitsamt zugeteilt werden. Während der Werber ausschließlich für das Arbeitsamt tätig zu sein und für die Einhaltung der Auflagen Sorge zu tragen hatte, sollte das betreffende Arbeitsamt von der Bergwerksleitung einen Plan erhalten, für welche Schachtanlagen die Arbeitskräfte abzustellen waren. Dadurch sollten die Arbeitsämter enger in die Werbung mit einbezogen und die bestehende Rivalität zwischen Arbeitsämtern und Werbern aufgehoben werden. Eine reibungslose Zusammenarbeit stellte sich jedoch nicht ein. Im Gegenteil: Die Länder mußten nach wie vor die ihnen gestellten Auflagen erfüllen und erblickten in der Tätigkeit der Werber eine Konkurrenz. Gegenseitige Abwerbungen waren offensichtlich keine Seltenheit. So leitete das Landesarbeitsamt Schwerin die Beschwerde eines Transportbegleiters weiter, der berichtet hatte, daß sich Werber der Wismut AG „an seinen Transport herangemacht und versucht hätten, Arbeitskräfte für bestimmte Objekte zu werben"[149]. Die HVAS kritisierte „derartige Werbemethoden", die darauf hinausliefen, daß „eine erhebliche Anzahl von Arbeitskräften, durch die Mühe und Arbeit ihrer Arbeitsämter [des Landesarbeitsamtes Schwerin] geworben und auf den Weg gebracht, nunmehr den Werbern angerechnet werden und der Sollerfüllung der Länder" verlorengingen. Auch die sowjetische Bergwerksleitung in Aue wollte dem dadurch entstandenen Planungs- und Lenkungschaos ein Ende bereiten. Major Baranjok kündigte Anfang November 1948 an, daß die einzelnen Schachtanlagen „ab sofort" ihre Wer-

---

[144] Ebenda, Bl. 207.
[145] BAB, DQ 2/1964.
[146] BAB, DQ 2/1964, Aktenvermerk Bracks vom 1. 12. 1948.
[147] SAPMO, DY 30/IV 2/16/112, Bl. 1–4.
[148] SächsHStA, Landesregierung Sachsen, Ministerium für Arbeit und Sozialfürsorge, Bd. 396, Vermerk über die Vorsprache beim Vertreter von General Malzew, Oberst Domaschnikow, am 18. 10. 1948 in Aue.
[149] BAB, DQ 2/1964, Abteilungsleiter Donau am 20. 11. 1948 an das Ministerium für Arbeit und Sozialfürsorge in Dresden.

bungstätigkeit territorial abgrenzen würden: „Jedem Objekt wird in Übereinstimmung mit den Landesämtern ein besonderes Werbegebiet zugewiesen."[150] In Zukunft seien „wilde" Werbungen notfalls mit polizeilichen Mitteln zu unterbinden.

Die Wirtschaftsstruktur des Bezirkes Aue wurde wesentlich geprägt vom Uranbergbau, der eine nicht unerhebliche Magnetwirkung auf dem Arbeitsmarkt ausübte[151]. Die frühzeitig festgestellte Abwanderung von Arbeitskräften zur Wismut AG setzte sich weiter fort und wurde positiv beeinflußt durch die verhältnismäßig guten Arbeits- und Lebensbedingungen. Sowohl die Arbeitsämter als auch die HVAS hatten wiederholt darauf aufmerksam gemacht, daß die Tätigkeit der Arbeitsverwaltung durch diese Wanderungsbewegung erheblich belastet wurde. Deshalb schlugen Mitarbeiter der Berliner Hauptverwaltung nach einer Überprüfung des Arbeitsamtes in Aue vor, daß im Interesse der Entwicklung des Erzbergbaus und im Interesse der Industriebetriebe, die eine Abwanderung von Arbeitskräften verzeichneten, eine andere Strukturpolitik notwendig sei. Das bedeutete letztlich eine aufwendige Auslagerung der Betriebe, die nicht unmittelbar zur Wismut AG gehörten. Das Ministerium für Arbeit und Sozialfürsorge in Dresden wurde gebeten, entsprechende Konzepte mit den zuständigen Landesministerien auszuarbeiten. Obwohl dieser Plan in der Folgezeit öfters wieder aufgegriffen wurde, hatte er doch sehr geringe Realisierungschancen. Zu berücksichtigen waren dabei aus Sicht der Landesverwaltungen nicht nur die Kosten für die Verlagerung der Industriebetriebe in andere Bezirke außerhalb der Erzbergbauregion, sondern auch die anfallenden Kosten für den Aufbau einer neuen Infrastruktur sowie die finanziellen Aufwendungen für die Wohnraumversorgung, die auf diese Weise nur auf andere Bezirke abgewälzt wurden.

Eine große Belastung für den wirtschaftlichen Aufbau in der SBZ stellte die „Transportkrise"[152] dar, die nach Einschätzung von Wolfgang Zank noch gravierender war als der Kohlenmangel. Für die Arbeitskräftelenkung verstärkte sich dieses Problem im Zusammenhang mit dem Wohnraummangel, da Wismut-Arbeiter oftmals fern der Schachtanlagen untergebracht waren und täglich einen stundenlangen Anfahrtsweg zur Arbeitsstätte auf sich nehmen mußten, den sie darüber hinaus auch noch stellenweise ohne Verkehrsmittel zurückzulegen hatten. Ein gut ausgebautes Verkehrsnetz mit regelmäßig verkehrenden Autobussen bzw. Personenzügen existierte aber im Herbst 1948 noch nicht[153]. Einzelne Bergarbeiter beklagten sich sogar bei der ‚Berliner Zeitung' über die zu langen Anfahrtswege in völlig überfüllten Zügen[154]. Die HVAS nahm solche Beschwerden als willkommenen Anlaß für die Überprüfung des Arbeitsamtes Aue[155]. Dadurch

---

[150] BAB, DQ 2/2090, Bericht der HVAS vom 10. 11. 1948, S. 6.
[151] Ebenda, S. 1 f.
[152] Zank, Wirtschaft und Arbeit, S. 23. Im Gegensatz zu Zank und Karlsch relativiert Kühr die Bedeutung der Verkehrsreparationen sowie die Folgen für die industrielle Produktion. Im Zeitraum zwischen 1945 und 1950 habe vielmehr der Gütermangel den Mangel an Transportkapazitäten überlagert. Vgl. Kühr, Die Reparationspolitik der UdSSR und die Sowjetisierung des Verkehrswesens, S. 8 f.
[153] SächsHStA, Landesregierung Sachsen, Ministerium für Arbeit und Sozialfürsorge, Bd. 396, Vermerk über die Vorsprache beim Vertreter von General Malzew, Oberst Domaschnikow, am 18. 10. 1948 in Aue.
[154] BAB, DQ 2/2090, Leserbrief von Max C. (o.D., vermutlich Herbst 1948).
[155] Ebenda, Vermerk Donaus (HVAS) vom 19. 10. 1948.

wurde die politische Verantwortung auf die kommunale Ebene abgewälzt; ein Ausbau und eine Verbesserung des Verkehrssystems wurde dagegen nicht gezielt in Angriff genommen, zumal eine entsprechende Investitionsplanung nur in enger Absprache mit der sowjetischen Besatzungsmacht möglich gewesen wäre.

Aufgrund der zeitlich befristeten Einweisungen war die Fluktuation bei der Wismut AG relativ hoch. Nach wie vor galt: Nach Ablauf von sechs Monaten mußten die eingewiesenen Arbeiter wieder entlassen werden; nur in begründeten Ausnahmefällen war eine Verlängerung auf zwölf Monate möglich. Dies war in der „Verordnung über die Sicherung und den Schutz der Rechte bei Einweisungen von Arbeitskräften" vom 2. Juni 1948 festgeschrieben worden. Jede Arbeitskraft benötigte vor der Rückkehr in die Heimatgebiete eine schriftliche Entpflichtung vom zuständigen Arbeitsamt im Erzbergbaugebiet. Beim sächsischen Landesarbeitsamt und dem Arbeitsamt in Aue erfolgten zwischen dem 11. Juni 1948 und dem 20. Januar 1949 insgesamt 7734 Entlassungen; außerdem lagen Ende Januar 1949 weitere 1034 schriftliche Gesuche auf Freistellung vom Uranbergbau vor[156]. Die Zahl der Arbeitskräfte, die bereits vor dem 14. Juli 1948 verpflichtet worden waren und nunmehr eine Freistellung anstrebten, konnte dagegen nicht angegeben werden. Zur Sicherung des Arbeitskräftebestandes schlug die Bergwerksleitung Aue vor, die Fristenregelung für die Arbeitseinweisung in den Uranbergbau auszusetzen[157]. Das sächsische Landesarbeitsamt befürchtete sogar ein Ansteigen der Entlassungsanträge, falls sich die gesetzlich eingeräumte Möglichkeit unter der Belegschaft weiter herumsprechen sollte. In dem Zusammenhang wurde eine grundsätzliche Verlängerung der Arbeitsdauer von sechs auf zwölf Monate verlangt[158]. Das sächsische Ministerium für Arbeit und Sozialwesen versuchte in dieser Frage eine Lösung herbeizuführen und schlug eine Einteilung in drei Kategorien vor, nach der die Freistellung geregelt werden sollte[159]. Diese Regelung wurde sowohl mit der HVAS als auch mit der SMAD abgestimmt. Demzufolge endete für Arbeitskräfte, die vor Inkrafttreten der Verordnung vom 2. Juni 1948 eingewiesen worden waren, die Arbeitszeit am 15. Januar 1949. Arbeitskräfte, die einen Arbeitsvertrag abgeschlossen hatten, konnten unter Beachtung der Kündigungsfrist von 14 Tagen ihre Entpflichtung beantragen. In die letzte Gruppe fielen die Arbeitskräfte, die weder einen Arbeitsvertrag noch einen Einweisungsbefehl vorweisen konnten und ebenfalls nach Einhaltung der gesetzlichen Frist kündigen durften. Eine einheitliche Regelung setzte sich jedoch nicht durch[160], was vermutlich auf den mangelnden Kooperationswillen der sowjetischen Bergwerksleitung zurückzuführen war, da diese primär ein Interesse am Fortbestand der eigenen Belegschaft hatte. Hierbei zeigte sich zum wiederholten Male der Sonderfall der Wismut AG, die der ostdeutschen Verwaltung weitgehend entzogen war. Das galt nicht nur bei Fragen der inneren Sicherheit, sondern eben auch bei zahlreichen

---

[156] Ebenda, Ministerium für Arbeit und Sozialfürsorge der Landesregierung Sachsen am 27. 1. 1949 an die HVAS.

[157] Vgl. ebenda.

[158] Ebenda.

[159] BAB, DQ 2/1995, Ministerium für Arbeit und Sozialwesen des Landes Thüringen am 5. 3. 1949 an den FDGB-Landesvorstand (IG Bergbau) in Dresden.

[160] Ebenda, Ministerium für Arbeit und Sozialwesen der Landesregierung Sachsen am 31. 5. 1949 an die HVAS.

arbeits- und sozialrechtlichen Angelegenheiten. Insofern waren die Landesverwaltungen und die HVAS bei ihren Vorstößen immer auf das Entgegenkommen der sowjetischen Dienststellen angewiesen. Bei den betroffenen Wismut-Arbeitern führte diese Vorgehensweise aber dazu, daß sich die Zahl derer vermehrte, die wegen „Bummelantentum" umgehend entlassen wurden[161]. Dies schien für viele Bergarbeiter der einzige Weg zu sein, um eine fristgerechte Entpflichtung erwirken zu können.

Die sächsische Landesregierung zeigte sich Anfang 1949 in verstärktem Maße unzufrieden über die Tätigkeit der Werber sowie über deren Zusammenstellung der Arbeitskräftekontingente. So seien Transporte von Berlin nach Aue gesandt worden, bei denen 80 Prozent als bergbauuntauglich eingestuft und zurückgeschickt werden mußten[162]. Sachsen lehnte es daher ab, in Zukunft die Fahrtkosten zu übernehmen, und fand Unterstützung bei der HVAS. Die Berliner Hauptverwaltung vertrat die Auffassung, daß diese Kosten von der Wismut AG getragen werden sollten. Während sich die sächsische Landesverwaltung dafür aussprach, ärztliche Untersuchungen vor Transportbeginn durchzuführen, um dadurch die Quote der als bergbauuntauglich eingestuften Arbeiter zu senken, lehnten einige Arbeitsämter diesen Vorschlag aus Kostengründen ab. Sie verwiesen auf die angespannte Haushaltslage in den Kommunen, die solche Voruntersuchungen letztlich nicht zulassen würden. Die Zahl der Fehlvermittlungen blieb nach Einschätzung der HVAS „außerordentlich groß"[163]. Die ärztliche Untersuchung der sich freiwillig gemeldeten und der eingewiesenen Arbeiter sei stellenweise „sehr mangelhaft" gewesen, sonst hätte es nicht vorkommen können, „daß man sogar Personen mit Prothesen als bergbautauglich erklärt." Die HVAS untersagte daraufhin den Arbeitsämtern, mit der Wismut AG Verträge abzuschließen, in denen eine „Kopfprämie" für jeden Eingewiesenen festgelegt wurde[164]. Dadurch sollten wilde und unseriöse Werbemethoden unterbunden werden, die auch das öffentliche Erscheinungsbild der Arbeitskräftewerbung nachteilig beeinflußten. Vor allem ging es aber um die Steigerung der Effektivität der Werbemaßnahmen und die prozentuale Senkung des Anteils der als untauglich eingestuften Arbeitskräfte.

Die Auflagenerteilung von seiten der sowjetischen Besatzungsmacht blieb für die deutsche Arbeitsverwaltung unkalkulierbar und brachte somit die eigenen Pläne zur Arbeitskräftelenkung ständig durcheinander. So erhielt etwa das thüringische Ministerium für Arbeit und Sozialwesen für das erste Quartal 1949 eine Auflage in Höhe von 4000 und für das zweite Quartal eine Auflage in Höhe von 5000 Arbeitskräften[165]. Wenige Tage später teilte das Landesarbeitsamt in Thüringen mit, daß die erste Auflage um weitere 3500 Personen erhöht worden sei[166]. Die HVAS wurde gebeten, Gespräche mit der SMAD aufzunehmen, damit Auflagen „wieder ordnungsgemäß" von Karlshorst aus über die DWK an die Länder erteilt

---

[161] Ebenda.
[162] BAB, DQ 2/2090, Aktenvermerk der HVAS vom 12. 2. 1949.
[163] Ebenda, Niederschrift der HVAS vom 14. 2. 1949, S. 3.
[164] Ebenda, S. 5 f.
[165] BAB, DQ 2/2091, Ministerium für Arbeit und Sozialwesen der Landesregierung Thüringen am 4. 3. 1949 an die HVAS.
[166] Ebenda, Aktenvermerk der HVAS-Abt. I a vom 9. 3. 1949.

würden[167]. Dadurch erhofften sich einzelne Landesregierungen, Versuchen der Wismut AG, die Auflagen nochmals zu erhöhen, besser begegnen zu können. Diesem Wunsch kam die Berliner Hauptverwaltung jedoch nicht nach, die offensichtlich eine Konfrontation mit der SMAD vermeiden wollte.

Einzelne Arbeitsämter registrierten auch noch 1949 einen kausalen Zusammenhang zwischen Arbeitseinweisung zur Wismut AG und Westflucht. Dies war offensichtlich ein entscheidender, aber nicht der alleinige Faktor für die ansteigende Abwanderung in den Westen, die von den Kommunalverwaltungen festgestellt wurde. Neben der drohenden Verpflichtung für den Uranbergbau war die Wirtschaftsstruktur in den jeweiligen Kreisen und damit das Arbeitsplatzangebot von besonderer Bedeutung. So berichtete der Leiter des Arbeitsamtes Grimmen, daß die Abwanderung von Arbeitskräften in seinem Amtsbezirk so groß sei, daß sich sogar die Bevölkerungszahl merklich vermindert habe[168]. Er führte dieses Phänomen darauf zurück, daß keine größeren Industriestandorte existierten und vor allem die Jugendlichen keine berufliche Zukunft für sich mehr sahen. Aus Sicht der Arbeitsverwaltung, hier waren HVAS, Landes- und Arbeitsämter einer Meinung, mußte ein Ausbildungsprogramm für Jugendliche rasch entwickelt werden. Dies drohte aber an der mangelnden Bereitschaft sowohl der Industriebetriebe als auch kleinerer Handwerksbetriebe zu scheitern. Die Abteilung II (Nachwuchsplanung) der HVAS berichtete, daß sich auch volkseigene Betriebe der Verantwortung entziehen würden, Jugendliche auszubilden[169]. Aus diesen Gründen blieb es vorerst bei der Absichtserklärung, zumal die Arbeitsämter in diesem Bereich personell schwach besetzt waren. Damit zeigte sich erneut, daß die Rekrutierung von Arbeitskräften aufgrund von sowjetischen Befehlen nach wie vor ein zentrales Beschäftigungsfeld für die Angestellten der Arbeitsverwaltung war.

Gleichzeitig bemühte sich die Arbeitsverwaltung intensiv darum, die Freiwilligenwerbung auszuweiten und zu verbessern. Beispielsweise ließ das Arbeitsamt Potsdam nach eigenen Angaben an 80 Säulen und in sämtlichen Straßenbahnen der Stadt Plakate kleben. Außerdem wurden in den städtischen Lichtspieltheatern Werbefilme vorgeführt[170]. Im Zentrum der einzelnen Werbemaßnahmen standen die Löhne und Zusatzversorgungen (Lebensmittel) im sächsischen Erzbergbau; Nachteile bei der Wohnraumversorgung wurden dagegen nicht angesprochen[171]. Nachdem in den ersten Nachkriegsjahren ein Mangel an Papier vorherrschend gewesen war, der eine ausgedehnte Plakatierung unmöglich gemacht hatte, konnten sich die Arbeitsämter nunmehr über eine unzureichende Belieferung mit Werbematerial nicht beklagen. Bis zum Sommer 1949 wurde auch in anderen Städten der SBZ die Kinowerbung für die Freiwilligenwerbung intensiviert. Dabei appellier-

---

[167] Ebenda, Ministerium für Arbeit und Sozialwesen der Landesregierung Thüringen am 4. 3. 1949 an die HVAS.
[168] BAB, DQ 2/2063, Bericht der HVAS (Abt. I a) über die Amtsleitertagung am 5./6. 3. 1949 in Ludwigslust, S. 2.
[169] Ebenda, S. 3.
[170] BAB, DQ 2/2063, Protokoll der Sitzung des Beratungsausschusses des Arbeitsamtes Potsdam am 7. 3. 1949, S. 2.
[171] Vgl. BAB, DQ 2/2090, Handzettel des Arbeitsamtes Randow: „Die Antifaschistischen Parteien rufen auf zur Arbeit, die dem Frieden und dem Fortschritt dient!" Der Handzettel war vom SED- und FDGB-Kreisvorstand sowie dem CDU-Kreisverband Randow unterzeichnet worden.

ten die Werbetexter in den Arbeitsämtern auch an nationale Empfindungen: „Jeder, der sich zur Mitarbeit im Erzbergbau meldet, hilft dem Vaterlande aus der Not."[172] Aus anderen Kreisen der SBZ sind ähnliche Appelle überliefert. So rief etwa der Antifa-Block des Kreises Güstrow die männlichen Bewohner auf: „Erfülle auch Du Deine vaterländische Pflicht und komme zum Erzbergbau!"[173]

Die SED-Führung hatte sich bei der Erfüllung der sowjetischen Arbeitskräfteanforderungen auffallend zurückgehalten und überließ diese undankbare Aufgabe der Arbeitsverwaltung. Dadurch lief sie nicht Gefahr, in die Kritik von seiten der sowjetischen Besatzungsmacht einbezogen zu werden. Nur bei der Realisierung des SMAD-Befehls Nr. 234 und dem damit zusammenhängenden Instrumentenwechsel schaltete sich das Zentralsekretariat etwas stärker ein und wies darauf hin, daß nur in Ausnahmefällen Einweisungen vorgenommen werden sollten. In der Folgezeit beschränkte sich die SED-Führung darauf, den Aufbau einer eigenen Betriebsparteiorganisation zu überwachen. Darüber hinaus ließ sich das Zentralsekretariat über die weitere Entwicklung im Erzbergbau informieren. So mußte etwa die Abteilung für Arbeit und Sozialfürsorge im Frühjahr 1949 zur Kenntnis nehmen, daß ein Großteil der 3000 bis 4000 Bauarbeiter, die zum Bau von Wohnblocks für die Wismut AG eingestellt worden waren, als Bergarbeiter eingesetzt worden seien[174]. Da zudem die Zulieferung von Baumaterialien ins Stocken geriet[175], wurden die für die Bauvorhaben bereitgestellten Finanzmittel eingefroren, und das gesamte Vorhaben kam zunächst zum Erliegen[176]. Die Abteilung des SED-Zentralsekretariats kritisierte die angeblich ungenügende Gewerkschaftsarbeit und forderte eine „verstärkte Schulungsarbeit"[177]. Darüber hinaus sollte die IG Bergbau im Gebiet der Wismut AG finanziell stärker unterstützt werden. Ferner wurde vorgeschlagen, eine zonale Kommission aus Vertretern des Zentralsekretariats, der HVAS, der IG Bergbau, der IG Bau und der IG Eisenbahn zu bilden, die „für alle Angelegenheiten der Wismut AG" zuständig sein sollte. Die Vorschläge der ZS-Abteilung bewegten sich in den gewohnten Bahnen: Intensivierung von Schulung und Überwachung sowie Bildung neuer Gremien mit einem unscharfen Aufgabenprofil. Angesichts der Abwanderung bzw. Abwerbung von Baufacharbeitern zur Wismut AG hielt die IG Bau „eine Bindung von Fachkräften in so hohem Maße für die Bauwirtschaft im Hinblick auf die im Zweijahrplan gestellten Aufgaben [für] nicht vertretbar"[178]. Nicht auf zentraler, sondern auf regionaler Ebene erfolgte letztlich die Bildung einer Wohnungsbaukommission, die sich aus Vertretern der Wismut AG, des SED-Landesvorstandes, des Landesvorstandes der IG Bau, des Beauftragten der IG Bau Johanngeorgenstadt und der VVB Bau zusammensetzte. In diesem Gremium sollten konkrete Absprachen getroffen werden; allerdings konnten sich die Kommissionsmitglie-

---

[172] BAB, DQ 2/2092, Amt für Arbeit und Sozialfürsorge der Lutherstadt Wittenberg am 16. 6. 1949 an die Firma Niethardt-Werbung.
[173] BAB, DQ 2/2090, Aufruf des Antifa-Blocks des Kreises Güstrow (vermutlich Sommer 1949).
[174] SAPMO, DY 30/IV 2/2.027/2, Bl. 69–71, Aktennotiz über eine Besprechung der Abt. Arbeit und Sozialfürsorge mit Vertretern der Gewerkschaften und der HVAS am 10. 5. 1949.
[175] BAB, DQ 2/2090, Situationsbericht der IG Bau vom 13. 5. 1949, S. 1.
[176] Ebenda, Aktenvermerk Herms (o.D.), S. 1.
[177] Ebenda, S. 2.
[178] BAB, DQ 2/2090, Situationsbericht der IG Bau vom 13. 5. 1949, S. 1.

der bereits auf der ersten Sitzung nicht über die tarifliche Bezahlung der angeworbenen Bauarbeiter einig werden[179].

Trotz dieser anfänglichen Schwierigkeiten wurden die Planungen zur Verbesserung des Wohnungsbaus im Erzgebirge vorangetrieben, um den wachsenden Bedarf nach Wohnraum einigermaßen abdecken zu können. Dadurch stieg automatisch die Nachfrage nach Bauarbeitern[180], die allerdings nicht so rasch befriedigt werden konnte. So meldete das Ministerium für Arbeit und Sozialwesen der sächsischen Landesregierung, daß von 5200 angeforderten Arbeitskräften für den Wohnungsbau in Johanngeorgenstadt nur 1182 gestellt werden konnten, darunter befanden sich 84 Arbeitseinweisungen[181]. Festzuhalten bleibt, daß 1949 in zunehmenden Maße Arbeitskräfte für das Erzbergbaugebiet gewonnen wurden, die zu einem erheblichen Teil nicht direkt in die Gruben der Wismut AG, sondern für den Aufbau bzw. die Verbesserung der Infrastruktur eingesetzt wurden (vor allem Wohnungs- und Straßenbau). Das Landesarbeitsamt Sachsen vermittelte beispielsweise in den ersten zwei Wochen 2011 Freiwillige zum Erzbergbau sowie die bereits erwähnten 1182 Arbeiter für den Wohnungsbau[182].

Einzelne Landesverwaltungen gingen im Frühjahr 1949 zu einer Prämierung der Arbeitsämter bei der Werbung für den Uranbergbau über. Prämienzahlungen hatte es bis zu diesem Zeitpunkt nur für die Werber gegeben, die der Wismut AG direkt unterstanden. Dagegen waren die Werbeaktivitäten einzelner Arbeitsämter keiner systematischen Untersuchung oder Anleitung durch die HVAS bzw. die Landesarbeitsämter unterworfen. Dies änderte sich nunmehr partiell: So veröffentlichte etwa das thüringische Ministerium für Arbeit und Sozialwesen in einer Rundverfügung die Ergebnisse sämtlicher Arbeitsämter des Landes und wollte dadurch wohl auch einen Wettbewerb innerhalb der Verwaltung in Gang setzen[183]. Die Prämien wurden an die Mitarbeiter vergeben, die sich bei der Anwerbung neuer Arbeitskräfte zwischen dem 1. Januar und dem 30. April besonders hervorgetan hatten. Es gab Auszeichnungen für die drei erfolgreichsten Arbeitsämter in Höhe von 400,– bis 600,– DM und Einzelprämierungen in Höhe von 50,– bis 100,– DM. Das Ministerium der Landesregierung Thüringen gab in dem Zusammenhang auch noch Richtlinien für die Einzelwerbung von Arbeitern für den Erzbergbau heraus[184].

Obwohl der Chef der SMAD-Abteilung Arbeitskräfte Morenow im Mai 1949 angekündigt hatte, daß die „Zeit der Mobilisation von Arbeitskräften für die Wismut AG […] vorbei" sei[185], machte sich dies bei den Arbeitsämtern nicht sofort bemerkbar. Hier gingen nach wie vor sowjetische Anweisungen zur Stellung von Arbeitern für den Uranbergbau ein. So wurden alle Länder der SBZ (außer Sach-

---

[179] Ebenda, Niederschrift (Abschrift vom 12. 5. 1949) über die erste Besprechung der Kommission Wohnungsbau bei der Wismut AG, S. 2.

[180] BAB, DQ 2/1763, Protokoll über die Amtsleitertagung am 13./14. 5. 1949 in Chemnitz, S. 7.

[181] BAB, DQ 2/2090, Ministerium für Arbeit und Sozialwesen der Landesregierung Sachsen (HA Arbeit) am 18. 5. 1949 an die HVAS.

[182] Ebenda, Ministerium für Arbeit und Sozialwesen der Landesregierung Sachsen am 18. 5. 1949 an die HVAS.

[183] BAB, DQ 2/2091, Rundverfügung Nr. 5 vom 11. 5. 1949.

[184] Ebenda.

[185] BAB, DQ 2/1303, Bl. 12–23, hier Bl. 22, Bericht der HVAS über die Arbeitsministerkonferenz am 31. 5. 1949 in Berlin.

sen) verpflichtet, innerhalb eines Monats 21 600 Arbeitskräfte zu stellen, darunter 3000 Baufacharbeiter und 1600 Jugendliche über 18 Jahre, die für die Arbeit im Bergbau umgeschult werden sollten[186]. Die HVAS führte noch Anfang Juni in jedem Land eine Tagung durch, um die einzelnen Arbeitsämter zu mobilisieren[187]. Im Rahmen eines Wettbewerbs sollten anschließend Prämien für die erfolgreichsten Ämter verteilt werden. Gleichzeitig wurde die sächsische Landesregierung aufgefordert, die „notwendigen Vorbereitungen" für die Unterbringung der ankommenden Arbeiter zu treffen. Die Landesverwaltungen informierten daraufhin die Arbeitsämter, die die Arbeitskräfteanforderung an die Bürgermeister in ihrem Kreis weiterleiten sollten[188]. Darüber hinaus nahmen zahlreiche Kreisverwaltungen die Freiwilligenwerbung wieder auf und veröffentlichten entsprechende Aufrufe in ihren amtlichen Mitteilungsblättern[189]. Die einzelnen Landesämter nahmen die erteilten Auflagen allerdings nicht widerspruchslos hin, sondern versuchten stellenweise, sich dieser Aufgabe zu entziehen. Dazu verwiesen etwa die Arbeitsamtsleiter aus Mecklenburg auf den Rückgang der Zahl der vollarbeitsfähigen Arbeitslosen sowie die laufenden Verpflichtungen für die Werftenindustrie[190]. Somit hatten die Landesverwaltungen Praktiken entwickelt, um der Auflagenerfüllung nicht mehr nachkommen zu müssen: Unter Berufung auf tatsächliche oder vermeintliche Zwangslagen gelang es letztlich den Ländern, sowjetische Befehle zu unterlaufen, ohne Sanktionen befürchten zu müssen. Im Land Brandenburg wurden beispielsweise bis zum 17. Juni 1949 605 Arbeitskräfte für den Erzbergbau abgestellt[191], obwohl das Land eine ursprüngliche Auflage von 4800 hatte, die aber bis zum Ende des Monats erst erfüllt sein mußte. Noch schlechter war das Zwischenergebnis in Sachsen-Anhalt: Hier konnten die Arbeitsämter nur 232 Arbeitskräfte melden, bei einer Auflage von 6500[192]. Diese Zahlen ließen frühzeitig erkennen, daß an eine Erfüllung der Anforderungen nur ansatzweise zu denken war. Aus diesem Grunde strebte die HVAS auch den Aufbau eines Anreizsystems für die Arbeitsämter an. Die Werbemaßnahmen der einzelnen Arbeitsämter wurden aber immer noch durch die sicherheitspolitischen Bedenken der Wismut AG eingeschränkt. Ein Vertreter der sowjetischen Bergwerksleitung verlangte etwa gegenüber dem Landesarbeitsamt in Potsdam, daß Zeitungsartikel über den Erzbergbau vor der Veröffentlichung der SMA vorzulegen seien. Die brandenburgische Arbeitsverwaltung bat die HVAS, Rücksprache mit Karlshorst zu nehmen, da andernfalls „die Werbung durch die Presse kolossal behindert" werde[193].

---

[186] BAB, DQ 2/2090, Fernschreiben der HVAS vom 3. 6. 1949 an das Ministerium für Arbeit und Sozialfürsorge der Landesregierung Sachsen.
[187] Ebenda, Bericht der HVAS über Amtsleitertagung am 7. 6. 1949 in Potsdam. Am selben Tag fand auch in Schwerin eine Amtsleitertagung statt. Vgl. ebenda.
[188] Vgl. BAB, DQ 2/2092, Rat des Landkreises und Leiter des Amtes für Arbeit und Sozialfürsorge Wernigerode am 17. 6. 1949 an den Rat der Gemeinden.
[189] Ebenda, Mitteilungsblatt für den Kreis Haldensleben vom 23. 6. 1949. Vgl. ebenda, Bekanntmachung für den Kreis Ballenstedt vom 17. 6. 1949.
[190] BAB, DQ 2/2090, Bericht der HVAS vom 20. 6. 1949.
[191] Ebenda, S. 2.
[192] BAB, DQ 2/2044, Bl. 13 f., Bericht der HVAS vom 20. 6. 1949 über die Dienstreise nach Sachsen-Anhalt (13.–17. 6. 1949).
[193] BAB, DQ 2/2090, telefonische Durchsage aus Potsdam am 27. 6. 1949.

Sowohl die SMAD als auch die HVAS machten mehrmals deutlich, daß sie eine Rückkehr zur Zwangseinweisung ablehnten; die Zuteilung hatte nach wie vor auf freiwilliger Basis zu erfolgen. Arbeitseinweisungen sollten nur in Ausnahmefällen vorgenommen werden[194]. Damit wurde der bisherige Kurs, der spätestens seit dem SMAD-Befehl Nr. 234 galt, erneut bestätigt. HVAS-Abteilungsleiter Karl Litke legte im Zusammenhang mit der laufenden Arbeitskräfteanforderung eine eigentümliche Kalkulation vor, die unter anderem die Hilflosigkeit der Berliner Hauptverwaltung deutlich machte: „Es hätte möglich sein müssen, die Auflage zu erfüllen, wenn man bedenkt, daß wir in der Zone 20000 Gemeinden haben. Wenn jede Gemeinde nur einen Mann gestellt hätten, wäre die Auflage zu schaffen gewesen."[195] Die sowjetische Besatzungsmacht war jedoch in dieser Frage kein monolithischer Block: Anders als die SMAD vertrat die SMA in Thüringen eine gegensätzliche Position und forderte, daß verstärkt Arbeitsverpflichtungen vorgenommen werden müßten, „da sonst die Erfüllung der Auflage nicht gewährleistet sei"[196]. Interessanterweise beschloß daraufhin der SED-Landesvorstand, daß sich „die Partei nunmehr öffentlich von dieser Aktion aus politischen Gründen zurückziehen werde"[197]. Offensichtlich befürchtete die Hegemonialpartei, unter der Bevölkerung an Akzeptanz zu verlieren. Dagegen sollte die Freiwilligenwerbung weiterhin durchgeführt und unterstützt werden.

Das SED-Politbüro beschäftigte sich auf seiner Sitzung am 21. Juni 1949 mit der Bereitstellung von Arbeitskräften für den Erzbergbau und beauftragte das Kleine Sekretariat, gemeinsam mit der Abteilung Arbeit und Sozialfürsorge eine Beschlußvorlage auszuarbeiten[198]. Eine solche Vorlage ist jedoch in den Akten nicht mehr aufzufinden. Darüber hinaus tauchte das Thema auch in den Beschlußprotokollen der SED-Führung nicht mehr auf. Dennoch kann dies nicht als Zeichen dafür gewertet werden, daß Politbüro und Sekretariat des ZK keinerlei Interesse am Fortgang der Aktion gezeigt haben. Ende Juni erhielt die SED-Führung vom HVAS-Präsidenten Brack einen ernüchternden Bericht über den Ablauf der Werbeaktion[199]. Der Termin für die Erfüllung des Auflagensolls war mittlerweile – so die Einschätzung Bracks – völlig unrealistisch geworden. Er kritisierte in dem Zusammenhang nicht nur die Blockparteien und Massenorganisationen, sondern auch die sowjetische Militärverwaltung, die oftmals keine Unterstützung geleistet habe, etwa bei der Bereitstellung von Transportmitteln. Die Parteiführung wurde gebeten, an die Landesvorstände entsprechende Anweisungen zu erteilen, um die Arbeit der Landesministerien „in weitestgehendem Maße" zu unterstützen.

---

[194] SAPMO, DY 30/IV 2/2.027/25, Bl. 159, Aktenvermerk Bracks über eine Besprechung mit dem Ministerium für Arbeit und Sozialfürsorge in Halle am 23. 6. 1949.
[195] BAB, DQ 2/2044, Bl. 80f., Aktennotiz der HVAS (Abt. I a) vom 20. 6. 1949 über eine Besprechung mit der SMAD in Karlshorst.
[196] Ebenda, Bl. 11, Bericht der HVAS vom 20. 6. 1949.
[197] Ebenda, Bl. 12.
[198] SAPMO, DY 30/IV 2/2/28.
[199] SAPMO, DY 30/IV 2/2.027/25, Bl. 155, HVAS (Brack) am 27. 6. 1949 an die Abt. Arbeit und Sozialfürsorge (Lehmann).

Das sächsische Ministerium für Arbeit und Sozialwesen rief die Arbeitsämter des Landes am 1. Juli 1949 nochmals auf, Sofortmaßnahmen für die Werbung von Arbeitskräften für die Wismut AG zu ergreifen[200]. Dazu sollten alle männlichen Arbeitslosen im Alter von 18 bis 55 Jahren auf die Bergbautauglichkeit untersucht werden. Arbeitskräfte, die beschäftigungslos und bergbautauglich waren, konnten zur Arbeit im Uranbergbau verpflichtet werden, sofern sie sich nicht freiwillig meldeten. Die Werbetätigkeit wurde fortgesetzt, ohne daß von seiten der sowjetischen Besatzungsmacht oder der HVAS neue Fristen aufgestellt wurden. Gleichzeitig führte die Berliner Hauptverwaltung ihre Kontrolltätigkeit in den Ländern weiter durch und kritisierte die Tätigkeit der Landesämter sowie der einzelnen Werber[201], ohne daß jedoch Sanktionen verhängt wurden. Einen offenen Konflikt konnte die HVAS mit den Ländern nicht riskieren, da sie auf deren Mithilfe nach wie vor angewiesen war. Als neues Hindernis erwies sich 1949 die forcierte Werbung für die Volkspolizei[202], deren Mannschaftsstärke ausgebaut werden sollte. Dadurch ergab sich eine Konkurrenzaktion für die Anwerbung von Freiwilligen zur Wismut AG[203]. Gleichzeitig änderte die HVAS ihre Werbestrategie: In Zukunft sollten nicht mehr öffentliche Versammlungen abgehalten werden, deren Nutzen von zahlreichen Arbeitsamtsleitern angezweifelt wurde, sondern ausgewählte Personenkreise, die als weitgehend mobil galten, gezielt angesprochen werden. Dazu gehörten nach Einschätzung des HVAS-Mitarbeiters Krüger „Umsiedler", Landarbeiter und „geeignete Personen aus Betrieben"[204].

Zusammenfassend läßt sich feststellen, daß es auch Mitte 1949 keine reibungslose Zusammenarbeit zwischen sowjetischer Besatzungsmacht und deutscher Arbeitsverwaltung gab. Dies lag vor allem am eigenmächtigen Handeln der Wismut AG, die immer noch sowjetische Offiziere zu einzelnen Arbeitsämtern entsandte, um deren Tätigkeit zu überprüfen bzw. eigene Anweisungen zu erteilen[205]. Obwohl Karlshorst des öfteren deutlich gemacht hatte, daß Arbeitskräfteanforderungen für den sächsischen Erzbergbau nur über die SMAD zentral vergeben werden sollten[206], schien sich die sowjetische Bergwerksleitung in Aue nicht daran halten zu wollen. Da die Aufsicht über die Wismut AG nicht bei der SMAD, sondern beim Ministerium für innere Angelegenheiten in Moskau lag[207], vermochte Karlshorst an dieser Vorgehensweise kaum etwas zu ändern. So entwickelte sich die sowjetische Bergwerksleitung rasch zu einem autonomen Faktor, der von der SMAD offensichtlich nicht gesteuert werden konnte, sondern seine Anweisungen allem Anschein nach direkt aus Moskau bezog. Die fehlende Absprache zwischen

---

[200] BAB, DQ 2/2090.

[201] BAB, DQ 2/2090, Bericht der HVAS (Abt. I a) vom 4. 7. 1949.

[202] Vgl. Wenzke, Auf dem Weg zur Kaderarmee, S. 214–220. Diese Werbung hatte bereits 1948 eingesetzt, entwickelte sich jedoch erst im Laufe des Jahres 1949 zu einem Problem für die Arbeitsverwaltung.

[203] BAB, DQ 2/2092, Bericht der HVAS (Abt. I a) vom 7. 7. 1949 über die in Brandenburg durchgeführten Besprechungen, S. 2.

[204] Ebenda, Bericht der HVAS (Abt. I a) vom 6. 7. 1949, S. 3 f.

[205] Einzelne Beispiele in: BAB, DQ 2/2092, Bericht der HVAS (Abt. I a) vom 8. 7. 1949 über die Werbung von freiwilligen Arbeitskräften für den Erzbergbau Sachsen im Lande Thüringen, S. 2 f.

[206] BAB, DQ 2/1950, Aktennotiz über eine Besprechung mit der SMAD (Schaposchnikow) am 27. 7. 1949, S. 1.

[207] Karlsch, Der Aufbau der Uranindustrien, S. 11.

Karlshorst und Wismut AG läßt sich anschaulich an der strittigen Frage der Werbungskosten zeigen. Während die SMAD vorschlug, daß die einzelnen Landesämter mit den jeweiligen Objekt-, d. h. Schachtleitungen diese Kosten abrechnen sollten[208], sah sich die Leitung der Wismut AG nicht daran gebunden[209]. Ähnlich verhielt es sich bei der Arbeitskräftewerbung: Trotz Absprachen zwischen SMAD und HVAS warb die Bergwerksleitung Aue in eigener Regie. So kämmten sowjetische Offiziere Heimkehrerlager nach bergbautauglichen Arbeitskräften durch[210].

Bis zur Gründung der DDR hatten sich die Arbeits- und Lebensbedingungen im Uranbergbau erheblich verbessert. Dieser zog mittlerweile Arbeitskräfte aus der gesamten SBZ wie ein Magnet an: Die ins Erzgebirge zuziehenden Arbeiter erhofften sich nicht nur eine bessere Entlohnung, sondern auch eine deutlich verbesserte Versorgung mit Wohnraum und Lebensmitteln. Bis auf den Wohnraum gelang es den kommunalen und zentralen Verwaltungen weitgehend, diese Erwartungen zu erfüllen. Dagegen blieb der Wohnungsbau ein Sorgenkind der Arbeits- und Wohnungsämter[211]. Insofern kam es auch noch 1949 häufig vor, daß Wismut-Arbeiter enttäuscht abwanderten, weil sie für ihre Familien keine ausreichenden Unterbringungsmöglichkeiten angeboten bekamen. Der Rückgang der Zwangseinweisungen[212] und die Normalisierung des Verhältnisses zwischen sowjetischer Bergwerksleitung und deutscher Belegschaft, das lange Zeit aufgrund der rüden Vorgehensweise der Besatzungsmacht stark belastet gewesen war, verbesserte das negative Erscheinungsbild der Wismut AG in der Öffentlichkeit nur langsam. Deutlich geworden ist auch, daß trotz aller Abstimmungsprobleme die sowjetischen Arbeitskräfteanforderungen im großen und ganzen erfüllt werden konnten, auch wenn die wirtschaftlichen und sozialen Folgelasten erheblich waren. Grundsätzlich ist der Feststellung Karlschs zuzustimmen, daß der Uranbergbau im Erzgebirge keine Form des Gulags war[213]. Obwohl die Wismut AG ein „Staat im Staat"[214] war und der Zugang streng kontrolliert wurde, konnte doch eine vollständige hermetische Abriegelung zu keinem Zeitpunkt erreicht werden. Dies zeigen die zahlreichen Beschwerdebriefe von Bergarbeitern, die das Erzgebirge ohne Rücksprache oder Genehmigung der Bergwerksleitung wieder verließen und in

---

[208] BAB, DQ 2/156, Bl. 117, HVAS am 2. 8. 1949 an das Ministerium für Arbeit und Sozialpolitik der Landesregierung Sachsen-Anhalt.

[209] BAB, DQ 2/517, Ministerium für Arbeit und Sozialwesen der Landesregierung Brandenburg am 15. 9. 1949 an die HVAS.

[210] BAB, DQ 2/2092, Bericht der HVAS (Abt. I a) vom 4. 8. 1949.

[211] Die Wohnungsnot im Erzbergbaugebiet hatte auch den Minister für Arbeit und Sozialfürsorge der Landesregierung Sachsen, Walther Gäbler, erkannt. ACDP, III/035/045, Protokoll über die 54. Sitzung des Ausschusses für Arbeit und Sozialfürsorge am 27. 10. 1949, S. 4.

[212] Im Sommer 1949 gab es immer noch vereinzelt Meldungen über Arbeitseinweisungen. Vgl. SAPMO, NY 4182/988, Bl. 2, Mitteilung der Instrukteurgruppe des Parteivorstandes vom 3. 8. 1949 an das Kleine Sekretariat. Vgl. außerdem SAPMO, NY 4036/738, Bl. 4–11, Bericht von Herbert G. (Berliner Rundfunk) vom 18. 8. 1949. Das Landesamt für Arbeit und Sozialpolitik in Halle berichtete, daß ein Teil der registrierten Einweisungen als freiwillige Werbung bewertet werden müßte: Einige Eingewiesene hätten um die Zwangsverpflichtung gebeten, „weil dadurch der Arbeitsplatz und die Wohnung sichergestellt bleiben." BAB, DQ 2/2105, Ministerium für Arbeit und Sozialpolitik der Landesregierung Sachsen-Anhalt am 2. 8. 1949 an die HVAS.

[213] Karlsch, Ein GULag im Erzgebirge?, S. 28.

[214] Vgl. Karlsch, „Ein Staat im Staate".

ihre Heimatorte zurückkehrten. Darüber hinaus hatte die nach Westen offene Grenze eine nicht unerhebliche Ventilfunktion, die auch dazu beitrug, das repressive System der Arbeitseinweisung langfristig zu lockern.

Aufhebung von Arbeitseinweisungen durch Arbeitsgerichte

Gegen Arbeitseinweisungen konnten die Betroffenen beim Landesarbeitsamt oder dem zuständigen Arbeitsgericht Einspruch einlegen. Erst die „Verordnung über die Sicherung und den Schutz der Rechte bei Einweisungen von Arbeitskräften" vom 2. Juni 1948 schuf eigene Beschwerdeausschüsse, die über diese Einsprüche zu entscheiden hatten. Dadurch entzog die DWK den Arbeitsgerichten den bisherigen Arbeitsbereich, die nur noch bei Klagen gegen die Festsetzung des Trennungsgeldes und Härteausgleichs tätig werden konnten. Hintergrund dafür bildeten mehrere Klagen, die im Laufe des Jahres 1947 bei Arbeitsgerichten gegen die Zwangsverpflichtung zum Uranbergbau erhoben worden waren. Die Abteilung I b der DVAS wies darauf hin, daß damit eine „planmäßige Arbeitslenkung zukünftig nicht mehr möglich" wäre. Die Entscheidung darüber, „ob eine Arbeitskraft rechtmäßig für ein Arbeitsvorhaben eingewiesen wurde", läge dann beim Arbeitsgericht und nicht mehr bei der Arbeitsverwaltung[215]. Auch die Juristische Abteilung der Berliner Zentralverwaltung vertrat den Standpunkt, daß die „gegenwärtige Rechtslage" die Überprüfung einer Arbeitseinweisung durch das Arbeitsgericht verbiete, und verwies auf eine Dienstanweisung zum Kontrollratsbefehl Nr. 3[216]. Während die DVAS einhellig diese Meinung vertrat[217], ließen sich einige Arbeitsgerichte nicht davon abhalten, gegenteilige Urteile zu fällen. Sogar der Präsident des Thüringischen Oberverwaltungsgerichts gab einer Klage statt und erklärte, daß eine Rechtsgrundlage für eine „zwangsweise Einweisung Erwerbstätiger [...] vorerst" nicht bestehe[218]. Damit brach der alte Rechtsstreit über die Frage wieder aus, ob das im Befehl des Alliierten Kontrollrats verbriefte Recht zur Zwangseinweisung nur für Arbeitslose oder auch für Erwerbstätige galt. Der Präsident des Thüringischen Oberverwaltungsgerichts unterstellte der Arbeitsverwaltung nicht zu Unrecht, daß die steigenden Arbeitskräfteanforderungen die Arbeitsämter in die Zwangslage versetzt hätten, „Arbeitskräfte für den Bergbau zu stellen, die sie unter Zugrundelegung des geltenden Rechts offenbar nicht in voller Zahl beschaffen" konnten[219]. Nach Auffassung des Gerichts waren DVAS und SMAD aufgerufen, „für solche Eingriffe in Freiheit und Rechte der Werktätigen eine ausreichende Rechtsgrundlage zu schaffen". Solange wurde die Entscheidung über laufende Anfechtungsklagen ausgesetzt. Die Juristische Abteilung der

---

[215] BAB, DQ 2/1767, Abt. I b am 7. 7. 1947 an Abt. III.

[216] Ebenda, Juristische Abt. am 11. 7. 1947 an Abt. III a.

[217] Ebenda, Abt. III a am 17. 7. 1947 an Abt. I. Eine etwas modifizierte Stellungnahme gab die Abt. I b ab: Sie betonte, daß bereits der Kontrollratsbefehl Nr. 3 den Arbeitsämtern das Recht zur Einweisung erteilt habe und somit ein Kontrollrecht von seiten der Arbeitsgerichtsbarkeit zu keinem Zeitpunkt bestanden habe. Vgl. ebenda, Abt. I b am 26. 7. 1947 an Abt. III a.

[218] BAB, DQ 2/91, Präsident des Thüringischen Oberverwaltungsgerichts am 23. 9. 1947 an das Ministerium für Wirtschaft, Arbeit und Verkehr in Weimar.

[219] SAPMO, DY 30/IV 2/2.027/25, Bl. 88–90, Präsident des Thüringischen Oberverwaltungsgerichts am 6. 12. 1947 an den Ministerpräsidenten des Landes Thüringen.

DVAS stimmte letztlich der Argumentation des Oberverwaltungsgerichts in einem Punkt zu: „Zuzugeben ist [...], daß der Befehl Nr. 3 des Kontrollrats als Rechtsgrundlage für die Zwangseinweisung von Erwerbstätigen nicht völlig zweifelsfrei ist."[220] Dies besage jedoch nicht, daß es keine rechtliche Grundlage für die Einweisung von Arbeitskräften gäbe. Die Juristen der DVAS verwiesen in dem Zusammenhang auf einzelne Bestimmungen des SMAD-Befehls Nr. 3 und vertraten damit eine wenig überzeugende Rechtsposition. Offensichtlich waren sie von den juristischen Winkelzügen ebenso wenig überzeugt, stellten sie doch selbst die Veröffentlichung einer Verordnung in Aussicht, die in diesem Punkte Klarheit bringen sollte[221].

Arbeitskräfte für den Stein- und Braunkohlenbergbau

Bei der Zuteilung von Arbeitskräften waren der Stein- und Braunkohlenbergbau der Wismut AG nachgeordnet. Gleichwohl zählten auch diese Betriebe zu den laut SMAD-Befehl Nr. 153 „wichtigsten Wirtschaftszweigen", die die Versorgung der Gesamtwirtschaft sowie der Bevölkerung mit Brennstoffgütern sicherzustellen hatten. Zunächst prägten jedoch Fragen der Eigentumsform sowie der Zuordnung zu bestimmten Zentralverwaltungen die Debatte über den Wiederaufbau des Bergbaus in der SBZ. Nach Auffassung des 1. Vizepräsidenten der Deutschen Zentralverwaltung für Brennstoffindustrie, Gustav Dahrendorf, stellte die Verstaatlichung des Bergbaus „eine zwingende Notwendigkeit" dar[222]. Da zentralstaatliche Institutionen noch nicht bestanden bzw. keinerlei Kompetenzen besaßen, plädierte der Sozialdemokrat, der sich im Februar 1946 aus Protest über die bevorstehende Zwangsvereinigung in den Westen absetzte[223], für entsprechende Gesetzesregelungen auf Landesebene. Daher sollten die Länder und Provinzen den Bergbau in treuhänderische Verwaltung übernehmen. Bereits im September 1945 wurde in Sachsen der Kohlenbergbau der Landesverwaltung unterstellt und damit faktisch enteignet[224]. Enteignung und Verstaatlichung betrafen im übrigen auch andere Bereiche der Großindustrie. Dieser größere Zusammenhang kann an dieser Stelle nicht weiter vertieft werden[225], muß aber mit berücksichtigt werden, da sich dadurch die Rahmenbedingungen für die weitere ökonomische Entwicklung erheblich wandelten. Für die Deutsche Zentralverwaltung der Brennstoffindustrie waren die landesspezifischen Regelungen nur Übergangslösungen; sie strebte eine weitere Zentralisierung des Bergbaus an. Nur so könne „jederzeit" Auskunft gegeben werden über den Zustand der einzelnen Gruben und Brikett-

---

[220] BAB, DQ 2/91, Juristische Abt. am 2. 1. 1948 an Präsident Brack, S. 1.
[221] Vgl. Werner Holling, Die Rechtsgrundlagen der Arbeitseinweisung und die Zustimmung des Arbeitsamtes bei Arbeitsplatzwechsel, in: Arbeit und Sozialfürsorge 3 (1948), S. 6–9. Auch DVAS-Präsident Brack deutete dies an: BAB, DQ 2/91, Präsident Brack am 6. 1. 1948 an den Ministerpräsidenten des Landes Thüringen.
[222] SAPMO, NY 4182/1184, Bl. 62, Notiz Dahrendorfs vom Oktober 1945 zur Frage der Verstaatlichung des Bergbaus.
[223] Biographische Angaben zu Dahrendorf in: SBZ-Handbuch, S. 884.
[224] Staritz, Die Gründung der DDR, S. 117.
[225] Vgl. Weber, Geschichte der DDR, S. 113–115. Für Sachsen neuerdings: Kluge/Halder, Die befohlene Wirtschaftsordnung in Sachsen 1945/46; Halder, „Prüfstein ... für die politische Lauterkeit der Führenden"?

fabriken sowie über die „vorhandenen und notwendigen Arbeitskräfte"[226]. Während Präsident Ferdinand Friedensburg einen entsprechenden Entwurf für einen SMAD-Befehl einbrachte, der den Bergbau ihm persönlich unterstellen sollte[227], sprachen sich die beiden Vizepräsidenten Albert Bergholz und Gustav Sobottka gegen diesen Vorschlag aus[228].

Frühzeitig gab die Zentralverwaltung der Brennstoffindustrie gegenüber der ZVAS den Arbeitskräftebedarf für den Bergbau in der SBZ bekannt und bat um Unterstützung[229]. Eine ausführliche Zusammenstellung des Fachverbandes des Deutschen Braunkohlenbergbaus in Halle/Saale listete insgesamt 11890 Arbeitskräfte auf, die von den einzelnen Bergbaubetrieben angefordert wurden[230]. Darunter befanden sich allerdings nur 1898 fachlich qualifizierte Bergarbeiter und 1542 angelernte Kräfte sowie 6323 Hilfsarbeiter. Regionale Schwerpunkte waren Sachsen-Anhalt (4960 Arbeitskräfte), Brandenburg (3307) und Sachsen (3092). Dagegen meldete Thüringen einen Bedarf in Höhe von 531; Mecklenburg-Vorpommern verfügte über keine nennenswerten Gruben des Braun- oder Steinkohlenbergbaus und konnte deshalb auch keinen Arbeitskräftebedarf anmelden[231]. Die ZVAS versuchte den Bedarf teilweise durch überbezirklichen Ausgleich abzudecken: So wurde das Landesarbeitsamt in Potsdam gebeten, „den Arbeitsämtern Ihres Bezirkes aufzugeben, etwa dort vorhandene, ausgleichsfähige Kräfte [...] zu überweisen"[232]. Als besonders langwierig und oftmals aussichtslos erwies sich die Suche nach Facharbeitern, die entweder in der geforderten Anzahl nicht vorhanden oder bereits für andere dringliche Arbeiten eingesetzt waren. Der Bürgermeister von Fürstenberg (Oder) reagierte auf die Aufforderung der ZVAS, Arbeitskräfte zur Verfügung zu stellen, mit dem Hinweis, daß die gewünschten Fachkräfte „hier überhaupt nicht vorhanden sind"[233]. In einem Rundschreiben an die Landesarbeitsämter vom 10. Dezember 1945 sprach sich die Berliner Zentralverwaltung dafür aus, „aus den Reihen der Umsiedler einen erheblichen Teil des Bedarfs zu decken"[234]. Angesichts der zu diesem Zeitpunkt chaotischen Lage in den Flüchtlingslagern sowie der Ungewißheit über den weiteren Vertriebenenzustrom war daran allerdings noch nicht zu denken. Die Rekrutierung von „Umsiedlern" für den Braun- und Steinkohlenbergbau erfolgte somit eher zufällig und hing im wesentlichen von der Eigeninitiative der einzelnen Grubenleitungen ab, Arbeitskräfte in den Lagern anzuwerben, oder von den Vertriebenen selbst, die sich nach Verlassen der Auffanglager freiwillig melden konnten. Eine koordinierte Planung und Lenkung durch die Arbeitsverwaltung war dagegen Ende 1945 kaum durchführbar. Die Zuweisung von Arbeitskräften konnte in der anvisierten Grö-

[226] SAPMO, NY 4182/1184, Bl. 42–46, hier Bl. 43, Vizepräsident Gustav Sobottka am 13. 2. 1946 an den Leiter der Verwaltung der Brennstoffindustrie und Energie der SMAD (J. Kurmaschew).
[227] Ebenda, Bl. 57, Entwurf Friedensburgs (März 1946).
[228] Ebenda, Bl. 55, Notiz Sobottkas vom 8. 3. 1946.
[229] BAB, DQ 2/1881, Bl. 1, Zentralverwaltung der Brennstoffindustrie am 17. 10. 1945 an die ZVAS.
[230] Ebenda, Bl. 2.
[231] Eine Liste der führenden Betriebe aus den einzelnen Wirtschaftszweigen, die die DVAS-Abt. I b im Zusammenhang mit dem SMAD-Befehl Nr. 234 zusammenstellte, führte nur eine Braunkohlengrube für das Land Mecklenburg in Malliß mit 124 Beschäftigten an: BAB, DQ 2/1711.
[232] BAB, DQ 2/1881, Bl. 3, ZVAS am 1. 11. 1945 an das Landesarbeitsamt von Brandenburg.
[233] Ebenda, Bl. 15f., Bürgermeister von Fürstenberg (Oder) am 5. 12. 1945 an die ZVAS.
[234] Ebenda, Bl. 17.

ßenordnung nicht durchgeführt werden, da zahlreiche Kreise über einen akuten Arbeitskräftemangel klagten[235] und die Unterbringungsmöglichkeiten für anreisende Arbeiter aufgrund der kriegsbedingten Zerstörungen oftmals stark eingeschränkt waren[236].

Trotz vielfältiger Bemühungen kam eine koordinierte und abgestimmte Bedarfsplanung im Braun- und Steinkohlenbergbau nicht zustande. Das war der unzureichenden Zusammenarbeit zwischen den Bergwerksleitungen und den Landesverwaltungen auf der einen und der ZVAS/DVAS bzw. der Zentralverwaltung der Brennstoffindustrie auf der anderen Seite geschuldet. Vor allem die Berliner Zentralverwaltungen erhielten erst verspätet einen Überblick über die entsprechende Nachfrage von Arbeitskräften und konnten somit den zwischenbezirklichen Ausgleich nicht mehr rechtzeitig einleiten. Vizepräsident Sobottka schätzte den Bedarf Anfang des Jahres 1946 auf 12 000 bis 15 000 ein. Es sei „dringend notwendig, Maßnahmen zu ergreifen, um dem Braunkohlenbergbau Arbeiter zuzuführen"[237]. Andernfalls verringere sich die notwendige Abraummenge an Kohle, die Voraussetzung war für eine langfristige Sicherstellung der Energieversorgung sowohl der Betriebe als auch der Privathaushalte. Des weiteren wies Sobottka auf die fehlenden Unterbringungsmöglichkeiten für die angeworbenen Arbeiter hin. Eine durchgehende Trennung von Braun- und Steinkohlenbergbau wurde bei der Planung nicht vorgenommen: die Zentralverwaltungen faßten beide Bereiche des Bergbaus oftmals zusammen; es kam allerdings auch vor, daß der Bedarf voneinander getrennt angegeben wurde[238].

Für die beiden Zentralverwaltungen in Berlin kam erschwerend hinzu, daß die sowjetische Besatzungsmacht in den Ländern bzw. Provinzen eigene Befehle zur Produktionssteigerung erteilte, die auch Anweisungen zur Bereitstellung von Arbeitskräften für die einzelnen Gruben enthielten[239]. Dadurch konnte es mitunter zu Überschneidungen mit Planungen seitens der DVAS bzw. der Zentralverwaltung der Brennstoffindustrie kommen. Dieses strukturelle Problem ließ sich jedoch zu keinem Zeitpunkt zufriedenstellend lösen, da es offensichtlich auch Abstimmungsschwierigkeiten zwischen der SMAD in Karlshorst und den SMA in den Ländern gab. Bei den gemeinsamen Unterredungen mit Vertretern der DVAS mahnte die SMAD-Abteilung Arbeitskraft des öfteren eine Kontrolle der Bergbaubetriebe an. So sollten die innerbetrieblichen Arbeitsbedingungen durch Arbeitsschutzinspektoren geprüft werden[240]. Auf diese Weise erhofften sich die sowjetischen Vertreter eine Senkung des Krankheits- und Unfallstandes sowie langfristig eine bessere Ausnutzung des Produktionsfaktors ‚Arbeit'.

---

[235] Ebenda, Bl. 19, Provinzialamt für Arbeit und Sozialfürsorge von Sachsen-Anhalt am 13. 12. 1945 an die ZVAS.
[236] Ebenda, Bl. 21, Landesarbeitsamt Dresden am 27. 12. 1945 an die ZVAS.
[237] SAPMO, NY 4182/1184, Bl. 11–15, hier Bl. 12, Bericht Sobottkas vom 14. 1. 1946 an Walter Ulbricht.
[238] So gab Sobottka den Bedarf beim sächsischen Steinkohlenbergbau im Januar 1946 mit 1000 Arbeitskräften an. Vgl. BAB, DQ 2/2134, Bl. 1, Deutsche Zentralverwaltung der Brennstoffindustrie am 23. 1. 1946 an DVAS.
[239] BAB, DQ 2/518, Bl. 3 f., Befehl des Stellvertretenden Chefs der SMA der Provinz Brandenburg Nr. 11 vom 24. 1. 1946.
[240] BAB, DQ 2/3923, Bl. 17 f., Bericht über die Besprechung mit Morenow in Karlshorst am 2. 2. 1946.

In der Folgezeit ergriff die DVAS die Initiative und lud den Vizepräsidenten und weitere Sachbearbeiter der Zentralverwaltung der Brennstoffindustrie sowie Mitarbeiter sämtlicher Landesarbeitsämter zu einer Aussprache ein, um die Stellung von Arbeitskräften für den Braunkohlenbergbau besser abstimmen zu können. Mittlerweile hatte sich nach Angaben von Vizepräsident Sobottka der kurzfristige Bedarf auf 18 000 erhöht, langfristig seien sogar 30 000 Arbeiter erforderlich[241]. In dem Zusammenhang schlug er vor, daß sich die Arbeitsämter sehr viel stärker der Versorgung dieses Wirtschaftszweiges mit Arbeitskräften zuwenden sollten. Dabei könnten – so Sobottka – auch Berufsfremde eingesetzt werden; Arbeiter aus ländlichen Gebieten seien „am besten geeignet". Darüber hinaus sollte die Schwerarbeiterkarte nicht mehr von den Ernährungsämtern, sondern von den Betrieben „als kurzfristige Zusatzkarte" mit einer Laufzeit von acht Tagen vergeben werden[242]. Eine Verbesserung der Kontrolle und eine Unterbindung von Mißbrauch wurde damit angestrebt. Ähnliche Ziele verfolgte Sobottka mit seinen Vorschlägen zur Wohnraumfrage: Hier sollten Werkswohnungen, die von „Werksfremden" belegt waren, zugunsten angeworbener oder zugewiesener Arbeiter geräumt werden. Bei der Frage nach der Rekrutierung neuer Bevölkerungsgruppen für den Bergbau waren sich die Teilnehmer der Konferenz einig darüber, daß die Frauen für den Arbeitseinsatz in diesem Bereich „in der Regel" ausschieden. Statt dessen wurde die „Auswechselung" von Arbeitskräften favorisiert, d.h. der Abzug von bergbautauglichen Arbeitern aus Bereichen der Leicht- und Konsumgüterindustrie und deren Ersetzung durch Frauen bzw. bergbauuntaugliche Arbeitskräfte[243]. Eine systematische Auskämmung der Betriebe durch die Arbeitsämter war zu diesem Zeitpunkt jedoch nicht geplant; ein solcher Schritt hätte vermutlich Unruhe unter den Belegschaften hervorgerufen.

Innerhalb des Alliierten Kontrollrates existierten 1946 Überlegungen, ein Gesetz zur Frauenarbeit im Bergbau zu verabschieden, das die Beschäftigung unter Tage grundsätzlich gestatten sollte. Arbeitsschutzrechtliche Bestimmungen hatten dies in Deutschland vor 1945 nahezu ausgeschlossen, und die DVAS sowie die SED-Führung stellten sich hinter dieses Verbot. Die Autorenschaft für den Gesetzentwurf läßt sich sehr wahrscheinlich auf die sowjetischen Vertreter im Kontrollrat zurückführen, die an ihren Plänen jedoch nicht lange festhielten. Nach einem Telefonat mit einem Vertreter der SMAD-Abteilung Arbeitskraft notierte Max Herm von der DVAS: „Abtlg. Arbeitskraft lehnt diesen Befehl in vorliegender Form ab."[244] Auch die Abteilung Frauen beim SED-Zentralsekretariat wandte sich gegen eine Aufhebung des Verbots von Frauenarbeit im Untertagebau. Es müsse möglich sein, „den Mangel an Bergarbeitern auf andere Weise zu beheben insbesondere durch Umschulung von männlichen Arbeitskräften"[245]. Einen ähnlichen Vorschlag unterbreitete der FDGB-Vorstand, der außerdem auf die gesundheitlichen Risiken aufmerksam machte[246]. Damit hatte sich auf deutscher

[241] BAB, DQ 2/2054, Niederschrift der DVAS-Abt. II über die Aussprache am 6. 2. 1946, S. 1.
[242] Ebenda, S. 2.
[243] Vgl. ebenda, S. 3.
[244] BAB, DQ 2/1517, handschriftlicher Zusatz Herms auf dem Entwurf des Kontrollratgesetzes.
[245] SAPMO, DY 30/IV 2/17/26, Bl. 109, Briefentwurf an den Alliierten Kontrollrat.
[246] BAB, DQ 2/1517, FDGB-Vorstand am 27. 11. 1946 an den Alliierten Kontrollrat.

Seite eine breite Opposition gebildet, die die sowjetischen Vertreter im Alliierten Kontrollrat offenbar zum Einlenken bewog. Der Plan wurde fallengelassen und der Chef der SMAD-Abteilung Arbeitskraft Morenow beeilte sich, dem SED-Frauensekretariat mitzuteilen, daß der Kontrollrat „einen ähnlichen Befehl, der die Verwendung von Frauen Untertage im Bergbau gestatten würde, nicht ausgearbeitet hat und auch nicht mit der Ausarbeitung desselben beschäftigt ist"[247]. Die arbeitsrechtlichen Bestimmungen blieben in dieser Angelegenheit eindeutig: Zwar gestattete das Gesetz Nr. 32 des Alliierten Kontrollrats vom 10. Juli 1946 die Beschäftigung von Frauen bei „Bau- und Wiederaufbauarbeiten"[248]. Von entscheidender Bedeutung für die SBZ wurde aber der SMAD-Befehl Nr. 39 vom 19. Februar 1947, der die Beschäftigung von Frauen mit „schweren und gesundheitsschädlichen Arbeiten" klar verbot[249]. Ein dem Befehl hinzugefügtes Verzeichnis enthielt insgesamt 36 Berufe bzw. Tätigkeiten, die von dem Verbot betroffen waren, darunter auch der Untertagebergbau. Ausnahmeregelungen waren nur mit Einverständnis der betrieblichen Arbeitsschutzkommissionen und der Gewerkschaften möglich und mußten von den Ämtern für Arbeitsschutz in den Ländern und Provinzen genehmigt werden.

Schwerpunkte der Lenkung von Arbeitskräften in den Braunkohlenbergbau waren anfangs Klettwitz in Sachsen-Anhalt sowie das Gebiet um Senftenberg, das den höchsten Bedarf angemeldet hatte. Mitarbeiter der DVAS unternahmen bereits Mitte Februar 1946 erste Dienstreisen in diese Regionen, um sich einen Eindruck über die Lebens- und Arbeitsbedingungen zu verschaffen. Meldungen über eine schlechte Versorgung mit Wohnraum und vor allem mit Lebensmitteln hatten in dieser Phase keinen Seltenheitswert[250]. Aus Sicht der Arbeitsverwaltung stand einer Steigerung der Arbeitsleistung jedoch auch die Altersgliederung der Belegschaften entgegen. Aufgrund der Einziehung zur Wehrmacht war es bereits im Verlauf des Zweiten Weltkrieges[251] zu einer allgemein beklagten Überalterung[252] gekommen; dieser Prozeß hielt auch nach Kriegsende an. Die Versorgungslage war 1946 allerdings nicht in allen Braunkohlerevieren unzureichend. Ein Mitarbeiter der Zentralverwaltung der Brennstoffindustrie betonte nach dem Be-

---

[247] SAPMO, DY 30/IV 2/17/26, Bl. 111, Morenow am 12.12. 1946 an das SED-Zentralsekretariat (Frauensekretariat).

[248] Amtsblatt des Alliierten Kontrollrats in Deutschland, S. 166.

[249] Arbeit und Sozialfürsorge 2 (1947), S. 143–145.

[250] Vgl. BAB, DQ 2/1881, Bl. 27–31, Niederschrift der ZVAS-Abt. II über die Dienstreise am 15./ 16. 2. 1946.

[251] Vgl. zu den Folgen für das Niederlausitzer Braunkohlenrevier: Hübner, Arbeiter und sozialer Wandel, S. 35–41.

[252] Diesen Trend illustriert auch der Altersaufbau der Mitglieder in der Ruhr-Knappschaft zwischen 1933 und 1943. So stieg der Anteil der Mitglieder, die über 50 Jahre alt waren, von 4,6 (1933) auf 13,8 Prozent (1943). Dagegen fiel der Anteil derjenigen, die zwischen 20 und 29 Jahre alt waren, von 34,45 (1933) auf 15,95 Prozent (1943), wobei dieser Abwärtstrend im wesentlichen schon 1939 erreicht worden war (15,66 Prozent). Relativ konstant blieb dagegen die Gruppe der 30 bis 39jährigen, deren Anteil zunächst von 34,11 Prozent (1933) auf 39,87 (1938) anstieg, um dann wieder kontinuierlich auf 34,20 Prozent (1942) abzusinken. Der Anteil der Altersgruppe zwischen 40 und 49 Jahre erhöhte sich von 19,36 Prozent (1933) auf 31,27 (1942). Interessant ist außerdem, daß die Gruppe der unter 19jährigen, die 1918 noch einen prozentualen Anteil von rund 25 hatte, bereits 1926 auf knapp 10 Prozent abgesunken war; der niedrigste Wert lag hier 1943 bei 5,22 Prozent. Alle Angaben aus: Geyer, Die Reichsknappschaft, S. 394 (Tabelle 25).

such der Gruben im Raum Bitterfeld, daß die Arbeiter dort „bestens versorgt" seien[253].

Zwischen den beiden Zentralverwaltungen verlief die Zusammenarbeit nicht reibungslos. Die ZVAS-Abteilung II beanstandete im Februar 1946, immer noch keinen „listenmäßigen Bedarfs[nachweis]" erhalten zu haben. Um eine zuverlässige Grundlage für die Arbeitskräftelenkung gewinnen und „die Zuweisung nach dem Grade der Dringlichkeit ordnen zu können", sei es erforderlich, die einzelnen Braunkohlengruben mit dem jeweiligen Bedarf genau mitzuteilen[254]. Eine solche Absprache wurde immer dringlicher, zumal die gesteuerte Binnenwanderung an Bedeutung gewinnen sollte. So plante die Arbeitsverwaltung, 300 Bergarbeiter, die berufsfremd in Mecklenburg-Vorpommern untergebracht waren, nach Sachsen zu entsenden[255]. Letztlich konnte das Landesarbeitsamt in Schwerin jedoch nicht verhindern, daß sich ein großer Teil dieser Beschäftigtengruppe selbst auf die Arbeitsplatzsuche machte und in die britische Zone abwanderte. Der Präsident der Deutschen Zentralverwaltung der Brennstoffindustrie betonte daraufhin die krisenhafte Situation im Braun- und Steinkohlenbergbau und wies die Schuld bei der ausgebliebenen Zuteilung neuer Arbeitskräfte den Landesarbeitsämtern zu[256]. Die ZVAS reagierte auf diese Kritik und gab den Landes- und Provinzialämtern die Anweisung, die Heranziehung von Bergarbeitern für Demontagetätigkeiten außerhalb des Bergbaus zu unterlassen[257]. Gleichzeitig wies die ZVAS in einer Stellungnahme darauf hin, daß die bisherige unzureichende Deckung des Arbeitskräftebedarfs „keineswegs seine Ursache in einem Versagen der Ämter der Arbeit [hat], sondern […] in der allgemeinen arbeitsmarktpolitischen Lage und in den gestiegenen Anforderungen durch die SMA für Demontagezwecke begründet" sei[258].

Anders als beim Uranbergbau setzte sich beim Braun- und Steinkohlenbergbau sehr viel früher die Erkenntnis durch, daß Arbeitskräfte auf dem Wege der Freiwilligkeit und nicht durch Zwangsmittel zu gewinnen seien. Diese unterschiedliche Behandlung hing vornehmlich mit den hohen sowjetischen Anforderungen zusammen, die im Falle des sächsischen Erzbergbaus dominant waren. In den übrigen Bereichen des Bergbaus war das Interesse der Besatzungsmacht bedeutend geringer und damit der Gestaltungsspielraum der deutschen Stellen entsprechend größer. Das heißt allerdings nicht, daß SMAD bzw. SMA diesem Teil der Grundstoffindustrie keinerlei Bedeutung beimessen wollten. Im Gegenteil: Gerade im Winter 1945/46 und 1946/47 stand die Sicherung der Versorgung der SBZ mit Kohle ganz oben auf der sowjetischen Agenda[259]. Der DVAS sowie den Landes-

---

[253] BAB, DQ 2/2054, Reisebericht Roeseners vom 25. 2. 1946.
[254] BAB, DQ 2/1881, Bl. 27–31, hier Bl. 31, Niederschrift der ZVAS-Abt. II über die Dienstreise am 15./16. 2. 1946.
[255] BAB, DQ 2/2054, Landesarbeitsamt Mecklenburg-Vorpommern am 21. 3. 1946 an die ZVAS.
[256] Ebenda, Präsident Friedensburg am 30. 3. 1946 an die ZVAS, S. 1.
[257] BAB, DQ 2/2064, Kreil (Abt. II) am 4. 4. 1946 an die Landes- und Provinzialämter für Arbeit und Sozialfürsorge von Sachsen, Thüringen, Brandenburg und Sachsen-Anhalt.
[258] BAB, DQ 2/2054, ZVAS-Abt. II (Kreil) am 9. 4. 1946 an Präsident Friedensburg, S. 1.
[259] Ähnliche Versorgungsengpässe gab es im übrigen auch in den westlichen Besatzungszonen. Im Ruhrkohlenbergbau wurde etwa die Versorgung der Bergarbeiter mit Lebensmitteln Anfang 1947 durch ein einkommensabhängiges Punktesystem verbessert, um langfristig eine Produktionssteigerung zu erreichen. Vgl. Abelshauser, Der Ruhrkohlenbergbau, S. 38–42.

arbeitsämtern wurde im wesentlichen nur die Höhe der Kohlenförderung vorgegeben; konkrete Arbeitskräfteanforderungen für einzelne Gruben wurden dagegen äußerst selten erteilt. Somit konnte die deutsche Arbeitsverwaltung relativ autonom über die Wahl der Instrumente bei der Rekrutierung von Arbeitskräften entscheiden. Für den Fachverband des Braunkohlenbergbaus in der Provinz Sachsen stand außer Frage, daß Zwangsmittel nicht eingesetzt werden sollten: „Der gesamte Bergmannsstand würde dadurch zur Zwangsarbeit degradiert werden. [...] Durch den Zwang würde man das Standesgefühl vernichten."[260] Statt dessen müsse versucht werden, „durch entsprechende Propaganda" Freiwillige für den Beruf des Bergmanns zu gewinnen. Daher seien die Bergarbeiter – so der Vertreter des Fachverbandes – bei der Entlohnung sowie der Arbeitszeitregelung gegenüber anderen Berufen zu bevorzugen. Diese Vorschläge fanden die ungeteilte Zustimmung des Provinzialamtes für Arbeit und Sozialfürsorge.

Der Arbeitskräftebedarf konnte im Frühjahr 1946 nicht befriedigt werden. Zahlreiche Arbeitsämter meldeten, daß wegen der ungeklärten Unterbringungsfrage ein „Heranziehen von auswärtigen Kräften [...] gegenwärtig nicht ratsam erscheint"[261]. Das brandenburgische Landesarbeitsamt setzte seine Hoffnungen darauf, nach Beendigung der Demontagen den Bedarf „rein örtlich" abdecken zu können. Auch das Provinzialamt für Arbeit und Sozialfürsorge von Sachsen-Anhalt berichtete, daß die Anforderungen der Bergbaubetriebe nicht zu erfüllen seien[262]. Präsident Friedensburg von der Deutschen Zentralverwaltung der Brennstoffindustrie richtete nunmehr direkte Arbeitskräfteanforderungen an die einzelnen Landes- bzw. Provinzialverwaltungen[263] und riskierte damit einen offenen Konflikt mit der ZVAS, die sich übergangen fühlen mußte. Die quantitativ größte Auflage hatte Sachsen-Anhalt (4712), gefolgt von Brandenburg (3775); Sachsen sollte insgesamt 2970 und Thüringen 633 Arbeiter stellen. Diese Vorgehensweise führte allerdings dazu, daß Landesämter die ihnen gestellten Auflagen an benachbarte Landesarbeitsämter weiterleiteten. Das Provinzialamt für Arbeit und Sozialfürsorge von Sachsen-Anhalt verband sein Ersuchen an das thüringische Landesamt sogar mit einem Ultimatum: „Sofern Sie diese Kräfte nicht stellen, wird meinerseits bei der Deutschen Zentralverwaltung der Brennstoffindustrie [...] der Antrag auf Sperrung der Lieferungen an Sie gestellt werden müssen."[264] Allem Anschein nach hatte die ZVAS gegen die Initiative von Friedensburg nichts einzuwenden. Dieser forderte die ZVAS am 5. Juni sogar explizit auf, „sich nachdrücklich dafür einzusetzen und die nachgeordneten Dienststellen wiederholt eindringlich darauf hinzuweisen, daß eine Abziehung von Arbeitskräften aus der Brennstoffindustrie zu Demontagezwecken auf keinen Fall vorgenommen werden darf"[265]. Da Friedensburg mittlerweile die Unterstützung der SMAD gewon-

[260] LA Magdeburg LHA, Rep. K MW, Nr. 10576, Bl. 135–143, hier Bl. 140, Bericht des Provinzialamtes für Arbeit und Sozialpolitik in Halle/Saale über eine Besprechung am 6. 3. 1946.

[261] BAB, DQ 2/1881, Bl. 51 f., Landesarbeitsamt Potsdam am 18. 4. 1946 an die ZVAS.

[262] LA Magdeburg LHA, Rep. K MW, Nr. 10576, Bl. 135–143, hier Bl. 135, Bericht vom 6. 3. 1946.

[263] BAB, DQ 2/1881, Bl. 53–55.

[264] ThHStA, Land Thüringen, Ministerium für Wirtschaft und Arbeit, Bd. 3700, Bl. 72, Schreiben vom 25. 5. 1946. Ein gleichlautendes Schreiben ging auch an die Landesämter für Arbeit und Sozialfürsorge in Dresden, Schwerin und Potsdam. Vgl. BAB, DQ 2/1881, Bl. 56, 57 und 60.

[265] BAB, DQ 2/2054.

nen hatte[266], war aus Sicht der ZVAS offener Widerspruch zwecklos. Das geschilderte eigenmächtige Vorpreschen des Provinzialamtes für Arbeit und Sozialfürsorge in Halle/Saale wurde dagegen von der ZVAS am 4. Juli gestoppt[267]. Zur Bedarfsdeckung schlug die Berliner Zentralverwaltung vor, die „laufenden Umsiedlertransporte weitgehendst heranzuziehen". Da eine Erfassung und Lenkung der bergbautauglichen Arbeitskräfte aufgrund anderslautender Befehle der SMA nicht vorgenommen werden konnte, sollte dies in den Auffang- und Quarantänelagern nachgeholt werden.

Die Grubenleitungen zeigten sich oftmals unzufrieden über die berufliche Qualifizierung der Arbeitskräfte, die ihnen von seiten der Arbeitsverwaltung zugewiesen worden waren. So betonte die Anhaltische Kohlenwerke AG, daß der Bedarf an ungelernten Arbeitskräften gedeckt sei[268]. Darüber hinaus sei es „nicht zweckmäßig", Arbeiter zuzuweisen, die „die von uns gestellten Berufsangaben bzw. -kenntnisse nicht besitzen." Des weiteren klagte die Werksleitung darüber, daß die Überalterung der Belegschaften eher verstärkt als gebremst werde. Die Anhaltische Kohlenwerke AG sah sich deshalb nicht mehr in der Lage, Arbeiter aufzunehmen, „die älter sind wie von uns angegeben, da die Bergmannsarbeit doch eine bestimmte Beweglichkeit und auch körperliche Anstrengung erfordert."

DVAS-Präsident Brack wollte den Arbeitskräftemangel im Bergbau mittelfristig durch eine gezielte Verbesserung des Wohnungsbaus, der Ausstattung mit adäquater Berufskleidung, der Löhne sowie der Leistungen aus der Sozialversicherung beheben. Dadurch – so die Überlegung – sollten Anreize für einen freiwilligen Arbeitsplatzwechsel geschaffen werden. Die Überalterung wollte er mit einer Intensivierung der Lehrlingsausbildung stoppen[269]. Der Oberste Chef der SMAD veröffentlichte am 20. November 1946 den Befehl Nr. 323, der Maßnahmen zur Erhöhung des Kohlenabbaus und der Brikettproduktion enthielt[270]. Diese reichten von der Entlohnung bis zum Wohnungsbau. Damit machte auch die sowjetische Besatzungsmacht deutlich, daß dringender Handlungsbedarf bestand. Neben einer Festlegung der Fördermenge enthielt der Befehl auch genaue Anweisungen zur Versorgung der Steinkohlengruben in Zwickau-Oelsnitz mit Arbeitskräften: Im IV. Quartal 1946 sollten 750 Arbeiter und im Laufe des Jahres 1947 insgesamt 2750 Arbeiter neu eingestellt werden. Die Planung der DVAS zur Erfüllung dieser Auflage bewegte sich in gewohnten Bahnen: „Die Abdeckung der im Befehl vorgesehenen Kräfte soll aus den weniger beanspruchten Bevölkerungskreisen und Berufsschichten erfolgen wie Umsiedler, Landarbeiter usw."[271] Außerdem sei der Fraueneinsatz zu fördern[272]. Per Fernschreiben wurden die Landesarbeitsämter

[266] BAB, DQ 2/2054, Stellvertretender Leiter der Verwaltung der Brennstoffindustrie und Energie der SMAD (Fedjaew) am 5. 6. 1946 an Friedensburg.
[267] BAB, DQ 2/2054.
[268] BAB, DQ 2/1881, Bl. 71 f., hier Bl. 72. Anhaltische Kohlenwerke AG am 5. 9. 1946 an das Landesarbeitsamt in Potsdam.
[269] BAB, DQ 2/2240, Präsident Brack am 22. 10. 1946 an SMAD (Morenow).
[270] BAB, DQ 2/962.
[271] BAB, DQ 2/2135, Bl. 12, Aktenvermerk der DVAS-Abt. I vom 29. 11. 1946.
[272] Der Beschäftigtenanteil der Frauen im gesamten Bergbau (inklusive Erzbergbau) betrug im zweiten Quartal 1948 4,9 Prozent; 5068 Frauen standen 102796 Männern gegenüber. Dabei wurden die Frauen nur zu körperlich leichteren Arbeiten, d.h. nur über Tage herangezogen. Die regionale

über die neu erteilte Anforderung informiert[273]. Dabei verpflichtete die DVAS das sächsische Landesarbeitsamt, die Stellung des ersten Kontingents von 750 Arbeitern zu übernehmen, falls die übrigen Landesämter nicht ausreichend Arbeitskräfte zuweisen könnten. Wenige Tage später wies die DVAS in einem Rundschreiben auf ein weiteres Arbeitskräftepotential hin, das ausgeschöpft werden sollte: die Arbeitslosen und die Kriegsheimkehrer[274]. Die Landesverwaltung in Sachsen, die bereits für Oktober 711 und für November rund 600 Arbeiter gemeldet hatte, war offenbar davon überzeugt, auf die Hilfestellung der übrigen Länder nicht angewiesen zu sein[275]. Daher verzichtet die DVAS darauf, die Landesarbeitsämter stärker einzubinden und deren Werbungsaktivitäten für den Bergbau zu überprüfen.

Der SMAD-Befehl Nr. 323 war für die Belegschaften nicht folgenlos. Besonders der brandenburgische Justizminister tat sich in dieser Angelegenheit hervor und erließ für seine Justizverwaltung eine Rundverfügung, die den Grubenleitungen die Möglichkeit einräumte, gegen „Arbeitsschwänzer und Verletzer der Arbeitsdisziplin" Sanktionen zu verhängen: Vom öffentlichen Tadel bis zum Entzug der Lebensmittelkarten für zusätzliche Verpflegung oder die Verkürzung des Urlaubs um die Zahl der „ohne triftige Gründe versäumten Tage"[276]. Das Strafmaß konnte sogar noch weiter erhöht werden. In „schweren Fällen" komme der Befehl Nr. 16 über die Bestrafung von Sabotage- und Diversionsakten als Grundlage in Betracht. Die DVAS wurde offensichtlich erst aufgrund der Berichterstattung im ‚Tagesspiegel' über die Vorgehensweise des Landesjustizministers informiert. Nach Rückfrage machte die dortige Justizverwaltung noch präzisere Angaben zur Höhe der zu verhängenden Strafen: Diese könnten „in besonders schweren Fällen" auf 15 Jahre Gefängnis festgesetzt, „bei nachgewiesener Sabotage sogar auf Todesstrafe erkannt werden"[277]. Gegen diese Befehlsauslegung wandte sich die Juristische Abteilung der DVAS: Es sei zweckmäßig, den Justizminister der

Verteilung war unterschiedlich: Sachsen-Anhalt meldete 3161 weibliche Beschäftigte im Bergbau, Brandenburg 1484. Vgl. BAB, DQ 2/2054, Aktenvermerk der HVAS-Abt. I b vom 30. 6. 1948. Die Angaben zur Beschäftigtenzahl schwankten mitunter beträchtlich und hingen sehr stark von der jeweiligen Bezugsgröße ab. So ermittelte eine weitere Übersicht der HVAS für 1948 insgesamt 209550 beschäftigte Personen im Bergbau, darunter 17450 Frauen. Vgl. BAB, DQ 2/137, Bl. 430f. Die unterschiedlichen Angaben erklären sich möglicherweise daraus, daß im letzten Falle sehr viel mehr Nebenbetriebe mit eingerechnet wurden. Die Verteilung auf die einzelnen Bergbauzweige sah wie folgt aus:

	Männer	Frauen
Steinkohle	22100	650
Braunkohle	105200	11200
Erzbergbau	45300	4700
Salzbergbau	19500	900

Quelle: BAB, DQ 2/137, Bl. 430.

[273] BAB, DQ 2/2135, Bl. 13, DVAS am 30. 11. 1946 an die Landesarbeitsämter.
[274] Ebenda, Bl. 18–21, hier Bl. 18, Rundschreiben der DVAS-Abt. I vom 4. 12. 1946 an alle Landes- und Provinzialämter für Arbeit und Sozialfürsorge.
[275] BAB, DQ 2/2064, Aktenvermerk der DVAS-Abt. I über eine Besprechung mit dem Landesarbeitsamt Sachsen am 6./7. 12. 1946, S. 1.
[276] BAB, DQ 2/2054, Rundverfügung Nr. 4/VI vom 24. 12. 1946. Darüber berichtete „Der Tagesspiegel" am 24. 1. 1947. Vgl. ebenda.
[277] Ebenda, Aktenvermerk vom 31. 1. 1947 (vermutlich vom Landesarbeitsamt in Potsdam) an die DVAS.

Landesregierung Brandenburg darauf hinzuweisen, „daß der Wortlaut des SMA-Befehls den scharfen Hinweis im letzten Absatz der Rundverfügung nicht rechtfertigt"[278].

Anfang Februar 1947 startete die DVAS eine neue Initiative, um die Versorgung des Bergbaus mit Arbeitskräften langfristig zu sichern. Den Landes- und Provinzialämtern wurde in einem Rundschreiben mitgeteilt, daß den einzelnen Gruben „noch immer nicht ausreichende Arbeitskräfte zur Verfügung stehen, um die dringend nötigen Fördermengen zu erzielen"[279]. Die Arbeitsämter erhielten in dem Zusammenhang die Aufgabe, „den Ansprüchen der Gruben auf Gestellung der notwendigen Arbeitskräfte restlos zu entsprechen." Zur Kontrolle sollten die Landesarbeitsämter Sachbearbeiter abstellen, denen eine koordinierende Funktion zukam. Darüber hinaus hatte die Arbeitsverwaltung in den Kreisen und Städten ihre Propagandatätigkeit, bei der die Betonung der verbesserten Lohn-, Arbeits- und Versorgungsbedingungen im Vordergrund stehen sollte, zu intensivieren. Auf diese Weise würden sich – so die Einschätzung der DVAS – „genügend freiwillige Arbeitskräfte für die Arbeitsaufnahme im Kohlenbergbau finden" lassen[280]. Gleichzeitig wurde zum wiederholten Male die Freiwilligkeit der Arbeitskräftegewinnung betont. Zwangseinweisungen seien überflüssig und unter Berücksichtigung der anzustrebenden Arbeitsleistungen in den Gruben auch unerwünscht. Dagegen sei jedoch die „sofortige Zuweisung arbeitsloser oder berufsfremd eingesetzter Berg*fach*kräfte" nach wie vor zulässig. Um sich mit der Zentralverwaltung der Brennstoffindustrie und der IG Bergbau besser abstimmen zu können, lud die DVAS am 15. Februar zu einer Besprechung ein. DVAS-Abschnittsleiter Kreil unterstrich in seiner Begrüßung, daß „die Notwendigkeit der ausreichenden Versorgung des Kohlenbergbaus mit Arbeitskräften wohl niemals klarer zutage getreten ist"[281]. Ein Ergebnis dieser Unterredung war[282], daß die Zentralverwaltung der Brennstoffindustrie nach wie vor die Aufgabe hatte, den konkreten Arbeitskräftebedarf in den Gruben zu ermitteln und anschließend der DVAS mitzuteilen. Dagegen sollten die Arbeitsämter für die Zuweisung der Bergarbeiter verantwortlich bleiben. Der Dualismus, der sich zwischen beiden Zentralverwaltungen entwickelt hatte, bestand somit weiter fort. Zu den Aufgabengebieten der DVAS zählte außerdem die Regelung der Wohnraumfrage für die zuziehenden Arbeiter und deren Familien. In dem Zusammenhang wurde vorgeschlagen, „die SMA's um Freigabe beschlagnahmter, für militärische Zwecke aber nicht mehr benutzter Unterkünfte anzugehen." Der Lehrlingsausbildung sollte sich wiederum verstärkt die Zentralverwaltung der Brennstoffindustrie zuwenden. Die ausreichende Versorgung mit Wohnraum stellte auch noch Mitte 1947 ein weitgehend ungelöstes Problem dar, wie die DVAS offen einräumen mußte[283].

Nachwuchsfragen im Bergbau standen fortan im Zentrum der gemeinsamen Planungen von DVAS und Zentralverwaltung der Brennstoffindustrie, zu denen

---

[278] Ebenda, Juristische Abt. am 8. 2. 1947 an Abt. III (Herm).
[279] BAB, DQ 2/546, Rundschreiben Nr. 131 vom 11. 2. 1947, S. 1.
[280] Ebenda, S. 2.
[281] BAB, DQ 2/2054, Aktenvermerk der DVAS-Abt. I b vom 15. 2. 1947, S. 1.
[282] Vgl. zum folgenden: ebenda, S. 3.
[283] SAPMO, DY 30/IV 2/2.027/25, Bl. 1 f., Aktenvermerk der DVAS-Abt. I b vom 14. Juli 1947.

auch Vertreter der Zentralverwaltung der Industrie und der IG Bergbau hinzugezogen wurden. Die DVAS-Mitarbeiterin Heinze, die zuvor das Landesarbeitsamt
in Dresden geleitet hatte und daher über ausgezeichnete Fachkenntnisse verfügte,
beschrieb den Stand der Aus- und Weiterbildung für den Bergbauberuf in äußerst
düsteren Farben: Der Anteil der Jugendlichen betrage nur 1,47 Prozent; die
Arbeitsämter hätten im gesamten Bergbau 5469 Jugendliche gezählt[284]. Um die
Überalterung der Belegschaften zu verhindern, sei es aber notwendig, die Anzahl
auf 10 000 zu erhöhen. Die Zurückhaltung zahlreicher Grubenleitungen, neue
Lehrlinge einzustellen, hing offensichtlich auch damit zusammen, daß diese vollständig zur Belegschaft hinzugezählt wurden, obwohl sie noch nicht unter Tage
eingesetzt werden durften[285]. Da die Belegschaftsgröße über die auferlegte Pro-
duktionshöhe entschied, reduzierte das automatisch das Interesse auf seiten der
Bergbauwerke, Lehrlinge auszubilden, die erst nach einer dreijährigen Ausbildung richtig einsatzfähig waren. Ein Mitarbeiter der Zentralverwaltung der
Brennstoffindustrie schlug deshalb vor, bei der SMAD zu erreichen, daß die Anzahl der Lehrlinge bei der Festlegung der Produktion nicht angerechnet werde.
Die verstärkte Lehrlingsausbildung hatte nicht nur die Funktion, jüngere Jahr-
gänge für den Bergbau zu gewinnen, sondern auch die Aufgabe, den oftmals angesprochenen Facharbeitermangel besser in den Griff zu bekommen[286].

Anfangs hatten sich durchaus Erfolge bei der Werbung für den Braun- und
Steinkohlenbergbau eingestellt. Während der ersten beiden Monate 1947 stieg
etwa im Steinkohlenrevier Zwickau-Oelsnitz die Belegschaft (ohne die kaufmännischen Angestellten) um 795 auf insgesamt 17 659 an[287]. Während sich zuvor die
ungeklärte Wohnraumfrage als Hemmschuh erwiesen hatte, traten nunmehr die
stellenweise wieder aufgenommenen Demontagen als neue Hindernisse auf. Die
Kohlenförderung wurde vor allem dadurch behindert, daß die sowjetische Besatzungsmacht Teile des Maschinenparks konfiszieren ließ. Diese Demontagen hatten zwar schon in der unmittelbaren Nachkriegszeit eingesetzt, gewannen aber
nun eine neue Qualität. Die durch den Befehl Nr. 323 angestrebte Produktionssteigerung war nämlich ohne eine Neuausstattung der Bergbaugruben mit technischen Geräten undurchführbar. Einzelne Landesarbeitsämter formulierten deutlich den kausalen Zusammenhang: „Eine *Steigerung der Kohlenproduktion* läßt
sich daher durch den neuen Einsatz von Bergarbeitern nicht herbeiführen, wenn
nicht zu gleicher Zeit die *demontierten Betriebe wieder betriebsfähig gemacht
werden.*"[288] Der DVAS lagen sogar Berichte einzelner Arbeitsämter vor, die von
einem Ansteigen der Arbeitslosenzahlen ausgingen. So war beispielsweise im
Kreis Calau ein nicht näher quantifizierter, aber doch „erheblicher Teil" der in
Bergbaugruben beschäftigten Arbeiter beschäftigungslos geworden, weil die SMA
Brandenburg Demontagen wieder aufgenommen hatte[289]. Das brandenburgische
Landesarbeitsamt wurde gebeten, dafür Sorge zu tragen, daß arbeitslose Bergar-

[284] BAB, DQ 2/2054, Bericht über Sitzung am 11. 3. 1947, S. 1.
[285] Ebenda, S. 4.
[286] SAPMO, DY 30/IV 2/2.027/25, Bl. 1 f., Aktenvermerk der DVAS-Abt. I b vom 14. 7. 1947.
[287] BAB, DQ 2/2135, Bl. 81, DVAS am 11. 3. 1947 an SMAD-Abt. Arbeitskraft (Morenow).
[288] BAB, DQ 2/2133, Bl. 32, Bericht des Referats Wohnungsfürsorge, Wohnungshygiene und Siedlung in Potsdam vom 21. 3. 1947 [Hervorhebung im Original].
[289] Ebenda, Bl. 60, Abteilungsleiter Kreil am 15. 4. 1947 an das Landesarbeitsamt in Potsdam.

beiter nicht berufsfremd eingesetzt würden. In dem Zusammenhang plädierte die
DVAS für eine überbezirkliche Vermittlung: So bestünde etwa in Sachsen-Anhalt
ein „größerer ungedeckter Bedarf". Der Leiter der Hauptabteilung Industrie im
sächsischen Wirtschaftsministerium, Gerhart Ziller, faßte in einem Bericht das
Ausmaß der Demontagen und deren Auswirkungen auf den wirtschaftlichen Aufbau in der SBZ zusammen. Dabei warnte er nicht nur vor den Gefährdungen für
die Energieversorgung, sondern auch vor den politischen Folgewirkungen. Diese
bezogen sich zum einen auf die Beschäftigten in den Kohlengruben: „*Wir werden
mit starken Depressionserscheinungen unter den Bergarbeitern zu rechnen haben,
wenn man die Demontage in der vorgenannten Form durchführt.*"[290] Ziller rechnete zum anderen mit entsprechenden Meldungen in der gesamten westlichen
Presse, vor der man die neuerlichen Demontagen nicht habe verbergen können.
Nachdem die SED-Führung über die Demontagen unterrichtet worden war, sprachen Wilhelm Pieck, Otto Grotewohl, Walter Ulbricht und Max Fechner das
Thema am 28. August bei Marschall Wassili D. Sokolowski[291] an. Diese Intervention verlief aber erfolglos: Der Oberste Chef des SMAD bezeichnete die Demontagen als „Restdemontage[n]" und beharrte auf der eigenen Vorgehensweise[292].
    Im Laufe des Sommers 1947 stieg der Arbeitskräftebedarf im Bergbau weiter.
Allein die Braunkohlengruben benötigten zusätzlich 12100 Arbeitskräfte, vor
allem in Sachsen-Anhalt (4700)[293]. Der sächsische Steinkohlenbergbau meldete einen erneuten Bedarf von 2000 Arbeitskräften an. Im Gegensatz zu den fast gleichzeitig eingereichten Forderungen für den Uranbergbau (3000 bis zum 30. 8. sowie
17000 Arbeiter bis zum 31. 10. 1947) waren die Auflagen für den Kohlenbergbau
mit keiner Frist verbunden[294]. Auf einer Arbeitsbesprechung am 16. September
1947 im Hause der Zentralverwaltungen ließ sich die DVAS, die die Zentralverwaltung der Brennstoffindustrie offensichtlich nicht eingeladen hatte, die Federführung bei der Bereitstellung von Arbeitskräften für den Bergbau bestätigen[295].
Beim Steinkohlenbergbau, der in der SBZ nicht so personalintensiv war, konnte
der Bedarf bis Ende 1947 abgedeckt werden[296]; durch nicht vorhersehbare Entlassungen und Kündigungen reduzierten sich allerdings die Nettozugänge auf fast
die Hälfte (994)[297].
    Zusätzliche Probleme bei der Arbeitskräftelenkung traten in den Bergbaugru-
ben im grenznahen Gebiet zu Polen auf, so etwa beim Werk Hirschfelde. Teile der
Kohlengruben befanden sich nämlich auf polnisch verwaltetem Gebiet, wo deut-

---

[290] Bericht Zillers über neue Demontagen im Kohlenbergbau vom 24. 8. 1947, in: Badstübner/Loth,
    Wilhelm Pieck, S. 144–147, hier S. 146 [Hervorhebung im Original].
[291] Vgl. zu Sokolowski die Kurzbiographie in: Foitzik, SMAD, S. 478.
[292] Brief des SED-Zentralsekretariats an die Landessekretariate der SED vom 29. 8. 1947, in: Badstüb-
    ner/Loth, Wilhelm Pieck, S. 159 f.
[293] BAB, DQ 2/2136, DVAS-Präsident Brack am 26. 7. 1947 an die Zentralverwaltung der Brennstoff-
    industrie.
[294] SAPMO, DY 30/IV 2/2.027/25, Bl. 60–64, hier Bl. 60, Niederschrift der DVAS über eine Sitzung
    der Abt. I b mit Vertretern des FDGB-Bundesvorstandes, der IG Bergbau, der Abt. IV und der
    Abt. Kultur der DVAS.
[295] BAB, DC 15/581, Bl. 1 f., Ergebnisprotokoll vom 19. 9. 1947.
[296] BAB, DQ 2/1537, Niederschrift über den Verlauf der Arbeitstagung der DVAS (Abt. I b) in Leip-
    zig am 6./7. 1. 1948, S. 25.
[297] BAB, DQ 2/2135, Bl. 109, Zentralverwaltung der Brennstoffindustrie am 12. 11. 1947 an die
    DVAS.

sche Bergarbeiter nach wie vor beschäftigt waren. Rechtsgrundlage bildete offensichtlich ein Vertrag zwischen Polen und der SMAD, der das in der SBZ liegende
Werk Hirschfelde verpflichtete, „dem Tagebau Turow auf Verlangen die Möglichkeit zur Verwendung deutscher Arbeitskräfte zu geben"[298]. Darüber hinaus sollte
Hirschfelde die Lohn-, Krankenversicherungs- und Unfallversicherungskosten
tragen sowie für den An- und Abtransport der Arbeiter zuständig sein. Die polnische Verwaltung erhielt dagegen die Aufgabe, Maßnahmen für einen „normalen"
Arbeitsschutz zu ergreifen. Der FDGB-Bundesvorstand sprach sich dafür aus, die
für die SBZ geltenden Arbeitsschutzbestimmungen auch auf den Tagebau Turow
zu übertragen. Diese Forderung bezog sich sowohl auf die Einrichtung von Sani-
tätsstellen und den Einsatz der Betriebsärzte als auch auf die Wahl von Bevoll-
mächtigten für die Sozialversicherung[299]. Die Übernahme deutscher Rechtsvorschriften auf das polnische Werk ließ sich jedoch kaum realisieren. Selbst Mitarbeitern der Zentralverwaltung der Brennstoffindustrie war die Besichtigung der
Arbeitsstätten nicht gestattet; dies wurde nur einigen Betriebsratsmitgliedern
genehmigt, die besondere Ausweise erhielten. Da die Werksleitung von Turow
bestrebt war, die ungefähr 300 deutschen Bergleute sukzessive durch polnische
Arbeitskräfte zu ersetzen, erübrigte sich bald eine umfassende bilaterale Regelung[300].

Die Fluktuation von Arbeitskräften zum Erzbergbau erfaßte auch den Stein-
kohlenbergbau. Dieser befand sich zwar laut sowjetischen und deutschen Anwei-
sungen in derselben Dringlichkeitsstufe wie der Uranbergbau, konnte aber die
Abwanderung nicht verhindern, die mit den allmählich verbesserten Arbeits- und
Lebensbedingungen ursächlich zusammenhing. Die HVAS schaltete sich in dieser
Frage ebenfalls ein und betonte, daß ein Arbeitsplatzwechsel nur mit vorheriger
Zustimmung des bisher zuständigen Arbeitsamtes zulässig sei. Das sächsische
Landesarbeitsamt wurde gebeten, das Arbeitsamt in Aue anzuweisen, „bei der
Einstellung freiwilliger Kräfte aus dem Zwickauer Steinkohlengebiet besonders
auf das Vorliegen einer Genehmigung des Arbeitsplatzwechsels zu achten"[301].
Gleichzeitig sollte das abgebende Arbeitsamt in Lugau weitere Anträge auf Ar-
beitsplatzwechsel ablehnen. Einzelne Werksleitungen wandten sich hilfesuchend
an die Steinkohlenverwaltung in Zwickau, da die Abwanderung im Laufe des
Sommers 1949 nicht abriß[302]. Die DWK-Hauptverwaltung Kohle, der die Gruben
unterstanden, bat ihrerseits die HVAS, „möglichst umgehend dafür zu sorgen,
daß weitere Abgänge aus dem Steinkohlenbergbau im Interesse der Erfüllung des
Volkswirtschaftsplanes vermieden werden"[303]. In seinem Antwortschreiben wies
jedoch Litke darauf hin, daß die Arbeitsämter zwar grundsätzlich Widerspruch
gegen eine Abwanderung zur Wismut AG erheben könnten. Dies habe jedoch
keine rechtlichen Folgen: „Eine gesetzliche Möglichkeit, den Arbeitsplatzwechsel

---

[298] BAB, DQ 2/1881, Bl. 152, Zentralverwaltung der Brennstoffindustrie am 14. 1. 1948 an die DVAS.
[299] Ebenda, Bl. 154, FDGB-Bundesvorstand am 30. 1. 1948 an die DVAS (Herm).
[300] Ebenda, Bl. 151, Zentralverwaltung der Brennstoffindustrie im Februar 1948 an die DVAS.
[301] BAB, DQ 2/2135, Bl. 111, HVAS-Abt. I b am 8. 7. 1948 an das Landesarbeitsamt in Dresden.
[302] BAB, DQ 2/2134, Bl. 25, Karl-Marx-Werk Zwickau am 3. 8. 1949 an die Steinkohlenverwaltung
    Zwickau.
[303] Ebenda, Bl. 27, HV Kohle am 9. 8. 1949 an die HVAS.

von Arbeitskräften zu verhindern, besteht nicht."[304] Die einzige Möglichkeit zur Eindämmung der Fluktuation sah der HVAS-Mitarbeiter darin, das sächsische Landesamt für Arbeit und Sozialfürsorge zu beauftragen, „keine besonderen Werbemaßnahmen, die zum Ziel haben, freiwillige Arbeitskräfte aus den Betrieben der Steinkohlenindustrie für die Wismut AG anzuwerben, durchzuführen."

Kalibergbau

Der Kalibergbau stellte einen Zweig des Bergbaus in der SBZ dar, der regional vor allem auf das Land Thüringen begrenzt blieb. Mit dem Befehl Nr. 9 vom 9. Januar 1946 legte der Oberste Chef der SMAD den Produktionsplan für den Abbau von Kalisalz fest, aus dem in erster Linie Phosphat-Düngemittel hergestellt wurden, die letztlich in der Landwirtschaft zum Einsatz kamen. Entscheidend für die Arbeitsverwaltung war die Anlage zum SMAD-Befehl, der konkrete Angaben für die Bereitstellung von Arbeitskräften enthielt[305]. Demzufolge hatte Thüringen insgesamt 4260 Arbeiter zur Verfügung zu stellen[306]; Sachsen-Anhalt verfügte über drei kleinere Kaliwerke[307], für die 380 Arbeitskräfte benötigt wurden. Die sowjetische Besatzungsmacht wurde nahezu regelmäßig über den Stand der Arbeitskräftegewinnung informiert. So berichtete Landesdirektor Brack, daß bis zum 26. Januar 1083 Arbeiter bereitgestellt werden konnten[308]. Nicht nur die SMAD, sondern auch die SMA von Sachsen-Anhalt zeigte sich frühzeitig unzufrieden über die Erfüllung der von ihr aufgestellten Produktionspläne. Die SMA Sachsen-Anhalt übermittelte dem Präsidenten der Provinz am 9. Februar den Befehl Nr. 40, in dem die Auflagen nochmals angemahnt wurden[309]. Technische Schwierigkeiten – den Gruben fehlten in der Anfangszeit häufig Maschinen und Sprengstoff – sowie eine verspätete Bekanntgabe des Befehls Nr. 9 hatten letztlich dazu geführt, daß der Kaliabbau erst langsam anlaufen konnte[310]. Die Landesverwaltungen waren zunächst auf sich allein gestellt. Das thüringische Landesamt für Arbeit und Sozialfürsorge führte mehrere Besprechungen mit den Leitern der Arbeitsämter[311] sowie mit den Betriebsleitern der einzelnen Gruben[312] durch. Dabei wurden ähnliche Problemlagen wie beim Braun- und Steinkohlenbergbau deutlich: eine schlechte Versorgung mit Wohnraum sowie mit Transportmitteln

[304] BAB, DQ 2/2134, Litke am 23. 8. 1949 an die HV Kohle.
[305] BAB, DQ 2/2165. Die Anlage war von der Industrie-Verwaltung der SMAD zusammengestellt worden.
[306] Dabei handelte es sich um die Gruben der Wintershall AG (Kaiseroda, Heiligenroda, Sachsen-Weinmar und Glückauf), der Preussag (Bleicherode), der Burbach-Kaliwerke (Volkenroda) sowie der Vereinigten Kaliwerke AG Salzdethfurth (Sollstedt).
[307] Dazu gehörten die Gruben der Preussag in Staßfurt und Klein Schierstedt sowie der Burbach-Kaliwerke AG in Krügershall.
[308] ThHStA, Land Thüringen, Ministerium für Wirtschaft und Arbeit, Bd. 3651, Bl. 21.
[309] Vgl. BAB, DQ 2/2165.
[310] BAB, DQ 2/2165, 2. Vizepräsident von Sachsen-Anhalt, Ernst Thape, am 18. 2. 1946 an die SMA in Halle/Saale.
[311] ThHStA, Land Thüringen, Büro des Ministerpräsidenten, Bd. 1678, Landesdirektor Brack am 12. 2. 1946 an den Präsidenten des Landes Paul.
[312] Ebenda, Besprechung des Präsidenten Paul mit den Direktoren und Betriebsräten der Kaliberg-werke in Thüringen am 19. 2. 1946.

(Bus und Bahn). Darüber hinaus beklagten zahlreiche Betriebsräte die schlechte Ernährungslage und das Fehlen von Arbeitskleidung[313].

Auf Nachfrage der Zentralverwaltung der Industrie befaßte sich die ZVAS ungefähr ab März 1946 intensiver mit der Deckung des Bedarfs an Arbeitskräften für den Kalibergbau. Vereinbart wurde zunächst jedoch nur die Durchführung von gemeinsamen Dienstreisen in die „Bedarfsgebiete"[314]. Dagegen verschärfte Landesdirektor Brack die Gangart gegenüber den thüringischen Arbeitsämtern: Es gelte, die Produktion von „Kohle, Eisen, Kali und Verkehrsmitteln auf volle Touren zu bringen." Dazu müsse der Arbeitskräftebedarf *unter allen* Umständen" erfüllt werden[315]. Brack sprach sich dafür aus, nicht voll ausgelastete Handwerks- und Handelsbetriebe auszukämmen und berufliche Umsetzungen bei Industrie und Handwerk vorzunehmen. Außerdem sollten ehemalige NSDAP-Mitglieder gezielt in diesen Wirtschaftszweigen eingesetzt werden. Nachdem einige Arbeitsämter dies als Aufforderung verstanden hatten, befristete Einsatzverpflichtungen auszusprechen, drängte das Landesamt darauf, Arbeitseinweisungen nicht zeitlich zu begrenzen, sondern grundsätzlich „bis auf weiteres" auszusprechen[316].

Die SMA Thüringen verfolgte mit wachsendem Interesse die Aktivitäten der Landesverwaltung und mahnte stets die Erfüllung der Befehle an. Beschwichtigenden Erklärungen von seiten der deutschen Arbeitsverwaltung entgegneten sowjetische Offiziere mit dem Hinweis, daß „der russische Arbeiter größere Schwierigkeiten gesehen hat als der deutsche Arbeiter"[317]. Da die Kali-Industrie während des Zweiten Weltkrieges kaum zerstört worden war, ging die Besatzungsbehörde davon aus, „daß der Plan, der auferlegt worden ist, bestimmt auch ausführbar ist."

Der Bedarf an Arbeitskräften ließ sich kurzfristig nicht befriedigen; hier ergaben sich im übrigen Parallelen zum Uranbergbau. Langfristig gesehen verlor der Kalibergbau für die Arbeitsämter an Bedeutung; spätestens Ende 1947 verfügten die Grubenleitungen über genügend Arbeiter[318]. Dagegen rückte die Frage der Überalterung und des beruflichen Nachwuchses immer mehr ins Zentrum der Aufmerksamkeit – auch dies ein Phänomen, das in anderen Bergbauzweigen ebenfalls zu beobachten war. Dabei schoben sich DVAS und Werksleitungen gegenseitig die Verantwortung zu. So kam ein Mitarbeiter der DVAS-Abteilung II (Ausbildung und Umschulung) nach einer Dienstreise in das Gebiet des Kalibergbaus von Aschersleben und Staßfurt Ende Mai 1947 zum Ergebnis: „Obwohl sich die Werksleitungen über die äußerst ungünstigen Nachwuchsverhältnisse im klaren sind, wird für deren Besserung kaum eine nennenswerte Initiative entwik-

[313] Ebenda, Niederschrift über Tagung der Kali-Arbeiter am 12. 6. 1946.
[314] BAB, DQ 2/2060, Aktenvermerk der ZVAS vom 1. 3. 1946.
[315] BAB, DQ 2/1568, Landesamt für Arbeit und Sozialfürsorge in Weimar am 4. 3. 1946 an die Direktoren der Ämter für Arbeit und Sozialfürsorge [Hervorhebung im Original].
[316] Ebenda, Rundverfügung VIII 1043/R 69 des thüringischen Landesamtes für Arbeit und Sozialfürsorge vom 30. 3. 1946.
[317] ThHStA, Land Thüringen, Büro des Ministerpräsidenten, Bd. 1678, Niederschrift über Tagung der Kali-Arbeiter vom 12. 6. 1946 in Eisenach, S. 12 (Ausführungen des Leiters der Wirtschaftsabteilung der SMA Thüringen Schinkewitsch).
[318] Vgl. BAB, DQ 2/1537, Niederschrift über den Verlauf der Arbeitstagung der DVAS (Abt. I b) in Leipzig am 6./7. 1. 1948, S. 25.

kelt."[319] Der Vorsitzende des Gesamtbetriebsrates im Kaliwerk Staßfurt sah wenig später die Ursachen für die ausgebliebene Produktionssteigerung ganz woanders und hob die „sehr gedrückte und vor allem revolutionäre Stimmung" in der Belegschaft hervor[320]. Zur Begründung verwies er auf die nach wie vor bestehende mangelhafte Ausstattung mit Schuhwerk und Arbeitskleidung sowie die ungenügende Ernährungslage. Der Bericht gipfelte in dem Appell: „Gebt uns das, was wir brauchen, und nach einer Anlaufzeit von 5–6 Monaten sind wir in der Lage, die Anforderungen, welche gestellt werden, genau wie 1938 zu erfüllen." Die anschauliche Beschreibung der Arbeits- und Lebensbedingungen im Kalibergbau machte deutlich, daß in diesem Wirtschaftsbereich noch keine Anreize für einen freiwilligen Arbeitsplatzwechsel bestanden. Da der Bedarf allerdings nicht die quantitativen Ausmaße erreichte wie im Braun- und Steinkohlenbergbau oder dem Erzbergbau, bestand für die Arbeitsverwaltung und die SMA offensichtlich keine Veranlassung, materielle Verbesserungen herbeizuführen und damit öffentlich zu werben.

Arbeitskräfte für den Mansfelder Kupferbergbau

Der Kupferbergbau gehörte wie der Uranbergbau zum Wirtschaftszweig Erzbergbau, genoß jedoch nicht die gleiche Aufmerksamkeit wie die Wismut AG. Ausgangspunkt für die Bereitstellung von Arbeitskräften durch die deutsche Arbeitsverwaltung war auch hier ein sowjetischer Befehl. Mit dem SMAD-Befehl Nr. 124 vom 29. April 1946 wurde die Erhöhung der Kupfergewinnung angeordnet. In dem Zusammenhang erhielt der Präsident der Provinz Sachsen die Anweisung, den „Betrieben des Mansfelder Seekreises" insgesamt 7400 Arbeiter zur Verfügung zu stellen, darunter 5350 für Schachtarbeiten und 2050 für Fabrikationsarbeiten. Die Kommunalverwaltung sollte den ankommenden Arbeitskräften Unterkünfte anbieten sowie deren Transport zu den Arbeitsstätten sicherstellen[321]. In der Anlage zum Befehl Nr. 124 war ein detaillierter Plan für die Zuteilung von Arbeitskräften für den Zeitraum Mai bis Oktober 1946 angegeben, der vom Chef der Industrieverwaltung Georgi G. Alexandrow und dem Chef der Abteilung Arbeitskräfte P. J. Morenow unterzeichnet worden war[322].

Das zuständige Arbeitsamt in Eisleben bemühte sich zwar, den Arbeitskräftebedarf rasch zu befriedigen. Die Mansfelder Werkleitung bemängelte aber, daß durch die „auf die Erfassung ehemaliger Betriebsangehöriger gerichtete Auskämmaktion [...] nur sehr wenig voll leistungsfähige für die Strebarbeit unter Tage und für gleichschwere Arbeit auf der Hütte geeignete Arbeitskräfte" gefunden worden wären[323]. Die Aufnahmefähigkeit der Betriebe für „minderleistungsfähige" Arbeiter sei „bis auf weiteres voll erschöpft". Es müsse vermieden werden, daß die im Zuge der Auskämmung erfaßten Betriebe „aus der Gesamtzahl der bei

---

[319] BAB, DQ 2/2166.
[320] BAB, DQ 2/2166, Bl. 9, Stimmungsbericht vom 15. 9. 1947.
[321] BAB, DQ 2/2137.
[322] Ebenda.
[323] BAB, DQ 2/2137, Vermerk zur Besprechung mit dem Amt für Arbeit und Sozialfürsorge Eisleben am 5. 7. 1946, S. 1.

ihnen beschäftigten ehemaligen Belegschaftsmitglieder der Mansfeld-Betriebe nur die älteren und minderleistungsfähigen abgeben, die jüngeren, darunter insbesondere die Häuer, dagegen zurückbehalten, wie dies bisher häufig geschehen ist"[324]. Zwischen dem Arbeitsamt und dem Bezirksarbeitsamt in Merseburg herrschte Einigkeit darüber, daß diese „Rückführung abgewanderter Belegschaftsmitglieder grundsätzlich nur auf freiwilliger Grundlage" erfolgen könne[325]. Gleichzeitig erhielt das Arbeitsamt die Erlaubnis, einen nicht näher definierten „gewissen Druck" ausüben zu können, „weil andernfalls unter den derzeitigen Umständen mit einem Erfolg [...] überhaupt nicht zu rechnen" sei. Die Werksleitung hatte die Initiative ergriffen und eine zentrale Arbeitseinsatz-Leitstelle geschaffen. Unter Umgehung der Arbeitsbehörden strebte sie offensichtlich die Gewinnung neuer Arbeitskräfte in eigener Regie an. Wegen Binnenwanderung und Fluktuation war jedoch eine langfristige Planung 1946 noch nicht möglich: Obwohl die Auflagen der sowjetischen Besatzungsmacht nahezu erfüllt werden konnten, sank doch letztlich der Beschäftigtenstand wegen der nicht vorhersehbaren Abwanderung zu anderen Betrieben. So konnten zwischen März und Juni 2207 Arbeiter gewonnen werden. Da in diesem Zeitraum 998 Arbeiter abwanderten, reduzierte sich somit der Nettozugang auf 1209[326]. Dieser Trend schwächte sich bis zum Jahresende etwas ab, da der Arbeitskräftezugang stärker anstieg als der -abgang[327]. Flüchtlinge und Vertriebene kamen als zusätzliches Arbeitskräftepotential, das für Mansfeld zu gewinnen gewesen wäre, nur sehr begrenzt in Frage, da der Anteil der arbeitsfähigen Männer stellenweise weit unter dem Durchschnitt lag. In dem Quarantänelager Volkstedt, das rund 650 „Umsiedler" aufgenommen hatte, entsprachen nur 50 Personen den Einstellungsvoraussetzungen für den Bergbau[328].

Es hat den Anschein, als ob der Kupferbergbau sowohl bei der SMAD als auch bei der DVAS bald wieder an Bedeutung verlor. Nachdem der Startschuß für den Ausbau der Produktion gegeben worden war, blieb es den betroffenen Arbeitsämtern überlassen, ausgebildetes Fachpersonal zur Verfügung zu stellen. Da auf diese Weise der wachsende Bedarf nicht zu befriedigen war, wandte sich die Werksleitung im Sommer 1947 hilfesuchend an die DVAS, die es allerdings ablehnte, 2000 Bergarbeiter zuzuweisen[329]. Zu diesem Zeitpunkt genoß bereits die Erfüllung der Auflagen für den sächsischen Erzbergbau oberste Priorität. Die SMAD-Abteilung Arbeitskraft nahm dies nur zur Kenntnis und griff in die Auseinandersetzung vorerst nicht ein. Das änderte sich mit dem SMAD-Befehl Nr. 0313 vom 9. September 1947: Demnach hatte der Präsident der DVAS innerhalb von zwölf Tagen „2000 körperlich gesunde und für die Untertagearbeiten taugliche Arbeiter" für das Kupferkombinat Mansfeld zu stellen[330]. Bis zum Jahresende konnten

---

[324] Ebenda, S. 1 f.

[325] Ebenda, S. 2.

[326] Ebenda, S. 4.

[327] BAB, DQ 2/2137, Bericht über die Arbeit der Berg- und Hüttenbetriebe der Mansfelder Kupferschieferbergbau AG im Monat November 1946, S. 2.

[328] Ebenda, Vermerk zur Besprechung mit dem Amt für Arbeit und Sozialfürsorge Eisleben am 5. 7. 1946, S. 4 f.

[329] BAB, DQ 2/2040, Bl. 66, Niederschrift der DVAS-Abt. I b über die Besprechung mit der SMAD in Karlshorst am 30. 6. 1947.

[330] BAB, DQ 2/2017.

jedoch nur 1237 Personen eingestellt werden[331]. Ein Vertreter des Landesamtes für Arbeit und Sozialfürsorge in Halle/Saale wies anläßlich der Arbeitstagung am 6./7. Januar 1948 in Leipzig darauf hin, daß die Gewinnung von neuen Arbeitskräften erschwert werde durch die schlechten Unterbringungsmöglichkeiten sowie die festgesetzten Löhne und Verpflegungssätze, die den übrigen Bergbaubereichen nicht angeglichen worden seien[332]. Die DVAS wurde aufgefordert, Verhandlungen mit Karlshorst aufzunehmen, um auch für die Bergarbeiter in Mansfeld günstigere Arbeitsbedingungen zu schaffen. Nur so sei es möglich, die Freiwilligenwerbung erfolgreich abzuschließen. Da sich die SMAD mit der Anzahl der gewonnenen Arbeitskräfte, die unterhalb der Vorgabe lag, zufrieden gab, stieß der Vorschlag des Landesamtes ins Leere.

Gleichzeitig beauftragte die SMAD die DVAS mit der Überprüfung der wohnlichen Unterbringung der zugewanderten Arbeiter. Darüber hinaus sollte ein Bericht über die Ursachen der Fluktuation erstellt werden. Anfang 1948 veranlaßte die SMA von Sachsen-Anhalt die Zuteilung von insgesamt 1600 Arbeitskräften für den Mansfelder Kupferschieferbergbau und eine Angleichung der Löhne der Mansfelder Bergarbeiter an die der Braunkohlenarbeiter[333]. Als eigentliches Hindernis für eine zügige Arbeitskräftelenkung erwies sich aber auch hier die Wohnraumfrage[334]. Ein schlüssiges Konzept konnten weder die deutschen Verwaltungen noch die sowjetische Besatzungsmacht vorlegen – angesichts des Zerstörungsgrades infolge des Zweiten Weltkrieges war dies in der unmittelbaren Nachkriegszeit nicht weiter verwunderlich. Im übrigen herrschte die Mangelsituation auf dem Wohnungsmarkt keineswegs nur in der SBZ, sondern betraf ebenso die drei westlichen Besatzungszonen. Da zonale Lösungsvorschläge fehlten, waren auch in dieser Frage die Landesverwaltungen aufgefordert, provisorische Pläne auszuarbeiten. Dies geschah oftmals in enger Absprache mit der Kommunalverwaltung und vor allem mit der SMA. Gemeinsame Besprechungen zwischen allen Beteiligten dienten daher zunächst einmal dem Ideenaustausch: Nach den Vorstellungen von Major Wachnin (SMA der Provinz Sachsen) sollte die Zuweisung von Arbeitskräften sukzessive erfolgen: „[S]obald Wohnungen freigemacht sind, müssen auch die Arbeitskräfte gestellt werden."[335] Dagegen sprachen sich Vertreter der DVAS dafür aus, die Wohnsitze derjenigen Arbeiter zu verlegen, die in Leuna und Buna beschäftigt waren, ihren Wohnsitz aber in Eisleben hatten. Dadurch könnten Unterbringungsmöglichkeiten für zuziehende Bergarbeiter geschaffen und das Transportnetz entlastet werden. Dabei wurde allerdings nicht berücksich-

---

[331] BAB, DQ 2/1711, Niederschrift über die Besprechung mit der SMAD in Karlshorst am 23. 12. 1947, S. 1.
[332] BAB, DQ 2/1537, Niederschrift von der DVAS-Abt. I b über die Tagung, S. 24.
[333] BAB, DQ 2/498, Bl. 219, Bericht der DVAS-Abt. I b über die Besprechungen in Eisleben am 9. 1. 1948.
[334] Im Mansfelder Gebirgskreis wurden 10,2 qm Wohnraum pro Kopf der Bevölkerung registriert, im Mansfelder Seekreis 8,3 qm und in der Stadt Eisleben 7,3 qm (Stichtag: 31. 12. 1947). Diese Werte entsprachen nach Einschätzung der DVAS-Abt. IV (Abschnitt Wohnung und Siedlung) ungefähr den Durchschnittszahlen der SBZ und wurden „nicht als besonders besorgniserregend" eingestuft. Die Wohnungsnot in Eisleben ergab sich vielmehr dadurch, daß zahlreiche Wohnungen feucht und somit eigentlich unbewohnbar waren. Ein Ansteigen der Seuchenerkrankungen in der Stadt wurde darauf zurückgeführt. Vgl. BAB, DQ 2/1582, Aktenvermerk Bohlmanns vom 25. 3. 1948.
[335] BAB, DQ 2/498, Bl. 220.

tigt, daß die Mobilität von Arbeitern mit Familien stärker begrenzt war als die von Alleinstehenden. Zusätzlichen Wohnraum erhofften sich die deutschen Verwaltungen im Falle des Mansfelder Kupferbergbaus dadurch, daß Parteischulen der SED sowie die ehemalige Bergbauschule, die von Einheiten der Roten Armee belegt worden war, zur Verfügung gestellt würden. Weniger realistisch erschien die Zusage der sowjetischen Besatzungsbehörde, „mehr zusammenzurücken, um so verschiedene Häuser für die Unterbringung von Bergarbeitern freizumachen"[336]. Des weiteren wurde in Eisleben eine Kommission aus Vertretern der Parteien, des FDGB und der Kommunalverwaltung gebildet, die „Wohnbegehungen" durchführen sollte, um festzustellen, „inwieweit Familien bereit sind, ledige Bergarbeiter aufzunehmen"[337]. Das sogenannte Kostgängersystem, das bereits vor 1945 weit verbreitet gewesen war, sollte auf diese Weise wieder aufgegriffen und mit propagandistischer Unterstützung ausgebaut werden.

Da an eine schnelle Besserung der Arbeits- und Lebensbedingungen nicht zu denken war, setzte sich die bereits zuvor registrierte Abwanderung von Arbeitern zum Kohlenbergbau noch weiter fort[338]. Im Dezember 1945 hatte die Gesamtbelegschaft im Mansfelder Kupferbergbau 5750 Personen umfaßt[339]. Nach Angaben des Arbeitsamtes in Eisleben waren zwischen März 1946 und März 1948 10345 Arbeitskräfte zugewiesen worden. Im Frühjahr 1948 lag die Zahl der Beschäftigten bei 12023 Personen, d.h. 4072 Arbeiter hatten in der Zwischenzeit ihren Arbeitsplatz gewechselt. Rund 25 Prozent der durch die Arbeitsämter vermittelten Personen waren somit abgewandert. Darüber hinaus ist auf die Heterogenität der beruflichen Qualifikationen der Arbeiter aufmerksam zu machen. Unter den 2549 Arbeitskräften, die aufgrund des Befehls Nr. 0313 neu eingestellt worden waren, befanden sich nur 123 Bergleute. Die größte Gruppe machten die Handwerker aus (1010), gefolgt von ungelernten Arbeitskräften (809), arbeitslosen Jugendlichen (385), Angestellten (127) sowie Landwirten (95)[340].

Die Arbeitsverwaltung schätzte die Altersstruktur der Belegschaft beim Mansfelder Kupferbergbau als „äußerst ungünstig" ein[341]. Nach Angaben des HVAS-Mitarbeiters Krüger betrug das Durchschnittsalter 53 Jahre[342]. Damit bestätigte sich der Eindruck, der auch in den anderen Zweigen des Bergbaus gewonnen worden war. Der Betriebsleitung wurde vorgehalten, zu wenig unternommen zu haben, um „eine Ausbildung junger Kräfte durchzuführen." Im Frühjahr 1948 standen rund 500 Personen in einem Ausbildungsverhältnis. Krüger vermutete, daß „durchaus die doppelte Zahl beschäftigt werden könnte." Auffallend war jedoch insgesamt die Tatsache, daß die Gruben noch 1948 überhaupt nicht auf die massenhafte Neueinstellung vorbereitet waren. Es fehlte nicht nur ausreichende

[336] Ebenda, Bl. 219.
[337] Ebenda, Bl. 220.
[338] BAB, DQ 2/2137, Bericht der DVAS-Abt. I b über Verhandlungen in Eisleben am 9. 1. 1948, S. 2.
[339] BAB, DQ 2/1582, Zwischenbericht der Unterkommission über Fragen der Arbeitsorganisation, Leistungsfähigkeit und Arbeitskraft vom 5. 5. 1948, S. 1.
[340] Ebenda.
[341] BAB, DQ 2/1582, Bericht des Arbeitsamtes Eisleben über eine Besprechung mit Vertretern der HVAS und des Ministeriums für Arbeit und Sozialpolitik von Sachsen-Anhalt in Eisleben am 14. 4. 1948, S. 1.
[342] BAB, DQ 2/2040, Bl. 128, Niederschrift der HVAS-Abt. I über die am 22. 5. 1948 stattgefundene Besprechung bei der SMAD.

Arbeitsschutzkleidung; die Schachtanlagen waren technisch so schlecht ausgestattet, daß der in den Befehlen und Plänen anvisierte rasche Anstieg der Fördermenge überhaupt nicht verwirklicht werden konnte[343]. Während die Besatzungsmacht und die deutsche Arbeitsverwaltung die Unterbringung der zugeteilten Arbeitskräfte monierten, klagten die Gruben über die mangelhafte technische Ausstattung, die einer Produktionssteigerung im Wege stand.

Auf Veranlassung der SMAD-Abteilung Arbeitskraft erstellten Mitarbeiter der HVAS im Frühjahr 1948 einen ausführlichen Bericht über das Mansfelder Kombinat, in dem unter anderem die berufliche Ausbildung sowie die Zusammensetzung der Belegschaft thematisiert wurde[344]. Demnach setzte sich die Belegschaft ungefähr zu einem Drittel aus Stammarbeitern zusammen, die bereits vor 1945 im Bergbau gearbeitet hatten, während zwei Drittel berufsfremd waren[345]. Die Tatsache, daß sich unter der Gesamtbelegschaft nur ein Drittel Stammarbeiter befanden, hing vermutlich mit dem Ende des Zweiten Weltkrieges und dem rapiden Produktionsabfall bzw. teilweise auch dem Produktionsstopp zusammen. Die Betriebsleitung hatte einen erheblichen Teil der Stammbelegschaft entlassen müssen, da finanzielle Mittel für die Weiterführung der Anlagen nicht zur Verfügung standen. Als dann kurze Zeit später die Kupfergewinnung wieder erhöht werden sollte, war es kaum noch möglich, die alten Belegschaftsmitglieder wieder zu gewinnen: Viele waren in der Zwischenzeit abgewandert oder hatten sich eine andere Beschäftigung gesucht. Daher waren die Arbeitsämter gezwungen, den Bedarf an Arbeitskräften aus anderen Berufsgruppen zu gewinnen. Darüber hinaus fanden wohl auch eine ganze Reihe von „Umsiedlern" einen Arbeitsplatz im Mansfelder Kupferbergbau; dazu existieren jedoch für diesen Zeitpunkt keine genauen quantitativen Angaben. Da die Anzahl der qualifizierten Fachkräfte im Werk gering war und auf dem Arbeitsmarkt Facharbeiter für den Bergbau nur sehr begrenzt zur Verfügung standen, mußte die innerbetriebliche Arbeitsorganisation effizienter gestaltet werden. So mahnten die Berichterstatter an, daß qualifizierte Häuer nicht mit „Dienstleistungen" belastet werden dürften[346], sondern nur als Streb- und Zimmerhäuer einzusetzen seien, die in dieser Funktion auch die Ausbildung des Nachwuchses zu übernehmen hätten[347].

Sowohl die Frage der wohnlichen Unterbringung zugewiesener Arbeitskräfte als auch das Problem der betrieblichen Ausbildung von Facharbeitern ließ sich für die mittlerweile gebildete VVB Mansfeld bis zur DDR-Gründung nicht zufriedenstellend lösen. Langfristig war zwischen HVAS, dem zuständigen Landesamt sowie der Werksleitung geplant, in unmittelbarer Nähe zum Betriebsgelände Wohnungen für die Beschäftigten und deren Familien bereitzustellen. Bis zur vollständigen Realisierung dieses Wohnprogramms sprachen sich alle beteiligten

[343] Vgl. BAB, DQ 2/1582, Bericht des Arbeitsamtes Eisleben über eine Besprechung mit Vertretern der HVAS und des Ministeriums für Arbeit und Sozialpolitik von Sachsen-Anhalt in Eisleben am 14. 4. 1948, S. 1 f.
[344] BAB, DQ 2/137, Bl. 226–249, Untersuchungsbericht mit einem Anschreiben der HVAS an die SMAD-Abt. Arbeitskraft (Morenow) vom 26. 5. 1948.
[345] Zum folgenden: ebenda, Bl. 235.
[346] Ebenda, Bl. 233.
[347] Ebenda, Bl. 231.

Verwaltungen für eine behelfsmäßige Unterbringung aus[348]. In dem Zusammenhang wurde die Kommunalverwaltung angewiesen, ihre Propagandatätigkeit zur Bereitstellung von Wohnraum zu intensivieren. Die Unterbringung von Arbeitern, „die zur Erfüllung des Plansolls aus anderen Gebieten herangeführt werden müssen, [dürfe] nicht an der Zuweisung von geeigneten Wohnräumen scheitern", so das Ministerium für Wirtschaft und Verkehr von Sachsen-Anhalt[349]. Daneben existierte auch im Frühjahr 1949 ein Bedarf an qualifiziertem Personal. Die Arbeitsämter konnten beispielsweise gelernte Häuer nicht mehr zuteilen, so daß sich die VVB Mansfeld bereit erklärte, „ungelernte Kräfte sowie Arbeitskräfte aus anderen Berufsgruppen aufzunehmen"[350]. Einzige Voraussetzung blieb aber nach wie vor die Feststellung der Bergbautauglichkeit durch einen der Betriebsärzte. Erst danach durften die neu gewonnenen Arbeiter in das Umschulungsprogramm aufgenommen werden.

Bis Ende 1948 hielt die Abwanderung vom Mansfelder Kupferbergbau unvermindert an, schwächte sich dagegen zu Beginn des Jahres 1949 deutlich ab[351]. So wurden dem Werk im Oktober 1948 insgesamt 192 Personen zugewiesen; gleichzeitig verließen 118 Personen den Betrieb. Der effektive Zugang betrug somit 74 Personen und sank im Dezember auf 64. In diesem Monat wurden 168 Arbeiter neu eingestellt, während 104 wieder abwanderten. Im Januar 1949 war die Wanderungsbewegung aus Sicht der Betriebsleitung relativ günstig: Das Arbeitsamt registrierte 302 zugewiesene Arbeiter, und die Betriebsleitung meldete 99 Abgänge. Die SMAD erhöhte nochmals die Zahl der Arbeitskräfte, die dem Kombinat Mansfeld durch die Arbeitsämter zuzuweisen waren: In einer Anlage zum Befehl Nr. 40 vom 11. April 1949 wurde festgelegt, daß im Laufe des Jahres 1949 weitere 1400 Arbeitskräfte neu eingestellt werden sollten[352]. Bis Ende April konnten bereits 1050 Arbeiter, das entsprach der angeforderten Summe für das erste Halbjahr, in Mansfeld überwiegend untertage eingesetzt werden[353]. Nach Einschätzung des Ministeriums für Arbeit und Sozialpolitik von Sachsen-Anhalt würde jedoch der Bedarf des Mansfelder Kupferbergbaus im dritten Quartal unter der von der SMAD geforderten Menge von 350 liegen. Damit wurde letztlich deutlich, daß nicht der Arbeitskräftemangel die Ursache für die Nichterfüllung der Produktionspläne war, sondern das Fehlen von Facharbeitern[354]. Aufschlußreich war außerdem, daß die beiden Arbeitsämter in Eisleben und Hettstedt, die für die Bereitstellung von Arbeitskräften für Mansfeld zuständig waren, von einer Auf-

[348] BAB, DQ 2/2132, Protokoll über die Sitzung am 14. 3. 1949 im Verwaltungsgebäude der VVB Mansfeld, S. 3.
[349] Ebenda, Ministerium für Wirtschaft und Verkehr (HA Bauwesen) in Halle/Saale am 23. 3. 1949 an die HVAS.
[350] Ebenda, S. 1.
[351] BAB, DQ 2/156, Bl. 104, Aktennotiz der HVAS-Abt. I a vom 18. 3. 1949.
[352] Die Anlage zum SMAD-Befehl Nr. 40 war vom Leiter der Verwaltung der Metallurgischen und Chemischen Industrie der SMAD, Alexander S. Boleuch, unterzeichnet worden. Demzufolge sollten im ersten Quartal 250, im zweiten Quartal 800 und im dritten Quartal 350 Arbeiter gewonnen werden. BAB, DQ 2/2132.
[353] BAB, DQ 2/2132, Ministerium für Arbeit und Sozialpolitik der Landesregierung Sachsen-Anhalt am 6. 5. 1949 an die HVAS.
[354] Ebenda, Notiz der HVAS (Donau) vom 4. 8. 1949.

lage für den sächsischen Erzbergbau befreit wurden[355]. Aus Sicht der Mansfelder
Betriebsleitung sah die Arbeitskräftelage jedoch nicht so rosig aus, da aufgrund
der im Sommer wieder angestiegenen Abwanderung der effektive Zugang eher geringer geworden war[356]. Im Juli entsprach die Zahl der Zuwanderung sogar der
der Abwanderung. Die Arbeitsverwaltung wurde deshalb aufgefordert, in Zukunft Kündigungen nicht mehr ohne weiteres zu genehmigen.

Arbeitskräfte für die Eisenhütten- und Stahlwerke

Zwischen 1945 und 1949 war dieser Wirtschaftszweig aus Sicht der Arbeitsverwaltung zunächst noch von sekundärer Bedeutung. Dies hing mit den Anforderungen für die sowjetische Besatzungsmacht, besonders für den Uranbergbau,
aber auch mit den Demontagen und der daher verspätet anlaufenden Produktion
in den Eisenhütten- und Stahlwerken zusammen. Darüber hinaus bestanden vor
dem ersten Fünfjahrplan noch nicht so zahlreiche Werke; diese wurden vielmehr
erst ab Anfang der fünfziger Jahre in einer großen Kraftanstrengung neu aufgebaut. Zu den wenigen Unternehmen, die bereits kurz nach Kriegsende ihre Tätigkeit wieder aufnahmen, gehörte das Eisenhüttenwerk Thale (Harz). Die Wiederaufnahme der Produktion ging zurück auf eine Anweisung von seiten der sowjetischen Besatzungsmacht. Innerhalb kürzester Zeit sollte das Provinzialamt für
Arbeit der Provinz Sachsen 340 Arbeitskräfte zusammenstellen[357]. Nachdem sich
das Provinzialamt vergeblich an die Landesarbeitsämter von Sachsen und Brandenburg gewandt hatte – eine telegraphische oder telefonische Verbindung war
offensichtlich nicht herzustellen – schaltete Sachsen-Anhalt die ZVAS ein und bat
um Unterstützung: Die beiden Landesarbeitsämter sollten angewiesen werden,
„freiwerdende ausgleichsfähige Arbeitskräfte" zuzuweisen[358].

Eine rasche Lösung der Wohnraum- und Transportfrage, die bisher bei sämtlichen Zweigen der Grundstoffindustrie relevant gewesen war und oftmals eine bedarfsgerechte Steuerung der Arbeitskräfte behindert hatte, schien sich für das
Werk Thale überraschenderweise sehr frühzeitig anzudeuten. So hatte der Magistrat der Stadt Halberstadt das Gelände und die Anlagen der Firma Junkers Halberstadt mit dem Ziel angeboten, daß das Eisenhüttenwerk dort einen Zweigbe-
trieb errichten würde[359]. Die Betriebsleitung von Thale, die selbst an einer Expan-
sion interessiert war, griff diesen Vorschlag zunächst auf, da sich dadurch die oben
angesprochenen Hindernisse im Vorfeld bereits ausräumen lassen konnten. Sie
sah darin allerdings nur eine längerfristige Perspektive und strebte kurzfristig die
Einstellung neuer Arbeitskräfte aus Halberstadt an, für die ein Pendelverkehr eingerichtet werden sollte. Sobald die Blecherzeugung in Thale steige, werde man die
Eröffnung eines weiteren Werkes in Halberstadt „ernstlich ins Auge fassen", so

[355] Ebenda.
[356] BAB, DQ 2/2132, VVB Mansfeld am 9. 8. 1949 an die HVAS.
[357] BAB, DQ 2/2161, Provinzialamt für Arbeit von Sachsen-Anhalt am 19. 10. 1945 an die ZVAS.
[358] Ebenda.
[359] SAPMO, DY 30/IV 2/6.02/22, Bl. 19, Vermerk des Chefdirektors der Eisen- und Hüttenwerke
Thale, Rudolf Kögl, über eine Besprechung mit dem Geschäftsführer der Wirtschaftskammer Halberstadt Dr. Skop am 10. 11. 1945 in Halberstadt.

Chefdirektor Kögl[360]. Der Vorstand der Eisen- und Hüttenwerke Thale richtete sein Anliegen auch direkt an das zuständige Arbeitsamt in Halberstadt und bat darum, „die Frage der Zuweisung von Arbeitskräften aus Halberstadt noch einmal zum Gegenstand einer eingehenden Untersuchung zu machen"[361]. Eine erste Absprache hatte offensichtlich nicht den erhofften Erfolg gezeigt, d. h. eine Zuteilung von Arbeitern war noch nicht erfolgt.

Versuche der ZVAS, aus dem stillgelegten Hüttenwerk Hennigsdorf Arbeitskräfte für Thale gewinnen zu können, scheiterten wiederum an der sowjetischen Besatzungsmacht. So berichtete das dortige Arbeitsamt: „Die im hiesigen Amtsbezirk vorhandenen Fachkräfte aus der Eisenhüttenbranche sind bis auf weiteres restlos von der russischen Abrüstungskommission für Demontagearbeiten eingesetzt."[362] Ein Abzug dieser Facharbeiter könne nicht erfolgen, „da wegen Mangel an Arbeitskräften kein Ersatz gestellt werden kann." Daraufhin wollte die Zentralverwaltung der Industrie bei der SMAD in Karlshorst intervenieren, um die Freigabe der Hennigsdorfer Arbeiter zu erreichen[363]. Obwohl das Werk in Hennigsdorf auf der Demontageliste stand und die Produktion gestoppt worden war, mußten sich auf Anweisung der sowjetischen Besatzungsmacht die dort verbliebenen 454 Arbeiter[364] für die bevorstehende Wiederaufnahme der Produktion bereithalten. Darüber hinaus war nach Informationen der Berliner Zentralverwaltung ein großer Teil „befähigter früherer Werksangehöriger" beim Einmarsch der Roten Armee nach Westdeutschland abgewandert[365]. Die Demontage des Werkes Hennigsdorf zog sich bis 1947 hin: Der Wiederaufbau begann erst am 14. Oktober 1947, nachdem das Werk zwei Wochen zuvor in einen Volkseigenen Betrieb umgewandelt worden war[366]. Der Abstich des ersten von insgesamt vier vorgesehenen Siemens-Martin-Öfen erfolgte am 12. März 1948. Die SMAD verfolgte kritisch die Wiederaufnahme der Produktion[367] und legte auch Zahlen bei der Arbeitskräftezuweisung fest[368]. Somit blieb ein Austausch von Facharbeitern zwischen den einzelnen Eisen- und Walzwerken weiterhin aussichtslos. Das Werk in Hennigsdorf wurde offensichtlich völlig überhastet aufgebaut; nur so läßt sich die Kritik an der Qualität der ausgelieferten Stahl- und Blecherzeugnisse erklären[369]. Die Produktions- und Arbeitsweise innerhalb des Betriebes mußten daher rasch verbessert werden, um den Ansprüchen der sowjetischen Besatzungsmacht gerecht werden zu können, deren vorgegebene Zeitplanung aber offenbar zu knapp

---

[360] Ebenda.
[361] Ebenda, Bl. 31, Vorstand der Eisen- und Hüttenwerke Thale am 23. 11. 1945 an das Arbeitsamt in Halberstadt.
[362] BAB, DQ 2/2161, Arbeitsamt Hennigsdorf am 7. 11. 1945 an die ZVAS.
[363] Ebenda, Vermerk der ZVAS-Abt. II (Erfassung und Arbeitseinsatz) vom 4. 12. 1945.
[364] Ebenda, Vermerk der ZVAS-Abt. II vom 7. 12. 1945.
[365] BAB, DQ 2/1788, Bl. 72–74, hier Bl. 72, Aktennotiz der ZVAS-Abt. II b vom 5. 12. 1945.
[366] SAPMO, DY 34/21433, Notiz der HA II (Statistik) vom 24. 4. 1948.
[367] SAPMO, NY 4182/1189, Bl. 44–47, Schreiben des Leiters der Metallurgieverwaltung der SMAD, Alexander S. Boleuch, an den stellvertretenden SED-Vorsitzenden Walter Ulbricht (vermutlich August 1949).
[368] BAB, DQ 2/511, Protokoll der Besprechung beim Stellvertreter des Obersten Chefs der SMAD, Kowal, am 28. 10. 1948, S. 3 f.
[369] Einige Zulieferbetriebe mußten ihre Arbeit einstellen, da sie das von Hennigsdorf produzierte Walzmaterial nicht weiter verwenden konnten. SAPMO, NY 4182/988, Bl. 2, Mitteilung der Instrukteurgruppe des Parteivorstandes vom 3. 8. 1949 an das Kleine Sekretariat.

bemessen gewesen war. Bei dieser nachträglichen, primär organisatorischen und verwaltungstechnischen Ausbesserung, die immer stärker mit einer gezielten Kaderpolitik verbunden wurde, schaltete Walter Ulbricht die SED-Landesleitung sowie die SED-Betriebsleitung ein[370].

Das Problem, ausreichenden Wohnraum für die zuziehenden Arbeiter und deren Familien zur Verfügung zu stellen, wurde schließlich dadurch verschärft, daß Ende 1945 Vertriebenentransporte nach Thale angekündigt wurden. Deren wohnliche Unterbringung mußte nunmehr mit berücksichtigt werden. Die Provinzialverwaltung versuchte zusammen mit Vertretern des Eisenhüttenwerkes, des Buna-Werkes in Schkopau und des Leuna-Werkes Lösungsvorschläge zu erarbeiten[371]. Letztlich erhöhte sich der Handlungsdruck für die staatlichen Verwaltungen, der dazu führte, daß provisorische Regelungen verstärkt in den Mittelpunkt gelangten. Auf- und Ausbau von Barackenlagern hieß daher die folgerichtige Konsequenz. Dagegen zeigten sich die einzelnen Betriebsleitungen jedoch reserviert gegenüber der Idee, den Bedarf an Arbeitskräften auch aus den „Umsiedler"-Transporten abzudecken. Aus Sicht des Provinzialamtes für Arbeit und Sozialfürsorge von Sachsen-Anhalt war dies jedoch zum gegenwärtigen Zeitpunkt die einzige Möglichkeit, zusätzliche Arbeitskräfte zu gewinnen, da der überbezirkliche Ausgleich noch nicht durchgeführt werden konnte[372].

Der Arbeitskräftemangel hing zu einem geringeren Teil auch mit der Entnazifizierung in der SBZ[373] zusammen, der sich in diesem Wirtschaftszweig besonders beim hochqualifizierten Fachpersonal bzw. den leitenden Angestellten bemerkbar machte, die aufgrund ihrer früheren Mitgliedschaft in der NSDAP entlassen worden waren und nunmehr bei der Wiederaufnahme der Produktion fehlten. Die ZVAS wurde von seiten der Betriebsleitungen frühzeitig auf diese Problematik hingewiesen und setzte sich dafür ein, eine pragmatische Lösung zu finden. Die Berliner Zentralverwaltung betonte zwar, daß man es sich „auf Dauer gesehen unmöglich leisten [könne], qualifizierte Fachkräfte nur deswegen von dem Wiederaufbau unseres Vaterlandes auszuschließen, weil sie der NSDAP als nominelle Mitglieder angehört haben"[374]. Eine allgemeine und sofortige Wiedereingliederung in das Berufsleben wurde damit allerdings nicht befürwortet[375]. Statt dessen wurde eine differenzierte Behandlung ehemaliger NSDAP-Mitglieder favorisiert.

Unterdessen stieg der Arbeitskräftebedarf in Thale weiter an: Die Betriebsleitung gab den Sofortbedarf Mitte Februar 1946 mit 967 Arbeitern an und bat das Arbeitsamt in Aschersleben (Nebenstelle Thale) um „schnellste Zuweisung" der angeforderten Stahl- und Walzwerker[376]. Die ZVAS versuchte in Zusammenarbeit

[370] SAPMO, NY 4182/1189, Bl. 44, SED-Hausmitteilung Ulbrichts an Stoph vom 19. 8. 1949.
[371] LA Magdeburg LHA, Rep. K MW, Nr. 10576, Bl. 19–21, Protokoll der Sitzung am 5. 12. 1945.
[372] BAB, DQ 2/2161, Provinzialamt für Arbeit und Sozialfürsorge am 19. 2. 1946 an den Präsidenten der Zentralverwaltung der Industrie.
[373] Vgl. allgemein dazu: Meinicke, Zur Entnazifizierung in der sowjetischen Besatzungszone; Melis, Entnazifizierung in Mecklenburg-Vorpommern; Welsh, Revolutionärer Wandel; dies., „Antifaschistisch-demokratische Umwälzung" und politische Säuberung; Wille, Entnazifizierung in der SBZ.
[374] BAB, DQ 2/1788, Bl. 80–85, hier Bl. 81, Bericht eines ZVAS-Mitarbeiters vom 8. 1. 1946.
[375] Ebenda, Bl. 83.
[376] BAB, DQ 2/2161, Eisen- und Hüttenwerke Thale am 14. 2. 1946 an das Arbeitsamt Aschersleben (Nebenstelle Thale).

mit anderen wirtschaftlichen Zentralverwaltungen, das Problem der bedarfsgerechten und rechtzeitigen Arbeitskräftelenkung zu lösen. Dies galt für nahezu
sämtliche Großvorhaben, nicht nur für das Eisen- und Hüttenwerk Thale, dessen
Bedeutung vor allem daraus resultierte, daß es das einzige Feinblechwalzwerk in
der SBZ war[377]. Bei der Versorgung mit Arbeitskräften stand aber auch dieses
Werk in Konkurrenz zu anderen Projekten. Pragmatische Lösungen, wie etwa der
Austausch von Facharbeitern zwischen Hennigsdorf und Thale, verhinderte oftmals die sowjetische Besatzungsmacht, die eigene Interessen verfolgte. So konnten Ende Februar die Arbeiter, die von Hennigsdorf freigestellt worden waren,
immer noch nicht vermittelt werden, weil die dortige Kommandantur diesem
Arbeitsplatzwechsel ihre Zustimmung nicht geben wollte[378]. Die Überlegung, Arbeitskräfte für Thale aus anderen Betrieben zu gewinnen, beschränkte sich keineswegs nur auf Hennigsdorf, sondern erstreckte sich auch auf andere Werke, so etwa
die beiden Stahlwerke in Gröditz und Riesa. Während die Leitung der sowjetischen Demontageabteilung in Riesa eine Bereitstellung von Arbeitskräften vor
Abschluß der Demontagen kategorisch ablehnte, willigte der sowjetische Werks-
kommandant in Gröditz einem entsprechenden Antrag letztlich zu[379]. Die SMAD
in Karlshorst hielt den Austausch von Arbeitskräften zwischen Riesa und Thale
prinzipiell „für sehr schwierig" und empfahl der DVAS, persönliche Verhandlungen mit beiden Betrieben aufzunehmen[380].

Auch wenn der Zuzug von Arbeitern mit ihren Familien zunächst stark eingeschränkt werden konnte, so ließ sich diese Politik doch nicht lange durchhalten.
Die DVAS befürchtete ansonsten ein Abfallen der Arbeitsleistung sowie ein
Abwandern der Arbeitskräfte[381]. Die Betriebsleitung und die kommunale Verwaltung hatten sich frühzeitig dafür ausgesprochen, „die in Thale befindlichen evakuierten Personen, soweit sie nicht bereits auf dem Werk eingesetzt sind, nach auswärts" zu überführen, um dadurch neuen Wohnraum zu gewinnen[382]. Eine dies-
bezügliche Anordnung war vom sowjetischen Kreiskommandanten wieder zurückgezogen worden, nachdem zahlreiche Klagen von seiten der Betroffenen eingegangen waren. Daraufhin ordnete der Kreiskommandant an, die zuziehenden
Arbeiter in Unterkünfte einzuweisen, ohne Aussiedlungen vorzunehmen. Er vertrat den Standpunkt, daß bei einer „energischen Durchkämmung noch genügend
Wohnraum" für eine breite Familienunterbringung vorhanden sei, was von seiten
der deutschen Verwaltung stark in Zweifel gezogen wurde. Die SMA von Sachsen-Anhalt sah keine Notwendigkeit, Arbeiter zusammen mit deren Familien
nach Thale ziehen zu lassen, weigerte sich allerdings, in dieser Frage eine Entscheidung zu treffen. Ein sowjetischer Offizier formulierte die Position der Besat-

---

[377] BAB, DO 2/30, Bl. 74–82, Protokoll über die von der Zentralverwaltung der Industrie einberufene
Konferenz am 15. 3. 1946.
[378] BAB, DQ 2/546, Aktenvermerk über Besprechung mit Vertretern der Zentralverwaltungen Industrie, Brennstoff, Land- und Forstwirtschaft, Handel und Versorgung am 22. 2. 1946.
[379] SächsHStA, Landesregierung Sachsen, Ministerium für Arbeit und Sozialfürsorge, Bd. 208, Bericht des Landesarbeitsamtes Sachsen über Vorsprache bei den Mitteldeutschen Stahlwerken in
Riesa und Gröditz am 27. 2. 1946.
[380] BAB, DQ 2/1, Bl. 29, Aktenvermerk über Verhandlungen mit der SMAD (Schaposchnikow) am
14. 1. 1947.
[381] BAB, DQ 2/961, Vermerk der DVAS-Abt. II vom 9. 4. 1946 an Präsident Gundelach.
[382] Ebenda.

zungsmacht folgendermaßen: „Ihn interessiere vor allem, daß das Werk auf jeden Fall die benötigten Arbeiter bekommt und dafür müßten wir [DVAS] mit allen uns zu Gebote stehenden Mitteln sorgen."[383]

Über die Zahl der vorgenommenen Arbeitsverpflichtungen für Thale liegen keine Angaben vor. Fest steht nur, daß auch bei diesem Werk Zwangseinweisungen durchgeführt wurden. So reagierte die Betriebsleitung auf Beschwerden einzelner eingewiesener Arbeiter aus Brandenburg, die sich hilfesuchend an das dortige Landesarbeitsamt gewandt hatten. Die Direktion des Eisen- und Hüttenwerkes Thale wies die vorgebrachte Kritik zurück, die sich in erster Linie auf die Aufnahmemodalitäten, die wohnliche Unterbringung sowie Fragen der Fahrtkostenerstattung und des Trennungsgeldes bezog. Dabei versuchte die Werksleitung nachzuweisen, „im Rahmen des Möglichen alles getan zu haben", um die eingewiesenen Arbeitskräfte ausreichend zu betreuen, „daß für keinen der Dienstverpflichteten ein Anlaß besteht, sich zu beschweren oder sich seiner Dienstpflicht zu entziehen"[384].

Ende Juni 1946 beschäftigte das Eisen- und Hüttenwerk Thale, das mittlerweile über drei Siemens-Martin-Öfen und zwei Lichtbogen-Öfen verfügte, die jeweils für einen 50- bzw. 10-Tonnen-Einsatz ausgerichtet waren, fast 4000 Arbeiter und Angestellte[385]. Da die maximale Auslastung des Werkes noch nicht erreicht worden war, stieg der Bedarf an Arbeitskräften vermutlich noch weiter an. Dieser ließ sich nach Ansicht der Provinzialverwaltung in Halle/Saale und der dortigen SMA nur durch eine verstärkte Anwerbung von „Umsiedlern" abdecken[386]. Die SMAD hatte mit ihrem Befehl Nr. 32 vom 2. Februar 1946 „Maßnahmen zur Leistungssteigerung der Eisenhüttenwerke in den Städten Thale und Unterwellenborn"[387] angeordnet. In dem Zusammenhang hatten die Landesverwaltungen unterschiedliche Auflagen erhalten, die jedoch nicht erfüllt werden konnten. So sollte das sächsische Landesarbeitsamt 600 qualifizierte Metallfacharbeiter für Thale zur Verfügung stellen; bis zum 20. August waren offensichtlich 460 Arbeiter zugeteilt worden, von denen aber nur 272 Arbeiter eingestellt werden konnten[388]. Da Sachsen aufgrund des Arbeitskräftebedarfs für den Uranbergbau sowie für die Textilindustrie nahezu ausgelastet war, und zudem Metallfacharbeiter für die landeseigenen Unternehmen dringend benötigt wurden, wurde die SMA Sachsen gebeten, eine Anweisung herauszugeben, welche die Auflagenerteilung für Sachsen aufheben sollte. Kurz darauf befaßte sich auch das SED-Zentralsekretariat mit der Lage in der Eisen- und Stahlindustrie und stimmte einem Maßnahmenkatalog zu, der allerdings auf die Abdeckung des Arbeitskräftebedarfs überhaupt nicht ein-

[383] BAB, DQ 2/961, Aktenvermerk vom 10. 4. 1946 für Präsident Gundelach.

[384] BAB, DQ 2/2161, Eisen- und Hüttenwerk Thale am 3. 5. 1946 an das Landesarbeitsamt Potsdam, S. 3.

[385] Die Belegschaft setzte sich aus 3625 Arbeitern (2045 in der Stahlproduktion, 1550 in der Weiterverarbeitung sowie 30 in Verwaltung) sowie 370 Angestellten zusammen. SAPMO, DY 30/IV 2/6.02/22, Bl. 68 f., Bericht von Dr. Ing. M. H. Kraemer vom 27. 6. 1946 an das ZS der SED (Becker), S. 2.

[386] BAB, DQ 2/2161, Provinzialamt für Arbeit und Sozialfürsorge der Provinz Sachsen am 5. 8. 1946 an die DVAS.

[387] Foitzik, Inventar, S. 90.

[388] BAB, DQ 2/2161, Präsident des Landesarbeitsamtes Sachsen am 23. 8. 1946 an die SMA Sachsen (Abt. Arbeit, Löhne und Soziale Fürsorge).

ging, sondern allgemein Vorschläge zur Produktionssteigerung in den einzelnen Werken sowie zur Güterverteilung enthielt[389].

Auch im Verlauf des Jahres 1947 hielt der Bedarf an Arbeitskräften in Thale weiter an. Die Betriebsabteilung ‚Arbeitseinsatz‘ berichtete, daß dabei qualitative Aspekte eindeutig quantitativen untergeordnet werden mußten: „Die Bearbeitung innerbetrieblicher Fragen einer optimalen, individuellen Arbeitsplatzanpassung mußte hinter der Aufgabe der mengenmäßigen Bedarfsdeckung immer wieder zurückstehen."[390] Die Gesamtzahl der Neueinstellungen betrug 1947 2696 Männer und Frauen; darunter befanden sich 517 „Umsiedler", 101 entlassene Kriegsgefangene sowie 43 ehemalige Kriegsgefangene, die sich während der Werbeaktion freiwillig gemeldet hatten. Der Vertriebenenanteil lag somit unterdurchschnittlich bei etwa 19 Prozent. Darüber hinaus verwies der Bericht auf die Gewinnung von Arbeitern aus der „Kraftreserve" (430 Männer und Frauen), d. h. ausgelagerten und nicht direkt zur Produktion gehörenden Betriebsteilen. Das Eisen- und Hüttenwerk erhielt jedoch nicht nur Zugänge von außen, sondern versuchte offensichtlich, die Belegschaftsmitglieder effizienter einzusetzen. So konnten durch innerbetriebliche Umsetzungen insgesamt 1750 Arbeitskräfte an anderen Arbeitsplätzen eingesetzt werden. Welche Konsequenzen diese Maßnahme für die Produktion hatte, ließ der Bericht allerdings offen. Bemerkenswert war außerdem die relativ hohe Fluktuationsrate. Während 3126 Neuzugänge (Neueinstellungen und Zugänge aus den „Kraftreserven") registriert wurden, meldete Thale im gleichen Zeitraum 2331 Abgänge (Entlassungen und Abgänge in die „Kraftreserve"). Somit betrug die effektive Zunahme der Belegschaft 1947 nur 795 Personen. Die Gründe für die Entlassungen waren vielfältiger Natur. Die mit Abstand meisten Entlassungen erfolgten aufgrund von „willkürlichen Arbeitsversäumnissen" (813), gefolgt von Krankheit (234), beruflicher Weiterbildung (179), familiären Gründen (150) und Entpflichtungen von Zwangseingewiesenen (125)[391]. Der Anteil der durch Pression gewonnenen Arbeitskräfte an der Gesamtzahl der Neueinstellungen betrug im übrigen am 1. Januar 1948 14 Prozent. Aufschlußreich waren des weiteren Angaben zur Abwanderung von Belegschaftsmitgliedern: So wanderten 1947 insgesamt 107 Arbeiter in die westlichen Besatzungszonen ab sowie – erstaunlicherweise – 111 Personen in die ehemaligen deutschen Ostgebiete.

Im Frühjahr 1948 eskalierte der Konflikt zwischen den beiden Walzwerken Thale und Hennigsdorf, das mittlerweile die Produktion wieder aufgenommen hatte. Ursache für die neuerliche Auseinandersetzung war die Rückwanderung von Facharbeitern aus Thale, die anfangs in Hennigsdorf beschäftigt waren. Der Arbeitsplatzwechsel erfolgte ohne Zustimmung des zuständigen Arbeitsamtes bzw. der Betriebsleitung in Thale. Diese „unzulässige Handlungsweise" habe bereits – so die Einschätzung der HVAS-Abteilung I b – zu „Betriebsschwierigkeiten" geführt[392]. Das Potsdamer Landesarbeitsamt verteidigte dagegen die Vorgehensweise des Hennigsdorfer Betriebes sowie des dortigen Arbeitsamtes.

[389] SAPMO, DY 30/IV 2/2.1/120, Bl. 18–23.
[390] BAB, DQ 2/2161, Bericht der Abt. ‚Arbeitseinsatz‘ über die Entwicklung des Belegschaftsstandes (Stand: 1. 1. 1948), S. 1.
[391] Ebenda, S. 3.
[392] BAB, DQ 2/2161, Aktenvermerk der HVAS-Abt. I b vom 14. 5. 1948.

Gleichzeitig wurde dem Werk in Thale vorgeworfen, keine Anstrengungen unternommen zu haben, um „Nachwuchs für die im Jahre 1946 nach Thale dienstverpflichteten Stahlwerker, die noch heute in Hennigsdorf, Velten und Leegebruch beheimatet sind, heranzubilden"[393]. Es sei nicht mehr länger vertretbar, „wenn Hennigsdorfer Walzwerker, deren Familien in Werkswohnungen untergebracht sind, weiterhin in Thale gegen ihren Willen verbleiben sollen."

Im Gegensatz zu Thale konnten die Mitteldeutschen Stahlwerke in Riesa die Produktion erst sehr viel später anfahren. Beim einzigen sächsischen Eisenwalzwerk zogen sich nämlich die frühzeitig aufgenommenen Demontagetätigkeiten in die Länge. Die Betriebsleitung verwies darauf, daß der Abbau der Produktionsanlagen „jede Bautätigkeit im gesamten sächsischen und den angrenzenden Gebieten lahmlegen" würde[394]. Zu diesem Zeitpunkt schwankte die Gesamtbelegschaft zwischen 3800 und 4000 Arbeitern, von denen allein 2000 im Stadtgebiet Riesa ansässig waren. Das Durchschnittsalter lag bei rund 48 Jahren. Da die Gründung des Werkes bis in die zweite Hälfte des 19. Jahrhunderts zurückreichte, hatte sich eine zahlenmäßig nicht unbeträchtliche Stammbelegschaft herausgebildet, die trotz der vielfältigen politischen und wirtschaftlichen Umbrüche „schon seit Generationen" dort tätig war. Der Betriebsrat des Stahl- und Walzwerkes Riesa richtete daraufhin einen Appell an Karlshorst, die Demontage des Werkes zu unterbrechen sowie die weiteren geplanten Abbaumaßnahmen und die „teilweise Erhaltung vornehmlich der älteren Werksanlagen" zu überprüfen[395]. Ansonsten drohe die Stilllegung des Betriebes und ein Ansteigen der Arbeitslosenzahlen, da andere Beschäftigungsmöglichkeiten in der Region nicht bestünden. Da die SMAD ein großes Interesse an der Aufnahme der Eisen- und Stahlproduktion in ihrer Besatzungszone hatte, erließ ihr stellvertretender Oberster Chef Konstantin I. Kowal am 9. September 1946 den Befehl Nr. 110, der die „teilweise Belassung der Produktions- und anderer Abteilungen im ehemaligen Werk ‚Mitteldeutsche Stahlwerke' in Riesa" vorsah[396]. Damit konnte die betriebliche Produktion wieder aufgenommen werden.

Anfang Dezember besprachen Vertreter der DVAS, des sächsischen Landesarbeitsamtes und der Betriebsleitung den zukünftigen Arbeitskräftebedarf. Dabei machten die betrieblichen Vertreter darauf aufmerksam, daß in der Zwischenzeit Facharbeiter von Riesa nach Thale abgestellt und berufsfremd eingesetzt worden seien[397]. Das Landesarbeitsamt überreichte der DVAS sogar eine namentliche Aufstellung von den nach Thale verpflichteten Arbeitskräften mit der Bitte, mit der SMAD Rücksprache zu nehmen, um die Rückführung dieser Arbeitskräfte nach Riesa erwirken zu können[398]. Die DVAS wollte diese Angelegenheit mit der Zentralverwaltung der Industrie und der SMAD klären, „da nur mit Zustimmung

---

[393] Ebenda, Landesarbeitsamt Brandenburg am 28. 6. 1948 an das Ministerium für Arbeit und Sozialpolitik der Landesregierung Sachsen-Anhalt.
[394] SAPMO, NY 4182/957, Bl.6–9, hier Bl. 6, Bericht der Mitteldeutschen Stahlwerke vom 3. 7. 1945 über das Werk in Riesa.
[395] Ebenda, Bl. 10f., hier Bl. 10, Schreiben des Betriebsrates vom 10. 7. 1945 an den Leiter der russischen Reparationskommission in Karlshorst.
[396] BAB, DQ 2/1982.
[397] BAB, DQ 2/1982, Niederschrift über die Besprechung am 7. 12. 1946, S. 1.
[398] Ebenda, Landesarbeitsamt Sachsen am 13. 12. 1946 an die DVAS (Kreil).

dieser Stellen der an sich erwünschte Abzug dieser Arbeitskräfte aus Thale zu bewirken sein wird"[399]. Bei Verhandlungen zeigte sich der Generaldirektor der Metallurgischen A. G. Eisen- und Hüttenwerke Thale, Smoljakow, grundsätzlich kompromißbereit. Er stimmte der Zurückführung der aus Riesa eingewiesenen Gießereifacharbeiter zu, knüpfte daran allerdings einige Bedingungen. So sollte die Zentrale der Sowjetischen Metallurgischen A. G. in Berlin-Weißensee ebenfalls ihre Zustimmung erteilen. Außerdem, und das stellte das entscheidende Hindernis dar, hatte Sachsen Ersatzkräfte in gleicher Anzahl und mit gleicher beruflicher Qualifikation zu stellen, die sich wiederum freiwillig zur Arbeitsaufnahme in Thale verpflichten sollten[400]. Die geforderte „Umsetzung Kopf gegen Kopf" drohte die getroffene Abmachung wieder zum Platzen zu bringen. Das Vorhaben scheiterte letztlich daran, daß der Präsident der Sowjetischen Metallurgischen A. G., Wolkow, seine Zustimmung zu der geplanten Aktion nicht gab. Er zeigte zwar Verständnis für die Interessen des sächsischen Landesarbeitsamtes, wollte sich aber nicht mit der Rückführung der Arbeitskräfte nach Riesa einverstanden erklären, da er die Verantwortung für den damit verbundenen Produktionsrückgang in Thale nicht übernehmen könne[401]. Die DVAS-Abteilung I b sah keine Möglichkeit, den Arbeitskräfteaustausch auf anderem Wege herbeiführen zu können und bat Präsident Brack um Zustimmung, „die Angelegenheit als für uns erledigt betrachten zu dürfen, deren erneutes Aufgreifen erst dann wieder spruchreif würde, wenn sich neue Tatbestände ergeben"[402].

Die beiden SMAD-Befehle Nr. 93 und 175 vom 19. Mai bzw. 10. November 1948[403] enthielten nur Anweisungen zum Ausbau der Produktionsanlagen sowie zur Stahlerzeugung, jedoch keinerlei Angaben zur Deckung des Arbeitskräftebedarfs. Die Lösung dieser Frage blieb offenbar der deutschen Arbeitsverwaltung vorbehalten. Das SED-Zentralsekretariat versuchte unter dem Eindruck der anwachsenden Kritik an der Produktionsleistung der Stahl- und Walzwerke in der SBZ die Parteiarbeit in den drei wichtigsten metallurgischen Betrieben (Riesa, Hennigsdorf und Maxhütte) zu verstärken und setzte Kommissionen ein, die die Aufgabe erhielten, „an Ort und Stelle in den Werken die politische, gewerkschaftliche und produktionstechnische Arbeit des Betriebes beratend zu reorganisieren [und] der Direktion, der Betriebsgruppen- und Betriebsgewerkschaftsleitung bei der Entwicklung neuer Methoden der Arbeit zu helfen"[404]. Die SED-Führung erneuerte rund einen Monat später diesen Beschluß und forderte die Landesvorstände in Thüringen, Sachsen und Brandenburg auf, „weiterhin ihr Schwergewicht auf die Verbesserung der Arbeit in den 3 genannten Stahlwerken zu legen und die Arbeit in diesen Werken weitgehendst zu unterstützen"[405].

---

[399] BAB, DQ 2/2064, Aktenvermerk der DVAS-Abt. I vom 9. 12. 1946, S. 3.
[400] BAB, DQ 2/1711, Aktenvermerk der DVAS-Abt. I b über Verhandlungen am 23./24. 1. 1947 in Thale, S. 1.
[401] Ebenda, Aktenvermerk der DVAS-Abt. I b über die Verhandlung mit Wolkow am 31. 1. 1947.
[402] BAB, DQ 2/2161, DVAS-Abt. I b am 7. 2. 1947 an Brack.
[403] SächsHStA, SED-Landesleitung Sachsen, Bd. 675, Bl. 1 f. und Bl.7–9. Vgl. Foitzik, Inventar, S. 155 und S. 161.
[404] SächsHStA, SED-Landesleitung Sachsen, Bd. 675, Bl. 46–48, hier Bl. 47 f., Beschluß des ZS vom 25. 10. 1948 mit Anschreiben Stophs vom 27. 10. 1948.
[405] Ebenda, Bl. 72 f., hier Bl. 73, Beschluß des ZS vom 22. 11. 1948 mit Anschreiben Stophs vom 30. 11. 1948.

5. Die Instrumente der Arbeitskräftelenkung

Zwischen- und überbezirklicher Ausgleich

Vor allem in den ersten Nachkriegsjahren war der zwischen- und überbezirkliche Ausgleich ein wesentliches Instrument, mit dem die Arbeitsverwaltung in der SBZ ein regionales Überangebot an Arbeitskräften rasch erkennen und in andere Gebiete weiterleiten wollte. Bedarfsgerechte Planung und Lenkung war das Ziel, das dahinter stand. Darüber hinaus sollte dieses Instrument einen Beitrag dazu liefern, regional entstandene oder sich ausbreitende Arbeitslosigkeit wieder abzubauen. Die Verwirklichung dieses arbeitsmarktpolitischen Ansatzes war in den ersten Nachkriegsjahren vor allem daran gescheitert, daß eine einheitliche Erfassung des Arbeitskräftepotentials, aufgegliedert nach einzelnen Berufssparten und Alterskohorten, regional differenziert, und dem jeweiligen Arbeitskräftebedarf gegenübergestellt, noch nicht möglich war. Dies hing, wie beschrieben, mit der anfänglichen Schwäche der Berliner Zentralverwaltung gegenüber den Landesverwaltungen, aber auch mit dem gemächlichen Aufbau der Arbeitskräfteregistrierung zusammen. Darüber hinaus muß in Rechnung gestellt werden, daß die Binnenwanderung von den Arbeitsämtern nicht gesteuert werden konnte.

Die ZVAS-Abteilung II versuchte frühzeitig das Verfahren dieses Arbeitskräfteausgleichs exakt festzulegen und gab am 6. November 1945 eine Verfügung heraus, die an alle Landesarbeitsämter verschickt wurde. Bei der gegenwärtigen Beschäftigungslage werde es – so die Berliner Zentralverwaltung – darum gehen, „die Vermittlungsaufträge in den Ausgleich zu geben, die wegen Fehlens der erforderlichen Arbeitskräfte im eigenen Bezirk nicht abgedeckt werden können"[1]. Jedes Arbeitsamt habe zunächst die eingehenden Vermittlungsaufträge „auf [ihre] unbedingte Notwendigkeit und den Grad der Dringlichkeit zu prüfen." Erst wenn die Prüfung ergeben habe, daß der Auftrag „in angemessener Frist im eigenen Bezirk nicht abgedeckt werden kann", sei der zwischenbezirkliche Ausgleich „unverzüglich" einzuleiten. Im einzelnen hatten die einen zwischenbezirklichen Ausgleich beantragenden Arbeitsämter ein genaues Profil des zu besetzenden Arbeitsplatzes zu erstellen und dem abgebenden Arbeitsamt mitzuteilen. Gleichzeitig mußte auch gewährleistet sein, daß die zugewiesenen Arbeitskräfte für einen Ausgleich geeignet waren. Auf diese Weise sollte offensichtlich verhindert werden, daß der zwischenbezirkliche Ausgleich zu einem Verschiebebahnhof für nicht vermittelbare Arbeitsuchende mutierte. Schließlich war nach den Vorstellungen der ZVAS die ausreichende Versorgung der zugewiesenen Arbeiter mit Wohnraum und Lebensmitteln abzusichern. Bei einer Besprechung am 27. Februar 1946 stellte der stellvertretende Chef der SMAD-Abteilung Arbeitskraft, P. J. Morenow, die Veröffentlichung eines Befehls durch den Obersten Chef der SMAD, Georgi K. Schukow, in Aussicht, „der dem Präsidenten der [ZVAS] Vollmachten gibt, von sich aus diesen Ausgleich der Arbeitskräfte vorzunehmen"[2]. Dieser kam letztlich aber in dieser Form nicht zustande.

---

[1] BAB, DQ 2/2066.
[2] BAB, DQ 2/67, Bl. 9.

Die ZVAS wollte mit der Verfügung den einzelnen Arbeitsämtern mehr Handlungsspielraum gewähren, hatte aber nicht damit gerechnet, daß sich diese oftmals direkt an die Berliner Zentralverwaltung wandten, was letztlich zu einer enormen Arbeitsüberlastung führte. So bat die ZVAS etwa das Provinzialamt für Arbeit und Sozialfürsorge in Potsdam am 31. Mai 1946, durch ein Rundschreiben die brandenburgischen Arbeitsämter dahingehend zu informieren, „daß sie, bevor sie den Reichsausgleich [sic] in Anspruch nehmen können, in allen Fällen erst einmal die Abdeckung der Anforderungen auf dem Wege der zwischenbezirklichen Vermittlung über das Provinzialamt für Arbeit und Sozialfürsorge in Potsdam erstreben müssen"[3]. Die ZVAS betonte auch gegenüber Vertretern der sowjetischen Besatzungsmacht, daß sie nur eingreifen werde, wenn ein Landesarbeitsamt den überbezirklichen Ausgleich in Berlin beantrage. Grundsätzlich bleibe die Arbeitsvermittlung jedoch Sache der Arbeitsämter bzw. Landesarbeitsämter[4]. Um die überregionale Vermittlung von Facharbeitern zu organisieren, schlug die ZVAS die Veröffentlichung von entsprechenden Stellengesuchen in der amtlichen Zeitschrift ‚Arbeit und Sozialfürsorge' vor. Dies bezog sich allerdings ausdrücklich nur auf hochqualifiziertes Fachpersonal und nicht auf „allgemeine Berufe, für die allerorts Bedarf besteht, wie etwa Landarbeiter, Bauarbeiter, Metallarbeiter u. a."[5].

Das Instrument des zwischenbezirklichen Ausgleichs erwies sich schon bald als fehlerhaft, da es auf seiten der Arbeitsämter eine Informationsdichte, -verarbeitung und -weitergabe voraussetzte, die in dem Umfang nicht zu leisten war. Darüber hinaus konnten auch auf diese Weise Fehlvermittlungen nicht ausgeschlossen werden, über deren Finanzierung im Frühjahr 1948 eine heftige Debatte zwischen den Landesverwaltungen und der DVAS/HVAS entbrannte. Unterschiedliche Meinungen bestanden schon bei der Frage der statistischen Erfassung des Arbeitskräfteausgleichs. So vertrat das thüringische Ministerium für Arbeit und Sozialwesen die Auffassung, daß sowohl beim zwischen- als auch beim überbezirklichen Ausgleich die Vermittlungen vom aufnehmenden Arbeitsamt zu zählen seien[6]. Die Abteilung I a der DVAS bezog dagegen die entgegengesetzte Position und plädierte dafür, eine zustande gekommene Vermittlung durch das Arbeitsamt registrieren zu lassen, das die angeforderte Arbeitskraft gestellt hatte[7]. Diesem Standpunkt schloß sich auf Anfrage das Ministerium für Sozialwesen in Mecklenburg-Vorpommern an[8]. Die Berliner Zentralverwaltung hat jedoch allem Anschein nach eine Grundsatzentscheidung vermieden, so daß jede Landesverwaltung weiterhin die Modalitäten der Erfassung bestimmen konnte. Die Auseinandersetzung um die Erstattung der Kosten, die bei einer Fehlvermittlung entstanden, eskalierte erst, nachdem die Zahl dieser Fehlvermittlungen enorm angestie-

---

[3] BAB, DQ 2/2066.
[4] BAB, DQ 2/2040, Bl. 16, Aktenvermerk der DVAS-Abt. II über eine Besprechung mit der SMAD-Abt. Arbeitskraft am 1. 6. 1946.
[5] BAB, DQ 2/1738, Notiz der DVAS-Abt. II vom 1. 7. 1946.
[6] BAB, DQ 2/2195, Ministerium für Arbeit und Sozialwesen (HA Arbeit und Sozialfürsorge) des Landes Thüringen am 27. 1. 1948 an die DVAS.
[7] Ebenda, Leiter der Abt. I a (Donau) am 6. 2. 1948 an die Landesregierungen Sachsen, Sachsen-Anhalt, Brandenburg und Mecklenburg-Vorpommern.
[8] Ebenda, Ministerium für Sozialwesen (HA Arbeit) der Landesregierung Mecklenburg-Vorpommern am 16. 2. 1948 an die DVAS-Abt. I a.

gen war und die Länderhaushalte zunehmend belastete. Rechtliche Grundlage für das Erstattungsverfahren waren interessanterweise Bestimmungen aus der Zeit vor 1945: Zum einen die §§ 132 bis 135 und 140 des Gesetzes über Arbeitsvermittlung und Arbeitslosenversicherung (AVAVG) vom 16. Juli 1927 sowie die Richtlinien zur Förderung der Arbeitsaufnahme vom 22. März 1938. Die Arbeitsämter übernahmen nach Ende des Zweiten Weltkrieges dieses Verfahren „aus Gepflogenheit" und beglichen die angefallenen Kosten aus den Etatmitteln der Länder bzw. Provinzen[9]. Im Zusammenhang mit den steigenden Arbeitskräfteforderungen für den Erzbergbau mehrten sich die Streitfälle zwischen einzelnen Ländern über die weitere Kostenerstattung. Die Juristische Abteilung der HVAS bestätigte den Fortbestand der genannten rechtlichen Bestimmungen und verwies darauf, daß Schadensersatzansprüche „gegen Vermittler, die schuldhaft Fehlvermittlungen verursacht haben, […] möglich" seien[10]. Eine grundlegende Veränderung der Kostenregelung war jedoch nicht zu erwarten und auch die Länder konnten sich keine Hoffnungen machen, bei der Finanzierung entscheidend entlastet zu werden.

Zusammenfassend muß hervorgehoben werden, daß der zwischen- und überbezirkliche Ausgleich die Erwartungen der Arbeitsverwaltung nie erfüllte. Die HVAS versuchte zwar in der Folgezeit, eine entsprechende Organisationsstruktur mit einzelnen Landesarbeitsämtern und den ihnen unterstehenden Arbeitsämtern aufzubauen. So sollten etwa in Mecklenburg-Vorpommern „Leitarbeitsämter" errichtet werden, denen einige Arbeitsämter zugeordnet werden sollten. Dadurch erhofften sich alle Beteiligten eine „schnellere Besetzung" der offenen Stellen. Erst wenn die Leitarbeitsämter dazu nicht in der Lage waren, sollte nach den Planungen das Landesarbeitsamt eingeschaltet werden, „um über den Landesausgleich die Möglichkeit der Besetzung offener Stellen herbeizuführen"[11]. Eine Verbesserung des Arbeitskräfteausgleichs war allerdings auch dadurch nicht zu erreichen.

Umschulung

Die Arbeitsverwaltung griff bereits frühzeitig auf ein weiteres Instrument zurück, um vor allem die Nachfrage nach qualifizierten Arbeitskräften befriedigen zu können. Gerade auf diesem Gebiet hatte sich der zwischen- und überbezirkliche Ausgleich als weitgehend unzureichend erwiesen. Darüber hinaus waren die Nachteile des berufsfremden Arbeitseinsatzes ebenfalls deutlich geworden. Einen Anstoß gab die SMAD Anfang 1946, als sie darauf verwies, daß die Arbeitsämter sich verstärkt dieser Frage zuwenden sollten. Karlshorst erhoffte sich auf diese Weise, nicht nur dem Facharbeitermangel begegnen, sondern auch die Arbeitslosigkeit wirksam bekämpfen zu können[12]. Dafür sei es notwendig, so ein SMAD-Vertreter, den Landesarbeits- und Arbeitsämtern „entsprechende Anweisungen

[9] BAB, DQ 2/111, Bl. 154, HVAS-Abt. I b (Donau) am 7. 9. 1948 an die Juristische Abt.
[10] Ebenda, Bl. 156, Juristische Abt. am 13. 9. 1948 an die Abt. I b.
[11] BAB, DQ 2/2063, Bericht der HVAS (Abt. I a) über die Amtsleitertagung am 5./6. 3. 1949 in Ludwigslust, S. 3.
[12] BAB, DQ 2/1, Bl. 38, Aktenvermerk über Besprechung mit Remissow (SMAD) am 13. 2. 1946.

zu geben und eine fortgesetzt ernste Kontrolle durchzuführen." Zwei Wochen
später wiederholte die SMAD-Abteilung Arbeitskraft ihren Vorschlag[13]. Anfang
Mai wurde die Veröffentlichung eines sowjetischen Befehls „über Umschulung
und Ausbildung der Arbeitskräfte" in Aussicht gestellt[14]. Mit dem Befehl Nr.
140 über die „Ausbildung von qualifizierten Arbeitskräften und Umschulung von Arbeitskräften" beauftragte die SMAD den DVAS-Präsidenten zunächst einmal, den
Facharbeiterbedarf, getrennt nach den wichtigsten Industriezweigen, festzustellen[15]. Außerdem erhielt die Berliner Zentralverwaltung die Aufgabe, gemeinsam
mit den Präsidenten der Landes- bzw. Provinzialverwaltungen dafür zu sorgen,
daß „kurzfristige Anlern- und Umschulungskurse im Jahr 1946 für Arbeitskräfte
in den Mangelberufen" eingerichtet werden. Das Gesamtkontingent belief sich
auf insgesamt 180 000 Personen: 60 000 in Sachsen, 50 000 in Sachsen-Anhalt,
35 000 in Thüringen, 23 000 in Brandenburg und 12 000 in Mecklenburg-Vorpommern[16].

Bei der Realisierung des Umschulungsprogramms ergaben sich einige Schwierigkeiten, die auf eine mangelnde Absprache zwischen sowjetischen und deutschen Stellen hindeuteten. So registrierte die DVAS am 8. Juli 1946, daß die sächsische Landesregierung einen Umschulungsplan aufgestellt hatte, der nur 30 000
Umschüler vorsah[17]. Bis zum 31. Mai waren dort bereits 18 950 Personen eingesetzt worden, vornehmlich im Baugewerbe (11 200) und in der Metallindustrie
(3050). Der weitere Ablauf des Programms wurde allerdings dadurch behindert,
daß die in Sachsen im März wieder einsetzende Demontage gerade die Betriebe
traf, die zur Ausbildung der Umschüler vorgesehen waren. Darüber hinaus
konnte die Landesverwaltung die von der SMAD vorgegebene Zahl von 60 000
Umschülern nicht erreichen: „Für die Anlernung von 60 000 Personen [...] stehen
im wesentlichen nur Frauen und Jugendliche (Schulabgänger) zur Verfügung."[18]
Damit hatte sich das eigentliche Ziel des Befehls langsam gewandelt: von der
Umschulung bereits Berufstätiger hin zur Gewinnung neuer Arbeitskräfte. Die
Lehrlingsausbildung rückte immer stärker in den Mittelpunkt des Interesses. Als
weitere Bevölkerungsgruppe kamen auch die Flüchtlinge und Vertriebenen in
Betracht: Die Zentralverwaltung für deutsche Umsiedler (ZVU) forderte die Lan-
des- und Provinzialverwaltungen auf, „sich dafür einzusetzen, daß die Umsiedler
in erster Linie Berücksichtigung finden"[19].

Bis zum Jahresende 1946 hatte sich die Lage deutlich verbessert. So berichtete
etwa das thüringische Landesamt für Arbeit und Sozialfürsorge, daß bereits 28 292
Arbeitskräfte eine kurzfristige Umschulungsmaßnahme absolviert hätten, während sich weitere 13 950 noch in einem der zahlreichen Umschulungskurse befän-

---

[13] Ebenda, Bl. 44, Aktenvermerk über Besprechung mit Morenow (SMAD) am 27. 2. 1946.
[14] Ebenda, Bl. 70, Aktenvermerk über Besprechung mit Morenow und Lamin (SMAD) am 10. 5.
      1946.
[15] SMAD-Befehl Nr. 140 vom 10. 5. 1946, in: Arbeit und Sozialfürsorge 1 (1946), S. 149 f. Der Befehl
      wurde sehr wahrscheinlich erst einige Tage später den deutschen Stellen übergeben.
[16] Ebenda, S. 150.
[17] BAB, DQ 2/797, Notiz der HVAS vom 8. 7. 1949, S. 2.
[18] Ebenda.
[19] BAB, DO 2/59, Bl. 396, ZVU am 20. 5. 1946 an die Landes- und Provinzialverwaltungen.

den[20]. Damit konnte das Landesamt Thüringen insgesamt 42242 Umschüler vorweisen – bei einer vorgegebenen Sollgröße in Höhe von 35000 ein beachtlicher Erfolg. Der SMAD-Befehl Nr. 140 wurde jedoch keineswegs als erfüllt angesehen. Vielmehr diene – so das Landesamt in Weimar – die „Anlernung der für Thüringen vorgesehenen 35000 Kräfte in den einzelnen Mangelberufen dazu, in naher Zukunft eine Arbeitskräftereserve für den Aufbau Deutschlands zu bilden"[21]. Ein abschließendes Urteil über Erfolg oder Mißerfolg dieser Aktion kann jedoch erst gefällt werden, wenn die Aufteilung der Umschüler auf die einzelnen Wirtschaftsbranchen untersucht wird. Gelang es also, den Bedarf für die Grundstoff- und Schwerindustrie abzudecken? Die Antwort fällt weniger eindeutig aus: In Thüringen befanden sich zahlreiche Umschüler in der Land- und Forstwirtschaft, obwohl die SMAD für diese Bereiche keine Auflagen gemacht hatte. Und weiter: Während für einzelne Industriezweige die Auflage übertroffen werden konnte (z. B. Bergbau, Metall- und Textilindustrie), wiesen andere Bereiche einen Fehlbestand auf (vor allem die besonders wichtige Bauindustrie)[22]. Die Abteilung Arbeit und Sozialfürsorge des SED-Zentralsekretariats, die im Dezember 1946 die Tätigkeit der SED-Landesleitungen untersuchte, kritisierte die Durchführung des SMAD-Befehls Nr. 140 in Thüringen. Die Umschulung lasse vor allem im Hinblick auf die Arbeitskräftelenkung „viel zu wünschen übrig"[23]. Die einzelnen Maßnahmen müßten stets mit dem Ziel verknüpft werden, neue Arbeitskräfte zu gewinnen und die Arbeitsproduktivität in den Betrieben zu steigern. Andernfalls seien – so die Mitarbeiter der SED-Führung aus Berlin weiter – „schließlich einmal wirklich keine verfügbaren Arbeitskräfte" in Thüringen mehr vorhanden. Letztlich ließ sich das zuständige Landesamt bei der Umschulungsaktion vom Prinzip der Freiwilligkeit leiten. Unter Bezugnahme auf einen angeblichen Fall einer Zwangseinweisung eines Jugendlichen wurde ausdrücklich betont, es sei „kein einziger Fall bekannt geworden, daß in Thüringen bei der Durchkämmung von Banken Jugendliche in andere Betriebe gepreßt wurden"[24]. Diese Position vertraten im übrigen auch die DVAS sowie die anderen Landesverwaltungen, die sich aber in dem Dilemma befanden, die von der sowjetischen Besatzungsmacht erhobenen Auflagen dennoch erfüllen zu müssen.

Die Reichweite der beruflichen Umschulung blieb auch weiterhin begrenzt. So gelangte eine Abteilung des FDGB-Bundesvorstandes Anfang 1948 zu der Schlußfolgerung, daß die von den Arbeitsämtern und den Betrieben durchgeführten Maßnahmen nicht ausreichen würden, um den Facharbeitermangel zu beheben[25]. Die Industriegewerkschaften wurden aufgefordert, von sich aus Lehrgänge zur Fort- und Weiterbildung einzurichten. Die bisher gewonnenen Erfahrungen

[20] BAB, DQ 2/2075, Bl. 45–55, hier Bl. 45, Bericht des thüringischen Landesamtes für Arbeit und Sozialfürsorge vom 1. 12. 1946.
[21] Ebenda.
[22] Ebenda, Bl. 46 und 55.
[23] SAPMO, DY 30/IV 2/2.027/2, Bl. 25–27, hier Bl. 25, Bericht über Besprechungen betr. Arbeitslenkung in Weimar und Halle am 18. bzw. 20. 12. 1946.
[24] SAPMO, DY 30/IV 2/16/108, Bl. 239, Land Thüringen, Ministerium für Wirtschaft, Arbeit und Verkehr am 3. 1. 1947 an die DVAS.
[25] SAPMO, DY 34/20149, Bericht der Abt. Arbeitslenkung, Berufsausbildung, Kriegsgefangene, Heimkehrer, Umsiedler vom 11. 1. 1948, S. 2.

veranlaßten die DVAS dazu, die betriebliche Berufsausbildung insgesamt zu stärken, und auf diese Weise den Arbeitskräftebedarf langfristig abzudecken zu versuchen. Es gab zwar für das Jahr 1948 einen Umschulungsplan, allerdings auf erheblich niedrigerem Niveau. So waren in Sachsen insgesamt 11750 Umschüler vorgesehen; die Auflage konnte zu etwa 80 Prozent erfüllt werden (9377)[26].

Staatliche Beschäftigungsprogramme

Erste Ansätze zu einer aktiven Beschäftigungspolitik kamen von seiten der SED-Führung erst 1948, wobei an dieser Stelle die von den Kommunalverwaltungen in Auftrag gegebenen Enttrümmerungs- und Aufräumarbeiten der unmittelbaren Nachkriegszeit weitgehend unberücksichtigt bleiben. Im Mittelpunkt stehen vielmehr Programme, mit denen die SBZ-Sozialpolitiker den Arbeitsmarkt direkt und positiv beeinflussen wollten. Eine Arbeitsgruppe des SED-Parteivorstandes hatte 1948 in einer internen Denkschrift darauf hingewiesen, daß die Neuordnung der Wirtschaft „eine gewisse Freistellung von Arbeitskräften ergeben" habe[27]. Eine Bereitstellung von Arbeitsplätzen in größerem Umfange sei erst nach Genehmigung und Durchführung des Investitionsplanes zu erwarten. Als Sofortmaßnahme wurde im einzelnen vorgeschlagen, insgesamt 67000 Arbeitskräfte neu einzustellen: 30000 für Meliorationsarbeiten, 8000 für Aufforstungstätigkeiten, 8000 für den Bau neuer Wohnungen, 12000 für die Wiederherstellung von zerstörtem Wohnraum sowie 9000 für die Herstellung von Ziegeln. Das Kleine Sekretariat des SED-Politbüros stimmte diesem Sofortprogramm am 18. März 1949 zu[28].

Finanzierungsfragen ergaben sich bei der Ausarbeitung der einzelnen kreditfinanzierten Beschäftigungsprogramme. Einzelne Landesverwaltungen sprachen sich für eine Verlagerung der Kosten auf die Sozialversicherung in Gestalt einer „wertschaffenden Arbeitslosenunterstützung" aus[29]: Dies lief letztlich auf eine Arbeitsverpflichtung für Arbeitslose hinaus. Im Gegensatz zu den Landesregierungen drängte die HVAS auf eine spürbare Senkung der Gesamtkosten durch eine deutliche Reduzierung des monatlichen Durchschnittslohnes[30]. Nach Angaben der HVAS waren die zuständigen Landesministerien „nicht in der Lage gewesen, auf die Produktionszahlen und die Zahl der anzufordernden Arbeitskräfte aufgrund der vorgesehenen Wirtschaftspläne zurückzugreifen, da diese Angaben noch nicht vorliegen"[31]. Die Durchführung der Sofortmaßnahmen zog sich damit in die Länge. Die Planungsarbeiten der Landesministerien wurden von der HVAS aufmerksam verfolgt. Besonders Mecklenburg mußte sich deutliche Kritik gefallen

[26] BAB, DQ 2/1763, Protokoll über die Amtsleitertagung am 13./14. 5. 1949 in Chemnitz, S. 23.
[27] SAPMO, NY 4182/1158, Bl. 181–183, hier Bl. 181. Der Kommission gehörten Paul Wessel, Horst Paffrath, Straßenberger und Karl Litke an.
[28] SAPMO, DY 30/J IV 2/3/13, Bl. 7 und 31f.
[29] BAB, DQ 2/970, Minister für Arbeit und Sozialwesen der Landesregierung Brandenburg am 21. 2. 1949 an die HVAS.
[30] SAPMO, DY 30/IV 2/2.027/21, Bl. 93–96, Bericht der HVAS vom 25. 2. 1949 an die Abt. Arbeitskraft der SMAD.
[31] Ebenda, Bl. 94.

lassen: Dort sei die Tätigkeit des Landesministeriums „völlig ungenügend"[32]. Obwohl im Januar 1949 39320 Personen Arbeit gesucht hätten, seien im Beschäftigungsprogramm der mecklenburgischen Landesregierung nur 7420 neue Stellen vorgesehen. Damit habe die Landesregierung die auf einer Konferenz der Arbeitsminister gestellten Aufgaben „nicht erfüllt." Die DWK-Hauptverwaltung Wirtschaftsplanung betrachtete die Freisetzung von Arbeitskräften aus einer völlig anderen, nämlich primär makroökonomischen Perspektive und gelangte daher auch zu ganz anderen Schlußfolgerungen: „Die Erscheinung, daß durch die Produktivitätssteigerung Arbeitskräfte frei werden, ist durchaus positiv und als Gesundungsmerkmal der Wirtschaft zu werten." Die Hauptverwaltung ging sogar noch weiter und verlangte die Fortsetzung dieses Prozesses, der „mit allen Mitteln voranzutreiben [sei] und nicht durch die Sorge um gegebenenfalls freiwerdende Arbeitskräfte gehemmt werden" dürfe. Probleme bei der beruflichen Unterbringung der dabei wachsenden Gruppe der Erwerbslosen wurden von ihr nicht gesehen: Tätigkeiten seien vielmehr „im reichlichen Umfange vorhanden"[33]. Somit standen sich zwei Ansätze gegenüber. Während die HVAS auf die rasche Beseitigung der Arbeitslosigkeit bedacht war, legte die Hauptverwaltung Wirtschaftsplanung den inhaltlichen Schwerpunkt auf die Steigerung der Produktivitätsraten vor allem in den volkseigenen Betrieben und sah in der dabei um sich greifenden Entlassung von Arbeitern nur ein temporäres Problem, das im Zuge der längerfristigen Wirtschaftsplanung zu lösen sei. Damit war bereits die Perspektive für den Zweijahrplan gelegt; doch zunächst hatte sich die Arbeitsverwaltung mit der weiteren Durchführung des Sofortprogrammes intensiv zu befassen.

Konkrete Umsetzungsschwierigkeiten tauchten rasch in den Ländern auf; dabei zeigten sich vor allem auch die nicht unbeträchtlichen regionalen Unterschiede. So meldete etwa das Amt für Arbeit und Sozialfürsorge in Potsdam, daß in der Stadt die Enttrümmerungsarbeiten „in letzter Zeit einen Auftrieb genommen" hätten, da „neue Gelder für die Durchführung dieser Arbeiten zur Verfügung gestellt" wurden[34]. Außerdem seien für den Bau einer Wasserleitung von Potsdam nach Babelsberg rund 110 Arbeiter und für die Kabelverlegung 120 Arbeiter neu eingestellt worden. Der Erfolg des Beschäftigungsprogramms hing mit der Situation auf dem Arbeitsmarkt unmittelbar zusammen: Während verschiedene Arbeitsämter in Brandenburg eine vergleichsweise hohe Arbeitslosenrate registrierten, war dies beispielsweise in Potsdam nicht der Fall. Somit standen in zahlreichen ländlichen Regionen sehr viel mehr Arbeitskräfte zur Verfügung, die für die einzelnen Teilprogramme eingesetzt werden konnten bzw. sich oftmals auch freiwillig meldeten. Dagegen bildeten die Städte eindeutig die Schwerpunkte des Beschäftigungsprogramms, da hier das Arbeitsplatzangebot aus Sicht der Arbeitsverwaltung ungleich schneller auszuweiten war, als dies auf dem Lande im gleichen quantitativen Maßstabe möglich gewesen wäre. Gleichzeitig kollidierten

---

[32] SAPMO, DY 30/IV 2/2.027/21, Bl. 97–104, hier Bl. 99, Bericht des Leiters der HVAS vom 25. 2. 1949.

[33] BAB, DC 15/63, Bl. 15 f., Vermerk der DWK-HV Wirtschaftsplanung (HA Arbeitskräfte) vom 28. 2. 1949.

[34] BAB, DQ 2/2063, Protokoll der Sitzung des Beratungsausschusses des Amtes für Arbeit und Sozialfürsorge Potsdam vom 7. 3. 1949.

die städtischen arbeitsmarktpolitischen Initiativen mit den sowjetischen Anforderungen, ganz besonders mit den Befehlen zur Bereitstellung von Arbeitskräftekontingenten für die Wismut AG. Die Arbeitsämter mußten diesen Faktor stets als unberechenbare Variable einkalkulieren, hatten jedoch keinerlei Einfluß auf sie, sondern konnten darauf nur reagieren. Längerfristige Planungen auf anderen Teilarbeitsmärkten fanden daher unter äußerst erschwerten Bedingungen statt. So vertrat der Beratungsausschuß des Potsdamer Arbeitsamtes folgerichtig die Auffassung, daß die auferlegten Zahlen für den Erzbergbau zu hoch seien, und bat um eine deutliche Senkung der Anforderungen: „Wenn die Bereitstellung der Arbeitskräfte in der geforderten Höhe noch nicht erfolgen konnte, so liegt dies lediglich daran, daß diese Kräfte aus ihren Arbeitsstellen herausgezogen werden müßten."[35] Mit solchen Problemen hätten jedoch nicht die Arbeitsämter zu kämpfen, in deren „Bezirken Arbeitslose und Arbeitslosenunterstützungsempfänger vorhanden sind." Doch auch diese plausibel klingende Argumentation konnte offensichtlich die sowjetische Besatzungsmacht nicht davon überzeugen, in Zukunft die eigenen Arbeitskräfteanforderungen besser mit der deutschen Arbeitsverwaltung abzustimmen.

Die SED-Betriebsgruppe bei der DWK warnte am 5. April 1949 vor einer überhasteten und gedankenlosen Auskämmung von Betrieben für die neuen arbeitsmarktpolitischen Projekte: „Es wäre falsch, jetzt zu viele Textilarbeiter umzusetzen und umzuschulen und sie nach einem Jahr wieder in die Textilindustrie zurück zu führen."[36] Ähnlich wie die Hauptverwaltung Wirtschaftsplanung legte auch die SED-Betriebsgruppe den wirtschaftspolitischen Schwerpunkt ausschließlich auf die Steigerung der Produktivität in den Betrieben und vernachlässigte arbeitsmarktpolitische Ziele: „Das Freiwerden von Arbeitskräften durch Produktivitätssteigerung ist ein Gesundungsmerkmal und führt zur Rentabilität der volkseigenen Wirtschaft. Diese Entwicklung darf auf keinen Fall zu opportunistischen Einstellungen führen, die beispielsweise die Steigerung der Produktivität bremsen, um keine Arbeitskräfte freisetzen zu müssen."[37] Damit fehlten der HVAS wichtige Bündnispartner zur erfolgreichen Durchsetzung des Sofortprogramms, das immer mehr den Charakter einer Absichtserklärung gewann und keine durchschlagende Wirkung entfalten konnte, da für die wirtschaftlichen Hauptverwaltungen die Erfüllung der Wirtschaftspläne Vorrang genoß. Vorschläge von seiten der Hauptverwaltung Wirtschaftsplanung, zusätzliche Mittel zur Finanzierung des Sofortprogramms aus den Kassen der Sozialversicherungsanstalten abzuziehen, wehrte die HVAS brüsk ab, die sich verpflichtet fühlte, „die Kontrolle über die Verwendung der Mittel aus der Sozialversicherung strengstens auszuüben"[38]. Die ursprünglich eingeplante Bereitstellung von 9,5 Millionen DM wurde sogar explizit in Frage gestellt, „wenn nicht sofort seitens der Wirtschaftsplanung der Länder und der Investitionsbank die Maßnahmen getroffen werden, daß die vorgesehenen rund 67 000 Arbeitskräfte in Beschäftigung gebracht werden können."

---

[35] Ebenda.
[36] BAB, DC 15/63, Bl. 17f., hier Bl. 17, Notiz der SED-Betriebsgruppe bei der DWK vom 5. 4. 1949.
[37] Ebenda.
[38] BAB, DQ 2/970, Bericht Litkes vom 27. 4. 1949.

Die Anstrengungen der HVAS reichten allerdings nicht aus, um einen positiven Abschluß des Beschäftigungsprogramms vermelden zu können. So herrschte Ende April immer noch ein Planungschaos zwischen den Ländern und der zuständigen Berliner Hauptverwaltung[39]. Der stellvertretende Leiter der HVAS, Karl Litke, stellte unverblümt fest: „Unsere Pläne haben unsichtbare Mängel, es gibt aber sichtbare Lenkungsmängel."[40] Kurz darauf zog Litke etwas resigniert ein vorläufiges Resümee des abgelaufenen Beschäftigungsprogramms: „Diese Aktion war ein Fehlschlag."[41] Im Rahmen des Sofortprogramms I hätten 80 900 Arbeitskräfte neu eingestellt werden sollen. Tatsächlich meldeten die Länder aber nur 20 479 neue Beschäftigungsverhältnisse. Der führende Mitarbeiter der Berliner Hauptverwaltung sah den Hauptgrund für diesen Mißerfolg in der unzureichenden finanziellen Ausstattung der Landeshaushalte. Die Investitionsbank habe zudem die angeforderten Mittel nicht bereitgestellt. Für das geplante Sofortprogramm II, bei dem 115 819 neue Arbeitsplätze vorgesehen waren, sprach Litke die Warnung aus, daß auch diese Aktion scheitern werde, „wenn nicht mit äußerster Energie an [die] Durchführung dieser Maßnahmen herangegangen wird"[42]. Er schlug vor, daß „lohnintensive Maßnahmen mit geringem Materialaufwand [...] am zweckmäßigsten" seien[43]. Sie würden allerdings keine grundlegende Kehrtwende auf dem Arbeitsmarkt bringen. Statt dessen müßten vielmehr Großprojekte durchgeführt werden, „sonst wird an Symptomen herumkuriert, wie der zurzeitige Stand des Sofortprogramms I ausweist."

Nachdem erkennbar geworden war, daß sich die Sofortprogramme nicht in dem Maße erfolgreich durchführen ließen, wie sich das die SED-Führung, aber auch die Leitung der HVAS erhofft hatten, gerieten die weiteren Planungsarbeiten für beschäftigungspolitische Programme zunächst ins Stocken. Ein weiteres kam hinzu: Die sich zu diesem Zeitpunkt intensivierende allgemeine und zentrale Wirtschaftsplanung gewann immer stärker an Bedeutung; ihr wurden andere Ziele sukzessive untergeordnet. Das galt auch für die Sofortprogramme, die unter anderem zur Versorgung von Erwerbslosen mit Arbeit gedacht waren, während der anlaufende Zweijahrplan primär andere Ziele verfolgen sollte, nämlich die Steigerung der Arbeitsproduktivität in den Betrieben. Dieser Zielkonflikt wurde letztlich zugunsten der allgemeinen Wirtschaftsplanung entschieden; die HVAS hatte insofern das Nachsehen gegenüber der Hauptverwaltung Wirtschaftsplanung. Um dieses Ziel zu erreichen, wurde ein Ansteigen der Arbeitslosenzahlen, darauf ist bereits hingewiesen worden, in Kauf genommen. Aus Sicht der Arbeitsverwaltung ließ sich im übrigen auf diese Weise ein anderes Problem lösen, dem man bisher stets hilflos begegnet war: der Hortung von Arbeitskräften. Durch die Anweisung an die volkseigenen Betriebe sowie die SAG-Betriebe, die von seiten der SMAD bzw. der SMA in den Ländern eine entsprechende Anweisung erhielten, rentabel zu produzieren, „wurden alle bis dahin gehorteten Arbeitskräfte

---

[39] SAPMO, DY 30/IV 2/2.027/21, Bl. 123–137, Bericht Karl Litkes vom 21. 4. 1949.
[40] Ebenda, Bl. 125.
[41] SAPMO, DY 30/IV 2/2.027/21, Bl. 116–120, hier Bl. 116, Bericht der HVAS vom 29. 4. 1949 an die Abt. Arbeit und Sozialfürsorge beim SED-Politbüro.
[42] Ebenda, Bl. 118.
[43] Ebenda, Bl. 119.

entlassen"[44]. Gleichzeitig mußten einige Arbeitsämter jedoch feststellen, daß die Betriebe „bei den Entlassungen nicht die besten Arbeitskräfte den Ämtern für Arbeit zur Verfügung" stellen. Das Arbeitsamt Zeitz gelangte zu der Schlußfolgerung: „Es bedarf noch einer großen Aufklärung seitens des FDGB, die Betriebsvertretungen sowie Betriebsleitungen zu überzeugen, daß es notwendig ist, wenn wir die Aufgaben des Zweijahrplanes erfüllen wollen, dem Arbeitsmarkt nur gesunde kräftige Leute, welche in ihren Betrieben abkömmlich sind bezw. umgesetzt werden können, zur Verfügung zu stellen."[45] Knapp zwei Monate später mußte das Arbeitsamt Zeitz erneut melden, daß das Verständnis auf seiten der Betriebe, „gute Arbeitskräfte anderen Industriezweigen im Zuge des Zweijahrplans" zuzuführen, „leider nicht vorhanden" sei[46]. Offensichtlich erwies sich diese Hoffnung rasch als Illusion, da die Betriebe nicht bereit waren, Facharbeiter abzugeben. Darüber hinaus bestand nahezu in allen Wirtschaftszweigen der SBZ eine Übernachfrage nach qualifizierten Kräften. Der von den wirtschaftlichen Hauptverwaltungen bewertete „Gesundungsprozeß" hatte im Februar und März 1949 zu einem Ansteigen der Zahl der Empfänger von Arbeitslosenunterstützung sowie von Fürsorgeleistungen geführt[47]. Beides traf insbesondere Frauen. Festzuhalten bleibt, daß die Arbeitsämter in der Folgezeit aufgrund des geschilderten Richtungswechsels nur sehr begrenzt beschäftigungspolitische Initiativen starten konnten. Diese beschränkten sich im wesentlichen auf Enttrümmerungsarbeiten[48].

Im Frühjahr 1949 wurden in der DWK erste Besprechungen zur Vorbereitung von „Großprojekten" mit dem Ziel geführt, zahlreiche Arbeitsplätze für die Arbeitslosen in der SBZ anzubieten, deren Zahl im März 1949 auf 390000 angewachsen waren. Bereits Ende Mai sicherte das Kleine Sekretariat des Politbüros die Finanzierung des Sofortprogramms II durch einen entsprechenden Beschluß ab[49]. Demzufolge sollten insgesamt 207 Millionen DM zur Verfügung gestellt werden[50]. Nach Berechnungen der HVAS, die auf den Vorschlägen der Landesverwaltungen beruhten, waren insgesamt 229 Millionen DM erforderlich, um 115000 Personen eine Beschäftigung zu bieten[51]. Dieses Vorhaben firmierte bereits Ende Mai nicht mehr unter der Bezeichnung „Sofortprogramm II", sondern als Zusatzplan zum Investitionsplan[52]. Auch dadurch war die Einbindung der Ar-

---

[44]   LA Magdeburg LHA, Rep. K MW, Nr. 10076, Bl. 52, Amt für Arbeit und Sozialfürsorge Zeitz am 11. 5. 1949 an den Minister für Arbeit und Sozialpolitik von Sachsen-Anhalt.

[45]   Ebenda.

[46]   LA Magdeburg LHA, Rep. K MW, Nr. 10076, Bl. 60, Amt für Arbeit und Sozialfürsorge Zeitz am 7. 7. 1949 an den Minister für Arbeit und Sozialpolitik von Sachsen-Anhalt.

[47]   BAB, DQ 2/517, Übersicht der HVAS über die Arbeitslosenunterstützungsempfänger in der SBZ (Dezember 1948-Juli 1949).

[48]   BAB, DQ 2/1763, Protokoll über die Amtsleitertagung am 13./14. 5. 1949 in Chemnitz, S. 9f.

[49]   SAPMO, DY 30/IV 2/2.027/21, Bl. 174, Protokoll der Sitzung des Kleinen Sekretariats vom 31. 5. 1949.

[50]   Im einzelnen waren 17 Millionen von den wasserwirtschaftlichen Verbänden, fünf Millionen aus den Sonderhaushalten der Länder und 185 Millionen aus dem Sperrfonds der Sozialversicherungsanstalten, der bedingt durch die Währungsumstellung eine Gesamthöhe von 400 Milliarden DM hatte, zu erbringen.

[51]   BAB, DQ 2/1303, Bl. 12–23, hier Bl. 13, Bericht der HVAS über die Arbeitsministerkonferenz am 31. 5. 1949 in Berlin (Ausführungen Bracks).

[52]   Ebenda, Bl. 14 (Ausführungen Litkes).

beitsmarktpolitk in die allgemeine Wirtschaftsplanung deutlich geworden. Auf diese Weise wurde die Hauptverwaltung Wirtschaftsplanung weiter aufgewertet, die bei der Aufstellung der Arbeitskräftepläne immer wichtiger werden sollte. Da die DWK nunmehr dazu überging, für sämtliche Wirtschaftsbereiche Planungsziffern zu erstellen und auszugeben, war es nur zwangsläufig, daß der Faktoreinsatz ,Arbeit' von dieser Entwicklung nicht ausgenommen wurde. Die Protokolle der Arbeitsministerkonferenzen 1949, zu denen nun auch Vertreter der Hauptverwaltung Wirtschaftsplanung eingeladen wurden, enthalten interessanterweise keinerlei Hinweise auf Konflikte zwischen den beiden beteiligten Hauptverwaltungen. Die HVAS nahm diesen Kompetenzverlust offenbar ohne weiteres hin.

Bereits am 2. Juli 1949 legte die Hauptverwaltung Wirtschaftsplanung „Richtlinien für die Kontrolle des Einsatzes von Arbeitskräften in den Ländern der SBZ" vor, die sich davon einen umfassenderen Überblick über die bisherige Durchführung der Beschäftigungsprogramme im Zusammenhang mit dem Investitionsplan erhoffte[53]. Daher sollten bei den Kontrollen nicht nur der quantitative Umfang der erfolgten Neueinstellungen erfaßt, sondern auch die weiteren Aufnahmekapazitäten in den einzelnen Betrieben ermittelt werden. Darüber hinaus mußten nach den Vorstellungen der Hauptverwaltung Wirtschaftsplanung die bereits eingesetzten Investitionsmittel festgestellt werden. Die Überprüfungen, die zunächst nur in Brandenburg und Mecklenburg-Vorpommern durch die Kontrollabteilung der Hauptverwaltung Wirtschaftsplanung unter Beteiligung von zwei HVAS-Mitarbeitern durchgeführt werden sollten, hatten sich auf die zuständigen Verwaltungen auf Landes- und Kreisebene sowie auf die Betriebe zu erstrecken. Mit den Kontrollen in den übrigen Ländern wurden die Kontrollabteilungen der Hauptverwaltung Wirtschaftsplanung in den Ländern beauftragt. Diese Maßnahme erschien den politisch Verantwortlichen notwendig geworden zu sein, nachdem einzelne Arbeitsämter über die Erfolglosigkeit der Sofortprogramme geklagt hatten. Die angestrebte Entlastung auf dem Arbeitsmarkt war demzufolge nicht eingetreten, wobei dies auch auf unzureichende Absprachen zwischen der Hauptverwaltung Wirtschaftsplanung und der Investitionsbank zurückgeführt werden konnte. So wies etwa das Arbeitsamt Zeitz darauf hin, daß „die hiesige Kreisverwaltung beschränkte Mittel nur für bestimmte Arbeiten aus dem Fond der Investitionsbank erhalten hat, während die Anträge der Stadtverwaltung auf Zuschüsse aus der Investitionsbank zur Behebung der Arbeitslosigkeit abgelehnt wurden"[54].

Einzelne Kontrollberichte zeigen die begrenzte Durchschlagskraft der Zusatz-Investitionspläne auf dem Arbeitsmarkt. So waren beispielsweise im Land Sachsen während des zweiten Quartals 1949 insgesamt 222377 Personen durch die Arbeitsämter vermittelt worden, darunter 96117 Frauen[55]. Am 25. Juli wurden 27960 Personen gezählt, die aufgrund der Sofortprogramme einen Arbeitsplatz erhalten hatten. Im Vergleich zur geforderten Größenordnung (33910) betrug der

[53] BAB, DC 15/60, Bl. 1f.
[54] LA Magdeburg LHA, Rep. K MW, Nr. 10076, Bl. 60, Amt für Arbeit und Sozialfürsorge Zeitz am 7. 7. 1949 an den Minister für Arbeit und Sozialpolitik von Sachsen-Anhalt.
[55] BAB, DC 15/60, Bl. 5–7, hier Bl. 5, Kontrollbericht der HA Wirtschaftsplanung (Abt. Plankontrolle) der sächsischen Landesregierung vom 10. 8. 1949.

Erfüllungsstand zwar 82,3 Prozent. Angesichts der Gesamtvermittlungen durch die Arbeitsämter stellte dies jedoch nur einen bescheidenen Beitrag zur Entlastung auf dem Arbeitsmarkt dar, auch wenn die unterschiedlichen Erhebungszeiträume berücksichtigt werden müssen (Zeitraum versus Stichtag). Die zahlenmäßig größte Gruppe der laut Zusatzplan am 25. Juli beschäftigten Personen war zu Enttrümmerungsarbeiten eingesetzt worden (16 710). Es folgten: 4556 Arbeitskräfte für Meliorationsarbeiten, 4000 in der Forstwirtschaft und 2403 für Straßenbautätigkeiten. Vergleichsweise unbedeutend blieben Arbeitsprojekte beim Wasserstraßenbau (124 Personen) und bei der Neubauernhilfe (167). Abschließend sprachen sich die Kontrolleure dafür aus, den einzelnen Investitionsträgern größere Spielräume bei der Vergabe der ihnen zugeteilten Finanzmittel zu gewähren, „um so den jeweiligen Forderungen der Praxis gerecht zu werden"[56]. Einen kritischen Eindruck vermittelte auch der Kontrollbericht der Hauptabteilung Wirtschaftsplanung bei der Landesregierung von Sachsen-Anhalt[57]. In den Monaten April bis August 1949 waren hier 12 408 Personen vermittelt worden; die einzelnen Objekte des Zusatzplanes beschäftigten am 31. Juli insgesamt 16 729 Arbeitskräfte. Der Schwerpunkt lag in Sachsen-Anhalt beim Straßenbau (7598), gefolgt vom Wasserstraßenbau (2993), der Forstwirtschaft (2933), Enttrümmerungsarbeiten (2799) und sonstigen Projekten (163). Im Zuge der Realisierung des Zusatzplanes hatten sich Schwierigkeiten ergeben, die auf die späte Veröffentlichung des Zusatzplanes, vor allem aber auf ausbleibende Materiallieferungen zurückgeführt wurden, welche die Produktion in den jeweiligen Betrieben fast zum Erliegen gebracht hatten. Bei der Analyse einzelner Kreise stellten die Berichterstatter fest, „daß von einer Planung, vom Standpunkt des Volkswirtschaftsplanes gesehen, nur sehr schwache Anfänge zu bemerken sind"[58]. Es fehle noch eine „zusammenfassende Dienststelle" zur Koordinierung der Verwaltungstätigkeit mit dem Ziel, eine rasche und effiziente Durchführung des Zusatzplanes zu erreichen.

Sowohl die HVAS als auch die Hauptverwaltung Wirtschaftsplanung ließen die Landesregierungen über die Fortsetzung des Zusatz-Investitionsplanes im Ungewissen. Diese fragten zu Beginn des Jahres 1950 beim mittlerweile neu gebildeten Ministerium für Arbeit und Gesundheitswesen in Berlin an, „ob für 1950 ähnliche Maßnahmen durchgeführt und entsprechende Mittel zur Verfügung gestellt werden müssen"[59]. Da zu diesem Zeitpunkt die bereitgestellten Mittel noch nicht vollständig ausgegeben waren, rechneten einzelne Landesministerien mit einem Ende der beschäftigungspolitischen Programme erst zum Frühjahrsbeginn. Grundsätzliche Überlegungen und die Ausarbeitung von alternativen Konzepten waren allerdings unumgänglich, wollte man nicht ein automatisches Ansteigen der Arbeitslosenzahlen in Kauf nehmen. Die sächsische Hauptabteilung Wirtschaftsplanung setzte sich daraufhin mit dem Ministerium für Planung der DDR in Ver-

---

[56]   Ebenda, Bl. 7.
[57]   BAB, DC 15/60, Bl. 9–11, Kontrollbericht vom 1. 9. 1949.
[58]   Ebenda, Bl. 14.
[59]   BAB, DQ 2/1729, Ministerium für Arbeit und Gesundheitswesen von Sachsen-Anhalt am 5. 1. 1950 an das Ministerium für Arbeit und Gesundheitswesen.

bindung und beantragte weitere Finanzmittel für Beschäftigungsvorhaben[60]. Letztlich kam es allerdings nicht zur Aufstellung eines neuen Sofortprogramms. Planung und Lenkung der Arbeitskräfte wurden vielmehr Bestandteile der Volkswirtschaftspläne; wie bereits angedeutet, überlagerte dies die bisherige arbeitsmarktpolitische Debatte. Da die Zahl der offenen Stellen nicht sehr groß und die allgemein angespannte Haushaltlage eigene arbeitsmarktpolitische Initiativen nicht zuließ, schien ein Ansteigen der Arbeitslosenzahlen unausweichlich zu sein. Das sächsische Ministerium für Arbeit und Gesundheitswesen berichtete, daß im Laufe des Monats Januar 1950 die Erwerbslosenzahl von 102 000 auf 124 322 angestiegen sei[61]. Eine Statistik des Ministeriums für Arbeit und Gesundheitswesen in Berlin ergab, daß der Höhepunkt des Zusatz-Investitionsplanes bereits im November 1949 überschritten worden war[62]: Die Zahl der beschäftigten Personen war zunächst von 48 882 (Juni) auf 81 893 (Juli) gestiegen. Nach einem Einbruch im August 1949, als nur 63 222 Arbeitskräfte gezählt wurden, stabilisierte sich die Zahl bei knapp über 80 000. Im Oktober war der Höchststand erreicht worden (84 425). Die Zahl der im Zuge des Beschäftigungsprogramms eingestellten Arbeiter sank auf 51 255 (Dezember). Somit war das Ende des Sofortprogramms bzw. des Zusatz-Investitionsplanes absehbar.

Lohnpolitik

Im folgenden soll keine Gesamtdarstellung der staatlichen Lohnpolitik zwischen Kriegsende und DDR-Gründung angestrebt werden, vielmehr geht es darum, der Frage nachzugehen, inwieweit die Gestaltung der Löhne und Gehälter von seiten der staatlichen Zentralverwaltungen gezielt zur Steuerung des Arbeitskräftepotentials eingesetzt wurde. Mit dem Ende des Jahres 1945 verhängten Lohnstopp hatte die SMAD frühzeitig den Tarifparteien die Möglichkeit genommen, die Höhe von Löhnen und Gehältern im Rahmen von Verhandlungen auszuhandeln[63]. Die deutsche Arbeitsverwaltung erhielt den Auftrag, über die Einhaltung dieser Bestimmungen zu wachen. Ein wichtiges Regulativ zur Steuerung des Arbeitsmarktes war damit faktisch beseitigt worden. Diese Regelung trafen aber auch die drei westlichen Siegermächte zeitweise für ihr Besatzungsgebiet: Hier wurde der Lohnstopp im November 1948 wieder aufgehoben[64]. Für die SBZ galt: Lohn- und Gehaltserhöhungen gingen im wesentlichen auf Initiativen der sowjetischen Militäradministration zurück, wobei sich hierbei die sowjetischen Reparationsinteressen indirekt bemerkbar machten. Dies zeigte sich etwa beim Befehl Nr. 234 und der damit verbundenen Verbesserung der Versorgung von Wismut-

---

[60] BAB, DQ 2/1755, Ministerium für Arbeit und Gesundheitswesen von Sachsen am 19. 1. 1950 an das Ministerium für Arbeit und Gesundheitswesen, S. 1.
[61] BAB, DQ 2/1729, Ministerium für Arbeit und Gesundheitswesen der Landesregierung Sachsen am 2. 2. 1950 an das Ministerium für Arbeit und Gesundheitswesen.
[62] BAB, DQ 2/1755, Aktenvermerk von Oberreferent Grodecki vom 16. 2. 1950.
[63] SMAD-Befehl Nr. 180 vom 22. 12. 1945 und die Richtlinien, welche die ZVAS dazu herausgab, in: Arbeit und Sozialfürsorge 1 (1946), S. 12 f. Bereits mit der Anordnung Nr. 1 vom 23. 7. 1945 hatte die SMAD verfügt, daß „die unmittelbar vor Beendigung der Kampfhandlungen gültigen Lohn- und Gehaltssätze bestehen bleiben." Dazu den Beitrag von Gustav Schaum, Preise und Löhne, in: ebenda, S. 84 f.
[64] Akten zur Vorgeschichte der Bundesrepublik, Bd. 4, S. 803, Anm. 14.

Arbeitern. Darüber hinaus besaßen der Bergbau, später dann auch weitere Branchen der Grundstoff- und Schwerindustrie, oberste Priorität für die SMAD. In diesen Sektoren erhielten die Arbeiter bald deutliche Lohnzuwächse. Vorrangiges Ziel der Lohnpolitik war jedoch zuallererst die Steigerung der Arbeitsproduktivität in den Betrieben; dagegen spielten Überlegungen zur Steuerung der erwerbstätigen Bevölkerung in bestimmten Wirtschaftszweigen eine eher untergeordnete Bedeutung.

Die sowjetische Besatzungsmacht sowie die deutschen Landesverwaltungen befürchteten ein teilweise rasantes Ansteigen der Löhne, das dann automatisch Auswirkungen auf die Preisentwicklung gehabt hätte. Die Angst vor Inflation war somit ein wesentlicher Grund dafür, daß der Lohnstopp verhängt wurde. Das thüringische Landesamt für Arbeit und Sozialfürsorge berichtete der ZVAS Ende 1945 von „wilde[n] Lohnbewegungen", die offenbar nicht nur vereinzelt auftraten, sondern aus „allen Teilen" des Landes gemeldet wurden[65]. Zahlreiche Betriebe hielten sich offenbar nicht an den verhängten Lohnstopp. So ergab eine vom Landesarbeitsamt Sachsen am 5. Januar 1946 in Auftrag gegebene Erhebung, daß von insgesamt 9638 erfaßten Betrieben mit mehr als 20 Belegschaftsmitgliedern 1780 eigenmächtig Lohnerhöhungen, mitunter auch Lohnkürzungen vorgenommen hatten[66]. Das bedeutete, daß sich rund 18,5 Prozent der registrierten Betriebe über den SMAD-Befehl Nr. 180 hinweggesetzt hatten und die Lohnpolitik als Bestandteil unternehmerischen Handlungsspielraumes ansahen. Allerdings signalisierte die Landesverwaltung in den Fällen ihre Zustimmung, bei denen die Lohnsumme insgesamt nicht verändert wurde, sondern nur eine Nivellierung der Löhne und Gehälter erfolgt war. Darüber hinaus hatten sich Lohnerhöhungen durch den Übergang von der Akkord- auf die Zeitlohnarbeit unter Beibehaltung des Akkordrichtlohnes ergeben. Auch der Befehl über „gleiche Entlohnung für gleiche Arbeit"[67] zeigte Folgen und führte, wenn auch stark begrenzt, zu einer Erhöhung der Löhne für Frauen und Jugendliche. Eine Rückführung der Löhne und Gehälter auf das ursprüngliche Niveau strebte die Arbeitsverwaltung jedoch nicht an, da sie Unruhen unter den Belegschaften befürchtete[68].

Die SMAD bestand auf der strikten Einhaltung des Lohnstopps bzw. behielt sich ein Vetorecht bei der Gestaltung der Löhne durch die DVAS vor. In dem Zusammenhang wurden zuvor erlassene Befehle sogar neu interpretiert. So wies etwa der SMAD-Vertreter Prof. Formin darauf hin, daß der Befehl Nr. 253 von deutschen Stellen zu Lohnerhöhungen genutzt und damit falsch ausgelegt worden sei[69]. Lohnpolitik war nicht nur eine Angelegenheit von sowjetischer Besatzungsmacht und deutscher Arbeitsverwaltung: Auch hier machte sich die bis ungefähr Mitte 1946 relativ starke Position der Landesverwaltungen sowie der

---

[65] BAB, DQ 2/3923, Bl. 42, Protokoll über Besprechung der ZVAS mit Vertretern des Landesamtes für Arbeit und Sozialfürsorge in Weimar am 18. 12. 1945. Entsprechende Meldungen aus Brandenburg gab es noch im Sommer 1947. BLHA, Ld. Br. Rep. 206, Bd. 3051, Aktennotiz der Abt. Arbeitsrecht, Arbeit und Löhne vom 29. 7. 1947 für Ministerialdirektor Fischer betr. Befehl Nr. 180.
[66] BAB, DQ 2/797, Notiz der DVAS (o.D.).
[67] Vgl. SMAD-Befehl Nr. 253 vom 17. 8. 1946, in: Arbeit und Sozialfürsorge 1 (1946), S. 306.
[68] BAB, DQ 2/797, Notiz der DVAS (o.D.).
[69] BAB, DQ 2/2076, Niederschrift der DVAS-Abt. I b über Besprechung mit SMAD am 17. 7. 1947, S. 3.

Kommunalverwaltungen trotz der finanzpolitisch engen Handlungsspielräume bemerkbar. Im Zuge der Kompetenzverlagerung von den Landesverwaltungen zu den Zentralverwaltungen erfolgte eine immer stärkere Absprache zwischen DVAS und Deutscher Zentralfinanzverwaltung[70]. Dennoch kam es immer wieder vor, daß die SMAD „Aufträge oft sehr kurzfristig erteilt[e]", so daß sich die DVAS gezwungen sah, in diesen Fällen ohne Rücksprache mit der Zentralfinanzverwaltung zu handeln[71].

Bei der Ausarbeitung des Zweijahrplanes verstärkte sich die Bedeutung der betrieblichen Produktivitätssteigerung weiter. Auch die Lohnpolitik wurde diesem Ziel immer mehr untergeordnet, wie die Diskussion über die Leistungslöhne anschaulich zeigt[72]. Karlshorst unterstützte diese Politik nicht nur, sondern trieb die Entwicklung selber aktiv voran: Die deutsche Arbeitsverwaltung erhielt wiederholt den Auftrag, entsprechende Richtlinien auszuarbeiten und vorzulegen[73]. Dabei ergaben sich rasch Unstimmigkeiten zwischen der DWK und einzelnen Hauptverwaltungen. So kritisierte etwa der stellvertretende DWK-Vorsitzende Fritz Selbmann, daß die HVAS keine unterschiedliche Behandlung von volkseigenen und privaten Betrieben vorgenommen habe. Diese Tendenz sei nicht zufällig, sondern eine „ausgesprochen opportunistische Auffassung, die den neuen Charakter unserer Wirtschaft bewußt ignoriert und Arbeitspolitik im alten reformistischen Sinne zu machen versucht"[74]. Dahinter standen allerdings auch Versuche, der Arbeitsverwaltung das Gebiet der Lohnpolitik streitig zu machen. Selbmann warf der HVAS vor, daß sie bestrebt sei, „die Mitarbeit der Fachverwaltungen der DWK-Industrie auszuschalten." Er machte dafür „bürokratische[] Tendenzen" innerhalb der HVAS verantwortlich und rief sogar „zur größten Wachsamkeit gegenüber allen Vorschlägen und Entwürfen" von seiten dieser Verwaltung auf[75]. Im einzelnen plädierte Selbmann dafür, daß die DWK-Hauptverwaltungen sowie die Industriegewerkschaften nur Rahmenrichtlinien herausgeben und der Übergang zum progressiven Leistungslohn „auch ohne jede Einschaltung bürokratischer Instanzen" zu erfolgen hat[76]. Im Frühjahr 1949 arbeiteten nach Angaben der HVAS rund 40 Prozent der in volkseigenen Betrieben Beschäftigten im Leistungslohnbereich. Bei den SAG-Betrieben kann der Anteil nicht genau angegeben werden: Er schwankte in der metallverarbeitenden Industrie zwischen 40 und 60 Prozent, im Bergbau zwischen 20 und 35 Prozent, und in der chemischen Industrie lag er zwischen 20 und 40 Prozent. Auch bei den Ländern gab es erhebliche Differenzen. Spitzenreiter war offenbar Sachsen-Anhalt, wo 43,3 Prozent der VEB-Beschäftig-

[70] BAB, DQ 2/3846, DVAS-Vizepräsident Herm am 7. 1. 1948 an die Deutsche Zentralfinanzverwaltung. Vgl. Zschaler, Die Entwicklung einer zentralen Finanzverwaltung.
[71] BAB, DQ 2/3846, DVAS-Vizepräsident Herm am 7. 1. 1948 an die Deutsche Zentralfinanzverwaltung.
[72] Vgl. zur Propagierung der Leistungslöhne Hübner, Konsens, Konflikt und Kompromiß, S. 27–36.
[73] BAB, DQ 2/1535, Bl. 114, Aktennotiz der HVAS-Abt. III über eine Besprechung mit Morenow in Karlshorst am 20. 8. 1948.
[74] SAPMO, NY 4182/951, Bl. 275–280, hier Bl. 280, Stellungnahme der DWK (Sekretariat Industrie) vom 16. 9. 1948 zu den Richtlinien über die Lohngestaltung in den Betrieben der SBZ mit Anschreiben Selbmanns an Walter Ulbricht.
[75] Ebenda, Bl. 276.
[76] Ebenda, Bl. 278.

ten in den Leistungslohnsektor fielen; in Thüringen waren es 33 Prozent, in Sachsen 27 Prozent und in Brandenburg nur 17 Prozent[77].

Wohnungsbaupolitik

Auch der Wohnungsbau unterlag in der SBZ keineswegs nur den Anforderungen der Arbeitskräftelenkung, sondern war vielmehr von Ad-hoc-Maßnahmen geprägt, die zudem sehr stark von den Landes- bzw. Kommunalverwaltungen sowie vor allem den Besatzungsmächten mit entschieden wurden. Die Notlage angesichts der umfangreichen Zerstörung von Wohnraum während des Zweiten Weltkrieges galt im übrigen für alle vier Besatzungszonen[78]. Insofern war es wenig überraschend, als die vier Siegermächte im Alliierten Kontrollrat am 8. März 1946 ein Wohnungsgesetz beschlossen[79], das die Verteilung des knappen Gutes auch der staatlichen Zwangsbewirtschaftung unterwarf.

Frühzeitig beklagte sich die Arbeitsverwaltung über die unzureichende Wohnraumversorgung und machte darauf aufmerksam, daß diese Mangelsituation direkte Auswirkungen auf die Arbeitskräftelenkung hatte. Darüber hinaus waren zahlreiche Arbeiter nicht bereit, den Arbeitsplatz unter Inkaufnahme der Trennung von der Familie zu wechseln. Anläßlich einer gemeinsamen Besprechung von DVAS und einigen wirtschaftlichen Zentralverwaltungen wurde allgemein beklagt: „Die Werke sind nicht einmal in der Lage, die angeforderte Zahl an Arbeitskräften ohne Angehörige unterzubringen, und wenn dies möglich wäre, so ergibt sich eine weitere Schwierigkeit, nämlich, daß sich die Arbeitskräfte nicht von der Familie trennen wollen."[80] Um die Erfassung und Vergabe von Wohnraum einheitlich für alle Länder der SBZ zu regeln, erließ die DVAS zunächst einmal am 27. Juli 1946 eine Durchführungsverordnung. Da diese auch die gewerblichen Räume erfaßte, kam es offensichtlich zu einer Kontroverse zwischen der Berliner Zentralverwaltung und einzelnen Landesverwaltungen, die sich dagegen ausgesprochen hatten. Die DVAS beharrte jedoch auf ihrer Position und wies explizit darauf hin, daß entsprechende Verordnungen der Länder Thüringen und Sachsen nichtig seien[81].

Die einzelnen wohnungsbaupolitischen Maßnahmen hingen in den ersten Nachkriegsjahren mitunter sehr stark von den jeweiligen Arbeitskräfteanforderungen ab. Dabei sollten die Arbeiter der Grundstoff- und Schwerindustrie zuerst mit Wohnraum versorgt werden, insbesondere die Beschäftigten der Wismut AG. Der rasant angestiegene Arbeitskräftebedarf hatte dort, darauf ist bereits hingewiesen worden, zu einer Zuspitzung der ohnehin angespannten Wohnungssituation geführt. Da der Neubau von Wohnraum nicht so schnell abgeschlossen werden konnte – dieser wurde anfangs erheblich durch den Mangel an Baumate-

---

[77] SAPMO, DY 34/4187, Auszug aus einer Besprechung mit Morenow in Karlshorst am 22. 4. 1949, S. 1.

[78] Vgl. Führer, Mieter, Hausbesitzer, Staat und Wohnungsmarkt; Schildt, Wohnungspolitik; Schulz, Wiederaufbau in Deutschland; Wagner, Sozialstaat gegen Wohnungsnot.

[79] Gesetz Nr. 18, in: Amtsblatt des Kontrollrats in Deutschland, S. 117–121.

[80] BAB, DO 2/30, Bl. 114f., hier Bl. 114, Bericht Görlichs über die Sitzung am 7. 5. 1946.

[81] SAPMO, NY 4182/951, Bl. 268f., Jenny Matern am 16. 3. 1948 an das Ministerium für Arbeit und Sozialfürsorge des Landes Sachsen-Anhalt.

rialien behindert –, griff die Arbeitsverwaltung in der Not zu anderen Lösungen: der „Umsiedlung" von Wohnungsinhabern, die nicht im Uranbergbau bzw. Steinkohlenbergbau tätig waren. Aus Sicht der Behörden stellten die Flüchtlinge und Vertriebenen eine soziale Gruppe dar, die nicht ortsgebunden war und insofern als erste für diese Aktion prädestiniert schien. Gleichzeitig unterstrich die HVAS des öfteren gegenüber den Landesverwaltungen, daß die „Umsiedlungsmaßnahmen [...] auf freiwilliger Grundlage" erfolgen sollten[82]. Der erhoffte Erfolg blieb allerdings aus, da die Länder nicht in der Lage waren, ihrerseits zusätzlichen Wohnraum für die eintreffenden „Umsiedler" in größerem Umfange zur Verfügung zu stellen. Das Ministerium des Innern der Landesregierung Sachsen-Anhalt faßte den bisherigen Verlauf kurz zusammen: „Von Einzelfällen abgesehen, wird die Umsetzungsaktion auf der bisherigen Basis keine größeren Erfolge aufzeigen."[83] Die HVAS blieb trotzdem bei ihrer Linie und sprach sich auch weiterhin gegen eine gesetzliche Regelung der Binnenumsiedlung aus, „da diese Maßnahmen das verfassungsmäßig gewährleistete Recht der Freizügigkeit in vollem Umfange außer Kraft setzen würden"[84]. Das bedeutete letztlich, daß sogar im Erzgebirge mit den Uranbergwerken, die bei der Gewinnung von Arbeitskräften höchste Priorität genossen, das Wohnungsproblem erst zu dem Zeitpunkt einer Lösung näher kommen konnte, als der Arbeitskräftebedarf bei der Wismut AG insgesamt deutlich gesunken war.

Bei einer Bilanzierung der Wohnungsbaupolitik kam die HVAS zu einem sehr ernüchternden Ergebnis. Allem Anschein nach war es nicht gelungen, eine Umverteilung des verfügbaren Wohnraumes nach scheinbar egalitären Prinzipien zu verwirklichen. So kamen denn auch die Mitarbeiter der Berliner DWK-Hauptverwaltung zum Ergebnis, daß die „ehemaligen aktiven Nazis und Militaristen, Kriegsverbrecher, Junker sowie auch Fabrikanten und Großhändler [...] viel besser mit Wohnraum versorgt [sind] als die werktätige Bevölkerung, besonders als die Aktivisten der volkseigenen Betriebe und die Antifaschisten."[85] Entscheidend für die Arbeitskräftelenkung war die Tatsache, daß der zur Verfügung gestellte Wohnraum oftmals für andere Zwecke verwendet wurde: In Sachsen waren dies bis zum Oktober 1946 immerhin 1615000 qm, im Oktober 1948 sogar 2396000 qm Wohnfläche; Mecklenburg-Vorpommern meldete im Oktober 1946 365000 qm, zwei Jahre später schon 852000 qm[86]. Der Bericht gibt keine Auskunft über die weitere Verwendung des Wohnraumes. Insgesamt bleibt aber festzuhalten, daß durch diese Fehlallokation der bestehende Wohnraummangel weiter verschärft wurde und Versuche des zwischen- und überbezirklichen Ausgleichs von Arbeitskräften zum Scheitern verurteilt waren bzw. in den Anfängen stecken blieben. Auf Anregung der HVAS erteilte der DWK-Vorsitzende Heinrich Rau den zuständigen Landesministerien auf einer gemeinsamen Konferenz den Auftrag,

[82] BAB, DO 2/58, Bl. 63, HVAS (Donau) am 14. 3. 1949 an das Ministerium für Wirtschaft und Verkehr der Landesregierung Sachsen-Anhalt.
[83] Ebenda, Bl. 83, MdI (Abt. Bevölkerungspolitik) der Landesregierung Sachsen-Anhalt am 11. 7. 1949 an die DVdI (HA Umsiedler).
[84] Ebenda, Bl. 86, HVAS (Litke) an die DVdI.
[85] SAPMO, NY 4090/561, Bl. 50–53, hier Bl. 50, Denkschrift (o. Verf.) vom 18. 7. 1949 zur Wohnungsbaupolitik in der SBZ.
[86] Ebenda, Bl. 51.

eine Sonderaktion zur Erfassung von Wohnraum durchzuführen[87]. Hauptadressaten bei der Wohnungsvergabe sollten „Umsiedler" sowie generell Erwerbstätige sein. Das endgültige Ergebnis der statistischen Erhebung mußte aus Sicht der Arbeitsverwaltung eher bescheiden wirken. So wurden in allen fünf Ländern der SBZ insgesamt 6372 Wohnungen und 99608 Zimmer (mit jeweils 13 qm) gezählt, die neu belegt werden konnten[88]. Dieser Neubestand reichte jedoch bei weitem nicht aus – weder zur Versorgung der Flüchtlinge und Vertriebenen noch zur Neuansiedlung von Arbeitskräften in Großstädten bzw. bestehenden oder geplanten industriellen Schwerpunktgebieten.

Arbeitskräftelenkung als Bestandteil der allgemeinen Wirtschaftsplanung

Während die zuvor beschriebenen Instrumente direkte Auswirkungen auf die Fluktuation von Arbeitskräften haben konnten und mitunter schon die Anreizfunktion erkennen ließen, trifft dies für die allgemeine Wirtschaftsplanung in dieser Frühphase nicht gleichermaßen zu. Der Übergang von der kriegsbedingten Zwangsbewirtschaftung, die sehr stark den wirtschaftlichen Folgen des Krieges und den Anforderungen der Besatzungsmächte geschuldet war, hin zur Planwirtschaft bzw. Zentralverwaltungswirtschaft zog sich über einen längeren Zeitraum hin. Das langfristige Ziel stand dabei für die SED- und DWK-Führung fest: In enger Anlehnung an das sowjetische Vorbild sollte der Einsatz der Produktionsfaktoren über mehrere Jahre festgelegt werden. Konjunkturelle Schwankungen des Wirtschaftsablaufes, die in den zwanziger und noch Anfang der dreißiger Jahre für die westeuropäischen Staaten beherrschend und damit auch für die deutschen Kommunisten in ihren ökonomischen Überlegungen prägend gewesen waren, schienen der Vergangenheit anzugehören – so jedenfalls die Prognosen und Erwartungen der SED-Führung. Die Rahmenbedingungen für diese grundlegende Neuordnung der Wirtschaft in der SBZ wurden mit wesentlicher Unterstützung der SMAD frühzeitig festgesetzt: Dazu zählten vor allem die Bodenreform, die Sequestrierung von Großunternehmen und Betrieben sowie die Beschlagnahmung von Bankguthaben. Anschließend sollten dann zentrale Wirtschaftspläne zunächst für die Länder, dann aber auch für die gesamte SBZ erstellt werden. In dem Zusammenhang mußte schließlich das verfügbare Arbeitskräftepotential auf die einzelnen Wirtschaftssektoren bzw. -zweige verteilt werden. Wie erfolgte nun die Planung zur Verteilung der Arbeitskräfte in der SBZ? Welche Antwort fand die SED-Führung auf das grundsätzliche Problem der Zuteilung knapper Güter, das eben auch für dieses Wirtschaftssystem galt?

In der unmittelbaren Nachkriegszeit wurden Konzepte über eine planvolle Lenkung und Steuerung des Arbeitskräftepotentials zunächst nur von der ZVAS/DVAS ausgearbeitet. Dagegen äußerten sich die beiden Arbeiterparteien SPD und KPD bei ihren ersten programmatischen Richtlinien zur Umgestaltung der Wirtschaft sehr zurückhaltend und unverbindlich zu einzelnen arbeitsmarktpoliti-

---

[87] SAPMO, NY 4090/561, Bl. 60, HVAS (Litke) am 15. 9. 1949 an Otto Grotewohl.
[88] Ebenda, Bl. 56. Der statistischen Übersicht ist ein ausführlicher Bericht der HVAS für die SMAD-Abt. Arbeitskraft vom 1. 9. 1949 beigefügt. Vgl. ebenda, Bl. 54 f.

schen Instrumenten und Programmen[89]. Dies lag unter anderem an der Tatsache, daß die Arbeitsverwaltung aufgrund ihrer eigentlichen Aufgabenstellung sehr viel stärker unter dem Erwartungsdruck stand, den im Zuge des Zweiten Weltkrieges aufgetretenen demographischen Verwerfungen der Erwerbsbevölkerung einigermaßen zu begegnen und auf die damit zusammenhängenden Problemlagen Antworten zu finden. Im Mittelpunkt des Interesses stand für die Arbeitsverwaltung zunächst der Verwaltungsaufbau: In einem Rundschreiben vom 4. Januar 1946 wies die ZVAS ausdrücklich darauf hin, daß „eine planvolle Gestaltung des Arbeitseinsatzes" nur erreicht werden könne, „wenn die Durchführung aller Maßnahmen des Arbeitseinsatzes durch eine Stelle erfolgt"[90]. Damit verband sie konkret die Forderung nach einer einheitlichen Verwaltungsstruktur, die sich allerdings nicht so rasch verwirklichen ließ[91].

Mit dem ständig wachsenden Arbeitskräftebedarf traten ungefähr im Sommer 1946 die Planungsarbeiten der DVAS in eine neue Phase ein. Die SED-Führung verlangte die Bereitstellung von 162 000 Arbeitern, „um die elementarsten Bedürfnisse der Wirtschaft zu befriedigen", wie der DVAS-Präsident in einer Aktennotiz vermerkte[92]. Akuter Arbeitskräftemangel bestand zu diesem Zeitpunkt vor allem in der Textilindustrie, der Grundstoff- und Schwerindustrie (Bergbau, Maschinenbau, Metallindustrie und Chemie) sowie bei der Oderregulierung. Die SED-Führung stellte insgesamt vier Forderungen auf: So sollte die Umschulung von ungelernten Arbeitern vorangetrieben, in den Betrieben Männer durch Frauen und Körperbehinderte ersetzt sowie die Schulentlassenen und Jugendlichen mit Arbeit versorgt werden[93]. Dahinter standen im wesentlichen zwei Ziele, die eng miteinander verwoben waren. Es ging zum einen um eine erhebliche Vergrößerung der Erwerbstätigenzahlen durch die Eingliederung von Bevölkerungsgruppen, die bisher außerhalb des Arbeitslebens standen. Zum anderen sollten männliche Arbeiter freigesetzt werden, um den Arbeitskräftebedarf in der Schwerindustrie befriedigen zu können. Die enge Verzahnung der Planung des Arbeitskräfteinsatzes mit Fragen der Berufsberatung, -ausbildung und -umschulung war daher naheliegend: Die Abteilung II (Erfassung und Arbeitslenkung der Bevölkerung) bei der Berliner Zentralverwaltung legte am 31. August 1946 eine Denkschrift vor, in der die Verknüpfung der einzelnen arbeitsmarktpolitischen Gebiete angestrebt wurde[94].

---

[89] Vgl. SAPMO, DY 28/II 2/3, Bl. 14, Richtlinien der Wirtschaftspolitik, beschlossen vom ZA der SPD am 21. 9. 1945; SAPMO, RY 1/I 2/2/22, Bl. 47–51, Richtlinien der KPD zur Wirtschaftspolitik [29. 12. 1945]. In einem Entwurf für eine wirtschaftspolitische Denkschrift vom 26. 1. 1946 verwies die KPD explizit auf die Forderung von seiten der SMAD an die deutschen Zentralverwaltungen, einen Wirtschaftsplan für 1946, gegliedert in Vierteljahrespläne, auszuarbeiten. Nach Angaben der KPD bestand ein wesentliches Ziel in der „rationelle[n] Verwendung der zur Verfügung stehenden Arbeitskräfte und deren Lenkung an Stellen des dringenden Bedarfs." SAPMO, NY 4182/951, Bl. 84–101, hier Bl. 86. Gleichzeitig betonte die KPD das Recht *und* die Verpflichtung jedes Erwerbsfähigen zu arbeiten. Ebenda, Bl. 90.
[90] BAB, DQ 2/2066, Rundschreiben Nr. 40 der ZVAS vom 4. 1. 1946, S. 1. Das Rundschreiben wurde an die Landesarbeitsämter verschickt. Ein erster Entwurf der ZVAS-Abt. II stammte vom 14. 12. 1945 und befindet sich in: BAB, DQ 2/2064.
[91] Vgl. S. 21–43.
[92] BAB, DQ 2/142, Bl. 1–4, hier Bl. 1, Aktennotiz von Gustav Brack vom 29. 7. 1946.
[93] Ebenda, Bl. 2.
[94] BAB, DQ 2/2064.

Anschließend versuchte die DVAS Absprachen mit den übrigen Zentralverwaltungen herbeizuführen, um den jeweiligen Arbeitskräftebedarf einheitlich erfassen zu können. Im Zuge der langsam beginnenden allgemeinen Wirtschaftsplanung sollte somit bereits Ende 1946 auch eine Arbeitskräfteplanung erfolgen[95]. Zusammen mit der Zentralverwaltung der Industrie führte die DVAS eine grundsätzliche Aussprache, in deren Verlauf zunächst nur die Schwierigkeiten und Hindernisse auf diesem Weg erörtert werden konnten. Da die Anforderungen der sowjetischen Besatzungsmacht und vor allem der Bedarf für die SAG-Betriebe zu diesem Zeitpunkt noch nicht abgesehen werden konnten, waren der DVAS noch enge Handlungsspielräume gesetzt. Anfang 1947 erstellten zunächst die Landes- bzw. Provinzialverwaltungen erste Produktionspläne für das laufende Jahr, in denen der Arbeitskräftebedarf konkret angegeben wurde, der mehrheitlich auf den sowjetischen Befehlen für die einzelnen Reparationsaufgaben beruhte[96]. Der DVAS gelang es nur allmählich, von der Zentralverwaltung für Industrie Zahlenangaben für den Arbeitskräftebedarf zu erhalten[97]. Eine bessere Absprache zwischen den Zentralverwaltungen wurde erst erreicht, als mit der DWK-Hauptverwaltung Wirtschaftsplanung eine zentrale Instanz geschaffen worden war[98]. Darüber hinaus schaltete sich die SMAD in zunehmenden Maße in die Planungsarbeiten ein[99]. Auch der Einfluß der SED-Führung wurde immer stärker: Im Zuge der Ausarbeitung des Zweijahrplanes, der innerhalb des Zentralsekretariats zum Teil kontrovers diskutiert wurde[100], legte die Abteilung Arbeit und Sozialfürsorge beim SED-Zentralsekretariat Vorschläge für die Nachwuchslenkung vor[101]; das Frauensekretariat arbeitete einen Arbeitsplan „über die Mitarbeit der Frauen bei der Durchführung der Wirtschaftspläne" aus[102]. Schwierigkeiten ergaben sich jedoch zwischen der DWK-Hauptverwaltung Wirtschaftsplanung und einzelnen industriellen Hauptverwaltungen, die ihre Ressortinteressen durchzusetzen versuchten: So monierte Bruno Leuschner, daß nach wie vor „jeder Industriezweig vom Standpunkt seiner eigenen Interessen aus plant und die Pläne dann mechanisch koordiniert werden". Sollte sich dieses „alte Prinzip" erneut durchsetzen,

[95] BAB, DQ 2/1963, Aktenvermerk der DVAS-Abt. I vom 19. 12. 1946.
[96] BAB, DQ 2/1963, Produktionsplan des Landesarbeitsamtes Sachsen vom 29. 11. 1946; ebenda, Minister für Arbeit und Sozialpolitik der Provinzialregierung Sachsen-Anhalt am 7. 1. 1947 an die DVAS; ebenda, Ministerium für Wirtschaft, Arbeit und Verkehr des Landes Thüringen am 22. 2. 1947 an die DVAS.
[97] BAB, DQ 2/1963, Aktenvermerk der DVAS-Abt. I b vom 12. 3. 1947.
[98] Pläne zur Gründung eines „Deutschen Amtes für Wirtschaftsplanung" gab es innerhalb der SED-Führung offensichtlich schon im Herbst 1946. Der Strukturplan sah unter anderem eine Hauptabteilung Arbeitskräfte vor. SAPMO, NY 4036/734, Bl. 221. Diese Überlegungen waren sehr wahrscheinlich mit Karlshorst zuvor abgesprochen worden. Die SMAD-Führung erhielt am 26. 10. 1946 eine überarbeitete Version des Strukturplanes, der nicht nur die Zentralebene erfaßte, sondern auch die Landes-, Bezirks- und Kreisebene mit einschloß. SAPMO, NY 4182/1192, Bl. 74 und 76–81. Zum Verhältnis von Zentral- und Landesverwaltungen bei der Wirtschaftsplanung: Steiner, Zwischen Länderpartikularismus und Zentralismus, S. 34–37.
[99] SAPMO, NY 4182/963, Bl. 196–198, Bruno Leuschner am 4. 6. 1948 an Heinrich Rau.
[100] SAPMO, DY 30/IV 2/2.1/206, stenographische Niederschrift der Sitzung des Zentralsekretariats am 10. 6. 1948.
[101] SAPMO, NY 4182/963, Bl. 40f., Ergänzungsvorschläge der Abt. Arbeit und Sozialfürsorge beim SED-Zentralsekretariat vom 8. 7. 1948 zum Entwurf über den Arbeitsplan für die Kampagne über den Zweijahrplan 1949/50.
[102] SAPMO, NY 4182/963, Bl. 89–91.

erübrige sich – so Leuschner weiter – die Existenz der Hauptverwaltung Wirtschaftsplanung[103]. Offensichtlich war es dem stellvertretenden Leiter der Hauptverwaltung Kohle gelungen, eine Reduzierung der Produktionszahlen in Karlshorst zu erreichen, um auf diese Weise früher in den Genuß von Prämienzahlungen zu gelangen, die bei Übererfüllung von Planvorgaben ausgezahlt wurden. Dieser Schritt war mit dem Leiter der DWK-Hauptverwaltung Wirtschaftsplanung Leuschner nicht abgestimmt worden, der sich übergangen fühlte.

Für die weitere Einbettung der Arbeitskräftelenkung in die im Aufbau befindliche Planwirtschaft der SBZ/DDR hatten der Halbjahrsplan 1948 sowie der bereits angesprochene Zweijahrplan 1949/50 eine herausragende Bedeutung[104]. Darüber hinaus war mit der Gründung der DWK 1947 eine zentrale Instanz geschaffen worden[105], die zusammen mit den zuständigen Hauptverwaltungen die wirtschaftspolitische Koordinierungsfunktion alleine für sich beanspruchte, wenn auch in enger Abstimmung mit der SED-Führung. Damit waren die institutionellen Voraussetzungen in Richtung Zentralisierung weitgehend gelegt worden. Eine weitere Folgewirkung dieser Maßnahmen bestand in der Zurückdrängung des Einflusses der Länder, die kaum noch über Mitsprache- und Gestaltungsmöglichkeiten verfügten. Für die Lenkung des Produktionsfaktors ‚Arbeit' bleibt festzuhalten, daß zunächst einmal die Frage des strukturellen Aufbaus der Arbeitsverwaltung endgültig entschieden wurde. Des weiteren wandelte sich die Planungstätigkeit: Die Aufstellung eines Wirtschaftsplanes für die SBZ zog die Planung des Arbeitskräfteeinsatzes durch die HVAS zwingend nach sich. Damit verloren die Monats- und Quartalsberichte der deutschen Arbeitsverwaltung ihre ursprüngliche Bedeutung. Sie dienten ab sofort nicht mehr ausschließlich nur zur Weitergabe von Informationen an die sowjetische Besatzungsmacht sowie an andere DWK-Hauptverwaltungen, sondern besaßen nunmehr richtungsweisende Funktion für die nachgeordneten Verwaltungen auf Landes- bzw. Kommunalebene. Die nächste Weichenstellung sollte dann Anfang der fünfziger Jahre mit dem ersten Fünfjahrplan erfolgen: Der dadurch massiv einsetzende Auf- und Ausbau der Schwerindustrie[106] legte auch für die Arbeitsverwaltung die Schwerpunkte erneut fest. Die Gewinnung von Arbeitskräften für den Bergbau, die Hüttenindustrie, den Schwermaschinenbau sowie den Allgemeinen Maschinenbau hatte somit eindeutig Priorität gewonnen.

Die SED-Führung beobachtete sehr genau die Durchführung des Zweijahrplanes durch die Arbeitsverwaltung, die auch der SMAD-Abteilung Arbeitskraft gegenüber zu Rechenschaft verpflichtet war[107]. Der Leiter der Hauptabteilung Arbeitskräfte bei der DWK-Hauptverwaltung Wirtschaftsplanung Mühlberg

---

[103] Ebenda, Bl. 196–198, hier Bl. 197, Leuschner am 4. 6. 1948 an den DWK-Vorsitzenden Heinrich Rau.

[104] Vgl. Staritz, Die Gründung der DDR, S. 140 f.; Weber, Geschichte der DDR, S. 170–172.

[105] Vgl. Steiner, Zwischen Länderpartikularismus und Zentralismus; Zank, Wirtschaftliche Zentralverwaltungen, in: SBZ-Handbuch, S. 253–290.

[106] Roesler, Die Herausbildung der sozialistischen Planwirtschaft, S. 20 f.; Wienert, Die Stahlindustrie in der DDR, S. 28–33.

[107] Vgl. BAB, DQ 2/1950, Bericht über Besprechung bei der SMAD am 3. 8. 1948; BAB, DQ 2/2040, Bl. 162, Aktennotiz über Besprechung bei der SMAD in Karlshorst am 1. 10. 1948; BAB, DQ 2/1948, Niederschrift über Besprechung bei der SMAD in Karlshorst am 23. 11. 1948.

204 I. Aufbau der Arbeitsverwaltung und Erprobung der Lenkungsinstrumentarien

zeichnete ein relativ düsteres Bild über den Zustand der Erwerbsbevölkerung in der SBZ. Im einzelnen wies er auf ein Absinken des Anteils der Erwerbsfähigen an der Gesamtbevölkerung (1939: 62 Prozent; 1946: 56 Prozent) und damit auf eine stetig wachsende Überalterung hin[108]. Darüber hinaus war nach seinen Angaben das Arbeitskräftepotential weitgehend ausgeschöpft: „Aus der zukünftigen Entwicklung 1949/50 der Bevölkerungszahl sind keine nennenswerten Erhöhungen (höchstens 50–60000) der Arbeitskräfte zu erwarten."[109] Bei einer Besprechung mit den Abteilungsleitern des SED-Zentralsekretariats zeigte sich Walter Ulbricht am 24. August 1948 sehr unzufrieden über die Tätigkeit der HVAS. Diese beschäftige sich – so der stellvertretende SED-Vorsitzende – „nicht ernsthaft mit der Beschaffung der Arbeitskräfte". Er sprach sich sogar für eine deutliche Reduzierung des Personalbestandes der Hauptverwaltung sowie für eine Reorganisation durch die DVdI aus[110]. Paul Merker griff diesen Gedanken einige Monate später wieder auf und arbeitete eine entsprechende Vorlage für das Zentralsekretariat aus. Seinen Angaben zufolge war das Personal bei den Arbeitsämtern nicht gleichmäßig auf die einzelnen arbeitsmarktpolitischen Bereiche aufgeteilt worden. Eine Änderung konnte – so Merker – nur von der SED-Führung direkt durchgesetzt werden: Um eine „durchgreifende Reorganisation der Abteilungen zu erreichen, ist ein zentrales Eingreifen notwendig"[111]. Eine Kommission, bestehend aus drei leitenden Mitarbeitern der HVAS, einem FDGB-Vertreter und einem Mitarbeiter der Abteilung Arbeit und Sozialfürsorge beim SED-Zentralsekretariat, sollte die einzelnen Landesämter überprüfen und die Neuordnung der Verwaltungsstrukturen vornehmen.

Der bis zur Gründung der DDR führende SED-Sozialpolitiker Helmut Lehmann hatte bereits bei der Ausarbeitung des Zweijahrplanes ein ganzes Maßnahmenbündel zur Deckung des auftretenden Arbeitskräftebedarfs vorgeschlagen[112]. Zeitliche Verzögerungen sowie Reibungsverluste bei der Durchführung der Planungsvorgaben sollten auf diese Weise vermieden werden. So sollten die Betriebe vor einer Vermittlung von Arbeitskräften zunächst „auf die Berechtigung der Anforderung" überprüft werden. Es war beabsichtigt, die Hortung von Arbeitskräften in den wirtschaftlich durch Materialengpässe und Kapitalknappheit weitgehend lahmgelegten Betrieben zu verhindern oder zumindest zurückzudrängen. Offen blieb jedoch die Frage, inwieweit die Arbeitsverwaltung noch einen Schritt weiter gehen und eine Auskämmungsaktion starten sollte. Lehmann sprach sich für die innerbetriebliche „Umsetzung" von Arbeitern aus: Demzufolge waren Arbeitsplätze „für leichtere Arbeit mit Frauen zu besetzen." Der Arbeitskräftebestand sollte insgesamt vergrößert werden. Neben den Frauen nannte Lehmann vor allem Kriegsheimkehrer und arbeitsuchende Schwerbeschädigte als

---

[108] BAB, DQ 2/1948, Notiz Mühlbergs vom 17. 8. 1948, S. 1.
[109] Ebenda, S. 2. In einer Denkschrift vom 11. 2. 1949 machte Mühlberg erneut auf die Überalterung der Erwerbsbevölkerung sowie den bevorstehenden Arbeitskräftemangel aufmerksam. BAB, DC 15/59, Bl. 2–7, hier Bl. 1.
[110] SAPMO, DY 30/IV 2/2.027/2, Bl. 47–49, hier Bl. 48.
[111] SAPMO, DY 30/IV 2/2.022/16, Bl. 345, Vorlage Merkers vom 14. 1. 1949.
[112] SAPMO, DY 30/IV 2/2.022/21, Bl. 37f., Vorlage Lehmanns vom 13. 9. 1948 für das SED-Zentralsekretariat.

potentielle Arbeitskräfte[113]. Von zentraler Bedeutung erschien aber die Verbesserung der Berufsumschulung „von Angehörigen überfüllter Berufe" und die „Nachwuchsplanung für die Berufsausbildung aller Jugendlichen"[114]. Dazu sollten im einzelnen Lehrwerkstätten und Berufsschulen weiter ausgebaut und die Berufsberatung intensiviert werden. Während die Berufsausbildung konzeptionell sehr früh mit der Arbeitskräftelenkung eng verbunden war, kann dies für die Lohn- und Wohnungsbaupolitik nur bedingt gesagt werden. Beides hatte zwar eine Anreizfunktion und sollte die Binnenwanderung hin zu den industriellen Schwerpunkten steuern. Dies war allerdings nur eine Funktion; daneben spielten andere Faktoren ebenfalls eine herausragende Bedeutung, wie bereits gezeigt werden konnte.

Der institutionelle Umbau des staatlichen Lenkungsapparates war im Herbst 1948 noch lange nicht abgeschlossen. Die Zentralisierung war aus Sicht der SED-Führung offensichtlich noch nicht weit genug gegangen. Dies hing vor allem damit zusammen, daß die einzelnen Hauptverwaltungen immer noch über genügend Gestaltungsspielräume verfügten, die eine schnelle und effiziente Planung erschwerten. So sprach sich etwa der Leiter der Hauptverwaltung Wirtschaftsplanung dafür aus, die von ihm geführte Hauptverwaltung „aus dem Rahmen der operativen Hauptverwaltungen herauszunehmen" und zu dem „zentralen Leitungs- und Koordinierungsorgan für alle Planungsfragen" in der SBZ aufzuwerten[115]. Nicht nur die anderen Hauptverwaltungen, sondern auch die zuständigen Ministerien auf Landesebene wären somit weisungsabhängig geworden. Nach Auffassung Leuschners sollte die Hauptverwaltung für Wirtschaftsplanung in „Zentralamt für Planung" oder „Zentrales Planungsamt" umbenannt werden[116]. Dieser Vorstoß wurde jedoch nicht aufgegriffen und verhallte zunächst einmal.

Im Zusammenhang mit dem Zweijahrplan entwickelte sich eine Diskussion über die zukünftigen Aufgaben der Arbeitsämter, an der sich neben der HVAS die einzelnen Landesämter sowie die SED-Führung beteiligten. Langfristig betrachtet ging es um das Ziel, von einer reinen Arbeitsvermittlung hin zu einer Arbeitskräfteplanung zu gelangen[117]. Dazu sollten die Arbeitsämter strukturell und personell umgebaut werden. Letztlich bedeutete dieses Vorhaben ein Zurückdrängen der Arbeitsverwaltung bzw. eine stärkere institutionelle Einbettung in die allgemeine Wirtschaftsplanung und vor allem eine Reduzierung des Personalbestandes in den Arbeitsämtern[118]. Dagegen protestierte wiederum eine Reihe von Amtsleitern[119]. Hier deutete sich aber insgesamt ein Funktionswandel der Arbeitsverwaltung an, der 1951 seinen vorläufigen Abschluß finden sollte. Vorläufig bleibt festzuhalten, daß selbst die HVAS-Leitung mit dieser inhaltlichen Abwertung der Arbeitsämter im großen und ganzen einverstanden war.

[113] Vgl. dazu im einzelnen Boldorf, Eingliederung der Kriegsopfer und Schwerbeschädigten.
[114] SAPMO, DY 30/IV 2/2.022/21, Bl. 38, Vorlage Lehmanns vom 13. 9. 1948 für das SED-Zentralsekretariat.
[115] SAPMO, NY 4182/963, Bl. 219–221, hier Bl. 219, Leuschner am 12. 10. 1948 an Heinrich Rau.
[116] Ebenda, Bl. 220.
[117] BAB, DQ 2/1763, Protokoll über die Arbeitsamtsleitertagung in Potsdam am 20. 10. 1948.
[118] Vgl. Max Herm: Zur Durchführung des Zweijahrplanes, in: Arbeit und Sozialfürsorge 3 (1948), S. 277f.
[119] BAB, DQ 2/1763, Protokoll über die Arbeitsamtsleitertagung in Potsdam am 20. 10. 1948, S. 1.

Im weiteren Verlauf der Planungsarbeiten kristallisierte sich immer stärker heraus, daß eine gleichmäßige Steuerung des Arbeitskräftepotentials mit dem Ziel einer vollständigen Bedarfsdeckung nicht zu verwirklichen war. Die HVAS sowie die Hauptverwaltung Wirtschaftsplanung konzentrierten sich deshalb darauf, zumindest den Arbeitskräftebedarf in den Schwerpunktbetrieben (Volkseigene und SAG-Betriebe) zu befriedigen[120]. Damit kehrten die Planungsbehörden zu der ursprünglichen Politik weitgehend zurück. Das Konzept, innerhalb der allgemeinen Wirtschaftsplanung die Zuteilung der Arbeitskräfte umfassend und vor allem effizient vornehmen zu können, erwies sich angesichts der nach wie vor bestehenden Mangel- und Besatzungssituation (Reparationen) vorerst noch als Illusion. Da die Anforderungen der Volkseigenen Betriebe sowie der SAG-Betriebe nicht abrissen, sah sich die DWK und die Arbeitsverwaltung letztlich gezwungen, eine pragmatische Arbeitsmarktpolitik zu betreiben. Bei der Versorgung der Schwerpunktbetriebe mit Arbeitskräften konnte die HVAS im übrigen partielle Erfolge vorweisen. Das betraf allerdings in erster Linie die Bereitstellung von Hilfsarbeitern, während die Nachfrage nach Facharbeitern nach wie vor nicht abgedeckt werden konnte[121]. Die HVAS beabsichtigte im Frühjahr 1949, Betriebsprüfungen durch die Arbeitsämter vornehmen zu lassen, um dadurch einen Überblick über die „zweckmäßige Verwendung und Auslastung des wichtigen Produktionsfaktors ‚menschliche Arbeitskraft'" zu gewinnen. Dies war aus Sicht der Berliner Hauptverwaltung „eine wesentliche Vorbedingung für die Erfüllung der Planaufgaben"[122]. Der Erfolg dieser Aktion war ganz entscheidend abhängig von der Bereitschaft der Betriebsleitungen zur Mitarbeit; darüber liegen jedoch keine Angaben vor. Das Sekretariat der DWK verabschiedete auf seiner Sitzung am 14. September 1949 eine Anordnung „über die bevorzugte Versorgung der Schwerpunktbetriebe des Maschinenbaus und der Metallurgie mit Material, Arbeitskräften und Transportmitteln"[123], die offensichtlich der Leiter des Fachsekretariats Industrie, Fritz Selbmann, auf Befehl der SMAD eingebracht hatte[124]. Meinungsverschiedenheiten zwischen einzelnen Hauptverwaltungen über die endgültige Formulierung von § 4[125] sowie die Aufstellung der Liste mit den Schwerpunktbetrieben[126] verzögerten den Abschluß.

[120] BAB, DQ 2/1764, Bl. 23–27, Denkschrift der HVAS (o.D.) über die Aufgaben der Arbeitsämter „auf dem Gebiete der Arbeitskraftlenkung zur Erfüllung des Zweijahrplanes".
[121] BAB, DQ 2/2063, Niederschrift über Besprechung der HVAS-Abteilungen I a und I b am 3. 5. 1949, S. 2.
[122] BAB, DQ 2/2063, Richtlinienentwurf der HVAS-Abt. I a vom 2. 6. 1949, S. 1.
[123] BAB, DC 15/420, Bl. 2.
[124] BAB, DC 15/II/1–42, Bl. 81, Selbmann am 7. 9. 1949 an das Sekretariat der DWK (Schaul). Der Anordnungsentwurf befindet sich in: ebenda, Bl. 69–72.
[125] Dieser berechtigte die Schwerpunktbetriebe, in den Handelszentralen sowie in den Fachgebieten und Fachkontoren der Deutschen Handelsgesellschaft Roh- und Hilfsstoffe ohne besondere Freigabe einzukaufen. Ebenda, Bl. 70. Die endgültige Fassung von § 4 enthielt allerdings ein Genehmigungsrecht der Hauptverwaltung Materialversorgung. Ebenda, Bl. 75.
[126] In der Anlage zum Beschluß wurden insgesamt 41 Maschinenbaubetriebe aufgeführt. Ebenda, Bl. 77.

6. Die gruppenspezifische Arbeitsmarktpolitik

Flüchtlinge und Vertriebene

Die arbeitsmarktpolitischen Programme zugunsten der Flüchtlinge und Vertriebenen waren in der SBZ von Anfang an sehr stark abhängig vom Vertreibungsverlauf. Frühzeitig setzte sich bei den neu aufgebauten deutschen Verwaltungen die Erkenntnis durch, daß eine geordnete Ansiedlung der Flüchtlinge und Vertriebenen nahezu undurchführbar war. Dies galt im übrigen nicht nur für die sowjetische, sondern auch für die drei westlichen Besatzungszonen. Bereits vor dem Ende des Zweiten Weltkrieges war das Gebiet der späteren SBZ durch die massenhafte Flucht Hunderttausender vor der heranrückenden Roten Armee überschwemmt worden. Noch vor der Unterzeichnung der bedingungslosen Kapitulation begannen die „wilden" Vertreibungen aus dem ostmitteleuropäischen Raum. Die alliierten Siegermächte versuchten auf der Konferenz in Potsdam im Sommer 1945 diese unkontrollierte Bevölkerungsverschiebung gen Westen zu ordnen und statt dessen eine geregelte „Umsiedlung" durchzuführen, soweit dies überhaupt möglich war[1]. Der Alliierte Kontrollrat verabschiedete am 21. November 1945 einen „Umsiedlungsplan"[2], der von einer deutschen Restbevölkerung in den ehemals deutschen Ostgebieten und Österreich von etwa 6,65 Millionen ausging. Von dieser Gesamtgruppe sollten 2,75 Millionen in der SBZ, 2,25 Millionen in der amerikanischen, 1,5 Millionen in der britischen und 150000 in der französischen Zone aufgenommen werden[3]. Der Plan blieb zunächst jedoch nur Makulatur, da sich erst ab 1946 die Praxis der geregelten Transporte mit der Eisenbahn langsam durchsetzen ließ[4].

Auf seiten der SMAD begannen die Planungen zur Aufnahme und Verteilung der „Umsiedler" in der SBZ vergleichsweise spät. Erst im Oktober 1945 wurde beispielsweise der systematische Aufbau eines Netzes von Aufnahmelagern in Angriff genommen[5]. Die sowjetische Besatzungsverwaltung beauftragte die neu errichteten deutschen Verwaltungen damit, an den östlichen Grenzen der SBZ zwölf Hauptlager aufzubauen, in denen die „Umsiedler" registriert und nach der strapaziösen Flucht vor allem medizinisch versorgt werden sollten. Von dort war dann eine Weiterführung ins Landesinnere vorgesehen. In den Lagern herrschten anfangs katastrophale Zustände: So war die Versorgung mit Lebensmitteln äußerst knapp und die Unterbringungsmöglichkeiten schlecht, so daß sich Krankheiten rasch ausbreiten konnten. Berichte der lokalen Behörden über Seuchen in den Lagern sind gerade in den Jahren 1945/46 sehr zahlreich[6]. In der Regel dauerte

[1] Vgl. Benz, Potsdam 1945, S. 110; Henke, Der Weg nach Potsdam, S. 81; Foschepoth, Die Westmächte, S. 99f. Den folgenden Abschnitt (S. 207–225) habe ich mit einigen Veränderungen bereits an anderer Stelle publiziert. Vgl. Hoffmann, Vertriebenenintegration durch Arbeitsmarktlenkung?, S. 174–192.
[2] Zank, Wirtschaft und Arbeit, S. 142.
[3] Zu den Zahlen: Foschepoth, Die Westmächte, S. 100.
[4] Vgl. ebenda, S. 101f.
[5] Vgl. Zank, Wirtschaft und Arbeit, S. 142.
[6] BAB, DQ 2/3370, Bl. 316–324, hier Bl. 317, Protokoll über die Sitzung der ZVAS mit Vertretern der Provinzialverwaltungen von Brandenburg und Sachsen, den Landesverwaltungen Thüringen und Mecklenburg sowie der Stadtverwaltung von Berlin.

außerdem die zeitliche Unterbringung der „Umsiedler" in den Aufnahmelagern zu lange[7] und war ein Zeichen dafür, daß oftmals kein geeigneter Aufenthaltsort gefunden werden konnte. Die ZVU[8] schob dabei den lokalen Behörden, die für die Leitung und Kontrolle der Lager zuständig waren, die Hauptschuld zu.

Auch die endgültige Verteilung der „Umsiedler" erfolgte in der SBZ alles andere als geordnet. Zwar lag bereits am 19. Juli 1945 ein Befehl von Marschall Schukow zur regionalen Verteilung vor[9], dessen Realisierung aber vor Ort, d. h. in den Städten und Gemeinden, auf zunächst ungeahnte Schwierigkeiten und Widerstände stieß. Dem sowjetischen Befehl zufolge sollten sämtliche Zuwanderer aus den Ostgebieten nördlich der Warthe nach Mecklenburg, die aus den Gebieten südlich der Warthe und östlich der Oder in vier Kreise des östlichen und südöstlichen Brandenburg weitergeleitet werden[10]. Für die Vertriebenen aus der Tschechoslowakei und Jugoslawien war das Gebiet um Torgau und in der Lausitz bestimmt worden. Deutlich erkennbar war das Bestreben der SMAD, den Vertriebenenstrom in die dünn besiedelten Räume der SBZ zu lenken, und zwar unabhängig von der jeweiligen Arbeitsmarktlage. Offenbar hatte die SMAD in den ersten Monaten nach Kriegsende eine völlig unzureichende Vorstellung vom Ausmaß und Tempo der Vertreibung. Nur so läßt sich erklären, warum erst im Herbst mit dem Aufbau der Aufnahmelager begonnen wurde und wieso nicht schon vorher Überlegungen zur Lösung des Aufnahmeproblems angestellt worden waren.

Die Kanalisierung des Vertriebenenstroms ließ sich nur schwer durchführen und hing oftmals von der Mitarbeit der lokalen Behörden ab, welche die „Umsiedler" in benachbarte Kreise abschieben konnten. Besonders markant ist das Beispiel der sächsischen Landesregierung, die bereits im Juli 1945 die Anweisung gab, sämtliche Neuankömmlinge nach Mecklenburg weiterzuleiten[11]. Daraufhin ordnete die SMAD zwei Monate später einen allgemeinen Stopp der Wanderungsbewegung in der SBZ an. Die Anweisung der sowjetischen Besatzungsmacht richtete sich jedoch nicht nur gegen das eigenmächtige Handeln einzelner Landesregierungen, sondern auch gegen das planlose Umherziehen der „Umsiedler", das die Anstrengungen zur geregelten Ansiedlung zunichte machte. Zusammenfassend läßt sich für diese frühe Phase, also bis zum Jahreswechsel 1945/46 feststellen, daß nur eine unzulängliche Aufnahmeplanung existierte. Erst danach nahm die „Umsiedler"-Politik geordnetere Züge an. Da die Behörden bei der provisorischen Volkszählung am 1. Dezember 1945 knapp 2,5 Millionen Vertriebene (ohne Kinder unter fünf Jahren) zählten, war bereits weit mehr als die Hälfte der Zuwanderung in der ersten Phase erfolgt und zum großen Teil planlos verteilt worden. Auch die Volkszählung im Oktober 1946, bei der 3,5 Millionen „Umsiedler" registriert wurden, zeigt, daß die anfangs angestrebte Ansiedlung nach dem Herkunftsgebiet gescheitert war. Die Landsmannschaften waren, von weni-

---

7   Das wurde etwa auf einer Konferenz von Vertretern der „Umsiedler" aus den Ländern und Provinzen in Berlin am 14. 6. 1946 allgemein beklagt, in: BAB, DO 2/4, Bl. 100.
8   Vgl. zu Entstehung und Entwicklung der ZVU: Schwartz, Zwischen Zusammenbruch und Stalinisierung. Zur Abhängigkeit der „Umsiedler"-Politik von personellen Netzwerken: ders., Apparate und Kurswechsel.
9   Vgl. Zank, Wirtschaft und Arbeit, S. 143.
10   Vgl. Just, Die Integration der Umsiedler, S. 146.
11   Ebenda. Dies, Zur Lösung des Umsiedlerproblems, S. 975.

gen Ausnahmen abgesehen, über die ganze SBZ verteilt. Außerdem wird deutlich, daß die Verteilung der Vertriebenen besonders stark in den dünn besiedelten Gebieten erfolgt war. Nach Berechnungen von Wolfgang Zank waren sogar 86 Prozent in Landkreisen angesiedelt worden[12]. Relativ zur Wohnbevölkerung war der Zuwandereranteil auf dem Land etwa doppelt so hoch wie in den Städten, in Sachsen statistisch gesehen sogar fast dreimal so hoch. Hierfür dürften sicherlich die katastrophale Lage in den ausgebombten Großstädten und die vergleichsweise bessere Versorgung mit Lebensmitteln auf dem Lande eine ausschlaggebende Rolle gespielt haben.

Die Verteilung der Vertriebenen auf die Länder und Provinzen der SBZ erfolgte höchst ungleichgewichtig und unterstreicht nochmals das Zielvorhaben der Besatzungsmacht sowie der deutschen Stellen, die Neuankömmlinge auf dem Land anzusiedeln. Nach einer statistischen Erhebung der ZVU über die Verteilung der „Umsiedler" mit dem Stichdatum vom 31. Dezember 1946 hatten Mecklenburg und Sachsen-Anhalt die meisten Zuwanderer aufgenommen, nämlich 980 773 bzw. 961 733. Sachsen lag mit 781 455 an mittlerer Position; dagegen wurden in Brandenburg und Thüringen 580 571 bzw. 607 390 „Umsiedler" gezählt[13]. Aufschlußreich sind die prozentualen Angaben, also der Vertriebenenanteil an der Gesamtbevölkerung. Demzufolge war Mecklenburg mit weitem Abstand am stärksten belastet: 45,7 Prozent der dortigen Wohnbevölkerung waren Vertriebene. Es folgten Brandenburg, Sachsen-Anhalt und Thüringen mit einem Anteil zwischen 20,5 und 22,8 Prozent. Im bereits zuvor stärker besiedelten Sachsen machten die Zuwanderer nur 13,9 Prozent aus.

Angesichts der in den ersten Nachkriegsjahren nur geringen Unterstützung durch die öffentlichen Haushalte in Form von Krediten, Zuteilung von Sachmitteln etc., auf die an dieser Stelle nicht weiter eingegangen werden kann, war für die „Umsiedler" die Erlangung eines Arbeitsplatzes von essentieller Bedeutung. Die berufliche Vermittlung von Flüchtlingen und Vertriebenen wurde vor allem dadurch behindert, daß es den Arbeitsämtern bis Anfang 1947 nicht gelang, eine Registrierung der Neuankömmlinge nach Berufen vorzunehmen. Hintergrund dafür bildete der bereits mehrfach erwähnte Befehl Nr. 3 des Alliierten Kontrollrates vom 17. Januar 1946. Es hatte in der SBZ schon zuvor entsprechende Anweisungen der sowjetischen Besatzungsmacht gegeben, so z.B. der SMAD-Befehl Nr. 65 vom 15. September 1945, der die Wiedereinführung des Arbeitsbuches bedeutete.

Die ZVU hatte zwar in einem Rundschreiben im Oktober 1945 angekündigt, ein Fragebogen zur Registrierung der arbeitsfähigen „Umsiedler" sei geplant und würde den nachgeordneten Verwaltungseinheiten weitergeleitet werden[14]. Da die Registrierung nur von den Arbeitsämtern übernommen werden konnte – die ZVU verfügte auf der lokalen Ebene über eine personell nur schwache Verwaltungseinheit – war eine enge Zusammenarbeit mit der ZVAS erforderlich, der wiederum die Arbeitsämter unterstanden. Diese Kooperation zwischen den beiden Zentral-

---

[12] Zank, Wirtschaft und Arbeit, S. 144.
[13] BAB, DO 2/13, Bl. 43. Zusätzlich zu den Vertriebenenzahlen enthält die Statistik auch Zahlenangaben zur Gruppe der Evakuierten, die insgesamt 704 118 Personen umfaßte.
[14] Zank, Wirtschaft und Arbeit, S. 148.

verwaltungen scheint von Anfang an belastet gewesen zu sein. So beschwerte sich die Führung der ZVAS Ende November 1945 darüber, daß ein enger Mitarbeiter des ZVU-Präsidiums, Georg Chwalczyk, die Herausgabe statistischen Materials verweigert habe[15]. Dieses sei aber als ergänzendes Material notwendig, um die „berufliche Seßhaftmachung der Umsiedler" sicherstellen zu können. Der in der Abteilung Statistik tätige Chwalczyk mußte knapp eine Woche später einlenken und erklären, daß der ZVAS ein „Überblick über die bisher aufgenommenen Umsiedler" gegeben werden müsse[16]. Es dauerte dennoch ein Jahr, bis die ZVU und die ZVAS am 7. November 1946 gemeinsam eine entsprechende Anweisung zur „Wiedereingliederung der Umsiedler und Heimkehrer in den Produktionsprozeß" erließen[17]. An der redaktionellen Fertigstellung wirkten offensichtlich einzelne SMAD-Abteilungen mit[18]. Laut Anweisung war es die Aufgabe des Arbeitsamtes, das für das jeweilige Aufnahmelager zuständig war, die „Umsiedler" innerhalb von 48 Stunden nach Berufen[19] zu registrieren. Das Ergebnis sollte dann telefonisch oder per Kurier dem Landesarbeitsamt mitgeteilt werden. Dieses wiederum konnte dann einen Aufnahmeort für die einzelnen Vertriebenen festlegen. Fachkräfte, die innerhalb des Landes bzw. der Provinz nicht untergebracht werden konnten, waren der DVAS zu melden, die dann in Absprache mit der ZVU ein neues Aufnahmegebiet festzulegen hatte. Damit wurde eine systematische Registrierung erst in Angriff genommen, als der Großteil der Vertriebenen bereits verteilt und untergebracht war. Darüber hinaus muß für die Umsetzung der Anordnung eine zeitliche Verzögerung in Rechnung gestellt werden.

Nur in wenigen Fällen, in denen sich beispielsweise Großbetriebe auch schon 1946 direkt mit Arbeitskräfteanforderungen an die Umsiedlerbehörden wandten, erfolgte eine Festlegung des Aufnahmeortes entsprechend der beruflichen Eignung bzw. des Arbeitsplatzangebotes von seiten der Betriebe. Solche Vermittlungen konnten aber an mangelnden Unterbringungsmöglichkeiten oder der Verweigerung der Zuzugsgenehmigung durch lokale Behörden wieder scheitern. Seit dem Frühjahr 1947 häuften sich dann aber die Fälle, in denen Unternehmen eigenständig Arbeitskräfte in den „Umsiedler"-Quarantänelagern[20] warben. So meldete die ZVU beispielsweise, daß in Sachsen-Anhalt Vertreter von Großbetrieben „mit Ausweisen des Landesarbeitsamtes" eine direkte Anwerbung von Fachkräf-

---

15 BAB, DO 2/58, Bl. 98, Schreiben der ZVAS vom 27. 11. 1945 an die ZVU.
16 Ebenda, Bl. 9, Notiz Chwalczyks vom 5. 12. 1945 betr. Zusammenarbeit mit der ZVAS.
17 Eine mit handschriftlichen Bemerkungen und Unterstreichungen versehene Fassung befindet sich in: BAB, DO 2/58, Bl. 25f. Die Anweisung war an alle Landes- und Provinzialämter für Arbeit und Sozialfürsorge sowie an die Landesämter für Umsiedler gerichtet.
18 BAB, DQ 2/2007, SMAD-Abt. Arbeitskraft vom 12. 12. 1946 an den Chef der 2. Abt. für Zivilangelegenheiten bei KDV-SMAD [sic] (Oberstleutnant Ugrjumow).
19 In der ursprünglichen Fassung war eine Registrierung nach Berufsgruppen vorgesehen. Diese Änderung ging auf eine Intervention der SMAD zurück. Vgl. BAB, DO 2/58, Bl. 32, Schreiben des Chefs der Abt. für Arbeitskraft bei der SMAD, Morenow, am 12. 12. 1946 an den Chef der 2. Abt. für Zivilangelegenheiten bei KDV-SMAD [sic], Oberstleutnant Ugrjumow.
20 Die Vertriebenen mußten sich in der Regel 14 Tage in den Quarantänelagern aufhalten, bevor sie in die Aufnahmeorte weitergeleitet wurden. Hintergrund dafür waren gesundheitspolitische Überlegungen der deutschen Verwaltungsstellen, die ein Ausbreiten von Seuchen schon im Keim ersticken wollten. Gleiches traf im übrigen auch die zurückkehrenden Kriegsgefangenen. Die SMAD schaltete sich bei der Seuchenbekämpfung sehr stark ein. Vgl. dazu BAB, DO 2/58, Bl. 207, Schreiben der ZVU an die Zentralverwaltung der Industrie vom 12. 9. 1947.

ten in den Lagern vornehmen würden[21]. Nach Angaben Chwalczyks habe sich dieses System gut bewährt. Bereits am 9. September 1946 hatte das Präsidium der ZVU bei der SMAD den Vorschlag unterbreitet, den Großbetrieben mit einem anhaltend hohen Arbeitskräftebedarf eine besondere Genehmigung zur Werbung von Arbeitskräften in den Aufnahmelagern zu erteilen[22]. Dem standen offenkundig anderslautende Verfügungen der sowjetischen Besatzungsmacht entgegen. Ob diese daraufhin revidiert wurden, läßt sich nicht nachweisen. Festzuhalten bleibt aber, daß die Unternehmen an diesen Praktiken nicht gehindert wurden. Die Werbeaktionen einzelner Betriebe besaßen jedoch einen ambivalenten Charakter: Auf der einen Seite wurde dadurch die Arbeit der Arbeitsämter unterstützt, die den Arbeitskräftebedarf der Unternehmen offensichtlich nicht alleine bedienen konnten. Auf der anderen Seite zeigten sich damit aber die Schwächen staatlicher Interventionspolitik, die von einem politischen System, das den Anspruch besaß, den Arbeitsmarkt zentral regulieren zu wollen, nicht ohne weiteres hingenommen werden konnte.

In welchen Wirtschaftssektoren fanden nun die „Umsiedler" vor allem eine Beschäftigung? Von insgesamt 1 344 588 in Arbeit stehenden Vertriebenen (Ende 1946) waren 588 756 in der Land- und Forstwirtschaft beschäftigt. Das entsprach einem prozentualen Anteil von 43,8[23]. An zweiter Stelle folgte der Bereich Industrie und Gewerbe mit 261 337 „Umsiedlern" (19,4 Prozent), gefolgt vom Bau- und Baunebengewerbe mit 56 237 (4,2 Prozent) und dem Bergbau sowie der Metallindustrie mit 33 600 Vertriebenen (2,5 Prozent). Das Schlußlicht bildete die Gruppe der Selbständigen, zu denen 18 887 (1,4 Prozent) gezählt wurden[24]. Diese Statistik verdeutlicht, daß in der Anfangszeit vor allem der primäre Sektor Arbeitsmöglichkeiten für die Neuankömmlinge anbieten konnte. Laut ZVU-Statistik waren am 1. Dezember 1946 84,1 Prozent der meldepflichtigen „Umsiedler" in den Produktionsprozeß eingegliedert. Aufschlußreich waren aber vor allem die Zahlenangaben über die arbeitsfähigen Vertriebenen, machte sich doch hier eine enorme Kluft zur eingesessenen Bevölkerung bemerkbar: Nur 41,6 Prozent der „Umsiedler" galten als arbeitsfähig[25]. Im Gegensatz dazu lag der vergleichbare Wert für die Gesamtbevölkerung um die Hälfte höher, nämlich bei 60,1 Prozent[26]. Die geringere Arbeitsfähigkeit der Vertriebenengruppe im Vergleich zur Gesamtbevölkerung bedeutete eine zusätzliche finanzielle Belastung für die Haushalte der Länder und Kommunen in Form von Fürsorgeunterstützungen[27].

---

[21] BAB, DO 2/58, Bl. 204, Aktennotiz Chwalczyks vom 31. 7. 1947. In dem Zusammenhang wurden die Leuna-Werke, die Buna-Werke und die Mitteldeutschen Braunkohlengruben namentlich genannt.

[22] Ebenda, Bl. 27–29, hier Bl. 28, Schreiben des ZVU-Präsidenten, Rudolf Engel, vom 9. 9. 1946 an den Chef der Abt. für Zivilangelegenheiten, Statistik und Verteilung der Umsiedler bei der KDV-SMAD [sic]. Als Beispiele wurden die Leuna- und Buna-Werke, der Mansfelder Kupfer-Bergbau, allgemein der Kohlenbergbau, der Kali-Bergbau und die Textilindustrie angeführt.

[23] Die folgenden Zahlen stammen aus einem Bericht der ZVU vom 18. 12. 1946. Erhebungszeitpunkt war der 1. 12. 1946. BAB, DO 2/58, Bl. 41.

[24] Einschränkend muß jedoch hinzugefügt werden, daß 385 771 „Umsiedler" (28,7 Prozent) unter der Kategorie „Verschiedene" zusammengefaßt wurden. Ebenda.

[25] Ebenda, Bl. 38.

[26] Zank, Wirtschaft und Arbeit, S. 33.

[27] Vgl. zu diesem Zusammenhang Boldorf, Fürsorgeunterstützung in Deutschland.

Es überrascht nicht, daß die berufliche Integration der Vertriebenen zunächst nur geringe Fortschritte machte. Dabei war die Arbeitsmarktlage 1945/46 zumindest für die männlichen „Umsiedler" noch vergleichsweise günstig: Noch im Oktober 1946 zählte man fast eine Million Männer im arbeitsfähigen Alter weniger als 1939. Nach Berechnungen von Wolfgang Zank hätte das Arbeitskräftedefizit ohne den Vertriebenenzustrom sogar noch höher, nämlich bei rund 1,8 Millionen gelegen[28]. Bemerkenswert war der 1946 allseits gemeldete Arbeitskräftebedarf, unter anderem auch an Hilfsarbeitern und Erntehelfern. Trotz dieser günstigen Ausgangslage waren Anfang 1946 beispielsweise in Sachsen-Anhalt nur 45 Prozent der Vertriebenen im arbeitsfähigen Alter mit einer Arbeitsstelle versorgt, darunter 13 Prozent berufsfremd. Als Vergleichsmaßstab sei die Beschäftigtenrate der erwerbsfähigen Männer in der DDR genannt, die im Oktober 1946 bei 69 Prozent lag. Zu diesem Zeitpunkt lag der Anteil der erwerbstätigen Vertriebenen bezogen auf die Bevölkerung im arbeitsfähigen Alter vermutlich erheblich unter 45 Prozent[29]. Sachsen-Anhalt nahm dabei sicherlich eine Sonderrolle ein, da das Land eine überdurchschnittliche Gewerbedichte und einen etwa im Vergleich zu Mecklenburg geringeren „Umsiedler"-Anteil aufwies.

Welche Konsequenzen ergaben sich nun aus diesen Rahmenbedingungen für die berufliche Eingliederung der Flüchtlinge und Vertriebene in den ostdeutschen Arbeitsmarkt? Zum einen mußten den Zuwanderern neue Beschäftigungsmöglichkeiten geboten werden; zum anderen waren die „Umsiedler" gezwungen, den Wohnort abermals zu wechseln und sich selbst einen Arbeitsplatz zu suchen. Was die Schaffung neuer Arbeitsplätze anbelangte, so nahm die im September 1945 eingeleitete Bodenreform[30] einen wichtigen Stellenwert ein, den man aber nicht überbewerten sollte. In diesem Zusammenhang sollte nur kurz auf das Gesamtergebnis dieser staatlich verordneten und kontrollierten Neuverteilung von Land eingegangen werden, und zwar in Hinblick auf die Gruppe der „Umsiedler"[31]. Einer statistischen Erhebung vom Sommer 1948 zufolge hatten bis zu diesem Zeitpunkt 88000 Vertriebene Neubauernstellen erhalten; zusammen mit den Familienangehörigen kommt man auf eine Personengruppe von etwa 350000, die durch die Landwirtschaft versorgt werden konnte[32]. Nimmt man die Gesamtgruppe der Vertriebenen zum Maßstab (Ende 1946: 3,9 Millionen), so lag der Anteil unter zehn Prozent. Der Vertriebenenanteil unter den Neubauern lag in allen Ländern der SBZ – mit Ausnahme Mecklenburgs – leicht über dem jeweiligen Bevölkerungsanteil. Da die Mehrzahl der Vertriebenen jedoch erst zu einem späten Zeitpunkt in die SBZ gelangte, als sich die Bodenreform schon in einem weit fortgeschrittenen Stadium befand[33], müssen die angedeuteten positiven Effekte stärker relativiert werden, zumal die weit überwiegende Mehrheit der im

[28] Zank, Wirtschaft und Arbeit, S. 149.
[29] Ebenda.
[30] Ausführlich zu diesem Themenkomplex der Tagungsband von Bauerkämper, „Junkerland in Bauernhand"?
[31] Vgl. dazu auch Bauerkämper, Die vorgetäuschte Integration.
[32] Zank, Wirtschaft und Arbeit, S. 149. Ende 1946 lag die Zahl der Vertriebenen, die Neubauernstellen erhalten hatten, bei 77971. Vgl. Meinicke, Die Bodenreform und die Vertriebenen, S. 139.
[33] BAB, DO 2/4, Bl. 105, Aussprache des Zentralsekretariats der SED mit 30 „Umsiedlern", vermutlich im Frühjahr 1946.

primären Sektor tätigen „Umsiedler" vielmehr als Landarbeiter eine Beschäftigung fand[34]. Weniger von Bedeutung war dagegen die Tatsache, daß eine Reihe
von Neubauern, die sich aus Sicht der SED „nicht bewährt hatten"[35], durch andere Betriebsinhaber ersetzt werden mußte. Für die freiwerdenden Neubauernstellen boten sich – so das SED-Zentralsekretariat – die „antifaschistischen Bauern
aus dem Sudetengebiet und aus Polen"[36] an. Diese Zahlen veränderten jedoch das
Gesamtergebnis nur unwesentlich. Bei der Behauptung auf dem landwirtschaftlichen Arbeitsmarkt muß ein anderer Zusammenhang noch kurz beleuchtet
werden: Für die Vertriebenen, die im Zuge der Bodenreform Land erhalten hatten,
bedeutete die Benachteiligung bei der „Verteilung von lebendem und totem Inventar" eine enorme Verschlechterung ihrer Position im Konkurrenzkampf mit
den alteingesessenen Bauern[37]. Das führte oftmals dazu, daß zahlreiche „Umsiedler" schon bald ihre neu erworbenen Höfe aufgeben mußten[38].

Daneben erhielt für die Vertriebenen die Heimarbeit zunehmende Bedeutung
und wurde staatlicherseits gefördert. Der erhoffte Effekt auf dem Arbeitsmarkt
blieb jedoch aus bzw. stellte sich nicht in dem Maße ein, wie es die Arbeitsverwaltung erwartet hatte. Die staatlich unterstützte Gründung von Produktionsgenossenschaften beschränkte sich bei den „Umsiedlern" oftmals auf Betriebe, die
kunstgewerbliche Produkte herstellten, wie etwa das Beispiel des Gablonzer
Kunsthandwerks in Thüringen anschaulich zeigt[39]. Bei der Totalbetrachtung des
Arbeitsmarktes in der SBZ und frühen DDR muß die Bedeutung der Produktionsgenossenschaften stark relativiert werden: So arbeiteten 1948 etwa 8000 Vertriebene in 61 Genossenschaften, also 0,6 Prozent der erwerbstätigen „Umsiedler"[40]. Schwierigkeiten ergaben sich für Vertriebene beim Aufbau eigener Handwerksbetriebe. Dies hing mit der unzureichenden Ausstattung mit Werkzeugen,
aber auch mit dem Monopolanspruch eingesessener Handwerksmeister zusammen, die neue Konkurrenz befürchteten. So wurde auf einer „Umsiedler"-Konfe-
renz der SED-Führung am 14. Juni 1946 in Berlin allgemein beklagt, daß die
Handwerkskammern „Widerstand bei der Selbständigmachung von Umsiedlern"
leisten würden[41]. Die „Niederlassung von selbständigen Umsiedlern" sei in einigen Orten mit dem Hinweis unterbunden worden, daß ansonsten die „noch in
Kriegsgefangenschaft befindlichen Handwerksmeister bei ihrer Rückkehr keine
Betätigungsmöglichkeit" mehr hätten[42]. Der starke Zustrom von Vertriebenen bedeute jedoch einen „Mehrbedarf" an Arbeitsplätzen im handwerklichen Bereich.
Die SED-Führung konnte in dem Zusammenhang nur an die Arbeitsämter appel-
lieren, bei der Vergabe von Arbeitsplätzen „Umsiedler" bevorzugt zu berücksichtigen. Die eigentlichen Beharrungskräfte gegen eine gleichberechtigte Eingliede-

---

[34] So auch die Schlußfolgerung bei Bauerkämper, Von der Bodenreform zur Kollektivierung, S. 126.
[35] BAB, DO 2/4, Bl. 105, Aussprache des Zentralsekretariats der SED mit 30 „Umsiedlern", vermu-
lich im Frühjahr 1946.
[36] Ebenda.
[37] Meinicke, Die Bodenreform und die Vertriebenen, S. 140.
[38] Vgl. Schwartz, Vom Flüchtling zum Neubürger, S. 34.
[39] Vgl. Kaltenborn, Der Versuch zur Wiederbelebung des Gablonzer Kunsthandwerks.
[40] Zank, Wirtschaft und Arbeit, S. 150.
[41] BAB, DO 2/4, Bl. 99, Konferenz von Vertretern der „Umsiedler" aus den Ländern und Provinzen
der SBZ am 14. 6. 1946 in Berlin.
[42] Ebenda, Bl. 100.

rung der Vertriebenen befanden sich aber auf der lokalen Ebene. Dort konnte der staatlichen Interventionspolitik zum Teil erfolgreich entgegengesteuert werden.

Da die Bemühungen zur Schaffung neuer Arbeitsplätze am Aufenthaltsort der Vertriebenen insgesamt nur begrenzten Erfolg hatten, waren zahlreiche Vertriebene gezwungen, ihren Wohnort aufzugeben. Ein zweiter Ortswechsel und eine Binnenwanderung waren die Folge. Daneben hatte schon Anfang 1946 eine Weiterwanderung gen Westen eingesetzt. Vor allem die amerikanische Militärregierung empfand diese Zuwanderung als Belastung für die eigene Zone und ging bald dazu über, die Reisen aus der SBZ in die Westzonen – soweit das überhaupt möglich war – zu regulieren und einzuschränken. Ganz anders verhielt sich die britische Besatzungsmacht, die offensichtlich bereit war, alle Neuankömmlinge in ihrer Zone aufzunehmen[43]. Um die massenhafte Abwanderung in den Westen zu stoppen, erließ der Alliierte Kontrollrat auf Antrag der sowjetischen Seite am 30. Juni 1946 eine Grenzsperre für Flüchtlinge aus der SBZ[44]. Eine genaue Quantifizierung dieses Zustroms ist aufgrund der zu diesem frühen Zeitpunkt noch unvollständigen statistischen Erhebungen kaum möglich; es muß jedoch für die Phase bis zur Staatsgründung der DDR 1949 wahrscheinlich von einigen Tausend ausgegangen werden[45].

Zielpunkte der Binnenmigration[46] waren vor allem Großbetriebe oder Großprojekte wie beispielsweise der Uranbergbau im Erzgebirge[47]. Nach Ansicht der ZVU war der Arbeitskräftebedarf weitaus größer, als daß er allein von der Gruppe der „Umsiedler" hätte befriedigt werden können[48]. Gleichzeitig wurde aber auch beklagt, daß die Vertriebenen von den Arbeitsämtern oftmals nur als Manövriermasse betrachtet würden. So hätte die Arbeitsverwaltung bei der Durchführung von SMAD-Befehlen zur Zusammenstellung von Arbeitskräftekontingenten „besonders gerne Umsiedler herangezogen"[49]. Als Beispiele führte der ZVU-Präsident den Oder-Deichbau und den Bergbau an. Die Notwendigkeit dieser Arbeiten müsse, so Rudolf Engel weiter, „besser popularisiert werden". Darüber hinaus seien auch die Methoden der Arbeitsverpflichtung zu verbessern. Konkret nannte Engel die katastrophale Lage auf dem Wohnungsmarkt und die Benachteiligung der „Umsiedler" bei der Vergabe von Wohnraum. In den ersten beiden Nachkriegsjahren war die Versorgung mit Wohnraum und Lebensmitteln etwa für die Bergarbeiter der Wismut AG allgemein schlecht; dies belegen die zahlreichen Berichte der örtlichen Verwaltungen. 1947/48 änderte sich jedoch allmählich die

---

[43] Die britische Zone war bei der Aufnahme der Deutschen aus der SBZ bis 1949 führend. Vgl. Heidemeyer, Flucht und Zuwanderung, S. 74 und 83 f. Eine konträre Position bezieht Zank, der davon ausgeht, daß die britische Militärregierung am 30. 6. 1946 eine vollständige Grenzsperre verhängte. Vgl. Zank, Wirtschaft und Arbeit, S. 150.

[44] Heidemeyer, Flucht und Zuwanderung, S. 75.

[45] Nach Angaben Meinickes waren von den mindestens 2,7 Millionen Menschen, die bis zum Mauerbau die DDR verließen, etwa 950000 Vertriebene. Meinicke, Flüchtlinge, S. 79. Vgl. zur Flüchtlingspolitik der Bundesregierung allgemein die detaillierte Studie von Heidemeyer, Flucht und Zuwanderung.

[46] Vgl. Ther, Deutsche und polnische Vertriebene, S. 269–271.

[47] Vgl. allgemein zu Vertriebenen im Uranbergbau: Jahn, Zur sächsischen Spezifik der Aufnahme.

[48] BAB, DO 2/4, Bl. 50, Erfahrungsbericht des Präsidenten der ZVU, Rudolf Engel, o.D. (vermutlich Ende 1947).

[49] Ebenda.

soziale Lage der Beschäftigten im Uranbergbau. In zunehmenden Maße wurden Sonderrationen ausgegeben, und bei der Wohnungsvergabe genossen die Wismut-Arbeiter bald Priorität. Diese Entwicklung hing aufs engste mit dem Wechsel der Instrumentarien staatlicher Arbeitskräftelenkung zusammen. Während – verein-facht gesehen – zuvor die Zwangseinweisung auf der Tagesordnung stand, bemüh-ten sich die Arbeitsbehörden nunmehr, Arbeitskräfte auf freiwilliger Basis zu werben. Dies kam den „Umsiedlern" durchaus entgegen, waren sie doch bei der Vergabe von Wohnraum oft gegenüber der einheimischen Bevölkerung benachtei-ligt worden. Der Wechsel in der Rekrutierungspolitik gerade für den Uranberg-bau, also fort von „harten" und hin zu „weichen" Maßnahmen, wurde auch da-durch erheblich begünstigt, daß in Gestalt der Vertriebenen ein noch ungebunde-nes und dringend auf Arbeit und Unterkunft angewiesenes Arbeitskräftereservoir zur Verfügung stand. Im Ergebnis wiesen bereits 1948 die Belegschaften einzelner Großbetriebe einen weit überdurchschnittlichen Anteil an Vertriebenen auf. Für die fünfziger Jahre stellt mit Sicherheit das Eisenhüttenkombinat Ost in Fürsten-walde ein Paradebeispiel für die Eingliederung einer quantitativ nicht unbeträcht-lichen Gruppe von „Umsiedlern" in den Arbeitsmarkt dar. Umfragen zufolge lag der Vertriebenenanteil 1952 in 34 Großbetrieben bei 39 Prozent[50]. An der Spitze befanden sich die Leuna-Werke mit 11 800 „Umsiedlern", was einem Beleg-schaftsanteil von 47 Prozent entsprach. Auch die Gruben der Wismut AG in Sachsen und Thüringen wiesen einen hohen Anteil auf, in einzelnen Fällen soll der Vertriebenenanteil sogar 80 Prozent betragen haben[51].

Trotz dieser Erfolge erhöhte sich vom Oktober 1946 bis zum März 1949 die Gesamtzahl der erwerbstätigen Vertriebenen kaum: Zu beiden Zeitpunkten lag sie bei etwa 1,4 Millionen[52]. Der Beschäftigungsanstieg durch Binnenwanderung und Schaffung von Arbeitsmöglichkeiten auf dem Land wurde durch den raschen An-stieg der Arbeitslosigkeit und die zunehmende Konkurrenz mit den Kriegsheim-kehrern und die auf den Arbeitsmarkt gedrängten arbeitseinsatzfähigen Frauen wieder zunichte gemacht. Da im selben Zeitraum die Zahl der „Umsiedler" noch einmal um 700 000 bis 800 000 anstieg, sank somit der Anteil der Erwerbstätigen an der Vertriebenengruppe. Diese Entwicklung kann nur zu einem kleinen Teil durch den andersartigen demographischen Aufbau der Vertriebenengruppe er-klärt werden, d.h. durch den höheren Anteil an Alten, Invaliden und Kranken, die nicht mehr in den Arbeitsmarkt eingebunden werden konnten. Es muß insgesamt festgestellt werden, daß die „Umsiedler" auf dem Arbeitsmarkt auch noch 1949 erheblich benachteiligt waren. Da angesichts der Eigentumsverluste und der eher bescheidenen staatlichen Unterstützung, die zunächst nur eine Ad-hoc-Maß-nahme darstellte und die erste Not lindern konnte, das Überleben von einer Erwerbstätigkeit abhing, waren die Vertriebenen in doppelter Hinsicht benachtei-ligt. Die Lösung der Integrationsaufgabe stand somit bei der Gründung der DDR im Oktober 1949 noch aus.

[50] Zank, Wirtschaft und Arbeit, S. 151. Zank stützt sich dabei auf Untersuchungsergebnisse von Seraphim. Vgl. Seraphim, Die Heimatvertriebenen, S. 96.
[51] Seraphim, Die Heimatvertriebenen, S. 97. Der Autor zitiert an dieser Stelle Informationsberichte, ohne deren Herkunft anzugeben.
[52] Zu diesem Urteil kommt Zank. Vgl. Zank, Wirtschaft und Arbeit, S. 151.

Erste Voraussetzung für eine erfolgreiche Arbeitsplatzvermittlung blieb, wie schon erwähnt, die Registrierung der arbeitsfähigen Bevölkerung durch die Arbeitsämter. In den Monats- und Quartalsberichten, die auf Landes- und auf Zentralebene gebündelt wurden, tauchen die „Umsiedler" nur bis Anfang 1949 als Kategorie auf. Für die Arbeitsverwaltung existierten noch eine ganze Reihe anderer sozialer Gruppen, deren berufliche Integration problematisch erschien. Dies waren vor allem die Frauen und die Schwerbeschädigten[53]. Die statistische Erfassung der arbeitsfähigen, erwerbstätigen und arbeitslosen „Umsiedler" bricht Ende Mai 1949 aufgrund eines Erlasses der zuständigen Hauptverwaltung für Arbeit und Sozialfürsorge (HVAS) ab[54]. Inwieweit die SED-Führung hinter diesem Beschluß stand, kann aus der Retrospektive nicht mehr ermittelt werden. Zu vermuten wäre aber, daß dieser Schritt als verspätete Konsequenz der Auflösung der Flüchtlingssonderverwaltung ZVU und ihrer Eingliederung in die Innenverwaltung erfolgte[55].

Aufnahme und Eingliederung von Flüchtlingen und Vertriebenen war in der Anfangszeit zunächst eine Aufgabe der Landes- und Provinzialverwaltungen. Sie konnten sich in dieser frühen Phase (1945/46) den besten Überblick über den genauen Zustrom der „Umsiedler" verschaffen, während die im Spätsommer 1945 aufgebauten Zentralverwaltungen noch keine Vorstellungen über die damit zusammenhängenden Probleme besaßen. Die für die Registrierung der „Umsiedler" zuständige ZVAS versuchte allerdings rasch, die Aktivitäten der Länder bzw. Provinzen zu koordinieren. Dabei wurde der berufsmäßigen Registrierung der Vertriebenen große Bedeutung beigemessen, da dies eine zentrale Voraussetzung für die Lenkung des Flüchtlingsstroms war. Anfang Oktober 1945 lagen nur für die Länder Brandenburg, Mecklenburg sowie für die Provinz Sachsen erste Zahlenangaben vor[56]. Eine restlose Zählung der Flüchtlinge konnte nach Angaben der ZVAS erst Ende 1945 beginnen: Es sei anzunehmen, daß „mit Anbrechung der kalten Jahreszeit und Abebben des Zustroms neuer Flüchtlinge, [...] die Flüchtlinge nunmehr im allgemeinen eine feste Unterkunft gefunden haben"[57].

Aufgrund von ersten Statistiken einzelner lokaler Behörden glaubte die ZVAS einen ersten, vorläufigen Plan zur beruflichen Eingliederung der Vertriebenen ausarbeiten zu können. Sie ging davon aus, daß „der größte Teil der männlichen Bevölkerung [gemeint ist die Gruppe der Flüchtlinge] aus Altersgründen nicht voll arbeitsfähig, aber in der Landwirtschaft als Landarbeiter oder in männerlosen

[53] Vgl. Boldorf, Eingliederung der Kriegsopfer und Schwerbeschädigten.
[54] Dies geht aus einem Schreiben des Ministers für Arbeit und Sozialpolitik der Landesregierung Sachsen-Anhalt vom 14. 7. 1949 an die HVAS hervor, in: BAB, DQ 2/1082. Die letzte statistische Erhebung der „Umsiedler" erfolgte in einigen Ländern bereits Ende März 1949. Vgl. BAB, DQ 2/1968, Situationsbericht des mecklenburgischen Ministeriums für Sozialwesen für Juni '49 sowie das II. Quartal und 1. Halbjahr '49, S. 12.
[55] Vgl. zum Auflösungsprozeß der ZVU Schwartz, Zwischen Zusammenbruch und Stalinisierung, S. 57–59.
[56] BAB, DO 2/58, Bl. 90–94, Bericht der Abt. II (Erfassung und Arbeitseinsatz der Bevölkerung) der ZVAS vom 5. 10. 1945. Die Zahlen lauteten für Brandenburg (700000), Provinz Sachsen (2 Millionen) und Mecklenburg (1 Millionen). Die ZVAS ging zu diesem Zeitpunkt davon aus, daß insgesamt 12 Millionen Flüchtlinge [sic] in der SBZ „untergebracht werden müssen". Vgl. ebenda, Bl. 90.
[57] Ebenda.

Bauernwirtschaften oder als Siedler untergebracht werden kann"[58]. Für die landwirtschaftlichen Berufe sei „erfahrungsgemäß [...] ‚Voll-Arbeitsfähigkeit' im
städtischen Sinne nicht Voraussetzung der Einsatzfähigkeit". Im primären Sektor
müßten daher – so die Schlußfolgerung der Zentralverwaltung – zusätzliche Arbeitsplätze geschaffen werden. Dies könne aber mit Aussicht auf Erfolg nur durch
„Zwangsauflage von Arbeitskräften, verteilt auf die einzelnen Betriebe" erfolgen.
Eine solche Maßnahme, die Widerspruch hervorrufen werde, diene unter anderem
auch der Intensivierung der landwirtschaftlichen Erzeugung. Die Eingliederung
der Jugendlichen in den Arbeitsprozeß schätzte die ZVAS nur als „vorübergehend[es]" Problem ein. Die Jugend stellte nach den Vorstellungen der ZVAS die
wichtigste Arbeitskraftreserve für die Mangelberufe dar. Dagegen wurde die berufliche Eingliederung von Frauen als äußerst problematisch angesehen, da bereits
bei der einheimischen weiblichen Bevölkerung eine hohe Arbeitslosigkeit herr-
sche[59]. Der von der ZVAS ausgearbeitete Plan zeigte, daß die Zentralverwaltung
zu diesem Zeitpunkt noch keine genauen Zahlenangaben über die Verteilung der
„Umsiedler" in den einzelnen Ländern bzw. Provinzen besaß und daher nur
allgemeine Aussagen machen konnte. Darüber hinaus fällt die besondere Hervorhebung der Landwirtschaft auf. Angesichts der Demontagen industrieller Anlagen, die gleich nach Kriegsende begannen, und der ungelösten Transportprobleme
schien für die Zentralverwaltung der primäre Wirtschaftssektor die besten Möglichkeiten zur beruflichen Eingliederung von „Umsiedlern" zu bieten.

Die unterschiedlichen Arbeitsmarktbedingungen in den Ländern und Provinzen der SBZ machten aus Sicht der Arbeitsverwaltung eine koordinierte Binnenwanderung der „Umsiedler" erforderlich. Dadurch erhoffte man sich eine rasche
berufliche Eingliederung der Zugewanderten entsprechend ihrer Qualifikation.
Eine berufsmäßige Erfassung der arbeitsfähigen „Umsiedler" in 2716 Gemeinden
Sachsen-Anhalts hatte ergeben, daß 33 Prozent in ihren erlernten Berufen wieder
eingesetzt werden konnten[60]. Ein weiteres Drittel war arbeitslos gemeldet und
etwa zwölf Prozent der Vertriebenen mußte in einem fremden Beruf arbeiten[61].
Aus Sicht des Vizepräsidenten der ZVU, Michael Tschesnow, waren diese Zahlenangaben aber nur bedingt aussagekräftig. So würden viele „Umsiedler" ihren erlernten Beruf oftmals nicht angeben, um ihre neue Arbeitsstelle nicht wechseln zu
müssen.

ZVAS und ZVU erblickten in der auf die Erfordernisse des Arbeitsmarktes zu-
geschnittenen „Lenkung" von Flüchtlingen innerhalb der SBZ eine Möglichkeit,
den unkontrollierten Zustrom, der bis zum Jahreswechsel 1945/46 angehalten
hatte, nachträglich doch noch zu korrigieren. Da sich aber auch schon lokale Verwaltungen anschickten, Vertriebene in andere Gebiete abzuschieben[62], wollten die
beiden Zentralverwaltungen darüber hinaus erreichen, daß der Personentransfer

---

[58] Ebenda, Bl. 92.
[59] Ebenda, Bl. 93.
[60] BAB, DO 2/4, Bl. 88, Denkschrift Tschesnows, o.D. (vermutlich vom Sommer 1946).
[61] Der Rest entfiel mit 15 Prozent auf die Kategorie „Hausfrau" sowie sieben Prozent „Einsatzunfä-
hige". Vgl. ebenda. Ähnliche Zahlenangaben finden sich auch bei Zank, Wirtschaft und Arbeit,
S. 149.
[62] Zu den Motiven der lokalen Verwaltungsstellen zählten neben der jeweiligen Arbeitsmarktlage
auch die z.T. katastrophale Lage auf dem Wohnungsmarkt.

zwischen den Ländern und Provinzen koordiniert, d. h. unter der Regie der jeweiligen Arbeits- und Umsiedlerämter ablief. Vor allem die ZVAS drängte darauf, daß „bei der Lenkung von Umsiedlern aus einer in die andere Provinz vorher die Zustimmung der betreffenden Landesarbeitsämter eingeholt" werden müsse[63]. Es sei „unmöglich, daß einzelne Firmen qualifizierte Arbeiter aus Umsiedlerkreisen, die sich in einer anderen Provinz befinden, ohne die Genehmigung des überbezirklichen Austausches einstellen"[64]. ZVAS und ZVU trafen sogar eine Abmachung, wonach Transporte nur nach vorheriger Vereinbarung mit den Landesarbeitsämtern und den Umsiedlerabteilungen des abgebenden und des aufnehmenden Landes zu genehmigen waren[65]. Obwohl diese Abmachung von der SMAD in Karlshorst gebilligt worden war, setzten sich einzelne sowjetische Dienststellen auf der Landesebene darüber hinweg. So war auf Befehl der SMA Mecklenburg am 8. November 1946 ein Transport von Textilarbeitern nach Sachsen abgeschickt worden, der dort von der Landesverwaltung nicht betreut werden konnte, weil weder die Landesarbeitsämter noch die Umsiedlerämter in diese Aktion eingeweiht waren. Daraufhin wurde die ZVU bei der SMAD in Karlshorst vorstellig und bat, „die SMA in den Ländern und Provinzen auf diese Vereinbarungen hinzuweisen"[66].

Die organisatorischen Schwierigkeiten bei der Übersiedlung von arbeitsfähigen Vertriebenen in andere Länder sollen im folgenden am Beispiel der Textil-, Glas- und Bergarbeiter in Mecklenburg veranschaulicht werden. Die Konflikte zwischen den beiden Zentralverwaltungen ZVAS und ZVU auf der einen Seite und den Landesverwaltungen auf der anderen Seite treten dabei deutlich hervor. Vertreter der DVAS, der ZVU und des FDGB hatten bei einer Besprechung gemeinsam festgestellt, daß sich im nördlichsten Land der SBZ zahlreiche Textil-, Glas- und Bergarbeiter aufhielten, die dort nicht benötigt wurden[67] und statt dessen in Sachsen angesiedelt werden sollten[68]. Aufgrund des bei Kriegsende zusammengebrochenen Verkehrsnetzes und der vordringlichen Bereitstellung von Eisenbahnzügen für die sowjetische Besatzungsmacht mußte der Personentransport aus Mecklenburg nach Sachsen mehrmals verschoben werden[69]. Erst Anfang Mai 1947 konnte mit den ersten Transporten begonnen werden[70].

---

[63] Dies geht aus einer Aktennotiz der Organisationsabteilung der ZVU vom 6. 9. 1946 hervor, in: BAB, DO 2/58, Bl. 115.
[64] Ebenda.
[65] Vgl. BAB, DO 2/58, Bl. 118, Aktennotiz der Organisationsabteilung der ZVU vom 24. 9. 1946. Der ZVU-Präsident teilte SMAD den Inhalt dieser Vereinbarung einige Wochen später mit. Vgl. ebenda, Bl. 30, Schreiben vom 12. 11. 1946 an den Chef der Abteilung für Zivilangelegenheiten, Statistik und Verteilung der deutschen Umsiedler bei der KDV-SMAD [sic].
[66] Ebenda, Bl. 31, Schreiben des Vizepräsidenten der ZVU, Michael Tschesnow, vom 28. 11. 1946 an den Chef der Abteilung für Zivilangelegenheiten, Statistik und Verteilung der deutschen Umsiedler bei der KDV-SMAD.
[67] BAB, DO 2/30, Bl. 198, Bericht über die Besprechung bei der DVAS am 27. 11. 1946.
[68] Ebenda, Bl. 199, Aktennotiz Riedels (Abt. Organisation), o.D. (handschriftlich: 15. 12. 1946).
[69] So hatte die SMA in Mecklenburg noch im November angeordnet, daß bis zum 1. 12. 1946 kein „Transportraum" zur Verfügung gestellt werden dürfe. Vgl. BAB, DO 2/58, Bl. 144, Aktennotiz Riedels (ZVU) vom 28. 11. 1946.
[70] BAB, DO 2/58, Bl. 185, Schreiben des Landesarbeitsamtes Sachsen vom 22. 5. 1947 an die ZVU. Eine Gesamtzahl der umzusiedelnden Vertriebenen taucht nicht auf. Es muß sich jedoch um einige Tausend gehandelt haben. So weigerte sich etwa im März 1947 das Amt für Neubürger in Weimar 20000 Textilfacharbeiter aus Mecklenburg aufzunehmen. Zwischenzeitlich war auch Thüringen

Die sächsische Landesverwaltung hatte frühzeitig versucht, die Zahl der aufzunehmenden „Umsiedler" mit dem Aufnahmekontingent, welches Sachsen zu erfüllen hatte, verrechnen zu lassen. Die Umsiedlungsaktion sollte mit anderen Worten dazu genutzt werden, den sächsischen Arbeitsmarkt zu bereinigen: Textilfacharbeiter, die man selber brauchte, sollten aufgenommen werden und im Gegenzug arbeitslose Vertriebene, für die kein Arbeitsplatz bereitgestellt werden konnte, abgeschoben werden. Die ZVU hatte sich ganz entschieden gegen diesen Vorschlag ausgesprochen[71]. In der Praxis schien sich jedoch zunächst der vom sächsischen Landesarbeitsamt favorisierte Weg durchzusetzen: Mecklenburgs Landesverwaltung erklärte sich bereit, im Gegenzug eine entsprechende Anzahl von Vertriebenen aus Sachsen aufzunehmen. Das Zentralsekretariat der SED stoppte diesen Handel im Spätsommer 1947 und erklärte, es könne nicht angehen, daß Sachsen die so dringend benötigten Facharbeiter auf das Aufnahmesoll an „Umsiedlern" angerechnet bekomme[72].

Als weiterer Konfliktpunkt erwies sich die Frage, aus welchen Haushaltsmitteln die anfallenden Transportkosten zu begleichen waren. Obwohl sich die beteiligten Landesverwaltungen mit der ZVU darauf geeinigt hatten, daß das jeweils „abgebende Land" die Transportkosten übernehmen sollte, fühlte sich das Landesarbeitsamt Schwerin an diese Vereinbarung nicht mehr gebunden[73]. Auch in dieser Frage scheinen sich DVAS und ZVU gegenüber den Landesverwaltungen durchgesetzt zu haben. Sehr viel größeren Erfolg hatten jedoch die Länder bei ihrer Auseinandersetzung mit den beiden Berliner Zentralverwaltungen, wenn sie auf die eigene angespannte Arbeitsmarktsituation verwiesen. Auf diesem Wege gelang es beispielsweise Thüringen, die Übernahme von 20 000 Textilfacharbeitern[74] aus Mecklenburg abzuwenden. So erklärte das Amt für Arbeit und Sozialfürsorge in Weimar, daß die Textilindustrie in Thüringen aufgrund von Rohstoffmangel „nur noch in halber Schicht" arbeiten würde[75]. Damit gelang es der thüringischen Arbeitsverwaltung zunächst einmal, den Zeitpunkt der Umsiedlungsaktion hinauszuschieben. Ob die Übernahme der Textilfacharbeiter aus Mecklenburg in Thüringen überhaupt verwirklicht wurde, kann nicht mehr geklärt werden.

Bei der Arbeitsmarktintegration der Vertriebenen mußten sich zwangsläufig Kompetenzkonflikte auch zwischen den beteiligten Zentralverwaltungen, der ZVAS und der ZVU, ergeben, die aus dem Konkurrenzverhältnis zweier kooperierender Behörden herrührten. Die Zusammenarbeit mußte erst eingeübt werden und verlief keineswegs konfliktfrei. So beklagte etwa der DVAS-Präsident Gustav Brack am 11. Oktober 1946, daß die ZVU noch nicht ihre Zustimmung gegeben

---

als Bestimmungsland für die „Umsiedler" vorgesehen. Vgl. ebenda, Bl. 166, Schreiben der DVAS vom 4. 3. 1947 an die ZVU.

[71] SächsHStA, Landesregierung Sachsen, Ministerium für Arbeit und Sozialfürsorge, Bd. 416, Schreiben Chwalczyks vom 20. 8. 1946 an das Landesarbeitsamt Sachsen.

[72] BAB, DO 2/58, Bl. 208, Schreiben der Abt. Arbeit und Sozialfürsorge beim Zentralsekretariat der SED vom 5. 9. 1947 an den Vizepräsidenten der ZVU Philipp Daub.

[73] Ebenda, Bl. 185, Schreiben des sächsischen Landesarbeitsamtes vom 22. 5. 1947 an die ZVU.

[74] Nach Angaben der ZVU handelte es sich hierbei um 20 000 „Umsiedler", d. h. einschließlich der Familienangehörigen. Vgl. BAB, DO 2/58, Bl. 169, Schreiben der ZVU vom 14. 3. 1947 an die DVAS.

[75] Zitiert nach Schreiben der DVAS vom 4. 3. 1947 an die ZVU, in: ebenda, Bl. 166.

habe für die „Umsetzung" von Textil- und Bergarbeitern aus Mecklenburg, die in Halle, aber auch in Sachsen und Thüringen dringend benötigt würden. Es wäre „betrüblich", wenn diese Aktion am hinhaltenden Widerstand der ZVU scheitern würde[76]. Er unterstrich, daß die Vermittlung von Arbeitskräften ausschließlich der DVAS übertragen worden sei. Die ZVU verwies ihrerseits darauf, daß die Zustimmung für eine Überführung der Arbeitskräfte nur dann gegeben werden könne, wenn die „wohnungsmäßige Unterbringung" gesichert sei[77]. Auf Veranlassung der SMAD wurden die Zuständigkeitsbereiche der ZVU im Frühjahr 1947 eng zugeschnitten: Bei Fragen der Arbeitskräftelenkung sowie allgemein der Arbeitsmarktpolitik sollte die Tätigkeit der „Umsiedler"-Verwaltung „informatorischer und beratender Natur" sein[78]. Der Konflikt hatte deutlich gemacht, daß die Arbeitsvermittlung allein zum Tätigkeitsbereich der DVAS gehörte, was die ZVU letztlich auch anerkennen mußte. Ihr verblieb nur die Möglichkeit, unter Hinweis auf die schlechte Wohnraumversorgung einzelne „Umsiedler"-Transporte zeitlich hinauszuzögern.

Auffallend ist, daß die ZVU besonders die Tätigkeit der Arbeitsämter wiederholt kritisierte, denen sie mangelnde Rücksichtnahme gegenüber den Flüchtlingen und Vertriebenen vorwarf. So wurde der Arbeitsverwaltung etwa auf einer „Umsiedler"-Konferenz am 14. Juni 1946 vorgehalten, daß sie bei der beruflichen Eingliederung versagen würde[79]. An dieser Kontroverse zeigte sich aber auch, daß die berufliche Integration der Vertriebenen aufs engste mit anderen Problembereichen verknüpft war, besonders mit der unzureichenden und mangelhaften Wohnraumversorgung[80]. Oftmals legten nämlich die freien Wohnraumkapazitäten die weitere Verteilung bzw. Lenkung der „Umsiedler" fest; dagegen gerieten arbeitsmarktpolitische Gesichtspunkte in den Hintergrund. Fehlende Unterbringungsmöglichkeiten waren zwar ein gesamtdeutsches Phänomen in der unmittelbaren Nachkriegszeit, das einen Großteil der Bevölkerung essentiell tangierte. Bei der Allokation dieses knappen Gutes hatten die Flüchtlinge und Vertriebenen jedoch häufig das Nachsehen gegenüber der eingesessenen Bevölkerung. So kam es zu der paradoxen Situation, daß die Neuankömmlinge auf der einen Seite einen vergleichsweise hohen Mobilitätsgrad aufwiesen, auf der anderen Seite eine sinnvolle Lenkung aufgrund der Bedürfnisse des Arbeitsmarktes durch einen Mangel an Wohnraum wieder zunichte gemacht werden konnte. So wies die DVAS-Abteilung II darauf hin, daß bei der Arbeitsplatzzuteilung für „Umsiedler" generell Schwierigkeiten aufgetreten seien, „als an einigen Stellen Arbeitsplätze frei sind, jedoch infolge Überbelegung der Quartiere keine Möglichkeit zur Unterkunftsbeschaffung vorhanden ist"[81]. Als Beispiele wurden die Anhaltischen Kohlen-

[76] Ebenda, Bl. 120, Schreiben Bracks vom 11. 10. 1946 an den ZVU-Präsidenten.
[77] Ebenda, Bl. 128, Schreiben des ZVU-Präsidiums vom 2. 11. 1946 an den DVAS-Präsidenten Brack.
[78] BAB, DQ 2/1711, Protokoll der DVAS (Abt. I b) über die Zusammenkunft mit der ZVU am 2. 6. 1947.
[79] BAB, DO 2/4, Bl. 98–101, hier Bl. 99, Bericht über die Konferenz von Vertretern der „Umsiedler" aus den Ländern und Provinzen der SBZ am 14. 6. 1946 in Berlin.
[80] Vgl. für Thüringen Kaltenborn, Wohn- und Lebensverhältnisse von Vertriebenen; die enge Verbindung von Arbeitsmarkt- und Wohnungspolitik betont auch Schwartz, Vertrieben in die Arbeiterschaft.
[81] BAB, DQ 2/2007, Aktenvermerk der DVAS-Abt. II vom 8. 10. 1946.

werke AG in Senftenberg sowie die Firma Zeiss in Jena genannt. Die ZVU stellte sich auf den Standpunkt, daß erst nach Zuweisung eines Arbeitsplatzes die Beschaffung von Wohnraum sinnvoll sei. Genau umgekehrt argumentierte die ZVAS sowie die ihr unterstellten Arbeitsämter. Die Wohnungsämter ihrerseits verlangten den Nachweis eines Arbeitsplatzes als Voraussetzung für die Zuteilung von Wohnraum. Auf diese Art und Weise wurden die „Umsiedler" letztlich von einer Institution zur anderen weitergereicht. Die Auseinandersetzung zwischen Arbeits- und „Umsiedler"-Verwaltung zog sich trotz Klärung der jeweiligen Zuständigkeitsbereiche noch bis 1948 hin. In einer Denkschrift, die kurz nach Auflösung der ZVU und vor der Neuorganisation innerhalb der Deutschen Verwaltung des Innern (DVdI) im Frühjahr/Sommer 1948 entstand, verlangte der frühere Abteilungsleiter Chwalczyk eine Verbesserung der Tätigkeit der Arbeitsämter. In der ihm eigenen Behördensprache versuchte er nochmals deutlich zu machen, daß die Arbeitsverwaltung die „endgültige Wiederseßhaftmachung" der „Umsiedler" zu fördern habe[82]. Es müsse alles getan werden, um den Vertriebenen das Gefühl zu vermitteln, „einen Dauerwohnplatz mit gesicherter Existenz gefunden zu haben"[83].

Aus Sicht der ZVAS blieb jedoch die Vermittlung eines Arbeitsplatzes mit der Wohnraumfrage gekoppelt, die im Untersuchungszeitraum nie befriedigend gelöst werden konnte. Darüber hinaus stellten die „Umsiedler" für die Arbeitsverwaltung nur eine Personengruppe von vielen anderen dar, die in den Arbeitsmarkt einzubinden waren. Die Juristische Abteilung der DVAS vertrat den Standpunkt, daß „die Frage Ostumsiedler oder nicht für jede Arbeitsverwaltung grundsätzlich ohne jede Bedeutung und irrelevant sein muß"[84]. Eine unterschiedliche arbeitsrechtliche Stellung bestehe im Vergleich zu anderen Bevölkerungsgruppen jedenfalls nicht. Damit wurde die häufig zu beobachtende Benachteiligung von Vertriebenen auf dem Arbeitsmarkt negiert. Während die ZVU zumindest zeitweise versuchte, Politik für ihre Klientel zu betreiben, sahen Aufgaben- und Interessenlage bei der DVAS völlig anders aus: Im Zuge der anvisierten Steigerung der Erwerbstätigenzahlen waren aus Sicht der Arbeitsämter auch Frauen, Jugendliche und Schwerbeschädigte von nahezu gleichrangiger Bedeutung. Wie bei den „Umsiedlern" ergaben sich auch hierbei erhebliche Schwierigkeiten bei der beruflichen Eingliederung.

Die Binnenumsiedlung aufgrund von arbeitsmarktpolitischen Überlegungen beschränkte sich jedoch nicht nur auf die Vertriebenen, sondern konnte auch die einheimische Bevölkerung betreffen. Für die ersten Jahre der SBZ ist vor allem die Arbeitskräftelenkung für den Uranbergbau zu nennen. Auch für andere Wirtschaftsbereiche wie etwa die Landwirtschaft läßt sich eine z.T. umfangreiche Lenkung von Arbeitskräften nachweisen. Einzelne Landesverwaltungen versuchten in dem Zusammenhang entsprechende Verordnungen auszuarbeiten, um dem Umfang und der Durchführung dieser Binnenumsiedlung einen gesetzlichen Rahmen zu geben. So legte beispielsweise die Abteilung Bevölkerungspolitik der

---

[82] BAB, DO 2/1, Bl. 116–123, hier Bl. 117, Denkschrift Chwalczyks vom 14. 4. 1948.
[83] Ebenda.
[84] BAB, DQ 2/111, Bl. 40, Juristische Abt. am 20. 3. 1947 an Abt. I.

Landesregierung Sachsen-Anhalt am 27. April 1949 einen ersten Verordnungsentwurf vor, der die „Umsetzung von Personen aus arbeitsmäßigen Gründen" nur in bestimmten, klar abgegrenzten Fällen zuließ[85]. Zuerst müßten die „Möglichkeiten einer Arbeitsplatzvermittlung in der Nähe des Wohnortes des Betroffenen oder die Wohnmöglichkeiten für Produktivkräfte in Arbeitszentren [ausge]schöpft" werden[86]. Die DVdI verhielt sich dagegen in dieser Frage sehr viel zurückhaltender: Man könne nicht davon ausgehen, daß allein mit Hilfe der Binnenumsiedlung die bestehenden wirtschaftlichen Probleme zu lösen seien. Als weitere Instrumentarien nannte die DVdI die Wohnraumbewirtschaftung und die Sozialfürsorge. Zunächst einmal sollten die wirtschaftlichen Schwerpunktgebiete, der jeweilige Arbeitskräftebedarf und die konkrete Lage auf dem Wohnungssektor festgestellt werden. Erst danach sei eine Umsiedlung in Erwägung zu ziehen[87]. Einen Monat später wurde die DVdI noch deutlicher, als sie erklärte, daß „die Frage der Umsetzung von Personen aus arbeitsmäßigen Gründen (Binnenumsiedlung) nicht auf dem Verordnungswege gelöst werden kann"[88]. Die „Wechselbeziehungen zwischen Wirtschaft und Bevölkerung" seien in der SBZ „recht verschiedenartig und bedürfen jeweils grundlegender Vorarbeiten und Verhandlungen mit allen beteiligten Stellen"[89]. Gleichwohl befürwortete die Innenverwaltung eine zoneneinheitliche Regelung für die „Umsetzung von Personen über die Landesgrenzen", für die die bestehenden gesetzlichen Bestimmungen aber ausreichen würden. Damit war der Versuch vorerst gescheitert, eine Verordnung zur Arbeitskräftelenkung der Vertriebenen zu beschließen.

Die Führungsgremien der SED befaßten sich kaum mit dem Problem der Eingliederung der „Umsiedler" in den Arbeitsmarkt der SBZ/DDR. So zeigt die systematische Durchsicht der Protokolle des Zentralsekretariats, des Politbüros und des Kleinen Sekretariats, daß die Führungsspitze der Hegemonialpartei keinerlei Beschlüsse in dieser Angelegenheit faßte. Auch im Zuge des Aufbaus einer zentralen Wirtschaftsplanung war die berufliche Eingliederung der Vertriebenen von untergeordneter Bedeutung. So versuchte die neu gebildete Hauptabteilung Umsiedler und Heimkehrer der DVdI im August 1948 einen „Ergänzungsplan für den Einsatz der Umsiedler bei der Durchführung des 2-Jahresplans" einzubringen. Eingangs erklärte der Verfasser und ehemalige ZVU-Mitarbeiter, Wilhelm Thiele[90], daß die Erfüllung dieses Wirtschaftsplanes nicht nur von der Erfassung aller „materieller Reserven und Möglichkeiten, sondern auch von der Mobilisierung der vorhandenen Arbeitskräfte und ihrem zweckentsprechenden Einsatz" abhinge[91]. Um den Mangel an Arbeitskräften in der Industrie zu beheben, sei die

---

[85] BAB, DO 2/58, Bl. 70–72.
[86] Ebenda, Bl. 70, Verordnungsentwurf vom 27. 4. 1949, § 2, Abs. 1.
[87] Ebenda, Bl. 73–77, Entwurf über eine Binnenumsiedlung von der DVdI (HA Verwaltung) vom 25. 5. 1949.
[88] Ebenda, Bl. 82, Stellungnahme der HA Verwaltung der DVdI vom 23. 6. 1949 zum Verordnungsentwurf der Landesregierung Sachsen-Anhalt.
[89] Ebenda.
[90] Thiele war seit 1946 Leiter der Abt. Arbeitseinsatz der ZVU und wechselte noch im Laufe des Jahres 1948 auf den Posten des Bezirksbürgermeisters von Berlin-Mitte. Zwischen 1956 und 1958 war er stellvertretender Oberbürgermeister von Berlin (Ost). SBZ-Handbuch, S. 1042.
[91] BAB, DO 2/1, Bl. 199, Richtlinien für die Aufstellung eines Ergänzungsplans für den Einsatz der Umsiedler bei der Durchführung des 2-Jahresplans vom 4. 8. 1948.

stärkere Eingliederung der Frauen in den Produktionsprozeß und die Erfassung aller „in der Masse der Umsiedler noch vorhandenen Reserven an arbeitsfähigen Menschen notwendig". Gleichzeitig wies er auf grundlegende Mißstände hin, die einer Realisierung der im Zweijahrplan formulierten Ziele im Wege stehen würden. So seien zahlreiche „Umsiedler" berufsfremd eingesetzt worden. Die Gründe dafür lagen nach Angaben Thieles vor allem darin, daß entweder entsprechende Beschäftigungsmöglichkeiten am Wohnort des bzw. der Vertriebenen oder ausreichender Wohnraum fehlen würden. Damit hatte er die bereits bekannten Problemkreise wieder angesprochen. Des weiteren hätten – so Thiele weiter – zahlreiche „Umsiedler" bevorzugt eine landwirtschaftliche Tätigkeit aufgenommen, da hier in der Regel die Versorgung mit Lebensmitteln und Wohnraum besser sei. Diese Hindernisse waren bestimmend gewesen für die Integrationspolitik in den Jahren von 1945 bis 1950 und konnten nie zur Zufriedenheit der staatlichen Behörden aus dem Weg geräumt werden. Aufschlußreich ist aber in unserem Zusammenhang, daß der Vorschlag des früheren ZVU-Mitarbeiters keinerlei Berücksichtigung fand bei der Ausarbeitung des Zweijahrplanes. Auch dies war ein Indiz dafür, daß die SED-Führung eine gesonderte Förderung der „Umsiedler" im Rahmen der allgemeinen Wirtschaftsplanung ablehnte.

In den wenigen Sitzungen des Kleinen Sekretariats bzw. des Sekretariats des ZK, bei denen die Vertriebenenproblematik auf der Tagesordnung stand, beschränkten sich die Gremienvertreter darauf, einen völlig unverbindlichen Maßnahmekatalog zur Arbeitsmarktintegration der „Umsiedler" zu verabschieden. So stimmte das Kleine Sekretariat auf seiner Sitzung am 23. Mai 1949 einer Vorlage über „Maßnahmen im Interesse der Umsiedler" zu[92]. Die HVAS wurde aufgefordert, den Arbeitsämtern die Anweisung zu geben, die arbeitsfähigen „Umsiedler" zu erfassen, welche noch keinen Arbeitsplatz hatten. Darüber hinaus wollte das SED-Gremium über das Ausmaß des fremdberuflichen Arbeitseinsatzes informiert werden, um so eine Lenkung der frei werdenden Arbeitskräfte zu den Industrieschwerpunkten des Landes veranlassen zu können. Als wirtschaftliche Zentren, die aus Sicht der SED Priorität genossen, wurden die im Aufbau befindlichen Werften Mecklenburgs und der Mansfelder Kupferbergbau genannt. Offenkundig hatte sich dort relativ kurzfristig ein Arbeitskräftemangel bemerkbar gemacht. Der Maßnahmenkatalog erstreckte sich jedoch nicht nur auf die Lenkung, sondern auch auf die Mobilisierung zusätzlicher Arbeitskräfte. Neben den bereits erwähnten arbeitsfähigen „Umsiedlern" ohne Arbeitsstelle waren damit vor allem die arbeitsfähigen „Umsiedlerfrauen" gemeint, die mit dem Ziel umgeschult werden sollten, „männliche Arbeitsplätze für die Produktionsschwerpunkte freizustellen". Das Kleine Sekretariat faßte seine Beschlüsse jedoch unverbindlich und ohne zeitliche Vorgaben für die zuständigen Arbeitsämter. Bezeichnend dafür ist auch die Tatsache, daß das SED-Gremium in seinen folgenden Sitzungen auf diesen Beschluß nicht mehr zurückkam.

Einen etwas anderen Stellenwert nahm die Vertriebenengruppe beim Fünfjahrplan ein, den das Politbüro im April 1950 beriet und kurze Zeit später verabschie-

---

[92] SAPMO, DY 30/J IV 2/3/29, Bl. 9. Die folgenden Zitate stammen aus der Anlage zu diesem Tagesordnungspunkt, in: ebenda, Bl. 21 f.

dete[93]. Darin forderte das Politbüro, daß die „Umsiedler" als „gleichberechtigte Staatsbürger in den Produktionsprozeß einzureihen" seien[94]. Darüber hinaus sollten sie bevorzugt mit Einrichtungsgegenständen und Gebrauchsgütern versorgt werden; den arbeitsunfähigen Alten sei zudem eine Sozialrente zu gewähren. Über diese unverbindlichen Absichtserklärungen, die immerhin verbal eine Bevorzugung der Vertriebenen auf dem Arbeitsmarkt in Aussicht stellten, ging das Politbüro jedoch nicht hinaus. Eigentlicher Hintergrund für dieses Entgegenkommen – zuvor waren die „Umsiedler" von der SED-Führung bei den wirtschaftspolitischen Konzeptionen weitgehend ignoriert worden – bildete das Ziel, die Zahl der Erwerbstätigen erheblich zu vergrößern. So sah der Direktivenentwurf des Politbüros für den Fünfjahrplan eine Erhöhung des Beschäftigtenstandes um immerhin ein Drittel vor[95]. Dabei wurden unter anderem die Vertriebenen als eine der Arbeitskraftreserven angesehen, die verstärkt in den Produktionsprozeß einzugliedern waren. Die industriellen Schwerpunkte dieses utopisch anmutenden Programms sollten nach den Vorstellungen der SED folgende Wirtschaftsbranchen sein: Metallurgie, Maschinenbau, Elektrotechnik, Feinmechanik und Optik sowie Chemische Industrie. Ein eigenes arbeitsmarktpolitisches Programm für die „Umsiedler" wurde allerdings auch zu diesem Zeitpunkt nicht beschlossen.

Obwohl Ministerpräsident Otto Grotewohl in seiner Regierungserklärung am 12. Oktober 1949 unter den Sofortmaßnahmen die weitere Eingliederung der „Umsiedler" als eine moralische Verpflichtung hervorgehoben und damit indirekt Handlungsbedarf deutlich gemacht hatte, trat erst elf Monate später das „Gesetz über die weitere Verbesserung der Lage der ehemaligen Umsiedler in der DDR" in Kraft[96]. Das Gesetz war zwar von der Volkskammer verabschiedet worden, die eigentliche Arbeit hatte aber wieder einmal das SED-Politbüro geleistet[97]. Das Gesetz sah in erster Linie weitere Hilfsmaßnahmen zugunsten der Neubauern in Form von Wohnungsbauförderung und die Vergabe von Krediten an Handwerksbetriebe vor. Gesonderte Beschäftigungsprogramme für arbeitslose „Umsiedler" enthielt es jedoch auch nicht.

Eine Denkschrift des DWK-Sekretariats im Sommer 1949 machte deutlich, daß auch in Zukunft nicht mit speziellen arbeitsmarktpolitischen Fördermaßnahmen zugunsten der Vertriebenen zu rechnen war[98]. So unterstrichen die Autoren der Denkschrift, die als Informationsmaterial zum SED-Vorsitzenden Wilhelm Pieck gelangte[99], daß die Arbeitsämter „keine gesonderte Vermittlung für Umsiedler"

---

[93] SAPMO, DY 30/IV 2/2/85, Bl. 89, Protokoll der Sitzung des Politbüros vom 25. 4. 1950. Die Direktive für den Fünfjahrplan ist allerdings nur im Arbeitsprotokoll enthalten.

[94] Ebenda, Bl. 79–88, hier Bl. 87, Direktive des Politbüros der SED zur Ausarbeitung des Fünfjahrplanes der Volkswirtschaft (1951–1955).

[95] Ebenda, Bl. 86.

[96] Vgl. dazu Just, Die Integration der Umsiedler, S. 171–173. Das Gesetz ist abgedruckt in: Gesetzblatt der DDR 1950, S. 971–973.

[97] Vgl. SAPMO, DY 30/IV 2/2/107, Bl. 21 und 26–30, Protokoll der Sitzung des Politbüros des ZK am 5. 9. 1950.

[98] SAPMO, NY 4036/744, Bl. 80–111.

[99] Pieck hielt am 12. 8. 1949, zwei Tage vor der ersten Bundestagswahl, eine Rede auf einer öffentlichen „Umsiedler"-Versammlung im Zirkus Barlay (Berlin). Die Denkschrift hatte er vermutlich

durchführen würden[100]. Insgesamt wurde ein positives Bild der zurückliegenden Bemühungen gezeichnet, die Vertriebenen in den ostdeutschen Arbeitsmarkt einzubinden. Ein Vergleich der Zahl der beschäftigten „Umsiedler" mit der Zahl der im „Arbeitsprozeß stehenden Altbevölkerung" habe gezeigt, daß die Vertriebenen „ihrem Anteil nach in gleicher Weise wie die Stammbevölkerung in Arbeit gebracht worden sind"[101]. Nur bei den Frauen würde der Beschäftigtenanteil „etwas unter dem der Altbevölkerung" liegen. Damit habe sich – so die Schlußfolgerungen, die die Autoren der Denkschrift zogen – die „Richtigkeit" der „Umsiedler"-Politik in der SBZ gezeigt[102].

Abschließend sei noch auf die Eigeninitiative der Vertriebenen bei der Arbeitsplatzsuche hingewiesen, die sich in den Akten der Arbeitsverwaltung nicht in angemessenem Umfange wiederspiegelt, aber dennoch nicht unberücksichtigt bleiben sollte. Diese Form der individuellen Arbeitsplatzsuche entzog sich weitgehend der Beobachtung durch die Arbeitsämter, trug aber zweifellos zu einer nicht unwesentlichen Entlastung auf dem Arbeitsmarkt bei. Sie veranschaulicht außerdem die begrenzten Handlungsspielräume sowie die eingeschränkte Wirkungsmacht der staatlichen Verwaltungen in den ersten Nachkriegsjahren. So stellte etwa die Abteilung Umsiedlerbetreuung in Halle Anfang 1946 fest, daß ein großer Teil der Flüchtlinge „sich selbst Arbeit besorgt" habe[103]. Diese Einschätzung verweist darüber hinaus auf die auch für die westlichen Besatzungszonen sowie die frühe Bundesrepublik gemachte Feststellung, daß die Integration der Vertriebenen – nicht nur auf dem Arbeitsmarkt – erst in langfristiger Perspektive und damit erst für die zweite sowie die nachfolgenden Generationen erfolgreich war[104].

Frauen

Arbeitsmarktpolitische Programme zugunsten von Frauen unterlagen auch in der SBZ mehreren Zielkonflikten und orientierten sich letztlich sehr stark an den konkreten Erfordernissen der Teilarbeitsmärkte. Insgesamt gesehen ist für die ersten Nachkriegsjahre ein gewisser Anstieg der Frauenerwerbsquote zu beobachten, der dann zu Beginn der fünfziger Jahre wieder abfallen sollte[105]. Die enormen demographischen Veränderungen im Zuge des Zweiten Weltkrieges sowie die damit einhergehende Umstrukturierung der Erwerbsbevölkerung hatten aus Sicht der ostdeutschen Arbeitsverwaltung dazu geführt, daß Frauen in verstärktem Maße in zahlreichen Wirtschaftsbranchen eingesetzt werden sollten, in denen sie

für diesen Zweck beim Sekretariat der DWK in Auftrag gegeben. Die Rede Piecks befindet sich in: SAPMO, NY 4036/440, Bl. 104–118.
[100] SAPMO, NY 4036/744, Bl. 85.
[101] Ebenda, Bl. 87.
[102] Ebenda, Bl. 111.
[103] LA Magdeburg LHA, Rep. K, MinPräs., Nr. 415, Bl. 1, Schreiben der Abt. Umsiedlerbetreuung Halle vom 22. 2. 1946 an den Präsidenten der Provinz Sachsen.
[104] Aus der mittlerweile unübersehbaren Flut an Studien zur westdeutschen Entwicklung z.B.: Haerendel, Berufliche Mobilität von Flüchtlingen; Lüttinger, Integration der Vertriebenen.
[105] Vgl. Zank, Wirtschaft und Arbeit, S. 138f. Einen ersten Vergleich der weiblichen Erwerbstätigkeit nach dem Ende des Zweiten Weltkrieges in West- und Ostdeutschland bietet der Sammelband: Budde, Frauen arbeiten. Aus den Publikationen vor 1989/90: Helwig, Frau und Familie.

zuvor kaum bzw. sehr schwach vertreten waren. Die weibliche erwerbsfähige Bevölkerung wurde daher in gewisser Weise als Manövriermasse zur teilweisen Abdeckung des Arbeitskräftebedarfs angesehen. Dies sollte sich dann mit dem Zurückströmen der entlassenen Kriegsgefangenen Ende der vierziger Jahre erneut ändern. Als weiterer Faktor für den Rückgang der Frauenerwerbsrate dürfte auch die ablehnende Haltung zahlreicher Betriebsleitungen gegenüber der Einstellung von Frauen eine nicht unwesentliche Rolle gespielt haben[106]. Von seiten der Arbeitsämter wurde oft auf dieses Phänomen aufmerksam gemacht; die Durchführung von Kampagnen änderte an diesem Verhalten jedoch wenig. Die Zielkonflikte ergaben sich nicht nur aus den wirtschaftspolitischen Vorstellungen der SED-Führung sowie der DVAS, die auf eine Ausschöpfung des Arbeitskräftepotentials hinausliefen, sondern auch aus dem traditionellen Rollenverständnis der Frau, das in vielfältiger Weise noch erhalten geblieben war. Dieses Spannungsverhältnis hatte unter völlig anderen Ausgangsbedingungen auch während der NS-Zeit bestanden: Bei dem Versuch, Wirtschaft und Gesellschaft für den „Totalen Krieg" zu mobilisieren, blieb Deutschland im Vergleich zu einigen alliierten Mächten deutlich zurück[107].

Zielkonflikte konnten sich auch aufgrund von Anweisungen oder Befehlen der sowjetischen Besatzungsmacht ergeben. So sprachen sich Vertreter der SMAD-Abteilung Arbeitskraft gegen das Doppelverdienertum aus. Um die Arbeitslosigkeit wirksam bekämpfen zu können, schlugen sie vor, daß „in der Familie immer nur einer arbeiten" solle[108]. Dabei wurde den Frauen eine untergeordnete Rolle zugewiesen: Der Regelfall sollte die Erwerbstätigkeit des Mannes bleiben. Die ZVAS griff diesen Gedanken auf und beabsichtigte, Doppelverdiener nur noch in Ausnahmefällen zuzulassen. Die Abteilung für Arbeit des Magistrats von Berlin verwies darauf, daß das geplante Vorhaben unvereinbar sei mit den Bestimmungen zur allgemeinen Meldepflicht[109]. Diese legten nämlich fest, daß grundsätzlich die gesamte erwerbsfähige Bevölkerung von den Arbeitsämtern zu registrieren war und damit auch der Arbeitskräftelenkung zur Verfügung stand. Offensichtlich war dieser Zusammenhang entscheidend für das Fallenlassen der Pläne.

Während bei der Ausarbeitung der gesetzlichen Bestimmungen für die Registrierung der arbeitsfähigen Bevölkerung bekanntlich einige Ausnahmen getroffen worden waren, existierten diese in der Anfangsphase noch nicht für die Zwangseinweisung in Arbeit. Die Abteilung Arbeitskraft der SMAD regte dabei die Vorbereitung eines Gesetzes an, das Frauen mit einer bestimmten Anzahl von Kindern vom Arbeitseinsatz explizit befreien sollte[110]. Dagegen wollte die Berliner Zentralverwaltung arbeitsschutzrechtliche Regelungen für Frauen in Form

106 Zank, Wirtschaft und Arbeit, S. 140.
107 Vgl. Winkler, Frauenarbeit im „Dritten Reich". Vgl. zur Kontroverse über die Mobilisierung nicht erwerbstätiger Frauen in Großbritannien und im Deutschen Reich während des Zweiten Weltkrieges: Milward, Arbeitspolitik und Produktivität; Recker, Nationalsozialistische Sozialpolitik, S. 180–185 und S. 300; Petzina, Soziale Lage der deutschen Arbeiter. Dagegen argumentiert Overy, „Blitzkriegswirtschaft".
108 BAB, DQ 2/2040, Bl. 1, Besprechung am 8. 9. 1945 zwischen Vertretern der ZVAS und der SMAD-Abt. Arbeitskraft.
109 BAB, DQ 2/2064, Magistrat Berlin (Abt. für Arbeit) am 17. 10. 1945 an die ZVAS (Abt. III).
110 BAB, DQ 2/1, Bl. 6, Aktenvermerk über Besprechung mit Herrn Remissow in Karlshorst am 16. 10. 1945.

einer Durchführungsverordnung zum Befehl Nr. 253 herausgeben, der die „gleiche Entlohnung der Frauen, der jugendlichen Arbeiter und der erwachsenen Männer für gleiche Arbeit" gefordert und die DVAS beauftragt hatte, innerhalb von zwei Monaten ein Verzeichnis der Berufe zu erstellen, bei denen Frauenarbeit ausdrücklich ausgeschlossen werden sollte[111]. Die zuständigen Abteilungen der DVAS feilten Anfang Oktober 1947 an einer solchen Durchführungsbestimmung[112]. Eine endgültige Entscheidung konnten und wollten jedoch die Landesverwaltungen nicht abwarten, was wiederum die Einheitlichkeit der arbeitsmarktpolitischen Maßnahmen in der SBZ insgesamt gefährdete. Die einzelnen Landesämter favorisierten in der Regel pragmatische Lösungen. So wurden in Thüringen nach Absprache mit der dortigen SMA Frauen über 46 Jahre vom Arbeitseinsatz befreit[113]. Nachdem der Arbeitskräftebedarf im Laufe des III. Quartals spürbar angestiegen war, hob das thüringische Landesamt diese Bestimmung auf. In der Folgezeit hatte das Landesarbeitsamt die weibliche Altersgruppe zwischen 46 und 60 Jahren wieder zu erfassen und zu vermitteln. Auch wenn bis zu diesem Zeitpunkt kein für die SBZ einheitliches Verbot bestimmter Berufe für Frauen in Kraft getreten war, sah doch die Praxis der Arbeitsvermittlung und -einweisung anders aus. Vor allem Berufe in der Grundstoffindustrie zählten zu den nicht zugelassenen Frauenberufen[114]. Darüber hinaus blieben aufgrund von Überlegungen, die sehr stark vom Arbeitsschutz geprägt waren, einzelne Berufe der Bekleidungsindustrie, der holzverarbeitenden Industrie, der Bau-, aber auch der Nahrungs- und Genußmittelindustrie den Frauen versperrt. Am 8. Januar 1947 veröffentlichte die SMAD schließlich den Befehl Nr. 10, der die Befreiung von Frauen vom Arbeitseinsatz vorsah[115]. Voraussetzung dafür war allerdings, daß die Frauen „selbständig ihren Haushalt führen" und in ihren Familien Personen zu versorgen hatten, „die nach dem Gutachten deutscher Heilanstalten ständig der Pflege und Bedienung bedürfen". Darüber hinaus waren Frauen von der Meldepflicht sowie der Möglichkeit zur Zwangseinweisung befreit, wenn sie zwei oder mehr arbeitende Familienmitglieder oder mindestens zwei Kinder unter 15 Jahren hatten. Eine Liste mit Berufen, die mit einem ausdrücklichen Einstellungsverbot versehen war, enthielt dieser Befehl jedoch nicht. Entscheidendes Kriterium blieb die Stellung der Frau im Familienverbund und die damit zusammenhängenden Aufgaben.

Da die sowjetische Besatzungsmacht eine große Anzahl von arbeitsfähigen Männern für die Demontagetätigkeiten oder die SAG-Betriebe benötigte, diese jedoch nicht in ausreichender Anzahl zur Verfügung standen, versuchte die DVAS/ HVAS, männliche Arbeitskräfte in körperlich leichteren Berufen durch weibliche zu ersetzen. Über den Fortgang dieser Arbeitskräfteumsetzung wollte die SMAD stets genau unterrichtet werden[116]. Im Herbst 1949 verlangte die Abteilung Arbeitskraft von der HVAS, den Arbeitsämtern eine Auflage von rund 30000 „Um-

[111] Arbeit und Sozialfürsorge 1 (1946), S. 306.
[112] BAB, DQ 2/81, Bl. 135, Juristische Abteilung am 2. 10. 1947 an Abt. I b.
[113] SAPMO, DY 30/IV 2/2.027/2, Bl. 25–27, hier Bl. 25, Bericht über Besprechung in Weimar und Halle am 18. und 20. 12. 1946.
[114] BAB, DQ 2/1571, Liste der DVAS-Abt. II vom 30. 4. 1946.
[115] BAB, DQ 2/1503, Bl. 35. Vgl. Arbeit und Sozialfürsorge 2 (1946), S. 2.
[116] BAB, DQ 2/2040, Bl. 146, Aktennotiz über Besprechung mit der SMAD in Karlshorst am 29. 6. 1948.

besetzungen" zu erteilen, die bis zum Jahresende zu erfüllen war. Erst nach längerer Diskussion gelang es einem Vertreter der HVAS, Karlshorst davon zu überzeugen, daß „derartige Auflagen illusorisch seien, da diese Arbeiten vollkommen individuell vorgenommen werden müssen und der Erfolg von der Struktur der Betriebe abhängig sei und nicht vorher bestimmt werden könne"[117]. Ende September mußte die HVAS einräumen, daß der „Austausch von Männern gegen Frauen noch nicht mit dem gewünschten Erfolg durchgeführt worden ist"[118]. Dies lag nicht nur an den jeweiligen Landesämtern, die für Durchführung der Aktion mit verantwortlich waren, sondern primär an der Tatsache, daß auf dem Arbeitsmarkt noch freie vollarbeitsfähige Männer zur Verfügung standen, die von den Betrieben bevorzugt angefordert wurden.

Die Arbeitsämter wurden von den Provinzial- bzw. Landesämtern für Arbeit und Sozialfürsorge angewiesen, genaue Angaben zu machen über die Zahl der Frauen mit Kindern bis zu sechs Jahren, der Schülerinnen sämtlicher Lehranstalten, der invaliden Frauen (mit einem Verlust der Erwerbsfähigkeit zu 66,7 Prozent), der „kulturschaffenden" Frauen sowie der Frauen, die als Freiberufler tätig waren[119]. Dadurch erhoffte sich die Arbeitsverwaltung, einen detaillierten Überblick über die weibliche Bevölkerung zu erhalten, die über die bisherige noch in den Anfängen stehende Arbeitsmarktstatistik hinausreichte. Bei der Zuweisung von weiblichen Arbeitskräften waren nach Angaben des Provinzialamtes für Arbeit und Sozialfürsorge in Halle mehrere Faktoren zu berücksichtigen: In erster Linie sollten „jüngere und ledige oder unabhängige Frauen" eingesetzt werden bzw. solche, „die auf Verdienst angewiesen sind und daher selbst eine Arbeitsvermittlung wünschen"[120]. Der Einsatz „sozial gebundener Kräfte" – darunter fielen Mütter mit Kindern bis zu 14 Jahren, Frauen, die für andere Familienangehörige sorgen mußten, sowie Frauen im Alter von 45 bis 50 Jahren, die nicht auf eine Erwerbstätigkeit angewiesen waren – hatte dagegen nur dann zu erfolgen, „wenn es die Bedarfslage erfordert und andere geeignete Kräfte, denen die Arbeitsaufnahme eher zuzumuten ist, nicht mehr vorhanden sind." Das Provinzialamt verlangte vor der beruflichen Einstellung eine sorgfältige Eignungsprüfung, da ansonsten das angestrebte Ziel einer Produktivitätssteigerung in den Betrieben nicht erreicht werden könne: „Wird bei der Auswahl der Kräfte das Moment der Eignung vernachlässigt, dann ist mit einer ausreichenden Leistung nicht zu rechnen, die Wirtschaft hat nicht den erwarteten Nutzen von den Arbeitskräften und die Frauen ihrerseits haben keine Befriedigung in der Arbeit, die eine Grundbedingung für die Leistung darstellt." In Zweifelsfällen sollte deshalb die körperliche Eignung in Zusammenarbeit mit dem Beratungsärzten des zuständigen Arbeitsamtes festgestellt werden. Gleichzeitig sprach sich das Provinzialamt für den verstärkten Ausbau von Kindergärten und Horten aus, um Frauen mit Kindern einen Einstieg in die Arbeitswelt wieder zu ermöglichen. Das sachsen-anhaltische Provinzialamt

---

[117] BAB, DQ 2/1950, Aktenvermerk über eine Besprechung in Karlshorst am 21. 9. 1949.
[118] BAB, DQ 2/517, HVAS am 29. 9. 1949 an SMAD-Abt. Arbeitskraft.
[119] BAB, DQ 2/2066, Provinzialamt für Arbeit und Sozialfürsorge von Sachsen-Anhalt am 4. 1. 1946 an die Bezirksämter der Arbeit und Ämter der Arbeit, S. 2.
[120] Ebenda, S. 1.

wagte die durchaus zutreffende Prognose, daß mit zunehmendem Fraueneinsatz diese sozialen Einrichtungen „eine immer größere Rolle spielen" würden[121].

Auch die DVAS wies in einer internen Denkschrift auf die zahlreichen Probleme bei der beruflichen Eingliederung von Frauen und deren Benachteiligung gegenüber der männlichen Erwerbsbevölkerung hin[122]. Konkrete Maßnahmen wurden jedoch zunächst auf Länderebene eingeführt. So entwarf etwa das Landesamt für Arbeit und Sozialfürsorge von Mecklenburg-Vorpommern erstmals im Frühsommer 1946 Planungen zur beruflichen Umschulung von Frauen. Dabei machte sich die fehlende Kooperationsbereitschaft von Handwerksmeistern und kleinen mittelständischen Betrieben rasch bemerkbar. Diese konnten sich „vorwiegend wegen der bestehenden Raum- und Materialschwierigkeiten [...] nicht entschließen", die Umschülerinnen einzustellen[123]. Ein Hindernis stellte außerdem die tarifliche Festlegung des Lohnes dar: Einige Betriebsinhaber weigerten sich offensichtlich, den erwachsenen Umschülerinnen ein höheres Entgelt zu zahlen als den Lehrlingen. Die Hauptabteilung Frauenfragen beim FDGB-Bundesvorstand mußte in dem Zusammenhang bei Gewerkschaftskonferenzen generell Klagen von Frauen zur Kenntnis nehmen, daß „in völlig ungenügendem Maße die Angleichung der Frauenlöhne und die Verwirklichung des Grundsatzes – gleicher Lohn für gleiche Leistung – geschieht"[124]. Die Realisierung des SMAD-Befehls scheiterte oftmals am hinhaltenden Widerstand nicht nur der Betriebsleitungen, sondern auch der Betriebsräte. Die Arbeitsverwaltung war bei Kontrollen auf die Kooperation der Betriebe angewiesen, was keineswegs immer gewährleistet war. Besonders schwierig gestaltete sich die Überprüfung bei den SAG-Betrieben[125], die sich den deutschen Verwaltungen nicht nur in dieser Frage fast vollständig entzogen. Daraus ergab sich die paradoxe Situation, daß die sowjetische Besatzungsmacht einen entsprechenden Befehl („Gleiche Entlohnung für gleiche Arbeit") erlassen hatte, für dessen Umsetzung den ostdeutschen Arbeitsämtern und vor allem der DVAS kaum Machtbefugnisse zur Verfügung standen.

Nach offiziellen sowjetischen Angaben waren die Wirtschaftszweige mit einem sehr hohen Frauenanteil Ende 1946: das Schneidereigewerbe (84,2 Prozent), die Tabakindustrie (75,6 Prozent), die Textilindustrie (70,7 Prozent), die Musikinstrumenten- und Spielwarenindustrie (60 Prozent) sowie die Nahrungsmittelindustrie (59,7 Prozent)[126]. Der Anteil der abhängig beschäftigten Frauen betrug insgesamt gesehen bereits 44,5 Prozent. Da der Bericht keine weiteren, vor allem differenzierteren Angaben enthält, können die genannten Zahlen nur eine Tendenz angeben: So ist auch die Mitteilung mit Vorbehalten zu sehen, zehn Prozent der im Bergbau beschäftigten Arbeitskräfte seien Frauen. Von deutscher Seite wurden

[121] Ebenda, S. 2.
[122] BAB, DQ 2/1571, Denkschrift der DVAS o.D. (vermutlich Frühjahr 1946).
[123] BAB, DQ 2/2064, Bericht der DVAS über die Reise nach Schwerin am 18. 6. 1946, S. 1.
[124] SAPMO, DY 30/IV 2/17/26, Bl. 6, FDGB-Vorstand, HA Frauenfragen (Friedel Malter), am 1. 8. 1946 an PV der SED, Abt. Frauen (Käthe Kern).
[125] Ebenda, Bl. 115, Vermerk von Lisa Ullrich vom 7. 1. 1947 über eine Besprechung mit Oberstleutnant Nasarow in Karlshorst.
[126] P. Schaposchnikow, Beseitigung der Arbeitslosigkeit und Frauenbeschäftigtenquote, in: ‚Tägliche Rundschau' vom 16. 11. 1946, zitiert nach: SAPMO, DY 30/IV 2/17/25, Bl. 145.

diese Prozentangaben einen Tag später im ‚Neues Deutschland' bestätigt[127]. Auffallend ist die Tatsache, daß die Berufsgruppen etwas anders gefaßt wurden und die Angaben geringfügig voneinander abwichen. In der Tendenz gingen sie aber in dieselbe Richtung: Schwerpunkte der Frauenbeschäftigung waren das Gaststättengewerbe und vor allem die Textil- und Bekleidungsindustrie. Quantitativ von Bedeutung erschienen außerdem die Landwirtschaft (60 Prozent) sowie der Beruf der Hausgehilfen mit insgesamt 318000 Beschäftigten, in dem fast ausschließlich Frauen arbeiteten (98 Prozent).

Zur Verbesserung der Verwaltungsarbeit bildete die HVAS-Abteilung Erfassung und Arbeitslenkung im Laufe des Sommers 1948 ein eigenständiges Frauenreferat, in dem zukünftig „alle grundsätzlichen Fragen der Erfassung und Lenkung der weiblichen Arbeitskräfte" bearbeitet werden sollten[128]. Die Berliner Hauptverwaltung schlug den Landesarbeitsämtern vor, ihre Verwaltungsstruktur dementsprechend anzupassen. Diese organisationstechnische Maßnahme rückte zwar die Frauenerwerbstätigkeit etwas stärker in den Mittelpunkt der Verwaltungsarbeit[129], die positiven Ergebnisse, die davon ausgehen sollten, blieben jedoch zunächst noch aus. Nicht nur das Frauenreferat der HVAS, sondern auch die innerhalb der SED organisierten Frauen hatten sich mittlerweile unter Anleitung der Abteilung Frauen des SED-Parteivorstandes zu einem Fürsprecher der Belange beschäftigter Frauen entwickelt. Im Zuge der Ausarbeitung des Zweijahrplanes forderte eine in Chemnitz tagende Landeskonferenz von 500 „werktätigen Frauen der SED" am 16. August 1948, daß „Möglichkeiten zur Entlastung der bereits werktätigen und noch in den Produktionsprozeß einzubeziehenden Frauen gesucht und gefunden werden"[130]. Dazu gehörten zunächst einmal Auf- und Ausbau von sozialen Einrichtungen: die Schaffung von betrieblichen Wochenkinderheimen, Nähstuben, Waschküchen sowie die Einrichtung von Verkaufsmöglichkeiten innerhalb des Betriebes. Der FDGB unterstützte dieses Anliegen auf seiner Sozialpolitischen Arbeitstagung am 27./28. September 1948[131].

Aufgrund des engen finanz- und haushaltspolitischen Spielraumes entwickelte sich vermutlich die Forderung nach einem umfassenden Auf- und Ausbau von betrieblichen Kindergärten und ähnlichen sozialen Einrichtungen zu einem langfristigen Ziel, das vorerst zurückgestellt werden mußte. Auf ausdrückliche Anweisung des Obersten Chefs der SMAD, Marschall Wassili D. Sokolowski, wurde die arbeitsmarktpolitische Förderung der Frauenerwerbstätigkeit in eine etwas andere Richtung gelenkt: Sie sollte mittelfristig mit den Umschulungsplänen verbunden werden bzw. in diesen aufgehen[132]. Einzelne Landesverwaltungen versuchten parallel dazu, durch die Verbesserung der betrieblichen Gesundheitsfürsorge Frauen mit Kleinkindern die Ausübung ihres Berufes zu ermöglichen. Die

[127] ‚Neues Deutschland' vom 17. 11. 1946, zitiert nach: SAPMO, DY 30/IV 2/17/25, Bl. 148.
[128] BAB, DQ 2/2064, Krüger am 6. 7. 1948 an die Landesarbeitsämter in Erfurt, Schwerin, Halle und Potsdam.
[129] Die Einrichtung des Frauenreferats bei den Landesarbeitsämtern ging zügig voran. Anfang Juli besaß das LAA Sachsen ein entsprechendes Fachreferat. Vgl. BAB, DQ 2/1762, Bericht der HVAS-Abt. I b über die Amtsleitertagung am 9./10. 7. 1948 in Mittweida, S. 1.
[130] SAPMO, DY 30/IV 2/17/24, Bl. 134 f.
[131] BAB, DQ 2/144, Bl. 43–58, hier Bl. 58, Anlage Nr. 2 zum Tagungsprotokoll.
[132] BAB, DQ 2/1948, Aktenvermerk Donaus über eine Besprechung in Karlshorst am 20. 8. 1948.

Abteilung Gesundheitswesen im brandenburgischen Ministerium für Arbeit und Sozialwesen favorisierte in dem Zusammenhang den Ausbau von Säuglingskrippen in großen Krankenhäusern und Landesanstalten sowie in den Betrieben. Sie bat die Kreisgesundheitsämter des Landes, gemeinsam mit dem DFD und FDGB einen Plan über die Aufteilung der Kinderkrippen innerhalb ihres Zuständigkeitsbereiches aufzustellen[133]. Dahinter stand jedoch nicht in erster Linie das Bestreben, die Gleichberechtigung von Mann und Frau in der Arbeitswelt voranzutreiben, sondern die Erfüllung der Wirtschaftspläne sowie die weitere Ausschöpfung des Arbeitskräftepotentials. Das Ziel der Arbeitsverwaltung, die Frauenerwerbsquote zu steigern, wurde in der westdeutschen Presse zum Teil heftig kritisiert. Besonders eine Textpassage des brandenburgischen Rundschreibens rief dabei Empörung hervor: „Wenn man berechnet, daß eine Frau in den besten Jahren im Abstand von 3 Jahren 4 Kinder bekommt, bedeutet das einen Arbeitsausfall von 14 Jahren. Das steht im Widerspruch zum 2 Jahresplan."[134] In der Tageszeitung ‚Der Tag‘ wurde vor dem Rückfall in die Zeit des Hochkapitalismus während der zweiten Hälfte des 19. Jahrhunderts gewarnt und auf den Mißbrauch der Frauen- und Kinderarbeit aufmerksam gemacht[135]. Durch die Veröffentlichung in der westdeutschen Presse war die Berliner Hauptverwaltung aufgeschreckt worden. Die Kritik der HVAS entzündete sich jedoch weniger am Inhalt der brandenburgischen Initiative, als vielmehr am Wortlaut: „Der Zweck, nämlich besondere Einrichtungen für schwangere Frauen und stillende Mütter im Produktionsprozeß zu schaffen, hätte mit einer wesentlich glücklicheren Begründung erreicht werden können."[136] Der Minister für Arbeit und Sozialwesen Brandenburgs Schwob bedauerte den Vorfall[137]. Während Brack der Frage nachgehen wollte, auf welche Weise die dienstliche Mitteilung in die westliche Presse gelangen konnte und dabei Verschwörungstheorien entwickelte[138], versuchte die Hauptverwaltung Gesundheitswesen die mittlerweile aufgeheizten Gemüter besonders bei der HVAS zu beruhigen[139]. Diese Auseinandersetzung machte unter anderem auch deutlich, wie stark der sich ausweitende „Kalte Krieg" nahezu sämtliche politischen Subsysteme zu erreichen und zu prägen vermochte.

Die arbeitsmarktpolitischen Initiativen zugunsten der Eingliederung von Frauen in das Erwerbsleben blieben zwischen Kriegsende und DDR-Gründung relativ spärlich und in ihren Folgewirkungen außerordentlich begrenzt. Es gab zwar Programme zum Aufbau von Kindergärten und ähnlichen betrieblichen Einrichtungen, deren Verwirklichung jedoch an den oben genannten Gründen scheiterte. Weitgehend ergebnislos verlief außerdem das Ansinnen einzelner Ar-

---

[133] BAB, DQ 2/963, Rundschreiben des Ministers für Arbeit und Sozialwesen von Brandenburg am 26. 10. 1948 an alle Gesundheitsämter, DFD-Kreisleitungen und Frauensekretariate bei den FDGB-Kreisleitungen.
[134] Ebenda.
[135] ‚Der Tag‘ vom 18. 5. 1949, Zeitungsartikel: „Die Frauen und Mütter in der Produktion", zitiert nach: BAB, DQ 2/963.
[136] BAB, DQ 2/963, HVAS-Präsident Brack am 29. 6. 1949 an die HV Gesundheitswesen (Prof. Linser).
[137] Ebenda, Schwob am 24. 6. 1949 an die HVAS.
[138] Ebenda, Brack am 29. 6. 1949 an die HV Gesundheitswesen (Prof. Linser).
[139] Ebenda, HV Gesundheitswesen (Dr. Winter) am 15. 8. 1949 an die HVAS (Brack).

beitsämter, Richtsätze für den Frauenanteil in den Betrieben festzulegen[140]. Die Entscheidungskompetenz über die Einstellung von Arbeitskräften lag in diesem Zeitraum letztlich bei den Betriebsleitern, die dabei andere Faktoren berücksichtigen mußten: Auftragslage, Produktionsauslastung, Absatzmärkte, Belieferung mit Rohstoffen, aber auch das konkrete Arbeitskräfteangebot vor Ort etc. Somit hatten die Pläne zur Ausweitung der weiblichen Erwerbsbevölkerung, die im Zusammenhang mit dem Zweijahrplan von der HVAS ausgearbeitet wurden, zunächst nur den Charakter einer Absichtserklärung[141]. Doch auch die Verbesserung der Rahmenbedingungen (Kindergärten etc.) ließ sich nicht in dem von der HVAS erhofften Maße erreichen. Zu diesen die Frauenarbeit unterstützenden Faktoren sollte nach den Vorstellungen der DVAS/HVAS sowie des DFD auch die Einführung eines bezahlten Hausarbeitstages[142] gehören, der bis 1949 jedoch nicht zonal einheitlich gesetzlich verankert werden konnte. Aus wirtschaftspolitischen aber auch ideologischen Überlegungen heraus zog sich diese Debatte in die Länge und konnte erst 1952 abgeschlossen werden: Dabei wurde dann den alleinstehenden Frauen ohne Kindern der Rechtsanspruch auf einen Hausarbeitstag verwehrt[143]. Bis zu diesem Zeitpunkt blieb es Aufgabe der Länder, eine Regelung herbeizuführen.

Jugendliche

Die berufliche Ausbildung von Jugendlichen[144] sowie deren Eingliederung in die einzelnen Teilarbeitsmärkte gehörte nicht von Anfang an zu den vordringlichen Aufgaben der ZVAS/DVAS. So blieb es der am 7. März 1946 von der SMAD lizensierten FDJ[145] zunächst überlassen, auf diesem Politikfeld aktiv zu werden: Der Entwurf des Zentraljugendausschusses, das Organisationskomitee der FDJ, enthielt unter anderem die Forderung nach einer „planmäßige[n] Lenkung der jugendlichen Arbeitskräfte für solche Berufe, die eine Zukunft haben"[146]. Konkrete arbeitsmarktpolitische Überlegungen schlossen sich daran jedoch nicht an, vielmehr handelte es sich um eine allgemein gehaltene Forderung, die Bestandteil eines Katalogs von „Grundrechte[n] der jungen Generation" war. Zusammen mit den bürgerlichen Blockparteien CDU und LDP, dem FDGB, den Kirchen, der

---

[140] So hatte sich etwa der Beratungsausschuß des Arbeitsamtes Brandenburg für einen Frauenanteil zwischen 15 und 20% ausgesprochen. Vgl. BAB, DQ 2/2063, Protokoll der Sitzung des Beratungsausschusses des Arbeitsamtes Brandenburg vom 21. 3. 1949.

[141] Vgl. Arbeit und Sozialwesen. Mitteilungsblatt des Ministeriums für Arbeit und Sozialwesen Thüringens Nr. 1 vom Juli 1949, S. 2, zitiert nach: ThHStA, Land Thüringen, Ministerium für Wirtschaft und Arbeit, Bd. 3597, Bl. 276.

[142] Vgl. zu den historischen Vorläufern im „Dritten Reich" sowie die unterschiedliche Entwicklung in den beiden deutschen Staaten nach 1945/49: Sachse, Ein „heißes Eisen".

[143] Sachse, Ein „heißes Eisen", S. 258. Ob das Vorhaben in der SBZ am Widerstand der SMAD scheiterte, wie Sachse behauptet (S. 257), muß bezweifelt werden. Die sowjetische Besatzungsmacht wollte vermutlich die Regelung des Hausarbeitstages vielmehr den Betrieben überlassen. Anstelle einer Verordnung sollten daher tarifliche bzw. betriebliche Vereinbarungen getroffen werden. Vgl. SAPMO, DY 30/IV 2/17/31, Bl. 9, Auszug aus dem Geschäftsbericht des FDGB 1946, S. 114.

[144] Vgl. dazu auch die Darstellung in: Vergleich von Bildung und Erziehung; Zank, Wirtschaft und Arbeit, S. 112–119.

[145] Mählert, Die Freie Deutsche Jugend, S. 93–95.

[146] BAB, DQ 2/1847, Entwurf des Zentraljugendausschusses (Organisationskomitee der FDJ) vom 24. 4. 1946, S. 3.

Volkssolidarität, dem zentralen Frauenausschuß und den Jugendämtern gründete
die FDJ am 18. August 1946 das „Werk der Jugend", das auf maßgebliche Anregung der SED zurückging, und das sich zur Aufgabe setzte, die Jugendarbeitslosigkeit zu bekämpfen sowie die Mängel in der Berufsausbildung zu beheben[147].
Obwohl die Durchführung von Arbeitseinsätzen durchaus eingeplant wurde,
nahm man doch rasch von den Plänen Abstand, eine Arbeitsdienstpflicht einzuführen. Die arbeitsmarktpolitische Bedeutung dieser Initiative, mit deren Hilfe
die SED vermutlich die Blockpolitik stärken und die gerade ins Leben gerufene
Jugendorganisation politisch aufwerten wollte, muß indessen gering veranschlagt
werden[148]. Dies hing mit dem schleppendem Organisationsaufbau sowie der per-
manenten Finanznot zusammen. Darüber hinaus war rasch deutlich geworden,
daß für Fragen der Beschäftigung, Entlohnung und Ausbildung andere Institutionen zuständig waren: die wirtschaftlichen Zentralverwaltungen in Berlin und die
entsprechenden Landes- bzw. Provinzialämter sowie die sowjetische Besatzungsmacht.

Es war zunächst die sowjetische Besatzungsmacht, die die Frage des beruflichen Nachwuchses in der SBZ aufwarf und dazu den Befehl Nr. 254 am
20. August 1946 veröffentlichte. Dieser hatte die Sicherstellung der Ausbildung
qualifizierter Arbeiter und Angestellten auf dem Gebiet der berufstechnischen,
landwirtschaftlichen und medizinischen Schulen zum Ziel[149]. Die Präsidenten der
Länder und Provinzen erhielten den Auftrag, zum 1. September ein „Netz von
Schulen [aufzubauen] und die Zahl der Schüler in den einzelnen Berufen" festzu-
setzen. Die Fertigstellung entsprechender Räumlichkeiten sollte zu Beginn des
Schuljahres 1946/47 abgeschlossen werden. In einer Anlage befanden sich genaue
Zahlenangaben, unterteilt nach den einzelnen Ländern, den unterschiedlichen
Schultypen sowie den jeweiligen Berufsgruppen[150]. Die SMAD legte den Schwerpunkt in ihrem Befehl eindeutig auf die berufstechnischen Schulen: Hier sollten
im Schuljahr 1946/47 insgesamt 378 500 Berufsschüler aufgenommen werden. Für
die landwirtschaftlichen Schulen waren insgesamt 12 600 Schüler vorgesehen, für
die medizinischen Schulen nochmals 2 900. Diese Vorgaben entsprachen vermutlich dem sowjetischen Interesse nach Facharbeitern, aber wohl auch dem allgemeinen Bedarf an qualifizierten Arbeitern von seiten ostdeutscher Betriebsleitungen. Die Frage des beruflichen Nachwuchses war des öfteren Gegenstand von Besprechungen zwischen Vertretern der DVAS und der Abteilung Arbeitskraft in
Karlshorst. Dabei wiesen die SMAD-Vertreter unter anderem auf die „Überalterung der Arbeiterschaft in den wichtigsten Industriezweigen" hin[151]. Die Arbeitsverwaltung wurde aufgefordert, der Ausbildung von Jugendlichen, deren „materielle[r] Sicherstellung" und wohnlichen Unterbringung „größte Aufmerksamkeit" entgegenzubringen.

Der Aufforderung der sowjetischen Besatzungsmacht, die berufliche Ausbildung von Jugendlichen zu forcieren, um den Arbeitskräftebedarf langfristig mit

---

[147] Mählert, Die Freie Deutsche Jugend, S. 181.
[148] Ebenda, S. 182 f.
[149] BAB, DQ 2/1503, Bl. 58.
[150] Ebenda, Bl. 59–61.
[151] BAB, DQ 2/67, Bl. 24, Aktennotiz über Besprechung in Karlshorst am 22. 10. 1946.

abdecken zu können, stand die Praxis zahlreicher SAG-Betriebe diametral entgegen. Im Herbst 1946 häuften sich die Meldungen, nach denen sowjetische Generaldirektoren nicht nur die Einstellung von Lehrlingen ablehnten, sondern teilweise sogar die Entlassung von bereits beschäftigten Lehrlingen vornehmen wollten[152]. Die DVAS bat daraufhin die Abteilung Arbeitskraft in Karlshorst, die angekündigte Entlassungswelle zu verhindern und den Einstellungsstopp wieder rückgängig zu machen. Die Berliner Zentralverwaltung unterstrich die Bedeutung der Berufsausbildung in den SAG-Betrieben: Angesichts des großen Mangels an Lehrstellen sei es „sowohl aus wirtschaftlichen als auch aus politischen Gründen nicht tragbar, wenn die SAG's sich von der Lehrlingsausbildung ausschließen wollten." Karlshorst schloß sich offensichtlich dieser Meinung an. Die DVAS wurde ermächtigt, den Landesverwaltungen mitzuteilen, daß die Vorgehensweise der betreffenden SAG-Betriebsleitungen „gesetzlich ungültig" sei[153]. Die Lehrlinge waren demzufolge sogar berechtigt, bei den Arbeitsgerichten Einspruch gegen ihre Entlassung einzulegen. Allerdings mußte sich erst noch in der Praxis erweisen, inwieweit die Stellungnahme der SMAD-Abteilung Arbeitskraft Einfluß auf die SAG-Betriebe haben konnte. Bei der Durchführung sowjetischer Befehle, die die Bereitstellung von Arbeitskräften für Vorhaben der Besatzungsmacht betrafen, hatte sich gezeigt, wie einflußlos die Karlshorster Abteilung mitunter war. Dies bestätigte sich auch in den folgenden Monaten. So berichtete etwa das thüringische Ministerium für Arbeit und Sozialwesen, daß die SAG-Betriebe „sehr einseitig und betriebsgebunden eingestellt sind und die Tendenz dahin geht, nur Fachkräfte für den eigenen Betrieb bzw. sogenannte Spezialisten in kurzen Lehrgängen heranzubilden"[154]. Bei entsprechenden Überprüfungen sei keinerlei Entgegenkommen von seiten der sowjetischen Generaldirektoren, aber auch der deutschen Betriebsleiter erkennbar gewesen; neue Lehrstellen seien nicht bereitgestellt worden. Die DVAS wurde von dem Ministerium in Erfurt mehrmals aufgefordert, bei der SMAD in Karlshorst eine Erhöhung der Lehrstellen in den SAG-Betrieben zu erreichen[155]. Die DVAS reichte diese Bitten an die Abteilung Arbeitskraft in Karlshorst weiter und betonte dabei, daß die SAG-Betriebe bei der Lehrlingseinstellung „vorbildlichst vorangehen müssen"[156].

Ab dem Frühjahr 1948 trat die Debatte über die Berufsausbildung in eine neue Phase ein. Den Hintergrund dafür bildete eine Verordnung vom 9. Oktober 1947, die sich ausschließlich auf die Ausbildung von Industriearbeitern in den Berufsschulen beschränkt hatte[157]. Diese Verordnung sah unter anderem die Bildung eines Zentralausschusses für Berufsausbildung vor, der die weitere Arbeit koordinieren sollte. Dieses Gremium bestand lange Zeit nur auf dem Papier, und die

[152] BAB, DQ 2/1908, DVAS am 9. 10. 1947 an die SMAD-Abt. Arbeitskraft (Morenow).
[153] Vgl. BAB, DQ 2/1908, Rundschreiben der DVAS vom 28. 10. 1947 an alle Länder.
[154] BAB, DQ 2/137, Bl. 309, Ministerium für Arbeit und Sozialwesen des Landes Thüringen am 2. 1. 1948 an die DVAS. In Thüringen gab es zu diesem Zeitpunkt 44 SAG-Betriebe mit insgesamt 49 741 Beschäftigten; darunter befanden sich 1681 Lehrlinge sowie 117 Umschüler. Die Ausbildung in den Lehrwerkstätten der SAG's wurde als vergleichsweise gut bis sehr gut eingestuft.
[155] BAB, DQ 2/137, Bl. 313, Ministerium für Arbeit und Sozialwesen des Landes Thüringen am 2. 1. 1948 an die DVAS.
[156] Ebenda, Bl. 317, DVAS am 16. 3. 1948 an SMAD-Abt. Arbeitskraft.
[157] Arbeit und Sozialfürsorge 2 (1947), S. 473–476.

DVAS mußte sich von seiten des FDGB-Bundesvorstandes ermahnen lassen, die Verordnung endlich umzusetzen[158]. Als besonders drängendes Problem schätzte die DVAS-Abteilung II, die sich Anfang März in die Diskussion einschaltete, die Abdeckung des Bedarfs an Lehrlingswohnheimen ein: So befänden sich in einzelnen Bezirken zahlreiche Jugendliche, welche „die noch offenen Lehrstellen in Städte[n] und Industriegebiete[n] nicht antreten können, da dort keine Unterk[ü]nft[e] vorhanden" seien[159]. Hierbei überschnitten sich jedoch die Zuständigkeitsbereiche der DVAS-Abteilung „Ausbildung und Umschulung" mit den kommunalen Wohnungsämtern sowie mit den Jugendämtern[160]. Nach Auffassung der ostdeutschen Arbeitsverwaltung gehörte es zu den Aufgaben der Landesjugendämter, für die Errichtung und Erhaltung dieser Wohnheime Sorge zu tragen[161]. Solche Fragen überließ die sowjetische Besatzungsmacht weitgehend den deutschen Verwaltungen: Ihr Interesse galt der beruflichen Nachwuchsausbildung und der Erfüllung der von ihr vorgegebenen Auflagen. Die SMAD kritisierte in erster Linie die Schwerpunktsetzung der Berufsausbildung, die mit den Zielen der Besatzungsmacht oftmals nicht übereinstimmte. So wurde etwa moniert, daß die Berufsschulen im Raum Senftenberg zwar 4000 Jugendliche ausbilden würden, aber nur 56 für die dortigen Braunkohlengruben[162]. Einzelnen Berufsschullehrern wurde vorgehalten, sie hätten „von der notwendigen Nachwuchslenkung für den Bergbau keine Ahnung". Die DVAS-Vertreter konnten in diesem Fall allerdings nachweisen, daß der Bedarf an qualifizierten Bergleuten im Braunkohletagebau in der Tat gering war.

Die DWK registrierte im Frühjahr 1948 einen steigenden Fachkräftemangel in der SBZ, insbesondere an Ingenieuren nahezu aller Fachrichtungen. In Anlehnung an das sowjetische Vorbild schlug die Hauptverwaltung Wirtschaftsplanung den Aufbau neuer Hochschulen vor, die einem Großbetrieb angegliedert werden und sich auf ein Spezialgebiet beschränken sollten[163]. Das „Monotechnikum" war nach diesen Planungen unter anderem vorgesehen für die Leuna-Werke sowie die Maxhütte in Unterwellenborn. Die unmittelbare Nähe zum Betrieb schien zwei Ziele zu garantieren: Zum einen die praxisnahe Ausbildung und zum anderen geringfügige Kosten, da „die befähigsten Ingenieure" des betreffenden Betriebes als Dozenten heranzuziehen waren. Unkosten entstanden nur in Form von Sachmitteln für die Ausstattung von Unterrichtsräumen sowie durch den partiellen Ausfall der Dozenten für die betriebliche Produktion, der sich jedoch in Grenzen hal-

---

[158] BAB, DQ 2/371, Bl. 101, FDGB-Bundesvorstand (HA 3) am 16. 2. 1948 an die DVAS.
[159] Ebenda, Bl. 132, Aktenvermerk der Abt. II vom 5. 3. 1948.
[160] Vgl. zum Aufbau der Jugendämter in der SBZ: Hoffmann, Jugendämter im Wandel. Zur Jugendfürsorge in der SBZ/DDR sowie in vergleichender Perspektive: Rudloff, Öffentliche Fürsorge, S. 207–209 und S. 214f.
[161] BAB, DQ 2/371, Bl. 132, Aktenvermerk der DVAS-Abt. II vom 5. 3. 1948.
[162] Von den 4000 Auszubildenden ließen sich u. a. 1000 Jugendliche für den Beruf als Hausangestellter ausbilden, 200 für die Bekleidungsindustrie, 300 für kaufmännische Berufe und 256 für die Landwirtschaft. BAB, DQ 2/371, Bl. 120f., hier Bl. 120, Aktenvermerk über den Besuch Koreschkows (SMAD) am 30. 3. 1948.
[163] BAB, DC 15/63, Bl. 2, HV Wirtschaftsplanung (Kromrey) am 5. 5. 1948 an den DWK-Vorsitzenden Heinrich Rau. In der Sowjetunion war in der ersten Hälfte der zwanziger Jahre diese spezialisierte Form der Technischen Hochschule entstanden. Die Bezeichnung „Monotechnikum" stammt offensichtlich auch von dort.

ten sollte (zwei bis vier Stunden pro Woche). Die Hauptverwaltung Wirtschaftsplanung ging davon aus, daß auf diese Weise „in zwei bis drei Jahren schon ein erster guter Stamm von Fachingenieuren verfügbar sein wird". Diese Pläne gingen
der HVAS offenbar etwas zu weit. Sie konzentrierte sich weniger auf die Ausbildung eines akademischen Nachwuchses, sondern auf die betriebliche Lehrlingsausbildung, die langfristig den Facharbeiterbedarf abdecken sollte[164]. Die Ge-
meinsamkeit bei beiden Programmen bestand in der betrieblichen Einbettung der
Aus- und Weiterbildung. Während sich die Hauptverwaltung Wirtschaftsplanung
auf die Spezialistenrekrutierung konzentrierte und weitgehend kostenneutrale
Planungen entwarf, widmete sich die HVAS einer quantitativ größeren Gruppe.
Letzteres war weitaus kostenintensiver und sollte nach den Vorstellungen der Arbeitsverwaltung auf die Länder- und Gemeindehaushalte abgewälzt werden.

Da der Auf- und Ausbau der Berufsschulen nicht die erhofften Fortschritte
machte, schnitt die SMAD wiederholt die Frage der institutionellen Zuständigkeiten an. So wurde von seiten eines sowjetischen Vertreters die Gründung einer
eigenständigen Verwaltung ins Gespräch gebracht, die sich aus Mitarbeitern der
HVAS und der Zentralverwaltung für Volksbildung zusammensetzen sollte[165].
Fritz Selbmann, der stellvertretender DWK-Vorsitzender und Leiter der Hauptverwaltung Industrie war, lehnte dies ab und bekräftigte, daß die Aufgaben der
Berufsausbildung „eindeutigst" bei der HVAS liegen. Die dortige Abteilung II
sollte statt dessen personell vergrößert werden[166]. Gleichzeitig begannen DWK
und die beteiligten Hauptverwaltungen (HVAS und DVV) damit, Nachwuchspläne für die einzelnen Wirtschaftsbereiche auszuarbeiten. Nachdem diese Pläne
bei den Gewerkschaften durchgesickert waren, wandte sich beispielsweise die IG
Metall an die HVAS, um auf die Situation der Jugendlichen in der metallverarbeitenden Industrie aufmerksam zu machen und auf eine Verbesserung der Berufsausbildung in diesem Bereich zu drängen[167]. Der Vorsitzende des Fachausschusses
Bau wies auf die Nachwuchsprobleme in der Bauwirtschaft hin und plädierte
dafür, die Bauindustrie als Schlüsselindustrie aufzuwerten, um dadurch die Ausstattung mit Sachmitteln, aber auch die Zuteilung von Arbeitskleidung und
Schuhwerk sowie die Entlohnung insgesamt zu verbessern[168]. Die Ankündigung
von staatlichen Unterstützungsmaßnahmen bei der betrieblichen Berufsausbildung hatte somit bei den Gewerkschaften und den noch zugelassenen Verbänden
Begehrlichkeiten geweckt. Unabhängig von der zunehmenden Umwandlung der
verbliebenen Interessenorganisationen zu Transmissionsriemen der SED, die
Mitte 1948 keineswegs vollständig abgeschlossen war, wurden etwa von seiten der
Gewerkschaftsleitungen doch nach wie vor eigene Interessen vorgetragen. Auf

---

[164] BAB, DC 15/63, Bl. 1, Entwurf der HVAS-Abt. II vom 20. 5. 1948.
[165] BAB, DQ 2/371, Bl. 47f., hier Bl. 48, Aktenvermerk vom 2. 6. 1948 über Besprechung mit Ko-
reschkow.
[166] Ebenda.
[167] BAB, DQ 2/371, Bl. 90, Zentralvorstand der IG Metall (Abt. Jugend) am 6. 7. 1948 an die HVAS.
Der FDGB-Bundesvorstand sprach sich auf seiner Sozialpolitischen Arbeitstagung am 27./28. 9.
1948 generell für einen Ausbau der Berufsschulen, Lehrwerkstätten sowie die Vergrößerung des
Lehrstellenangebots aus. Vgl. BAB, DQ 2/144, Bl. 58, Entschließung der Sozialpolitischen Arbeitstagung am 27./28. 9. 1948.
[168] BAB, DQ 2/371, Bl. 66f., Vorsitzender des Fachausschusses Bau (Pisternik) am 23. 7. 1948 an die
HV Wirtschaftsplanung (Radelt).

der anderen Seite zeigten sich erste Konsequenzen bei der bereits erkennbaren Bevorzugung von Betrieben der Grundstoffindustrie: So verwies der Vorsitzende des Fachausschusses Bau explizit darauf, daß die staatliche Förderung des Bergbaus und der Metallindustrie die Berufe dieser Industriezweige gegenüber der Bauwirtschaft „anziehender" gemacht habe[169].

Ende Juli 1948 existierten im Land Brandenburg insgesamt 32 betriebliche Berufsschulen, deren Gründung größtenteils auf Initiative der DWK bzw. der beteiligten Hauptverwaltungen zurückzuführen war[170]. Darunter befanden sich etwa die Braunkohlenwerke in Senftenberg, das Hüttenwerk in Hennigsdorf sowie die Volkswerft Thälmann in Brandenburg/Havel. Die Erfüllung des Nachwuchsplanes 1948/49 ging in Brandenburg nur äußerst schleppend voran: Der relative Anteil der männlichen Auszubildenden lag gegenüber den Vorgaben bei 37,1 Prozent, bei den weiblichen Auszubildenden betrug er 31,2 Prozent[171]. Mit der Vorbereitung des Halbjahrplanes wurde auch die Berufsausbildung in die wirtschaftliche Gesamtplanung verstärkt eingebunden; Vertreter der SMAD-Abteilung Arbeitskraft wiesen bei ihren Treffen mit Mitarbeitern der DWK bzw. der HVAS öfters auf die Notwendigkeit einer engen Verzahnung hin[172].

Eine neue qualitative Ebene erreichte die Berufsausbildung mit dem Zweijahrplan, da die HVAS nunmehr gezwungen war, den Aufbau von Berufsschulen in den Ländern zu koordinieren und den Nachwuchsplan nach einheitlichen Kriterien für die gesamte SBZ aufzustellen. Um die weitere Vorgehensweise besser aufeinander abstimmen zu können, lud die Berliner Hauptverwaltung Vertreter der Landesministerien zu einer Arbeitsministerkonferenz am 12. Oktober 1948 in Berlin ein, an der auch zwei Mitarbeiter der SMAD-Abteilung Arbeitskraft teilnahmen. Präsident Brack machte einleitend auf die Tatsache aufmerksam, daß für die Durchführung des Nachwuchsplanes geeignetes Personal in den Landesverwaltungen fehle[173]. Anschließend faßte der Mitarbeiter der HVAS-Abteilung II Häuseler die bisherige Entwicklung der beruflichen Ausbildung kurz zusammen und gab einen Ausblick über die bevorstehenden Aufgaben. Auch er betonte das Ziel, eine betriebs- und praxisnahe Ausbildung zu verwirklichen. Dieses lasse sich aber nicht sofort realisieren: „Da die gegenwärtigen Verhältnisse und wohl auch nicht in absehbarer Zeit es gestatten [sic], für den Nachwuchs in den Betrieben selbst die erforderlichen Ausbildungsplätze bereitzustellen, wird es notwendig sein, Lehrwerkstätten zu schaffen, um die im Nachwuchsplan geforderten Lehrstellenbesetzungen zu erfüllen." Überlegungen, diese Lehrwerkstätten bei den Berufsschulen einzurichten, stellten seiner Meinung nach nur eine Übergangslösung dar; die betriebliche Verbundenheit müsse letztlich garantiert werden. Bis zum 1. September hatten in der SBZ bereits 99 Betriebs-Berufsschulen ihre Tätig-

---

[169] Ebenda, Bl. 66.

[170] BAB, DQ 2/371, Bl. 77, Liste der HVAS (HA II) vom 28. 7. 1948.

[171] Der Nachwuchsplan 1948/49 sah 17 795 männliche und 15 235 weibliche Auszubildende vor. Am 31. 7. 1948 waren dagegen nur 6602 männliche und 4752 weibliche Auszubildende gemeldet. BAB, DQ 2/371, Bl. 55, Liste der HVAS (HA II).

[172] BAB, DQ 2/1535, Bl. 114, Aktennotiz über Besprechung mit Morenow in Karlshorst am 20. 8. 1948.

[173] BAB, DQ 2/1303, Bl. 67–73, hier Bl. 67, Bericht über die Arbeitsministerkonferenz am 12. 10. 1948.

keit aufgenommen. Die im Plan vorgesehene Zahl von 440 Schulen, die zum 31. Dezember 1949 funktionsfähig sein sollten[174], schien etwas zu hoch gegriffen zu sein: Ungeklärt war nämlich nicht nur die konkrete Anbindung der Berufs-schulen an die Betriebe, sondern auch die Finanzierung der benötigten Sachmittel sowie des einzustellenden Lehrpersonals. Hier hakten die Ländervertreter dann auch nach. Der brandenburgische Minister für Arbeit und Sozialwesen, Fritz Schwob, bemängelte etwa, daß sowohl die entsprechende Verordnung als auch der Nachwuchsplan „viel zu spät und zudem noch mangelhaft zur Kenntnis" der Landesministerien gelangt seien[175]. Darüber hinaus hätte die HVAS für zahlreiche Berufe immer noch keine „Berufsbilder" erstellt. Präsident Brack wies in seinem Schlußwort die Kritik an seiner Verwaltung zurück: „Wenn [der Plan] reichlich spät fertiggestellt werden konnte, so liegt es daran, weil wir auf die Mitarbeit der Länder angewiesen waren, die leider hier und da noch zu wünschen übrig läßt. Ein Plan kann nur aufgestellt werden, wenn man die Zahlen der Länder zur Verfügung hat."[176]

Auf der nächsten Arbeitsministerkonferenz am 9./10. Dezember 1948 teilte Häuseler den unterschiedlichen Nachwuchsbedarf in einzelnen Wirtschaftsbran-chen mit[177]. Seinen Ausführungen war zu entnehmen, daß besonders im Bergbau der Bedarf nicht gedeckt werden konnte. In der Landwirtschaft und in der Glas-industrie standen nicht genügend Lehrstellen zur Verfügung; in der Metallindus-trie lag bei einzelnen Berufen ein Facharbeitermangel vor. Als besonderes Pro-blem stellte der HVAS-Mitarbeiter das fehlende Interesse der volkseigenen Be-triebe dar, verstärkt Frauen einzustellen. An diesen wenigen und unsystemati-schen Angaben wurde zweierlei deutlich: Zum einen ließ sich der konkrete Bedarf der Betriebe an auszubildenden Jugendlichen nicht so eindeutig und vor allem nicht so rasch feststellen. Zum anderen könnten Betriebe nicht ohne weiteres an-gehalten werden, mehr Lehrstellen zur Verfügung zu stellen. Beides zusammen trug dazu bei, daß der Nachwuchsplan nicht die von der HVAS erhoffte Wirkung entfalten konnte. Eine zufriedenstellende Lösung konnte auch im Frühjahr 1949 noch nicht gefunden werden. Die HVAS berichtete, daß sich die Zuteilung von Ausbildungsplätzen nach wie vor als sehr problematisch erweise: „Hier stoße man bei den Betrieben und im Handwerk auf große Schwierigkeiten. Selbst die volks-eigenen Betriebe entziehen sich der Verpflichtung, Jugendliche auszubilden."[178] Aus diesem Grunde wurde erwogen, Auflagen für die Betriebe zur Einstellung von Lehrlingen einzuführen.

Nachdem der Zentralausschuß für Berufsausbildung auf seiner Sitzung am 15. März 1949 in Dresden den Nachwuchsplan 1949 abschließend beraten und ge-nehmigt hatte, lag nun eine verbindliche Grundlage für alle Länder der SBZ vor[179]. Dabei gingen die beteiligten Ressorts von einer Gesamtzahl an Schulabgängern in

174 Ebenda, Bl. 68.
175 Ebenda.
176 Ebenda, Bl. 69.
177 BAB, DQ 2/1303, Bl. 26–34, hier Bl. 30f., Sitzungsbericht über die Arbeitsministerkonferenz am 9./10. 12. 1948.
178 BAB, DQ 2/2063, Bericht der HVAS-Abt. I a über die Amtsleitertagung am 5./6. 3. 1949 in Lud-wigslust, S. 3.
179 BAB, DQ 2/963, Erläuterungen der HVAS-Abt. II zum Nachwuchsplan 1949.

Höhe von 295 000 aus, deren berufliche Ausbildung sichergestellt werden mußte. Der Ausschuß für Sozialpolitik beim Deutschen Volksrat unterstützte seinerseits die vorgesehene Lehrlingsausbildung am 14. April 1949 nachträglich[180]. Da jedoch die Deutsche Zentralverwaltung für Volksbildung keine genauen Angaben über die Zahl der zu erwartenden Schulabgänger machte und darüber hinaus einige Hauptverwaltungen den in ihrem Zuständigkeitsbereich registrierten Bedarf an Nachwuchskräften nicht an die HVAS weitergaben[181], war eine weitere Überarbeitung des Nachwuchsplanes unumgänglich. Gleichzeitig hatte die DWK offenbar angekündigt, die Lehrlingsausbildung in den volkseigenen Betrieben sowie in den SAG-Betrieben gesondert regeln zu wollen[182]. Vor allem letzteres war bekanntlich am hinhaltenden Widerstand der sowjetischen Generaldirektoren stets gescheitert. Kurz zuvor hatte der Leiter der DWK-Hauptverwaltung Industrie, Fritz Selbmann, die Vereinigungen Volkseigener Betriebe (VVB) beauftragt, die ihnen unterstehenden Betriebe anzuweisen, eine „gründliche Überprüfung" vorzunehmen, inwieweit die betrieblichen Möglichkeiten zur Aufnahme von auszubildenden Lehrlingen erschöpft sind oder inwieweit neue Möglichkeiten hierfür geschaffen werden können"[183].

Ende Mai 1949 lagen für alle Länder Nachtragspläne vor, die für die volkseigenen Betriebe sowie die SAG-Betriebe relevant waren. Während der Anteil der vorhandenen Lehrstellen an den Planvorgaben in Thüringen immerhin bei 54 Prozent lag[184], konnte das Arbeitsministerium in Potsdam für Brandenburg nur eine Planerfüllungsquote von etwa 15 Prozent melden[185]. Unterschiede ergaben sich auch bei der Errichtung der betrieblichen Berufsschulen: So hatte die Landesverwaltung Thüringen insgesamt 58 Schulen aufgebaut, in denen 5473 Jugendliche ausgebildet wurden. Die HVAS kritisierte in dem Zusammenhang, daß die einzelnen Schulen nicht gleichmäßig ausgelastet seien. In Thüringen hatten – so der HVAS-Mitarbeiter Häuseler auf der Arbeitsministerkonferenz am 31. Mai 1949 – allein elf Schulen eine Schülerzahl von unter 50, darunter befanden sich offenbar auch Ausbildungseinrichtungen mit „18, 20 und 23 Schülern"[186]. Vergleichbare Probleme bei der effizienten Auslastung der Berufsschulen registrierte die Arbeitsverwaltung in Sachsen, Sachsen-Anhalt und Brandenburg. In Mecklenburg-Vorpommern hatte die vornehmlich landwirtschaftliche Prägung des Landes Auswirkungen auf das dortige Ausbildungssystem: 54 der 65 gemeldeten betrieblichen Berufsschulen seien nur im primären Sektor tätig[187]. Die HVAS plädierte daher für die Einführung einer „Richtziffer" von 100 Schülern pro Berufsschule, die nur in Ausnahmefällen unterschritten werden durfte, wobei die Zahl nicht unter 50 fallen sollte. Das bedeutete letztlich die Zusammenlegung der Berufsaus-

[180] BAB, DQ 2/1504.
[181] BAB, DQ 2/2063, Niederschrift über die Besprechung der HVAS-Abteilungen I a und I b am 3. 5. 1949, S. 3.
[182] BAB, DQ 2/1763, Protokoll über die Amtsleitertagung am 13./14. 5. 1949 in Chemnitz, S. 16.
[183] BAB, DQ 2/963, DWK (HV Industrie) am 11. 5. 1949 an alle VVB.
[184] Ebenda, HVAS-Abt. I b am 25. 5. 1949: Nachtragsplan zum Nachwuchsplan 1949 in Thüringen.
[185] Ebenda, HVAS-Abt. I b am 25. 5. 1949: Nachtragsplan zum Nachwuchsplan 1949 in Brandenburg.
[186] BAB, DQ 2/1303, Bl. 12–23, hier Bl. 16, Bericht der HVAS über die Arbeitsministerkonferenz am 31. 5. 1949.
[187] Ebenda.

bildung von mehreren volkseigenen Betrieben; nicht jeder Betrieb konnte demzufolge seine eigene Berufschule behalten. Ursache für diesen Sparkurs waren die bei der Aufstellung der Landeshaushalte vorgenommenen Kürzungen im Schul- und Ausbildungswesen. Den Arbeitsministern der Länder war es nicht gelungen, ihre Kollegen in der Landesregierung von der Notwendigkeit zu überzeugen, Finanzmittel für diesen Ausbildungsbereich bereitzustellen. Die Landesregierungen erklärten den Aufbau der Berufsschulen vielmehr zu einer Aufgabe der Berliner Hauptverwaltungen, die damit auch die finanzielle Versorgung zu übernehmen hätten.

Anfang Juni 1949 schaltete sich die FDJ nach längerer Pause wieder in die Diskussion ein. In einer Vorlage für das III. Parlament der Jugendorganisation wurden die Mängel bei der Berufsausbildung hervorgehoben, die man darauf zurückführte, daß die „dem Plan zugrunde liegenden Zahlen der in Lehrstellen zu vermittelnden Jugendlichen und der vorhandenen Lehrstellen ungenau" seien[188]. Die FDJ sprach sich für eine erhebliche Stärkung des Zentralausschusses für Berufsausbildung aus, der sich bisher als weitgehend bedeutungsloses Gremium erwiesen hatte. Der Zentralausschuß sollte eine zentrale Koordinierungsfunktion übernehmen, d. h. „mehr als bisher alle an den Fragen für Berufsausbildung interessierten Verwaltungen und Organisationen zusammenfassen und in regelmäßigen Abständen alle diesbezüglichen Fragen beraten". Darüber hinaus sollte der Zentralausschuß das Recht erhalten, Betriebe und deren Lehrwerkstätten mit dem Ziel einer Ausweitung des Ausbildungsprogramms zu überprüfen. Anders als die DWK-Hauptverwaltungen sowie die Landesregierungen befürwortete die FDJ eine erhebliche finanzielle Beteiligung der Betriebe an der Berufsausbildung. Mit diesen Vorschlägen stand die Jugendorganisation jedoch alleine da; sie wurden von seiten der staatlichen Verwaltungen nicht aufgegriffen. Es fällt im übrigen auf, daß die Massenorganisationen in dieser Debatte eine nur marginale Position einnahmen. Dabei ist vor allem die Konzeptions- und Tatenlosigkeit des FDGB bemerkenswert.

Bei der betrieblichen Berufsausbildung erwiesen sich erneut die Betriebe als entscheidender Bremsfaktor. Nicht nur Arbeitsämter, sondern auch Kreisverwaltungen der SED bestätigten dies indirekt. So forderte die Abteilung Arbeit und Sozialfürsorge der SED-Kreisverwaltung Greifswald die Einführung von Strafmaßnahmen gegen Betriebsinhaber, die sich weigerten, zusätzlich Lehrlinge einzustellen. Bei wiederholter Weigerung sollte sogar mit der Enteignung gedroht werden[189]. Die HVAS bestätigte die vorgetragene Kritik und wies darauf hin, daß die Betriebe von den zuständigen Arbeitsämtern verpflichtet werden könnten, „laufend eine Barleistung bis zur vollen Höhe des Lehrlingslohnes zu erstatten", falls sie ihrer Einstellungsverpflichtung nicht nachkommen sollten[190]. Zum wiederholten Male hatte sich ein Konfliktfeld zwischen den Zentral- und Landesverwaltungen auf der einen und den Betrieben auf der anderen Seite aufgetan. Dieses ergab sich aus den unterschiedlichen Anweisungen aus Berlin, die teilweise wider-

[188] BAB, DQ 2/963, Vorlage an das III. Parlament der FDJ (1.–4.6.1949), S. 1.
[189] BAB, DC 15/63, Bl. 24, SED-Kreisverwaltung Greifswald am 10. 6. 1949 an die Plankontrolle der DWK (Scholz).
[190] Ebenda, Bl. 26 f., Beyer am 16. 8. 1949 an die SED-Kreisverwaltung Greifswald.

sprüchlich waren: Im vorliegenden Falle handelte es sich um die Forderung nach Ausdehnung des Lehrstellenangebots und um die gleichzeitig erhobene Forderung nach kurzfristiger Produktivitätssteigerung. Durch den SMAD-Befehl Nr. 234 waren die Betriebe aufgefordert worden, die Arbeitsproduktivität zu steigern und notfalls auch Entlassungen vorzunehmen. Das implizit enthaltene Gebot der betrieblichen Rentabilität und des sparsamen und effizienten Faktoreinsatzes widersprach auf den ersten Blick den durch die Berufsausbildung neu anfallenden Kosten. Unabhängig von diesem Zielkonflikt, den die DWK und ihre Hauptverwaltungen zu keinem Zeitpunkt auflösen konnten, hatte sich gezeigt, daß die Verstaatlichung der Wirtschaft zwar weiter vorangeschritten und der staatliche Zugriff auf die Betriebe zum Teil erheblich verstärkt worden war. Dennoch blieben auch für die volkseigenen Betriebe nicht unerhebliche Handlungsspielräume bestehen, die etwa bei der Abwehr zentraler Vorgaben deutlich wurden. Die Interessen der Betriebsleiter waren nicht zwangsläufig deckungsgleich mit denen der Arbeitsverwaltung; die von oben angeordnete Vermehrung der Lehrstellen in den Betrieben wurde eben nur unvollkommen und sehr verzögert umgesetzt. Bei der DWK und der Arbeitsverwaltung machte sich daher eine gewisse Ratlosigkeit breit, da entsprechende Sanktionsmittel zur Durchsetzung der Nachwuchspläne nicht zur Verfügung standen.

Die HVAS bevorzugte letztlich den Einsatz von positiven Sanktionsmitteln: Mit Hilfe finanzieller Anreize sollte die Bereitschaft der Betriebe zur Einstellung von Lehrlingen gefördert werden[191]. Eine entsprechende Vorlage, die von der DWK jedoch nicht verabschiedet wurde, sah vor, daß für die Errichtung von zusätzlichen Ausbildungsplätzen 48 Millionen DM aus gesperrten Mitteln der Sozialversicherungsanstalten zur Verfügung gestellt werden sollten. Der angestrebte Wandel der arbeitsmarktpolitischen Instrumente vollzog sich jedoch nur langsam. Die DWK hatte bisher auf die schlechte Entwicklung bei der Berufsausbildung stellenweise mit der Bildung neuer Gremien, wie des Zentralausschusses für Berufsausbildung, oder der Verlagerung von Zuständigkeiten reagiert. Dies geschah vermutlich in enger Abstimmung mit der SED-Führung, die im Sommer 1949 der Deutschen Zentralverwaltung für Volksbildung mehr Kompetenzen gegenüber der HVAS einräumte, die bis dahin alleine verantwortlich gewesen war[192].

Kurz vor Beginn des neuen Ausbildungsjahres am 1. September 1949 hatte sich die Situation in der SBZ leicht verbessert: Die Zahl der eingerichteten Betriebsberufsschulen sowie der Lehrstellenplätze war weiter angestiegen[193], ohne aber die Planvorgaben erreicht zu haben. Außerdem hatte die Aufforderung der HVAS, daß mehrere Betriebe sich bei der Berufsausbildung zusammenschließen

---

[191] Ebenda, Bl. 5f., Vorlage der HVAS vom 16. 8. 1949.
[192] BAB, DQ 2/1764, Bl. 8f., Bericht über die Arbeitsbesprechung der Abt. I b mit den Leitern der Abt. I b in den Ländern und den Leitern der Landesarbeitsämter am 9. 8. 1949.
[193] Vgl. BAB, DQ 2/517, Aufstellung des Ministeriums für Arbeit und Sozialwesen des Landes Sachsen vom 25. 8. 1949 über die Betriebsberufsschulen, die ab 1. 9. 1949 ihren Unterricht fortsetzen oder neu aufnehmen; ebenda, Aufstellung der Landesverwaltung von Sachsen-Anhalt über die Betriebsberufsschulen, die ab 1. 9. 1949 ihren Unterricht fortsetzen oder neu aufnehmen; ebenda, Ministerium für Arbeit und Sozialwesen des Landes Thüringen am 25. 8. 1949 an die HVAS mit einer Liste der Betriebsberufsschulen; ebenda, Liste der Landesverwaltung Brandenburgs vom 27. 8. 1949 über die Betriebsberufsschulen, die ab 1. 9. 1949 ihren Unterricht fortsetzen oder neu beginnen.

sollten, durchaus Früchte getragen. Zumindest in der sächsischen Textilindustrie war diese Reaktion zu beobachten[194]; von anderen Wirtschaftszweigen und den übrigen Ländern liegen dagegen keine Angaben vor.

Arbeitseinsatz von Strafgefangenen

Die von der SED- und DWK-Führung angestrebte Mobilisierung aller Arbeitskraftreserven für die Arbeitswelt, die mit der Vorbereitung des Zweijahrplanes zunehmend an Bedeutung gewann, erfaßte auch Personengruppen, die bis dahin nicht im Mittelpunkt des Interesses der Arbeitsverwaltung gestanden hatten. Dazu zählten unter anderem die Strafgefangenen, deren Arbeitskraft nach den Vorstellungen der HVAS begrenzt nutzbar gemacht werden sollte. Der Kontrollratsbefehl Nr. 3 vom 17. Januar 1946 enthielt zwar einige wenige Vorschriften, die die Arbeitsämter zur Zwangseinweisung berechtigten[195], dennoch war auch hier die Ausarbeitung von entsprechenden Richtlinien erforderlich. Dies konnte nur in enger Absprache mit der Deutschen Justizverwaltung (DJV) erfolgen, die bis Anfang der fünfziger Jahre die Zuständigkeit für den Strafvollzug besaß. Der Arbeitseinsatz von Strafgefangenen wurde dadurch begünstigt, daß die DJV ihrerseits Reformbestrebungen verfolgte, die darauf hinausliefen, für eine bestimmte Gefangenengruppe eine „Bewährungsarbeit" mit dem langfristigen Ziel der Vorbereitung auf die Resozialisierung nach Beendigung der Haftzeit einzuführen. Diese Reformüberlegungen gingen teilweise auf Vorläufer in der Weimarer Republik zurück, wurden nach 1945 in der SBZ von der Leitung der Justizverwaltung wieder aufgegriffen und weiter entwickelt[196]. Für die DJV kam eine praktische Überlegung hinzu: Der Arbeitseinsatz von Strafgefangenen bot die Möglichkeit, die Haftanstalten der SBZ zu entlasten, die mittlerweile erheblich überbelegt waren.

Bereits im Herbst 1946 hatte das sächsische Landesarbeitsamt eine Aussprache über den Einsatz von Gefangenen mit der dortigen Justizverwaltung geführt, die sich gegenüber dem Vorhaben ganz aufgeschlossen zeigte[197]. In Sachsen kamen dafür offensichtlich 500 Häftlinge in Frage. Voraussetzungen für den Arbeitseinsatz waren eine gesicherte Unterbringung und die Aufsichtsführung, die noch nicht hinreichend geklärt werden konnten. Außerdem mußte eine Regelung bei der Entlohnung gefunden werden. Vertreter der DVAS, die auf diesem Wege zusätzliche Facharbeiter gewinnen wollten, sprachen sich dafür aus, „die Angelegenheit des Gefangeneneinsatzes auch in den anderen Ländern und Provinzen zu klären und in die Wege zu leiten"[198].

[194] BAB, DQ 2/517, Aufstellung des Ministeriums für Arbeit und Sozialwesen des Landes Sachsen vom 25. 8. 1949 über die Betriebe, die sich zur Errichtung einer Betriebsberufsschule zusammengeschlossen haben.
[195] Vgl. Kontrollratsbefehl Nr. 3 vom 17. 1. 1946, Ziffer 16, Satz 1 und Ziffer 18, in: Arbeit und Sozialfürsorge 1 (1946), S. 8 f.
[196] Vgl. dazu sowie generell zur Position der DJV in dieser Angelegenheit: Wentker, Justiz in der SBZ/DDR, S. 204–222.
[197] BAB, DQ 2/2064, Aktenvermerk der DVAS-Abt. I über Besprechung mit dem Landesarbeitsamt Sachsen am 6./7. 12. 1946, S. 4.
[198] Ebenda.

Die DVAS-Abteilung I b legte am 20. März 1947 einen ersten Richtlinienentwurf für den Arbeitseinsatz von Strafgefangenen vor[199]. In diesem wurde einleitend der Aspekt der Strafrechtsreform und der enge Zusammenhang mit der
Arbeitsmarktpolitik betont: „Der feste Rahmen einer Gemeinschaft produktiv
Schaffender ist dabei der beste Helfer [für die Resozialisierung]. Außerdem soll
dem Bedürfnis der Wirtschaft nach Arbeitskräften und vor allem nach Facharbeitern Rechnung getragen werden."[200] Allerdings konnten nur Verurteilte mit einer
geringen Haftstrafe in den Genuß dieser Regelung kommen, auf die im übrigen
kein Rechtsanspruch bestand. Die Höchstgrenze der Haftzeit als Inklusionskrite-
rium blieb noch offen[201]. Aufschlußreich war der erläuternde Zusatz, daß die
Straftaten „nur aus Notlage oder Leichtsinn, nicht aber aus asozialen Beweggrün-
den" erfolgt sein dürfen. Damit wurde ein erheblicher Interpretationsspielraum
für die Bewilligung von Bewährungsarbeit geschaffen. Die DVAS-Abteilung, die
die Unterschiede zur Arbeitseinweisung der übrigen Bevölkerung hervorhob,
wollte gleichzeitig verhindern, daß den Betrieben, in denen Strafgefangene eingesetzt wurden, Wettbewerbsvorteile gegenüber anderen Unternehmen erwuchsen.
Daher sollte der Arbeitgeber nicht nur ausführlich über den Einsatz jedes Gefangenen berichten, sondern auch einen noch festzulegenden Prozentsatz des Netto-
lohnes an die Justizbehörde abführen. Bei ungenügender Arbeitsleistung oder
schlechter Führung konnte – so sah es der Entwurf vor – das Arbeitsamt die
Arbeitseinweisung wieder rückgängig machen und bei der Justizverwaltung die
Abbüßung der Haftstrafe beantragen[202]. Der Entwurf, der umgehend an die DJV
weitergeleitet wurde, war offensichtlich nicht mit der Juristischen Abteilung der
DVAS abgesprochen[203]. Damit hatten sich nicht zum ersten Mal Abstimmungs-
schwierigkeiten innerhalb der Berliner Zentralverwaltung ergeben: Die Juristische
Abteilung drängte darauf, bei der Ausarbeitung von Rechtsvorschriften mit einge-
schaltet zu werden. Die Abteilung I b rechtfertigte das eigene Vorgehen mit dem
Hinweis, daß eine Beteiligung der Juristischen Abteilung vorgesehen war, sobald
sich „das ganze Problem in seiner Entwicklung [...] in einem fortgeschrittenen
Stadium befindet"[204]. Abteilungsleiter Kreil hielt es für unangebracht, „daß eine
Fachabteilung selbständig überhaupt keine Schriftsätze abfassen und Verhandlungen im vorbereitenden Stadium führen dürfte, ohne vorher jeden Schriftsatz erst
der Juristischen Abteilung vorzulegen"[205]. Eine solche Praxis würde die inhaltliche Arbeit der DVAS in einem erheblichen Umfange einschränken. Schließlich
lenkte die Juristische Abteilung in der Auseinandersetzung ein und unterstrich,

[199] BAB, DQ 2/2480.
[200] Ebenda, S. 1.
[201] DVAS-Mitarbeiter Siegfried Tscheschner unterschied in dem Zusammenhang zwischen vier Gefangenengruppen: „Leichtbestrafte und langfristig Verurteilte mit bestimmten Bedingungen durch
Bewährungsarbeit, und Gefangene in den Strafanstalten durch Arbeit in den Gefängnissen oder in
Gefangenenkommandos." Die Bewährungsarbeit sollte seiner Meinung nach zunächst nur für die
erste Gruppe eingeführt werden, blieb aber den drei restlichen Gruppen nicht grundsätzlich vor-
enthalten. Vgl. Siegfried Tscheschner: Aufgaben der Arbeitslenkung im Strafvollzug, in: Arbeit
und Sozialfürsorge 2 (1947), S. 375 f.
[202] BAB, DQ 2/2480, Richtlinienentwurf vom 20. 3. 1947, S. 3 f.
[203] Ebenda, Juristische Abt. (Helm) am 18. 4. 1947 an Abt. I (Kreil).
[204] Ebenda, Aktennotiz der Abt. I b vom 22. 4. 1947.
[205] Ebenda, Abt. I b am 22. 4. 1947 an die Juristische Abt., S. 1.

daß die Bearbeitung von Gesetzentwürfen anderer Abteilungen „in erster Linie unter juristischen Gesichtspunkten" erfolgen werde[206].

Am 9. Juli 1947 lag der Entwurf einer gemeinsamen Anweisung der DJV und der DVAS vor, der im wesentlichen aus der Feder der Justizverwaltung stammte[207]. Diese regelte im einzelnen den Arbeitseinsatz von Leichtbestraften (Bewährungseinsatz), langfristig Verurteilten, Gefangenenkommandos sowie von Gefangenen in Strafanstalten. Strittig war nunmehr die Frage, ob der Entwurf als Anweisung oder als Verordnung zu veröffentlichen war. Während die DJV für den Verordnungsweg plädierte, sprach sich die DVAS-Abt. I b aus Zeitgründen dagegen aus: Verordnungsentwürfe mußten der SMAD zugeleitet und von ihr genehmigt werden. Diese verfahrenstechnischen Überlegungen führten letztlich zu einer nochmaligen Verzögerung bei der Veröffentlichung. Ende Juli einigten sich beide Zentralverwaltungen auf die Verabschiedung von gemeinsamen Richtlinien, die inhaltlich kaum vom Entwurf der DJV vom 9. Juli abwichen[208]. Nachdem beide Zentralverwaltungen dem Richtlinienentwurf zugestimmt hatten, konnte dieser am 1. September 1947 im Amtlichen Organ ‚Arbeit und Sozialfürsorge‘ veröffentlicht werden[209]. Von entscheidender Bedeutung für die Arbeitsverwaltung war die darin enthaltene gesetzliche Regelung, die den Arbeitsämtern die Aufgabe zuwies, den ausgewählten Strafgefangenen Arbeitsplätze zuzuweisen.

Die Landesarbeitsämter wurden von der DVAS beauftragt, über die konkrete Durchführung der Richtlinien zu berichten. Darüber hinaus war der Arbeitseinsatz von Strafgefangenen Thema der Arbeitsministerkonferenzen sowie der Amtsleitertagungen. So berichtete ein Vertreter der mecklenburgischen Landesverwaltung Anfang Januar 1948, daß im nördlichsten Land der SBZ etwa 600 Bewährungsarbeiter beschäftigt seien[210]. Aus den anderen Ländern lagen dagegen noch keine Zahlenangaben vor. Ausführliche Berichte trafen erst im Laufe des Frühjahrs 1948 allmählich bei der Berliner Zentralverwaltung ein. Dies hing vor allem damit zusammen, daß die Landesarbeitsämter mit den Landesjustizverwaltungen in Verhandlungen eintreten mußten, um die in Frage kommenden Haftanstalten sowie den genauen Personenkreis festzulegen. Der Erfolg der Aktion hing somit vom Kooperationswillen nicht nur der Landesjustizministerien, sondern auch der Strafanstalten und der Strafgefangenen ab. Anfang Februar vereinbarte etwa das thüringische Ministerium für Arbeit und Sozialwesen mit der Generalstaatsanwaltschaft in Gera, in fünf Gefängnissen (Gera, Eisenach, Untermaßfeld, Ichtershausen und Gräfentonna) „eine individuelle Werbung" durch die Arbeitsämter durchzuführen[211]. Dabei war auch vorgesehen, Gefangene mit längeren Haftstrafen sowie rechtskräftig Verurteilte, die noch nicht in die Strafanstalten eingewiesen waren, für den Arbeitseinsatz zu gewinnen. Aufgrund des bestehen-

---

[206] Ebenda, Juristische Abt. am 24. 4. 1947 an Abt. I b., S. 1.
[207] Ebenda, Abt. I b am 10. 7. 1947 an die Juristische Abt. mit Anlage.
[208] Ebenda, Entwurf vom 28. 7. 1947.
[209] Arbeit und Sozialfürsorge 2 (1947), S. 376–378.
[210] BAB, DQ 2/1537, Niederschrift über den Verlauf der Arbeitstagung der DVAS (Abt. I b) in Leipzig am 6./7. 1. 1948, S. 26.
[211] ThHStA, Land Thüringen, Ministerium für Wirtschaft und Arbeit, Bd. 3715, Bl. 12, Niederschrift über die am 2. 2. 1948 bei der Generalstaatsanwaltschaft in Gera stattgefundene Besprechung.

den Arbeitskräftemangels wurde namentlich der Uranbergbau als möglicher Einsatzort für Strafgefangene festgehalten, wobei den Gefangenen Straferlaß in Aussicht gestellt werden sollte, falls sie sich für mindestens ein Jahr verpflichteten. Damit wurde dem sächsischen Erzbergbau eine Sonderrolle zugewiesen, da die Strafgefangenen, die sich für diesen Arbeitseinsatz freiwillig meldeten, Sonderkonditionen erhielten, die in den Richtlinien vom 1. September 1947 ursprünglich nicht vorgesehen waren[212]. Die Besserstellung diente in erster Linie einem Ziel: der Gewinnung neuer Arbeitskräfte für die Wismut AG. In Thüringen mußte die Arbeitsverwaltung bei ihren Bemühungen, Strafgefangene für den Arbeitseinsatz zu gewinnen, einen Rückschlag hinnehmen, da im Zuge der am 18. März ausgesprochenen Amnestie ein Großteil von Gefangenen, die für die Aktion in Frage gekommen wären, nun nicht mehr zur Verfügung stand[213].

Der Mobilisierung von Strafgefangenen für den Arbeitseinsatz waren letztlich enge Grenzen gesetzt, die mit der besonderen Lage der Gefangenen direkt zusammenhingen. Nachdem HVAS-Mitarbeiter einzelne Haftanstalten besucht hatten, reduzierte sich der Personenkreis drastisch. Während die Leichtbestraften mit Haftstrafen bis zu einem Jahr weiterhin zur Verfügung standen, wurden Gefängnisinsassen mit einer mehrjährigen Freiheitsstrafe aus dem Reformvorhaben herausgenommen: Wegen Fluchtgefahr erschien den Gefängnisleitungen, der DJV, aber auch der HVAS der Arbeitseinsatz außerhalb der Gefängnismauern als zu riskant[214]. Diese Bedenken galten offenbar auch gegenüber der Mehrzahl der Untersuchungshäftlinge. Nach Einschätzung der HVAS waren die Möglichkeiten noch begrenzt, innerhalb der Haftanstalten Arbeitsplätze bereitzustellen. So waren beispielsweise bei der Strafanstalt Coswig von insgesamt 524 einsitzenden Männern nur 87 in der Anstalt als Hausarbeiter (29 Gefangene), Handwerker (35) oder Korbmacher (23) beschäftigt worden, dagegen befanden sich 142 Gefängnisinsassen im Arbeitseinsatz außerhalb der Anstalt[215]. Die HVAS gab sich zuversichtlich, daß im Rahmen des Zweijahrplanes die Zahl der Arbeitsplätze innerhalb der Haftanstalten erheblich vergrößert werden könnte, ließ dabei jedoch die desolate Situation der öffentlichen Haushalte völlig unberücksichtigt. Die Schaffung einer entsprechenden Infrastruktur, die arbeitsmarktpolitischen und sicherheitspolitischen Überlegungen gerecht wurde, schien daher reines Wunschdenken zu sein. Bei der weiteren Planung des Arbeitseinsatzes von Strafgefangenen wurden die DWK-Hauptverwaltung Wirtschaftsplanung sowie die entsprechenden Abteilungen der Landesregierungen verstärkt einbezogen[216]. Darüber hinaus sollten in den Ländern Kommissionen gebildet werden, welche die verschiedenen Mög-

---

[212] ThHStA, Land Thüringen, Ministerium für Wirtschaft und Arbeit, Bd. 3699, Bl. 158, Ministerium für Arbeit und Sozialwesen des Landes Thüringen am 10. 2. 1948 an alle Ämter für Arbeit und Sozialfürsorge des Landes.

[213] Ebenda, Bl. 159, Ministerium für Arbeit und Sozialwesen des Landes Thüringen am 26. 6. 1948 an alle Ämter für Arbeit und Sozialfürsorge des Landes.

[214] BAB, DQ 2/2047, Bericht der HVAS-Abt. I b vom 19. 8. 1948 über die Besichtigung und Prüfung von sechs Strafanstalten (10.–13. 8. 1948), S. 1.

[215] Ebenda, S. 2f.

[216] SächsHStA, Landesregierung Sachsen, Ministerium für Arbeit und Sozialfürsorge, Bd. 319, Protokoll der HVAS über Besprechung der HV Wirtschaftsplanung mit der HVAS und der DJV am 18. 11. 1948, S. 1f.

lichkeiten des Gefangeneneinsatzes in Strafanstalten oder in betrieblicher „Kolonnen-Arbeit" zu prüfen hatten[217].

In der Folgezeit stellte sich immer mehr heraus, daß die Voraussetzungen für einen organisierten Arbeitseinsatz von Strafgefangenen im geplanten Ausmaß nicht gegeben waren. Die eingesetzten Kommissionen[218], aber auch die Hauptverwaltungen Wirtschaftsplanung der Länder konnten ihrerseits keine Verbesserung der Situation herbeiführen[219]. Dies lag nicht nur an den allgemeinen Rahmenbedingungen, insbesondere an der fehlenden Bereitstellung von Geld- und Sachmitteln, sondern hatte auch immanente Gründe. Der flexible Einsatz von Arbeitskräften, den die Arbeitsämter – idealtypisch gesehen – am jeweiligen Bedarf ausrichten wollten, war letztlich undurchführbar bei Personen, die Straftaten begangen hatten und somit unter besonderer Obhut der Justizbehörden standen. Daher mußte sich die Diskussion über den Arbeitseinsatz von Gefangenen zwangsläufig auf diejenigen mit geringfügigen Vergehen und kurzen Haftstrafen konzentrieren.

Nachdem die Richtlinien über den Arbeitseinsatz am 1. September 1947 in Kraft getreten waren, mußten eine ganze Reihe von Detailfragen geklärt werden. Dazu gehörten nicht nur der Auf- und Ausbau entsprechender Arbeitsplätze innerhalb und außerhalb der Haftanstalten, sondern auch Fragen des Arbeitsschutzes und der Entlohnung. Eine Ausnahmestellung nahm dabei der Uranbergbau ein, der sehr viel früher als andere Wirtschaftsbranchen dazu übergegangen war, angesichts des Arbeitskräftemangels Anreize für den freiwilligen Wechsel zur Wismut AG zu schaffen. Davon profitierten in gewisser Weise auch die Strafgefangenen, die zur Arbeit eingesetzt wurden, da sie ebenfalls in den Genuß der materiellen Bevorzugung kamen. Ansonsten gab es keine allgemein gültigen Bestimmungen zur Arbeitsentlohnung – dies blieb den Betrieben überlassen[220]. So erklärt sich auch die Spannbreite der Vergütung: Während die Mehrzahl der Unternehmen nur einen eher symbolischen Betrag überwies, zahlten etwa in Sachsen bei einigen „guten und fortschrittlichen" Strafanstalten die Betriebe den regulären Tariflohn an das jeweilige Gefängnis. Diese zogen wiederum einen Teil für die eigenen Aufwendungen ab und überwiesen den restlichen Lohn auf ein Konto des Gefangenen, über das dieser erst nach Ablauf seiner Haftzeit verfügen konnte. Der sowjetischen Besatzungsmacht, die sich bisher auffallend zurückgehalten hatte, ging diese Entwicklung entschieden zu weit. Zuvor hatten Vertreter der SMAD bereits grundsätzliche Bedenken gegenüber der Bewährungsarbeit geäußert, wobei vor allem der Reformaspekt – Arbeit als Instrument zur langfristigen Eingliederung in die Gesellschaft – dem sowjetischen Rechtsdenken einigermaßen fremd war. Die Rechtsabteilung der SMA Brandenburg hielt beispielsweise die Regelung, daß Bewährungsarbeiter grundsätzlich freie Arbeiter sind und den ortsüblichen Tariflohn erhalten, für „unangebracht"[221]. Der Herausgabe der

[217] Ebenda, S. 1. Vgl. ThHStA, Land Thüringen, Ministerium für Wirtschaft und Arbeit, Bd. 3715, Bl. 119–125, Protokoll über die 1. Landesausschuß-Sitzung am 10. 12. 1948.
[218] BAB, DQ 2/2480, Aktenvermerk der HVAS-Abt. I a vom 4. 3. 1949.
[219] BAB, DQ 2/2022, Aktenvermerk der HVAS-Abt. I a vom 26. 2. 1949.
[220] Ebenda.
[221] BAB, DQ 2/2480, DJV am 16. 5. 1949 an HVAS.

Richtlinien vom 1. September 1947 hatte sich die SMAD nicht in den Weg gestellt, bei der Festlegung der Lohnsätze für Strafgefangene im Arbeitseinsatz intervenierten jedoch einzelne SMA-Abteilungen[222]. Sowohl DJV als auch HVAS betonten den Erziehungsgedanken bei der Bewährungsarbeit und erklärten, daß der Standpunkt der SMA Brandenburg eine wesentliche inhaltliche Änderung der gesetzlichen Bestimmungen mit sich bringen würde: Mit dem geforderten partiellen Lohnabzug wäre der Charakter einer Strafe nicht genommen, „wie es mit den Richtlinien geplant" war[223]. Und weiter: „Es würde sich dann keinesfalls mehr um einen vollen Strafaufschub zur Bewährungsarbeit handeln, bei der der Erziehungsgedanke im Vordergrund steht. Damit würde auch dem Bewährungsarbeiter, bei dem eine günstige soziale Prognose vorliegt, nicht die soziale Deklassierung erspart bleiben." Die Zentralverwaltungen in Berlin erhielten Unterstützung von seiten des FDGB-Bundesvorstandes, der sich ebenfalls gegen den Vorstoß der SMA wandte[224]. Nachdem sich auch noch das Zentralsekretariat der SED in gleicher Weise geäußert hatte, bat der DJV-Präsident Max Fechner das brandenburgische Justizministerium, den Bewährungsarbeitern den in den Richtlinien vorgesehenen tariflichen Arbeitslohn weiter zu zahlen[225].

Mitte des Jahres 1949 legte die HVAS eine Statistik über den Arbeitseinsatz von Strafgefangenen vor, die zumindest einige Tendenzen deutlich machte und eine Gewichtung dieses Instruments für die Arbeitskräftelenkung generell zuließ[226]. Auf den ersten Blick handelte es sich um eine relativ große Personengruppe, die seit Inkrafttreten der Richtlinien eingesetzt worden war: Insgesamt registrierte die Arbeitsverwaltung 14 858 Bewährungsarbeiter, von denen sich der größte Teil in Brandenburg befand (6362); es folgten Thüringen (3460), Sachsen-Anhalt (3109), Sachsen (1127) und Mecklenburg (etwa 800). Zum zweiten fiel auf, daß die Widerrufquote infolge von Arbeitsbummelei und schlechter Arbeitsleistung niedrig lag (4,5 Prozent). Ein Blick auf die Gesamtzahl der Bewährungsarbeiter, die am 1. Juni 1949 im Arbeitseinsatz waren (2475 Personen, wobei aus Sachsen die entsprechenden Angaben fehlten), verdeutlicht allerdings die hohe Fluktuation und damit den geringen Nutzen aus Sicht der HVAS. Da in erster Linie die Leichtbestraften mit Haftstrafen unter einem Jahr zum Einsatz kamen, blieb deren Verweildauer auf den zugewiesenen Arbeitsplätzen gering: Sie schieden oftmals nach wenigen Monaten wieder aus.

Der Arbeitseinsatz von Gefangenen innerhalb der Strafanstalten blieb weiterhin problematisch, da sich an der technischen Ausstattung (Maschinen) sowie an der Belieferung mit Rohstoffen wenig geändert hatte[227]. Die Rechtsabteilung der SMAD drängte im Laufe des Sommers 1949 erneut auf eine bessere Ausschöpfung des Arbeitskräftepotentials in den Haftanstalten. Aus diesem Grunde wies die DJV die Landesjustizministerien am 18. August 1949 an, die Zusammenarbeit mit

[222] Die SMA Brandenburg plädierte dafür, bei Bewährungsarbeitern grundsätzlich die Hälfte des Lohnes an die Justizverwaltung abzuführen. Vgl. ebenda.
[223] BAB, DQ 2/2480, HVAS (Herm) am 27. 5. 1949 an die DJV.
[224] SAPMO, DY 34, 18/-/530, FDGB-Bundesvorstand am 8. 6. 1949 an die DJV.
[225] Ebenda, Schreiben der DJV (Fechner) vom 25. 6. 1949 an das Ministerium der Justiz des Landes Brandenburg.
[226] BAB, DQ 2/2022, Statistik zum Bewährungseinsatz (Stand: 1. 6. 1949).
[227] Ebenda, Litke am 16. 8. 1949 an die SMAD-Abt. Arbeitskraft (Morenow).

den Ende 1948 gebildeten Kommissionen wieder aufzunehmen. Um langfristig den Arbeitseinsatz von Strafgefangenen zu verstärken, sollten genaue Erhebungen durchgeführt werden über die Zahl der Betriebe in den einzelnen Ländern, in denen Arbeitsplätze für Gefangene angeboten werden könnten. Außerdem hatten die Landesverwaltungen den dabei entstehenden Bedarf an Rohstoffen und Maschinen zu ermitteln. Gleichzeitig legte die DJV einen Verordnungsentwurf über die „Einplanung des Arbeitspotentials der Strafanstalten" vor und leitete diesen der HVAS sowie der Deutschen Verwaltung des Innern (DVdI) zu[228]. Der Entwurf verpflichtete die Strafanstalten, den zuständigen Arbeitsämtern regelmäßig über die berufliche Qualifikation der einsitzenden Gefangenen zu berichten. Für die Bereitstellung eines entsprechenden Arbeitsplatzangebotes waren demzufolge die Landesarbeitsämter verantwortlich. Der Verordnungsentwurf der DJV sah außerdem eine stärkere Einbindung der Betriebe vor: So konnten die Landesämter für Arbeit und Sozialfürsorge „bestimmten Betrieben Auflagen zur Verwendung der Arbeitskraft Gefangener" machen. Größere Unternehmen mit mehr als 100 Beschäftigten sollten sogar generell verpflichtet werden, „eine bestimmte Zahl von Arbeitsplätzen, jedoch nicht mehr als 5% der Gesamtzahl" für den Einsatz von Bewährungsarbeitern bereitzustellen. Inwieweit die DJV dieses Vorhaben realisieren konnte, muß offen bleiben. Fest steht zumindest, daß ab September 1949 die Lenkung des Einsatzes von Bewährungsarbeitern ausschließlich den Arbeitsministerien der Länder übertragen wurde. Diese legten mitunter für die einzelnen Arbeitsamtsbezirke die jeweils in Frage kommenden Betriebe für den Arbeitseinsatz fest[229]. Obwohl der verstärkte Arbeitseinsatz von Strafgefangenen aufgrund der erwähnten wirtschaftlichen und technischen Schwierigkeiten erheblich eingeschränkt war, weigerte sich die HVAS, den Reformgedanken der Bewährungsarbeit vollständig fallenzulassen[230].

---

[228] BAB, DQ 2/2063.
[229] BAB, DQ 2/1870, Ministerium für Arbeit und Sozialwesen der Landesregierung Sachsen-Anha[lt] am 22. 9. 1949 an alle Ämter für Arbeit und Sozialfürsorge.
[230] Ein entsprechender Vorschlag kam offensichtlich vom thüringischen Arbeitsministerium. Vg[l.] BAB, DQ 2/2022, HVAS (Donau) am 24. 10. 1949 an das Ministerium für Arbeit und Sozialwese[n] der Landesregierung Thüringen.

II. Arbeitskräftelenkung
im Zeichen der Planungseuphorie (1949–1953)

1. Die weitere Einbindung in die Zentralverwaltungswirtschaft

Fünfjahrplan, Volkswirtschaftspläne und Arbeitskräftelenkung

Verläßliches Zahlenmaterial über die Entwicklung des Arbeitskräftebestandes lag im Spätsommer 1949 noch nicht vor. Die einzelnen Hauptverwaltungen verfügten vielmehr über eigene, voneinander abweichende Statistiken, die eine Gesamtplanung nahezu unmöglich machten. So waren die HVAS und die Hauptverwaltung Wirtschaftsplanung bei der Ermittlung der erwerbstätigen Bevölkerung zu unterschiedlichen Ergebnissen gekommen. Während die HVAS-Abteilung Planung den Jahresmittelwert für 1947 mit 8,246 Millionen Arbeitskräften und für 1948 mit 8,379 Millionen angab, ermittelte die Hauptverwaltung Wirtschaftsplanung einen Gesamtbestand von nur 7,915 Millionen (1947) bzw. 8,170 Millionen (1948). Auch für das erste Halbjahr 1949 bestand immer noch eine Differenz von 310 000[1]. Daraus resultierten dann beträchtliche Unterschiede bei der Analyse der Wachstumsrate des Gesamtbestandes an Arbeitskräften: Für die DWK-Wirtschaftsplaner ergab sich eine fast lineare positive Entwicklung von 3,2 (1947/48) bzw. 3,0 (1948/49) Prozent; im Gegensatz dazu kam die Arbeitsverwaltung zu einem Rückgang von +1,6 auf −3,3 Prozent. Darüber hinaus waren die Abweichungen bei den Angaben zur Veränderung der Erwerbstätigenzahlen in einzelnen Wirtschaftssektoren z. T. eklatant: Während die HVAS für den primären Sektor einen prozentualen Rückgang von immerhin 11,5 (1947/48) verzeichnete, kam die HV Wirtschaftsplanung auf einen Zuwachs von 4,8 Prozent[2]. Weil sich die HVAS auf direkte Informationen aus den ihr unterstehenden Arbeitsämtern stützen konnte, verfügte sie vermutlich über wesentlich genauere Daten als die Hauptverwaltung Wirtschaftsplanung. Gemeinsame Absprachen konnten somit jedoch nur provisorischen Charakter haben, was das gemeinsame Ziel einer zentralen und effizienten Wirtschaftsplanung und -lenkung zunächst in weite Ferne rücken ließ. Es überrascht daher nicht, daß die HVAS-Abteilung Planung zu einer insgesamt recht pessimistischen Gesamteinschätzung gelangte: „Die zu den Berechnungen der Kontrollziffern für den Arbeitskräftebereitstellungsplan gegebenen Analysen sind derartig dürftig, daß eine wissenschaftlich vertretbare Stellungnahme dazu gar nicht möglich ist."[3]

Nachdem weitere Berichte der einzelnen Landesarbeitsämter eingegangen waren, sah sich die HVAS in ihrer Einschätzung bestätigt, daß mit einem Rückgang der registrierpflichtigen Bevölkerung gerechnet werden mußte. Die Ursache für diese Veränderung wurde primär in der für 1950 erwarteten Verbesserung der

---

[1] BAB, DQ 2/1161, Aktenvermerk der HVAS vom 5. 8. 1949, S. 1.
[2] Ebenda, S. 2.
[3] Ebenda, S. 1. Vgl. zu den grundsätzlichen Problemen der DDR-Statistiken auf diesem Gebiet: Fritz, Die amtliche Erwerbstätigenstatistik in der DDR.

Rentenleistungen gesehen[4]. Dadurch würde – so die Interpretation von seiten der HVAS-Abteilung Planung – ein Teil der über 50-jährigen Frauen aus dem Beschäftigtenkreis freiwillig ausscheiden. Dies führe wiederum mittelfristig zu einem Rückgang der weiblichen Erwerbsbevölkerung. Inwieweit diese überaus optimistische Einschätzung der Rentenentwicklung tatsächlich eintreten und die entsprechenden arbeitsmarktpolitischen Folgen hervorrufen würde, blieb vorerst noch abzuwarten[5]. Dagegen beurteilte die HVAS die Entwicklung der Arbeitslosen- und Nichterwerbstätigenzahlen grundsätzlich positiv[6]. Hier hatten unter anderem Leistungseinschränkungen, vor allem aber Zugangsbeschränkungen bei der Arbeitslosenversicherung sowie der Sozialfürsorge[7] bereits zu einem spürbaren Rückgang der Leistungsempfänger geführt.

Den prognostizierten Rückgang der Frauenerwerbsquote bestätigte wenig später das Zentrale Planungsamt des Ministeriums für Planung in einer Analyse des abgelaufenen Volkswirtschaftsplanes 1949. Da gleichzeitig ein Arbeitskräftebedarf im Bergbau, der Metall- sowie der Bauindustrie registriert wurde, sprach sich das Zentrale Planungsamt dafür aus, dieser Entwicklung entgegenzusteuern: „Die Arbeitsämter werden im nächsten Jahr darauf eingestellt werden müssen, den Anteil der weiblichen Beschäftigten in den für sie geeigneten Betrieben und Berufen zu erhöhen, um entsprechend männliche Arbeitskräfte zur Verfügung zu haben."[8] Dahinter stand also das bekannte Konzept, männliche Arbeitskräfte in der Konsumgüter- und Leichtindustrie durch weibliche zu ersetzen. Die dadurch gewonnenen Arbeiter sollten anschließend in der arbeitsintensiven Grundstoff- und Schwerindustrie wieder eingesetzt werden. Die HVAS gab die Zahl der erforderlichen Neueinstellungen von Frauen mit rund 150 000 an[9]. Nur so lasse sich der im Volkswirtschaftsplan enthaltene Richtwert erreichen. Neben der verstärkten Einbeziehung von Frauen in das Erwerbsleben versuchte die HVAS einen zweiten arbeitsmarktpolitischen Schwerpunkt bei der Lehrlingsausbildung zu setzen[10]. Auch dies sollte letztlich der Vergrößerung der Erwerbstätigenzahlen dienen; kurzfristige Effekte auf dem Arbeitsmarkt waren allerdings kaum zu erwarten, vielmehr handelte es sich aufgrund der Ausbildungszeiten hierbei um eine mittelfristige Maßnahme. Darüber hinaus schien der Investitionsplan in dieser Frage kaum Handlungsspielraum zu bieten: Im Vordergrund stand die Bereitstellung von Finanzmitteln für den Auf- und Ausbau von Industrieanlagen. Da die Investitionssumme insgesamt nicht weiter erhöht werden konnte, war an eine Intensi-

---

[4] BAB, DQ 2/1068, Analyse der HVAS-Abt. Planung vom 19. 9. 1949 zur voraussichtlichen Entwicklung der Beschäftigtenlage 1949/1950, S. 1.
[5] Kennzeichnend für die SBZ aber auch für die frühe DDR waren die vergleichsweise niedrigen Witwenrenten, hinter denen arbeitsmarktpolitische Erwägungen der SED- und HVAS-Führung standen. Diese Frauen sollten unter allen Umständen erwerbstätig bleiben. Insofern widersprach diese Praxis der von der HVAS-Abt. Planung geäußerten Erwartung. Vgl. dazu Hoffmann, Sozialpolitische Neuordnung, S. 135 f. und 145 f.
[6] BAB, DQ 2/1068, Analyse der HVAS-Abt. Planung vom 19. 9. 1949, S. 1 f.
[7] Vgl. Boldorf, Sozialfürsorge, S. 46–61.
[8] SAPMO, NY 4182/963, Bl. 384, Analyse des Ministeriums für Planung vom 2. 1. 1950 über die Arbeitskräfteentwicklung.
[9] BAB, DQ 2/1161, Vermerk vom 21. 1. 1950, S. 2.
[10] Ebenda, Notiz der HVAS (o.D.).

vierung und Verbesserung der Aus- und Weiterbildung zunächst einmal nicht zu denken.

Die stärkere Einbettung der Arbeitskräfteplanung und -lenkung in die allgemeine Wirtschaftsplanung stellte die Arbeitsverwaltung in mehrfacher Hinsicht vor neue Herausforderungen. Diese mußte sich in der Folgezeit nicht nur sehr viel intensiver mit den übrigen Hauptverwaltungen absprechen und deren Bedarfswünsche mitberücksichtigen, sondern vor allem auch die bisherigen Konzepte und Instrumente kritisch überprüfen bzw. den neuen Anforderungen anpassen. So erklärte etwa die Abteilung I a des neu geschaffenen Ministeriums für Arbeit und Gesundheitswesen, es bestehe die „zwingende Notwendigkeit, der Deutschen Demokratischen Republik eine eigene Rechtsgrundlage für alle Fragen, die sich auf die Erfassung und Sicherstellung der Arbeitskräfte für die wichtigsten Wirtschaftszweige beziehen, zu geben."[11] Die entsprechenden SMAD-Befehle sollten daher in ihren wesentlichen Bestandteilen zu einer allgemeinen Verordnung zusammengefaßt werden.

Eine Beschleunigung des Planungsablaufes ließ sich nicht erreichen. Das Ministerium für Arbeit und Gesundheitswesen war bei der Zusammenstellung des Arbeitskräfteplanes – als Bestandteil des Volkswirtschaftsplanes – nach wie vor auf die Zusammenarbeit mit den Landesministerien angewiesen[12]. Diese wiederum konnten für ihren Zuständigkeitsbereich zunächst nur vorläufige Angaben über den Arbeitskräftebedarf machen, da zahlreiche Betriebe ihre Produktionsplanung noch nicht abgeschlossen hatten. Die Betriebe waren ihrerseits abhängig von Vorgaben der zentralen Planungsbehörden, die über die Zuteilung von Rohstoffen und Halbfabrikaten entschieden. Außerdem dürfen die immer noch bestehenden Anforderungen der sowjetischen Besatzungsmacht (SAG-Betriebe) nicht vergessen werden, die oftmals langfristig nicht abgesprochen waren und somit eine betriebliche Planung erheblich erschwerten[13]. Dies führte letztlich dazu, daß der Arbeitskräfteplan für das Jahr 1950 unvollständig blieb: Aus Sicht der Arbeitsverwaltung konnte er noch keine verläßliche Grundlage für die angestrebte exakte und effiziente Planung und Lenkung des Produktionsfaktors ‚Arbeit' sein.

Die SED-Führung erkannte die Problematik und versuchte, die Grundstoff- und Schwerindustrie bevorzugt mit Rohstoffen und eben auch mit Arbeitskräften zu versorgen. Damit setzte sie den zuvor eingeschlagenen Wirtschaftskurs fort. Das Politbüro plante unter anderem die Ausarbeitung eines Gesetzes „zur Sicherung des wirtschaftlichen Aufbaus", dessen Fertigstellung zunächst jedoch noch zurückgestellt wurde[14]. Ende Februar 1950 stimmte das Führungsorgan der SED dem überarbeiteten Gesetzentwurf zu, der sich jedoch nicht auf den Ausbau der

---

[11] BAB, DQ 2/1755, Arbeitsplan der Abt. I a vom 24. 1. 1950, S. 1.
[12] Vgl. BAB, DQ 2/1755, Ministerium für Arbeit und Gesundheitswesen der Landesregierung Mecklenburg am 8. 2. 1950: vorläufiger Arbeitskräftebedarf im Lande Mecklenburg zur Erfüllung des Volkswirtschaftsplanes 1950. Das Berliner Ministerium lud im übrigen die zuständigen Hauptabteilungsleiter der fünf Landesministerien in unregelmäßigen Abständen zu gemeinsamen Sitzungen ein, um die Ausarbeitung des Arbeitskräfteplanes voranzutreiben. Diese Sitzungen hatten auch schon vor der DDR-Gründung stattgefunden, allerdings mit anderen Aufgabenstellungen. Vgl. BAB, DQ 2/1175, Protokoll über die Sitzung am 9. 2. 1950.
[13] Vgl. BAB, DQ 2/1729, Ministerium für Arbeit und Gesundheitswesen der Landesregierung Sachsen im Januar 1950 an das Ministerium für Arbeit und Gesundsheitswesen in Berlin, S. 2.
[14] SAPMO, DY 30/IV 2/2/70, Bl. 16, Protokoll der Sitzung des Politbüros am 7. 2. 1950.

Gesamtsteuerung bezog, sondern vielmehr Sanktionen für leitende Mitarbeiter in Wirtschaft und Verwaltung vorsah[15]. Nahezu zeitgleich wurde im Politbüro der Entwurf einer Direktive für den Fünfjahrplan beraten[16], der die Entwicklung der Gesamtwirtschaft entsprechend dem sowjetischen Vorbild über einen längeren Zeitraum festlegen sollte.

Die bevorzugte Versorgung ausgewählter Betriebe mit Rohstoffen sowie mit Arbeitskräften war bereits vor der DDR-Gründung Realität gewesen. Das Sekretariat der DWK hatte am 26. September 1949 einen grundsätzlichen Beschluß gefaßt und sogar eine Liste mit 41 führenden Maschinenbaubetrieben zusammenstellen lassen[17]. An diese Tradition knüpfte das Ministerium für Arbeit und Gesundheitswesen frühzeitig an: Ende 1949 wurde das Ministerium für Industrie gebeten, ein Verzeichnis der „Schwerpunkt- und Exportbetriebe" anzulegen. Diese sollten im Zuge der Arbeitskräftelenkung bevorzugt behandelt werden und – was noch wichtiger war – nicht gezwungen werden, ihrerseits Arbeiter an den Erzbergbau abgeben zu müssen[18]. Die weitere Entwicklung einer allgemeinen Wirtschaftsplanung und die dabei vorzunehmende Arbeitskräfteplanung hatte insofern eine schwere Ausgangslage, als eine ganze Anzahl von Betrieben gesondert zu behandeln war. Aufgrund der von seiten der DWK sowie der SED eingeschätzten ökonomischen Dringlichkeiten waren der Zentralverwaltungswirtschaft damit von vornherein enge Handlungsspielräume gesetzt worden. Dieses Dilemma vergrößerte sich noch im Laufe der Zeit, da die Liste der sogenannten Schwerpunktbetriebe ständig erweitert wurde. Nachdem sich die VVB ABUS – ein wichtiger Zulieferer für die Bergbau- und Schwerindustrie – hilfesuchend an das Ministerium für Arbeit und Gesundheitswesen mit der Bitte gewandt hatte, die Landesämter anzuweisen, „daß aus den ABUS-Betrieben keine Arbeitskräfte, vor allem Fachkräfte, abgezogen werden"[19], wurden auch die einzelnen Betriebe dieser VVB zu Schwerpunktbetrieben des Fünfjahrplanes erklärt[20].

Die Abteilung Arbeitskraftlenkung im Ministerium für Arbeit und Gesundheitswesen erinnerte die Landesämter Ende 1950 daran, dafür zu sorgen, daß den Bauvorhaben bei den Schwerpunktbetrieben des Maschinenbaus und der Metallurgie ausreichend Arbeitskräfte zur Verfügung gestellt werden[21]. Gerade in dieser frühen wirtschaftlichen Aufbauphase ließ sich der Bedarf an qualifizierten Bauarbeitern oftmals nicht decken. Dabei genossen die neu entstehenden Eisen- und Stahlwalzwerke Priorität, während andere Bauvorhaben vorerst zurückgestellt werden mußten. Gleichzeitig wurden die Landesregierungen vom Berliner Mini-

15 SAPMO, DY 30/IV 2/2/73, Bl. 32 und 37, Protokoll der Sitzung des Politbüros am 21. 2. 1950.
16 SAPMO, DY 30/IV 2/2/71, Bl. 31, Protokoll der Sitzung des Politbüros am 14. 2. 1950.
17 BAB, DC 15/II-42, Bl. 20–24, Anordnung über die bevorzugte Versorgung der Schwerpunktbetriebe des Maschinenbaues und der Metallurgie mit Material, Arbeitskräften und Transportmitteln. Die Anordnung sollte auf Anweisung des DWK-Sekretariats nicht veröffentlicht werden.
18 BAB, DQ 2/1153, Aktenvermerk des Ministeriums für Arbeit und Gesundheitswesen vom 16. 12. 1949.
19 BAB, DQ 2/2145, VVB ABUS (Ausrüstung von Bergbau und Schwerindustrie) am 1. 9. 1950 an das Ministerium für Arbeit und Gesundheitswesen, S. 2.
20 Ebenda, Ministerium für Arbeit und Gesundheitswesen (Abt. Arbeitskraftlenkung) am 3. 10. 1950 an die Landesämter von Sachsen-Anhalt, Brandenburg und Thüringen, S. 2.
21 BAB, DQ 2/716, Abt. Arbeitskraftlenkung am 16. 11. 1950 an die Landesregierungen von Mecklenburg-Vorpommern, Sachsen, Brandenburg sowie den Magistrat von Groß-Berlin.

sterium angewiesen, „besonderes Augenmerk auf die *Ausnützung der örtlichen Arbeitskraftreserven* zu richten"[22]. Vor der Zuweisung von auswärtigen Arbeitskräften sei grundsätzlich zu prüfen, „ob eine gleichartige Kraft im eigenen Amtsbezirk verfügbar ist". Außerdem müßten die Bemühungen der jeweiligen Betriebe geprüft werden, die innerbetriebliche Qualifizierung zu unterstützen.

Das Ministerium für Arbeit und Gesundheitswesen intensivierte seine Besuche bei den einzelnen Landesministerien, um die Ziele der Volkswirtschaftspläne deutlich zu machen. Staatssekretär Paul Peschke wies im Rahmen einer Tagung der Arbeitsamtsleiter Mecklenburgs darauf hin, daß das Potential der männlichen Arbeitskräfte ausgeschöpft sei. Große Sorge bereitete ihm die nicht zu stoppende Fluktuation: Denn so entzog sich eine quantitativ nicht unbeträchtliche Gruppe immer noch den Bestrebungen der Planungsverwaltung, den Arbeitskräfteeinsatz langfristig und umfassend zu steuern. Diese Arbeiter entschieden somit selbständig über die Aufnahme einer Erwerbstätigkeit und ließen sich in ihrer Entscheidung von den durch die Betriebe angebotenen Löhnen leiten. Peschke versuchte dieses weitgehend marktorientierte Verhalten negativ zu belegen und kündigte Maßnahmen an gegen den – so Peschke – „großen Teil jene[r] Arbeitskräfte, die gern von einem Betrieb in den anderen wandern". Und weiter: „Sie gehen alle am liebsten dahin, wo sie am meisten verdienen und am wenigsten arbeiten müssen. Man muß diesen Zugvögeln das Ziehen unmöglich machen."[23] Darüber hinaus hob er die bereits bekannten Probleme bei der beruflichen Nachwuchsförderung hervor und plädierte indirekt für eine Verkürzung der Ausbildungszeiten, um den Betrieben ausgebildete Facharbeiter rascher zuweisen zu können[24]. Der Staatssekretär erläuterte außerdem den einsetzenden Funktionswandel der Arbeitsämter. Seinen Angaben zufolge hatte die Vermittlungstätigkeit aufgehört, und es waren Aufgaben der Arbeitskräftelenkung in den Mittelpunkt der Tätigkeit gerückt. Die Konsequenzen, die er aus diesem Befund zog, waren neu und ließen Konflikte mit den Betrieben erahnen: „Die Arbeitskraftlenkung muß umgestellt werden auf die Rationalisierung in den Betrieben, d.h. die Lenkung der Arbeitskräfte von Betrieb zu Betrieb muß operativ und nicht mehr administrativ erfolgen."[25] An den Zielen der Arbeitskräftelenkung hatte sich damit nichts geändert; es ging immer noch um die Gewinnung neuer Arbeitskraftreserven sowie den effizienten und bedarfsgerechten Einsatz des Faktors ‚Arbeit'. Dagegen deutete sich ein Wechsel der Instrumentarien an, wobei offen blieb, wie der angestrebte direkte und ständige Kontakt vom Arbeitsamt zum jeweiligen Betrieb zu bewerkstelligen war. Im Grunde genommen hing der Erfolg dieser neuen arbeitsmarktpolitischen Ausrichtung ganz entscheidend von der Kooperationsbereitschaft der Betriebe ab. Hier waren jedoch angesichts der zurückliegenden Erfahrungen mit den Aktionen für einen zwischenbezirklichen Arbeitskräfteausgleich Zweifel angebracht.

---

[22] BAB, DQ 2/2145, Abt. Arbeitskraftlenkung am 25. 5. 1951 an das Sekretariat von Minister Chwalek, S. 2.
[23] BAB, DQ 2/1526, Protokoll über die Arbeitstagung der Arbeitsamtsleiter am 23./24. 2. 1950 in Rostock, S. 6. Eine ähnliche Veranstaltung fand eine Woche später in Dresden statt. Vgl. ebenda, Protokoll der Arbeitstagung der Arbeitsamtsleiter am 2. 3. 1950 in Dresden.
[24] BAB, DQ 2/1526, Protokoll über die Tagung der Arbeitsamtsleiter am 23./24. 2. 1950 in Rostock, S. 7.
[25] Ebenda, S. 8.

Die Vorarbeiten für den ersten Fünfjahrplan, der schließlich als Gesetz am 8. November 1951 veröffentlicht wurde[26], reichen weit zurück. Dazu zählen der bereits erwähnte Zweijahrplan sowie die jährlichen Volkswirtschaftspläne. Beim Fünfjahrplan – auch darauf ist schon hingewiesen worden – handelt es sich keineswegs um eine genuin DDR-spezifische Entwicklung. Das Vorbild stammte bekanntlich aus der Sowjetunion. Die Ausarbeitung des Fünfjahrplanes erfolgte in enger Absprache mit der SMAD. Dabei war es der SED-Führung vorbehalten, erste Entwürfe auszuarbeiten und zunächst intern zu beraten[27]. Das Politbüro stimmte einem Entwurf am 25. April 1950 grundsätzlich zu und beschloß gleichzeitig, daß „keine Zahl dieses Entwurfes öffentlich bekannt gemacht werden darf"[28]. Dieser Beschluß deutet darauf hin, daß noch erheblicher Abstimmungsbedarf zwischen der SED-Führung und der provisorischen Regierung bestand. Die streng vertrauliche Direktive enthielt wenig Neues in puncto Arbeitskräftelenkung: So wurde die Erhöhung des Beschäftigtenstandes angekündigt; Schwerpunkte der Zuteilung waren demzufolge die Wirtschaftsbereiche Metallurgie, Maschinenbau, Elektrotechnik, Feinmechanik und Optik sowie chemische Industrie[29]. Genauere Zahlen lieferte erstmals die vom Staatssekretär im Ministerium für Planung, Bruno Leuschner, am 8. April 1950 unterzeichnete „Bilanz der Volkswirtschaft zum Fünfjahrplan"[30]. Diese ging von einem Anstieg des Beschäftigtenstandes von 6,159 Millionen (1950) auf 6,847 Millionen (1955) aus[31]. Leuschner errechnete aufgrund der Westwanderung sowie der natürlichen Sterberate einen Gesamtbedarf für diesen Zeitraum von insgesamt 1,735 Millionen Arbeitskräften. Hauptträger der Nachfrage nach Arbeitskräften waren die Industrie (723 700), das Bauwesen (267 000), das Verkehrswesen (98 000) sowie Sonstige (646 600). Aufschlußreich war die Tatsache, daß die Berufsschulen die Hauptlast bei der Bedarfsdeckung trugen (1,191 Millionen), während man sich von der organisierten Werbung nur einen Gewinn von insgesamt 466 100 Arbeitskräften erhoffte. Das Ministerium für Arbeit und Gesundheitswesen arbeitete seinerseits Vorschläge für eine Direktive aus, die an die Hauptabteilungen Arbeit auf Landesebene verschickt werden sollte und insgesamt recht vage gehalten war[32]. Es kann mit Sicherheit davon ausgegangen werden, daß die sowjetische Besatzungsmacht in diese interne Diskussion über den Fünfjahrplan jederzeit eingeschaltet war und ihren Einfluß geltend machte[33].

Inzwischen setzten die Landesämter ihre Berichterstattung über den Arbeitskräfteplan 1950 fort, der aber nach wie vor noch unvollständig blieb[34]. Das Zen-

26 Gesetzblatt der DDR 1951, S. 973–991.
27 SAPMO, DY 30/IV 2/2/71, Bl. 31, Protokoll der Sitzung des Politbüros am 14. 2. 1950; SAPMO, DY 30/IV 2/2/74, Bl. 34, Protokoll der Sitzung des Politbüros am 28. 2. 1950. Beide Protokolle enthalten jedoch keine Entwürfe des Fünfjahrplanes in der Anlage. Für die Vorbereitung des Entwurfs waren Walter Ulbricht und Heinrich Rau verantwortlich.
28 SAPMO, DY 30/IV 2/2/85, Bl. 89. Die Direktive ist allerdings nur im Arbeitsprotokoll enthalten.
29 Ebenda, Bl. 79–88, hier Bl. 86.
30 SAPMO, NY 4182/965, Bl. 322 ff.
31 Ebenda, Bl. 328.
32 BAB, DQ 2/903, Bl. 220–230.
33 SAPMO, NY 4090/315, Bl. 151 f., Denkschrift über den Fünfjahrplan (vermutlich von der SKK 1950).
34 ThHStA, Land Thüringen, Büro des Ministerpräsidenten, Bd. 1683–1684, Bl. 315, HA Wirt-

trale Planungsamt beim Ministerium für Planung zog eine kritische Bilanz über den Ablauf des Volkswirtschaftsplanes und listete Mängel und Schwächen auf[35]. Im einzelnen wurde beanstandet, daß „die zentralen Stellen in der Landesebene [...] nicht in der Lage waren, konkretes Unterlagenmaterial über die Zahl ihrer Betriebe und ihrer Beschäftigten, über Kapazitätsauslastung und Absatzrichtung ihrer Betriebe zu geben"[36]. Heftige Kritik mußte sich auch die Arbeitsverwaltung gefallen lassen: „Bei den durchgeführten Kontrollen wurde festgestellt, daß die Arbeitsweise der Ämter für Arbeit nur formal und ressortmäßig beschränkt ist."[37] Bei der pauschal vorgetragenen Kritik, die vor allem die Landesverwaltungen sowie das Ministerium für Arbeit und Gesundheitswesen betraf, muß berücksichtigt werden, daß es dem Ministerium für Planung ausschließlich darum ging, die Frage der Verantwortlichkeit für die bisher aufgetretenen Hindernisse eindeutig zu beantworten und anderen Verwaltungen auf Zentral- und Landesebene zuzuordnen.

Das Politbüro des ZK der SED legte nicht nur die Grundzüge des Fünfjahrplanes fest, sondern beschloß auch die darin aufgehenden jährlichen Volkswirtschaftspläne. Dabei wurden durchaus eine ganze Reihe von Detailregelungen festgelegt. So entschied das SED-Führungsgremium etwa auf seiner Sitzung am 28. November 1950, daß für 40000 erwerbslose Jugendliche „zusätzlich Ausbildungsstätten zur Heranbildung von Arbeitskraftreserven für die neuen Kombinate (Hüttenwerke, Werften usw.) geschaffen werden"[38]. Damit deutete sich die eigentliche Bedeutung des Fünfjahrplanes für die Arbeitskräftelenkung an: Während sich die arbeitsmarktpolitischen Instrumente zuvor auf den zwischen- und überbezirklichen Ausgleich sowie auf die Freisetzung von männlichen und die berufliche Eingliederung von weiblichen Arbeitskräften weitgehend beschränkt hatten, konnten Anfang der fünfziger Jahre durch den forcierten Auf- und Ausbau von schwerindustriellen Großbetrieben zahlreiche neugeschaffene Arbeitsplätze angeboten werden. Diese Beschäftigungsprogramme ersetzten jedoch nicht die anfänglichen Aufgaben der Arbeitsverwaltung, sondern ergänzten sie vielmehr. Doch auch hierbei gab es in gewisser Hinsicht einige Vorläufer: Zu nennen sind in dem Zusammenhang die sogenannten Sofortprogramme I und II 1948/49, deren Erfolg aber stark begrenzt blieb, was letztlich auch zum Erliegen dieser Maßnahmen geführt hatte. Mit dem längerfristig angelegten strukturpolitischen Industrieprojekt, das mit der sowjetischen Besatzungsmacht intensiv abgestimmt worden war, erreichte die DDR-„Arbeitsmarkt"-Politik in gewisser Hinsicht eine neue Dimension. Die SED-Führung sowie die daran beteiligten Planungsbehörden schufen mit dieser Entscheidung ihre eigene Nachfrage nach Facharbeitern. Die Errichtung der einzelnen Kombinate in der Stahl- und Eisenindustrie, später auch in der chemischen Industrie, zogen die entsprechenden Effekte für die Arbeitskräftelenkung nach sich. Damit versuchte die Arbeitsverwaltung das selbstgesteckte Ziel zu verwirklichen, von der Arbeitsvermittlung zur Steuerung der

schaftsplanung beim Ministerpräsidenten des Landes Thüringen am 29. 8. 1950 an den Minister für Planung.
[35] SAPMO, NY 4182/963, Bl. 407–417, Bericht vom 20. 10. 1950.
[36] Ebenda, Bl. 408 f.
[37] Ebenda, Bl. 412.
[38] SAPMO, DY 30/IV 2/2/120, Bl. 22.

Arbeitskräfte zu gelangen. Dennoch blieb die Gewinnung von Arbeitskräften und deren bedarfsgerechte Verteilung ein Kernproblem der beteiligten Verwaltungen.

Während bis ungefähr Ende 1949 Abstimmungsprobleme primär zwischen dem Berliner Arbeitsministerium und den jeweiligen Landesämtern bestanden hatten, änderte sich dies mit der Aufstellung des Volkswirtschaftsplanes 1951. Nunmehr rückten die Fachministerien als neue Konfliktpartner immer stärker in das Zentrum des Geschehens. Diese waren bereits im September 1950 erstmals gebeten worden, „eine Aufstellung des zusätzlichen Kräftebedarfs für die wichtigsten Betriebe herzureichen"[39]. Insbesondere die betriebliche Aus- und Weiterbildung sollte ausschließlich den Fachministerien übertragen werden[40]. Darüber hinaus wurden Mitte Mai auch die fünf Landesregierungen in einem Rundschreiben um die Fortsetzung ihrer Mitarbeit gebeten[41]. Bereits Anfang Mai lag vom Ministerium für Schwerindustrie eine Übersicht über die Arbeitskräftelage vor, die allerdings keine Angaben über die Berufsausbildung enthielt[42]. Im Zuge einer Überprüfung der Arbeitskräftelenkung in Sachsen-Anhalt stellte die Staatliche Plankommission fest, daß die Zusammenarbeit zwischen dem Ministerium für Arbeit und den Industrieministerien völlig unzureichend war. Während der Hauptabteilung Arbeit bei der Landesregierung und den dortigen Arbeitsämtern eine gute Arbeit bescheinigt wurde, erhielt das Arbeitsministerium in Berlin erneut schlechte Noten: Dieses habe bei der Aufgabenstellung und der Anleitung der nachgeordneten Dienststellen versagt[43].

Bei der weiteren Ausarbeitung des Fünfjahrplanes erhöhte die SED-Führung die Investitionsausgaben für den schwerindustriellen Sektor und unterstrich nochmals die Bedeutung dieser Branchen innerhalb der gesamtwirtschaftlichen Planungen der Hegemonialpartei. So sollten für die Metallurgie und den Kohlenbergbau weitere 100 bzw. 50 Millionen DM bereitgestellt werden. Des weiteren legte das Politbüro fest, daß die zusätzlichen Finanzmittel für den Kohlenbergbau „auf Kosten anderer Investitionsträger" zu buchen waren[44]. Zeitweise bemühte sich die SED-Führung sogar, Quartalsberichte in der Presse zu veröffentlichen. Mit Hilfe dieser propagandistischen Selbstdarstellung strebte sie letztlich an, Zustimmung in der Bevölkerung zu gewinnen: Der vom Politbüro zur Veröffentlichung freigegebene Bericht der Staatlichen Plankommission „über die Erfüllung des Volkswirtschaftsplanes 1951 im II. Quartal" sollte den stetigen Wirtschaftsaufschwung in der DDR verdeutlichen. Besonders hervorgehoben wurde der Beschäftigungszuwachs um 250000 Personen im Vergleich zum Vorjahr sowie der Anstieg der Frauenerwerbsquote von 25 auf 28 Prozent[45]. Das Politbüro bestä-

[39] BAB, DQ 2/1755, Ministerium für Arbeit am 28. 4. 1951 an die Staatliche Plankommission.
[40] Ebenda, 6. Entwurf des Ministeriums für Arbeit vom 30. 4. 1951: „Anweisung zur Instruktion zu dem durch das Gesetz über den Volkswirtschaftsplan 1951 vorgeschriebenen Plan über die Arbeitskräfte vom 10. 4. 1951".
[41] Ebenda, Abt. Arbeitskraftlenkung am 16. 5. 1951 an alle Landesregierungen.
[42] BAB, DQ 2/2145, Statistik des Ministeriums für Schwerindustrie vom 4. 5. 1951.
[43] BAB, DE 1/10151, Bl. 131–139, hier Bl. 138, Bericht der SPK (Inspektions-Abt.) vom 23. 5. 1951.
[44] SAPMO, DY 30/IV 2/2/150, Protokoll der Sitzung des Politbüros am 29. 5. 1951.
[45] SAPMO, DY 30/IV 2/2/158, Bl. 35–40, hier Bl. 38, Anlage Nr. 3 zum Protokoll der Sitzung des Politbüros am 24. 7. 1951.

tigte auch in der Folgezeit die Bevorzugung der Schwerindustrie bei der Verteilung von Investitionsmitteln: Dieser Kurs schlug sich unter anderem beim Volkswirtschaftsplan 1952 erneut nieder[46].

Die sowjetische Einflußnahme kann anhand der deutschen Aktenüberlieferung nur vereinzelt und sehr eingeschränkt nachgezeichnet werden. Mitunter läßt sich die Position von SKK-Vertretern mit Hilfe von Gesprächsnotizen erhellen, die Mitarbeiter des SED-Apparates oder des Ministeriums für Arbeit angefertigt haben. Diese immer nur punktuelle Überlieferung bricht jedoch Anfang der fünfziger Jahre weitgehend ab. Äußerst selten sind des weiteren Schriftstücke der sowjetischen Besatzungsmacht in deutscher Übersetzung vorhanden. Diese Quellenproblematik trifft grundsätzlich auch bei der Erörterung der wirtschaftspolitischen Überlegungen im Zusammenhang mit der Errichtung der Zentralverwaltungswirtschaft zu. Insofern haben Aussagen zur Position der SKK, die aus deutschen Akten herausgearbeitet werden, nur bedingte Aussagekraft. Da allerdings der Zugang zu den entsprechenden Beständen in den Moskauer Archiven nach wie vor erheblich erschwert bzw. unmöglich ist, scheint es dennoch lohnenswert, diese zentrale Frage nach den Intentionen der sowjetischen Besatzungsmacht und dem deutsch-sowjetischen Verhältnis vorerst, wenn auch sehr bruchstückhaft, aus deutscher Perspektive zu untersuchen. Es kann davon ausgegangen werden, daß die inhaltliche Ausrichtung des Fünfjahrplanes sowie der einzelnen Volkswirtschaftspläne zwischen Vertretern der SKK und der SED-Führung abgesprochen wurde. Der SKK-Vorsitzende, Armeegeneral Wassili I. Tschujkow, übermittelte Walter Ulbricht am 27. Juli 1951 Bemerkungen zum Entwurf der Kontrollziffern des Volkswirtschaftsplanes für 1952[47]. Darin unterbreitete er einige Verbesserungsvorschläge, die sich insbesondere auf die festgesetzten Investitions- und Produktionszahlen sowie den Lebensmittelverbrauch bezogen. Die Bemerkungen zur „Arbeitsmarkt"-Politik beschränkten sich dagegen auf die Forderung, die im Fünfjahrplan aufgestellten Planziffern einzuhalten. Dies bezog sich auf die Festlegungen zur Entwicklung der Arbeitsproduktivität in den Betrieben und die Erhöhung des durchschnittlichen Jahreslohnes[48].

Obwohl die Grundstoff- und Schwerindustrie im Mittelpunkt der beschäftigungspolitischen Konzeptionen von SED-Führung und Arbeitsverwaltung standen, wurden dennoch die übrigen Wirtschaftsbereiche aus den Gesamtplanungen nicht vollständig ausgeklammert. Das Ministerium für Arbeit versuchte, den dortigen Arbeitskräftebedarf soweit wie möglich zu berücksichtigen. Dabei wurde jedoch die herausgehobene Bedeutung, die etwa der Bergbau, die Stahl- und Eisenindustrie genossen, zu keinem Zeitpunkt in Frage gestellt. Vielmehr ging es darum, Engpässe bei der Leicht- und Konsumindustrie in dem Maße zu überbrücken, daß die Produktion insgesamt nicht gefährdet schien. So führte das Ministerium für Arbeit Gespräche mit dem Ministerium für Leichtindustrie, um „Maßnahmen zur Sicherstellung des Arbeitskräftebedarfs für das Planjahr 1952

---

[46] SAPMO, DY 30/IV 2/2/159, Bl. 6 f., Protokoll der Sitzung des Politbüros am 1.8.1951.
[47] SAPMO, DY 30/J IV 2/202/44.
[48] Der von der SED-Führung eingebrachte Volkswirtschaftsplan 1952 sah offensichtlich eine Lohnsenkung vor. Ebenda, S. 3.

zu treffen"[49]. Dabei wurde auf einzelne Kreise verwiesen, in denen offenbar ein Überhang an Arbeitskräften bestand[50], welche den Betrieben der Leichtindustrie zugeführt werden sollten. Erstmals erörterten das Arbeitsministerium sowie einzelne Fachministerien die Möglichkeit, Produktionsanlagen in die sogenannten Notstandsgebiete zu verlagern. Letztlich bedeutete dies, daß nicht mehr ausschließlich die Mobilität der Arbeiter eingefordert wurde, sondern auch der Aufbau von Industrien entsprechend der registrierten Erwerbslosigkeit in Erwägung gezogen wurde. Das betraf prinzipiell auch die Schwerindustrie[51]; der Vorschlag wurde jedoch zunächst nicht ernsthaft weiterverfolgt.

Die Bedarfswünsche der einzelnen Fachministerien, die primär ihr wirtschaftliches Interesse verfolgten, ließen sich oftmals nicht automatisch mit den Planungsabsichten des Arbeitsministeriums in Übereinstimmung bringen. So sah beispielsweise der vom Ministerium für Maschinenbau aufgestellte Arbeitskräfteplan für 1952 eine Vergrößerung des Beschäftigtenstandes um insgesamt 68 000 Personen vor[52]. Dieser zusätzliche Bedarf sollte nach den Vorstellungen des Fachministeriums durch die Gewinnung von 28 000 „Ausgelernten", 23 000 Frauen sowie 5000 männlichen Lehrlingen abgedeckt werden; ungeklärt blieb allerdings eine Restgröße von immerhin 12 000 Personen. Vertreter des Ministeriums für Arbeit zeigten bei einer gemeinsamen Besprechung die Grenzen der Planungsarbeiten auf: So erhielt das Ministerium für Maschinenbau den unmißverständlichen Hinweis, daß „unsere Reserve an Arbeitskräften nur noch aus Frauen, Jugendlichen, die vom Nachwuchsplan nicht erfaßt sind, und erwerbsbeschränkten Männern besteht"[53]. Im Herbst 1951 verstärkte sich beim Arbeitsministerium die Einsicht, daß der Produktionsfaktor ‚Arbeit' insgesamt gesehen ein knappes Gut geworden war[54]. Der Ende der vierziger Jahre in zahlreichen Branchen registrierte Arbeitskräfteüberschuß war somit in einen Arbeitskräftemangel, vor allem an Facharbeitern, umgeschlagen. Die Reserven schienen weitgehend erschöpft zu sein. Damit standen die zentralen Ministerien immer mehr vor der Aufgabe, die Allokation effektiv zu regeln. Anfang November beschäftigte sich schließlich auch der DDR-Ministerrat mit der angespannten Arbeitskräftelage. Der stellvertretende Ministerpräsident Heinrich Rau trug einen entsprechenden Bericht vor, der inhaltlich vermutlich auf den wesentlichen Erkenntnissen des Arbeitsministeriums basierte. Nach Angaben von Staatssekretärin Malter wies Rau auf den kontinuierlichen Rückgang der verfügbaren Arbeitskräfte hin und betonte, es sei „schon heute er-

[49] BAB, DQ 2/1755, Aktenvermerk des Ministeriums für Arbeit (Abt. Arbeitskraftlenkung) vom 17. 9. 1951.
[50] Im einzelnen handelte es sich um folgende Kreise: Thüringen (Sonneberg, Eichsfelde-Worbis, Heiligenstadt, Sondershausen), Sachsen-Anhalt (Oschersleben, Salzwedel, Wernigerode, Gardelegen, Osterburg), Mecklenburg (Ludwigslust, Hagenow, Malchin, Parchim, Usedom, Rügen), Brandenburg (Neuruppin, Perlberg). Aus Sachsen wurde dagegen kein Kreis gemeldet. Vgl. ebenda.
[51] BAB, DQ 2/1755, Aktenvermerk des Ministeriums für Arbeit (Abt. Arbeitskraftlenkung) über eine Aussprache mit Vertretern des Ministeriums für Schwerindustrie am 13. 9. 1951.
[52] Ebenda, Aktenvermerk des Ministeriums für Arbeit (Abt. Arbeitskraftlenkung) vom 16. 10. 1951.
[53] Ebenda, S. 1.
[54] BAB, DQ 2/1753, Denkschrift des Ministeriums für Arbeit (Abt. Arbeitskraftlenkung) vom 30. 10. 1951.

forderlich, weitgehendst Lehrplätze zu planen, sonst kommen wir in die Zwangslage, Facharbeiter umzuschulen"[55].

Wie bereits mehrfach erwähnt, verlief die Zusammenarbeit zwischen den zentralen Planungsbehörden in Berlin und den Landesverwaltungen nicht reibungslos. Das Ministerium für Arbeit hatte frühzeitig um eine Aufstellung des Arbeitskräftebedarfs und des vermittelbaren Arbeitskräfteüberhangs gebeten – aufgeschlüsselt nach Wirtschaftsbranchen. Entsprechende Perspektivpläne, die für die Arbeitsverwaltung sowie die Staatliche Plankommission verwertbare Ergebnisse enthielten, lagen aber erst im Herbst 1951 vor[56]. Auch dabei wurde ein „erheblicher Mangel" an männlichen Arbeitskräften deutlich; das Ministerium für Arbeit von Sachsen-Anhalt betrachtete die Frauen und Jugendlichen als einzige Reserve[57]. Deren berufliche Qualifizierung wurde als „vordringliche Aufgabe" angesehen. Das Ministerium für Arbeit in Berlin bat daraufhin die übrigen Landesregierungen, ebenfalls einen Perspektivplan nach dem Vorbild aus Sachsen-Anhalt vorzulegen[58].

Das Politbüro stimmte auf seiner Sitzung am 18. Dezember 1951 einem Gesetzentwurf über den Volkswirtschaftsplan 1952 zu, der die bisherigen Ziele der Arbeitskräftegewinnung und -lenkung nochmals zusammenfaßte[59]. Dieser sah die Neueinstellung von 126700 Personen „in der gesamten Wirtschaft" vor[60]. Besonders hervorgehoben wurde die Verstärkung des Bestandes an qualifizierten Facharbeitern und an ingenieurtechnischem Personal. Darüber hinaus war die Erhöhung der Frauenbeschäftigungsquote von 29,4 (1951) auf 34,3 Prozent (1952) vorgesehen. Einen weiteren Schwerpunkt bildete die Berufsausbildung: Hierbei sollten 206766 Jugendliche in Lehrstellen vermittelt werden, darunter 138775 in der volkseigenen Wirtschaft.

Die Aufgabenstellung für die Arbeitsverwaltung wandelte sich nicht nur durch den ersten Fünfjahrplan und die jährlichen Volkswirtschaftspläne, sondern auch aufgrund der „Verordnung über die Aufgaben der Arbeitsverwaltungen und die Lenkung der Arbeitskräfte" vom 12. Juli 1951, die weiter unten noch eingehender behandelt wird. Es sei vorab schon einmal darauf hingewiesen, daß mit dieser Verordnung die Arbeitsämter bei der Arbeitskräftegewinnung weitgehend verdrängt wurden; das übernahmen in der Folgezeit die Betriebe selbst. Dabei sollte die Abteilung Arbeitskraftlenkung im Arbeitsministerium die Betriebe für eine nicht näher festgelegte Übergangszeit unterstützen[61]. Während die Aufgabe der Werbung auf die betriebliche Ebene verlagert wurde, behielt das Ministerium für Arbeit auch weiterhin die Zuständigkeit für die langfristige Planung und Zuteilung der verfügbaren Arbeitskräfte.

---

[55] Das geht aus einem Schreiben von Staatssekretärin Friedel Malter vom 10.11.1951 an Minister Roman Chwalek hervor, in: BAB, DQ 2/716.
[56] BAB, DQ 2/1163, Perspektivplan der HA Arbeit in Halle am 1.10.1951 zur Lenkung der Arbeitskräfte für 1951/52 in Sachsen-Anhalt.
[57] Ebenda, S. 1.
[58] BAB, DQ 2/1163, Ministerium für Arbeit (Abt. Arbeitskraftlenkung) am 16.11.1951 an die Landesregierungen in Schwerin, Erfurt, Dresden und Potsdam.
[59] SAPMO, DY 30/IV 2/2/184, Bl. 1.
[60] Ebenda, Bl. 106. Das am 14.2.1952 veröffentlichte Gesetz legte die Gesamtzahl sogar auf 154000 fest. Vgl. Gesetzblatt der DDR, S. 111–126, hier S. 121.
[61] BAB, DQ 2/1755, Denkschrift der Abt. Arbeitskraftlenkung vom 6.3.1952, S. 3.

Die Fertigstellung des Volkswirtschaftsplanes 1953 lag erneut in den Händen der SED-Führung, die die vorgelegten Entwürfe häufig an neu gebildete Kommissionen weiterreichte und eine nochmalige Überarbeitung anregte. Dieser Prozeß zog sich wieder über einen längeren Zeitraum hin und blieb weitgehend auf das Politbüro des ZK beschränkt; sogar der DDR-Ministerrat sollte über den Diskussionsverlauf nicht unterrichtet werden[62]. Die Verzögerungen bei der Verabschiedung des Volkswirtschaftsplanes 1953 waren jedoch nicht nur auf die kurz skizzierte Vorgehensweise des SED-Führungsgremiums zurückzuführen, sondern auch auf Ressortinteressen der Fachministerien, die bei einzelnen Fragen beratend hinzugezogen wurden. So erhielt der Vorsitzende der Staatlichen Plankommission Bruno Leuschner Ende September 1952 den Auftrag, „die noch bestehenden Meinungsverschiedenheiten mit den Ministerien und Staatssekretariaten zu klären"[63]. Das Protokoll der Politbürositzung enthält allerdings keine näheren Angaben, worin diese Differenzen über den Volkswirtschaftsplan konkret bestanden. Einen Monat später waren die Abstimmungsprobleme noch nicht gelöst, so daß das Politbüro erneut eine Kommission einsetzte, welche die Aufgabe erhielt, „alle Fragen des Planes zu klären und den endgültigen Beschluß für das Politbüro vorzubereiten"[64]. Wiederum vier Wochen später lag der endgültige Entwurf vor, der nur noch geringfügig überarbeitet werden sollte. Auf seiner Sitzung am 25. November legte das Politbüro den Tag der Beschlußfassung in der Volkskammer auf den 17. Dezember fest[65]. Kurzfristig aufgetretene Probleme bei der Finanzierung des Gesamthaushaltes führten offenbar dazu, daß das Politbüro sämtliche Ministerien anwies, „ihre Investitionen und die darin festgelegten Leistungen mit einem um 6% verringerten finanziellen Aufwand durchzuführen"[66]. Wegen der vorgenommenen Streichungen im Investitionsplan schien eine Produktionssteigerung unter anderem bei den Stahl- und Walzwerken, die sich noch im Aufbau befanden, akut gefährdet zu sein. Damit befand sich die SED-Führung in einem Dilemma: Auf der einen Seite galt es, die im Fünfjahrplan enthaltenen langfristigen Ziele zu erreichen, auf der anderen Seite sollte der Volkswirtschaftsplan solide finanziert sein. In dieser Situation entschied sich das Politbüro für die letztgenannte Zielvorgabe und nahm damit, wenn auch indirekt, negative Effekte für das Wirtschaftswachstum zunächst in Kauf. Dennoch sah der am 22. Dezember im Gesetzblatt veröffentlichte Volkswirtschaftsplan für 1953 eine Mehrbeschäftigung von rund 100 000 Personen vor, ohne daß eine Gegenfinanzierung durchgeführt wurde[67].

Ein Hauptproblem bei der Einhaltung der Arbeitskräftepläne bestand nach wie vor in der Fluktuation. Da sich das quantitative und qualitative Ausmaß dieser Wanderungsbewegung weder vorhersehen noch steuern ließ, mußten die Staatliche Plankommission sowie die Fachministerien die im Volkswirtschaftsplan aufgeführten Zahlenangaben ständig der Realität anpassen. Nach Angaben der Abtei-

[62] SAPMO, DY 30/IV 2/2/215, Bl. 12, Protokoll der Sitzung des Politbüros am 10. 6. 1952.
[63] SAPMO, DY 30/IV 2/2/235, Bl. 18, Protokoll der Sitzung des Politbüros am 30. 9. 1952.
[64] SAPMO, DY 30/IV 2/2/242, Bl. 4f., Protokoll der Sitzung des Politbüros am 31. 10. 1952. Der Kommission gehörten an: [Otto] Grotewohl, [Walter] Ulbricht, [Heinrich] Rau, [Bruno] Leuschner, [Fritz] Selbmann, [Willi] Rumpf, [Walter] Strampfer und [Ernst] Scholz.
[65] SAPMO, DY 30/IV 2/2/249, Bl. 7.
[66] Ebenda, Bl. 96.
[67] Vgl. Gesetzblatt der DDR 1952, S. 1319–1332, hier S. 1328.

lung Arbeitskraftlenkung waren im Verlauf des Jahres 1952 5869 Arbeiter in die Zwickauer-Oelsnitzer Steinkohlengruben „gelenkt" worden. Gleichzeitig sei aber ein „Abgang" von insgesamt 7354 Arbeitern zu verzeichnen gewesen[68]. Trotz der daraufhin eingeleiteten Intensivierung der Arbeitskräftewerbung „und der eingeleiteten Maßnahmen zur Eindämmung der Fluktuation" konnten in diesem zentralen Wirtschaftsbereich die aufgestellten Produktionspläne letztlich nicht erfüllt werden[69].

Das Institutionengefüge, das letztlich verantwortlich war für die Steuerung und Lenkung des Arbeitskräftepotentials, änderte sich 1952/53 und mußte sich in der Folgezeit erst neu einspielen. Zunächst wurden im Sommer 1952 die Länder aufgelöst. Damit hörten auch die Landesarbeitsministerien auf zu existieren. Sie hatten vor allem bis zur DDR-Gründung häufig landespolitische Interessen verfolgt, die sich oftmals nicht mit den Vorstellungen der Berliner Zentralverwaltungen deckten. Das stellenweise bestehende Konkurrenzverhältnis zwischen Zentral- und Landesverwaltungen, das sich jedoch sukzessive zurückgebildet hatte, verschwand damit vollständig. Die neu aufzubauenden Bezirksverwaltungen konnten diese Position bei weitem nicht einnehmen; dennoch war eine reibungslose Zusammenarbeit mit der DDR-Regierung nicht zwangsläufig von vornherein gegeben. Eine weitere Veränderung trat mit dem Aufbau der Staatlichen Plankommission ein, die ein eigenes „Plangebiet Arbeitskräfte" einrichtete und sich somit immer stärker mit der Arbeitskräfteplanung beschäftigte. Dies trug mittelfristig dazu bei, daß die Bedeutung des Ministeriums für Arbeit in diesem Bereich sank. Verstärkt wurde dieser Kompetenzverlust durch die bereits angesprochene Verordnung vom 12. Juli 1951. Weil die Staatliche Plankommission immer mehr Mitspracherechte erhielt bzw. sich eroberte, ließen sich übergeordnete politische Ziele mitunter leichter durchsetzen: Der Aufbau eines Militär- und Sicherheitsapparates in der DDR brachte einen hohen Personalbedarf mit sich[70], der wiederum innerhalb der Arbeitskräfteplanung zu berücksichtigen war. Die Staatliche Plankommission ging bei der Ausarbeitung des Planes für 1953 davon aus, daß „von der Volkspolizei 180000 Arbeitskräfte benötigt werden"[71]. So verringerte sich die Anzahl der Arbeitskräfte, welche die Arbeitsämter dem Erzbergbau oder anderen sogenannten Schwerpunktaufgaben zuteilen konnten. Damit bestand ein weiterer Interessenkonflikt – dieses Mal zwischen den Belangen der wirtschaftlichen Großprojekte, die sich in der DDR erst noch im Aufbau befanden, und den militärischen und sicherheitspolitischen Interessen der SED-Führung bzw. des Innenministeriums. Dieser Konflikt hatte sich bereits Ende 1949 angekündigt, als etwa die Arbeitsverwaltung in Sachsen-Anhalt eine gezielte Abwerbung für die Volkspolizei registrierte, die vor allem zu Lasten der Grundstoff- und Schwerindustrie ging: „Unter den sich zur Volkspolizei meldenden Personen befinden sich 1000 von Metallfach- und Baufacharbeitern, desgleichen aus dem Bergbau."[72]

[68] BAB, DQ 2/848, Bericht der Abt. Arbeitskraftlenkung vom 24. 1. 1953, S. 2.
[69] Ebenda, S. 3.
[70] Vgl. Wenzke, Auf dem Wege zur Kaderarmee.
[71] BAB, DE 1/3649, Bl. 1–4, hier Bl. 1, Bericht des Plangebietes Arbeitskräfte vom 27. 2. 1953.
[72] LA Magdeburg LHA, Rep. K MW, Nr. 10660, Situationsbericht der Unterabteilung I a vom 4. 11. 1949.

Aus Sicht der Staatlichen Plankommission war vor allem die berufliche Unterbringung von Jugendlichen und Schulabgängern ein zentrales Problem der Volkswirtschaftspläne, da sich offensichtlich jedes Jahr eine Diskrepanz zwischen Arbeitsangebot und -nachfrage auftat[73]. Der Bedarf an Arbeitskräften von seiten der volkseigenen Betriebe war bei weitem nicht so groß, daß alle Jugendlichen automatisch einen Arbeitsplatz finden konnten. Darüber hinaus erwies sich das Ziel, sämtliche Lehrlinge nach der Berufsausbildung mit Arbeit zu versorgen, als schwer durchführbar. Nach Rücksprache mit der zuständigen Abteilung des Ministeriums für Arbeit unterbreitete die Staatliche Plankommission den Vorschlag, „die auslernenden Lehrlinge mindestens 4 Wochen noch zu beschäftigen"[74]. Die dafür benötigte „Lohnsumme" sollte außerplanmäßig bereitgestellt werden. Während dieser Überbrückungsphase sollten dann neue Beschäftigungsmöglichkeiten erschlossen werden. Dabei wurde auch in Erwägung gezogen, die Mehrzahl der Jugendlichen in die Organisation „Dienst für Deutschland"[75] einzubeziehen. Zwei Ergebnisse verdienen es, nochmals hervorgehoben zu werden: Zum einen machten diese Vorschläge die Hilflosigkeit bzw. die begrenzte Handlungsfähigkeit der zentralen Planungsbehörden in der DDR erneut deutlich. Nachdem bereits das Arbeitsministerium stets vor dieser Problematik gestanden und nie eine adäquate Lösung gefunden hatte, zeigte sich auch die Staatliche Plankommission der Aufgabe nicht gewachsen. Zum anderen manifestierte sich die nach wie vor bestehende Eigenständigkeit der Betriebe, die zwar durch den Aufbau der Zentralverwaltungswirtschaft erheblich eingeschränkt, aber nie völlig beseitigt worden war. Die Betriebsleiter besaßen bei der Frage der Neueinstellung von Lehrlingen bzw. der Übernahme von Ausgelernten ein entscheidendes Mitspracherecht. Darüber hinaus konnten sich Staatliche Plankommission und SED-Führung zu einem eindeutigen wirtschaftspolitischen Kurs nie durchringen. Statt dessen wurde versucht, zwei sich widersprechende Ziele miteinander in Einklang zu bringen: Es ging um die Garantie, daß jeder Jugendliche einen Ausbildungsplatz erhielt und anschließend nicht in die Arbeitslosigkeit entlassen wurde, *und* um die „Einführung eines strengen Sparsamkeitsregimes". Arbeitsplatzsicherheit und kostengünstige Betriebsführung sollten gewährleistet werden. Dies lief letztlich auf eine Erhöhung der betrieblichen Lohnfonds hinaus, die aus dem Staatshaushalt finanziert werden mußten.

Das Ministerium für Arbeit befürchtete für 1953 ein Ansteigen der Arbeitslosenzahlen[76]. Neben den oben genannten Gründen schien auch die Aktion zur Kürzung der Verwaltungsausgaben um 20 Prozent negative Folgen haben zu können. Die auf diese Weise freigesetzten Verwaltungsangestellten würden dann ebenfalls als Arbeitsuchende auftreten. Vor diesem Hintergrund verlor für die Arbeitsverwaltung das Ziel an Bedeutung, die Hortung von Arbeitskräften in den Betrieben zu verhindern, da man ansonsten eine weitere Entlassungswelle hätte in Kauf nehmen müssen. Die Deutsche Notenbank wies zwar auf die personelle

[73] BAB, DE 1/3649, Bl. 1–4, hier Bl. 2, Bericht über die Arbeitskräftesituation vom 27. 2. 1953.
[74] Ebenda, Bl. 3.
[75] Vgl. Buddrus, Die Organisation „Dienst für Deutschland"; Diedrich, „Dienst für Deutschland".
[76] BAB, DQ 2/1760, Bericht über die Arbeitskräftelage im Jahre 1953 (o.D.).

Überbelegung einzelner Betriebe hin, die eine „Überschreitung des Arbeitskräfteplanes" zur Folge hatte[77], doch Arbeitsminister Chwalek ließ sich auch nach einer Anfrage vom Chef der Regierungskanzlei[78] nicht zu einer Auskämmungsaktion bewegen[79].

Ausschaltung der privaten Arbeitsvermittlung

Die Bestimmungen des SMAD-Befehls Nr. 65 und des Kontrollratsbefehls Nr. 3 legten bekanntlich fest, daß die Arbeitsvermittlung nur durch die Arbeitsämter vorgenommen werden durfte. Dies galt auch für die Anmeldung der Arbeitskräftenachfrage: Stellenangebote und -gesuche konnten in Zeitungen, Zeitschriften und sonstigen Druckschriften nur nach vorheriger Genehmigung durch das zuständige Arbeitsamt veröffentlicht werden; das galt im übrigen auch für öffentliche Aushänge bzw. Bekanntmachungen. Dadurch sollte eine Umgehung der Arbeitsverwaltung von vornherein verhindert werden. Kurz nach Gründung der DDR sprach sich die Abteilung I a im Ministerium für Arbeit und Gesundheitswesen dafür aus, diese Bestimmungen etwas zu lockern. Vermutlich waren bei den Ämtern für Arbeit und Sozialfürsorge zahlreiche Ausnahmeanträge eingegangen, und das Berliner Ministerium versuchte auf diese Weise, das Verfahren zu vereinfachen und vor allem die ihr unterstehenden Arbeitsämter zu entlasten. Ein entsprechender Anordnungsentwurf hob das bis dahin bestehende Genehmigungsverfahren auf. Statt dessen sollte den einzelnen Inseraten der Zusatz vorangestellt werden: „Einstellung der Arbeitskräfte erfolgt nur über das örtlich zuständige Amt für Arbeit und Sozialfürsorge."[80] Diese Auflage brachte keine wesentliche Veränderung in der Praxis mit sich, da bereits zahlreiche Zeitungen entsprechende Vereinbarungen mit den jeweiligen Arbeitsämtern getroffen hatten[81]. Nach wie vor blieben aber Inserate zur Anwerbung von Arbeitskräften für das Ausland, vor allem in die Bundesrepublik, der Genehmigungspflicht unterworfen. Diese Sonderregelung schien aus Sicht des Arbeitsministeriums notwendig zu sein, „um einer unerwünschten Abwerbung von qualifizierten Fachkräften, die unsere Wirtschaft selbst benötigt, vorzubeugen"[82]. Die Anordnung wurde am 28. Februar 1950 im Gesetzblatt der DDR veröffentlicht[83] und sollte ihre Funktion erst mit der „Verordnung über die Aufgabe der Arbeitsverwaltungen und über die Lenkung von Arbeitskräften" vom 12. Juli 1951 verlieren: Da die Arbeitsämter damit ihren Charakter als Arbeitsvermittlungsstellen verloren, erübrigte sich letztlich auch der Zusatz, der den Inseraten vorangestellt werden mußte. Abteilungsleiter Heisig vom Arbeitsministerium bat am 9. Oktober 1951 das Amt für Information,

---

[77] BAB, DQ 2/2146, Deutsche Notenbank am 5. 3. 1953 an Minister für Schwermaschinenbau Wunderlich.
[78] Ebenda, Chef der Regierungskanzlei und Staatssekretär der Regierung Geyer am 18. 3. 1953 an den Minister für Arbeit Chwalek.
[79] Ebenda, Minister Chwalek am 20. 3. 1953 an den Chef der Regierungskanzlei Geyer.
[80] BAB, DQ 2/906, Bl. 255, Anordnungsentwurf „über die Werbung von Arbeitskräften durch Inserate" vom 21. 10. 1949.
[81] Ebenda, Bl. 253, Begründung der Abt. I a vom 21. 10. 1949 zum Anordnungsentwurf.
[82] Ebenda.
[83] Gesetzblatt der DDR 1950, S. 135.

„die Presse-Organe entsprechend zu verständigen, damit dieses [gemeint ist die Anordnung vom 28. 2. 1950] in Wegfall kommt"[84].

Weniger konzessionsbereit zeigte sich das Ministerium für Arbeit bei der Frage der privaten Arbeitsvermittlung. Diese war in der unmittelbaren Nachkriegszeit toleriert worden, zumal die Subunternehmer über wesentlich bessere Informationen zu den regionalen Arbeitsmärkten verfügten als die noch im Aufbau befindliche Arbeitsverwaltung. Die Errichtung der Zentralverwaltungswirtschaft und die damit eng verbundene Zentralisierung zogen eine Zurückdrängung des privaten Sektors auch in der Vermittlung von Arbeitskräften nach sich. Ein Schwerpunkt der privaten Arbeitsvermittlung scheint Anfang der fünfziger Jahre vor allem die Bauindustrie und das Baufachgewerbe gewesen sein, da hier der Bedarf nach Arbeitskräften enorm gestiegen war und von den Arbeitsämtern offensichtlich nicht befriedigt werden konnte. Bei den angebotenen Arbeitern handelte es sich in der Regel um qualifizierte Facharbeiter für den Montagebau, die von den Stahl- und Walzwerken ganz besonders benötigt wurden. Die Subunternehmer boten sogar die ihnen zur Verfügung stehenden Fachkräfte den jeweiligen Baufirmen direkt an[85]. Die übergeordnete VVB ABUS informierte daraufhin das zuständige Landesamt über den Vorfall und regte eine grundsätzliche Entscheidung an: „Während uns als VVB-ABUS von den Arbeitsämtern in Bezug auf [die] Vermittlung von Arbeitskräften nicht geholfen werden kann, werden auf der anderen Seite Privatunternehmen so viel Arbeitskräfte vermittelt, daß sie Schreiben, wie das anliegende [vgl. Anm. 85], verschicken müssen."[86]

Das Ministerium für Arbeit wurde erst neun Monate später aktiv, nachdem die Zentrale Kommission für Staatliche Kontrolle (ZKSK) auf diese Entwicklung aufmerksam gemacht hatte. Der ZKSK lag allerdings nicht ein konkreter Fall aus der Bauindustrie, sondern von der Schiffswerft Roßlau vor, die einen Schweißer über einen privaten Arbeitsvermittler bezogen hatte[87]. Die ZKSK betrachtete „diese Art der Vermittlung als ein illegales Aufleben der privaten Arbeitsvermittlung, was zugleich eine Umgehung der bestehenden Gesetze und Bestimmungen bedeutet". Da dies keine „Einzelerscheinung" sei, bat man das Ministerium, „eine Kontrolle mehrerer Baustellen in der DDR vorzunehmen". Im Laufe der Zeit richtete sich die Kritik der Kontrollbehörde in zunehmenden Maße auch gegen die Arbeitsämter: Aufgrund der „schlechten Arbeit" hätten die privaten Arbeitsvermittler ihre Tätigkeit wiederaufgenommen[88]. Überprüfungen durch die Abteilung Arbeitskraftlenkung beim Ministerium für Arbeit bestätigten grundsätzlich die Berichte der ZKSK. Die Tätigkeit der privaten Arbeitsvermittler, die sich vor allem auf den Montagebau bei den Stahl- und Hüttenwerken sowie den Werften spezialisiert hatten, wurden offensichtlich von den zuständigen Industrieministerien akzeptiert. Diese waren ebenso wie die beteiligten Großbetriebe an zusätzlichen Facharbeitern stark interessiert. Bei einer Gesamteinschätzung muß außer-

84   BAB, DQ 2/1766.
85   LA Magdeburg LHA, Rep. K MW, Nr. 9448, Otto K. (Nienburg/Saale) am 2. 11. 1950 an die Firma ABUS Aschersleben (Bau-Union Mittelelbe).
86   Ebenda, VVB ABUS am 30. 11. 1950 an das Ministerium für Arbeit und Sozialfürsorge in Halle.
87   BAB, DQ 2/2086, ZKSK (Sonnenburg) am 15. 8. 1951 an das Ministerium für Arbeit.
88   Ebenda, ZKSK-Vorsitzender am 24. 8. 1951 an Arbeitsminister Chwalek.

dem berücksichtigt werden, daß die Subunternehmer nicht nur Arbeitskräfte, sondern auch Spezialgeräte anboten, die in der volkseigenen Industrie zu diesem Zeitpunkt ebenfalls ein knappes Gut darstellten. Das Ministerium für Arbeit versuchte dem Anliegen der ZKSK nachzukommen und mit den jeweiligen Fachministerien Vereinbarungen zu treffen, um auf die private Arbeitsvermittlung verzichten zu können: So wurde etwa der Hauptabteilung Schiffbau des Ministeriums für Maschinenbau vorgeschlagen, für die anfallenden Arbeiten in den verschiedenen Werften „eine Gruppe von Spezialarbeitern im Bereich der volkseigenen Werften mit Aggregaten auszurüsten, um sie an diese Stellen zu leiten, wo der dringendste Bedarf erforderlich ist"[89]. Diese mobile Einsatztruppe, quasi eine brancheninterne „Feuerwehr", sollte das Abhängigkeitsverhältnis der volkseigenen Wirtschaft in dieser Frage endgültig beenden.

Auch wenn das quantitative Ausmaß dieser Form der Arbeitsvermittlung, die an den Arbeitsämtern vorbeilief, nicht gemessen werden kann[90], lassen sich doch einige Zwischenergebnisse festhalten: Zunächst einmal zeigte sich an diesem Beispiel erneut die beschränkte Durchschlagskraft der Planungsbehörden. Der rechtlich fixierte Anspruch der Arbeitsverwaltung, alleine für die Steuerung des „Arbeitsmarktes" zuständig zu sein, konnte offenbar nicht vollständig umgesetzt werden. Doch auch die Ministerien auf zentraler Ebene traten keineswegs einheitlich auf: Aus pragmatischen Gründen waren einzelne Fachministerien mit der Tätigkeit der Subunternehmer durchaus einverstanden. Darüber hinaus setzten sich Betriebsleitungen in der volkseigenen Wirtschaft über die Anweisungen des Arbeitsministeriums hinweg und verfolgten zuallererst betriebseigene Interessen. Für sie hatte die Absicherung eines geregelten Produktionsablaufes letztlich Priorität. Die Arbeitsverwaltung registrierte des weiteren, daß Facharbeiter aus volkseigenen Betrieben zu den privaten Arbeitsvermittlern abwanderten, da dort höhere Löhne angeboten wurden[91]. Das machte deutlich: Trotz des umfassenden Aufbaus der Zentralverwaltungswirtschaft konnten marktähnliche Entwicklungen nicht völlig ausgeschlossen werden.

Nachdem das Ministerium für Arbeit den alarmierenden Bericht der ZKSK erhalten hatte, wies es die Landesministerien eindringlich an, „in ihren Bereichen zu untersuchen, inwieweit Privatfirmen auf ähnlicher Grundlage arbeiten", und darüber regelmäßig zu berichten[92]. Die Landesministerien reichten diese Anweisung wiederum an die Abteilungen Arbeit der Stadt- bzw. Landkreise weiter[93]. Einzelne Kreisverwaltungen entwickelten dabei mitunter radikale Lösungen: So wurde unter Rückgriff auf die Wirtschaftsstrafverordnung ein Subunternehmer im Kreis Niederbarnim (Brandenburg), dem eine Steuerschuld in Höhe von 54 000,– DM nachgewiesen werden konnte, zur Aufgabe seiner Tätigkeit gezwun-

[89] Ebenda, Bericht der Abt. Arbeitskraftlenkung vom 12. 9. 1951, S. 3.
[90] Weder die ZKSK noch das Ministerium für Arbeit unternahmen 1951/52 eine systematische Analyse des Phänomens „private Arbeitsvermittlung". Bei den Berichten und Schriftwechseln tauchen vielmehr nur Einzelbeispiele auf, die insofern nur Tendenzen andeuten aber keinen Anspruch auf Repräsentativität erheben können.
[91] BAB, DQ 2/2086, Arbeitsminister Chwalek am 19. 9. 1951 an alle Landesregierungen, S. 1.
[92] Ebenda, S. 2.
[93] BAB, DQ 2/2086, Ministerium für Wirtschaft und Arbeit des Landes Brandenburg am 29. 9. 1951 an die Abteilungen Arbeit der Stadt- bzw. Landkreise.

gen[94]. Im einzelnen wurden diesem nicht nur die Gewerbegenehmigung entzogen[95], sondern auch die Spezialgeräte konfisziert und eine Geldstrafe von 10000,– DM verhängt[96]. Die ZKSK beschränkte ihre Untersuchungen jedoch nicht alleine auf das Land Brandenburg, sondern bezog in der Folgezeit die übrigen Länder in diese Aktion mit ein. Die Landeskommissionen für Staatliche Kontrolle meldeten dabei weitere Einzelfälle von privater Arbeitsvermittlung[97], die bis zum Sommer 1952 nahezu beseitigt werden konnten. Zu diesem Zeitpunkt hörte die Arbeitsverwaltung auf, sich mit der Thematik zu befassen. Subunternehmer, die auch nach dem Entzug der Gewerbegenehmigung ihre Tätigkeit fortsetzten, mußten mit der Einleitung von strafrechtlichen Verfahren rechnen[98].

Registrierung der arbeitsfähigen Bevölkerung, „Arbeitsmarkt" und Arbeitslosigkeit

Eine entscheidende Voraussetzung für die Arbeitskräftelenkung war in der SBZ die vollständige Erfassung der arbeitsfähigen Bevölkerung durch die Arbeitsämter gewesen. Ende 1949 schlug der Minister für Arbeit und Gesundheitswesen Luitpold Steidle vor, die nach wie vor bestehende Registrierpflicht „aufzulockern". Da mittlerweile ein Überblick über die vorhandenen Arbeitskräfte bestehe und eine „Normalisierung der Verhältnisse" eingetreten sei, bedeute die „straffe Handhabung" der arbeitsrechtlichen Bestimmungen „eine mit der erreichten Entwicklung nicht mehr in Einklang stehende Belastung der Bevölkerung und der Arbeitsämter"[99]. Die anzustrebende Veränderung sei – so der Minister – durchaus vertretbar und eröffne den Arbeitsämtern Freiräume für „operative Aufgaben". Mit diesem Vorschlag fand Steidle, der bei der Aufteilung seines Ressorts Anfang 1950 nur noch das Gesundheitswesen behielt, in seinem Ministerium anfangs keine Unterstützung. Der Leiter der Abteilung I a Donau mahnte dazu, „die Angelegenheit reiflich" zu überlegen: Die Registrierpflicht stelle nämlich eine „Grundlage für unsere Arbeitskräftebilanz" dar[100]. In Berlin, das Steidle als Vorbild genannt hatte, war letztlich die Altersgrenze für männliche Jugendliche nur von 14 auf 15 Jahre angehoben worden, weil das schulpflichtige Alter zuvor erhöht worden war. Der Minister hatte mit diesem Hinweis eher die eigene Inkompetenz demonstriert und präzisierte seinen Vorschlag in der Folgezeit auch nicht weiter.

Anfang 1950 erfolgte dennoch eine Änderung bei der Arbeitskräfteerfassung, die zu einer Arbeitsentlastung bei den Arbeitsämtern führen sollte: Vermutlich nach Absprache mit den Landesämtern für Arbeit und Sozialfürsorge wurden die

---

[94] Ebenda, Landrat des Kreises Niederbarnim (Hauptamt Wirtschaftsstrafrecht) am 1. 10. 1951 an Arbeitsminister Chwalek.
[95] Dies ging auf eine Anregung des Ministers für Arbeit zurück. Ebenda, Arbeitsminister Chwalek am 24. 9. 1951 an den Rat des Kreises Niederbarnim.
[96] Ebenda, HA Arbeit (Heisig) am 6. 12. 1951 an die ZKSK.
[97] Ebenda, Stellvertretender Vorsitzender der ZKSK am 27. 11. 1951 an Arbeitsminister Chwalek.
[98] Ebenda, Rat des Kreises Greifswald (Abt. Arbeit) am 5. 3. 1952 an das Volkspolizeiamt Greifswald.
[99] BAB, DQ 2/1736, Minister Steidle am 15. 12. 1949 an den Leiter der HA Arbeit (Litke).
[100] Ebenda, Abt. I a (Donau) am 19. 12. 1949 an Abteilungsleiter Litke.

Bestimmungen zur sogenannten Kontrollmeldung dahingehend geändert, daß für die Arbeitsuchenden die zeitlichen Abstände zwischen den einzelnen Meldungen bei den Arbeitsämtern vergrößert wurden[101]. Dadurch wurde das Prinzip der vollständigen Erfassung der arbeitsfähigen Bevölkerung jedoch nicht aufgegeben. Im einzelnen wurde angeordnet, daß vollarbeitsfähige Arbeitslose eine Kontrollkarte erhalten und sich mindestens einmal monatlich beim zuständigen Arbeitsamt melden sollten. Die monatliche Meldepflicht galt im übrigen auch für arbeitspflichtige Schwerbeschädigte, arbeitspflichtige Jugendliche sowie für „vermittlungsfähige" Sozialfürsorgeempfänger. Dagegen hatten sich erwerbsbeschränkte Arbeitslose nur alle drei Monate beim Arbeitsamt zu melden. Die Mitarbeiter bei den Arbeitsämtern hatten bereits zuvor die Aufgabe wahrgenommen, sämtliche Besuche auf der Kontrollkarte schriftlich festzuhalten. Darüber hinaus war vorgesehen, Arbeitspflichtige, die keine Arbeit suchten, vorläufig von der Arbeitspflicht zu befreien und dies auch auf der Kontrollkarte zu vermerken. Personen, die von der Arbeit freigestellt worden waren, sollten einen Registrierungsausweis und einen entsprechenden Vermerk im Arbeitsbuch erhalten. Vor allem die Verbesserung des Arbeitsplatzangebots für Frauen, Jugendliche und Schwerbeschädigte stand im Mittelpunkt der Überlegungen der Arbeitsverwaltung[102]. Inwieweit dieses Ziel realisiert werden konnte und ob diese Veränderungen des Registrierungssystems zu einer wesentlichen Entlastung der Arbeitsämter beitrugen, mußte sich allerdings erst noch zeigen. Die Arbeitsverwaltung konnte in dieser Frage allem Anschein nach selbständig handeln; ein direkter Einfluß von seiten der SED-Führung ist nicht nachweisbar. Diese befaßte sich im Frühjahr 1950 mit der Vorbereitung der Volks-, Berufs- und Betriebszählung, die auch mit der SKK abgestimmt werden sollte[103]. Das Politbüro stimmte kurz darauf der vom Sekretariat eingebrachten Vorlage zu[104]. Im Sommer 1950 sprach sich das Ministerium für Arbeit und Gesundheitswesen dafür aus, die Personalkarteien in den Betrieben weiter auszubauen: „Die Personalkarteikarte muß ein Spiegelbild des arbeitenden Menschen sein, mit seinen Kenntnissen und Fähigkeiten, seinen besonderen Eigenheiten und Entwicklungsmöglichkeiten, seiner körperlichen Beschaffenheit, kurz, mit allem, was seine Leistungsfähigkeit beeinflußt."[105] Eine nach diesen Prinzipien angelegte Personalkartei müsse die Grundlage für die innerbetriebliche Arbeitskräfteplanung bilden. Begründet wurde dies mit dem Hinweis auf die Durchführung des Fünfjahrplanes und die damit eng verbundene bedarfsgerechte und effiziente Zuteilung von Arbeitskräften: Um dieses Ziel zu erreichen, benötigten die Betriebe – so das Ministerium – eine genaue Übersicht über die bei ihnen beschäftigten Arbeitskräfte. Die zuständigen Landesämter leiteten kurz darauf den angeordneten Aufbau des betrieblichen Karteisystems und damit

[101] Ebenda, Ministerium für Arbeit und Sozialwesen des Landes Sachsen am 18. 1. 1950 an die Arbeitsämter.
[102] Ebenda, Ministerium für Arbeit und Gesundheitswesen des Landes Sachsen am 21. 1. 1950 an die Arbeitsamtsleiter.
[103] SAPMO, DY 30/J IV 2/3/105, Bl. 6, Protokoll der Sitzung des Sekretariats am 5. 5. 1950.
[104] SAPMO, DY 30/IV 2/2/89, Bl. 26 und 31 f., Protokoll der Sitzung des Politbüros am 16. 5. 1950.
[105] BAB, DQ 2/1766, Bl. 64, Ministerium für Arbeit und Gesundheitswesen (HA Arbeit) am 4. 7. 1950 an das Ministerium für Industrie, S. 1.

den langfristigen Übergang vom Wohnort- zum Betriebsstättenprinzip ein[106]. Zweieinhalb Monate später schlug Hauptabteilungsleiter Litke vor, neben der Personalkartei eine Arbeitsplatzkartei in den Betrieben aufzubauen, in der die konkreten Anforderungen jedes einzelnen Arbeitsplatzes aufgeführt werden sollten[107].

Da sowohl die Staatliche Plankommission als auch das Ministerium für Arbeit und Gesundheitswesen des öfteren auf den kausalen Zusammenhang von Arbeitskräftelenkung als Bestandteil der allgemeinen Wirtschaftsplanung und Reduzierung der Erwerbslosenzahlen hingewiesen hatten, soll im folgenden die Entwicklung der Arbeitslosigkeit in der frühen DDR kurz skizziert werden. Dabei orientiert sich die Darstellung beim strukturellen Aufbau und bei den leitenden Fragestellungen am entsprechenden Abschnitt des vorherigen Kapitels[108]; dieses soll nunmehr zeitlich fortgesetzt werden. Der Erhebungszeitraum wird dabei bis Ende 1955 verlängert, um den langfristigen Trend beim Absinken der Erwerbslosenzahlen deutlich werden zu lassen. Allerdings muß betont werden, daß die Statistiken dies nicht immer zuließen, zumal die Kriterien der statistischen Erfassung einem Wandel unterworfen waren. So waren Angaben zur Zahl der erwerbsbeschränkten Arbeitslosen sowie zu den offenen Stellen nur für die Jahre 1950/51 auffindbar. Neu hinzu kam eine Tabelle über die Zahl der arbeitslosen Jugendlichen unter 18 Jahren, die vor 1950 nur sehr unregelmäßig erfaßt worden waren. Eine Erklärung dafür könnte sein, daß die Versorgung von Jugendlichen mit Ausbildungsplätzen im Verlauf des Fünfjahrplanes immer stärker in den Mittelpunkt der Tätigkeit der Arbeitsverwaltung rückte.

Innerhalb der Arbeitsverwaltung wurde Mitte 1950 über eine neue Definition des Begriffes „arbeitslos" nachgedacht. Bereits ein Jahr zuvor hatte das thüringische Ministerium für Arbeit und Sozialwesen darauf hingewiesen, daß die Zahlen der Arbeitslosenstatistik des Landes zum Teil beträchtlich über den bei den Arbeitsämtern registrierten arbeitsfähigen und -willigen Erwerbslosen lagen: „Die Arbeitslosenstatistik gibt also kein genaues Bild über die echten Arbeitsuchenden."[109] Deshalb plädierte das thüringische Ministerium dafür, Arbeitskräfte, die eigenständig den Betrieb wechselten, nicht automatisch in die Vermittlungs- und damit in die Arbeitslosenkartei aufzunehmen. Das dahinter stehende Problem der statistischen Erfassung von beruflicher Fluktuation sollte auf diese Weise völlig ausgeblendet werden. Zu den Vorschlägen zählten außerdem die Herausnahme von Rentnern, Schwerbeschädigten und Sozialfürsorgeempfängern aus der Erwerbslosenstatistik[110]. Auch diese Maßnahme hätte dazu beigetragen, die Arbeitslosenzahlen erheblich zu reduzieren. Strittig blieb jedoch, wie diejenigen Personen zu erfassen seien, die aus einem Arbeitsverhältnis ausgeschieden waren und sich noch nicht beim zuständigen Arbeitsamt gemeldet hatten. Auch Anfang 1950

---

[106] BAB, DQ 2/1966, Bericht des sächsischen Ministeriums für Arbeit und Aufbau vom 17. 7. 1950, S. 2.
[107] BAB, DQ 2/1766, Bl. 41 f., hier Bl. 42, Hauptabteilungsleiter Litke am 20. 9. 1950 an das Ministerium für Industrie.
[108] Vgl. Kapitel I. 3.
[109] ThHStA, Land Thüringen, Ministerium für Wirtschaft und Arbeit, Bd. 3597, Bl. 280, Aus dem Mitteilungsblatt des Landesministeriums ‚Arbeit und Sozialwesen' Nr. 1 vom Juli 1949.
[110] Ebenda.

konnten sich in dieser Frage die leitenden Statistiker der einzelnen Landesministe-rien auf einer gemeinsamen Arbeitstagung nicht einig werden. Einverständnis wurde zumindest darüber erzielt, daß die Arbeitsämter bei der weiteren Erfassung der arbeitsfähigen Bevölkerung eine neue statistische Kategorie einführen sollten, in die der genannte Personenkreis zunächst einmal aufzunehmen war[111]. Die SKK unterstützte das Vorhaben der Arbeitsverwaltung, die Arbeitslosenstatistik zu be-reinigen[112], wobei es den deutschen Stellen weitgehend überlassen blieb, konkrete Maßnahmen einzuleiten. Die Arbeitsverwaltung versuchte unter anderem die Be-zieher von Fürsorgeleistungen, die als arbeitsfähig eingestuft wurden, in die Ar-beitswelt zurückzudrängen, d. h. zur Arbeitsaufnahme zu zwingen. Dies geschah – wie bereits angesprochen – durch die Kürzung der materiellen Leistungen sowie die Verschärfung der Zugangsberechtigung zu Fürsorgeleistungen. Eine Rück-kehr zu Praktiken der Arbeitseinweisungen, die noch Ende der vierziger Jahre vor allem im Uranbergbau angewandt worden waren, schloß man allerdings frühzei-tig aus. In der Praxis hatte sich offensichtlich gezeigt, daß auch die richterliche Anweisung zur Aufnahme einer beruflichen Tätigkeit kein probates Mittel dar-stellte: Entsprechende Strafanträge lagen mitunter bis zu neun Monate bei den Justizbehörden, ohne daß sie bearbeitet wurden[113].

Zwischen 1950 und 1955 sanken die Erwerbslosenzahlen rapide; das Phänomen „Arbeitslosigkeit" wurde damit für die DDR bis zu ihrem Untergang nahezu be-deutungslos. Diese Entwicklung machte letztlich die Arbeitslosenversicherung überflüssig. Verzeichnete die Statistik im Januar 1950 noch rund 395 000 Arbeits-lose, so wurden drei Jahre später nur noch ca. 104 000 Personen gezählt. Dieser Trend war von einigen saisonalen Schwankungen begleitet, die den Abwärtstrend jedoch nicht aufhalten konnten. So stiegen die absoluten Zahlen in den Wintermo-naten Januar und Februar[114], um dann ab März zunächst geringfügig, ab Mai um so deutlicher wieder abzunehmen[115]. Der tiefste Stand wurde 1951 im November,

---

[111] BAB, DQ 2/1152, Niederschrift über die am 26./27. 1. 1950 in Berlin stattgefundene Arbeitsta-gung, Bl. 5. Einzelne Arbeitsämter gingen in dieser Angelegenheit eigene Wege: So hatte etwa das Arbeitsamt Waren geplant, die nicht-arbeitswilligen Arbeitslosen aus der Erhebung herauszuneh-men. Auf Anweisung des Ministeriums für Arbeit und Gesundheitswesen mußte dieser Vorstoß aber wieder zurückgenommen werden. Vgl. BAB, DQ 2/2146, Abt. Arbeitskraftlenkung am 7. 7. 1950 an Abt. Planung und Statistik. Auf der Arbeitstagung am 26./27. 1. 1950 wurde die Überle-gung, die „Umsiedler" wieder gesondert zu registrieren, rasch fallengelassen. Vgl. BAB, DQ 2/ 1152, Niederschrift, Bl. 5.
[112] BAB, DQ 2/906, Bl. 73–75, Aktennotiz von Abteilungsleiter Krüger vom 17. 6. 1950.
[113] Ebenda, S. 3.
[114] Dieser Trend korrespondiert mit den Meldungen einzelner Arbeitsämter über betriebliche Entlas-sungen, die z.T. noch im März 1951 in größerem Umfange registriert wurden. Vgl. BAB, DQ 2/ 2146, Aufstellung des Arbeitsamtes Dresden vom 16.3. und vom 17. 4. 1951 über „Massenentlas-sungen". Häufigste Ursache war ein Material- und/oder Rohstoffmangel. Betroffen waren Be-triebe der Druck- und Papierindustrie, der Bauwirtschaft sowie die Werften. Vgl. BAB, DQ 2/716, Abteilungsleiter Litke am 22. 3. 1951 an die SKK in Karlshorst (Chomiakow). Nahezu zeitgleich registrierten die Landesarbeitsämter ein Ansteigen der Kurzarbeit, die vor allem den privaten Wirtschaftssektor traf und sich mitunter bis in das Frühjahr 1951 hinzog. Vgl. BAB, DQ 2/716, Bericht der Abt. III vom 25. 4. 1951, S. 2. Ein Teil der von den Entlassungen betroffenen Arbeiter konnte von der Wismut AG wieder aufgesogen werden; diese entlastende Funktion drohte jedoch mit dem vorübergehend verhängten Einstellungsstopp für den Uranbergbau im April 1951 wieder beseitigt zu werden, zumal dort mittlerweile auch eine begrenzte Entlassungswelle eingesetzt hatte, die vor allem Jugendliche traf. Vgl. ebenda, S. 6.
[115] Eine Entspannung auf dem Arbeitsmarkt vermerkte das Ministerium für Arbeit ebenfalls im Mai

in den beiden folgenden Jahren bereits im August erreicht. Der größte Rückgang war im Verlauf des Jahres 1951 zu beobachten: von etwa 343 000 (Januar) auf 159 000 (Dezember). Die Anzahl der Erwerbslosen verringerte sich auch 1952 um etwas mehr als die Hälfte; danach verlangsamte sich der Abwärtstrend. Der Rückgang der Arbeitslosigkeit erfaßte allerdings nicht alle Gruppen gleichermaßen: Ein Bericht des Ministeriums für Arbeit und Gesundheitswesen vom 25. August 1950 verdeutlichte, daß sich die Abnahme primär auf die männlichen und erwachsenen Erwerbslosen beschränkte. Dagegen war der weibliche Anteil unverändert hoch; der Anteil der jugendlichen Arbeitslosen war sogar angestiegen[116].

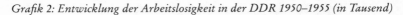

Grafik 2: Entwicklung der Arbeitslosigkeit in der DDR 1950–1955 (in Tausend)

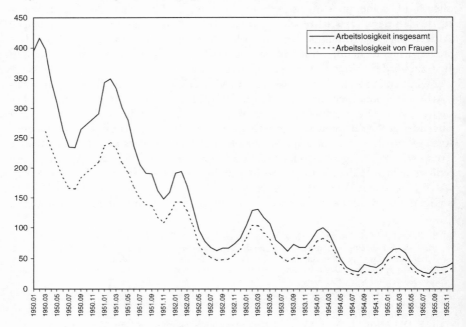

Quelle: Vgl. Tabelle 6 und 7 in diesem Band

1951: Mit weiteren Entlassungen wurde auch nicht mehr gerechnet. Das Anlaufen der großen Investitionsvorhaben sei dafür letztlich verantwortlich, so Arbeitsminister Chwalek im Juni 1951 an den FDGB-Bundesvorstand (Kirchner). BAB, DQ 2/717.
[116] BAB, DQ 2/1013, Kurzbericht des Ministeriums für Arbeit und Gesundheitswesen vom 25. 8. 1950, S. 1.

Tabelle 6: Entwicklung der Arbeitslosigkeit in der DDR 1950–1955 (in Tausend)

Monat/Jahr	1950	1951	1952	1953	1954	1955
Januar	395	343	191	104	95	57
Februar	416	349	194	129	100	65
März	398	333	170	131	91	66
April	345	301	134	117	71	59
Mai	308	280	96	107	49	42
Juni	262	236	78	80	35	32
Juli	235	206	68	72	30	27
August	234	191	63	62	28	25
September	264	190	67	73	40	36
Oktober		162	67	68	37	35
November		148	74	68	35	37
Dezember	291	159	83	80	42	43

Quellen: Boldorf, Sozialfürsorge, S. 45; Statistisches Jahrbuch der DDR 1955, S. 119 [Januar-Dezember 1955]. Eigene Angaben stammen aus: BAB, DQ 2/1920, Erläuterungen zur Entwicklung der Arbeitslage in den Ländern der DDR [Februar 1950]; BAB, DQ 2/1013, Kurzbericht des Ministeriums für Arbeit und Gesundheitswesen vom 25. 8. 1950 [Juli 1950]; BAB, DQ 2/1760, Bericht des Ministeriums für Arbeit vom 14. 6. 1953 [Juni, September, Dezember 1950]; BAB, DQ 2/1868, Bl. 32–38, hier Bl. 34, Kurzanalyse des Ministeriums für Arbeit vom 21. 3. 1951 [Januar, Februar 1951]; BAB, DQ 2/716, Übersicht des Ministeriums für Arbeit vom 23. 4. 1951 [März 1951]. Boldorf stützt sich auf die im Statistischen Jahrbuch 1955 veröffentlichten Zahlen, die den Stand zur Monatsmitte angeben. Dagegen erfassen die Berichte der Arbeitsämter, die aus Archivalien zitiert werden, den Stand zum Monatsende. Eine erhebliche und grundlegende Abweichung konnte bei beiden Fundstellen nicht festgestellt werden. Die im Statistischen Jahrbuch für das Jahr 1951 angegebenen Zahlen beziehen sich auf die DDR ohne Berlin.

Tabelle 7: Arbeitslosigkeit von Frauen in der DDR 1950–1955 (in Tausend)

Monat/Jahr	1950	1951	1952	1953	1954	1955
Januar		237	143	83	78	47
Februar		242	143	104	83	53
März	260	232	129	103	77	53
April	232	208	103	91	60	47
Mai		192	72	81	40	33
Juni	183	167	58	58	28	25
Juli	166	149	52	52	24	21
August	165	139	47	45	22	19
September	183	137	48	51	28	26
Oktober		118	49	50	27	26
November		109	56	51	26	28
Dezember	211	123	65	64	33	35

Quellen: Statistisches Jahrbuch der DDR 1955, S. 119 [April 1951-Dezember 1955]. Die darin für das Jahr 1951 enthaltenen Zahlen beziehen sich auf die DDR ohne Berlin. Eigene Angaben stammen aus: BAB, DQ 2/906, Bl. 7–9, hier Bl. 7, Analyse des Ministeriums für Arbeit und Gesundheitswesen vom 15. 5. 1950 [März 1950]; BAB, DQ 2/906, Bl. 2–4, hier Bl. 3, Bericht des Ministeriums für Arbeit und Gesundheitswesen vom 22. 5. 1950 [April 1950]; BAB, DQ 2/1013, Kurzbericht des Ministeriums für Arbeit und Gesundheitswesen vom 25. 8. 1950 [Juli 1950]; BAB, DQ 2/817, vorläufige Übersicht des Ministeriums für Arbeit vom 14. 6. 1953 [Juni, September, Dezember 1950]; BAB, DQ 2/1868, Bl. 32–38, hier Bl. 34, Kurzanalyse des Ministeriums für Arbeit vom 21. 3. 1951 [Januar, Februar 1951]; BAB, DQ 2/716, Übersicht des Ministeriums für Arbeit vom 23. 4. 1951 [März 1951].

Tabelle 8: Arbeitslosigkeit von Jugendlichen unter 18 Jahren in der DDR 1950–1955 (in Tausend)

Monat/Jahr	1950	1951	1952	1953	1954	1955
Januar			31		22	13
Februar			28	13	20	11
März	86	77	23	12	17	11
April		63	18	12	13	10
Mai		59	13	11	9	8
Juni	65	53	11	9	6	7
Juli		49	9	8	5	5
August		47	9	7	5	5
September	93	57	14	23	18	16
Oktober		46	14	22	15	15
November		40	13	22	13	15
Dezember	77	35	13	22	12	14

Quellen: Statistisches Jahrbuch der DDR 1955, S. 119 [April 1951-Dezember 1955]. Eigene Angaben stammen aus: BAB, DQ 2/1760, Bericht des Ministeriums für Arbeit vom 14. 6. 1953 [März, Juni, September, Dezember 1950, März 1951].

Tabelle 9: Zahl der erwerbsbeschränkten Arbeitslosen in der DDR 1950/51 (in Tausend)

Monat/Jahr	1950	1951
Januar		89
Februar		94
März		92
April	98	90
Mai		
Juni		
Juli	83	
August	81	
September		
Oktober		
November		
Dezember		

Quellen: BAB, DQ 2/906, Bl. 2–4, hier Bl. 3, Bericht des Ministeriums für Arbeit und Gesundheitswesen vom 22. 5. 1950 [April 1950]; BAB, DQ 2/1013, Kurzbericht des Ministeriums für Arbeit und Gesundheitswesen vom 25. 8. 1950 [Juli 1950]; BAB, DQ 2/817, vorläufige Übersicht des Ministeriums für Arbeit und Gesundheitswesen [August 1950]; BAB, DQ 2/716, Bericht des Ministeriums für Arbeit vom 21. 3. 1951 [Januar 1951]; BAB, DQ 2/1868, Bl. 32–38, hier Bl. 35, Kurzanalyse des Ministeriums für Arbeit vom 21. 3. 1951 [Februar 1951]; BAB, DQ 2/716, Bericht des Ministeriums für Arbeit vom 10. 5. 1951 [März 1951]; BAB, DQ 2/1907, vorläufige Übersicht des Ministeriums für Arbeit vom 17. 5. 1951 [April 1951].

Auffallendes Kennzeichen für die Periode zwischen 1945 und 1949 war die einsetzende und sich verstärkende Benachteiligung von Frauen auf den Teilarbeitsmärkten gewesen, die sich auch in der frühen DDR fortsetzte. Trotz zahlreicher Bestrebungen von seiten der SED sowie der einzelnen Ministerien, die Gleichberechtigung der Frauen bei der beruflichen Einstellung zu verwirklichen, mußte das Ministerium für Arbeit und Gesundheitswesen im Frühjahr 1950 feststellen, daß 82 Prozent der insgesamt ausgewiesenen offenen Stellen nur Männern und 18 Prozent nur Frauen angeboten wurden. Dabei stellten die Frauen fast zwei Drittel der registrierten Arbeitslosen, nämlich 65 Prozent. Das Ministerium führte diese Entwicklung auf das Verhalten der Betriebe zurück, „die zum Teil ideologisch noch nicht aufgeschlossen genug sind, um bestimmte Arbeitsplätze auch mit Frauen zu besetzen"[117]. Den mit Abstand größten Anteil an den gemeldeten offenen Stellen nahmen im März 1950 die gewerblichen Hilfsberufe ein (42 Prozent), gefolgt von der Landwirtschaft (15 Prozent) und der Bauindustrie (11 Prozent)[118]. Bei der Ermittlung der prozentualen Anteile an den offenen Stellen für Frauen verändert sich dieses Ergebnis erheblich: So kamen 31 Prozent aus dem landwirtschaftlichen Sektor, 18 Prozent aus der Forstwirtschaft und 11 Prozent aus der sogenannten Hauswirtschaft[119]. Darüber hinaus bestand in den einzelnen Berufsgruppen eine stellenweise große Diskrepanz zwischen Arbeitsangebot und -nachfrage sowie eine ungleiche regionale Verteilung. Von den offenen Stellen entfielen im März 1950 65 Prozent auf das Land Sachsen, während sich allein 30 Prozent aller Arbeitslosen in Sachsen-Anhalt aufhielten[120].

Diese Zahlen machen deutlich, daß es auch nach der DDR-Gründung noch keineswegs gelungen war, eine bedarfsgerechte Verteilung der Arbeitskräfte zu erzielen. Die sich daraus entwickelnden Disproportionen auf dem Arbeitsmarkt führten letztlich dazu, daß die gemeldeten offenen Stellen „trotz der großen Zahl der Arbeitslosen nicht besetzt werden konnten"[121]. Die Arbeitsverwaltung erhoffte sich von dem bevorstehenden Fünfjahrplan einen zügigen Abbau der Arbeitslosigkeit: Die betrieblichen Produktionspläne seien in der Vergangenheit nicht nach der Notwendigkeit der Vollbeschäftigung ausgerichtet worden, „sondern nach den materiellen Möglichkeiten"[122]. Mittlerweile beschäftigte sich auch die DDR-Regierung mit den arbeitsmarktpolitischen Fragen: Nachdem der Minister für Arbeit und Gesundheitswesen Luitpold Steidle sowie sein Staatssekretär Paul Peschke über die Schwierigkeiten bei der Besetzung von offenen Stellen berichtet hatten, erhielten sie vom Ministerrat den Auftrag, „für eine bessere, operative Arbeit der Arbeitsämter, welche eine differenzierte Lenkung der Arbeitskräfte vorzunehmen haben, zu sorgen"[123]. Daraufhin wurden die Landesverwaltungen an-

[117] BAB, DQ 2/906, Bl. 7–9, hier Bl. 7, Analyse des Ministeriums für Arbeit und Gesundheitswesen vom 15. 5. 1950.
[118] Ebenda, Bl. 8. Bei den gewerblichen Hilfsberufen handelte es sich zum überwiegenden Teil um Bergbauhilfsberufe, die zu 96 Prozent von sächsischen Gruben angefordert wurden. Vgl. BAB, DQ 2/906, Bl. 5 (Rückseite), Bericht der Abt. Planung und Statistik vom 24. 5. 1950.
[119] BAB, DQ 2/906, Bl. 7–9, hier Bl. 8, Analyse des Ministeriums für Arbeit und Gesundheitswesen vom 15. 5. 1950.
[120] Ebenda, Bl. 5 f., Bericht der Abt. Planung und Statistik vom 24. 5. 1950. Die SED-Führung gab sogar eine Lokalstudie in Auftrag, welche diese ungleiche Verteilung eindrucksvoll bestätigte. So registrierte die Arbeitsverwaltung im Kreis Sonneberg (Thüringen) am 19. 6. 1950 insgesamt 2672 Arbeitslose; dem standen nur 129 offene Stellen gegenüber. BAB, DC 20 Teilbestand Ulbricht/ 3968, Bl. 70–85, hier Bl. 73, Bericht des Ministeriums für Arbeit und Gesundheitswesen vom 30. 6. 1950.
[121] BAB, DQ 2/906, Bl. 5 (Rückseite).
[122] Ebenda, Bl. 6.
[123] BAB, DC 20 I/3–18, Bl. 3, Protokoll der 26. Sitzung der Provisorischen Regierung der DDR am 25. 5. 1950.

gewiesen, „eine Sofortkontrolle aller Ämter [für Arbeit]" durchzuführen[124]. Es müsse das Ziel sein, bis zum 30. Juni den größten Teil der offenen Stellen zu besetzen. Das Rundschreiben war in einem harschen Ton gehalten und an Deutlichkeit nicht zu übertreffen: „Lassen Sie keine Einwendungen der Ämter gelten, daß die Anzahl der offenen Stellen keine Bedeutung habe oder als normal zu betrachten sei. Wir wünschen keine Erklärungen, sondern die Besetzung der offenen Stellen."[125] Im Gegensatz dazu wiesen die Landesämter auf die begrenzte Reichweite von landespolitischen Maßnahmen zur Reduzierung der Arbeitslosigkeit insgesamt hin. Dabei wurde der enge finanzpolitische Handlungsspielraum der Länder, vor allem aber der Kommunen mehr als deutlich. So vertrat etwa das Ministerium für Arbeit und Sozialpolitik von Sachsen-Anhalt den Standpunkt, daß an eine Verbesserung der Arbeitsmarktsituation ohne entsprechende Zuschüsse von seiten der DDR-Regierung nicht zu denken sei: „Da es sich hierbei nicht nur um ein Problem eines einzelnen Landes, sondern um ein solches der ganzen [DDR] handelt, kann der Arbeitslosigkeit nur durch zentral gesteuerte Maßnahmen und Bereitstellung von Geldern seitens der [DDR] entgegengewirkt werden."[126] Das Ministerium in Halle sah sich nicht in der Lage, „ohne entsprechende Mittel zusätzlich geeignete Vorschläge zu unterbreiten, weil die Beschäftigung von Arbeitskräften von der Material- und Geldzuteilung abhängig ist."

Tabelle 10: Zahl der offenen Stellen in der DDR 1950–1953 (in Tausend)

Monat/Jahr	1950	1951	1952	1953
Januar		57	24	
Februar		65	30	17
März	111	79	40	24
April	112	94	46	24
Mai			51	21
Juni			70	32
Juli	128		71	48
August	110		62	42
September			40	
Oktober			31	
November			23	
Dezember			20	

Quellen: BAB, DQ 2/906, Bl. 7–9, hier Bl. 7, Analyse des Ministeriums für Arbeit und Gesundheitswesen vom 15. 5. 1950 [März 1950]; BAB, DQ 2/906, Bl. 2–4, hier Bl. 3, Bericht des Ministeriums für Arbeit und Gesundheitswesen vom 22. 5. 1950 [April 1950]; BAB, DQ 2/1013, Kurzbericht des Ministeriums für Arbeit und Gesundheitswesen vom 25. 8. 1950 [Juli 1950]; BAB, DQ 2/817, vorläufige Übersicht des Ministeriums für Arbeit und Gesundheitswesen [August 1950]; BAB, DQ 2/1868, Bl. 32–38, hier Bl. 36, Kurzanalyse des Ministeriums für Arbeit vom 21. 3. 1951 [Januar, Februar 1951]; BAB, DQ 2/716, Bericht des Ministeriums für Arbeit vom 10. 5. 1951 [März 1951]; BAB, DQ 2/1907, vorläufige Übersicht des Ministeriums für Arbeit vom 17. 5. 1951 [April 1951]; BAB, DQ 2/851, Begründung vom 22. 9. 1953 zu einem Beschluß über die Veränderung der Struktur der Abt. Arbeitskraftlenkung, S. 2 f. [Januar 1952–August 1953].

[124] BAB, DQ 2/1416, Hauptabteilungsleiter Litke am 1. 6. 1950 an alle Landesverwaltungen, S. 1.
[125] Ebenda, S. 2.
[126] LA Magdeburg LHA, Rep. K MW, Nr. 10054, Bl. 292, Hauptabteilungsleiter Bovensiepen am 5. 7. 1950 an die SKK in Halle.

2. Die arbeitsrechtlichen Veränderungen

Gesetz der Arbeit

Mit der Gründung der DDR im Oktober 1949 sowie dem langsam einsetzenden Wechsel der Instrumentarien bei der Arbeitskräftelenkung, der zum Teil schon ein Jahr zuvor begonnen hatte, stellte sich die Frage, inwieweit die arbeitsrechtlichen Bestimmungen, die zu einem erheblichen Teil in den ersten beiden Nachkriegsjahren festgelegt worden waren, dieser Entwicklung angepaßt werden mußten. Hinzu kam die Tatsache, daß die SKK[1] als Nachfolgeorganisation der SMAD einige Befehle aus der Zeit zwischen 1945 und 1949 selber aufhob[2]. Außerdem ersetzten der Ministerrat bzw. die einzelnen Ministerien in enger Absprache mit der Besatzungsmacht sowjetische Befehle durch deutsche Verordnungen[3]. Walter Ulbricht kündigte in seiner Funktion als Stellvertreter des Ministerpräsidenten gegenüber dem Vorsitzenden der SKK, Armeegeneral Wassili I. Tschujkow, die Ausarbeitung einiger sozialpolitischer Gesetze an: So bereitete die deutsche Seite die Veröffentlichung eines Arbeitsgesetzes vor, „in welche[m] die Bestimmungen des Befehls 234 und anderer Befehle, die die Arbeitsfragen betreffen, aufgenommen werden"[4]. Darüber hinaus befanden sich Gesetze zum Gesundheitswesen, zur „Hilfe für die Umsiedler", über „Kulturfragen" sowie zur „Durchführung der verfassungsmäßigen Bestimmungen über die Rechte der Frauen" in Planung.

Das sogenannte Arbeitsgesetz war von Anfang an als Rahmengesetz konzipiert, das grundlegende Bestimmungen zu zahlreichen arbeitsrechtlichen Fragen enthalten sollte: Diese reichten vom Mitbestimmungsrecht bis hin zu Arbeitszeitregelungen sowie zur Gesundheitsfürsorge[5]. Die SED-Führung und das Arbeitsministerium waren sich offensichtlich darüber einig, daß das geplante Gesetz im weiteren Verlauf durch Verordnungen und Durchführungsbestimmungen „in die praktische Wirklichkeit" umzusetzen war[6]. Die Fertigstellung des Gesetzestextes stand unter einem großen Zeitdruck: Aus Anlaß des 60. Jahrestages der Feierlichkeiten zum 1. Mai sollte das Arbeitsgesetz in Kraft treten. Da jedoch die juristischen Verfeinerungen in Form von Verordnungen zu den einzelnen Bereichen des Arbeitsrechts bereits vorgesehen waren, wog dieses Manko aus Sicht der beteiligten Stellen nicht sonderlich schwer. Inwieweit die sowjetische Besatzungsmacht ihrerseits eine rasche Veröffentlichung verlangte, läßt sich nur erahnen.

Ein erster Entwurf, der sehr skizzenhaft gehalten und vermutlich vom Ministerium für Arbeit und Gesundheitswesen erstellt worden war, schrieb eingangs das Recht auf Arbeit fest und verknüpfte dies allerdings mit der „Verpflichtung, seine

---

[1] Vgl. Das SKK-Statut.

[2] Eine von der SKK angefertigte Liste enthielt insgesamt 13 Befehle, unter anderem den SMAD-Befehl Nr. 65 vom 15. 9. 1945. SAPMO, NY 4182/1194, Bl. 61 f.

[3] Auch dazu legte die SKK eine Liste vor, die 54 Befehle enthielt, die bis zur Veröffentlichung von entsprechenden Bestimmungen und Verordnungen der DDR-Regierung in Kraft blieben, darunter auch den SMAD-Befehl Nr. 153 vom 29. 11. 1945. SAPMO, NY 4182/1194, Bl. 63–66.

[4] Ebenda, Bl. 72, Ulbricht am 12. 2. 1950 an Tschujkow.

[5] SAPMO, NY 4090/564, Bl. 1, Staatssekretär Peschke am 23. 3. 1950 an das Büro des Ministerpräsidenten (Tzschorn), S. 1.

[6] Ebenda, S. 2.

Arbeitskraft für das gemeinsame Wohl einzusetzen"[7]. Ein eigenständiges Kapitel über die „planmäßige Verwendung der Arbeitskräfte" brachte keinerlei Veränderungen: Das Ministerium für Arbeit und Gesundheitswesen und die Fachministerien hatten nach wie vor die Aufgabe, der Grundstoff- und Schwerindustrie Arbeitskräfte zur Verfügung zu stellen. Besonders hervorgehoben wurde dabei der Bergbau. Die Frauen, die noch nicht erwerbstätig waren, sollten verstärkt für die Teilarbeitsmärkte mobilisiert werden. Um dieses Ziel zu erreichen, war die „Schaffung von Kindergärten und andere[n] soziale[n] Einrichtungen" geplant[8]. Diese Maßnahmen zur Gewinnung neuer Arbeitskraftreserven wurden ergänzt durch die Vorgabe der Steigerung der Arbeitsproduktivität in den Betrieben. Durch eine verstärkte Mechanisierung sollte die betriebliche Arbeitsleistung verbessert werden, was letztlich die Entlassung von Arbeitern zur Folge hatte. Soziale Maßnahmen zur Abfederung dieses Prozesses waren zu diesem Zeitpunkt noch nicht vorgesehen; das Arbeitsministerium hatte offensichtlich noch nicht einmal ein entsprechendes Problembewußtsein entwickelt. Die Erfahrungen, die im Zusammenhang mit den beiden Sofortprogrammen im Laufe des Jahres 1949 gesammelt werden konnten, hätten freilich ausreichend Anlaß zur Skepsis geboten.

Wenig später lag ein ausführlich gehaltener Gesetzentwurf vor, der bereits die endgültige Überschrift trug: Gesetz „zur Förderung und Pflege der Arbeitskräfte, zur Steigerung der Arbeitsproduktivität und zur Verbesserung der materiellen und kulturellen Lage der Arbeiter und Angestellten"[9]. Die Präambel reflektierte den sich stark verschärfenden Ost-West-Gegensatz deutlich: So betonten die Verfasser, daß in der DDR „durch die Entfaltung der Industrie, der Landwirtschaft und des Verkehrs neue Arbeitskräfte geworben" werden müßten. Dagegen steige die Arbeitslosigkeit „in dem von den westlichen Monopolisten besetzten Deutschland unaufhörlich"[10]. Die propagandistische Instrumentalisierung wurde auch beim ersten Kapitel unverkennbar, in dem das Recht auf Arbeit proklamiert wurde. Die darin ebenfalls enthaltene Arbeitspflicht ging fast unter. Die anschließenden Kapitel beschäftigten sich mit dem Mitbestimmungsrecht, der Steigerung der Arbeitsproduktivität, der Förderung der Aktivisten- und Wettbewerbsbewegung, dem Kündigungsrecht und dem Arbeitsschutz sowie der sogenannten Verbesserung der materiellen und kulturellen Lage der Arbeiter und Angestellten. Von zentraler Bedeutung für unseren Untersuchungsgegenstand waren vor allem die Kapitel V („Planmäßige Verwendung der Arbeitskräfte") und VI („Heranbildung von fachlichem Nachwuchs und Qualifizierung von Frauen")[11]. Inhaltlich orientierte sich der Gesetzentwurf weitgehend an dem bereits vorgestellten Konzeptpapier: Er machte vor allem die gestiegene Bedeutung der beruflichen Aus- und Weiterbildung für die Planungsbehörden deutlich, nachdem sich die Mobilisierung zusätzlicher Arbeitskräfte als nicht sehr erfolgversprechend herausgestellt

---

[7] SAPMO, NY 4090/564, Bl. 9–11, hier Bl. 9, Grundzüge des Gesetzentwurfes für das Arbeitsgesetz (o.Verf., o.D.).
[8] Ebenda, Bl. 10.
[9] SAPMO, NY 4090/564, Bl. 22–39. Der Entwurf stammte allem Anschein nach vom Ministerium für Arbeit und Gesundheitswesen.
[10] Ebenda, Bl. 22 f.
[11] Ebenda, Bl. 31–33.

hatte. Diese Verlagerung der arbeitsmarktpolitischen Instrumente hatte sich aber schon vor der DDR-Gründung angedeutet und trat nunmehr immer stärker in den Vordergrund.

Justizminister Max Fechner berichtete am 31. März, daß der Gesetzentwurf noch vor dem 1. Mai durch das Ministerium für Arbeit und Gesundheitswesen fertiggestellt werden müsse, wobei sein Ministerium hinzugezogen werden solle[12]. Der Zeitdruck war somit in Absprache mit dem Ministerrat und der SKK erhöht worden. Die Feinabstimmung mußte demnach – wie vorgesehen – weiteren Verordnungen überlassen bleiben. Mit der Ausarbeitung des endgültigen Entwurfes beauftragte das Politbüro eine Kommission mit Vertretern des ZK-Apparates der SED, des FDGB-Bundesvorstandes sowie des Arbeitsministeriums. Zu diesem Redaktionsgremium gehörten Willi Stoph, Max Herm, Fritz Selbmann, Alexander Starck, Paul Peschke und Margarete Wittkowski[13]. Gleichzeitig legte die SED-Führung die inhaltliche Ausrichtung fest: „Das Gesetz muß auf der Linie unserer Wirtschaftspolitik aufgebaut sein."[14] Damit wurden die einzelnen sozialpolitischen Bestandteile der allgemeinen Wirtschaftsplanung und -lenkung klar untergeordnet. An der Gliederung des Entwurfes änderte sich kaum etwas. Es wurde nur ein weiteres Kapitel neu aufgenommen, das sich explizit der Neuregelung der Sozialversicherung widmen sollte. Dieser Themenkomplex fand allerdings im veröffentlichten Gesetzestext keine Berücksichtigung mehr. Nach den Vorstellungen der Politbüromitglieder hatte das Arbeitsgesetz „genaue Termine für den Erlaß der Durchführungsbestimmungen und die entsprechenden Strafbestimmungen [zu] enthalten"[15]. Auf diese Weise sollte offensichtlich eine erhebliche zeitliche Verzögerung bei der Ausarbeitung der weiteren arbeitsrechtlichen Bestimmungen vermieden werden. Abschließend erteilte das Politbüro dem FDGB-Bundesvorstand und der ZK-Abteilung Massenagitation den Auftrag, „sofort einen Plan für die Entfaltung der gewerkschaftlichen und allgemeinen Agitation auszuarbeiten".

Während die Ausarbeitung des Gesetzes der Arbeit eine Angelegenheit der SED-Führung, des DDR-Ministerrates sowie der beteiligten Ministerien (vor allem: Arbeitsministerium, Ministerium für Planung) war, wurden zur „Popularisierung" des Gesetzes Vertreter der Gewerkschaften sowie der Betriebe mit eingebunden. Ministerpräsident Otto Grotewohl lud aus diesem Anlaß zu einer „gemeinsamen Aussprache" in das Gästehaus der Regierung am 11. April 1950 ein[16]. Zu diesem Zeitpunkt waren die Arbeiten am Gesetzentwurf schon längst abgeschlossen, und der Ablauf der Volkskammersitzung, auf der das Gesetz offiziell verabschiedet werden sollte, war bereits festgelegt worden. Das Politbüro hatte auf seiner Sitzung am 11. April dem überarbeiteten Entwurf „grundsätzlich" zugestimmt und nur noch kleinere Veränderungen vorgenommen, die jedoch die

---

[12] SAPMO, NY 4090/563, Bl. 64, Notiz des Sekretariats des Ministerpräsidenten (Reckow) vom 4. 4. 1950.

[13] SAPMO, DY 30/IV 2/2/81, Bl. 23 f., hier Bl. 23, Protokoll der Sitzung des Politbüros am 4. 4. 1950.

[14] Ebenda.

[15] Ebenda, Bl. 24.

[16] SAPMO, NY 4090/564, Bl. 64, Persönlicher Referent des Ministerpräsidenten Tzschorn am 5. 4. 1950 an den Minister für Planung Rau.

Abschnitte zur Arbeitskräfteplanung und Nachwuchsförderung nicht betrafen[17]. Zwei Tage später beschloß die DDR-Regierung einstimmig, den Entwurf in der Volkskammer einzubringen. Ministerpräsident Grotewohl erhielt die Aufgabe, dort eine ausführliche Begründung abzugeben[18]. Die Beratungen in der Volkskammer konnten rasch beendet werden. Über die Notwendigkeit, das Rahmengesetz in Kraft treten zu lassen, herrschte Einmütigkeit. Staatsminister Peschke wies bei einer gemeinsamen Sitzung des Ausschusses für Arbeit und Gesundheitswesen sowie des Wirtschaftsausschusses auf den akut bestehenden Arbeitskräftemangel erneut hin: „Die Arbeiter kommen nicht mehr von selbst auf das Arbeitsamt oder in die Betriebe gelaufen und bieten ihre Arbeitskraft an."[19] Um die aufgestellten Wirtschaftspläne aber erfüllen zu können, müsse man sich – so Peschke weiter – „sehr ernste Sorgen" über die Rekrutierung von Arbeitern machen. Der Staatssekretär im Arbeitsministerium sprach dem Gesetzesvorhaben Signalwirkung für die junge Bundesrepublik zu und ging davon aus, daß es längere Zeit Bestand haben werde: „Es handelt sich also nicht um ein Gesetz, das nur heute und für einige Zeit Gültigkeit hat, sondern um einen Gesetzentwurf, der in seinen Grundzügen die Möglichkeit schafft, die Entwicklung einer ganzen Periode vor uns zu gestalten."[20] Peschke bezeichnete das vorliegende Gesetz sogar als „Grundgesetz der Arbeit"[21]. Noch deutlicher war Grotewohl am 19. April vor der Volkskammer, als er betonte, es käme nicht darauf an, „eine Anhäufung formaler Paragraphen und Bestimmungen zu verankern, sondern als ein Rahmengesetz alle einschlägigen Bestimmungen zu umfassen und sie mit einer solchen Elastizität auszustatten, daß es sowohl dem Parlament wie auch der dem Parlament verantwortlichen Regierung jederzeit möglich ist, das Arbeitsrecht den sich stets wandelnden Formen [des] Wirtschaftslebens anzupassen"[22]. Bei den Ausschußberatungen am 14. und 19. April wurden keine grundsätzlichen Einwände bzw. Verbesserungsvorschläge vorgebracht[23], so daß die Volkskammer den Entwurf am 19. April beraten und beschließen konnte. Damit wurde allerdings der Mitarbeit dieses Gremiums beim Gesetzgebungsverfahren nur formal Rechnung getragen. Entscheidende Veränderungen konnten nicht mehr vorgebracht werden, wobei auch darauf hingewiesen werden muß, daß die Volkskammermitglieder ihrerseits auf eigene Initiativen verzichteten. Das Gesetz der Arbeit wurde am 28. April im Gesetzblatt veröffentlicht und konnte, wie anfangs vorgesehen, am 1. Mai 1950 in Kraft treten[24]. Die Schlußbestimmung des Arbeitsgesetzes legte wiederum fest, daß bisher bestehende arbeitsrechtliche Bestimmungen, die dem neuen Gesetz widersprachen, automatisch außer Kraft traten[25]. Ausgenommen

[17] SAPMO, DY 30/IV 2/2/83, Bl. 28 f. und Bl. 32–51.
[18] BAB, DC 20 I/3–16, Bl. 3.
[19] BAB, DQ 2/569, Protokoll der gemeinsamen Sitzung am 14. 4. 1950, S. 4.
[20] Ebenda, S. 12.
[21] Ebenda, S. 1.
[22] SAPMO, NY 4090/147, Bl. 294–332, hier Bl. 298, Rede von Ministerpräsident Grotewohl am 19. 4. 1950 vor den Abgeordneten der Volkskammer.
[23] BAB, DQ 2/569.
[24] Gesetzblatt der DDR 1950, S. 349–355.
[25] Ebenda, S. 355 (Kapitel XI, Abschnitt 3).

blieben jedoch sowjetische Befehle, die nur von der SKK aufgehoben werden konnten[26].

Das Gesetz der Arbeit hatte das bereits zuvor geltende Prinzip der Bereitstellung von Arbeitskräften für die „Schwerpunkte der Wirtschaft" bestätigt. Dieses Ziel sollte nach wie vor auf dem Wege der Anwerbung realisiert werden; von Zwangsmaßnahmen war keine Rede. Auffallend ist die Tatsache, daß bereits wenige Wochen nach Inkrafttreten des Gesetzes von einzelnen Arbeitsämtern die Forderung erhoben wurde, Strafbestimmungen zur Durchsetzung der Lenkungsmaßnahmen einzuführen. So schlug beispielsweise das Amt für Arbeit und Sozialfürsorge Bitterfeld vor, Geldstrafen zwischen 50 und 10000 DM zu verhängen, falls Arbeitgeber bzw. Betriebsleiter Einstellungen oder Entlassungen vornehmen, ohne vorab das zuständige Arbeitsamt einzuschalten[27]. Damit deutete sich ein alter Konflikt zwischen der Arbeitsverwaltung auf der einen und den Betrieben auf der anderen Seite wieder an. Selbst der Einsatz von Zwangsmaßnahmen hatte vor 1949 nicht zu der erhofften Reduzierung der zwischenbetrieblichen Fluktuation geführt. Die einzelnen Betriebe ließen es sich nicht nehmen, für die Abdeckung des Arbeitskräftebedarfs selber zu sorgen und dies nicht nur dem zuständigen Arbeitsamt zu überlassen. Die im Sommer 1951 in Kraft tretende Verordnung, die im Anschluß an diesen Abschnitt ausführlicher vorgestellt wird, bestätigte letztlich diese Praxis und verabschiedete sich endgültig von arbeitsmarktpolitischen Instrumenten, die primär auf Zwangsmaßnahmen begründet waren. Darüber hinaus sah die am 7. Juli 1951 in Kraft getretene Verordnung ebenfalls keine Beteiligung der Arbeitsämter bei Kündigungen mehr vor[28]. Betriebliche Entlassungen wurden zukünftig von der Zustimmung der Betriebsgewerkschaftsleitungen abhängig gemacht. Für den betroffenen Arbeiter bzw. Angestellten bestand auch nach wie vor die Möglichkeit, das zuständige Arbeitsgericht einzuschalten.

Verordnung über die Aufgaben der Arbeitsverwaltungen und über die Lenkung der Arbeitskräfte

Der Aufbau der Arbeitsverwaltung hatte sich, wie gezeigt werden konnte, unter dem Eindruck der prinzipiellen Auseinandersetzung zwischen den Vorstellungen einer Kommunalisierung oder einer Zentralisierung verzögert und nicht unerhebliche Reibungsverluste hervorgerufen. Mit dem Aufbau einer zentralen Wirtschaftsverwaltung in Form der DWK und des Übergangs zur Planwirtschaft konnte diese Frage letztlich entschieden werden. Obwohl die hierachische Struktur mit der HVAS an der Spitze durchgesetzt wurde, tauchten im Laufe des Sommers 1949 erste Pläne zur Eingliederung der Ämter für Arbeit und Sozialfürsorge

---

[26] Darauf wiesen SKK-Vertreter in einer Stellungnahme zum Arbeitsgesetz ausdrücklich hin. Vgl. SAPMO, NY 4182/1090, Bl. 133–138, hier Bl. 138. Aus der beiliegenden SED-Hausmitteilung Stophs vom 24. 4. 1950 geht hervor, daß es sich um eine sowjetische Stellungnahme handeln muß. Vgl. ebenda, Bl. 132.

[27] LA Magdeburg LHA, Rep. K MW, Nr. 10185, Bl. 334, Amt für Arbeit und Sozialfürsorge Bitterfeld am 8. 6. 1950 an das Ministerium für Arbeit und Gesundheitswesen des Landes Sachsen-Anhalt.

[28] Verordnung über Kündigungsrecht, in: Gesetzblatt der DDR 1951, S. 550f.

in die Kommunalverwaltung auf, die von der HVAS vorgelegt wurden[29]. Angesichts der vorherigen Auseinandersetzung überraschte dieser Schritt. Bei näherer Betrachtung der ersten Entwürfe wird jedoch die eigentliche Stoßrichtung deutlich: Diese zielte nämlich auf eine Verbesserung der Zusammenarbeit der unterschiedlichen Verwaltungsebenen bei der Arbeitskräftelenkung. Nach den Vorstellungen der HVAS sollten die neu strukturierten Arbeitsämter nach wie vor der zentralen Anleitung und Kontrolle unterworfen bleiben. Auffallend ist die Umgehung der zuständigen Landesverwaltungen, deren Zuständigkeiten im Anordnungsentwurf überhaupt nicht thematisiert wurden. Den Landesregierungen blieb nur das Recht vorbehalten, einzelne Kreise vorzuschlagen, bei denen die Verwaltungsreform als erstes durchgeführt werden sollte. Die Pläne zu einer Verwaltungsstrukturreform verband die HVAS mit Überlegungen, ihre arbeitsmarktpolitischen Maßnahmen an die Erfordernisse der allgemeinen Wirtschaftsplanung anzupassen.

Die Abteilung I a des Ministeriums für Arbeit und Gesundheitswesen legte Ende 1949 einen Verordnungsentwurf vor, der Bezug nahm auf Artikel 139 der DDR-Verfassung und die Landesministerien in die neue Verwaltungsstruktur stärker einzubinden versuchte[30]. Die herausgehobene Position des Berliner Ministeriums blieb jedoch unangetastet: Diese erstreckte sich sowohl auf Personal- wie Sachfragen. Die Landesregierungen zeigten sich aber mit den Bestimmungen der geplanten Verordnung nicht völlig einverstanden und verlangten ein größeres Mitspracherecht bei der Stellenbesetzung, die sich nicht nur auf die Leitung der neu zu bildenden Abteilung Arbeit bei den Stadt- und Landkreisen, sondern auf sämtliche leitenden Funktionen beziehen müßte[31]. Ein Alternativentwurf der sächsischen Landesregierung klammerte diese personalpolitische Kontroverse zunächst einmal aus[32]: Demzufolge sollte die Mitwirkung des zuständigen Landesamtes in dieser Frage durch weitere Anordnungen geregelt werden. Bei der Auswahl der Kreise, in denen die Verwaltung neu strukturiert werden sollte, sah der sächsische Entwurf vor, den Einfluß des Ministeriums für Arbeit und Gesundheitswesen zurückzudrängen: Dies hatten demnach die Landesministerien im Einvernehmen mit dem Ministerium des Innern zu entscheiden.

Bereits Ende Januar 1950 fand eine erste Sitzung statt, auf der Vertreter des Ministeriums für Arbeit und Gesundheitswesen mit den zuständigen Abteilungsleitern der Länder über den Funktionswandel der Arbeitskräftelenkung berieten. Staatssekretär Paul Peschke wies bei der Gelegenheit zum wiederholten Male darauf hin, daß die Erfüllung der aufgestellten Produktionspläne nur möglich sei, „wenn die entsprechenden Arbeitskräfte rechtzeitig zur Verfügung gestellt werden"[33]. Die Methoden der Arbeitsvermittlung seien daher nicht mehr ausreichend. Mit dem Rückgang der Arbeitslosenzahlen hätten sich – so Peschke weiter – die Aufgaben grundsätzlich verändert. Die von den Statistiken erfaßten Er-

29 BAB, DQ 2/1754, Anordnungsentwurf der HVAS-Abt. I a (o.D.).
30 BAB, DQ 2/1734, Verordnungsentwurf des Ministeriums für Arbeit und Gesundheitswesen (Abt. I a) vom 26. 12. 1949.
31 BAB, DQ 2/1754, Ministerium für Arbeit und Gesundheitswesen der Landesregierung Mecklenburg am 29. 12. 1949 an das Ministerium für Arbeit und Gesundheitswesen.
32 BAB, DQ 2/1734, Entwurf der sächsischen Landesregierung (o.Verf., o.D.).
33 BAB, DQ 2/1152, Protokoll über die Sitzung am 24. 1. 1950, S. 1.

werbslosen müßten in die Arbeitswelt zurückgeführt werden: „Was sich heute als arbeitslos [...] ausweist, sind ‚Zugvögel‘, d. h. Leute, die weglaufen, um einen besseren Platz zu suchen. Das darf es in unserer Wirtschaft nicht mehr geben. Dagegen muß seitens der Betriebe und seitens der Ämter für Arbeit gekämpft werden.“[34] Es war vermutlich das Ziel dieser Tagung, einen Alleingang der Länder zu verhindern und die Tätigkeit der Arbeitsverwaltung auf zentraler Ebene mit der Länderebene besser abzustimmen. So äußerten Vertreter des Ministeriums für Arbeit und Gesundheitswesen ihr Mißfallen über Absprachen zwischen den Landesverwaltungen, die offensichtlich mit dem Berliner Ministerium nicht abgestimmt worden waren, und erhoben sogar den schwerwiegenden Vorwurf der Fraktionsbildung. Nach einer kurzen, kontrovers geführten Debatte wurde im Protokoll festgehalten, daß zukünftig „Ländersitzungen ohne Anwesenheit des Berliner Ministeriums nicht angängig sind“[35].

Die Arbeitsverwaltung arbeitete parallel an zwei getrennten Entwürfen: jeweils ein Gesetz bzw. eine Verordnung über die inhaltliche Ausrichtung der Arbeitskräftelenkung sowie zur Verwaltungsreform. Erst zu einem späteren Zeitpunkt wurden beide Vorhaben zu einem Verordnungsentwurf zusammengefaßt. Anfang 1950 arbeitete die Abteilung I a des Ministeriums für Arbeit und Gesundheitswesen einen Gesetzentwurf „über die Erfassung und Lenkung der Arbeitskräfte“ aus, der jedoch nur die bereits geltenden arbeitsrechtlichen Bestimmungen für die Vermittlung von Arbeitskräften zusammenfaßte[36]. So wurden wesentliche Bestandteile der Verordnung vom 2. Juni 1948 übernommen, unter anderem die Abschnitte zur Arbeitseinweisung. Dies überraschte umso mehr, da dieses Zwangsmittel in der Praxis kaum noch Anwendung gefunden hatte. Offensichtlich wollte die Arbeitsverwaltung diese Möglichkeit im Hinblick auf die ungewissen Anforderungen der sowjetischen Besatzungsmacht nicht ohne weiteres völlig ausschließen. Die Phase, in denen die Arbeitsämter mit Befehlen der SMAD und der SMA in den Ländern überhäuft worden waren, blieb somit in den Köpfen präsent und wirkte sehr wahrscheinlich immer noch prägend für die Tätigkeit der Wirtschaftsplaner.

Mit den Ländern konnte offensichtlich recht schnell eine Verständigung über die Neuordnung der Verwaltung erzielt werden: Auf einer Konferenz nahmen die Ländervertreter den vorgelegten Entwurf einstimmig an[37]. Nach Absprache mit der SKK galt zunächst der 30. Juni 1950 als Stichtag der Strukturreform, die auch zum Stellenabbau und somit zu Haushaltseinsparungen genutzt werden sollte. Aus der Tatsache, daß der Verordnungsentwurf vom 4. März[38] keine wesentlichen inhaltlichen Veränderungen enthielt, kann gefolgert werden, daß die Landesämter auf eine weiterführende Beteiligung bei der Stellenbesetzung nicht bestanden hatten. Veränderungen ergaben sich nur bei der Festlegung der einzelnen Bereiche innerhalb der Abteilungen Arbeit bei den Stadt- und Landkreisen; deren Anzahl

---

[34] Ebenda, S. 2.
[35] Ebenda.
[36] BAB, DQ 2/1766, Bl. 506–510, Entwurf der Abt. I a (o.D.).
[37] BAB, DQ 2/2060, Aktennotiz über eine Besprechung zwischen Mitarbeitern des Ministeriums des Innern und des Ministeriums für Arbeit und Gesundheitswesen am 28. 2. 1950, S. 2.
[38] BAB, DQ 2/1416.

schwankte nämlich zwischen vier und sechs. Obwohl bei der Ausarbeitung des Verordnungsentwurfes keinerlei Schwierigkeiten aufgetreten waren und der drohende Konflikt zwischen Ländern und DDR-Regierung vermieden werden konnte, verschob der Ministerrat die Beschlußfassung am 13. April ohne Angabe von Gründen[39]. Stimmungsberichte der Landesverwaltungen, die vermutlich vom Amt für Information kurz zuvor in Auftrag gegeben und anschließend gesammelt worden waren, zeichneten ein negatives Image der Arbeitsämter nicht nur bei den Betriebsleitern, sondern auch bei den Arbeitern. Während sich erstere dagegen aussprachen, den Arbeitsämtern größere Vollmachten zu gewähren, lehnten letztere die Arbeitsämter „heute noch wegen der Methoden in der Hitlerzeit ab", so der Bericht, der sich vor allem auf Meldungen aus vier Großbetrieben stützte[40]. Gerade die geplanten Bestimmungen zur Arbeitseinweisung riefen allgemein Unmut hervor. Inwiefern diese Stimmungsberichte, die keineswegs repräsentativ waren, letztlich zu dieser zeitlichen Verzögerung beitrugen, kann nur vermutet werden.

Mit dem Beschluß des Ministerrates geriet die Fertigstellung der geplanten Verordnung zunächst ins Stocken. Das Ministerium für Arbeit und Gesundheitswesen ließ sich jedoch davon nicht beeindrucken und legte Anfang Juni 1950 einen weiteren Entwurf vor, der kaum Veränderungen enthielt und offensichtlich auch die Zustimmung des Ministeriums des Innern gefunden hatte[41]. Neu war dagegen nur der damit zusammenhängende Entwurf einer Ausführungsbestimmung, welche die Struktur der neuen Abteilungen festlegen sollte: Demzufolge waren vier Bereiche vorgesehen (Arbeitsproduktivität, Berufsausbildung und Umschulung, Arbeitskraftlenkung und Arbeitsschutz), deren Aufgabengebiete klar voneinander abgegrenzt wurden[42]. Auffallend ist, daß die Leitung des Ministeriums nahezu zeitgleich eine Überprüfung der Arbeitsämter in Auftrag gab[43]. Diesen Schritt hatte Staatssekretär Peschke am 9. Juni angeordnet. Dabei ergaben sich Differenzen mit Minister Steidle, der sich letztlich übergangen fühlte[44]. Bei einem Spitzengespräch am 14. Juni, das unter Vorsitz von Walter Ulbricht stattfand, und an dem unter anderem die Leitungen des Ministeriums für Arbeit und Gesundheitswesen und der Zentralen Kommission für Staatliche Kontrolle (ZKSK) teilnahmen, wurde die Reorganisation grundsätzlich bestätigt[45]. Staatssekretär Peschke, der bisher stets zu den Befürwortern einer Eingliederung der Arbeitsämter in die kommunale Selbstverwaltung gehört hatte, revidierte jedoch seine Position und zog den Verordnungsentwurf zurück. Er begründete diesen Meinungswechsel damit, daß sich die DDR-Regierung ansonsten „des zentralen Einflusses auf die sachlichen und materiellen Verhältnisse und der Arbeitsmethoden weitgehend

[39] BAB, DC 20 I/3–16, Bl. 3.
[40] BAB, DQ 2/2095, Bericht des Amtes für Information (HA Informationskontrolle) vom 17.4. 1950, S. 2. Bei den Großbetrieben handelte es sich um das Chemiewerk Leuna, die Maschinenfabrik Halle-Saale-Werke, die Elektromotorenfabrik Wernigerode sowie das Walzwerk Ilsenburg.
[41] BAB, DQ 2/906, Bl. 169f., Verordnungsentwurf (handschriftlich: 9. 6. 50).
[42] Ebenda, Bl. 171f.
[43] BAB, DQ 2/906, Bl. 153, HA Arbeit am 13. 6. 1950 an die Abteilungen des Hauses.
[44] Ebenda, Bl. 151, Minister Steidle am 16. 6. 1950 an Staatssekretär Peschke und Hauptabteilungsleiter Litke.
[45] BAB, DC 1/1536, ZKSK-Vorsitzender Fritz Lange am 6. 7. 1950 an Staatssekretär Peschke. Dieser Beschluß ging offenbar auf einen entsprechenden Antrag der ZKSK zurück.

[...] entäußer[t]" hätte[46]. Die Befriedigung des Arbeitskräftebedarfs mache – so Peschke weiter – „eine straffe Lenkung von zentraler Stelle aus notwendig". Abschließend bat der Staatssekretär den ZKSK-Vorsitzenden, der sich bisher in arbeitsmarktpolitische Fragen kaum eingeschaltet hatte und auch nicht über entsprechende Erfahrungen verfügte, um Rat. Fritz Lange, der sich Ende der vierziger bzw. Anfang der fünfziger Jahre bei der rigorosen Zurückdrängung des privaten Wirtschaftssektors einen Namen gemacht hatte und dabei in enger Absprache mit Ulbricht sowie unter Ausschaltung des Justizwesens zahlreiche Wirtschaftsstrafprozesse durchführen ließ, die oftmals mit langjährigen Haftstrafen für die Angeklagten endeten[47], ergriff diese Gelegenheit dankbar. Seine Reaktion war eindeutig: „Ich weiß wirklich nicht, was ich zu dieser Antwort sagen soll. Nach meiner Auffassung ist es eine glatte Bankrott-Erklärung."[48]

Das Ministerium für Arbeit und Gesundheitswesen beschränkte sich in der Folgezeit bei der Neuordnung der Arbeitsverwaltung auf die Neueinteilung bzw. Abgrenzung der geographischen Zuständigkeitsbereiche der einzelnen Arbeitsämter[49]. Dadurch sollte die Zusammenlegung von Stadt- und Landkreisen und damit eine Stelleneinsparung erreicht werden. Diesen Versuch hatte die DVAS/HVAS bereits vor 1949 unternommen, allerdings mit begrenztem Erfolg. Der vom Hauptabteilungsleiter Litke ausgearbeitete Plan sah die Reduzierung der Anzahl der Arbeitsämter von 125 auf 55 vor. Von den Kürzungsvorschlägen waren vor allem die Länder Sachsen-Anhalt und Mecklenburg betroffen: Hier sollten nur noch ein Drittel bzw. ein Viertel der Ämter bestehen bleiben[50]. Die Untergliederung der Amtsbezirke in Neben- und Hilfsstellen sollte dagegen nach wie vor den Arbeitsämtern überlassen bleiben. Mit diesem Konzept war aber eine erhebliche Verringerung der Personal- und Sachkosten nicht zu erwarten, da die „einzuziehenden Hauptämter" automatisch als Nebenstellen weiterbestehen sollten.

Eine Reduzierung der Personalkosten konnte jedoch im Laufe des Jahres 1950 nicht mehr durch die angestrebte Verordnung erfolgen, da sich deren Veröffentlichung bis zum Sommer 1951 hinzog, sondern durch die Sparmaßnahmen, die 1949 für die Arbeitsämter angeordnet worden waren. Demzufolge waren 10 Prozent der anfallenden Kosten für Personal einzusparen. Diese Kürzungsanweisungen betrafen im übrigen auch andere Verwaltungszweige, so z.B. die Verwaltung der Sozialversicherung[51], und wurden in der Frühphase der DDR häufig erteilt. Dadurch wurde die Verwaltungstätigkeit mitunter akut gefährdet bzw. nicht unerheblich eingeschränkt: So wies der brandenburgische Minister für Arbeit und Sozialwesen Karl Grobbel darauf hin, daß angesichts der ohnehin dünnen Personaldecke, die bei der Arbeitsverwaltung Brandenburgs bestehe, die Schließung aller Nebenstellen drohe, wenn die Einsparung der Personalkosten um wei-

[46] Ebenda, Staatssekretär Peschke am 12. 7. 1950 an den ZKSK-Vorsitzenden Fritz Lange.
[47] Vgl. dazu: Braun, Die Zentrale Kommission für Staatliche Kontrolle; Klawitter, Die Rolle der ZKK; Kos, Politische Justiz in der DDR.
[48] BAB, DC 1/1536, Fritz Lange am 14. 7. 1950 an das ZS [sic] der SED (Max Herm).
[49] BAB, DQ 2/906, Bl. 144–150, Hauptabteilungsleiter Litke am 12. 7. 1950 an den stellvertretenden Ministerpräsidenten Walter Ulbricht. Ein gleichlautendes Schreiben mit anderem Datum (18.7.) befindet sich in: BAB, DC 1/1536.
[50] BAB, DQ 2/906, Bl. 144–150, hier Bl. 145, Litke am 12. 7. 1950 an Ulbricht.
[51] Vgl. Hoffmann, Sozialpolitische Neuordnung, S. 291.

tere 10 Prozent 1950 wiederholt werde[52]. Die einzelnen Arbeitsämter seien gegenüber den anderen Ländern stark unterbesetzt und es lägen bereits „zahlreiche Einsendungen und Beschwerden der Bevölkerung und der Massenorganisationen" vor, die diesen Zustand kritisieren würden. Grobbel bat daher um eine Befreiung seiner Verwaltung von der Kürzungsauflage. Das Ministerium für Arbeit und Gesundheitswesen schloß sich zunächst der Argumentation des Landesamtes in Potsdam an und erwog sogar für Brandenburg eine Erhöhung der Planstellenzahlen[53]. Zum Ausgleich sollten bei den übrigen Ländern entsprechend mehr Stellen gekürzt werden. Nach ersten Gesprächen mit den Ministerien der Finanzen sowie des Innern, die an der Sparaktion beteiligt waren, entband Minister Steidle das brandenburgische Landesamt von der Pflicht, im laufenden Jahr weitere Personalkürzungen durchzuführen[54]. Er stellte im Zusammenhang mit der Erstellung eines neuen Strukturplanes für die Arbeitsverwaltung eine Erhöhung der Stellenzahlen in Aussicht. Obwohl das Arbeitsministerium in Berlin seine Zusicherung gegeben hatte, lag eine entsprechende Anweisung des Finanzministeriums auch Ende August noch nicht vor. So sah sich der brandenburgischen Finanzminister gezwungen, auf der Umsetzung der im Haushaltsplan vorgesehenen Kürzungen zu bestehen[55]. Bei dieser Auseinandersetzung zwischen der Arbeits- und Finanzverwaltung konnte sich letztere durchsetzen. Minister Steidle mußte den Antrag Brandenburgs, von der angeordneten Personaleinsparung um 10 Prozent befreit zu werden, ablehnen und die in Aussicht gestellte Aufstockung des Verwaltungspersonals einstweilen zurückziehen[56]. Gleichzeitig wies Steidle das Landesamt an, vorsorglich ausgesprochene Kündigungen bei den Arbeitsschutzinspektoren, die von zentraler Bedeutung für die Durchführung des Gesetzes der Arbeit seien, „sofort" rückgängig zu machen. Von den Sparmaßnahmen sollte „in erster Linie das Personal für ausgesprochene Verwaltungsaufgaben betroffen werden"; konkretere Vorschläge vermied allerdings der Minister. Die brandenburgische Landesregierung folgte der Anweisung aus Berlin und löste das Finanzproblem selber, indem bisher gesperrte Haushaltsmittel freigegeben wurden[57].

Bei den Angestellten der Arbeitsämter verbreitete sich im Sommer 1950 zunehmende Unsicherheit, die mit der eben beschriebenen ungewissen Finanzlage zusammenhing. Hinzu kamen vereinzelte, zum Teil gewaltsame Interventionen von seiten der Volkspolizei, die zu einer Verschlechterung der Stimmungslage auch in der Bevölkerung beitrugen. Das mecklenburgische Ministerium für Arbeit und Gesundheitswesen berichtete über eine Polizeiaktion am 13. Juni bei sämtlichen Arbeitsämtern sowie den Neben- und Hilfsstellen des Landes, in deren Verlauf die bei den Ämtern geführten Karteikarten, soweit sie Angehörige der Volkspolizei betrafen, sichergestellt wurden. Minister Werner Pöhls (CDU) beklagte sich daraufhin über die Durchführung der Aktion: „Die ganze Angelegenheit hätte

[52] BAB, DQ 2/903, Bl. 43, Minister Grobbel am 4. 5. 1950 an den Minister für Arbeit und Gesundheitswesen Steidle.
[53] Ebenda, Bl. 42, Aktennotiz Schulz vom 13. 5. 1950.
[54] Ebenda, Bl. 40, Minister Steidle am 19. 5. 1950 an Minister Grobbel.
[55] Dies geht aus einem gemeinsamen Schreiben des Innen- und Arbeitsministeriums Brandenburgs vom 22. 8. 1950 hervor. Ebenda, Bl. 36 f.
[56] Ebenda, Bl. 33 f., Minister Steidle am 31. 8. 1950 an Minister Grobbel.
[57] Ebenda, Bl. 32, Minister Grobbel am 14. 9. 1950 an Minister Steidle.

sich völlig reibungslos abwickeln lassen, wenn der Chef der Volkspolizei mich [Minister Pöhls] vorher unterrichtet hätte und wenn z. B. durch eine gemeinsame Anordnung die Herausgabe der Karteikarten an die Volkspolizei geregelt worden wäre."[58] Der Minister für Arbeit und Gesundheitswesen Mecklenburgs beabsichtigte sogar, den Ministerrat in die Angelegenheit einzuschalten und richtete an Minister Steidle die Bitte, beim Minister des Innern vorstellig zu werden, „damit die Arbeit im Geschäftsbereich meines Ministeriums nicht durch derartige Polizeiaktionen lahm gelegt wird"[59]. Reaktionen des Innenministeriums sowie des Ministerrates blieben jedoch aus bzw. liegen nicht vor. Festzuhalten bleibt die wachsende Unsicherheit auf seiten der Arbeitsverwaltung und indirekt wohl auch bei der Bevölkerung – darauf weisen einige Berichte der Arbeitsämter bzw. der Landesämter hin. Vor diesem Hintergrund wurde die Diskussion über eine Neuordnung der Arbeitsverwaltung im Herbst 1950 fortgesetzt.

Ende September befaßte sich das Sekretariat des ZK der SED mit der angestrebten Neustrukturierung der Arbeitsverwaltung und bestätigte im wesentlichen die von Litke vorgelegten Grundprinzipien[60]. Kleine Abweichungen traten nur bei den Zahlenangaben auf: So ging das SED-Führungsgremium von insgesamt 127 Kreisarbeitsämtern aus, die „auf etwa 50" zu reduzieren waren. Das Ministerium für Planung erhielt den Auftrag, zusammen mit dem Ministerium für Arbeit und Gesundheitswesen die Planungsarbeiten fortzusetzen. In dem Zusammenhang spielten für die SED-Führung aber nicht das Ziel einer Zusammenlegung einzelner Kreise die entscheidende Rolle, sondern vielmehr die bevorzugte Versorgung der wirtschaftlichen Großprojekte des Fünfjahrplanes. Die verbleibenden 50 Arbeitsämter sollten nämlich „in den Schwerpunkten unserer industriellen Entwicklung für die Gegenwart und für die Zukunft gesehen liegen". Dabei stellten die politischen Grenzen der Kreise und Länder nach den Vorstellungen des Sekretariats kein Hindernis dar. Gleichzeitig wurden die Aufgaben der Arbeitsämter grob skizziert, die den engen Zusammenhang von Verwaltungsreform und inhaltlicher Ausrichtung der Arbeitskräftelenkung deutlich werden ließen: Zu den zentralen Aufgaben gehörten „Werbung" und Vermittlung von Arbeitskräften „für die volkswirtschaftlich wichtigsten Objekte im Fünfjahrplan"[61]. Des weiteren sollten alle „verfügbaren" Arbeitskräfte, insbesondere Facharbeiter statistisch erfaßt und für die ökonomischen Großvorhaben mobilisiert werden. Die Arbeitsämter hatten sich außerdem verstärkt der Frauenerwerbstätigkeit sowie der beruflichen Eingliederung von Schulabgängern zuzuwenden. Dieser Aufgabenkatalog enthielt keine grundsätzlichen Neuerungen. Bemerkenswert an ihm war jedoch zum einen die Verknüpfung mit der Verwaltungsreform und zum anderen die Einbettung in den ersten Fünfjahrplan. Abschließend sprach sich das Sekretariat des ZK für eine „Regelung der Arbeitsverhältnisse in den Privatbetrieben"[62] aus, ohne jedoch weiter konkret zu werden.

---

[58] Ebenda, Bl. 13 f., hier Bl. 13, Vermerk Pöhls vom 14. 6. 1950.
[59] Ebenda, Bl. 12, Minister Pöhls am 15. 6. 1950 an Minister Steidle.
[60] SAPMO, DY 30/J IV 2/3/141, Bl. 11 f., Protokoll der Sitzung des Sekretariats des ZK am 28. 9. 1950.
[61] Ebenda.
[62] Ebenda, Bl. 12.

Das Ministerium für Arbeit und Gesundheitswesen war offensichtlich vorab über die Entscheidung der SED-Führung informiert worden, so daß noch am selben Tag ein neuer Verordnungsentwurf ausgearbeitet werden konnte, der sich sehr eng am Beschluß des Sekretariats des ZK orientierte[63]. Bei einer erneuten Überarbeitung wurde die zentrale Position, welche das Ministerium bei der Arbeitskräftelenkung ohnehin einnahm, wieder besonders hervorgehoben[64]. Ende des Monats lag eine ausführlich gehaltene Durchführungsbestimmung vor, die nunmehr auch die inhaltlichen Fragen der Arbeitskräftelenkung regeln sollte[65]. Diese faßte unter anderem die geltenden Bestimmungen zur Registrierung der Bevölkerung kurz zusammen und schrieb die Aufgaben und Kompetenzen der Arbeitsämter nochmals fest. Dabei wurden die Arbeitsämter in ihrer Funktion etwas aufgewertet: Sie sollten erneut als Schaltstellen der Arbeitskräftelenkung fungieren. In dem Zusammenhang hatte nicht nur jeder Betrieb seinen Bedarf ausschließlich dort zu melden; auch die betrieblichen Einstellungen und Entlassungen bedurften der Zustimmung durch das zuständige Amt für Arbeit[66]. Darüber hinaus mußten Inserate vor der Veröffentlichung genehmigt werden. Die Bestimmungen zu den Instrumenten der Arbeitsverwaltung für die Lenkung und Steuerung des Arbeitskräftepotentials bedeuteten einen gewissen Rückschritt. Im Vordergrund hatte zwar nach wie vor die Werbung zu stehen; in Ausnahmefällen konnte aber auf die Arbeitseinweisung zurückgegriffen werden. Das galt zum einen bei der Beseitigung von „öffentlichen Notständen" sowie der Erfüllung von „Produktionsprogrammen in den Wirtschaftsschwerpunkten"[67]. Damit verblieb dem jeweiligen Arbeitsamt ein nicht unbeträchtlicher Interpretationsspielraum. Insgesamt gesehen stellte die geplante Durchführungsbestimmung nur die Zusammenfassung anderer arbeitsrechtlicher Verordnungen, Anweisungen und sowjetischer Befehle aus der Zeit zwischen 1945 und 1948 dar, die damit aufgehoben werden sollten[68].

Als das Sekretariat des ZK der SED am 27. November 1950 den Verordnungsentwurf über die Reorganisation der Ämter für Arbeit „als Grundlage" annahm[69], schien sich eine baldige Veröffentlichung und damit ein rasches Inkrafttreten abzuzeichnen. Auf Wunsch der SED-Führung sollten nur noch zwei Überarbeitungsvorschläge in den Entwurf einfließen. Zum einen war ein zusätzlicher Paragraph einzufügen, „in dem die Aufgaben der Arbeitsämter präzisiert werden". Da dies in der bereits erstellten Durchführungsbestimmung geschehen war, blieb die Anweisung des Sekretariats etwas unklar. Möglicherweise war bereits zu diesem Zeitpunkt eine Zusammenlegung der beiden Gesetzestexte zu einer Gesamtverordnung geplant. Zum zweiten wurde die Zusammenlegung einzelner Arbeitsäm-

63 BAB, DQ 2/1757, Entwurf der Abt. Arbeitskraftlenkung vom 28. 9. 1950.
64 Ebenda, 2. Verordnungsentwurf der Abt. Arbeitskraftlenkung vom 2. 11. 1950. Dieser Entwurf wurde anschließend mit dem Ministerium für Planung abgestimmt und ging wenige Tage später an das ZK der SED. Vgl. BAB, DE 1/11742, Bl. 1–4, Bruno Leuschner am 8. 11. 1950 an das ZK der SED (Scholz).
65 BAB, DQ 2/1729, Entwurf des Ministeriums für Arbeit und Gesundheitswesen (Abt. III) vom 24. 11. 1950.
66 Ebenda, S. 5 (§ 9).
67 Ebenda (§ 10).
68 Der Entwurf listete 19 gesetzliche Bestimmungen auf. Vgl. ebenda, S. 10–12 (§ 24).
69 SAPMO, DY 30/J IV 2/3/156, Bl. 17.

ter in Sachsen, Sachsen-Anhalt und Thüringen angeregt. Sowohl die Landesverwaltungen als auch das Ministerium für Arbeit und Gesundheitswesen lehnten die
von der ZK-Abteilung Wirtschaftspolitik vorgeschlagene Zusammenlegung einzelner Arbeitsämter ab[70].

Anfang 1951 wurden erstmals Stimmen laut, die eine Auflösung der Arbeitsämter verlangten. Für einen solchen Schritt warb etwa der stellvertretende Ministerpräsident und Vorsitzende der Staatlichen Plankommission (SPK), Heinrich
Rau, der als Begründung die Beseitigung der Arbeitslosigkeit angab. Die ursprünglich zentrale Aufgabe der Arbeitsverwaltung, Arbeitslose zu betreuen, sei
somit entfallen. Die übrigen arbeitsmarktpolitischen Aufgaben könnten zudem
von anderen staatlichen Verwaltungen übernommen werden. So erfordere etwa
die Lehrlingsausbildung sowie die berufliche Unterbringung von Jugendlichen
„nicht den Apparat der Arbeitsämter, da diese Arbeit in erster Linie in Verbindung mit den Gewerkschaften und den Fachministerien bzw. Vereinigungen [der
Volkseigenen Betriebe] organisiert und durchgeführt werden muß"[71]. Rau verband diese Einschätzung mit einer deutlichen Kritik an der bisherigen Tätigkeit
der Arbeitsämter: „Die Lenkung der Arbeitskräfte, die mehr und mehr in einer
Umsetzung von Betrieb zu Betrieb besteht, wurde von den Arbeitsämtern bisher
in so geringem Maße durchgeführt, daß schon daraus sich zeigt, daß sie dazu nicht
in der Lage sind."[72] Auch diese Aufgabe solle in Zukunft von den Fachministerien
in Zusammenarbeit mit den VVB und den Gewerkschaften gelöst werden. Rau
schlug vor, eine Kommission des Arbeitsministeriums und der Gewerkschaften in
die Sowjetunion und in andere osteuropäische Staaten zu entsenden[73], um die „bestehende Organisation auf diesem Gebiet [zu] studieren und dann die notwendigen Maßnahmen vor[zu]schlagen". Abschließend stellte Heinrich Rau – und das
war höchst aufschlußreich – seine Forderung nach Auflösung der Arbeitsämter in
einen gesamtdeutschen Kontext, der die aus Sicht der SED- und DDR-Führung
zu Beginn der fünfziger Jahre immer stärker einsetzende Systemauseinandersetzung verdeutlichte. Angesichts der zu diesem Zeitpunkt in der Bundesrepublik
steigenden Erwerbslosenzahlen könne die DDR die Vorzüge des eigenen Wirt-
schafts- und Gesellschaftssystems propagandistisch unterstreichen: „Die Tatsache, daß in Westdeutschland die Arbeitslosigkeit steigt, könnte gegenüber gestellt
werden der Tatsache der Liquidierung der Arbeitslosigkeit bei uns, der Auflösung
der Arbeitsämter und daß das Bestehen der volkseigenen Betriebe eine unbüro-
kratische Lenkung der Arbeitskräfte ermöglicht."

Das Ministerium für Arbeit, das noch am 9. Januar einen umfassenden Perspektivplan für die einzelnen Hauptabteilungen verfaßt hatte, in dem die arbeitsmarktpolitischen Aufgaben einen herausgehobenen Platz einnahmen[74], widersprach den
Überlegungen des stellvertretenden Ministerpräsidenten. Arbeitsminister Chwalek betonte einleitend zu seinem ausführlichen Antwortschreiben: „Von vornher-

[70] BAB, DQ 2/493, Hausmitteilung an Minister Chwalek vom 15. 12. 1950.
[71] BAB, DQ 2/1713, Rau am 6. 1. 1951 an Arbeitsminister Chwalek, S. 1.
[72] Ebenda, S. 2.
[73] Vgl. zu den Delegationsreisen als Möglichkeit sowjetischer Einflußnahme die kurzen Überlegun-
      gen von Kaiser, Sowjetischer Einfluß, S. 121–123.
[74] BAB, DE 1/11277, Bl. 7–11, Perspektivplan des Ministeriums für Arbeit (Sekretariat Minister
      Chwalek) vom 9. 1. 1951.

ein kann ich Dir mitteilen, daß sich unsere Gedanken geradezu kreuzen."[75] Chwalek hielt zwar das langfristige Ziel, die Arbeitsämter aufzulösen und deren Aufgaben auf die Fachministerien zu verteilen, für diskussionswürdig. Zuvor müßten
allerdings eine ganze Reihe von Voraussetzungen geschaffen werden: Dazu zählten die verstärkte Initiative von seiten der Gewerkschaften sowie der Aufbau einer
neuen Abteilung Arbeitskraft in den jeweiligen Ministerien: „Wir müssen dazu
gelangen, daß sie [die Fachministerien] sich alle eine Abt. Arbeitskraft schaffen,
die sich mit den Fragen der Wettbewerbs- und Aktivistenbewegung, der Lohnpolitik, der Sozial- und Kulturpolitik in den Betrieben, der Arbeitskraftlenkung,
der Normenerstellung und insbesondere des Arbeitsschutzes befassen. Haben wir
diese Voraussetzungen, so können wir allmählich an den Abbau der Ämter für
Arbeit und darüber hinaus unter Berücksichtigung der gesamtpolitischen Situation auch an die Auflösung des gesamten Ministeriums für Arbeit denken."[76] Der
Arbeitsminister verhielt sich in dieser Angelegenheit erstaunlich passiv und plädierte sogar dafür, zunächst die noch ausstehende Entscheidung im Sekretariat des
ZK abzuwarten. Das SED-Führungsgremium hatte am 11. Januar einer inhaltlichen Erweiterung der in Planung befindlichen Verordnung zugestimmt: Diese
führte nochmals alle Tätigkeitsbereiche der Arbeitsämter auf, verpflichtete die
Arbeitsämter zur Zusammenarbeit mit den Betrieben, Industriegewerkschaften
und gesellschaftlichen Organisationen und legte die Zusammenlegung von zwei
Ämtern (Magdeburg und Burg) fest[77].

Bei der Auseinandersetzung über eine mögliche Auflösung der Arbeitsämter
besaß die Staatliche Plankommission die besseren Karten, da die SKK offensichtlich hinter diesem Vorhaben stand. Darüber hinaus besaß das Ministerium für Arbeit allem Anschein nach keinen vergleichbar engen Kontakt zur sowjetischen Besatzungsmacht wie die von Heinrich Rau geführte zentrale Planungsbehörde[78].
Der Leiter der Abteilung für Wirtschaftsplanung, W. A. Chomjakow, berichtete
dem stellvertretenden SKK-Vorsitzenden G. S. Bukow am 17. Januar 1951 ausführlich über die geplante Reorganisation der ostdeutschen Arbeitsverwaltung.
Dabei gelangte er zu der Schlußfolgerung, daß die von Arbeitsminister Chwalek
eingeleiteten „Maßnahmen halbherzig sind und nicht in vollem Maße die mit der
Versorgung der Wirtschaft der Republik mit Arbeitskräften zusammenhängenden
Fragen lösen, sowie die unnötige Registrierung von ‚Arbeitslosen' nicht beseitigen"[79]. Im einzelnen kritisierte Chomjakow die Vielzahl arbeitsrechtlicher Bestimmungen, die jedoch teilweise auf sowjetische Befehle oder Anweisungen
zurückzuführen waren, die bei den Arbeitsämtern zu einer „bürokratischen Anwendung" sowie zu einem „rein formale[n] Arbeitsstil" geführt hätten[80]. Be-

75 BAB, DQ 2/1713, Chwalek am 15. 1. 1951 an Rau, S. 1.
76 Ebenda, S. 4.
77 SAPMO, DY 30/J IV 2/3/166, Bl. 5 f.
78 Laut SKK-Statut war die sowjetische Abt. für Wirtschaftsplanung unmittelbar zuständig für die
    Kontrolle des Ministeriums für Planung. Vgl. SKK-Statut, S. 123.
79 AVP RF, f. 458, op. 72, p. 258, d. 14, l. 58. Ich danke meiner Arbeitskollegin, Frau Dr. Elke Scherst-
    janoi, daß sie mir dieses Dokument zur Verfügung gestellt hat. Die Übersetzung fertigte Frau
    Katrin Reichelt an, der ich ebenfalls herzlich danken möchte.
80 AVP RF, f. 458, op. 72, p. 258, d. 14, ll. 59–64, hier l. 61, Mitteilung der SKK-Abt. für Wirtschafts-
    planung über die bestehende Praxis der Registrierung der nichtarbeitenden Bevölkerung durch die
    Abteilungen für Arbeit/Arbeitsämter.

anstandung fand vor allem die Arbeitslosenstatistik, die dazu beitrage, „daß die Erfassung der Arbeitslosen in den Abteilungen für Arbeit zur einfachen Formalität und offensichtlich irreführend und verfälschend geworden ist". Der SKK-Mitarbeiter sprach sich damit indirekt für eine Bereinigung und Vereinfachung der Statistiken aus, um die Zahl der Erwerbslosen drastisch zu verringern. Den Arbeitsämtern wurde vorgehalten, sie kämen aufgrund der „übertriebene[n] und platzraubende[n] Erfassung" nicht mehr zu ihrer eigentlichen Aufgabe: der Versorgung der einzelnen Wirtschaftsbereiche mit Arbeitskräften. Darüber hinaus übte Chomjakow Kritik an der gesetzlichen Beschränkung von Arbeitseinweisungen, in erster Linie durch die Verordnung vom 2. Juni 1948: „Dieser Beschluß beinhaltet so viele Vorbehalte bezüglich des Arbeitseinsatzes, daß jeder, der nicht zu arbeiten wünscht, die Möglichkeit hat, nicht zur Arbeit zu gehen."[81] Das bedeutete nicht automatisch eine Rückkehr zu den „harten" Maßnahmen der Arbeitsverpflichtung vor 1948/49. Die sowjetische Militäradministration hatte selber den qualitativen Wechsel der Arbeitsmarktpolitik hin zur Anwerbung unterstützt. Vielmehr machten die Ausführungen Chomjakows das Unverständnis auf seiten der SKK deutlich, daß sich die deutsche Arbeitsverwaltung eigene Beschränkungen auferlegt hatte, die zudem von jedem einzelnen Arbeiter zum Teil eingeklagt werden konnten. Die Möglichkeit, im Bedarfsfall auf die Methode der Arbeitsverpflichtung zurückgreifen zu können, sollte letztlich gewahrt und nicht zu sehr eingeengt werden. Die vom Leiter der SKK-Unterabteilung Arbeit und Löhne P. Masanow eingebrachten Vorschläge verfolgten zwei Ziele: Zum einen ging es darum, die mit der statistischen Erhebung beauftragten Stellen davon abzubringen, die gesamte Bevölkerung zu erfassen. Zum zweiten sollten die Fachministerien bei der Einstellung von Arbeitskräften sowie deren zwischenbetrieblicher Steuerung beteiligt werden[82]. Die weitere Diskussion innerhalb der SKK kann aufgrund des Quellenmangels nicht weiter rekonstruiert werden. Es kann aber festgehalten werden, daß die für wirtschafts- und arbeitsmarktpolitische Fragen zuständige Abteilung eindeutig Stellung nahm zugunsten der SPK, und somit gegen das Ministerium für Arbeit. Nachdem Chomjakow seinen Standpunkt am 6. Februar gegenüber Chwalek erläutert hatte, zeigte sich dieser plötzlich sehr kompromißbereit[83]: Seine zunächst vorgebrachten Einwände bestanden nun nicht mehr.

Anfang 1951 verdichteten sich die Hinweise auf eine baldige Auflösung der Arbeitsämter in ihrer bestehenden Form. Dazu trugen nicht nur die geschilderten Vorstöße der SPK und die positive Stellungnahme der SKK bei, sondern auch die bereits angekündigten Kontakte zu anderen ostmitteleuropäischen Staaten. So hatte etwa die Staatssekretärin im Ministerium für Arbeit, Friedel Malter, eine Unterredung mit ihrem tschechoslowakischen Amtskollegen geführt. Demzufolge existierten dort keine Arbeitsämter[84]: Die Aufgabe der Arbeitskräftewerbung übernahmen vielmehr die Komitees der Nationalen Front und die Ortsgruppen des Demokratischen Frauenbundes, die im übrigen ehrenamtlich arbeite-

---

[81] Ebenda, l. 62.
[82] Ebenda, l. 63.
[83] BAB, DQ 2/1713, Chwalek am 7. 2. 1951 an das ZK der SED (Stoph).
[84] BAB, DQ 2/717, Aktennotiz Malters vom 5. 2. 1951.

ten. Zur Mobilisierung neuer Arbeitskräfte wurden alle Fachministerien eingeschaltet. Malter sprach sich dafür aus, den DFD für die arbeitsmarktpolitischen Aufgaben in der DDR stärker einzubinden, und griff eine Anregung von Käthe Kern auf, die sich allerdings vergeblich darum bemüht hatte, die Frauenorganisation in die Werbung weiblicher Arbeitskräfte einzuschalten. Diese Form der Mitarbeit könne jedoch – so Malter – nicht für die Nationale Front gelten, die einen „etwas anders gearteten Charakter" habe.

Das Ministerium für Arbeit paßte sich der neuen Entwicklung erstaunlich schnell an und legte bereits am 17. Februar 1951 einen Verordnungsentwurf vor, der die Übertragung der Arbeitskräftelenkung auf die Fachministerien vorsah[85]. Die Arbeitsämter fanden dabei keine Erwähnung mehr; ihre Aufgabengebiete sollten anderen Verwaltungen zugewiesen werden. So war die Abteilung Arbeitsschutz den Wirtschaftsministerien der Länder anzugliedern; die Aufgaben der Abteilung Arbeitsproduktivität erhielten die Fachministerien. Der Verordnungsentwurf sah außerdem vor, daß das Zentralamt für Statistik die statistischen Aufgaben übernehmen sollte, wobei die Einwohnerkartei der Städte und Gemeinden „entsprechend den Erfordernissen der Arbeitskraftlenkung umzugestalten" war[86]. Berufsberatung und berufliche Betreuung der Jugendlichen fielen wiederum dem Staatssekretariat für Berufsausbildung zu. Zur Absicherung einer bedarfsgerechten Lenkung sah der Entwurf die Bildung sogenannter Arbeitskraftlenkungsausschüsse auf zentraler Ebene, Landes- und Kommunalebene vor, die sich aus Vertretern des Arbeitsministeriums, der Fachministerien, Gewerkschaften und Massenorganisationen zusammensetzen sollten.

Das Ministerium für Arbeit griff die sich ausweitende Kritik an der Tätigkeit der Arbeitsverwaltung auf und zählte die einzelnen Punkte, die einer reibungslosen Lenkung angeblich im Wege standen, durchaus selbstkritisch auf. Dabei paßten sich die leitenden Mitarbeiter der stark ideologisch aufgeladenen Methode an, „Kritik und Selbstkritik" zu üben. So räumte beispielsweise Hauptabteilungsleiter Kreil in einer hausinternen Denkschrift ein: „Trotz der Entwicklung unserer Wirtschaftsplanung hinderten Unkenntnis der sowjetischen Methoden bezüglich der Lenkung der Arbeitskraftreserven sowie mangelhafte marxistisch-leninistische Erkenntnis in der Weiterentwicklung unserer gesamten Volkswirtschaft die Angestellten der Ämter für Arbeit, in genügendem Maße zu erkennen, daß die Zeit der Vermittlungen von Arbeitskräften vorbei ist und eine tatsächliche Lenkung derselben durchgeführt werden muß."[87] Dahinter stand vermutlich auch der Versuch einer weitgehenden Bestandssicherung: So hatte sich zwar Minister Chwalek gegenüber den Vorschlägen zur Auflösung der Arbeitsämter gesprächsbereit gezeigt, innerhalb des Ministeriums machte er jedoch keinen Hehl daraus, daß er einen solchen Schritt grundsätzlich ablehnte[88]. Seiner Ansicht nach war ohne Arbeitsämter den nach wie vor nicht unbeträchtlichen Anforderungen von

[85] BAB, DQ 2/1729, Entwurf der Abt. III. Der Ministerrat hatte auf seiner Sitzung am 15. 2. 1951 einen entsprechenden Auftrag an das Arbeitsministerium beschlossen. Vgl. BAB, DQ 2/493, Chef der Regierungskanzlei am 19. 2. 1951 an den Minister für Arbeit.
[86] BAB, DQ 2/1729, Entwurf der Abt. III, S. 3.
[87] BAB, DQ 2/1734, Exposé vom 19. 2. 1951, S. 2.
[88] BAB, DQ 2/493, Protokoll der Arbeitstagung des Ministeriums für Arbeit am 20. 2. 1951, S. 1.

seiten der sowjetischen Besatzungsmacht, Arbeitskräfte für den Uranbergbau bereitzustellen, nicht nachzukommen. Chwalek sprach sich dafür aus, nicht so sehr die organisatorischen Fragen in den Vordergrund zu stellen, sondern vielmehr das Problem zu diskutieren, „wie die Arbeit in der Zukunft verbessert und operativer gestaltet werden kann". Darüber hinaus mußte das Ministerium für Arbeit einräumen, daß die Arbeitsämter die ihnen auferlegten Erwartungen bisher nicht hatten erfüllen können. Dieses Eingeständnis bezog sich zum einen auf das grundlegende Problem der nicht steuerbaren Fluktuation sowie die Tatsache, daß ein Großteil der Stellenvermittlung an den Arbeitsämtern vorbeilief. So meldete etwa das Amt für Arbeit in Dresden, daß rund 60 Prozent der gemeldeten offenen Stellen durch Eigeninitiative der Arbeitsuchenden abgedeckt worden seien[89].

Das Ministerium für Arbeit favorisierte auch in der Folgezeit die Verringerung der Anzahl der Kreisarbeitsämter von 127 auf nunmehr 55[90] und versuchte dadurch, die Arbeitsverwaltung als eigene Verwaltungseinheit zu erhalten. Gleichzeitig machte das Ministerium Zugeständnisse gegenüber seinen Kritikern, die auf eine Übertragung der Aufgaben auf die Fachministerien drängten. Demzufolge sollte bei der Arbeitskräftezuteilung eine Aufgabenteilung entsprechend der Wirtschaftsform vorgenommen werden: Die Abteilungen für Arbeit in den Stadt- und Landkreisen sollten „ihre Haupttätigkeit zukünftig im privatwirtschaftlichen Teil unserer Volkswirtschaft finden", während die Fachministerien auch in diesem Bereich für die volkseigene und ihnen gleichgeschaltete Industrie letztlich verantwortlich sein sollten[91]. Das lief auf einen Kompetenzverlust sowie eine Arbeitsentlastung hinaus, da sich die bisher bestehende Konfliktebene zwischen Arbeitsverwaltung und Betrieben stärker zu den Fachministerien verlagert hätte. Ein ähnliches Ziel verfolgte auch der im Arbeitsministerium einmütig unterbreitete Vorschlag, das Arbeitsbuch nicht mehr weiter zu nutzen und die entsprechenden Verordnungen außer Kraft zu setzen[92]. Dieses Instrument hatte vor allem in der Frühphase zum schlechten Ansehen der Arbeitsämter unter der Erwerbsbevölkerung beigetragen. Vertreter des Arbeitsministeriums sowie der Industrieministerien[93] einigten sich am 22. März darauf, die existierenden Ämter für Arbeit aufzulösen und zugleich Abteilungen für Arbeit bei den Stadt- und Landkreisen zu errichten[94]. Erstmals wurden auch die Betriebe in die Arbeitskräftelenkung aktiv eingebunden: Sie sollten im volkseigenen Sektor zuständig sein für die Anwerbung der benötigten Arbeiter[95]. Andererseits wurde das Ausmaß der Fluktuation noch stärker als bisher an das Verhalten der einzelnen Betriebsleitungen gekoppelt, d. h. die betriebliche Sozialpolitik gewann an Bedeutung: „Betriebe, die die sozialen Belange der Belegschaft nicht wahren, müssen eben mit einer Abkehr der

[89] BAB, DQ 2/1734, Exposé Kreils vom 19. 2. 1951, S. 3.
[90] BAB, DQ 2/1713, Vorschläge Peschkes für die Reorganisation des Ministeriums für Arbeit und Gesundheitswesen (o.D.), S. 2.
[91] BAB, DQ 2/493, Niederschrift vom 22. 3. 1951 über die Verhandlungen der Kommission zur Frage der Reorganisation der Ämter für Arbeit, S. 1.
[92] Ebenda, S. 1 f.
[93] Ministerium für Maschinenbau, Hauptverwaltung Kohle, Ministerium für Schwerindustrie, Ministerium für Leichtindustrie. Darüber hinaus waren noch zwei Mitarbeiter der Landesregierung Sachsen-Anhalt anwesend.
[94] BAB, DQ 2/493, Niederschrift über die Sitzung am 22. 3. 1951.
[95] Ebenda, S. 4.

Arbeiter rechnen."[96] Materielle Anreize sollten auf diese Weise für einen Arbeitsplatzwechsel an Bedeutung gewinnen – eine Strategie, die bereits mit dem SMAD-Befehl Nr. 234 angelegt worden war. Die Veränderung bestand nunmehr aber darin, daß die Betriebe in den Planungen der staatlichen Verwaltungen sehr viel stärker als handelnde Akteure berücksichtigt wurden. Auch hierbei befand sich die DDR-Regierung jedoch rasch in einem Dilemma: Auf der einen Seite ging es um die Eindämmung der Fluktuation, auf der anderen Seite sollten die Betriebe ihren Arbeitskräftebedarf selbst abdecken. Dafür nahmen die Vertreter des Arbeitsministeriums und der Industrieministerien ein Ansteigen der Fluktuationsrate zunächst in Kauf. Diese würde – so die Überlegung – langfristig wieder sinken.

Die Übereinkunft, die zwischen dem Arbeitsministerium und den Industrieministerien gefunden werden konnte, fand schnell Eingang in die weiteren Planungsarbeiten. Daran zeigte sich, daß das Ministerium für Arbeit sehr stark in die Defensive geraten war und die Initiative mittlerweile vollständig verloren hatte. Ende März hatte Hauptabteilungsleiter Kreil sein Exposé für eine Neuordnung der Arbeitsämter erneut umgearbeitet und dabei vor allem den Beschluß über die Aufgabentrennung zwischen Arbeitsverwaltung und Fachministerien eingearbeitet[97]. In diesem Zusammenhang übernahm er erstmals die Einschätzung, die bisher nur von den übrigen Ministerien vertreten worden war, wonach die Arbeitsämter in ihrer bestehenden Form nicht in der Lage seien, den Anforderungen des Fünfjahrplanes gerecht zu werden. Verhandlungen mit Vertretern der Planökonomischen Abteilung der SKK zeigten, daß die sowjetische Besatzungsmacht mit der Ausarbeitung der geplanten Verordnung weitgehend einverstanden war[98]. Ihre Kritik bezog sich in erster Linie auf formale Fragen.

Obwohl innerhalb des Ministeriums für Arbeit ursprünglich Einigkeit darüber bestanden hatte, das Arbeitsbuch abzuschaffen, meldeten sich Ende April 1951 einige Befürworter zu Wort, darunter die hausinterne Abteilung Arbeitsrecht. Diese vertrat den Standpunkt, daß es „außerordentlich zweckmäßig" gewesen sei, „den Beschäftigten das Arbeitsbuch und damit jederzeit die Möglichkeit zu geben, nachzuweisen, welche berufliche Qualifikation er hat und welche Arbeitsplätze er inne hatte"[99]. Des weiteren wurde kritisiert, daß die Sozialämter entsprechend dem Verordnungsentwurf die Organisation der Arbeitslosenversicherung zu übernehmen hatten. Darin erblickte die Abteilung eine Rückkehr „zu einer Fürsorgeunterstützung alten Stils". Dagegen versuchte Minister Chwalek die Ausarbeitung der Verordnung grundsätzlich zu verzögern und hinauszuschieben: Man dürfe nicht von einer Reorganisation oder gar Auflösung der Arbeitsämter ausgehen, sondern vielmehr von der „Neuregelung der Arbeitskraftlenkung und den sonst noch der Arbeitsverwaltung verbleibenden Aufgaben"[100]. Mit dem vor-

[96] Ebenda, S. 3.
[97] BAB, DQ 2/1734, Exposé Kreils vom 27. 3. 1951. Eine erweiterte Fassung vom 28. 3. 1951 findet sich in: BAB, DQ 2/493.
[98] BAB, DQ 2/493, Bericht der Abt. Arbeitskraftlenkung über eine Besprechung bei der SKK am 6. 4. 1951.
[99] Ebenda, Hausmitteilung an das Sekretariat des Ministers vom 26. 4. 1951.
[100] Ebenda, persönlicher Referent des Ministers Giersch am 4. 5. 1951 an Abt. Arbeitskraftlenkung (Heisig).

liegenden Verordnungsentwurf war Chwalek überhaupt nicht einverstanden: „So wie die Dinge im Augenblick im 5. Entwurf ventiliert sind, ist die Frage nicht zu lösen."

Die Abteilung Arbeitskraftlenkung setzte sich über einige hausinterne Veränderungsvorschläge hinweg. So sah der 6. Entwurf vom 5. Mai 1951, der die Überschrift „Neugestaltung der Arbeitskraftlenkung" trug, eine Eingliederung der Ämter für Arbeit in die Kreisverwaltungen vor, welche die Lenkung der in der privaten Wirtschaft Beschäftigten durchzuführen hatten[101]. Die neu zu gründenden Abteilungen Arbeitskraft bei den Fachministerien erhielten die Zuständigkeit für die innerbetriebliche und überbetriebliche Arbeitskraftlenkung, und zwar für die volkseigene Industrie. Diese Aufteilung entsprechend der Wirtschaftsform war somit erhalten geblieben, hatte jedoch nicht die vollständige Unterstützung durch den Arbeitsminister erhalten. Eine Rückkehr zum Prinzip der Arbeitseinweisung war ausgeschlossen, da die sogenannten Umsetzungen von Arbeitskräften nur mit Zustimmung der davon betroffenen Arbeitskräfte vorgenommen werden konnten. Zahlreiche Aufgaben wurden trotz der erhobenen Einwände auf die Sozialämter übertragen: die Erfassung von Schwerbeschädigten sowie die Betreuung der pflichtversicherten Arbeitslosen. Diese Bestimmung stand allerdings dem langfristigen Ziel einer raschen Ausdünnung der Sozialfürsorge mit entsprechenden Einsparungen bei den Personalkosten im Wege. Während die Verordnung über die Pflichtversicherung gegen Arbeitslosigkeit ausdrücklich aufgehoben wurde, enthielt der Entwurf keine Angaben zur Arbeitsbuchverordnung, die offenbar noch weiter Bestand hatte.

Minister Chwalek blieb bei seiner ablehnenden Haltung, wies allerdings gleichzeitig die zuständige Abteilung an, „die Arbeiten so zu beschleunigen, daß die ganze Verordnung innerhalb [von] *14 Tagen* vorlagereif" sei[102]. Das kam dem Eingeständnis einer Niederlage gleich, da sich der Arbeitsminister mit seiner grundlegenden Kritik am Verordnungsentwurf nicht hatte durchsetzen können. Seinen Widerstand gab er nunmehr auf und ließ die Abteilung Arbeitskraftlenkung bei der Fertigstellung der gesetzlichen Neuregelung gewähren. Er mahnte nur noch dazu, beim Aufbau der Abteilungen für Arbeit in den Kreisverwaltungen „nicht schematisch [zu] verfahren"[103]. Seine Anregung bezog sich auf die personelle Besetzung der Abteilungen, die flexibel gehandhabt werden müsse. Um die inhaltliche Abstimmung mit den übrigen Ministerien möglichst rasch abzuschließen, lud das Ministerium für Arbeit am 10. Mai zu einer Arbeitstagung ein[104]. Dort wurden grundsätzliche Einwände gegen die Neuordnung der Verwaltung sowie die Neuverteilung der Zuständigkeitsgebiete nicht mehr vorgetragen. Die einge-

---

[101] BAB, DQ 2/1757.
[102] BAB, DQ 2/493, Minister Chwalek am 9. 5. 1951 an Abteilungsleiter Heisig, S. 1.
[103] Ebenda, S. 2.
[104] BAB, DQ 2/1204, Protokoll über die Arbeitstagung am 10. 5. 1951. Anwesend waren Vertreter aus folgenden Ministerien, Verwaltungen bzw. Massenorganisationen: Ministerium für Post- und Fernmeldewesen, Ministerium für Leichtindustrie, Staatliche Plankommission, Ministerium der Finanzen, Ministerium für Maschinenbau, Ministerium des Innern, Ministerium für Handel und Versorgung, Ministerium für Land- und Forstwirtschaft, Ministerium für Verkehr, FDGB-Bundesvorstand, Magistrat von Groß-Berlin, Generaldirektion Schiffahrt sowie Generaldirektion Kraftverkehr und Straßenwesen.

brachten Änderungswünsche betrafen offensichtlich nur die Gliederung der Verordnung sowie stilistische Fragen. Eine inhaltliche Präzisierung wurde dagegen bei der Festlegung der betrieblichen Aufgabengebiete vorgenommen: Es herrschte bei den Beteiligten Konsens darüber, daß „es nicht Aufgabe der Arbeitskraftlenkung in den Betrieben sein kann, die Arbeitskräftepläne selbst zu erarbeiten, sondern daß dieses Aufgabe der Planabteilung" sei[105]. Zu den offengebliebenen Fragen gehörte vor allem die Registrierung bzw. statistische Erfassung der erwerbsfähigen Bevölkerung; auch die Weiterführung der soeben aufgebauten betrieblichen Arbeitskräftekartei war noch zu klären. Hier mußten noch mit der Staatlichen Plankommission und dem Ministerium des Innern Verhandlungen geführt werden[106].

Gegen die in der Verordnung enthaltene strikte Trennung zwischen volkseigener und privater Wirtschaft wurden frühzeitig Bedenken vorgebracht. So hielt beispielsweise der Magistrat von Groß-Berlin eine Aufteilung der Arbeitskräftekartei für nicht sehr praktikabel, da die nach wie vor bestehende Fluktuation von Arbeitskräften zwischen beiden Wirtschaftsformen „einen vermehrten Verwaltungsaufwand durch das Hin- und Hersenden der Karteikarten erforderlich machen" würde[107]. Die Magistratsverwaltung verlangte eine Sonderregelung für Berlin, da hier die Fluktuation besonders stark verbreitet sei. Auch auf seiten der betroffenen Arbeitsämter, die sich bisher Zurückhaltung auferlegt hatten, entwickelte sich vorsichtiger Widerspruch gegen die geplante Auflösung bzw. Eingliederung in die Kommunalverwaltung: Die Arbeitsamtsleiter in Sachsen-Anhalt verabschiedeten am 18. Mai 1951 eine Entschließung, in der sie die allgemein beschworene Verbesserung der Verwaltungsarbeit durch das Reformvorhaben in Frage stellten. Die Einbettung in die Kreisverwaltung bedeute „keine Verkürzung des Arbeitsganges, sondern eine Verlängerung". Die erhoffte Personaleinsparung würde – so die Leiter der Arbeitsämter – nicht eintreten, „sondern im Gegenteil eine stärkere Belastung der für die Verwaltung zuständigen Arbeitskollegen"[108]. Zahlreiche Mitarbeiter der Arbeitsverwaltung befürchteten offensichtlich einen Bedeutungsverlust, der sich etwa in der Ausstattung mit Personal- und Sachmitteln niederschlagen werde. Auch die zukünftige Zusammenarbeit innerhalb der Kreisverwaltungen wurde skeptisch beurteilt: Der Leiter des Arbeitsamtes in Riesa machte darauf aufmerksam, „daß er in seiner langen Praxis bei der Stadt- oder Kreisverwaltung für die Belange des Arbeitsamtes bisher noch nie Verständnis gefunden hätte"[109]. Um die Eigenständigkeit der Arbeitsverwaltung auch weiterhin zu erhalten, schlug das Arbeitsamt in Herzberg/Elster vor, die neu geschaffenen Abteilungen als selbständige Dezernate innerhalb der Kreisverwaltung zu

---

[105] Ebenda, S. 3.
[106] BAB, DQ 2/1165, Disposition des Ministeriums für Arbeit (Abt. Arbeitskraftlenkung) vom 12. 5. 1951, S. 3.
[107] BAB, DQ 2/1713, Magistrat von Groß-Berlin (Abt. Arbeit und Gesundheitswesen) am 15. 5. 1951 an das Ministerium für Arbeit (Abt. Arbeitskraftlenkung).
[108] BAB, DQ 2/1538.
[109] Ebenda, Bericht des Ministeriums für Arbeit (Abt. III) über die Dienstreise nach Riesa am 17./18. 5. 1951, S. 1.

etablieren[110]. Auf diese Weise bleibe die rasche und zentrale Durchführung der Volkswirtschaftspläne und damit auch der Arbeitskräftepläne gewahrt.

Obwohl Arbeitsminister Roman Chwalek seinen grundsätzlichen Widerstand aufgegeben hatte, versuchte er dennoch in der Folgezeit, Verbesserungsvorschläge einzubringen, die jedoch so allgemein gehalten waren, daß die bei der Ausarbeitung der Verordnung beteiligten Ressorts darauf nicht einzugehen brauchten. Dabei ließ Chwalek unverhohlen erkennen, daß er Zweifel an der fachlichen Kompetenz der anderen Ministerien hatte, was seine mittlerweile isolierte Position innerhalb der DDR-Regierung verstärkt haben dürfte. So betonte er etwa gegenüber Innenminister Karl Steinhoff, die geplante Eingliederung der Arbeitsämter in die Kreisverwaltungen sei „eine Verwaltungsangelegenheit von so bedeutendem Ausmaß", daß mit der Fertigstellung der Verordnung ein Mitarbeiter beauftragt werden solle, „der uns wirklich eine Hilfe sein kann"[111]. Gegenüber der ZK-Abteilung Wirtschaft deutete Chwalek eine mögliche ablehnende Haltung der sowjetischen Besatzungsmacht zu den Neuordnungsplänen an. Diese Einschätzung, die mit der bisher geschilderten Position der SKK unvereinbar war, speiste sich aus einer Unterredung, welche zwei leitende Mitarbeiter des Arbeitsministeriums mit „den Freunden" geführt hatten. Die SKK-Vertreter waren angeblich der Meinung, daß auf die Ämter für Arbeit „als Kontrollorgan" prinzipiell nicht verzichtet werden könnte[112]. Im Gegensatz dazu hatte die planökonomische Abteilung der SKK die bestehende Struktur der Arbeitsverwaltung stark in Frage gestellt. Darüber hinaus werde das Staatssekretariat für Berufsausbildung Einspruch gegen Teile der Verordnung erheben und dabei die Zuständigkeit bei der Berufsausbildung für sich einfordern. Chwalek erklärte, daß es vorerst nicht möglich sei, die Arbeitskräftelenkung dort anzusiedeln, da arbeitsökonomische Gründe dagegen sprächen: „Wenn das Staatssekretariat für Berufsausbildung es in der nächsten Zeit fertig bringt, sich um die Berufsausbildung zu kümmern [...], dann haben sie eine solche gewaltige Aufgabe, die sie nicht einmal verdauen können."[113]

Bei einzelnen Bestimmungen des Verordnungsentwurfes bestanden Ende Mai 1951 immer noch Unstimmigkeiten zwischen dem Arbeitsministerium und der SKK. So vertrat der sowjetische Vertreter Nassanow die Meinung, daß es nicht möglich sei, die Arbeitsbuchkartei in ihrer jetzigen Form weiterbestehen zu lassen, da zeitgleich eine drastische Reduzierung der Personal- und Sachkosten angestrebt werde[114]. Dagegen betonte der Leiter der Abteilung Arbeitskraftlenkung Heisig, daß diese Kartei „das einzige Instrument ist, welches Aufschluß darüber gibt, wo wer arbeitet"[115]. Unterschiedliche Ansichten existierten außerdem bei der Frage, wer zukünftig für die Erstellung der statistischen Erhebungen verantwortlich sein sollte. Nassanow erklärte in dem Zusammenhang, daß dies „nicht Aufgabe der Abteilungen für Arbeit sein könne, sondern vielmehr Sache der der

---

[110] BAB, DQ 2/1713, Amt für Arbeit und Sozialfürsorge Herzberg/Elster am 23. 5. 1951 an das Ministerium für Arbeit.
[111] BAB, DQ 2/493, Chwalek am 18. 5. 1951 an Steinhoff.
[112] Ebenda, Chwalek am 19. 5. 1951 an die ZK-Abt. Wirtschaft der SED (Scholz), S. 1.
[113] Ebenda, S. 2.
[114] BAB, DQ 2/1713, Aktenvermerk über die am 23. 5. 1951 bei der SKK Karlshorst stattgefundene Besprechung, S. 1.
[115] Ebenda, S. 2.

Staatlichen Plankommission nachgeordneten Organe". Dadurch ließen sich zudem weitere Verwaltungskosten einsparen. Abteilungsleiter Heisig entgegnete auf diesen Vorschlag mit dem Hinweis, daß die von den Arbeitsämtern angefertigte Statistik „die einzige brauchbare Quelle ist, welche Aufschluß gibt über die Arbeitskräftezahlen nach regionalen Gesichtspunkten". Die Staatliche Plankommission benötige dieses Zahlenmaterial im übrigen – so Heisig weiter – „dringend" zur Vorbereitung des Volkswirtschaftsplanes 1952. Die Einwände der SKK waren allerdings nicht grundsätzlicher Natur: Einen Tag später lenkte der Mitarbeiter der SKK ein und beschränkte sich auf auf einige unbedeutende Anregungen zum Verordnungsentwurf[116]. Er ließ sich außerdem von den beiden Vertretern des Arbeitsministeriums, Heisig und Krüger, davon überzeugen, daß die Verwaltungsreform nicht die von der SKK erhofften Einsparungsmöglichkeiten bieten werde. Heisig ging aufgrund der vorgesehenen Errichtung entsprechender Abteilungen in den Fachministerien, VVB und Betrieben sogar von einem Ansteigen der Personalkosten aus[117].

Eine nicht unwesentliche Veränderung ergab sich dadurch, daß Aufgaben der Arbeitslosenversicherung nicht mehr – wie ursprünglich vorgesehen – den Sozialämtern, sondern der Sozialversicherung zugeordnet werden sollten. Der vom Arbeitsministerium ausgearbeitete Entwurf vom 25. Mai[118] paßte sich insofern der übergeordneten sozialpolitischen Diskussion an, die nunmehr ein „Absterben" der Sozialfürsorge und – langfristig gesehen – eine Übernahme der Sozialversicherung durch den FDGB vorsah. Nachdem das Ministerium für Arbeit mit dem Ministerium des Innern die Endredaktion vorgenommen hatte, wandte sich Chwalek an den stellvertretenden Ministerpräsidenten Rau mit der Bitte, letzte Änderungsvorschläge vorzubringen[119]. Anschließend sollte der Verordnungsentwurf dem Sekretariat des ZK der SED zur Beschlußfassung vorgelegt werden, das auf der Sitzung am 21. Juni 1951 seine grundsätzliche Zustimmung gab[120]. Bestätigung fand des weiteren ein vorgelegter Entwurf für die 1. Durchführungsbestimmung. Eine endgültige Verabschiedung war aber erst für Ende Juni geplant, sobald die endgültige Formulierung über die Struktur der neu zu schaffenden Ämter vorlag. Arbeitsminister Roman Chwalek und der Staatssekretär im Finanzministerium Willi Georgino schlugen vor, die Arbeitsämter bis zum 31. August 1951 aufzulösen und deren Aufgaben auf die Kreisverwaltungen zu übertragen[121].

Obwohl der endgültige Entwurf bereits vorlag, der im Laufe des Monats Juni die grundsätzliche Zustimmung der betroffenen Ministerien und des FDGB gefunden hatte[122], dauerten die abschließenden redaktionellen Arbeiten noch etwas an. Der SPK-Vorsitzende Rau regte einige Verbesserungen bzw. Klarstellungen im Verordnungsentwurf an, die sich auf die Abgrenzung der Aufgabengebiete zwischen den Kreisverwaltungen und den Fachministerien bei der Erstellung der Ar-

---

[116] BAB, DQ 2/1713, Aktenvermerk über die Besprechung am 24. 5. 1951, S. 3.
[117] Ebenda, S. 2.
[118] BAB, DQ 2/1204.
[119] BAB, DQ 2/493, Chwalek am 12. 6. 1951 an Rau.
[120] SAPMO, DY 30/J IV 2/3/206, Bl. 2.
[121] BAB, DC 20 Teilbestand Ulbricht/3960, Bl. 2, Entwurf für eine Ministerratsvorlage (o.D.).
[122] BAB, DQ 2/493, Aktennotiz der Abt. Arbeitskraftlenkung vom 26. 6. 1951.

beitskräftepläne sowie der Berufsausbildung beschränkten[123]. Bereits einen Tag
später stimmte das Politbüro der Verordnung sowie der Durchführungsbestimmung „als Grundlage" zu, wobei allerdings eine erneute „Schlußredaktion" vorgenommen werden sollte[124]. Diese Aufgabe sollten Walter Ulbricht und Heinrich
Rau übernehmen. Gleichzeitig erteilte die SED-Führung Roman Chwalek den
Auftrag, zusammen mit dem Amt für Information und dem FDGB-Bundesvorstand eine öffentlichkeitswirksame Kampagne vorzubereiten, bei der besonders
der Zusammenhang mit dem Fünfjahrplan deutlich gemacht werden sollte. Die
Verabschiedung der Verordnung durch den Ministerrat verzögerte sich jedoch
Ende Juni, weil nun die sowjetischen „Freunde" neue Einwände vorgebracht hatten[125]. Diese lassen sich aber anhand der deutschen Aktenüberlieferung inhaltlich
nicht näher bestimmen. Das Politbüro verabschiedete auf seiner Sitzung am
10. Juli endgültig die beiden Entwürfe[126]. Arbeitsminister Chwalek erhielt den
Auftrag, die Verordnung „in der Regierung einzubringen." Dort wurde die „Verordnung über die Aufgaben der Arbeitsverwaltungen und über die Lenkung der
Arbeitskräfte" am 12. Juli beschlossen[127] und konnte somit in Kraft treten[128]. An
die Stelle einer Durchführungsbestimmung trat zunächst ein sehr kurz gehaltener
Durchführungsbeschluß[129].

Aufgrund dieser Verordnung konnten die Kommunalverwaltungen der Stadt-
und Landkreise eigene Abteilungen für Arbeit errichten, welche die Aufgaben der
Arbeitsämter zu übernehmen hatten. Der dreigliedrige Aufbau der Arbeitsverwaltung bestand damit nicht mehr: Die untere Stufe war weggebrochen. Auf den
ersten Blick war das Rad der Geschichte zurückgedreht worden – auf die Zentralisierung folgte nun die Kommunalisierung. Die lang andauernde Debatte in den
ersten Nachkriegsjahren über das Ordnungsprinzip für diese Verwaltung hatte
bekanntlich die starke Vereinheitlichung und Zentralisierung zum Ergebnis gehabt. Die Verordnung vom 12. Juli 1951 schien nunmehr den Kritikern von einst
recht zu geben und hätte als Stärkung der kommunalen Körperschaften angesehen
werden können. Dieser Eindruck täuscht allerdings darüber hinweg, daß die neu
zu schaffenden Abteilungen für Arbeit auch weiterhin der Anleitung und Anweisung durch die Hauptabteilungen für Arbeit des zuständigen Fachministeriums
der Landesregierungen bzw. durch das Ministerium für Arbeit in Berlin unterworfen blieben. Die neu konzipierte Verwaltungsstruktur war eben primär den
Erfordernissen der zentralen Wirtschaftsplanung geschuldet und sollte die Fachministerien mit einbeziehen. Mit diesem Schritt bewegte sich die DDR letztlich
auf das sowjetische Vorbild stärker zu: In der Sowjetunion nahmen die Industrieministerien unter anderem die Aufgaben der Arbeitsverwaltung wahr, die als eigener Verwaltungsstrang nicht existent war. Auf der anderen Seite bedeutete die
Auflösung der Arbeitsämter einen Kontinuitätsbruch in der deutschen Geschichte. Die DDR verabschiedete sich von Strukturmerkmalen des Verwaltungs-

[123] BAB, DE 1/11277, Bl. 15, Rau am 25. 6. 1951 an Arbeitsminister Chwalek.
[124] SAPMO, DY 30/IV 2/2/154, Bl. 19, Protokoll der Sitzung des Politbüros am 26. 6. 1951.
[125] BAB, DQ 2/493, Staatssekretär Malter am 30. 6. 1951 an Minister Chwalek.
[126] SAPMO, DY 30/IV 2/2/156, Bl. 85.
[127] BAB, DC 20 I/3–59, Bl. 6 und 38–43.
[128] Gesetzblatt der DDR 1951, S. 687–689.
[129] BAB, DC 20 I/3–59, Bl. 44.

aufbaus, die in der Weimarer Republik angelegt worden waren und nach 1945 zunächst aufgegriffen und fortgeführt wurden. Daß dieser Bruch aber nicht vollständig war, beweist die Tatsache, daß die Kreisverwaltungen in Zukunft die Aufgaben der Arbeitsämter übernehmen sollten. Die Verordnung vom 12. Juli 1951 machte darüber hinaus deutlich, daß die SED-Führung nach der nahezu vollständigen Beseitigung der Arbeitslosigkeit in eine neue Phase eintreten wollte, in der die Aufgaben der bedarfsgerechten Arbeitskräfteplanung und -zuteilung im Mittelpunkt zu stehen hatten. Die vom Zusammenbruch und der Bewältigung der unmittelbaren Kriegsfolgen geprägte erste Periode sollte demonstrativ abgeschlossen werden. Die Planungsexperten in der SED-Führung und der SPK waren offensichtlich davon überzeugt, daß sie sich nunmehr den eigentlichen Aufgaben einer sozialistischen Wirtschaftspolitik zuwenden konnten.

Die Verordnung war jedoch nicht nur ein Instrument zur Stärkung der Zentralverwaltungswirtschaft auf dem Gebiet der Arbeitskräfteallokation, sondern bot auch den Betrieben und den Arbeitern neue Handlungsspielräume. Während die Betriebe die Erlaubnis erhielten, ihren Arbeitskräftebedarf durch eigene Werbung selber abzudecken, wurde zugleich den einzelnen Arbeitern indirekt die Möglichkeit eingeräumt, den Arbeitsplatz zu wechseln. Beides war zuvor von den Arbeitsämtern stark eingeschränkt worden. Damit deutete sich aber ein neuer Zielkonflikt mit der Reduzierung der Fluktuationsrate an. Da jedoch die Arbeitsämter dieses Problem nicht hatten lösen können, schien das Risiko aus Sicht der SED-Führung sowie der DDR-Regierung nicht allzu groß gewesen zu sein.

Als nächstes mußte die geplante Durchführungsbestimmung zur Regelung einiger offener Detailfragen auf den Weg gebracht werden. Dazu hatte das Arbeitsministerium bereits wenige Tage nach dem Inkrafttreten der Verordnung einen ersten Entwurf ausgearbeitet[130]. Von zentraler Bedeutung waren dabei die Bestimmungen zur Registrierung der erwerbsfähigen Bevölkerung sowie die Erfassung der sogenannten Arbeitskraftreserve. Darunter fielen Arbeitsuchende und Jugendliche, die nicht vom Nachwuchsplan erfaßt wurden, sowie Sozialfürsorgeempfänger und Schwerbeschädigte. Der Minister für Schwerindustrie Fritz Selbmann wollte dem vorgelegten Entwurf seine Zustimmung nicht geben: Er entspreche „in einigen Teilen [nicht] dem Sinn der Verordnung"[131]. Nach Ansicht Selbmanns befanden sich die Bestimmungen zu den Registrier- und Kontrollkarten im Widerspruch zum Verordnungstext vom 12. Juli. Der Hauptkritikpunkt des Ministers für Schwerindustrie richtete sich jedoch gegen die Beteiligung der Arbeitsverwaltung bei der Anwerbung von Arbeitskräften für die vom Ministerrat festgelegten Schwerpunktbetriebe. Um eine „schnelle Lösung der Aufgaben der Arbeitskräftewerbung" zu garantieren, sollten die Landesministerien für Arbeit sowie die neuen Abteilungen für Arbeit nur beratend hinzugezogen werden, so die Forderung Selbmanns. Arbeitsminister Chwalek wies die vorgetragene Kritik zum Teil zurück und bemühte sich, die Zustimmung Selbmanns zum ausgearbeiteten Entwurf zu gewinnen. Im einzelnen machte er darauf aufmerksam, daß sowohl die Registrier- als auch die Kontrollkarte „unerläßlich" für die Arbeits-

---

130 BAB, DQ 2/1714, Entwurf (handschriftlich: 14.7.51).
131 Ebenda, Selbmann am 25. 7. 1951 an Arbeitsminister Chwalek.

kräfteplanung und -lenkung seien[132]. Auf beides könne nicht verzichtet werden. Zugleich unterstrich Chwalek, daß das Arbeitsministerium eine eher koordinierende Funktion wahrnehmen werde, und bestätigte explizit die erweiterten Zuständigkeiten der Fachministerien. Es sei Aufgabe der einzelnen Ministerien, Staatssekretariate sowie der volkseigenen Betriebe, „in den Schwerpunktbetrieben bzw. volkswirtschaftlich bedeutungsvollen Objekten in erster Linie selbst für die Abdeckung des bestehenden Arbeitskräftebedarfs Sorge zu tragen"[133]. Eine Ausnahme machte dabei aber nach wie vor der Erzbergbau in Sachsen und Thüringen. Aufgrund des hohen Arbeitskräftebedarfs für den Uranbergbau sah sich das Arbeitsministerium gezwungen, direkte Auflagen gegenüber einzelnen Betrieben zu erheben. Auch der Minister für Maschinenbau Gerhart Ziller äußerte Kritik am Entwurf des Arbeitsministeriums und beanstandete vor allem, daß die Durchführungsbestimmung „in ihrer Gesamtheit [...] überhaupt zu viel auf die Belange der Länderebene abgestellt" sei[134]. Diese Kritik wies der Arbeitsminister als unbegründet zurück und verwies darauf, daß die „Arbeitskräftepläne der Industrieministerien [...] die notwendige Berücksichtigung in der Durchführungsbestimmung gefunden" hätten[135]. Gleichzeitig bat er Ziller „dringend" um Zustimmung zum vorgelegten Entwurf. Nachdem die Unstimmigkeiten zwischen dem Arbeitsministerium und den beiden genannten Industrieministerien – von den übrigen lagen keine Einwände vor – ausgeräumt werden konnten, trat die 1. Durchführungsbestimmung am 7. August 1951 in Kraft[136].

Es ist bereits darauf hingewiesen worden, daß die Arbeitskräftesteuerung mit Hilfe dieser Verordnung immer stärker in die Planwirtschaft eingebettet wurde. Das Arbeitsministerium verlor nicht nur durch die Auflösung der Arbeitsämter an Bedeutung, sondern auch durch die Kompetenzerweiterung anderer Ministerien. Die Fachministerien waren nunmehr primär zuständig für die Bedarfsabdeckung in ihrem Zuständigkeitsbereich. Darüber hinaus wurde den Betrieben – auch das ist bereits mehrfach betont worden – eine aktive Rolle zugewiesen[137]. Eine koordinierende Funktion besaß neben dem Arbeitsministerium die Staatliche Plankommission, die zunehmend an Bedeutung gewinnen sollte[138]. Aufgrund dieser Vergrößerung der Anzahl der beteiligten Akteure schien die Befürchtung einer Kompetenzüberschneidung und damit einer Verlangsamung der Entscheidungsprozesse durchaus naheliegend zu sein. Für die Wirtschaftsplaner innerhalb der SED-Führung sowie der DDR-Regierung stellte sich jedoch diese Problematik

---

[132] BAB, DQ 2/493, Chwalek am 28. 7. 1951 an Selbmann, S. 1.
[133] Ebenda, S. 2.
[134] BAB, DQ 2/1714, Ziller am 31. 7. 1951 an Chwalek.
[135] BAB, DQ 2/493, Chwalek am 7. 8. 1951 an Ziller.
[136] Gesetzblatt der DDR 1951, S. 753–755.
[137] Das Ministerium für Arbeit (Abt. Planung, Investitionen, Statistik) versandte im Oktober 1951 ein entsprechendes Merkblatt an die Betriebe. BAB, DQ 2/1204. Zur Werbung von Arbeitskräften waren nicht nur die volkseigenen Betriebe, sondern auch die Privatbetriebe berechtigt. BAB, DQ 2/2126, Abt. Arbeitskraftlenkung am 19. 11. 1951 an die Vereinigte Holzstoff- und Papierfabriken A.G. in Niederschlemma.
[138] Hinzu kamen die noch bestehenden Landesverwaltungen, die zwar weisungsabhängig waren, gleichzeitig aber noch über einen gewissen Handlungsspielraum verfügten. Vgl. LA Magdeburg LHA, Rep. K MW, Nr. 9448, Bl. 75, Ministerium für Arbeit (Litke) am 27. 8. 1951 an das Ministerium für Wirtschaft (HA Arbeit) in Sachsen-Anhalt.

nicht. Im Gegenteil: Alle Beteiligten hatten offenbar die Gewißheit, auf diese Weise die Zuweisung des Produktionsfaktors ‚Arbeit' insgesamt verbessert zu haben. Der erhoffte Erfolg bei der Personaleinsparung trat teilweise ein. Nach Berechnungen des Ministeriums für Arbeit lag die prozentuale Reduzierung der Arbeitsstellen in den einzelnen Ländern zwischen 25,9 (Sachsen) und 34,1 (Thüringen)[139]. Damit hatten die SPK und das Arbeitsministerium zumindest ein Nahziel erreicht. Die eigentliche Bewährungsprobe stand den Abteilungen für Arbeit aber noch bevor: Die Planung und Lenkung der Arbeitskräfte in Zusammenarbeit mit den Fachministerien und den Betrieben. Die Aufteilung der Zuständigkeiten auf die neu geschaffenen Abteilungen in den Kreisverwaltungen (Privatindustrie) sowie die Fachministerien (volkseigene Industrie) erleichterte dieses Unterfangen nicht sonderlich. Das langfristige Ziel war nicht nur die bedarfsorientierte Arbeitskräftelenkung, sondern auch die Reduzierung der Fluktuationsrate. Hier mußte sich zeigen, ob die neue Verwaltungsstruktur endlich Abhilfe schaffen konnte.

Gesetz über den Mutter- und Kinderschutz und die Rechte der Frau

Das Gesetz der Arbeit hatte das Arbeitsministerium zusammen mit den Fachministerien und Landesverwaltungen aufgefordert, Maßnahmen zu ergreifen, um die Gruppe der nicht erwerbstätigen Frauen für die „Schwerpunkte der Wirtschaft" zu gewinnen. Darüber hinaus verpflichtete das Gesetz alle Betriebe und Verwaltungen unverbindlich, „in weitestem Umfang Arbeitsplätze mit weiblichen Arbeitskräften zu besetzen"[140]. Zugleich erhielt das Arbeitsministerium den Auftrag, Durchführungsbestimmungen auszuarbeiten, welche die berufliche Eingliederung von Frauen zu erleichtern hatten: Dazu zählte vor allem der Auf- und Ausbau von Kindergärten „und anderen sozialen Einrichtungen"[141], durch die die Frauen bei ihrer familiären und häuslichen Arbeit erheblich entlastet werden sollten. Im folgenden Abschnitt soll der Frage nachgegangen werden, wie sich die Zielsetzung der Gewinnung weiblicher Arbeitskräfte im Arbeitsrecht der frühen DDR niederschlug.

Bereits vor der DDR-Gründung gab es Pläne, ein Gesetz zu verabschieden, das nicht nur die Einbindung von arbeitsfähigen Frauen in den Produktionsprozeß, sondern auch staatliche Hilfen für Mütter und Kinder vorsah sowie allgemeine Bestimmungen zur Rolle der Frau in Familie und Gesellschaft enthalten sollte. So lag etwa dem Zentralsekretariat der SED ein Gesetzentwurf „zum Schutze der Mütter und Kinder" vor, der jedoch nach kurzer Diskussion und ohne Angabe von Gründen zunächst zurückgestellt wurde[142]. Erst Anfang 1950 wurde dieses Vorhaben wieder aufgegriffen: Am 7. Februar legte Käthe Kern von der Abteilung Mutter und Kind beim Ministerium für Arbeit und Gesundheitswesen[143] einen

---

[139] BAB, DQ 2/493, Bericht des Ministeriums für Arbeit vom 5. 9. 1951, S. 3.
[140] Gesetzblatt der DDR 1950, S. 349–355, hier S. 352 (§ 27, Abs. 1).
[141] Ebenda (§ 27, Abs. 2).
[142] SAPMO, DY 30/IV 2/2.1/246, Protokoll der Sitzung des Zentralsekretariats vom 1. 11. 1948.
[143] Die Kompetenzen der Abteilungen Arbeitskraftlenkung sowie Mutter und Kind waren klar von-

Entwurf für ein „Mutterschutzgesetz" vor, der sich primär mit Fragen des Arbeits- und Kündigungsschutzes von werdenden Müttern beschäftigte sowie finanzielle Hilfen von seiten der Sozialversicherung, der staatlichen Verwaltungen und Betriebe auflistete[144]. In ihrer Begründung zum Gesetzentwurf wies Kern darauf hin, daß das von den nationalsozialistischen Machthabern 1942 erlassene Mutterschutzgesetz noch nicht außer Kraft gesetzt worden sei und vor allem nicht mehr den sozialpolitischen Zielen der DDR entspreche, „nämlich die Arbeitskraft zu erhalten und sinnvoll anzusetzen [sic]"[145].

Mittlerweile hatte jedoch der Demokratische Frauenbund Deutschlands (DFD) unter der Leitung von Elli Schmidt die Federführung bei der weiteren Ausarbeitung des Gesetzes erhalten; das Arbeitsministerium sollte dagegen nur noch beratend mitwirken können[146]. Dahinter standen vermutlich propagandistische Motive: Der DFD sollte dem Ministerpräsidenten bei einem offiziellen Empfang am 7. März – und damit rechtzeitig zum Internationalen Frauentag am 8. März – einen entsprechenden Vorschlag unterbreiten und damit die Eigenständigkeit der Massenorganisation demonstrieren[147]. Der Entwurf der Frauenorganisation betonte sehr viel stärker als der von Käthe Kern das vorrangige Ziel, Frauen verstärkt in die Arbeitswelt einzubeziehen. So wurde einleitend die Bedeutung der Volkswirtschaftspläne für den weiteren Aufbau der DDR unterstrichen und auf den steigenden Arbeitskräftebedarf hingewiesen. Dem vom Arbeitsministerium sowie der SED-Führung eingebrachten Lösungsansatz, nicht erwerbstätige Frauen für den Produktionsprozeß zu gewinnen, schloß sich der DFD vorbehaltlos an und betonte: „Der notwendige Mehrbedarf an Arbeitskräften wird in erster Linie von Frauen bestritten werden müssen." Daran knüpfte sich die Forderung an, Maßnahmen einzuleiten, „die es den Frauen ermöglichen, mehr als bisher beruflich tätig zu sein"[148]. Der DFD wollte sich zugleich für die Besetzung von qualifizierten Arbeitsplätzen mit Frauen einsetzen und damit einen Austausch von männlichen durch weibliche Hilfsarbeiter unterbinden: „Das alte Vorurteil, daß Frauen für qualifizierte Berufe [...] nicht geeignet sei[e]n, muß überwunden werden. Sie sollen nicht nur als Hilfsarbeiterinnen Beschäftigung finden, sondern als qualifizierte, den Männern in der Leistung gleichwertige Arbeitskräfte ausgebildet werden."[149] Dieses ambitionierte Ziel tangierte zu einem wesentlichen Teil die Berufsausbildung; detaillierte Vorstellungen besaß die Frauenorganisation dazu aber nicht. Der Entwurf enthielt außerdem Vorschläge, die auf eine partielle Aushöhlung des bestehenden Arbeitsschutzes für berufstätige Frauen hinausliefen. So wurde das Ministerium für Arbeit und Gesundheitswesen aufgefordert, gemein-

einander abgegrenzt. Der Abt. Mutter und Kind blieb es überlassen, „ideologische Vorbereitungsarbeiten zu leisten und eine bessere soziale Betreuung der arbeitenden Frau im Betrieb anzustreben". Für die Lenkung weiblicher Arbeitskräfte war dagegen nach wie vor die Abt. Arbeitskraftlenkung zuständig. BAB, DQ 2/1726, Abteilungsleiter Krüger am 21. 2. 1950 an das Ministerium für Arbeit und Gesundheitswesen von Sachsen. Diese Aufgabenabgrenzung galt demzufolge auch für die Landesverwaltungen.
[144] SAPMO, NY 4090/563, Bl. 6–11.
[145] Ebenda, Bl. 3–5, hier Bl. 3, Begründung Kerns vom 23. 2. 1950.
[146] Ebenda, Bl. 1, Notiz (o.Verf.) vom 20. 2. 1950.
[147] SAPMO, NY 4090/563, Bl. 27–37, Vorschläge des DFD zur Förderung der Frauen vom 7. 3. 1950.
[148] Ebenda, Bl. 29.
[149] Ebenda, Bl. 31.

sam mit dem FDGB zu überprüfen, „wo Arbeiten oder Berufe für Frauen verboten sind, ob und welche Möglichkeiten bestehen, solche Verbote aufzuheben oder solche technischen Veränderungen zu schaffen, die es den Frauen ermöglichen, solche Arbeit auszuführen"[150].

Die Frauenabteilung beim SED-Parteivorstand unterbreitete dem Politbüro am 17. April 1950 einen eigenen Entwurf für ein „Gesetz zur Förderung der Frau"[151], den das SED-Führungsgremium einen Tag später annahm[152]. Da dieser jedoch sehr kurz gehalten war, verabschiedete das Politbüro zugleich einen ausführlicher gehaltenen Gesetzentwurf[153]. In der Folgezeit mußte eine Absprache mit dem Justizministerium erzielt werden, das für die Erstellung des familienrechtlichen Teils des geplanten Gesetzes verantwortlich war[154]. Da an dem Verfahren auch noch die Regierungskanzlei beteiligt war, die in Zusammenarbeit mit dem Ministerium für Volksbildung einen allgemeinen Teil über die „gesellschaftliche Stellung der Frau" zu verfassen hatte[155], verzögerte sich die weitere Ausarbeitung zusätzlich. Ungeklärt blieb die von Staatssekretär Peschke aufgeworfene Frage nach der Finanzierung des im Gesetz vorgesehenen Ausbaus von Kindergärten[156]. Dabei mußte entschieden werden, ob die anfallenden Kosten der Sozialversicherung oder den Kommunalverwaltungen aufgebürdet werden sollten. Am 20. Mai lag erstmals ein vollständiger Gesetzentwurf vor, der die geplanten Abschnitte zusammenfaßte, die zuvor von den beteiligten Ressorts erstellt worden waren[157]. Kernstück des Gesetzes bildete der vom Arbeitsministerium erarbeitete Abschnitt, der detailliert auf Maßnahmen zur beruflichen Förderung von Frauen in den drei Wirtschaftssektoren (Landwirtschaft, Industrie, öffentliche Verwaltung) einzugehen versuchte. Bei der SKK fand der vorgelegte Entwurf allerdings keine Zustimmung: Sie kritisierte, daß das Gesetz eine „Deklaration" sei und keine konkreten Bestimmungen enthalte[158]. Gleichzeitig konnte Grotewohl, der offensichtlich ein Gespräch mit sowjetischen Vertretern in Karlshorst geführt hatte, konkrete Verbesserungsvorschläge nur zu den familienrechtlichen Bestimmungen vorlegen. Für die SKK stand zumindest fest, daß das Gesetz überarbeitet und noch vor den anstehenden Wahlen im Oktober verabschiedet werden mußte[159]. Die Überarbeitung beschränkte sich offenbar im wesentlichen auf die Strukturierung des Gesetzentwurfs sowie auf einzelne Formulierungen. Inhaltliche Konkretisierungen waren nicht mehr möglich, da etwa die arbeitsmarktpolitischen Fördermaßnahmen Bestandteil des in Arbeit befindlichen Volkswirtschaftsplanes waren[160].

---

[150] Ebenda, Bl. 35.
[151] SAPMO, NY 4090/563, Bl. 65–67.
[152] SAPMO, DY 30/IV 2/2/84, Bl. 14–16.
[153] Ebenda, Bl. 17–24.
[154] SAPMO, NY 4090/563, Bl. 68, Notiz vom 9. 5. 1950 (o.Verf.).
[155] Ebenda, Bl. 69f., hier Bl. 69, Aktenvermerk Heymanns vom 13. 5. 1950.
[156] Ebenda, Bl. 70.
[157] SAPMO, NY 4090/563, Bl. 80–89.
[158] Die Position der SKK teilte Ministerpräsident Grotewohl bei einer Besprechung am 8. 6. 1950 mit. SAPMO, DY 30/IV 2/17/30, Bl. 92f.
[159] Ebenda.
[160] SAPMO, NY 4090/563, Bl. 110f., SED-Parteivorstand an das Sekretariat des Ministerpräsidenten (Tzschorn), eingegangen am 19. 6. 1950. Dem Schreiben war ein von der SED-Führung nochmal überarbeiteter Gesetzentwurf beigefügt. Ebenda, Bl. 111–123.

Die Zustimmung der SKK zum Gesetzesvorhaben lag Ende Juni 1950 vor[161]. Ende August war schließlich der endgültige Entwurf fertig, der nunmehr die Bezeichnung „Gesetz über den Mutter- und Kinderschutz und die Rechte der deutschen Frau" trug[162]. Zu diesem Zeitpunkt stand bereits der zeitliche Ablauf bis zur Verabschiedung in der Volkskammer fest: Den handschriftlichen Notizen Grotewohls ist zu entnehmen, daß die Zustimmung des Politbüros am 5. September, des Ministerrates am 21. September und der Volkskammer am 4. Oktober geplant war[163]. Der erwähnte Entwurf wurde dem Politbüro zugeleitet und enthielt bereits die spätere Gliederung in vier größere Kapitel. Das erste Kapitel legte die staatlichen Hilfen für Mütter fest und enthielt einen konkreten Plan zum Ausbau von Kindergärten sowie von Kinderpolikliniken[164]. Erwähnenswert ist das darin enthaltene Verbot des Schwangerschaftsabbruchs, mit dem die bisherige weitgehend liberale Praxis, die vor allem dem Umstand der „Zusammenbruchsgesellschaft" der unmittelbaren Nachkriegszeit geschuldet war[165], wieder rückgängig gemacht wurde und das bis ungefähr Anfang der siebziger Jahre Bestand haben sollte[166]. Das Gesetz über den Mutter- und Kinderschutz und die Rechte der Frau vom 27. September 1950 ließ nur noch die medizinische und eugenische Indikation als Begründung für eine legale Abtreibung zu[167]. Das zweite Kapitel faßte einige Bestimmungen zum Familienrecht zusammen und stand vor allem unter dem Motto der Gleichberechtigung von Mann und Frau. Dieses Ziel verfolgte auch das nachfolgende Kapitel, in dem die Teilnahme der Frauen in der betrieblichen Produktion proklamiert wurde[168]. Dabei sollte sich die berufliche Eingliederung nicht nur auf die Textil- und Konsumgüterindustrie beschränken, sondern auch Berufszweige erfassen, die bisher ausschließlich Männern vorbehalten waren. Der Entwurf vermied es jedoch, genaue Quoten sowie einen konkreten Zeitplan für die Durchführung dieser Forderung anzugeben. Des weiteren wurde das „Prinzip der gleichen Bezahlung für die gleiche Arbeit"[169] erneut hervorgehoben und eine bevorzugte Ausbildung von Frauen in Facharbeiterberufen verlangt. Das letzte Kapitel regelte die Beteiligung von Frauen am staatlichen und gesellschaftlichen Leben und enthielt ebenfalls nur sehr vage gehaltene Bestimmungen[170].

Das Politbüro des ZK der SED stimmte der Gesetzesvorlage am 5. September 1950 „grundsätzlich" zu und beauftragte eine Kommission mit der Ausarbeitung der endgültigen Fassung des Gesetzestextes[171]. Der von Grotewohl skizzierte Zeitplan für die Verabschiedung des Gesetzes hatte im übrigen weiterhin Bestand.

[161] Ebenda, Bl. 124, Notiz (o.Verf.) vom 23. 6. 1950.
[162] Ebenda, Bl. 142–157.
[163] Ebenda, Bl. 142.
[164] SAPMO, NY 4090/563, Bl. 143–147.
[165] Vgl. dazu Poutrus, Von den Massenvergewaltigungen zum Mutterschutzgesetz.
[166] Vgl. Harsch, Society, the State and Abortion in East Germany.
[167] Poutrus, Von den Massenvergewaltigungen zum Mutterschutzgesetz, S. 190.
[168] SAPMO, NY 4090/563, Bl. 150–153.
[169] Ebenda, Bl. 150.
[170] Ebenda, Bl. 153–156.
[171] SAPMO, DY 30/IV 2/2/107, Bl. 21 f. Der Kommission gehörten an: Kulaczewski (ZK-Abt. Staatliche Verwaltung), Schaul (Regierungskanzlei), Käthe Selbmann (ZK-Abt. Frauen), Elli Schmidt (DFD), Käthe Kern (Ministerium für Arbeit und Gesundheitswesen), Friedel Malter (FDGB), Paul Peschke (Ministerium für Arbeit und Gesundheitswesen), Willi Georgino (Ministerium der Finanzen), Hans Nathan (Ministerium der Justiz) und Marta Chwalek (Magistrat Berlin).

Die einberufene Kommission überarbeitete offenbar zügig den Entwurf, so daß dem SED-Führungsgremium bereits zur Sitzung am 12. September eine neue Fassung vorlag[172], die mit zwei inhaltlichen Streichungen angenommen wurde[173]. Die Vorlage war mit den Ministerien der Finanzen und für Planung abgestimmt worden; letzteres hatte eine Reduzierung der Kinderkrippenplätze von 90 000 auf 40 000 sowie eine Erhöhung der Kindertagesplätze von 100 000 auf 160 000 erreichen können[174]. Auf Anraten des Ministeriums für Planung wurde außerdem aus Kostengründen zunächst auf die Gründung eines Forschungsinstitutes für Geburtshilfe verzichtet. Da das Politbüro am 26. September eine weitere Veränderung vornahm – dabei handelte es sich um eine Präzisierung der Arbeitszeitbestimmungen für Mütter von Kleinkindern –, verschob sich der Zeitplan etwas. Das Gesetz wurde schließlich von der Volkskammer am 27. September 1950 verabschiedet und trat am 1. Oktober in Kraft[175].

Um die Auszahlung der einmaligen Beihilfen bzw. der staatlichen Unterstützungen, die erst mit der Geburt des dritten bzw. vierten Kindes einsetzen sollten, im einzelnen festzulegen, bedurfte es weiterer Ausführungsbestimmungen. Hierzu lag bereits Ende Oktober 1950 ein erster Entwurf von der Abteilung Mutter und Kind des Arbeitsministeriums vor[176]. In der Folge konnten sich jedoch die beiden beteiligten Ressorts, das Ministerium für Arbeit und Gesundheitswesen sowie das Ministerium der Finanzen, nicht über den Personenkreis einig werden, der in den Genuß der Leistungen kommen sollte. Während das Arbeitsministerium dafür plädierte, die Unterstützung für diejenigen Kinder auszuzahlen, die vor dem 1. Oktober 1950 geboren wurden und nach dem 30. September 1950 das 14. Lebensjahr vollendet hatten, erklärte das Finanzministerium, daß nur die nach dem 30. September geborenen Kinder Berücksichtigung finden sollten. Dahinter standen vermutlich finanzpolitische Erwägungen: Nach den Planungen des Arbeitsministeriums mußten ca. 120 Millionen DM pro Jahr im Haushalt veranschlagt werden, während das Finanzministerium auf eine Summe von rund 8 Millionen DM kam[177]. Da sich bei den Sozialversicherungskassen in der Zwischenzeit Anträge auf Auszahlung dieser Leistungen angehäuft hatten, die nicht bearbeitet werden konnten, wandte sich der Minister für Arbeit und Gesundheitswesen Steidle hilfesuchend an den Ministerpräsidenten und bat darum, eine „grundsätzliche Klärung der Zweifelsfragen" mit dem Finanzministerium herbeizuführen, zu der er sich offensichtlich nicht mehr in der Lage sah. Bereits zuvor waren alle Versuche des Arbeitsministeriums gescheitert, eine Entscheidung der SED-Führung zu erwirken[178]. Da sich eine Annäherung beider Positionen nicht abzeichnete, schaltete sich Anfang Dezember auch der DFD in die Debatte ein und schlug

---

[172] SAPMO, NY 4090/563, Bl. 164–177, Gesetzentwurf vom 8. 9. 1950.
[173] SAPMO, DY 30/IV 2/2/108, Bl. 79 und 91–104. Bei den Streichungen handelte es sich zum einen um Transferzahlungen an alleinerziehende Mütter sowie zum anderen um die Einführung eines bezahlten freien Haushaltstages. Beides entfiel ersatzlos.
[174] SAPMO, NY 4090/563, Bl. 162 f., Vorlage der ZK-Abteilung Staatliche Verwaltung (Plenikowski) für das Politbüro (o.D.).
[175] Gesetzblatt der DDR 1950, S. 1037–1041.
[176] SAPMO, NY 4090/563, Bl. 205–208.
[177] Ebenda, Bl. 196, Minister Steidle am 14. 11. 1950 an Ministerpräsident Grotewohl.
[178] Ebenda, Bl. 198–204, Käthe Kern am 4. 11. 1950 an den SED-Vorsitzenden Otto Grotewohl.

sich auf die Seite des Arbeitsministeriums. Die Frauenorganisation erinnerte Grotewohl in einem Schreiben daran, daß er „den Frauen selbst bei Anfrage" zugesagt habe, es würden letztlich alle Neugeborenen unabhängig vom Geburtstermin berücksichtigt werden[179]. Der DFD wies darauf hin, daß „eine große Unruhe unter den Frauen entstanden" sei[180]; diese würden sich in Zuschriften oftmals auf die Zusage des Ministerpräsidenten berufen. Dagegen sah die Regierungskanzlei allem Anschein nach nicht die Dringlichkeit, zu einer raschen Entscheidung zu kommen, und bat die beiden Ministerien um eine erneute Stellungnahme[181], obwohl die unterschiedlichen Positionen bereits deutlich geworden waren. Das Sekretariat des ZK befaßte sich kurz vor Jahresende mit der strittigen Frage, ohne aber eine Entscheidung zu treffen. Vielmehr wurde die Vorlage an das Politbüro weitergereicht und die Sozialversicherung angewiesen, mit der Leistungsauszahlung zu warten, bis die Durchführungsbestimmungen erlassen sind[182]. Der Konflikt wurde schließlich durch ein Machtwort der SKK entschieden, welche die Position des Finanzministeriums unterstützte und damit für einen eng begrenzten Personenkreis eintrat[183], der von den im Gesetz vorgesehenen Beihilfen und Unterstützungen profitieren sollte. Somit konnte die Durchführungsbestimmung am 24. Januar 1951 veröffentlicht werden und erhielt rückwirkend zum 1. Oktober 1950 Gesetzeskraft[184].

Verordnung über die Neubildung und die Aufgaben der Arbeitsgerichte

In der SBZ waren auf der Grundlage des SMAD-Befehls Nr. 23 vom 25. Januar 1946 sowie des Kontrollratsgesetzes Nr. 21 vom 30. März 1946 Arbeitsgerichte und Landesarbeitsgerichte errichtet worden. Dagegen war die Errichtung eines zonalen Arbeitsgerichtes als dritte Instanz, so wie es der Kontrollratsbefehl vorgesehen hatte, vorerst verschoben worden. Aus Sicht der Arbeitsverwaltung stellte die Arbeitsgerichtsbarkeit jedoch nur einen Bremsfaktor für die angestrebte Steuerung des Arbeitskräftepotentials dar. Schon frühzeitig wurde daher Kritik an den Urteilen einzelner Arbeitsrichter geübt. Nach Gründung der DDR griff das Ministerium für Arbeit und Gesundheitswesen den Gedanken wieder auf, eine weitere Gerichtsinstanz zu schaffen. Auf diese Weise erhoffte man sich im Ministerium, die unterschiedlich verlaufenden Entwicklungen der Rechtsprechung

---

[179] Ebenda, Bl. 213, DFD am 4. 12. 1950 an Ministerpräsident Grotewohl. Elli Schmidt wiederholte ihre Kritik gegenüber Grotewohl am 8. 12. 1950. Ebenda, Bl. 216f.
[180] Diesen Eindruck bestätigte auch das Arbeitsministerium. Vgl. SAPMO, NY 4090/563, Bl. 220f., Minister für Arbeit und Gesundheitswesen Steidle am 28. 12. 1950 an den Chef der Regierungskanzlei. Nach Mitteilung des Zentralvorstandes der Sozialversicherung vom 6. 1. 1951 hatten nach einer Versammlung des DFD in einem Stahlwerk bei Merseburg 33 Frauen aus Protest gegen die vorgesehene Nichtauszahlung der Leistungen ihre DFD-Mitgliedsbücher zurückgegeben. Der Hauptgeschäftsführer des Zentralvorstandes Peschke erinnerte die Regierungskanzlei daran, daß die Durchführungsbestimmung „so schnell wie möglich erlassen werden" müsse. Ebenda, Bl. 253.
[181] SAPMO, NY 4090/563, Bl. 215, Staatssekretär Geyer am 7. 12. 1950 an die Ministerien der Finanzen und für Gesundheitswesen.
[182] SAPMO, DY 30/J IV 2/3/162, Bl. 1, Protokoll der Sitzung des Sekretariats des ZK vom 22. 12. 1950.
[183] SAPMO, NY 4090/563, Bl. 255, Ministerium der Finanzen (Staatssekretär Rumpf) am 29. 1. 1951 an Ministerpräsident Grotewohl.
[184] Gesetzblatt der DDR 1951, S. 37f.

auf diesem Gebiet in den einzelnen Ländern wieder stärker zusammenfassen zu können und eine Vereinheitlichung zu erzielen[185]. Dazu legte die Abteilung Arbeitsrecht Anfang April 1951 einen ersten Entwurf vor[186]. Demzufolge sollten beim Obersten Arbeitsgericht Senate für Arbeitsrechts- und Sozialversicherungsrechtsstreitfälle gebildet werden, die jeweils mit einem Vorsitzenden, zwei hauptamtlichen und zwei ehrenamtlichen Arbeitsrichtern zu besetzen waren. Die Mitglieder des Obersten Arbeitsgerichts wurden laut Gesetzentwurf von der Volkskammer auf Vorschlag der DDR-Regierung und des FDGB-Bundesvorstandes gewählt und abberufen. Qualifikationsvoraussetzung sollte der erfolgreiche Abschluß der sogenannten großen juristischen Staatsprüfung oder die Absolvierung einer Volksrichterschule sein. Darüber hinaus konnten auch „hervorragende Praktiker oder Wissenschaftler" aus dem Arbeits- bzw. Sozialversicherungsrecht berufen werden. Der Entwurf sah vor, daß das Oberste Arbeitsgericht dem Arbeitsministerium unterstellt wurde und „für die Verhandlung und Entscheidung über den Antrag auf Kassation rechtskräftiger arbeits- und sozialversicherungsrechtlicher Entscheidungen zuständig" war[187]. Antragsberechtigt waren allerdings nur einzelne Minister und Staatssekretäre, die Ministerpräsidenten der Länder sowie der FDGB-Bundesvorstand[188]. Ausgeschlossen blieben Anträge auf Einleitung eines Revisionsverfahrens durch Einzelpersonen, die somit nur die Arbeits- und Landesarbeitsgerichte anrufen konnten. Dadurch war die Möglichkeit für staatliche Funktionsträger eröffnet worden, Entscheidungen der ersten und zweiten Instanz wieder rückgängig machen zu können. In der Folgezeit griffen weder der DDR-Ministerrat noch der FDGB-Bundesvorstand diesen Vorschlag auf, so daß der Entwurf rasch wieder in der Versenkung verschwand.

Strukturelle Veränderungen erfolgten erst 1953, nachdem ein Jahr zuvor die Länder aufgelöst worden waren und die Bildung der Bezirke auch langfristige Folgen für die Arbeitsgerichtsbarkeit in der DDR hatte. Die Ausarbeitung einer Verordnung „über die Neugliederung und die Aufgaben der Arbeitsgerichte" verzögerte sich etwas[189], so daß die DDR-Regierung erst am 30. April 1953 einen entsprechenden Beschluß fassen konnte[190], nachdem das Sekretariat des ZK dem Entwurf zehn Tage vorher seine Zustimmung gegeben hatte[191]. Die verabschiedete Verordnung legte fest, daß sich die Arbeitsgerichte in Bezirks- und Kreisarbeitsgerichte gliedern[192]. Das Oberste Gericht sollte dagegen als Kassationsgericht auch für die Arbeitsrechtsfälle zuständig sein. Somit hatte sich das Vorhaben des Arbeitsministeriums von 1951, ein Oberstes Arbeitsgericht einzurichten, endgültig erübrigt. Eine erhebliche qualitative Veränderung brachte die zeitgleich beschlossene Verordnung über die Bildung von Kommissionen zur Beseitigung von Arbeitsstreitfällen in den volkseigenen und ihnen gleichgestellten Betrieben und

[185] BAB, DQ 2/1798, Begründung der Abt. Arbeitsrecht zum Gesetzentwurf vom 7. 4. 1951, S. 1.
[186] Ebenda, I. Entwurf der Abt. Arbeitsrecht vom 6. 4. 1951.
[187] Ebenda, S. 2 (§ 6).
[188] Ebenda, S. 3 (§ 8).
[189] Vgl. BAB, DC 20 I/3–185, Bl. 162, Vizepräsident des Obersten Gerichts am 10. 3. 1953 an Staatssekretärin Malter; ebenda, Bl. 196–198, Generalstaatsanwalt am 13. 3. 1953 an Minister Chwalek.
[190] BAB, DC 20 I/3–185, Bl. 7.
[191] SAPMO, DY 30/J IV 2/3/377, Bl. 3, Protokoll der Sitzung des Sekretariats des ZK am 20. 4. 1953.
[192] BAB, DC 20 I/3–185, Bl. 21–27.

in den Verwaltungen, den sogenannten Konfliktkommissionen[193]. Obwohl die Arbeitsgerichte nicht vollständig beseitigt wurden, bedeutete der Auf- und Ausbau der Konfliktkommissionen eine allmähliche Aushöhlung der bisherigen Arbeitsgerichtsbarkeit[194]. Beide Verordnungen erschienen am 13. Mai 1953 im Gesetzblatt der DDR[195] und hoben die beiden Befehle der sowjetischen Besatzungsmacht sowie des Alliierten Kontrollrates auf.

[193] Ebenda, Bl. 7 und 28–39.
[194] Vgl. Frerich/Frey, Sozialpolitik in der DDR, S. 123.
[195] Gesetzblatt der DDR 1953, S. 693–698.

3. Die Bereitstellung von Arbeitskräften für die „Schwerpunkte der Wirtschaft"

Wismut AG in Sachsen und Thüringen

Der Uranbergbau im Erzgebirge wurde bekanntlich von der sowjetischen Besatzungsmacht geleitet und kontrolliert; Interventionen von seiten der deutschen Verwaltung waren kaum möglich oder bedurften der vorherigen Genehmigung. Dies betraf unter anderem auch die Festlegung von arbeitsrechtlichen und sozialversicherungsrechtlichen Bestimmungen. Insofern ist die Einschätzung von Rainer Karlsch völlig zutreffend, daß es sich hierbei um einen „Staat im Staate" gehandelt hat[1]. Obwohl dieser Bereich der Grundstoffindustrie der deutschen Arbeitsverwaltung weitgehend entzogen blieb, war die sowjetische Leitung der Wismut AG auf die Mitarbeit der deutschen Arbeitsämter stark angewiesen. Nur so ließen sich, das hatten bereits die Jahre zwischen Kriegsende und DDR-Gründung gezeigt, die Arbeitskräfteanforderungen befriedigen. Eine bedarfs- und termingerechte Abdeckung dieser Anforderungen war letztlich nur auf der Grundlage der Zusammenarbeit zwischen der deutschen und sowjetischen Seite möglich.

Bereits Ende der vierziger Jahre unternahm die HVAS mehrere Versuche, um in den einzelnen Bezirken des Uranbergbaus mehr Einfluß zu gewinnen. Diese zaghaften Vorstöße beschränkten sich zunächst auf die Ausdehnung von geltenden arbeitsrechtlichen Bestimmungen auf das Einzugsgebiet der Wismut AG. So wandte sich die Arbeitsverwaltung etwa gegen die Einziehung von Arbeitsbüchern und Personalausweisen bei der Neueinstellung von Arbeitskräften, welche die Leitung der Wismut AG angeordnet hatte. Die HVAS kritisierte in dem Zusammenhang, daß diese Praktiken mit ihr nicht abgesprochen waren, die zudem auch unvereinbar seien mit der Verordnung über die Wiedereinführung des Arbeitsbuches vom 4. Februar 1947 sowie der Verordnung über die Ausgabe einheitlicher Personalausweise vom 18. November 1948[2]. Die Berliner Hauptverwaltung hatte offensichtlich Hinweise dafür, daß „durch unberechtigtes Einbehalten der Papiere die Arbeiter bei Beendigung des Arbeitsvertrages zum Zwecke einer Vertragsverlängerung unter Druck" gesetzt würden. Dadurch sei das langfristige Ziel, den Arbeitskräftebedarf in erster Linie durch Freiwilligenwerbung abzudecken, gefährdet. Hintergrund für die kritisierte Vorgehensweise der Wismut AG war die Tatsache, daß die überwiegende Mehrzahl der im Uranbergbau tätigen Arbeiter einen zeitlich befristeten Arbeitsvertrag besaß und nach Abschluß der Verträge wieder in die Heimatorte zurückkehrte. Die dadurch bedingte Fluktuationsrate sollte daher deutlich gesenkt werden. Während die sowjetische Werksleitung ein Interesse daran hatte, einen festen Stamm von Arbeitskräften in den Gruben zu halten, verfolgte die HVAS das Ziel, die Gewinnung von neuen Arbeitskräften auf freiwilliger Basis zu erreichen. Die Berliner Hauptverwaltung war davon überzeugt, daß sich nur so die Arbeitsproduktivität steigern sowie die soziale Lage im Uranbergbaugebiet entspannen ließ. Zunächst wurde die Deutsche Verwaltung

---

[1] Karlsch, „Ein Staat im Staate".
[2] BAB, DQ 2/2105, Donau am 5. 8. 1949 an den Minister für Arbeit und Sozialfürsorge Sachsens.

des Innern gebeten, „entweder das Einbehalten der Personalausweise durch die A.G. Wismuth [sic] zu unterbinden oder aber, sollte […] das nicht gelingen, die örtlichen Polizeidienststellen anzuweisen, zukünftig den genannten Personenkreis, eventuell nach Begutachtung durch das zuständige Amt für Arbeit, ohne zusätzliche Kosten zu registrieren, und ihm einen Ersatzausweis auszuhändigen"[3]. Verhandlungen, die das Ministerium des Innern mit der Direktion der Wismut AG mittlerweile aufgenommen hatte, brachten keine Kurskorrektur in dieser Frage: Die sowjetische Werksleitung beharrte darauf, daß sie „aus wichtigen Gründen von dieser Maßnahme nicht abgehen" könne[4]. Sie erklärte sich allerdings dazu bereit, die Personalausweise von Personen, die nicht mehr bei der Wismut AG beschäftigt waren, wieder auszuhändigen. Dagegen konnte die deutsche Seite den sowjetischen Vorstoß abwehren, die Polizeidienststellen bei der Rückführung von Arbeitern einzuschalten, die eigenmächtig ihren Arbeitsplatz verlassen hatten. Die Direktion der Wismut AG wurde auf den gesetzlich vorgeschriebenen Rechtsweg verwiesen und mußte sich offenbar damit zufriedengeben[5].

Aufgrund der Verbesserung der Arbeitsbedingungen und der Lebensverhältnisse im Erzbergbaugebiet gewann der Uranbergbau bereits 1948/49 zunehmend an Anziehungskraft. Deutlich verbesserte Löhne, Prämienzahlungen sowie zusätzliche Lebensmittelrationen hatten bald dazu geführt, daß sich immer mehr Arbeitskräfte freiwillig bei der Wismut AG um eine berufliche Einstellung bemühten. Die Arbeitsverwaltung, die ihre Maßnahmen darauf ausgerichtet hatte, sah sich dennoch mit einigen Folgeproblemen dieser beruflich bedingten Binnenwanderung konfrontiert, die im Vorfeld kaum berücksichtigt worden waren. So beklagten sich zahlreiche Betriebe über den Verlust von Arbeitskräften, die zum Uranbergbau abwanderten[6]. Da die sowjetische Besatzungsmacht frühzeitig einen Lohnstopp verhängt hatte, der allerdings nicht sofort und vollständig eingehalten wurde, besaßen diese Betriebe keinen Handlungsspielraum zu angepaßten Lohnerhöhungen. Die Differenzierung der Löhne lag somit zuallererst in der Zuständigkeit der SMAD und der DWK-Hauptverwaltungen. Die betroffenen Betriebe versuchten daher, von der Arbeitsverwaltung in eine höhere Dringlichkeitsstufe eingeordnet zu werden, um auf diese Weise den Verlust an Arbeitskräften rasch wieder ausgleichen zu können. Die Abwanderung von Arbeitern konnte von der HVAS jedoch nicht gesteuert werden und erfaßte auch Betriebe, die zu den „Schwerpunkten der Wirtschaft" gehörten[7]. So berichteten einzelne Grubenleitungen des Braun- und Steinkohlebergbaus der zuständigen Hauptverwaltung Kohle, daß sie das Abwandern von Arbeitskräften nicht mehr verhindern könnten. Die Hauptverwaltung Kohle sah daraufhin die Einhaltung der Produktionspläne langfristig gefährdet und drohte damit, in Karlshorst vorstellig zu werden:

---

[3] Ebenda, HVAS (Donau) am 11.10.1949 an die DVdI, Abt. Verwaltungspolizei (Huhn).

[4] SächsHStA, Landesregierung Sachsen, Ministerium für Arbeit und Sozialfürsorge, Bd. 397, Ministerium für Arbeit und Gesundheitswesen am 18.11.1949 an den sächsischen Minister für Arbeit und Sozialwesen. Das Schreiben erhielten auch die anderen Landesregierungen zur Information.

[5] Ebenda.

[6] Vgl. BAB, DQ 2/2105, Gebrüder Solbrig am 7.9.1949 an das Landesarbeitsamt in Dresden.

[7] BAB, DQ 2/2094, Arbeitsamt Aue am 21.9.1949 an die HVAS. Auf dieses Problem geht Ralf Engeln bei seiner Darstellung der Tarifpolitik überhaupt nicht ein. Vgl. Engeln, Betriebliche Arbeitsbeziehungen, S. 403–410.

„Wir würden aber bei allem weiteren Umsichgreifen dieser Bestrebungen nicht umhin können, vorsorglich auch unsere korrespondierende Fachabteilung in Karlshorst auf die sich möglicherweise ergebenden Folgerungen aufmerksam zu machen, würden es aber begrüßen, wenn vorher von Ihrer Seite [der HVAS] alle Möglichkeiten untersucht würden, die zu einer Beseitigung der erwähnten Abwanderungsbestrebungen führen könnten."[8] Ähnlich lautende Klagen leitete die Hauptverwaltung Maschinenbau und Elektrotechnik an die HVAS weiter[9].

Die Arbeitsverwaltung stand der Abwanderung zur Wismut AG weitgehend hilflos gegenüber. Die von ihr eingeleiteten Maßnahmen konnten nur geringfügig entlastend wirken: So wurde die Werbung von Arbeitskräften in Heimkehrer- und Umsiedlerlagern durch einzelne Betriebe untersagt. Diese Praktiken waren in der unmittelbaren Nachkriegszeit zunächst noch toleriert worden, konnten aber nunmehr aufgrund der wachsenden Arbeitskräfteknappheit von den Arbeitsämtern nicht mehr hingenommen werden. Darüber hinaus mußten die einzelnen Hauptverwaltungen für die Abdeckung des Arbeitskräftebedarfes in ihrem Zuständigkeitsbereich letztlich selber Sorge tragen. Das konnte mitunter dazu führen, daß etwa die Hauptverwaltung Kohle Arbeiter aus dem Braunkohlenbergbau abzog, um eine akut aufgetretene Nachfragelücke im Steinkohlenbergbau zu schließen[10]. In dem Zusammenhang schlug die HVAS-Abteilung I a vor, die Wismut AG solle sich verpflichten, Arbeitskräfte nicht einzustellen, die aus dem Zwickauer Steinkohlenrevier kamen[11]. Dieser Vorstoß war jedoch illusorisch und hatte keine Realisierungschancen, da die sowjetische Bergwerksleitung zu solch einer Selbstverpflichtung nicht bereit war. Resigniert stellten Vertreter des Ministeriums für Arbeit und Gesundheitswesen, des Ministeriums für Industrie sowie einzelner volkseigener Betriebe bei einer gemeinsamen Besprechung übereinstimmend fest, daß „alle von deutschen Seiten bestehenden und zu ergreifenden Maßnahmen wirkungslos sind und bleiben, solange die Wismut AG die deutschen Gesetze und Verordnungen nicht anerkennt und beachtet"[12]. Sie beauftragten das Ministerium für Arbeit und Gesundheitswesen, „Material über die gegenwärtigen Schwierigkeiten in den volkseigenen Betrieben, deren Gefährdung der Produktionserfüllung und die zahlenmäßige Stärke der Abwanderungen" zusammenzutragen und anschließend dem Ministerpräsidenten zu übergeben. Dieser solle dann gebeten werden, „auf diplomatischem Wege bei der Sowjetunion zu erwirken, daß die Wismut AG in jeder Beziehung die deutschen Gesetze und Verordnungen anerkennt und befolgt oder wenn möglich, die Umwandlung der Wismut AG in einen volkseigenen Betrieb erfolgt"[13]. Dem Ministerium für Arbeit und Gesundheitswesen ging es bei der Aufhebung des Sonderstatus der Wismut AG vor allem darum, Einzelprüfungen über die Belegschaften in den einzelnen Schachtanlagen vornehmen zu können[14]. Dadurch sollte zum einen eine Überbelegung mit Ar-

---

[8] BAB, DQ 2/2094, DWK-Hausmitteilung der HV Kohle vom 17. 9. 1949 an die HVAS.
[9] Ebenda, DWK-Hausmitteilung der HV Maschinenbau und Elektrotechnik vom 30. 9. 1949 an die HVAS.
[10] BAB, DQ 2/2105, Aktennotiz der Abt. I a (Krüger) vom 13. 10. 1949.
[11] Ebenda.
[12] BAB, DQ 2/2094, Bericht der Abt. I a über die Arbeitsbesprechung am 25. 10. 1949, S. 1 f.
[13] Ebenda, S. 2.
[14] BAB, DQ 2/2094, Ministerium für Arbeit und Gesundheitswesen am 5. 12. 1949 an die SKK-

beitskräften sowie zum anderen eine berufsfremde Arbeitskräftelenkung verhindert werden. Dieses Vorhaben scheiterte allerdings an der Direktion der Wismut AG, die sich darauf überhaupt nicht einließ.

Das Ministerium für Industrie, Hauptabteilung Kohle, wies auf den Zusammenhang von Beschäftigungsrückgang und Produktionseinbrüchen hin. Nach Angaben der Hauptabteilung war die Anzahl der Arbeiter im Zwickauer Steinkohlenbergbau von 21 070 (Januar 1949) auf 19 933 (September 1949) gefallen[15]. Dagegen war die Anzahl der Angestellten im gleichen Zeitraum von 1203 auf 1312 gestiegen. Die Steinkohlenförderung sank innerhalb der ersten neun Monate 1949 von 255 540 auf 212 630 Tonnen; die Kokserzeugung fiel von 19 820 auf 18 980 Tonnen. Da die Entwicklung der Fördermenge etwas wellenförmig verlief und der Wert vom Jahresbeginn im März und Mai übertroffen werden konnte, müssen noch andere Gründe dafür ausschlaggebend gewesen sein, daß die Gesamtmenge an geförderter Steinkohle am Ende des III. Quartals diesen Tiefststand erreicht hatte, durch den die Hauptabteilung Kohle aufgerüttelt worden war. Der Arbeitskräftemangel im Steinkohlenbergbau sollte sich im Laufe des I. Quartals 1950 weiter vergrößern[16]; die Fluktuationsbewegung zum Uranbergbau war von der Arbeitsverwaltung auch weiterhin nicht zu steuern. Einen spürbaren Rückgang des Beschäftigtenstandes und eine damit einhergehende Gefährdung des Produktionsprozesses meldeten auch andere Ministerien: So berichtete das Ministerium für Post- und Fernmeldewesen, daß bei der Oberpostdirektion Leipzig über 10 Prozent des Personals zur Wismut AG abgewandert seien[17].

Die einzelnen Landesverwaltungen bekamen die Arbeitskräfteanforderungen für den Uranbergbau nach wie vor von der HVAS mitgeteilt, die ihrerseits Befehle von der SMAD erhielt. Auf diese Weise sollte verhindert werden, daß die Arbeitsverwaltung von sowjetischen Befehlen überhäuft wird. Dennoch blieb auch weiterhin nicht ausgeschlossen, daß die SMA der Länder bzw. die Direktion der Wismut AG eigene Anweisungen erteilten. Die Mobilisierung zusätzlicher Arbeitskräfte besaß, darauf ist bereits hingewiesen worden, sehr starken Improvisationscharakter und basierte nicht auf einer langfristigen Planung. Das hing bekanntlich mit der nicht abzusehenden Entwicklung sowohl auf der Angebots- als auch auf der Nachfrageseite zusammen: Die Fluktuation und die unregelmäßigen Anforderungen von seiten der sowjetischen Besatzungsmacht erschwerten eine bedarfsgerechte Arbeitskräftelenkung erheblich. Darüber hinaus wurde es für die Arbeitsverwaltung immer schwieriger, den Gesamtbestand der Erwerbsbevölkerung zu vergrößern. Nach Einschätzung des Ministeriums für Arbeit und Sozialwesen in Sachsen-Anhalt waren die „Umsiedler" häufig bergbauuntauglich[18], so daß die

Abt. Arbeitskraft (Morenow). Das Schreiben enthällt den handschriftlichen Zusatz „nicht abgegangen!".

[15] BAB, DQ 2/2094, Statistik der HA Kohle vom 17. 11. 1949.
[16] BAB, DQ 2/2092, Mitteilung des FDGB-Vertreters in Zwickau (Weber) vom 21. 3. 1950 an den FDGB-Bundesvorstand.
[17] BAB, DQ 2/2094, Ministerium für Arbeit und Gesundheitswesen am 5. 12. 1949 an die SKK-Abt. Arbeitskraft (Morenow).
[18] Es deutet einiges darauf hin, daß der Anteil der erwerbsfähigen Bevölkerung unter den „Umsiedlern" deutlich niedriger lag als unter der Gesamtbevölkerung. Vgl. Hoffmann, Vertriebenenintegration durch Arbeitsmarktlenkung?, S. 179. Dies könnte auch die Erklärung für den vermehrten

einzige Reserve auf dem Arbeitsmarkt aus „nichtvolleinsatzfähigen Männern und volleinsatzfähigen Frauen" bestehe[19]. Man könne sich – so ein Vertreter des Ministeriums – „den Luxus nicht erlauben, weiterhin Arbeitskräfte brach liegen zu lassen"[20]. Im einzelnen sollten, hier griff das Ministerium eine alte Forderung wieder auf, männliche Arbeitskräfte in der Leicht- und Konsumgüterindustrie durch weibliche ersetzt werden.

Für die Arbeitsverwaltung war die Anwerbung von Arbeitskräften für den Uranbergbau unmittelbar mit dem Problem der wohnlichen Unterbringung verbunden. Dabei konnte die Bereitstellung von Wohnraum nicht mit der stetig wachsenden Gesamtzahl der Wismut-Arbeiter Schritt halten. Allein im Landkreis Aue war die Gesamtbevölkerung von 180 351 (Dezember 1947) auf 245 727 (September 1949) angestiegen; im Gegensatz dazu war der gesamte vorhandene Wohnraum nach Schätzungen der zuständigen Abteilung Wohnungswesen in Aue zwischen Kriegsende und DDR-Gründung um rund 30 Prozent zurückgegangen[21]. Sowohl kriegsbedingte Abrißmaßnahmen als auch Räumungen für die Besatzungsmacht hatten diesen Rückgang bewirkt. Nach Angaben der Abteilung Mutter und Kind des Berliner Arbeitsministeriums lag die durchschnittliche Wohnfläche in einzelnen Bezirken des Uranbergbaugebietes nur bei ca. 4 qm pro Person[22]. Somit waren auch keine weiteren Privatunterkünfte zu gewinnen. Der Bau von Baracken und die Bereitstellung von Sammelquartieren, die nur als zeitlich begrenzte Übergangslösungen betrachtet wurden, verlangsamte sich aufgrund des Baustoffmangels sowie der fehlenden Ausstattung mit Mobiliar und Sanitäreinrichtungen. Das Problem der wohnlichen Unterbringung sei daher – so ein Mitarbeiter des Ministeriums für Arbeit und Gesundheitswesen nach einer Dienstreise durch Sachsen – „nach wie vor sehr ernst"[23]. Die schlechte Ausgangslage auf dem Wohnungsmarkt hatte bereits vor 1949 unter anderem dazu geführt, daß zahlreiche Arbeiter ohne ihre Familien angesiedelt werden mußten. Die kommunalen Wohnungsbehörden versuchten auf Anweisung der Berliner Zentralverwaltung sowie der zuständigen Landesverwaltung, Arbeitskräfte aus dem Erzbergbaugebiet auszusiedeln, wenn sie nicht bei der Wismut AG beschäftigt waren. Diese sogenannten Umsiedlungen, die auf freiwilliger Basis beruhen sollten,

Unterstützungsempfang durch Flüchtlinge und Vertriebene sein. Vgl. Boldorf, Fürsorgeunterstützung in Deutschland, S. 238.

[19] LA Magdeburg LHA, Rep. K MW, Nr. 10660, Bl. 409–418, hier Bl. 409, Niederschrift über die am 20. 10. 1949 im Ministerium für Arbeit und Sozialwesen, Halle, stattgefundene Amtsleitertagung.

[20] Ebenda, Bl. 410.

[21] SächsHStA, Landesregierung Sachsen, Ministerium für Arbeit und Sozialfürsorge, Bd. 401, Bl. 77, Bericht der Abt. Soziale Fürsorge/Wohnungswesen vom 27. 10. 1949 an das Ministerium für Arbeit und Sozialwesen in Dresden.

[22] BAB, DQ 2/906, Bl. 227 f., hier Bl. 227, Aktenvermerk vom 3. 4. 1950. Dieser Wert lag jedoch eher im unteren Bereich. Letztlich gab es auch hier beträchtliche Schwankungen: Im Kreis Annaberg variierten die Angaben zwischen 3,9 (Hammer-Unterwiesenthal) und 7,6 qm (Mildenau); im Kreis Aue wurde der Wohnraum mit einem Durchschnittswert von 2,8 (Johanngeorgenstadt) bis 9,5 qm (Grüna) angegeben. SächsHStA, Landesregierung Sachsen, Ministerium für Arbeit und Sozialfürsorge, Bd. 401, Bl. 6–9, Aufstellung des sächsischen Arbeitsministeriums vom 12. 5. 1950. Diese Wohnungsknappheit herrschte auch noch 1951 vor. Im Herbst 1951 standen jedem DDR-Bürger durchschnittlich 7,9 qm Wohnfläche zur Verfügung, während der Wert für einige Kreise des Erzbergbaugebietes nach wie vor bei 4 qm lag. Vgl. SAPMO, NY 4182/986, Bl. 33–37, hier Bl. 33, Bericht vom 10. 11. 1951 (o. Verf.).

[23] Ebenda.

konnten letztlich die Wohnraumfrage nicht befriedigend lösen. Vertreter der betroffenen sächsischen Landkreise wiesen gegenüber Mitarbeitern des Ministeriums für Arbeit und Gesundheitswesen am 20. Oktober 1949 in Chemnitz auf die „unhaltbaren Wohnverhältnisse" im Erzbergbaugebiet hin[24]. Gefordert wurde ein Sonderbauprogramm, das von der DDR-Regierung zu finanzieren sei. Nur durch den Bau „schnell fabrikmäßig herzustellender massiver winterfester Wohnbaracken" ließen sich nach Ansicht der Landräte die aufgetretenen Probleme auf dem Wohnungsmarkt lösen. Darüber hinaus müsse eine Abstimmung mit der Direktion der Wismut AG angestrebt werden, die ihrerseits ein Wohnungsbauprogramm verfolge und deshalb Baumaterial sowie Arbeitskräfte abziehe, wodurch wiederum die Bautätigkeit der deutschen Stellen lahmgelegt werde[25]. Alle Beteiligten vertraten aber einhellig die Meinung, daß der Bau von Baracken nur eine Interimslösung sein konnte. Die Erfahrungen, welche die kommunalen Behörden sowie die Landes- und Zentralverwaltungen mit den Heimkehrer- und Umsiedlerlagern seit Kriegsende gesammelt hatten, beeinflußten wesentlich die skeptische Einschätzung dieses Konzeptes.

Der FDGB-Bundesvorstand schaltete sich Ende 1949 in die Debatte über die Hemmnisse der Arbeitskräftegewinnung bei der Wismut AG ein. Dabei wandte er sich sogar direkt an die SKK und wies auf die Schwierigkeiten bei der Versorgung mit Wohnraum aber auch auf die bestehenden Verkehrsprobleme im Erzgebirge hin. Die Gewerkschaftsleitung begründete ihre Forderung nach einer grundlegenden Verbesserung der Infrastruktur mit dem Hinweis auf die bevorstehenden Volkskammerwahlen, die erst am 15. Oktober 1950 stattfanden: „Eine unzufriedene Wismut-Belegschaft, deren unzufriedene Familien und eine unzufriedene Einwohnerschaft des Erzbergbau-Gebietes würden den Wahlausgang im Herbst nächsten Jahres in ungünstiger Weise beeinträchtigen."[26] In der Folgezeit bemühte sich der FDGB-Bundesvorstand um eine verstärkte Zusammenarbeit mit dem Ministerium für Arbeit und Gesundheitswesen[27] und unterbreitete auch Vorschläge zur Eindämmung der Fluktuation, die sich auf den Wohnungsbau, das Transportwesen und die „kulturelle Betreuung der Werktätigen" konzentrierten[28]. Dies entsprach im übrigen den Vorstellungen der sowjetischen Besatzungsmacht sowie der SED-Führung, welche die Massenorganisationen für die Aufgabe, Arbeitskräfte für den Uranbergbau bereitzustellen, verstärkt mobilisieren wollten. Rasch wurde allerdings deutlich, daß die Gewerkschaftsseite kaum Einfluß auf grundsätzliche Entscheidungen der Arbeitsverwaltung nehmen konnte, sondern primär für Propagandaaufgaben eingesetzt werden sollte. Anfang 1950

---

[24] SächsHStA, Landesregierung Sachsen, Ministerium für Arbeit und Sozialfürsorge, Bd. 401, Bl. 75 f.
[25] Ebenda, Bl. 76.
[26] SAPMO, DY 34, 15/26/1067, FDGB-Bundesvorstand am 19. 11. 1949 an die SKK (Morenow).
[27] BAB, DQ 2/2092, FDGB-Bundesvorstand am 22. 11. 1949 an das Ministerium für Arbeit und Gesundheitswesen (Staatssekretär Peschke).
[28] Ebenda, Vorschläge einer FDGB-Kommission vom 22. 12. 1949; SächsHStA, Landesregierung Sachsen, Ministerium für Arbeit und Sozialfürsorge, Bd. 401, Bl. 59–66, Empfehlungen des FDGB-Bundesvorstandes vom 30. 12. 1949. Diese wurden am 2. 1. 1950 an die Direktion der Wismut AG (General Malzew) verschickt. BAB, DQ 2/2093. Zur Abdeckung des künftigen Arbeitskräftebedarfs schlug der FDGB vor, die Ermittlung und Erfassung der bergbautauglichen männlichen Arbeitskräfte bereits auf Kreisebene durchführen zu lassen.

richtete der FDGB seine Vorschläge auch an das immer wichtiger werdende Ministerium für Planung, das von Heinrich Rau geleitet wurde. Um die bestehende Wohnungsnot wirksam zu bekämpfen, sollte neben das von der Direktion der Wismut AG initiierten Bauprogramm ein weiteres Sofortprogramm treten, das die DDR-Regierung zu übernehmen hatte. Der Bau von mindestens 2000 Arbeiterwohnungen in den Landkreisen Annaberg, Aue und Marienberg sowie in der Nähe von Johanngeorgenstadt sei – so die Gewerkschaftsführung – im Rahmen eines Nachtrages zum Wirtschaftsplan für 1950 zu finanzieren[29].

Genaue quantitative Angaben über die bei der Wismut AG beschäftigten Arbeiter und Angestellten sind kaum verfügbar – auch dies war eine Folge der Abschottung durch die sowjetische Besatzungsmacht. Die Arbeitsämter waren deshalb nicht in der Lage, eine regelmäßige und detaillierte Statistik des Belegschaftsstandes zu führen. Statt dessen liegen nur für einzelne Monate Zahlen vor, die zum Teil nicht unerheblich von den Jahresberichten der sowjetischen Generaldirektion abweichen[30], aus denen kürzlich Rainer Karlsch zitiert hat. Fest steht, daß die Nachfrage nach Arbeitskräften auch nach der Gründung der DDR weiter anstieg und erst ab 1953 spürbar zurückging. Der höchste Stand der Beschäftigung im Uranbergbau wurde vermutlich Ende 1950 erreicht, als 195 906 Beschäftigte gezählt wurden[31]. Darunter befanden sich 6897 Personen, die zum sowjetischen Personal zählten. Ein Jahr später wurden nur noch 153 112 Arbeiter und Angestellte angegeben; die Anzahl der sowjetischen Beschäftigten war dagegen auf 10 925 gestiegen. Für Dezember 1953 wurden insgesamt 133 000 Beschäftigte registriert[32]. Aufgrund der zunehmenden Mechanisierung sowie der Stillegung unrentabler Schachtanlagen sank der Bedarf und letztlich auch der Beschäftigtenstand weiter: auf ca. 100 000 (1956), 47 000 (1961), und in den Jahren von 1962 bis 1989 lag die Gesamtzahl zwischen 43 000 und 46 000[33].

Ende 1949 gab das Ministerium für Arbeit und Gesundheitswesen den Landesverwaltungen den Auftrag, Arbeitskräfte für den sächsischen Erzbergbau zu gewinnen. Dabei verwies das Ministerium für Arbeit und Sozialpolitik von Sachsen-Anhalt, das innerhalb von sechs Monaten 13 000 Arbeiter zu stellen hatte, auf die angespannte arbeitsmarktpolitische Lage des Landes und bat darum, von einer weiteren Auflage befreit zu werden[34]. Zur Begründung wurde auf die wachsende Zahl von Betrieben der Schwerindustrie verwiesen, die einen großen Arbeitskräftebedarf angemeldet hätten. Darüber hinaus habe Sachsen-Anhalt in den Jahren

29 BAB, DQ 2/2093, FDGB-Bundesvorstand am 13. 1. 1950 an das Ministerium für Planung, S. 1 f.
30 In seiner Monographie gibt Karlsch die Zahl der registrierten Arbeitskräfte für Dezember 1946 mit 10 000 an. Vgl. Karlsch, Allein bezahlt?, S. 141. In seinem 1998 erschienenen Sammelbandbeitrag erscheinen nur 2257 Beschäftigte. Vgl. Karlsch, Heimkehrer bei der Wismut AG, S. 265. Die letzte Zahlenangabe stammt aus Jahresberichten der sowjetischen Generaldirektion, ohne daß Karlsch eine Quellensignatur angibt. Für Dezember 1947 gibt er einmal 46 000 Beschäftigte an (Karlsch, Allein bezahlt?, S. 141), ein anderes Mal 18 775 (Karlsch, Heimkehrer bei der Wismut AG, S. 265). Die deutschen Angaben liegen auch im Dezember 1948 erheblich über den sowjetischen: 100 000 (Karlsch, Allein bezahlt?, S. 141) bzw. 63 383 (Karlsch, Heimkehrer bei der Wismut AG, S. 265).
31 Karlsch, Heimkehrer bei der Wismut AG, S. 265.
32 Karlsch, Allein bezahlt?, S. 141.
33 Karlsch, Der Aufbau der Uranindustrien in der SBZ/DDR und CSR, S. 15.
34 BAB, DQ 2/906, Bl. 240 f., Ministerium für Arbeit und Sozialpolitik von Sachsen-Anhalt am 28. 12. 1949 an Minister Steidle.

von 1947 bis 1949 insgesamt 32 284 Arbeitskräfte für die Wismut AG zur Verfügung gestellt. Das Arbeitsministerium in Berlin zeigte zwar Verständnis für die Reaktion einzelner Landesregierungen auf die erneuten Arbeitskräfteanforderungen für den Uranbergbau, bestand aber letztlich darauf, daß das Soll erfüllt wurde[35]. Gespräche mit der Generaldirektion der SAG-Betriebe in Weißensee hatten offenbar kein Entgegenkommen der sowjetischen Seite gebracht. Diese sagte unverbindlich zu, die Arbeitskräftepläne der Wismut AG überprüfen zu lassen. Solange jedoch von der dortigen Direktion der Gesamtbedarf in Höhe von 93 000 für das erste Halbjahr 1950 aufrecht erhalten werde, sei es leider nicht möglich, Sachsen-Anhalt von der Auflage zu entbinden[36]. Auch die mecklenburgische Landesregierung sah sich außerstande, das Auflagesoll von 9000 Arbeitskräften im ersten Halbjahr 1950 zu erfüllen, und bat um eine deutliche Reduzierung entsprechend der „Leistungsfähigkeit" des Landes[37]. Nachdem das Ministerium in Berlin nicht reagiert hatte, wiederholte das mecklenburgische Ministerium die bereits vorgetragene Position nochmals und kam zum Ergebnis, daß die erteilte Auflage „um mindestens 20% überhöht" sei[38]. Dem Lande Mecklenburg stünden vollarbeitsfähige Arbeitskräfte für die Erfüllung des Volkswirtschaftsplanes 1950 nicht mehr zur Verfügung. Alle Landesverwaltungen hatten Kritik an der Auflagenhöhe geübt, so auch abschließend das Ministerium für Arbeit und Sozialwesen in Potsdam, das eine Verringerung der vom Land Brandenburg zu stellenden Arbeiter von 9000 auf 3500 beantragte[39]. Daraufhin sah sich das Ministerium für Arbeit und Gesundheitswesen in Berlin zum Handeln gezwungen. Zum einen unternahmen leitende Mitarbeiter Inspektionsreisen in die einzelnen Länder, um sich einen Eindruck über die angespannte Arbeitsmarktlage vor Ort zu verschaffen[40]. Dabei rückte erneut der Wohnungsbau in den Mittelpunkt des Interesses: Die Arbeitsverwaltung beabsichtigte, Massenunterkünfte für Frauen verstärkt anzubieten, die bei der Wismut AG beschäftigt waren. Major Furmin von der Personalabteilung der Wismut AG sagte bei einer Besprechung am 30. März zu, daß Unterbringungsmöglichkeiten für Frauen bereitgestellt würden[41]. Zum anderen reiste Abteilungsleiter Litke nach Sachsen, um am 27. März mit der Direktion der Wismut AG zusammenzutreffen und über die sowjetische Arbeitskräfteanforderung zu verhandeln[42]. Vermutlich sollte eine einstweilige Aussetzung der Auflagenerfüllung erreicht werden. Es gibt keinerlei Hinweise darauf, daß die sowjetische Seite eine solche Zusage machte. Vielmehr muß davon ausgegangen werden, daß die einmal erhobene Auflagenhöhe bestehen blieb.

[35] BAB, DQ 2/2093, Entwurf der Abt. A III vom 4. 2. 1950 an Minister Steidle, S. 1 f.
[36] Ebenda.
[37] BAB, DQ 2/2093, Ministerium für Arbeit und Gesundheitswesen von Mecklenburg am 2. 1. 1950 an das Ministerium für Arbeit und Gesundheitswesen in Berlin.
[38] Ebenda, Ministerium für Arbeit und Gesundheitswesen von Mecklenburg am 8. 2. 1950 an das Ministerium für Arbeit und Gesundheitswesen (HA Arbeit), S. 3.
[39] Ebenda, Ministerium für Arbeit und Sozialwesen Brandenburgs am 8. 2. 1950 an das Ministerium für Arbeit und Gesundheitswesen (HA Arbeit), S. 1.
[40] Ebenda, Bericht über die durchgeführte Dienstreise nach Sachsen und dem Erzbergbaugebiet (28. 3.–1. 4. 1950).
[41] BAB, DQ 2/906, Bl. 229, Bericht der Abt. Wohnung und Siedlung über die Dienstreise nach Dresden, Aue und Siegmar-Schönau (28.–31. 3. 1950).
[42] BAB, DQ 2/2093, Aktenvermerk der Abt. A III vom 25. 3. 1950.

Sicherheitspolitische Überlegungen standen mitunter der angestrebten Arbeitskräftegewinnung entgegen bzw. schränkten sie ein. Angesichts des sich verschärfenden Ost-West-Gegensatzes Anfang der fünfziger Jahre erübrigte sich sehr bald
der Versuch, Arbeiter aus der Bundesrepublik anzuwerben: Die Direktion der
Wismut AG lehnte dies grundsätzlich ab und gab als Begründung an, daß sie keinerlei Möglichkeit habe, die sich meldenden Personen zu überprüfen[43]. Dagegen
wurde der Vorschlag, Strafgefangene im Uranbergbau einzusetzen, vom sächsischen Landesarbeitsamt mit dem Hinweis verworfen, es könne ansonsten der
Eindruck entstehen, bei der Tätigkeit im Erzbergbau handele es sich um „Straf-
arbeit"[44]. Letztlich konnten aber diese Lösungsansätze für die Arbeitsverwaltung
nur von untergeordneter Bedeutung sein: Zum einen hatte sich schon vor 1949
gezeigt, daß der Arbeitseinsatz von Strafgefangenen außerhalb der Gefängnismauern mit erheblichen Problemen verbunden war und in keinem Verhältnis zum
erhofften Nutzen stand. Zum anderen hatte die Berichterstattung in der westlichen Presse über die Arbeits- und Lebensbedingungen im sächsischen Uranbergbau zu einem negativen Image dieses Wirtschaftsbereiches beigetragen. Freiwillige
Bewerbungen aus der Bundesrepublik waren daher kaum in nennenswertem Umfange zu erwarten. Übertriebene Sicherheitsbedenken gab es offensichtlich gegen
die Einstellung von Personen, die sich in westlicher Kriegsgefangenschaft befunden hatten. Außerdem wurden Personen zurückgewiesen, die zwar ihren Wohnsitz in der DDR hatten, jedoch besuchsweise in die westlichen Besatzungszonen
bzw. die Bundesrepublik gereist waren. Nach Ansicht des Ministers für Arbeit
und Gesundheitswesen von Sachsen-Anhalt, Leopold Becker, schränkte diese
Vorgehensweise den Handlungsspielraum der Arbeitsämter erheblich ein[45]. Es
gebe – so Becker – kaum Menschen, „die nicht verwandtschaftliche Beziehungen
in der Westzone haben und es ist eine Vielzahl, die aufgrund der verwandtschaft-
lichen Verhältnisse besuchsweise die Westzone aufgesucht haben."

Bei gemeinsamen Besprechungen mit SKK-Mitarbeitern wiesen Vertreter des
Ministeriums für Arbeit und Gesundheitswesen auf die Schwierigkeiten hin, Arbeitskräfte für den Uranbergbau in der angeforderten Anzahl zu gewinnen. Dabei
machte die deutsche Seite explizit deutlich, daß die Planerfüllung für die übrigen
Industriezweige nicht gefährdet werden dürfe[46]. Der erste Fünfjahrplan sah den
Aufbau der Schwerindustrie vor, der einen entsprechenden Arbeitskräftebedarf
nach sich zog. Zu den „Schwerpunkten der Wirtschaft" gehörten deshalb nicht
nur der Uranbergbau, sondern auch die Stahl- und Eisenindustrie, die ebenfalls
mit Arbeitskräften versorgt werden mußten. Da die Menge der verfügbaren Arbeiter, die eine Arbeit suchten, begrenzt war, mußten zwangsläufig Verteilungskonflikte ausbrechen. Nach Einschätzung des Berliner Arbeitsministeriums waren zudem einzelne Schachtanlagen im Erzbergbau personell überbelegt, teilweise

---

[43] BAB, DQ 2/1766, Bl. 126–129, hier Bl. 128, Bericht der Abt. I a vom 11. 1. 1950 über Dienstreise
      nach Dresden, Pirna und Königstein.
[44] Ebenda.
[45] BAB, DQ 2/2093, Minister für Arbeit und Gesundheitswesen von Sachsen-Anhalt am 18. 1. 1950
      an das Ministerium für Arbeit und Gesundheitswesen, S. 1.
[46] BAB, DQ 2/2040, Bl. 218 f., hier Bl. 218, Kurzbericht über Besprechung mit SKK (Serow) am
      28. 1. 1950.

bis zu 30 Prozent[47]. Die Zuteilung von Arbeitskräften erfolge daher nicht nach Effizienzkriterien und mache Überprüfungen der Belegschaften dringend erforderlich. Diese Vermutung hatten deutsche Stellen schon zuvor geäußert und in dem Zusammenhang einen direkten Zugang von Mitarbeitern der Arbeitsämter zu den Gruben gefordert, die allein unter sowjetischem Kommando standen. Festzuhalten bleibt, daß die Arbeitsverwaltung ein geschlossenes Auftreten gegenüber der SKK anstrebte. Dazu lud das leitende Ministerium in Berlin in unregelmäßigen Abständen zu Arbeitsbesprechungen ein. Wenige Tage vor der Unterredung mit dem sowjetischen Vertreter Serow hatte eine Konferenz mit den zuständigen Abteilungsleitern in den Landesämtern stattgefunden, auf der die Kritik am Auflagensoll für den Uranbergbau nochmals zusammengefaßt wurde[48].

Anfang 1950 häuften sich die Berichte über eine Zuspitzung der sozialen Lage im Einzugsbereich der Wismut AG. Die deutlich verbesserten Löhne hatten – wie bereits angesprochen – eine Magnetwirkung entfaltet, dem etwa die kommunalen Wohnungsämter mit der Bereitstellung von Unterbringungsmöglichkeiten nicht nachkommen konnten. So ergab sich die besondere Situation, daß der Beschäftigtenstand der Wismut AG unaufhörlich anstieg, während sich der Wohnungsmarkt weiter verschlechterte. So übertrieben die sicherheitspolitischen Bedenken der deutschen und sowjetischen Dienststellen im einzelnen auch waren, so darf doch andererseits das soziale Konfliktpotential nicht übersehen werden, das sich angesichts dieser Ausgangslage allmählich verschärfte. Der Uranbergbau war Anziehungspunkt für zahlreiche Arbeiter in der DDR geworden, und es mag zum Teil durchaus zutreffend sein, wenn die Arbeitsverwaltung die Entwicklung im Erzgebirge mit der Goldgräberzeit der USA im 19. Jahrhundert verglich[49]. Vor diesem Hintergrund muß auch die Forderung des Ministeriums für Arbeit und Gesundheitswesen gesehen werden, die Belegschaftsstärke der einzelnen Schachtanlagen zu überprüfen und Arbeitskräfte an andere Produktionsorte zu lenken, sofern sie am alten Arbeitsplatz nicht sinnvoll beschäftigt werden konnten. Diese Frage entschied jedoch die sowjetische Direktion letztlich allein; die Arbeitsämter und die Landesarbeitsämter konnten nur Appelle an die Wismut AG richten.

Ein zentrales Problem blieb dagegen nach wie vor bestehen: die Entpflichtung durch die Direktion der Wismut AG. Da den Wismut-Arbeitern, deren Verträge ausgelaufen waren, häufig nicht rechtzeitig die Arbeitsbücher sowie die Personalausweise ausgehändigt wurden, konnte dieser Personenkreis auch nicht die Heimreise antreten, um sich dort beim zuständigen Arbeitsamt wieder anzumelden. Die Folge war, das sich eine ständig wachsende Gruppe von de facto entlassenen Arbeitern im Erzgebirge aufhielt und von den Kommunalverwaltungen aufmerksam beobachtet wurde. Stellenweise wurde diese Entwicklung mit dem Ansteigen der Kriminalitätsstatistik in einen kausalen Zusammenhang gebracht. Das Amtsgericht Aue unterstrich in einem Schreiben an den SED-Landesvorstand: „Um das Bergbaugebiet von Elementen zu säubern, die keiner geregelten Arbeit nachge-

---

[47] Ebenda.
[48] BAB, DQ 2/1152, Protokoll über Sitzung am 24. 1. 1950, S. 2–4.
[49] BAB, DQ 2/2093, Bericht des Ministeriums für Arbeit und Gesundheitswesen (Kliemann) über eine Arbeitstagung in Zwickau am 9./10. 2. 1950 und über eine Besprechung in Siegmar-Schönau am 11. 2. 1950, S. 2. Vgl. Roeling, Arbeiter im Uranbergbau, S. 118 f.

hen, muß die Entpflichtungsfrage gelöst werden."[50] Als Sofortmaßnahme wurde sogar die Einrichtung von Heimen „für soziale Betreuung" gefordert, in der alle diejenigen untergebracht werden sollten, „die sich heute noch im Bergbaugebiet herumtreiben." Ende April 1950 sprach sich Karl Litke vom Ministerium für Arbeit und Gesundheitswesen dafür aus, daß in den Fällen, wo Arbeitskräfte nach Ablauf ihres Vertrages ohne Entlassungspapiere zurückgekehrt waren, der Bürgermeister des Heimatortes zunächst einen Ersatz-Personalausweis ausstellen sollte[51]. Anschließend hatte das zuständige Arbeitsamt eine Ersatz-Arbeitsbuchkarte auszustellen. Damit versuchte das Ministerium, eine pragmatische Lösung in dieser Frage herbeizuführen, nachdem die sowjetische Besatzungsmacht offensichtlich nicht bereit gewesen war, selber eine Entscheidung zu treffen. Litke vertrat den Standpunkt, der im übrigen den arbeitsrechtlichen Bestimmungen entsprach, daß mit Ablauf eines Arbeitsvertrages auch kein Arbeitsverhältnis mehr bestand. Das Arbeitsministerium in Berlin blieb bei dieser Position und machte die Landesverwaltungen wiederholt darauf aufmerksam, daß erst nach Aushändigung der Ersatzpapiere (Arbeitsbuch, Personalausweis) soziale Leistungen wie die Arbeitslosenunterstützung ausgezahlt werden könnten[52].

Um den Zustrom in das Erzgebirge besser koordinieren zu können, gab die sächsische Landesregierung am 27. Februar 1950 ein Merkblatt an alle Arbeitsämter in der DDR heraus, welches Richtlinien über die Abfertigung von Bergarbeitertransporten enthielt[53]. Entsprechende Vorschriften hatte das Ministerium für Arbeit und Gesundheitswesen bereits am 11. Februar 1949 veröffentlicht, die aber nunmehr der sich verändernden Situation im Uranbergbau angepaßt werden sollten. Von zentraler Bedeutung für die Arbeitsverwaltung war die darin enthaltene Forderung, einzelne Arbeiter „nach Möglichkeit" nicht zu überweisen. Statt dessen sollten die jeweiligen Arbeitsämter Sammeltransporte zusammenstellen und diese vorab mit der sächsischen Landesverwaltung abstimmen. Auf diese Weise sollte eine reibungslose Unterbringung in den einzelnen Bezirken des Erzgebirges gewährleistet werden. Darüber hinaus wurde erneut auf die Tauglichkeitsprüfung hingewiesen, die vor Transportbeginn durch eine Ärztekommission durchzuführen war. Die Rückführung von Arbeitskräften, die untertage nicht eingesetzt werden konnten, sollte dadurch von vornherein vermieden werden. Die anderen Landesregierungen begannen etwa zeitgleich damit, Arbeitskräftekontingente aus den Reihen der Angestellten bei den öffentlichen Verwaltungen für die Wismut AG zusammenzustellen[54]. Diese Maßnahme, die auf einen Beschluß der DDR-Regierung vom 13. Februar 1950 zurückging, sollte Mobilisierungseffekte für die gesamte Wirtschaft auslösen sowie einen ersten Beitrag dazu

---

[50] BAB, DQ 2/2095, Bericht des Amtsgerichts Aue vom 8. 3. 1950 an den SED-Landesvorstand in Dresden, S. 3.
[51] Ebenda, Litke am 25. 4. 1950 an die Abteilungen A V und A III.
[52] BAB, DQ 2/1870, Hauptabteilungsleiter Litke am 14. 7. 1950 an die Landesregierungen von Brandenburg, Mecklenburg und Sachsen-Anhalt. Ein gleichlautendes Schreiben ging auch an die Landesregierung Sachsen. Vgl. SächsHStA, Landesregierung Sachsen, Ministerium für Arbeit und Sozialfürsorge, Bd. 397.
[53] SächsHStA, Landesregierung Sachsen, Ministerium für Arbeit und Sozialfürsorge, Bd. 404.
[54] Vgl. ThHStA, Land Thüringen, Büro des Ministerpräsidenten, Bd. 1685–1688, Bl. 74–76, Rundverfügung Nr. 43/50 des MdI des Landes Thüringen vom 7. 3. 1950.

leisten, den gestellten Anforderungen einigermaßen gerecht zu werden. Über den weiteren Verlauf dieser Aktion in dieser Phase ist jedoch nichts bekannt, so daß von einem raschen Abbruch zunächst ausgegangen werden muß.

Die Arbeitsämter erhielten von Mitarbeitern der zuständigen Landesverwaltung bzw. des Ministeriums für Arbeit und Gesundheitswesen wiederholt die Anweisung, auf die Prüfung der Bergbautauglichkeit zu achten. Anfallende Transport- und Rückführungskosten sollten – wie bereits erwähnt – eingespart werden. Außerdem wurde stets der Personenkreis aufgezählt, der für die Tätigkeit bei der Wismut AG nicht in Frage kam. Dazu gehörten die sogenannten „Westgänger" sowie die Kriegsgefangenen, die sich in Lagern der drei Westalliierten befunden hatten. Neben diesen sicherheitspolitischen Aspekten waren jedoch auch arbeitsschutzrechtliche Kriterien ausschlaggebend, deren Einhaltung die deutsche Arbeitsverwaltung anstrebte. So durften beispielsweise keine Jugendlichen unter 18 Jahren zugewiesen werden[55], und für Frauen galten besondere Einstellungsbedingungen. Die Beschäftigung von weiblichen Arbeitskräften im Untertagebergbau wurde ausdrücklich untersagt. Inwieweit sich die Direktion der Wismut AG bzw. die einzelnen Schachtleitungen an diese Bestimmungen hielten, läßt sich nicht eindeutig beantworten. Die Arbeitsverwaltung war zwar für die Zuführung von Arbeitskräften zum Uranbergbau verantwortlich, dies schloß allerdings nicht die Eigenwerbung durch einzelne sowjetische Direktoren aus. Da die Schachtanlagen für die Vertreter der Arbeitsämter verschlossen blieben, konnte auch keine Überprüfung der Belegschaften durchgeführt werden. Die Einstellung von Frauen beschränkte sich wiederum auf Tätigkeiten außerhalb der Schachtanlagen, vor allem wohl auf Verwaltungstätigkeiten. Dennoch waren die sowjetischen Anforderungen auch hier beträchtlich: So sollten im Laufe des Monats April 1950 6000 weibliche Arbeitskräfte gewonnen werden, die allein das Land Sachsen aufzubringen hatte[56].

Die sowjetische Besatzungsmacht kritisierte des öfteren den ihrer Ansicht nach schleppenden Verlauf der Werbemaßnahmen zugunsten der Wismut AG. Wilhelm Pieck notierte nach einem Treffen mit führenden SKK-Vertretern, daß während des I. Quartals statt 45000 nur 16000 Arbeitskräfte gewonnen worden seien. Dem Politbüro wurde offenbar ein Beschlußentwurf vorgelegt, demzufolge jeweils 40000 Arbeiter für das II. und III. Quartal sowie 25000 für das IV. Quartal zu stellen waren[57]. Kurz darauf erteilte die SED-Führung einer Kommission den Auftrag, zu überprüfen, „wie die nötigen Arbeitskräfte aufgebracht und wie zugleich die Anforderungen herabgesetzt werden können"[58]. Die Kritik der SKK richtete sich im übrigen nicht nur gegen die SED und das Arbeitsministerium,

[55] SächsHStA, Landesregierung Sachsen, Ministerium für Arbeit und Sozialfürsorge, Bd. 307, Niederschrift über die Amtsleitertagung vom 21. 3. 1950 in Kirchberg/Sa., S. 2.
[56] BAB, DQ 2/2093, Protokoll der HA Arbeit über die Tagung der Amtsleiter und Sonderbeauftragten für den Bergbau am 4. 4. 1950 bei der Landesregierung Sachsen, S. 2f.
[57] SAPMO, NY 4090/736, Bl. 103, Besprechung am 6. 4. 1950 mit Tschuikow und Iljitschow. Badstübner/Loth geben für das IV. Quartal die Zahl 40000 an. Vgl. Badstübner/Loth, Wilhelm Pieck, S. 341.
[58] SAPMO, DY 30/IV 2/2/83, Bl. 29, Protokoll der Sitzung des Politbüros am 11. 4. 1950. Der Kommission gehörten an: Max Herm, Willi Stoph, Alexander Starck, Ernst Zöllner, Paul Peschke und Karl Litke.

sondern auch gegen die sächsische Landesregierung, die nach wie vor die Hauptlast bei der Bereitstellung von Arbeitskräften für die Wismut AG trug[59]. Gleichzeitig erschwerte die sowjetische Besatzungsmacht die Werbeaktivitäten der deutschen Verwaltungen, indem etwa die Genehmigung zur Drucklegung von Werbebroschüren nicht erteilt wurde[60]. Sicherheitspolitische Bedenken hatten vermutlich die SKK dazu bewogen, auf eine Thematisierung des Uranbergbaus in der Öffentlichkeit zu verzichten. Damit befand sich jedoch die Arbeitsverwaltung in einem Dilemma: Auf der einen Seite sollte sie Maßnahmen ergreifen, um verstärkt Arbeitskräfte zu gewinnen, auf der anderen Seite wurde ihr Handlungsspielraum auf diese Weise erheblich eingeschränkt. In der Folgezeit wurden Eigeninitiativen einzelner Arbeitsämter sofort unterbunden. So hatte etwa das Arbeitsamt Merseburg in einem Rundschreiben an alle Betriebe und gesellschaftlichen Organisationen den Abbau von uranhaltigen Erzen kurz angedeutet. Daraufhin wurden alle Arbeitsämter darüber informiert, daß „eine Mitteilung über den Charakter der Produktion" der Wismut AG zukünftig nicht mehr zugelassen werden könne[61].

Verwaltungstechnische Gründe sowie die fehlende Bereitschaft der Direktion der Wismut AG, konkrete Absprachen zu treffen, waren jedoch nicht alleine ausschlaggebend für die wachsende Diskrepanz zwischen Bedarfsanmeldung und -deckung. Hier wäre vor allem auf den Umstand zu verweisen, daß Arbeitskraftreserven in nennenswertem Umfange nicht mehr zur Verfügung standen. Außerdem wurde erneut deutlich, daß die Interessen von Arbeitsämtern und Betrieben auch in der sich immer stärker herausbildenden Zentralverwaltungswirtschaft nicht zwangsläufig kongruent waren. Da auf das Instrument der Zwangseinweisung nicht mehr zurückgegriffen werden durfte, meldeten zahlreiche Arbeitsämter, daß sich volkseigene Betriebe weigerten, Arbeitskräfte für den Uranbergbau abzustellen[62]. Darüber hinaus verfügte die Arbeitsverwaltung nicht über die entsprechenden Möglichkeiten, die Betriebe systematisch auf eine mögliche Überbelegung zu durchkämmen, um dadurch Arbeitskräfte für den sächsischen Erzbergbau freisetzen zu können. Bis zu ihrer Auflösung im Sommer 1951 konnten die Arbeitsämter nur Appelle an die Betriebe richten, einen Beitrag zur Abdeckung des Arbeitskräftebedarfs zu leisten. Vertreter der SED-Führung, des Arbeitsministeriums und des FDGB gelangten angesichts dieser Lage zu der Schlußfolgerung, daß die Werbung der Arbeitskräfte „vor allen Dingen auf dem Lande erfolgen" müsse[63]. Dort wurden offenbar keine bzw. sehr viel geringere Schwierigkeiten bei der Mobilisierung neuer Arbeitskräfte für den Uranbergbau erwartet. Die Verantwortung für die ausgebliebene Plansoll-Erfüllung schob das Berliner Arbeitsministerium auf einzelne Landesverwaltungen ab: Im Zentrum der Kritik standen da-

[59] SächsHStA, Landesregierung Sachsen, Ministerium für Arbeit und Sozialfürsorge, Bd. 401, Bl. 16, Vermerk des Ministeriums für Arbeit und Gesundheitswesen in Dresden vom 4. 5. 1950.
[60] SächsHStA, Landesregierung Sachsen, Ministerium für Arbeit und Sozialfürsorge, Bd. 336, Schreiben (vermutlich vom sächsischen Arbeitsministerium) vom 29. 4. 1950 an das Ministerium für Arbeit und Gesundheitswesen in Berlin.
[61] SAPMO, NY 4090/315, Bl. 95, Merkblatt vom Mai 1950 (o.Verf.).
[62] BAB, DQ 2/2125, Amt für Arbeit und Sozialfürsorge Nordhausen am 20. 4. 1950 an das Ministerium für Arbeit und Sozialwesen in Erfurt.
[63] SAPMO, DY 30/IV 2/2.027/25, Bl. 165f., Aktennotiz Herms über die Sitzung der Aue-Kommission am 11. 5. 1950.

bei Brandenburg und Thüringen[64], denen eine schlechte Arbeit bescheinigt wurde. Dagegen setzte sich das Arbeitsamt Aue sehr kritisch mit der Tätigkeit der mecklenburgischen Arbeitsämter auseinander, die offenbar bei einigen Transporten ins sächsische Erzgebirge eine eingehende Untersuchung der Arbeitskräfte auf Bergbautauglichkeit unterlassen hatten[65].

Max Herm, der 1949 von der HVAS in den Apparat des SED-Parteivorstandes[66] bzw. des ZK gewechselt war und dort die Abteilung IV leitete, unterbreitete Mitte Mai 1950 zunächst intern einen Katalog von Vorschlägen, die zu einer deutlichen Verbesserung der Arbeitskräfteversorgung und der Arbeitsbedingungen im Uranbergbau beitragen sollten. Die Werbung von Arbeitskräften konnte seiner Auffassung nach nicht mehr allein Aufgabe der Arbeitsämter sein, sondern sollte „als nationale Aufgabe zur Erfüllung [der] Wirtschaftspläne" angesehen werden[67]. Daraus zog Herm die Konsequenz, die SED-Landesvorstände stärker als bisher zur Erfüllung der sowjetischen Anforderungen einzubinden. Diese sollten sogar „die Führung bei der Werbung für die Wismut AG [...] übernehmen" und für die Einhaltung der Arbeitskräftepläne sorgen. Auch Herm sprach sich dafür aus, mit Unterstützung der VdgB und der IG Land- und Forstwirtschaft Arbeiter vor allem aus der Landwirtschaft für die Wismut AG abzuwerben. Der primäre Wirtschaftssektor sei mit männlichen Arbeitskräften übersetzt, die sich im Gegensatz zum sekundären Sektor zu über 50 Prozent aus den Altersgruppen der 18- bis 50-Jährigen zusammensetzen würden. Gerade diese Personengruppen kämen für den Einsatz im Uranbergbau besonders in Frage. Der SED-Funktionär, der sich kaum Gedanken über die Konsequenzen dieser Lenkungsmaßnahmen machte, ging davon aus, daß im Zuge der fortschreitenden Mechanisierung der Landwirtschaft eine Nachfragelücke gar nicht erst entstehen würde. Darüber hinaus griff Herm das Konzept wieder auf, Verwaltungsangestellte für die Tätigkeit im Erzbergbau zu mobilisieren. Diese „Umsetzung" von Arbeitskräften weitete er jedoch auch auf die SAG-Betriebe sowie die volkseigenen Betriebe aus. Um die Verwaltungsarbeit effektiver gestalten und zwischen der Zentral- und Landesverwaltung eine reibungslose Zusammenarbeit gewährleisten zu können, sollte beim Ministerium für Arbeit und Gesundheitswesen eine Zentralstelle „für alle Fragen der Wismut AG" eingerichtet werden[68]. Daneben plädierte Herm für den Aufbau einer eigenen Abteilung innerhalb der Generaldirektion der Wismut AG, die sich ausschließlich mit Fragen der Arbeitskräftelenkung befassen sollte; dieser Vorschlag war jedoch von der sowjetischen Zustimmung abhängig und angesichts der bisherigen Kooperation eher unwahrscheinlich.

Herms Vorschlag, innerhalb des Ministeriums eine eigene Abteilung für den Uranbergbau aufzubauen, wurde allerdings nicht aufgegriffen, obwohl die Abdeckung des sowjetischen Bedarfs nach wie vor eine vordringliche Aufgabe der Arbeitsverwaltung blieb. Statt dessen versuchte das Arbeitsministerium in Berlin,

---

[64] Ebenda, Bl. 165 f.
[65] SächsHStA, Landesregierung Sachsen, Ministerium für Arbeit und Sozialfürsorge, Bd. 397, Arbeitsamt Aue am 13. 5. 1950 an das Landesarbeitsamt Sachsen.
[66] Vgl. Die SED. Ein Handbuch, S. 974.
[67] SAPMO, DY 30/IV 2/2.027/25, Bl. 167–169, hier Bl. 167, Vorschläge Herms vom 16. 5. 1950.
[68] Ebenda, Bl. 168.

den zuständigen Landesämtern direkte Anweisungen zu erteilen. Gleichzeitig wurde die Zusammenarbeit mit dem FDGB, der IG Bergbau und der FDJ intensiviert: Auf Initiative des Ministeriums für Arbeit und Gesundheitswesen hatte sich eine Kommission gebildet, die Maßnahmen zur Plansollerfüllung ausarbeitete, welche jedoch keine wesentlichen Neuerungen enthielten und vor allem unverbindlich gehalten waren[69]. Demzufolge sollten FDGB und FDJ in den Betrieben „freiwillige Aktivs" mobilisieren, die sich verpflichten, ein Jahr bei der Wismut AG zu arbeiten. Außerdem waren sich die Kommissionsmitglieder darüber einig, die Werbemaßnahmen auf die Landarbeiter[70] auszudehnen. Nur vereinzelt wurde vor einem überhasteten Vorgehen gewarnt[71]: Erst nach Vorlage eines genauen Arbeitskräfteplanes für die einzelnen Länder, der mit den Industrieministerien abzustimmen war, sollten die Arbeitsämter dazu übergehen, Arbeiter aus anderen Betrieben abzuziehen, sofern diese überbelegt waren. Die Landesregierungen gerieten wiederum in den Mittelpunkt der Kritik von seiten der Gewerkschaften. Der Zentralvorstand der IG Bergbau bemängelte beispielsweise, daß Arbeiter ohne vorherige ärztliche Untersuchung zum Uranbergbau überwiesen würden[72]. Im Sommer 1950 erfolgte eine nicht unwichtige organisatorische Veränderung: Der Uranbergbau wurde aus dem Zuständigkeitsbereich der IG Bergbau herausgelöst und in einer eigenen Industriegewerkschaft zusammengefaßt. Die Gründung der IG Wismut, die innerhalb des FDGB nicht nur auf Zustimmung gestoßen war[73], entsprang vermutlich auch dem sowjetischen Bestreben, die Wismut AG verwaltungstechnisch unabhängig zu belassen. Für eine vorsichtige Bewertung des Verhältnisses von Wismut AG und deutschen Ministerien ist im übrigen die Tatsache aufschlußreich, daß einzelne Abteilungen der sowjetischen Generaldirektion Anfang Juli 1950 noch keine Kenntnis von der Existenz der neuen Industriegewerkschaft hatten[74].

Erschwerend kam hinzu, daß sich das Ministerium für Arbeit und Gesundheitswesen wiederholt mit Klagen einzelner Betriebe auseinandersetzen mußte, die gegen die anhaltende Abwanderung von Beschäftigten zum Uranbergbau protestierten. Es war offenbar nicht gelungen, die Interessen der Wismut AG und der übrigen Wirtschaftszweige in Einklang zu bringen. Angesichts der begrenzten Verfügbarkeit an bergbautauglichen Arbeitskräften war dies letztlich nicht verwunderlich. Gleichwohl war die SED-Führung mit dem Anspruch angetreten, im Zuge der allgemeinen Wirtschaftsplanung für eine reibungslose und bedarfsgerechte Steuerung des Faktors ‚Arbeit' sorgen zu können. Einzelne Betriebe, wie etwa die Papierfabrik Antonsthal der VVB Papier, wandten sich zunächst an den zuständigen SED-Kreisverband, um auf die drohenden Produktionseinbußen

[69]   BAB, DQ 2/906, Bl. 216–218, Bericht von Staatssekretär Peschke vom 24. 5. 1950.
[70]   Vgl. zur Politik gegenüber dieser sozialen Gruppe die Überlegungen von Bauerkämper, Aufwertung und Nivellierung.
[71]   BAB, DQ 2/2094, Schreiben Sindermanns vom 31. 5. 1950 an Max Herm.
[72]   Das geht aus einem Schreiben von Hauptabteilungsleiter Litke hervor. Vgl. BAB, DQ 2/2092, Hauptabteilungsleiter Litke am 19. 5. 1950 an das thüringische Ministerium für Arbeit und Gesundheitswesen (HA Arbeit).
[73]   Engeln, Die industriellen Beziehungen im Uranbergbau, S. 193.
[74]   So äußerte sich etwa der Leiter der Informationsabteilung. Vgl. SAPMO, DY 34, 15/25/1067, Bericht Ernst Zöllners vom 3. 7. 1950.

aufmerksam zu machen[75]. Außerdem wurde in diesem Einzelfall das Ministerium für Industrie, Hauptabteilung Leichtindustrie, mit der Bitte eingeschaltet, Verhandlungen mit der Generaldirektion der Wismut AG aufzunehmen, um einen Einstellungsstopp zu erwirken[76]. Das Arbeitsministerium sah keine Möglichkeit, die bisherige Praxis der Arbeitskräftegewinnung für den Uranbergbau im Interesse des betroffenen Betriebes zu revidieren: „Die Wismut AG zu bitten, eine Anweisung an ihre Personalabteilungen zu geben, daß sie grundsätzlich keine Arbeitskräfte aus volkseigenen Betrieben einstellen dürfen, ist unmöglich, abgesehen davon, daß sich die Wismut AG hier keine Vorschriften machen läßt."[77] Darüber hinaus befürchtete das Arbeitsministerium einen drastischen Rückgang der Arbeitskräftezuweisungen, falls die sowjetische Generaldirektion dem Anliegen nachkommen würde. Da die Abdeckung des Arbeitskräftebedarfs eine herausgehobene Bedeutung besitze und gleichzeitig auf das Zwangsinstrument der Arbeitseinweisung nicht mehr zurückgegriffen werden solle, bleibe den Arbeitsämtern kein anderer Ausweg, als Beschäftigte aus anderen Betrieben abzuwerben. In dem Zusammenhang forderte der zuständige Abteilungsleiter Huth das Ministerium für Industrie auf, vermehrt Frauen einzustellen und weibliche Jugendliche gezielt auszubilden.

Die sächsische Landesregierung berichtete Anfang Juni 1950 ausführlich über die ergriffenen Maßnahmen zur Werbung zusätzlicher Arbeitskräfte und listete dabei die Aktivitäten der einzelnen Arbeitsämter des Landes detailliert auf[78]. Dabei wurde erneut deutlich, daß Sachsen nicht in der Lage war, die Hauptlast der Arbeitskräfteanforderungen alleine zu tragen, ohne den Produktionsablauf in anderen Wirtschaftszweigen durch die Abwanderung von Arbeitern zu gefährden. Ein Hauptproblem stellte in dem Zusammenhang die unkontrollierte Fluktuation vom Stein- und Braunkohlenbergbau zum Uranbergbau dar, die bereits frühzeitig durch die Arbeitsverwaltung registriert worden war. Einige Landesregierungen hatten daraufhin versucht durchzusetzen, daß Beschäftigte nur nach vorheriger Zustimmung des jeweiligen Arbeitsamtes ihren Arbeitsplatz wechseln durften. Diese Forderung wäre de facto einem Einstellungsstopp durch die Generaldirektion der Wismut AG gleichgekommen, was wiederum unrealistisch war: Die sowjetische Grubenleitung ließ sich in ihren Kompetenzen in dem Maße nicht einengen. Es konnte kein Zweifel daran bestehen, daß der Gewinnung neuer Arbeitskräfte immer noch oberste Priorität eingeräumt wurde. Gleichwohl schien die Wismut AG bereit zu sein, die im Zuge der Fluktuation auftretende Belastung für die anderen Zweige der Grundstoffindustrie so gering wie möglich zu halten. Der Leiter der Personalabteilung bei der Wismut AG, Oberstleutnant Kolopkow, betonte gegenüber Mitarbeitern des Berliner Arbeitsministeriums am 26. Mai 1950, daß „er es nicht billige, wenn einzelne Objekte der Wismut AG Arbeitskräfte aus dem Steinkohlenbergbau [...] einstellen, ohne daß das zuständige Amt für Arbeit

[75] BAB, DQ 2/2147, Papierfabrik Antonsthal am 26. 5. 1950 an den SED-Kreisvorstand in Aue/Sa. (Abt. Wirtschaft).
[76] Ebenda, VVB Papier am 17. 6. 1950 an das Ministerium für Industrie (HA Leichtindustrie).
[77] Ebenda, Abteilungsleiter Huth am 22. 7. 1950 an das Ministerium für Industrie (HA Leichtindustrie).
[78] BAB, DQ 2/2093, Ministerium für Arbeit und Gesundheitswesen in Dresden am 5. 6. 1950 an das Ministerium für Arbeit und Gesundheitswesen in Berlin.

die Genehmigung hierzu erteilt hat"[79]. Zugleich machte der sowjetische Offizier jedoch deutlich, daß die benötigten Arbeiter „auf jeden Fall" zu stellen seien. Der Freiwilligenwerbung widersetzten sich bekanntlich zahlreiche SAG-Betriebe. Die Landesregierungen mußten daher dem Berliner Arbeitsministerium des öfteren mitteilen, daß sie entsprechende Maßnahmen dort nicht durchführen konnten. Hauptabteilungsleiter Litke wandte sich am 15. Juni 1950 mit der Bitte an die SKK in Karlshorst, die Leitungen der SAG-Betriebe darauf hinzuweisen, daß es zweckmäßig sei, wenn Einzelabsprachen mit den zuständigen Arbeitsämtern getroffen würden und die Werbung zugelassen werde[80]. Der Kreis der bergbautauglichen Personen sei – so Litke – „nicht allzu groß", so daß es durchaus möglich sei, „Ersatzkräfte für die abgehenden Arbeitskräfte zu stellen". Als Arbeitskraftreserve nannte der Hauptabteilungsleiter Erwerbsbeschränkte und Frauen. Es liegen keine Hinweise vor, inwieweit es gelang, zu solchen bilateralen Vereinbarungen zwischen den Arbeitsämtern und den SAG-Betrieben zu kommen. Angesichts der zuvor gemeldeten Blockadehaltung muß allerdings der mögliche Erfolg als sehr gering eingeschätzt werden. Letztlich war die Besatzungsmacht an fortlaufenden Reparationsentnahmen interessiert; dieses Ziel sollte nicht gefährdet werden[81].

Die Arbeitsämter im Einzugsbereich der Wismut AG wurden stellenweise unzureichend und verspätet über eintreffende Bergarbeitertransporte aus den anderen Ländern informiert. Mitunter gingen die Transporte direkt zu den sogenannten Objekten, d. h. den Schachtanlagen, wobei die zuständigen Arbeitsämter erst anschließend Kenntnis erhielten. Auf diese Weise wurde jedoch das Bestreben zunichte gemacht, die Zuweisung von Arbeitskräften besser zu koordinieren und damit effektiver zu gestalten. Das Arbeitsamt Aue zeigte sich verärgert über die ausgebliebene Absprache bei einzelnen Transporten und protestierte bei der sächsischen Landesregierung[82], welche die Klage an das Ministerium in Berlin weiterleitete[83]. Die Landesarbeitsämter waren zwar in der Vergangenheit mehrfach aufgefordert worden, darauf zu achten, daß sämtliche Arbeitskräfte, die der Wismut AG zugeteilt werden sollten, auf ihre Bergbautauglichkeit überprüft werden. Da die zeitlichen Fristen oftmals kurz gesetzt und die Landesverwaltungen mit dieser Aufgabe offensichtlich überfordert waren, kam es immer häufiger vor, daß diese Anweisung nicht befolgt wurde. Die daraus resultierende Fehlvermittlungsquote, die im ersten Halbjahr 1950 merklich angestiegen war, ließ sich nicht wirksam bekämpfen, weil die Arbeitsämter des Uranbergbaus bei zahlreichen Bergarbeitertransporten übergangen wurden. Somit entfiel nämlich die letzte Kontrollinstanz, und die sächsische Arbeitsverwaltung sah sich mit einer neuen Aufgabe konfrontiert: der Rückführung der von den Schachtleitungen abgelehnten Arbeiter. Nach

[79] BAB, DQ 2/2094, Hauptabteilungsleiter Litke am 15. 6. 1950 an das Ministerium für Industrie (HA Kohle).
[80] BAB, DQ 2/2094.
[81] Karlsch, Die Arbeitsverhältnisse in den Betrieben der SAG, S. 298.
[82] BAB, DQ 2/2094, Arbeitsamt Aue am 10. 5. 1950 an das sächsische Ministerium für Arbeit und Gesundheitswesen (HA Arbeit).
[83] Im vorliegenden Einzelfall ging es um Transporte aus Mecklenburg. BAB, DQ 2/2094, Ministerium für Arbeit und Gesundheitswesen der Landesregierung Sachsen am 25. 5. 1950 an das Ministerium für Arbeit und Gesundheitswesen (HA Arbeit).

Mitteilung von Hauptabteilungsleiter Litke betrug der Anteil der Fehlvermittlungen Ende Mai bereits 12 Prozent[84]. Der damit zusammenhängende finanzielle Mehraufwand, den er mit 100 DM pro Person angab, sei untragbar. Das Berliner Arbeitsministerium strebte im übrigen eine Kostenübernahme durch die Länder an. Die Landesregierung Mecklenburg, die wegen der unzureichenden Durchführung der Bergarbeitertransporte besonders in die Kritik geraten war, gab daraufhin eine Anweisung an alle Arbeitsämter des Landes heraus, die sowohl die Werbung als auch die Zuweisung von Arbeitskräften für den Uranbergbau in Sachsen genau festlegen sollten[85]. Dabei wurden die Arbeitsämter darauf hingewiesen, „eine sorgfältige Auswahl" der Arbeitskräfte vorzunehmen[86]. Die hinzuzuziehenden Amtsärzte sollten die Untersuchungen „nach den strengsten Maßstäben" vornehmen. Darüber hinaus sah die Anweisung detaillierte Vorschriften für den Transportverlauf sowie dessen Übergabe an die einzelnen Objekte vor. Dennoch gingen nach wie vor Klagen von seiten der sächsischen Landesregierung ein, so daß sich das Berliner Arbeitsministerium veranlaßt sah, nochmals zu betonen, daß durch die direkte Lenkung der Bergarbeitertransporte zu den einzelnen Schachtanlagen „ein völliges Durcheinander" entstehe[87]. Diese Auseinandersetzung machte erneut deutlich, daß die Anweisungen der Verwaltungen auch zu diesem Zeitpunkt nur eine begrenzte Durchschlagskraft besaßen.

Die Generaldirektion der Wismut AG ging von einem Arbeitskräftebedarf für das laufende Jahr 1950 in Höhe von 100000 aus[88]. Diese Zahl demonstrierte die anhaltend große Nachfrage, die letztlich mit den in den Arbeitsverträgen enthaltenen kurzen Laufzeiten von maximal sechs Monaten zusammenhing. Die dadurch bedingte, quasi natürliche Fluktuationsrate wurde noch verstärkt durch die eigenständige Abwanderung einzelner Bergarbeiter, die mit den Arbeits- und Lebensbedingungen im sächsischen Erzbergbau unzufrieden waren. Der FDGB-Bundesvorstand regte in dem Zusammenhang die Ausarbeitung eines Arbeitskräfteabdeckungsplanes an, der die Abwanderungsbewegung zu berücksichtigen hatte. Darüber hinaus sollte dieser Plan aber gleichzeitig die Prioritäten bei der Zuteilung von Arbeitskräften deutlich werden lassen. Das Ministerium für Arbeit und Gesundheitswesen informierte die Landesministerien über diesen Vorstoß und bat um Stellungnahme[89]. Die sächsische Landesregierung hielt die Erstellung eines Gesamtplanes, in dem die Auflagen für den Erzbergbau auf die einzelnen Betriebe aufgeschlüsselt werden sollten, für undurchführbar[90]. Bereits 1948 seien die Betriebe in drei Dringlichkeitsstufen eingeteilt worden. In dem Zusammenhang hätten die Arbeitsämter die Anweisung erhalten, Arbeitskräfte aus den zur

---

[84] BAB, DQ 2/2094, Hauptabteilungsleiter Litke am 22. 5. 1950 an das mecklenburgische Ministerium für Arbeit und Gesundheitswesen.
[85] Ebenda, Anweisung I a – 34/50 vom 28. 6. 1950.
[86] Ebenda, S. 1.
[87] BAB, DQ 2/2094, Abt. Arbeitskraftlenkung am 5. 7. 1950 an das Ministerium für Arbeit und Gesundheitswesen in Schwerin.
[88] SAPMO, DY 34, 15/25/1067, Bericht Ernst Zöllners vom 3. 7. 1950. Zöllner hatte kurz zuvor eine Unterredung mit dem stellvertretenden Leiter der Informationsabteilung in Chemnitz geführt.
[89] BAB, DQ 2/2094, Abt. Arbeitskräftelenkung am 17. 7. 1950 an alle Ministerien für Arbeit und Gesundheitswesen in den Ländern.
[90] Ebenda, Ministerium für Arbeit und Aufbau des Landes Sachsen am 9. 9. 1950 an das Ministerium für Arbeit und Gesundheitswesen.

Dringlichkeitsstufe I zählenden Betrieben nicht abzuziehen. Dadurch seien wiederum die Möglichkeiten der Arbeitsverwaltung, Arbeitskräfte für den Uranbergbau zu gewinnen, erheblich eingeschränkt worden, so das sächsische Landesministerium in seiner Begründung. Eine zusätzliche Belastung bedeutete außerdem die Erteilung besonderer Auflagen, die dazu führen konnten, daß Betriebe aus der III. in die I. Stufe aufrückten und auf diese Weise keine Arbeiter abzugeben brauchten.

Während sich die Arbeitsverwaltung darum bemühte, Arbeitskräfte für den Uranbergbau zu gewinnen, wiesen Betriebe der Schwerindustrie immer häufiger auf die Folgen der lohnbedingten Fluktuation für die eigene betriebliche Produktion hin[91]. Das Ministerium für Arbeit und Gesundheitswesen registrierte zwar die Klagen einzelner volkseigener Betriebe, ordnete deren Anliegen aber stets dem Ziel der Plansollerfüllung für die Wismut AG unter. Die Bereitschaft der übrigen Wirtschaftszweige und der sie leitenden Industrieministerien, einen Beitrag zur Stabilisierung bzw. zum Ausbau des Beschäftigtenbestandes bei der Wismut AG zu leisten, war begrenzt und schien sogar deutlich abzunehmen. So weigerten sich offenbar zahlreiche thüringische Textilbetriebe im Sommer 1950, Arbeitskräfte abzugeben[92]. Das zuständige Ministerium für Arbeit und Sozialwesen in Erfurt zeigte Verständnis für diese Reaktionen auf betrieblicher Ebene[93]. Gleichzeitig verpflichtete jedoch die thüringische Landesregierung offiziell alle Verwaltungen des Landes, aktiv an der Werbung von Arbeitskräften mitzuwirken. Das aufgestellte Plansoll wurde „als verbindlich" und zur „Schwerpunktaufgabe" der Landesverwaltung erklärt[94]. Auf Anfrage stellte das Arbeitsministerium in Berlin fest, daß Facharbeiter, „an denen ein Mangel besteht, der Wismut AG nicht zur Verfügung zu stellen [sind], auch wenn sie sich freiwillig melden"[95]. Diese Bestimmung bezog sich ausdrücklich auf die Textilindustrie, galt jedoch auch für andere Wirtschaftszweige und schränkte letztlich den zuvor erlassenen Aufruf erheblich ein. Die thüringische Landesregierung bemühte sich zwar auch weiterhin, den Auflagen nachzukommen, das zukünftige Hauptinteresse lag jedoch vor allem in der Senkung der sogenannten Fehllenkungsquote[96]. Es sollte verhindert werden, daß Bergarbeitertransporte wieder zurückgeschickt werden mußten.

In einem Bericht über die Entwicklung der „Arbeitslage" in der DDR im ersten Halbjahr 1950 mußte das Ministerium für Arbeit und Gesundheitswesen einräu-

---

91 Vgl. BAB, DQ 2/1886, VVB VESTA Leipzig am 21. 7. 1950 an das Ministerium für Arbeit und Gesundheitswesen in Berlin.
92 BAB, DQ 2/2148, Amt für Arbeit und Sozialfürsorge Gera am 22. 7. 1950 an das Ministerium für Arbeit und Sozialwesen in Erfurt.
93 Ebenda, Ministerium für Arbeit und Sozialwesen des Landes Thüringen am 27. 7. 1950 an das Ministerium für Arbeit und Gesundheitswesen (HA Arbeit) in Berlin.
94 ThHStA, Land Thüringen, Büro des Ministerpräsidenten, Bd. 1685–1688, Bl. 53, Regierungsbeschluß vom 15. 8. 1950. Die einzelnen Arbeitsämter gaben diese Anweisung an die Betriebsleitungen und Betriebsgewerkschaftsleitungen weiter. Vgl. ThHStA, Land Thüringen, Ministerium für Wirtschaft und Arbeit, Bd. 3597, Bl. 233, Rundschreiben des Amtes für Arbeit und Sozialfürsorge Erfurt am 28. 8. 1950.
95 BAB, DQ 2/2148, Abt. Arbeitskraftlenkung am 21. 8. 1950 an das thüringische Ministerium für Arbeit und Gesundheitswesen.
96 ThHStA, Land Thüringen, Büro des Ministerpräsidenten, Bd. 1685–1688, Bl. 49, Schreiben von Ministerpräsident Eggerath am 20. 9. 1950 an den Minister für Arbeit und Sozialwesen Willy Albrecht.

men, die Anziehungskraft des Erzbergbaus sei weiterhin so groß, daß „im Interesse wichtiger Produktionsbetriebe teilweise dem Abwandern Einhalt geboten werden mußte"[97]. Hauptabteilungsleiter Litke nahm die Entwicklung in Thüringen zum Anlaß, die Arbeitsämter hinsichtlich ihrer Werbung für den sächsischen Uranbergbau zu überprüfen. Er bemängelte, daß in den ländlichen Gebieten keine „Sichtwerbung" in Form von Plakaten betrieben worden sei[98]. Kurz zuvor hatte das thüringische Ministerium für Arbeit und Sozialwesen sämtliche Arbeitsamtsleiter zu einer Tagung eingeladen, um die Dringlichkeit der Arbeitskräftelenkung für die Wismut AG nochmals zu unterstreichen, die als nationale Aufgabe herausgestellt wurde[99]. Die Abteilung Arbeitskraftlenkung beim Ministerium für Arbeit und Gesundheitswesen registrierte Ende August einen erheblichen Rückstand bei der Erfüllung des Plansolls, die noch nicht einmal bei 50 Prozent lag[100]. Während für den Monat Juli insgesamt 25 000 Arbeitskräfte angefordert worden waren, konnten doch nur 11 824 gestellt werden. Mehr als die Hälfte der Arbeiter stammten aus Sachsen, das damit nach wie vor die Hauptlast bei der Abdeckung der Arbeitskräfteanforderungen trug. Die Leitung der Wismut AG hatte zuvor festgelegt, daß im III. Quartal 1950 70 000 Arbeitskräfte bereitzustellen waren. Angesichts der geschilderten Problemlagen schien es jedoch illusorisch zu sein, den sowjetischen Erwartungen gerecht zu werden.

Die Generaldirektion der Wismut AG verhängte einen kurzfristigen Einstellungsstopp, da die Belegschaften einzelner Schachtanlagen zusammengelegt werden sollten, um dadurch Arbeitsplätze einzusparen[101]. Diese Maßnahme, die weder mit der Arbeitsverwaltung noch mit der sächsischen Landesregierung abgesprochen worden war, konterkarierte die Anstrengungen der deutschen Verwaltungen, den sowjetischen Anforderungen nachzukommen und die Bergarbeitertransporte zügig in das Uranbergbaugebiet zu entsenden. Das Ministerium für Arbeit und Gesundheitswesen sah sich daraufhin gezwungen, den Landesregierungen die Einstellungssperre mitzuteilen[102]. Sämtliche geplanten Transporte waren daher zu stornieren und sollten erst dann wieder in Gang gesetzt werden, wenn die Wismut AG die Sperre aufheben würde. Die Beschäftigungspolitik der Wismut AG erfuhr allerdings noch eine weitere zentrale Veränderung: Neben dem vorläufigen Abbruch der Neueinstellung erfolgten im September 1950 erstmals Massenentlassungen durch die Direktion der Wismut AG, die ebenfalls mit der deutschen Arbeitsverwaltung nicht abgestimmt worden waren und am 1. September im Kreis Annaberg begannen[103]. Das genaue quantitative Ausmaß dieser Aktion ist nicht zu ermitteln. Es scheint aber festzustehen, daß die Entlassungen in engem Zusammenhang mit einer Mechanisierung in den einzelnen Gruben standen. Die sowjetische Leitung räumte anläßlich einer Besprechung

---

[97] BAB, DQ 2/1007, Bericht vom 9. 8. 1950, S. 2.
[98] BAB, DQ 2/2094, Vermerk Litkes vom 22. 8. 1950 für Staatssekretär Peschke.
[99] Ebenda, Protokoll über die am 18. 8. 1950 im Hotel „Erfurter Hof" stattgefundene Tagung.
[100] Ebenda, Abt. Arbeitskraftlenkung am 24. 8. 1950 an Staatssekretär Peschke.
[101] Ebenda, Aktenvermerk der Abt. Arbeitskraftlenkung (Timme) vom 1. 9. 1950.
[102] Ebenda, Abt. Arbeitskraftlenkung (Krüger) am 7. 9. 1950 an den Magistrat von Groß-Berlin.
[103] SächsHStA, Landesregierung Sachsen, Ministerium für Arbeit und Sozialfürsorge, Bd. 402, Ministerium für Arbeit und Aufbau Sachsen (HA Arbeit) am 10. 11. 1950 an die SED-Abteilungsbetriebsgruppe Arbeit.

mit deutschen Vertretern des Arbeitsministeriums aus Berlin, Dresden und Halle ein, daß die Wismut AG „in den Jahren von 1946 bis zum 1. 9. 1950 völlig falsch und unrentabel gewirtschaftet" habe[104]. Es sei „nicht auf Geld geachtet" worden, und die Arbeitskräfte seien angefordert worden, „ohne zu berücksichtigen, daß diese völlig ungerechtfertigten Kräfteanforderungen weitaus höhere Kosten verursachen, als vorgesehen war." Nach Angaben der Generaldirektion wurden die Entlassungen jedoch nicht planlos vorgenommen. Vielmehr habe man – so der Stellvertreter von General Malzew, Ponomarenko – drei Kategorien gebildet: „Arbeitsbummelanten", Personen, „die die Arbeitsmoral und Disziplin untergraben haben", und Bergarbeiter, die den Uranbergbau wieder verlassen wollten[105]. Die Direktion der Wismut AG schloß sich insgesamt gesehen der kritischen Beurteilung durch die deutsche Arbeitsverwaltung an. Offenbar hatten in erster Linie sicherheitspolitische Gründe für den Sinneswandel gesorgt. So räumte Ponomarenko dem Ziel sozialer Stabilität im sächsischen und thüringischen Erzbergbau eindeutig Vorrang ein: „Durch die überstürzten Kräfteanforderungen sind naturgemäß auch ‚Parasiten' mit hineingekommen, die es verstanden haben, auch ohne zu arbeiten, einen ausreichenden Lohn zu erhalten. [...] Durch diese Elemente wurde die Arbeitsmoral stark untergraben, die Arbeitsdisziplin sank, und die in großer Zahl vorhandenen guten Kräfte wurden verdorben. Es war also dringend notwendig, die Ordnung in den Objekten [der Wismut AG] wieder herzustellen."[106] Abschließend vereinbarten die Vertreter der Generaldirektion und der Arbeitsverwaltung, daß zukünftig nur diejenigen Arbeitskräfteanforderungen gültig seien, die zuvor von der Leitung der Wismut AG dem Ministerium für Arbeit und Gesundheitswesen zugeleitet wurden. Dies war ein erneuter Anlauf, um zu verhindern, daß die einzelnen Grubenleitungen eigene Anweisungen herausgaben[107].

Parallel dazu ging die Suche nach beschäftigungslosen Erwerbsfähigen als potentielle Arbeitskraftreserve weiter. Der Minister für Industrie Fritz Selbmann vermutete in einzelnen Ländern noch nicht erfaßte Arbeitskräfte, die es in enger Zusammenarbeit mit den Kommunalverwaltungen zu mobilisieren galt[108]. Somit könne das Plansoll der zu stellenden Arbeiter erfüllt werden, ohne daß Eingriffe in die Belegschaften der volkseigenen Betriebe vorgenommen werden müßten. Nach Auffassung des Arbeitsministeriums konnte es sich bei der in Frage kommenden Personengruppe nur um „arbeitsscheue Elemente" handeln, bei denen die zuständigen Volkspolizeidienststellen eingeschaltet werden sollten[109]. Dagegen wurde das Instrument der Arbeitseinweisung als möglicher Lösungsweg kategorisch ausgeschlossen, da eine Verschlechterung der Stimmungslage befürchtet wurde. Die Werbung für den Erzbergbaus sollte vielmehr so durchgeführt wer-

---

[104] BAB, DQ 2/2094, Bericht über die Besprechung mit der Hauptverwaltung der Wismut AG in Siegmar-Schönau am 28. 9. 1950, S. 1 f.
[105] Ebenda, S. 2.
[106] Ebenda, S. 2 f.
[107] Ebenda, S. 4.
[108] BAB, DQ 2/2094, Minister Selbmann am 10. 6. 1950 an den Ministerpräsidenten des Landes Brandenburg.
[109] Ebenda, Aktenvermerk vom 29. 7. 1950.

den, daß „eine Beunruhigung der Bevölkerung nicht eintritt"[110]. Statt dessen schlug die Abteilung Arbeitskraftlenkung die Auszahlung von Prämien an Mitarbeiter der Landesministerien, der Arbeitsverwaltung sowie der Massenorganisationen vor. Über Leistungsanreize erhoffte sich das Ministerium eine Verbesserung der Werbeaktivitäten und eine Steigerung der neugewonnenen Arbeiter für den Uranbergbau[111]. Die Parteileitung der LDP sprach sich dafür aus, Arbeitskräften, die sich freiwillig für den Einsatz im Uranbergbau meldeten, die Rückkehr auf den angestammten Arbeitsplatz zu garantieren[112]. Dem Ministerium für Arbeit und Gesundheitswesen wurde vorgeschlagen, eine entsprechende Anordnung zu erlassen. Mit diesem Vorstoß rannte die Blockpartei offene Türen ein: Abteilungsleiter Huth verwies in seinem Antwortschreiben darauf, daß dieses Konzept bereits „seit einigen Monaten" praktiziert werde[113]. Es sei – so der leitende Mitarbeiter des Arbeitsministeriums – mittlerweile möglich, innerhalb der Betriebe sogenannte Betriebsaktivs zu bilden, die sich geschlossen für den Arbeitseinsatz im Uranbergbau melden. Nach Ablauf eines Jahres könnten die Mitglieder des Betriebsaktivs entscheiden, ob sie weiterhin bei der Wismut AG beschäftigt bleiben oder auf den alten Arbeitsplatz zurückkehren möchten.

Mit der Freiwilligenwerbung zum Uranbergbau sollte erst wieder ab dem 15. Oktober 1950 begonnen werden, um die laufenden Umstrukturierungsmaßnahmen bei der Wismut AG ungehindert abschließen zu können[114]. Zwar hatte die sowjetische Generaldirektion in einem kurz zuvor mit den Landesregierungen geschlossenen Vertrag zugesichert, einen „Werbebeitrag" von 10,– DM für jeden für den Erzbergbau geworbenen und eingestellten Arbeiter zu zahlen[115], doch für die Arbeitsämter war mittlerweile die Versorgung der entlassenen Wismut-Arbeiter zur vordringlichen Aufgabe geworden. Im Zuge dieser Entlassungswelle gelangte ein Thema wieder auf die politische Agenda, das zuvor nicht geregelt worden war: die Ausgabe von einbehaltenen Personalausweisen. Hauptabteilungsleiter Litke teilte dem Ministerium des Innern mit, daß sich die Wismut AG dazu bereit erklärt habe, Ausweise von Personen, die nicht mehr bei ihr beschäftigt sind, an die Volkspolizeiämter des Erzbergbaugebietes auszuhändigen[116]. Von dort sollten sie dann an die Volkspolizeiämter der Heimatkreise weitergeleitet werden. Strittig blieb dagegen die Frage, ob ehemaligen Wismut-Arbeitern Ersatzausweise ausgehändigt werden durften. Während die Arbeitsverwaltung diesen Schritt bejahte, um die entlassenen Arbeiter schnellstmöglich wie-

---

[110] BAB, DQ 2/903, Bl. 129, Aktennotiz Steidles vom 24. 8. 1950.
[111] BAB, DQ 2/2094, DWK-Hausmitteilung [sic] von der Abt. Arbeitskraftlenkung an Hauptabteilungsleiter Litke.
[112] Ebenda, LDP-Parteileitung am 16. 8. 1950 an das Ministerium für Arbeit und Gesundheitswesen.
[113] Ebenda, Huth am 25. 8. 1950 an die LDP-Parteileitung.
[114] SächsHStA, Landesregierung Sachsen, Ministerium für Arbeit und Sozialfürsorge, Bd. 397, Ministerium für Arbeit und Gesundheitswesen am 5. 10. 1950 an das Ministerium für Arbeit und Aufbau in Dresden, S. 3.
[115] Bei der Berechnung der Werbekosten sollten die bestätigten Transportlisten zugrundegelegt werden. BAB, DQ 2/2095, Ministerium für Arbeit und Gesundheitswesen Sachsen-Anhalt am 2. 11. 1950 an das Ministerium der Finanzen. Dagegen sprachen sich die Arbeitsamtsleiter in Mecklenburg dafür aus, daß die Wismut AG die gesamte Werbungskosten übernehmen sollte. BAB, DQ 2/2097, Ministerium für Arbeit und Sozialwesen Mecklenburg am 6. 1. 1951 an das Ministerium für Arbeit in Berlin.
[116] BAB, DQ 2/1753, Litke am 10. 11. 1950 an das MdI (Sekretariat des Staatssekretärs).

der beruflich einsetzen zu können, sprach sich die Hauptverwaltung Deutsche Volkspolizei (HVDVP) kategorisch gegen den Vorschlag aus. Aus Gründen der Sicherheit – so der Chefinspekteur der Volkspolizei Lust – müsse darauf bestanden werden, daß die bei der Wismut AG abgegebenen Personalausweise der Volkspolizei zurückgegeben werden. Sicherheitspolitische Bedenken waren für die dem Innenministerium unterstehende Hauptverwaltung ausschlaggebend: „Ein doppelt ausgestellter Deutscher Personalausweis leistet den Agenten und Saboteuren Vorschub in ihrem verbrecherischen Treiben gegen die antifaschistisch-demokratische Ordnung."[117]

Die Arbeitskräftelenkung im Bereich des Uranbergbaus blieb auch weiterhin gekennzeichnet von kurzfristig formulierten Zielen, die sich in erheblichem Ausmaße an den sowjetischen Interessen zu orientieren hatten. Während – wie bereits angesprochen – im September ein Einstellungsstopp erfolgt war und eine „Freisetzung" zahlreicher Bergarbeiter eingesetzt hatte, sah sich das Arbeitsministerium Ende 1950 mit einer erneuten Arbeitskräfteauflage konfrontiert. Diese für die Arbeitsverwaltung überraschend angemeldete Nachfrage resultierte daraus, daß zum einen „ein bedeutender Teil" der zwischen der Wismut AG und den Arbeitern abgeschlossenen Verträge auslief und zum anderen eine Produktionserhöhung für 1951 vorgesehen war. Arbeitsminister Chwalek wurde angewiesen, im I. Quartal 1951 zusätzlich 40000 Arbeitskräfte für den Uranbergbau zu vermitteln[118]. Chwalek leitete die sowjetische Anforderung eine Woche später an die Landesregierungen weiter[119]. In die anschließend einsetzende Werbekampagne sollten nicht nur die Massenorganisationen, sondern auch die Kammern der Wirtschaft eingebunden werden, die dagegen Einspruch erhoben. So wandte sich etwa die Industrie- und Handelskammer Sachsen-Anhalt gegen den Versuch der Arbeitsverwaltung, einzelnen IHK-Kreisgeschäftsstellen Aufgaben der Arbeitskräftewerbung für die Wismut AG zu übertragen[120].

Die thüringische Landesregierung erwog kurzzeitig, beim Ministerium für Industrie und Aufbau eine Abteilung zu bilden, die sich ausschließlich mit Fragen der Plansollerfüllung für den Erzbergbau beschäftigen sollte[121]. Mit den neuen sowjetischen Arbeitskräfteanforderungen schien der Versuch des Berliner Arbeitsministeriums wieder gefährdet zu sein, einheitliche Richtlinien und Maßnahmen durchzusetzen. Statt dessen entwickelte jede Landesregierung eigene Lösungsansätze, um die jeweiligen Auflagen erfüllen zu können. Innerhalb des Ministeriums für Arbeit und Gesundheitswesen bestand rasch Einigkeit darüber, den Vorschlag Thüringens abzulehnen: „Wenn in Sachsen eine besondere ,Abteilung' nicht besteht und nicht geplant ist, wird sie sich auch für Thüringen erübrigen."[122] Als zu-

117 BAB, DQ 2/2097, HVDVP am 27. 11. 1950 an das Ministerium für Arbeit (HA Arbeit).
118 BAB, DQ 2/2095, Ministerpräsident Grotewohl am 8. 12. 1950 an Arbeitsminister Chwalek.
119 ThHStA, Land Thüringen, Büro des Ministerpräsidenten, Bd. 1685–1688, Bl. 47, Arbeitsminister Chwalek am 15. 12. 1950 an den Ministerpräsidenten von Thüringen (Eggerath). Thüringen sollte demnach 8500 Arbeitskräfte stellen, davon 3000 im Januar 1951.
120 LA Magdeburg LHA, Rep. K MW, Nr. 9448, Bl. 118, IHK Sachsen-Anhalt am 8. 1. 1951 an das Ministerium für Wirtschaft (HA Arbeit) von Sachsen-Anhalt.
121 BAB, DQ 2/721, Ministerpräsident Eggerath am 15. 1. 1951 an Arbeitsminister Chwalek.
122 Ebenda, Hausmitteilung der Abt. Arbeitskraftlenkung vom 26. 1. 1951 an das Sekretariat des Ministers. Hauptabteilungsleiter Litke unterstrich die Position der Abt. Arbeitskraftlenkung. Vgl. BAB, DQ 2/721, Hausmitteilung Litkes vom 27. 1. 1951 an Minister Chwalek.

sätzliches Argument wurde angeführt, daß kein Grund für eine Vergrößerung des Verwaltungsapparates bestehe. Ein entsprechendes Antwortschreiben sandte Minister Chwalek am 6. Februar 1951 an den thüringischen Ministerpräsidenten Werner Eggerath: „Es besteht die Gefahr, daß durch Schaffung einer solchen selbständigen Abteilung ein Nebeneinander in der Arbeitskraftlenkung eintritt, was unbedingt vermieden werden sollte, und zum anderen wird der Tendenz der Erhaltung bzw. Aufblähung des Verwaltungskörpers Vorschub geleistet."[123]

Nachdem die Arbeitskräftewerbung für den Uranbergbau wieder aufgenommen worden war, sahen sich die Landesverwaltungen rasch mit dem Problem konfrontiert, daß zahlreiche Betriebe die Mitarbeit verweigerten bzw. nicht bereit waren, sogenannte Betriebsaktivs zu bilden[124]. In solchen Fällen wurde das Berliner Arbeitsministerium eingeschaltet, das sich daraufhin an die zuständigen Industrieministerien oder Staatssekretariate wandte. Das bedeutete wiederum eine erhebliche zeitliche Verzögerung bei der Abdeckung des gemeldeten Bedarfs und einen erheblichen Verwaltungsaufwand für die Arbeitsverwaltung, dessen Nutzen zunehmend in Frage geriet. Den Betrieben gelang es in der Regel, das verhängte Plansoll deutlich zu reduzieren: Auf einer gemeinsamen Sitzung mit Mitarbeitern des Ministeriums für Industrie und Aufbau von Sachsen-Anhalt versuchte die Betriebsleitung des volkseigenen Betriebes Carl Zeiss (Jena) deutlich zu machen, daß die Anweisung des zuständigen Arbeitsamtes, 300 Arbeitskräfte zu stellen, zu hoch bemessen sei. Nach längerer Diskussion einigten sich beide Seiten auf ein Plansoll in Höhe von 120; gleichzeitig verpflichtete sich das Arbeitsamt Jena, für diese Personengruppe Ersatzarbeitskräfte zu gewinnen[125]. Die Arbeitskräftenachfrage beschränkte sich zunächst nur auf die Bergarbeiter, schloß aber bald die Baufacharbeiter mit ein. Hintergrund für diese Entwicklung war das Wiederaufleben des Wohnungsbauprogramms, das auf eine Initiative der Generaldirektion der Wismut AG zurückging. Dieses Programm sollte – so das ehrgeizige Ziel – mit dazu beitragen, die Fluktuation unter den Wismut-Arbeitern zu senken und langfristig eine Stammbelegschaft heranzubilden[126]. Die unzureichende wohnliche Unterbringung der Arbeiter, die neu angeworben worden waren, dauerte auch 1951 immer noch an. Der Familienzuzug in die Kreise des Erzbergbaus war nach wie vor nicht geregelt, was nicht selten dazu führte, daß zugewiesene Arbeitskräfte das Arbeitsverhältnis wieder auflösten, nachdem ihnen der Zuzug der Ehefrauen verweigert worden war[127].

Die Bereitstellung von Arbeitskräften für die Wismut AG hinkte – wie bereits mehrfach betont – hinter den gesteckten Zielen her und erfüllte die Erwartungen der Arbeitsverwaltung nicht. So hatte Sachsen die gestellte Auflage Mitte Februar 1951 zu 70 Prozent erfüllt. Thüringen wies eine Quote von 55, Sachsen-Anhalt

---

[123] BAB, DQ 2/721.

[124] Vgl. BAB, DQ 2/2148, Ministerium für Wirtschaft von Sachsen-Anhalt am 9. 2. 1951 an das Ministerium für Arbeit (HA Arbeit).

[125] BAB, DQ 2/2147, Bericht der Abt. Arbeitskraftlenkung über die Sitzung am 10. 2. 1951 im VEB Carl Zeiss Jena.

[126] BAB, DQ 2/2096, Hauptabteilungsleiter Litke am 14. 2. 1951 an das Ministerium für Industrie, Verkehr, Aufbau und Arbeit von Sachsen-Anhalt, S. 1.

[127] BAB, DQ 2/2131, Gunther R. aus Burow (Mecklenburg) am 15. 2. 1951 an das Arbeitsamt Parchim.

332 II. Arbeitskräftelenkung im Zeichen der Planungseuphorie

und Mecklenburg eine Quote von 47 bzw. 45 Prozent auf; Schlußlicht war offenbar Brandenburg mit 27 Prozent[128]. Die Vertreter der Landesministerien wurden deshalb auf einer gemeinsamen Tagung aufgefordert, ihre Werbeaktivitäten zu verstärken[129]. Nachhaltigen Druck bekamen die Landesregierungen auch von der SKK zu spüren. Die brandenburgische Arbeitsverwaltung arbeitete deshalb einen Maßnahmenkatalog aus und räumte gleichzeitig ein, daß mit dem beginnenden Aufbau des Eisenhüttenkombinats Ost (EKO) ein Konkurrent auf der Nachfrageseite aufgetreten war. Die Wanderungsbewegung kehrte sich somit um: „Es geht bereits soweit, daß Arbeitskräfte bei der AG-Wismut die Arbeit niederlegten und beim Hüttenkombinat Ost versuchen, Arbeit zu bekommen."[130] Zur Unterstützung der Tätigkeit der Arbeitsämter waren in Sachsen-Anhalt ein Landesausschuß und zahlreiche Kreisausschüsse für Arbeitskraftlenkung gebildet worden, in denen sich Vertreter sämtlicher Parteien und Massenorganisationen befanden. Dennoch mußte das zuständige Landesministerium enttäuscht feststellen, daß diese Verwaltungsmaßnahme keine wesentliche Verbesserung mit sich brachte. Für die nach wie vor bestehende Diskrepanz zwischen Plansoll und Erfüllungsstand wurde nunmehr das „mangelnde Bewußtsein der Bevölkerung für den Aufbau [der] Grundstoffindustrie" verantwortlich gemacht[131].

Mitarbeiter des Ministeriums für Arbeit und Gesundheitswesen unternahmen verstärkt Dienstreisen in das Uranbergbaugebiet und beanstandeten dabei die katastrophalen Verhältnisse in einzelnen Übernachtungsheimen. Diese seien „derartig schlecht, daß man es keinem Menschen zumuten könne, dort zu verweilen"[132]. Darüber hinaus wurde die mangelhafte Organisation der Bergarbeitertransporte sowie deren Verteilung auf die einzelnen Schachtanlagen kritisiert. Ein Mitarbeiter kam in seinem Untersuchungsbericht zu dem Ergebnis: „Wenn aber jetzt schon ein so grundsätzliches Versagen festgestellt wird, dann wird bei den Ämtern für Arbeit die beste Werbung schließlich doch versagen."[133] Im Laufe des Monats März häuften sich offensichtlich die Beschwerden, so daß schließlich auch der stellvertretende Ministerpräsident Walter Ulbricht eingeschaltet wurde, der wiederum eine ausführliche Berichterstattung über die Zustände im Kreis Aue in Auftrag gab[134]. Obwohl die Mißstände bereits zuvor bekannt gewesen waren, beschränkte sich die DDR-Staatsführung darauf, weitere Untersuchungen anzufordern. Auch die SED-Führung hielt sich zunächst auffallend zurück und überließ es der Arbeitsverwaltung, die Versorgungsschwierigkeiten zu beheben. Diese veranlaßte zwar die Durchführung von Ausbesserungsarbeiten im Durchgangslager

[128] BAB, DQ 2/1761, Niederschrift über die Arbeitstagung am 20. 2. 1951, S. 7.
[129] Ebenda.
[130] BAB, DQ 2/2097, Leiter der HA Arbeit und Sozialfürsorge im brandenburgischen Ministerium für Wirtschaft und Arbeit am 23. 2. 1951 an die SKK (Planökonomische Abt.). Diesen Trend bestätigten auch spätere Berichte des Arbeitsministeriums. Vgl. BAB, DQ 2/721, Bericht der Abt. Arbeitskraftlenkung vom 21. 8. 1951.
[131] LA Magdeburg LHA, Rep. K MW, Nr. 9448, Bl. 128, Hauptabteilungsleiter Eifler am 19. 3. 1951 an die Landeskommission für Staatliche Kontrolle Sachsen-Anhalt, S. 1 f.
[132] BAB, DQ 2/2096, Bericht über die am 27. 2. 1951 durchgeführte Dienstreise nach Aue, S. 1.
[133] BAB, DQ 2/2097, Bericht Arndts vom 1. 3. 1951, S. 3.
[134] Vgl. BAB, DQ 2/2097, Abteilungsleiter Heisig am 21. 3. 1951 an das Ministerium für Verkehr. Ein weiterer Bericht lag bereits am 28. 3. 1951 vor, der die ersten Eindrücke über das Auffanglager bestätigte. BAB, DQ 2/2097, Bericht der Abt. Arbeitskraftlenkung vom 28. 3. 1951.

Auerhammer, so daß wieder ankommende Bergarbeiter vorübergehend untergebracht werden konnten. Gleichzeitig plädierte Hauptabteilungsleiter Litke dafür,
die Generaldirektion der Wismut AG stärker in die Verantwortung zu nehmen
und kündigte weitere Verhandlungen mit der sowjetischen Grubenleitung an[135].
Der stellvertretende Ministerpräsident Ulbricht wurde gebeten, seinerseits an General Malzew heranzutreten, um die Position des Arbeitsministeriums zu unterstützen[136].

Die Bergarbeitertransporte für den sächsischen Erzbergbau wurden vorerst bis
Ende Mai bzw. Anfang Juni ausgesetzt[137]. Diese Pause sollte offensichtlich dazu
genutzt werden, um Fragen der Versorgung mit Wohnraum und der Arbeitsverhältnisse in den Gruben zu erörtern. Darüber hinaus waren die beschäftigungspolitischen Ziele der Wismut AG nach wie vor unklar: Die zuvor einsetzende Entlassungswelle erfaßte mittlerweile auch die Lehrlinge, was wiederum dazu führte,
daß Bestrebungen der Staatlichen Plankommission und des Arbeitsministeriums,
den Uranbergbau in den Nachwuchsplan 1951 aufzunehmen, gegenstandslos
wurden[138]. Erneut waren die deutschen Verwaltungen vorab nicht informiert
worden. Sie befanden sich in einer passiven Position, da sie auf die eigenmächtig
getroffenen Entscheidungen der Wismut-Verwaltung nur verspätet und improvisiert reagieren konnten. Längerfristige Planungen von seiten der Arbeitsverwaltung waren somit kaum möglich. Zu diesem Zeitpunkt schätzte das Arbeitsministerium die Beschäftigungslage insgesamt eher pessimistisch ein: Durch die
Entlassungen waren zunächst einmal die Zahlen der Arbeitsuchenden in Sachsen
angestiegen[139]. Ein Blick auf die Gesamtentwicklung der Arbeitslosenzahlen, die
im Jahr 1951 einen klaren Abwärtstrend aufwiesen (vgl. Tabelle 6, S. 271), legt
jedoch die Vermutung nahe, daß es den Arbeitsämtern vergleichsweise rasch gelungen sein muß, in anderen Ländern die Arbeitslosenquote so zu senken, daß die
Entlassung der Bergarbeiter der Wismut AG nicht zu einem Anstieg der Gesamt-
zahlen führte. In Sachsen konnten dagegen die entlassenen Wismut-Arbeiter „nur
unwesentlich" in andere Wirtschaftszweige umgelenkt werden[140].

Zur Verbesserung der Lage auf dem Wohnungsmarkt im Einzugsbereich der
Wismut AG war sogar geplant, von der Emissionsbank der DDR Darlehen an
Einzelpersonen auszahlen zu lassen, mit denen der individuelle Wohnungsbau ge-
fördert werden sollte. Diese Fördermaßnahme, für die bereits in den letzten drei
Quartalen des Jahres 1950 15 Millionen DM eingeplant worden waren, konnte so-
wohl von Arbeitern und Angestellten als auch von Mitgliedern der „technischen

---

[135] BAB, DQ 2/2096, Litke am 12. 4. 1951 an das Sekretariat des stellv. Ministerpräsidenten Ulbricht,
S. 3.
[136] Ebenda, S. 4.
[137] BAB, DQ 2/1721, Bericht der HA Arbeit der Landesregierung Sachsen-Anhalt vom 16. 4. 1951.
[138] BAB, DQ 2/2131, Aktenvermerk der HA Arbeit vom 25. 4. 1951, S. 3. Die Landesregierung Sachsen meldete allein 300 entlassene Jugendliche, die auf andere volkseigene Betriebe verteilt wurden.
Die Entlassungen erfolgten vor Abschluß des Lehrvertrages und wurden mit dem Hinweis auf
Einsparungsmaßnahmen begründet. Die Umverteilung der Lehrlinge führte letztlich aber zur personellen Überbelegung der volkseigenen Betriebe.
[139] BAB, DQ 2/1728, Abt. Arbeitskraftlenkung am 26. 6. 1951 an den Org.-Instrukteur, S. 1. Während des 1. Halbjahrs 1951 sollen insgesamt über 30000 Arbeiter entlassen worden sein. Roeling,
Arbeiter im Uranbergbau, S. 125.
[140] Ebenda, S. 5.

Intelligenz" in Anspruch genommen werden[141]. Die Wohnraumversorgung wurde aber dadurch noch erschwert, daß in einigen Kreisen bereits belegte Unterkünfte für sowjetische Zivilbedienstete geräumt werden mußten. Bei Verhandlungen zwischen Vertretern der Wismut AG, dem Bürgermeister von Auerbach sowie betroffenen Familien kam es am 7. Juli zu „politischen Demonstrationen" gegen die geplanten Räumungen, so Fritz Lange in einem kurzen Bericht an Walter Ulbricht[142].

Im Frühsommer 1951 wurde der Einstellungsstopp aufgehoben, und der Arbeitskräftebedarf stieg wieder merklich an. Für den Zeitraum vom 1. bis zum 20. Juli benötigte der sächsische Erzbergbau 10000 Bergarbeiter, wobei dem Arbeitsministerium in Berlin die Auflage erst am 25. Juni mitgeteilt wurde[143]. Die Arbeitsverwaltung war über die rasch wechselnden sowjetischen Anordnungen sichtlich irritiert: Der Anfang 1951 erteilten Auflage von 40000 Arbeitskräften folgte im Frühjahr ein Einstellungsstopp, der wenige Wochen später durch eine erneute Auflage revidiert wurde. Während die Arbeitsämter von einem mittel- und langfristigen Rückgang des Arbeitskräftebestandes bei der Wismut AG ausgingen, kündigte der Chef der Personal-Hauptverwaltung Schumilin an, daß der Bedarf noch weiter steigen werde[144]. Arbeitsminister Chwalek wandte sich hilfesuchend an die Ministerpräsidenten der Länder und bat um nachhaltige Unterstützung bei der Bereitstellung von Arbeitskräften für den Uranbergbau[145]. Die sowjetische Auflage wurde auf die einzelnen Länder folgendermaßen aufgeteilt: Sachsen hatte 3200 Arbeitskräfte zu stellen, Sachsen-Anhalt 1800, Thüringen 2000, Mecklenburg 1500 und Brandenburg 1000[146]. Während Thüringen seine zu stellenden Arbeitskräfte in die im eigenen Land liegenden Gruben der Wismut AG entsenden sollte, wurde die restliche Auflage für den sächsischen Erzbergbau benötigt. Auch einzelne Fachministerien wurden von Chwalek angesprochen und um Mithilfe gebeten: Dabei unterstrich er nochmals, daß nur bergbautaugliche Arbeitskräfte eingestellt werden könnten[147]. Die Zahl der Wirtschaftszweige bzw. Schwerpunktbetriebe, die von der Auflage nicht betroffen waren, vergrößerte sich. Neben dem Erz- und Steinkohlenbergbau sowie dem Eisenhüttenkombinat Ost nannte Chwalek unter anderem das Bauvorhaben „Südlicher Außenring"[148]. Die angeschriebenen Ministerien kamen der Bitte des Arbeitsministers weitgehend nach. Der Minister für Leichtindustrie gab sogar mehrmals Dienstanweisungen an die Betriebsleiter der ihm unterstehenden Wirtschaftszweige weiter, in denen zur Bereitstellung von Arbeitskräften für die Wismut AG aufgerufen wurde[149].

[141] SAPMO, NY 4090/315, Bl. 98, Merkblatt (o.D., o.Verf.).
[142] SAPMO, NY 4182/986, Bl. 162 f., hier Bl. 162, Lange am 9. 7. 1951 an Ulbricht.
[143] Ebenda, Bl. 164–166, hier Bl. 164, Roman Chwalek am 9. 7. 1951 an Walter Ulbricht.
[144] Ebenda, Bl. 166.
[145] ThHStA, Land Thüringen, Büro des Ministerpräsidenten, Bd. 1685–1688, Bl. 6, Fernschreiben Chwaleks vom 9. 7. 1951 an den Ministerpräsidenten des Landes Thüringen.
[146] BAB, DQ 2/2096, Bericht des Ministeriums für Arbeit (Abt. Arbeitskraftlenkung) vom 18. 7. 1951, S. 2.
[147] BAB, DQ 2/2099, Chwalek am 7. 8. 1951 an den Minister für Aufbau und stellvertretenden Ministerpräsidenten Lothar Bolz, S. 1.
[148] Ebenda, S. 2.
[149] BAB, DQ 2/2100, Dienstanweisung Nr. 66 a vom 10. 8. 1951.

Die Landesverwaltungen nahmen zwar ihre zuvor abgebrochenen Werbemaßnahmen wieder auf, doch war innerhalb der vorgegeben Zeit mit einem zufrieden-
stellenden Ergebnis nicht zu rechnen. Am 19. Juli, einen Tag vor Ablauf der Frist,
waren erst 4381 Arbeitskräfte gestellt worden; der sogenannte Erfüllungsstand lag
damit bei 46,1 Prozent[150]. Die Tatsache, daß die Leitung der Wismut AG für die
Monate August und September einen weiteren Bedarf von insgesamt 20000 Arbeitskräften anmeldete, trieb die Arbeitsverwaltung allmählich in die Enge. Daraufhin bat Minister Chwalek das Sekretariat des ZK, die 1. Sekretäre der Landesleitungen zusammenzurufen, „um sie über die Dringlichkeit und Notwendigkeit
der Werbung von Arbeitskräften für den Erzbergbau zu informieren und ihnen
die entsprechende Anleitung zur Führung der Werbekampagnen zu erteilen"[151].
Darüber hinaus sollten nach den Vorstellungen des Arbeitsministers der FDGB
und die Industriegewerkschaften in die Werbekampagnen eingebunden werden.
Auch die Fachministerien wurden gebeten, in ihrem Zuständigkeitsbereich Arbeitskräfte für die Wismut AG zu werben. Bei einer gemeinsamen Besprechung
am 23. Juli wies der Vertreter des Arbeitsministeriums Krüger darauf hin, daß
„notfalls" auch Fachkräfte, sofern sie bergbautauglich sind, zur Verfügung gestellt
werden müßten[152]. Nachdem die SED-Landesleitung von Sachsen-Anhalt einen
Maßnahmenkatalog zur Unterstützung der Werbung für den sächsischen Erzbergbau beschlossen hatte[153], befaßte sich Ende Juli auch das Sekretariat des ZK
mit der Arbeitskräfteanforderung für die Wismut AG[154]. Dabei erhielt Otto
Schön den Auftrag, die 1. Sekretäre der SED-Landesleitungen, die Fachminister
und Staatssekretäre, das Sekretariat des FDGB-Bundesvorstandes und die 1. Vorsitzenden der Zentralvorstände der Industriegewerkschaften zu einer Beratung
einzuladen, um ihnen dann entsprechende Anweisungen zu erteilen. Die Werbung
sollte in allen Zweigen der volkseigenen und privaten Wirtschaft erfolgen; davon
ausgenommen blieben nur der Erz- und Steinkohlenbergbau sowie das Eisenhüttenkombinat Ost. Nicht unwichtig war jedoch die Einschränkung, daß „sehr
wichtige Schwerpunktbetriebe" von der Anweisung befreit werden konnten.

Ein Mitarbeiter des Berliner Arbeitsministeriums schlug nach Abschluß einer
Dienstreise die Verlagerung der zuständigen Abteilung des Arbeitsamtes Aue in
das Durchgangslager vor[155]. Da das Auffanglager in Auerhammer jedoch nicht
über ausreichende Kapazitäten verfügte, hätte in diesem Falle ein größeres Lager
erst noch errichtet werden müssen. Auf diese Weise sollte die Organisation der
Bergarbeitertransporte und vor allem die zügige Verteilung der Neuankömmlinge
auf die einzelnen Schachtanlagen optimiert werden. Eine gewisse Verbesserung
war vermutlich schon dadurch eingetreten, daß ein Vertreter der Hauptpersonal-

---

[150] BAB, DQ 2/721, Chwalek am 20. 7. 1951 an das Sekretariat des ZK (Schön), S. 2.
[151] Ebenda, S. 3.
[152] BAB, DQ 2/721, Bericht der Abt. Arbeitskraftlenkung vom 23. 7. 1951, S. 2.
[153] SAPMO, NY 4182/986, Bl. 2–8, Bericht der Org.-Instrukteur-Abt. (Sektor Parteiinformation)
vom 28. 7. 1951.
[154] SAPMO, DY 30/J IV 2/3/219, Bl. 1 f., Protokoll der Sitzung des Sekretariats des ZK vom 30. 7.
1951.
[155] BAB, DQ 2/2099, Bericht von Werner Ahrens über die Dienstreise (7.–14. 8. 1951), S. 3. Die
Dienstreise hatte ihn zum Arbeitsamt Aue, zur Hauptverwaltung der Wismut AG und zur sächsischen Landesregierung in Dresden geführt.

stelle der Wismut AG im Arbeitsamt Aue tätig war, der wiederum für eine effiziente Verteilung der Arbeitskräfte Sorge tragen sollte und durch seine Tätigkeit
eine direkte Verbindung zwischen Arbeitsverwaltung und Grubenleitung herzustellen vermochte[156]. Die Hauptverwaltung der Wismut AG lehnte allerdings den
Neubau eines solchen Lagers aus finanziellen Gründen ab und sprach sich dafür
aus, das zuständige Arbeitsamt zu einem Auffanglager umzugestalten[157]. Die dabei anfallenden Kosten wollte die sowjetische Leitung übernehmen. Sowohl die
Kommunalverwaltung als auch die sächsische Landesregierung zeigten sich über
diesen Vorschlag wenig begeistert.

Bereits vor der DDR-Gründung hatte sich rasch herauskristallisiert, daß das
Land Sachsen letztlich die Hauptlast bei der Arbeitskräftezuteilung für den Uranbergbau leisten mußte. Das hing zunächst einmal mit den Auflagen zusammen,
die stets höher angesetzt waren als bei den übrigen Ländern. Darüber hinaus lag
auch der tatsächliche Erfüllungsstand überdurchschnittlich hoch, was vermutlich
auf die räumliche Nähe zur Hauptverwaltung der Wismut AG zurückzuführen
war, die sich häufig anschickte, bei der Landesregierung zu intervenieren oder
auch selber Arbeitskräfte von sächsischen Betrieben zum Teil eigenmächtig abzog. Die Landesregierung in Dresden hatte sich frühzeitig bemüht, die Lasten bei
der Gewinnung von Bergarbeitern auf alle Länder gleichmäßig zu verteilen. Das
Ministerium für Arbeit in Berlin erkannte zwar die Notwendigkeit dieser Maßnahme an, mußte aber des öfteren feststellen, daß die übrigen Landesverwaltungen entweder nicht willens oder nicht in der Lage waren, ihren Anforderungen
nachzukommen. Das Schlußlicht bildete in dieser Frage oft das nördlichste Land
der DDR, das primär agrarisch geprägte Mecklenburg. Mitarbeiter von Arbeitsminister Chwalek unternahmen in unregelmäßigen Abständen Dienstreisen, um
die mecklenburgische Landesverwaltung an die Einhaltung der Plansollziffern
nachdrücklich zu erinnern[158].

Die SED-Führung schaltete sich relativ spät in die Diskussion über die Lebens-
und Arbeitsbedingungen im Erzbergbau ein. Sie hatte zwar des öfteren Informationsberichte erhalten, verhielt sich aber eher passiv und überließ die Problemlösung in erster Linie der Arbeitsverwaltung. Sicherheitspolitische Überlegungen
weckten jedoch bald das Interesse des Politbüros: Als sich Mitte August 1951
Krawalle zwischen Arbeitern und Angehörigen der Volkspolizei in der thüringischen Stadt Saalfeld zu einem größeren Protest auszuweiten drohten[159], gab das
Politbüro vermutlich auch auf sowjetische Anweisung hin seine Zurückhaltung

[156] Ebenda, S. 1 f.
[157] Ebenda, S. 5.
[158] So unternahm etwa Hauptreferent Krüger (Abt. Arbeitskraftlenkung) Mitte August 1951 eine
Dienstreise nach Mecklenburg. Dabei wies er auf das schlechte Ergebnis der laufenden Werbemaßnahmen im Lande hin: Demzufolge war die Auflage im Juli nur zu 30 Prozent erfüllt worden. Vgl.
BAB, DQ 2/2152, Bericht der Abt. Arbeitskraftlenkung über die Dienstreise nach Mecklenburg
(14.–16. 8. 1951), S. 2.
[159] Vgl. zu den Vorfällen, auf die hier nicht im einzelnen eingegangen werden kann: Port, When workers rumbled; Roth/Diedrich, Wir sind Kumpel – uns kann keiner, S. 236 f.; Weber, Justiz und
Diktatur, S. 343–347. Kurze Erwähnung bei Karlsch, Allein bezahlt?, S. 144. Eine Einbettung in
einen größeren Kontext bietet Port, The „Grumble Gesellschaft". Ein ausführlicher Bericht – vermutlich von der SED-Landesleitung – liegt ebenfalls vor. Vgl. SAPMO, NY 4182/986, Bl. 19–27,
Bericht vom 20. 8. 1951.

etwas auf. Zunächst wurde die SED-Landesleitung beauftragt, einen ausführlichen Bericht zu liefern, der Ende August schließlich vorlag. Darin wurde selbstkritisch festgehalten, daß die Partei „innerhalb der Wismut AG in keiner Weise als führende Kraft in Erscheinung tritt"[160]. Dies war angesichts der sowjetischen Dominanz im sächsischen und thüringischen Erzbergbaugebiet, die eine Mitarbeit deutscher Stellen nahezu ausschloß, nicht weiter verwunderlich. Die vorgeschlagenen Maßnahmen beschränkten sich jedoch auf den Auf- und Ausbau der Parteiorganisation sowie eine Intensivierung der Kaderpolitik im Bereich der staatlichen Verwaltung im Wismut-Gebiet; dagegen blieben die Vorschläge zur Verbesserung der sozialen Lage sehr allgemein[161]. Das Politbüro nahm die eingehenden Berichte zur Kenntnis und beauftragte den Chef der Volkspolizei, „eine entsprechende Verstärkung der Volkspolizei in diesem Gebiet vorzunehmen"[162]. Die Unruhen in Saalfeld waren auch Thema der folgenden Sitzungen des Politbüros, auf denen jedoch keine weiteren Beschlüsse gefaßt wurden[163]. Auf Veranlassung des Politbüros setzte das Sekretariat des ZK auf seiner Sitzung am 17. September 1951 eine Kommission ein, dessen Aufgaben jedoch unklar blieben[164]. Ein an den SED-Vorsitzenden Otto Grotewohl gerichteter Bericht unterstrich nochmals die soziale Sprengkraft, die sich in einigen Kreisen des Wismut-Gebietes angesammelt hatte. Ausgangspunkt der Analyse war die Bevölkerungsexplosion: So war in 13 Städten des Kreises Aue die Bevölkerungszahl zwischen 1946 und Juli 1951 von 110000 auf 212000 angestiegen[165]. In einzelnen Städten hatte sich die Bevölkerung im selben Zeitraum sogar vervierfacht bzw. versechsfacht: in Niederschlemma von 2538 auf 9500 und in Johanngeorgenstadt von 6293 auf 38300. Der Bericht listete zwar Mängel bei der Wohnraumversorgung auf, zog daraus jedoch keine konkreten Schlußfolgerungen. Im Zentrum des Untersuchungsberichtes stand vielmehr die unzureichende Sicherheitslage, der durch eine personelle Verstärkung der Polizeieinheiten und des Ministeriums für Staatssicherheit im Uranbergbaugebiet begegnet werden sollte[166]. Außerdem wurde eine Verbesserung der „ideologisch-politischen Arbeit" der SED-Parteiorganisation gefordert[167]. Auch die SKK unterbreitete offensichtlich Vorschläge zur Neustrukturierung der Parteiorganisation Wismut, denen sich das Politbüro am 13. November 1951 grundsätzlich anschloß[168]. Darüber hinaus sprach sich das Politbüro dafür aus, bei der

---

[160] SAPMO, NY 4182/986, Bl. 9–27, hier Bl. 9, Bericht der Org.-Instrukteur Abt. (Sektor Parteiinformation) vom 29. 8. 1951. Dieser zusammenfassende Bericht basierte auf Informationen der SED-Landesleitung Thüringen vom 22.8.

[161] Ebenda, Bl. 18.

[162] SAPMO, DY 30/IV 2/2/163, Bl. 1 f., Protokoll der Sitzung des Politbüros am 28. 8. 1951. Über die Politbürositzung informierte Otto Grotewohl einen Tag später den SKK-Vorsitzenden Tschuikow. Vgl. SAPMO, NY 4090/306, Bl. 1.

[163] SAPMO, DY 30/IV 2/2/164, Bl. 2, Protokoll der Sitzung des Politbüros am 4. 9. 1951; SAPMO, DY 30/IV 2/2/165, Bl. 11, Protokoll der Sitzung des Politbüros am 11. 9. 1951.

[164] Laut Beschlußprotokoll sollte die Kommission eine Vorlage über die Wismut AG ausarbeiten und dabei auch Fragen der „Umsiedlung" behandeln. SAPMO, DY 30/J IV 2/3/233, Bl. 8.

[165] SAPMO, NY 4182/986, Bl. 33–37, hier Bl. 33, Bericht vom 10. 11. 1951 (o.Verf.).

[166] Ebenda, Bl. 36.

[167] Ebenda, Bl. 35. Der Gebietsparteiorganisation der SED wurde in einem weiteren ausführlichen Bericht vorgehalten, die Entwicklung in Saalfeld unterschätzt zu haben. Vgl. SAPMO, NY 4182/986, Bl. 38–63, Bericht (o.D., o.Verf.).

[168] SAPMO, DY 30/IV 2/2/176, Bl. 37. Die Vorschläge der „Sowjetorgane" sind jedoch nicht überliefert. Die Wismut AG und die Vorfälle in Saalfeld waren erneut Gegenstand einer Besprechung in

Generaldirektion eine deutsche Abteilung für Arbeitskräftelenkung zu schaffen, in der „politisch überprüfte Genossen" tätig sein sollten[169]. Dieser – wie auch die zuvor gemachten Vorschläge – waren aber letztlich von der sowjetischen Zustimmung abhängig.

Die Ereignisse von Saalfeld hatten keine unmittelbaren Folgen für die Arbeitskräftelenkung. Während die SED bemüht war, die sicherheitspolitisch bedenkliche Situation wieder in den Griff zu bekommen, setzte die Arbeitsverwaltung in Thüringen ihre Werbetätigkeit fort[170]. Nach Mitteilung der SED-Landesleitung hatte sich allerdings der Schwerpunkt der Werbung verschoben: Dieser liege nunmehr „auf dem persönlichen und individuellen Ansprechen der bergbautauglichen Kollegen, da man erkannt hat, daß die Massenwerbung nicht die Erfolg versprechendste ist"[171]. Darüber hinaus wurden die Anforderungen bei der ärztlichen Überprüfung offenbar auch auf Betreiben der sowjetischen Seite verschärft[172]. Es sollte von vornherein verhindert werden, daß zugewiesene Arbeiter, die nicht bergbautauglich waren, auf ihre Rückführung warten mußten und zu einer Belastung für die Kommunalverwaltungen wurden. Im Oktober 1951 luden einige Landesministerien die Leiter der neu geschaffenen Abteilungen für Arbeit bei den Bezirksverwaltungen zu gemeinsamen Tagungen ein, an denen auch Vertreter des Arbeitsministeriums in Berlin teilnahmen und auf denen unter anderem die Arbeitskräftewerbung für den Erzbergbau erörtert wurde. Dabei beklagten sich Tagungsteilnehmer über das bestehende Desinteresse zahlreicher Betriebsleiter an der Erfüllung des Plansolls[173]. In der Tat erhielten die Landesämter sowie die Kommunalverwaltungen immer häufiger Absagen einzelner Betriebe, die sich nicht in der Lage sahen, Arbeitskräfte für den Uranbergbau zur Verfügung zu stellen. Dabei handelte es sich unter anderem um Betriebe des Braunkohlenbergbaus[174], der Energiewirtschaft[175] sowie der Textilindustrie[176]. Zur Begründung

---

Karlshorst am 15. 11. 1951. Die Pieck-Notizen enthalten dazu jedoch keine weiteren konkreten Angaben. Vgl. Badstübner/Loth, Wilhelm Pieck, S. 379.

[169] SAPMO, DY 30/IV 2/2/176, Bl. 40–53, hier Bl. 49, Stellungnahme des Politbüros des ZK der SED über die Maßnahmen zur Verbesserung der Parteiarbeit und der Arbeit auf allen Gebieten in der Wismut.

[170] Vgl. ThHStA, Land Thüringen, Büro des Ministerpräsidenten, Bd. 1685–1688, Bl. 26 f., Minister für Wirtschaft und Arbeit Walter Strampfer am 21. 9. 1951 an das Büro des Ministerpräsidenten.

[171] ThHStA, Land Thüringen, Büro des Ministerpräsidenten, Bd. 1683–1684, Bl. 261 f., hier Bl. 261.

[172] BAB, DQ 2/2100, Chefarzt Dr. W. der Bergbau-Poliklinik Oberschlemma am 14. 9. 1951 an die SVK Wismut (Arztabt.); ebenda, Chefarzt Dr. R. von der Bergbau-Poliklinik Antonsthal am 15. 9. 1951 an Dr. B. in Chemnitz.

[173] BAB, DQ 2/2152, Bericht Krügers vom 23. 10. 1951 über die Tagung in Dresden, S. 3. Weitere Tagungen gab es mit leitenden Mitarbeitern der Arbeitsverwaltung in Mecklenburg, aber auch in der dortigen Warnow-Werft Warnemünde, der Volkswerft Stralsund sowie mit dem Forstamt Schuenhagen bei Stralsund. Für das Berliner Arbeitsministerium blieb Mecklenburg das Sorgenkind: Hier betrug der Erfüllungsstand im Landesdurchschnitt im Oktober 1951 nur 17%. BAB, DQ 2/2152, Bericht der Abt. Arbeitskraftlenkung über die Tagung der Leiter der Abteilungen für Arbeit des Landes Mecklenburg am 16. 10. 1951, S. 1.

[174] SächsHStA, Landesregierung Sachsen, Ministerium für Wirtschaft, Bd. 1193, Bl. 83, Braunkohlenverwaltung Welzow (Werk Hirschfelde) am 25. 10. 1951 an den Rat des Landkreises Zittau (Abt. für Arbeit).

[175] Ebenda, Bl. 85, VVB Energiebezirk Ost (Kraftwerk Zittau) am 19. 10. 1951 an das Ministerium für Wirtschaft und Arbeit in Dresden.

[176] Ebenda, Bl. 80 f., VEB Mechanische Weberei Zittau am 25. 10. 1951 an den Rat des Landkreises Zittau (Abt. für Arbeit).

wurde vor allem auf die angespannte Arbeitskräftelage im jeweiligen Werk hingewiesen. Darüber hinaus mußten die Betriebsleitungen Rücksicht nehmen auf die
Belange der Belegschaft: Daher sprachen die mangelhaften Unterbringungsmöglichkeiten im Erzgebirge, die zum Teil ungelösten Fragen der Entlohnung, aber
auch die Trennung von den Familien gegen eine Entsendung in die Gruben der
Wismut AG. Insofern deckten sich in dieser Frage die Interessen der angesprochenen Betriebe mit denen der betroffenen Beschäftigten. Einzelne Betriebe gingen
sogar noch einen Schritt weiter und stellten den Antrag, von der Auflage, Arbeitskräfte für die Wismut AG abzustellen, für einen bestimmten Zeitraum befreit zu
werden[177].

Die SED war bestrebt, arbeitsrechtliche Konflikte bereits im Vorfeld zu entschärfen. Dazu erhielten die Gebietsparteileitung Wismut und der FDGB den
Auftrag, eingegangene Beschwerden individuell zu bearbeiten. In dem Zusammenhang wurde am 24. August 1951 beim Zentralvorstand der IG Wismut eine
Beschwerdestelle eingerichtet, die Verbindung zum zuständigen Arbeitsgericht
aufnehmen sollte[178]. Dort gingen innerhalb von zwei Monaten 205 Beschwerde-
schreiben ein, von denen 109 geklärt werden konnten. Die SED-Gebietsleitung
mußte dennoch einräumen, daß einige Beschwerden beim Arbeitsgericht eingereicht wurden. Die Klagen bezogen sich häufig auf Schwierigkeiten bei der Entlassung aus dem Arbeitsverhältnis sowie die Aushändigung von Entlassungspa-
pieren. Dies verdeutlicht zum einen, daß Einstellung und Entlassung nach wie vor
nicht konfliktfrei verliefen und Unmut unter den Beschäftigten hervorriefen. Zum
anderen übernahm die Parteigliederung der SED in zunehmendem Maße Aufgaben, die entweder der Arbeitsverwaltung oder den Gewerkschaften oblagen.
Allerdings mußte sich erst noch zeigen, ob die Mitarbeit der Hegemonialpartei bei
der arbeitsrechtlichen Schlichtung eine Entlastung mit sich brachte. Das Grund-
problem bestand schließlich darin, daß die Generaldirektion der Wismut AG bisher nicht bereit gewesen war, deutschen Stellen Kompetenzen auf diesem Gebiet
zu übertragen. Gespräche zwischen Wilhelm Pieck und führenden SKK-Vertretern über den Uranbergbau blieben eher von den Vorkommnissen in Saalfeld und
damit von sicherheitspolitischen Überlegungen geprägt: Deshalb ging es bei den
verabredeten Maßnahmen primär um die Verstärkung des Sicherheitsapparates
und die Verbesserung der Kaderarbeit. Es hat den Anschein, als ob bei den Besprechungen in Karlshorst Fragen der Wohnraumversorgung eher von nachgeordneter Bedeutung waren[179].

Ende 1951 erhielt das Ministerium für Arbeit von der Hauptverwaltung Personal der Wismut AG die Anweisung, alles zu unternehmen, um den Arbeitskräftebedarf für den Uranbergbau doch noch abzudecken. Der kommissarische Hauptabteilungsleiter Heisig versuchte diesen neuerlichen Vorstoß abzuwehren und
wies darauf hin, daß „seitens der zu Werbenden im allgemeinen keine Neigung be-

---

[177] BAB, DQ 2/2100, VVB Elektro-Maschinenbau Berlin am 27.10.1951 an das Ministerium für
Arbeit.
[178] Das geht aus einem Schreiben der SED-Gebietsparteileitung Wismut vom 26.10.1951 an das ZK
der SED (Paul Verner) hervor. Vgl. SAPMO, NY 4182/986, Bl. 171–174, hier Bl. 174.
[179] Die kurz gehaltene Notiz von Pieck über die Besprechung am 5.11.1951 enthält einen Maßnahmenkatalog, der an vorletzter Stelle die Wohnraumfrage thematisiert („Wohnfläche für Familien
vergrößern"). Vgl. Badstübner/Loth, Wilhelm Pieck, S. 378 f.

steht, unmittelbar vor den Feiertagen den Heimatort zu verlassen, um die Arbeit im Erzbergbaugebiet aufzunehmen"[180]. Gleichzeitig entsandte das Arbeitsministerium Instrukteure in die Länder, „um mit aller Eindringlichkeit auf den unbefriedigenden Stand der Arbeitskräftewerbung hinzuweisen"[181]. Durch eine bessere Anleitung der Betriebe sollte die Auflage – so das von Minister Chwalek formulierte Ziel – noch erfüllt werden. Auch die Generaldirektion der Wismut AG stellte eigene Instrukteure zur Verfügung, die aber nicht verhindern konnten, daß die Erfüllung des Plansolls für Dezember nur schleppend voranging. Ministerpräsident Grotewohl wurde in dem Zusammenhang gebeten, die Fachminister und Staatssekretäre, soweit ihnen volkseigene Betriebe unterstanden, „einmal eindeutig auf die Unterstützung der Betriebsleiter, Techniker und Meister bei der Werbung von Arbeitskräften für die Grundstoffindustrie Sachsen und Thüringen" hinzuweisen[182]. Aufgrund des akuten Arbeitskräftemangels gab es anscheinend Überlegungen, die bisherige Praxis zu lockern, nach der Personen mit Westkontakten bzw. Westgefangenschaft die Arbeitsaufnahme im Uranbergbau verweigert wird. In dieser Frage setzte sich allerdings eine widersprüchliche Politik durch. So wurde etwa am Rande der V. Gebietsdelegiertenkonferenz der Parteiorganisation Wismut, an der unter anderem Walter Ulbricht teilnahm, festgelegt, daß „alle Personen, die aus dem Westen in das Wismutgebiet eingereist sind, sofort aus dem Gebiet der Wismut zu entfernen sind"[183]. Diesem sicherheitspolitischen Kurs, der lange zuvor prägend gewesen war, standen nunmehr arbeitsmarktpolitische Überlegungen gegenüber. Es ist bemerkenswert, daß ausgerechnet der russische Hauptpersonalleiter Andrejew behauptete, es gäbe bei der Wismut AG keinen Befehl, „der besagt, daß Personen, die sich in westlicher Gefangenschaft befanden oder im Westen Verwandte haben, nicht eingestellt werden dürfen"[184]. Es bestehen begründete Zweifel, daß die Meinungsäußerung Andrejews repräsentativ für die sowjetische Position insgesamt war.

Die Hauptverwaltung der Wismut AG plante offenbar zum Jahreswechsel 1951/52, das ehemalige Arbeitsamt Chemnitz als zentrale Leitstelle zur Lenkung der zugewiesenen Bergarbeiter auszubauen[185]. Im einzelnen war vorgesehen, daß dort ein Durchgangslager mit Tagesräumen und Gaststättenbetrieb sowie Übernachtungsmöglichkeiten für etwa 500 Personen errichtet und „in den freien Räumen" die Abteilung Arbeitskraftlenkung untergebracht wurde. Das Durchgangslager sollte bereits zum 1. Januar 1952 fertiggestellt und vom bisherigen Leiter der

[180] BAB, DQ 2/2106, Aktenvermerk Heisigs vom 11. 12. 1951, S. 1.

[181] BAB, DQ 2/721, Arbeitsminister Chwalek am 13. 12. 1951 an Ministerpräsident Grotewohl, S. 1.

[182] Ebenda, S. 3. Darüber hinaus nahm das Arbeitsministerium Kontakt zu einzelnen Fachministerien auf, um in bilateralen Gesprächen Fortschritte bei der Bereitstellung von männlichen Arbeitskräften für den Uranbergbau zu erreichen. Vgl. BAB, DQ 2/2146, Protokoll der Besprechung zwischen dem Ministerium für Arbeit und dem Ministerium für Post- und Fernmeldewesen am 30. 1. 1952. Auch hierbei stellten sich aber keine nennenswerten Erfolge ein: So hatte etwa die Landesregierung Sachsen der Oberpostdirektion Leipzig zugestanden, daß sie wegen Personalmangels von der Werbung ausgenommen wurde.

[183] SAPMO, NY 4090/306, Bl. 49–58, hier Bl. 53, Protokoll einer Besprechung während der V. Gebietsdelegiertenkonferenz am 15. 12. 1951.

[184] BAB, DQ 2/2152, Bericht der Abt. Arbeitskraftlenkung vom 28. 12. 1951, S. 2.

[185] Ebenda, Bericht der Abt. Arbeitskraftlenkung vom 28. 12. 1951 über die Dienstreise nach Dresden zum Ministerium für Wirtschaft und Arbeit und nach Chemnitz zur Hauptpersonalabteilung der Wismut AG am 21./22. 12. 1951, S. 3.

Abteilung für Arbeit Aue, Wenzel, geleitet werden. Der Vorschlag war sowohl mit der SKK als auch mit der SED-Führung abgestimmt worden[186], so daß mit der Verwirklichung rasch begonnen und kurz darauf das Durchgangslager Chemnitz eröffnet werden konnte[187]. Während das Arbeitsministerium und die Generaldirektion der Wismut AG davon ausgingen, die organisatorischen Voraussetzungen für eine effiziente Arbeitskräftegewinnung und -lenkung geschaffen zu haben, zeigte sich in der Folgezeit, daß die eigentlichen Hindernisse nach wie vor auf der kommunalen und betrieblichen Ebene bestanden. Aus diesem Grunde versuchte etwa die SED-Landesleitung Thüringen das Interesse Ulbrichts und der Arbeitsverwaltung auf die Kleinstädte zu lenken, in denen eine überdurchschnittlich hohe Arbeitslosenquote registriert wurde[188]. Hier schien der Erfolg der Werbemaßnahmen für die Wismut AG noch am größten zu sein. Dabei wurden mitunter gegenläufige Interessenlagen deutlich: So sprach sich der Bürgermeister in Oberweißbach (Kreis Rudolstadt) für den Aufbau einer neuen Industrie in der Stadt aus, die Arbeitsplätze anbieten sollte, während die SED-Landesleitung und die Landesregierung dafür plädierten, die registrierten Arbeitslosen der Wismut AG zuzuweisen. Das Ministerium für Wirtschaft und Arbeit erhoffte sich von dieser Maßnahme einen Anstoß für die Betriebe, „die innerbetriebliche Arbeitskräftelenkung zu organisieren, um Schwerbeschädigte und ortsgebundene Frauen an Stelle von einsatzfähigen männlichen und weiblichen Arbeitskräften einzusetzen"[189].

Das Ministerium für Arbeit versuchte in der Folgezeit, die Fachministerien in die Arbeitskräftegewinnung für den Uranbergbau stärker einzubeziehen. So wurde etwa am 5. Februar 1952 mit dem Ministerium für Leichtindustrie und Vertretern der Landesregierungen vereinbart, daß die Hauptverwaltungen des Ministeriums für Leichtindustrie den Landesregierungen die Betriebe nennen, „die für die Beauflagung [...] in Frage kommen"[190]. An eine direkte Beteiligung der Vereinigungen der volkseigenen Betriebe (VVB) war zunächst nicht gedacht. Das Ministerium für Leichtindustrie beanstandete dies und wies darauf hin, daß so eine Kontrolle „mit der nötigen Genauigkeit und Sorgfalt" nicht durchgeführt werden könne[191]. Das Ministerium für Arbeit wurde daher gebeten, „die Aufschlüsselung des Auflagensolls auf die einzelnen Betriebe nur in Zusammenarbeit mit den einzelnen VVB'en vorzunehmen." Gegen die Einbindung der Fachministerien hatte beispielsweise die sächsische Landesregierung prinzipiell nichts einzuwenden, sie betonte allerdings, daß vor einer „Beauflagung" der jeweiligen Betriebe der Stellenplan mit der eigens dafür geschaffenen zentralen Stellenplankommission festgelegt werden müsse[192]. Daher könnten die vom Ministerium für

[186] Dies geht aus einem Schreiben Chwaleks vom 17. 1. 1952 an Leuschner (SPK) hervor. Vgl. BAB, DQ 2/2106.
[187] BAB, DQ 2/2106, Bericht der Abt. Arbeitskraftlenkung vom 3. 3. 1952 über die Eröffnung des Durchgangslagers Chemnitz.
[188] SAPMO, NY 4182/952, Bl. 85, SED-Landesleitung Thüringen (Sekretariat Mückenberger) am 10. 3. 1952 an Generalsekretär Walter Ulbricht.
[189] BAB, DQ 2/1719, Bericht Hans Peschels vom 10. 3. 1952.
[190] BAB, DQ 2/2127, Ministerium für Leichtindustrie (Zentrale Abt. Arbeitskraft) am 10. 3. 1952 an das sächsische Ministerium für Wirtschaft und Arbeit (Abt. Arbeitskräftelenkung).
[191] Ebenda, Ministerium für Leichtindustrie am 20. 3. 1952 an das Ministerium für Arbeit.
[192] Ebenda, Ministerium für Wirtschaft und Arbeit des Landes Sachsen am 28. 3. 1952 an das Ministerium für Arbeit.

Leichtindustrie übersandten Listen der Betriebe, die Arbeitskräfte für die Grundstoffindustrie bereitstellen sollten, zunächst nicht berücksichtigt werden. Gleichzeitig versprach das Ministerium für Wirtschaft und Arbeit in Dresden, den Hinweis über die Betriebe mit einem Arbeitskräfteüberhang „entsprechend" auszuwerten. Nachdem das Ministerium für Leichtindustrie eine ausführliche Berichterstattung über den bisherigen Verlauf der Arbeitskräftegewinnung angemahnt hatte, wandte sich das sächsische Ministerium für Wirtschaft und Arbeit an das Arbeitsministerium in Berlin und betonte, daß eine entsprechende Anweisung nicht bekannt sei[193]. Das Ministerium für Arbeit wurde aufgefordert, die „Angelegenheit" mit dem Ministerium für Leichtindustrie zu klären. Dieser Vorgang zeigte, daß mit der Einbeziehung weiterer Akteure die Arbeitskräftelenkung nicht übersichtlicher und effizienter geworden war. Zu unterschiedlich waren die Interessen von Betrieben, Landesregierungen, Fachministerien und Arbeitsverwaltung. Diese Entwicklung konnte zudem leicht Irritationen auslösen: So wurde der volkseigene Betrieb Turmalin-Strumpfwerke Thurm von der Kommunalverwaltung und von der VVB getrennt aufgefordert, Arbeitskräfte zu stellen[194]. Das Arbeitsministerium in Berlin wurde aufgrund der somit verhängten doppelten Auflage um „baldigste Stellungnahme" gebeten[195], die jedoch ausblieb. Die Zusammenarbeit mit den Fachministerien verlief auch weiterhin nicht reibungslos: Aus Sicht der Arbeitsverwaltung unternahmen diese nämlich zu wenig Anstrengungen, damit die ihnen unterstehenden Betriebe die Arbeitskräfteanforderungen erfüllten. Eine engagierte Werbung zugunsten des Uranbergbaus konnte nicht festgestellt werden. Darüber hinaus leiteten die Fachministerien Anträge einzelner Firmen, die von der Auflage befreit werden wollten, ohne weitere Beantwortung an das Ministerium für Arbeit weiter[196]. Im Sommer 1952 häuften sich die Meldungen der Landesarbeitsämter über eine zunehmende Ablehnung gegenüber Arbeitskräfteauflagen der Wismut AG, die mittlerweile auch die SED erfaßt hatte. So untersagte etwa ein ZK-Beauftragter Mitarbeitern des Arbeitsamtes, im Industriewerk Ludwigsfelde (Kreis Teltow) für die Grundstoffindustrie zu werben[197].

Bei der Erfüllung der Arbeitskräfteanforderungen ergaben sich Konflikte nicht nur zwischen dem Ministerium für Arbeit und einzelnen Betrieben, die von der

---

[193] Ebenda, Ministerium für Leichtindustrie am 14. 5. 1952 an das Ministerium für Wirtschaft und Arbeit des Landes Sachsen; ebenda, Ministerium für Wirtschaft und Arbeit des Landes Sachsen am 28. 5. 1952 an das Ministerium für Arbeit.

[194] Ebenda, Turmalin-Strumpfwerke Thurm am 8. 4. 1952 an den Rat des Landkreises Glauchau (Abt. Arbeit).

[195] Ebenda, Ministerium für Wirtschaft und Arbeit Sachsen am 10. 4. 1952 an das Ministerium für Arbeit.

[196] Vgl. BAB, DQ 2/2126, Ministerium für Wirtschaft und Arbeit Sachsen am 29. 5. 1952 an das Ministerium für Arbeit. Eine solche Befreiung konnte grundsätzlich nur das Ministerium für Arbeit aussprechen, das dieses Recht auch gegenüber anderen Ministerien oder Staatssekretariaten durchzusetzen suchte. Vgl. BAB, DQ 2/2127, Abt. Arbeitskraftlenkung am 7. und am 22. 7. 1952 an das Staatssekretariat für Chemie, Steine und Erden. Das Ministerium für Arbeit erneuerte diesen Anspruch auch später noch. Vgl. BAB, DQ 2/2103, Minister Chwalek am 27. 1. 1953 an alle Bezirke. Zu diesem Zeitpunkt waren nur die Betriebe des Steinkohlenbergbaus, das Mansfeld-Kombinat „Wilhelm Pieck" und das Eisenhüttenkombinat Ost – allerdings ohne die dort eingesetzte Bauunion – von entsprechenden Auflagen befreit.

[197] BAB, DQ 2/2127, Ministerium für Wirtschaft und Arbeit Brandenburg am 15. 7. 1952 an das Ministerium für Arbeit. Der ZK-Beauftragte berief sich dabei auf eine Anordnung, die angeblich der Minister für Schwerindustrie Ziller erlassen hatte.

Auflage entbunden werden wollten, sondern auch zu anderen staatlichen Verwaltungen, die ein Abwandern von Arbeitskräften aus ihrem Zuständigkeitsbereich zu verhindern suchten. Das Ministerium für Arbeit verteidigte die vorgenommene Aufteilung des Plansolls und scheute sich nicht, eine stark ideologisch gefärbte Begründung abzugeben: Gegenüber der Staatlichen Geologischen Kommission wurde die Befreiung eines volkseigenen Betriebes in Nordhausen von der Arbeitskräfteauflage abgelehnt, „weil im Kampf um den Frieden die Produktion der Grundstoffindustrie und die Erfüllung ihrer Pläne das Primäre" sei[198]. Nachdem das zuständige Landesministerium in Erfurt eine Einzelprüfung vorgenommen hatte, kam Hauptabteilungsleiter Heisig zu dem Ergebnis, daß die Beauflagung im vorliegenden Fall keine Produktionsstörung verursacht habe. Die Staatliche Geologische Kommission gab sich jedoch mit diesem Beschluß nicht zufrieden und stellte einige Wochen später erneut den Antrag, den Betrieb von der Verpflichtung auszunehmen, Arbeitskräfte abgeben zu müssen[199]. Mitarbeiter des Ministeriums für Arbeit unternahmen im Frühjahr 1952 Dienstreisen in einige Kreise der DDR, um die Werbung von Arbeitskräften vor Ort zu überprüfen. Dabei wurden oftmals die größten Betriebe ausgesucht: Im Kreis Cottbus betraf das etwa die ansässige Textilindustrie[200], in Meißen unter anderem die Staatliche Porzellanmanufaktur[201].

Kommunikationsprobleme zwischen deutschen und sowjetischen Stellen erschwerten die ohnehin schleppende Bautätigkeit im Uranbergbaugebiet, die auch 1952 im Mittelpunkt der Kritik stand. Zwar mußte Walter Ulbricht einräumen, daß aufgrund von Fehlern der Staatlichen Plankommission und der Baukommission geplante Investitionen nicht durchgeführt werden konnten. Ein grundsätzliches Problem bestand seiner Meinung nach allerdings schon darin, daß inhaltliche Aussprachen zwischen dem zuständigen Vertreter der Wismut AG Bogdanow und dem Leiter des Sonderbaustabes Robert Siewert noch nicht stattgefunden hatten[202]. Diese müßten konkrete Absprachen treffen über die Dringlichkeit der einzelnen Baumaßnahmen, da bisher eine einheitliche Position auf sowjetischer Seite nicht erkennbar gewesen wäre. Ein solches Treffen fand schließlich am 2. April statt, das noch einmal die unzureichende Informationslage Bogdanows deutlich machte[203]. Da einzelne Bauvorhaben stets mit einem Vertreter der Hauptverwaltung der Wismut AG abgestimmt worden waren, muß davon ausgegangen werden, daß der Informationsaustausch zwischen den jeweiligen sowjetischen Abteilungen völlig unzureichend war. Bogdanow und Siewert kamen überein, monatlich eine Besprechung durchzuführen. Dazu kam es jedoch nicht: Vereinbarte Termine wurden auf sowjetische Veranlassung hin zunächst verschoben.

[198] BAB, DQ 2/2099, Abt. Arbeitskraftlenkung am 14. 3. 1952 an die Staatliche Geologische Kommission (HA Plandurchführung).
[199] Ebenda, Staatliche Geologische Kommission am 23. 5. 1952 an Minister Chwalek.
[200] BAB, DQ 2/2152, Bericht der Abt. Arbeitskraftlenkung vom 24. 3. 1952 über die Dienstreise im Kreis Cottbus (18.–21. 3. 1952).
[201] Ebenda, Bericht vom 15. 3. 1952 über Dienstreise nach Meißen (25.–28. 2. 1952).
[202] SAPMO, NY 4182/986, Bl. 239f., Ulbricht am 26. 3. 1952 an Kobulow.
[203] Ebenda, Bl. 251–253, Leiter des Sonderbaustabes „Erzbergbau" Siewert am 8. 4. 1952 an Ulbricht. Der Sonderbaustab unterstand formell dem Staatssekretariat für Bauwirtschaft.

Trotz mehrerer Anläufe gelang es dem Leiter des Sonderbaustabes nicht, einen regelmäßigen Kontakt zum sowjetischen Vertreter aufzubauen[204].

Obwohl der sowjetische Bedarf stetig zurückgegangen war, hatte die Arbeitsverwaltung Ende 1952 erneut Probleme, die angeforderten Arbeitskräfte bereit zu stellen, da der Gesamtbestand an verfügbaren und vor allem bergbautauglichen Arbeitern erheblich gesunken war. Von den 6000 Arbeitskräften, die im November zur zentralen Leitstelle nach Chemnitz zu entsenden waren, konnten innerhalb von zehn Tagen nur 917 Personen gewonnen werden[205]. Damit zeichnete sich ab, daß der Erfüllungsstand sehr niedrig liegen würde. Als weitere Ursache für diese Entwicklung nannte die Abteilung Arbeitskraftlenkung aber noch die Auflösung der Länder im Sommer 1952 und die damit zusammenhängende Abschaffung der Landesregierungen, welche die Werbung von Arbeitskräften trotz der kurzfristigen und nach wie vor unberechenbaren Auflagen letztlich „befriedigend" durchgeführt hätten[206]. Durch die „Demokratisierung der Verwaltungen" seien zahlreiche neue Mitarbeiter bei den Abteilungen für Arbeit und Berufsausbildung der Bezirke und Kreise eingestellt worden, denen die „Methode der Werbung und Lenkung von Arbeitskräften" noch nicht geläufig sei. Ministerpräsident Grotewohl warf der Arbeitsverwaltung vor, zu spät Gegenmaßnahmen ergriffen zu haben, um ein Absinken des Erfüllungsstandes zu verhindern[207]. Die leitenden Mitarbeiter sollten daher unter der persönlichen Anleitung Chwaleks die Werbetätigkeit in den Bezirken und Kreisen anleiten und tatkräftig unterstützen, so daß „bis spätestens 15. 1. 1953 die angeforderten Arbeitskräfte im vollen Umfang bereitstehen." Doch auch diese Terminfestsetzung war illusorisch: In einem ausführlich gehaltenen Antwortschreiben wies der Arbeitsminister darauf hin, daß zu diesem Zeitpunkt die bereits reduzierte Auflage (5530 statt 6000 Arbeitskräfte) erst zu 48,3 Prozent erfüllt werden konnte[208]. Chwalek räumte durchaus selbstkritisch ein: „Wir haben nicht rechtzeitig berücksichtigt, daß bei dem Übergang der Aufgaben der Werbung von den Landesregierungen auf die neu gebildeten Bezirke auch die bisherige Organisation der Werbung entsprechend neu aufgebaut werden mußte"[209]. Die zunehmenden Schwierigkeiten bei der Gewinnung von Arbeitskräften für den Uranbergbau hingen aber nicht ausschließlich mit der angeblich unzureichenden Werbung bzw. mit der Verwaltungsumstrukturierung zusammen, sondern hatten ihre tiefere Ursache vielmehr darin, daß mit dem Anlaufen des 1. Fünfjahrplanes andere Wirtschaftsbranchen zu wirtschaftlichen Schwerpunkten erklärt worden waren. Eine Folge dieser struktur- und wirtschaftspolitischen Maßnahme war ein Ansteigen der Löhne und Gehälter in der Stahlindustrie, die sich somit für die Wismut AG zu einem Konkurrenten auf der Angebotsseite entwickelte[210]. Nicht umsonst hatten zahl-

[204] Ebenda, Bl. 252 (Rückseite).
[205] BAB, DQ 2/721, Disposition des Ministeriums für Arbeit (Abt. Arbeitskraftlenkung) vom 15. 11 1952, S. 1.
[206] Ebenda, S. 2.
[207] SAPMO, NY 4090/359, Bl. 39, Grotewohl am 5. 1. 1953 an Minister Chwalek.
[208] Ebenda, Bl. 40–42, hier Bl. 41, Chwalek am 17. 1. 1953 an Grotewohl.
[209] Ebenda, Bl. 40.
[210] So betonte auch Arbeitsminister Chwalek, daß der „materielle Anreiz zur Arbeitsaufnahme in de Grundstoffindustrie nicht mehr in dem bisherigen Umfang vorhanden" sei. Ebenda, Bl. 42.

reiche Berichte der Landesämter schon zuvor darauf aufmerksam gemacht, daß etwa Wismut-Arbeiter zum Eisenhüttenkombinat Ost abwanderten, weil sie dort eine längerfristige berufliche Perspektive erwarteten. Dabei kam auch der Umstand der befristeten Arbeitsverträge bei der Wismut AG zum Tragen, die ursprünglich eingeführt worden waren, um die körperlich schwere und zum Teil auch gefährliche Arbeit untertage nur für einen begrenzten Zeitraum durchführen zu lassen.

Nach Mitteilung des Ministeriums für Arbeit hatte die ehemalige Landesverwaltung Thüringen ein Konzept zur Arbeitskräftewerbung entwickelt, das als vorbildlich angesehen wurde und offenbar den Bezirken der DDR zur Nachahmung empfohlen werden sollte[211]. Demzufolge sollten bei den Räten der Bezirke und Kreise Werbekommissionen gebildet werden, die sich aus Mitgliedern der Parteien und Massenorganisationen zusammensetzten. Außerdem waren auf betrieblicher Ebene sogenannte Werbeaktivs zu bilden, denen die „direkte, individuelle Werbung der Arbeitskräfte" anvertraut werden sollte. Anleitung, Unterstützung aber auch Kontrolle der Tätigkeiten dieser Betriebskommissionen oblag den Kreiskommissionen, die ihrerseits von den Bezirkskommissionen angewiesen wurden. Nur bei den industriellen Schwerpunktbetrieben konnte sich die Kreiskommission „entscheidend" einschalten. An der Spitze stand wiederum das Ministerium für Arbeit. Die Abteilung Arbeitskraftlenkung war sich über den Erfolg der Kommissionsbildung und deren Hierarchisierung sicher: „Wenn wir die Werbung vom Ministerium bis zum letzten Mann im Betrieb durchorganisieren, werden wir der politischen und wirtschaftlichen Bedeutung der Grundstoffindustrie gerecht werden und die geforderten Arbeitskräfte zu diesen Betrieben lenken."[212] Arbeitsminister Chwalek machte das Sekretariat des ZK auf den „alarmierenden Zustand in der Arbeit der Arbeitskräftegestellung für die Grundstoffindustrie" aufmerksam und bat darum, die SED-Bezirks- und Kreisleitungen auf diese zentrale Aufgabe hinzuweisen[213]. Bis zu ihrer Auflösung hätten sich die Landesleitungen „in gewissen Abständen" über den Ablauf der Werbemaßnahmen informieren lassen „und durch ihre Autorität die Genossen in den Verwaltungen zur Erfüllung ihrer Pflichten" angehalten. Diese Maßnahme sei – so Chwalek – dringend erforderlich, da die Hauptverwaltung der Wismut AG für den Monat Dezember eine neue Auflage von 6000 Arbeitskräften angekündigt hätte und mit einer Bedarfssteigerung im übrigen wieder zu rechnen sei. Das Ministerium für Arbeit gab am 11. Dezember 1952 eine Richtlinie über die Durchführung der Werbung und Lenkung von Arbeitskräften für den Erzbergbau heraus, die sich inhaltlich sehr stark am thüringischen Konzept der Werbekommissionen orientierte[214].

Arbeitsminister Chwalek versuchte, die Vorsitzenden der Räte der Bezirke dazu zu bewegen, in Kooperation mit den SED-Bezirksleitungen Konferenzen abzuhalten, auf denen den Betriebsleitungen nochmals die Bedeutung der Ar-

---

[211] Zum folgenden: BAB, DQ 2/721, Disposition des Ministeriums für Arbeit (Abt. Arbeitskraftlenkung) vom 15. 11. 1952, S. 2f.
[212] Ebenda, S. 3.
[213] BAB, DQ 2/721, Chwalek am 28. 11. 1952 an das Sekretariat des ZK (Schön).
[214] BAB, DQ 2/1761.

beitskräftewerbung für die Wismut AG deutlich gemacht werden sollte. Darüber hinaus erteilte Chwalek den Abteilungen für Arbeit und Berufsausbildung den Auftrag, dem Ministerium täglich über den Stand der Werbemaßnahmen zu berichten – eine Aufgabe, welche die früheren Landesregierungen wahrgenommen hatten[215]. Da zahlreiche volkseigene Betriebe nicht mehr in der Lage waren, Arbeitskräfte abzugeben, begannen einzelne Bezirksverwaltungen damit, ihre Werbemaßnahmen verstärkt auf die private Wirtschaft zu konzentrieren, die bisher verschont geblieben war. So teilte der Vorsitzende des Rates des Bezirkes Frankfurt/Oder mit, daß er verantwortliche Mitarbeiter der Industrie- und Handelskammer, der Handwerkskammer und den FDGB für diese Aufgabe gewonnen habe[216]. Erste Berichte der Bezirksverwaltungen trafen Anfang Januar 1953 in Berlin ein: Diese waren durchweg selbstkritisch gehalten und machten gleichzeitig deutlich, daß die Bildung neuer Kommissionen nicht zwangsläufig den erhofften Erfolg bei der Arbeitskräftegewinnung mit sich brachte[217].

Abschließend sei nochmals darauf hingewiesen, daß eine genaue quantitative Darstellung des Beschäftigtenstandes der Wismut AG über einen längeren Zeitraum hinweg nicht möglich ist. Diese müßte sowohl die Einstellungen als auch die Entlassungen gleichermaßen berücksichtigen. Entsprechende Unterlagen konnten jedoch nur für das Jahr 1950 ermittelt werden: Demzufolge waren etwa im 1. Halbjahr 1950 insgesamt 64245 Personen eingestellt worden; dem standen 27833 Entlassungen gegenüber[218]. Im vierten Quartal 1950 wurden 11486 Einstellungen und 27497 Entlassungen registriert[219]. Meldungen der Abteilung Arbeitskraftlenkung in Berlin ist zu entnehmen, daß im Zeitraum vom 1. September 1951 bis zum 20. Juli 1952 insgesamt 62336 Arbeitskräfte für die Wismut AG in Sachsen und Thüringen gewonnen wurden[220]. An den Monatszahlen läßt sich der allmähliche Rückgang der sowjetischen Nachfrage ablesen: So wurden im September 1951 10968 Arbeiter zugewiesen, einen Monat später 8046 und im Dezember 4123. Die Angaben stiegen nochmals im Februar und März 1952 auf 7869 bzw. 6283 Arbeitskräfte. In der Folgezeit reduzierte sich die Zahl der zugewiesenen Bergarbeiter deutlich und lag zwischen 1644 (Mai) und 2160 (Juli). Für die Gesamtbeurteilung ist allerdings die Höhe der Anforderungen entscheidend, die an der prozentualen Erfüllungsquote festgemacht werden kann. Auch hier schwankten die Werte beträchtlich. Konnten die Arbeitsämter im September 1951 73,1 Prozent der angeforderten Arbeitskräfte zuweisen, so sank die Rate im folgenden Monat auf 53,6 und stieg im November auf 126 Prozent. Dagegen lag sie im Dezember 1951 nur bei 45,8 Prozent. Diese Berg- und Talfahrt setzte sich auch im 1. Halbjahr 1952 fort. Auffallend dabei ist jedoch die insgesamt gesehen stetige

---

[215] BAB, DQ 2/721, Rundschreiben Chwaleks vom 10. 12. 1952.
[216] BAB, DQ 2/2127, Vorsitzender des Rates des Bezirkes Frankfurt/Oder am 20. 12. 1952 an Arbeitsminister Chwalek.
[217] Vgl. BAB, DQ 2/2127, Rat des Bezirks Suhl (Abt. Arbeit und Berufsausbildung) am 3. 1. 1953 an das Ministerium für Arbeit (Abt. Arbeitskraftlenkung).
[218] BAB, DQ 2/2095, Statistik des Ministeriums für Arbeit und Aufbau Sachsen vom 4. 7. 1950.
[219] Ebenda, Statistik des Ministeriums für Industrie, Arbeit und Aufbau Sachsen vom 22. 12. 1950.
[220] BAB, DQ 2/1646. Die monatlichen Kurzberichte waren für Minister Chwalek und Staatssekretärin Malter angefertigt worden.

Abnahme der monatlichen Auflagenhöhe. Erwähnenswert ist noch die bereits bekannte Tatsache, daß Sachsen seine Auflagen überdurchschnittlich gut zu erfüllen vermochte[221]. Der Arbeitskräftebedarf nahm auch 1952 weiter ab, bis er gegen Jahresende wieder etwas anstieg, ohne aber die Höhe vom Jahresanfang zu erreichen. Deutlich erkennbar sind außerdem die beträchtlichen Schwankungen bei der Erfüllung des Plansolls.

Tabelle 11: Erfüllung der Auflagen für die Wismut AG 1952

Monat	Auflage	Erfüllung	in Prozent
Januar	12 000	10 017	84
Februar	7 800	7 869	100
März	5 000	6 283	126
April	2 000	4 159	208
Mai	–	1 644	–
Juni	1 150	1 776	156
Juli	2 150	2 734	127
August	900	1 241	138
September	2 090	1 459	70
Oktober	2 700	3 028	112
November	6 000	2 347	39
Dezember	6 000	2 376	39,6

Quelle: SAPMO, NY 4090/359, Bl. 36–38, Minister Chwalek am 30. 12. 1952 an die Planökonomische Abteilung der SKK (Chomjakow).

Eine differenzierte Analyse nach regionalen Gesichtspunkten verdeutlicht noch einmal die starke Belastung des Landes Sachsen bzw. ab Sommer 1952 des Bezirkes Karl-Marx-Stadt bei der Bereitstellung von Arbeitskräften für die Wismut AG.

---

[221] Die sächsische Landesregierung meldete, daß im Verlauf des Jahres 1951 42850 Arbeitskräfte angefordert worden seien. Es konnten insgesamt 37854 Personen zugewiesen werden, von denen 36367 eingestellt wurden (85%). Damit war die Fehlvermittlungsquote im Vergleich zu den anderen Ländern sehr niedrig. BAB, DQ 2/1755, Ministerium für Wirtschaft und Arbeit des Landes Sachsen am 25. 2. 1952 an das Ministerium für Arbeit. In Sachsen-Anhalt lag die durchschnittliche Erfüllungsquote in der Zeit 1.1.–30. 11. 1951 bei 65,8%. BAB, DQ 2/1755, Ministerium für Wirtschaft (HA Arbeit) der Landesregierung Sachsen-Anhalt am 10. 12. 1951 an den Minister für Arbeit Chwalek, S. 1. Die mecklenburgische Landesregierung bezifferte den Erfüllungsstand für das Jahr 1951 auf 40,7% (Untertagearbeiter) bzw. 31% (Übertagearbeiter). Vgl. BAB, DQ 2/1755, Ministerium für Wirtschaft und Arbeit Mecklenburg am 31. 3. 1952 an das Ministerium für Arbeit, S. 1.

Tabelle 12: Bereitstellung von Arbeitskräften für die Wismut AG durch die Bezirke November 1952–August 1953

	Nov. 1952	Dez. 1952	Januar 1953	Februar 1953	März 1953	April 1953	Mai 1953	Juni 1953	Juli 1953	August 1953
Frankf./Oder	4	38	55	11	21					1
Leipzig	186	171	525	232	279	54	146	193	108	185
Karl-Marx-Stadt	1368	1019	1548	1148	958	1099	1159	903	1324	1288
Dresden	123	307	589	256	207	15	159	23	117	140
Erfurt	117	135	388	216	181	102	145	4	103	16
Gera	90	183	265	312	200	176	132	273	24	54
Suhl	24	66	149	78	119	56			1	
Magdeburg	71	88	207	61	61	13	60		21	11
Halle	221	232	420	171	211	113	166	74	124	77
Potsdam	59	61	117	35	33	1	17	1	8	9
Cottbus	21	46	96	19	37	5	24	2	15	21
Rostock	29	21	78	40	46	5	23	2	4	1
Schwerin	16	43	120	19	38		25		7	
Neubg.	18	10	42	31	29		20		2	1
Insg.	2347	2420	4599	2626	2420	1639	2076	1480	1858	1804
Auflage	6000	6000	5530		2070	600	700			1300

Quelle: BAB, DQ 2/2101, Aktenvermerke der Abt. Arbeitskraftlenkung (o.D.).

Steinkohlenbergbau

Es blieb zunächst der sächsischen Landesregierung überlassen, den Arbeitskräfte-bedarf für den Steinkohlenbergbau selber abzudecken. Aufgrund der Binnenwanderung sowie der beginnenden Abwanderung zum Uranbergbau, der unter anderem auch die Gruben des Steinkohlenbergbaus erfaßt hatte, sah sich jedoch das zuständige Ministerium für Arbeit und Sozialwesen in Dresden dazu nicht mehr in der Lage. Die VVB Steinkohlenverwaltung Zwickau entsandte ihrerseits Werber in das Heimkehrerlager Gronenfelde, um den drohenden Arbeitskräftemangel einigermaßen ausgleichen zu können. Ohne Zustimmung des Berliner Arbeitsministeriums durften jedoch die Arbeitskräftewerber ihre Tätigkeit nicht aufnehmen. Das sächsische Ministerium, das die Vorgehensweise der Grubenverwaltung ausdrücklich billigte, stellte deshalb einen offiziellen Antrag[222], der allerdings abgewiesen wurde. Ein Mitarbeiter des Ministeriums begründete die Ablehnung mit dem Hinweis, daß „den nach langen Jahren der Abwesenheit in ihre Heimat zurückkehrenden ehemaligen Kriegsgefangenen nach dem Betreten deutschen Bodens während des nur höchstens 24 Stunden währenden Durchschleusens im Lager aus psychologischen und politischen Gründen die durch eine Werbung bedingte Belastung unbedingt" erspart werden solle[223]. Für das Ministerium für

---

[222] BAB, DQ 2/2134, Bl. 28, Ministerium für Arbeit und Sozialwesen Sachsen am 12. 11. 1949 an das Ministerium für Arbeit und Gesundheitswesen.
[223] Ebenda, Bl. 29, Ministerium für Arbeit und Gesundheitswesen (Donau) am 25. 11. 1949 an das Ministerium für Arbeit und Sozialwesen Sachsen.

Arbeit und Gesundheitswesen dürfte jedoch ausschlaggebend gewesen sein, daß grundsätzlich an der zentralisierten Arbeitskräfteplanung und -lenkung festgehalten werden sollte. Insofern mußte einzelnen Betrieben oder Wirtschaftsverwaltungen zwangsläufig untersagt werden, selbständig Arbeitskräfte anzuwerben. Damit besaß die einmal getroffene Entscheidung auch prinzipiellen Charakter und war aus Sicht der Arbeitsverwaltung durchaus nachvollziehbar. Für die betroffenen Betriebe und die jeweiligen Landesverwaltungen stellte dies andererseits eine erhebliche Einschränkung der eigenen Handlungsfähigkeit dar: Sie hatten für die Abdeckung des Arbeitskräftebedarfs zu sorgen, durften sich aber einiger zentraler Instrumente staatlicher Arbeitsmarktpolitik nicht bedienen. Statt dessen erklärte sich das Arbeitsministerium in Berlin bereit, den Ländern Auflagen zu erteilen, Arbeitskräfte für den Steinkohlenbergbau zu gewinnen[224]. Nach Angaben des Ministeriums für Industrie hatte die Steinkohlenverwaltung Zwickau für den Monat März einen Gesamtbedarf von 1740 Bergarbeitern, 18 Steigern, zehn Grubenschlossern und fünf Elektrikern angemeldet. Zugleich wurde vorgeschlagen, die Werbung auf die gesamte DDR auszuweiten und die Arbeitsämter, die sich auf dem Gebiet des Steinkohlenbergbaus befanden (Zwickau, Glauchau und Lugau), von den Auflagen zur Bereitstellung von Arbeitskräften für den Uranbergbau zu befreien[225].

Die Arbeitsämter erhielten den Auftrag, die geworbenen Arbeitskräfte durch Beratungsärzte auf ihre Bergbautauglichkeit überprüfen zu lassen. Diese Bestimmung galt sowohl für den Uranbergbau als auch für den Steinkohlenbergbau, wurde jedoch Ende der vierziger Jahre bzw. Anfang der fünfziger Jahre nicht konsequent praktiziert, so daß die Zahl der „Fehllenkungen" sprunghaft anstieg. Die sächsische Landesregierung kritisierte in dem Zusammenhang, daß die ärztlichen Untersuchungen oftmals „zu großzügig" durchgeführt würden[226]. Bei nochmaliger Kontrolle durch Beratungsärzte der Steinkohlenverwaltung seien nämlich zahlreiche zugewiesene Bergarbeiter wieder entlassen worden. Die Arbeitsämter wurden deshalb gebeten, die Tauglichkeitsprüfungen sorgfältig durchführen zu lassen, um die Zahl der „Fehllenkungen" so gering wie möglich zu halten. Zugleich durfte jedoch das Ziel der Planerfüllung nicht gefährdet werden: Die SKK, die einen Rückgang der Steinkohlenförderung befürchtete, schlug dem Minister für Industrie Selbmann am 27. Mai 1950 Maßnahmen „zur Verbesserung der Arbeit der Kohlenindustrie" vor[227]. So sollten unter anderem im zweiten Quartal 1950 im Steinkohlegebiet Zwickau-Ölsnitz 1000 Arbeiter zusätzlich eingestellt und im laufenden Jahr weitere 1000 Hauer ausgebildet werden[228]. Des weiteren regte die sowjetische Besatzungsmacht die Verbesserung einiger materieller Anreize an, etwa die Erhöhung von Prämienzahlungen und Lohnsätzen für einzelne Bergarbeitergruppen. Ein ausführlicher Bericht des Arbeitsamtes Zwickau schien

[224] Vgl. BAB, DQ 2/2132, Ministerium für Arbeit und Gesundheitswesen Sachsen am 11. 3. 1950 an die Landesregierungen in Erfurt, Potsdam, Schwerin und Halle.
[225] Ebenda, Ministerium für Industrie (HA Kohle) am 15. 3. 1950 an das Ministerium für Arbeit und Gesundheitswesen (Abt. Arbeitskraftlenkung).
[226] Ebenda, Ministerium für Arbeit und Gesundheitswesen Sachsen am 16. 5. 1950 an das Ministerium für Arbeit und Gesundheitswesen.
[227] SAPMO, NY 4182/1194, Bl. 113–116.
[228] Ebenda, Bl. 114.

die sowjetischen Befürchtungen zu bestätigen: Die Anzahl der Grubenarbeiter war innerhalb von fünf Monaten zwar nur geringfügig von 12 722 auf 12 714 zurückgegangen[229]. Die angestrebte Steigerung der Produktionsmenge wurde jedoch als unrealistisch eingeschätzt, zumal eine Abwanderungswelle zur Wismut AG eingesetzt hatte. Das Arbeitsamt Zwickau äußerte die Vermutung, daß die Fluktuation zum Uranbergbau noch weiter zunehmen werde, da die Entlohnung bei der Wismut AG wesentlich besser sei. Das Ministerium für Arbeit und Gesundheitswesen schloß sich dieser Einschätzung allerdings nicht an und behauptete, daß für die Nichterfüllung der Pläne nicht der Arbeitskräftemangel verantwortlich sei, sondern vielmehr die mangelnde Arbeitseinstellung von Betriebsleitung und Belegschaft[230].

Auf seiten der SED nahm sich auch der sächsische Landesvorstand der Thematik an und besprach mit Vertretern der Landesregierung Maßnahmen zur Zurückdrängung der Fluktuation und damit langfristig zur Steigerung der Steinkohlengewinnung, die jedoch allgemein gehalten waren und wenig Neues enthielten[231]. Zu diesem Zeitpunkt diskutierte die SED-Führung bereits die Verabschiedung einer Verordnung „über die Stellung der Bergarbeiter", die nicht nur dem Steinkohlenbergbau zugute kommen sollte. Vielmehr ging es allgemein um eine Aufwertung des Bergbaus, die sich auch in entsprechenden Lohnverbesserungen niederschlagen sollte. Erstmals befaßte sich das Sekretariat des ZK auf seiner Sitzung am 10. und 11. Mai 1950 mit dem Arbeitsvorhaben und berief eine Kommission, die bis zum 10. Juni einen ersten Entwurf ausarbeiten sollte[232]. Zwei Monate später stimmte das Politbüro, dem der Verordnungsentwurf vorgelegt worden war, „Richtlinien zur Ausarbeitung eines solchen Gesetzes" zu und berief Fritz Selbmann als weiteres Mitglied in die Kommission[233]. Nach den Vorstellungen der SED-Führung sollte die geplante Verordnung die zukünftige Lohnpolitik für den Bergbau in den Grundzügen festlegen. Dabei müsse berücksichtigt werden, daß der Bergbau „von erstrangiger Bedeutung" für die Gesamtwirtschaft sei[234]. Diese Forderung war bereits in den Jahren zuvor mehrmals erhoben worden. Aufgrund der anhaltenden Abwanderungsbewegung sah sich aber das Politbüro offensichtlich gezwungen, das Instrument der Lohnpolitik nicht mehr ausschließlich nur als Anreizfunktion, sondern auch dezidiert zur Regulierung der Fluktuation einzusetzen. Während es zuvor um die Gewinnung neuer Arbeitskräfte gegangen war, stand nunmehr die Beschränkung der zwischenbetrieblichen Wanderung im Vordergrund. Zum vorgeschlagenen Maßnahmenbündel gehörten außerdem die Verbesserung des Wohnungsbaus, die Ausgabe von Arbeitskleidung und der Ausbau der betrieblichen Gesundheitsfürsorge zur Senkung des Krankenstandes. Auch

---

[229] BAB, DQ 2/2132, Arbeitsamt Zwickau am 19. 6. 1950 an das Ministerium für Arbeit und Gesundheitswesen, S. 1.
[230] Ebenda, Abt. Arbeitskraftlenkung am 29. 6. 1950 an Hauptabteilungsleiter Litke.
[231] SächsHStA, Landesregierung Sachsen, Ministerium für Arbeit und Sozialfürsorge, Bd. 402, Protokoll über die Besprechung des SED-Landesvorstandes am 27. 7. 1950, S. 7 f.
[232] SAPMO, DY 30/J IV 2/3/106, Bl. 10. Der Kommission gehörten an: Max Herm, Hanisch, Gustav Sobottka, Fritsche und der stellvertretende Vorsitzende der IG Bergbau.
[233] SAPMO, DY 30/IV 2/2/97, Bl. 87, Protokoll der Sitzung des Politbüros am 11. 7. 1950.
[234] Ebenda, Bl. 164, Grundlage eines Entwurfs für eine Verordnung über die Stellung der Bergarbeiter.

diese Maßnahmen bewegten sich in den altbekannten Bahnen der bisherigen Arbeitsmarktpolitik. Das gilt genauso für die Forderung nach Intensivierung der Nachwuchsausbildung. Kurz zuvor hatte das Sekretariat des ZK seine grundsätzliche Zustimmung gegeben und die Meinung vertreten, daß gleichzeitig eine Regelung der Gehälter des bergbautechnischen Personals vorgenommen werden müsse[235]. Nach nochmaliger Überarbeitung und Beratung verabschiedete das Politbüro den Verordnungsentwurf schließlich am 8. August 1950[236], so daß er elf Tage später im Gesetzblatt veröffentlicht werden konnte[237]. Die Erhöhung der tariflichen Löhne und Gehälter für die im Bergbau Beschäftigten wurde durch die Verordnung „über die Verbesserung der Entlohnung der Arbeiter und Angestellten in den volkseigenen und ihnen gleichgestellten Betrieben" geregelt[238].

Rasche Erfolge waren allerdings von der in Kraft getretenen Verordnung nicht zu erwarten. Der Steinkohlenbergbau befand sich bereits zuvor im Schatten des Erzbergbaus – das belegen die Beschäftigtenzahlen (vgl. Tabelle 13). Dabei wird deutlich, daß der Erzbergbau zwischen November 1949 und Mai 1950 den größten Beschäftigtenzuwachs zu verzeichnen hatte, während die übrigen Zweige des Bergbaus eher stagnierten. Abteilungsleiter Huth warnte vor übertriebenen Hoffnungen und wies noch auf andere Hindernisse hin, die einer spürbaren Erhöhung der Steinkohlenmenge im Wege standen: Da bei den vorgenommenen Tiefbohrungen noch keine neuen Kohlevorkommen erschlossen werden konnten, war an eine Erhöhung der Fördermenge nicht zu denken[239]. Darüber hinaus gab es einen Bedarf an Facharbeitern in den Zulieferbetrieben, die Bohrmaschinen für den Bergbau herstellten[240]. Diese Nachfrage konnte auch nicht durch ein verbessertes Lohnsystem befriedigt werden, sondern erforderte entsprechende berufsausbildende Programme über einen mehrjährigen Zeitraum hinweg.

Das Ministerium für Arbeit beklagte ein halbes Jahr nach Inkrafttreten der Verordnung vom 10. August 1950, daß die Probleme bei der Versorgung des Steinkohlenbergbaus mit Arbeitskräften „nur zum geringen Teil behoben" seien[241]. So konnte zwar die Abwanderung abgebremst, die Fluktuation der Arbeitskräfte jedoch nicht entscheidend eingeschränkt werden. Die zuständige Abteilung

[235] SAPMO, DY 30/J IV 2/3/122, Bl. 1, Protokoll der Sitzung des Sekretariats des ZK am 29. 6. 1950.
[236] SAPMO, DY 30/IV 2/2/103, Bl. 82 und 91–97.
[237] Verordnung zur Verbesserung der Lage der Bergarbeiter, des ingenieurtechnischen und kaufmännischen Personals sowie der Produktionsverhältnisse im Bergbau der DDR, in: Gesetzblatt des DDR 1950, S. 832–834.
[238] Ebenda, S. 839–843. Die Lohnerhöhung war letztlich abhängig vom Wirtschaftszweig und der Einstufung in die Lohngruppen 1 bis 8. Im Stein- und Braunkohlenbergbau bewegte sich die Erhöhung zwischen 8 und 50 Prozent und lag damit – mit Ausnahme der beiden unteren Lohngruppen – deutlich über den Werten der übrigen Wirtschaftszweige.
[239] BAB, DQ 2/2125, Huth am 20. 10. 1950 an Hauptabteilungsleiter Litke. Die Steinkohlenvorräte blieben in der DDR stark begrenzt: Das Staatssekretariat für Kohle und Energie ging Mitte 1952 von einer Lebensdauer der einzelnen Schachtanlagen von zwei (Freitaler Schächte) bis maximal neun Jahren (Karl-Marx-Schächte) aus. Die Kohlenvorräte betrugen demzufolge insgesamt 39 663 800 t. Vgl. BAB, DQ 2/2130, Staatssekretariat für Kohle und Energie am 12. 6. 1952 an das Ministerium für Arbeit (Heinze), S. 2.
[240] BAB, DQ 2/2145, Ministerium für Industrie (HA Kohle) am 17. 11. 1950 an das Ministerium für Arbeit und Gesundheitswesen.
[241] BAB, DQ 2/717, Hausmitteilung der Abt. Arbeitskraftlenkung vom 16. 2. 1951 an das Sekretariat des Ministers, S. 1.

Tabelle 13: Übersicht über die unselbständig Beschäftigten im Bergbau 1949/50

	Stand: Männer	10. 11. 1949 Frauen	Insgesamt	Stand: Männer	10. 5. 1950 Frauen	Insgesamt
Steinkohle	21190	844	22034	21472	969	22441
Braunkohle	111745	11117	122862	111234	12224	123458
Erzbergbau	185365	25824	211189	217265	35222	252487
Salzbergbau	22555	940	23495	23295	981	24276

Quelle: BAB, DQ 2/2125, Statistik des Ministeriums für Arbeit (Abt. Planung und Statistik); hand-schriftlich: 6. 12. 1950.

Arbeitskraftlenkung registrierte mit Befriedigung, daß die Zahl der Zugänge die der Abgänge mittlerweile übersteige. So seien im Zeitraum vom 1. August bis zum 22. Dezember 1950 insgesamt 2175 Grubenarbeiter zugewiesen und auch eingestellt worden; demgegenüber verzeichneten die Arbeitsämter im gleichen Zeitraum einen Abgang von nur 1416 Beschäftigten. Die Abteilung Arbeitskraftlenkung wies zugleich darauf hin, daß nach wie vor eine nicht unerhebliche Abwanderung zum Erzbergbau bestehe. Als Gründe wurden die niedrigere Entlohnung im Steinkohlenbergbau sowie schlechte Wohnverhältnisse für die Bergarbeiter genannt. Die Arbeitsämter erhielten deshalb die Anweisung, Entlassungen aus dem Steinkohlenbergbau nicht mehr zuzustimmen, und es erfolgten andererseits auch keine gezielten Abwerbungen zum Uranbergbau[242]. Das Ausmaß der Fluktuation läßt sich für das Jahr 1950 am Beispiel eines zentralen Steinkohlenreviers sehr anschaulich nachzeichnen (vgl. Tabelle 14).

Tabelle 14: Belegschaftswechsel über das Arbeitsamt im Steinkohlenrevier Zwickau 1950

	Arbeiter Zugang	Abgang	Angestellte Zugang	Abgang	Insgesamt Zugang	Abgang
Januar	364	248	5	18	369	266
Februar	364	206	11	6	375	212
März	308	251	14	10	322	261
April	219	283	7	9	226	292
Mai	138	278	11	6	149	284
Juni	123	487	10	12	133	499
Juli	215	655	6	18	221	673
August	510	458	19	15	529	473
September	1020	386	17	6	1037	392
Oktober	742	399	19	11	761	410
November	469	342	6	8	475	350
Dezember	302	262	8	5	310	267
Insgesamt	4774	4255	123	124	4907	4379

Quelle: BAB, DQ 2/717, Statistischer Überblick des Ministeriums für Industrie (HV Kohle).

242 Ebenda, Minister Chwalek am 24. 2. 1951 an Ministerpräsident Grotewohl, S. 1.

Da die Bereitstellung von Arbeitskräften für den Steinkohlenbergbau nicht in dem erhofften Maße gesichert werden konnte, nahm die Arbeitsverwaltung Kontakt zum Ministerium der Justiz auf, um Strafgefangene für den Arbeitseinsatz zu gewinnen. Beide Ministerien konnten sich grundsätzlich darauf einigen, „künftig auch Bewährungsarbeiter im Steinkohlenbergbau anzusetzen"[243]. Da sich mittlerweile auch die FDJ bereit erklärt hatte, Arbeitskräfte in ihren Reihen zu werben, verringerte sich die Anzahl der einzusetzenden Strafgefangenen. Es kann somit festgehalten werden, daß es in dieser Phase der akuten Arbeitskräftenachfrage einen verstärkten Einsatz von sogenannten Bewährungsarbeitern in diesem Wirtschaftszweig gab, wobei das quantitative Ausmaß nicht genau zu ermitteln ist. Die SED-Führung schaltete sich offensichtlich in diese Diskussion nicht ein, sondern begnügte sich mit allgemein gehaltenen Beschlüssen und Appellen. So beriet etwa das Sekretariat des ZK mehrmals über die Situation im Steinkohlenbergbau[244] und setzte Kommissionen ein, die entsprechende Maßnahmen ausarbeiten und vorlegen sollten[245]. Der Arbeitsverwaltung und den einzelnen Grubenleitungen gelang es auch in der Folgezeit nicht, die Fluktuationsrate auf ein erträgliches Maß zu senken. Nach Angaben der Steinkohlenverwaltung Zwickau hatten in der Zeit vom 1. bis zum 10. April 1952 insgesamt 270 Beschäftigte die einzelnen Gruben des Steinkohlenbergbaus verlassen; dem standen nur 195 Zugänge gegenüber[246]. Bei einer Gesamtbelegschaft von 23 639[247] war zwar die Anzahl der Abgänge auf den ersten Blick verschwindend gering. Da es sich jedoch um eine konstante Größe handelte, war die Arbeitsverwaltung gezwungen, regelmäßig Arbeitskräfte in diesen Wirtschaftszweig zu entsenden. Ähnlich wie beim Uranbergbau mußte auch hier der Arbeitsplatzwechsel einzelner Bergarbeiter bei der Arbeitskräfteplanung und -lenkung berücksichtigt werden: Die Zahl der Zuweisungen mußte daher immer über der Zahl der Abgänge liegen, um den Beschäftigtenstand halten zu können.

Da bei der Arbeitskräftegewinnung für den Steinkohlenbergbau stets der vordringliche Bedarf der Wismut AG in Rechnung gestellt werden mußte, kam es häufig zu improvisierten Maßnahmen, bei denen sich die Arbeitsverwaltung von der monatlichen Auflagenhöhe in beiden Bergbaubereichen leiten ließ. Anfang Juni stand der Arbeitskräftebedarf für den Uranbergbau in Sachsen und Thüringen noch nicht fest, so daß die sächsische Landesverwaltung angewiesen wurde, „auf die für die Grundstoffindustrie bereitstehenden Kräfte zurückzugreifen und [zu] versuchen, diese für den Einsatz im Steinkohlenbergbau zu gewinnen"[248]. Darüber hinaus wurde erneut die Senkung der Fluktuationsrate gefordert. Dazu vereinbarten Vertreter des Arbeitsministeriums in Berlin und Dresden, des Staats-

[243] BAB, DQ 2/2132, Aktenvermerk der Abt. Arbeitskraftlenkung vom 5. 3. 1951.
[244] Erstmals auf der Sitzung am 8. 12. 1950. Vgl. SAPMO, DY 30/J IV 2/3/158, Bl. 2.
[245] SAPMO, DY 30/J IV 2/3/229, Bl. 6 f., Protokoll der Sitzung des Sekretariat des ZK am 3. 9. 1951; SAPMO, DY 30/J IV 2/3/238, Bl. 9, Protokoll der Sitzung des Sekretariats des ZK am 4. 10. 1951.
[246] SächsHStA, VVB Steinkohle Zwickau, Bd. 1771, Bl. 272, Steinkohlenverwaltung Zwickau am 16. 4. 1952 an die HV Kohle in Berlin.
[247] Darunter befanden sich 522 Bewährungsarbeiter aus dem Lager Oelsnitz und der Strafvollzugsanstalt Zwickau. Ebenda.
[248] BAB, DQ 2/2130, Abt. Arbeitskraftlenkung am 3. 6. 1952 an das Ministerium für Wirtschaft und Arbeit (HA Arbeit) in Dresden.

sekretariats für Kohle und Energie sowie der Steinkohlenverwaltung, einen Plan aufzustellen, „in dem Maßnahmen, durch die die Fluktuation eingedämmt werden kann, aufgeführt werden"[249]. Erste Vorschläge reichten von ideologisch-politischer Arbeit unter den Bergleuten bis hin zu Fragen des Gesundheitsschutzes, der Sozialversicherung und des Wohnungsbaus. Der Plan sollte vom Staatssekretariat für Kohle und Energie in enger Zusammenarbeit mit den Grubenleitungen ausgearbeitet werden und lag dem Ministerium für Arbeit termingerecht am 12. Juni vor[250]. Hauptabteilungsleiterin Heinze vertrat den Standpunkt, daß zunächst einmal die Grubenleitungen Maßnahmen zu treffen hätten, um beispielsweise den Krankenstand zu senken und dadurch den Beschäftigtenbestand besser auszuschöpfen[251]. Eine Erhöhung der Lohnsätze in den Lohngruppen 5 bis 8 werde dagegen nicht die bestehenden Probleme lösen, da ein Großteil der abwandernden Arbeitskräfte nicht qualifizierte Arbeiter seien, führte Heinze weiter aus. Damit hatte sie deutlich gemacht, daß das Arbeitsministerium nicht willens und nicht in der Lage war, Lohnverbesserungen vorzunehmen oder zusätzliche Prämienzahlungen einzuführen, um die Bergarbeiter zum Verbleiben im Steinkohlenbergbau zu bewegen. Während die Angleichung der Lebensmittelkarten noch verschoben werden mußte, da dies eine Erhöhung für alle Bergarbeiter bedeutet hätte, schlug ein Vertreter des Ministeriums für Handel und Versorgung die Verbesserung der Werksküchenverpflegung vor[252], worauf sich die beteiligten Verwaltungsstellen offensichtlich einigen konnten. Da weitere Investitionsmittel für den Wohnungsbau nicht zur Verfügung gestellt wurden, war an eine Entspannung auf dem Wohnungsmarkt im Einzugsbereich der Steinkohlengruben nicht zu denken. Letztendlich diskutierte die Arbeitsverwaltung mit den Landesverwaltungen sowie den Grubenleitungen häufig die hohen Fluktuationsraten und deren Ursachen, konnte jedoch keine konkreten sozialpolitischen Maßnahmen einleiten, da entsprechende Finanzmittel nicht vorhanden waren. Das Ministerium für Arbeit wälzte die Federführung hinsichtlich der Ausarbeitung weiterer Vorschläge zur Beseitigung der Fluktuation auf das Staatssekretariat für Kohle und Energie ab und wollte nur noch die „Anleitung und Kontrolle" ausüben[253]. Gleichzeitig nahm das Arbeitsministerium den „Kampf gegen das Bummelantentum" wieder auf – eine Maßnahme zur Senkung des Krankenstandes, die bereits zuvor mit stark eingeschränktem Erfolg angewendet worden war. In dem Zusammenhang erhielt das Ministerium für Gesundheitswesen den Auftrag, in einzelnen Schächten hauptamtlich tätige Betriebsärzte einzusetzen[254], welche die Krankmeldungen zu überprüfen hatten. Auf der anderen Seite sollte die Verstärkung des betrieblichen Gesundheitsschutzes dazu beitragen, die neu zugeteilten Arbeitskräfte auf ihre Bergbautauglichkeit zu überprüfen[255]. Senkung des Krankenstandes und der

---

[249] BAB, DQ 2/718, Aktenvermerk der HA Arbeit vom 4. 6. 1952, S. 2.
[250] BAB, DQ 2/2130, Plan über Maßnahmen zur Beseitigung der Fluktuation im Steinkohlenbergbau.
[251] Ebenda, Heinze am 17. 6. 1952 an das ZK der SED (Abt. Planung und Finanzen).
[252] BAB, DE 1/8813, Bl. 11–15, hier Bl. 13, Protokoll der Abt. Arbeitskraftlenkung über eine Besprechung im Ministerium für Arbeit am 14. 7. 1952.
[253] Ebenda, Bl. 14.
[254] BAB, DQ 2/2130, Ministerium für Arbeit am 15. 7. 1952 an das ZK der SED (Gurgeit).
[255] Ebenda, stellv. Abteilungsleiterin Arndt (Abt. Arbeitskraftlenkung) am 5. 8. 1952 an die Pressestelle.

Fehlvermittlungen waren somit für die Arbeitsverwaltung zwei eng miteinander verknüpfte Ziele[256]. Darüber hinaus rief das Ministerium für Arbeit die Bezirksverwaltungen auch weiterhin dazu auf, dem Steinkohlenbergbau bergbautaugliche Arbeitskräfte zur Verfügung zu stellen[257].

Das Sekretariat des ZK befaßte sich Mitte August 1952 erneut mit der Lage im Steinkohlenbergbau, nachdem dem SED-Führungsgremium eine entsprechende Beschlußvorlage unterbreitet worden war[258]. Der vom Arbeitsministerium und dem Staatssekretariat für Kohle und Energie ausgearbeitete Maßnahmenkatalog wurde allerdings dilatorisch behandelt und wiederholt mit der Aufforderung zurückgereicht, über die bisher durchgeführten Beschlüsse des Politbüros und des Sekretariats zu berichten[259]. Einen Monat später wurde eine weitere Kommission eingesetzt, die eine Direktive ausarbeiten sollte, „wie die Betriebe des Steinkohlenbergbaus, die Werksleitungen, die Hauptverwaltung Kohle ihre Arbeit grundlegend verbessern"[260] können. Der Beschluß enthielt allerdings auch dieses Mal keine konkreten inhaltlichen Vorgaben zur Tätigkeit der Kommission. Einzige Ausnahme war eine sicherheits- bzw. kaderpolitische Anweisung: Die Kommission wurde bevollmächtigt, Maßnahmen zu ergreifen, „um feindliche und unzuverlässige Elemente aus leitenden Funktionen des Steinkohlenbergbaus zu entfernen und an ihrer Stelle zuverlässige Fachleute einzusetzen". Auch in der Folgezeit waren die Entscheidungen der SED-Führung ausschließlich von kaderpolitischen Überlegungen geprägt[261]. Es hat den Anschein, als ob sozialpolitische Aspekte in diesen Führungszirkeln kaum eine Rolle gespielt haben. Das Sekretariat des ZK beriet abschließend über den Steinkohlenbergbau am 2. Februar 1953 und legte dem Politbüro eine entsprechende Beschlußvorlage vor[262]. Bereits einen Tag später billigte das Politbüro die Vorlage, die sich unter anderem mit der bisherigen Beschäftigungspolitik im Steinkohlenbergbau kritisch auseinandersetzte: „Es besteht ein großes Mißverhältnis zwischen der Zahl der unter Tage Arbeitenden zu den Beschäftigten über Tage, schon gar nicht zu reden von dem schlechten Verhältnis der Zahl der Produktionsarbeiter zu der Zahl der Verwaltungsangestellten."[263] Der Gesamtbestand an Häuern sei weder ergänzt noch vergrößert wor-

[256] Auch die einzelnen Grubenleitungen führten Krankenkontrollen durch. Dabei wurden hauptamtliche „Krankenbesucher" eingesetzt, wobei unklar ist, ob es sich um Ärzte oder Mitarbeiter der Grubenverwaltung handelte. Nach Angaben der zuständigen VVB Steinkohle Zwickau bestand ein direkter Zusammenhang zwischen der Tätigkeit dieser Kontrolleure und der Senkung des Krankenstandes. Vgl. SächsHStA, VVB Steinkohle Zwickau, Bd. 1771, Bl. 4f. Niederschrift über die am 27. 11. 1952 stattgefundene Besprechung der Arbeitskräftelenker der VVB.
[257] BAB, DQ 2/2130, Abt. Arbeitskraftlenkung am 21. 8. 1952 an die Räte der Bezirke.
[258] SAPMO, DY 30/J IV 2/3/317, Bl. 1 f., Protokoll der Sitzung des Sekretariats des ZK am 18. 8. 1952.
[259] SAPMO, DY 30/J IV 2/3/330, Bl. 7, Protokoll der Sitzung des Sekretariats des ZK vom 9. 10. 1952.
[260] SAPMO, DY 30/J IV 2/3/340, Bl. 1 f., Protokoll der Sitzung des Sekretariats des ZK am 13. 11. 1952.
[261] Vgl. SAPMO, DY 30/J IV 2/3/356, Bl. 1–3, Protokoll der Sitzung des Sekretariats des ZK am 19. 1. 1953. Auf dieser Sitzung wurde unter anderem beschlossen, alle Mitarbeiter im Staatssekretariat für Kohle und Energie zu überprüfen. Außerdem sollten die „sowjetischen Genossen" gebeten werden, für die Hauptverwaltung Steinkohle zwei „qualifizierte Funktionäre" der Wismut AG zur Verfügung zu stellen.
[262] SAPMO, DY 30/J IV 2/3/359, Bl. 1.
[263] SAPMO, DY 30/J IV 2/2/260, Bl. 23–26, hier Bl. 24.

den, während die Zahl der in der Verwaltung Beschäftigten angestiegen sei und die dafür anfallende Lohnsumme die ursprünglichen Planungen weit überschritten habe. Die Fluktuation habe – so das Politbüro in seiner Analyse – in erster Linie neu angeworbene Bergleute erfaßt und sei auf die unzureichende soziale und kulturelle Betreuung derselben zurückzuführen. Damit bestätigte sich der bisherige sozial- und vor allem lohnpolitische Kurs: Die Verbesserung der materiellen Anreize in Form von Lohnerhöhungen und Prämienzahlungen wurde nicht in Erwägung gezogen. Aufgrund des geringen Stellenwertes, den der Steinkohlenbergbau für die SED und für die Gesamtwirtschaft de facto einnahm, war dies auch nicht weiter verwunderlich, zumal dieser Bereich des Bergbaus infolge der rasch sinkenden Steinkohlenvorräte weiter an Bedeutung verlieren sollte. Da der Arbeitskräftebedarf stagnierte bzw. leicht rückläufig war, bestand für die Grubenleitungen keine Notwendigkeit mehr, die Werbebüros weiterhin bestehen zu lassen. Diese wurden Anfang 1953 sukzessive aufgelöst[264]. Der Leiter der VVB Steinkohle Zwickau wies am 2. April 1953 gegenüber den Abteilungen Arbeit und Berufsausbildung bei den Räten der Bezirke darauf hin, daß der Arbeitskräftebedarf gedeckt sei „bzw. aus Zugängen aus den eigenen Kreisen gedeckt" werden könne[265]. Deshalb wurde die Tätigkeit der VVB-Abteilung Zentrale Arbeitskräftelenkung mit Wirkung vom 1. April beendet. Die einzige Aufgabe der Arbeitsverwaltung und der VVB Steinkohle bestand nunmehr darin, die nach wie vor bestehende Fluktuationsrate niedrig zu halten und in unregelmäßigen Abständen die Gesamtbelegschaft mit neuen Arbeitskräften aufzufrischen.

Mansfelder Kupferbergbau

Unter der bevorzugten Zuteilung von Arbeitskräften für die Wismut AG litt auch der Mansfelder Kupferbergbau. Die VVB Mansfeld beabsichtigte, die Werbung von Bergarbeitern nicht nur auf das Land Sachsen-Anhalt zu konzentrieren, sondern auf Mecklenburg und Brandenburg auszudehnen. Das Ministerium für Arbeit wurde gebeten, entsprechende Ausweise für die Arbeitskräftewerber auszustellen, damit diese Einsicht in die Karteien der betreffenden Arbeitsämter nehmen konnten[266]. Die Werbung sollte also mit Unterstützung der Arbeitsverwaltung zielgerichtet durchgeführt werden. Das Ministerium für Arbeit und Gesundheitswesen erklärte sich zwar grundsätzlich bereit, die Gewinnung von Arbeitskräften für den Untertagebau in Mansfeld zu unterstützen, vertrat allerdings den Standpunkt, daß „die individuelle Werbung in dem verhältnismäßig kleinen Rahmen, der hier [von der VVB Mansfeld] vorgeschlagen wird, zu keinem günstigen Ergebnis führen kann"[267]. Der zuständige Sachbearbeiter Donau ging auf die Pläne der VVB Mansfeld nicht weiter ein und schlug seinerseits vor, die Werbung im Rundfunk zu intensivieren und die Arbeitsämter mit entsprechenden

---

[264] SächsHStA, VVB Steinkohle, Bd. 1771, Bl. 1 f. Niederschrift über die Besprechung mit den Werbeorganen und Arbeitskräftelenkern am 24. 1. 1953 in der VVB.
[265] Dies geht aus einem Brief des Staatssekretariats für Kohle und Energie vom 11. 4. 1953 an das Ministerium für Arbeit hervor, in dem das entsprechende Schreiben des Leiters der VVB wörtlich zitiert wird. Vgl. BAB, DQ 2/2130.
[266] BAB, DQ 2/2132, VVB Mansfeld am 10. 11. 1949 an Minister Steidle.
[267] Ebenda, Ministerium für Arbeit und Gesundheitswesen am 11. 11. 1949 an die VVB Mansfeld.

Werbeplakaten zu beliefern. Auch die Blockparteien beteiligten sich an der Debatte über die Wege, neue Arbeitskräfte für den Kupferbergbau zu gewinnen. So warf etwa der 1. Vorsitzende des CDU-Landesverbandes Mecklenburg Reinhold Lobedanz gegenüber der Hauptgeschäftsstelle seiner Partei die Frage auf, ob der Einsatz der neu eingestellten Arbeiter „nicht zu unvermittelt" erfolge. Diese seien nämlich „sofort" einer Arbeitsschicht zugeteilt worden und müßten bereits „die volle Arbeit" verrichten. Da „Körper und Geist der aus anderen Berufen Zugewanderten [...] doch eine erhebliche Umstellung auf die neue Arbeit erfordern" würden, schlug er eine „schrittweise Einführung" in Form von betrieblichen Vorbereitungskursen vor[268].

Ein ausführlich gehaltener Bericht der VVB Mansfeld versuchte Mitte 1950 die angespannte Arbeitskräftelage deutlich zu machen: Die Nichterfüllung der Produktionsauflagen wurde unter anderem auf den Mangel an bergbautauglichem Facharbeiterpersonal zurückgeführt[269]. Statt der für die vorgesehene Schiefergewinnung erforderlichen Beschäftigtenzahl von 3200 seien de facto nur 2710 Arbeiter im Einsatz, so der Leiter der Hauptabteilung Arbeit und Sozialwesen der VVB. Der Bedarf werde 1951 auf insgesamt 4430 Arbeitskräfte ansteigen; bei Nichterfüllung könne die im Wirtschaftsplan vorgesehene Produktionsmenge von 1,2 Millionen t im Jahr nicht erreicht werden[270]. Gleichzeitig war die Fluktuationsrate außerordentlich hoch: Von den 2788 Arbeitskräften, die im ersten Halbjahr 1950 gewonnen werden konnten, verließen offensichtlich rund 74 Prozent den Kupferbergbau „teilweise schon nach wenigen Tagen"[271]. Zu den Ursachen zählten nach Einschätzung des Leiters der VVB-Hauptabteilung der zurückgebliebene Wohnungsbau, die langen An- und Abfahrtswege zu den Gruben, die unzureichende soziale Betreuung sowie die Lohn- und Arbeitsbedingungen. So verdiene ein Häuer im Steinkohlenbergbau durchschnittlich zwischen 15 und 17 DM pro Schicht, im Braunkohlenbergbau 17 bis 18 DM und im Kupferbergbau nur rund 12 DM[272]. Damit lag der Durchschnittslohn in Mansfeld um bis zu 50 Prozent niedriger als in den anderen Bergbauzweigen, ganz zu schweigen vom Uranbergbau mit seiner überdurchschnittlich guten Entlohnung. Insofern war es nicht verwunderlich, wenn auch der Kupferbergbau Abgänge zur Wismut AG registrieren mußte. Das verdeutlichte erneut, daß die Lohn- und Gehaltshöhe zum Verbleiben oder Wechsel des Arbeitsplatzes entscheidend beitragen konnte.

Die Tatsache, daß der Mansfelder Kupferbergbau erst nach Vorlage des kritischen Berichtes der zuständigen VVB zu einem Schwerpunktgebiet der Arbeitskräftelenkung erklärt worden war, zeigte die vorherige Planlosigkeit bzw. die Überforderung der Arbeitsverwaltung, die zur Verfügung stehenden Arbeitskräfte angemessen auf die einzelnen Wirtschaftsbereiche zu verteilen. Der Kupfer-

---

[268] ACDP, VII, 013, 2066, 1. Vorsitzender des CDU-Landesverbandes Mecklenburg Lobedanz am 12. 6. 1950 an die CDU-Hauptgeschäftsstelle.
[269] BAB, DQ 2/2132, Bericht Hubert Hölters vom 31. 7. 1950 an die LKK (Kästner), S. 1. Die Zuweisung von fachlich ungeeigneten Arbeitskräften ließ den Krankenstand im Juni 1950 auf 9,14% ansteigen. Vgl. BAB, DQ 2/2132, Zentralvorstand der Sozialversicherung am 16. 8. 1950 an das Ministerium für Arbeit und Gesundheitswesen (HA Arbeit).
[270] BAB, DQ 2/2132, Bericht Hölters vom 31. 7. 1950 an die LKK, S. 2.
[271] Ebenda, S. 5.
[272] Ebenda, S. 13.

bergbau als Bestandteil des Erzbergbaus zählte zwar von Anfang an zu den sogenannten Schwerpunkten der Wirtschaft, doch erst im Laufe des Spätsommers 1950
nahm sich das Arbeitsministerium in Berlin dieser Aufgabe an. Die Arbeitsämter
in Sachsen-Anhalt mußten auf die Dringlichkeit der Arbeitskräftezuteilung für
Mansfeld hingewiesen werden, da einige Ämter „interessierten bergbautauglichen
Kräften" freistellte, sich zum Uranbergbau nach Sachsen zu melden oder in den
Kupferbergbau zu gehen. Angesichts der bereits angesprochenen geringeren Entlohnung war die Anziehungskraft des sächsischen Erzbergbaus in der Regel weitaus größer. Darüber hinaus waren die Arbeitsämter bereits seit geraumer Zeit mit
der Erfüllung der ihnen zugeteilten Auflagen beschäftigt und betrachteten den
Kupferbergbau zwangsläufig nicht als vorrangige Aufgabe. Das Arbeitsministerium registrierte diese Entwicklung und ging dazu über, einige Arbeitsamtsbezirke
von der Wismut-Auflage zu befreien und ihnen statt dessen die Anweisung zu erteilen, „in allererster Linie" Arbeitskräfte für die VVB Mansfeld zu stellen[273]. Das
betraf die Arbeitsämter Sangerhausen, Eisleben und Hettstedt, in deren Zuständigkeitsbereich sich der Mansfelder Kupferbergbau befand. Abteilungsleiter Huth
ging bei seiner Gesamteinschätzung sogar noch einen Schritt weiter: „Jede gestellte
Kraft für den Erzbergbau [Uranbergbau] seitens dieser 3 Ämter kann nicht als
Erfolg, sondern muß in Zukunft vielmehr als Mißerfolg gewertet werden."[274]
    Im Herbst schien sich eine gewisse Entspannung abzuzeichnen, als die monat-
lich geforderten 200 Arbeitskräfte für den Untertagebergbau termingerecht gestellt werden konnten[275]. Dagegen gelang es der Arbeitsverwaltung offenbar
nicht, die Fluktuationsrate auf einem konstant niedrigen Niveau zu halten und
vor allem für eine angemessene Unterbringung der von auswärts angeworbenen
Arbeiter zu sorgen[276]. Arbeitsplatzwechsel und Wohnraumversorgung blieben
somit auch im Kupferbergbau ein drängendes Problem Anfang der fünfziger
Jahre. Die Arbeitskräftelage in Mansfeld gestaltete sich in der Folgezeit noch etwas günstiger, da die Bergarbeitertransporte für die Wismut AG bis Ende Mai zurückgestellt worden waren. Auf diese Weise erhielt der Kupferschieferbergbau im
ersten Quartal 1951 etwa 800 Arbeitskräfte mehr als ursprünglich vorgesehen
war[277]. Der Bedarf konnte somit abgedeckt werden, und es mußte im April sogar
eine vorläufige Einstellungssperre verhängt werden. Während die Versorgung mit
Bergarbeitern zufriedenstellend verlief und damit die Produktion aufrecht erhalten werden konnte, traten auf einem anderen Sektor akute Planungsschwierigkei-
ten auf. Die VVB Mansfeld teilte am 26. April mit, daß die im Investitionsplan
1951 vorgesehenen und von der Bauunion Magdeburg begonnenen Bauten nicht
fertiggestellt werden könnten, da weitere „Unterlagen" und vor allem „Fachkräfte" fehlten[278]. Dadurch drohte die Entlassung von mehreren 100 Bauarbei-

---

[273] BAB, DQ 2/2132, Abteilungsleiter Huth am 21. 8. 1950 an das Ministerium für Arbeit und Gesundheitswesen in Halle, S. 2.
[274] Ebenda.
[275] BAB, DQ 2/2125, Abteilungsleiter Huth am 20. 10. 1950 an Hauptabteilungsleiter Litke.
[276] Vgl. BAB, DQ 2/2132, Niederschrift über die am 18. 1. 1951 bei der VVB Mansfeld und im
Arbeitsamt Eisleben durchgeführte Besprechung.
[277] BAB, DQ 2/1721, Bericht des Ministeriums für Wirtschaft (Abt. Arbeitskraftlenkung) des Landes
Sachsen-Anhalt vom 16. 4. 1951.
[278] BAB, DQ 2/717, Telegramm der VVB Mansfeld vom 26. 4. 1951 an das Ministerium für Arbeit.

tern. Das Arbeitsministerium versuchte daraufhin, den Bedarf an technischem Fachpersonal (zwei Statiker, zwei Architekten, sechs Bauingenieure und vier bis sechs technische Zeichner) schnellstmöglich abzudecken, was offensichtlich aber nicht gelang[279]. Dieses Beispiel veranschaulicht, daß die regionale Beschäftigungspolitik zu diesem Zeitpunkt keineswegs in geordneten Bahnen verlief, sondern durch Pannen im Zentralverwaltungsapparat oder durch unvorhersehbare Entwicklungen auf den Teilarbeitsmärkten rasch unter neuen Handlungsdruck geraten konnte. Auch Ende 1951 klagte das zuständige Ministerium für Wirtschaft in Halle (Saale), daß der Arbeitskräftebedarf durch die anhaltende Abwanderung nach wie vor sehr hoch sei[280]. Mit der Kombinatsleitung wurde deshalb vereinbart, „die hohe Fluktuation durch genaue Analysierung der Abgänge zu unterbinden". Auf diese Weise sollten bereits innerhalb des Betriebes „Ansatzpunkte" gefunden werden, um dieses Problem besser in den Griff zu bekommen.

Das Sekretariat des ZK begegnete den geschilderten Schwierigkeiten im Kupferbergbau in erster Linie mit organisationspolitischen Maßnahmen. So erhielt die Parteiorganisation im Mansfelder Kombinat „Wilhelm Pieck" die Rechte einer Kreisleitung und wurde der SED-Landesleitung direkt unterstellt[281]. Zusätzlich wurde der Generaldirektor der Hauptverwaltung Wismut gebeten, Ingenieure für die Verbesserung der Arbeit in Mansfeld zur Verfügung zu stellen[282]. Es hat den Anschein, als ob die SED-Führung keine eigenen arbeitsmarktpolitischen Konzepte für den Kupferbergbau entwickelt bzw. angeregt hat. Dies hatte im übrigen auch für den Steinkohlenbergbau gegolten und es überrascht nicht weiter, daß die Arbeitsverwaltung bei der Sicherung des Beschäftigtenstandes auf sich alleine gestellt blieb. Die Abteilung Arbeitskraftlenkung des Berliner Arbeitsministeriums unternahm des öfteren Dienstreisen nach Eisleben, um sich einen Eindruck über die konkrete Arbeitskräftelage im Mansfelder Kombinat zu verschaffen, wobei die Entwicklung der Fluktuationsrate im Mittelpunkt der gemeinsamen Gespräche mit der Landesverwaltung und der Kombinatsleitung standen. Hier lagen nach wie vor starke Schwankungen vor, so daß eine planvolle und vor allem längerfristige Arbeitskräftelenkung nicht möglich war: Im vierten Quartal 1951 standen 1622 Zugängen 1235 Abgänge gegenüber; im ersten Quartal 1952 war das Verhältnis noch ungünstiger (1353 zu 1493)[283]. Als zusätzliche Belastung kamen die sogenannten Fehlschichten (infolge von Krankheit und „Bummelantentum") hinzu, die zeitweise bis zu 24 Prozent der gefahrenen Schichten betrugen. Große Anziehungskraft genoß bei zahlreichen Bergarbeitern im Kupferbergbau immer noch die Wismut AG, obwohl die Werbung im Mansfelder Revier ganz eingestellt worden war, wie die Vertreter des Arbeitsministeriums in ihrem Bericht resigniert

[279] Ebenda, Abt. Arbeitskraftlenkung am 10. 5. 1951 an das Sekretariat des Ministers, S. 1.
[280] BAB, DQ 2/1755, Bericht des Ministeriums für Wirtschaft von Sachsen-Anhalt an das Ministerium für Arbeit am 10. 12. 1951, S. 2.
[281] SAPMO, DY 30/J IV 2/3/291, Bl. 11, Protokoll der Sitzung des Sekretariats des ZK am 21. 5. 1952.
[282] SAPMO, DY 30/J IV 2/3/312, Bl. 7, Protokoll der Sitzung des Sekretariats des ZK am 31. 7. 1952.
[283] BAB, DQ 2/2152, Bericht der Abt. Arbeitskraftlenkung über Dienstreise nach Eisleben (20./21. 5. 1952), S. 2. Das Mansfelder Kombinat hatte am 30. 4. 1952 insgesamt 19070 Beschäftigte, darunter 10455 im Bergbau und 8615 im Hüttenbetrieb sowie in sonstigen Betriebsteilen. Für 1952 sah der Arbeitskräfteplan eine Steigerung um weitere 1556 Arbeitskräfte vor. Vgl. BAB, DQ 2/2125, Vermerk der Abt. Arbeitskraftlenkung vom 15. 7. 1952.

feststellen mußten[284]. Dabei spielte jedoch nicht mehr die bessere Bezahlung die ausschlaggebende Rolle, sondern die mittlerweile verbesserten Wohnverhältnisse im Erzgebirge.

Bei der Arbeitskräftewerbung und -gewinnung blieb der Kupferbergbau auch weiterhin dem Uranbergbau eindeutig untergeordnet. Dies bestätigte ausdrücklich das Arbeitsministerium in Berlin, das damit eingestand, gegen die fortlaufende berufliche Binnenwanderung zur Wismut AG nahezu machtlos zu sein[285]. Das nach dem DDR-Präsidenten benannte Kombinat entwickelte im Sommer 1952 Richtlinien für die Werbung von Arbeitskräften, die vermutlich an die Arbeitsämter verteilt wurden[286]. Diese enthielten detaillierte Angaben zur medizinischen Untersuchung der gewonnenen Arbeitskräfte, zum Transport nach Eisleben sowie zu den festgelegten Arbeits- und Lebensbedingungen (z.B. Entlohnung, Prämien, Verpflegung, Wohnungen[287]). Nach dem Vorbild des Steinkohlenbergbaus wurde die Kombinatsleitung durch einen Ministerratsbeschluß vom 7. August verpflichtet, Werbebüros auf bezirklicher Ebene einzurichten[288]. Wenige Monate später erhielt die Zentrale Kommission für Staatliche Kontrolle von der SED-Führung den Auftrag, die Durchführung des Ministerratsbeschlusses zu überprüfen. Der ausführlich gehaltene Bericht, der Ende Dezember 1952 vorlag, übte heftige Kritik an der Vorgehensweise des Ministeriums für Hüttenwesen und Erzbergbau sowie der Leitung des Kombinats „Wilhelm Pieck"[289]. Im einzelnen wurde beanstandet, daß der geplante Ausbau der Produktionsanlagen nur sehr langsam voranschritt: Vor allem die Mechanisierung und die Modernisierung des Maschinenparks blieb offensichtlich weit hinter den Erwartungen des Ministerrates zurück. Darüber hinaus wurde auch die Tätigkeit der Werbebüros, die bis zum 15. Oktober 1952 in neun Bezirken der DDR eingerichtet worden waren und vom Mansfeld Kombinat personell besetzt wurden, kritisch beleuchtet. So hätten die Arbeitskräftewerber den Arbeitern „Zusagen für sofort zu beziehende Wohnungen und für die Entlohnung gemacht, die nicht eingehalten werden konnten"[290]. Die ZKSK führte die Fluktuation der Arbeitskräfte zum einen auf die „irreführenden Versprechungen" und zum anderen auf die falsche Einordnung von Arbeitern in untere Lohngruppen zurück. Erst nach Eingreifen der ZKSK habe der Arbeitsdirektor des Werkes nach Absprache mit dem Ministerium für Arbeit die Eingruppierung von Facharbeitern, die Ende Oktober die Kupferhütte verlassen wollten, in eine höhere Lohngruppe rückwirkend vorgenommen[291].

---

[284] BAB, DQ 2/2152, Bericht der Abt. Arbeitskraftlenkung über Dienstreise nach Eisleben (20./21. 5. 1952), S. 2.

[285] Vgl. BAB, DQ 2/2125, Vermerk der Abt. Arbeitskraftlenkung vom 15. 7. 1952.

[286] BAB, DQ 2/2125, Richtlinien des Hauptdirektors Gutjahr vom 19. 8. 1952.

[287] Mitte 1952 bestand offenbar ein großer Mangel an verfügbarem Wohnraum. Nach Angaben der Kombinatsleitung fehlten 6845 Wohnungen und etwa 1200 Wohnplätze in Bergarbeiterwohnheimen. Vgl. BAB, DQ 2/2125, Anlage V zum Schreiben des Mansfeld Kombinats „Wilhelm Pieck" vom 21. 8. 1952 an das Ministerium für Arbeit (Heinze).

[288] Vgl. BAB, DQ 2/2125, Mansfeld Kombinat „Wilhelm Pieck" am 21. 8. 1952 an das Ministerium für Arbeit (Heinze).

[289] SAPMO, NY 4182/1093, Bl. 94–119, Bericht der ZKSK vom 16. 12. 1952. Der Bericht wurde dem Generalsekretär der SED, Walter Ulbricht, am 22.12. übersandt.

[290] Ebenda, Bl. 102.

[291] Ebenda, Bl. 106.

Tabelle 15: Stand der Arbeitskräftewerbung im Kombinat Mansfeld (1. Halbjahr 1952)

	Stand: 31. 12. 51	Bedarf	neu gewonnen	Fluktua- tion	effektiver Zugang	Stand: 30. 6. 52	Fluktua- tion in %
Bergbau	9 740	666	1 746	1 908	−162	9 147	16,5
Hüttenwerk	2 725	263	526	447	79	2 866	13,7
Insgesamt	12 465	929	2 272	2 355	−83	12 013	15,9

Quelle: BAB, DQ 2/2125, Statistik des Mansfeld Kombinats „Wilhelm Pieck" (Zentrale Arbeitskräftewerbung).

Nachdem sich allem Anschein nach die SKK mit der Situation im Kupferbergbau beschäftigt und entsprechende Untersuchungen eingeleitet hatte[292], stand auch die SED-Führung unter gewissem Handlungsdruck: Das Sekretariat des ZK stellte auf seiner Sitzung am 19. Januar 1953 eine Inspektionsbrigade aus Mitgliedern des ZK-Apparates und der SED-Bezirksleitung Halle zusammen. Diese erhielt die Aufgabe, die Untersuchungen der „sowjetischen Genossen" zu unterstützen und anschließend auszuwerten. Von sowjetischer Seite kam bald der Vorschlag, aus dem bestehenden Kombinat zwei selbständige Betriebe mit eigenen Werksleitern zu bilden, und zwar für den Bereich Bergbau und Hüttenwerk[293]. Die Verbesserungsvorschläge betrafen jedoch nicht nur die organisatorische Neugliederung, sondern auch die Besetzung leitender Positionen durch neue Kader. Der Bericht der eingesetzten Brigade wurde am 19. Februar erneut im Sekretariat des ZK diskutiert[294], das eine Beschlußvorlage für das Politbüro ausarbeiten wollte[295]. Kurz darauf war es offenbar gelungen, die Abwanderung vom Kupferbergbau nicht nur einzudämmen, sondern sogar die Zuwanderung stärker zu erhöhen. Mittlerweile war die Wohnraumversorgung im Mansfelder Gebiet so weit gesichert, daß anliegende Landkreise gegenüber dem Ministerium für Arbeit auf die neu entstandene Anreizfunktion ausdrücklich aufmerksam machten. So seien etwa vom Walzwerk in Hettstedt zahlreiche Arbeitskräfte zum Kombinat „Wilhelm Pieck" abgewandert, „weil ihnen dort eher die Möglichkeit auf Wohnraum geboten" werde[296].

Exkurs: bayerische Arbeiter im thüringischen Schieferbergbau

Mit dem Aufkommen des „Kalten Krieges" erfolgte bekanntlich die forcierte Einbettung der drei Westzonen bzw. der Bundesrepublik und der SBZ/DDR in zwei sich immer stärker herausbildende Blocksysteme. Dieser langfristige Prozeß, dessen tiefere Ursachen hier nicht weiter thematisiert werden können, vollzog sich in

---

[292] Das geht aus dem Protokoll der Sitzung des Sekretariats des ZK vom 19. 1. 1953 hervor. SAPMO, DY 30/J IV 2/3/356, Bl. 3.
[293] SAPMO, NY 4182/986, Bl. 131 f., hier Bl. 132, SED-Hausmitteilung von Hengst für Ulbricht vom 4. 2. 1953.
[294] SAPMO, DY 30/J IV 2/3/364, Bl. 1 f.
[295] Das Politbüro befaßte sich auf seiner Sitzung am 24. 2. 1953 mit der Angelegenheit und stimmte den einzelnen Vorlagen letztlich zu. Vgl. SAPMO, DY 30/J IV 2/2/264, Bl. 3 und 8–36.
[296] BAB, DQ 2/2146, Rat des Landkreises Hettstedt am 5. 3. 1953 an das Ministerium für Arbeit (Abt. Kollektivverträge und Lohnkontrolle).

politischer, wirtschaftlicher und militärischer Hinsicht. Für die weitere ökonomische Entwicklung Deutschlands war entscheidend, daß die noch nach Kriegsende weiter existierenden Handelsbeziehungen sukzessive abbrachen. Während die Bundesrepublik sich stärker in Richtung Westeuropa und Nordamerika orientierte, ließ sich die DDR in das primär osteuropäisch ausgerichtete Wirtschaftssystem integrieren. Nicht nur der Außenhandel wurde auf diese Weise jeweils neu ausgerichtet, sondern auch Zulieferungen innerhalb der früheren vier Besatzungszonen brachen immer mehr ab. So gab es seit 1950 ein westdeutsches Stahlembargo[297], das aus Sicht der SED-Führung sowie der Wirtschaftsverwaltung den raschen Auf- und Ausbau einer heimischen Stahlindustrie noch dringender machte. Dagegen blieb die Binnenwanderung von Arbeitskräften über die Demarkationslinie hinweg auch weiterhin noch möglich, zumindest bis zur Verschärfung des „Grenzregimes" im Frühsommer 1952.

Die Beschäftigung von Arbeitern, die ihren Wohnsitz in der Bundesrepublik hatten und täglich zu ihrem Arbeitsplatz in die grenznahen DDR-Kreise pendelten, diente letztlich auch der Abdeckung des Facharbeiterbedarfs. Beispielhaft dafür erscheint der thüringische Schieferbergbau: Hier bestand seit dem 24. Januar 1950 eine Vereinbarung zwischen den Ländern Thüringen und Bayern, die am 27. April 1951 nochmals verlängert wurde und die Beschäftigung dieser Personengruppe und deren Bezahlung in westdeutscher Währung genau regelte[298]. Bereits im März 1951 wurde die Abteilung Arbeitskraftlenkung des Ministeriums für Arbeit eingeschaltet, um zu überprüfen, ob die bayerischen Arbeiter nicht durch „geeignete Kräfte aus Thüringen" ersetzt werden können[299]. Während jedoch die thüringische Landesregierung auf den Einsatz der rund 230 westdeutschen Arbeitskräfte[300] zunächst noch nicht vollständig verzichten wollte, sprachen sich Mitarbeiter des Ministeriums der Finanzen und des Ministeriums für innerdeutschen und Außenhandel frühzeitig gegen eine Verlängerung der Vereinbarung aus[301]. Sowohl das Ministerium für Schwerindustrie als auch die VVB Schiefer unterstützten die Position Thüringens und wiesen übereinstimmend darauf hin, daß „ohne die Facharbeiter aus dem Westen die Produktion der VVB Schiefer Steinach gefährdet" sei[302]. Neben der Überlegung, die laufende Schieferproduktion somit absichern zu können, spielten am Rande wohl auch deutschlandpolitische Ziele eine Rolle: Es würde „auf die Kollegen im Westen im Zeichen des Kampfes um die Wiederherstellung der Einheit Deutschlands einen sehr schlechten Eindruck machen [...], wenn sie [die bayerischen Arbeiter] jetzt gekündigt

---

[297] Heyl, Der innerdeutsche Handel mit Eisen und Stahl, S. 54–69.
[298] BAB, DQ 2/2132, Vereinbarung zwischen dem Land Thüringen und dem Land Bayern vom 27. 4. 1951. Artikel 1 legte fest, daß „zwecks Durchführung der Entlohnung der in Bayern ansässigen und in den Schiefergruben des Landes Thüringen [...] beschäftigten Facharbeiter [...] die VVB Schiefer an das Land Bayern monatlich ca. 250 To. Lehestener Dach- und Wandschiefer bzw. Schiefergriffel zu den jeweils geltenden Marktpreisen im Währungsgebiet der DM-West" lieferte. Aus dem Erlös dieser Lieferung wurden die westdeutschen Arbeitskräfte entlohnt. Vgl. hierzu auch: Fässler, Westarbeiter in der DDR.
[299] BAB, DQ 2/2132, Abt. Sozialversicherung am 19. 3. 1951 an Abt. Arbeitskraftlenkung.
[300] Anfang April 1951 waren insgesamt 224 bayerische Schieferarbeiter in Thüringen beschäftigt. Vgl. BAB, DQ 2/2132, Bescheinigung Stampfers vom 3. 4. 1951.
[301] Ebenda, Aktenvermerk der Abt. Sozialversicherung vom 19. 3. 1951, S. 1 f.
[302] Ebenda, Aktenvermerk der Abt. Arbeitskraftlenkung vom 2. 4. 1951.

bekommen und arbeitslos werden"[303]. Alle beteiligten Stellen konnten sich offenbar darauf verständigen, die bis zum Jahresende 1951 geltende Vereinbarung bestehen zu lassen und im September nochmals zu prüfen, inwieweit die westdeutschen Fachkräfte 1952 durch eigene Nachwuchskräfte zu ersetzen sind. Das thüringische Ministerium für Wirtschaft und Arbeit befand sich in der Zwangslage, einerseits für die Aufrechterhaltung der Schiefergewinnung zu sorgen und andererseits einen Facharbeiteraustausch durchzuführen[304]. Die Ausbildung von Bergarbeitern für den Schieferbergbau ließ sich jedoch nicht kurzfristig realisieren. Deswegen konnte auf den vorübergehenden Einsatz der bayerischen Fachkräfte auch nicht verzichtet werden. Für das Arbeitsministerium in Berlin stand bereits frühzeitig fest, daß eine weitere Verlängerung der Vereinbarung über den 1. Januar 1952 hinaus nicht in Frage kam[305]. Diese Position vertrat auch Staatssekretärin Friedel Malter gegenüber dem Ministerium für Schwerindustrie, das für eine Weiterbeschäftigung der westdeutschen Arbeiter eingetreten war[306].

Eisenhüttenkombinat Ost (EKO)

Der Auf- und Ausbau der Schwerindustrie stand im Mittelpunkt des ersten Fünfjahrplanes. Erklärtes Ziel war die Produktionssteigerung der metallurgischen Industrie, was wiederum die Errichtung neuer Hütten- und Walzwerke nach sich zog. Walter Ulbricht kündigte auf dem III. Parteitag der SED am 22. Juli 1950 den Aufbau eines neuen Hüttenkombinats an der Oder an: Die Planungsarbeiten seien bereits abgeschlossen und „schon in wenigen Wochen" könne dort mit den ersten Arbeiten begonnen werden[307]. Im Gegensatz zu anderen Werken, die unmittelbar nach Kriegsende ihre Produktion wieder aufgenommen hatten, handelte es sich beim EKO um die komplette Neuerrichtung eines industriellen Standortes. Als erstes mußte die ganze Infrastruktur aufgebaut werden: Das betraf sowohl den Bau eines Verkehrsnetzes als auch Unterbringungsmöglichkeiten für die Arbeiter mit ihren Familien[308]. Darüber hinaus sollten die Produktionsanlagen innerhalb kürzester Zeit errichtet werden. Dieses Konzept zog einen entsprechend großen Bedarf an Baufacharbeitern automatisch nach sich. Das Ministerium für Industrie informierte Mitte August das Ministerium für Arbeit und Gesundheitswesen über die Planungen und bat darum, einen Mitarbeiter des Ministeriums als Ansprech-

---

[303] Ebenda.
[304] ThHStA, Land Thüringen, Büro des Ministerpräsidenten, Bd. 1683–1684, Bl. 270, Ministerium für Wirtschaft und Arbeit des Landes Thüringen am 7. 7. 1951 an Ministerpräsident Werner Eggerath. Zur Beschleunigung des Arbeitskräfteaustausches hatte der Minister für Wirtschaft und Arbeit Walter Strampfer sogar die Verkürzung der Ausbildungszeiten bei ausgewählten Jugendlichen von drei auf zwei Jahre vorgeschlagen. Vgl. ebenda, Bl. 268 f., Minister Strampfer am 11. 7. 1951 an Ministerpräsident Eggerath.
[305] BAB, DQ 2/2132, Aktennotiz von Hauptreferent Krüger vom 14. 9. 1951.
[306] BAB, DQ 2/2132, Malter am 23. 10. 1951 an das Ministerium für Schwerindustrie.
[307] Protokoll des III. Parteitages, Bd. 1, S. 356.
[308] Das Politbüro hatte am 14. 11. 1950 den Standort der neuen Industriestadt festgelegt, die insgesamt 30 000 Einwohner haben sollte. SAPMO, DY 30/IV 2/2/118, Bl. 105. Kurz darauf gab das Sekretariat des ZK die Anweisung zum Baubeginn in Fürstenberg. Darüber hinaus wurde das Ministerium für Aufbau beauftragt, einen Entwurf für den Bau eines „Ledigenheimes für ca. 300 Werktätige" zu erstellen. SAPMO, DY 30/J IV 2/3/156, Bl. 11, Protokoll der Sitzung des Sekretariats des ZK am 27. 11. 1950.

partner für die beteiligten Ministerien und Verwaltungsstellen zu benennen[309]. Die Bauarbeiten gingen insgesamt nur sehr schleppend voran: Ende Januar 1951 waren zwar 2313 Arbeitskräfte (1906 Männer, 407 Frauen) beschäftigt, doch deren wohnliche Unterbringung und Versorgung ließ sehr zu wünschen übrig, wie Mitarbeiter des Arbeitsministeriums anläßlich einer Dienstreise zu den Baustellen an der Oder feststellen mußten[310]. Auch das Sekretariat des FDGB-Bundesvorstandes entsandte eine Kommission nach Fürstenberg, um die dortige Gewerkschaftsarbeit kritisch zu überprüfen[311].

In der Folgezeit rückte die Wohnungsfrage immer stärker in den Mittelpunkt der Aktivitäten des Ministeriums für Arbeit. Weil die neu eingestellten Bauarbeiter zunächst nur provisorisch, d.h. in Baracken untergebracht werden konnten, mußte nunmehr eine langfristige Lösung erarbeitet werden. Bereits bei den Heimkehrer- und „Umsiedler"-Lagern waren die Arbeitsämter und die SED-Führung Ende der vierziger Jahre rasch zu der Erkenntnis gelangt, daß die wohnliche Unterbringung in Lagern nur eine Ad-hoc-Maßnahme darstellte. Um die Ausbreitung von Seuchen zu verhindern sowie den sozialen Frieden innerhalb der betroffenen Personengruppe zu wahren, mußten entsprechende Wohnungsbauprogramme gestartet werden. Angesichts der engen finanziellen Handlungsspielräume war dies jedoch ein schwieriges Unterfangen. Darüber hinaus wurden die Planungsarbeiten stellenweise unkoordiniert durchgeführt, was zur Folge hatte, daß die Errichtung der Wohnanlagen in unmittelbarer Nähe zum Kombinat merklich ins Stocken geriet. So waren die Erdarbeiten Mitte Februar 1951 noch nicht abgeschlossen und mußten nach Beendigung der Frostperiode wieder aufgenommen werden. Gleichzeitig seien allerdings für 460000,– DM genormte Türen und Fenster angekauft worden, die – so Staatssekretärin Malter – „in dieser Menge vorerst noch auf lange Zeit nicht benötigt werden"[312]. Vertreter des FDGB beklagten daraufhin bei einer Sitzung am 1. März, zu der die zuständigen Ministerien eingeladen worden waren, daß es „keine Zusammenarbeit zwischen den gesellschaftlichen Massenorganisationen und den Betriebsleitungen" gebe[313]. Der Direktor des Stahlwerkes Brandenburg Greif, der ebenfalls an der Sitzung teilnahm, schlug die Aufstellung von Brigaden vor, die sich aus Mitarbeitern der bereits bestehenden Stahl- und Walzwerke zusammensetzen sollten. Diese könnten dem EKO aufgrund ihrer gewonnenen Erfahrungen behilflich sein. Außerdem sprach er sich – vor dem Hintergrund eigener Probleme in Brandenburg – für eine klare Kompetenzverlagerung zugunsten der Betriebsleitung aus: „Ein Betrieb ist kein Parlament, sondern eine Produktionsstätte. Es geht nicht an, daß am Tage 3 Kommissionen mit dem ehrlichen Willen zu helfen erscheinen, die aber nur den Ablauf hemmen, da man an einem Tag nicht einen Betrieb so eingehend studieren

---

[309] BAB, DQ 2/2152, Ministerium für Industrie (Alders) am 15. 8. 1950 an das Ministerium für Arbeit und Gesundheitswesen.
[310] BAB, DQ 2/3810, Reisebericht der Abt. Arbeitsschutz über Dienstreise nach Fürstenberg zum EKO am 2. 2. 1951, S. 1.
[311] Ebenda, Bericht der Org.-Instrukteur-Abt. vom 14. 2. 1951.
[312] Ebenda, Aktennotiz Malters vom 28. 2. 1951, S. 1f.
[313] Ebenda, Bericht der HA Arbeitsschutz vom 3. 3. 1951, S. 1. Trotz Einladung war kein Vertreter der Staatlichen Plankommission erschienen. Vgl. ebenda, Pressemitteilung des FDGB vom 7. 3. 1951.

kann, um operative Anleitungen zu geben, sondern es entstehen nur entstellte Berichte."[314] Grundsätzliche Entscheidungen über die Intensivierung des Wohnungsbaus in Fürstenberg und über die Bereitstellung zusätzlicher Finanzmittel wurden jedoch in Berlin nicht getroffen, so daß die Kommunalverwaltung weiterhin auf sich alleine gestellt blieb[315].

Die nur langsam anlaufenden Bauarbeiten verzögerten letztlich den für 1951 vorgesehenen Produktionsbeginn. Die Arbeitsverwaltung sah sich gezwungen, verstärkt Arbeitskräfte in der eigens gebildeten VVB Bauunion Fürstenberg einzusetzen. Diese Schwerpunktsetzung schlug sich auch in der Beschäftigtenstatistik nieder, die allerdings in dieser Frühphase äußerst unzureichend war. Demnach waren am 7. April insgesamt 3365 Arbeiter bei der VVB Bauunion beschäftigt und nur 308 beim Eisenhüttenkombinat[316]. Das für das EKO zuständige Arbeitsamt in Fürstenberg führte zunächst einzelne Untersuchungen in Betrieben der örtlichen Leicht- und Konsumgüterindustrie durch, um den konkreten Arbeitskräfteüberhang und die generellen Möglichkeiten zum Beschäftigtenaustausch festzustellen. Nachdem auf diese Weise einige Arbeiter gewonnen werden konnten, vereinbarten der Leiter des Kreisarbeitsamtes sowie die beiden Vertreter des EKO bzw. der Bauunion, die umliegenden Betriebe beschleunigt und systematisch zu „durchkämmen"[317]. Auch wenn über den Erfolg dieser Aktion keine Angaben zu machen sind, so bleibt doch festzuhalten, daß die Leitung des neuen Hüttenkombinats in enger Kooperation mit der Arbeitsverwaltung des Kreises die Initiative ergriff und die Bereitstellung von Arbeitskräften nicht dem Arbeitsministerium in Berlin überließ. Darüber hinaus schlugen die beteiligten Stellen zur Verbesserung der Wohnraumversorgung die Erstellung eines Wohnraumbedarfsplanes vor, der sich am Arbeitskräftebedarfsplan orientieren sollte[318]. Dazu mußte jedoch zunächst einmal die Zusammenarbeit zwischen Betriebsleitung und Arbeitsverwaltung verbessert werden. Das Ministerium für Arbeit sah sich mit dieser Aufgabe offensichtlich überfordert und wies die Verantwortung der Leitung des EKO zu. Das Gesetz der Arbeit – so die zuständige Abteilung Wohnraumlenkung – lege fest, daß der Betrieb „für die Schaffung von Wohnraum verantwortlich" sei und die „nötige Anzahl von Wohnungen bei der Verplanung für die Jahre 1952–1955 anzumelden" habe[319].

Das Politbüro der SED versuchte im Frühjahr 1951 den Bau der Produktionsanlagen im Eisenhüttenkombinat voranzutreiben. Diesem Ziel diente der Beschluß, die ersten zwei Batterien für die Kokereianlage noch in das laufende Investitionsprogramm aufzunehmen[320]. Der Ministerrat wurde angewiesen, die dafür

[314] Ebenda, Bericht der HA Arbeitsschutz vom 3. 3. 1951, S. 4.
[315] Ebenda, KWU Fürstenberg am 5. 3. 1951 an Staatssekretärin Malter.
[316] Ebenda, Statistik (o.D.). Die Statistik war Bestandteil eines Gesamtberichts über die Arbeitskräftesituation beim EKO, die vom kommissarischen Leiter des Kreisarbeitsamtes und jeweils einem Mitarbeiter des EKO und der Bauunion zusammengestellt worden war. Der Bericht bildete wiederum die Grundlage für eine Untersuchung des MdI. Vgl. BAB, DQ 1/8/150, Bl. 20–61, Bericht des MdI vom 1. 5. 1951.
[317] BAB, DQ 2/3810, Bericht zur Statistik.
[318] Ebenda.
[319] BAB, DQ 2/3810, Aktenvermerk der Abt. Wohnraumlenkung vom 3. 4. 1951 für Staatssekretärin Malter.
[320] SAPMO, DY 30/IV 2/2/144, Bl. 18 f., Protokoll der Sitzung des Politbüros am 25. 4. 1951.

benötigten „materiellen und finanziellen Fonds" bereitzustellen. Gleichzeitig erhielt Bruno Leuschner den Auftrag, die für den Bau der Kokereianlage notwendigen Lieferungen aus SAG-Betrieben mit der sowjetischen Leitung in Weißensee
zu besprechen. Dagegen blieben die beiden drängenden Probleme – Wohnraumversorgung und Arbeitskräftegewinnung – weiterhin ungelöst. Da das EKO noch
nicht viele Beschäftigte hatte, stellte deren Unterbringung keine große Schwierigkeit für die Wohnungs- und Arbeitsämter dar. Sehr viel problematischer war
dagegen die Versorgung der zahlreichen Baufacharbeiter mit Wohnraum. Das Arbeitsministerium beklagte in dem Zusammenhang, daß die Bauunion „selbst
nichts für die wohnliche Versorgung ihrer Betriebsangehörigen" unternehme und
sogar Maßnahmen treffe, „die einen beträchtlichen Verlust an Wohnraum bedeuten" würden[321]. So plante die Bauunion offenbar die Verlegung ihrer Verwaltung
nach Fürstenberg, obwohl ihr in Frankfurt/Oder Geschäftsräume angeboten
worden waren. Angesichts der Wohnungsknappheit befürchtete das Arbeitsministerium nicht zu Unrecht eine Verschlechterung der Situation durch dieses Vorhaben. Das Ministerium für Arbeit beabsichtigte – auf der Grundlage eines Ministerratsbeschlusses vom 29. März – die Stadt Fürstenberg sowie die umliegenden
Gemeinden zu „Brennpunkten des Wohnungsbedarfs" zu erklären. Die Kreisverwaltung sollte ermächtigt werden, für die betroffenen Gemeinden Zuzugsverbote
verhängen zu können, um eine weitere Verschlechterung der Wohnraumversorgung zu vermeiden. Darüber hinaus war vorgesehen, die „Benutzung von Wohnraum für andere Zwecke grundsätzlich" zu untersagen und Ausnahmen nur
gesondert zu genehmigen[322]. Der Versuch, die Verteilungskonflikte auf dem Wohnungsmarkt dadurch zu entschärfen, daß „nicht ortsgebundene Personen" umge-
siedelt wurden, hatte wenig Aussicht auf Erfolg. Die staatlich angeregte und
gesteuerte Binnenwanderung betraf in diesem Fall vor allem Rentner, die ihre
Wohnungen für die neu eintreffenden Arbeitskräfte aufgeben sollten. SED-Führung und Arbeitsverwaltung waren allerdings darauf bedacht, daß diese Maßnahme nur mit Zustimmung der Betroffenen durchgeführt wurde. Im Stahlwerk
Hennigsdorf kam es sogar vor, daß Arbeiter sich weigerten, Wohnungen zu beziehen, die alte und nicht mehr berufstätige Personen räumen mußten[323].

Die Zuweisung von Arbeitskräften zur Bau-Union Fürstenberg und deren Versorgung blieb auch in der Folgezeit das zentrale Problem für die Arbeitsverwaltung. Nachdem zunächst das Arbeitsministerium in Berlin auf die Mangelsituation hingewiesen hatte, nahm sich das zuständige Landesministerium in Potsdam
der Thematik an. Ein Sachbearbeiter des brandenburgischen Ministeriums für
Wirtschaft und Arbeit bestätigte die bisherige kritische Einschätzung und stellte
während einer Dienstreise fest, daß der „Stand der inneren Organisation der Arbeitskräfteplanung und innerbetrieblichen Arbeitskräftelenkung [...] alarmie-
rend" sei[324]. Die Personalabteilung der Bau-Union sei der zahlenmäßig großen
Zuweisung von Arbeitskräften letztlich nicht gewachsen: So würden die zugewie-

---

[321] BAB, DQ 2/3810, Bericht des Ministeriums für Arbeit vom 4. 5. 1951, S. 2.
[322] Ebenda, S. 3.
[323] BAB, DQ 2/3810, Abt. Wohnraumlenkung (Jagodzinski) am 7. 6. 1951 an Staatssekretärin Malter,
S. 3.
[324] BAB, DQ 2/2152, Lagebericht Gürtelers vom 5. 6. 1951, S. 1.

senen Arbeitskräfte „stundenlang, ja oft den ganzen Tag auf ‚Abfertigung'" warten und könnten häufig „erst am folgenden Tag oder noch später einem Arbeitsplatz zugeführt werden"[325]. Außerdem erfasse die Werksverpflegung nicht die wartenden Arbeitskräfte, obwohl diese „doch praktisch so gut wie als [sic] eingestellt gelten". Bemängelt wurde des weiteren die nur sehr schleppend anlaufende Erstattung der Fahrtkosten: Zahlreiche Arbeiter beklagten sich darüber, daß sie „oft länger als 4 Wochen die Fahrtkosten selber bestreiten" müßten. Nach Einschätzung des Sachbearbeiters war die Verwaltung der Bau-Union – insgesamt gesehen – mit den anstehenden Aufgaben der Arbeitskräftelenkung überfordert. Facharbeiter seien etwa als ungelernte Arbeiter und ungelernte Arbeiter als Elektromonteure eingestellt worden. Und weiter: „Jedenfalls ist hinsichtlich berufsrichtiger Lenkung der eingeschleusten Kräfte wenig System erkennbar."[326]

Ein erkennbares und längerfristiges Konzept zur Sicherung des Facharbeiterbedarfs war nicht vorhanden bzw. konnte angesichts der engen finanziellen Spielräume, die der erste Fünfjahrplan gesetzt hatte, nicht entwickelt werden. Gleichzeitig fehlte es aber offensichtlich auch an inhaltlichen Absprachen zwischen der Betriebsleitung und der Arbeitsverwaltung. Beide Seiten beschränkten sich darauf, Ad-hoc-Maßnahmen zu beschließen. Die Leitung der Bau-Union verfügte zunächst einen zeitlich befristeten Einstellungsstopp für Baufacharbeiter, während das Berliner Arbeitsministerium eine nachträgliche Erhöhung bei der Ortsklasseneinstufung unter Hinweis auf die „finanziellen Auswirkungen" ablehnte[327]. Mitte Juni hob das Ministerium für Arbeit den Einstellungsstopp wieder auf und ordnete die Zuteilung von Facharbeitern und Bauhilfsarbeitern für die Bau-Union in Fürstenberg wieder an[328]. Das Amt für Arbeit und Sozialfürsorge Frankfurt/Oder wies umgehend darauf hin, daß die Bereitstellung der angeforderten Arbeitskräfte nur durch eine Intensivierung des zwischen- und überbezirklichen Ausgleichs möglich sein könnte, der wiederum von den zur Verfügung stehenden Unterbringungsmöglichkeiten abhängig war[329]. Der Sachbearbeiter im brandenburgischen Ministerium für Wirtschaft und Arbeit unterstrich, daß „die Inanspruchnahme des Länderausgleichs [...] in jedem Falle abzulehnen [sei], solange nicht die Wohnbaracken nahe dem Werksgelände erstellt werden"[330]. Gleichzeitig sollten die übrigen Länder bei der Gewinnung von Arbeitskräften für das Bauvorhaben an der Oder stärker herangezogen werden. Das Arbeitsministerium in Berlin hatte etwa die mecklenburgische Landesregierung gebeten, sich an dieser Aufgabe zu beteiligen. Da kurz zuvor Arbeiter der Werftenindustrie entlassen worden waren, schien sich hier die Möglichkeit eines überbezirklichen Ausgleichs anzubahnen. Ähnliches war wohl auch für Thüringen vorgesehen, wo

---

[325] Ebenda, S. 2.
[326] Ebenda, S. 3.
[327] BAB, DQ 2/3810, komm. Leiter der Abt. Kollektivverträge und Lohnkontrollen am 8. 6. 1951 an Staatssekretärin Malter.
[328] Vgl. BAB, DQ 2/2152, Minister für Wirtschaft und Arbeit der Landesregierung Brandenburg am 14. 6. 1951 an das Ministerium für Arbeit.
[329] Ebenda, Bericht des Amtes für Arbeit und Sozialfürsorge Frankfurt/Oder am 14. 6. 1951 an das Ministerium für Arbeit.
[330] Ebenda, Lagebericht Gürtelers vom 28. 6. 1951, S. 7f.

geplante Bauvorhaben nicht starten konnten und somit „eine wesentliche Zahl von Baufachkräften freigesetzt" wurde[331].

Die Bau-Union Fürstenberg wurde sowohl für die Mängel bei der Arbeitskräftesteuerung als auch für die fehlenden Unterbringungsmöglichkeiten verantwortlich gemacht. Sie rückte damit immer mehr ins Zentrum der Kritik. Es hat jedoch den Anschein, als ob die Arbeitsverwaltung in Berlin und Potsdam der Betriebsleitung Fehler zuordnete, für die sie nicht alleine verantwortlich sein konnte. Entscheidend für die krisenhafte Zuspitzung der Arbeitskräfte- und Versorgungslage in Fürstenberg war vielmehr die von oben erteilte Anweisung, den industriellen Standort an der Oder in relativ kurzer Frist fertigzustellen. Die damit zusammenhängenden Folgen waren offenbar von den staatlichen Planungsverwaltungen weder vorhergesehen noch eingeplant worden. Die Feststellung der Arbeitsverwaltung war sicherlich zutreffend, daß aufgrund der schlechten Zuteilung und Einweisung der Arbeitskräfte ein Ansteigen der Fluktuationsrate zu befürchten war[332]. Die Personalverwaltung der Bau-Union wurde daher angewiesen, den organisatorischen Ablauf zu verbessern. Darüber hinaus schien es dem Arbeitsministerium „ratsam und dringend erforderlich" zu sein, die Nebenstelle Fürstenberg des Amtes für Arbeit und Sozialfürsorge in unmittelbare Nähe zum Werk zu verlegen[333].

Staatssekretärin Malter berichtete dem Minister für Schwerindustrie Selbmann ausführlich über die bestehenden Mängel der innerbetrieblichen Arbeitskräftelenkung bei der Bau-Union und bat ihn, „durch notwendige Anweisungen zur Überwindung der Schwierigkeiten beizutragen"[334]. Neben den bereits bekannten Problemen der Wohnraum- und Lebensmittelversorgung wies Malter auf das unzureichende Verkehrsnetz im Raum Fürstenberg hin, das einen zügigen Transport zu den Baustellen nicht zulasse. Gleichzeitig schlug die Staatssekretärin im Arbeitsministerium vor, den Einstellungsbüros des EKO zusätzliche Aufgaben zu übertragen. Dort sollten die zugewiesenen Arbeitskräfte nicht nur einen Einweisungsschein für einen festen Arbeitsplatz erhalten, sondern auch Quartierscheine und Essenskarten. Die Einstellungsbüros hatten somit die Aufgabe, die Versorgung der Neuankömmlinge mit Wohnraum und Lebensmitteln durch die Ausgabe von Bezugsscheinen zentral zu regeln. Bis zum Juni 1951 hatte sich die Beschäftigtenzahl bei der Bau-Union weiter vergrößert, während sie beim EKO, das die Produktion im Herbst aufnehmen sollte, stagnierte. Mit Stichtag vom 7. Juni wurden insgesamt 5656 Baufach- und Hilfsarbeiter gezählt, darunter befanden sich immerhin 1486 weibliche Arbeitskräfte[335]. Im einzelnen handelte es sich um 1990 Facharbeiter, 1789 Hilfsarbeiter und 387 Angestellte. Dagegen lag die Zahl der Beschäftigten im EKO zwischen 300 und 400 und war damit gegenüber dem Frühjahr nicht sonderlich angestiegen. Trotz der von der Arbeitsverwaltung eingeleiteten Maßnahmen trug die Wohnungsknappheit auch weiterhin dazu

---

[331] BAB, DQ 2/1728, Abt. Arbeitskraftlenkung am 26. 6. 1951 an den Org.-Instrukteur, S. 2.
[332] BAB, DQ 2/2152, Aktennotiz Krügers vom 29. 6. 1951, S. 1.
[333] Ebenda, S. 3.
[334] BAB, DQ 2/2152, Malter am 2. 7. 1951 an Selbmann, S. 1.
[335] Ebenda, Bericht der Abt. Arbeitskraftlenkung vom 2. 7. 1951, S. 2.

bei, daß zahlreiche Arbeitskräfte in ihre Heimatorte wieder zurückkehrten[336]. Die Fluktuationsrate war im 1. Halbjahr 1951 stellenweise gestiegen: Während in den ersten fünf Monaten nur 150 Arbeitskräfte gezählt wurden, die abgewandert waren, stieg diese Zahl in den ersten drei Juni-Wochen auf 300[337]. Bis Ende Juni verließen nochmals 60 Arbeitskräfte die Bau-Union bzw. das EKO. In der Folgezeit übernahm das EKO die Beschaffung von Unterkünften für alle auf der Baustelle Fürstenberg beschäftigten Arbeitskräfte, mit Ausnahme von zwei Außenstellen. Dadurch wurde zwar der Entscheidungsweg verwaltungstechnisch vereinfacht. Eine quantitative und qualitative Verbesserung der Wohnverhältnisse hing jedoch entscheidend von der Bereitstellung von Finanzhilfen für entsprechende Wohnungsbauprogramme ab, die zunächst aber noch ausblieben.

Anläßlich einer Besprechung über das laufende Wohnungsbauprogramm, an der unter anderem Vertreter des Ministeriums für Arbeit, des Ministeriums für Schwerindustrie und des Ministeriums für Aufbau teilnahmen, wurde deutlich, daß der aufgestellte Wohnungsbauplan nicht eingehalten werden konnte[338]. Die Fertigstellung der sogenannten Wohnstadt zog sich sehr viel länger hin als von der Arbeitsverwaltung ursprünglich einkalkuliert. Das konnte wiederum zu einer Verzögerung des Produktionsbeginns im EKO führen, da die vorgesehenen Arbeiter erst nach Fürstenberg entsandt werden sollten, wenn die Wohnungen bezugsfertig waren. Die Mängel waren nach Ansicht eines Mitarbeiters des Ministeriums für Schwerindustrie (Hauptverwaltung Bauindustrie) darauf zurückzuführen, daß Bauleiter und Oberbauleiter gezwungen waren, „hinter [den] Planunterlagen, Investitionsmitteln, Leistungsverzeichnissen usw. herzujagen, statt dafür auf der Baustelle zu sein"[339]. Darüber hinaus waren Teile der Infrastruktur noch nicht vollständig ausgebaut, so daß beispielsweise die einzelnen Wohnungen noch nicht an die Kanalisation angeschlossen werden konnten[340]. Für die Erweiterung des Bauprogramms sollte das Ministerium für Aufbau zusätzliche Investitionsmittel in Höhe von 4,827 Millionen DM beantragen[341]. Für die Terminüberschreitungen bei der Fertigstellung der Wohnblöcke wurde erneut die Bau-Union verantwortlich gemacht: Die mangelhafte innerbetriebliche Organisation sowie allgemeine Planungsfehler hatten nach Auffassung des brandenburgischen Ministeriums für Wirtschaft und Arbeit zu den Versäumnissen geführt[342]. Nach Berechnungen des FDGB-Bundesvorstandes war nur ein Teil der rund 9000 Bauarbeiter in unmittelbarer Nähe des Werkes untergebracht. Zum Teil müßten Arbeiter, die ihre Zimmer bzw. Wohnungen in 68 Ortschaften der Kreise Frankfurt/Oder, Beeskow und Cottbus hatten, einen täglichen Anfahrtsweg von bis zu 120 km in

[336] Vgl. ebenda, Abt. Arbeitskraftlenkung am 27.7.1951 an das Ministerium für Wirtschaft und Arbeit in Potsdam.

[337] Ebenda, Amt für Arbeit und Sozialfürsorge Frankfurt/Oder am 5.7.1951 an das Ministerium für Arbeit (Krüger), S. 1.

[338] BAB, DQ 2/2152, Protokoll über die Besprechung am 4.7.1951.

[339] Ebenda, S. 2.

[340] Ebenda, S. 3. Das bestätigte im übrigen auch Sachbearbeiter Gürteler in seinem Lagebericht vom 17.7.1951. Vgl. BAB, DQ 2/2152.

[341] BAB, DQ 2/2152, Protokoll über die Besprechung am 4.7.1951, S. 7.

[342] Ebenda, Ministerium für Wirtschaft und Arbeit in Potsdam am 10.7.1951 an den Minister für Aufbau.

Kauf nehmen[343]. Der FDGB schlug deshalb vor, zunächst einmal 30 Häuser für insgesamt 1000 Bauarbeiter zu errichten, wobei die Kosten durch erhebliche Einsparungen bei den Baumaterialien gesenkt werden sollten. Darüber hinaus regte der Gewerkschaftsbund die Errichtung von eingeschossigen Reihenhäusern „durch kollektive Selbsthilfeaktionen der Kollegen im Eisenhüttenkombinat" an[344].

Anfang August 1951 tauchten neue Versorgungsschwierigkeiten auf, die das Gesamtprojekt gefährdeten. Die Zulieferung von Steinkohle oder Koks war offensichtlich nicht hinreichend geklärt worden, und Verhandlungen mit der Volksrepublik Polen über entsprechende Ausgleichslieferungen konnten noch nicht abgeschlossen werden. In dieser Situation schaltete der Vorsitzende der Staatlichen Plankommission (SPK) Heinrich Rau den Ministerpräsidenten Otto Grotewohl ein. Bei der Gelegenheit gestand Rau ein, innerhalb der SPK über keinen qualifizierten Fachmann „zur Beurteilung der technischen und konstruktiven Fragen des Hüttenkombinats" zu verfügen. Er schlug vor, „das Projekt in dieser Hinsicht durch sowjetische Spezialisten prüfen zu lassen"[345]. Der Minister für Schwerindustrie Selbmann sprach sich für eine stärkere Beteiligung des Ministerrates bei den weiteren Planungsarbeiten für das EKO aus[346]. All dies waren Anzeichen für die Hilflosigkeit, die offenbar bei den beteiligten Ministerien mittlerweile herrschte: Zum zeitlichen Druck kamen nunmehr gravierende Planungs- und Abstimmungsprobleme hinzu, welche die festgesetzte Inbetriebnahme des Hüttenkombinats, die bekanntlich noch 1951 erfolgen sollte[347], in weite Ferne rücken ließen.

Zur Abdeckung des Facharbeiterbedarfs im EKO griff die Arbeitsverwaltung zum Teil darauf zurück, den Betrieben entsprechende Auflagen zu erteilen. Dabei sollten allerdings Zwangsmittel nicht eingesetzt werden. Vielmehr ging es darum, Anreize in Form von Ausbildungszuschüssen zu schaffen, um bisher beschäftigungslose Frauen in den Produktionsprozeß zu integrieren. Auf diese Weise sollten männliche Arbeitskräfte der Hüttenindustrie zur Verfügung gestellt werden, wie Abteilungsleiter Heisig gegenüber dem brandenburgischen Ministerium für Wirtschaft und Arbeit ausdrücklich betonte[348]. Diese Auflagen erstreckten sich nur auf eng ausgewählte Personenkreise, in der Regel Spezialisten, die von den zuständigen Fachministerien nicht gestellt werden konnten. In Einzelfällen hatte sich jedoch herausgestellt, daß der tatsächliche Facharbeiterbedarf sehr viel niedriger als der angemeldete war. Ordnungsgemäß zugewiesene Arbeitskräfte waren sogar vom Baubüro Fürstenberg mit dem Vermerk „kein Bedarf" auf der Zuweisungskarte zurückgewiesen worden. Das Ministerium für Wirtschaft und Arbeit der Landesregierung Brandenburg, das ein Rundschreiben mit entsprechenden

[343] Zur Begleichung der Fahrtkosten erhielten 7304 Arbeiter Wege- bzw. Fahrtgelder. Die unzureichenden Wohnverhältnisse wurden vom FDGB in kausalen Zusammenhang zur gesunkenen Arbeitsproduktivität gesetzt. BAB, DQ 2/3810, FDGB-Bundesvorstand (Abt. Arbeit und Sozialpolitik) am 23. 7. 1951 an das Ministerium für Aufbau.
[344] Ebenda, S. 3.
[345] SAPMO, NY 4090/351, Bl. 7, Rau am 6. 8. 1951 an Grotewohl.
[346] Ebenda, Bl. 11 f., Selbmann am 10. 8. 1951 an Grotewohl.
[347] So sollte der Hochofen I des EKO die Produktion am 19. 9. 1951 aufnehmen. Vgl. SAPMO, NY 4090/351, Bl. 18, Minister für Schwerindustrie Selbmann am 12. 9. 1951 an Ministerpräsident Grotewohl.
[348] BAB, DQ 2/2152, Heisig am 27. 8. 1951 an Ministerium für Wirtschaft und Arbeit in Potsdam.

Auflagen an die Abteilungen Arbeit bei den Räten der Kreise bereits herausgegeben hatte, kritisierte zu Recht die mangelhafte Absprache, die letztlich Fehlvermittlungen zur Folge hatte. Der zuständigen VVB, die ursprünglich zehn Bau-
schlosser und 70 Elektromonteure angefordert hatte, wurde schließlich vorgehalten: „Wir machen Sie darauf aufmerksam, daß – würden alle Betriebe die Arbeitskräfteanforderungen nach dem von Ihnen gegebenen Beispiel betreiben – chaoti-
sche Zustände in der Arbeitskräftelenkung eintreten müßten."[349] Es sei ein „un-
möglicher Zustand" - so der Hauptabteilungsleiter im brandenburgischen Ministerium weiter – insgesamt 70 Arbeiter aus ausgesprochenen Mangelberufen anzufordern, wenn de facto nur 40 Arbeiter gebraucht würden. Das Ministerium für
Arbeit in Berlin informierte daraufhin die übrigen Landesregierungen über den
gesunkenen Facharbeiterbedarf im EKO[350]. Dieses Beispiel machte zum einen
deutlich, daß die zentrale Zuteilung von Arbeitskräften mit gewissen Reibungs-
verlusten verbunden war: Die aufwendig in Gang gesetzte Aktion zur Gewinnung
der benötigten Facharbeiter mußte wenig später wieder abgebrochen werden. Irritationen auf seiten der Kreisverwaltungen, welche die Auflagen erhalten hatten,
aber auch der zuständigen Landesverwaltung waren die Folge. Darüber hinaus
zeigte sich, daß die Betriebe ihren Bedarf mitunter großzügig kalkulierten: Sie waren primär an der Aufrechterhaltung der betrieblichen Produktion und weniger
an übergeordneten Zielen der Planwirtschaft interessiert.

Die SED-Landesleitung Brandenburg übermittelte der SED-Führung ungefähr
Ende Oktober einen Bericht, der sich nicht nur mit der Tätigkeit der Parteiorganisation in Fürstenberg, sondern auch mit dem Produktionsablauf im EKO und
in der Bau-Union kritisch auseinandersetzte[351]. Zwei Mitarbeiter des ZK-Apparates wurden daraufhin nach Fürstenberg geschickt, die bereits Anfang November
einen eigenen Überprüfungsbericht vorlegten, der die vorgelegten Ergebnisse der
Landesleitung im wesentlichen bestätigte[352]. Darin wurde den beiden Parteiorga-
nisationen vorgeworfen, ihnen sei die genaue Anzahl der für die Bau-Union tätigen Subunternehmer nicht bekannt gewesen. Daraus zog der Bericht wiederum
die Schlußfolgerung, es habe sich „keine gesunde Parteiarbeit entwickelt"[353]. Von
einem gesonderten Einsatz einer Instrukteurgruppe des ZK rieten die Mitarbeiter
ab, da die Landesleitung in Potsdam bereits ähnliche Schritte unternommen hatte.
Bei der inhaltlichen Analyse war auffallend, daß die Defizite im Produktionsablauf des EKO auf unzureichende Parteiarbeit vor Ort zurückgeführt wurden. Die
SED-Führung nahm diesen Bericht offensichtlich zum Anlaß, die Arbeitsweise
der Parteiorganisation regelmäßig zu überprüfen und direkte Anweisungen zu erteilen. Das Sekretariat des ZK setzte auf seiner Sitzung am 10. Januar 1952 eine
weitere Kommission ein, der unter anderem Walter Ulbricht, Willi Stoph und

---

[349] Ebenda, Hauptabteilungsleiter Hülsen am 6. 10. 1951 an die VVB Anlagenbau Cottbus.
[350] Ebenda, Abteilungsleiter Heisig am 16. 10. 1951 an das Ministerium für Wirtschaft (HA Arbeit)
des Landes Sachsen-Anhalt.
[351] Vgl. SAPMO, NY 4182/988, Bl. 123–126, SED-Hausmitteilung von der Abt. Org.-Instrukt. (Sekt.
Parteiinf.) an Ulbricht, 1. 11. 1951.
[352] Ebenda, Bl. 128–132, Bericht vom 6. 11. 1951.
[353] Ebenda, Bl. 128. Nach Angaben der ZK-Mitarbeiter arbeiteten insgesamt 20 Subunternehmer für
die Bau-Union und 27 für das EKO, darunter auch 13 Privatunternehmen.

Fritz Selbmann angehörten[354]. Während technische Fragen[355] eher von untergeordneter Bedeutung waren, standen Personal- und Kaderfragen im Mittelpunkt
des Interesses: Nach den Vorstellungen des Sekretariats sollten sämtliche Direkto-
renposten neu besetzt werden. Gleichzeitig sollte der Minister für Hüttenwesen
und Erzbergbau Selbmann eine Rüge erhalten: Er habe – so das Sekretariat – „die
offene Kritik und Selbstkritik verhindert"; er sei „überheblich" und betreibe
„keine ernsthafte Kaderpolitik"[356]. Das Politbüro beschloß Anfang Februar 1952
„Maßnahmen zur Verbesserung der Arbeit des Ministeriums für Hüttenwesen
und Erzbergbau, der Industriegewerkschaft Metallurgie sowie der Industriegewerkschaft Bau-Holz beim Aufbau des Eisenhüttenkombinats Ost"[357] und erteilte Fritz Selbmann die vom Sekretariat vorgeschlagene Rüge[358]. Abschließend
sollte nochmals hervorgehoben werden, daß die SED-Führung konkrete Beschlüsse zur Verbesserung der Kaderpolitik faßte, wohingegen die Beschlüsse zur
Intensivierung des Wohnungsbaus und zur Unterstützung der Facharbeiter- und
Nachwuchslenkung unpräzise und unverbindlich blieben. Die Arbeitsverwaltung
und die Werksleitung konnten bei der Bewältigung dieser drängenden Probleme[359] nicht mit der Zuteilung weiterer Gelder rechnen, sondern mußten im
vorgegebenen Finanzrahmen des Fünfjahrplanes sowie des jeweiligen Volkswirtschaftsplanes weiterhin improvisieren. Erst Ende 1952 befaßte sich das Politbüro
wieder mit dem Wohnungsbau in Fürstenberg und beschloß „Sofortmaßnahmen
zur Beseitigung der Hemmnisse im Aufbau der Wohnstadt des Eisenhüttenkombinats Ost"[360]. Diese konzentrierten sich im wesentlichen darauf, die Zuteilung
von Baumaterialien zu verbessern und diese unter Ausschaltung des zentralisier-

---

[354] SAPMO, DY 30/J IV 2/3/260, Bl. 1–3.

[355] Der Hochofen I war – wie geplant – am 5. 10. 1951 angeblasen worden, obwohl wichtige Bestandteile der Produktionsanlage noch nicht fertiggestellt waren. So war beispielsweise die Sinteranlage
Anfang 1952 immer noch nicht in Betrieb. Darüber hinaus waren bei einigen Teilen der Hochofenanlage bereits nach wenigen Wochen Reparaturmaßnahmen notwendig geworden. Das von einer
Ingenieurgruppe erstellte Gutachten läßt die Schlußfolgerung zu, daß der Hochofen unter hohem
Zeitdruck fertiggestellt wurde und dabei Baumängel übersehen wurden. Vgl. SAPMO, NY 4182/
988, Bl. 142–145, Gutachten über den Zustand des Hochofens I und über die Möglichkeit seines
weiteren Betriebes vom 6. 1. 1952. Nach Angaben des Ministeriums für Hüttenwesen und Erzbergbau hatte die Gutehoffnungshütte in Oberhausen angeboten, den Hochofen zu errichten. Da
jedoch eine Bauzeit von zwei Jahren veranschlagt wurde, kam das Angebot für die DDR-Regierung nicht in Frage. Zu diesem Zeitpunkt verfügte die DDR offensichtlich nicht über erfahrene
Ingenieure beim Bau solcher Hochofenanlagen, so daß improvisiert werden mußte, wie das Ministerium selber indirekt bestätigte: „Bis auf kleine konstruktive Mängel" sei die Aufgabe „richtig
gelöst" worden. Vgl. SAPMO, NY 4182/988, Bl. 135–141, hier Bl. 137, Bericht des Ministers für
Hüttenwesen und Erzbergbau vom 11. 1. 1952 an das Sekretariat des ZK.

[356] SAPMO, DY 30/J IV 2/3/263, Bl. 2–4, hier Bl. 4, Protokoll der Sitzung des Sekretariats des ZK
vom 21. 1. 1952.

[357] SAPMO, DY 30/IV 2/2/191, Bl. 6 und Bl. 7–21. Außerdem verabschiedete das Politbüro eine „Direktive zur Entwicklung von Maßnahmen zur Beschleunigung der Aufbauarbeiten im Eisenhüttenkombinat Ost", in: ebenda, Bl. 37–42. Die Direktive enthielt Anweisungen für den Ausbau der
Parteiarbeit im EKO *und* für die Verbesserung des Produktions- und Arbeitsablaufes im Kombinat.

[358] Ebenda, Bl. 47 f.

[359] Nach Einschätzung eines Mitarbeiters der Abt. Arbeitskraftlenkung war das Wohnungsproblem
das „größte Hindernis für die Einstellung der Arbeitskräfte". BAB, DQ 2/2153, Aktenvermerk
von Oberreferent Seidel vom 9. 4. 1952.

[360] SAPMO, DY 30/IV 2/2/243, Bl. 11 und Bl. 25–28, Protokoll der Sitzung des Politbüros am 4. 11.
1952.

ten Binnenhandels direkt an die Baufirmen zu liefern. Außerdem sollten Transportanlagen (Gleise, Transportfahrzeuge) aus dem Großraum Berlin zur Verfügung gestellt werden, um den „inneren Baustellentransport" langfristig zu gewährleisten.

Im März 1952 schalteten sich auch noch die „sowjetischen Freunde" – vermutlich eine Kommission der SKK – in die Angelegenheit ein und forderten vom Arbeitsministerium die Bereitstellung von 1500 hochqualifizierten Fachkräften für das EKO[361]. Angesichts des nach wie vor bestehenden Facharbeitermangels und der nur langsam anlaufenden Programme zum Ausbau der Berufsausbildung konnte dies nur ein langfristig formuliertes Ziel sein. Noch schwieriger gestaltete sich die Gewinnung von Ingenieuren, über die die DDR zu diesem Zeitpunkt offenbar kaum verfügte. Die „sowjetischen Freunde" wurden daher vom Politbüro gebeten, die sowjetischen Ingenieure, die im EKO kurzfristig eingesetzt worden waren, noch für weitere vier Wochen dort zu lassen[362]. Darüber hinaus meldete die SED-Führung einen weiteren Bedarf an erfahrenen sowjetischen Ingenieuren für das Hüttenkombinat an.

Parallel dazu begann das Ministerium für Arbeit, den Facharbeiternachwuchs langfristig abzusichern. So wurden beispielsweise Gespräche mit der FDJ mit dem Ziel aufgenommen, aus den Reihen der Jugendlichen frühzeitig potentiellen Nachwuchs für das EKO auszusuchen, um so den späteren Bedarf an Fachkräften abdecken zu können[363]. Der Zentralrat der Jugendorganisation erklärte sich zur Mithilfe bereit und übernahm – quasi symbolhaft – die Patenschaft über das Kombinat an der Oder. Während die damit verbundenen Mobilisierungsaktionen jedoch nicht sehr zielgerichtet und somit – mittel- und langfristig betrachtet – wenig ertragreich waren, mußte zur Verbesserung der Rekrutierung von Facharbeitern die berufliche Qualifizierung von Jugendlichen in das Blickfeld der Verantwortlichen geraten. Obwohl das Ministerium für Arbeit den enormen Nachholbedarf auf diesem Gebiet erkannt hatte, blieben konkrete Maßnahmen zunächst noch aus. Das hing zum einen mit der Überlastung der Arbeitsverwaltung durch diverse andere, ebenfalls zentrale Problemkreise zusammen: von der bereits thematisierten Wohnraumversorgung der zugewiesenen Arbeitskräfte bis hin zur Lebensmittelversorgung der Beschäftigten im EKO. Zu vermuten wäre außerdem, daß für die Arbeitsverwaltung die berufliche Aus- und Weiterbildung zu diesem Zeitpunkt noch nicht den Stellenwert eines wichtigen und vor allem eigenständigen Instruments zur Steuerung des „Arbeitsmarktes" besaß.

Die Planung des Arbeitskräfteeinsatzes wurde dadurch erschwert, daß die Fachministerien seit der Strukturreform der Arbeitsverwaltung im Sommer 1951 mehr Kompetenzen zugeteilt bekamen. Die Auflösung der Arbeitsämter und deren Eingliederung in die Bezirks- bzw. Kreisverwaltung sowie die Tatsache, daß nunmehr die Industrieministerien innerhalb ihres Wirkungsbereiches auch für den Einsatz des Faktors ‚Arbeit' zuständig sein sollten, vereinfachten den Planungsablauf nicht. Im Gegenteil: Die Fachministerien mußten sich erst mit der

[361] BAB, DQ 2/2153, Aktenvermerk Seidels vom 24. 3. 1952.
[362] SAPMO, DY 30/IV 2/2/204, Bl. 14, Protokoll der Sitzung des Politbüros am 25. 3. 1952.
[363] BAB, DQ 2/2153, Aktenvermerk Seidels vom 7. 4. 1952.

neuen Aufgabe vertraut machen, bei der sie vom bisher alleine zuständigen Arbeitsministerium noch lange Zeit beraten werden mußten. Fehlende Absprachen innerhalb eines Ministeriums konnten mitunter dazu führen, daß zwei oder mehr Abteilungen mit der Planung des Arbeitskräftebestandes beschäftigt waren und dabei sogar zu unterschiedlichen Ergebnissen gelangten. So hatten etwa beim Ministerium für Hüttenwesen und Erzbergbau sowohl die Personalabteilung als auch die Abteilung Arbeitskräfte Erhebungen über den Arbeitskräftebedarf durchgeführt, die „voneinander beachtlich abwichen"[364]. Minister Selbmann wurde gebeten, zu entscheiden, „nach welcher Fassung nun tatsächlich gearbeitet werden muß." Gleichzeitig mußte sich das Arbeitsministerium gegenüber der Staatlichen Plankommission zur Wehr setzen: Deren Vorsitzender, Heinrich Rau, hatte die Tätigkeit der Hauptabteilung Arbeit bei der Bedarfsplanung deutlich kritisiert. Minister Chwalek wies darauf hin, daß der „reale Bedarf an Arbeitskräften für die Arbeiten auf dem Baugelände des Hüttenwerkes für das Jahr 1952 [...] erst dann genannt werden [kann], wenn die jetzt noch fehlenden Bau-Unterlagen der Bau-Union übermittelt werden"[365]. Da im Frühjahr eine akute Nachfrage nach „ingenieur-technischem Personal" herrschte, das aus der Gruppe der Arbeitsuchenden nicht mehr gewonnen werden konnte, richtete der Minister für Arbeit eine entsprechende Anfrage an das Staatssekretariat für Kohle und Energie, einzelne Hauptverwaltungen sowie die Deutsche Reichsbahn. Die „hochqualifizierten Fachkräfte" sollten demzufolge „produktionserfahren sein und über die nötige Arbeitsdisziplin und Arbeitsmoral verfügen"[366].

Die Sowjetunion verfolgte auch weiterhin aufmerksam den Aufbau der Stahlindustrie in der DDR mit seinem wichtigsten Baustein, dem Eisenhüttenkombinat in Fürstenberg. Im April 1952 wurde eine Delegation von Moskau nach Berlin geschickt, die sich einen eigenen Eindruck verschaffen und Gespräche mit der engeren SED-Führung (Pieck, Ulbricht, Grotewohl, Rau) führen sollte. Dabei zeigte sich der sowjetische Vertreter Michalewitsch erschüttert über den Zustand des EKO: „Bevor ich aus der Sowjetunion abfuhr, waren wir bereits darauf vorbereitet, daß im EKO eine schwere Situation entstanden ist, aber das, was wir gesehen haben, hat alle unsere Vorstellungen übertroffen. Wir haben – ohne Übertreibung gesagt – ein schreckliches Bild vorgefunden, einen Betrieb, einen neuen Betrieb, der schon vollständig auseinanderfiel."[367] Im einzelnen kritisierte Michalewitsch den überhasteten Aufbau des Hüttenkombinats, der die später aufgetretenen Störungen im Produktionsablauf erst hervorgerufen habe: „Die Öfen wurden zu früh und mit einer großen Anzahl unfertiger Teile in Betrieb gesetzt, ohne zu überprüfen, ob sie zur Aufnahme der Produktion bereit sind, ohne die notwendige Anzahl von Menschen zu haben"[368]. Das SED-Politbüro, aber auch die sowjetische Besatzungsmacht verknüpften die Durchführung des ersten Fünfjahrplanes

---

[364] Ebenda, Minister Chwalek am 8. 4. 1952 an Minister Selbmann, S. 1.
[365] BAB, DQ 2/761, Minister Chwalek am 9. 4. 1952 an Rau, S. 2.
[366] BAB, DQ 2/2153, Rundschreiben Chwaleks vom 9. 4. 1952. Zu den angeschriebenen Hauptverwaltungen gehörten die HV Bauindustrie und die HV Elektrotechnik. Außerdem ging das Rundschreiben noch an die Reichsbahn Berlin.
[367] SAPMO, DY 30/J IV 2/201/257, Stenographische Niederschrift der Besprechung mit den Genossen Michalewitsch und Schulgin in Berlin am 28. 4. 1952, S. 1.
[368] Ebenda, S. 2.

mit dem erfolgreichen Aufbau des EKO. Davon hing nicht nur die Errichtung der
Schwerindustrie in der DDR, sondern auch der wirtschaftliche Aufbau des Landes insgesamt ab. Darüber hinaus besaß das Eisenhüttenkombinat auch eine
deutschlandpolitische Stoßrichtung: Gegenüber der Bundesrepublik sollte nämlich der Erfolg des eigenen politischen und wirtschaftlichen Systems demonstriert
werden, das in seiner Struktur und Funktionsweise dem westdeutschen diametral
entgegenstand. Grotewohl faßte diesen Zusammenhang am Ende der Unterredung prägnant zusammen: „Gelingt es uns nicht, unseren Fünfjahrplan zu einem
großen Erfolg zu machen, was vor allen Dingen zur Voraussetzung hat, daß die
Produktion der Grundstoffindustrie richtig und erfolgreich entwickelt wird, dann
ist es vollkommen klar, daß die gesamte politische, die magnetische Kraft der
Deutschen Demokratischen Republik auf den Westen verpuffen muß."[369]
    Der Ministerratsbeschluß vom 20. März 1952 hatte das Ministerium für Arbeit
verpflichtet, dem Ministerium für Hüttenwesen und Erzbergbau bei der Werbung
und Lenkung der erforderlichen Arbeiter für das EKO behilflich zu sein. Die Zusammenarbeit zwischen beiden Ministerien gestaltete sich jedoch in dieser Frage
äußerst schwierig – darauf ist bereits hingewiesen worden. Anfang Mai meldete
die Abteilung Arbeitskraftlenkung im Ministerium für Arbeit, daß mittlerweile
drei unterschiedliche Planaufstellungen vorlägen: zwei vom Ministerium für Hüttenwesen und Erzbergbau sowie eine von der Personalabteilung des EKO. Aus
den übermittelten Zahlenangaben errechnete die Abteilung Arbeitskraftlenkung
einen Durchschnittswert von 700 hochqualifizierten Fachkräften, die dringend
benötigt würden[370]. Das Arbeitsministerium mußte anderen Fachministerien und
Staatssekretariaten Auflagen erteilen, da der Bedarf nur zu einem kleineren Teil
aus den Betrieben des Ministeriums für Hüttenwesen und Erzbergbau bereitgestellt werden konnte. Auf diese Weise sollten insgesamt 202 Fachkräfte gewonnen
werden, so daß das Ministerium für Hüttenwesen und Erzbergbau nach wie vor
die Hauptlast (ca. 500) zu tragen hatte[371]. Die Zuweisung von Arbeitskräften verlief aus Sicht der Personalabteilung des EKO unbefriedigend, da die übrigen
Stahlwerke (z.B. in Riesa) oftmals nicht bereit waren, beispielsweise Elektriker,
die nicht benötigt wurden, nach Fürstenberg abzugeben[372]. Darüber hinaus meldeten sich aufgrund der von den Landesregierungen erlassenen Aufrufe in erster
Linie ehemalige Angestellte älteren Jahrgangs, die aber für die Arbeit im EKO
„völlig ungenügend" seien. Ein Großteil der Neueinstellungen im Eisenhüttenkombinat Ost war letztlich auf die Eigenwerbung des Werkes zurückzuführen,
das gezielte Anfragen an größere, in der näheren Umgebung befindliche Betriebe
bzw. an andere Stahlwerke (z.B. in Hennigsdorf) richtete. Auf diese Weise konnten 43 Schlosser und sieben Elektriker eingestellt werden, wie ein Mitarbeiter der
EKO-Personalabteilung gegenüber dem Oberreferenten Seidel aus dem Ministerium für Arbeit berichtete[373]. Arbeitsminister Chwalek unterrichtete kurz darauf
den Chef der Regierungskanzlei Fritz Geyer über die eingeleiteten Maßnahmen

---

[369] Ebenda, S. 24.
[370] BAB, DQ 2/2153, Bericht der Abt. Arbeitskraftlenkung vom 3. 5. 1952, S. 1.
[371] Ebenda, S. 2.
[372] Vgl. BAB, DQ 2/2153, Aktenvermerk Seidels vom 10. 5. 1952.
[373] Ebenda.

zur Sicherstellung des Facharbeiterbedarfs im EKO und wies erneut auf die immer noch ungelösten Schwierigkeiten der wohnlichen Unterbringung hin. Dieser Versorgungsengpaß könne nur durch zusätzliche Investitionen behoben werden[374]. Auf entsprechende Anfragen hatten aber in der Vergangenheit weder die SED-Führung noch der DDR-Ministerrat reagiert.

Während sich die SED-Führung in erster Linie mit der Arbeitsweise der Parteiorganisation im EKO auseinandersetzte und Verbesserungsvorschläge unterbreitete[375], versuchte das Ministerium für Arbeit die einzelnen Maßnahmen zur Gewinnung neuer Arbeitskräfte mit der Werksleitung in Fürstenberg besser aufeinander abzustimmen. Bei einer gemeinsamen Arbeitsbesprechung am 15. Mai wurde vorgeschlagen, daß das EKO die Arbeitskräftelenkung zentral übernehmen solle[376]. Das beinhaltete auch die Abstimmung mit den Subunternehmern, die bereits für die Bau-Union tätig waren. Dadurch sollte eine private Arbeitsvermittlung weitgehend unterbunden werden bzw. nur unter dem Dach der staatlichen Steuerung des „Arbeitsmarktes" ermöglicht werden. Nach dem Vorbild der Wismut AG richtete das Ministerium für Arbeit mit Wirkung vom 20. Mai 1952 eine zentrale Arbeitskräftelenkungsstelle für sämtliche Betriebe, die am Aufbau der Wohnstadt beteiligt waren, sowie für den VEB Eisenhüttenkombinat Ost in Fürstenberg ein[377]. Diese sollte für die Lenkung der neu zugewiesenen Arbeitskräfte und für die innerbetriebliche Steuerung zuständig sein. Ein Mitarbeiter der Arbeitsverwaltung, der ebenfalls in der Zentralstelle tätig sein sollte, erhielt die Aufgabe, den gemeldeten Bedarf „hinsichtlich der Realität und in bezug auf Abdeckungsmöglichkeiten durch Frauen, Schwerbeschädigte und Jugendliche, die nicht vom Nachwuchsplan erfaßt sind" zu überprüfen[378]. Von dieser Maßnahme erhoffte sich das Ministerium für Arbeit eine Ausschaltung der Arbeitskräftehortung und eine Verbesserung der bedarfsgerechten Lenkung. Gleichzeitig wurde der Bedarf an qualifiziertem Fachpersonal deutlich reduziert: Vertreter des Arbeitsministeriums und des EKO vereinbarten, daß sich die akute Arbeitskräftenachfrage des Kombinats vorerst auf Schlosser, Elektriker, Rangierer, Lokheizer und Lokführer, insgesamt etwa 120 Fachkräfte, beschränken sollte[379]. Die zuvor eingereichten Listen über den Arbeitskräftebedarf, die deutlich höher lagen, wurden vom EKO wieder zurückgezogen. Die langfristige Bedarfsabsicherung blieb dagegen unverbindlich: Arbeitskräfte, die darüber hinaus noch benötigt würden, konnten überbezirklich gestellt werden, sobald die Wohnungsfrage abschließend geklärt war.

---

[374] BAB, DQ 2/2153, Minister Chwalek am 12. 5. 1952 an Staatssekretär Geyer, S. 2. Nach Angaben des EKO waren die Investitionsmittel, die für 1952 zum Bau von Wohnbaracken vorgesehen waren, Ende Mai noch nicht verfügbar. Vgl. BAB, DQ 2/2153, Bericht der Abt. Arbeitskraftlenkung vom 27. 5. 1952, S. 2.

[375] SAPMO, DY 30/J IV 2/3/289, Bl. 12 und 49, Protokoll der Sitzung des Sekretariats des ZK am 15. 5. 1952. Demzufolge erhielt die SED-Parteiorganisation im EKO den Status einer Kreisleitung und wurde der Landesleitung Brandenburg unmittelbar unterstellt. Vgl. ebenda, Bl. 12.

[376] BAB, DQ 2/2153, Protokoll vom 15. 5. 1952.

[377] Ebenda, Rat des Kreises Frankfurt/Oder (Abt. Arbeit) am 17. 5. 1952 an den VEB EKO, die Bau-Union und alle Subunternehmer, S. 1.

[378] Ebenda, S. 1 f.

[379] BAB, DQ 2/761, Bericht der Abt. Arbeitskraftlenkung über die Dienstreise am 15./16. 5. 1952, S. 1.

Die Tätigkeit der EKO-Zentralstelle wurde unter anderem dadurch belastet, daß die Bau-Union in dieser Einrichtung anfangs keinen eigenen Vorteil zu erkennen glaubte und daher jegliche Mitarbeit verweigerte[380]. Auch die Zusammenarbeit mit den Landesverwaltungen war aus Sicht des EKO verbesserungswürdig: Diese boten dem Eisenhüttenkombinat offensichtlich nicht nur berufserfahrene Facharbeiter, sondern auch Lehrlinge an, die erst im Herbst 1952 ihre Ausbildung beendeten. Das Ministerium für Arbeit bat daraufhin die Landesregierungen, die Abteilungen für Arbeit bei den Räten der Stadt- und Landkreise über die festgestellten Mängel bei der Arbeitskräftezuweisung zu informieren[381]. Trotz Errichtung einer Zentralstelle für die Arbeitskräftelenkung hielt die Fluktuation unvermindert an. Bau-Union und Subunternehmer versuchten deshalb, das Eisenhüttenkombinat dazu zu bewegen, keine Einstellungen von Arbeitern vorzunehmen, die zuvor bei den Subunternehmern oder der Bau-Union beschäftigt waren[382]. Dieses Anliegen verstieß nach Ansicht des EKO gegen das Gesetz der Arbeit und wurde von der Abteilung Arbeit in Fürstenberg abgelehnt, die in ihrem Vorgehen nachträglich vom Arbeitsministerium bestärkt wurde[383]. Die Bau-Union konnte in der Folgezeit ihren Arbeitskräftebedarf nicht angemessen befriedigen und wandte sich zunächst an die Zentrale Arbeitskräftelenkungsstelle. Vom Berliner Arbeitsministerium war jedoch keine Unterstützung zu erwarten: Der dortige Leiter der Abteilung Arbeitskraftlenkung teilte auf Anfrage mit, daß „wir nicht in der Lage sind, aufgrund des großen Bedarfs von Arbeitskräften für Sonderbauvorhaben, Ihnen die 450 Maurer und 700 Hilfskräfte auch nur annähernd zur Verfügung zu stellen"[384].

Die SED-Führung verlor die Entwicklung im Eisenhüttenkombinat Ost nicht aus den Augen, sondern ließ sich in unregelmäßigen Abständen darüber berichten. Dabei regte beispielsweise das Sekretariat des ZK Gespräche bei den zuständigen Ministerien an, um „Maßnahmen zur Überwindung der bestehenden Fehler und Mängel in der Arbeit festzulegen"[385]. Darüber hinaus schaltete sich die SKK Ende 1952 verstärkt in die Planungsarbeit der deutschen Verwaltungen ein: Dazu wurden dem Ministerium für Hüttenwesen und Erzbergbau Vorschläge zur Verbesserung der Kaderpolitik aber auch der Investitionspolitik in der Eisenindustrie unterbreitet[386]. Die sowjetische Seite regte in dem Zusammenhang an, unmittelbar nach Verabschiedung des Volkswirtschaftsplanes dem Ministerrat eine Beschlußvorlage zur Absicherung der Investitionen für das Jahr 1953 zuzuleiten[387]. Mit

[380] BAB, DQ 2/2153, Zentrale Arbeitskräfte-Lenkung (EKO) am 14. 7. 1952 an das Ministerium für Arbeit.
[381] Ebenda, Abt. Arbeitskraftlenkung am 23. 7. 1952 an die 5 Landesregierungen (HA Arbeit).
[382] Ebenda, EKO am 13. 8. 1952 an das Ministerium für Arbeit.
[383] Ebenda, Leiter der Abt. Arbeitskraftlenkung (Arndt) am 9. 9. 1952 an die Zentrale Arbeitskräftelenkungsstelle Fürstenberg.
[384] Ebenda, Leiter der Abt. Arbeitskraftlenkung am 2. 9. 1952 an die Zentrale Arbeitskräftelenkungsstelle Fürstenberg.
[385] Vgl. SAPMO, DY 30/J IV 2/3/332, Bl. 6, Protokoll der Sitzung des Sekretariats des ZK am 16. 10. 1952.
[386] Vgl. SAPMO, NY 4182/988, Bl. 203–223, Vorschlag der SKK: Maßnahmen zur Entwicklung der Eisenindustrie im Jahre 1953. Minister Selbmann ließ das Dokument in seinem Ministerium übersetzen.
[387] Als Beschlußvorlage sollte der SKK-Entwurf dienen. Vgl. SAPMO, NY 4182/988, Bl. 201 f., Minister Selbmann am 18. 12. 1952 an Generalsekretär Ulbricht.

dem Maßnahmenkatalog zog die sowjetische Besatzungsmacht die Konsequenz aus der Tatsache, daß sich der Aufbau des EKO erheblich verzögert hatte und daß sich vor allem Mängel in der Planungsarbeit herausgestellt hatten. Das Hüttenkombinat an der Oder war zwar der zentrale Baustein des wirtschaftspolitischen Aufbauplanes und stand deshalb im Zentrum des ersten Fünfjahrplanes. Darüber hinaus bestanden allerdings noch weitere Standorte der Eisen- und Stahlindustrie (Eisenwerke West in Calbe, Maxhütte sowie die Werke in Brandenburg, Riesa und Hennigsdorf), die nunmehr auch bevorzugt mit Investitionsgütern beliefert werden sollten, ohne daß das EKO jedoch an Bedeutung verlor. Im einzelnen sollten die Hüttenwerke zusätzliche Öfen und Walzstraßen erhalten[388], um dann ihre Produktion langfristig steigern zu können. Außerdem sollte die Rohstoffversorgung abgesichert werden[389], da davon auszugehen war, daß der Bedarf an Rohstoffen (Stein- und Braunkohle, Erze) infolge des geplanten Ausbaus der Produktionsanlagen zwangsläufig steigen würde[390]. Insgesamt fällt allerdings auf, daß der Maßnahmenkatalog zur Verbesserung der Eisen- und Stahlproduktion unter anderem Vorschläge zur raschen Rekrutierung des sogenannten ingenieurtechnischen Personals enthielt, jedoch keine Angaben zur beruflichen Aus- und Weiterbildung der Facharbeiter machte. Obwohl der Ausbau der Produktionsanlagen einen wachsenden Bedarf an Arbeitskräften erwarten ließ, war dieser Zusammenhang für die SKK offenbar nur von untergeordneter Bedeutung. So wurden auch Themenkomplexe nicht angesprochen, die – wie etwa der Wohnungsbau – unmittelbar mit der Steigerung der Beschäftigtenzahlen in den Stahl- und Eisenwerken verknüpft waren. Die deutsche Reaktion auf die Vorschläge der SKK war positiv, wie das Schreiben Selbmanns zeigt, der sich der sowjetischen Analyse fast vorbe-

[388] Ebenda, Bl. 204 f. Zur Fertigstellung der einzelnen Investitionsmaßnahmen legte die SKK sogar Endtermine vor, die zum Teil knapp kalkuliert waren. Vgl. ebenda, Bl. 209 f.
[389] Ebenda, Bl. 205 f.
[390] Die unzureichende Brennstoffversorgung gefährdete im 1. Halbjahr 1953 zunehmend die Produktion in der Eisen- und Stahlindustrie nicht nur in der DDR, sondern auch in anderen osteuropäischen Staaten. Das konnte mitunter zur vorübergehenden Stillegung einzelner Produktionsanlagen führen. Vgl. SAPMO, DY 30/J IV 2/3/359, Bl. 6, Protokoll der Sitzung des Sekretariats des ZK am 2. 2. 1953. Selbmann wies gegenüber Grotewohl Anfang 1953 auf die „dringende Versorgungsschwierigkeit für die metallurgische Industrie" hin. Seiner Ansicht nach bestand sogar die „akute Gefahr, daß einige Hüttenaggregate, die auf diesen Koks [Hüttenkoks] angewiesen sind, zum Erliegen kommen." Ähnlich wie im Sommer 1951 drohte nunmehr die Stillegung einzelner Hochöfen. Vgl. SAPMO, NY 4090/350, Bl. 13 f., Minister Selbmann am 5. 1. 1953 an den SED-Vorsitzenden Grotewohl. In der Folgezeit bemühte sich Grotewohl darum, Polen und vor allem die ČSR zur Einhaltung ihrer vertraglich vereinbarten Lieferungen von Steinkohle und Hüttenkoks anzuhalten. Vgl. SAPMO, NY 4090/350, Bl. 37 f. und Bl. 62–64, Grotewohl am 19.1. und 25. 2. 1953 an den Ministerpräsidenten der VR Polen Boleslaw Bierut. Beim zweiten Schreiben ging es auch um die Lieferung von Kali und Düngemitteln. Die Fördermenge an Stein- und Braunkohle war zu diesem Zeitpunkt offenbar bei zahlreichen RGW-Staaten erheblich gesunken, so daß auch das fest vereinbarte Lieferungssystem aus den Fugen geraten mußte: So erhielt etwa die Tschechoslowakei keine Erhöhung des langfristigen Kontingentes an Steinkohle durch die VR Polen und mußte deshalb die Lieferung in die DDR erheblich einschränken, um wenigstens den Eigenbedarf einigermaßen abdecken zu können. Gleichzeitig wurde die DDR-Regierung gebeten, das gesamte jährliche Braunkohlenkontingent bereits im Januar/Februar zu liefern. Vgl. SAPMO, NY 4090/ 350, Bl. 70 f., Schreiben von Ministerpräsident Antonín Zápotocký vom 24. 1. 1953 an Ministerpräsident Grotewohl. Nachdem sich die Versorgung mit Hüttenkoks nicht wesentlich verbessert hatte, wandte sich Grotewohl Mitte Mai erneut an den Ministerpräsidenten der ČSR und wies auf die Lieferrückstände hin. Vgl. SAPMO, NY 4090/350, Bl. 83 f., Ministerpräsident Grotewohl am 18. 5. 1953 an Ministerpräsidenten Viliam Široký.

haltlos anschloß und nur Änderungen bei den vorgegebenen Terminen anbringen wollte. Das Politbüro bestätigte den vorgeschlagenen Maßnahmenkatalog „für den weiteren Aus- und Aufbau der metallurgischen Industrie", der anschließend an die DDR-Regierung zur Beschlußfassung weitergeleitet wurde[391]. Die enge Anbindung an die sowjetische Besatzungsmacht schlug sich im übrigen auch bei der Namensgebung nieder: Die Wohnstadt erhielt den offiziellen Namen „Stalinstadt", und das Eisenhüttenkombinat Ost wurde in „Eisenhüttenkombinat J.W. Stalin" umbenannt[392].

---

[391] SAPMO, DY 30/J IV 2/2/256, Bl. 2f. und 24–29, Protokoll der Sitzung des Politbüros am 6. 1. 1953. Anfang April nahm das Politbüro einen ausführlichen Bericht Selbmanns „über die Lage in den Betrieben der Roheisen- und Stahlindustrie zustimmend zur Kenntnis", der die bereits bekannten Kritikpunkte nochmals zusammenfaßte. Vgl. SAPMO, DY 30/J IV 2/2/274, Bl. 2 und 6–34, Protokoll der Sitzung des Politbüros am 8. 4. 1953.
[392] SAPMO, DY 30/J IV 2/2/264, Bl. 5, Protokoll der Sitzung des Politbüros am 24. 2. 1953; SAPMO, DY 30/J IV 2/3/375, Bl. 14, Protokoll der Sitzung des Sekretariats des ZK am 13. 4. 1953.

4. Die Instrumente der Arbeitskräftelenkung

Entsprechend den Vorstellungen von SED-Führung, Arbeitsverwaltung und Staatlicher Plankommission sollte die Arbeitskräftelenkung Bestandteil der allgemeinen Wirtschaftsplanung werden. Innerhalb des 1. Fünfjahrplanes sowie der Volkswirtschaftspläne erschien die Steuerung des Produktionsfaktors ‚Arbeit' als eigenständiger Bereich. Dahinter stand das Ziel einer langfristigen Planung, die als Teil eines Gesamtkonzeptes zu verstehen war. Gesonderte sozial- bzw. arbeitsmarktpolitisch relevante Maßnahmen erschienen somit nicht mehr erforderlich zu sein. Dabei übersahen jedoch die Wirtschaftsplaner, daß zum einen der Übergang zur Planwirtschaft eine gewisse Übergangsphase in Anspruch nahm. Zum anderen hatte sich gezeigt, daß sich der „Arbeitsmarkt" nicht in dem gewünschten Maße planen ließ, da die Binnenwanderung und vor allem die Westwanderung das zur Verfügung stehende Arbeitskräftepotential stets veränderten. Zum dritten war die relative Eigenständigkeit der Betriebe nicht ausreichend berücksichtigt worden, die zwar im Rahmen der vorgegebenen Pläne kalkulieren und produzieren mußten, dennoch über einen nicht unerheblichen Gestaltungsspielraum verfügten. Dieser Interessengegensatz machte sich etwa bei der Hortung von Arbeitskräften bemerkbar, welche die DDR-Regierung zu keinem Zeitpunkt vollständig unterbinden konnte. Deshalb waren die Planungsbehörden nach wie vor gezwungen, Instrumente zur Arbeitskräftelenkung einzusetzen, die bereits vor 1949 entwickelt bzw. ausgebaut worden waren. Diese Instrumente waren zwar mittlerweile in die Wirtschaftspläne integriert worden, mußten jedoch häufig den neuen ökonomischen Gegebenheiten angepaßt werden. Im folgenden Abschnitt wird daher ausführlicher auf die Lohnpolitik und auf die Förderung des beruflichen „Nachwuchses" einzugehen sein. Beides kann wiederum an dieser Stelle nicht vollständig und systematisch erörtert werden. Im Mittelpunkt des Interesses steht vielmehr die Frage, inwieweit die Arbeitsverwaltung mit Hilfe dieser Instrumente den Versuch unternommen hat, Arbeitskräfte zusätzlich zu gewinnen bzw. in bestimmte Wirtschaftsbereiche zu lenken.

Lohnpolitik

Bereits vor der DDR-Gründung hatte der Bergbau oberste Priorität bei den Überlegungen auf seiten der DVAS/HVAS und der wirtschaftlichen Zentralverwaltungen genossen, die Löhne und Gehälter in enger Absprache mit der sowjetischen Besatzungsmacht zu erhöhen[1]. Der SMAD-Befehl Nr. 234 vom Oktober 1947 bestätigte letztlich diese Ausrichtung und prägte damit die künftige lohnpolitische Entwicklung maßgeblich. Während die Arbeitsverwaltung einige Erfolge dabei verzeichnen konnte, Arbeiter mit Hilfe gestiegener Löhne anzuwerben, gelang es doch auf der anderen Seite nicht, die Fluktuation einzuschränken. Die Differenzierung der Löhne und Gehälter konnte Anreize zum Arbeitsplatzwechsel bieten; der quantitative Umfang dieser bewußt herbeigeführten Arbeitskräftewanderung zur Wismut AG oder zum Stein- und Braunkohlenbergbau ließ sich

---

[1] Vgl. dazu Kapitel I.5.

jedoch nicht genau steuern. Darüber hinaus mußte für die Betriebe, die über einen überdurchschnittlich hohen Abgang von Arbeitern zu klagen hatten, personeller Ersatz bereitgestellt werden. Die Arbeitsverwaltung mußte somit feststellen, daß das lohnpolitische Instrument mit zahlreichen negativen Folgewirkungen verbunden sein konnte.

Da das Finanzministerium darauf achtete, daß die vorgenommenen Lohnerhöhungen die im Volkswirtschaftsplan fixierte Lohnsumme nicht überstiegen, waren Konflikte innerhalb der DDR-Regierung absehbar. So hatte der Zentralvorstand der IG Bergbau dem Finanzministerium im März 1950 eine Reihe von Vorschlägen unterbreitet, die eine Steigerung des Lohn- und Gehaltsaufkommens im Steinkohlenbergbau um 7,6 und im Braunkohlenbergbau um 10,8 Prozent vorsahen. Nach Beratungen mit dem FDGB-Bundesvorstand wurde zwar die Gesamtsteigerung von 10 auf 6,8 Prozent gesenkt. Finanzminister Loch lehnte jedoch den überarbeiteten Vorschlag mit der Begründung ab: Die im Wirtschaftsplan vorgesehene Erhöhung der Lohnsumme resultiere „ausschließlich aus der Steigerung der Arbeitsproduktivität und der Einführung des Leistungslohnes in der volkseigenen Wirtschaft"[2]. Eine Erhöhung der Löhne und Gehälter in der Kohlenindustrie sei daher „frühestens" 1951 möglich, da ansonsten das Lohngefüge der nachgeordneten Industriezweige beeinflußt und dadurch der Wirtschafts- und Finanzplan verändert würden. Der FDGB-Bundesvorstand unterstützte dagegen die IG Bergbau und betonte, daß die Bergarbeiter nicht „an der Spitze der Entlohnung aller Industriezweige" stehen, sondern „erst an 7. Stelle rangieren" würden[3]. Das Politbüro nahm sich daraufhin der umstrittenen Frage an und verabschiedete am 16. Juli 1950 einen Verordnungsentwurf zur „Verbesserung der Entlohnung der Arbeiter und Angestellten in den volkseigenen und gleichgestellten Betrieben"[4]. Dabei legte das SED-Führungsgremium eine Rangfolge im Lohngefüge fest, welche der volkswirtschaftlichen Bedeutung der einzelnen Wirtschaftszweige Rechnung tragen sollte: An der Spitze rangierten die Beschäftigten des Steinkohlen- und Erzbergbaus, gefolgt vom Braunkohlenbergbau; an dritter Position befanden sich die Arbeiter in der metallerzeugenden Industrie[5]. Auf derselben Sitzung stimmte das Politbüro einem Verordnungsentwurf zur „Verbesserung der Lage der Bergarbeiter" grundsätzlich zu, der die enge Verbindung von Lohnpolitik und Arbeitskräftelenkung deutlich machte[6]. Die nochmals überarbeiteten Entwürfe bestätigte das Politbüro auf seiner Sitzung am 8. August[7], obwohl sich der Minister für Planung Heinrich Rau kurz zuvor auf die

[2] SAPMO, NY 4090/566, Bl. 1, Finanzminister Loch am 30. 3. 1950 an Ministerpräsident Grotewohl.

[3] Ebenda, Bl. 4f., FDGB-Bundesvorstand (Abt. Löhne und Arbeit) am 10. 5. 1950 an das Sekretariat des Ministerpräsidenten (Tzschorn).

[4] SAPMO, DY 30/IV 2/2/98, Bl. 49 f. und 63–70.

[5] Ebenda, Bl. 64. Es folgten Schwerer Maschinenbau, Eisenbahn, übrige Metallindustrie, Energie, Chemie, Maschinen-Ausleih-Stationen (MAS), Bauindustrie, Post- und Transportwesen sowie an letzter Stelle „alle anderen Industrie- und Wirtschaftszweige".

[6] Ebenda, Bl. 71–77.

[7] SAPMO, DY 30/IV 2/2/103, Bl. 82–84 und 91–104. Die „Verordnung zur Verbesserung der Lage der Bergarbeiter" trat am 10. 8. 1950, die „Verordnung über die Verbesserung der Entlohnung der Arbeiter und Angestellten" am 1. 9. 1950 in Kraft: Gesetzblatt der DDR 1950, S. 832–834, 839–843.

Seite des Finanzministers geschlagen hatte[8]. Die für die Umsetzung der „Verordnung zur Verbesserung der Lage der Bergarbeiter" erforderliche Durchführungsbestimmung konnte allerdings aufgrund der Hinhaltetaktik des Finanzministeriums monatelang nicht fertiggestellt werden[9].

Die schleppende Anhebung der Bergarbeiterlöhne hatte zur Folge, daß zahlreiche Facharbeiter in andere Industriebetriebe abwanderten, in denen ein besserer Tariflohn festgelegt worden war[10]. Der SED-Führung war offenbar klar geworden, daß Löhne und Gehälter nicht nur zwischen den einzelnen Wirtschaftszweigen, sondern auch innerhalb eines Wirtschaftszweiges entsprechend der jeweiligen Tätigkeit differenziert werden mußten. Den unterschiedlichen Tätigkeiten in der Wirtschaft sollte somit Rechnung getragen werden. Nach Ansicht Grotewohls war es erforderlich, „die vielfach bestehende Gleichmacherei in der Bezahlung der qualifizierten und unqualifizierten, der leichten und schweren Arbeit zu beseitigen"[11]. Die Arbeiter konnten mitunter die Verbesserung der Löhne bzw. die Höhereinstufung im Lohngefüge unter der Androhung erreichen, andernfalls den Betrieb zu verlassen[12].

Aus Sicht der Arbeitsverwaltung und der SED-Führung stand die Steigerung des Anteils der Leistungslohnempfänger im Mittelpunkt der künftigen Lohnpolitik, da sie unmittelbar mit der Produktivitätssteigerung in den Betrieben in Verbindung gebracht wurde. Dieses Ziel war nach wie vor von herausragender Bedeutung für die Lohnpolitik der Wirtschaftsplaner und überlagerte oftmals das Ziel einer bedarfsgerechten Steuerung des Arbeitskräftepotentials. Bereits vor 1949 hatte bekanntlich diese Entwicklung eingesetzt und sollte nunmehr kräftig vorangetrieben werden. Die Landesverwaltungen erhielten den Auftrag, zunächst eine eingehende und systematische Analyse für die einzelnen Wirtschaftsbereiche in ihrem territorialen Zuständigkeitsgebiet vorzubereiten. Dabei zeigte sich, daß die gesteckten Ziele nicht erreicht worden waren. So konnte in Thüringen der Anteil der Leistungslohnempfänger an der Gesamtgruppe der Lohnempfänger innerhalb des ersten Halbjahres 1950 um insgesamt 7,8 auf 51,3 Prozent angehoben werden[13]. Dagegen lag die Steigerungsrate bei den Leistungslohnstunden – im Verhältnis zur Gesamtstundenzahl – mit 6,3 Prozent deutlich niedriger. Das Planziel, den Anteil der Leistungslohnstunden zum Ende des dritten Quartals von 44,5 auf 63 Prozent zu erhöhen, schien angesichts der Ausgangslage und des

---

[8] SAPMO, NY 4090/566, Bl. 7, Minister Rau am 27. 7. 1950 an Ministerpräsident Grotewohl.
[9] Ebenda, Bl. 14 f., Minister für Schwerindustrie Selbmann am 28. 2. 1951 an Ministerpräsident Grotewohl. Die 3. Durchführungsbestimmung, welche die „zusätzliche Belohnung für ununterbrochene Tätigkeit im Bergbau" regelte, wurde am 16. 3. 1951 im Gesetzblatt veröffentlicht. Vgl. Gesetzblatt der DDR 1951. S. 179 f.
[10] SAPMO, NY 4182/1165, Bl. 37, SED-Hausmitteilung von Hermann Axen vom 18. 8. 1950 an Walter Ulbricht und Willi Stoph.
[11] SAPMO, NY 4090/566, Bl. 91 f., Ministerpräsident Grotewohl am 21. 8. 1952 an den Minister für Hüttenwesen und Erzbergbau Selbmann.
[12] Das erwähnte die ZKSK in einem Bericht vom 16. 12. 1952 über die Kupferhütte in Hettstedt, der an Walter Ulbricht adressiert war. Dort wollte ein großer Teil der Facharbeiter im Oktober 1952 das Werk verlassen. Erst nach einer rückwirkenden Einstufung der Arbeiter in eine höhere Lohngruppe sei dies verhindert worden. SAPMO, NY 4182/1093, Bl. 94–119, hier Bl. 105 f.
[13] ThHStA, Land Thüringen, Büro des Ministerpräsidenten, Bd. 1692–1699, Bl. 284–300, hier Bl. 289, Bericht des Ministeriums für Arbeit und Sozialwesen Thüringen vom 15. 9. 1950 für den Ministerpräsidenten.

begrenzten Zeitraumes illusorisch zu sein. Besonders aufschlußreich waren die Ergebnisse bei den einzelnen Vereinigungen Volkseigener Betriebe (VVB), die mitunter stark differierten: Während die VVB Bau und Holz bei den Leistungslohnempfängern zweistellige Wachstumsraten melden konnten (13,8 bzw. 11,2 Prozent), stagnierten andere Bereiche fast völlig, wie etwa die VVB Mineral-Erz (1 Prozent) oder die VVB Papier-Chemie (0,1 Prozent)[14]. Für die VVB Nahrung-Genuß wurde als einzige sogar eine negative Rate ausgewiesen (–16,8 Prozent).

Während die „Verordnung über die Verbesserung der Entlohnung der Arbeiter und Angestellten" in Thüringen zu einer allmählichen Lohnerhöhung und damit zu einer von der Arbeitsverwaltung aufmerksam registrierten Beruhigung der Stimmungslage in den volkseigenen und ihnen gleichgestellten Betrieben geführt hatte[15], galt dies nicht für die Privatindustrie. Die dortigen Beschäftigten sahen sich zwangsläufig benachteiligt und forderten eine Angleichung des Lohnniveaus; in dieser Forderung wurden sie im übrigen von den Privatunternehmern unterstützt[16]. Bei der Durchführung der „Verordnung zur Verbesserung der Lage der Bergarbeiter" mußte das thüringische Ministerium für Arbeit und Sozialwesen feststellen, daß die Entlohnung für Lehrlinge bisher nur im Schieferbergbau geändert worden war[17]. Da diese Maßnahme in engem Zusammenhang mit der Sicherung des beruflichen Nachwuchses im Bergbau gesehen wurde, drängte das Landesministerium nicht zu Unrecht auf eine rasche Umsetzung der Verordnung.

Während der FDGB in der Folgezeit stärker in die Diskussion über die Gestaltung der Löhne und Gehälter eingeschaltet wurde[18], wandte sich das Politbüro der SED der Ausarbeitung von sogenannten Betriebskollektivverträgen für das Jahr 1952 zu[19]. Als Zwischenergebnis kann festgehalten werden: Ein lohnpolitisches Gesamtkonzept ist zu diesem Zeitpunkt nicht erkennbar. Es handelte sich vielmehr um ein Sammelsurium von Einzelmaßnahmen, die vorrangig ein Ziel verfolgten: die bereits erwähnte Steigerung der Arbeitsproduktivität in den Betrieben. Somit entfiel das eingangs formulierte Ziel der Arbeitskräftelenkung weitgehend. Das schloß natürlich nicht aus, daß die vorgenommenen Lohnerhöhungen in der Grundstoff- und Schwerindustrie eine gewisse Magnetwirkung für Arbeitsuchende entfalteten.

Zu der Fertigstellung der Rahmenkollektivverträge, die zwischen den Fachministerien und den Zentralvorständen der entsprechenden Industriegewerkschaften abgeschlossen wurden und die Grundlage für den Abschluß der Betriebskollektivverträge bildeten, wurden die Landesverwaltungen nicht hinzugezogen[20]. Die Rahmenkollektivverträge wurden wiederum durch das Politbüro im wesentlichen vorgegeben. Neben dieser Zentralisierung, verbunden mit einer schon zu-

[14] Ebenda.
[15] Ebenda, Bl. 293–296.
[16] Ebenda, Bl. 296.
[17] Ebenda, Bl. 297f.
[18] Dabei informierte sich der FDGB unter anderem über die Lohnpolitik in der UdSSR. Vgl. SAPMO, DY 34, 17/194/5667, Notiz der Abt. Lohn vom 12. 2. 1951 über eine Besprechung mit Magilenkow.
[19] SAPMO, DY 30/IV 2/2/187, Bl. 2, Protokoll der Sitzung des Politbüros am 15. 1. 1952.
[20] Dies beklagten einige Ländervertreter auf der Arbeitstagung des Ministeriums für Arbeit am 20. 2. 1951. BAB, DQ 2/1761, Niederschrift vom 1. 3. 1951, S. 9.

vor begonnenen Ausschaltung der Tarifparteien, ist noch auf ein weiteres Kennzeichen der damaligen Lohnpolitik aufmerksam zu machen: die wachsende Benachteiligung der Beschäftigten in der Privatwirtschaft. Damit nahmen die Wirtschaftsplaner eine Abwanderung von Arbeitskräften zu den volkseigenen Betrieben bewußt in Kauf. Die zuvor registrierte Mißstimmung unter den Arbeitern des verbliebenen privaten Wirtschaftssektors hatte nicht zu einer Angleichung des Lohnniveaus geführt, sondern zu einer Zementierung der Ungleichbehandlung. Für die Privatunternehmer setzte sich diese Entwicklung im übrigen auch in anderen Bereichen fort, etwa bei der Steuerpolitik.

Tabelle 16:[21] *Arbeiter in den einzelnen Lohngruppen im Bereich der Hauptverwaltung Kohle*
A. Steinkohle

Lohngruppe	II. Quartal 1950	31. 8. 1950	30. 9. 1950	IV. Quartal 1950	Februar 1952
1	629	932	388	292	12
2	1 079	1 099	789	673	222
3	2 892	3 074	2 865	2 490	2 142
4	5 942	6 168	5 937	5 882	6 977
5	7 351	7 360	5 846	5 951	7 849
6	–	– 22	1 121	1 142	1 700
7	–	–	688	669	818
8	–	–	342	449	405
Insgesamt	17 893	18 633	17 976	17 548	20 125

Quelle: SAPMO, DY 34, 17/194/5667, Statistik (o.D., o.Verf.).

Tabelle 17: Arbeiter in den einzelnen Lohngruppen im Bereich der Hauptverwaltung Kohle
B. Braunkohle

Lohngruppe	II. Quartal 1950	31. 8. 1950	30. 9. 1950	IV. Quartal 1950	Februar 1952
1	2 054	1 982	1 679	1 274	1 095
2	10 439	4 650	4 723	5 116	3 254
3	18 891	16 016	15 913	15 519	15 404
4	19 061	21 908	21 804	20 325	21 601
5	14 803	21 777	18 918	17 574	18 021
6	–	–	2 818	3 900	2 953
7	–	–	1 333	2 468	1 110
8	–	–	559	890	888
Insgesamt	65 248	66 333	67 747	67 066	64 326

Quelle: SAPMO, DY 34, 17/194/5667, Statistik (o.D., o.Verf.).

[21] Die Diskrepanz bei den Zahlenangaben zur Tabelle 13 ergibt sich daher, daß in den Tabellen 16 und 17 nur die Arbeiter erfaßt wurden, die der HV Kohle direkt unterstanden. Darüber hinaus fehlen hier noch die Angaben zu den Angestellten in der Stein- und Braunkohlenindustrie.

[22] Vor der Lohnerhöhung im August 1950 gab es im Bergbau nur 5, bei den Betrieben des Bergbaumaschinenbaus dagegen 8 Lohngruppen. Im Zuge der Lohnerhöhung wurde die Anzahl der Lohngruppen für den gesamten Bergbau auf 8 erhöht. SAPMO, DY 34, 17/194/5667, FDGB-Bundesvorstand (Büro Lehmann) am 17. 4. 1952 an SKK (Popow).

Die Auswirkungen der beiden Verordnungen von 1950 lassen sich an der Veränderung der Anzahl der Arbeiter in den einzelnen Lohngruppen im Stein- und Braunkohlenbergbau veranschaulichen. Insgesamt ist eine stetige Höherstufung der Beschäftigten nicht zu übersehen.

Ein gesondertes Problem stellten auch in diesem Bereich wieder einmal die SAG-Betriebe dar. Die deutsche Arbeitsverwaltung konnte kaum Einfluß nehmen auf die Festsetzung der Löhne und Gehälter; dies war eine Angelegenheit der sowjetischen Betriebsleitungen, die sich bei Vorstößen von seiten der DDR-Fachministerien weitgehend unbeeindruckt zeigten. Die betroffenen Arbeiter wandten sich oftmals an den FDGB, einzelne Industriegewerkschaften oder das zuständige Arbeitsamt, um sich beispielsweise über ausbleibende Lohnzahlungen zu beklagen. Darüber hinaus wurde außerdem die Einhaltung von arbeitsrechtlichen Bestimmungen eingefordert: so z.B. Urlaubsregelungen, Kündigungsfristen und den Lohnausgleich im Krankheitsfalle[23]. Da jedoch das geltende DDR-Arbeitsrecht bei den SAG-Betrieben nicht automatisch Anwendung fand, besaß die Arbeitsverwaltung auch keine Handhabe, um gegen vermeintliche Verletzungen von arbeitsrechtlichen Bestimmungen vorgehen zu können. In der Regel legte die sowjetische Seite die Arbeitsbedingungen für die ihr unterstehenden Betriebe eigenmächtig fest. Versuche, mit der Leitung der SAG-Betriebe eine Übereinkunft zu finden, um solche Streitfälle und Klagen einzelner Arbeiter so weit wie möglich auszuschließen, scheiterten in der Regel immer wieder. Das grundsätzliche Problem schien sich erst in der ersten Hälfte der fünfziger Jahre etwas aufzulösen, als mit der Rückgabe der SAG-Betriebe an die DDR begonnen wurde.

Das Politbüro des ZK der SED befaßte sich am 29. April 1952 intensiv mit lohnpolitischen Fragen und faßte einige Absichtserklärungen. So wurde unter anderem einem Verordnungsentwurf „über den Neuabschluß der Kollektivverträge in den volkseigenen und ihnen gleichgestellten Betrieben" zugestimmt[24]. Das Führungsgremium der Hegemonialpartei forderte in dem Zusammenhang die Industriegewerkschaften sowie die Fachministerien auf, mit der Ausarbeitung der Rahmenkollektivverträge für den jeweiligen Industriezweig zu beginnen[25]. Bezeichnenderweise stimmte das Politbüro auf derselben Sitzung dem Entwurf eines Muster-Rahmenkollektivvertrages zu, der letztlich die weitere inhaltliche Ausgestaltung weitgehend festlegte[26]. Des weiteren war vorgesehen, für die Privatindustrie sogenannte Mustertarife fertigzustellen. Diese Aufgabe wurde einer Kommission übertragen, der jeweils ein Vertreter der ZK-Abteilungen Leitende Organe, Planung und Finanzen sowie ein Vertreter des Sekretariats des FDGB-Bundesvorstandes angehören sollten. Damit hatte die SED-Führung zwar prinzipielle Entscheidungen getroffen; ungeklärt blieb dagegen die zentrale Frage über die anzusetzende Lohnsumme und deren Verteilung auf die einzelnen Wirt-

---

[23] Vgl. SAPMO, DY 34, 17/194/5667, IG Metall (Ortsvorstand Grimma) am 28. 8. 1951 an den FDGB-Bundesvorstand (Warnke).
[24] SAPMO, DY 30/IV 2/2/209, Bl. 10f. und 21–23.
[25] Im Verlauf des Jahres 1952 sollten sogenannte Lohngruppenkataloge für den Bergbau, die Metallurgie, Schwerpunktbetriebe des Schwermaschinenbaus und Werften sowie für die Grundstoffindustrie ausgearbeitet werden. Vgl. ebenda, Bl. 40.
[26] Ebenda, Bl. 11. Das Protokoll enthält diesen Entwurf allerdings nicht im Anlagenapparat.

schaftsbranchen. Daraus erklären sich dann auch die Meinungsverschiedenheiten, die sich in der Folgezeit zwischen dem Arbeitsministerium und dem FDGB-Bundesvorstand entwickelten. Minister Chwalek legte die Beschlüsse des Politbüros dahingehend aus, daß die Einführung von Lohngruppen für die einzelnen Wirtschaftszweige „eine Lohnerhöhung für alle bringen würde"[27]. Dem widersprachen die Vertreter des FDGB, die darauf hinwiesen, daß im Mittelpunkt der angestoßenen lohnpolitischen Maßnahmen eine „bessere Differenzierung zwischen den einzelnen Lohngruppen" stünde, bei der die gehobenen Facharbeiterlöhne spürbar anzuheben seien. Diesem Leitgedanken stimmte die SKK im übrigen grundsätzlich zu[28].

Der FDGB drängte darauf, in der Privatindustrie ebenfalls Lohnerhöhungen durchzuführen, die sich an die Entwicklung in der volkseigenen Industrie anpassen sollten. Diese Forderung bezog sich jedoch ausdrücklich nur auf ausgewählte Bereiche dieses Wirtschaftssektors und nicht auf die Gesamtheit der privaten Betriebe[29]. Dem Gewerkschaftsbund lagen offensichtlich Anträge einiger Betriebe des privaten Maschinenbaus vor, in denen die Forderung nach Lohnerhöhung damit begründet wurde, daß andernfalls Facharbeiter abwandern würden und somit die Zulieferung für die volkseigene Wirtschaft gefährdet werden könnte[30]. Nicht nur die unterschiedliche Entlohnung in den einzelnen Betriebsformen (VEB, Privatunternehmen), sondern auch die Differenzierung des Lohnniveaus zugunsten der Ingenieure und Facharbeiter riefen den Unmut unter den ungelernten Arbeitern und damit in den unteren Lohngruppen hervor. Der FDGB registrierte aufmerksam: „Die große Ablehnung besteht naturgemäß bei den weniger qualifizierten Arbeitern in den Gruppen 1 bis 4, für die auch im Mai 1953 keine Erhöhung vorgesehen ist. Es wird so argumentiert, daß die Differenzierung zu hoch ist, insbesondere bei den Ingenieuren und Wissenschaftlern und daß dadurch eine neue kapitalistische Schicht gezüchtigt [sic] würde."[31] Forderungen einzelner Belegschaften, die zu diesem Zeitpunkt vom Gewerkschaftsbund allerdings nicht systematisch erfaßt wurden, reichten von einer gleichmäßigen Erhöhung der Löhne und Gehälter bzw. einer Abschaffung des vierstufigen Ortsklassensystems bis hin zu einer allgemeinen Preissenkung. Anfang September erhielt das Sekretariat des ZK der SED den Auftrag, dem Politbüro – in Zusammenarbeit mit dem FDGB – zunächst eine Vorlage über die Erhöhung der Löhne in den Privatbetrieben zu unterbreiten[32]. Einem entsprechenden Entwurf stimmte das SED-Führungsgremium vier Wochen später zu und beauftragte Finanzminister Rumpf damit, „einen konkreten Vorschlag einzureichen, wie durch differenzierte Maßnahmen für Klein – Mittel – [sic] und größere Betriebe der privaten Wirtschaft die Aufwendungen für die Lohnerhöhungen durch steuerliche Maßnahmen ausgegli-

---

[27] SAPMO, DY 34, 17/194/5667, Aktennotiz über Besprechung am 16. 5. 1952 bei der Planökonomischen Abt. der SKK, S. 1.
[28] Ebenda, S. 2.
[29] SAPMO, DY 34, 17/194/5667, Aktennotiz über Besprechung am 16. 5. 1952 bei der Planökonomischen Abt. der SKK, S. 3.
[30] SAPMO, DY 34, 17/194/5667, Bericht des Büros Lehmann vom 12. 8. 1952, S. 4.
[31] Ebenda, S. 3.
[32] SAPMO, DY 30/IV 2/2/229, Bl. 9, Protokoll der Sitzung des Politbüros vom 2. 9. 1952.

chen werden können"[33]. Die Zusatzausgaben in Form von Lohnerhöhungen soll-ten somit durch Zusatzeinnahmen in Form von Steuererhöhungen finanziert werden. Damit bestätigte sich, daß die SED die Steuerpolitik dazu einsetzte, um den privaten Wirtschaftssektor langfristig zurückzudrängen. Das Politbüro gab im übrigen keine ausführlichen Einzelbestimmungen zur Lohnerhöhung in der Privatindustrie heraus, sondern legte vielmehr einzelne Eckpunkte fest, an denen sich die Tarifverträge künftig zu orientieren hatten. Dazu zählte vor allem, daß nur die unteren Lohngruppen in den Genuß der Verbesserung der Löhne und Gehälter kommen durften; nur diese sollten den entsprechenden Lohngruppen in der volkseigenen Wirtschaft gleichgestellt werden[34]. Um die Produktion von Zu-liefererbetrieben für die volkseigene Wirtschaft längerfristig abzusichern, sprach sich das Politbüro dafür aus, tarifliche Sonderregelungen zuzulassen. Damit wur-den zwei Ziele miteinander verknüpft, die nicht nur keineswegs deckungsgleich, sondern sogar gegenläufig waren: Zum einen ging es um die Verkleinerung des privaten Wirtschaftssektors, zum anderen um die Aufrechterhaltung der betrieb-lichen Produktion in denjenigen Privatbetrieben, die als Zulieferer für „volks-wirtschaftliche Schwerpunkte" eingestuft wurden. Durch die Begrenzung der Lohnerhöhung in der privaten Wirtschaft auf die unteren Lohngruppen wurde die Abwanderung von Facharbeitern zu volkseigenen Betrieben, die höhere Löhne anbieten konnten, billigend in Kauf genommen.

Ende Juni 1952 erhöhte die DDR-Regierung die Löhne für qualifizierte Arbei-ter in den „wichtigsten" Industriezweigen[35]. Gleichzeitig wurden die Gehälter der Meister in den volkseigenen und ihnen gleichgestellten Betrieben angeho-ben[36]. Darüber hinaus erhielten Wissenschaftler, Ingenieure und Techniker Ge-haltserhöhungen[37]. Somit hatte sich der lohnpolitische Kurs der SED-Führung, trotz der Einwände des FDGB-Bundesvorstandes, weitgehend durchgesetzt. Die

[33] SAPMO, DY 30/IV 2/2/235, Bl. 18f., Protokoll der Sitzung des Politbüros vom 30. 9. 1952.
[34] Ebenda, Bl. 21 f., Anlage Nr. 2: Neuregelung der Löhne für die Arbeiter in den privatkapitalisti-schen Betrieben beim Abschluß der Tarifverträge. Der FDGB-Bundesvorstand teilte der SKK ei-nige Tage später den Beschluß mit. Vgl. SAPMO, DY 34, 17/194/5667, FDGB-Bundesvorstand (Büro Lehmann) am 2. 10. 1952 an die SKK (Polikarpowitsch).
[35] Verordnung vom 28. 6. 1952, in: Gesetzblatt der DDR 1952, S. 501–504. Zu den „wichtigsten" In-dustriezweigen zählten demzufolge: Bergbau, Metallurgie, Grundstoffchemie, Eisenbahn, die fünf größten Werften und die volkswirtschaftlich wichtigsten Betriebe des Schwermaschinenbaus. Vgl. ebenda, S. 502 (§ 1, Abs. 1). Die größten Lohnzuwächse waren für den Steinkohlen- und Erzberg-bau in der Lohngruppe VIII vorgesehen (97,4%). Die Zuwachsraten nahmen zu den unteren Lohngruppen hin ab. Eine weitere Staffelung bestand außerdem zwischen den Wirtschaftszwei-gen, bei denen der Bergbau an oberster Stelle rangierte. Eine Tabelle mit Prozentsätzen befindet sich in: ebenda (§ 2). Die zuständigen Fachministerien wurden aufgefordert, entsprechend dieser Vorgaben Lohngruppenkataloge auszuarbeiten. Die Verordnung trat zwar am 1. 7. in Kraft; auf-grund der sich lange hinziehenden Ausarbeitung der Lohngruppenkataloge konnten die Löhne je-doch erst ab dem 1. 1. 1953 erhöht werden. Vgl. SAPMO, DY 30/IV 2/2/240, Bl. 16, Protokoll der Sitzung des Politbüros am 21. 10. 1952.
[36] Gesetzblatt der DDR 1952, S. 504–509. Die Verordnung wurde erst 1984 aufgehoben. Vgl. Gesetz-blatt der DDR 1984, Teil I, S. 266, Bekanntmachung über die Aufhebung von Rechtsvorschriften vom 12. 7. 1984.
[37] Gesetzblatt der DDR 1952, S. 510–514. Im Gegensatz zu den vorherigen Verordnungen wurden hier keine exakten Zuwachsraten, sondern nur eine Ober- und Untergrenze angegeben. So sollten etwa im Steinkohlen- und Erzbergbau Gehaltszuwächse zwischen 45 und 200% gewährt werden (§ 1, Abs. 2). Diese Spannbreite hing vermutlich mit der Heterogenität der Personengruppe zu-sammen, die verschiedene Berufsgruppen zusammenfaßte.

Ausarbeitung der Lohngruppenkataloge, welche die Verordnung vom 28. Juni angeordnet hatte, zog sich – wie vorgesehen – bis zum Jahresende 1952 hin. Dabei mußten die einzelnen Fachministerien in Zusammenarbeit mit der zuständigen Industriegewerkschaft Kommissionen bilden, in denen unter anderem Meister, Ingenieure, Techniker, „Aktivisten" und Mitarbeiter des Ministeriums vertreten waren[38]. Diese Kommissionen sollten in einem zeitaufwendigen Verfahren die bestehenden Lohngruppen überprüfen und ergänzen. Da die Lohngruppen detaillierte Tätigkeitsverzeichnisse zu erhalten hatten, waren Inspektionsfahrten zu den Kombinaten und Betrieben unausweichlich[39], wobei die Fachministerien eine Auswahl treffen mußten. Zur Koordinierung der Kommissionen in den Fachministerien richtete das Ministerium für Arbeit eine Zentrale Kommission ein, in der Arbeitsminister Chwalek, Otto Lehmann, Riedel (FDGB), Mehlich (Finanzministerium) und Strassenberger (Staatliche Plankommission) vertreten waren[40]. Sie erhielt von der DDR-Regierung den Auftrag, die Ausarbeitung und Fertigstellung der Lohngruppenkataloge anzuleiten.

Die Planungsbehörden waren sich vermutlich bei der Neueingruppierung der Arbeiter in die einzelnen Lohngruppen unsicher über die konkreten Auswirkungen, die sowohl zu einer Höher- als auch zu einer Niederstufung führen konnte. Deshalb wurde zunächst nur eine „probeweise Einstufung" der Arbeiter vorgenommen. Bei dieser Gelegenheit erhielten die betroffenen Betriebsleitungen statistische Erhebungsbögen, aus denen dann ersichtlich sein sollte, „welche Berufsgruppen von Arbeitern höher bzw. niedriger gestuft werden müssen und in welchen Berufen ein Arbeitskräftemangel bzw. Arbeitskräfteüberhang besteht"[41]. Auch wenn das Ministerium für Arbeit 1952/53 keine systematischen Untersuchungen über die Folgen der lohnpolitischen Maßnahmen für die Arbeitskräfteplanung und -lenkung durchgeführt hat, so war es doch nach wie vor ein erklärtes arbeitsmarktpolitisches Ziel, mit Hilfe der Löhne und Gehälter eine bedarfsgerechte Steuerung zu erreichen. Abteilungsleiter Arndt faßte die angestrebte positive Korrelation kurz und prägnant zusammen: „Ein wichtiger Hebel bei der Lenkung der Arbeitskräfte ist unsere neue fortschrittliche Lohnpolitik."[42] Die volkswirtschaftliche Bedeutung der Arbeit sei maßgeblich für die Höhe des fest-

---

[38] So wurde im Ministerium für Hüttenwesen und Erzbergbau eine Hauptkommission gebildet, die aus 7 Arbeitsgruppen mit insgesamt 60 Mitgliedern bestand. SAPMO, NY 4090/566, Bl. 93–95, Ministerium für Hüttenwesen und Erzbergbau (Staatssekretär Goschütz) am 15. 10. 1952 an Ministerpräsident Grotewohl.

[39] So meldete etwa das Staatssekretariat für Chemie, Steine und Erden, daß zwischen dem 1. und 15. 9. 1952 Teile des neu erstellten Lohngruppenkatalogs in 52 Betrieben der „Grundchemie" mit den dortigen Betriebskommissionen diskutiert worden seien. Im Anschluß daran habe das Staatssekretariat die Tätigkeitsbeispiele für die einzelnen Lohngruppen auf ca. 2300 erhöht. Auch hier war die Einführung des überarbeiteten Lohngruppenkatalogs für Mitte Dezember 1952 geplant. SAPMO, NY 4090/566, Bl. 107 f., Staatssekretariat für Chemie, Steine und Erden (Staatssekretär van Rickelen) am 16. 10. 1952 an Ministerpräsident Grotewohl. Ähnlich komplex gestaltete sich der Entstehungsprozeß des Lohngruppenkatalogs im Wirtschaftszweig Kohle. Vgl. SAPMO, NY 4090/566, Bl. 98 f., Staatssekretariat für Kohle und Energie (Staatssekretär Fritsch) am 31. 10. 1952 an Ministerpräsident Grotewohl.

[40] SAPMO, DY 34, 17/194/5667, FDGB-Bundesvorstand (Otto Lehmann) am 3. 11. 1952 an die SKK (Polikarpowitsch), S. 1.

[41] Ebenda, S. 2.

[42] BAB, DQ 2/539, Notiz von Abteilungsleiter Arndt vom 14. 11. 1952, S. 1.

zusetzenden Lohnes. Dabei habe die „richtige" Differenzierung der Löhne in den einzelnen Wirtschaftszweigen großen Einfluß auf die Lenkung der Arbeitskräfte in die wirtschaftlichen Schwerpunktvorhaben. Oberstes Ziel – so Arndt weiter – sei es daher, die „besten" Arbeitskräfte in die „wichtigsten" Betriebe und Zweige der Gesamtwirtschaft zu lenken.

Die SKK war mit der zunehmenden Differenzierung der Löhne und Gehälter im großen und ganzen einverstanden und hatte nur wenige Verbesserungvorschläge[43]. Die Einführung der neuen Lohngruppenkataloge konnte dennoch nicht zeitgleich für alle Wirtschaftszweige erfolgen. So beschloß das Politbüro auf seiner Sitzung am 9. Dezember 1952, die damit verbundene Lohnerhöhung für qualifizierte Facharbeiter im Wirtschaftszweig Energie vom 1. Januar auf den 1. April 1953 zu verlegen[44]. Über die Hintergründe dieser Entscheidung kann nur spekuliert werden: Möglicherweise ging sie auf eine Anweisung der sowjetischen Besatzungsmacht zurück, ohne deren grundsätzliche Zustimmung lohnpolitische Aktivitäten der SED-Führung oder des Arbeitsministeriums ohnehin nicht denkbar waren. Zu vermuten wäre allerdings auch, daß das zuständige Staatssekretariat die Vorarbeiten für den neuen Lohngruppenkatalog noch nicht abgeschlossen hatte. Darüber hinaus könnten auch Rücksichtnahmen auf die angespannte Haushaltslage eine Rolle gespielt haben. Für keine der drei angeführten Begründungen lassen sich jedoch stichhaltige Belege anführen. Festzuhalten bleibt allerdings, daß sich die DDR-Wirtschaftsplaner Anfang der fünfziger Jahre zu einer differenzierten Behandlung in der Lohnfrage durchgerungen hatten, die den vorgegebenen wirtschaftlichen Schwerpunkten und der Bedarfssituation auf den Teilarbeitsmärkten Rechnung zu tragen hatte. Die Erfüllung des Fünfjahrplanes und die Steigerung der Arbeitsproduktivität in den Betrieben waren die übergeordneten Zielvorgaben, denen Arbeitskräfteplanung und -lenkung untergeordnet wurden.

Abschließend sei darauf hingewiesen, daß die Lohnpolitik in der SBZ/DDR engstens mit der Festsetzung der Arbeitsnormen verknüpft war. Gerade die zuletzt genannte staatliche Regulierungsmaßnahme hatte die angespannte Stimmungslage im Verlauf des Jahres 1952 weiter aufgeheizt und wesentlich zu den Arbeitsniederlegungen beigetragen, die sich im Vorfeld des Volksaufstandes 1953 massiv bündelten, bis sie sich dann in den Tagen vor und nach dem 17. Juni in einer landesweiten Erhebung entluden[45]. Da jedoch für die Arbeitskräfteplanung und -lenkung der Bereich der Lohnpolitik als entscheidende Größe angesehen wurde, muß die Entwicklung der Normen an dieser Stelle nicht weiter nachgezeichnet werden[46].

---

[43]   Das betraf etwa die Lohnerhöhung der Kraftfahrer. Vgl. SAPMO, NY 4090/566, Bl. 161–163, hier Bl. 162, Chwalek am 28. 11. 1952 an Grotewohl.

[44]   SAPMO, DY 30/IV 2/2/252, Bl. 22.

[45]   Vgl. etwa den Beitrag von Kowalczuk/Mitter, „Die Arbeiter sind zwar geschlagen worden, aber sie sind nicht besiegt!" Die Arbeiterschaft während der Krise 1952/53, in: Kowalczuk u.a., Der Tag X, S. 31–74; Staritz, Geschichte der DDR, S. 100–136.

[46]   Vgl. dazu die Darstellung bei Hübner, Konsens, Konflikt und Kompromiß, S. 16–88.

Nachwuchsförderung

Anfang der fünfziger Jahre gewann die Berufsausbildung[47] und -weiterbildung sowohl für die SED als auch für das Ministerium für Arbeit immer mehr an Bedeutung. Um das Arbeitskräftepotential bedarfsgerecht zu steuern, sollte der berufliche Nachwuchs für die einzelnen Wirtschaftszweige ausgebildet werden. Die Anforderungen an eine bedarfsgerechte und vor allem vorausschauende Planung erhöhten sich auf diese Weise nochmals. Es hat den Anschein, als ob dieser Bereich der bisherigen klassischen Arbeitsmarktpolitik zunächst in einem allgemeinen jugendpolitischen Programm aufgehen sollte. Dazu legte das DWK-Sekretariat am 17. Oktober 1949 einen von Bruno Leuschner ausgearbeiteten Anordnungsentwurf vor, der unverbindliche Angaben zur Berufsausbildung der Jugendlichen enthielt. So sollte das Ministerium für Planung beauftragt werden, im Volkswirtschaftsplan 1950 zusätzliche Lehrplätze und Wohnheime aufzunehmen[48]. Darüber hinaus war die Angleichung der Lehrlingsgehälter an das eingeführte Leistungslohnsystem geplant: Neben Prämien für besondere Leistungen an Lehrlinge im ersten und zweiten Lehrjahr sollte die Möglichkeit eröffnet werden, daß Lehrlinge im dritten Lehrjahr und nach Vollendung des 16. Lebensjahres „im Leistungslohn arbeiten" können[49]. Bei den volkseigenen Betrieben waren dazu mindestens 6 Prozent der Lohnsumme, die für Lehrlinge veranschlagt wurde, zusätzlich einzusetzen. Die zuständigen Ministerien für Planung und Volksbildung erhielten demzufolge noch den Auftrag, die Planung für den Aufbau von neuen kommunalen und betrieblichen Berufsschulen aufzunehmen, deren einheitliche Aufsichtsführung gewährleistet sein sollte[50]. Das Politbüro stimmte einem überarbeiteten Entwurf am 17. Januar 1950 zu, der sich schwerpunktmäßig mit der Schul- und Berufsausbildung[51] sowie der Steuerung der Freizeitaktivitäten der Jugendlichen auseinandersetzte[52]. Die beschleunigte Ausbildung von qualifizierten Fachkräften sollte dabei auf Bereiche der Grundstoff- und Schwerindustrie sowie der Landwirtschaft zunächst beschränkt bleiben[53].

---

[47] Vgl. allgemein dazu und in gesamtdeutscher Perspektive: Vergleich von Bildung und Erziehung in der Bundesrepublik und in der DDR. Abelshauser hat jüngst betont, daß die Reform der Berufsausbildung, die seit den zwanziger Jahren von Gewerkschaften sowie von Teilen der Schwerindustrie propagiert wurde, im Dritten Reich aufgegriffen und vorangetrieben wurde und langfristige Auswirkungen für die Entwicklung in Deutschland nach 1945 hatte. So seien z.B. Unternehmen der Metallindustrie Ende 1936 dazu verpflichtet worden, einen gewissen Anteil von Lehrlingen auszubilden. Vgl. Abelshauser, Kriegswirtschaft und Wirtschaftswunder, S. 533. Zur Berufsausbildung vor 1933: Muth, Berufsausbildung in der Weimarer Republik; unter dem Nationalsozialismus: Wolsing, Untersuchungen zur Berufsausbildung im Dritten Reich. Fiedler hebt dagegen – mit Blickrichtung auf die in den westlichen Industrieländern nach Ende des Ersten Weltkrieges einsetzende Rationalisierungsbewegung – den Umbau der betrieblichen Personalverwaltung und den Aufbau einer sozialpolitischen Abteilung (Vorreiterrolle: Siemens) hervor, welche die organisatorische Grundlage für eine systematische Belegschaftspolitik mit entsprechenden Qualifizierungsmaßnahmen innerhalb der Betriebe gelegt habe. Vgl. Fiedler, Betriebliche Sozialpolitik in der Zwischenkriegszeit, S. 371.
[48] SAPMO, NY 4182/1176, Bl. 78–83, hier Bl. 81.
[49] Ebenda.
[50] Ebenda, Bl. 82.
[51] Zur Verbesserung der Schulbildung hatte das Politbüro bereits am 28. 6. 1949 ein Maßnahmenbündel verabschiedet. Vgl. SAPMO, DY 30/IV 2/2/29, Bl. 19 f. und 24–32.
[52] SAPMO, DY 30/IV 2/2/67, Bl. 44 und 68 f.
[53] Ebenda, Bl. 69.

Im Mittelpunkt des ersten Fünfjahrplanes stand – wie bereits mehrfach erwähnt – der Ausbau der Schwerindustrie, der automatisch einen Bedarf an Spezialisten und Facharbeitern nach sich zog. Während die politisch Verantwortlichen bei der Schul- und Berufsausbildung anfangs noch ein Gesamtkonzept anstrebten, verfolgten sie ab Frühjahr 1950 de facto nur noch diverse Einzelmaßnahmen[54], die nicht alle aufeinander abgestimmt waren. Die Arbeitsverwaltung mußte – insgesamt betrachtet – rasch Lösungen für die Bedarfsdeckung in den einzelnen Wirtschaftszweigen finden und konnte das ambitionierte Ziel einer vollständigen Planung des Arbeitseinsatzes nicht im gewünschten Maße verfolgen, zumal eine solche Planung noch eine Vielzahl zusätzlicher Steuerungsprobleme nach sich zog. Diese Ausgangslage galt im übrigen nicht nur für das Ministerium für Arbeit, sondern auch für andere Fachministerien; sie war außerdem nicht neu, sondern bereits vor der DDR-Gründung wirkungsmächtig gewesen. Mit der Errichtung der Zentralverwaltungswirtschaft wuchs allerdings der Druck auf die DDR-Ministerien, eine bedarfsgerechte Steuerung zu verwirklichen. Bei der bisherigen Arbeitskräftelenkung mußte das „Kunststück" vollbracht werden, mit der richtigen Anzahl an Arbeitskräften zum richtigen Zeitpunkt am richtigen Ort zu sein. Nunmehr kam noch eine weitere, zeitliche Komponente hinzu: Der Arbeitskräftebedarf mußte für einen längeren Zeitraum berechnet werden, da die Lehrlinge erst nach ihrer bis zu dreijährigen Ausbildungszeit auf dem „Arbeitsmarkt" zur Verfügung standen. Dieser Zusammenhang wurde offensichtlich von deutscher wie von sowjetischer Seite nicht ausreichend berücksichtigt.

Aufgrund der Tatsache, daß für die Berufsausbildung mehrere Fachministerien zuständig waren, ergaben sich nahezu zwangsläufig Konflikte um Zuständigkeiten und Kompetenzen. Im August 1950 sah die gesetzlich geregelte Aufgabenverteilung folgendermaßen aus: Das Ministerium für Arbeit und Gesundheitswesen (Abteilung Berufsausbildung und Umschulung) und das Ministerium für Volksbildung (Abteilung Berufsbildung) waren verantwortlich „für die einheitliche Regelung aller Fragen der Berufsausbildung in der gesamten Wirtschaft"[55]. Dagegen lag die Verantwortung für die inhaltliche Ausrichtung der Berufsausbildung 1950 bei den Ministerien für Industrie sowie für Land- und Forstwirtschaft, da offensichtlich zunächst nur in diesen Wirtschaftszweigen der verstärkte Ausbau der Berufsausbildung betrieben werden sollte. Zusätzliche Akteure waren der 1947 geschaffene Zentralausschuß für Berufsausbildung sowie das im Frühjahr 1950 errichtete Deutsche Zentralinstitut für Berufsbildung, dessen Aufgabengebiete aber erst noch festzulegen waren. Darüber hinaus mußte die institutionelle Zuordnung des Zentralinstituts geklärt werden: Während zunächst das Ministerium für Volksbildung zuständig war, machte im Sommer 1950 das Ministerium für Arbeit und Gesundheitswesen berechtigte Ansprüche auf die Leitung des In-

---

[54] Der Einfluß der SKK auf diesem Gebiet scheint zwar punktuell, aber nicht bedeutungslos gewesen zu sein: So regte die sowjetische Besatzungsmacht die Errichtung neuer „Lehranstalten, Fakultäten und Fachschulen" an, um den zusätzlichen Bedarf von insgesamt 16500 „ingenieur-technischen Spezialisten" befriedigen zu können. SAPMO, NY 4090/315, Bl. 133–136, hier Bl. 133, Denkschrift (Übersetzung vom 20. 5. 1950).

[55] BAB, DQ 2/903, Bl. 234–240, hier Bl. 234f., Notiz der Abt. Berufsausbildung und Umschulung vom 22. 8. 1950.

stituts geltend[56]. Mit der Schaffung neuer Institutionen versuchte die SED-Führung generell auf Schwierigkeiten im Planungsablauf zu reagieren: Das galt auch für den Vorschlag, ein Staatssekretariat für Berufsausbildung zu bilden, den die ZK-Abteilung Wirtschaftspolitik nach Absprache mit einigen Fachministerien eingebracht hatte. Demzufolge sollte das Staatssekretariat alleine zuständig sein für Fragen der Berufsausbildung; grundsätzliche Richtlinien sollten hier entwikkelt werden, „welche auf den einzelnen Fachgebieten durch spezielle Richtlinien der Fachministerien ergänzt werden"[57]. Das Staatssekretariat wurde Anfang 1951 aus dem Ministerium für Arbeit und Berufsausbildung ausgegliedert[58]. Bis zum Beginn des ersten Fünfjahrplanes war die Anzahl der an der Berufsausbildung beteiligten Ressorts beträchtlich angestiegen, wobei die Aufgaben untereinander nicht eindeutig verteilt waren, so daß Kompetenzstreitigkeiten letztlich nicht ausbleiben konnten[59].

Das Ministerium für Industrie reichte beim DDR-Ministerrat Anfang 1950 einen Verordnungsentwurf zur Verbesserung der Ausbildung qualifizierter Industriearbeiter in den Berufsschulen und Betriebsberufsschulen ein, der zuvor mit dem Ministerium für Volksbildung sowie dem Ministerium für Arbeit und Gesundheitswesen abgestimmt worden war[60]. Der Entwurf legte unter anderem fest, daß der Gesamtnachwuchsplan für alle Wirtschaftszweige und Verwaltungen erstmalig für das laufende Jahr durch das Ministerium für Planung ausgearbeitet werden sollte[61]. Auf der Grundlage dieses Gesamtplanes sollte anschließend das Ministerium für Arbeit und Gesundheitswesen Nachwuchspläne für die Lehrlingsausbildung aller Berufe nach Industrie- und Wirtschaftszweigen ausarbeiten. Die Aufstellung der Nachwuchspläne bei den zentralverwalteten VVB, den SAG-Betrieben und den landesverwalteten VVB hatte in Zusammenarbeit mit den zuständigen Ministerien zu erfolgen, d.h. mit dem Ministerium für Industrie, der sowjetischen Hauptverwaltung bzw. den Landesministerien[62]. Die Provisorische Regierung der DDR beschloß die eingereichte Vorlage auf ihrer Sitzung am 26. Januar 1950[63].

Mitarbeiter des Ministeriums für Arbeit und Gesundheitswesen entwickelten kurz darauf ein Verfahren, um den volkseigenen Betrieben die Möglichkeit zu geben, die Finanzierung der von ihnen angebotenen Ausbildungsplätze beantragen zu können[64]. Gleichzeitig wurden Richtlinien ausgearbeitet, um die Durchführung des Finanzierungsprogramms überprüfen zu können. Die Kontrollfunktion auf örtlicher Ebene sollte dabei den Sozialversicherungskassen zukommen. Die zunächst angestrebte Beschleunigung dieses Verwaltungsverfahrens wurde aller-

---

[56] Ebenda, Bl. 237 und 239 f.
[57] SAPMO, NY 4182/1164, Bl. 78–82, hier Bl. 78, Vorschlag zur Bildung eines Staatssekretariats für Berufsausbildung vom 11. 11. 1950.
[58] BAB, DQ 2/1868, Bl. 40 f., Aktenvermerk der Abt. Nachwuchslenkung vom 23. 1. 1951.
[59] Diese Gefahr erkannte auch das Ministerium für Arbeit. Vgl. BAB, DQ 2/1868, Bl. 42–45, Denkschrift der HA Arbeit vom 16. 1. 1951.
[60] BAB, DC 20 I/3–10, Bl. 202, DWK-Hausmitteilung von Minister Selbmann an die Regierungskanzlei (Schaul) am 23. 1. 1950.
[61] Ebenda, Bl. 204–209, hier Bl. 204, Verordnungsentwurf (§ 1, Abs. 1).
[62] Ebenda, § 1, Abs. 2.
[63] Ebenda, Bl. 4. Die Verordnung ist veröffentlicht in: Gesetzblatt der DDR 1950, S. 58–60.
[64] BAB, DQ 2/1755, Aktenvermerk Donaus vom 8. 2. 1950.

dings dadurch wieder konterkariert, daß alle drei Ebenen der Arbeitsverwaltung an der Begutachtung der Einzelanträge und der Kontrolltätigkeit beteiligt waren. Rasch kristallisierte sich heraus, daß den Nachwuchs- und Umschulungsplänen ein statisches Wirtschaftsmodell zugrunde lag, das zudem etliche Faktoren unberücksichtigt ließ. So stellte beispielsweise die sächsische Hauptabteilung Wirtschaftsplanung eine „Untererfüllung der Pläne" fest, die zu einem bedeutenden Teil auf die unterschiedlich hohen Tariflöhne zurückgeführt wurde[65]. Die Arbeitsverwaltung hatte zwar zuvor die Anreizfunktion von Löhnen und Gehältern erkannt, bei der Ausarbeitung der Nachwuchspläne aber nicht weiter beachtet. Letztlich galt für Jugendliche eine ähnliche Feststellung wie für die erwachsenen Beschäftigen: Die Höhe des Verdienstes während der Lehrzeit und der erwartete Lohn nach Beendigung der Ausbildungszeit waren für die Jugendlichen oftmals ein entscheidendes Motiv beim Abschluß eines Lehrvertrages. Die Hauptabteilung Wirtschaftsplanung untersuchte für Sachsen die Erfüllung der Nachwuchspläne in den einzelnen Berufsgruppen und gelangte dabei zu differenzierten Ergebnissen. Besonders auffällig war demnach die „weit unterdurchschnittliche" Bereitstellung von Ausbildungsplätzen in der Berufsgruppe „Landwirtschaft": Hier lag die Erfüllung des Plansolls nur bei 39,8 Prozent[66]. Dagegen übertraf die Erfüllungsquote im Bergbau die gesteckten Ziele (127 Prozent); hierbei machten sich etwa die relativ hohen Lehrlingsgehälter positiv bemerkbar[67]. Aufgrund der geltenden Jugendschutzbestimmungen war dieser Wirtschaftszweig für Jugendliche unter 18 Jahren unzugänglich.

Mangelhafte Zusammenarbeit zwischen den einzelnen DDR-Ministerien gefährdete das Projekt, für die Gesamtwirtschaft einen Nachwuchsplan aufzustellen und umzusetzen. So hatte das Ministerium für Planung – entgegen einer zunächst getroffenen Vereinbarung – die Betriebe nicht aufgefordert, „einen Vorschlag für die berufliche Aufgliederung der von ihnen einzustellenden Lehrlinge an das Kreisarbeitsamt weiterzugeben"[68]. Deshalb war eine berufliche Aufgliederung des Nachwuchsplanes auf die einzelnen Betriebe, die den wirtschaftlichen Erfordernissen angepaßt werden sollte, nicht mehr durchführbar. Die Abteilung Berufsausbildung und Umschulung des Ministeriums für Arbeit und Gesundheitswesen betonte daraufhin, daß das Bestreben, „den Nachwuchsplan für die volkseigene Industrie in beruflicher Hinsicht sowohl den gesamtwirtschaftlichen Erfordernissen wie auch den Bedürfnissen des einzelnen Betriebes entsprechend aufzugliedern, zunichte gemacht" werde[69]. Angesichts dieser gravierenden Anfangsschwierigkeiten schaltete sich im Frühjahr 1950 Walter Ulbricht in seiner Funktion als stellvertretender Ministerpräsident ein und versuchte, die Abstimmung zwischen den beteiligten Stellen zu verbessern. Deren Vertreter wurden am 14. Juni zu einer Besprechung bei Ulbricht zusammengerufen, bei der dieser nochmals deutlich machte, daß ein starker Bedarf an hochqualifizierten Arbeitskräften im Bereich der

---

[65] BAB, DE 1/10117, Bl. 2–10, hier Bl. 2, Bericht der HA Wirtschaftsplanung in Dresden vom 14. 3. 1950.
[66] Ebenda, Bl. 2f.
[67] Ebenda, Bl. 3.
[68] BAB, DQ 2/903, Bl. 284f., hier Bl. 285, Aktenvermerk der Abt. Berufsausbildung und Umschulung vom 23. 3. 1950.
[69] Ebenda.

Grundstoff- und Schwerindustrie bestand[70]. Um den Planungsvorgaben einigermaßen gerecht zu werden, schlug Staatssekretär Bruno Leuschner (Ministerium für Planung) die Verkürzung der Lehrzeiten vor, ohne allerdings auf dieser Besprechung weitere, konkrete Vorstellungen zu unterbreiten[71]. Am Ende der Besprechung konnte sich Ulbricht mit dem Vorschlag durchsetzen, einen Ergänzungsplan zum Nachwuchsplan zu entwickeln[72]. Das Ministerium für Industrie sollte diesen Plan in Kooperation mit dem Ministerium für Planung und der FDJ ausarbeiten, wobei Ulbricht davon ausging, daß die Betriebe ohne zusätzliche Finanzmittel mehr Lehrlinge einstellen könnten. Darüber hinaus sollte die Berufsausbildung weiter gestrafft und den Anforderungen des Fünfjahrplanes angepaßt werden. Die Provisorische Regierung der DDR verabschiedete am 13. Juli eine Verordnung über den Zusatzplan zum Nachwuchsplan 1950, der sich allerdings nur auf die zentralverwalteten Betriebe der volkseigenen Industrie beschränkte[73]. Darin erhielt das Ministerium für Industrie den Auftrag, dafür zu sorgen, daß über die ursprünglich vorgesehene Anzahl von 50 660 hinaus weitere 17 690 Lehrstellen geschaffen wurden. Die Verordnung legte ausdrücklich fest, daß dafür zusätzliche Investitionsmittel „grundsätzlich" nicht in Anspruch genommen werden durften[74]. Ein weiterer Entwurf[75], der unverbindliche Angaben zum Zusatzplan für die übrigen Wirtschaftsbetriebe enthielt, wurde zwar am 10. August beschlossen, jedoch nicht im Gesetzblatt veröffentlicht[76]. Statt dessen unterrichtete das Ministerium für Arbeit und Gesundheitswesen die Landesverwaltungen über den Regierungsbeschluß und den damit zusammenhängenden Kampagneplan[77]. Dieser sah eine aktive Mitarbeit der Fachministerien, Landesregierungen, Massenorganisationen und sogar der Verwaltung der SAG-Betriebe „an der Erfüllung und Übererfüllung des Nachwuchsplanes" vor[78]. Inwieweit es sich hierbei nur um eine unverbindliche Absichtserklärung handelte, mußte die weitere Entwicklung zeigen. Zumindest im Fall der sowjetischen Aktiengesellschaften waren Zweifel angebracht, da bis zu diesem Zeitpunkt die Zusammenarbeit mit den deutschen Verwaltungen keineswegs reibungslos gewesen war.

---

[70] ThHStA, Land Thüringen, Ministerium für Wirtschaft und Arbeit, Bd. 3699, Bl. 306–309, hier Bl. 306, Bericht über die Besprechung.

[71] Ebenda.

[72] Ebenda, Bl. 308. Der Minister für Planung Heinrich Rau stimmte anfangs nicht zu und verlangte statt dessen die Durchführung einer Pressekampagne ohne weitere Zuwendung von Finanzmitteln. Ebenda, Bl. 307.

[73] BAB, DC 20 I/3–23, Bl. 5 und 22 f. Die Verordnung erschien im Gesetzblatt der DDR 1950, S. 661 f.

[74] Ebenda, § 1.

[75] BAB, DQ 2/903, Bl. 218 f., Verordnung über den Zusatzplan zum Nachwuchsplan 1950 für die gesamte Wirtschaft, mit Ausnahme der volkseigenen zentralverwalteten Betriebe der Industrie vom 25. 7. 1950.

[76] Darüber hinaus wurde der Nachwuchsplan 1950 nicht an Forschungsinstitute weitergegeben, sondern als „geheime Verschlußsache" behandelt. Vgl. BAB, DQ 2/903, Bl. 215, Abt. Berufsausbildung und Umschulung am 23. 8. 1950 an das Institut für Wirtschaftspädagogik der Humboldt-Universität zu Berlin.

[77] BAB, DQ 2/906, Bl. 194 f., Fernschreiben der Abt. Berufsausbildung und Umschulung am 16. 8. 1950 an die Landesregierungen. Das Schreiben enthielt 2 Anlagen: den Beschluß über die weitere Unterbringung von Jugendlichen in Lehrstellen; die Anweisung über den „Kampagne-Plan". Ebenda, Bl. 196–201.

[78] Ebenda, Bl. 198.

Neben den Betrieben, denen vorgehalten wurde, die eigene Nachwuchsförderung zu halbherzig betrieben zu haben, mußten sich nunmehr auch die Arbeitsämter zunehmende Kritik gefallen lassen: Sie wurden für die Fehllenkung der Jugendlichen verantwortlich gemacht. So bestand in einzelnen Berufszweigen offensichtlich ein Überhang an Berufsschülern, während in anderen Branchen der Bedarf nicht gedeckt werden konnte[79]. Zu diesem Zeitpunkt stand die Arbeitsverwaltung insgesamt auf dem Prüfstand der Wirtschaftsverwaltung; bereits ein Jahr später wurden die Arbeitsämter aufgelöst und in die Kommunalverwaltung integriert.

Tabelle 18: Zusammenstellung der auf die einzelnen Berufsgruppen entfallenden Lehrlinge im Nachwuchsplan 1950 (Planzahlen)[80]

Berufsgruppenbezeichnung	Anzahl der Lehrlinge
Ackerbauer, Tierzüchter, Gartenbauer	12 115
Forst-, Jagd- und Fischereiberufe	2 323
bergmännische Berufe	2 116
Steingewinner und -verarbeiter	1 685
Glasmacher und -verarbeiter	1 189
Bauberufe	19 998
Metallerzeuger und -verarbeiter	60 075
Elektriker	9 196
Chemiewerker	2 734
Kunststoffverarbeiter	49
Holzverarbeiter und zug. Berufe	16 776
Papierhersteller und -verarbeiter	2 366
graphische Berufe	1 395
Textilhersteller und -verarbeiter	25 679
Lederhersteller und -verarbeiter	3 649
Nahrungs- und Genußmittelhersteller	6 024
technische Sonderfachkräfte	16
Maschinisten	1 145
kaufmännische Berufe	13 857
Verkehrsberufe	3 279
hauswirtschaftliche Berufe	931
Gesundheits- und Körperpflegeberufe	6 567
Verwaltungsberufe	3 764
Rechts- und Sicherheitswahrer	388
Erziehungs- und Lehrberufe	167
Bildungs- und Forschungsberufe	5
Insgesamt	197 488

Quelle: BAB, DQ 2/903, Bl. 216, Zusammenstellung des Ministeriums für Arbeit und Gesundheitswesen (Abt. Berufsausbildung und Umschulung) vom 24. 8. 1950.

[79] BAB, DE 1/10105, Bl. 1–7, hier Bl. 5, Bericht des Ministeriums für Planung vom 22. 6. 1950.
[80] Diese Zusammenstellung enthält nicht die Lehrlinge in den SAG-Betrieben sowie in den landesverwalteten VEB. Bei den Berufsgruppenbezeichnungen wurden die DDR-Begriffe übernommen.

Zwischen der Arbeitsverwaltung und den Industrieministerien hatte Einvernehmen darüber geherrscht, daß die Betriebe nicht zusätzlich belastet werden sollten. Für den Zusatzplan sollten auch keine weiteren Investitionsmittel des Volkswirtschaftsplanes in Anspruch genommen werden. Zunächst wurden die Finanzierungskosten, die im Zuge des Ausbaus der Nachwuchsförderung zwangsläufig entstanden, auf die Sozialversicherung abgewälzt. Die Sozialversicherungskassen stellten 25 Millionen DM zur Finanzierung des Nachwuchsplanes bereit[81]. Diese Summe mußte wiederum im Haushalt des Finanzministeriums verbucht werden. Somit erfolgte letztlich die Finanzierung über den Staatshaushalt der DDR.

Das Ministerium für Arbeit und Berufsausbildung sah sich im Sommer 1950 mit zwei Problemlagen konfrontiert, die miteinander verbunden waren: Zum einen ging es um die bereits mehrfach erwähnte Bereitstellung von qualifizierten Facharbeitern für die Schwerindustrie. Zum anderen sollte die reibungslose Unterbringung von Schulabgängern in Lehrstellen gewährleistet werden. Ein Ansteigen der Beschäftigungslosigkeit bei Jugendlichen war unter allen Umständen zu vermeiden. Von daher erklären sich auch die Eingriffe der Arbeitsverwaltung in die bestehende Ausbildungspraxis. So sollten beispielsweise Abschlußprüfungen zeitlich vorgezogen und die Lehrzeit insgesamt verkürzt werden[82], um möglichst allen Jugendlichen, welche die Schulausbildung abgeschlossen hatten, eine berufliche Perspektive bieten zu können. Darüber hinaus wies das Arbeitsministerium die Landesregierungen an, eine nochmalige Überprüfung sämtlicher Betriebe des volkseigenen und privaten Sektors durchzuführen, um die noch bestehenden Ausbildungsmöglichkeiten festzustellen[83]. Außerdem war die Heraufsetzung der geplanten Lehrstellen bei den SAG-Betrieben vorgesehen, die jedoch von der Unterstützung durch die sowjetischen Werkleitungen abhängig war. Erste Gespräche mit der zuständigen SAG-Verwaltung in Weißensee hatten offensichtlich dazu geführt, daß das ursprünglich festgesetzte Auflagensoll um 3400 Lehrstellen erhöht wurde; weitere 1800 Plätze waren mündlich zugesichert worden[84].

Da ein neues Lehrjahr und die damit verbundene betriebliche Neueinstellung von Jugendlichen erst im Laufe des Spätsommers bzw. des Herbstes (August-Oktober) einsetzte, ließ sich zu diesem Zeitpunkt noch wenig über den Erfolg oder den Mißerfolg des Nachwuchsplanes sagen. In einem ersten vorläufigen Bericht kam das Arbeitsministerium zum Ergebnis, daß die Erfüllung des Plansolls in den Wirtschaftsbereichen Land- und Forstwirtschaft sowie Bauwirtschaft befriedigend sei (22 bzw. 21 Prozent), im Bereich Industrie und Handwerk aber weit hinter den Erwartungen liege (13 Prozent)[85]. Besonders unbefriedigend seien die Zahlen der weiblichen Lehrlinge in den einzelnen Wirtschaftszweigen: „Die Erfüllung des weiblichen Anteils des Nachwuchsplanes bleibt hinter der Gesamt-

[81] Auf diese Weise mußten insgesamt 25 Millionen DM zur Verfügung gestellt werden. BAB, DQ 2/903, Bl. 255, Hauptabteilungsleiter Litke am 31.7.1950 an das Ministerium für Finanzen (Hauptabteilungsleiter Georgino).
[82] BAB, DQ 2/903, Bl. 204–208, hier Bl. 204f., Bericht der Abt. Berufsausbildung und Umschulung vom 30.8.1950.
[83] Ebenda, Bl. 206.
[84] Ebenda.
[85] BAB, DQ 2/903, Bl. 209–211, hier Bl. 209, Bericht der Abt. Berufsausbildung und Umschulung vom 30.8.1950.

erfüllung zurück, im Wirtschaftsbereich Industrie und Handwerk nur wenig, in der Bauwirtschaft und in der Land- und Forstwirtschaft dagegen erheblich." Während der Nachwuchsplan Ende Juli 1950 insgesamt betrachtet zu 15 Prozent erfüllt worden sei, betrage der Anteil bei den vorgesehenen weiblichen Lehrlingen durchschnittlich nur 12,5 Prozent. Im übrigen gab es auch hier regionale Unterschiede, die sich bei den Ergebnissen in den Ländern bemerkbar machten[86]. Spitzenreiter war in diesem Fall erstmals Mecklenburg, das ansonsten immer das Sorgenkind der Arbeitsverwaltung gewesen war. Das positive Ergebnis hing vermutlich mit den – im Vergleich zu den übrigen Ländern – deutlich niedrigeren Plansollzahlen zusammen. Der Bericht machte außerdem die Benachteiligung der privaten Bauwirtschaft indirekt deutlich, da diese Betriebe den Anforderungen des Nachwuchsplanes nicht nachkommen konnten – oftmals aufgrund der im Vergleich zu den volkseigenen Betrieben schlechteren Arbeitsbedingungen, Materialversorgung sowie Auftragslage[87].

Den Ländern bereitete die berufliche Unterbringung der durch den Nachwuchsplan nicht erfaßten Jugendlichen – allein 26 000 in Thüringen – großes Kopfzerbrechen[88]. Die thüringische Landesregierung beabsichtigte deshalb eine „Großaktion" durchzuführen, um weitere 15 000 Arbeitsplätze für Jugendliche anzubieten. Da bereits 6000 Jugendliche im Beschäftigungsprogramm vorgesehen waren, verblieb eine Restgröße von 5000, für die zunächst jedoch keine Arbeitsmöglichkeiten bereitgestellt werden konnten. Fehlendes Zahlenmaterial über die in den einzelnen Betrieben angebotenen Lehrstellen erschwerten die Durchführung des Nachwuchsplanes. Nach Einschätzung der thüringischen Landesverwaltung lag dies an der ungenauen Planungsarbeit des Berliner Arbeitsministeriums, dem vorgehalten wurde, lediglich mit „Schätzungszahlen für den volkseigenen Sektor" zu arbeiten[89]. Daher sei es nicht weiter überraschend, daß sich „in der Praxis immer wieder herausgestellt" habe, daß Betriebe nicht in der Lage waren, die im Plan vorgesehene Anzahl von Lehrlingen aufzunehmen. Schwierigkeiten bereitete ebenfalls die wohnliche Unterbringung der neu einzustellenden Lehrlinge, die im zentralen Nachwuchsplan nicht gebührend berücksichtigt worden sei, so das thüringische Landesministerium in einem ausführlichen Bericht an den Ministerpräsidenten über die Durchführung von arbeitsrechtlichen Gesetzen und Verordnungen. Vor allem bei den schwerindustriellen Großprojekten konnte sich diese Fehlplanung mitunter fatal auswirken: So waren für die Maxhütte in Unterwellenborn insgesamt 1000 Ausbildungsplätze für Jugendliche vorgesehen, ohne daß aber eine entsprechende Mitteleinplanung für die dringend benötigten Lehrlingswohnheime erfolgte[90].

Nachdem bei der Realisierung des Nachwuchsplanes 1950 die geschilderten Hindernisse aufgetaucht waren, zog die DDR-Regierung jedoch nicht die Konse-

---

[86] Ebenda, Bl. 210.
[87] Ebenda, Bl. 210 f.
[88] ThHStA, Land Thüringen, Büro des Ministerpräsidenten, Bd. 814–816, Bericht der HA Wirtschaftsplanung (Referat Arbeitskräfteplanung) am 14. 9. 1950, S. 2.
[89] ThHStA, Land Thüringen, Büro des Ministerpräsidenten, Bd. 1692–1699, Bl. 284–300, hier Bl. 287, Bericht des Ministeriums für Arbeit und Sozialwesen Thüringens vom 15. 9. 1950 für den Ministerpräsidenten.
[90] Ebenda.

quenz, zusätzliche Investitionsmittel in den betrieblichen Ausbildungssektor zu lenken, sondern beschränkte sich auf eine Intensivierung der Propagandatätigkeit. Offensichtlich war der finanzpolitische Spielraum zugunsten einer quantitativen und qualitativen Verbesserung der Nachwuchsförderung nicht gegeben; andererseits sahen sowohl die SED-Führung als auch die beteiligten Ministerien nicht die Notwendigkeit für eine solche Schwerpunktverlagerung. Die DDR-Regierung beschloß auf ihrer Sitzung am 19. April 1951 einen Aufruf „zur Entfaltung der Masseninitiative bei der Durchführung des Nachwuchsplanes 1951", der sich sowohl an die Jugendlichen als auch an die Eltern und Ausbilder in den Betrieben richtete[91]. Gleichzeitig wurde das Ministerium für Arbeit ermächtigt, die Entlassung von Lehrlingen, die ihre Ausbildung beendet hatten, zu untersagen, „sofern für sie nicht ein fester Arbeitsplatz nachgewiesen wird". Somit sollten die Betriebe vorerst zur Weiterbeschäftigung der ehemaligen Lehrstelleninhaber veranlaßt werden.

Während die Arbeitsverwaltung das Lehrstellenangebot erhöhen wollte, reagierten die Betriebe überwiegend ablehnend auf diesen Vorstoß. In dieser Frage kristallisierte sich rasch eine unterschiedliche Interessenlage heraus, die besonders signifikant wurde bei der Gegenüberstellung der Plansollauflage, die von der zuständigen VVB festgesetzt wurde, und den vom zuständigen Arbeitsamt eingeschätzten Ausbildungsmöglichkeiten, die deutlich höher lagen. Die Diskrepanz war teilweise beträchtlich: So hatte der Maschinenbaubetrieb Olympia in Erfurt eine Auflagenhöhe von 50; nach eigenen Untersuchungen kam das Landesministerium dagegen auf insgesamt 300 potentielle Ausbildungsplätze[92]. Auch bei anderen Betrieben lagen die Einstellungsmöglichkeiten um das Zwei- bis Dreifache über dem ursprünglichen Auflagensoll. Da die thüringische Landesverwaltung vom Ministerium für Land- und Forstwirtschaft noch keine Auflage für den primären Sektor erhalten hatte, vermutete die Hauptabteilung Wirtschaftsplanung in Erfurt noch ungeahnte Ausbildungskapazitäten in diesem Bereich[93]. Die unzureichende Zusammenarbeit zwischen Zentral- und Landesverwaltungen war im übrigen kein thüringisches Spezifikum, sondern betraf alle fünf Länder[94]. Dabei schoben sich die beteiligten Stellen die Verantwortung gegenseitig zu[95].

Im Laufe des Frühjahrs 1951 verschärfte sich der Handlungsdruck für die Arbeitsverwaltung, da das ursprünglich gesteckte Ziel, alle Schulabgänger mit einer Lehrstelle zu versorgen und somit ein Ansteigen der Jugendarbeitslosigkeit zu

91   BAB, DC 20 I/3–50, Bl. 3 f., 14–16.
92   ThHStA, Land Thüringen, Ministerpräsident, HA Wirtschaftsplanung, Bd. 442, Denkschrift des Ministeriums für Industrie und Aufbau (Dr. Wachter) vom 20. 4. 1951, S. 3.
93   ThHStA, Land Thüringen, HA Wirtschaftsplanung, Bd. 442, Kontrollbericht der HA Wirtschaftsplanung vom 2. 5. 1951, S. 8–10.
94   Vgl. zu Brandenburg: BAB, DE 1/10151, Bl. 124–128, hier Bl. 126, Bericht der HA Wirtschaftsplanung (Abt. Plankontrolle) in Potsdam vom 5. 5. 1951; zu Sachsen-Anhalt: ebenda, Bl. 131–139, Bericht der SPK (Inspektions-Abt.) vom 23. 5. 1951.
95   Während die Landesverwaltungen darüber klagten, zu spät über die Einzelheiten des Nachwuchsplanes unterrichtet worden zu sein, kritisierte das Arbeitsministerium in Berlin die zuständigen Landesministerien, denen es vorwarf, zentrale Anweisungen nicht umgehend durchgeführt zu haben. Diese Kritik bezog sich ausschließlich auf die ausgebliebene Überprüfung der Lehrlingsausbildung in den volkseigenen Betrieben. Vgl. BAB, DQ 2/1755, Zwischenbericht des HR Nachwuchslenkung vom 28. 6. 1951.

verhindern, in weite Ferne geraten war. Die Abteilung Arbeitskraftlenkung ging in einem internen Bericht für Minister Chwalek davon aus, daß insgesamt 120000 Jugendliche weder mit einem Ausbildungs- noch mit einem Arbeitsplatz versorgt werden könnten[96]. Als Übergangslösung schlug Abteilungsleiter Heisig vor, daß die Durchführungsbestimmung zum Gesetz über die Schulpflicht vom 29. Dezember 1950, „gemäß dem alle Jugendlichen in der Schule verbleiben, die das Ziel der 8. Klasse nicht erreicht haben, unbedingt angewendet wird"[97]. Auf diese Weise würden rund 100000 Jugendliche weiterhin schulpflichtig bleiben. Heisig deutete vorsichtig an, daß dieser Zeitgewinn dafür genutzt werden müßte, um „die qualitativen Voraussetzungen für die Ausbildung von Jugendlichen zu Facharbeitern zu verbessern." Die Berufsausbildung war zu diesem Zeitpunkt noch nicht weit genug entwickelt, um den im Nachwuchsplan aufgestellten Bedarf abdecken zu können. Das betraf sowohl die Bereitstellung von Berufsschulen, Lehrpersonal und Sachmitteln als auch den Ausbau von Lehrlingswohnheimen. Darüber hinaus sperrten sich die Betriebe gegen die sprunghafte Erhöhung der Ausbildungsplätze, die dem zeitgleich propagierten Ziel der Personaleinsparung entgegenlief.

Der Nachwuchsplan 1951 erfaßte rund 260000 Jugendliche. Davon entfielen etwa 128000 auf die volkseigenen Betriebe, ca. 12000 auf die SAG-Betriebe sowie 120000 auf die Privatwirtschaft[98]. Da die Arbeitsverwaltung von 310000 Schulabgängern ausging und 70000 Jugendliche noch zu berücksichtigen waren, die im Vorjahr nicht entsprechend versorgt werden konnten, ergab sich die oben von Abteilungsleiter Heisig angegebene Differenz von 120000 Jugendlichen. Über die Lösung dieses strukturellen Problems bestand auf zentraler Ebene keineswegs Einmütigkeit: Während die Staatliche Plankommission darauf drängte, bei einer bedarfsorientierten Berufsausbildung zu bleiben, sprach sich das Ministerium für Arbeit dafür aus, die Betriebe dazu zu bewegen, mehr Lehrlinge auszubilden und damit den vorgesehenen Arbeitskräftebestand insgesamt zu erhöhen[99]. In diese Richtung ging dann auch ein Beschluß der DDR-Regierung vom 21. Juni, der jedoch sehr zurückhaltend und unverbindlich formuliert war: So wurden die Ministerien und Staatssekretariate verpflichtet, „die im Nachwuchsplan festgelegten Zahlen als Mindestziele" einzuhalten[100]. Die Anzahl der Lehrstellen durfte nicht gesenkt werden. Statt dessen sollte sich das Arbeitsministerium gemeinsam mit den Fachministerien darum bemühen, junge Facharbeiter „in erhöhtem Maße in die Produktion einzureihen." Davon erhoffte man sich offenbar eine beschleunigte Ausbildung, so daß neue Schulabgänger in die freigewordenen Lehrstellen aufrücken konnten. Das Staatssekretariat für Berufsausbildung erhielt den Auftrag, „die Grundlagen eines neuen Systems der Berufsausbildung beschleunigt auszuarbeiten, die den Erfordernissen [der] fortschrittlichen volkseigenen Wirtschaft entsprechen". Als einzigen Wirtschaftsbereich nannte die Regierung in ih-

[96] BAB, DQ 2/1755, Abt. Arbeitskraftlenkung am 21. 5. 1951 an Minister Chwalek, S. 1.
[97] Zu § 3 des Schulpflichtgesetzes enthielt die Durchführungsbestimmung folgenden Absatz (2): „Die Schulpflicht in der achtklassigen Grundschule gilt als erfüllt, wenn das prüfungsmäßig festgestellte Schulziel erreicht ist." Gesetzblatt der DDR 1951, S. 6–8, hier S. 7.
[98] BAB, DQ 2/1755, Notiz des HR Nachwuchslenkung vom 23. 5. 1951, S. 1.
[99] Ebenda, S. 3.
[100] BAB, DC 20 I/3–56, Bl. 5 und 43 f., hier Bl. 43.

rem Beschluß die Land- und Forstwirtschaft, für die eine qualifizierte Berufsausbildung durch das Ministerium für Arbeit, das Staatssekretariat für Berufsausbildung und das Ministerium für Land- und Forstwirtschaft sicherzustellen
war[101].

Die SED-Führung hatte die Probleme bei der Berufsausbildung frühzeitig erkannt und befürchtete negative Auswirkungen auf den Fünfjahrplan. So hatte
beispielsweise Wilhelm Pieck anläßlich seines Besuches beim Stahlwerk Brandenburg am 17. August 1950 auf dieses Dilemma hingewiesen[102]. Zur Erfüllung der
Planziele würde man landesweit zusätzlich fast eine Million Arbeitskräfte benötigen. Es seien allerdings „keine Reserven mehr von beruflich qualifizierten
Menschen" vorhanden, so Pieck weiter. Als Ausweg schlug er vor, das Aus- und
Fortbildungssystem zu verbessern und vor allem innerbetrieblich stärker zu verankern: „Wir müssen die heutigen Hilfsarbeiter schulen, damit sie morgen qualifizierte Arbeiter sind. Wer soll diese Schulung durchführen? Das können und
müssen die bereits qualifizierten Arbeiterinnen und Arbeiter, die technische Intelligenz als ihre Aufgabe betrachten." Ob diese Mobilisierung zur betrieblich organisierten Qualifizierung eine Lösung des Facharbeitermangels mit sich bringen
würde, schien zunächst fraglich zu sein. Schnelle Erfolge waren jedenfalls auf
diese Weise nicht zu erwarten. Hinzu kam, daß die Stahl- und Walzwerke bereits
Lehrlinge ausbildeten und personell nicht in der Lage waren, dieses Angebot entsprechend auszuweiten[103]. Nachdem sich Lehrlinge des Stahl- und Walzwerkes
Hennigsdorf mit einer Klage an Walter Ulbricht gewandt hatten, in der sie den
Mangel an Ingenieuren und Technikern in der betrieblichen Berufsausbildung bemängelt hatten, wurde der Staatssekretär für Berufsausbildung, Rudi Wießner,
eingeschaltet, um einen detaillierten Untersuchungsbericht zu erstellen[104]. Wießner bestätigte durchaus selbstkritisch, daß der gesamtwirtschaftliche Bedarf an
Facharbeitern „ungenügend berücksichtigt" worden sei[105]. Bei fast allen Stahlwerken habe man die Errichtung von Ausbildungsstätten „für Berufe, die wirklich in den Stahlwerken benötigt werden", vernachlässigt. Gleichzeitig schlug er
engere Absprachen mit der Staatlichen Plankommission vor, die ihrerseits den
Facharbeiterbedarf der einzelnen Industriezweige nach Schwerpunktberufen ermitteln und bekanntgeben sollte. Nur so könne ein Nachwuchsplan „nach volkswirtschaftlichen Gesichtspunkten" ausgearbeitet werden[106].

Um die Wohnraumsituation zu verbessern, wies das Arbeitsministerium die
Landesregierungen sowie die Räte der kreisfreien Städte und Landkreise an,
Wohnungen der volkseigenen Güter nur für Lehrlinge in der Landwirtschaft be-
reitzustellen[107]. Deren Unterbringung bei Angehörigen des landwirtschaftlichen
Lehrbetriebes wurde ausdrücklich gebilligt. Die Aktivitäten der Wohnungsämter
konzentrierten sich zwar sehr stark auf den primären Sektor – sie beschränkten

101 Ebenda, Bl. 44.
102 SAPMO, NY 4036/446, Bl. 84, Redemanuskript.
103 SAPMO, NY 4182/988, Bl. 79–81, Diskussionsvorschläge vermutlich vom Sommer 1951
(o. Verf.).
104 Ebenda, Bl. 90, Ulbricht am 2. 7. 1951 an Wießner.
105 Ebenda, Bl. 99 f., hier Bl. 99, Wießner am 16. 7. 1951 an Ulbricht.
106 Ebenda.
107 BAB, DQ 2/1755, Rundschreiben Nr. 3/51 vom 9. 7. 1951.

sich jedoch keineswegs nur auf diesen Wirtschaftsbereich. Daneben standen auch die Schwerpunktbetriebe und die Unterbringung der dort beschäftigten Jugendlichen im Mittelpunkt der Wohnraumzuteilung[108]. Auch hier waren nur begrenzt Erfolge zu vermelden: Der zur Verfügung stehende Wohnraum, der noch nicht belegt und zudem einigermaßen bewohnbar war, reichte offensichtlich nicht aus, um den Bedarf abdecken zu können. Darüber hinaus steckte der Wohnungsneubau noch ganz in den Anfängen und konnte zu einem Ausgleich von Angebot und Nachfrage auf dem „Wohnungsmarkt" kaum beitragen. Die Arbeitsverwaltung versuchte außerdem einen überbezirklichen Lehrlingsausgleich einzuleiten, der eine bedarfsgerechte Zuteilung für Kombinate bzw. Betriebe der Schwerindustrie vorsah. Nach Absprachen mit den Landesverwaltungen blieb das Vorhaben in seinen quantitativen Ausmaßen letztlich recht bescheiden: Insgesamt 290 Lehrlinge sollten auf diese Weise neu verteilt werden[109].

Durch die vom Arbeitsministerium angestoßene Mobilisierungskampagne ließ sich das Lehrstellenangebot noch weiter erhöhen. Einem Bericht des Ministeriums für Arbeit, der sich auf Angaben der Fachministerien und Landesverwaltungen stützte, war zu entnehmen, daß in der zentral gelenkten volkseigenen Wirtschaft 9553 und in der örtlichen volkseigenen Industrie 987 Lehrplätze zusätzlich bereitgestellt werden könnten[110]. Die damit verbundenen erhöhten Ausbildungskosten waren zugleich beim Finanzministerium geltend gemacht worden[111]. Nachdem die Berufsausbildung Ende 1951 auch von der Zentralen Kommission für Staatliche Kontrolle kritisch untersucht worden war, sparte das zuständige Staatssekretariat für Berufsausbildung nicht mit der obligatorischen Selbstkritik und legte dem stellvertretenden Ministerpräsidenten Ulbricht einen Maßnahmenkatalog vor, der unter anderem eine Verbesserung der Zusammenarbeit mit den Ländern und Fachministerien anstrebte[112]. Erneut mußten die Landesministerien über die Durchführung des Nachwuchsplanes berichten[113]. Im Frühjahr 1952 legte das Staatssekretariat für Berufsausbildung dem Politbüro den Entwurf für einen Berufsausbildungsvertrag vor, der zunächst nur für die volkseigene Wirtschaft galt, langfristig aber auch in der Privatwirtschaft Anwendung finden sollte. Der weiteren Verrechtlichung der Berufsausbildung – so legte der Vertrag z.B. die Ausbildungs- und Arbeitszeit, Entlohnung, sowie die Verpflichtungen des Betriebes und des Lehrlings fest – stimmte das SED-Führungsgremium zu[114]. Nach einem Beschluß der DDR-Regierung vom 28. August 1952 sollten sich Maßnahmen zur weiteren Verbesserung der Berufsausbildung, die insgesamt sehr vage gehalten waren, auf Bauwirtschaft, Landwirtschaft und Handel beschrän-

---

[108] Ebenda, Hausmitteilung der Abt. Wohnraumlenkung für das HR Nachwuchslenkung vom 31. 7. 1951.
[109] Ebenda, Plan für den überbezirklichen Ausgleich der Länder.
[110] BAB, DC 20 I/3–71, Bl. 36–40, hier Bl. 38, Bericht des Ministeriums für Arbeit vom 16. 8. 1951.
[111] Ebenda, Bl. 39.
[112] BAB, DC 20 Teilbestand Ulbricht/3968, Bl. 118–144, Wießner am 5. 2. 1952 an Ulbricht.
[113] Vgl. BAB, DQ 2/1755, Ministerium für Wirtschaft und Arbeit der Landesregierung Brandenburg am 15. 2. 1952 an das Ministerium für Arbeit, S. 13; ebenda, Ministerium für Wirtschaft und Arbeit des Landes Sachsen am 25. 2. 1952 an das Ministerium für Arbeit, S. 3f.
[114] SAPMO, DY 30/IV 2/2/209, Bl. 12 und 41–47, Protokoll der Sitzung des Politbüros am 29. 4. 1952.

ken[115]. Gleichzeitig erhielten die Minister für Hüttenwesen und Erzbergbau, für Maschinenbau sowie für Kohle und Energie den Auftrag, den Ausbau der Lehrwerkstätten in ausgewählten Betrieben bzw. Kombinaten zu überwachen[116]. Darüber hinaus beschloß der Ministerrat, daß das Arbeitsministerium und die einzelnen Fachministerien dafür sorgen sollten, die Erfassung und die Qualifizierung der Jugendlichen zu verbessern[117]. Die SKK ließ sich über den Ausbau der Berufsausbildung unterrichten und bat Anfang 1953 um eine Aufstellung der Berufsschulen sowie der Ausbildungskosten[118].

[115] BAB, DC 20 I/3–128, Bl. 7 und 33 f.
[116] Ebenda, Bl. 35. Dazu gehörten im einzelnen: die Stahl- und Walzwerke in Riesa, Gröditz und Brandenburg, der Stahlbau Leipzig, die Niles-Werke Berlin, die Maschinenfabrik Meuselwitz/Th., der Schwermaschinenbau Wildau, die Warnowwerft Warnemünde, der Zwickauer Steinkohlenbergbau und die Energiebezirke Ost und West.
[117] Ebenda, Bl. 36 f.
[118] Vgl. BAB, DQ 2/936, Wießner am 16. 1. 1953 an die SKK (Novikow).

5. Die gruppenspezifische Arbeitskräftelenkung

Flüchtlinge und Vertriebene

Bereits Ende der vierziger Jahre hatte sich abgezeichnet, daß gezielte arbeitsmarktpolitische Programme für die „Umsiedler" bis auf wenige Ausnahmen[1]
nicht vorgesehen waren. Aus sicherheits- aber auch aus gesamtwirtschaftlichen
Erwägungen heraus verzichteten SED-Führung und DWK auf solche Maßnahmen zugunsten einer Bevölkerungsgruppe. Flüchtlinge und Vertriebene waren für
die Arbeitsverwaltung nicht wegen ihrer Herkunft interessant, sondern – wie die
Gesamtbevölkerung überhaupt – im Hinblick auf ihre Arbeitsfähigkeit. Die Arbeitsmarktpolitik zielte insgesamt auf eine stetige Erhöhung der Erwerbstätigenzahlen, so daß die Eingliederung der „Umsiedler" in die Teilarbeitsmärkte diesem
Ziel untergeordnet wurde. Von ausschlaggebender Bedeutung war in der sich verschärfenden Systemauseinandersetzung zwischen Ost und West, und damit zwischen der DDR und der Bundesrepublik, die Beseitigung der Arbeitslosigkeit.
Unter den in der SBZ bzw. der frühen DDR registrierten Arbeitslosen stellten
weibliche „Umsiedler" einen überproportional hohen Anteil[2]. Da Flüchtlinge
und Vertriebene ab Frühjahr 1949 in der Arbeitsmarktstatistik nicht mehr separat
ausgewiesen wurden, ist im übrigen eine Analyse des weiteren Integrationsver-
laufs nicht möglich. Sowohl die Landesverwaltungen als auch das Ministerium für
Arbeit wandten sich dagegen, die statistische Erhebung über die Zahl der erwerbslosen „Umsiedler" fortzuführen oder sogar zu verfeinern. So betonte etwa
das brandenburgische Ministerium für Arbeit und Sozialwesen, daß „das Problem
der arbeitslosen Umsiedler nicht durch Erweiterung einer Statistik gelöst wird"[3].
Die Landesverwaltungen riefen zwar in unregelmäßigen Abständen dazu auf,
arbeitsuchende Vertriebene bevorzugt zu vermitteln[4]; darüber entschied aber
letztlich die konkrete Arbeitsmarktsituation in den Städten und Gemeinden. Des
weiteren verband sich für die „Umsiedler" die Arbeitsplatzsuche mit der Wohn-

---

[1] Dazu zählte vor allem das Kunsthandwerk in Thüringen. Vgl. Kapitel I.6.

[2] BAB, DQ 2/906, Bl. 245, Staatssekretär Peschke am 3. 12. 1949 an alle Landesregierungen. Der Anteil der Arbeitslosen unter den registrierten „Umsiedlern" lag auch Anfang der fünfziger Jahre noch
über dem der eingesessenen Bevölkerung. Zum 31. 1. 1950 meldete Thüringen eine durchschnittliche Arbeitslosenquote von 3,71%; dieser Anteil lag dagegen bei den Vertriebenen bei 6,35%. Vgl.
BAB, DQ 2/1726, Arbeitsplan des thüringischen Ministeriums für Arbeit und Sozialwesen (HA
Arbeit und Sozialfürsorge) vom 24. 6. 1950 für das II. Halbjahr 1950, S. 5.

[3] BAB, DQ 2/1245, Ministerium für Arbeit und Sozialwesen der Landesregierung Brandenburg am
6. 12. 1949 an das Ministerium für Arbeit und Gesundheitswesen.

[4] Vgl. BAB, DQ 2/1726, Arbeitsplan des thüringischen Ministeriums für Arbeit und Sozialwesen
(HA Arbeit und Sozialfürsorge) vom 24. 6. 1950 für das II. Halbjahr 1950, S. 5. Die LDP schlug im
Sommer 1950 vor, Erleichterungen für die Rückkehr der „Umsiedler" in ihre früheren Berufe zu
schaffen. So sollte beispielsweise die Zulassung und Gründung von Gewerbebetrieben ehemals
Selbständiger erleichtert und gefördert werden. ADL, LDPD, 2095, Vorschläge der LDP vom 8. 8.
1950 zum Fünfjahrplan, S. 47. Generell galt, daß Flüchtlinge und Vertriebene bei der Arbeitsplatz-
suche flexibel sein mußten und oftmals eine Beschäftigung zu akzeptieren hatten, die ihrer Ausbildung und ihrem bisherigen Berufsweg nicht entsprach. Das Sekretariat des ZK beauftragte Ende
September 1950 die Landesregierung Mecklenburg, „Umsiedler, soweit sie arbeitsfähig sind, in den
Produktionsprozeß einzugliedern und ihnen den Umzug an den Arbeitsplatz zu ermöglichen."
SAPMO, DY 30/J IV 2/3/141, Bl. 7. Da der Beschluß allerdings mit keinen Auflagen oder weiteren
ergänzenden Anlagen versehen war, handelte es sich hierbei nur um eine unverbindliche Absichtserklärung.

raumsuche; letzteres stellte mitunter ein Hindernis für die Seßhaftwerdung der Neuankömmlinge insgesamt dar und erschwerte die berufliche Integration zusätzlich. Schließlich darf nicht übersehen werden, daß Flüchtlinge und Vertriebene bei der Arbeitsplatzsuche mit der eingesessenen Bevölkerung um ein knappes Gut konkurrierten.

Auf die Bedeutung der Binnenwanderung für die Integration der Flüchtlinge und Vertriebenen wurde bereits im vorherigen Kapitel hingewiesen. Dieser Prozeß war mit der DDR-Gründung keineswegs abgeschlossen. Zu diesem Zeitpunkt begannen die Arbeitsämter das Bestreben zahlreicher „Umsiedler" zu registrieren, in die Bundesrepublik abzuwandern[5]. Somit trat zur Binnenwanderung auch noch das Phänomen der Westflucht hinzu, das nunmehr immer bedeutsamer werden sollte und auch die Arbeitsverwaltung zunehmend in den Bann zog, da sich in dieser Gruppe ein nicht unbeträchtlicher Anteil Jugendlicher und Facharbeiter befand. Die Arbeitsämter wurden aufgefordert, eine detaillierte Erhebung des Facharbeiterbedarfs durchzuführen, um eine bedarfsgerechte Steuerung der Arbeitskräfte zu garantieren. Auf diese Weise sollte der Gefahr einer Abwanderung von qualifizierten Arbeitern begegnet werden. Anfang der fünfziger Jahre gab es außerdem noch vereinzelte „Umsiedler"-Transporte aus Polen, unter denen sich offensichtlich eine größere Anzahl von Bergarbeitern befand, die direkt in den Steinkohlenbergbau bei Zwickau-Oelsnitz oder zum Mansfelder Schieferbergbau weitergeleitet werden sollten[6]. Solche Transporte blieben zwar die Ausnahme und stellten an die Arbeitsverwaltung nicht mehr dieselben Anforderungen wie in den ersten Nachkriegsjahren, als Tausende von Flüchtlingen mit Wohnraum und mit Arbeit versorgt werden mußten. Dabei kam es aber nach wie vor zu zahlreichen Fehlvermittlungen[7], d. h. berufsfremdem Einsatz von „Umsiedlern", welche die zuständigen Arbeitsämter nachträglich korrigieren mußten[8].

Obwohl die Flucht- und Wanderungsbewegung in den Westen Deutschlands unmittelbar nach Gründung der DDR eingesetzt hatte[9], blieb die Anzahl der „Umsiedler" und deren Anteil an der Gesamtbevölkerung zunächst nahezu konstant. Mitte 1953 registrierte das Staatssekretariat für Innere Angelegenheiten rund 4 312 000 Vertriebene, was einem Bevölkerungsanteil von 24,2 Prozent entsprach[10]. Rückblickend wurde besonders die Eingliederung in die öffentliche Ver-

---

[5] Im Arbeitsministerium kursierten wilde Spekulationen: Einzelne Mitarbeiter gingen davon aus, daß etwa 70% der Umsiedler den Wunsch äußern würden, in die Bundesrepublik zu ziehen. BAB, DQ 2/1720, Aktenvermerk Walters vom 4. 5. 1951. Nach Angaben Meinickes befanden sich unter den mindestens 2,7 Millionen Menschen, die bis zum Mauerbau 1961 die DDR verließen, etwa 950 000 Vertriebene. Meinicke, Flüchtlinge, S. 79. Bei Heidemeyer liegen die Zahlangaben – auf der Basis der Volkszählung 1961 – niedriger. Vgl. Heidemeyer, Flucht und Zuwanderung, S. 44. Vgl. zuletzt: Heidemeyer, Vertriebene als Sowjetzonenflüchtlinge.

[6] BAB, DQ 2/1720, IG Bergbau, Zentralvorstand Halle, am 3. 3. 1950 an den FDGB-Bundesvorstand (Abt. Sozialpolitik).

[7] Diese beschränkten sich im wesentlichen auf Sachsen-Anhalt. Vgl. BAB, DQ 2/1720, Aktenvermerk (o.Verf.) vom 1. 8. 1951.

[8] Vgl. LA Magdeburg LHA, Rep. K MW, Nr. 9448, Ministerium für Arbeit (Abt. Arbeitskraftlenkung) am 1. 8. 1951 an das Ministerium für Wirtschaft (Abt. Arbeitskraftlenkung) von Sachsen-Anhalt.

[9] Vgl. dazu die Zahlenangaben bei Heidemeyer, Flucht und Zuwanderung, S. 44.

[10] BAB, DQ 2/49, Bl. 135 f., hier Bl. 135, Notiz des Staatssekretariats für Innere Angelegenheiten (Abt. Bevölkerungspolitik) vom 30. 7. 1953.

waltung hervorgehoben: So waren am 31. März 1949 insgesamt 72865 „Umsiedler" in der Verwaltung beschäftigt, 8734 bei der Post, 35350 bei der Reichsbahn sowie 23411 als Lehrer[11]. Eine systematische Erhebung war allerdings nicht durchgeführt worden; vielmehr handelte es sich nur um Einzelergebnisse. Auch wenn in den Berichten der Innenverwaltung partiell Kritik am Integrationsverlauf geübt wurde bzw. Hürden benannt wurden[12], blieb doch das Gesamtergebnis eindeutig: Aus Sicht der DDR-Regierung und der SED-Führung war die Eingliederung der Flüchtlinge und Vertriebenen in der DDR bereits zu Beginn der fünfziger Jahre erfolgreich abgeschlossen worden. Unterstützende Sondermaßnahmen und eine weitere kontinuierliche Untersuchung dieses keineswegs reibungslos verlaufenden Prozesses wurden jedoch nicht mehr für notwendig erachtet.

Frauen

Obwohl die Arbeitsverwaltung frühzeitig die Einbeziehung von erwerbsfähigen Frauen in den Produktionsprozeß propagierte, verhinderten zahlreiche retardierende Faktoren die reibungslose Umsetzung dieses Ziels. Auf die vergleichsweise hohe Beschäftigungslosigkeit unter den Frauen ist bereits aufmerksam gemacht worden. Auch hierbei gab es unterschiedliche Entwicklungen in den einzelnen Ländern: So meldete das sächsische Ministerium für Arbeit und Sozialwesen ein stetiges Ansteigen der Arbeitslosenquote von 40 Prozent (Dezember 1947) über 55 Prozent (Dezember 1948) auf 75 Prozent (Dezember 1949)[13]. Als Ursachen für diese Entwicklung wurden der Niedergang der Textil- und Bekleidungsindustrie mit seinem hohen Anteil an weiblichen Arbeitskräften sowie der überproportional hohe Anteil von ungelernten Hilfskräften unter den Frauen genannt. Diese Beschäftigtengruppen seien in Sachsen am stärksten von der Entlassungswelle in der ersten Hälfte des Jahres 1949 betroffen gewesen und hätten bis zum Jahresende auch nur zum Teil den Wiedereinstieg ins Berufsleben gefunden[14]. Im September 1949 leiteten die Landesverwaltungen eine Kampagne mit dem Ziel ein, den Frauenanteil in der Industrie zu erhöhen. In dem Zusammenhang überprüfte etwa das thüringische Ministerium für Arbeit und Sozialwesen bis zum Februar 1950 insgesamt 1384 Betriebe. Dabei wurden – wie Minister Willi Albrecht gegenüber Ministerpräsident Werner Eggerath mitteilte – 8179 Arbeitsplätze festgestellt, die für Frauen geeignet schienen und offenbar „zum größten Teil" auch durch Frauen besetzt werden konnten[15].

[11] Ebenda.
[12] So beanstandete das Staatssekretariat für Innere Angelegenheiten in einem Bericht Ende 1953, daß die „Umsiedler" an der „allgemeinen Aufwärtsentwicklung der Bevölkerung nicht in vollem Maße Anteil" genommen hätten, obwohl sie von Anfang an als „gleichberechtigte Staatsbürger behandelt" worden seien. Erst mit dem Umsiedlergesetz 1950 habe sich diese soziale Ungleichheit geändert. BAB, DQ 2/49, Bl. 140–144, hier Bl. 140, Erläuterungen des Staatssekretariats für Innere Angelegenheiten (Abt. Bevölkerungspolitik) vom 20. 10. 1953.
[13] BAB, DQ 2/1073, Situationsbericht des Ministeriums für Arbeit und Sozialwesen der Landesregierung Sachsen vom 13. 1. 1950 an das Ministerium für Arbeit und Gesundheitswesen, S. 1.
[14] Ebenda.
[15] ThHStA, Land Thüringen, Büro des Ministerpräsidenten, Bd. 1683–1684, Bl. 338 f., hier Bl. 338, Minister für Arbeit und Sozialwesen des Landes Thüringen am 25. 3. 1950 an den Ministerpräsidenten.

Um die berufliche Frauenförderung zwischen den Fachministerien besser abstimmen zu können, beabsichtigte das Ministerium für Arbeit und Gesundheitswesen, einen Arbeitsausschuß zu bilden, „der in monatlichen Tagungen die jeweils erforderlichen Aufklärungsmaßnahmen beschließt und die einzelnen Aufgaben verteilt"[16]. Neben zahlreichen Ministerien[17] sollten dem Gremium auch die Massenorganisationen (FDGB, DFD, FDJ, Kulturbund, VdgB) angehören. Innerhalb des Ministeriums wurde die Abteilung Mutter und Kind mit der Federführung beauftragt[18], die umgehend Vorschläge für ein Arbeitsprogramm des geplanten Ausschusses ausarbeitete[19]. Diese beschränkten sich auf Propagandaaktivitäten in Presse, Rundfunk, Film und Ausstellungen. Der Erfolg dieser Maßnahmen war jedoch sehr stark von der Mitarbeit der übrigen Abteilungen des Arbeitsministeriums, der beteiligten Fachministerien aber auch der Landes- und Kommunalverwaltung abhängig. Die Abteilung Mutter und Kind verfügte nicht über die personellen Ressourcen, um die ambitionierte Zielsetzung alleine durchführen zu können. Das größte Hindernis befand sich aber auf betrieblicher Ebene, da hier über die zusätzliche Beschäftigung von Frauen letztlich entschieden wurde. Gegenüber dem Zentralausschuß für Berufsausbildung bestand von Anfang an eine klare Aufgabentrennung: Während der Zentralausschuß die berufliche Qualifizierung von Frauen vorantreiben sollte, fiel dem Arbeitsausschuß zur Förderung der Frauenarbeit die Aufgabe zu, „die Vorurteile weiter Bevölkerungskreise [...] durch Aufklärung beseitigen [zu] helfen"[20]. Die Tätigkeit des neu geschaffenen Gremiums beschränkte sich daher auf die Planung und Durchführung von Werbe- und Propagandamaßnahmen. Der Vorschlag der FDJ-Vertreterin Lesser, auf die Bildung des Arbeitsausschusses zu verzichten und statt dessen die Mitarbeit im Zentralausschuß zu verstärken und dessen Aufgabenfeld zu erweitern, fand dagegen keine Unterstützung[21].

Auch das Ministerium für Planung erkannte im Sommer 1950, daß der verstärkte Fraueneinsatz in der Wirtschaft nicht reibungslos verlief und die erhofften Erfolge ausblieben. Während die Zahl der vollerwerbsfähigen arbeitsuchenden Männer kontinuierlich gesunken war, hatte bei den erwerbsfähigen Frauen ein gegenläufiger Prozeß eingesetzt[22]. Dem stetigen Ansteigen der Zahl arbeitsuchender Frauen, das eigentümlicherweise nur mit den Folgen der Währungsreform 1948 in kausalen Zusammenhang gebracht wurde, entsprach kein erweitertes Arbeitsplatzangebot. In der Konsequenz stieg die Arbeitslosenquote bei Frauen. Einzelne Landesverwaltungen wie etwa in Sachsen waren daher dazu übergegangen, im Zuge von sogenannten Umsetzungen und durch einen zwischenbezirklichen Ausgleich den beruflichen Einsatz von Frauen zu forcieren, um dadurch den

16 BAB, DQ 2/1073, Vermerk von Minister Steidle vom 25. 5. 1950.
17 Ministerium des Innern, Ministerium für Planung, Ministerium für Industrie, Ministerium für Land- und Forstwirtschaft, Ministerium für Volksbildung, Ministerium für Verkehr, Ministerium für Post- und Fernmeldewesen, Ministerium für Arbeit und Gesundheitswesen, Amt für Information.
18 BAB, DQ 2/1073, Aktenvermerk der Abt. II a vom 6. 6. 1950.
19 Ebenda, Vorschläge der Abt. Mutter und Kind vom 6. 6. 1950.
20 Ebenda, Protokoll über die 1. Sitzung des Arbeitsausschusses zur Förderung der Frauenarbeit, S. 4.
21 Ebenda.
22 BAB, DE 1/10105, Bl. 1–7, hier Bl. 2, Bericht des Ministeriums für Planung vom 22. 6. 1950.

Bedarf an männlichen Arbeitskräften mittelfristig abdecken zu können. Die Arbeitsämter wurden aufgefordert, zunächst einmal regelmäßige Betriebsbegehungen durchzuführen, um den konkreten Arbeitskräftebedarf und die Möglichkeiten zur „Umsetzung" von weiblichen Beschäftigten genau festzustellen. Das Ministerium für Planung mußte jedoch feststellen, daß sich zahlreiche Arbeitsämter an die erteilten Anweisungen nicht hielten und nur vereinzelte Untersuchungen in den Betrieben vornahmen. Dadurch blieb der Erfolg dieser Aktion, die zudem mit einem erheblichen Verwaltungsaufwand verbunden war, von vornherein sehr stark begrenzt[23]. Auch die eingeleiteten Maßnahmen zur Umschulung von weiblichen Arbeitskräften wurden offensichtlich in den Ländern „sehr schlecht" durchgeführt. Auch hierbei erwiesen sich die Betriebe als eigentliches Hindernis: „Die Aufnahme weiblicher Umschüler wird von VEB und SAG unter der Begründung, daß die Senkung der Selbstkosten dadurch gefährdet sei und unter Hinweis auf eine mangelnde Arbeitsdisziplin der Frauen, sehr häufig abgelehnt."[24]

Die Abteilung Mutter und Kind, die bekanntlich den Arbeitsausschuß zur Förderung der Frauenarbeit anleitete, begann rasch ein Grundsatz- und Arbeitsprogramm auszuarbeiten. Demzufolge war es erklärtes Ziel, „im Laufe der nächsten Jahre" etwa 250000 Arbeitskräfte aus dem Kreis der nichterwerbstätigen Frauen zu gewinnen[25]. Nach Einschätzung der Abteilung des Arbeitsministeriums umfaßte der relevante Personenkreis insgesamt rund 2 Millionen erwerbsfähige Frauen, die von der Arbeit freigestellt worden waren, sowie 400000 voll arbeitsfähige Frauen, die bisher keine Beschäftigung gesucht hatten. Die Beschäftigungspraxis der volkseigenen und der privaten Betriebe hatte in der Vergangenheit jedoch mehrfach deutlich werden lassen, daß auch unter dem Einsatz von Werbung und Propaganda nicht zwangsläufig mit einem Erfolg arbeitsmarktpolitischer Programme zu rechnen war. Dieser Umstand wurde von der Abteilung Mutter und Kind aber nicht weiter berücksichtigt[26], und auch die übrigen Abteilungen des Arbeitsministeriums wiesen auf die problematische Ausgangslage ihrerseits nicht hin. Käthe Kern, die Leiterin der Abteilung Mutter und Kind, präsentierte das Grundsatz- und Arbeitsprogramm auf der zweiten Sitzung des Arbeitsausschusses am 6. Juli 1950. Dabei hob sie besonders hervor, daß vorwiegend Hausfrauen und ehemals berufstätige Frauen als Arbeitskräfte zu gewinnen seien[27]. Dazu müßten betriebliche Sozialeinrichtungen geschaffen werden, damit die Betreuung von Klein- und Schulkindern gesichert und die Mütter entlastet würden. Kern gelangte zu der überraschenden Einschätzung, die bisher vorliegenden Meldungen der Landesverwaltungen hätten gezeigt, daß Frauen auch in anderen, d.h. berufsfremden Beschäftigungsverhältnissen einsteigen könnten. Dagegen hatten jedoch die Landesministerien in ihren Berichten sowohl das Arbeitsplatzangebot für Frauen als auch die berufliche Mobilität stark in Zweifel gezogen. Letztlich blieb es dabei: Der Arbeitsausschuß beschäftigte sich weniger

23 Ebenda, Bl. 2 f.
24 Ebenda, Bl. 4.
25 BAB, DQ 2/1073, Denkschrift der Abt. Mutter und Kind vom 5. 7. 1950, S. 1.
26 Vgl. ebenda, Arbeitsprogramm der Abt. Mutter und Kind für den Arbeitsausschuß vom 5. 7. 1950.
27 BAB, DQ 2/1073, Protokoll über die 2. Sitzung des Arbeitsausschusses am 6. 7. 1950, S. 2.

mit arbeitsmarktpolitischen Maßnahmen zugunsten der Frauen als vielmehr mit der Propagierung bestehender arbeitsrechtlicher Bestimmungen. Die einzige konkrete Forderung, die auch Käthe Kern wiederholt vorgebracht hatte, bezog sich auf den Ausbau des betriebsgebundenen Kindergartennetzes in der DDR, um Frauen den Einstieg in die Arbeitswelt prinzipiell zu erleichtern. Diese inhaltliche Ausrichtung des Gremiums, an dem sich die Fachministerien offenbar nur noch formell beteiligten, spiegelte sich auch in einem weiteren Arbeitsprogramm wider, das die Vorsitzende am 16. August vorlegte[28]. Darin wurde das Ministerium für Planung allerdings aufgefordert, in Zusammenarbeit mit dem Ministerium für Arbeit und Gesundheitswesen den Frauenanteil in den jeweiligen Arbeitskräfteplänen der volkseigenen Betriebe festzulegen[29]. Diese Aufgabenstellung war auf den ersten Blick neu, entsprach aber durchaus den Zielen der allgemeinen Wirtschaftsplanung. Von entscheidender Bedeutung war, inwieweit es gelang, die aufgestellten Prozentsätze gegenüber den Betrieben durchzusetzen. Das Arbeitsprogramm enthielt die utopische Forderung, den Anteil der weiblichen Beschäftigten in der Verwaltung bis zum Ablauf des Fünfjahrplanes auf mindestens 50 Prozent zu steigern[30].

In der DDR sank nach Berechnungen des thüringischen Ministeriums für Arbeit und Sozialwesen der Frauenanteil an den Gesamtbeschäftigten zwischen Juni 1949 und Juni 1950 von 37,3 auf 36,4 Prozent. Dabei ergaben sich unterschiedliche Entwicklungen in den einzelnen Ländern[31]: Während Sachsen einen geringen Rückgang um 0,9 Prozent meldete, lag er in Mecklenburg am höchsten (–3 Prozent); dazwischen befanden sich Sachsen-Anhalt[32] (–1 Prozent) und Brandenburg (–1,4 Prozent). Die thüringische Landesverwaltung verwies mit Genugtuung darauf, daß Thüringen das einzige Land sei, in dem die Frauenerwerbsquote leicht gestiegen sei – von 36,24 auf 36,77 Prozent. Eine wichtige Voraussetzung für die Erhöhung der Frauenerwerbsquote war ohne Zweifel der Bau von Kindergärten und betrieblichen Kinderkrippen. Zusätzliche Investitionsmittel mußten dafür zur Verfügung gestellt werden. Für den Volkswirtschaftsplan 1951 konnten sich die Staatliche Plankommission und das Ministerium für Gesundheitswesen am 30. März 1951 auf die Verteilung der Finanzmittel in Höhe von 50,1 Millionen DM auf die einzelnen Fachministerien einig werden: Die mit Abstand höchsten

---

[28] Ebenda, Arbeitsprogramm für den Arbeitsausschuß, ausgearbeitet von der Abt. Mutter und Kind (Kern) am 16. 8. 1950.

[29] Ebenda, S. 2.

[30] Ebenda, S. 3. Nach Berechnungen des Ministeriums für Arbeit und Gesundheitswesen (Abt. Mutter und Kind) befanden sich Ende 1949 im Verwaltungsapparat der DDR-Regierung insgesamt 134 Frauen (vom Referenten aufwärts). Auf Landesebene war die sächsische Landesregierung Spitzenreiter (1182 Frauen), gefolgt von Mecklenburg (239), Brandenburg (217), Thüringen (194) und Sachsen-Anhalt (175). BAB, DQ 2/1073, Hausmitteilung der Abt. Mutter und Kind für Minister Steidle vom 16. 12. 1949.

[31] ThHStA, Land Thüringen, Büro des Ministerpräsidenten, Bd. 1692–1699, Bl. 284–300, hier Bl. 285, Bericht des Ministeriums für Arbeit und Sozialwesen Thüringens vom 15. 9. 1950 für den Ministerpräsidenten.

[32] Nach Angaben des Ministeriums für Wirtschaft der Landesregierung Sachsen-Anhalt betrug der Frauenanteil in der volkseigenen Wirtschaft Ende 1950 23,2% und sollte innerhalb eines Jahres auf 30,4% gesteigert werden. BAB, DQ 2/1755, Bericht des Ministeriums für Wirtschaft (HA Arbeit) in Halle an das Ministerium für Arbeit vom 10. 12. 1951, S. 3.

Summen (10,5 bzw. 11,5 Millionen DM) waren demnach für die Bereiche Kohle, Maschinenbau und Leichtindustrie vorgesehen[33].

Die Arbeitsverwaltung begann erst im Laufe des ersten Halbjahrs 1951 ihre Propagandaaktivitäten zur Steigerung der weiblichen Beschäftigtenquote massiv zu verstärken. Dabei machte sich wiederum eine gewisse Planungseuphorie breit:

Tabelle 19: prozentualer Anteil der Frauen an der Gesamtzahl der unselbständig Beschäftigten nach Berufsordnungen und -gruppen[34]

	15. 5. 1950	30. 11. 1950	15. 6. 1951
Ackerbauer, Tierzüchter, Gartenbauer	49,3	51,0	50,2
Forst-, Jagd- und Fischereiberufe	37,8	31,4	36,7
bergmännische Berufe	5,9	3,5	6,6
Steingewinner und -verarbeiter, Keramiker	21,5	23,4	23,0
Glasmacher	30,3	30,1	30,3
Bauberufe	5,9	6,6	6,8
Maurer	–	0,3	0,9
Metallerzeuger und -verarbeiter	7,0	9,0	9,1
Dreher	–	7,0	–
Schlosser	1,0	2,1	2,9
Metalleinbauer	18,9	15,5	25,2
Elektriker	6,9	8,4	9,2
Chemiewerker	34,6	37,4	38,4
Kunststoffverarbeiter	41,8	44,4	41,5
Holzverarbeiter und zugehörige Berufe	10,2	10,0	10,4
Tischler	1,0	1,4	1,7
Papierhersteller und -verarbeiter	61,8	62,0	62,9
graphische Berufe	30,3	33,1	32,7
Textilhersteller und -verarbeiter	77,3	77,2	78,4
Lederhersteller	34,2	35,3	36,9
Nahrungs- und Genußmittelhersteller	47,3	47,6	50,0
Hilfsberufe der Stofferzeugung	28,9	31,3	32,2
Ingenieure und Techniker	3,2	3,8	3,1
technische Sonderfachkräfte	48,0	42,1	45,5
Maschinisten und zugehörige Berufe	2,1	3,2	3,1
kaufmännische Berufe	45,9	48,6	49,8
Verkehrs- und Gaststättenberufe	15,5	17,4	16,4
hauswirtschaftliche Berufe	99,9	99,8	99,8
Reinigungsberufe	92,0	91,2	91,6
Gesundheitsdienst und Körperpflegeberufe	69,6	71,1	72,1
Volkspflegeberufe	84,3	78,5	79,0
Verwaltungs- und Büroberufe	45,2	53,2	54,4
Rechts- und Sicherheitsberufe	16,0	21,8	22,1
Erziehungs- und Lehrberufe (Seelsorger)	51,7	51,2	50,8
Bildungs- und Forschungsberufe	41,7	41,4	39,6
künstlerische Berufe	21,1	21,1	20,4

Quelle: BAB, DQ 2/3804, Bl. 72, Statistik der HA Arbeit vom 27. 9. 1951.

[33] BAB, DQ 2/3804, Bl. 76.
[34] Bei den Berufsgruppen wurden die DDR-Bezeichnungen übernommen.

So entwickelte das Arbeitsministerium im Juni 1951 ambitionierte Richtsätze für die Metallindustrie, die einen Frauenanteil zwischen 5 und 20 Prozent vorsahen[35]. Die Umstrukturierung der Arbeitsämter Mitte 1951 warf die statistische Erhebung der Erwerbsbevölkerung insgesamt gesehen etwas zurück. Neben der bereits mehrfach angesprochenen Eingliederung der Arbeitsämter in die Kommunalverwaltungen ist außerdem noch auf die Überleitung des Fachbereichs Nachwuchslenkung in die Zuständigkeit des Staatssekretariats für Berufsausbildung zu verweisen. So verwunderte es auch nicht, als Abteilungsleiter Heisig auf Anfrage des Dresdener Lehrstuhls für Betriebswissenschaften und Normung betonte, daß eine Aufstellung der gelernten, angelernten sowie der fachlich qualifizierten weiblichen Arbeitskräfte momentan nicht möglich sei[36]. Statt dessen lieferte er eine Statistik, die den prozentualen Frauenanteil in den einzelnen Berufsgruppen enthielt und somit zumindest die Schwerpunkte der Frauenbeschäftigung deutlich werden ließ.

Nach Auswertung der betrieblichen Personalkarteien kam die Abteilung Arbeitskraftlenkung zum Ergebnis, daß der Anteil der beschäftigten Frauen in der volkseigenen Wirtschaft Ende 1951 durchschnittlich 30,4 Prozent betrug[37]. Der im Volkswirtschaftsplan 1951 festgesetzte Frauenanteil von 32 Prozent war somit nicht erreicht worden. Vor allem in folgenden Wirtschaftsbereichen konnte das Planziel mit Abstand nicht erfüllt werden: Elektrotechnik, Feinmechanik und Optik, Chemie, Bauindustrie, Holzverarbeitung, Textilindustrie, polygraphische Industrie und Lebensmittelindustrie. Als Gründe für diese Entwicklung gab die Fachabteilung des Arbeitsministeriums als erstes an, daß zahlreiche Betriebe es nach wie vor ablehnen würden, Frauen in Berufen, die zuvor Männern vorbehalten waren, zu beschäftigen. Gleichzeitig wurde die fehlende berufliche Qualifizierung betont, die eine Anstellung in Facharbeiterberufen von vornherein ausgeschlossen hätte. Negative Auswirkungen für die Frauenbeschäftigtenrate hatten offensichtlich auch die zunehmende Entwicklung der Arbeitsproduktivität, die mit einer Rationalisierung und einem Stellenabbau teilweise einherging, sowie Veränderungen der Produktionsauflagen, die zu einer Veränderung der Arbeitskräftepläne geführt hatten. Abschließend verwies die Abteilung Arbeitskraftlenkung auf die „noch immer unzureichenden sanitären, sozialen und hygienischen Einrichtungen in den Betrieben, die die Beschäftigung von Frauen erschweren"[38]. Zuwachsraten beim Frauenanteil konnten in der Privatwirtschaft[39] erzielt werden, während die Quote in der Landwirtschaft gesunken war[40], sich aber immer noch auf relativ hohem Niveau befand.

Nachdem der Bericht auch dem DDR-Ministerrat vorgelegt worden war, beschäftigte sich dieser Anfang Mai 1952 mit arbeitsmarktpolitischen Maßnahmen zur Steigerung der Frauenerwerbsquote und faßte einen Beschluß „über die Ein-

---

[35] BAB, DQ 2/1859.
[36] BAB, DQ 2/3804, Bl. 70f., Abteilungsleiter Heisig am 1. 10. 1951 an den Lehrstuhl für Betriebswissenschaften und Normung der TH Dresden (Dipl.-Ing. Weinhold).
[37] BAB, DQ 2/844, Bericht der Abt. Arbeitskraftlenkung vom 28. 4. 1952 an die SPK (Planung der Arbeitskräfte), S. 1.
[38] Ebenda.
[39] Ebenda, S. 2. Bei den SAG-Betrieben war der Frauenanteil von 22 auf 21,8% zurückgegangen.
[40] Von 55,1% (Dez. 1950) auf 47,5% (Dez. 1951). Ebenda, S. 3.

beziehung von Frauen in den Arbeitsprozeß"[41]. Darin wurde das Ministerium für Arbeit beauftragt, dafür zu sorgen, daß die Abteilungen für Arbeit bei den Räten der Stadt- und Landkreise die betrieblichen Kontrollen wieder verstärkt aufnehmen, damit der festgelegte Frauenanteil auch eingehalten wird[42]. Sollten die Kontrollen ergeben, daß die Betriebe durchaus in der Lage sind, über die im Arbeitskräfteplan enthaltenen Quoten hinaus mehr Frauen einzustellen, waren die Betriebsleitungen dazu zu veranlassen. Darüber hinaus sollten in allen Betrieben „Arbeitsplatzanalysen" durchgeführt werden, um die Arbeitsplätze zu ermitteln, die besonders für Frauen geeignet waren. Die Fachministerien und Staatssekretariate wurden angehalten, dem Ministerium bei der Durchführung dieser Maßnahmen behilflich zu sein[43]. Zwischen dem 31. Mai und dem 30. August 1952 führte das Ministerium für Arbeit nach eigenen Angaben insgesamt 2799 Betriebsüberprüfungen durch (1524 VEB und 1275 Privatbetriebe)[44]. Auch wenn die Entwicklung im ersten Halbjahr 1952 hinter den gesteckten Planzielen insgesamt zurückblieb, konnte doch zumindest in einzelnen Wirtschaftsbranchen ein aus Sicht der Planungsverwaltung befriedigendes Zwischenergebnis vorgelegt werden: Letzteres galt unter anderem für die Plangruppen Bergbau, Guß- und Schmiedehandwerk, Grundchemie, Leder- und Bekleidungsindustrie sowie Bauindustrie[45]. Im dritten Quartal 1952 lagen weitere punktuelle Verbesserungen vor: So war es offenbar gelungen, das Planziel in der volkseigenen örtlichen Industrie fast zu erreichen (32,1 gegenüber 32,9 Prozent)[46]. Dagegen war das Planziel in der volkseigenen zentral gelenkten Industrie noch nicht erreicht worden (32,6 gegenüber 36,7 Prozent). Für die SAG-Betriebe waren die Vorgaben nach unten korrigiert worden (20,0 Prozent), so daß hier ebenfalls ein positives Ergebnis (23,4 Prozent) erzielt werden konnte. Bei diesen Angaben darf allerdings nicht übersehen werden, daß etwa in der volkseigenen zentral gelenkten Industrie die Beschäftigtenzahl insgesamt angestiegen war[47]. Problematisch war immer noch die berufliche Aus- und Weiterbildung von Frauen: Das Ministerium für Arbeit stellte dazu fest, daß die „große Masse der Frauen Ungelernte bzw. Hilfsarbeiterinnen ohne jede Qualifikation" seien[48]. Die überwiegende Mehrzahl der weiblichen Beschäftigten befand sich in den unteren Lohngruppen.

---

[41] BAB, DC 20 I/3–105, Bl. 4, Protokoll der Sitzung der Regierung der DDR vom 2. 5. 1952.
[42] Ebenda, Bl. 79 f., Beschluß zum Bericht über Maßnahmen zur Einbeziehung von Frauen in den Produktionsprozeß, vom Ministerium für Arbeit am 26. 4. 1952 vorgelegt.
[43] In der Folgezeit gab es vereinzelt Arbeitstagungen, zu denen das Arbeitsministerium die Leiter der Abteilungen Arbeit der Fachministerien und Staatssekretariate einlud. Dabei sprachen sich Vertreter der Fachministerien für eine Lockerung der Arbeitsschutzbestimmungen aus: So dürften Frauen im EKO nicht am Hochofen arbeiten, obwohl sie fachlich qualifiziert seien. Im Mansfelder Kupferbergbau dürften Frauen nicht untertage arbeiten, „obwohl es dort eine Anzahl leichte Arbeiten zu verrichten gibt und sich auch viele Frauen dazu bereit erklärt haben." BAB, DQ 2/1866, Protokoll über die Arbeitstagung vom 9. 10. 1952. Die Leiterin der Abt. Mutter und Kind, Käthe Kern, hatte sich frühzeitig für Ausnahmeregelungen beim bestehenden Verbot von Nachtarbeit für Frauen ausgesprochen. BAB, DQ 2/1073, Vermerk Kerns vom 18. 11. 1949.
[44] BAB, DQ 2/844, Minister Chwalek am 4. 10. 1952 an Ministerpräsident Grotewohl, S. 1.
[45] Ebenda, S. 5 f.
[46] BAB, DQ 2/844, Bericht des Ministeriums für Arbeit vom 15. 1. 1953, S. 2.
[47] Ebenda.
[48] Ebenda, S. 6.

Tabelle 20: Frauenanteil (in Prozent) in einzelnen Lohngruppen (III. Quartal 1952)

	Lohngruppe I	Lohngruppe II	Lohngruppe VII	Lohngruppe VIII
HV Allgemeiner Maschinenbau	81,6	80,1	0,6	0,5
HV Steine und Erden	75,8	77,4	0,5	1,0
HV Feinmechanik und Optik	85,0	87,9	0,6	0,8
HV Elektrotechnik	91,3	89,9	2,0	1,4
HV Chemie	91,9	91,6	1,7	3,6
HV Bauindustrie	30,8	28,3	0,2	0,2

Quelle: BAB, DQ 2/844, Bericht des Ministeriums für Arbeit vom 15. 1. 1953, S. 7.

Die Zuversicht der DDR-Regierung, den Anteil der Frauen an der Gesamtbeschäftigtenzahl langfristig und kontinuierlich steigern zu können, wich in zunehmendem Maße einer pragmatischen Politik. So nahm der Ministerrat auf seiner
Sitzung am 23. März 1953 Abstand von der bisherigen Quotenfestsetzung in den
jeweiligen Volkswirtschaftsplänen. Die Forderung, einen Frauenanteil von durchschnittlich 37 Prozent zu erreichen, wurde fallengelassen, „wenn für die, durch die
Erfüllung des planmäßigen Frauenanteils freiwerdenden männlichen Arbeitskräfte anderweitige Arbeitsmöglichkeiten nicht vorhanden sind"[49]. Voraussetzung
für die „Umsetzung" von männlichen Arbeitskräften war somit das Vorhanden-
sein von neuen Beschäftigungsmöglichkeiten, vor allem in der Schwerindustrie.

Jugendliche

Die Bereitstellung von Lehrstellen blieb auch nach der DDR-Gründung eine vordringliche Aufgabe der Arbeitsverwaltung, bei der sich ebenfalls die grundsätzlichen Schwierigkeiten einer bedarfsgerechten Steuerung bemerkbar machten. Einzelne Arbeitsämter hatten sich hierbei hilfesuchend an die HVAS bzw. das Ministerium für Arbeit und Gesundheitswesen in Berlin gewandt und waren dabei
auch von bürgerlichen Blockparteien unterstützt worden[50]. Auch wenn der Nachwuchsplan 1949 das Ziel verfolgt hatte, die Ausbildung in sämtlichen Berufen zu
regeln, traf dies de facto nur für die sogenannten Mangelberufe zu[51]. Angesichts
der Dringlichkeit, die einzelne Wirtschaftsbranchen auch in diesem arbeitsmarktpolitischen Bereich besaßen, kam das Arbeitsministerium letztlich nicht umhin,
Prioritäten bei der Unterbringung erwerbsloser Jugendlicher in Lehr- und Arbeitsstellen zu setzen. Eine gleichmäßige Verteilung der jugendlichen Arbeitslosen
auf die Kombinate und Betriebe war nicht durchführbar.

---

[49] BAB, DQ 2/1760, Entwurf der Abt. Arbeitskraftlenkung vom 14. 4. 1953, S. 9.
[50] So hatte beispielsweise die LDP in Görlitz den Aufbau einer Leichtindustrie in der Stadt bzw. der
     näheren Umgebung gefordert. Vgl. BAB, DQ 2/906, Bl. 53–58, hier Bl. 55 f., Schreiben des Vorsit-
     zenden des LDP-Stadtverbandes Görlitz (Sommer) vom 21. 4. 1949 an den LDP-Vorsitzenden
     Kastner.
[51] BAB, DQ 2/906, Bl. 50 f., Aktenvermerk des Ministeriums für Arbeit und Gesundheitswesen
     (Abt. Planung und Statistik) vom 13. 2. 1950.

Bei der Durchführung des Nachwuchsplanes 1950 gelang es den Arbeitsämtern nur in unzureichendem Maße, Lehrstellenangebot und -nachfrage in Übereinstimmung zu bringen. So wies Ministerpräsident Grotewohl, der vermutlich im September 1950 über diese Fehlentwicklung unterrichtet worden war, darauf hin, daß für Jugendliche unter 18 Jahren ein „ungedecktes Stellenangebot für Sofortbedarf" vorliege, während andererseits noch rund 70000 Jugendliche auf die Zuweisung eines Arbeitsplatzes warteten[52]. Grotewohl sprach sich dafür aus, die beschäftigungslosen Jugendlichen „durch Austausch" innerhalb der DDR in Arbeit zu bringen. Nach Angaben des Ministeriums für Arbeit und Gesundheitswesen hatte sich das Arbeitsplatzangebot für Jugendliche im Laufe des Spätsommers 1950 dramatisch verschlechtert: Innerhalb eines Monats war die Zahl der arbeitsuchenden Jugendlichen von 69625 (31. August) auf 92942 (30. September) angestiegen, während die Zahl der offenen Stellen von 13771 auf 3351 gesunken war[53]. Von dieser Entwicklung wurde zwar das Lehrstellenangebot zunächst noch nicht tangiert. Es mußte jedoch damit gerechnet werden, daß zahlreiche Jugendliche, die keine Beschäftigung gefunden hatten, nunmehr eine Lehrstelle suchen würden. Um diesen Negativtrend zu stoppen, schlug Minister Steidle einen Maßnahmenkatalog vor, der jedoch insgesamt gesehen sehr vage blieb. So strebte die Arbeitsverwaltung „weitere Bemühungen [...] zur optimalen Besetzung der gegenwärtig noch vorhandenen freien Arbeitsplätze" an[54]. Darüber hinaus sollte auf „geeignete Betriebe" eingewirkt werden, ihr Lehrstellenangebot zu erweitern. Außerdem erwog Steidle eine Jugendlichenquote einzuführen: Ähnlich wie bei den Schwerbeschädigten sollten die Betriebe gezwungen werden, eine bestimmte Anzahl von Jugendlichen einzustellen. Als letztes war die öffentliche Propagierung der überbezirklichen Lenkung beabsichtigt. Mit Hilfe von „Werbung und Aufklärung" sollte unter den Jugendlichen und Eltern die Bereitschaft zum Wohnortwechsel geweckt bzw. gefördert werden. Ministerpräsident Grotewohl gab seine Zustimmung zu den geplanten Maßnahmen der Arbeitsverwaltung und plädierte dafür, die mit dem Nachwuchsplan zusammenhängenden Fragen zusammen mit den Blockparteien und Massenorganisationen zu erörtern: „Die Erfahrungen im Erzbergbau zeigen uns, daß dieses Verfahren allein richtig ist, um Probleme, wie sie jetzt wieder bei der Lehrlingsausbildung vor uns stehen, einer Lösung zuzuführen, die nur dann gut ist, wenn sie vom Verständnis der gesamten Bevölkerung getragen wird."[55] Nach Ansicht Grotewohls sollten daher „im Block der antifaschistisch-demokratischen Parteien und Organisationen unter besonderer Heranziehung" der FDJ die „notwendigen Entscheidungen" herbeigeführt werden. In der Folgezeit wurde dieser Weg zur Mobilisierung der Bevölkerung genutzt, die inhaltlichen Beschlüsse trafen allerdings nach wie vor die Arbeitsverwaltung sowie die Staatliche Plankommission.

---

[52] SAPMO, NY 4090/561, Bl. 118, Grotewohl am 6. 10. 1950 an Minister Steidle.
[53] Ebenda, Bl. 119–121, hier Bl. 120, Ministerium für Arbeit und Gesundheitswesen am 26. 10. 1950 an Ministerpräsident Grotewohl.
[54] Ebenda.
[55] SAPMO, NY 4090/561, Bl. 122, Grotewohl am 31. 10. 1950 an Minister Steidle.

Tabelle 21 a: Übersicht über die Beschäftigungslage unter Jugendlichen (Stand: 31. Oktober 1950)

	männlich			offene Stellen	
	jugendliche Arbeitslose			offene Stellen	
	vollarbeitsfähig	erwerbsbeschr.	zusammen	Lehrstellen[56]	Arbeitsplätze
Sachsen	4301	1223	5524	4991	350
Sachsen-Anhalt	9034	830	9864	2860	600
Thüringen	3832	437	4269	1851	257
Brandenburg	6580	22	6602	785	214
Mecklenburg	2738	151	2889	540	598
DDR	26485	2663	29148	11027	2019

Quelle: SAPMO, NY 4090/561, Bl. 124, Übersicht des Ministeriums für Arbeit und Gesundheitswesen (Abt. Planung und Statistik).

Tabelle 21 b: Übersicht über die Beschäftigungslage unter Jugendlichen (Stand: 31. Oktober 1950)

	weiblich			offene Stellen	
	jugendliche Arbeitslose			offene Stellen	
	vollarbeitsfähig	erwerbsbeschr.	zusammen	Lehrstellen[57]	Arbeitsplätze
Sachsen	11038	1377	12415	2331	150
Sachsen-Anhalt	20822	843	21665	805	440
Thüringen	6860	352	7212	998	262
Brandenburg	11455	57	11512	124	124
Mecklenburg	3822	228	4050	80	146
DDR	53997	2857	56854	4338	1122

Quelle: SAPMO, NY 4090/561, Bl. 124, Übersicht des Ministeriums für Arbeit und Gesundheitswesen (Abt. Planung und Statistik).

Als problematisch erwies sich nicht nur die Versorgung der Jugendlichen mit Lehrstellen, sondern auch die berufliche Unterbringung der Jugendlichen, die ihre Lehre abgeschlossen hatten. Zahlreiche Betriebe sahen sich nicht in der Lage, eine Übernahmegarantie auszusprechen. Nachdem das Ministerium für Arbeit auf die drohende Erwerbslosigkeit der ehemaligen Lehrlinge aufmerksam gemacht worden war, trafen sich Anfang April 1951 Vertreter der an der Berufsausbildung mitwirkenden Ministerien bzw. Staatssekretariate sowie des FDGB und der FDJ, um Gegenmaßnahmen zu entwickeln. Es müsse – so der Mitarbeiter des Ministeriums für Arbeit Hecker – oberstes Ziel sein, ein Ansteigen der Jugendarbeitslosigkeit zu verhindern[58]. Des weiteren dürften Frauen, die „mit viel Mühe in einen Männerberuf" gelangt seien, ihren Arbeitsplatz nicht wieder verlieren. Konkrete Beschlüsse wurden jedoch auf dieser Sitzung nicht gefaßt; statt dessen erhielten die

---

56 Angegeben sind geschätzte Zahlengrößen.
57 Angegeben sind geschätzte Zahlengrößen.
58 BAB, DQ 2/1848, Protokoll über die Sitzung am 3. 4. 1951, S. 2.

Fachministerien den unverbindlichen Auftrag, den Arbeitskräftebedarf in den Betrieben festzustellen[59]. Die DDR-Regierung hatte bekanntlich das Ministerium für Arbeit am 19. April ermächtigt, die Entlassung von Lehrlingen zu verbieten. In Ausführung dieses Beschlusses versandte Minister Chwalek zwei Monate später eine Rundverfügung, die eine umfassende Arbeitsplatzgarantie für die Jugendlichen enthielt[60]. So war unter anderem auch die Arbeitsplatzzuweisung in einem anderen Betrieb geplant, falls der auszubildende Betrieb den Lehrling nicht weiter beschäftigen konnte. Um eine Verringerung der Lehrstellen zu unterbinden, wies Chwalek die Verwaltungen an, daß die Weiterbeschäftigung von jungen Facharbeitern nicht zu einer Reduzierung der Ausbildungsplätze führen dürfte. Die Rundverfügung enthielt allerdings keine Fristenregelungen und sah auch keine Sanktionsmaßnahmen gegenüber Betrieben vor, die dieser Anweisung nicht Folge leisteten.

Während es der Arbeitsverwaltung 1951 halbwegs gelungen war, eine größere Entlassungswelle zu verhindern, zeichnete sich im Frühjahr des folgenden Jahres ein Scheitern der bisherigen arbeitsmarktpolitischen Maßnahmen auf diesem Gebiet ab. Die noch bestehenden Landesregierungen lieferten dem Berliner Arbeitsministerium zum Teil alarmierende Berichte über die gesunkenen Chancen junger Facharbeiter auf den Teilarbeitsmärkten der DDR. Davon waren auch größere Werke bzw. Kombinate der Schwerindustrie betroffen, wie etwa das Stahlwerk Riesa oder das Braunkohlenwerk Böhlen[61]. Die Werksleitungen sahen sich offenbar außerstande, die Lehrlinge nach Abschluß der Ausbildung als Facharbeiter zu übernehmen. Damit war auch die anfängliche Euphorie, den zukünftigen Facharbeiterbedarf mittelfristig zu planen, einer Ernüchterung gewichen. Die Betriebe, die ungefähr zeitgleich zur weiteren Steigerung der Arbeitsproduktivität angehalten worden waren, konnten sich mit einer erheblichen Vergrößerung des Facharbeiterbestandes nicht einverstanden erklären. Da die Auftragslage von den Betriebsleitungen im Frühjahr 1952 pessimistisch eingeschätzt wurde, sah die Arbeitsverwaltung in der Ausweitung der Produktionsauflagen den einzigen Ausweg. So rechnete das sächsische Ministerium mit einer Weiterbeschäftigung aller Lehrlinge im Stahlwerk Riesa, falls es gelänge, die Inbetriebnahme des neu errichteten Rohrwerkes zeitlich vorzuziehen[62]. Die frühzeitige Entlassung von älteren Facharbeitern, die kurz vor der Verrentung standen, wurde dagegen nie ernsthaft erwogen: Sowohl die Arbeitsverwaltung als auch die Betriebe sprachen sich gegen eine solche Maßnahme aus[63].

Im Sommer 1952 beabsichtigte das Ministerium für Arbeit, eine weitere Rundverfügung herauszugeben, die sich inhaltlich sehr stark an der ersten Fassung vom 20. Juni 1951 orientieren sollte[64]. Darüber hinaus wurde im Entwurf den Betrie-

[59] Ebenda, S. 10.
[60] BAB, DQ 2/1848, Rundverfügung über die Weiterbeschäftigung von jungen Facharbeitern nach Abschluß ihrer Ausbildungszeit vom 20. 6. 1951.
[61] Ebenda, Ministerium für Wirtschaft und Arbeit des Landes Sachsen am 7. 3. 1952 an Minister Chwalek.
[62] Ebenda, S. 1.
[63] BAB, DQ 2/1849, Ministerium für Wirtschaft und Arbeit des Landes Sachsen am 2. 5. 1952 an Minister Chwalek, S. 1.
[64] BAB, DQ 2/1848, Entwurf einer Rundverfügung der Abt. Arbeitskraftlenkung vom 3. 7. 1952.

ben das Recht eingeräumt, junge Facharbeiter berufsfremd einsetzen zu können. Durch innerbetriebliche Selbstregulierung sollte somit die Weiterbeschäftigung gewährleistet bleiben. Eine vertrauliche Anordnung vom 10. Juli sah zunächst die Möglichkeit der Entlassung älterer Arbeiter vor; die Kündigung durfte jedoch erst beim Nachweis eines „ihren Kenntnissen und Fähigkeiten entsprechenden Arbeitsplatzes" erfolgen[65]. Ende August ließ sich der Ministerrat von Staatssekretärin Malter über „die Einbeziehung der vom Plan der Berufsausbildung nicht erfaßten Jugendlichen in den Arbeitsprozeß" unterrichten und faßte einen Beschluß, in dem die beteiligten Ressorts aufgefordert wurden, die Ausbildung in den Berufsschulen zu verbessern[66]. Darüber hinaus wurden das Arbeitsministerium und die Fachministerien – wie bereits erwähnt – damit beauftragt, die vor der Entlassung stehenden Lehrlinge statistisch zu erfassen und weitere Qualifizierungslehrgänge für diese Jugendlichen durchzuführen[67]. Der DDR-Ministerrat vermied es aber, konkrete Vorgaben für die Übernahme von ehemaligen Lehrlingen durch die Betriebe aufzustellen. Das grundsätzliche Problem der weiteren Beschäftigung von Jugendlichen nach Abschluß der Lehre wurde offensichtlich nicht einmal thematisiert.

Die Chancen zur Unterbringung von auslernenden Lehrlingen sahen in den einzelnen Wirtschaftsbranchen unterschiedlich aus und hingen vom vorgegebenen Arbeitskräfteplan sowie der Auftragslage ab. Zahlreiche Betriebe des Industriezweiges Kohle und Energie sperrten sich gegen eine Beschäftigung von Lehrlingen, „die über den Bedarf vorhanden sind", befürchteten sie doch einen Rückgang der Arbeitsproduktivität infolge der Einarbeitungsphase, die den Berufsanfängern gewährt werden mußte[68]. Am betrieblichen Widerstand scheiterte letztlich oftmals die von den Ministerien eingeleitete sogenannte Umsetzung der ausgebildeten Facharbeiter. Das Ministerium für Arbeit vermied es jedoch, eine grundsätzliche Anweisung zu erlassen, und verabschiedete statt dessen Richtlinien „über die Qualifizierung der nicht vom Plan der Berufsausbildung erfaßten Jugendlichen in

[65] Ebenda, Anordnung der Abt. Arbeitskraftlenkung vom 10. 7. 1952, S. 1 (§ 1, Abs. 2).
[66] BAB, DC 20 I/3–128, Bl. 7 und 33 f., Protokoll der Sitzung der Regierung der DDR am 28. 8. 1952.
[67] Ebenda, Bl. 36 f.
[68] Das EKO sah sich nur unter der Bedingung zur Übernahme weiterer Jungfacharbeiter aus anderen Betrieben bereit, daß für jeden ausgebildeten Lehrling ein erfahrener Facharbeiter zur Verfügung gestellt würde. BAB, DQ 2/1839, Staatssekretariat für Kohle und Energie (Hauptreferat Schulung) am 9. 9. 1952 an das Ministerium für Arbeit. Diese Forderung hätte jedoch eine gründliche Überarbeitung der Arbeitskräftepläne nach sich gezogen und war daher unrealistisch. Darüber hinaus wandten sich auch einzelne Walzwerke an das zuständige Fachministerium, um mitzuteilen, daß die Weiterbeschäftigung der noch in Ausbildung stehenden Jugendlichen nicht möglich sei. Die Ministerien wurden in solchen Fällen gebeten, Maßnahmen zu ergreifen, um diese Lehrlinge in anderen Betrieben umzusetzen. Vgl. BAB, DQ 2/1839, VEB Metallschmelz- und Walzwerk Merseburg am 20. 11. 1952 an das Ministerium für Hüttenwesen und Erzbergbau (Abt. Arbeit); ebenda, Stahl- und Walzwerk Riesa am 24. 11. 1952 an das Ministerium für Hüttenwesen und Erzbergbau (Abt. Arbeit). Aus Sicht des Ministeriums für Arbeit erhöhte sich der Handlungsdruck noch dadurch, daß nicht nur die Fachministerien die betrieblichen Meldungen weiterreichten, sondern auch die Bezirksverwaltungen entsprechende Anfragen nach Berlin richteten. So meldete der Rat des Bezirkes Gera einen Überhang von ausgebildeten Facharbeitern bei der Maxhütte in Unterwellenborn: Dort konnten von 80 Walzlehrlingen, die im November 1952 ihre Facharbeiterprüfung ablegten, nur fünf übernommen werden. Ein ähnlicher Vorgang wurde für das nachfolgende Lehrjahr prognostiziert: Von insgesamt 180 Lehrlingen sollten nur vier weiterhin im Werk beschäftigt werden. Vgl. BAB, DQ 2/1839, Rat des Bezirkes Gera am 6. 12. 1952 an Minister Chwalek.

der volkseigenen Wirtschaft", die sich explizit auf den Beschluß des Ministerrates vom 28. August beriefen[69]. Erneut wurden die Werksdirektoren aufgefordert, zunächst einmal die Arbeitsplätze innerhalb des Betriebes zu ermitteln, an denen Jugendliche „unter Berücksichtigung ihrer geistigen und körperlichen Entwicklung, vor allem weibliche Jugendliche", beschäftigt werden konnten[70]. Die Jugendlichen, denen im Rahmen des jährlichen Nachwuchsplanes kein Ausbildungsplatz zur Verfügung stand, sollten auf die volkseigenen und ihnen gleichgestellten Betriebe aufgeteilt und dort angelernt werden. Durch die Schulung müsse erreicht werden, daß die Jugendlichen „eine ordnungsgemäße Ausbildung für Tätigkeiten erhalten, die auf Grund ihrer Kompliziertheit in der Regel den Lohngruppen 2 und 3 angehören"[71]. Das waren letztlich die unteren Lohngruppen, die aufgrund des Ausbildungsgrades (Angelernte) vorgesehen waren. Minister Chwalek forderte die Industrieministerien auf, auf dieser Grundlage eigene Richtlinien für den jeweiligen Geschäftsbereich auszuarbeiten, welche die Besonderheiten der Wirtschaftszweige zu berücksichtigen hatten[72].

Nachdem das Ministerium für Arbeit erkannt hatte, daß gegen die Betriebsleitungen eine Ausdehnung des Beschäftigtenbestandes und damit eine Weiterbeschäftigung der Jungfacharbeiter nicht zu erreichen war, sprach sich die innerhalb des Ministeriums zuständige Abteilung Arbeitskraftlenkung dafür aus, die berufliche Qualifizierung noch stärker als bisher von den allgemeinen Berufsschulen in die Betriebe zu verlagern[73]. Dies schien die zwangsläufige Konsequenz aus den zurückliegenden Erfahrungen zu sein, welche das Arbeitsministerium bei seinen Bemühungen zur Unterbindung der Jugendarbeitslosigkeit hatte sammeln müssen. Für einen solchen Schritt sprachen vor allem zwei Gründe: Zum einen konnte der Bedarf an Facharbeitern auf betrieblicher Ebene sehr viel genauer kalkuliert und entsprechend die Zahl der Auszubildenden angepaßt werden. Zum anderen war die Ausbildung in den Betrieben sehr viel praxisbezogener als in den Berufsschulen. Gleichzeitig sah sich allerdings das Ministerium für Arbeit gezwungen, in Absprache mit den zuständigen Fachministerien kurzfristige und pragmatische Lösungen für die betroffenen Kombinate und Betriebe zu finden. So konnte nach mehrmaliger Rücksprache mit dem Ministerium für Hüttenwesen und Erzbergbau erreicht werden, daß die ausgebildeten Facharbeiter der Maxhütte (Unterwellenborn), welche dort nicht übernommen werden konnten, in verschiedenen Blechwalzwerken innerhalb der DDR zunächst zum Blechwalzwerker umgeschult und anschließend im EKO eingestellt wurden[74].

Mit einer grundsätzlichen Verbesserung der Beschäftigungslage für ehemalige Lehrlinge rechnete das Berliner Arbeitsministerium insgesamt jedoch nicht. Im Gegenteil: Die Situation würde sich – so die pessimistische Einschätzung – Anfang 1953 weiter verschlechtern. Die Abteilung Arbeitskraftlenkung ging davon

---

[69] BAB, DQ 2/1839, Richtlinien des Ministeriums für Arbeit vom 30. 9. 1952.
[70] Ebenda, S. 2.
[71] Ebenda, S. 3.
[72] BAB, DQ 2/1848, Rundschreiben Chwaleks vom 1. 10. 1952.
[73] BAB, DQ 2/1852, Abt. Arbeitskraftlenkung am 12. 12. 1952 an den Rat des Bezirkes Magdeburg (Abt. Arbeit und Berufsausbildung).
[74] BAB, DQ 2/1839, Abt. Arbeitskraftlenkung am 18. 12. 1952 an den Rat des Bezirks Gera (Abt. Arbeit und Berufsausbildung).

aus, daß von den rund 600 Jugendlichen, die dann ihre Lehrzeit in der Maxhütte sowie zwei weiteren Werken beendet haben würden, „nur ein ganz geringer Teil" weiterhin in den Werken beschäftigt werden könne[75]. Da die Arbeitsämter durch die Verordnung vom 12. Juli 1951 in ihrer ursprünglichen Form aufgelöst worden waren, warf die IHK Sachsen-Anhalt die Frage auf, ob die Verteilung der Arbeitskräfte nicht grundsätzlich neu zu regeln sei, und zwar mit einer entsprechenden Stärkung der VVB bzw. VEB[76]. Auf diese Weise hätte sich das Arbeitsministerium nahezu vollständig aus der bisherigen Aufgabe, die berufliche Unterbringung von Jugendlichen zu gewährleisten, verabschiedet. Diesem Vorstoß widersprach das Ministerium für Arbeit vehement und stellte die Ausarbeitung einer weiteren Richtlinie für das Jahr 1953 in Aussicht[77]. In dem Zusammenhang betonte Abteilungsleiter Arndt, daß die Aufgaben, die zuvor die Arbeitsämter wahrgenommen hätten, nunmehr auf die neu gebildeten Abteilungen für Arbeit und Berufsausbildung übergegangen seien. So müßten die Betriebe den in die Kommunalverwaltung eingegliederten Abteilungen drei Monate vor Beendigung der Lehrzeit Mitteilung von der drohenden Entlassung machen. Die Abteilungen für Arbeit und Berufsausbildung würden „dann endgültig über die weitere Unterbringung dieser Jungfacharbeiter" entscheiden. Diese Position spiegelte sich dann auch in einer Beschlußvorlage wider, die Arbeitsminister Chwalek am 15. Januar 1953 dem Chef der Regierungskanzlei unterbreitete[78]. Diese sah eine Beauflagung der Betriebe zur Einstellung von Schwerbeschädigten, Frauen und Jugendlichen vor. Darüber hinaus sollte eine Meldepflicht für die Jugendlichen eingeführt werden, die vom Berufsausbildungsplan nicht erfaßt wurden[79]. Als Begründung für den Konfrontationskurs gegenüber den Betrieben gab das Arbeitsministerium an: „Die Betriebe weigerten sich oftmals, die Bemühungen der Abteilungen für Arbeit und Berufsausbildung zur Einbeziehung von Frauen, Jugendlichen, die nicht vom Plan der Berufsausbildung erfaßt sind, und Schwerbeschädigten zu unterstützen und verhielten sich vielfach ablehnend. Es ist deshalb notwendig, daß dem Ministerium für Arbeit und seinen nachgeordneten Organen die Möglichkeit gegeben wird, die Betriebe, die sich den diesbezüglichen Auflagen der Organe der Arbeitsverwaltung widersetzen, zu bestrafen."[80] Der DDR-Ministerrat stimmte dem Vorschlag Chwaleks auf seiner Sitzung am 22. Januar 1953 zu und faßte einen entsprechenden Beschluß[81].

Nicht nur Betriebe und Bezirksverwaltungen, sondern auch Massenorganisationen wiesen gegenüber der Staats- und Parteiführung auf die drohende Arbeitslosigkeit von auslernenden Lehrlingen hin. So bat beispielsweise der DFD in

[75] Ebenda, Aktenvermerk der Abt. Arbeitskraftlenkung vom 23. 12. 1952, S. 1. Bei den anderen Werken handelte es sich um das Stahl- und Walzwerk Riesa sowie das Metallschmelz- und Walzwerk Merseburg.
[76] Ebenda, IHK Sachsen-Anhalt (Landeskammer) am 29. 12. 1952 an das Ministerium für Arbeit (Abt. Arbeitskraftlenkung).
[77] Ebenda, Abteilungsleiter Arndt am 16. 1. 1953 an die IHK Sachsen-Anhalt (Landeskammer).
[78] BAB, DC 20 I/3–171, Bl. 76–79, Beschlußvorlage mit Anschreiben Chwaleks vom 15. 1. 1953 an den Chef der Regierungskanzlei Fritz Geyer.
[79] Das Ministerium für Arbeit ging für das Jahr 1953 von insgesamt 48000 Jugendlichen aus, die nicht vom Nachwuchsplan erfaßt wurden. Ebenda, Bl. 81, Begründung vom 14. 1. 1953.
[80] Ebenda, Bl. 80–82, hier Bl. 80, Begründung vom 14. 1. 1953.
[81] BAB, DC 20 I/3–169, Bl. 7 und 178 f.

Thale in einem Petitionsschreiben an Walter Ulbricht darum, für die rund 300 Jungfacharbeiter des Eisen- und Hüttenwerkes geeignete Arbeitsplätze innerhalb der volkseigenen Wirtschaft zu finden[82]. Ulbricht leitete die Anfrage an das Arbeitsministerium weiter und veranlaßte eine Überprüfung des Betriebes. Dabei sollte festgestellt werden, „wieviele Kollegen von den einzelnen Berufsgruppen zur Entlassung kommen, um in Zusammenarbeit mit dem Rat des Bezirkes für deren weitere Unterbringung Sorge zu tragen"[83]. Nachdem der Ministerrat das Ministerium für Arbeit beauftragt hatte, eine Meldepflicht für alle unbeschäftigten Jugendlichen einzuführen, lag eine entsprechende Anweisung Ende Februar bereits vor, die an die Abteilungen für Arbeit und Berufsausbildung bei den Räten der Bezirke, Kreise und Städte adressiert wurde[84]. Um die statistische Erhebung zu verbessern, sollte vor allem die Zusammenarbeit mit den Berufsschulen intensiviert werden, die ihrerseits regelmäßig über die Zahl der Auszubildenden zu berichten hatten. Minister Chwalek betonte in einem Schreiben an den Staatssekretär für Berufsausbildung Wießner, daß diese „Gegenkontrolle" letztlich unabdingbar sei, um einen exakten Überblick über die beschäftigungslosen Jugendlichen zu erhalten[85]. Gleichzeitig beklagte sich das Arbeitsministerium über die ausbleibende Unterstützung von seiten diverser Fachministerien: Im Zentrum der Kritik stand ganz besonders das Staatssekretariat für Kohle und Energie, das sich – so der Vorwurf – der Verantwortung für die Auszubildenden im eigenen Zuständigkeitsbereich entziehen wollte[86]. In der Kohlenindustrie konnten rund 1500 Lehrlinge, die vor dem Abschluß ihrer Ausbildung standen, nicht weiter beschäftigt werden, da der Arbeitskräfte- und Finanzplan 1953 eine entsprechende Vergrößerung des Beschäftigtenstandes nicht zuließ[87]. An diesem Einzelfall wurde erneut der grundlegende Zielkonflikt deutlich: Während das Arbeitsministerium auf eine Übernahme sämtlicher Lehrlinge drängte, sahen sich dazu die einzelnen Werksdirektoren sowie die zuständige Hauptverwaltung nicht mehr in der Lage[88]. Die Diskrepanz zwischen der Anzahl der Lehrlingsstellen und den angebotenen Arbeitsplätzen für ehemalige Auszubildende in den einzelnen Betrieben erklärt sich zum Teil daraus, daß vor allem Großbetriebe und Kombinate die Ausbildung für bestimmte Berufsgruppen übernommen hatten, die nicht nur zur Abdeckung des eigenen Facharbeiterbedarfs vorgesehen war. So betonte beispielsweise die VEB Maxhütte Unterwellenborn (Thüringen), daß die Lehrlinge des Werkes für

[82] BAB, DQ 2/1850, DFD Thale am 24. 1. 1953 an Walter Ulbricht. Die DFD-Kreisorganisation Quedlinburg erneuerte diese Bitte wenige Tage später. Ebenda, DFD-Kreis Quedlinburg am 4. 2. 1953 an Walter Ulbricht.
[83] BAB, DQ 2/1850, Stellvertreter des Ministerpräsidenten (Sekretariat Ulbricht) am 13. 2. 1953 an das Ministerium für Arbeit (Abt. Arbeitskraftlenkung).
[84] BAB, DQ 2/1839, Anweisung vom 24. 2. 1953.
[85] Ebenda, Chwalek am 10. 2. 1953 an Wießner.
[86] Ebenda, Aktenvermerk der Abt. Arbeitskraftlenkung (Seidel) vom 25. 2. 1953.
[87] Ebenda, Staatssekretariat für Kohle und Energie (Staatssekretär Fritsch) am 25. 2. 1953 an Minister Chwalek.
[88] Vgl. ebenda, Staatssekretariat für Kohle und Energie (Staatssekretär Fritsch) am 27. 2. 1953 an Minister Chwalek. Die Zahl der Jugendlichen, denen noch kein Arbeitsplatz im erlernten Beruf nachgewiesen werden konnte, hatte sich mittlerweile auf 957 reduziert.

die metallurgischen Betriebe der DDR ausgebildet worden seien, „für die wir nach Ablegung ihrer Facharbeiterprüfung keine Planstellen offen haben"[89].

Das Ministerium für Arbeit bereitete daraufhin eine weitere Beschlußvorlage für den Ministerrat vor, um die Absprache zwischen den beteiligten Ministerien bei der Versorgung der Lehrstelleninhaber mit Arbeitsplätzen zu verbessern[90]. Das Präsidium des Ministerrates verabschiedete den eingereichten Entwurf am 16. März 1953, der unter anderem die Betriebe verpflichtete, Jugendliche „für bestimmte Spezialaufgaben innerhalb ihres erlernten oder eines zweiten, verwandten Berufes zu qualifizieren"[91]. Weibliche Lehrlinge sollten „in jedem Falle" im erlernten Beruf weiterbeschäftigt werden. Aufschlußreich war die Anweisung, die in den Betrieben berufsfremd eingesetzten Facharbeiter zu entlassen und statt dessen die überzähligen Jungfacharbeiter zu übernehmen. Im Gegenzug sollten die „freigestellten" Arbeitskräfte in ihren angestammten Berufen wieder eingesetzt werden. Die Ministerien für Aufbau und für Arbeit erhielten den Auftrag, dafür zu sorgen, daß auf der Baustelle des EKO insgesamt 2400 Jugendliche zusätzlich beschäftigt wurden. Mindestens 3000 Jugendliche sollten in sechs weiteren Großbetrieben[92] Arbeit finden. Damit wurden die Großbetriebe stärker in die Pflicht genommen: Sie mußten letztlich den Beschäftigtenbestand erhöhen. Es war allerdings davon auszugehen, daß die DDR-Regierung ihre Forderung nach einer Produktivitätssteigerung in den Betrieben vorerst zurückstellen würde. Zu diesem Zeitpunkt hatte vielmehr das Ziel, das Ansteigen von Arbeitslosigkeit zu verhindern, oberste Priorität bei den beteiligten Ressorts gewonnen. Einzelne Ministerien gaben die verabschiedete Anweisung des Ministerrates in leicht abgeänderter Form nochmals heraus[93].

Das Ministerium für Hüttenwesen und Erzbergbau informierte die ihm unterstehenden volkseigenen Betriebe über die Anzahl der Lehrlinge, die im Frühjahr bzw. Herbst 1953 ihre Facharbeiterprüfung in den einzelnen Berufsgruppen ablegen würden und rief dazu auf, „durch direkte Verhandlungen mit den Lehrbetrieben von der Möglichkeit der Übernahme im Rahmen des Arbeitskräfteplanes Gebrauch zu machen, damit Umschulungen vermieden werden"[94]. Die Betriebe wurden gebeten, nach Ablegung der Facharbeiterprüfungen Bericht zu erstatten, „wie der freigewordene Facharbeiternachwuchs gelenkt wurde." Damit wurde der Anspruch fallengelassen, den beruflichen Nachwuchs zentral planen und lenken zu können. Statt dessen rückten die Betriebe immer mehr ins Zentrum des Geschehens. Sie hatten zuvor schon über die Einstellung von Lehrlingen maßgeblich entschieden; diese Praxis wurde vom Ministerium für Hüttenwesen und Erzbergbau nachträglich gebilligt. Während die berufliche Unterbringung der Ju-

---

[89] BAB, DQ 2/1839, VEB Maxhütte an das Ministerium für Hüttenwesen und Erzbergbau (o.D.).

[90] BAB, DQ 2/1849, Begründung des Ministeriums für Arbeit zur Beschlußvorlage über die Beschäftigung der im Februar 1953 die Berufsausbildung beendenden Jugendlichen (o.D.).

[91] BAB, DC 20 I/4–9, Bl. 3 und 7f. hier Bl. 7.

[92] Dabei handelte es sich um die Großkokerei Lauchhammer, die Maxhütte Unterwellenborn, das Eisenhüttenwerk West (Calbe), die Stahl- und Walzwerke Riesa, die Mathias-Thesen-Werft und den Wohnungsbau in Wismar. Ebenda, Bl. 8.

[93] Vgl. BAB, DQ 2/1839, Dienstanweisung des Ministeriums für Hüttenwesen und Erzbergbau Nr. 4 a/53 vom 28. 3. 1953.

[94] BAB, DQ 2/1847, Rundschreiben des Ministeriums für Hüttenwesen und Erzbergbau vom 10. 2. 1953 (korrigiert auf den Stand vom 19. 3. 1953).

gendlichen, die ihre Ausbildung im Frühjahr beendeten, weitgehend gesichert werden konnte, schien sich für den Herbst ein erhebliches Versorgungsproblem zu ergeben. Die Hauptverwaltung Kohle rechnete mit etwa 130 Lehrlingen, die nach den Prüfungen des Frühjahrs nicht unterzubringen waren, ein halbes Jahr später aber schon mit 2371[95]. Der Handlungsdruck auf die Fachministerien sowie die Betriebe würde demzufolge im Laufe des Jahres 1953 weiter ansteigen.

Das Ministerium für Hüttenwesen und Erzbergbau ermittelte für die Stahl- und Walzwerke 1626 Jungfacharbeiter, die bis zum Ende des Jahres nicht vom auszubildenden Betrieb übernommen wurden[96]. Vor allem die Großbetriebe sahen sich, wie bereits erwähnt, nicht in der Lage, sämtliche Lehrlinge einzustellen. Die Maxhütte meldete etwa einen Überhang von insgesamt 304 angehenden Facharbeitern, das Stahl- und Walzwerk Riesa 343, das Edelstahlwerk Döhlen 113 und das Mansfeld Kombinat „Wilhelm Pieck" 133[97]. Die Mehrzahl der Entlassungen drohte im Herbst (1394), während die Anzahl der Jugendlichen, die ihre Lehre abgeschlossen hatten und nicht übernommen werden konnten, im Frühjahr sehr viel niedriger lag (232)[98]. Von den übrigen Fachministerien lagen zu diesem Zeitpunkt keine vergleichbaren Berichte vor. Das Ministerium für Arbeit bemühte sich in der Folgezeit die Ministerien bzw. Staatssekretariate dazu zu bewegen, den vorgegebenen Arbeitskräfteplan nach oben zu korrigieren. Dadurch sollte sichergestellt werden, daß die Jugendlichen nicht in die Arbeitslosigkeit entlassen, sondern von anderen Betrieben zusätzlich eingestellt wurden. Da jedoch die Fachministerien oftmals verspätet und unzureichend über die Verteilung der überzähligen Jungfacharbeiter berichteten, konnte das Arbeitsministerium nur einen ersten vorläufigen Überblick zusammenstellen[99].

Den Zwischenbericht legte Staatssekretärin Malter dem Ministerrat auf der Sitzung am 28. Mai 1953 vor. Dieser übernahm weitgehend den vom Arbeitsministerium ausgearbeiteten Maßnahmenkatalog. Von zentraler Bedeutung war die Entscheidung, den Fachministerien und Staatssekretariaten „die volle Verantwortung für die Unterbringung ihrer auslernenden Jugendlichen" zu übertragen[100]. Darüber hinaus sollten die „tatsächlichen Überhänge [...] lückenlos" dem Ministerium für Arbeit gemeldet werden, das wiederum Vorschläge für die Verteilung der Lehrlinge, die noch kein Beschäftigungsverhältnis nach Beendigung der Ausbildungszeit in Aussicht hatten, ausarbeiten und nach Absprache mit der Staatlichen Plankommission dem Ministerrat erneut vorlegen sollte. Mit der zunehmenden Militarisierung von Staat und Gesellschaft 1952/53 rückten zwei neue Varianten in den Mittelpunkt der Überlegungen, um die drohende Jugendarbeitslosigkeit abzuwenden: der Aufbau bewaffneter Organe sowie der „Dienst für Deutsch-

---

[95] BAB, DQ 2/1839, HV Kohle am 1. 4. 1953 an die Abt. Planinspektion und Materialbilanzierung, S. 2.
[96] Ebenda, Ministerium für Hüttenwesen und Erzbergbau (Staatssekretär Goschütz) am 18. 5. 1953 an das Ministerium für Arbeit, Anlage 1, Bl. 4.
[97] Ebenda, Bl. 1 und 3.
[98] Ebenda, Anlage 3: Zusammenstellung des Ministeriums für Hüttenwesen und Erzbergbau (Abt. Arbeit) vom 15. 5. 1953, S. 6.
[99] Vgl. BAB, DQ 2/1570, Zwischenbericht des Ministeriums für Arbeit vom 27. 5. 1953.
[100] BAB, DC 20 I/3–190, Bl. 4.

Tabelle 22: Überblick über die Zahl der auslernenden Jugendlichen (Stand: Mai 1953)

	auslernende Jugendliche insgesamt	Anzahl der Jugendlichen, die nicht übernommen werden können
Ministerium für Hüttenwesen und Erzbergbau	5 025	1 300
Ministerium für Leichtindustrie	10 800	1 063
Ministerium für Post- und Fernmeldewesen	1 300	–
Ministerium für Aufbau	4 467	–
Ministerium für Schwermaschinenbau	10 656	4 750
Ministerium für Eisenbahnwesen	7 500	3 800
Ministerium für Allgemeinen Maschinenbau	12 100	5 200
Staatssekretariat für Kohle	3 300	1 410
Staatssekretariat für Energie	1 486	800
Staatssekretariat für Chemie	4 543	1 465
Staatssekretariat für Nahrungs- und Genußmittelindustrie	1 860	250
Staatssekretariat für Schiffahrt	91	–
Insgesamt	63 128	20 038

Quelle: BAB, DQ 2/1570, Zwischenbericht des Ministeriums für Arbeit vom 27. 5. 1953, S. 7 f.

land"[101]. Da der stark expandierende Sicherheitsapparat der DDR einen enormen Arbeitskräftebedarf mit sich brachte, schien sich auf diesem Wege eine Lösung der arbeitsmarktpolitischen Schwierigkeiten abzuzeichen. Doch schon frühzeitig mußte das Arbeitsministerium erkennen, daß dadurch kurz- und mittelfristig eine spürbare Entlastung nicht zu erwarten war, zumal der am 9. Juni 1953 von der SED-Führung verkündete „Neue Kurs" bereits das Ende der kurzlebigen Organisation „Dienst für Deutschland" bedeutete[102]. Auch das Ministerium für Arbeit konnte angesichts der geschilderten Ausgangslage keine Patentlösungen entwickeln und sprach sich statt dessen unverbindlich dafür aus, auch in Zukunft beschäftigungslose Jugendliche verstärkt bei Großbetrieben bzw. -projekten einzusetzen. Die konkrete Umsetzung dieses Vorschlages blieb somit nach wie vor von der Kooperationsbereitschaft der Betriebs- und Werksleiter abhängig.

Arbeitseinsatz von Strafgefangenen

Der Arbeitsverwaltung war es offenbar rasch gelungen, in Zusammenarbeit mit der Justizverwaltung einen Großteil der Gefängnisinsassen für den Arbeitseinsatz zu mobilisieren. In Sachsen-Anhalt waren von insgesamt 2420 Strafgefangenen Ende 1949 1682 beschäftigt, 853 außerhalb und 829 innerhalb der Haftanstalten[103]. Dabei mußte jedoch berücksichtigt werden, daß 1979 Gefangene, die sich

---

[101] Vgl. Buddrus, Die Organisation „Dienst für Deutschland".
[102] Ebenda, S. 212 f. Zur Einschätzung des Arbeitsministeriums: BAB, DQ 2/1570, Entwurf des Ministeriums für Arbeit vom 12. 6. 1953.
[103] BAB, DQ 2/1870, Ministerium für Arbeit und Gesundheitswesen der Landesregierung Sachsen-Anhalt am 19. 1. 1950 an das Ministerium für Arbeit und Gesundheitswesen (HA Arbeit).

am 1. September 1949 in Untersuchungshaft befanden, für den Arbeitseinsatz nicht in Frage kamen. Ein grundlegendes Problem bestand darin, daß sich einige Anstalten nicht in unmittelbarer Nähe zu wirtschaftlichen Großprojekten befanden und deshalb eine Beschäftigung der Häftlinge nicht zustande kommen konnte. So saßen beispielsweise in der Strafanstalt Torgau rund 500 Gefangene ein, „die mangels dort vorhandener Industrie zum großen Teil brach liegen"[104]. Nachdem für die dortigen Strafgefangenen keine Beschäftigungsmöglichkeiten im Raum Torgau gefunden werden konnten, zog das Ministerium der Justiz die Verlegung von Häftlingen in eine andere Anstalt in Erwägung, die im Einzugsbereich eines Industrieschwerpunktes lag[105]. Darüber hinaus gab es nach wie vor Vorbehalte auf seiten der Unternehmer, Strafgefangene zeitweise zu beschäftigen. Selbst Werkleiter von volkseigenen Betrieben zeigten sich „erst dann zugänglich [...]", wenn sie von oben her eine entsprechende Anweisung" erhielten, so die generelle Einschätzung Max Fechners[106], der anläßlich einer Tagung mit Vertretern der Landesjustizministerien sowie des Ministeriums für Industrie erneut die „erzieherische" Funktion des Strafvollzugs betonte[107]. Das Justizministerium, das sich mittlerweile in einer Kontroverse mit dem Ministerium des Innern über die Zuständigkeit des Strafvollzugs befand[108], versuchte den FDGB als Verbündeten zu gewinnen. Dieser wurde nämlich gebeten, eine betriebliche Aufklärungsarbeit zu unterstützen, um das Arbeitsangebot für Strafgefangene innerhalb und außerhalb der Gefängnismauern insgesamt zu verbessern[109]. Sowohl die Arbeits- als auch die Justizverwaltung hatten offenbar kein Interesse daran, daß Bewährungsarbeiter bei der Wismut AG eingesetzt wurden. Die sächsische Landesverwaltung forderte eine entsprechende Anweisung an die übrigen Länder[110]. Dadurch sollte verhindert werden, daß die soziale Lage im Erzbergbaugebiet, die 1950 immer noch angespannt war, erneut verschärft wurde. Dagegen sprach sich das Berliner Arbeitsministerium dafür aus, Verhandlungen mit der sächsischen Landesjustizverwaltung aufzunehmen, um den Einsatz von Strafgefangenen im Zwickauer Steinkohlenbergbau systematisch auszudehnen[111]. Um Fehlvermittlungen zu vermeiden,

---

[104] Ebenda.
[105] Ebenda.
[106] SAPMO, DY 34, 18/-/530, Notiz Fechners vom 4. 3. 1950.
[107] BAB, DQ 2/1870, Niederschrift über die Arbeitsplanungskonferenz der HA Strafvollzug und Anstaltsverwaltung des Ministeriums der Justiz am 9. 6. 1950, S. 2. Fechner kündigte in dem Zusammenhang die Einführung eines sogenannten klassifizierten Strafvollzugs an: Dabei sollten z.B. die „schwersten Arbeiten [...] von den schwersten Verbrechern ausgeführt werden". Ebenda, S. 3.
[108] Vgl. dazu Wentker, Justiz in der SBZ/DDR, S. 369–398.
[109] SAPMO, DY 34, 18/-/530, Aktennotiz der FDGB-Abt. Arbeit und Sozialpolitik (Facius) vom 17. 3. 1950 an Kirchner und Kummerlöw.
[110] BAB, DQ 2/1870, Ministerium für Arbeit und Gesundheitswesen der Landesregierung Sachsen am 13. 4. 1950 an das Ministerium für Arbeit und Gesundheitswesen (HA Arbeit). Das Ministerium der Justiz und das Ministerium für Arbeit und Gesundheitswesen wiesen die mecklenburgische Landesverwaltung im Juni 1950 darauf hin, daß für den Uranbergbau keine Bewährungsarbeiter zugewiesen werden. Vgl. ebenda. Die Durchsetzung dieser Anweisung gelang auch innerhalb der Justizverwaltung nicht vollständig. So gingen beim Arbeitsamt Aue im Herbst 1950 „täglich" Schreiben von Oberstaatsanwaltschaften und Amtsgerichten ein, in denen festgelegt wurde, „daß die zugestandene Bewährungsarbeit bei der Wismut AG abzuleisten ist". BAB, DQ 2/1870, Hauptabteilungsleiter Litke am 11. 10. 1950 an das Ministerium der Justiz.
[111] BAB, DQ 2/2132, Arbeitsamt Zwickau am 13. 6. 1950 an die Industrieverwaltung Steinkohle in Zwickau.

sollten auch in diesem Fall zunächst einmal ärztliche Voruntersuchungen durchgeführt werden, in welchen die Bergbautauglichkeit der ausgewählten Häftlinge zu überprüfen war.

Im Sommer 1950 verständigten sich das Justiz- und das Arbeitsministerium darauf, den Arbeitseinsatz von Strafgefangenen in „zentral erfaßten Arbeitsvorkommen vorzunehmen". Vorgesehen war eine Aufteilung in drei Gruppen: bergbautaugliche Bewährungsarbeiter für Untertagearbeit, für Übertagearbeit sowie für den Einsatz in volkseigenen Betrieben[112]. Wie unzureichend die Absprachen zwischen der Arbeits- und Justizverwaltung auf lokaler Ebene mitunter waren, zeigt ein Schreiben des Arbeitsamtes Torgau, das die Notwendigkeit unterstrich, vor jedem Gefangenen-Arbeitskommando das zuständige Arbeitsamt zu informieren[113]. Die besondere wohnliche Unterbringung der Bewährungsarbeiter in eigens abgesicherten Barackenlagern rückte dagegen erst relativ spät in den Mittelpunkt der Diskussion. So wurde etwa das Mansfeld Kombinat, das Interesse am verstärkten Arbeitseinsatz von Strafgefangenen angemeldet hatte, aufgefordert, Planungsunterlagen über die Errichtung weiterer Gefangenenbaracken beim Ministerium für Planung einzureichen[114]. Da diese im Sommer 1950 noch nicht vorlagen, ließ sich auch die Anzahl der dort beschäftigten Häftlinge nicht erhöhen. Erneut erwiesen sich somit die sicherheitspolitischen Bedenken als Hindernis für die Ausdehnung der Bewährungsarbeit in den volkseigenen Betrieben.

Um die Beschäftigung von Strafgefangenen auszuweiten, sprach sich das Ministerium der Justiz im Juni 1950 erneut für die Verlagerung von Betriebsteilen nahe gelegener Unternehmen in die Haftanstalten aus. Darüber hinaus sollte die Zusammenarbeit zwischen den Gefängnisleitungen und den zuständigen Mitarbeitern der Arbeitsämter verbessert werden. Gleichzeitig beabsichtigte das Justizministerium, eine „Verordnung über die Einplanung des Arbeitspotentials der Strafanstalten" herauszugeben[115]. Als einziges Ministerium sprach sich das Ministerium für Industrie gegen dieses Vorhaben aus und verwies zur Begründung darauf, daß „die ideologische Einstellung der Betriebe noch unterschiedlich" sei. Da in dieser Frage zunächst keine Übereinstimmung erzielt werden konnte, wurde die Ausarbeitung des Verordnungsentwurfs zunächst zurückgestellt. Das bedeutete jedoch keineswegs, daß der Arbeitseinsatz von Strafgefangenen grundsätzlich in Frage gestellt wurde. Im Gegenteil: Die Veröffentlichung des Gesetzes der Arbeit Ende April 1950 hatte eine rege Propagandatätigkeit zugunsten der Bewährungsarbeit in der DDR-Presse ausgelöst. Dadurch sollte die Unterstützung aller Ministerien, Massenorganisationen und vor allem der Betriebsleiter gewonnen werden. In der Berliner Zeitung wies etwa K. Ambrée auf den Erziehungsaspekt der Bewährungsarbeit hin und unterstrich, daß die Bestimmungen des neu erlassenen Arbeitsgesetzes auch auf die Bewährungsarbeiter Anwendung finden müßten. Daraus zog der Verfasser des Artikels die Konsequenz, daß ein Gefange-

---

[112] BAB, DQ 2/1870, gemeinsames Schreiben des Ministeriums der Justiz und des Ministeriums für Arbeit und Gesundheitswesen vom Juni 1950 an die mecklenburgische Justizverwaltung.
[113] Ebenda, Amt für Arbeit und Sozialfürsorge am 13. 6. 1950 an das Ministerium für Arbeit und Gesundheitswesen der Landesregierung Sachsen-Anhalt.
[114] Ebenda, Aktennotiz Krügers vom 17. 6. 1950.
[115] Ebenda, Aktenvermerk der Abt. Arbeitskraftlenkung vom 24. 6. 1950.

ner, der sich in einem Beschäftigungsverhältnis befand, unter anderem „Anspruch auf volle Entlohnung" habe[116]. Der Erziehungsgedanke der Bewährungsarbeit, den sowohl das Justiz- als auch das Arbeitsministerium[117] stets betont hatten, blieb allerdings nicht unwidersprochen. Ende August erschien in der *Berliner Zeitung* ein Beitrag, der sich explizit gegen eine Gleichbehandlung dieser Personengruppe in arbeitsrechtlicher Hinsicht aussprach[118]. Das Arbeitsministerium unterstrich in der Folgezeit mehrmals die unterschiedliche Behandlung von Bewährungsarbeitern und Strafgefangenen mit einer langjährigen Haftstrafe in arbeitsrechtlicher und tarifrechtlicher Hinsicht. Dabei konnte sich das Ministerium auf die gemeinsame Dienstanweisung der Justiz- und Arbeitsverwaltung vom 1. September 1947[119] stützen, die zwar keine expliziten Angaben zur tariflichen Einstufung enthielt, dafür aber eine deutliche Trennung zwischen den beiden Gefangenengruppen vollzog. Daraus leitete letztlich das Arbeitsministerium die unterschiedliche arbeitsrechtliche Stellung der Bewährungsarbeiter auf der einen und der langfristig Verurteilten auf der anderen Seite ab[120].

Angesichts des steigenden Arbeitskräftebedarfs in den wirtschaftlichen Schwerpunktbetrieben unternahmen Mitarbeiter des Arbeitsministeriums des öfteren Dienstreisen zu den im Aufbau befindlichen Werken, um zusätzliche Beschäftigungsmöglichkeiten für Strafgefangene zu sondieren. Anläßlich einer Reise zum EKO nach Fürstenberg am 22. August 1950 wurde sogar der Vorschlag erörtert, in unmittelbarer Nähe zum EKO eine Gefangenenanstalt zu errichten, „in die ganze Produktionszweige des neuen Werkes gelegt werden können"[121]. Da der Bau der Wohnstadt Fürstenberg und die Errichtung der Hochofenanlage zu diesem Zeitpunkt weit hinter den Planungen zurücklagen, wurde dieser Vorstoß, der die ohnehin angespannte Versorgung mit Baumaterialien weiter verschlechtert hätte, jedoch nicht aufgegriffen. Der anhaltende Bedarf an zusätzlichen Arbeitskräften hatte im übrigen zur Folge, daß der Einsatz von Strafgefangenen im Erzgebirge, der ursprünglich ausdrücklich ausgeschlossen worden war, zumindest zeitweise toleriert wurde[122].

Einzelne Arbeitsämter bewerteten im Frühjahr 1951 die Einführung der Bewährungsarbeit durchaus als Erfolg. So verwies das Arbeitsamt Leipzig darauf, daß „der größte Teil der Bewährungsarbeiter nach Beendigung der Arbeitsauflage

---

116 K. Ambrée: „Gilt das Gesetz der Arbeit für Strafgefangene?", in: ‚Berliner Zeitung' vom 20. 8. 1950. Zitiert nach: BAB, DQ 2/1372. In etwas abgeänderter Form erschien der Artikel auch in der ‚Tribüne'. Vgl. Kurt Ambrée: „Die arbeitsrechtliche Stellung der Strafgefangenen", in: ‚Tribüne' vom 22.–24. 8. 1950.

117 Dabei wies das Arbeitsministerium allerdings auf die unterschiedlichen arbeitsrechtlichen Bestimmungen für Bewährungsarbeiter und Strafgefangene hin, die in Arbeitskolonnen in Betrieben und Bauvorhaben eingesetzt wurden. Während die Bewährungsarbeiter den Regelungen des Arbeitsgesetzes unterworfen waren, galt dies nicht für die zweite Gefangenengruppe. Entscheidend war somit die Einstufung als Bewährungsarbeiter. Vgl. Hermann Kienast: Gilt das Gesetz der Arbeit für Strafgefangene, in: Arbeit und Sozialfürsorge 5 (1950).

118 Dr. G. Berger: „Mißverstandener humanitärer Strafvollzug", in: ‚Berliner Zeitung' vom 29. 8. 1950.

119 Arbeit und Sozialfürsorge 2 (1947), S. 376–378.

120 BAB, DQ 2/1373, Vermerk Heisigs vom 29. 8. 1950.

121 BAB, DQ 2/2152, Bericht der HA III vom 23. 8. 1950, S. 2.

122 So z. B. beim Ausbau der Gleisanlagen im Kreis Aue. Vgl. SächsHStA, Landesregierung Sachsen, Ministerium für Arbeit und Sozialfürsorge, Bd. 343, Bericht des Arbeitsamtes Aue vom 16. 4. 1951 an das Ministerium für Industrie, Arbeit und Aufbau (HA Arbeit) in Dresden.

in den Bewährungsarbeiterbetrieben, die Schwerpunkte unserer Wirtschaft sind, verbleiben"[123]. In dem Zusammenhang konnte das Arbeitsamt 21 Betriebe nennen, die sich in der Vergangenheit stets bereit erklärt hatten, Arbeitsplätze zur Verfügung zu stellen. Dennoch zeigen die überlieferten Statistiken, daß das quantitative Ausmaß der Bewährungsarbeit unter dem Gesichtspunkt der Gewinnung zusätzlicher Arbeitskräfte bescheiden blieb. Nach Angaben des Leipziger Arbeitsamtes waren innerhalb eines Jahres insgesamt 580 Bewährungsarbeiter (410 Männer, 170 Frauen) durch die Justizbehörde zugewiesen worden. Davon seien allerdings 82 Personen infolge von Arbeitsbummelei und Nichtantritt, sieben wegen Krankheit und 32 aufgrund nachträglicher Annullierung nicht zum Arbeitseinsatz gekommen[124]. Das Arbeitsamt Dresden meldete im selben Zeitraum 378 Bewährungsarbeiter, die in Betrieben des Arbeitsamtsbezirks eingestellt wurden, von denen wiederum 14 Personen infolge von Arbeitsbummelei oder erneuter Straffälligkeit sowie zwölf aufgrund von Krankheit letztlich nicht beschäftigt werden konnten[125].

Das Sekretariat des ZK der SED befaßte sich zwar am 20. August 1951 mit dem Arbeitseinsatz von Strafgefangenen und diskutierte offensichtlich einen entsprechenden Verordnungsentwurf, den vermutlich das Arbeitsministerium eingereicht hatte. Die SED-Führung vermied allerdings eine abschließende Stellungnahme und beauftragte die ZK-Abteilung Staatliche Verwaltung zu prüfen, inwieweit in die geplante Verordnung eine Bestimmung aufgenommen werden könne, „daß die Organe des Innenministeriums das Recht haben, Arbeitslager zur Ableistung von Arbeit zu errichten"[126]. Mittlerweile hatte sich die Zuständigkeit für den Strafvollzug grundlegend geändert: Bereits Ende 1950 war die Entscheidung über die Übertragung des Strafvollzugs von der Justiz- auf die Innenverwaltung getroffen worden[127]. Die Ausarbeitung einzelner Durchführungsbestimmungen zog sich noch bis Anfang 1952 hin. Anhand der oben angeführten Berichte einzelner Arbeitsämter läßt sich zeigen, daß das Justizministerium beim Einsatz der Bewährungsarbeiter auch noch im Frühjahr 1951 entscheidend mitgewirkt hat[128]. Offensichtlich zog sich die Übertragung dieses Zuständigkeitsbereiches auf das Ministerium des Innern noch etwas länger hin.

Einzelne Betriebe beklagten sich in zunehmenden Maße darüber, daß zugewiesene Bewährungsarbeiter unentschuldigt der Arbeit fernblieben, und forderten die Einführung des Leistungslohnprinzips auch in diesem Bereich. Nicht nur die Lohnhöhe, sondern auch die Bewährungsfrist sollte von der „nachgewiesenen Arbeitsmoral" und von der „Erfüllung der Arbeitsnorm" abhängig gemacht werden,

---

[123] SächsHStA, Landesregierung Sachsen, Ministerium für Arbeit und Sozialfürsorge, Bd. 343, Arbeitsamt Leipzig am 12. 5. 1951 an das Ministerium für Industrie, Arbeit und Aufbau in Dresden, S. 2.

[124] Ebenda. Der Berichtszeitraum ging vom 1. 4. 1950 bis zum 31. 3. 1951.

[125] SächsHStA, Landesregierung Sachsen, Ministerium für Arbeit und Sozialfürsorge, Bd. 343, Arbeitsamt Dresden am 15. 5. 1951 an das Ministerium für Industrie, Arbeit und Aufbau in Dresden, S. 2.

[126] SAPMO, DY 30/J IV 2/3/225, Bl. 12.

[127] Vgl. dazu Wentker, Justiz in der SBZ/DDR, S. 380–388.

[128] So berichtete etwa das Arbeitsamt Leipzig am 12. 5. 1951: „Über die Zusammenarbeit mit den Justizbehörden und Strafvollzugsanstalten ist nichts besonders Nachteiliges zu melden." SächsHStA, Landesregierung Sachsen, Ministerium für Arbeit und Sozialfürsorge, Bd. 343.

so der Vorschlag der VVB Schiefer[129]. Um die Verteilung der Bewährungsarbeiter besser kontrollieren zu können, nannte das Ministerium der Justiz nach Absprache mit dem Ministerium für Arbeit zwei wirtschaftliche Schwerpunktvorhaben, die in Zukunft für den Arbeitseinsatz der genannten Personengruppe in Frage kommen sollten[130]. Die Zuteilung sollte somit nicht mehr den von den Betrieben gemeldeten Bedarf abdecken, sondern hatte sich statt dessen an übergeordneten sicherheitspolitischen Aspekten zu orientieren. Gegenüber den Landesregierungen von Brandenburg und Mecklenburg nannte das Justizministerium die Baustelle der Bau-Union Fürstenberg sowie das dortige EKO als Arbeitsschwerpunkte mit einem Gesamtbedarf von insgesamt 450 bis 800 Personen[131]. Auf die Berichte über Arbeitsbummelei einzelner Bewährungsarbeiter reagierte das Ministerium der Justiz umgehend: Das Ministerium für Arbeit wurde aufgefordert, die Arbeitsämter zur strikten Einhaltung der gemeinsamen Richtlinien vom 1. September 1947 zu veranlassen[132]. So sollte etwa im Fall von Arbeitsverweigerung die Bewährungsarbeit widerrufen und in eine Haftstrafe umgewandelt werden[133]. Während die Justiz- und Arbeitsverwaltung versuchten, den Arbeitseinsatz von Bewährungsarbeitern auf bestimmte Schwerpunktbetriebe zu konzentrieren, und am 2. Oktober eine entsprechende Anordnung an die Landesregierungen herausgaben, konnte der Vorstoß zur Einführung des Leistungslohnes nicht verwirklicht werden[134]. Die getroffene Maßnahme galt jedoch nicht für Bewährungseinsätze unter zwei Monaten; in solchen Fällen konnten sich die Betriebe auch weiterhin um die Zuweisung von Bewährungsarbeitern bemühen. Generelle Ziele waren neben dem genannten Kontrollaspekt – etwas überraschend – der betriebliche Rentabilitätsgedanke: „Diese Regelung war unbedingt erforderlich, um die bisherige wenig kontrollierbare Art des Einsatzes zu vermeiden, der dem Betrieb meist mehr Kosten und Ärger verursachte, als Nutzen dabei heraussprang."[135]

Die Bewährungsarbeiter und die Strafgefangenen im Außeneinsatz vergrößerten zwar den Arbeitskräftebestand der einzelnen Betriebe, stellten jedoch keine konstante Planungsgröße dar. Aufgrund der zeitlich eng begrenzten Arbeitseinsätze mußte für diese Personengruppe eine nicht unbeträchtliche Fluktuationsrate in Rechnung gestellt werden. Die Unsicherheiten auf seiten der Betriebsleitungen vergrößerten sich noch zusätzlich durch Amnestieerlasse, welche die Entlassung von Strafgefangenen auch aus dem Arbeitseinsatz zur Folge haben konnte. Vor allem kleine und mittlere Betriebe sahen deshalb die Aufrechterhaltung der Produktion gefährdet. So hatten beispielsweise die Basaltwerke Vacha und Masbach (Thüringen) insgesamt 30 Bewährungsarbeiter und Strafgefangene in Arbeitskommandos, die durch die am 7. Oktober 1951 erlassene Amnestie sofort entlas-

---

[129] BAB, DQ 2/1871, VVB Schiefer Steinach (Thüringen) am 3. 9. 1951 an die Ministerium für Justiz, Schwerindustrie und Arbeit.

[130] Ebenda, Ministerium der Justiz am 15. 9. 1951 an die Landesregierungen Brandenburg und Mecklenburg.

[131] Ebenda.

[132] BAB, DQ 2/1871, Ministerium der Justiz (Dr. Gentz) am 17. 9. 1951 an das Ministerium für Arbeit.

[133] Ebenda, Hauptabteilungsleiter Dr. Gentz am 18. 9. 1951 an die VVB Schiefer in Steinach (Thüringen).

[134] Ebenda, Abt. Arbeitskraftlenkung am 5. 11. 1951 an die VVB Schiefer in Steinach (Thüringen).

[135] Ebenda, Abt. Arbeitskräftelenkung (Heisig) am 6. 11. 1951 an die VVB Ziegel in Halle/Saale.

sen werden mußten[136]. Die ungünstige geographische Lage der Betriebe, die sich im grenznahen Gebiet befanden, und die nahe gelegene Kaliindustrie erschwerten die Gewinnung neuer Arbeitskräfte enorm, so daß die Betriebsleitungen nur drei Beschäftigte in der Steingewinnung melden konnten. Die Produktionsleistungen gingen rapide zurück, und für das Jahr 1951 wurde bereits mit einem Rückstand von zehn Prozent gerechnet. Das Ministerium für Schwerindustrie, das von den Werken hilfesuchend eingeschaltet worden war, stellte daraufhin beim Ministerium für Arbeit den Antrag, „Maßnahmen zur Beseitigung des Arbeitskräftemangels" durchzuführen[137]. Das thüringische Ministerium für Wirtschaft und Arbeit richtete an das Berliner Arbeitsministerium die Bitte, „nochmals mit dem Ministerium des Innern – HV Volkspolizei – Rücksprache zu nehmen und zu erreichen, daß wieder Strafgefangene diesen Betrieben zugewiesen werden"[138]. Das Ministerium für Arbeit leitete die Anfrage wiederum an das zuständige Fachministerium weiter: das Staatssekretariat Chemie, Steine und Erden[139]. Letztlich mußten die Betriebe ihren Arbeitskräftemangel eigenständig beheben. Dazu waren sie im übrigen durch die mehrfach erwähnte „Verordnung über die Aufgaben der Arbeitsverwaltungen und über die Lenkung der Arbeitskräfte" vom 12. Juli 1951 aufgefordert worden.

Das Ministerium der Justiz und das Ministerium für Arbeit strebten Anfang 1952 die Überarbeitung der gemeinsamen Richtlinien vom 1. September 1947 an[140]. Dabei sollte nicht nur der geänderten Amtsbezeichnung Rechnung getragen werden, sondern auch der bereits eingespielten Praxis, Bewährungsarbeiter vor allem in Schwerpunktbetrieben einzusetzen. Bei den Beratungen kristallisierte sich rasch heraus, daß eine allgemein gehaltene Verordnung sowie eine erste Durchführungsbestimmung vom Justizministerium erarbeitet und erlassen werden sollte, während das Arbeitsministerium für die arbeitsrechtlichen Bestimmungen zuständig war, die in Form einer zweiten Durchführungsbestimmung herausgegeben werden sollten[141]. Ein erster Entwurf der zuständigen Abteilung Arbeitsrecht im Ministerium für Arbeit lag am 15. Januar 1952 vor[142]. Demnach erfolgte die Entlohnung bei einer Gruppe von Strafgefangenen, die in der ersten Durchführungsverordnung noch genannt werden mußte, nach den Lohnsätzen der geltenden Kollektivverträge. Darüber hinaus unterlagen die Gefangenen aber gesonderten arbeitsrechtlichen Bestimmungen: So durften an sie Deputate, die den Arbeitern und Angestellten zustanden, nicht ausgegeben werden. Gleichzeitig konnten allerdings „für besonders gute Arbeit" den Strafgefangenen Sonderprämien gewährt werden. Der Lohn sollte den einzelnen Strafgefangenen auf einem eigens dafür eingerichteten Konto gutgeschrieben werden, über das der

---

[136] BAB, DQ 2/2150, Ministerium für Schwerindustrie (HV Steine und Erden) am 17. 12. 1951 an das Ministerium für Arbeit (Abt. Arbeitskräftelenkung).
[137] Ebenda.
[138] BAB, DQ 2/2150, Aktenvermerk des Ministeriums für Arbeit (Abt. Arbeitskraftlenkung) vom 3. 1. 1952.
[139] Ebenda, Abt. Arbeitskraftlenkung am 3. 1. 1952 an das Staatssekretariat Chemie, Steine und Erden.
[140] BAB, DQ 2/1871, Entwurf der beiden Ministerien vom 2. 1. 1952.
[141] BAB, DQ 2/1373, Vermerk von Abteilungsleiter Schaum vom 17. 1. 1952.
[142] Ebenda, 2. Durchführungsbestimmung zur Verordnung über den Arbeitseinsatz von Strafgefangenen (Entwurf).

Betreffende nach der Haftentlassung verfügen konnte. Vom Lohn wurden Haft- sowie Unterstützungskosten für Familienangehörige abgezogen. Die gesetzlichen Arbeitsschutzbestimmungen sollten im übrigen auch für Strafgefangene im Arbeitseinsatz gelten. Der DDR-Ministerrat beschloß am 3. April die „Verordnung über die Beschäftigung von Strafgefangenen"[143], die auf einem Entwurf des Justizministeriums basierte[144]. In arbeitsrechtlicher Hinsicht war hervorzuheben, daß die Strafgefangenen mit Ausnahme der Deputate den übrigen Beschäftigten gleichgestellt wurden: Das betraf die Regelungen der Entlohnung sowie des Arbeitsschutzes[145]. Im Gesetzblatt erschien die Verordnung wenige Tage später, nämlich am 8. April 1952[146].

Ende Februar 1952 forderte das Ministerium für Arbeit die fünf Landesregierungen in einem Rundschreiben auf, Arbeitsschwerpunkte für weibliche Bewährungsarbeiter zu schaffen[147]. Außerdem wurde den zuständigen Landesministerien ein „Organisationsplan" für den Arbeitseinsatz von Bewährungsarbeitern vorgelegt, der zusammen mit dem Ministerium der Justiz ausgearbeitet worden war und die Bedarfsmeldung sowie die Zuteilung genau regeln sollte. Bewährungsarbeiter, die zu einer Bewährungszeit von über zwei Monaten verurteilt worden waren, wurden im Sommer 1952 in folgenden Schwerpunktbetrieben eingesetzt: Maxhütte (Thüringen), Bleierzgruben bei Freiberg (Sachsen), Mansfeld Kombinat (Sachsen-Anhalt), EKO und Bau-Union in Fürstenberg (Brandenburg). Bewährungsarbeiter mit einer Bewährungszeit bis zu zwei Monaten sollten dagegen in „Kleineinsätzen" auf den landwirtschaftlichen volkseigenen Gütern (VEG) untergebracht werden[148]. Da sich offensichtlich zahlreiche Betriebe an die Hauptverwaltung Deutsche Volkspolizei, das Ministerium für Arbeit oder das Ministerium der Justiz mit der Bitte um Zuweisung von Strafgefangenen gewandt hatten, wurden in der Folgezeit weitere Großbetriebe in den Empfängerkreis aufgenommen[149]. Aus sicherheitspolitischen Erwägungen heraus blieb die Anzahl der Betriebe aber insgesamt sehr beschränkt. Von seiten der Generalstaatsanwaltschaft kam Ende Oktober 1952 sogar der Vorschlag, „Gefangenenabteilungen bei großen VEB zu errichten, in denen diese getrennt von anderen Werktätigen beschäftigt werden und auch unmittelbar untergebracht sind"[150]. Das hätte letztendlich zur Folge gehabt, daß der Bau von Strafvollzugsanstalten hinfällig geworden wäre.

[143] BAB, DC 20 I/3–101, Bl. 4.
[144] Ebenda, Bl. 70–72. In der Begründung zum Verordnungsentwurf verwies das Ministerium der Justiz darauf, daß bereits am 31. 1. 1951 eine Vereinbarung mit dem Ministerium für Schwerindustrie und dem Ministerium des Innern über den Arbeitseinsatz von Strafgefangenen im Bergbau getroffen worden sei. Zu diesem Zeitpunkt habe ein Bedarf an 820 zusätzlichen Arbeitskräften im Steinkohlenbergbau bestanden, der aus dem Gesamtbestand der Strafgefangenen abgedeckt werden sollte. Bereits damals sei festgelegt worden, daß den Gefangenen zwei Arbeitstage als drei Hafttage angerechnet werden. Dieser „Leistungsanreiz" fand Eingang in die Verordnung vom 3. 4. 1952. Vgl. ebenda, Bl. 68 f.
[145] Ebenda, Bl. 11 f.
[146] Gesetzblatt der DDR 1952, S. 275 f.
[147] BAB, DQ 2/1871, Abt. Arbeitskraftlenkung (Heisig) am 25. 2. 1952 an die Landesregierungen in Potsdam, Schwerin, Halle, Dresden und Erfurt.
[148] Ebenda, Aktenvermerk der Abt. Arbeitskraftlenkung vom 15. 8. 1952, S. 1.
[149] So wurde z.B. erwogen, das Eisenhüttenwerk Thale als weiteren Arbeitsschwerpunkt festzulegen. Vgl. ebenda, S. 2.
[150] BAB, DQ 2/1871, Aktenvermerk der Abt. Arbeitskraftlenkung vom 22. 10. 1952.

III. Anhaltende Krise und Neuorientierung (1953–1961)

1. Wirtschaftsplanung und Einsatz des Produktionsfaktors ‚Arbeit'

Ausarbeitung der Volkswirtschaftspläne

Der Volksaufstand vom 17. Juni 1953 hatte an den Grundpfeilern der sich etablierenden SED-Diktatur gerüttelt, die nur durch das massive Eingreifen sowjetischer Truppen gerettet werden konnte. Die langfristigen Folgen dieses Ereignisses waren enorm: Während für die Bevölkerung offensichtlich geworden war, daß die wenig beliebte Hegemonialpartei eine verläßliche Stütze in den Sicherheitsorganen der UdSSR besaß und eine nochmalige Auflehnung nicht erfolgversprechend sein konnte, sah sich die SED-Führung mit der Tatsache konfrontiert, daß ihre Herrschaft letztlich von sowjetischen Bajonetten abhängig blieb. Diese Einschätzung der allgemeinen politischen Lage, die bereits am 9. Juni auf Druck Moskaus zur Verkündung des „Neuen Kurses" geführt hatte[1], brachte einen taktischen Wechsel mit sich: Teile der Beschlüsse, die noch im Sommer 1952 im Zusammenhang mit der Propagierung des „Aufbaus der Grundlagen des Sozialismus" verabschiedet worden waren, nahm die SED-Führung nunmehr zurück. Das Tempo der Neuordnung von Staat, Wirtschaft und Gesellschaft wurde teilweise verlangsamt, ohne jedoch das langfristige Ziel einer Umgestaltung nach „sozialistischen" Grundsätzen fallenzulassen. Das führte letztlich dazu, daß bei der Ausarbeitung der Wirtschaftspläne das zentrale Vorhaben – Auf- und Ausbau der Schwerindustrie – zwar nicht zurückgenommen wurde, gleichzeitig aber andere, bisher als eher randständig angesehene Wirtschaftsbereiche (z. B. Leicht- und Konsumgüterindustrie) zumindest partiell aufgewertet wurden[2].

Da der erste Fünfjahrplan jedoch erst 1955 abgeschlossen werden konnte und an einen Abbruch dieses Planes offensichtlich nicht ernsthaft gedacht wurde, kam den jährlich aufzustellenden Volkswirtschaftsplänen wachsende Bedeutung zu. So beschloß das Politbüro am 4. Juli 1953 eine Kommission einzusetzen, welche die im laufenden Volkswirtschaftsplan enthaltene Lebensmittelversorgung für das IV. Quartal 1953 um zehn bis 15 Prozent erhöhen sollte[3]. Darüber hinaus waren Vorschläge auszuarbeiten, „in welcher Höhe von der Sowjetunion und anderen demokratischen Staaten Kredite erbeten werden sollen". Änderungen der Volks-

---

[1] Vgl. Kommunique des Politbüros der SED vom 9. 6. 1953, in: Dokumente der SED, Bd. IV, S. 428–431.

[2] Das ZK der SED stellte Ende Juli eine „Änderung des Fünfjahrplanes und des Volkswirtschaftsplanes 1953 in der Richtung der Einschränkung der Investitionen in der Schwerindustrie zugunsten der gesteigerten Produktion von Konsumgütern" in Aussicht. Entschließung des ZK vom 26. 7. 1953 („Der neue Kurs und die Aufgaben der Partei"), in: Dokumente der SED, Bd. IV, S. 449–478, hier S. 458.

[3] SAPMO, DY 30/J IV 2/2/300, Bl. 1 f. Der Kommission sollten Heinrich Rau, Bruno Leuschner, Elli Schmidt, Gerhart Ziller, Kurt Gregor und Willi Rumpf angehören.

wirtschaftspläne 1953 und 1954 diskutierten die Mitglieder des Politbüros auch auf ihrer Sitzung am 18. Juli; einen Tag später sollten Bruno Leuschner, Kurt Gregor und Gerhart Ziller eine Delegationsreise nach Moskau antreten, um dort wegen der geplanten Abänderungen Rücksprache zu nehmen[4]. Innerhalb des Politbüros herrschte im Spätsommer 1953 nach wie vor Unsicherheit über das weitere Vorgehen: So wurden neue Kommissionen mit erweiterten Aufgabengebieten gebildet, über deren Zusammenkünfte und ausgearbeitete Vorschläge jedoch kaum etwas überliefert ist[5]. Anfang September verabschiedete das SED-Führungsgremium schließlich einen Beschluß „zur Veränderung des Volkswirtschaftsplanes für das 2. Halbjahr 1953", der eine Steigerung des industriellen Bruttoproduktionsindexes gegenüber dem 1. Halbjahr auf 114 vorsah[6]. Die Entwicklung in den einzelnen Industriezweigen war dabei unterschiedlich geplant: Spitzenreiter waren Feinmechanik/Optik (133) sowie die Nahrungs- und Genußmittelindustrie (128). Ein Produktionsrückgang war nur für die Bereiche Holzindustrie (77,7) und Chemie (97,2) vorgesehen; ansonsten erwartete die SED-Führung in allen anderen Wirtschaftssektoren eine positive Wachstumsrate[7]. Woraus sich allerdings dieser ungebremste Fortschrittsglaube speiste, blieb ein Geheimnis der SED-Führung. Die angegebenen Zahlen spiegelten eher ein allgemein verbreitetes Wunschdenken innerhalb der politischen Funktionselite wider, die letztlich nicht bereit war, einen Investitions- und Produktionsrückgang in der Schwerindustrie hinzunehmen. Statt dessen wurden die Produktionsziffern in den anderen Wirtschaftsbereichen einfach überproportional angehoben.

Auch die Arbeitskräfteplanung war von den Veränderungen betroffen[8]: So sah der Beschluß im einzelnen vor, daß der Gesamtwirtschaft im 2. Halbjahr 1953 gegenüber dem 1. Halbjahr rund 250000 neue Arbeitskräfte einschließlich der auslernenden Lehrlinge zuzuführen waren. Des weiteren sollten 229000 Jugendliche „entsprechend den Umstellungen in der Volkswirtschaft" neu in die Lehrlingsausbildung aufgenommen werden[9]. Gleichzeitig war eine Reduzierung der Selbstkosten in der volkseigenen Industrie und eine Erhöhung des Durchschnittslohnes für alle Beschäftigten in der volkseigenen und genossenschaftlichen Industrie vorgesehen. Der DDR-Ministerrat hatte zu den Lohnerhöhungen bereits einen entsprechenden Beschluß gefaßt. Ende Oktober 1953 beschäftigte sich die eingesetzte Kommission erstmals nachweislich mit der Fertigstellung des Volkswirtschaftsplanes 1954[10]. Anfang November legte Bruno Leuschner im Politbüro ei-

[4] SAPMO, DY 30/J IV 2/2/307, Bl. 2.
[5] Das Politbüro beschloß am 6. 8. 1953 eine Kommission zu bilden, die ein Dokument des ZK „über die Änderung des Volkswirtschaftsplanes, die ökonomische Politik, die Lage der Arbeiterklasse und der Werktätigen, die Frage der Arbeitsproduktivität und der Sorge um den Menschen [sic]" ausarbeiten sollte. Kommissionsmitglieder waren: Walter Ulbricht, Heinrich Rau, Bruno Leuschner, Herbert Warnke, Otto Lehmann, Kurt Wach, Paul Wandel, Gerhart Ziller und Erich Mückenberger. SAPMO, DY 30/J IV 2/2/313, Bl. 4.
[6] Im Dokument sind irrtümlicherweise Prozentgrößen angegeben. Aus dem Zusammenhang ergibt sich jedoch, daß es sich hierbei nur um Indizes handeln kann.
[7] In der Schwerindustrie schwankte der Index zwischen 106,8 (Bergbau) und 109,2 (Metallurgie). SAPMO, DY 30/J IV 2/2/322, Bl. 3 und 9–26, hier Bl. 9f., Protokoll der Sitzung des Politbüros vom 8. 9. 1953.
[8] Dazu: ebenda, Bl. 20f.
[9] Ebenda, Bl. 21.
[10] SAPMO, DY 30/J IV 2/2/329, Bl. 3, Protokoll der Sitzung des Politbüros vom 27. 10. 1953.

nen Bericht über die Erfüllung des Volkswirtschaftsplanes im III. Quartal 1953 vor, der zur Arbeitskräfteplanung und -lenkung nur unverbindliche Angaben enthielt[11]. Ohne konkrete Zahlenangaben zu den einzelnen Wirtschaftsbereichen vorzulegen, stellten die Verfasser des Berichtes aus der Staatlichen Plankommission apodiktisch fest: „Die Umstellungen in der Wirtschaft haben in der Beschäftigungslage zu keinen größeren Schwierigkeiten geführt. Es ist in allen Bereichen der Industrie, des Handels, des Verkehrs und der Landwirtschaft ein Zuwachs von Arbeitskräften zu verzeichnen."[12] Der Anstieg der Beschäftigtenzahl hing demzufolge mit dem Produktionsausbau und der damit verbundenen Arbeitskräftenachfrage in der Konsumgüterindustrie zusammen. Dagegen wurde im Bericht negativ vermerkt, daß der Berufsausbildungsplan in der Gesamtwirtschaft nicht erfüllt worden sei.

In der Folgezeit plante die Staatliche Plankommission, bei den „Hauptkennziffern" des noch laufenden Fünfjahrplanes Änderungen vorzunehmen. Die allgemeine, langfristige Wirtschaftsplanung sollte somit an die veränderte Lage, die infolge des 17. Juni und des „Neuen Kurses" eingetreten war, angepaßt werden. Ein erster Entwurf wurde vermutlich auf Anfrage und in Absprache mit der SED-Führung an die Planökonomische Abteilung beim sowjetischen Hohen Kommissar weitergeleitet, die grundlegende Kritik äußerte: „Wenn auch in dem eingesandten Projekt der Direktiven des ZK der SED zur Überprüfung des 5-Jahrplanes für 1954–1955 die wichtigsten ökonomischen Kennziffern formal untereinander abgestimmt sind, so haben sie doch tatsächlich keine bilanzmäßigen Begründungen und werden nicht von den notwendigen Berechnungen bestätigt."[13] So seien etwa der Umfang der Investitionsarbeiten und die betriebliche Rentabilität bei dem geplanten Einzelhandelsumsatz und der Preissenkung nicht mit den Einnahmen und Ausgaben des Staatshaushaltes koordiniert worden. Die Planökonomische Abteilung sprach sich im einzelnen dafür aus, die Ausgaben für sogenannte Investitionsbauten stärker zu erhöhen. Nur so könnten die „Voraussetzungen für Bereitstellung der notwendigen Materialreserven für die Erhöhung des Lebensstandards der Bevölkerung geschaffen werden". Doch auch die sowjetische Fachabteilung verriet nicht, wie diese zusätzlichen Ausgaben innerhalb der volkswirtschaftlichen Gesamtplanung zu finanzieren waren, zumal eine zusätzliche Verschuldung ausdrücklich untersagt wurde. Gleichzeitig verstrickte sie sich in Widersprüche, unterstützte sie doch an anderer Stelle die Reduzierung des Gesamtumfangs der Investitionen, die auch das ZK der SED beschlossen hatte[14]. Zur Arbeitskräfteplanung und -lenkung forderte die Planökonomische Abteilung zum einen eine enge Zusammenarbeit zwischen den einzelnen Ministerien bei der Ausarbeitung der Arbeitskräftebilanzen; diese Vorgehensweise wurde in der DDR bereits seit Anfang der fünfziger Jahre praktiziert. Zum anderen verlangte

---

[11] SAPMO, DY 30/J IV 2/2/330, Bl. 8, Protokoll der Sitzung des Politbüros vom 3. 11. 1953.

[12] Ebenda, Bl. 20–38, hier Bl. 37. Eine Ausnahme stellte nur das Eisenbahnwesen dar: Dort wurde die vorgesehene Arbeitskräftezahl um fast 7000 Personen stark unterschritten; gleichzeitig wurde aber der eingeplante Lohnfonds vollständig ausgeschöpft.

[13] BAB, DE 1/12216, Bl. 1–9, hier Bl. 1. Das russische Original dieses Dokuments befindet sich in einer geringfügig veränderten Form in: AVP RF, f. 458, op. 3, d. 8, ll. 93–100. Diesen Hinweis verdanke ich Frau Dr. Elke Scherstjanoi.

[14] BAB, DE 1/12216, Bl. 6.

sie, im Rahmen des Fünfjahrplanes Maßnahmen einzubauen, „die die Möglichkeit der Entstehung einer Arbeitslosigkeit in der DDR [...] verhindern"[15].

Die Planökonomische Abteilung beim Hohen Kommissar wurde von der Staatlichen Plankommission auch weiterhin über den Stand der Ausarbeitung der Volkswirtschaftspläne informiert. Dabei ließ es sich die zuständige sowjetische Fachabteilung nicht nehmen, eingereichte Entwürfe kritisch durchzusehen und Änderungsvorschläge an die deutschen Stellen weiterzureichen[16]. So wurde unter anderem auf einen Arbeitskräfteüberschuß im Bereich des Ministeriums für Schwermaschinenbau aufmerksam gemacht; für die frei gewordenen Arbeitskräfte müßten Maßnahmen zum Einsatz in anderen volkswirtschaftlichen Zweigen ausgearbeitet werden[17]. Hier deutete sich bereits ein grundlegendes Allokationsproblem der Zentralverwaltungswirtschaft an, auf das die Planungsverwaltungen kaum vorbereitet waren und das im Verlauf der zweiten Hälfte der fünfziger Jahre immer mehr an Bedeutung gewinnen sollte. Das Politbüro beschäftigte sich am 20. November 1953 mit dem überarbeiteten Entwurf des Volkswirtschaftsplanes und setzte eine weitere Kommission ein, die vor allem konkrete Vorschläge für Einsparungen ausarbeiten sollte[18]. In diesem Zusammenhang wurde erneut die Senkung der Personal- und Sachkosten in den Ministerien erörtert, ohne aber über detaillierte Vorgaben zu entscheiden. Wenige Tage später verabschiedete das führende SED-Gremium die eingereichte Beschlußvorlage, nahm nochmals kleinere Veränderungen vor und beschloß, die endgültige Fassung des Volkswirtschaftsplanes 1954 Walter Ulbricht vorzulegen, der dann vermutlich ein abschließendes Gespräch mit der Planökonomischen Abteilung führen wollte[19]. Dieses Procedere machte erneut die enge Zusammenarbeit zwischen Mitarbeitern des sowjetischen Hohen Kommissars und der SED-Führung deutlich.

Die Staatliche Plankommission war bei der Fertigstellung der Wirtschaftspläne zwar federführend tätig, mußte jedoch gegenüber dem Politbüro regelmäßig Bericht erstatten und Änderungsvorschläge umgehend einarbeiten. Es hat den Anschein, als ob sich die Eingriffe des Politbüros in den folgenden Jahren weitgehend auf die Ausarbeitung der Volkswirtschafts- und Staatshaushaltspläne beschränkten. So wurde zwar im Anschluß an einen Bericht Otto Grotewohls am 3. August 1954 prinzipiell festgestellt, daß geplante Maßnahmen „grundsätzlicher Art [...], wie zum Beispiel Arbeitskräfteplan, Investitionen 1954, Preisherabsetzungen, Sparkampagne und kommunale Anleihen" dem Politbüro stets vorzulegen seien[20]. Doch erst im Zusammenhang mit der Ausarbeitung des Volkswirtschaftsplanes 1955 kam das Thema „Arbeitskräfteplanung" wieder auf die Tagesordnung des Leitungsgremiums der Hegemonialpartei[21]. Dabei wurde allerdings die ver-

15 Ebenda, Bl. 8.
16 BAB, DE 1/12216, Bl. 10–24, Anmerkungen zum Entwurf des Volkswirtschaftsplanes der DDR für 1954; ebenda, Bl. 44 f., Hausmitteilung der SPK (Dolmetscherabt.) vom 13. 11. 1953 an den SPK-Vorsitzenden Leuschner.
17 BAB, DE 1/12216, Bl. 10–24, hier Bl. 24.
18 SAPMO, DY 30/J IV 2/2/333, Bl. 1. In die Kommission wurden berufen: Bruno Leuschner, Gerhart Ziller, Heinrich Rau, Herbert Warnke und Erich Mückenberger.
19 SAPMO, DY 30/J IV 2/2/334, Bl. 2, Protokoll der Sitzung des Politbüros vom 24. 11. 1953.
20 SAPMO, DY 30/J IV 2/2/375, Bl. 2.
21 SAPMO, DY 30/J IV 2/2/391, Bl. 4, Protokoll der Sitzung des Politbüros vom 23. 11. 1954.

gleichsweise untergeordnete Rolle, die dieser Teilbereich aus Sicht des Politbüros und der Staatlichen Plankommission gegenüber der Investitionsplanung innerhalb der Volkswirtschaftsplanung einnahm, unübersehbar. Darüber hinaus deuteten die vorgetragenen Leitideen zum Abschnitt „Arbeitskräfte, Arbeitsproduktivität und Löhne", auf die sich die Mitglieder des Politbüros offensichtlich einigen konnten, auf eine gewisse Ernüchterung hin[22]: Die Euphorie, die noch 1952/53 vorgeherrscht hatte, war weitgehend verflogen. So wurde vor allem nicht mehr davon ausgegangen, daß der Beschäftigtenstand sich weiterhin stetig erhöhen werde. Statt dessen hatte sich die Einsicht durchgesetzt, daß die Aufnahmekapazitäten begrenzt waren. Nach längerer Zeit mußte sich die SED-Führung erstmals wieder mit Fragen der Arbeitslosigkeit beschäftigen. Gleichzeitig machte sich ein Zielkonflikt bemerkbar, der bereits Ende der vierziger Jahre kurzzeitig aufgetaucht war: Das Bestreben, Personal- und Verwaltungskosten zu senken, stand dem Anliegen diametral entgegen, den Dienstleistungsbereich personell zu verstärken. In dem Zusammenhang sprach sich das Politbüro für einen zunächst auf das Jahr 1955 befristeten Einstellungsstopp für Verwaltungspersonal aus[23]. Außerdem sollten Betriebsleitungen das Recht erhalten, „Beschäftigten im Rentenalter zugunsten der Unterbringung der schulentlassenen Jugend in feste Arbeitsstellen nahezulegen, in den wohlverdienten Ruhestand zu treten". Die angespannte Haushaltslage veranlaßte die SED-Führung dazu, Lohnerhöhungen, Veränderungen im Ortsklassensystem und die Anwendung höherer Lohntabellen vorerst auszusetzen[24].

Bei der Beratung des Politbüros über den Volkswirtschaftsplan 1955 standen Fragen der Arbeitszeitverkürzung und der beruflichen Wiedereingliederung von entlassenen Arbeitern im Vordergrund. So sollte ausgewählten Betrieben die Möglichkeit eingeräumt werden, zur 5-Tage-Woche überzugehen[25]. Außerdem setzte das Politbüro eine Regierungskommission ein, die sich mit der „Regelung der Umsetzung von freiwerdenden Arbeitskräften und der mit dem Arbeitskräfteplan im Zusammenhang stehenden Fragen" zu befassen hatte[26]. Der von der Staatlichen Plankommission vorgelegte Entwurf eines Volkswirtschaftsplanes für das letzte Jahr des Fünfjahrplanes ging davon aus, daß im II. Quartal beim Ministerium für Maschinenbau etwa 60000, beim Ministerium für Leichtindustrie ca. 5800 und beim Ministerium für Lebensmittelindustrie rund 2000 Arbeitskräfte

[22] Ebenda, Bl. 55 f.
[23] Ebenda, Bl. 55.
[24] Ebenda, Bl. 56.
[25] SAPMO, DY 30/J IV 2/2/418, Bl. 3, Protokoll der Sitzung des Politbüros vom 26. 4. 1955. Die Debatte über die Einführung der 5-Tage-Woche in den sechziger Jahren thematisiert: Hübner, Konsens, Konflikt und Kompromiß, S. 120–129.
[26] SAPMO, DY 30/J IV 2/2/418, Bl. 3. Zum Vorsitzenden der zentralen Regierungskommission berief das Politbüro den Minister für Arbeit Macher. Weitere Mitglieder waren: ein stellvertretender Vorsitzender der SPK, die Minister für Schwermaschinenbau, Maschinenbau, Landwirtschaft und Leichtindustrie. Namentlich erwähnt wurden außerdem Mückenberger, Ziller, Rudi Kirchner (FDGB), Rolf Berger (Vorsitzender des ZV der IG Metall) und Anna Posselt (Vorsitzende des ZV der IG Textil-Bekleidung-Leder). Ähnliche Arbeitsgruppen sollten auch auf bezirklicher Ebene errichtet werden. Dort waren bereits in der Vergangenheit Mitarbeiter der Arbeitsverwaltung mit der Umsetzung von entlassenen Arbeitern beschäftigt gewesen, die jedoch nicht automatisch in die neu gebildeten Gremien aufgenommen wurden, sondern nur vereinzelt zu Beratungen hinzugezogen werden sollten.

„freigesetzt" werden mußten[27]. Voraussetzung dafür war allerdings die Einhaltung der im Staatshaushaltsplan festgelegten Arbeitsproduktivität in den ersten drei Quartalen 1955. Andernfalls drohte vermutlich ein weiteres Ansteigen der Entlassungen. Die Staatliche Plankommission ging davon aus, daß 15 000 Arbeitskräfte in die Landwirtschaft und „einige weitere tausend" in den Erzbergbau „umgesetzt" werden konnten[28], während rund 50 000 Arbeitskräfte zunächst noch ohne berufliche Perspektive blieben. Für diesen Personenkreis sollte die zentrale Regierungskommission konkrete Vorschläge unterbreiten.

Tabelle 23: Rückgang der Beschäftigtenzahlen in einzelnen Bereichen der Schwerindustrie 1954/55

	1954	Plan 1955
Ministerium für Schwerindustrie	571 525	566 995
Ministerium für Schwermaschinenbau	391 193	373 597
Ministerium für Allgemeinen Maschinenbau	368 629	361 004

Quelle: BAB, DQ 2/1020, Volkswirtschaftsplan 1955 (Industrie) vom 12. 7. 1955.

Es kann davon ausgegangen werden, daß zentrale Bestandteile des Volkswirtschaftsplanes mit sowjetischen Vertretern abgestimmt wurden. Dabei versuchte die SED-Führung, die Informationsweitergabe mit konkreten Hilfsgesuchen zu verbinden. So stimmte das Politbüro einem Vorschlag Ulbrichts zu, dem Botschafter in Ost-Berlin, Georgi M. Puschkin, die offiziellen Ziffern des Volkswirtschaftsplanes 1956 mitzuteilen und gleichzeitig „um Gewährung von Hilfe" zu bitten[29]. Bei bilateralen Gesprächen war die Arbeitskräfteplanung vermutlich von untergeordneter Bedeutung, d.h. die deutsche Seite besaß auf diesem Gebiet relativ große Handlungsfreiheit. Diese war jedoch stark eingeengt durch die finanzpolitischen Zwangslagen des ersten Fünfjahrplanes, der – wie mehrfach erwähnt – einen raschen Ausbau der Schwerindustrie vorsah, ohne auf die Bewältigung der dabei entstehenden Arbeitskräftenachfrage schlüssige Antworten bereitzuhalten. Die gleichzeitig vorgenommenen, wenn auch bescheidenen Lohnerhöhungen verstärkten diesen Druck noch zusätzlich, so daß der DDR-Ministerrat und die zuständigen Industrieministerien in zunehmender Weise von der ursprünglichen Überlegung Abschied nahmen, den Arbeitskräftebestand kontinuierlich zu erhöhen. Statt dessen sollte die Arbeitsproduktivität in den Betrieben gesteigert werden und auf diese Weise der Fünfjahrplan erfüllt werden. So war es nicht weiter überraschend, als sich das Ministerium für Schwermaschinenbau dezidiert dage-

---

[27] Ebenda, Bl. 30.
[28] Angesichts des rapiden Personalabbaus, der bei der SDAG Wismut ungefähr Mitte der fünfziger Jahre einsetzte, kam nur noch der Kupferbergbau, vor allem das Mansfelder Kombinat, als Auffangbecken für die entlassenen Arbeitskräfte in Frage.
[29] SAPMO, DY 30/J IV 2/2/454, Bl. 2, Protokoll der Sitzung des Politbüros am 13. 12. 1955. Puschkin hatte im Juli 1954 die Leitung der neu geschaffenen Botschaft der UdSSR in der DDR übernommen. SKK-Statut, S. 89.

gen aussprach, die Aufgaben des Volkswirtschaftsplanes 1956 durch eine Aufstok-
kung der Beschäftigtenzahlen zu verwirklichen[30]. Von diesem Einstellungsverbot
blieben nur die sogenannten Jungfacharbeiter, die 1956 auszubildenden „Anlern-
linge" sowie die zu übernehmenden Jugendlichen unter 18 Jahren ohne Berufsausbildung ausgenommen. Der Arbeitskräftebestand sollte insgesamt konstant
gehalten werden: Dies implizierte auch, daß Entlassungen in größerem Umfange
zu verhindern waren. Bei der Ausarbeitung eines Direktiventwurfs zum zweiten Fünfjahrplan beschloß die SED-Führung, keine Entlassungen vorzunehmen
und daß „vor beabsichtigten Entlassungen" der Minister für Arbeit zu informieren sei[31]. Im Gegensatz zur Schwerindustrie sollte die Beschäftigtenzahl im Maschinenbau 1956 im Vergleich zum Vorjahr geringfügig sinken, wobei der Volkswirtschaftsplan zwischen Betrieben und sonstigen Einrichtungen unterschied.
Eine Gegenüberstellung der Tabellen 23 und 24 macht zugleich deutlich, daß die
ursprünglich anvisierte Senkung der Beschäftigtenzahlen 1955 – außer bei der
Schwerindustrie – nicht verwirklicht worden war.

*Tabelle 24: Rückgang der Beschäftigtenzahlen in einzelnen Bereichen der Schwerindustrie
1955/56 (in Tausend)*

	1955	Plan 1956
Ministerium für Schwerindustrie	567,9	568,7
a) Betriebe	559,7	559,5
b) Sonstige Einrichtungen	8,2	9,2
Ministerium für Schwermaschinenbau	397,0	393,3
a) Betriebe	379,1	376,1
b) Sonstige Einrichtungen	17,9	17,2
Ministerium für Allgemeinen Maschinenbau	373,2	371,5
a) Betriebe	365,2	364,5
b) Sonstige Einrichtungen	8,0	7,0

Quelle: BAB, DQ 2/1019, Bl. 7, Volkswirtschaftsplan 1956 (1. Jahr des 2. Fünfjahrplanes) vom 5. 12.
1955.

Erstellung der Arbeitskräftepläne auf zentraler, regionaler und lokaler Ebene

Welche Konsequenzen hatte die Ausarbeitung der Volkswirtschaftspläne auf zentraler politischer Ebene (SED-Führung) für das Arbeitsministerium sowie die Be-
zirks- und Kreisverwaltungen, die für die Arbeitskräfteplanung und -lenkung im
einzelnen verantwortlich waren? Das Politbüro der SED hatte das Arbeitsministerium bereits im Zusammenhang mit der Verkündung des „Neuen Kurses" aufgefordert, eine Analyse über die „derzeitige Beschäftigtenlage und die Lenkung

[30] BAB, DQ 2/1664, Minister für Schwermaschinenbau Apel am 24. 12. 1955 an den Minister für Arbeit und Berufsausbildung Macher.
[31] SAPMO, DY 30/J IV 2/2/464, Bl. 6, Protokoll der außerordentlichen Sitzung des Politbüros am
16. 3. 1956.

der Arbeitskräfte" zu erstellen[32]. Dazu sollte unter anderem für alle 217 Kreise der
DDR eine genaue statistische Übersicht erstellt werden, die vermutlich an die inhaltliche Struktur der Arbeitsmarktberichte anzuknüpfen hatte. Diese waren zwischen 1945 und 1949 von der HVAS in regelmäßigen Abständen erstellt worden
(z.B. Monats- und Vierteljahresberichte); im Zuge des Aufbaus der allgemeinen
Wirtschaftsplanung war dieses Diagnoseinstrument weitgehend in den Hintergrund getreten. Arbeitskräfteplanung wurde in der Folgezeit – auf Veranlassung
der SED-Führung und der Staatlichen Plankommission – zu einem Bestandteil
der Volkswirtschaftsplanung. Die zuständige Abteilung Arbeitskraftlenkung im
Arbeitsministerium mußte feststellen, daß „das uns vorliegende Zahlenmaterial
bzw. die Analysen der Kreise und Bezirke den Erfordernissen nicht entsprechen"[33]. Deshalb wurde erwogen, zusammen mit der Abteilung Planung und Statistik sowie der Staatlichen Plankommission „eine Verbesserung des Statistischen
Dienstes und der Anleitung der Kreise herbeizuführen". Neben dieser statistischen Erhebung erblickte die Abteilung Arbeitskraftlenkung noch drei weitere
Aufgabenfelder: Zum einen ging es darum, Maßnahmen zur Beschäftigung der im
Juli 1953 die Lehre beendenden Jungfacharbeiter vorzubereiten; zum anderen
sollte der Arbeitskräftebedarf in der Landwirtschaft abgesichert werden. Und abschließend ging es um eine Erfassung der Betriebe, die Kurzarbeit angemeldet hatten. Nach ersten Berichten, die das Arbeitsministerium erhalten hatte, handelte es
sich dabei in erster Linie um Privatbetriebe in den Bezirken Dresden, Karl-Marx-
Stadt und Leipzig, die aufgrund von Materialmangel und Absatzschwierigkeiten
zur Kurzarbeit übergegangen waren[34]. Diesem Aufgabengebiet räumte die Abteilung Arbeitskraftlenkung jedoch nur eine untergeordnete Bedeutung ein, da mit
einer raschen Überwindung der genannten „Schwierigkeiten" gerechnet wurde.

Die Bezirke waren oftmals mit der Aufgabe überfordert, die Arbeitskräfteplanung entsprechend den Vorgaben aus Berlin durchzuführen und die Vorgehensweise der einzelnen Kreise zu koordinieren. Die Abteilung Arbeit und Berufsausbildung beim Rat des Bezirks Dresden faßte diesen Umstand kurz und prägnant
zusammen: „Fast übereinstimmend beschweren sich die Kreise darüber, daß die
Art und Weise der erfolgten Abstimmungen der Projektpläne 1954 Formalismus
in höchster Form darstellt."[35] Darüber hinaus werde den Betrieben von seiten der
VVB „sehr kurze Termine" (meistens nur fünf Tage) gesetzt, die nicht einzuhalten
seien. Diese Terminfestsetzung habe letztlich dazu geführt, daß einzelne Bezirke
immer noch keinen Überblick über den Arbeitskräftebedarf und die anstehenden
Entlassungen besäßen, so daß eine verläßliche Planung für 1954 noch gar nicht
habe aufgestellt werden können[36]. Die Arbeitsverwaltung verfügte jedoch über
keine Sanktionsmittel, um gegen säumige Betriebe vorgehen zu können. Diese besaßen auch bei der von oben angeordneten Umsetzung von Arbeitskräften nach
wie vor nicht unbeträchtlichen Handlungsspielraum: So hatte etwa der VEB Kyff-

---

[32] BAB, DQ 2/1760, Bericht der Abt. Arbeitskraftlenkung vom 22. 6. 1953, S. 1.
[33] Ebenda, S. 2.
[34] Ebenda, S. 3.
[35] BAB, DQ 2/1163, Rat des Bezirkes Dresden (Abt. Arbeit und Berufsausbildung) am 1. 10. 1953 an
      das Ministerium für Arbeit (Abt. Arbeitskraftlenkung).
[36] Ebenda, S. 2.

häuserhütte Artern dem VEB Mähdrescherwerk Weimar vier Schweißer zur Verfügung gestellt, die infolge der gestiegenen Auftragslage kurz darauf wieder zurückgezogen wurden[37]. Das Ministerium für Arbeit wurde vom Ministerium für Transportmittel- und Landmaschinenbau gebeten, die Rückführung der Facharbeiter nachträglich zu bestätigen und personellen Ersatz zu besorgen.

Der DDR-Ministerrat legte nicht nur kurze Bearbeitungszeiträume fest, sondern überhäufte das Ministerium für Arbeit mit zusätzlichen Aufgaben. So sollten den Ministerien, Staatssekretariaten und der örtlichen Industrie innerhalb von sechs Wochen Aufgaben für die Umsetzung von Arbeitskräften erteilt werden. Dazu waren zunächst einmal Bilanzen über den Bedarf an Arbeitskräften sowie über die geplanten Freisetzungen, untergliedert nach den Hauptberufsgruppen und regionalen Gesichtspunkten, einzureichen. Außerdem hatte das Ministerium für Arbeit dafür zu sorgen, daß zwischen den Ministerien, Staatssekretariaten und Räten der Bezirke Rahmenvereinbarungen über die berufliche Eingliederung entlassener Arbeitskräfte abgeschlossen wurden[38]. Auch dieser Auftrag konnte in der vorgegebenen Zeit nicht erfüllt werden, weil die Arbeitskräftepläne, die den beteiligten Stellen zur Verfügung standen, unvollständig waren und beispielsweise keine Angaben zu ehemaligen SAG-Betrieben oder zur Abgabe von Betrieben der zentral geleiteten an die örtliche Industrie enthielten. Das Ministerium für Arbeit stand dieser Ausgangslage relativ hilflos gegenüber und verlängerte die ursprünglich angegebenen Termine um mehr als zwei Monate[39]. Die Abteilung Arbeitskraftlenkung sah sich jedoch außerstande, den bereits verlängerten Termin einzuhalten, da sich die Zusammenarbeit zwischen den beteiligten Stellen, in erster Linie den Industrieministerien und den Bezirksverwaltungen, in der Zwischenzeit nicht wesentlich verbessert hatte[40]. Im Spätsommer 1954 lagen noch immer keine Bilanzen aus den Ministerien für Land- und Forstwirtschaft sowie für Handel und Versorgung vor. Das Erfassungsproblem erübrigte sich letztlich für das Arbeitsministerium von selbst, das auf der Grundlage der bis zu diesem Zeitpunkt eingereichten statistischen Übersichten davon ausging, daß „in keinem Wirtschaftszweig nennenswerte Freistellungen von Arbeitskräften zu erwarten" seien[41]. Die Bezirksverwaltungen betonten übereinstimmend, daß die Aufstellung „endgültiger" Arbeitskräftebilanzen nicht mehr möglich sei. Da nahezu zeitgleich die Vorarbeiten für den Volkswirtschaftsplan 1955 begannen, waren die Abteilungen für Arbeit und Berufsausbildung der Räte der Bezirke mit einer neuen zentralen Aufgabe betraut. Gegenüber der Regierungskanzlei mußte das Ministerium für Arbeit einräumen, daß man „vorläufig nicht in der Lage" sei, über die Bezirksverwaltungen einen Überblick über die Arbeitskräftepläne und -bilanzen für den Rest des

[37] BAB, DQ 2/2145, Ministerium für Transportmittel- und Landmaschinenbau am 13. 11. 1953 an das Ministerium für Arbeit.
[38] BAB, DQ 2/851, Hausmitteilung des Ministeriums für Arbeit (Abt. Arbeitskraftlenkung) vom 10. 3. 1954 an den stellvertretenden Minister Heinicke, S. 1.
[39] Das zeigt der handschriftliche Zusatz eines Mitarbeiters auf der Hausmitteilung vom 10. 3. 1954: „Wie soll es weitergehen?" Ebenda.
[40] Ebenda, S. 2.
[41] BAB, DQ 2/1580, Stellvertreter des Ministers, Heinicke, am 17. 9. 1954 an den Chef der Regierungskanzlei und Staatssekretär der Regierung, Dr. Geyer, S. 1.

Planjahres 1954 zu erhalten[42]. Die regionale Erfassung des Arbeitskräftepotentials war somit vorerst gescheitert.

In der Folgezeit übernahm die zuständige Abteilung bei der Staatlichen Plankommission (Hauptplangebiet Arbeitskräfte) in zunehmenden Maße die Aufgabe, die Arbeitskräfteplanung in der DDR konzeptionell voranzutreiben. Dagegen geriet das Ministerium für Arbeit sukzessive ins Hintertreffen, ohne jedoch gänzlich an Einfluß zu verlieren. Es war ein zentrales Vorhaben der Staatlichen Plankommission, die Verwaltungen auf regionaler und lokaler Ebene stärker in die Steuerung des Arbeitskräftepotentials einzubinden. Die Durchführung des Volkswirtschaftsplanes 1953 und die Vorbereitung des Planes 1954 hätten – so das Hauptplangebiet Arbeitskräfte zu Beginn eines bilanzierenden Berichtes – deutlich gezeigt, daß „die örtlichen Organe der Staatsmacht noch zu wenig für die Koordinierung und Durchsetzung unserer wirtschaftspolitischen Aufgaben eingeschaltet wurden"[43]. Den Plankommissionen der Räte der Kreise und Bezirke wurde vorgehalten, sie fühlten sich noch nicht für die Gesamtentwicklung der Wirtschaft in ihrem Zuständigkeitsgebiet verantwortlich, sondern nur für die Entwicklung der örtlichen Wirtschaft. In diesem Zusammenhang geriet die fehlende Kooperation und Absprache mit der zentralgeleiteten Industrie in den Mittelpunkt der Kritik. Dies schien aus Sicht der Staatlichen Plankommission eine Voraussetzung für die Erstellung eines Gesamtüberblickes über die Beschäftigten im Kreis bzw. im Bezirk zu sein. Weitgehend unberücksichtigt blieben dagegen die Privatbetriebe, die gerade auf dieser Verwaltungsebene eine nicht unerhebliche Rolle spielten. Um die Durchführung der regionalen Arbeitskräfteplanung zu verbessern, beschloß die Staatliche Plankommission, im Hauptplangebiet Arbeitskräfte eine besondere Abteilung für die Bilanzierung der Arbeitskräfte und Berufsausbildung aufzubauen[44]. Außerdem sollte eine systematische regionale Arbeitskräftebilanzierung 1955 zunächst nur in den Bezirken Leipzig, Halle, Schwerin und in Ost-Berlin „verbindlich" eingeführt werden. Die dabei gemachten Erfahrungen sollten anschließend mit den Vertretern der Bezirke und einiger Kreise ausgewertet „und bei der Ausarbeitung der Methodik für die Ausarbeitung der Volkswirtschaftspläne im 2. Fünfjahrplan entsprechend berücksichtigt werden".

Das Ministerium für Arbeit beschränkte sich weitgehend auf die Registrierung der Arbeitsuchenden. Angesichts der bis Mitte der fünfziger Jahre stark gefallenen Erwerbslosenquote handelte es sich nach Angaben der Abteilung Arbeitskraftlenkung primär um ein saisonbedingtes Auftreten der Arbeitslosigkeit: Hiervon waren vor allem die Landwirtschaft und die Bauwirtschaft betroffen, die erst im Verlauf des Frühjahrs 1954 wieder ein Ansteigen der Neueinstellungen vermelden konnten[45]. Den Berichten war des weiteren zu entnehmen, daß die berufliche Unterbringung der in den Wintermonaten entlassenen Arbeitskräfte nur kurz- bzw.

---

[42] Ebenda, S. 3.
[43] BAB, DE 1/3652, Bl. 1–6, hier Bl. 1, Bericht des Hauptplangebietes Arbeitskräfte vom 3. 4. 1954 über den Stand der Ausarbeitung von regionalen Arbeitskräftebilanzen nach der sozialökonomischen Struktur.
[44] Ebenda, Bl. 6.
[45] BAB, DQ 2/1580, Analyse der Abt. Arbeitskraftlenkung vom 10. 4. 1954 über das erste Vierteljahr des Volkswirtschaftsplanes 1954, S. 1.

mittelfristig problematisch erschien. Vor allem das arbeitsintensive Energiebauprogramm stellte demzufolge ein Auffangbecken für Erwerbslose dar, die von den Arbeitsämtern gezielt dort untergebracht wurden. Die gesunkene Bedeutung der Arbeitsverwaltung läßt sich auch daran ablesen, daß sich die von der zuständigen Abteilung gezogenen Schlußfolgerungen nahezu ausschließlich auf einen Appell an die anderen Fachministerien beschränkten, die Arbeitskräftepläne bereits zu Beginn des Planjahres zu bestätigen: „Nur ein rechtzeitiger Planrücklauf gewährleistet die Aufstellung richtiger Bilanzen zur Einleitung entsprechender Maßnahmen für die Umsetzung der Arbeitskräfte oder der Mobilisierung der Arbeitskräftereserven."[46]

Bei der Ausarbeitung der Arbeitskräftepläne, die nach wie vor Bestandteil der jährlich aufzustellenden Volkswirtschaftspläne blieben, mußte sich die Staatliche Plankommission mit der Staatlichen Stellenplankommission abstimmen, die offenkundig ein Instrument der DDR-Regierung und indirekt der SED-Führung zur Kontrolle des staatlichen Verwaltungsapparates war. Relativ rasch konnte aber wohl Übereinstimmung darüber erzielt werden, daß die Arbeitskräftepläne die Grundlage der gemeinsamen Gespräche darstellen sollten[47]. Damit wurde wiederum die zentrale Position der Staatlichen Plankommission untermauert. Diese Einigung war insofern von Bedeutung, als zum Verwaltungsapparat auch das entsprechende Personal der Verwaltungen in der volkseigenen Wirtschaft gezählt wurde (VEB, VVB). Dagegen registrierte der Arbeitskräfteplan die Arbeiter und Angestellten aus der „materiellen Produktion". Mit dieser grundsätzlichen Übereinkunft war allerdings die Lösung zahlreicher Detailfragen verbunden, zu denen in der Folgezeit noch weitere Besprechungen geführt werden mußten[48].

Trotz der wachsenden Bedeutung der Staatlichen Plankommission war das Ministerium für Arbeit im System der Planungsinstanzen nicht überflüssig geworden. Es ist bereits darauf hingewiesen worden, daß die Arbeitsverwaltung nach wie vor die – wenn auch stark gesunkenen – Erwerbslosenzahlen erfaßte. Darüber hinaus gingen dort auch weiterhin die Bedarfsmeldungen einzelner Fachministerien ein. So erstellte die Abteilung Arbeitskräftelenkung Anfang November 1954 einen Überblick über den erwarteten, konstant bleibenden Arbeitskräftebedarf[49]. Neben den bekannten Bereichen (Landwirtschaft und Bauwirtschaft) nannte die Abteilung die Baustoffindustrie (im Jahresdurchschnitt rund 1500 voll einsatzfähige Arbeitskräfte) und das Ministerium für Eisenbahnwesen (600 bis 800 Arbeiter für den Rangierdienst), die Ministerien für Leichtindustrie und Maschinenbau (ohne konkrete Zahlenangaben) sowie das Ministerium für Schwerindustrie (600 bis 800 Arbeitskräfte im Steinkohlenbergbau). Der gemeldete Bedarf an Arbeitskräften schien insgesamt überschaubar zu sein; das Arbeitsministerium erwartete offenbar auch keine größeren Schwierigkeiten bei der entsprechenden Zuteilung. Einschränkend muß nochmals betont werden, daß in der Arbeitskräfteplanung

[46] Ebenda, S. 3.
[47] BAB, DE 1/3655, Bl. 6–8, hier Bl. 6, Protokoll über die Besprechung mit der Staatlichen Stellenplankommission am 11. 6. 1954.
[48] Vgl. ebenda, Bl. 4 f., Protokoll über die Besprechung am 18. 6. 1954; ebenda, Bl. 2 f., Protokoll über die Besprechung am 24. 9. 1954.
[49] BAB, DQ 2/1609, Notiz vom 4. 11. 1954.

immer noch einzelne, vor allem sicherheitsrelevante Bereiche nicht enthalten
waren[50].

Das Präsidium des Ministerrates faßte am 13. Januar 1955 einen Beschluß über
die Durchführung des Arbeitskräfteplanes 1955, in dem von einer regionalen Bilanzierung durch die Bezirksverwaltungen keine Rede mehr war. Statt dessen
wurde die Bedeutung der Betriebe mit dem Ziel der Steigerung der Rentabilität
hervorgehoben und dabei die Möglichkeit eröffnet, unter bestimmten Voraussetzungen Beschäftigte zu entlassen: „Wenn sich in Durchführung der Aufgabe, den
Betrieb rentabel zu gestalten und die Planaufgaben zu erfüllen, in einzelnen Betrieben die Freistellung von Arbeitskräften im Laufe des Planjahres 1955 notwendig macht, dürfen derartige Maßnahmen nur nach einem mit den betrieblichen
Organen der Gewerkschaften bis ins einzelne rechtzeitig festgelegten Plan durchgeführt werden."[51] Die Entlassung von Arbeitskräften war jedoch nur die eine
Seite der Medaille: Um ein Ansteigen der Arbeitslosenzahlen zu verhindern, sollten den Betroffenen umgehend neue Beschäftigungsmöglichkeiten angeboten
werden. Insofern war für den Ministerrat die berufliche Umsetzung eine zwangsläufige, ergänzende Maßnahme. Darüber hinaus sollte die Freisetzung von Arbeitskräften in erster Linie „auf dem Wege der Ausnutzung der normalen Fluktuation und des natürlichen Arbeitskräfteabganges sowie der Umsetzung von Arbeitskräften in andere Arbeitsstellen" und in enger Absprache mit den Bezirks-
und Kreisverwaltungen erfolgen[52]. Diese Einschränkung war allerdings wenig
einleuchtend, da Entlassungen zunächst einmal die Fluktuationsrate automatisch
ansteigen ließen. Letztlich befand sich die DDR-Staatsführung in dieser Frage
wieder einmal in einem Dilemma: Auf der einen Seite sollte die betriebliche Produktivität gesteigert, auf der anderen Seite die Wanderungsbewegung von Arbeitskräften so gering wie möglich gehalten werden. Diesem Zielkonflikt konnte
sich auch das Präsidium des Ministerrates nicht entziehen. Wenige Tage nach seiner Sitzung unterrichtete das Ministerium für Schwerindustrie alle Werkdirektoren und Werkleiter in seinem Zuständigkeitsbereich über die beschlossenen Maßnahmen[53].

Das Ministerium für Arbeit und Berufsausbildung und die Staatliche Plankommission versuchten Anfang 1955 gemeinsame Absprachen im Hinblick auf die
Ausarbeitung des Arbeitskräfteplanes 1956 zu treffen. Dazu fand Mitte Februar
eine erste Zusammenkunft statt, auf der unter anderem Fragen der Abgrenzung
zwischen den beiden Institutionen erörtert wurden. Eine Einigung konnte offensichtlich nicht erzielt werden; statt dessen verschob man diese Frage auf eine
Nachfolgesitzung, die für Anfang März anberaumt wurde[54]. Das Präsidium des
Ministerrates hatte in seinem Beschluß vom 13. Januar festgelegt, daß die Vorsit-

[50] BAB, DE 1/8939, Bl. 8, Methodische Erläuterungen zur Arbeitskräftebilanz (ca. 1954/55). Dazu
gehörten Mitte der fünfziger Jahre die Angehörigen der Volkspolizei sowie die Beschäftigten der
Wismut AG. Letzterer Bereich wurde allerdings in den Statistiken schon vor 1949 gesondert behandelt.
[51] BAB, DE 1/8739, Bl. 87–91, hier Bl. 87.
[52] Ebenda, Bl. 87f.
[53] BAB, DQ 2/1673, Minister für Schwerindustrie am 17. 1. 1955 an alle Werkdirektoren und Werkleiter.
[54] BAB, DE 1/9647, Bl. 77f., Kurzprotokoll über die Aussprache am 17. 2. 1955.

zenden der Räte der Bezirke in allen Kreisen die Aufstellung von Arbeitskräftebilanzen „auf der Grundlage der von den Betrieben gegebenen Unterlagen" zu veranlassen hatten. Das Arbeitsministerium wurde außerdem ermächtigt, Anweisungen für die Durchführung der vorgesehenen Arbeitskräfteumsetzungen zu erteilen. Nach Rücksprache mit der Staatlichen Plankommission stellte Minister Macher beim DDR-Ministerrat den Antrag, einen erneuten „Beschluß über die Aufstellung von Plänen des Bedarfs und der Deckung des Bedarfs an Arbeitskräften für das Jahr 1955" zu fassen. Der eingereichte Beschlußentwurf enthielt erstmals verbindliche Terminvorgaben und sollte die beteiligten Ministerien und Verwaltungen zwingen, ihren Beitrag zum raschen Gelingen der Bedarfsbilanzierung zu leisten[55]. Eine Entscheidung des Ministerrates ist in dieser Frage nicht überliefert. Es bleibt aber festzuhalten, daß sich das Ministerium für Arbeit und Berufsausbildung darum bemühte, die Staatliche Plankommission als Verbündeten zu gewinnen, um den Ministerrat zu präziseren Vorgaben für die Fachministerien und Bezirksverwaltungen zu bewegen. Unabhängig davon lagen Mitte April 1955 erste Arbeitskräftebilanzen einzelner Ministerien vor, die Zahlenangaben über Entlassungen und Umsetzungen von Arbeitskräften enthielten[56]. Dabei handelte es sich allerdings nur um Meldungen aus einzelnen Bezirken; ein Gesamtüberblick bestand nach wie vor nicht.

Das Ministerium für Arbeit und Berufsausbildung unternahm im Frühjahr 1955 den Versuch, bei der Fertigstellung der Arbeitskräftepläne verlorengegangenen Einfluß wiederzugewinnen. Dazu unterbreitete Minister Macher gegenüber der Staatlichen Plankommission den Vorschlag, zusätzliche Mitarbeiter der Arbeitsverwaltung in den Kreisen und Bezirken einzusetzen, die sich der nach wie vor als zentral angesehenen Aufgabe widmen sollten, die Arbeitskräftebilanzierung vor Ort zu verbessern und damit zur Sicherung des Arbeitskräfteplanes beizutragen[57]. Dieser Vorstoß, der angeblich mit der Abteilung Arbeit des ZK der SED, den Gewerkschaften und den Fachministerien abgesprochen worden war, hatte allerdings kaum Aussicht auf Erfolg, da eine zusätzliche Aufblähung des Verwaltungsapparates nicht opportun und letztlich nicht durchsetzbar war. Außerdem war die Staatliche Plankommission offenkundig nicht bereit, dem Arbeitsministerium neue Handlungsspielräume zu gewähren. Minister Macher plädierte des weiteren dafür, das Arbeitsbuch, das Anfang 1947 in der SBZ eingeführt worden war, „wieder zu einem Mittel der Arbeitskraftlenkung und Kontrolle" werden zu lassen[58]. Die Arbeitsbücher sollten jedoch zukünftig nicht mehr bei den „Werktätigen" verbleiben, sondern vielmehr den Betrieben übergeben werden. Die dortige Aufbewahrung gebe den Betrieben „ein wichtiges Material für die Lenkung der Arbeitskräfte" und erspare ihnen Arbeit bei der Führung der Personalunterlagen.

[55] Ebenda, Bl. 40, Minister Macher am 9. 3. 1955 an das Büro des Präsidiums des Ministerrates. Der eingereichte Beschlußentwurf befindet sich in: ebenda, Bl. 33–36.

[56] Vgl. ebenda, Bl. 16, 10-Tage-Meldung des Ministeriums für Schwerindustrie zur Arbeitskräftelage im Bezirk Halle.

[57] Ebenda, Bl. 19–21, hier Bl. 19, Minister Macher am 22. 4. 1955 an die stellvertretende SPK-Vorsitzende, Dr. Wittkowski.

[58] Ebenda, Bl. 21.

Auch die Staatliche Plankommission mußte sich Mitte der fünfziger Jahre mit der sogenannten Freisetzung von Arbeitskräften befassen. Den Hintergrund dafür bildete der Volkswirtschaftsplan 1955, dessen Zahlenangaben zum Umfang der industriellen Bruttoproduktion mehrmals nach unten korrigiert werden mußten, was wiederum negative Auswirkungen auf den Arbeitskräfteplan hatte. Die zuständige Hauptabteilung Planung der Arbeitskräfte ging davon aus, daß in den drei letzten Quartalen 1955 allein im Zuständigkeitsbereich des Ministeriums für Maschinenbau 85 000 Arbeitsplätze verloren gehen würden[59]. In anderen Wirtschaftsbereichen drohten ebenfalls Entlassungen: Ministerium für Lebensmittelindustrie (6000), Ministerium für Leichtindustrie (12 000), volkseigene örtliche Industrie (4000) und Privatindustrie (zwischen 11 000 und 17 000). Dagegen enthielt eine Analyse des Ministeriums für Arbeit und Berufsausbildung, die sich jedoch nur auf das erste Quartal 1955 beschränkte und die unaufhaltsame Steigerung der Arbeitsproduktivität dokumentieren sollte, keinerlei Angaben zu Entlassungen in einzelnen Wirtschaftszweigen[60]. Erst Ende Juni 1955 bestätigte die Abteilung Arbeitskraftlenkung des Ministeriums die von der Staatlichen Plankommission prognostizierte Entwicklung: Demzufolge meldete die Arbeitsverwaltung für das erste Quartal 1955 einen Überhang von 55 081 Arbeitskräften, die von den Betrieben entlassen wurden und anschließend in neue Arbeitsplätze „umgesetzt" werden sollten[61]. Nur ein zahlenmäßig kleiner Teil dieser Gesamtgruppe konnte rasch wieder in die Arbeitswelt integriert werden; die Abteilungen für Arbeit konnten letztlich ein leichtes Ansteigen der Erwerbslosenzahlen in einigen Bezirken nicht verhindern. Nach Angaben des Ministeriums für Arbeit und Berufsausbildung bestand der Arbeitskräfteüberhang in erster Linie in den unteren Lohngruppen, während der Bedarf an Arbeitern aus den oberen Lohngruppen nach wie vor ungebrochen blieb[62]. Somit verband sich das Problem der Einführung von Rentabilitätsgesichtspunkten in der betrieblichen Produktion, die Entlassungen nach sich zog, mit einem Qualifizierungshindernis. Die Nachfrage nach qualifizierten Facharbeitern konnte offenbar nicht zur Zufriedenheit zahlreicher Betriebe gelöst werden, die ihrerseits versuchten, an- und ungelernte Beschäftigte „freizusetzen". Diesen Zusammenhang hatten das Arbeitsministerium und die Staatliche Plankommission zu spät erkannt. Das Ministerium zog daraus – in einem intern gehaltenen Vermerk – die Schlußfolgerung, daß die „kommenden Volkswirtschaftspläne [...] so geplant werden, daß die Bilanz weder einen Überhang noch einen ungedeckten Bedarf an Arbeitskräften ergibt"[63]. Die Wirtschaftsplanung müsse nämlich gewährleisten, daß „der Bedarf gedeckt wird und daß die Planung nicht zu einer Arbeitslosigkeit (Überhänge) führt".

[59] BAB, DE 1/9647, Bl. 17, Begründung vom 23. 4. 1955 zur Änderung des Volkswirtschaftsplanes 1955 (Planteil Arbeitskräfte).
[60] BAB, DQ 2/1314, Analyse der Abt. Planung und Statistik über die Entwicklung der Produktivität, Arbeitskräfte und des Lohnes vom 1. 6. 1955. Die Steigerung der Arbeitsproduktivität ergab sich aus der Gegenüberstellung der beiden ersten Quartale 1954 und 1955.
[61] BAB, DQ 2/1060, Analyse der Abt. Arbeitskraftlenkung vom 29. 6. 1955 über die Entwicklung der Arbeitskräfte im I. Quartal 1955, S. 1. Die personellen „Überhänge" konzentrierten sich hauptsächlich auf die Bezirke Leipzig, Halle, Dresden, Magdeburg und Berlin, und dabei überwiegend in Betrieben des Maschinenbaus und der Schwerindustrie. Ebenda, S. 12.
[62] BAB, DQ 2/1609, Auszug aus einer Analyse über das 1. Halbjahr 1955, S. 1.
[63] Ebenda, Notiz aus dem Ministerium für Arbeit und Berufsausbildung (o.D.).

Entlassungen waren im überarbeiteten Volkswirtschaftsplan von 1955 nicht nur beim Maschinenbau sowie der Leicht- und Konsumgüterindustrie vorgesehen, sondern auch bei der Schwerindustrie, wie die folgende Tabelle zeigt.

Tabelle 25: Geplante Entlassungen in der Schwerindustrie 1955

	Arbeitskräfte im Jahres- durchschnitt 1954	Arbeitskräfte im November 1954	Arbeitskräfte im Volkswirt- schaftsplan 1955	Freistellungen von Arbeits- kräften[64]
Ministerium für Schwerindustrie (insgesamt)	574 530	576 730	566 870	ca. 10 000
HV Eisenindustrie	79 000	80 390	77 230	3 160
darunter				
Eisenhüttenkombinat J. W. Stalin	5 750	6 225	5 683	532
Calbe	3 662	3 716	3 532	184
Riesa	8 910	9 147	8 563	415
Brandenburg	4 718	4 784	4 405	379
Hennigsdorf	5 774	5 769	5 425	344
Leipzig. Eisen- u. Stahlw.	4 800	4 892	4 653	239
Karl-Marx-Stadt	2 914	2 852	2 759	132
Döhlen	2 645	2 760	2 635	125
Ilsenburg	–	1 507	1 382	120
Montan [sic]	1 907	2 015	1 900	115
Silbitz	2 531	2 592	2 516	76
Maxhütte	6 356	6 585	6 299	285
HV NE-Metallindustrie	48 620	49 100	47 100	2 000
darunter				
Mansfeld-Bergbau	17 680	17 800	17 600	200
Mansfeld-Hütten	7 996	8 497	7 997	500
Hettstedt	7 160	7 083	6 673	400
Rodewisch	858	799	708	90
Halsbrücke	1 323	1 281	1 166	120
Altenberg	869	841	696	145
Oberböhmsdorf	218	172	–	172
BMHW	2 316	2 571	2 459	120
Rackwitz	1 392	1 399	1 338	60
[...]				
HV Fl. Brennstoffe	40 400	40 240	38 920	1 300

---

[64] Die Zahl der Freistellungen ergibt sich in der vorliegenden Tabelle nicht immer aus der Differenz zwischen dem Beschäftigtenstand vom November 1954 und dem Plan 1955. Die Statistik enthält zu diesen Unstimmigkeiten auch keine näheren Erklärungen.

Tabelle 25: Geplante Entlassungen in der Schwerindustrie 1955 (Fortsetzung)

	Arbeitskräfte im Jahres- durchschnitt 1954	Arbeitskräfte im November 1954	Arbeitskräfte im Volkswirt- schaftsplan 1955	Freistellungen von Arbeits- kräften[64]
darunter				
Böhlen	13 516	13 609	13 084	525
Zeitz	4 701	4 843	4 574	269
Lütkendorf	2 114	2 149	2 010	139
Gölzau	2 286	2 340	2 219	121
Vorwärts	1 835	1 769	1 679	90
Klaffenbach	197	201	148	53
Schwarzheide	keine Angaben	keine Angaben	keine Angaben	keine Angaben

Quelle: BAB, DG 2/1426, Volkswirtschaftsplan 1955 für die Schwerindustrie (o.D.).

Die Bezirksverwaltungen begannen im Laufe des Sommers 1955 damit, die regionale Arbeitskräftebilanzierung und -planung professioneller zu gestalten. So wurde beispielsweise im Bezirk Magdeburg eine Kommission eingesetzt, die es sich unter Berufung auf allgemeine wirtschaftspolitische Beschlüsse der SED-Führung zur Aufgabe machte, die Steuerung des Arbeitskräftepotentials auf „eine wissenschaftliche, für die Sache der Arbeiter und Bauern parteiliche" Grundlage zu stellen[65]. Die Arbeitsverwaltung auf regionaler und zentraler Ebene erhoffte sich von der Etablierung dieser arbeitsmarktspezifischen Gremien eine Verbesserung des Ausgleichs von Angebot und Nachfrage innerhalb eines Bezirkes. Darüber hinaus sollte auf diese Weise die Zusammenarbeit zwischen einzelnen Bezirken verbessert werden: Das „alte" Vorhaben eines zwischenbezirklichen Ausgleichs findet sich hier wieder. Und zu guter Letzt ging es darum, wirtschaftliche Schwerpunktvorhaben rasch mit Arbeitskräften versorgen zu können. Dazu gehörte zwar immer weniger die SDAG Wismut; dafür rückten aber Kombinate der Stahl- und Eisenindustrie in den Mittelpunkt des Interesses. Inwieweit es der Arbeitsverwaltung gelang, diese Ziele zu verwirklichen, hing entscheidend von der Mitarbeit der Betriebe ab. Die Bezirksverwaltung Magdeburg schlug in dem Zusammenhang vor, eine „neue gesetzliche Grundlage" der Arbeitskräftelenkung auszuarbeiten[66], die den veränderten ökonomischen Rahmenbedingungen anzupassen war. Dabei sollte vor allem berücksichtigt werden, daß die Planung und Lenkung des Faktoreinsatzes entsprechend den jeweiligen Eigentumsformen in der Wirtschaft zu differenzieren waren. Der nach wie vor große Sektor der Privatwirtschaft war in der Vergangenheit – nach Einschätzung der Arbeitsverwaltung – nur unzureichend erfaßt worden. Auch die Bilanzierung des Arbeitskräftebestandes sollte unter diesem Gesichtspunkt umgearbeitet werden.

---

[65] SAPMO, DY 34, 45/143/6058, Thesen vom 15. 8. 1955 zum Bericht über die Arbeitskräfte-Kommission Magdeburg, S. 1.
[66] Ebenda, S. 9.

Nachdem das Ministerium für Arbeit und Berufsausbildung die Räte der Bezirke am 14. April 1955 angewiesen hatte, für ihren regional begrenzten Zuständigkeitsbereich Arbeitskräftebilanzen für das Jahr 1955 zu erstellen, gingen Anfang August die ersten Berichte in Berlin ein. Auffallend ist die Tatsache, daß die Bezirksverwaltungen deutliche Kritik an der Tätigkeit der Staatlichen Plankommission sowie der Fachministerien übten. So bemängelte die Abteilung Arbeit und Berufsausbildung in Leipzig die mangelhafte Koordinierung zwischen den Verwaltungen auf zentraler Ebene, die verantwortlich dafür sei, daß die Betriebe relativ spät ihre jeweiligen Produktionspläne erhielten[67]. Außerdem erfolge die Anleitung der Betriebe durch die Fachministerien bzw. Hauptverwaltungen „völlig ungenügend und formal". Dadurch komme – so die Leipziger Bezirksverwaltung – eine „Unterschätzung der Bilanzierung seitens der zentralen Stellen zum Ausdruck, die sich auf die Betriebe mit übertragen" habe. Auch die Industrie- und Handelskammern sowie die Handwerkskammern gerieten in das Kreuzfeuer der Kritik: Sie seien nicht in der Lage, „auch nur annähernd" die Entwicklung des Arbeitskräftebestandes in der Privatwirtschaft anzugeben. Die Abteilung Arbeit und Berufsausbildung beim Rat des Bezirkes Cottbus betonte zwar in ihrem Bericht, daß in der Zwischenzeit die „Verbindung zu den Betrieben enger" geworden sei, dennoch gebe es in einigen Kreisen nach wie vor Betriebe, welche „die wirkliche Lage verschwiegen und nicht dazu beitrugen, im Interesse der gesamten Wirtschaft Arbeitskräfte freizusetzen"[68]. Damit bestätigte sich der bisher gewonnene Eindruck, daß die Betriebe einen entscheidenden Beitrag zum Gelingen oder Scheitern der Arbeitskräftebilanzierung leisteten. Zahlreiche Betriebsleitungen waren offenbar nicht bereit, gegenüber der Arbeitsverwaltung ihren tatsächlichen Arbeitskräftebedarf und -überhang mitzuteilen. Die Arbeitsverwaltung konnte deshalb nur Vermutungen über das Ausmaß der Arbeitskräftehortung anstellen; selbst Inspektionsreisen von Mitarbeitern der Bezirksverwaltungen oder des Arbeitsministeriums boten keine Gewähr dafür, dieses grundlegende Problem der ostdeutschen Zentralverwaltungswirtschaft auszuschalten.

Während das Ministerium für Arbeit und Berufsausbildung in der ersten Jahreshälfte 1955 mit der beruflichen Unterbringung kurzfristig entlassener Arbeitskräfte beschäftigt war, wandte es sich in der Folgezeit wieder verstärkt einem Phänomen zu, das schon zuvor zu den zentralen Aufgaben der Arbeitsverwaltung in der SBZ/DDR gehört hatte: der Eindämmung der Fluktuationsrate. In einem internen Konzeptpapier wies die zuständige Abteilung auf den kausalen Zusammenhang hin: „Die Beseitigung der Fluktuation ist notwendig zur Stabilisierung des Belegschaftsbestandes, ohne den die Einführung und maximale Ausnutzung der modernsten Technik beim Aufbau des Sozialismus gefährdet wird."[69] In der sozialistischen Industrie sei die Gesamtbelegschaft – so erste vage Angaben des Ministeriums – im Jahr 1952 zu 30, 1953 zu 29 und 1954 zu 27 Prozent „[ge]wechselt". Der Belegschaftswechsel weise zwar eine fallende Tendenz auf, sei aber

---

[67] BAB, DQ 2/1769, Rat des Bezirkes Leipzig (Abt. Arbeit und Berufsausbildung) am 2. 8. 1955 an das Ministerium für Arbeit und Berufsausbildung (Abt. Arbeitskraftlenkung), S. 1.

[68] Ebenda, Rat des Bezirkes Cottbus (Abt. Arbeit und Berufsausbildung) am 3. 8. 1955 an das Ministerium für Arbeit und Berufsausbildung (HA Arbeit), S. 3.

[69] BAB, DQ 2/1777, Notiz vom 10. 9. 1955, S. 1.

nach wie vor ein Indiz für die „mangelhafte Planung und Planvorbereitung". Als wesentliche Ursachen wurden vor allem die fehlerhafte Arbeitsorganisation, die unzulängliche Wohnraumversorgung und die mangelhafte Verkehrsverbindung zwischen Wohn- und Arbeitsort aufgelistet[70]. Abschließend plädierte der Verfasser des Papiers dafür, die Fachministerien zu verpflichten, „stärker als bisher die operative Arbeit auf die Entwicklung der Fluktuation zu lenken, ihre Ursachen zu ergründen und sie zu beseitigen"[71]. In der Analyse glich diese Betrachtungsweise früheren Konzepten; neu war dagegen der Versuch, die Verantwortung auf andere Schultern zu verlagern und die Fachministerien sehr viel stärker zu beteiligen.

Die Arbeitskräfteplanung und -lenkung Mitte der fünfziger Jahre erfolgte mithin nicht im Rahmen eines in sich geschlossenen und konzis durchdachten Systems. Die Hoffnung der SED-Führung und des Arbeitsministeriums, daß mit dem Ende der unmittelbaren Nachkriegszeit und den damit zusammenhängenden Problem- bzw. Zwangslagen der reibungslose Übergang zur Planwirtschaft gelingen werde, stellte sich rasch als Illusion heraus. Institutionelle Strukturen und inhaltliche Schwerpunktsetzungen bei der zentralen Steuerung des Faktoreinsatzes waren letztlich nicht ausgereift, sondern wurden erst sukzessive entwickelt und den veränderten wirtschaftlichen Rahmenbedingungen mehrmals angepaßt. Auf die Probleme, die bereits mit der Bilanzierung des Arbeitskräftepotentials auf regionaler Ebene hervorgerufen wurden, ist ausführlich hingewiesen worden. Dem Ministerium für Arbeit und Berufsausbildung war es letztlich nicht gelungen, die Bezirksverwaltungen dazu zu bewegen, regelmäßige und umfassende Bilanzen über den Arbeitskräftebestand im jeweiligen Zuständigkeitsbereich zu erstellen. Somit blieb alles beim Alten: Die Arbeitskräftebilanz wurde nach wie vor auf zentraler Ebene aufgestellt; erst danach kamen die Räte der Bezirke zum Zuge und durften über den regionalen Arbeitskräftebedarf bzw. -überhang berichten[72]. Im Anschluß an dieses komplizierte und vor allem zeitaufwendige Verfahren führte das Arbeitsministerium die „operative Lenkung und Verteilung" durch. Obwohl die selbst gesteckten Ziele auf diesem Gebiet nicht erreicht wurden, konnte die Arbeitsverwaltung in einem anderen Bereich partielle Erfolge vorweisen: Im Verlauf des ersten Fünfjahrplans war die Anzahl der Beschäftigten stetig angewachsen; dabei sticht die Gruppe der Arbeiter und Angestellten besonders hervor (vgl. Tabelle 27). Die Beschäftigten in der sozialistischen Industrie stellten zwar die mit Abstand stärkste Gruppe; doch auch die Privatwirtschaft hatte eine beträchtliche Anzahl von Arbeitskräften zu vermelden (mit eindeutiger Dominanz in der Land- und Forstwirtschaft sowie im Handwerk). Im primären Sektor ist der Rückgang der Beschäftigtenzahlen 1950/51 sowie die sich daran anschließende Stagnationsphase hervorzuheben. Mitte der fünfziger Jahre setzten deshalb massive Gegenmaßnahmen der Arbeitsverwaltung ein, die in der Aktion „Industriearbeiter aufs Land" kulminieren sollten.

---

[70] Ebenda, S. 2.
[71] Ebenda, S. 3.
[72] BAB, DQ 2/1671, Entwurf des Ministeriums für Arbeit und Berufsausbildung vom 25. 10. 1955, S. 1.

Tabelle 26: Entwicklung der Beschäftigung in einzelnen Wirtschaftsbereichen 1950–1955 (in Tausend)

	1950	1951	1952	1953	1954	1955
Volkswirtschaft (insgesamt)	7379,9	7565,7	7648,9	7742,3	8098,8	8183,0
sozialistisch	–	–	4077,3	4550,0	4917,8	4949,6
privat	–	–	3532,6	3161,6	3143,0	3189,7
Industrie	2173,9	2420,3	2592,4	2657,4	2782,2	2786,0
sozialistisch	1575,5	1805,7	1997,7	2152,0	2272,1	2270,8
privat	598,4	614,7	594,7	505,4	510,1	515,2
Handwerk	694,7	634,1	595,4	548,9	567,9	587,1
sozialistisch	–	–	0,3	1,6	1,5	1,7
privat	694,7	634,1	595,1	547,2	566,3	585,3
Bauwirtschaft	387,1	467,6	485,7	492,3	477,6	482,3
sozialistisch	127,5	217,2	256,5	274,1	244,4	229,5
privat	259,5	250,4	229,2	218,1	233,2	252,8
Land-, Forst- und Wasserwirtschaft	1901,0	1735,1	1633,5	1640,9	1660,0	1702,0
sozialistisch	135,0	133,4	197,0	366,4	465,8	503,5
privat	1766,0	1601,8	1436,5	1274,2	1193,8	1198,1
Verkehr	363,2	389,5	407,5	420,7	439,1	443,3
sozialistisch	301,8	336,1	362,2	389,8	405,6	405,4
privat	61,4	53,4	45,4	30,9	33,5	37,9
Post- und Fernmeldewesen	95,7	101,4	111,9	110,0	121,7	122,7
Handel	635,2	715,5	796,3	808,7	874,7	902,1
sozialistisch	257,9	358,6	470,7	527,4	590,8	585,2
privat	374,5	353,9	322,0	278,7	283,8	316,7
„nicht materielle Produktion"[73]	1129,1	1102,0	1026,2	1063,4	1175,6	1157,4

Quelle: BAB, DQ 2/1943, Bl. 2–26, hier Bl. 6, Bericht der Staatlichen Zentralverwaltung für Statistik (o.D.).

Während des Fünfjahrplanes ergaben sich nicht unerhebliche Verschiebungen der Beschäftigtenstruktur, die von der SED-Führung und der Arbeitsverwaltung durchaus intendiert waren: So stieg die Gruppe der Arbeiter und Angestellten quantitativ enorm an; dagegen schrumpfte die Gruppe der Selbständigen – die mithelfenden Familienangehörigen wurden hier dazugerechnet – um ein Viertel.

Nach Einschätzung der Staatlichen Zentralverwaltung für Statistik war das Arbeitskräftepotential im Verlauf des ersten Fünfjahrplanes weitgehend ausgeschöpft worden. Deshalb rückte die Schul- und Berufsausbildung stärker in das Zentrum der arbeitsmarktpolitischen Konzeptionen: „Die Hauptquelle für den

[73] Darunter fielen unter anderem die Beschäftigten im Gesundheitswesen und im Kulturbereich.

Tabelle 27: Beschäftigte nach sozialen Gruppen 1950–1955 (in Tausend)

	1950	1951	1952	1953	1954	1955
Beschäftigte (insgesamt)	7379,9	7565,7	7648,9	7742,3	8098,8	8183,0
davon:						
Arbeiter und Angestellte	5268,4	5603,0	5815,7	5991,7	6362,9	6411,0
Genossenschaft.	–	–	19,8	131,5	159,4	192,8
Selbständige und mithelfende Familien- angehörige	2111,5	1962,7	1813,5	1619,1	1576,5	1579,2

Quelle: BAB, DQ 2/1943, Bl. 2–26, hier Bl. 8, Bericht der Staatlichen Zentralverwaltung für Statistik (o.D.).

Ersatzbedarf an Arbeitskräften in der Volkswirtschaft sind im 2. Fünfjahrplan die aus der Berufsausbildung hervorgehenden Jugendlichen."[74] Die Einrichtungen der Berufsausbildung sollten Maßnahmen ergreifen, um die langfristige Bedarfs- abdeckung in der Land- und Bauwirtschaft zu gewährleisten. Darüber hinaus wurde vorgeschlagen, daß Arbeitskräfte, welche in den beiden genannten Berei- chen ausgebildet worden waren und in der Zwischenzeit in einer anderen Wirt- schaftsbranche Beschäftigung gefunden hatten, zu ihrem ursprünglichen Beruf zurückkehren sollten. Neben den Jugendlichen stellten die bisher nicht erwerbs- tätigen Frauen die zweite große Arbeitskraftreserve dar, die es aus Sicht der Zen- tralverwaltung zu mobilisieren galt. Sie sollten in den volkseigenen Betrieben vor allem unqualifizierte Arbeitsplätze erhalten[75], damit die bisherigen männlichen Stelleninhaber in qualifiziertere Positionen aufsteigen konnten. Des weiteren er- hoffte sich die Staatliche Zentralverwaltung für Statistik durch die Einführung „moderner" Büro- und Rechenmaschinen eine Reduzierung des Wirtschafts- und Verwaltungspersonals in den Betrieben und damit eine Freisetzung von Beschäf- tigten für den Produktionsbereich[76]. Alle drei Vorschläge waren jedoch nicht neu, sondern bereits Ende der vierziger Jahre vorgebracht worden. Festzuhalten bleibt aber, daß die zentralen Verwaltungen sich um 1955 vor einer paradigmatischen Wende ihrer bisherigen Arbeitsmarktpolitik wähnten: Das erste Aufbaujahrzehnt mit seiner stetigen Aufwärtsentwicklung der Beschäftigtenzahlen schien an sein Ende zu gelangen. Nunmehr ging es darum, die im Arbeitsprozeß stehenden Be- schäftigten langfristig und effizient einzusetzen. Vor diesem Hintergrund drängte sich die zentrale Frage nach der Überarbeitung der Konzepte und nach der Verfei- nerung der Instrumente einer „sozialistischen" Arbeitskräftelenkung nahezu zwangsläufig auf.

Die Arbeitsverwaltung sah sich auch im Frühjahr 1956 nicht in der Lage, auf betriebsbedingte Entlassungen längerfristig zu reagieren. Vor allem die Privat-

[74] BAB, DQ 2/1943, Bl. 2–26, hier Bl. 25, Bericht der Staatlichen Zentralverwaltung für Statistik (o.D.).
[75] Ebenda.
[76] Ebenda, Bl. 26.

wirtschaft meldete einen Überhang an Beschäftigten, der abgebaut werden mußte. Die sozialistische Industrie konnte offenbar nur einen geringen Prozentsatz dieser Gruppe auffangen, so daß in einigen Bezirken mit einem Ansteigen der Erwerbslosenzahlen zu rechnen war. Die regionale Arbeitsmarktsituation wurde durch die Tatsache erschwert, daß es sich bei den „freizustellenden Arbeitskräften vorwiegend um Frauen im Alter von 40–60 Jahren handelt und in den in Frage kommenden Orten nur in geringem Umfang weitere Industriebetriebe liegen"[77]. Darüber hinaus hatte die Zentralverwaltungswirtschaft der DDR nicht die Fähigkeit entwickelt, zusätzliche Produktionsstätten kurzfristig zu errichten, um neue Arbeitsplätze anzubieten. Der Fünfjahrplan und die Volkswirtschaftspläne legten die Schwerpunkte des Wirtschaftsaufbaus von vornherein fest, so daß nachträgliche Korrekturen nur unter erschwerten Bedingungen durchführbar waren. Da andererseits die Gesamtgruppe der Erwerbslosen in einem überschaubaren Rahmen blieb (März 1956: 60 421)[78], wurde letztlich ein Ansteigen der Arbeitslosigkeit in einzelnen Kreisen und Regionen in Kauf genommen.

Das Arbeitsministerium begann sich durchaus selbstkritisch mit den Mängeln der Arbeitskräftelenkung auseinanderzusetzen. Dabei rückte das bereits zuvor registrierte Phänomen der sogenannten Republikflucht in den Mittelpunkt des Erkenntnisinteresses. Die massenhafte Flucht in den Westen Deutschlands wurde somit in einen kausalen Zusammenhang mit der Arbeitskräftelage in der DDR bzw. den Arbeitsverhältnissen in der Bundesrepublik gebracht. Westdeutschen Unternehmen wurde in dem Zusammenhang vorgehalten, gezielte „Abwerbungsmaßnahmen" durchgeführt zu haben. Gleichwohl erkannte das Ministerium für Arbeit und Berufsausbildung, daß die aufgestellten Pläne stellenweise unvollständig waren. So bestand bei der Arbeitsverwaltung auf zentraler und bezirklicher Ebene kein Überblick über die Zahl der Jugendlichen, die im Planjahr 1956 beschäftigungslos bleiben würden[79]. Die Zahl der offenen Stellen konnte ebenfalls nicht ermittelt werden[80], wobei die Arbeitsmarktstatistik auf dieses Untersuchungsmerkmal bereits Anfang der fünfziger Jahre verzichtet hatte. Die unterbreiteten Vorschläge bewegten sich zum überwiegenden Teil in gewohnten Bahnen: Das betraf etwa die Erweiterung des Wohnungsbauprogramms sowie die Verbesserung der Berufsausbildung. Außerdem sollten Entlassungen von Arbeitskräften nur dann in den Volkswirtschaftsplänen fest eingeplant werden, wenn deren berufliche Umsetzung geregelt war[81]. Dieser Vorschlag bewegte sich auf der bisher verfolgten Vorgabe einer weitgehend exakten Planung des Arbeitskräftebedarfs.

Während das Ministerium für Arbeit und Berufsausbildung bisher den Anspruch erhoben hatte, regional auftretende Arbeitskräfteüberhänge durch überbezirkliche Austauschmaßnahmen zu beseitigen, war davon ab 1956 nicht mehr die Rede. Das Berliner Ministerium zog damit die Konsequenzen aus den bisherigen

---

[77] BAB, DQ 2/855, Bericht des Ministeriums für Arbeit und Berufsausbildung (Stellvertreter des Ministers) vom 7. 3. 1956 über die Arbeitskräftelage im Bezirk Karl-Marx-Stadt, S. 1.
[78] BAB, DE 1/8939, Kurzanalyse des Ministeriums für Arbeit und Berufsausbildung (Abt. Planung und Statistik) vom 21. 4. 1956.
[79] Ebenda, S. 3.
[80] Ebenda, S. 4.
[81] Ebenda, S. 10.

Fehlschlägen dieser arbeitsmarktpolitischen Konzeption, die Ende der vierziger und Anfang der fünfziger Jahre eine herausragende Stellung im Instrumentarium der Arbeitsverwaltung eingenommen hatte. Nunmehr gab der stellvertretende Minister Heinicke die Devise aus, daß beim Auf- und Ausbau von Industriestandorten die örtliche Arbeitskräftelage zu berücksichtigen und „die Umsiedlung von Arbeitskräften weitestgehend einzuschränken" sei[82]. Die Beschäftigung der Arbeitskräfte hauptsächlich im näheren Umkreis ihres Wohngebietes müsse gewährleistet werden. Damit gestand er auch ein, daß sich der Wohnungsbau nicht in dem erhofften Maße entwickelt hatte und im Rahmen der Arbeitskräftelenkung nicht die ihm zugedachte Anreizfunktion ausüben konnte. Aus diesem Grunde verlagerte das Arbeitsministerium insgesamt den eigenen Arbeitsschwerpunkt darauf, in den Betrieben Stammbelegschaften heranzubilden und dafür auch Treueprämien zu gewähren. Langjährige Betriebszugehörigkeit sollte durch lohnpolitische Maßnahmen sowie durch Verbesserungen in der Altersversicherung (Anrechnung der gewährten Treueprämien auf die zukünftige Altersrente) belohnt werden[83]. Um die vorgesehenen Lohnerhöhungen (Treueprämien, Veränderungen im Ortsklassensystem) durchführen zu können, wollte Heinicke 2,6 Milliarden DM zur Verfügung stellen.

Für die Arbeitsverwaltung gewann in der Folgezeit die Lohnpolitik wieder zunehmend an Bedeutung. Löhne und Gehälter hatten zwar schon vorher eine Anreizfunktion besessen und waren gezielt zur Anwerbung von Arbeitskräften eingesetzt worden; mit dem Bedeutungsverlust des Wohnungsbaus als arbeitsmarktpolitisches Instrument wuchs aber gleichzeitig die Bedeutung der lohnpolitischen Maßnahmen. Die Festsetzung der Löhne erschien somit als ein wesentliches „ökonomisches Instrument für die planmäßige Verteilung der Arbeitskräfte auf die einzelnen Zweige und Betriebe der Volkswirtschaft, besonders die Hinlenkung der qualifizierten Arbeitskräfte auf die wirtschaftlichen Schwerpunkte"[84]. Dabei ging es inhaltlich um die weitere Differenzierung des Lohnsystems in der DDR sowie die weitere „Festigung der sozialistischen Produktionsverhältnisse"[85], d.h. die volkseigenen Betriebe sollten auch weiterhin bevorzugt mit Arbeitskräften versorgt werden. Dazu war die Beibehaltung des überdurchschnittlich hohen Lohnniveaus – vor allem im Vergleich zur Privatwirtschaft – erforderlich. Erstmals sollte sogar auf die Planung des Arbeitskräftebestandes in der Privatwirtschaft verzichtet werden.

Obwohl sich die Aufstellung einer Arbeitskräftebilanz auf regionaler Ebene als weitgehend undurchführbar erwiesen hatte, wurde im Sommer 1956 ein erneuter Vorstoß in diese Richtung unternommen. Dieses Mal wollte der Beirat des Ministeriums für Arbeit und Berufsausbildung[86] zumindest für ausgewählte Bereiche einen entsprechenden Überblick gewinnen, auf dessen Grundlage dann die gesamtwirtschaftliche Planung durchzuführen war. Dabei sollten die Staatliche

---

[82]   BAB, DQ 2/730, Vorschläge Heinickes zur Einschränkung und Beseitigung der Fluktuation an Arbeitskräften (o.D.), S. 1.

[83]   Ebenda, S. 1 f.

[84]   BAB, DQ 2/537, Konzept („Die Planung der Volkswirtschaft in der DDR") aus dem Ministerium für Arbeit und Berufsausbildung, Kapitel 19 („Die Arbeitskräfteplanung"), S. 3.

[85]   Ebenda, S. 4.

[86]   Struktur und Aufgabenbereich dieses Beirates sind nicht zu ermitteln.

Plankommission und das Arbeitsministerium beauftragt werden, zum einen eine Bilanz der Facharbeiter, „Spezialisten" und Jugendlichen für den zweiten Fünfjahrplan zu erstellen[87]. Zum anderen war eine „Abschlußbilanz der Arbeitskraft und eine Bilanz der Jugendlichen" für das Jahr 1956 – quasi als Nahziel – aufzustellen. Eine Folge der unzureichenden Erfassung des Arbeitskräftepotentials sei – so der Beirat in einer zusammenfassenden Beurteilung – die Unterversorgung bzw. der Überschuß an Arbeitskräften in einzelnen Volkswirtschaftszweigen[88]. Die Arbeitsverwaltung ließ sich offensichtlich von diesem Vorstoß jedoch nicht beeindrucken, sondern entwickelte die Arbeitskräftepläne in erster Linie nach den eigenen Vorstellungen. Somit setzte eine Debatte über neue Kriterien für die statistische Erhebung der Erwerbstätigen erst gar nicht ein. Das Ministerium für Arbeit und Berufsausbildung berichtete vielmehr über die Erfüllung des Arbeitskräfteplanes in den jeweiligen Wirtschaftsbereichen[89], und die Staatliche Plankommission setzte ihre Untersuchungen über die Arbeitskräfteplanung in ausgewählten Bezirken und Kreisen fort[90]. Auch die Zentrale Kommission für Staatliche Kontrolle (ZKSK), die zur Überprüfung der staatlichen Planung und Lenkung eingeschaltet worden war, sprach sich indirekt gegen einen weiteren Ausbau des Erfassungssystems in den Bezirken und Kreisen aus: Die Aufstellung einer Arbeitskräftebilanz sei mittlerweile so umfangreich geworden, daß beispielsweise von der Abteilung Arbeit und Berufsausbildung beim Rat des Kreises Hainichen „etwa 2800 ein- bis fünfstellige Zahlengruppen ermittelt wurden, eine ganze Anzahl Kurzanalysen ausgearbeitet werden mußten und ca. 140 Blatt Papier und Formblätter beschrieben bzw. ausgefüllt wurden"[91]. Auf die Arbeitsverwaltung brach somit eine gewaltige Menge von Einzelinformationen herein, die verarbeitet und an die nächst höhere Verwaltungsinstanz weitergeleitet werden mußte. Mit dieser Aufgabe war die Verwaltung letztlich völlig überfordert.

Für das I. Quartal 1957 ging die Staatliche Plankommission von einem weiteren Produktionsrückgang aus, so daß erneut mit einer Entlassungswelle (rund 118 200 Arbeitskräfte) in der zentralgeleiteten volkseigenen Industrie gerechnet wurde[92]. Daraufhin erarbeitete eine vom DDR-Ministerrat bereits am 28. Juni 1956 eingesetzte Regierungskommission Vorschläge für eine „volkswirtschaftlich zweckmäßige Verteilung der Arbeitskräfte", die auf eine Verlagerung von Produktionsstät-

[87] SAPMO, NY 4090/330, Bl. 162 f., Schreiben des Beirats des Ministeriums für Arbeit und Berufsausbildung (gez. Kotow/F. Kotow) vom 6. 7. 1956 an den Vorsitzenden des Ministerrates Otto Grotewohl.

[88] Ebenda, Bl. 162.

[89] BAB, DE 1/12653, Bl. 21–24, Bericht (o.D.). Die Arbeitsverwaltung berücksichtigte zwar in ihren Berichten auch weiterhin eine regionale Unterversorgung mit Arbeitskräften. Das war aber keineswegs mit der Aufstellung einer regionalen Arbeitskräftebilanzierung gleichzusetzen. Letzteres hätte in enger Zusammenarbeit zwischen zentraler und regionaler Verwaltungsebene erfolgen müssen, was in der Vergangenheit undurchführbar gewesen war. Vgl. BAB, DQ 2/1656, Analyse aus dem Ministerium für Arbeit und Berufsausbildung vom 7. 9. 1956.

[90] Vgl. zum Bezirk Halle und zum Kreis Eisleben: BAB, DE 1/413, Bl. 12–19, Bericht der SPK (HA Planung der Arbeitskräfte) vom 14. 8. 1956. Dabei stellten die Berichterstatter fest, daß die Plankommission des Bezirks Halle keine aktuelle Bevölkerungsbilanz vorliegen hatte, und daß der Perspektivplan (bis 1960) ohne Berücksichtigung des derzeitigen Bevölkerungs- und Arbeitskräftebestandes ausgearbeitet worden war. Ebenda, Bl. 16.

[91] BAB, DC 1/1058, Bericht der ZKSK vom 25. 9. 1956, S. 8.

[92] BAB, DE 1/29906, Bl. 1 f., Kurzbericht der SPK (HA Planung der Arbeitskräfte) vom 2. 10. 1956.

ten der Textilbranche im Bezirk Karl-Marx-Stadt, der als besonders problematisch eingestuft wurde, hinausliefen[93]. Erneut bestätigte sich die bereits zuvor geäußerte Vermutung der Arbeitsverwaltung, daß für den laufenden Fünfjahrplan (1956–1960) „keine größeren Arbeitskraftressourcen" zur Verfügung standen[94]. Die vorgesehenen Produktionssteigerungen in den einzelnen Wirtschaftszweigen waren daher – so die Staatliche Plankommission – nur durch eine Steigerung der Arbeitsproduktivität zu erreichen. Darüber hinaus sollten in erster Linie die Grundstoffindustrie, die Bauindustrie und die Landwirtschaft vorrangig mit Arbeitskräften versorgt werden. Dazu wurde auch die gezielte Abwerbung aus der Privatwirtschaft ins Auge gefaßt.

Anfang 1957 intensivierte das Ministerium für Arbeit und Berufsausbildung die Überprüfung der Arbeitskräfteplanung und -lenkung in den Bezirken. Mitarbeiter der zuständigen Abteilung Arbeitskraftlenkung unternahmen verstärkt mehrtägige Inspektionsreisen zu einzelnen Bezirksverwaltungen und legten anschließend ausführliche Dienstreiseberichte vor, in denen nach Kreisen und Berufsgruppen differenziert wurde[95]. Ein Ergebnis dieser Untersuchungen, die keineswegs systematisch angelegt worden waren und auch nicht alle Bezirke erfassen sollten, war die wiederholte Infragestellung der bisherigen arbeitsmarktpolitischen Strategien durch die Leitung des Berliner Ministeriums. Im Rahmen einer längeren Denkschrift listete Minister Macher nochmals Mängel und Grenzen der staatlichen, zentralen Arbeitskräftelenkung auf: Neben der unzureichenden Versorgung volkswirtschaftlich wichtiger Zweige und Betriebe mit Arbeitskräften sprach der Arbeitsminister die gestiegene Fluktuationsrate an, die zum Teil auf eigenmächtige und „ungesetzliche" Lohnerhöhungen von seiten einiger Betriebe zurückgeführt wurde[96]. Die planmäßige Lenkung der Arbeitskräfte werde außerdem – so Macher – durch eine „anarchische", d.h. nicht zentralisierte Werbung in den staatlich kontrollierten Medien erschwert, deren finanzieller Aufwand in keinem Verhältnis zum volkswirtschaftlichen Nutzen stehe[97]. Der Wirtschaftsrat hatte deshalb einen Beschluß gefaßt, wonach eine überbezirkliche Werbung von Arbeitskräften, soweit es sich nicht um einzelne Fachkräfte und die sogenannten Schwerpunktbetriebe handelte, nur im Einvernehmen mit dem Ministerium für Arbeit und Berufsausbildung durchgeführt werden durfte[98]. Diese Entscheidung widersprach der Verordnung vom 12. Juli 1951, welche den Betrieben die Aufgabe der Arbeitskräftewerbung ausdrücklich übertragen hatte.

---

[93] BAB, DQ 2/855, Bericht der Regierungskommission vom 22. 10. 1956. Die Regierungskommission wurde vom Stellvertreter des Vorsitzenden der SPK und dem Staatssekretär für Örtliche Wirtschaft geleitet. Weiterhin waren die Staatssekretäre bzw. stellvertretenden Minister der Fachministerien (Schwermaschinenbau, Allgemeiner Maschinenbau, Finanzen, Arbeit und Berufsausbildung, Leichtindustrie, Inneres, Handel und Versorgung, Land- und Forstwirtschaft) sowie der Vorsitzende des Rates des Bezirkes Karl-Marx-Stadt im Gremium vertreten.

[94] BAB, DE 1/3647, Bl. 41–43, hier Bl. 41, Notiz der SPK (Perspektivplanung Arbeitskräfte) vom 23. 10. 1956 über Hauptfragen auf dem Gebiet der Arbeitskräfte.

[95] Vgl. BAB, DQ 2/1664, Bericht der Abt. Arbeitskraftlenkung über Dienstreise durch den Bezirk Frankfurt/Oder (16.–19. 1. 1957).

[96] BAB, DQ 2/622, Denkschrift Machers [1957], S. 4.

[97] Ebenda, S. 5.

[98] Ebenda.

Die Staatliche Plankommission hatte in einem längeren Prozeß, der ungefähr mit der Auflösung der Arbeitsämter im Sommer 1951 einsetzte und sich bis zum Ende des ersten Fünfjahrplanes 1955 hinzog, in zunehmendem Maße Kompetenzen an sich gezogen, die zuvor das Arbeitsministerium ausgeübt hatte. Diese Schwerpunktverlagerung, die vor allem auf den Ausbau der Zentralverwaltungswirtschaft zurückzuführen war, setzte sich in der zweiten Hälfte der fünfziger Jahre weiter fort. In diesem Zeitraum fiel auch der Versuch der Staatlichen Plankommission, die betriebliche Arbeitskräfteplanung zu professionalisieren und zu diesem Zweck bestehende arbeitswissenschaftliche Institute in die Debatte miteinzubeziehen. Die verstärkte Einbeziehung von Sozialexperten[99] begann ungefähr 1957, ohne daß bereits zu diesem Zeitpunkt ein durchschlagender Erfolg dieser Beratungstätigkeit festzustellen ist. Diese Öffnung war vermutlich mit den zuständigen Stellen in der UdSSR abgestimmt worden[100]. Generell läßt sich an dieser Stelle zum Verhältnis zwischen der DDR und der östlichen Hegemonialmacht zumindest festhalten, daß im Rahmen der Beratungen des Rates für gegenseitige Wirtschaftshilfe (RGW)[101] eine Abstimmung der volkswirtschaftlichen Gesamtplanungen in den Mitgliedstaaten erfolgte, die unter anderem den bilateralen Handel festlegte. Darüber hinaus diente das sowjetische Modell der Planwirtschaft zweifellos als Vorbild für die Neuordnung in der DDR, ohne daß jedoch von einer vollständigen Übernahme oder gar einer Kopie ausgegangen werden kann. In Anlehnung an die Entwicklung in der UdSSR strebte die Staatliche Plankommission eine Verbesserung der Planung der Arbeitsproduktivitätsentwicklung an: Dabei sollten die wichtigsten Steigerungsfaktoren festgestellt und überprüft werden. Das langfristige Ziel der Untersuchung bestand darin, eine vereinheitlichte Planung von den Betrieben über die staatlichen Hauptverwaltungen bis hin zum jeweiligen Ministerium bzw. bis zur Staatlichen Plankommission zu erstellen. In diesem Zusammenhang wurde das Institut für Arbeitsökonomik in Leipzig gebeten, eine Stellungnahme abzugeben[102].

Die Staatliche Plankommission verfügte über ein personell ausgebautes Verwaltungsnetz auf bezirklicher Ebene, das verstärkt in die Planungsarbeit integriert werden sollte. Im einzelnen war geplant, von den Plankommissionen der Räte der Bezirke Untersuchungen über die vorhandenen Arbeitskraftreserven und bestehenden Beschäftigungsmöglichkeiten durchführen zu lassen. Der Bezirk Erfurt wurde beauftragt, einen entsprechenden Bericht als erster und damit beispielhaft

[99] Vgl. dazu die grundlegenden Überlegungen von Raphael, Experten im Sozialstaat.

[100] Vgl. BAB, DE 1/8741, Bl. 45 f., SPK (HA Arbeitskräfte) am 15. 2. 1957 an das Institut für Arbeitsökonomik der Karl-Marx-Universität in Leipzig (Prof. Thalmann).

[101] Vgl. Buchheim, Wirtschaftliche Folgen der Integration der DDR in den RGW; für die späteren Jahre: Herbst, Die DDR und die wirtschaftliche Integration des Ostblocks in den sechziger Jahren.

[102] BAB, DE 1/8741, Bl. 45 f. Nachdem die Staatliche Plankommission am 23. 5. 1957 einen entsprechenden Auftrag gestellt hatte, legte das Institut für Arbeitsökonomik und Arbeitsschutzforschung in Dresden einen umfassenden Bericht über „Fragen der Arbeitsproduktivität und des Arbeitskräfteeinsatzes bei der Vorbereitung des Volkswirtschaftsplanes 1958“ vor. Vgl. BAB, DQ 2/1775. Eine erweiterte Fassung dieses Berichtes vom 28. 11. 1957 findet sich in: BAB, DE 1/8834, Bl. 1–51.

für die übrigen Bezirke zu verfassen[103]. Diese Pilotstudie sollte aus Zeitgründen nicht den gesamten Bezirk, sondern zunächst nur einen Kreis erfassen, der von der Bezirksverwaltung ausgewählt werden konnte. Nahezu zeitgleich arbeitete die Staatliche Plankommission (Perspektivplanung Arbeitskräfte) einen Fragenkatalog aus, welcher der geplanten Untersuchung zugrunde gelegt werden sollte[104]. Anfang April wurden die Untersuchungen im Kreis Nordhausen durchgeführt und im Anschluß daran der angeforderte Bericht vorgelegt[105]. Dabei mußte die Staatliche Plankommission einräumen, daß das zur Verfügung gestellte statistische Material nicht ausreichen würde, „um eine exakte Einschätzung der Entwicklung der Arbeitskräfte und der Möglichkeiten der Gewinnung neuer Arbeitskräfte" zu geben[106]. Der Rat des Kreises Nordhausen erhielt die Empfehlung, die Bezirksplankommission sowie die Abteilung Arbeit und Berufsausbildung in absehbarer Zeit anzuweisen, „die vorliegende Bilanz und die Analyse nochmals eingehend zu überarbeiten". Trotz Vorarbeiten und eingehender Planungen blieb diese Pilotstudie weitgehend folgenlos und erfüllte mit Sicherheit nicht die Erwartungen der Staatlichen Plankommission. Erneut zeigte sich, daß die angestrebte Professionalisierung der Zentralverwaltungswirtschaft in diesem Bereich mit dem langfristigen Ziel eines effizienteren Einsatzes des Produktionsfaktors ‚Arbeit' nicht zu verwirklichen war. Daran konnte auch die ZKSK kaum etwas ändern, die sich im Spätsommer 1957 intensiv mit der Arbeitskräftelage im Bezirk Erfurt befaßte[107].

Die Staatliche Plankommission stand der zentralisierten Arbeitskräftelenkung äußerst kritisch gegenüber und favorisierte statt dessen eine stärkere Beteiligung der Kommunalverwaltungen, da diese einen besseren Überblick über die Arbeitskräftesituation vor Ort hatten[108]. Sie bemängelte grundsätzlich das Fehlen einer Gesamtkonzeption sowie eines „zentralen Organs", so daß es nicht verwunderlich sei, wenn „die häufig sporadisch auftretenden Einzelfragen mehr oder weniger zufällig koordiniert gelöst werden"[109]. Darüber hinaus wurde die Reichweite der bisher eingesetzten Instrumente zur Globalsteuerung des Arbeitskräftebestandes sehr skeptisch beurteilt: Allein mit „ökonomischen Mitteln [sei] die Frage einer rationellen Verteilung der Arbeitskräfte in der Volkswirtschaft nicht mehr zu lösen"[110]. Die „ökonomischen Maßnahmen" müßten vielmehr ergänzt werden

---

103 BAB, DE 1/3650, Bl. 32 f., SPK (Perspektivplanung Arbeitskräfte) am 25. 2. 1957 an den Vorsitzenden der Plankommission Erfurt (Leser).
104 BAB, DE 1/3650, Bl. 27–31.
105 Ebenda, Bl. 1–11.
106 Ebenda, Bl. 10.
107 BAB, DC 1/1048, Bericht der ZKSK (Arbeitsgruppe Arbeit und Berufsausbildung) vom 10. 9. 1957. Wenige Tage später führte die Arbeitsgruppe eine vergleichbare Untersuchung beim Rat des Bezirkes Potsdam, Rat der Stadt Brandenburg sowie bei einem volkseigenen Gut durch. Vgl. BAB, DC 1/1048, Bericht der ZKSK (Arbeitsgruppe Arbeit und Berufsausbildung) vom 16. 9. 1957.
108 BAB, DQ 2/1777, Bericht der SPK (HA Arbeitskräfte) über die Entwicklung und gegenwärtige Lage auf dem Gebiet der Arbeitskräfte und des Lohnes (Stand: 15. 3. 1957), S. 21.
109 Ebenda, S. 19.
110 Auch die Staatliche Zentralverwaltung für Statistik kam in einem Bericht über die Erfüllung des Volkswirtschaftsplanes 1957 (I. Quartal) zum Ergebnis, daß die „gegenwärtigen Differenzen der Löhne nach Wirtschaftszweigen bei dem wachsenden Mangel an Arbeitskräften ein ungeeignetes Mittel zur Lenkung der Arbeitskräfte" geworden seien. Dadurch werde letztlich die Fluktuation nur noch weiter begünstigt und die Lohnschraube in der Schwerindustrie weiter angetrieben. SAPMO, NY 4090/331, Bl. 106–108, Pressebericht am 11. 5. 1957 an Otto Grotewohl verschickt.

durch ein „strafferes System bei der Lenkung und beim Einsatz der Arbeitskräfte"[111]. Allerdings ließ die Staatliche Plankommission offen, ob sie darunter auch die Rückkehr zur rigiden Arbeitskräftelenkung, die zum Teil noch Ende der vierziger Jahre praktiziert worden war, verstanden wissen wollte. Zumindest war deutlich geworden, daß die bisherigen arbeitsmarktpolitischen Konzepte und Instrumente einer kritischen Prüfung unterzogen wurden. Die Staatliche Plankommission verknüpfte die Analyse der Arbeitskräfteplanung und -lenkung mit Untersuchungen zur Lohnpolitik. Dabei wurde das bestehende Lohn- und Gehaltsgefüge ebenfalls stark beanstandet: Im einzelnen kritisierte die oberste Planverwaltung den zu hohen Lohnanteil an den Produktionskosten und zum wiederholten Male das „unbefriedigende Niveau der Arbeitsproduktivität im Vergleich zum Lohn"[112]. Des weiteren wurden die vergleichsweise hohe Zahl von Beschäftigten mit geringem Einkommen (Tabelle 28), die ständige Erweiterung des Tarifsystems[113], die „ökonomisch nicht gerechtfertigte Ausweitung des Stücklohnes"[114], der unbefriedigende Stand der Arbeitsnormierung[115] und das Fehlen von Eingruppierungsrichtlinien für die Wirtschaftszweiglohngruppenkataloge[116] moniert.

Tabelle 28: Einkommensverteilung bei den Arbeitern und Angestellten Mitte 1956, ohne Halbtagskräfte, Lehrlinge und Heimarbeiter (in Tausend)

	bis 200,– DM	bis 300,– DM	bis 400,– DM	bis 500,– DM	über 500,– DM
absolute Anzahl	630	1596	1507	853	840
in Prozent	11,6	29,4	27,8	15,8	15,4

Quelle: BAB, DQ 2/1777, Bericht der SPK (HA Arbeitskräfte) über die Entwicklung und gegenwärtige Lage auf dem Gebiet der Arbeitskräfte und des Lohnes (Stand: 15. 3. 1957), S. 4.

Anders als die Staatliche Plankommission ging das Ministerium für Arbeit und Berufsausbildung auch weiterhin von einem Anstieg der Gesamtbeschäftigtenzahl aus, ohne daß jedoch im Arbeitskräfteplan die entsprechenden Reserven aufgezeigt wurden. Die ZK-Abteilung Gewerkschaften, Sozial- und Gesundheitswesen schaltete sich daraufhin ein und erinnerte daran, daß in „Anbetracht der angespannten Arbeitskräftelage [...] die realen Möglichkeiten zur Deckung des Mehrbedarfs an Arbeitskräften festgelegt werden" müßten[117]. Auf eine weitere Dekkungslücke wies die ZK-Abteilung ebenfalls hin: So waren in den Planungen 29 600 Jugendliche enthalten, die ihre Lehre im Handwerk beenden würden, ob-

[111] BAB, DQ 2/1777, Bericht der SPK (Stand: 15. 3. 1957), S. 19.
[112] Ebenda, S. 3 f.
[113] Ebenda, S. 6.
[114] Ebenda, S. 9 f.
[115] Ebenda, S. 10–12.
[116] Ebenda, S. 12 f.
[117] BAB, DQ 2/808, ZK-Abt. Gewerkschaften, Sozial- und Gesundheitswesen (Schellhorn) am 25. 5. 1957 an Minister Macher.

wohl für diesen Wirtschaftszweig nur 8400 Arbeitskräfte als Bedarf angegeben worden waren. Somit stand fest, daß eine große Anzahl an auslernenden Lehrlingen in die volkseigene Wirtschaft „umgesetzt" werden mußten. In seinem Antwortschreiben erklärte der stellvertretende Minister Heinicke[118], daß die von der ZK-Abteilung angesprochenen Unstimmigkeiten mittlerweile behoben und in einer Vorlage für das Politbüro bereits geklärt worden seien[119].

Die Arbeitskräfteplanung entwickelte sich in der Folgezeit immer komplizierter und widersprüchlicher. Dazu trug das Ministerium für Arbeit und Berufsausbildung erheblich bei, das beim Wirtschaftsrat Anfang August eine Beschlußvorlage einbrachte, die den Bezirksverwaltungen indirekt die Möglichkeit eröffnete, die ausgearbeiteten Arbeitskräftepläne nach unten zu korrigieren. Oberstes Ziel war nunmehr die „zulässige Ausschöpfung des Arbeitskräfteplanes entsprechend den Erfordernissen der regionalen Arbeitskräftelage für die [im jeweiligen] Gebiet befindlichen sozialistischen Betriebe der Industrie und Bauwirtschaft"[120]. Die Vorsitzenden der Räte der Bezirke und Kreise hatten demnach zu entscheiden, welche Betriebe vorrangig mit Arbeitskräften zu versorgen waren. Einzige Voraussetzung war, daß die Weiterbeschäftigung der auslernenden Lehrlinge „in jedem Fall" abgesichert werden sollte.

Im Sommer 1957 kristallisierte sich auf seiten der beteiligten Verwaltungen (Staatliche Plankommission, Ministerium für Arbeit und Berufsausbildung) immer mehr die Erkenntnis heraus, daß mit der Gewinnung weiterer Arbeitskraftreserven definitiv nicht mehr zu rechnen war. Somit rückte die Allokation des Produktionsfaktors, d.h. die vorausschauende Zu- und Verteilung des knapper gewordenen Arbeitskräftepotentials in das Zentrum des Interesses und der arbeitsmarktpolitischen Strategien. Die DDR-Regierung reagierte auf die wachsenden Probleme bei der Arbeitskräftelenkung zunächst jedoch nur mit der Bildung neuer Gremien und Kommissionen, die den Auftrag erhielten, Untersuchungen durchzuführen und Verbesserungsvorschläge auszuarbeiten. Deren Kompetenzen und Aufgabenfelder waren nicht eindeutig abgegrenzt worden, so daß sich dem Betrachter ein unübersichtliches Geflecht von formellen und informellen Instanzen bot, die sich in ihrer Arbeit eher gegenseitig behinderten. Die Neubildung und Ausdehnung des Institutionenapparates war in diesem Zusammenhang vor allem ein Zeichen der Hilflosigkeit, die bei den Planungsverwaltungen mittlerweile vorherrschte. So traf sich am 28. August 1957 erstmals die neu gebildete Unterkommission, die im Rahmen der Ausarbeitung einer Direktive für den 2. Fünfjahrplan Fragen der Arbeitskräfteplanung erörtern sollte[121]. In ihr waren unter Leitung von Minister Macher weitere führende Vertreter des Arbeitsministeriums, der Staatlichen Plankommission, der ZKSK, des FDGB-Bundesvorstandes

---

[118] Ebenda, Staatssekretär Heinicke am 20. 6. 1957 an das ZK der SED (Schellhorn).

[119] Das Arbeitsministerium konstatierte zwar auch einen Rückgang der Beschäftigtenzahl, allerdings nur im privaten Wirtschaftssektor. Dagegen ging die zuständige HA Arbeitskräfte bei der volkseigenen Wirtschaft immer noch von einem leichten Ansteigen der beschäftigten Arbeiter und Angestellten aus. Vgl. BAB, DE 1/9658, Bl. 20–36, Bilanz des Ministeriums für Arbeit und Berufsausbildung (HA Arbeitskräfte) vom 7. 6. 1957.

[120] BAB, DC 1/1048, Beschlußvorlage vom Ministerium für Arbeit und Berufsausbildung [Sommer 1957], S. 2.

[121] Ebenda, Protokoll über die 1. Beratung der Unterkommission am 28. 8. 1957.

und des ZK der SED vertreten. Die Mitglieder der Unterkommission kannten sich bereits aus der Zusammenarbeit in anderen Kommissionen, in denen ebenfalls arbeitsmarktpolitische Themen besprochen worden waren. Für die Zentralverwaltungswirtschaft war nicht nur die geschilderte Neubildung von Gremien symptomatisch, sondern auch deren Kurzlebigkeit[122].

Auch die Unterkommission analysierte die Arbeitskräftelage in der DDR und unternahm den Versuch, die weitere Entwicklung des 2. Fünfjahrplans zu prognostizieren: Dabei gingen die Kommissionsmitglieder zwar von einer natürlichen Bevölkerungszunahme (durch Geburtenüberschuß) bis 1960 von rund 210000 Personen aus; aufgrund der enorm angestiegenen Wanderungsbewegung in den Westen Deutschlands verringerte sich jedoch die Bevölkerungszahl insgesamt um 100000[123]. Da sich in der Gesamtgruppe der „Republikflüchtigen" zahlreiche Erwerbstätige und qualifizierte Facharbeiter befanden, die nicht durch einen entsprechend ausgebildeten Berufsnachwuchs zu ersetzen waren, mußte der Arbeitskräftebedarf in der DDR automatisch weiter ansteigen. Dies vergrößerte wiederum die Engpässe bei der Versorgung der Wirtschaftszweige mit Arbeitskräften und erhöhte den Handlungsdruck für die staatlichen Verwaltungen. Die Unterkommission rechnete bis zum Ende des 2. Fünfjahrplanes mit einem Rückgang der Erwerbstätigenzahlen um etwa 174000 Personen[124]. Die ZK-Abteilung Gewerkschaften, Sozial- und Gesundheitswesen beurteilte die Entwicklung noch skeptischer und riet dem Ministerium für Arbeit und Berufsausbildung dazu, „lieber deutlicher [zu] sagen, daß unter Berücksichtigung der bisher beobachteten Tendenzen mit einer Abnahme der Zahl der Beschäftigten gerechnet werden muß und daß es besonderer Maßnahmen bedarf, wenn erreicht werden soll, daß die Beschäftigtenzahlen gehalten werden"[125]. Die ZKSK ging Ende 1957 sogar davon aus, daß sich die Arbeitskräftesituation weiter verschärfen werde, so daß „wahrscheinlich für die Ministerien die Aufgabe steht [sic], die Arbeitskräftepläne zu kürzen"[126].

Während das Ministerium für Arbeit und Berufsausbildung und die Staatliche Plankommission die Versorgung der volkseigenen Wirtschaft mit Arbeitskräften als vorrangige Aufgabe betrachteten, versuchten die Bezirksverwaltungen, Betriebe der Privatwirtschaft und deren Bedarfswünsche stärker als bisher in den Planungen zu berücksichtigen. Ein entsprechender Vorstoß des Vorsitzenden des Rates des Bezirkes Suhl wurde jedoch vom stellvertretenden Minister Heinicke abschlägig beantwortet. Die Entwicklung der Arbeitskräftelage sei in der Privatwirtschaft „nicht in erster Linie mit normativen Maßnahmen" zu regulieren[127], so die überraschende und vor dem Hintergrund des planwirtschaftlichen Gesamt-

[122] Die durch die Akten belegte, letzte Sitzung der Unterkommission fand am 21.9.1957 statt. Vgl. BAB, DC 1/1048, Protokoll über die 3. Beratung der Unterkommission.
[123] BAB, DQ 2/1777, Vorschlag vom 25.9.1957 über die Entwicklung der Arbeitskräfte im 2. Fünfjahrplan, S. 1.
[124] Ebenda, S. 1.
[125] BAB, DQ 2/1777, ZK-Abt. Gewerkschaften, Sozial- und Gesundheitswesen (Gurgeit) am 27.9.1957 an den stellvertretenden Minister Heinicke, S. 1.
[126] BAB, DC 1/1048, ZKSK (Arbeitsgruppe Arbeit und Berufsausbildung) am 7.12.1957 an den stellvertretenden Vorsitzenden der ZK[S]K (Kästner), S. 1.
[127] BAB, DQ 2/1664, Stellvertreter des Ministers (Heinicke) im Januar 1958 an den Vorsitzenden des Rates des Bezirkes Suhl (Sattler), S. 1.

konzeptes wenig überzeugende Antwort Heinickes. Die dortigen Arbeitskräfte-
probleme müßten vielmehr „durch eine entsprechende Auftrags- und Material-
steuerung geregelt werden". Damit wurde die Verantwortung für die Lösung der
Versorgungsengpässe auf die Räte der Bezirke abgewälzt. Ende der fünfziger
Jahre konzentrierte sich die SED-Führung darauf, die grundlegenden wirtschaftspolitischen Linien vorzugeben und dabei vor allem die Volkswirtschaftspläne intensiv vorzubereiten. Fragen der Arbeitskräfteplanung und -lenkung wurden
kaum thematisiert und waren eher von untergeordneter Bedeutung. Das schloß
allerdings nicht aus, daß sich das Politbüro bzw. das Sekretariat des ZK mit De-
tailproblemen befaßten. So erteilte beispielsweise das Sekretariat des ZK dem Arbeitsministerium am 10. September 1958 den Auftrag, einen Bericht zu erstellen,
„wie die Arbeitskräftelage in den Bezirken und Kreisen im Zusammenhang mit
der Hackfruchternte ist"[128]. Im Zusammenhang mit der Vorbereitung des Volkswirtschaftsplanes 1959 regte das Politbüro die Ausarbeitung einer „Vorlage über
die Lenkung der Arbeitskräfte" durch die Staatliche Plankommission an[129]. Dieser
Beschluß deutete zumindest darauf hin, daß sich die schon zuvor angestellten
Überlegungen für eine inhaltliche Neufassung der Arbeitskräftelenkung konkre-
tisierten. Er zeigte aber auch, wie langsam und schwerfällig die Hegemonialpartei
auf ökonomische Schwierigkeiten mitunter reagierte.

Bereits Anfang 1959 hatte die Staatliche Plankommission (Abteilung Arbeitskräfte, Hoch- und Fachschulkader) einen Entwurf für eine Vorlage „zu Fragen
der Versorgung der Volkswirtschaft mit Arbeitskräften" ausgearbeitet[130]. Als
wichtigste Aufgabe nannte die Abteilung die Steigerung der Arbeitsproduktivität
in den Betrieben. Da die Bevölkerung im arbeitsfähigen Alter in ihrer Gesamtzahl
rückläufig sei, müsse die Arbeitsproduktivität sogar „schneller wachsen als die
Produktion"[131]. Nur so könne die positive Wachstumsrate bei der wirtschaftlichen Gesamtentwicklung erreicht werden. Diese Forderung hatte die Staatliche
Plankommission bereits seit 1957/58 erhoben. Neu war dagegen die Vorstellung,
durch eine weitere Mechanisierung der Produktion zusätzliche Arbeitskräfte für
die Wirtschaftszweige zu gewinnen, die besonders arbeitsintensiv waren (z.B.
Bergbau). Die sogenannte Freisetzung von Arbeitskräften sollte dazu genutzt
werden, um den Produktionsfaktor ‚Arbeit' rationeller und effizienter einzusetzen. Dieser Vorschlag knüpfte zwar an ältere Überlegungen an, die ebenfalls auf
eine berufliche Umsetzung hinausliefen, verband diese aber erstmals auch mit
einem technokratischen Fortschrittsoptimismus. Der wirtschaftliche Strukturwandel – so die zentrale These – diene letztlich auch dazu, die bestehenden Probleme bei der Allokation des Arbeitskräftepotentials zu lösen. Der Entwurf war
innerhalb der Staatlichen Plankommission durchaus umstritten: Zustimmung signalisierte die Abteilung Kohle und Energie[132], während der Sektor Investionen
grundsätzlich Kritik äußerte und sich indirekt für die Wiedererrichtung der Ar-

[128] SAPMO, DY 30/J IV 2/3/613, Bl. 5.
[129] SAPMO, DY 30/J IV 2/2/619, Bl. 4, Protokoll der Sitzung des Politbüros vom 25./26. 11. 1958.
[130] BAB, DE 1/30076, Bl. 14–32. Eine etwas erweiterte Fassung stammt vom 15. 1. 1959 und befindet
    sich in: BAB, DE 1/14193, Bl. 56–77.
[131] BAB, DE 1/30076, Bl. 20.
[132] BAB, DE 1/8756, Bl. 48 f., Hausmitteilung der Abt. Kohle und Energie (Goschütz) an den Leiter
    der Abt. Koordinierung der Planung der Arbeitskräfte (Macher) vom 23. 1. 1959.

beitsämter aussprach[133]. Auf eine staatliche Arbeitskräftelenkung – so die Argumentation – könne nicht verzichtet werden: „Es müßten organisierte Zentren für den Kampf um den fachlich und räumlich rationellsten Einsatz der Arbeitskräfte gebildet werden. Man mag das Arbeitsämter nennen, wenn man will, es wäre jedoch besser, diese Einrichtungen anders zu bezeichnen."[134] Anfang Februar 1959 häuften sich innerhalb der Staatlichen Plankommission die kritischen Stimmen derjenigen, die für eine Überarbeitung der eingereichten Vorlage plädierten[135]. Auch wenn der Vorstoß Machers zunächst einmal abgeblockt werden konnte, so sollte er doch langfristige Wirkungen entfalten: Nahezu zeitgleich befaßte sich nämlich das Ministerium für Arbeit und Berufsausbildung bzw. nach dessen Auflösung das Komitee für Arbeit und Löhne mit der Überarbeitung der Verordnung über die Arbeitskräftelenkung von 1951. Dabei gab es durchaus inhaltliche Überschneidungen zwischen den zwei Entwürfen: Beide strebten eine Neufassung an, die aber erst im Sommer 1961 in Kraft treten sollte.

Der zweite Fünfjahrplan wurde jedoch 1959 vorzeitig abgebrochen. Statt dessen arbeitete man nun – in Anlehnung an das sowjetische Wirtschaftsmodell – einen Siebenjahrplan aus[136]. Ein Jahr zuvor hatte die SED auf ihrem V. Parteitag die „ökonomische Hauptaufgabe" beschlossen, die darauf abzielte, die Bundesrepublik innerhalb weniger Jahre im Pro-Kopf-Verbrauch bei „allen wichtigen Lebensmitteln und Konsumgütern" zu erreichen und zu übertreffen. Auf diese Weise sollte die Überlegenheit der „sozialistischen Gesellschaftsordnung gegenüber der kapitalistischen Herrschaft umfassend bewiesen" werden[137]. Der Siebenjahrplan enthielt nur zur Berufsausbildung sowie zum Hoch- und Fachschulwesen einen eigenen, ausführlich gehaltenen Abschnitt; dagegen wurde die Arbeitskräfteplanung und -lenkung nicht eigens thematisiert. Dazu hatte die ZKSK bereits im Frühjahr 1959 eine Kurzübersicht vorgelegt, welche die Entwicklung der Arbeitskräftelage in der DDR bis 1965 skizzierte[138]. Auch hier wurde zum wiederholten Male auf den Rückgang der Bevölkerung im arbeitsfähigen Alter hingewiesen und daraus die Konsequenz gezogen, daß der weitere wirtschaftliche Aufbau des Landes nur durch eine Steigerung der Arbeitsproduktivität erreichbar sei. Dieses Ziel erfordere einen „rationellen Einsatz der Arbeitskräfte, insbesondere zur Aufdeckung der innerbetrieblichen Arbeitszeit- und Arbeitskräftereserven, zur Erhöhung der Qualifikation der vorhandenen Arbeitskräfte und ihren berufs- und qualifikationsgerechten Einsatz"[139].

Die Bezirksverwaltungen führten im Frühjahr 1959 Gespräche mit den wichtigsten zentralgeleiteten VVB, um den angemeldeten Arbeitskräftebedarf mit dem zur Verfügung stehenden Arbeitskräftebestand abzustimmen. Auffallend war die Weigerung zahlreicher VVB, die Zahl der Beschäftigten im Betrieb deutlich zu reduzieren. Die Staatliche Plankommission wurde deshalb gebeten, die von den

[133] BAB, DE 1/14193, Bl. 52f., Stellungnahme des Sektors Informationen (Spieß) am 26. 1. 1959.
[134] Ebenda, Bl. 53.
[135] BAB, DE 1/30076, Bl. 39f., Meiser am 4. 2. 1959 an Macher.
[136] Gesetz über den Siebenjahrplan zur Entwicklung der Volkswirtschaft der DDR in den Jahren 1959 bis 1965 vom 1. 10. 1959, in: Gesetzblatt der DDR 1959, Teil I, S. 703–744.
[137] Protokoll der Verhandlungen des V. Parteitages der SED (10.–16. 7. 1958), S. 1357.
[138] BAB, DC 1/1048, Kurzübersicht der ZKSK (Bereich Planung, Finanzen, Arbeit) vom 22. 5. 1959.
[139] Ebenda, S. 2.

Bezirken eingebrachten Kürzungsvorschläge gegenüber den Betriebsleitungen durchzusetzen[140]. Die Vorsitzenden des Wirtschaftsrates beim Rat des Bezirkes wurden kurz danach angewiesen, im Zusammenhang mit der Fertigstellung der Bevölkerungs- und Arbeitskräftebilanzen darauf zu achten, daß nicht „mehr Arbeitskräfte gefordert werden, als örtlich vorhanden sind"[141]. Der stellvertretende Vorsitzende der Staatlichen Plankommission beschränkte diese Aufforderung aber ausdrücklich nur auf die bezirks- und örtlichgeleitete Industrie, die den örtlichen Räten unmittelbar unterstand. Differenzen zwischen den bezirklichen Wirtschaftsräten und den zentralgeleiteten VVB sollten durch die Fachabteilungen der Staatlichen Plankommission unter Hinzuziehung der beiden Kontrahenten geklärt werden. Die Staatliche Plankommission sah sich in der Folgezeit mit zwei demographischen Entwicklungen konfrontiert, welche eng miteinander verknüpft waren und die Erstellung von Arbeitskräftebilanzen erheblich erschwerten: Dazu gehörten zum einen der bereits mehrfach angesprochene Rückgang der Bevölkerung im arbeitsfähigen Alter (bis 1965: 610000, darunter 450000 Frauen) sowie zum anderen der Anstieg der Bevölkerung im Rentenalter, der bis 1965 rund 440000 Personen umfaßte[142]. Bei diesen perspektivischen Zahlenangaben ist zu betonen, daß die Verluste, die im Zuge der Wanderungsbewegung in den Westen Deutschlands auftraten, nicht berücksichtigt wurden. Auf dieses Defizit der Statistik wies auch die Staatliche Plankommission hin und betonte, daß die quantitativ angegebene Entwicklung andernfalls „noch ungünstiger" sein würde[143]. Da die Betriebsleitungen und die VVB kein ausgeprägtes Interesse daran zeigten, die Beschäftigtenzahl freiwillig zu senken, kam auf die Staatliche Plankommission somit die unliebsame Aufgabe zu, die einzelnen Wirtschaftszweige mit dem im Siebenjahrplan erwarteten Rückgang an Erwerbstätigen gleichermaßen zu belasten. Bei der Festlegung der Auswahlkriterien zeigte sich die Planungsverwaltung unsicher und zögerte deshalb eine Entscheidung hinaus: „Das Problem bestand und besteht für die Ausarbeitung des Planes darin, festzulegen, in welchen Zweigen und Bereichen dieser Rückgang eintreten kann."[144]

Das Politbüro setzte sich auf seiner Sitzung am 12./13. Juli 1960 mit „offenen Problemen des Volkswirtschaftsplanes 1961" auseinander und bestätigte eine Vorlage, welche die Staatliche Plankommission zuvor eingereicht hatte[145]. Darin waren einzelne Zahlenangaben zu Wanderungsverlusten sowie zu regionalen Schwerpunkten des Arbeitskräftemangels enthalten. So befanden sich nach Angaben der Staatlichen Plankommission 1959 unter den „Republikflüchtigen" 47000 Personen im arbeitsfähigen Alter und in den ersten fünf Monaten des Jahres 1960

[140] Vgl. BAB, DE 1/8744, Bl. 131–134, hier Bl. 134, Rat des Bezirkes Karl-Marx-Stadt (Wirtschaftsrat) am 23. 5. 1959 an die SPK (Abt. Koordinierung der Planung der Bezirke).
[141] BAB, DE 1/8756, Bl. 75f., hier Bl. 75, stellvertretender Vorsitzender der SPK (Hieke) am 15. 6. 1959 an die Vorsitzenden des Wirtschaftsrates beim Rat des Bezirkes.
[142] BAB, DE 1/3646, Bl. 3–8, hier Bl. 3, Begründung zur Bilanz der Bevölkerung und der Arbeitskräftereserven (1958–1965) vom 10. 7. 1959.
[143] Ebenda, Bl. 4.
[144] SAPMO, NY 4090/331, Bl. 409–420, hier Bl. 417, Ergänzung der SPK zum Dokument „Kurze Darstellung der volkswirtschaftlichen Gesamtentwicklung in den Jahren 1959 bis 1965 und die besonderen Probleme des Siebenjahrplanes und der sozialistischen Rekonstruktion".
[145] SAPMO, DY 30/J IV 2/2/711, Bl. 4.

bereits 33 000[146]. Außerdem wurde darauf aufmerksam gemacht, daß die Versorgungslage in den Bezirken Karl-Marx-Stadt, Dresden und Leipzig besonders schwierig sei; Arbeitskraftreserven seien hier kaum noch vorhanden. Die Durchführung „volkswirtschaftlich entscheidender Aufgaben" hänge oftmals von einer „geringen Zahl" fehlender Arbeitskräfte ab. Dieser Engpaß führe zu einem Rückgang der Produktion und mache sich „auf vielen Gebieten der unmittelbaren Versorgung und der Dienstleistungen für die Bevölkerung" negativ bemerkbar. Die Vorlage schloß mit einer aufrüttelnden Mahnung an die Mitglieder des Politbüros: „Zusammenfassend muß festgestellt werden, daß jetzt ein Zeitpunkt gekommen ist, wo der Arbeitskräftemangel zum erstrangigen volkswirtschaftlichen Problem wird." Die SED-Führung nahm diese Berichte zur Kenntnis, ohne jedoch weitere Beschlüsse zu fassen oder Richtlinien für die weitere Tätigkeit der beteiligten Verwaltungen zu verabschieden. Statt dessen wurde die Aufgabe, Vorschläge für eine verbesserte Arbeitskräfteplanung und -lenkung zu erarbeiten, an die Staatliche Plankommission zurückverwiesen. Das bedeutete allerdings nicht, daß die SED-Führung kein Interesse an der sich zuspitzenden wirtschaftlichen Lage in der DDR zeigte. Die ökonomische wie auch politische Krise bewog Ulbricht dazu, sich am 19. Januar 1961 hilfesuchend an den Ersten Sekretär des ZK der KPdSU, Nikita S. Chruschtschow, zu wenden[147].

Die Staatliche Plankommission mußte schon bald die Zahlen des Siebenjahrplanes zur Bevölkerungsentwicklung nach unten korrigieren. Nach ersten vorläufigen Schätzungen lag die zu erwartende Gesamtzahl allein im Jahr 1961 um rund 290 000 niedriger als im Wirtschaftsplan. Den Hauptanteil – so eine interne Denkschrift von Ende 1960 – machte die Bevölkerung im arbeitsfähigen Alter aus: Während der Siebenjahrplan von einem Rückgang bei dieser Personengruppe in Höhe von 310 000 (1959–1961) ausging, müsse diese Zahlenangabe nunmehr auf 490 000 erhöht werden[148]. Als wesentlichen Grund für diese Planrevision nannte die Staatliche Plankommission die Abwanderung nach Westdeutschland. Es ist auffallend, daß das Problem „Republikflucht" für die zentrale Planungsverwaltung erst zu diesem Zeitpunkt einen zentralen Stellenwert eingeräumt bekam. In den Volkswirtschafts- und Arbeitskräfteplänen war dieses Thema zuvor nur vergleichsweise kurz angesprochen worden. Im Gegensatz dazu befaßten sich die Arbeitsverwaltung, die Bezirksverwaltungen und vor allem die Hauptverwaltung Deutsche Volkspolizei (HVDVP) bereits seit Beginn der fünfziger Jahre intensiv mit der Westwanderung. In der Folgezeit wurden diese Einschätzungen durch ausführlichere Untersuchungen bestätigt, welche die Abteilung Arbeitskräfte der Staatlichen Plankommission und das Komitee für Arbeit und Löhne gemeinsam durchführten[149]. Aus der Analyse des Planverlaufs 1960 zogen beide Stellen die Schlußfolgerung, „daß es unbedingt erforderlich ist, die Arbeitskräfte- und Lohn-

---

[146] Ebenda, Bl. 24, Anlage Nr. 2.

[147] Der Brief ist abgedruckt bei: Steiner, Politische Vorstellungen und ökonomische Probleme, S. 242–254.

[148] BAB, DE 1/3513, Bl. 15–19, hier Bl. 15, Denkschrift der SPK vom 19. 12. 1960.

[149] Vgl. BAB, DE 1/11846, Bl. 1–8, Kurzbericht über die Erfüllung der staatlichen Aufgaben auf dem Gebiet der Arbeitskräfte, Arbeitsproduktivität und Lohn vom 28. 2. 1961. Der Bericht ging auch an die zuständige ZK-Abteilung Gewerkschaften und Sozialpolitik. Vgl. SAPMO, DY 30/IV 2/6.11/52, Bl. 304–310.

fragen im Zusammenhang mit der Verbesserung der politisch-ideologischen Arbeit und den Maßnahmen des wissenschaftlich-technischen Fortschritts [...] zu sehen und zu lösen"[150]. Die beiden Fachabteilungen bestätigten damit den bereits vorher eingeschlagenen Weg, Produktionssteigerungen durch eine Erhöhung der Arbeitsproduktivität zu erreichen. Die demographische Entwicklung der Gesamtbevölkerung und dabei vor allem der Arbeitsfähigen wurde somit als gegeben hingenommen. Eine Regulierung im Sinne der Wirtschaftspläne schien nur noch bei der Arbeitsproduktivität möglich. Das bedeutete aus Sicht der Beschäftigten indirekt eine Verschlechterung, da deren Löhne und Gehälter nicht proportional ansteigen sollten. Der vorgesehene Lohnfonds sollte nicht überschritten werden. Gleichzeitig erhoffte sich die Planungsverwaltung eine Verbesserung der wirtschaftlichen Gesamtlage durch eine weitere Mechanisierung und Technisierung der Arbeitswelt, die aber nicht weiter skizziert wurde.

Auf der Grundlage ihrer gemeinsamen Untersuchungen erstellten die Abteilung Arbeitskräfte bei der Staatlichen Plankommission und das Komitee für Arbeit und Löhne Anfang 1961 einen Bericht „über die Einflußnahme der örtlichen Staatsorgane auf die planmäßige Versorgung der Volkswirtschaft mit Arbeitskräften"[151], der einige wichtige Änderungsvorschläge enthielt. Zentrales Anliegen war die Stärkung der Kompetenzen der Kreis- und Bezirksverwaltungen gegenüber den Betrieben. Der 1951 eingeleitete arbeitsmarktpolitische Kurswechsel – Auflösung der Arbeitsämter und freie Entscheidungsbefugnis für die Betriebsleitungen – sollte zumindest beim zuletzt genannten Punkt geändert werden. Bereits Ende der fünfziger Jahre war versucht worden, den Betrieben zu untersagen, sich gegenseitig Arbeitskräfte abzuwerben. Nunmehr ging es darum, Veränderungen in der betrieblichen Arbeitskräfteplanung wieder von der Zustimmung der übergeordneten staatlichen Verwaltungen abhängig zu machen. Auf dem Gebiet der Arbeitskräfteplanung und -lenkung müsse – so eine im Bericht enthaltene Forderung – eine „straffe Ordnung" hergestellt und „Plandisziplin" durchgesetzt werden[152]. Dabei erwüchsen den „örtlichen Staatsorganen" neue Aufgaben, die über ihr bisheriges Tätigkeitsfeld weit hinausgingen. Die Planungsverwaltungen wollten letztlich die Bewältigung der regionalen Arbeitskräftezu- und -verteilung sowie die dabei entstehenden Probleme territorial begrenzt halten: „Es muß völlige Klarheit darüber herrschen, daß die Arbeitskräftefragen aufgrund der Bindung der Arbeitskräfte an einen bestimmten Wohnort, der Wohnverhältnisse, der Verkehrsprobleme [...] in erster Linie territoriale Fragen sind." Eine wesentliche Ursache für die aufgetretenen Allokationsprobleme sahen die beiden Fachabteilungen darin, daß „in den gegenwärtig geltenden gesetzlichen Bestimmungen die Rechte der örtlichen Organe gegenüber den zentralgeleiteten Betrieben und Einrichtungen nicht eindeutig geregelt sind".

Das Politbüro der SED beriet im Mai 1961 über eine Vorlage, die den Versuch unternahm, „die planmäßige Entwicklung des Verhältnisses zwischen der Steige-

---

150 BAB, DE 1/11846, Bl. 5, Kurzbericht vom 28. 2. 1961.
151 BAB, DE 1/1214, Bl. 2–20, Bericht mit einem Begleitschreiben des stellvertretenden SPK-Vorsitzenden Anton Ackermann an den 1. stellvertretenden SPK-Vorsitzenden Kurt Gregor vom April 1961.
152 Ebenda, Bl. 15.

rung der Arbeitsproduktivität und den Löhnen" festzulegen[153]. Eine Entscheidung wurde jedoch zweimal vertagt[154]. Dagegen schienen sich die Pläne für eine Überarbeitung der bestehenden arbeitsrechtlichen Bestimmungen und damit für eine Neufassung der Verordnung vom 12. Juli 1951 zu konkretisieren[155]. Ende Mai wies die Abteilung Arbeitskräfte bei der Staatlichen Plankommission darauf hin, daß sich die Arbeitskräftesituation während des ersten Quartals „verschärft" habe: In allen Wirtschaftsbereichen sei die Anzahl der Erwerbstätigen im Vergleich zum Vorjahr zurückgegangen[156]. Dieser Rückgang, der von der Abteilung Arbeitskräfte als dramatisch eingestuft wurde, hing offensichtlich primär mit einem erneuten Ansteigen der Fluchtzahlen zusammen[157]. Die nach Westen offene Grenze gefährdete – so die Wahrnehmung der Staatlichen Plankommission – die Einhaltung der Produktions- und Wirtschaftspläne. Der Ministerrat hatte bei seiner Beratung des Volkswirtschaftsplanes am 20. März 1961 beschlossen, volkswirtschaftlich wichtige Betriebe bevorzugt mit Arbeitskräften zu versorgen[158]. Offenkundig reichte auch dieser Beschluß nicht mehr aus: Die DDR-Regierung sah sich nicht in der Lage, der Wanderungsbewegung Herr zu werden und die Talfahrt zu stoppen. Daraufhin wandte sich Ulbricht Anfang August erneut an Chruschtschow und übermittelte diesem einen Informationsbericht über die „Ursachen der wirtschaftlichen Schwierigkeiten der DDR", welcher der krisenhaften Situation auf den Teilarbeitsmärkten breiten Raum gewährte und vor allem die Fluchtbewegung in den Westen Deutschlands besonders betonte[159]. Mit dem Mauerbau am 13. August 1961 wurde diese Debatte abrupt beendet. Er unterband den nahezu ungehinderten und unkontrollierbaren Wegzug von Erwerbstätigen und arbeitsfähigen Personen schlagartig. Die Arbeitskräfteplanung und -lenkung schien zukünftig auf einem konstant bleibenden Arbeitskräftepotential aufbauen zu können.

[153] SAPMO, DY 30/J IV 2/2/764, Bl. 3, Protokoll der Sitzung des Politbüros am 16. 5. 1961.
[154] SAPMO, DY 30/J IV 2/2/765, Bl. 3, Protokoll der Sitzung des Politbüros am 30. 5. 1961.
[155] Vgl. dazu den 3. Abschnitt dieses Kapitels.
[156] BAB, DE 1/1210, Bl. 2–8, hier Bl. 4, Bericht über die Arbeitskräftelage vom 24. 5. 1961 mit Anschreiben Walters an Gregor vom 29. 5. 1961.
[157] BAB, DE 1/11846, Bl. 11–16, hier Bl. 11 f., Bericht über die Arbeitskräftelage vom 31. 5. 1961.
[158] Vgl. BAB, DE 1/1213, Bl. 2 f., hier Bl. 2, Gregor im Juni 1961 an den amtierenden Vorsitzenden des Ministerrates Stoph (Briefentwurf).
[159] Der Brief Ulbrichts vom 4. 8. 1961 nebst Anlage ist abgedruckt in: Steiner, Politische Vorstellungen und ökonomische Probleme, S. 254–268, insbesondere S. 257 f.

2. „Republikflucht" und Arbeitskräftelenkung

Obwohl mit der Errichtung der Zentralverwaltungswirtschaft frühzeitig begonnen worden war, mußten SED-Führung, Staatliche Plankommission und Arbeitsverwaltung bald erkennen, daß auch eine regelmäßige und detaillierte Erfassung und Planung des Arbeitskräftepotentials keine Gewähr für eine bedarfsgerechte Steuerung bot. Hierbei traten mehrere Hindernisse auf: Da waren zum einen die 1949 nicht vollständig zentralisierten Verwaltungsstrukturen, die es den bis 1952 bestehenden Landesverwaltungen ermöglichten, trotz starker Einschränkung der eigenen Handlungsvollmachten immer noch als retardierendes Moment aufzutreten. Zum anderen, und das war ungleich bedeutsamer, ließ sich die berufliche Mobilität nicht in dem Maße von oben steuern, wie sich das SED-Führung und Arbeitsministerium erhofft hatten. Binnenwanderung und die seit der DDR-Gründung immer stärker einsetzende Westflucht machten die Grenzen planwirtschaftlichen Handelns deutlich. Vor allem die in der DDR offiziell sogenannte „Republikflucht" erwies sich für die staatlichen Verwaltungen als unkalkulierbarer exogener Faktor, der erhebliche Auswirkungen auf die Struktur der Erwerbsbevölkerung hatte. SED-Führung und DDR-Ministerrat mußten auf dieses Massenphänomen reagieren und beispielsweise den Verlust an Facharbeitern und Spezialisten in den einzelnen Wirtschaftsbranchen auszugleichen versuchen. Dabei befanden sich die Arbeitsämter und die Fachministerien von Anfang an in der Defensive, da eine langfristige Planung des Arbeitskräftepotentials angesichts der stetigen Abwanderung in den Westen Deutschlands überhaupt nicht durchführbar war. Erst mit dem Mauerbau am 13. August 1961 wurde der Weg in die Bundesrepublik endgültig versperrt.

Das Statistische Jahrbuch für die Bundesrepublik Deutschland registrierte für den Zeitraum von 1950 bis 1961 insgesamt 3,583 Millionen Zuzüge aus der DDR und Ost-Berlin in die Bundesrepublik bzw. nach West-Berlin[1]. Höhepunkte dieser Wanderungsbewegung waren die Jahre 1950 (337 000), 1953 (408 000), 1955 bis 1957 (zwischen 382 000 und 396 000); in den folgenden Jahren lagen die absoluten Zahlen immer unter 250 000. Da eine ausführliche Erörterung der westdeutschen statistischen Unterlagen bereits an anderer Stelle erfolgt ist[2], seien hier nur zwei Phänomene kurz erwähnt. Zum einen muß auf den Zuzug aus der Bundesrepublik in die DDR verwiesen werden, der bis zum Mauerbau rund 487 000 Personen umfaßte[3]. Dieses Zahlenverhältnis zeigt, daß es der SED-Führung trotz vielfältiger Anstrengungen nicht gelang, die Bevölkerungsverluste durch Zuwanderungen in die DDR auch nur ansatzweise auszugleichen. Zum anderen lagen die Zahlenangaben der Notaufnahmestatistik der Bundesrepublik niedriger, da nicht jeder Zugezogene eine Notaufnahme beantragte. Bis 1957 war die Zahl der statistisch zunächst nicht erfaßten DDR-Flüchtlinge beträchtlich und schwankte zwischen 50 000 (1952) und 140 000 (1950); dagegen stieg sie in den Jahren 1958 bis 1961 nie über 30 000. Auffallend ist des weiteren, daß sich unter den Flüchtlingen beson-

---

[1] Heidemeyer, Flucht und Zuwanderung, S. 44.
[2] Ebenda, S. 37–53. Eine vergleichbare Analyse der DDR-Zahlen steht dagegen noch aus. Dazu ist eine Dokumentation von Henrik Bispinck und Damian van Melis in Vorbereitung.
[3] Heidemeyer, Flucht und Zuwanderung, S. 44.

ders viele junge Männer befanden, „die am Anfang ihres Erwerbsleben standen oder in Kürze ihre Ausbildung abschließen würden und unter denen die Akademiker überrepräsentiert waren"[4]. Die „Republikflucht" machte insofern eine Arbeitskräfteplanung und -lenkung einerseits dringend erforderlich, andererseits behinderte sie schon frühzeitig die eingeleiteten Versuche, zu einer zentralen Steuerung zu gelangen.

Die SED-Führung begann erst Ende 1952 damit, Maßnahmen gegen die Westwanderung zu ergreifen[5]. Zu diesem Zeitpunkt setzte auch die systematische Erfassung der „Republikflüchtigen" durch die Hauptverwaltung Deutsche Volkspolizei ein. Auffallend ist, daß das Sekretariat des ZK und das Politbüro von Anfang an den Versuch unternahmen, in erster Linie Mitglieder akademischer Berufe[6] (Ärzte[7], Ingenieure und Techniker) sowie Facharbeiter aus der Bundesrepublik zu gewinnen. Die Beschlüsse, die insgesamt recht unverbindlich gehalten waren, hatten jedoch kaum Konsequenzen für die Wirtschafts- und Arbeitsmarktpolitik. Das Thema verschwand sogar von der politischen Bildfläche und tauchte erst im Zusammenhang mit der Proklamierung des „Neuen Kurses" wieder auf. Zu den am 9. Juni 1953 verabschiedeten Maßnahmen gehörte unter anderem, daß die Flüchtlinge, die in die DDR zurückkehrten, umgehend ihre alte berufliche und soziale Position wieder einnehmen sollten[8]. Im Gegensatz zur bisherigen Praxis unterstrich die Hegemonialpartei: „Den zurückkehrenden Republikflüchtigen darf allein aus der Tatsache der Republikflucht keine Benachteiligung entstehen."[9] Außerdem sollten bestehende Quarantänelager aufgelöst werden[10].

Bei der Frage der Eingliederung von Remigranten manövrierten sich die SED und der DDR-Ministerrat jedoch rasch in eine Sackgasse. Unter dem Eindruck des Kalten Krieges und der damit verbundenen Ost-West-Systemauseinandersetzung, an deren Schnittstelle sich die DDR befand, wuchsen auf beiden Seiten die Ängste vor einer drohenden bzw. vermeintlichen Spionagegefahr. Die SED-Führung zog daraus umgehend die Konsequenzen und gab Anweisungen, die Personen sorgsam zu überwachen, die aus der Bundesrepublik in die DDR zurückkehren wollten. Im Frühjahr 1953 ging die Zuständigkeit für die gesonderten Auffanglager, die zunächst in Eisenach und Frankfurt/Oder sowie etwas später in Bützow errichtet worden waren, von den Polizeidienststellen auf das Staatssekretariat für Innere Angelegenheiten über[11]. Planungen des Innenministeriums sahen vor, daß in sämtlichen Kreisen „Auskunftsstellen" für Rückkehrer eingerichtet werden sollten, während die drei bestehenden Auffanglager Personen aufzuneh-

[4] Ebenda, S. 52.
[5] SAPMO, DY 30/J IV 2/3/351, Bl. 16 und Bl. 46–57, Protokoll der Sitzung des Sekretariats des ZK vom 22. 12. 1952. Das Politbüro stimmte diesem Beschluß kurze Zeit später zu. SAPMO, DY 30/J IV 2/2/256, Bl. 2 f. und Bl. 30–40, Protokoll der Sitzung des Politbüros am 6. 1. 1953.
[6] Ebenda, Bl. 37 f.
[7] Vgl. zum quantitativen Ausmaß dieser Wanderung und den ergriffenen Maßnahmen: Ernst, „Die beste Prophylaxe ist der Sozialismus", S. 54–72.
[8] SAPMO, DY 30/J IV 2/2/288, Bl. 2 und Bl. 18–20, Protokoll der außerordentlichen Sitzung des Politbüros des ZK am 9. 6. 1953.
[9] Ebenda, Bl. 18.
[10] Ebenda, Bl. 19.
[11] BAB, DQ 2/1683, Aktenvermerk der Abt. Arbeitskraftlenkung vom 16. 6. 1953 über eine Rücksprache mit dem Ministerium des Innern (Staatssekretariat für Innere Angelegenheiten).

men hatten, die als sogenannte Erstzuziehende das erste Mal in die DDR kamen[12]. Im Auffanglager Eisenach befanden sich am 31. August 1953 insgesamt 95 Personen; pro Woche wurden zwischen 40 und 60 Neuzugänge registriert[13]. In Verbindung mit den Bezirks- und Kreisverwaltungen sollte umgehend die wohnungsmäßige und berufliche Unterbringung der Betroffenen geklärt werden, was letztlich dazu führte, daß die Verweildauer im Lager nur eine Woche betrug. In der Praxis gestaltete sich diese Kooperation allerdings äußerst konfliktreich: So wurden Erstzuziehende von den Räten der Bezirke Halle und Leipzig in die Lager zurückverwiesen, „ohne daß versucht wurde, sie unterzubringen oder innerhalb des Bezirkes umzusetzen"[14]. Das Auffanglager Frankfurt/Oder verfügte zu diesem Zeitpunkt offensichtlich über geringere Kapazitäten: Hier schwankte die wöchentliche Fluktuation zwischen 15 und 30 Personen[15].

Das Ministerium für Arbeit, das für die berufliche Eingliederung der genannten Personengruppe zuständig war, schaltete am 11. September 1953 das Staatssekretariat für Staatssicherheit ein, nachdem einzelne Fälle von jugendlichen Erstzuziehenden bekannt geworden waren, die angeblich im Westteil Berlins bzw. in der Bundesrepublik Straftaten begangen hatten und sich der Strafverfolgung durch Flucht in die DDR entziehen wollten[16]. Die Abteilung Arbeitskraftlenkung bat in dem Zusammenhang darum, grundsätzlich zu prüfen, „ob die Möglichkeit besteht, diese Kräfte, da sie ja über den Aufnahmedienst Berlin nach Frankfurt/O gelenkt werden, direkt in Berlin zu überprüfen und Personen, die wegen krimineller Delikte bestraft waren, wieder nach West-Berlin bzw. nach Westdeutschland abzuschieben"[17]. Innen- und sicherheitspolitische Bedenken schränkten somit in der Folgezeit die Überlegungen, Arbeitskräfte aus der Bundesrepublik anzuwerben, erheblich ein. Deshalb war es auch nicht weiter überraschend, daß das Politbüro Ende 1953 „Maßnahmen im Kampf gegen die Republikflucht" verabschiedete, die sich ausschließlich auf den Bereich Propaganda bzw. Gegenpropaganda beschränkten[18]. Damit gerieten die Bemühungen zur Anwerbung von westdeutschen Arbeitskräften eindeutig in den Hintergrund. Im Maßnahmenkatalog wurde dieses arbeitsmarktpolitische Konzept nur noch am Rande erwähnt, und zwar in funktionaler Verbindung mit der politischen und wirtschaftlichen Auseinandersetzung zwischen den beiden deutschen Staaten: „In stärkerem Umfang ist auf die Rückkehr und den Zuzug von Personen aus Westdeutschland einzugehen. Dabei ist nicht die Person des Rückkehrers in den Vordergrund zu stellen, sondern die Gegenüberstellung der politischen, wirtschaftlichen und kulturellen Verhältnisse in Westdeutschland und in der Deutschen Demokratischen Republik."[19]

12 Ebenda, Aktenvermerk des Ministeriums für Arbeit vom 23. 6. 1953, S. 1.
13 BAB, DQ 2/1682, Vermerk der Abt. Arbeitskraftlenkung vom 7. 9. 1953 über eine Dienstreise nach Eisenach und Frankfurt/Oder.
14 Ebenda.
15 Ebenda, S. 2.
16 BAB, DQ 2/1683, Abt. Arbeitskraftlenkung am 11. 9. 1953 an das MdI (Staatssekretariat für Staatssicherheit).
17 Ebenda, S. 2.
18 SAPMO, DY 30/J IV 2/2/337, Bl. 7 und 49–52, Protokoll der Sitzung des Politbüros vom 15. 12. 1953.
19 Ebenda, Bl. 50.

Das Präsidium des Ministerrates faßte am 28. Januar 1954 einen Beschluß, der die Zusammenarbeit zwischen Justiz, Polizei und Fachministerien verbessern sollte[20]. Dazu fand am 24. April eine zentrale Besprechung statt, auf der zwischen den beteiligten Stellen Aufgaben und Zuständigkeiten abgestimmt wurden[21]. Bei der Gelegenheit wurde zunächst selbstkritisch festgestellt, daß es „bisher nicht gelungen [sei], unter den Funktionären und der Bevölkerung die allseitige Bereitschaft für die Aufnahme der Rückkehrer und Zuziehenden zu wecken"[22]. Besonders die Versorgung mit Arbeitsplätzen und Wohnraum stoße auf Widerstand. So würden sich etwa betriebliche Kaderleiter und Mitarbeiter der Fachministerien vor der Verantwortung scheuen, Mitglieder dieser Personengruppe einzustellen. Einzelne volkseigene Betriebe vertraten demzufolge sogar die Ansicht, zuziehende Personen müßten sich erst in privaten Betrieben ein halbes Jahr bewähren, bevor sie in der volkseigenen Wirtschaft beschäftigt werden könnten. Der Mitte Juni 1953 eingeleitete Kurswechsel, der eine bevorzugte Behandlung von Remigranten versprochen hatte, ließ sich offenbar nicht in dem von der SED-Führung erhofften Maße durchführen. Während das Staatssekretariat für Innere Angelegenheiten in Zusammenarbeit mit der Hauptverwaltung Deutsche Volkspolizei, dem Presseamt, dem Rundfunkkomitee und dem Staatlichen Filmkomitee die „Aufklärungsarbeit" unter der DDR-Bevölkerung intensivieren sollte, erhielt das Arbeitsministerium die Aufgabe, mit den übrigen Fachministerien in Verbindung zu treten, um „diese auf die Bedeutung der gesamtdeutschen Arbeit aufmerksam [zu] machen und sie auf[zu]fordern, auf die Betriebe und Kaderleiter der Fachministerien durch geeignete Maßnahmen und Anweisungen einzuwirken, daß Rückkehrer und Zuziehende bereitwilligst aufgenommen werden"[23]. Es blieb allerdings bei diesen unverbindlichen Absichtserklärungen. Entscheidend war letztlich die Bereitschaft der einzelnen Betriebe und Kreisverwaltungen, ihren Beitrag bei der Integration der Remigranten und Erstzuziehenden zu leisten. Diese wurden oftmals als zusätzliche Konkurrenten auf dem Arbeits- und Wohnungsmarkt empfunden, was wiederum die Mitarbeit der untergeordneten Verwaltungseinheiten auf betrieblicher und staatlicher Ebene de facto erheblich einschränkte. Der DDR-Ministerrat und die SED-Führung vermieden es, Kontingente festzulegen und Sanktionsmittel einzuführen.

Vor allem die Zusammenarbeit zwischen dem Ministerium für Arbeit, der Hauptverwaltung Deutsche Volkspolizei und dem Staatssekretariat für Innere Angelegenheiten blieb unzureichend. Letztere verfügten über genaues Zahlenmaterial zur Bevölkerungsbewegung gen Osten, das sie der Arbeitsverwaltung aber nicht zur Verfügung stellen wollten. So mußte der zuständige Referent der Abteilung Arbeitskraftlenkung Wichterey Anfang März 1954 resigniert feststellen: „Genaue Zahlen über die Anzahl der bisher zurückgekehrten und zugezogenen

---

[20] BAB, DQ 2/1683, Protokoll von Staatssekretär Hegen (o.D.), S. 1.
[21] Ebenda, Vermerk der Abt. Arbeitskraftlenkung vom 26. 4. 1954. Anwesend waren Vertreter von: Generalstaatsanwaltschaft, Ministerium der Justiz, Ministerium für Arbeit, Ministerium für Land- und Forstwirtschaft, HA Örtliche Organe des Staates, Staatliches Rundfunkkomitee, HV Deutsche Volkspolizei, HV Deutsche Grenzpolizei, Presseamt beim Ministerpräsidenten, Staatssekretariat für Innere Angelegenheiten (Abt. Bevölkerungspolitik).
[22] Ebenda, S. 1.
[23] Ebenda, S. 3.

Personen liegen im Ministerium nicht vor."[24] Aus den Bezirken gab es nur vereinzelt Meldungen: Seit Juni 1953 wurden beispielsweise im Bezirk Frankfurt/Oder
4878 Personen in Arbeit vermittelt, im Bezirk Dresden 927, im Bezirk Leipzig
882, im Bezirk Suhl 473, im Bezirk Schwerin 312 und im Bezirk Cottbus 208.
Nach wie vor weigerten sich aber zahlreiche Kaderleiter in den Betrieben, Westdeutsche einzustellen[25].

Das Ministerium für Arbeit wies Ende März 1954 noch einmal die Räte der Bezirke und Kreise an, in jedem Kreis eine Kommission für die Unterbringung der
Rückkehrer bzw. Erstzuziehenden zu bilden[26]. Die Kommissionen bekamen zwei
Aufgaben zugewiesen: Einerseits sollten die Neuankömmlinge rasch mit Arbeit
und Wohnraum versorgt werden: „Die Rückkehrer und Zuziehenden sind als
gleichberechtigte Bürger zu behandeln." Andererseits wurde aber auch darauf
hingewiesen, daß „die Fragen der Wachsamkeit" zu beachten seien und eine
„Konzentration der Kräfte" zu vermeiden sei[27]. Letzteres bedeutete, daß die aus
der Bundesrepublik kommenden Personen aus sicherheitspolitischen Gründen
über die gesamte DDR verteilt werden sollten. In unregelmäßigen Abständen
mußte das Arbeitsministerium der SED-Führung über die Eingliederungserfolge
und -hindernisse Bericht erstatten. Dabei wies Minister Macher wiederholt auf die
unzureichende Informationspolitik der Hauptverwaltung Deutsche Volkspolizei
hin[28], die nach wie vor nicht bereit war, ihre statistischen Erhebungen zur „Republikflucht" weiterzuleiten.

Für die Arbeitsverwaltung kam letztlich ein neuer Aufgabenbereich hinzu: Die
Abteilungen Arbeit und Berufsausbildung in den Kreis- und Bezirksverwaltungen hatten nicht nur die Aufgabe, die Remigranten und Erstzuziehenden mit Arbeit zu versorgen, sondern darüber hinaus für die wohnungsmäßige Unterbringung zu sorgen. Für eine Übergangzeit sollten die Abteilungen auch eine begrenzte finanzielle Unterstützung gewähren[29]. Eine zusätzliche Aufstockung des
Verwaltungspersonals und der zur Verfügung stehenden Sachkosten war dagegen
nicht vorgesehen. Darüber hinaus war die Unterstützung seitens der Fachministerien und staatlichen Verwaltungen äußerst gering. Arbeitsminister Macher beklagte gegenüber dem Minister für Kultur Johannes R. Becher, daß „in vielen Ministerien [...] die Bewerbungen westdeutscher Bürger sehr schleppend behandelt"
würden[30]. Außerdem würden immer noch zahlreiche Betriebe „die Aufnahme
dieser Menschen überhaupt" ablehnen. Es könne – so Macher weiter – nicht zugelassen werden, daß sich „die aus Westdeutschland Zuziehenden in den Privatbetrieben konzentrieren". Es sei vereinzelt sogar vorgekommen, daß Rückkehrer
und Erstzuziehende die DDR wieder verließen, weil die eingeschalteten volkseigenen Betriebe eine Einstellung abgelehnt hätten. Schwierigkeiten bereitete die

---

[24] BAB, DQ 2/1683, Bericht des Ministeriums für Arbeit vom 6. 3. 1954, S. 3.
[25] Ebenda, S. 4.
[26] BAB, DQ 2/851, Rundschreiben des stellvertretenden Ministers für Arbeit Heinicke vom 25. 3.
1954.
[27] Ebenda, S. 2.
[28] BAB, DQ 2/724, Minister Macher am 25. 3. 1954 an das ZK der SED (Gurgeit).
[29] BAB, DQ 2/851, Maßnahmen zur verbesserten Aufnahme der Rückkehrer und Zuziehenden aus
Westdeutschland (handschriftlich: 1. 5. 1954), S. 2.
[30] BAB, DQ 2/724, Minister Macher am 26. 5. 1954 an Minister Becher, S. 1.

berufliche Eingliederung von Technikern und Ingenieuren, die von den jeweiligen Fachministerien betreut wurden. Obwohl das Arbeitsministerium mehrmals angemahnt hatte, die Bearbeitung entsprechender Anfragen aus der Bundesrepublik zügig zu erledigen, kam es doch häufiger vor, daß Eingaben abgelehnt wurden bzw. mindestens zwei Monate Bearbeitungszeit in Anspruch nahmen[31].

Bis Anfang 1955 war es der Arbeitsverwaltung offenbar gelungen, die Aufnahme derjenigen, die der Bundesrepublik aus unterschiedlichen Motiven heraus den Rücken kehren wollten, systematisch zu organisieren. So hatten sich mittlerweile bei allen Räten der Kreise „Auskunftsstellen" gebildet. Während für die Aufnahme und Unterbringung der Remigranten die Heimatkreise zuständig waren, mußten die Erstzuziehenden zunächst in eine der drei Unterkunftsstellen, um von dort in die Bezirke weitergeleitet zu werden[32]. Eine Ausnahme konnte gemacht werden, wenn sich sofort ein Kreis bereitfand, Mitglieder dieser Personengruppe aufzunehmen. Finanzielle Hilfen sollten den Umzug in die DDR abfedern[33]. So konnte den Neuankömmlingen offensichtlich ein einmaliges Überbrückungsgeld angeboten werden: 50,– DM für den Haushaltsvorstand, 40,– DM für den Ehepartner und 25,– DM für jedes Kind. Erstzuziehende, die ein festes Arbeitsverhältnis vorwiesen, konnten zinsfreie Kredite in Anspruch nehmen (an Einzelpersonen bis zu 1000,– DM, an Familien bis zu 2000,– DM), die innerhalb von vier Jahren zurückzuzahlen waren. Des weiteren bestand für die Remigranten und Erstzuziehenden die Möglichkeit, Umzugskosten von den Städten und Gemeinden übernehmen zu lassen. Dagegen wurde die Genehmigung zur Einfuhr von Kraftfahrzeugen nur dann erteilt, wenn eine Ausfuhrgenehmigung der westdeutschen Behörden vorlag.

Die volkseigenen Betriebe lehnten die von oben angeordnete Integration nicht grundsätzlich ab. Einige Betriebe mit einem hohen Arbeitskräftebedarf signalisierten gegenüber dem Arbeitsministerium durchaus ihr Interesse[34]. Dabei wurden jedoch oftmals zwei Einschränkungen gemacht: Zum einen mußten sich die Remigranten und Erstzuziehenden mit einer vergleichsweise niedrigen tariflichen Einstufung abfinden. Höhere Verdienste waren nur beim Nachweis einer beruflichen Qualifikation möglich. Zum anderen hatten – wie gezeigt wurde – vor allem Betriebe der Grundstoff- und Schwerindustrie mit dem Problem der Wohnraumversorgung ihrer Arbeitskräfte zu kämpfen. Das bedeutete, daß den Neuankömmlingen zunächst Sammelunterkünfte und nur vereinzelt Plätze in Privatwohnungen angeboten werden konnten. Familienwohnungen standen angesichts der angespannten Lage auf dem Wohnungsmarkt lange Zeit nicht zur Verfügung. Der Fehlbestand an Wohnungen in einzelnen Städten und Regionen war wiederum die Ursache dafür, daß etwa der VEB Steinkohlenwerk Karl-Liebknecht darum bat, die Zuweisung von Arbeitskräften aus Westdeutschland vorerst einzu-

---

[31] Ebenda, Minister Macher am 8. 7. 1954 an die ZK-Abt. Arbeit, Sozial- und Gesundheitswesen, S. 1.
[32] BAB, DQ 2/1682, Hinweise der Abt. Arbeitskraftlenkung für die „Gesamtdeutsche Arbeit" (handschriftlich: 21. 3. 1955), S. 1.
[33] Ebenda, S. 1 f.
[34] Vgl. BAB, DQ 2/1701, Ministerium für Schwerindustrie (HV Steinkohle) am 15. 10. 1954 an das Ministerium für Arbeit (Abt. Arbeitskräfte).

stellen[35]. Der Minister für Maschinenbau Heinrich Rau verhängte am 23. September 1954 eine grundsätzliche Einstellungssperre für die Betriebe, die seinem Ministerium unterstanden, so daß zeitweise in diesem Wirtschaftsbereich auch keine Rückkehrer bzw. Erstzuziehende beschäftigt werden konnten[36]. Ende 1954 lehnten es die Bezirke Karl-Marx-Stadt, Cottbus und Rostock in zunehmenden Maße ab, westdeutsche Bürger aufzunehmen[37]. Die Aufteilung von Kontingenten auf die einzelnen Bezirke brachte auch nicht den erhofften Erfolg, schwankten doch letztlich im 3. Quartal 1954 die Quoten, d. h. das Verhältnis der tatsächlich Aufgenommenen zum Auflagensoll zwischen 25 (Bezirk Cottbus) und 66 Prozent (Bezirk Erfurt)[38]. Nach Angaben des Arbeitsministeriums wurden in den ersten neun Monaten 1954 insgesamt 31494 Rückkehrer und 23203 Erstzuziehende aufgenommen[39]. Das zeigte ein weiteres Mal, daß es der DDR nicht gelang, die Westflucht durch eine Zuwanderung in die DDR auszugleichen. Unter dem Strich blieb immer ein massiver Bevölkerungs- und Arbeitskräfteverlust.

In der Folgezeit verstärkten sich die kritischen Stimmen zur Anwerbung westdeutscher Arbeiter. Das Problem der adäquaten Versorgung mit Arbeit und Wohnraum konnte von den Bezirksverwaltungen nicht gelöst werden. Der Rat des Bezirkes Schwerin berichtete am 10. Juni 1955, es seien „in letzter Zeit solche Fälle eingetreten, daß Personen kurzfristig die DDR verlassen, um als Rückkehrer einen besseren Wohnraum zugeteilt zu bekommen"[40]. Darüber hinaus bestand zu diesem Zeitpunkt kein Bedarf an Arbeitskräften in der Landwirtschaft und im Bergbau, so daß Rückkehrer und Erstzuziehende zum Teil auch berufsfremd eingesetzt werden mußten. Eine Konstante der staatlichen Eingliederungspolitik waren die sicherheitspolitischen Bedenken: Vor allem in Großbetrieben sollte die Aufnahme größerer Personengruppen verhindert werden[41]. Die Arbeitskräfte aus der Bundesrepublik waren nach wie vor auf mehrere Betriebe zu verteilen.

Am 19. April 1956 befaßte sich der DDR-Ministerrat mit „einigen Erscheinungen und Ursachen der Bevölkerungsbewegung". Die dabei gefaßten Beschlüsse blieben nach wie vor sehr vage und wiesen den jeweiligen Fachministerien nur noch einmal die Aufgabe zur Bekämpfung der „Republikflucht" zu[42]. In der Folgezeit verfeinerte sich die quantitative und qualitative Analyse der Fluchtbewegung weiter. In dem Zusammenhang muß allerdings betont werden, daß es im wesentlichen Aufgabe der Hauptverwaltung Deutsche Volkspolizei war, in regelmäßigen Abständen ausführliche Berichte über die Westwanderung zu erstellen, die an die SED-Führung und den DDR-Ministerrat weitergegeben wurden. Die

---

35 Ebenda, VEB Steinkohlenwerk Karl-Liebknecht an den Rat des Bezirkes Schwerin (o.D.).
36 BAB, DQ 2/1684, Brief Machers (2. Entwurf) vom 8. 11. 1954 an die ZK-Abt. Arbeit, Sozial- und Gesundheitswesen (Schellhorn), S. 5.
37 BAB, DQ 2/1682, Hausmitteilung der Abt. Arbeitskraftlenkung vom 27. 11. 1954 an das Sekretariat des Ministers, S. 2.
38 Spitzenreiter war der Bezirk Leipzig (85 %). Ebenda.
39 BAB, DQ 2/1684, Brief Heinickes (Entwurf) vom 13. 12. 1954 an die ZK-Abteilungen Arbeit, Sozial- und Gesundheitswesen sowie Staatliche Organe, S. 1.
40 BAB, DQ 2/1682, Rat des Bezirkes Schwerin (Abt. Arbeit und Berufsausbildung) am 10. 6. 1955 an das Ministerium für Arbeit und Berufsausbildung (Abt. Arbeitskraftlenkung).
41 Vgl. zu den Stahlwerken Riesa und Gröditz: BAB, DQ 2/1682, Aktennotiz vom 21. 10. 1955 über die Monatsberichte der Bezirke und Kreise.
42 BAB, DC 20 I/3–265, Bl. 115 f.

Staatliche Plankommission bemühte sich zwar darum, einzelne Untersuchungen durchzuführen und dabei vor allem Wirtschaftszweige unter die Lupe zu nehmen, die bis dahin nicht im Rampenlicht der Erfassung standen. So wurden beispielsweise verstärkt Studien über die „Republikflucht" in der Privatwirtschaft in Auftrag gegeben[43]. Darüber hinaus rückte auch die Ärzteschaft in den Mittelpunkt des Interesses der obersten Planungsbehörde[44]. Insgesamt gesehen blieb es allerdings bei selektiven Analysen. Die Zentrale Kommission für Staatliche Kontrolle (ZKSK), die sich gelegentlich mit den Gründen der Westwanderung auseinandersetzte, unterbreitete einige Vorschläge, um die „Republikflucht" zu verhindern bzw. einzuschränken. Dazu sollte in erster Linie der Wohnungsbau in den Städten, aber auch in den ländlichen Gebieten stärker gefördert werden. Konsum- und kulturpolitische Maßnahmen gewannen insgesamt gesehen an Bedeutung. Vor allem auf dem Lande sei das Warenangebot zu verbessern. Dies sollte dazu beitragen, die „Kluft [...] zwischen den propagierten und tatsächlich auch vorhandenen besseren Lebensverhältnissen" zu beseitigen[45].

Die Rückkehrer und Erstzuziehenden blieben nicht immer in den ihnen zugewiesenen Betrieben, sondern wechselten zum Teil eigenständig den Arbeitsplatz, ohne die zuständige Bezirksverwaltung zu konsultieren. Die Fluktuation, über deren Ausmaß und Eigengewicht sich die Arbeitsverwaltung und die Staatliche Plankommission stets beklagt hatten, erfaßte somit auch die Neuankömmlinge aus dem Westen. Dies konnte mitunter dazu führen, daß der anfängliche, positive Beschäftigungseffekt rasch wieder aufgehoben wurde. So hatte etwa die Braunkohlengroßkokerei VEB Lauchhammer 1955 und 1956 jeweils sechs ehemalige Westdeutsche eingestellt. Bis zum April 1956 hatte bereits die Hälfte von ihnen den Betrieb wieder verlassen[46]. Diese Wanderungsbewegung war letztlich Bestandteil der allgemeinen Binnenwanderung bzw. der zwischenbetrieblichen Fluktuation. Während die Arbeitsverwaltung die Verantwortung für diese Entwicklung den einzelnen Betrieben zuschob, war aus Sicht des Innenministeriums das Arbeitsministerium verantwortlich[47].

Das Politbüro der SED setzte eine Kommission ein, die sich ausschließlich mit Fragen der „Republikflucht" beschäftigen, dem führenden Gremium der Hegemonialpartei Bericht erstatten und Vorschläge ausarbeiten sollte. Die Kommission legte am 25. Mai 1956 einen entsprechenden Bericht vor, der ausgiebig auf die angebliche „Abwerbung" von Arbeitskräften durch Unternehmer in der Bundesrepublik einging. Gleichzeitig wurde aber auch eine bestehende „ökonomische Anziehungskraft Westdeutschlands" eingeräumt, welche die „Bestrebungen westdeutscher Abwerbestellen" begünstigen würde. Die daraus gezogenen Konsequenzen erstreckten sich nicht nur auf die Forderung, die „Wachsamkeit" zu erhöhen, sondern auch auf sozialpolitische Einzelmaßnahmen, die sich auf den

---

43 BAB, DE 1/5719, Bl. 1–3, Aktenvermerk vom 24. 4. 1956.
44 BAB, DE 1/6109, Bl. 193 f., Vermerk Günthers vom 24. 4. 1956.
45 Ebenda, Bl. 114–117, hier Bl. 114, Stellvertretender ZKSK-Vorsitzender Ernst Wabra am 27. 4. 1956 an Innenminister Karl Maron.
46 BAB, DQ 2/1703, Bericht der Abt. Arbeitskraftlenkung vom 5. 5. 1956.
47 BAB, DQ 2/1683, MdI (Abteilungsleiter Bergmann) am 22. 5. 1956 an das Ministerium für Arbeit und Berufsausbildung.

Wohnungsbau und die allgemeine Versorgungslage bezogen[48]. Dagegen konzentrierten sich die Vorschläge für „ökonomische Maßnahmen zur Einschränkung und Überwindung der Fluktuation an Arbeitskräften", die hauptsächlich sozialpolitische Privilegien enthielten, weitgehend auf Ärzte, Wissenschaftler und Ingenieure sowie Lehrer[49].

Während die Arbeitsverwaltung und die Staatliche Plankommission bis Mitte der fünfziger Jahre kaum statistische Erhebungen über die „Republikflucht" in einzelnen Wirtschaftsbranchen durchführten, änderte sich dies in der Folgezeit. Der Verlust an qualifizierten Facharbeitern, der auch der Hauptverwaltung Deutsche Volkspolizei nie entgangen war, beschäftigte nunmehr auch das zuständige Arbeitsministerium, vor allem aber die oberste Planungsbehörde. Der Versuch einer Quantifizierung der Wanderungsverluste in einzelnen Industriezweigen wurde mit der Anweisung an die Fachministerien verknüpft, sich mit diesem Massenphänomen intensiver auseinanderzusetzen und ihre Kontrolltätigkeit zu verbessern, die jedoch stets nur begrenzte Reichweite hatte. Nach Angaben des Innenministeriums verließen 1955 aus dem Bereich des Ministeriums für Schwermaschinenbau insgesamt 8465 Beschäftigte die DDR[50]. Rund 75 Prozent dieser Gesamtgruppe waren Arbeiter, etwa 58 Prozent Jugendliche und ca. 4 Prozent „Intelligenzler"[51]. Die Gesamtgruppe der Flüchtlinge machte 2,3 Prozent der unter die Zuständigkeit des Ministeriums fallenden Beschäftigten aus. Beim Ministerium für Chemische Industrie war die Zahl der Abwanderungen von 2603 (1955) auf 3001 (1956) angestiegen. Hier lag der Arbeiteranteil 1956 bei 80 Prozent. Diese Zahlen gewähren nur einen begrenzten Einblick in die ökonomischen Verluste der jeweiligen Wirtschaftszweige durch die Wanderungsbewegung. Auffallend erscheint zumindest der überproportional hohe Anteil an Arbeitern und Jugendlichen unter den „Republikflüchtigen". Dies mußte letztlich nicht nur den wirtschaftlichen Aufbau der DDR beeinträchtigen, sondern auch ein Zeichen von schwindender Legitimation des politischen Systems sein, zumal gerade diese beiden sozialen Gruppen – aus Sicht der SED-Führung – mit zu den Hauptstützen der DDR gehörten. Zahlenangaben aus anderen Ministerien bestätigen in der Tendenz diese Schlußfolgerung: Insbesondere blieb der Anteil von Jugendlichen konstant hoch und betrug etwa beim Ministerium für Berg- und Hüttenwesen 50 (August 1957) bzw. 54,3 Prozent (September 1957)[52].

Da es den DDR-Ministerien nicht gelang, die Zahl der „Republikflüchtigen" in ihrem Zuständigkeitsbereich erkennbar zu reduzieren, wurden in zunehmendem Maße repressive Methoden eingesetzt. Neben der allgemeinen Intensivierung grenzsichernder Maßnahmen, die fast nur noch den Weg in den Westen über die Stadt Berlin offenließen, kam es auch zu einer Verschärfung der Kontrollen von

---

[48] SAPMO, DY 30/J IV 2/2/483, Bl. 5 und Bl. 15–24, Protokoll der Sitzung des Politbüros vom 19. 6. 1956.

[49] Ebenda, Bl. 25–31.

[50] SAPMO, NY 4090/448, Bl. 102–110, hier Bl. 105, Bericht des MdI über den Brigadeeinsatz in den Ministerien für Schwermaschinenbau und Chemische Industrie (7.–12. 1. 1957).

[51] Ebenda, Bl. 106.

[52] BAB, DE 1/15861, Bl. 94–97, hier Bl. 94, Bericht des Ministeriums für Berg- und Hüttenwesen (Zentrale Kaderabt.) vom 9. 10. 1957 an Minister Steinwand. Zur „Republikflucht" von Jugendlichen vgl. Skyba, Vom Hoffnungsträger zum Sicherheitsrisiko, S. 304–322.

Tabelle 29: Übersicht über die Entwicklung der „Republikflucht" im Bereich des Ministeriums für Berg- und Hüttenwesen (1955/56–1957)

Hauptverwaltung	Jahr	I. Quartal	II. Quartal	III. Quartal	IV. Quartal	Insgesamt
Kali	1955	17	44	122	121	304
	1956	32	57	154	109	352
	1957	79	107	198	Angaben fehlen	Angaben fehlen
Gießereien	1955	46	59	151	138	394
	1956	63	137	199	135	534
	1957	99	221	268	Angaben fehlen	Angaben fehlen
Erzbergbau[53]	1956	62	86	172	139	459
	1957	118	141	242	Angaben fehlen	Angaben fehlen
Eisenindustrie	1956	157	235	385	297	1074
	1957	292	434	557	Angaben fehlen	Angaben fehlen
NE-Metallind.	1956	63	92	138	98	391
	1957	77	94	129	Angaben fehlen	Angaben fehlen
Feuerfest-Industrie	1956	8	13	17	29	67
	1957	19	16	23	Angaben fehlen	Angaben fehlen
VHZ-Schrott	1956	11	21	40	21	93
	1957	8	34	15	Angaben fehlen	Angaben fehlen
DHZ-Metallurgie	1956	16	22	19	13	70
	1957	9	15	10	Angaben fehlen	Angaben fehlen
Hoch- und Fachschulen	1956	–	–	–	–	27
	1957	–	13	11	Angaben fehlen	Angaben fehlen

Quelle: BAB, DE 1/15861, Bl. 93, Übersicht des Ministeriums für Berg- und Hüttenwesen (Zentrale Kaderabt.) vom 17. 10. 1957.

Westreisen. Die Staatliche Plankommission untersagte Mitarbeitern der Vereinigungen Volkseigener Betriebe (VVB) und anderen der Planungsbehörde direkt nachgeordneten Organen und Institutionen sowie den leitenden Mitarbeitern der volkseigenen Betriebe grundsätzlich Privatreisen in NATO-Mitgliedsländer[54]. Nur in Ausnahmefällen (Tod bzw. lebensgefährliche Erkrankung von nahen Verwandten) sollten Reisen nach vorheriger Genehmigung zugelassen werden. Die SED-Führung reagierte ihrerseits auf die steigende Zahl der „Republikflüchti-

[53] Darunter fiel vermutlich nicht die SDAG-Wismut.
[54] BAB, DE 1/15861, Bl. 34–36, hier Bl. 35, Richtlinien der SPK vom 5. 8. 1958.

gen", indem sie unter anderem versuchte, die Anreize zur Übersiedlung in die DDR zu erhöhen. Entsprechende Beschlüsse des Sekretariats des ZK hatten aber oftmals eher deklaratorischen Charakter und enthielten kaum konkrete materielle Zugeständnisse an die Rückkehrer und Erstzuziehenden[55]. Dafür war offensichtlich der haushaltspolitische Spielraum zu eng bemessen. Darüber hinaus konnte sich die SED-Führung nie vollständig von ihren sicherheitspolitischen Ängsten lösen, die die Versuche zur Anwerbung von Westdeutschen häufig konterkarierten[56].

Nachdem wir auf die Unzulänglichkeiten des vorliegenden Zahlenmaterials mehrfach hingewiesen haben, kann eine Bilanzierung der volkswirtschaftlichen Gesamtverluste, die durch die „Republikflucht" entstanden sind, nur fragmentarischen Charakter haben. Im Auftrag von Walter Ulbricht machte sich vermutlich die Staatliche Plankommission an diese Aufgabe und errechnete eine – nicht weiter nachvollziehbare – Gesamtsumme von 120 Milliarden DM[57]. Dabei handelte es sich um geschätzte Produktionsausfälle aus der Zeit von 1951 bis 1961; hinzu kamen noch Verluste durch die Ausbildungskosten der „Abgeworbenen", die mit 16,3 Milliarden DM beziffert wurden[58]. Zwischen 1951 und dem 13. August 1961 hatten demzufolge 2 104 566 Berufstätige die DDR verlassen[59].

Zusammenfassend läßt sich nochmals festhalten, daß weder das Arbeitsministerium noch die Staatliche Plankommission in regelmäßigen Abständen eine eigene, umfassende statistische Erhebung über die Westwanderung von Arbeitskräften durchführten. Dies blieb anderen Verwaltungen überlassen, vor allem der Hauptverwaltung Deutsche Volkspolizei. Vor diesem Hintergrund überrascht es auch nicht, daß nur punktuell Maßnahmen konzipiert und umgesetzt wurden. Darüber hinaus waren die Handlungsspielräume des DDR-Ministerrates und der Fachministerien äußerst begrenzt, weil unter anderem die ökonomische Anziehungskraft des Westens, die sich in der zweiten Hälfte der fünfziger Jahre immer stärker bemerkbar machte, kaum zu unterdrücken bzw. auszugleichen war. Aus Sicht der SED-Führung war somit der Bau der Berliner Mauer, der die nahezu letzte Ausreisemöglichkeit in den Westen radikal unterband, die einzige Antwort auf die das politische System der DDR in Frage stellende Entwicklung. Dabei muß natürlich berücksichtigt werden, daß die SED-Führung mit den eingeleiteten politischen Zwangsmaßnahmen (z. B. Kollektivierung der Landwirtschaft) einen erheblichen Beitrag dazu leistete, die Flucht in den Westen massiv zu verstärken. Die zaghaften Ansätze zur Umkehrung der Wanderungsbewegung scheiterten kläglich.

---

[55] Vgl. SAPMO, DY 30/J IV 2/3/639, Bl. 2 und Bl. 9–11, Protokoll der Sitzung des Sekretariats des ZK vom 29. 4. 1959.
[56] Vgl. SAPMO, DY 30/J IV 2/3 A/734, Vorlage vom 28. 7. 1960 über die „Erhöhung der Sicherheit bei der Aufnahme und gesellschaftlichen Eingliederung von Rückkehrern und Zuziehenden aus den Westzonen und Westberlin"; SAPMO, DY 30/J IV 2/3/699, Bl. 9 und Bl. 72–76, Protokoll der Sitzung des Sekretariats des ZK am 29. 8. 1960.
[57] SAPMO, NY 4182/972, Bl. 89–93, hier Bl. 90.
[58] Ebenda, Bl. 91.
[59] Ebenda, Bl. 89. Die Staatliche Plankommission hatte nur die Zahlen für die Jahre 1959 bis 1961 erfaßt. Davon ausgehend wurden die Zahlen für die Jahre bis einschließlich 1958 geschätzt.

3. Die arbeitsrechtlichen Veränderungen

Gesetzbuch der Arbeit

Die SED hatte auf der II. Parteikonferenz 1952 den Beschluß gefaßt, ein Arbeitsgesetzbuch ausarbeiten zu lassen[1]. Bereits zwei Jahre zuvor war das Gesetz der Arbeit in Kraft getreten, das nunmehr der forcierten Umgestaltung von Staat, Wirtschaft und Gesellschaft, welche die II. Parteikonferenz einläutete, angepaßt werden sollte. Eine Parteikommission erhielt den Auftrag, einen entsprechenden Entwurf auszuarbeiten und anschließend der SED-Führung vorzulegen. Neben dem Arbeitsgesetzbuch war noch ein Zivil- sowie ein neues Strafgesetzbuch vorgesehen. Vorsitzender der Kommission war Prof. Dr. Heinz Such[2] (Universität Leipzig); die unmittelbare Verbindung zum ZK der SED und die Organisation der Arbeit der Kommission übernahm die Justizministerin Hilde Benjamin[3]. Der Volksaufstand vom 17. Juni 1953 und der „Neue Kurs" verzögerten vermutlich die Tätigkeit dieses Gremiums. Dennoch ging die Vorbereitung eines neuen Arbeitsgesetzbuches „mit ausdrücklicher Zustimmung" der SED-Führung weiter[4]: Am 2. Juli 1954 konnte der ZK-Abteilung Staatliche Verwaltung ein erster Entwurf übergeben werden, an dem Vertreter des FDGB-Bundesvorstandes und des Ministeriums für Arbeit mitgewirkt hatten. Um die steckengebliebene Gesetzesausarbeitung voranzutreiben, schlug Benjamin vor, in der ersten Julihälfte eine mehrtägige Konferenz durchzuführen, auf der der Entwurf und das weitere Vorgehen beraten werden sollten. Basierend auf den gewonnenen Ergebnissen dieser Konferenz sollten dann der „bisherige" Entwurf sowie die Änderungsvorschläge beim FDGB-Bundesvorstand und beim Arbeitsministerium nochmals erörtert werden. Die Leitungsgremien des FDGB (Sekretariat des Bundesvorstandes) und des Arbeitsministerium (Kollegium) hatten anschließend – so die Überlegung der Justizministerin – einen Beschluß darüber zu fassen, der wiederum Richtschnur für die Kommission bei der Fertigstellung des Entwurfs sein sollte. Nach Abschluß dieses Abstimmungsverfahrens war die Vorlage beim Politbüro einzureichen.

Mit diesem Vorschlag konnte sich die Justizministerin offenbar nicht durchsetzen. Das Sekretariat des FDGB-Bundesvorstandes beriet erst im November 1954 über einen entsprechenden Gesetzesentwurf, der interessanterweise gesamtdeutsche Ambitionen erkennen ließ und vor allem den Versuch unternahm, soziale Grundrechte zu fixieren und inhaltlich auszufüllen[5]. Diese waren zwar in anderen arbeitsrechtlichen Bestimmungen bereits enthalten, sollten aber nochmals in einem Gesetzeswerk zusammengefaßt werden. Zu diesen Grundrechten sollten das

---

[1] Protokoll der II. Parteikonferenz der SED, S. 493.
[2] Keine Angaben zu Suchs Leitungsfunktion innerhalb dieser Kommission sowie zu ihrer inhaltlichen Tätigkeit enthält die rechtswissenschaftliche Biographie von Stiebitz, Heinz Such.
[3] Die beiden kürzlich erschienenen Biographien gehen nur auf Benjamins Einfluß bei der Ausarbeitung des Strafgesetzbuches sowie des Familiengesetzbuches ein. Dagegen wird das Arbeitsgesetzbuch überhaupt nicht thematisiert. Vgl. Feth, Hilde Benjamin; Brentzel, Die Machtfrau.
[4] BAB, DQ 2/536, Justizministerin Hilde Benjamin am 27. 6. 1955 an Arbeitsminister Macher.
[5] SAPMO, DY 34/24288, Protokoll der Sitzung des Sekretariats des FDGB-Bundesvorstandes vom 22. 11. 1954. Die Sekretariatsvorlage vom 16. 11. 1954 stammte vom Büro für deutsche Gewerkschaftseinheit beim FDGB-Bundesvorstand.

Recht auf Arbeit, das Recht auf Entlohnung, das Recht auf Urlaub und das Recht auf Schutz der Arbeitskraft gehören[6]. Der Gewerkschaftsentwurf wurde nochmals überarbeitet und inhaltlich erweitert[7]: So kamen eigene Abschnitte zum Koalitions-, Streik- und Mitbestimmungsrecht, zur Berufsausbildung, zum Kündigungsrecht, zur Arbeitszeitregelung, zur Gesundheitsfürsorge sowie allgemeine sozialversicherungsrechtliche Bestimmungen hinzu. Das Sekretariat des FDGB-Bundesvorstandes konnte sich zu einer raschen Verabschiedung der gewerkschaftseigenen Vorlage nicht durchringen. Statt dessen befaßte sich das Führungsgremium mehrfach mit dem Arbeitsgesetzbuch und signalisierte zwar grundsätzliche Zustimmung, reichte aber den Entwurf immer wieder an die entsprechenden Abteilungen des FDGB-Bundesvorstandes zurück. Vermutlich wollte die FDGB-Führung ein vorschnelles Handeln vermeiden und zunächst einmal die Entscheidungsfindung innerhalb der SED-Führung abwarten. Dieses Verhalten bestätigte indirekt die untergeordnete Position, welche die Gewerkschaften mittlerweile aus eigenem Antrieb heraus gegenüber der Hegemonialpartei einnahmen. Ende 1954 bestätigte das Sekretariat des FDGB-Bundesvorstandes die eingereichte Vorlage „im Prinzip"[8]. Rund acht Monate später stand das Thema erneut auf der Tagesordnung: Dabei wurden die „Grundprinzipien" eines erheblich erweiterten Entwurfes, der vermutlich von der Kommission zur Ausarbeitung des Arbeitsgesetzbuches stammte, erneut bestätigt und eine weitere Überarbeitung angeregt[9]. Damit verzichtete der FDGB darauf, einen eigenen Entwurf in die Debatte über die Gestaltung eines neuen Arbeitsgesetzbuches einzubringen. Die ZK-Abteilungen Arbeit, Sozial- und Gesundheitswesen und Staatliche Organe überreichten Walter Ulbricht am 18. Oktober 1955 einen zweiten Entwurf[10], der allerdings rasch fallengelassen wurde. Das Politbüro setzte nämlich am 28. August 1956 eine neue Kommission ein, die vermutlich im November eine neue Gliederung des Arbeitsgesetzbuches präsentierte[11].

Obwohl zwischen den beteiligten Stellen (ZK-Abteilungen, Arbeitsministerium, FDGB) Meinungsunterschiede oder Interessengegensätze nicht offen zu erkennen waren, ruhten die Arbeiten am Gesetzesvorhaben für ungefähr zwei Jahre. Erst im Herbst 1958 griff die ZK-Abteilung Gewerkschaften, Sozial- und Gesundheitswesen – nach Absprache mit dem Politbüro – das eingeschlafene Projekt wieder auf und legte eine Grobgliederung für das geplante Arbeitsgesetzbuch vor[12]. Die ursprüngliche eingesetzte Kommission hatte offenbar aufgehört zu existieren, so daß nunmehr ein neues Gremium eingerichtet werden mußte, dem wiederum Vertreter des ZK-Apparates, des Komitees für Arbeit und Löhne, der Gewerkschaften und einiger arbeitsrechtlicher Institute angehören sollten. In der

[6] Ebenda, Sekretariatsvorlage vom 16. 11. 1954.
[7] SAPMO, DY 34/24293, Entwurf (Gesetz der Arbeit) des Büros für deutsche Gewerkschaftseinheit vom 23. 12. 1954.
[8] Ebenda, Protokoll der Sekretariatssitzung des FDGB-Bundesvorstandes vom 27. 12. 1954.
[9] SAPMO, DY 34/24330, Protokoll der Sekretariatssitzung des FDGB-Bundesvorstandes vom 17. 8. 1955. Das Protokoll enthält eine umfangreiche Liste mit Änderungsvorschlägen, die von der Abt. Arbeitsrecht des FDGB-Bundesvorstandes ausgearbeitet wurden.
[10] SAPMO, DY 30/IV 2/6.11/60, Bl. 2–4, hier Bl. 2 f., Notiz der Abt. Arbeit, Sozial- und Gesundheitswesen (o.D.).
[11] Ebenda, Bl. 3.
[12] SAPMO, DY 30/IV 2/13/46, Bl. 171–185, Vorlage vom 26. 10. 1958.

Erläuterung zur Grobgliederung machte die ZK-Abteilung den Funktionswandel deutlich, den die SED dem Arbeitsrecht und ganz besonders dem geplanten Arbeitsgesetzbuch zukommen lassen wollte: „Das Arbeitsgesetzbuch muß ein Mittel des volksdemokratischen Staates werden, um die sozialistischen Produktions- und Arbeitsverhältnisse zu festigen und die sozialistische Arbeit planmäßig und bewußt zu organisieren. Es soll die Entwicklung des sozialistischen Bewußtseins fördern, die Erziehung der Werktätigen zu einer neuen Arbeitsmoral unterstützen und zur Überwindung der Reste bürgerlichen Denkens beitragen."[13] Darüber hinaus durfte – drei Monate nach dem V. Parteitag – ein Hinweis auf die Überlegenheit der DDR gegenüber der Bundesrepublik und die deutschlandpolitischen Absichten nicht fehlen: „Das sozialistische Arbeitsgesetzbuch zeigt die Überlegenheit der staatlichen und rechtlichen Ordnung der DDR gegenüber der überlebten, zum Untergang verurteilten kapitalistischen Ordnung und unterstützt damit den Kampf der deutschen Arbeiterklasse gegen das imperialistische Regime in Westdeutschland und für die nationale Wiedervereinigung Deutschlands zu einem friedliebenden, demokratischen Staat." Insofern kann die Wiederaufnahme der Arbeiten an dem Arbeitsgesetzbuch 1958, die lange Zeit liegengeblieben waren, durchaus mit den allgemeinen ideologischen und ökonomischen Offensiven der SED-Führung in Zusammenhang gebracht werden. Im einzelnen sollte das Gesetzeswerk das Arbeitsrecht vereinfachen und die „verstreuten und unübersichtlichen" arbeitsrechtlichen Bestimmungen zusammenfassen. Das neue Arbeitsgesetzbuch sollte übersichtlich gegliedert und „in einer jedem Arbeiter verständlichen Sprache gehalten sein"[14]. Damit war in erster Linie ein Rahmengesetz bzw. eine Kodifikation des bestehenden Arbeitsrechts vorgesehen; Detailfragen sollten dagegen in „Kollektivvereinbarungen" geregelt werden. Die ZK-Abteilung Staat und Recht war mit der vorgelegten Disposition grundsätzlich einverstanden, wies aber gleichzeitig darauf hin, daß sich „bei der weiteren Ausarbeitung eine Reihe von Problemen ergeben [werden], deren Einzelheiten jetzt noch nicht übersehen werden können"[15].

Erneut war es die ZK-Abteilung Gewerkschaften, Sozial- und Gesundheitswesen, die die Initiative ergriff und am 2. Dezember 1958 eine Vorlage für das Politbüro erstellte[16]. Diese enthielt nochmals die bereits ausgearbeitete Grobgliederung und schlug einen Terminplan vor. Demnach sollte der Entwurf eines Arbeitsgesetzbuches bis zum 30. Juni 1959 dem Politbüro unterbreitet werden. Das Politbüro bestätigte erst auf seiner Sitzung am 20. Januar 1959 die vorgelegte Grundlinie und Grobgliederung zum Arbeitsgesetzbuch[17]. Damit trat die Ausarbeitung des Gesetzeswerkes in eine entscheidende Phase: Nunmehr konnten die in der Kommission versammelten Vertreter der ZK-Abteilungen, des Komitees für Arbeit und Löhne sowie des FDGB-Bundesvorstandes mit ihrer Arbeit fort-

---

[13] Ebenda, Bl. 177.
[14] Ebenda, Bl. 178. Das Sekretariat des FDGB-Bundesvorstandes ging auf die Grobgliederung und Erläuterung zum Arbeitsgesetzbuch inhaltlich nicht ein, sondern befaßte sich mit Verfahrens- und Personalfragen (Zusammensetzung der Kommission). Vgl. SAPMO, DY 34/24507, Protokoll der Sitzung des Sekretariats des FDGB-Bundesvorstandes am 1. 11. 1958.
[15] SAPMO, DY 30/IV 2/13/46, Bl. 120, Vermerk Grünebergs für Verner vom 12. 11. 1958.
[16] SAPMO, DY 30/IV 2/6.11/60, Bl. 5–20.
[17] SAPMO, DY 30/J IV 2/2/628, Bl. 7 und 26–41.

fahren und die Detailbestimmungen festlegen. Entsprechend der allgemeinpoliti-
schen Entwicklung, welche die SED-Führung auf dem V. Parteitag entworfen
hatte, war das Arbeitsgesetzbuch nur für eine Übergangszeit vorgesehen[18]. Hintergrund dafür bildete das weitere Fortbestehen unterschiedlicher Eigentumsformen in der Wirtschaft: Neben der sozialistischen, d.h. volkseigenen und genossenschaftlichen, bestand nach wie vor noch die private Wirtschaftsform. Bei der
Ausarbeitung des Gesetzentwurfes wurde auch die für Rechtsfragen zuständige
ZK-Abteilung beratend hinzugezogen. Diese hatte die Beratungen einer eigens
für die Fertigstellung von zwei großen Gesetzesvorhaben (Arbeitsgesetzbuch, Fa-
miliengesetzbuch) einberufenen Kommission für Staats- und Rechtswissenschaft
geleitet[19]. Offensichtlich war geplant, das Arbeitsgesetzbuch dem Politbüro ungefähr Mitte August 1959 vorzulegen[20]. Die Gewerkschaften drängten auf eine rasche Verabschiedung des Entwurfs und konnten die ZK-Abteilung Gewerkschaften und Sozialpolitik für ihre zeitlichen Vorstellungen gewinnen. Diese wandte
sich direkt an Walter Ulbricht und bat um die „Klärung dieser und einiger anderer
Fragen, die damit im Zusammenhang stehen"[21].

Für die Bezirksverwaltungen bzw. die dortigen Abteilungen für Arbeit und Berufsausbildung besaß vor allem Artikel 77 des Entwurfes vom 15. Juli 1959 besondere Bedeutung. Dieser schrieb nochmals das Recht auf Arbeit fest. Die Begründung zu diesem Gesetzesartikel enthielt die arbeitsmarktpolitische Zielsetzung:
„Die Regelungen bezwecken, das Ausscheiden von Werktätigen aus dem Betriebskollektiv auf das gesellschaftlich notwendige Maß zu beschränken und die
Fluktuation der Arbeitskräfte zu bekämpfen."[22] Die bestehenden Freiräume der
Betriebe, Beschäftigte zu entlassen, sollten „erheblich" eingeengt werden. So sei
die fristgemäße Kündigung nunmehr eine „wirtschaftlich-organisatorische Maßnahme", während die fristlose Entlassung die „härteste Disziplinarstrafe" dar-
stelle, die „nur im äußersten Fall angewandt werden darf und dabei dem Schutz
des sozialistischen Betriebskollektivs dient". Da diese Auslegung weitgehend unscharf blieb, besaßen die Betriebe auch weiterhin die Möglichkeit, sich von Arbeitern oder Angestellten zu trennen. Sehr viel konkreter wurden dagegen die Aussagen zum Aufhebungsvertrag, der bisher unbeschränkt zulässig war, mit dem geplanten Arbeitsgesetz aber auf bestimmte Ausnahmesituationen zu begrenzen
war. Auch hier bot allerdings der Zusatz, „wenn er [der Aufhebungsvertrag]
gesellschaftlich gerechtfertigt ist", relativ großen Interpretationsspielraum. Nach
Auffassung der Staatlichen Plankommission sollte das bereits zuvor fixierte Recht
auf Arbeit mit der „Ehrenpflicht" jedes Bürgers gekoppelt werden, „seine Arbeitskraft dem sozialistischen Aufbau zur Verfügung zu stellen"[23]. Somit fand die
Arbeitspflicht – zumindest indirekt – Einzug in die arbeitsrechtlichen Regelungen. Nicht alle Abteilungen der Staatlichen Plankommission waren bei den Vor-

18 BAB, DQ 3/486, Bericht des Komitees für Arbeit und Löhne vom 20. 2. 1959.
19 SAPMO, DY 30/IV 2/13/46, Bl. 121–145, Protokoll der Sitzung der Kommission für Staats- und
    Rechtswissenschaft am 16. 3. 1959.
20 SAPMO, DY 30/IV 2/6.11/60, Bl. 21, Notiz der ZK-Abt. Gewerkschaften und Sozialpolitik für
    Walter Ulbricht vom 13. 7. 1959.
21 Ebenda.
22 BAB, DE 1/9051, Bl. 28 f., 1. Entwurf des Arbeitsgesetzbuches vom 15. 7. 1959.
23 BAB, DE 1/9055, Bl. 12, Bemerkungen vom 21. 7. 1959 zum 1. Entwurf des Arbeitsgesetzbuches.

arbeiten am Arbeitsgesetzbuch von Anfang an beteiligt: So erhielt etwa die Abteilung Arbeitskräfte den 1. Entwurf erst nach seiner Fertigstellung. Dabei wies die Abteilung darauf hin, daß die die Kündigungsfragen betreffenden Paragraphen keinerlei Angaben enthielten über Kündigungen von seiten der Beschäftigten[24]. Sie schlug in dem Zusammenhang vor, die Durchführung von „gründliche[n] Aussprachen" zwischen dem betroffenen Beschäftigten und den gewerkschaftlichen Organen des Betriebes vorzuschreiben, um ein Ansteigen der beruflichen Fluktuation zu verhindern. Oberstes Ziel war letztlich die Heranbildung und langfristige Absicherung von betrieblichen Stammbelegschaften. Bei der Ausarbeitung des 2. Entwurfes im Sommer 1960 wurde dieser Vorstoß partiell berücksichtigt: „Im Interesse der Steigerung der Arbeitsproduktivität und der Schaffung fester Betriebskollektive haben die Betriebsleiter darauf hinzuwirken, daß jedes gesellschaftlich unnötige Ausscheiden aus dem Betriebskollektiv vermieden wird."[25]

Das Politbüro stimmte dem überarbeiteten Entwurf Ende Oktober 1960 „als Grundlage für die öffentliche Diskussion" zu[26]. Eine Kommission erhielt den Auftrag, die Schlußredaktion zu übernehmen und den Entwurf anschließend dem Ministerrat zur Beratung vorzulegen. Inhaltliche Veränderungen ergaben sich für die Arbeitskräfteplanung und -lenkung in erster Linie durch die Wiedereinführung der Arbeitseinweisung, die nunmehr als Zuweisung einer anderen Arbeit bezeichnet und an zwei Voraussetzungen gebunden wurde. Der Einsatz dieses Zwangsinstruments war möglich, wenn „das zur Sicherung der Planerfüllung bzw. der betrieblichen Aufgaben erforderlich ist, obwohl der Werktätige in seinem Arbeitsbereich tätig sein könnte, oder in seinem Arbeitsbereich die sachlichen Voraussetzungen zur Arbeitsleistung fehlen"[27]. Gleichzeitig wurden zeitliche Fristen für die Arbeitszuweisung eingeführt, die zwischen einem und sechs Monaten lagen. Damit griff das geplante Arbeitsgesetzbuch auf Bestimmungen der zentralen Verordnung vom 2. Juni 1948 zurück, die aber für die betroffenen Beschäftigten sozialpolitisch besser abgefedert wurden. Das Führungsgremium der SED beschloß des weiteren einen Plan „zur Organisierung der Diskussion" über das Arbeitsgesetzbuch, der an die 1. Sekretäre der Bezirks- und Kreisleitungen der Hegemonialpartei weitergeleitet wurde und umfangreiche propagandistische Aktivitäten veranlassen sollte[28].

Die SED-Führung plante sehr sorgfältig die Verabschiedung des Arbeitsgesetzbuches. Nachdem das Politbüro seine Zustimmung gegeben hatte, erhielt das Präsidium des Ministerrates den fertiggestellten Gesetzentwurf[29]. Erst jetzt konnten die Minister, die zuvor nicht konsultiert worden waren, eigene Verbesserungsvorschläge einreichen. Während ungefähr zeitgleich die Vorbereitungen für die Veröffentlichung des Gesetzes anliefen, bei denen vor allem der FDGB eingeschaltet

---

[24] Ebenda, Bl. 17, Leiter der Abt. Arbeitskräfte (Duscheck) am 10. 9. 1959 an den Leiter der Rechtsstelle (Kothe).
[25] BAB, DE 1/9052, Bl. 83, 2. Entwurf des Arbeitsgesetzbuches vom 17. 7. 1960 (§ 166).
[26] SAPMO, DY 30/J IV 2/2/731, Bl. 3, Protokoll der Sitzung des Politbüros am 25. 10. 1960.
[27] Ebenda, Bl. 17, Entwurf des Arbeitsgesetzbuches (§ 22, Abs. 1).
[28] Ebenda, Bl. 49–58.
[29] BAB, DC 20 I/4–411, Bl. 104f., 1. Sekretär des ZK der SED, Walter Ulbricht, am 31. 10. 1960 an den Vorsitzenden des Ministerrates der DDR, Otto Grotewohl.

wurde[30], trafen zwischen dem 9. und 11. November die Stellungnahmen der einzelnen Ressorts ein. Bei einem Vergleich der einzelnen Entwürfe fällt auf, daß im Zuge der Überarbeitung alle Bestimmungen gestrichen worden waren, die finanzielle Mehraufwendungen zur Folge gehabt hätten. Darauf hatte das Ministerium der Finanzen hingewiesen, das an der letzten Fassung des Entwurfs nur noch kleinere, d. h. keine substantiellen Änderungen vornehmen wollte[31]. Der Minister für Handel und Versorgung erteilte zwar seine prinzipielle Zustimmung zum vorliegenden Gesetzeswerk, übte allerdings auch indirekt Kritik an dem langwierigen Verfahren: „Die Durchsicht erweckt den Anschein, als wenn nicht alle Bestimmungen in dem jetzt lange zurückliegenden Zeitraum der Bearbeitung sorgfältig aufeinander abgestimmt sind."[32] Folgende Ministerien bzw. staatliche Organe reichten zustimmende Stellungnahmen ein, die jedoch häufig mit Detailvorschlägen verknüpft waren: das Ministerium für Nationale Verteidigung[33], das Ministerium für Kultur[34], das Ministerium für Post- und Fernmeldewesen[35], das Ministerium für Volksbildung[36], die Staatliche Plankommission[37] und das Ministerium für Bauwesen[38]. Bereits am 1. November 1960 stimmte das Präsidium des Ministerrates dem Entwurf des Arbeitsgesetzbuches zu[39].

Mitte Dezember 1960 erstellte das Ministerium für Staatssicherheit einen Bericht, der die Reaktionen der Bevölkerung auf den bekanntgewordenen Entwurf des Arbeitsgesetzbuches zu erfassen versuchte und ein zwiespältiges Gesamtbild vermittelte[40]. So wurde einerseits betont, daß die bisher erfaßten Diskussionen auf Betriebsversammlungen oder Veranstaltungen der Gewerkschaften „zum größten Teil zustimmende Erklärungen [beinhalteten], die auch teilweise ein richtiges Verständnis der politischen Bedeutung des Gesetzeswerkes erkennen" ließen[41]. Vor allem die erneute Festschreibung des Rechts auf Arbeit sei von der überwiegenden Mehrheit der Bevölkerung positiv aufgenommen worden. Andererseits gelangte das MfS zum Ergebnis, daß der Verlauf der eingeleiteten Popularisierungsmaßnahmen, die der FDGB übernommen hatte, „keineswegs den Erfordernissen entsprechen" würde[42]. Daher verwunderte es nicht, daß sich die Kritik vor allem gegen die Gewerkschaftsfunktionäre richtete, denen vorgehalten wurde, zu wenig Eigeninitiative entwickelt und nur auf die Anleitung durch übergeordnete Organe gewartet zu haben. In zahlreichen Betrieben hätten noch keine Aussprachen mit den Belegschaftsmitgliedern stattgefunden; darüber hinaus sei auf den bisherigen

---

[30] Vgl. SAPMO, DY 30/J IV 2/3/711, Bl. 3, Protokoll der Sitzung des Sekretariats des ZK vom 7. 11. 1960.

[31] BAB, DC 20 I/4–411, Bl. 109–112, Stellungnahme des Ministeriums der Finanzen vom 9. 11. 1960.

[32] BAB, DC 20 I/4–411, Bl. 114f., hier Bl. 115, Minister für Handel und Versorgung am 10. 11. 1960 an den Leiter des Sekretariats des Ministerrates, Staatssekretär Jendretzky.

[33] Ebenda, Bl. 116f.

[34] Ebenda, Bl. 118.

[35] Ebenda, Bl. 119.

[36] Ebenda, Bl. 120–122.

[37] Ebenda, Bl. 123–128.

[38] Ebenda, Bl. 129–131.

[39] BAB, DC 20 I/4–409, Bl. 9, Protokoll der Sitzung des Präsidiums des Ministerrates am 10. 11. 1960.

[40] BStU, MfS, ZAIG, 281, Bl. 1–7, Bericht vom 15. 12. 1960.

[41] Ebenda, Bl. 2.

[42] Ebenda, Bl. 1.

Veranstaltungen die politische Bedeutung des Arbeitsgesetzbuches „ungenügend herausgearbeitet" worden. Außerdem kritisierte der Bericht, daß Mitglieder von FDGB-Kreisvorständen oder Betriebsgewerkschaftsleitungen häufig „nur vom arbeitsrechtlichen Standpunkt aus über die ‚Rechte' der Werktätigen diskutier[en], während die sich aus dem Entwurf ergebenden Verpflichtungen übergangen oder ungenügend geklärt" würden[43]. Nach Einschätzung des MfS hatten vor allem die Bestimmungen zur Arbeitszuweisung negative Auswirkungen auf die politische Stimmungslage in der DDR. Anschließend listete der Bericht einige Änderungsvorschläge auf, die auf den öffentlichen Veranstaltungen zum Arbeitsgesetzbuch vorgebracht worden waren: Dazu zählte unter anderem die Forderung, den bestehenden Gesetzestext dahingehend zu ergänzen, daß die zugewiesene Arbeit „zumutbar sein und dem Gesundheitszustand des jeweiligen Kollegen entsprechen muß"[44]. Abschließend führte der Stimmungsbericht des Ministeriums für Staatssicherheit Äußerungen von einzelnen, namentlich nicht kenntlich gemachten Teilnehmern dieser Versammlungen auf, welche vor allem den Zwangscharakter des neuen Gesetzes betonten: „Das Arbeitsgesetz ist ein Notstandsgesetz, da jeder entsprechend den Erfordernissen dort eingesetzt werden kann, wo er eben gebraucht wird."[45] Oder: „Diese Paragraphen [zur Arbeitszuweisung] kommen einer Dienstverpflichtung gleich. Es fehlt nur noch der Gummiknüppel." Andere wiesen sogar auf die Parallelität zu Maßnahmen des nationalsozialistischen Regimes hin: „Das neue Arbeitsgesetz kommt der Dienstverpflichtung und dem Arbeitsdienst der Nazizeit gleich. Es ist ein Gesetz der modernen Sklaverei." Das Ministerium machte jedoch nicht die inhaltliche Form oder einzelne gesetzliche Bestimmungen des Arbeitsgesetzbuches für die prekäre Stimmungslage in der Bevölkerung verantwortlich, sondern die mangelhafte Vorbereitung und Durchführung der Propagandamaßnahmen von seiten der Gewerkschaften.

Ungeachtet dieser Bedenken[46] schritt die Fertigstellung des Arbeitsgesetzbuches nunmehr zügig voran. Nachdem bereits im November 1960 einige Ministerien ihre Änderungswünsche eingebracht hatten, folgten am 30. März 1961 das Ministerium für Gesundheitswesen[47], das Ministerium für Verkehrswesen[48] sowie das Staatssekretariat für das Hoch- und Fachschulwesen[49]. Grundsätzliche Einwände wurden von den beteiligten Ressorts jedoch nicht mehr vorgetragen, so daß das Politbüro die Beratung in der Volkskammer auf den 12. April festsetzen

---

[43] Ebenda, Bl. 1 f.
[44] Ebenda, Bl. 5.
[45] Ebenda, Bl. 7.
[46] In einer umfangreichen Stellungnahme setzte sich der Deutsche Gewerkschaftsbund (DGB) kritisch mit dem Arbeitsgesetzbuch auseinander und betonte vor allem den Zwangscharakter, den Verlust von sozialpolitischen Errungenschaften (Streikrecht) sowie die Funktionalisierung des Arbeitsrechts für wirtschaftspolitische Vorstellungen der SED-Führung. Vgl. BAB, DQ 3/861, Stellungnahme des DGB vom 3. 3. 1961. Zurückhaltende Kritik kam von Vertretern der evangelischen Kirche in der DDR. So bemängelte etwa Bischof Krummacher die vorrangige Zielsetzung des Gesetzentwurfs (Steigerung der Arbeitsproduktivität) und die Wiedereinführung der Arbeitszuweisung. Vgl. BAB, DQ 3/494, Bischof Krummacher am 13. 3. 1961 an den Staatssekretär für Kirchenfragen (Seigewasser).
[47] BAB, DC 20 I/4–442, Bl. 82–84.
[48] Ebenda, Bl. 72–74.
[49] Ebenda, Bl. 75.

konnte[50]. Bei der inhaltlichen Überarbeitung wurden die Bestimmungen zur Arbeitszuweisung letztlich entschärft: Zuweisungen, nunmehr euphemistisch als „vorübergehende Übertragung einer anderen Arbeit" bezeichnet, waren bei einem Zeitraum über einen Monat hinaus nur mit Zustimmung des Betroffenen zulässig[51]. Mit der Veröffentlichung des Arbeitsgesetzbuches im DDR-Gesetzblatt hatte eine jahrelange Diskussion über eine erneute Kodifizierung des Arbeitsrechtes ihren Abschluß gefunden. Mitte Juni 1961 verabschiedete das Sekretariat des ZK schließlich noch einen Maßnahmenkatalog „zur Erläuterung und Durchführung" des Gesetzbuches der Arbeit[52]. Dabei sollten der FDGB, die Industriegewerkschaften und Gewerkschaften als „Hauptorganisator" auftreten[53]. Das Gesetzbuch der Arbeit stellte – wie bereits erwähnt – eine Zusammenfassung geltender arbeitsrechtlicher Bestimmungen dar und hatte kaum Auswirkungen auf die Arbeitskräftelenkung. Von entscheidender Bedeutung war die Tatsache, daß bei der Ausarbeitung eine Rückkehr zu Zwangseinweisungen, wie sie noch bis ungefähr 1949 des öfteren praktiziert worden waren, ausgeschlossen wurde. Einen ähnlichen Verlauf nahm im übrigen auch die Debatte über die Verordnung zur Verbesserung der Arbeitskräftelenkung und Berufsberatung, der wir uns im folgenden Abschnitt zuwenden wollen.

Verordnung zur Verbesserung der Arbeitskräftelenkung und Berufsberatung

Das Ministerium für Arbeit äußerte erstmals im Spätsommer 1953 grundsätzliche Zweifel an der Wirksamkeit der Verordnung über die Aufgaben der Arbeitsverwaltungen und über die Lenkung der Arbeitskräfte vom 12. Juli 1951. Die Neustrukturierung sowie die inhaltliche Zurückdrängung der Arbeitsverwaltung, die zunächst als Fortschritt angesehen wurde, geriet nunmehr ins Visier der Kritik: Durch diese Verordnung sei den Abteilungen für Arbeit und Berufsausbildung die Möglichkeit genommen worden, „unmittelbar auf die Lenkung und Verteilung der Arbeitskräfte Einfluß zu nehmen"[54]. Darüber hinaus wurde die gewachsene Eigenständigkeit der Betriebe bei der Anwerbung von Arbeitskräften durch das Ministerium für Arbeit mittlerweile als „nachteilig" empfunden. Das Ministerium gelangte zum Ergebnis, daß die Betriebsleitungen „[z]um größten Teil" die Beschäftigten entlassen würden, „die ohnehin schwer in den Arbeitsprozeß [sic] untergebracht werden können". Von dieser Entwicklung waren vor allem ältere Frauen und Männer, alleinstehende Frauen, Jugendliche und Schwerbeschädigte betroffen[55]. Diese als schwer vermittelbar eingestuften Personengruppen ließen im ersten Halbjahr 1953 die Erwerbslosenzahlen zeitweilig etwas ansteigen. Nach

---

50 SAPMO, DY 30/J IV 2/2/758, Bl. 3, Protokoll der Sitzung des Politbüros am 5. 4. 1961; SAPMO, DY 30/J IV 2/2/759, Bl. 11, Protokoll der Sitzung des Politbüros am 11. 4. 1961.
51 Gesetzbuch der Arbeit der DDR vom 12. 4. 1961 (§ 25, Abs. 1), in: Gesetzblatt der DDR 1961, Teil I, S. 27–49, hier S. 33.
52 SAPMO, DY 30/J IV 2/3/743, Bl. 2 und Bl. 28–32, Protokoll der Sitzung des Sekretariats des ZK am 15. 6. 1961.
53 Ebenda, Bl. 28.
54 BAB, DQ 2/1707, Begründung des Ministeriums für Arbeit vom 9. 9. 1953 zur Verordnung über die Lenkung der Arbeitskräfte, S. 1.
55 Ebenda, S. 2.

Ansicht des Ministeriums für Arbeit war der Anteil der genannten Beschäftigten-gruppen an der Gesamtbeschäftigtenzahl „prozentual so gering", daß von einer Belastung der Betriebe keine Rede sein konnte. Die Kritik an der zentralen Ver-ordnung von 1951, die de facto bis 1961 Bestand haben sollte, war jedoch nicht nur eine Konsequenz der realistischen Einschätzung durch das Arbeitsministe-rium, sondern hing vermutlich auch mit dem politischen Kurswechsel und der Proklamierung des „Neuen Kurses" zumindest indirekt zusammen. Nun rückte das bis dahin immer noch nicht erreichte Ziel – die vollständige Beseitigung der Arbeitslosigkeit – wieder verstärkt in den Mittelpunkt der Tätigkeit der Arbeits-verwaltung. Während zuvor davon ausgegangen worden war, daß der massive Auf- und Ausbau der Schwerindustrie ein Absinken der Erwerbslosenzahlen au-tomatisch mit sich bringen würde, wollte das Berliner Ministerium nunmehr aktiv diesen Prozeß unterstützen und vorantreiben. Dazu schien eine Stärkung der In-stitutionen auf zentraler Ebene sowie eine Schwächung der Kommunalverwaltun-gen und der Betriebe notwendig zu sein.

Bereits Mitte September 1953 legte das Ministerium für Arbeit einen ersten Entwurf vor, der „Prinzipien" für die Ausarbeitung einer neuen Verordnung über die Lenkung der Arbeitskräfte enthielt[56]. Diese inhaltliche Grobgliederung sah eine Stärkung der zentralstaatlichen Instanzen vor: Die Abdeckung des Arbeits-kräftebedarfs wurde zwar als gemeinsame Aufgabe der Ministerien, Staatssekreta-riate, Räte der Bezirke und Kreise sowie der ihnen unterstehenden Verwaltungen und Betriebe angesehen, gleichzeitig erhielt aber die Arbeitsverwaltung ihre ur-sprüngliche Aufgabe als Lenkungszentrale partiell zurück. Bei ihr sollten zukünf-tig vierteljährlich die Bedarfs- und Überhangsmeldungen zentral erfaßt werden, was wiederum die Einführung einer detaillierten statistischen Erfassung des „Ar-beitsmarktes" voraussetzte. Auch die Instrumente der Arbeitskräftelenkung soll-ten erweitert werden: Neben den bisherigen Aufgaben der Werbung, Ausbildung und Qualifizierung der benötigten Arbeitskräfte seien die beteiligten Akteure „insbesondere verantwortlich für die inner- und zwischenbetriebliche Lenkung [...], für die Beschaffung von Arbeitsplätzen für solche Arbeitskräfte, die aus be-trieblichen Gründen freigestellt werden müssen und für die Eingliederung der auslernenden Jugendlichen in die Produktionsbetriebe"[57]. Die zuletzt genannten Aufgabenbereiche hatten bereits in den Jahren vor 1951 zum Tätigkeitsfeld der Arbeitsverwaltung gehört und waren in der Folgezeit zunehmend in den Hinter-grund geraten. Die Rückkehr zu Methoden der Arbeitskräfteplanung und -len-kung, die Ende der vierziger Jahre eingesetzt worden waren, erfolgte aber nicht vollständig: So wurde vor allem die Wiederbelebung der Arbeitseinweisung nicht thematisiert. Diese rigide Form staatlicher Arbeitsmarktpolitik blieb somit ein Kennzeichen der ersten Nachkriegsjahre, da die SED-Führung und das Ministe-rium für Arbeit die negativen Folgen dieser Maßnahme für das Stimmungsbild der Bevölkerung noch gut in Erinnerung hatten. Festzuhalten bleibt des weiteren, daß sich der betriebliche Handlungsspielraum deutlich verringerte. So sah der Ent-wurf vom 18. September im einzelnen vor, daß die Betriebe zur Übernahme von

---

[56] BAB, DQ 2/1707, Entwurf vom 18. 9. 1953.
[57] Ebenda, S. 1.

Arbeitskräften, vor allem den schwer vermittelbaren, „beauflagt" werden konnten[58]; jede betriebliche Entlassung bedurfte außerdem der Zustimmung durch die
zuständige Abteilung für Arbeit und Berufsausbildung[59]. Die Stärkung der Arbeitsverwaltung war mit einem Ansteigen der Personal- und Verwaltungskosten
verbunden, da zusätzliche Sachbearbeiter eingestellt werden mußten. Das Ministerium für Arbeit rechtfertigte diese Zusatzausgaben mit dem Hinweis, daß langfristig die staatlichen Ausgaben bei der Arbeitslosen- und der Sozialfürsorgeun-
terstützung sinken würden[60].

Es blieb zunächst jedoch bei dieser internen Bestandsaufnahme; die Planungen
für eine grundlegende Revision der Verordnung vom 12. Juli 1951 wurden vom
Ministerium für Arbeit vorerst nicht weiter betrieben. Ende Oktober 1953 unterrichtete die Staatliche Plankommission Arbeitsminister Macher über das Vorhaben, einen Erfahrungsaustausch mit ungarischen „Fachleuten" auf dem Gebiet der
Arbeitskräftelenkung durchzuführen[61]. Macher begrüßte diesen Schritt grundsätzlich, wies aber gleichzeitig darauf hin, daß man in der DDR mit der „Umgruppierung" von Arbeitskräften wenig Erfahrung gesammelt habe, „da bei uns aus-
nahmslos das Prinzip der Freiwilligkeit angewandt wird"[62]. Auch wenn sich über
den Ausgang dieser bilateralen Konsultationen keinerlei Hinweise in den Akten
finden lassen, so erscheint doch der gezielte Versuch einer sozialpolitischen Aussprache zwischen Experten einzelner Mitgliedsstaaten des sowjetischen Herr-
schaftsbereiches bemerkenswert zu sein. Eine vergleichbare Initiative entfaltete
das Arbeitsministerium – in Absprache mit der SED-Führung und nach sorgfältiger Vorplanung – im Frühjahr 1955, als eine Studiendelegation in die Sowjetunion
flog, um dort mit Vertretern von Ministerien, anderen staatlichen Institutionen
und Gewerkschaften Fragen der Lohnpolitik und der Arbeitskräftelenkung zu
erörtern[63]. Die Reise von 1955 stand im Zusammenhang mit der Vorbereitung des
zweiten Fünfjahrplanes; auch auf anderen sozialpolitischen Feldern (z.B. Sozialversicherung) wurden solche Reisen konzipiert und durchgeführt. Auf dem Gebiet der Arbeitskräfteplanung und -lenkung sowie des Systems sozialer Sicherheit[64] scheinen diese Delegationsfahrten[65] keine direkten Auswirkungen auf die
Entwicklung in der DDR gehabt zu haben.

Eine zeitliche Verzögerung bei der Ausarbeitung der geplanten Verordnung ergab sich auch dadurch, daß das Arbeitsministerium seit Beginn des Jahres 1954
Pläne zur Anpassung einzelner arbeitsrechtlich relevanter Gesetze an die Wirtschaftsstrafverordnung vom 23. September 1948 verfolgte[66]. Diese war als zentra-

[58] Ebenda, S. 2.
[59] Ebenda, S. 3.
[60] BAB, DQ 2/1707, Begründung vom 18. 9. 1953, S. 10.
[61] Vgl. BAB, DQ 2/532, Minister Macher am 15. 12. 1953 an die SPK.
[62] Ebenda.
[63] BAB, DQ 2/2209, Bericht der Studiendelegation (o.D.). Teilnehmer der Delegation, die sich vom
     29.4. bis 26. 5. 1955 in der UdSSR aufhielt, waren: Arbeitsminister Fritz Macher, Fritz Schellhorn
     (ZK-Abteilung Gewerkschaften und Sozialpolitik), Otto Lehmann (FDGB-Bundesvorstand),
     Helmut Bauermeister (SPK), Kurt Hohndorf (Ministerium für Maschinenbau) und Kotow (so-
     wjetischer Berater im Ministerium für Arbeit und Berufsausbildung).
[64] Vgl. Hoffmann, Sozialistische Rentenreform?
[65] Vgl. allgemein dazu: Kaiser, Sowjetischer Einfluß auf die ostdeutsche Politik und Verwaltung.
[66] BAB, DQ 2/557, Hauptabteilungsleiterin Dr. Heinze am 11. 1. 1954 an Justizministerin Benjamin.

les Instrument zur Neuordnung der Eigentumsverhältnisse in der SBZ/DDR ver-
abschiedet worden[67]. Im einzelnen ging es nunmehr um die Übernahme von
Sanktionsmaßnahmen im Arbeitsrecht, die zuvor nur in Ausführung der Wirtschaftsstrafverordnung erlassen worden waren. Darüber hinaus ging es um die
Aufhebung der Verordnung über die Sicherung und den Schutz der Rechte bei
Einweisungen von Arbeitskräften vom 2. Juni 1948, welche die Arbeitseinweisung geregelt hatte. Die Revision muß im Zusammenhang mit den allgemeinen
Bemühungen gesehen werden, Befehle, Gesetze und Direktiven aus der unmittelbaren Besatzungszeit auf den Prüfstand zu stellen. Es kann davon ausgegangen
werden, daß die Anpassung des Arbeitsrechts an die veränderte politische und
wirtschaftliche Lage in der DDR mit der Führung in Moskau abgesprochen war.
Dieser Prozeß hatte schon mit der DDR-Gründung begonnen und war nicht vollständig abgeschlossen worden. So war beispielsweise der SMAD-Befehl Nr. 23
vom 25. Januar 1946 über den Aufbau der Arbeitsgerichte durch die Verordnung
über die Neugliederung und die Aufgaben der Arbeitsgerichte vom 30. April 1953
aufgehoben worden[68]. Mit dem Inkrafttreten der Verordnung über die Aufgaben
der Arbeitsverwaltungen und über die Lenkung von Arbeitskräften vom 12. Juli
1951 hatten nach Einschätzung der Abteilung Arbeitskraftlenkung beim Ministerium für Arbeit die SMAD-Befehle Nr. 65 vom 15. September 1945, Nr. 153 vom
29. November 1945 sowie das Kontrollratsgesetz Nr. 3 vom 17. Januar 1946 ihre
Rechtsgültigkeit verloren[69]. Dagegen hatte die zentrale und oben erwähnte Verordnung vom 2. Juni 1948 immer noch Bestand, welche die DDR-Regierung entsprechend einer Vorlage von Arbeitsminister Macher erst am 30. September 1954
aufhob[70]. Auch wenn bereits zuvor der Richtungswechsel von der Zwangsverpflichtung hin zur Arbeitskräftewerbung de facto abgeschlossen worden war, bedeutete dieser Beschluß dennoch, daß sich die DDR nunmehr auch formalrecht-
lich von der rigiden Arbeitskräftelenkung der ersten Nachkriegsjahre verabschiedete. Arbeitszuweisung sollte zukünftig nur noch mit Zustimmung der Betroffenen zulässig sein. Die dabei beschlossene „Verordnung über die Aufhebung der
Verordnung über die Sicherung und den Schutz der Rechte bei Einweisungen von
Arbeitskräften" sicherte zugleich die Weiterzahlung von Trennungsgeldern an
Arbeitskräfte zu, die freiwillig außerhalb ihres ständigen Wohnsitzes Arbeit aufgenommen hatten[71]. In den Genuß des Trennungsgeldes kamen außerdem die Industriearbeiter und sogenannten Industriebrigaden, die vorübergehend für die
Durchführung von Pflege- und Erntearbeiten in der Landwirtschaft eingesetzt
wurden.

Die Überarbeitung und Zusammenfassung der bisher geltenden arbeitsrechtlichen Bestimmungen erforderten auch eine Abstimmung mit der geplanten Neufassung des Arbeitsgesetzbuches. Offensichtlich waren sich Arbeitsministerium,

---

[67] Vgl. Braun, Die Zentrale Kommission für Staatliche Kontrolle, S. 171–176; Wentker, Das Jahr
1948, S. 162 f.
[68] BAB, DQ 2/689, Hausmitteilung des Ministeriums für Arbeit (Abt. Arbeitsrecht) vom 9. 8. 1954
an das Sekretariat des Ministers.
[69] Ebenda, Hausmitteilung des Ministeriums für Arbeit (Abt. Arbeitskraftlenkung) vom 9. 8. 1954
an das Sekretariat des Ministers.
[70] BAB, DC 20 I/3–237, Bl. 5, Protokoll der Sitzung der Regierung der DDR am 30. 9. 1954.
[71] Ebenda, Bl. 104 f. Vgl. Gesetzblatt der DDR 1954, S. 828.

Ministerrat und SED-Führung zu diesem Zeitpunkt noch nicht darüber im klaren, wie der zukünftige rechtliche Rahmen für die Arbeitskräfteplanung und -lenkung insgesamt aussehen sollte. Das erklärt möglicherweise die lang anhaltende Bearbeitung des Entwurfs vom Herbst 1953, der über den Stand einer inhaltlichen Grobgliederung nicht hinausgelangt war. So mußte das Ministerium für Arbeit selbstkritisch feststellen, daß die Vorarbeiten für die geplante Verordnung innerhalb des Ministeriums noch nicht abgeschlossen waren[72]. Eine Forderung stand für das Arbeitsministerium aber schon fest: die Stärkung der Arbeitsverwaltung. Diese müsse – so eine Denkschrift vom 23. April 1954 – die Möglichkeit erhalten, „unmittelbaren Einfluß auf die Lenkung wie auf die Verteilung der Arbeitskräfte zu nehmen"[73]. Und weiter: „Sie muß vor allem in die Lage versetzt werden, die Meldepflicht für einen bestimmten Kreis von Arbeitsuchenden wieder einführen zu können." In dem Zusammenhang wurde auch die Einführung von Strafmaßnahmen vorgeschlagen, mit denen säumige Betriebe, die den Anordnungen der Arbeitsverwaltung nicht nachkamen, belegt werden sollten. In einer internen Besprechung einigten sich Arbeitsminister Macher, sein Stellvertreter Heinicke, die Hauptabteilungsleiterin Dr. Heinze sowie der zuständige Abteilungsleiter Köhn darauf, daß grundlegende Veränderungen vorgenommen werden müßten. Die „alte bürokratische Arbeitsvermittlung" sei zwar zu Recht beseitigt worden; es sei aber verfrüht gewesen, den Arbeitsämtern „fast alle Funktionen zu einer systematischen Arbeitskraftlenkung zu entziehen"[74]. Neben der vorgesehenen Neufassung der Verordnung vom 12. Juli 1951 beabsichtigte das Arbeitsministerium, eine Beschlußvorlage beim Ministerrat einzureichen, welche die Betriebe anweisen sollte, berufsfremd beschäftigte Baufach- und Bauhilfsarbeiter sowie landwirtschaftliche Fachkräfte zu melden und in Zukunft nicht mehr einzustellen[75].

Während das Arbeitsministerium zunächst das Ziel verfolgte, mit der geplanten Verordnung die zentralen Lenkungsinstanzen zu stärken und die Kompetenzen der Betriebe einzuschränken, wandelte sich diese Zielrichtung im Laufe der Zeit. Damit wurde letztlich der ursprüngliche Reformgedanke zunehmend verwässert. Im Spätsommer 1955 lag ein erneutes Diskussionspapier vor, in dem das Ministerium einen Spagat zwischen den beiden konträren Zielen versuchte. So sollte auf der einen Seite die „organisierende und kontrollierende Funktion" der Abteilungen für Arbeit und Berufsausbildung bei den Räten und Kreisen verstärkt werden. Auf der anderen Seite sollte das nach wie vor bestehende Prinzip, wonach die Betriebe für die Werbung und den Einsatz der Arbeitskräfte „in erster Linie und unmittelbar verantwortlich sind, unbedingt bestehen bleiben und in einigen Punkten sogar verstärkt werden". Gleichzeitig wurde „eine klare Abgrenzung" der Aufgaben der Betriebe und der ihnen übergeordneten staatlichen Organe sowie der Arbeitsverwaltung gefordert[76]. Der sich daran anschließende Vorschlag einer Aufgabenabgrenzung berücksichtigte die bisher gewonnenen Erfahrungen bei der

[72] BAB, DQ 2/851, Aktenvermerk Stecherts vom 1. 4. 1954.
[73] Ebenda, Denkschrift des Ministeriums für Arbeit vom 23. 4. 1954, S. 4.
[74] BAB, DQ 2/851, Vermerk vom 29. 6. 1954 über die Besprechung, S. 1.
[75] Ebenda.
[76] BAB, DQ 2/1609, Vorschläge für die Verbesserung der Arbeitskräftelenkung [September 1955], S. 1.

Zusammenarbeit der einzelnen beteiligten Akteure überhaupt nicht. Ihm lag vielmehr die ungebrochene Gläubigkeit an die zentrale Lenkungsfähigkeit und das reibungslose Zusammenspiel der jeweiligen Verwaltungsebenen zugrunde, das sich zumindest in der Vergangenheit noch nicht bewahrheitet hatte.

Im einzelnen wurde ein dreigliedriges Modell in die Diskussion eingeführt[77]: In der ersten Gruppe befand sich die Staatliche Plankommission mit ihren Verwaltungseinheiten auf zentraler und regionaler Ebene. Diese war – so die Vorstellung – verantwortlich für die Aufstellung des Arbeitskräfteplanes; die Arbeitsverwaltung erhielt die Aufgabe, „vor Bestätigung der Pläne" Stellung zu nehmen. Zur zweiten Gruppe gehörten demzufolge die Betriebe und die Vereinigungen der volkseigenen Betriebe, die „für die Erfüllung der Pläne" verantwortlich sein sollten. Sie hatten „insbesondere die benötigten Arbeitskräfte durch eigene Werbemaßnahmen zu gewinnen, den rationellen Einsatz der Arbeitskräfte und die volle Ausnutzung des Arbeitstages zu gewährleisten und Arbeitskräfte, die über den Plan hinaus beschäftigt werden (Überhänge), in andere Betriebe umzusetzen". In der dritten Gruppe befanden sich die Staatliche Zentralverwaltung für Statistik und ihre Bezirks- und Kreisstellen, die „analytische Berichte" über die Planerfüllung aufzustellen hatten. Abgesehen davon, daß die unpräzise formulierten Aufgabenbereiche bekannt waren und keine wesentlichen Veränderungen enthielten, war die Abstimmung zwischen Planerstellung, -durchführung und -kontrolle bereits während des ersten Fünfjahrplanes problematisch gewesen. Sie setzte die Bereitschaft aller Beteiligten voraus, effizient und zügig zusammenzuarbeiten und vor allem Eigeninteressen (insbesondere der Betriebe) zurückzustellen. Zur Verbesserung der Arbeitskräfteplanung und -lenkung schlug das Ministerium für Arbeit vor, ein „staatliches Organ" zu bilden, das nicht nur den Einsatz dieses Produktionsfaktors und die Einhaltung der Pläne kontrollieren, sondern auch die „volle Ausnutzung der Arbeitszeit" und die Fluktuationsrate überprüfen sollte[78]. Die Kontrolltätigkeit war auf die industriellen Großbetriebe, das Verkehrs- und Bauwesen zu begrenzen[79]. Es blieb allerdings offen, ob dieses neu zu schaffende Gremium dem Ministerium für Arbeit unmittelbar unterstellt werden sollte[80]. Überschneidungen mit Aufgaben und Zuständigkeiten der Zentralen Kommission für Staatliche Kontrolle (ZKSK) waren unausweichlich, wurden in der Denkschrift aber nicht thematisiert. Darüber hinaus waren auch andere organisatorische Fragen ungeklärt, wie z.B. die personelle Stärke dieser neuen Verwaltung. Abschließend plädierte die Denkschrift für die Aufwertung der Arbeitsbücher: Diese sollten in den Betrieben und nicht mehr bei den „Werktätigen" aufbewahrt werden und außerdem sehr viel ausführlicher als bisher Auskunft geben über den Ausbildungsweg sowie den beruflichen Werdegang jedes einzelnen[81].

Die hier skizzierten Bestandteile der Denkschrift wurden innerhalb des Ministeriums für Arbeit nochmals überarbeitet, blieben aber im wesentlichen bestehen und sollten offensichtlich den Mitgliedern einer Regierungskommission vorge-

[77] Ebenda, S. 2.
[78] Ebenda, S. 3.
[79] Ebenda, S. 4.
[80] Ebenda, S. 5.
[81] Ebenda, S. 8 f.

cher – Vorschläge ausgearbeitet werden, die „eine exakte Erfassung aller Arbeitskräfte gewährleisten, [und] den rationellen Einsatz der Arbeitskräfte sichern". Die
Abteilung Arbeitskraftlenkung beim Ministerium für Arbeit und Berufsausbildung arbeitete daraufhin einen weiteren Entwurf für eine gesetzliche Neuregelung der Arbeitskräftelenkung aus, der die Mitwirkung der Arbeitsverwaltung bei
der Planaufstellung beinhaltete[92], die bisher ausschließlich der Staatlichen Plankommission vorbehalten war. Ungefähr zeitgleich begann das Arbeitsministerium
in Berlin damit, die jeweiligen Sozialexperten aus den Bezirksverwaltungen in die
Diskussion einzubeziehen[93]. Dieses Angebot zur Beteiligung ging jedoch primär
auf die Initiative einzelner Bezirke zurück, die sich zuvor mit Anfragen und Appellen an das Ministerium gewandt hatten.

Die Abteilung Arbeitskraftlenkung legte am 20. April 1956 eine weitere Denkschrift vor, in der die Bezirks- und Kreisverwaltungen mehr Berücksichtigung
fanden. Dies sollte sich in der Einführung des „territoriale[n] Prinzip[s]" bei der
Arbeitskräfteplanung niederschlagen[94]. Dieser Vorschlag war nicht nur ein Entgegenkommen gegenüber den „örtlichen Organen der Staatsmacht", sondern auch
eine Konsequenz der bisher gesammelten Erfahrungen: Vor allem die nach wie
vor herrschende Wohnungsknappheit hatte in der Vergangenheit den zwischen-
und überbezirklichen Ausgleich von Arbeitskräften erheblich eingeschränkt. Da
zahlreiche Beschäftigte familiär an ihren Wohnort gebunden waren, verabschiedeten sich die Staatliche Plankommission und das Arbeitsministerium immer mehr
von der Vorstellung, Arbeitskräfte bedarfsgerecht und umgehend verteilen zu
können. Nunmehr galt es, in unmittelbarer Nähe zu den Wohnorten Arbeitsplätze anzubieten. Als weiteres Ziel setzte sich die Abteilung des Arbeitsministeriums die Verhinderung von Arbeitslosigkeit – auch dies eine Reaktion auf alarmierende Berichte einzelner Bezirksverwaltungen. Nach den Vorstellungen des
Ministeriums für Arbeit war für Anfang Juni ein Abschluß der laufenden Diskussion geplant[95]; erst dann sollte ein Gesetzentwurf vorgelegt werden. In der Folgezeit überarbeitete die zuständige Abteilung mehrmals den Entwurf „für eine gesetzliche Neuregelung auf dem Gebiet der Arbeitskräftelenkung", ohne daß sub-
stantielle Veränderungen oder Ergänzungen vorgenommen wurden[96].

Aus nicht erkennbaren Gründen geriet die Debatte innerhalb des Ministeriums
für Arbeit und Berufsausbildung ins Stocken und wurde erst im Frühjahr 1957
fortgesetzt. Nun präsentierte das Ministerium erstmals einen Gesetzentwurf, der
sich vor allem darum bemühte, die Zuständigkeiten der beteiligten „Organe" klar

---

[92] BAB, DQ 2/1667, Entwurf der Abt. Arbeitskraftlenkung vom 6. 4. 1956, S. 1.
[93] So befanden sich unter den insgesamt elf Mitgliedern einer zentralen Arbeitsgruppe allein vier Ver-
      treter aus den Bezirks- bzw. Kreisverwaltungen (Erfurt, Berlin, Halle und Plauen). Vgl. BAB, DQ
      2/1667, Ministerium für Arbeit (Lieselotte Arndt) am 10. 4. 1956 an die ZK-Abt. Arbeit, Sozial-
      und Gesundheitswesen (Ramuda).
[94] BAB, DE 1/8766, Bl. 198–216, hier Bl. 204, Denkschrift der Abt. Arbeitskraftlenkung vom 20. 4.
      1956.
[95] Ebenda, Bl. 198.
[96] Vgl. BAB, DQ 2/1707, 5. Entwurf vom 14. 5. 1956; BAB, DQ 2/730, Entwurf vom 15. 5. 1956;
      BAB, DQ 2/855, Entwurf vom 19. 5. 1956; BAB, DQ 2/853, Entwurf vom 11. 6. 1956; BAB, DQ
      2/1707, 8. Entwurf vom 14. 6. 1956.

voneinander zu trennen[97]. Dabei wurde die Verordnung vom 12. Juli 1951 jedoch nur in einzelnen Teilen überarbeitet: Nach wie vor blieben die Betriebe, in Zusammenarbeit mit den ihnen übergeordneten Organen, d. h. vor allem den VVB verantwortlich für die Bedarfsdeckung in ihrem Zuständigkeitsbereich. Das Berliner Ministerium hatte – so sah es der Entwurf weiter vor – die Aufgabe, den überbezirklichen Ausgleich von Arbeitskräften zu organisieren und zu koordinieren. Daran war die Arbeitsverwaltung Ende der vierziger bzw. Anfang der fünfziger Jahre letztlich gescheitert, was zur Folge hatte, daß dieses Aufgabengebiet fallengelassen wurde. Es überraschte, daß sich das Ministerium angesichts der bestehenden Probleme bei der Planung und Steuerung des Arbeitskräftepotentials eine „alte" Last wieder aufschulterte. Zwischen den beiden Ebenen (Betriebe, Arbeitsministerium) befanden sich die „örtlichen Räte", denen die Aufgabe zugeteilt wurde, „die örtlichen Arbeitskräftereserven zu mobilisieren"[98]. In diesem Zusammenhang sollten die Kreisverwaltungen das Recht erhalten, betriebliche Werbemaßnahmen von ihrer Zustimmung abhängig zu machen. Auf diese Weise konnte der bestehende Handlungsspielraum der Betriebe spürbar reduziert werden. Dazu trug auch die vorgesehene Regelung bei, wonach die Arbeitsverwaltung einzelnen Betrieben „Einstellungsbeschränkungen"[99] auferlegen durfte – eine Maßnahme zur Bekämpfung der Arbeitskräftehortung. Neu war der Vorschlag, Berufsberatungsstellen in den Stadt- und Landkreisen zu bilden, welche die Unterbringung von Jugendlichen in Lehrstellen zu unterstützen hatten[100]. Des weiteren hatten sie für die Absicherung des Berufsnachwuchses in allen Wirtschaftszweigen zu sorgen. Dagegen sollte das Arbeitsbuch wegfallen. Der Entwurf sah statt dessen die etappenweise Einführung eines „neuen Dokumentes" vor[101]. Nicht mehr aufgegriffen wurde ein zentrales Vorhaben des Arbeitsministeriums, ein nicht näher qualifiziertes „staatliches Organ" zu errichten, das Planung und Lenkung der Arbeitskräfte überwachen sollte. In späteren Entwürfen des Frühjahrs 1956 waren aus diesem Kontrollorgan sogenannte Arbeitskräfteinspektionen geworden, die dem Arbeitsministerium direkt unterstanden. Davon war im Entwurf vom 18. März 1957 keine Rede mehr.

Der Minister für Arbeit und Berufsausbildung unterrichtete am 20. März die Vorsitzenden der Räte der Bezirke über die geplante Verordnung und bat um ihre Stellungnahmen[102]. In einem ausführlichen Anschreiben listete Macher die wesentlichen Beweggründe auf, die ihn und sein Ministerium dazu bewogen hatten, eine gesetzliche Neuregelung vorzunehmen. Dabei hob er besonders hervor, daß die Zuständigkeiten und Eingriffsmöglichkeiten der staatlichen Verwaltungen erweitert werden müßten. Dies kam den Bezirksverwaltungen und den dortigen Abteilungen für Arbeit und Berufsausbildung entgegen, standen sie doch in der Vergangenheit oftmals im Zentrum der Kritik über die unzureichende Arbeitskräftelenkung. Gleichzeitig wollte Macher die Gewichtsverlagerung aber so ver-

---

[97] BAB, DQ 2/1251, Thesen des Ministeriums für Arbeit und Berufsausbildung zur Verordnung über die Lenkung der Arbeitskräfte vom 18. 3. 1957.
[98] Ebenda, S. 2 (§ 3).
[99] Ebenda, S. 5 (§ 5, Abs. 7).
[100] Ebenda, S. 8 f. (§ 11).
[101] Ebenda, S. 9 (§ 12).
[102] BAB, DQ 2/1708.

den sollte. Das Ministerium für Kohle und Energie lehnte den Entwurf sogar kategorisch ab und forderte eine Ausweitung der Zuständigkeiten für die Bezirks- und Kreisverwaltungen: Minister Goschütz war zwar mit der „Grundidee", die Werbung und Einstellung von Arbeitskräften von der Genehmigung durch die „örtlichen Organe" abhängig zu machen, einverstanden[115]. Der Verordnungsentwurf gehe allerdings – so lautete der zentrale Kritikpunkt – „in der Festlegung von Einzelheiten zu weit" und gebe den Bezirks- und Kreisverwaltungen zu wenig Möglichkeiten, „die durchaus notwendige Lenkung der Arbeitskräfte nach den eigenen Erfordernissen zu regeln". Der Entwurf solle daher nochmals überarbeitet werden, wobei in der geplanten Verordnung „nur die grundsätzlichen Rechte und Pflichten der örtlichen Organe und der Betriebe festgelegt werden sollten"[116].

Den Vorschlag des Ministeriums für Handel und Versorgung, im Rahmen der Arbeitskräftelenkung die entsprechenden Anreizfunktionen zu stärken, beurteilte die zuständige Abteilung bei der Staatlichen Plankommission äußerst skeptisch. Vor allem den lohnpolitischen Maßnahmen wurde nun eine stark verminderte Wirkungskraft zugeschrieben: „Der Lohn unter volkswirtschaftlichen Gesichtspunkten hat seine Bedeutung zur Lenkung der Arbeitskräfte verloren." Dieser diente vielmehr den Betrieben dazu, Arbeitskräfte abzuwerben, so daß übergeordnete wirtschaftspolitische Ziele in den Hintergrund gerieten bzw. verdrängt wurden: „Ungesetzliche Lohnerhöhungen und unreale Normen führten dazu, daß Betriebe von volkswirtschaftlich geringer Bedeutung höhere effektive Löhne zahlen als Betriebe von großer volkswirtschaftlicher Bedeutung, so daß kaum noch Anreiz für die Arbeitskräfte besteht, in den volkswirtschaftlich wichtigsten Betrieben zu arbeiten"[117]. Die Reaktion verdeutlichte eine gewisse Rat- und Konzeptionslosigkeit auf seiten der zentralen Planungsbehörde, die sich jedoch auch in einem bekannten Dilemma befand. Sie sollte die betrieblichen Freiräume bei der Werbung von Arbeitskräften stärker reglementieren und einschränken, ohne aber repressive Methoden der Arbeitskräftelenkung einzusetzen. Diesen Zielkonflikt konnten die DDR-Regierung und die SED-Führung nicht auflösen. Das erklärt wiederum, daß die Ausarbeitung der Verordnung so viel Zeit in Anspruch nahm. Statt dessen mußten kurzfristig Übergangslösungen gefunden werden: So faßte der Wirtschaftsrat am 22. August 1957 einen Beschluß, der die Vorsitzenden der Räte der Bezirke und Kreise bzw. die Oberbürgermeister der Städte verpflichtete, „stärkeren Einfluß auf die Versorgung der zentralgeleiteten Betriebe mit Arbeitskräften zu nehmen"[118]. Zur Eindämmung der Arbeitskräftefluktuation erhielten die führenden Vertreter der Bezirks- und Kreisverwaltungen das Recht, den geplanten Beschäftigtenstand in einzelnen Betrieben zu reduzieren[119]. Für den Fall, daß sich Betriebe und kommunale Verwaltung nicht einigen konnten, die Arbeitskräftesituation vor Ort aber „für bestimmte Betriebe die volle Ausschöpfung

[115] BAB, DQ 2/1708, Minister Goschütz am 10. 10. 1957 an Minister Macher, S. 1.
[116] Ebenda, S. 2.
[117] BAB, DE 1/8766, Bl. 71–79, hier Bl. 72, Begründung zur Verordnung über die Lenkung der Arbeitskräfte vom 8. 8. 1957.
[118] BAB, DE 1/3647, Bl. 75 f, Richtlinie zur Regelung der Arbeitskräfteversorgung in den Betrieben der sozialistischen Wirtschaft.
[119] Davon ausgenommen blieben: Landwirtschaft, Baustoffindustrie, Bauwirtschaft sowie Schwerpunktbetriebe des Ministeriums für Kohle und Energie. Ebenda, Bl. 76.

des Arbeitskräfteplanes" nicht zuließ, hatte der zuständige Fachminister auf Antrag des Vorsitzenden des Rates des Bezirkes zu entscheiden. Zuvor hatten sich die Staatliche Plankommission und das Arbeitsministerium in dieser Angelegenheit nicht eingeschaltet, sondern die Herstellung eines Konsenses den Konfliktparteien überlassen. Darüber hinaus wurde Betrieben der sozialistischen Wirtschaft untersagt, sich gegenseitig Arbeitskräfte abzuwerben. Keiner Einstellungsbeschränkung unterlagen solche Arbeitskräfte, die im gegenseitigen Einverständnis der beteiligten Betriebe ihren Arbeitsplatz wechselten, sowie Beschäftigte aus der privaten Wirtschaft.

Trotz prinzipieller Zustimmung zur eingeführten Regelung bei den beteiligten Verwaltungen rechnete die Zentrale Kommission für Staatliche Kontrolle in der Folgezeit mit negativen Auswirkungen auf das Stimmungsbild der Bevölkerung. Zahlreiche Betriebsleiter und Funktionsträger des kommunalen Verwaltungsapparates sahen offensichtlich in der erlassenen Richtlinie des Wirtschaftsrates, die nicht veröffentlicht worden war, eine Einschränkung des in der Verfassung garantierten Rechts der Freizügigkeit und befürchteten ein Ansteigen der Westwanderung[120]. Darüber hinaus registrierte die Staatliche Plankommission, was nicht weiter überraschte, Proteste auf seiten einzelner Werksleiter und Arbeitsdirektoren gegen die Einschränkung bei der Arbeitskräftewerbung. Diese „opponierten" gegen den Beschluß, da sie „bisher mühelos von anderen Betrieben ihren Arbeitskräftebestand durch Neueinstellung infolge Abwerbung auffüllen konnten"[121].

Nachdem weder das Ministerium für Arbeit und Berufsausbildung noch die Staatliche Plankommission eine Entscheidung darüber getroffen hatten, wie die zukünftige Arbeitskräftelenkung gestaltet werden sollte, ergriffen einzelne Stadtkreise die Initiative. So wies der Rat der Stadt Erfurt darauf hin, daß die privaten Betriebe in seinem Zuständigkeitsbereich besser mit Arbeitskräften versorgt wären als die volkseigenen Betriebe. Diese Entwicklung sei „restlos auszuschalten"[122]. Arbeitsminister Macher wurde gebeten, einem von der Stadtverwaltung erarbeiteten Aufgabenkatalog zuzustimmen, zu dem unter anderem die Verhängung einer Einstellungssperre für Privatbetriebe gehörte[123]. Die Auflösung des Ministeriums für Arbeit und Berufsausbildung, dessen Zuständigkeiten auf das neu gebildete Komitee für Arbeit und Löhne sowie die Staatliche Plankommission übertragen wurden, hatte vermutlich dazu geführt, daß die Arbeiten an der geplanten Verordnung mehr als ein halbes Jahr liegen geblieben waren.

Einen Neuanfang wagte das Komitee für Arbeit und Löhne, das Vertreter der zuständigen Ministerien zu einer gemeinsamen Arbeitstagung am 26. August 1958 einlud. Dabei wurden vier Arbeitsgruppen gebildet, die jeweils eigene Aufgabenschwerpunkte erhielten[124]. Dort sollten in der Folgezeit Vorschläge ausgearbeitet werden, um die Fluktuation wirksam zu senken und die Arbeitsuchenden wieder

---

[120] Vgl. BAB, DE 1/9597, Bl. 109 f., Notiz der SPK (HA Planung der Arbeitskräfte) vom 4. 11. 1957.
[121] Ebenda, Bl. 103–107, hier Bl. 104, Stellungnahme der SPK (HA Planung der Arbeitskräfte) vom 6. 12. 1957.
[122] BAB, DE 1/8765, Bl. 58–62, hier Bl. 58, Rat der Stadt Erfurt am 2. 7. 1958 an Minister Macher.
[123] Ebenda, Bl. 61.
[124] BAB, DE 1/8765, Bl. 1–4, hier Bl. 1, Protokoll über die 1. Beratung der Arbeitsgruppe zur Überarbeitung der gesetzlichen Bestimmungen zur Verbesserung des Systems der Lenkung und Werbung der Arbeitskräfte am 26. 8. 1958.

derheitsposition einzunehmen. So wies die Abteilung „Sektor Rationeller Einsatz der Arbeitskräfte" der Staatlichen Plankommission ausdrücklich darauf hin, daß die Auffassung Raus, die Verordnung trage wenig zur Lösung des Arbeitskräfteproblems bei, im Widerspruch zu den Einschätzungen der Bezirks- und Kreisverwaltungen stehe[135]. Gleichwohl kam es nicht zu einer raschen Verabschiedung durch die Führungsgremien der SED und den DDR-Ministerrat. Offensichtlich verfügte Rau, von 1950 bis 1961 Mitglied des Politbüros, über ausrechenden Einfluß innerhalb der SED-Führung, um das gemeinsame Vorhaben der Staatlichen Plankommission und des Komitees für Arbeit und Löhne hinauszuzögern. Das Komitee für Arbeit und Löhne rückte von seinen Vorstellungen kaum ab und legte am 9. Februar 1959 einen leicht überarbeiteten Verordnungsentwurf vor, der die Einwände Raus unberücksichtigt ließ[136]. Damit schienen sich die beiden konträren Positionen weiter zu verhärten.

In dieser Pattsituation griff die Staatliche Plankommission Vorschläge des Ministeriums für Arbeit und Berufsausbildung vom März 1957 wieder auf, Arbeitskräfteinspektionen bei den Abteilungen Arbeit der Wirtschaftsräte der Räte der Bezirke zu errichten. Sie bekamen umfassende Aufgaben „zur Sicherung der Einhaltung der Arbeitskräftepläne in Betrieben und Einrichtungen der gesamten Wirtschaft [und] zur richtigen Verteilung der Arbeitskräfte auf die einzelnen Zweige der Volkswirtschaft" zugeteilt[137]. Die Inspektionsstellen sollten pro Bezirk zwischen sechs und acht Mitarbeiter haben; innerhalb der Staatlichen Plankommission sollten ebenfalls acht Mitarbeiter neu eingestellt werden, die für die Leitung und Koordinierung zuständig waren. Erstmals wurden außerdem Fragen der Verteilung, Lenkung und Werbung von Arbeitskräften mit der Berufsberatung von Jugendlichen verknüpft[138]. Dadurch sollte offensichtlich die bedarfsgerechte Steuerung verbessert werden. Eine geringfügig überarbeitete Version legte die zuständige SPK-Abteilung Anfang Juni erneut vor[139].

Die Staatliche Plankommission arbeitete ungefähr zeitgleich einen Verordnungsentwurf „über die Lenkung der Arbeitskräfte" aus[140]. Unübersehbar war das Bestreben, die Fluktuation von Arbeitskräften zu unterbinden und dabei die bisher bestehenden Handlungsspielräume der Betriebe erheblich einzuschränken. Dazu gehörte auch das offensive Vorgehen gegen die sogenannte Hortung von Arbeitskräften in den Betrieben. So legte der Verordnungsentwurf deutlich fest, daß „jede Planerfüllung [...] mit der im Arbeitskräfteplan festgelegten Anzahl von Arbeitskräften zu erreichen" sei[141]. Betrieben und Verwaltungen sollte es zukünftig nicht mehr gestattet sein, Arbeitskräfte „über den Plan hinaus zu beschäftigen". Eine Umverteilung von Arbeitskräften in andere Wirtschaftszweige „aus

---

für Arbeit und Löhne lehnte seinerseits die vorgebrachten Ergänzungen und Verbesserungen nahezu vollständig ab. Ebenda, S. 6–9.
[135] Ebenda, S. 2.
[136] BAB, DE 1/8766, Bl. 1–15.
[137] BAB, DE 1/8764, Bl. 321–328, hier Bl. 323, Denkschrift der Abt. Koordinierung der Planung der Arbeitskräfte vom 13. 5. 1959.
[138] Ebenda, Bl. 326 f.
[139] BAB, DE 1/8765, Bl. 14–18, Denkschrift vom 4. 6. 1959.
[140] BAB, DE 1/8744, Bl. 145–150, Entwurf [Juni 1959].
[141] Ebenda, S. 2 (§ 2, Abs. 3).

volkswirtschaftlichen Gründen" mußte demzufolge mit den Betroffenen und den betrieblichen Gewerkschaftsorganisationen abgesprochen werden[142]. Es fällt insgesamt auf, daß die Bezirksverwaltungen und die Fachministerien gegenüber den Betrieben deutlich mehr Kompetenzen zugewiesen bekamen, was sich bereits in früheren Entwürfen angekündigt hatte. Der vorzeitige Abbruch des 2. Fünfjahrplanes und das Einsetzen des Siebenjahrplanes 1959 führten vermutlich dazu, daß die geplante Verordnung erneut zurückgestellt wurde. Die Staatliche Plankommission beschäftigte sich in der Folgezeit wieder mit allgemein gehaltenen Überlegungen „zur Verbesserung der Planung und Leitung der gesellschaftlichen Arbeit"[143] und versuchte dabei die neue wirtschaftspolitische Rahmenplanung zu berücksichtigen[144]. In dem Zusammenhang rückte zeitweise die Bekämpfung der zwischenbetrieblichen Fluktuation in das Zentrum des Interesses: Die zuständige Abteilung der Staatlichen Plankommission arbeitete dazu einige Vorschläge aus. So sollten unter anderem Facharbeiter bei einem Arbeitsplatzwechsel nur in der Lohngruppe V und angelernte Arbeitskräfte höchstens in der Lohngruppe III neu eingestellt werden[145]. Dadurch erhoffte man sich offensichtlich eine partielle Aufhebung der Lohnanreize, die bisher eine häufige Ursache für den Betriebswechsel gewesen waren.

Die von der Staatlichen Plankommission ausgearbeiteten Vorschläge zur institutionellen Neustrukturierung sowie zur inhaltlichen Neuausrichtung der Arbeitskräftelenkung lagen der Wirtschaftskommission beim Politbüro des ZK der SED Ende Oktober 1959 vor. Die zuständige Fachabteilung der SED-Führung verlangte, daß die Vorlage nochmals überarbeitet werden sollte. Die dabei aufgeworfenen Fragen bezogen sich auf die geplante Errichtung der Arbeitskräfteinspektionen: Deren Aufgabenbereiche seien unklar formuliert worden; die Abgrenzung von anderen staatlichen Organen bleibe unklar[146]. Die Abteilung Arbeitskräfte bei der Staatlichen Plankommission verteidigte ihren Vorschlag und konnte zumindest erreichen, daß die Wirtschaftskommission am 21. Dezember 1959 beschloß, die Abteilung Arbeit der Bezirksverwaltung in zwei ausgewählten Bezirken (Karl-Marx-Stadt, Cottbus) personell zu verstärken[147]. Mit diesem Beschluß waren jedoch keine Arbeitskräfteinspektionen geschaffen worden; statt dessen blieb es bei der bisherigen Verwaltungsstruktur. Die neu einzustellenden Verwaltungsangestellten sollten offenbar die den Inspektionsstellen zugedachten Aufgaben wahrnehmen. Darüber hinaus sollten in den beiden genannten Bezirken Arbeitsbrigaden gebildet werden, die von der Staatlichen Plankommission und dem Komitee für Arbeit und Löhne geleitet wurden und in denen Vertreter der kommunalen Verwaltung und der Massenorganisationen saßen[148]. Diese kamen

---

[142] Ebenda (§ 3).
[143] BAB, DE 1/8765, Bl. 174–180, Entwurf der SPK-Abt. Arbeitskräfte vom 25. 8. 1959.
[144] Ebenda, Bl. 177. Eine überarbeitete Fassung dieser Denkschrift ging am 27. 8. 1959 an den SPK-Vorsitzenden Leuschner. Vgl. BAB, DE 1/11839, Bl. 1–8.
[145] BAB, DE 1/8764, Bl. 350–352, hier Bl. 351, Vorschläge für Maßnahmen zur Einschränkung der Fluktuation der Arbeitskräfte (o.D.).
[146] BAB, Bl. 445–448, hier Bl. 445f., Leiter der SPK-Abt. Arbeitskräfte (Duscheck) am 26. 11. 1959 an den SPK-Vorsitzenden Leuschner.
[147] BAB, DE 1/8767, Bl. 21, Vorsitzender des Komitees für Arbeit und Löhne (Heinicke) am 5. 1. 1960 an den stellvertretenden Minister der Finanzen (Geiss).
[148] Ebenda, Bl. 16–18, Arbeitsrichtlinie vom 5. 2. 1960.

schlagartig die Situation auf dem ostdeutschen Arbeitsmarkt; die ungehinderte und unkontrollierbare Abwanderung von Menschen im erwerbsfähigen Alter wurde radikal gestoppt. Diese Maßnahme leitete auch bei der Arbeitskräftelenkung eine neue Phase ein.

Der Beschluß, Ämter für Arbeit und Berufsberatung in den Bezirken und Kreisen aufzubauen, hob die Verordnung vom 12. Juli 1951 auf und bedeutete zum Teil eine Wiederherstellung der Arbeitsverwaltung, wie sie bis 1951 bestanden hatte. Diese Aufwertung zeigte, daß auch in einer Zentralverwaltungswirtschaft nicht völlig auf eine eigenständige Arbeitsverwaltung verzichtet werden konnte. Gleichwohl kam es nicht zu einer vollständigen Wiederherstellung der Verwaltungsstrukturen, die im Frühjahr 1962 im übrigen auch noch nicht abgeschlossen war[163]: Zum einen wurde die Arbeitskräftelenkung mit der Berufsberatung und -lenkung verbunden. Zum anderen existierte nach wie vor kein Ministerium für Arbeit an der Spitze der Verwaltung, dessen Aufgaben von der Staatlichen Plankommission und dem Komitee für Arbeit und Löhne übernommen worden waren. Die Verordnung vom 24. August 1961 beendete eine jahrelange Diskussion, die von SED, Arbeitsministerium, Komitee für Arbeit und Löhne sowie Staatlicher Plankommission geführt worden war. Dabei ging es um die Frage, inwieweit das Arbeitsrecht durch repressive Instrumente der Arbeitskräftelenkung zu ergänzen war. Während das Komitee für Arbeit und Löhne für die bedingte Wiedereinführung der Arbeitseinweisung plädierte, sprach sich die Staatliche Plankommission strikt dagegen aus und konnte sich mit dieser Position letztlich durchsetzen. Entscheidend waren die Erfahrungen, welche die staatlichen Verwaltungen in der zweiten Hälfte der vierziger Jahre hatten sammeln können, als die Zwangseinweisungen in den Uranbergbau zu einer erheblichen Verschlechterung der allgemeinen Stimmungslage geführt hatten. Aus dem drohenden Legitimationsverfall hatten deshalb seinerzeit SED und Arbeitsministerium die nötigen Schlußfolgerungen gezogen: Anstelle der repressiv wirkenden Maßnahmen wurden immer häufiger Instrumente eingesetzt, die Anreizfunktion besaßen und letztlich eine, wenn auch begrenzte, Rückkehr zu marktregulierenden Maßnahmen bedeuteten. Die Schwierigkeiten der bedarfsgerechten Arbeitskräftelenkung, die im Verlauf der fünfziger Jahre verstärkt aufgetreten waren, überzeugten die politisch Verantwortlichen letztlich nicht davon, diesen Anfang der fünfziger Jahre eingeschlagenen Weg zu verlassen. Statt dessen wurde der Versuch unternommen, die Arbeitskräftelenkung institutionell mit der Berufsberatung zu verbinden.

---

[163] BAB, DC 20 I/4–551, Bl. 4 und Bl. 50–56, Protokoll der Sitzung des Präsidiums des Ministerrates am 26. 4. 1962. Auf dieser Sitzung verabschiedete das Präsidium des Ministerrates einen Beschluß zur weiteren Durchführung der Verordnung zur Verbesserung der Arbeitskräftelenkung und Berufsberatung vom 24. 8. 1961.

4. Berufsausbildung und „Nachwuchslenkung"

Ein zentrales Anliegen bei der Ausarbeitung der Verordnung zur Verbesserung der Arbeitskräftelenkung und Berufsberatung war – darauf ist mehrmals hingewiesen worden – die Eindämmung der Fluktuation von Arbeitskräften. Die Staatliche Plankommission mußte dabei immer wieder feststellen, daß es Betrieben gelang, durch eine Erhöhung der Löhne Arbeiter von anderen Betrieben abzuwerben. Dadurch wurde die staatliche Lohnpolitik zumindest teilweise konterkariert, d. h. die Funktion des Lohnes als Lenkungsinstrument zum Teil erheblich abgeschwächt. Den staatlichen Verwaltungen war es offenbar nicht gelungen, das eigenmächtige Vorgehen einzelner Betriebsleiter, die mit den vorgenommenen Lohnerhöhungen den ihnen zugewiesenen Lohnfonds zum Teil überschritten, zu unterbinden. Stellenweise tolerierte der DDR-Ministerrat sogar die eigenwillige Lohnpolitik einzelner Betriebsleitungen, sofern es sich um Schwerpunktbetriebe handelte. So hatte etwa das Stahl- und Walzwerk Hennigsdorf 1500 „Kollegen" höher eingestuft, als dies im Betriebskollektivvertrag vorgesehen war[1]. Als Ursache nannte das Sekretariat des Ministerpräsidenten einen drohenden Arbeitskräftemangel.

Die Hauptverwaltung Finanzrevision stellte in allen Zweigen der volkseigenen Industrie, vor allem bei den kaufmännischen und technischen Angestellten sowie den Produktionsarbeitern erhebliche übertarifliche Entlohnungen fest, die als „Normenmanipulationen" bezeichnet wurden und in der Schwerindustrie, dem Maschinenbau sowie der Leichtindustrie „ein bedenkliches Ausmaß angenommen" hätten[2]. Nach Einschätzung der Hauptverwaltung erfolgte die „Entlohnung in vielen Fällen nicht mehr entsprechend der Leistung". Erneut wurde als „wesentliche Ursache" dieser Entwicklung ein starker Arbeitskräftemangel genannt. Da das Lohnsystem zunächst einmal die volkswirtschaftliche Bedeutung der Arbeit in den einzelnen Wirtschaftszweigen und erst dann die individuelle Leistung berücksichtige, würden „zahllose Kollegen aus bestimmten Wirtschaftszweigen" in die Schwerindustrie abwandern. Um den Arbeitsplatzwechsel einzuschränken, erhöhten die betroffenen Betriebe die Löhne übertariflich. Daraus ergebe sich ein Arbeitskräftebedarf in der Schwerindustrie, „dem wiederum durch ungesetzliche Erhöhungen begegnet" werde[3]. Ein Ende dieser „Kettenreaktion" sei nicht absehbar. Die Euphorie, mit Hilfe der Löhne Arbeitskräfte bedarfsgerecht zu lenken, war weitgehend verflogen. Dies beeinflußte wiederum die weitere zentrale Lohnfestsetzung. In einer gemeinsamen Besprechung legten Ministerpräsident Grotewohl, Arbeitsminister Macher und zwei Mitglieder der Staatlichen Plankommission am 5. November 1954 lediglich allgemeine Grundsätze der zukünftigen Lohnpolitik fest[4].

Während bis ungefähr Mitte der fünfziger Jahre die Lohnpolitik eines der wichtigsten Instrumente staatlicher Arbeitskräftelenkung gewesen war, änderte sich

---

[1] SAPMO, NY 4090/567, Bl. 260–262, Bericht des Sekretariats des Ministerpräsidenten vom 8. 11. 1954.
[2] SAPMO, NY 4090/567, Bl. 263–267, hier Bl. 263, Bericht der HV Finanzrevision vom 22. 10. 1954.
[3] Ebenda, Bl. 264.
[4] SAPMO, NY 4090/567, Bl. 282 f., Notiz Hans Tzschorns vom 11. 11. 1954.

dies also in der zweiten Hälfte der fünfziger Jahre. Die Lohnpolitik blieb zwar ein zentrales Anliegen der SED-Führung und der DDR-Regierung; ihr Stellenwert im Rahmen der Gesamtsteuerung des Arbeitskräftepotentials ging jedoch zurück. Statt dessen gewann die Berufsausbildung als Steuerungsinstrument zunehmend an Bedeutung: Die noch Ende der vierziger Jahre begonnene Nachwuchslenkung sollte nunmehr systematisch geplant und organisiert werden. Die Deckung des Arbeitskräftebedarfs sollte – nach den Überlegungen der Staatlichen Plankommission – langfristig gesichert werden.

Die ersten, im Zusammenhang mit dem „Neuen Kurs" getroffenen Maßnahmen zielten zunächst auf die Sicherung der Vollbeschäftigung ab. SED-Führung, Staatliche Plankommission und Arbeitsverwaltung sahen sich nunmehr mit negativen Folgen ihrer bisherigen Haushaltspolitik konfrontiert, die auf eine Reduzierung des Verwaltungspersonals hinausgelaufen war. Dieser „Feldzug für strengste Sparsamkeit"[5] hatte nicht nur zu einem Einstellungsstopp, sondern auch zu einer begrenzten Entlassung von Angestellten in den volkseigenen Betrieben geführt. Jugendliche, die dort eine entsprechende Ausbildung begonnen hatten, sahen sich plötzlich mit der Gefahr konfrontiert, nach Beendigung ihrer Ausbildung entlassen zu werden. Ein Ansteigen der Erwerbslosigkeit sollte aber unter allen Umständen verhindert werden. Das Ministerium für Arbeit beabsichtigte im Sommer 1953, eine Richtlinie über die Beschäftigung von arbeitsuchenden und beschäftigungslosen Jugendlichen herauszugeben. Darin sollten die Abteilungen Arbeit und Berufsausbildung bei den Räten der Bezirke, Kreise und Städte aufgefordert werden, „alle Möglichkeiten auszuschöpfen", Jugendliche vornehmlich in der Landwirtschaft unterzubringen[6]. Darüber hinaus nannte das Arbeitsministerium noch die Bauindustrie sowie die Leichtindustrie als weitere, jedoch nachgeordnete Beschäftigungszweige für Jugendliche. Das Präsidium des Ministerrates wies die Fachministerien wenige Tage später an, dafür zu sorgen, die „noch ca. 15 000 Jungfacharbeiter, die in ihren oder ähnlichen Betrieben nicht weiter beschäftigt werden können", nicht zu entlassen[7]. Diese Anweisung lief letztlich auf eine Ausdehnung der betrieblichen Arbeitskräftepläne hinaus.

Allein das Ministerium für Hüttenwesen und Erzbergbau rechnete mit 1265 Jugendlichen, die nach Beendigung ihrer Lehre im Herbst nicht übernommen werden konnten[8]. Die betroffenen Betriebe erhielten den Auftrag, „sich sofort" mit dem Ministerium für Land- und Forstwirtschaft in Verbindung zu setzen, um eine Weiterbeschäftigung der Jugendlichen in der Landwirtschaft sichzustellen[9]. So sollten etwa die auslernenden Schlosser, die von den Stahl- und Walzwerken nicht übernommen wurden, in die Maschinen-Traktoren-Stationen (MTS) beruflich integriert werden. In der Folgezeit unternahm das Ministerium für Arbeit stichpunktartige Untersuchungen, um die Durchführung des Ministerratsbeschlusses in den Kreisen zu überprüfen und gelangte zu dem Ergebnis, daß sich zahlreiche

---

[5] BAB, DQ 2/1840, Bericht der Abt. Arbeitskraftlenkung vom 14. 12. 1953, S. 1.
[6] BAB, DQ 2/1839, Entwurf vom 6. 7. 1953, S. 1.
[7] BAB, DQ 2/1840, Beschluß des Präsidiums des Ministerrates vom 13. 7. 1953, S. 1.
[8] BAB, DQ 2/1847, Aufgliederung des Ministeriums für Hüttenwesen und Erzbergbau vom 11. 8. 1953.
[9] Ebenda, Zentrale Abt. für Arbeit am 24. 8. 1953 an das Ministerium für Land- und Forstwirtschaft (HV-MTS).

Betriebe offenbar weigerten, ausgelernte weibliche Jungfacharbeiter weiterhin zu beschäftigen[10]. Es wurde vorgeschlagen, berufsfremd eingesetzte Fach- und Hilfsarbeiter in ihre ursprünglichen Berufe umzusetzen und Arbeiter zu entlassen, die das 65. Lebensjahr überschritten hatten[11]. Die frei gewordenen Arbeitsplätze sollten anschließend von den „Jungfacharbeitern" besetzt werden. Das setzte allerdings die Kooperation der Betriebe und der betroffenen Arbeitskräfte voraus. Die zuständigen Abteilungen Arbeit und Berufsausbildung bei den Räten der Bezirke wurden oftmals dafür kritisiert, daß sie keinen genauen Überblick über den „bestehenden Überhang an Jungfacharbeitern" besaßen[12].

Tabelle 30: Überhänge an „Jungfacharbeitern" im Zuständigkeitsbereich der einzelnen Fachministerien und Staatssekretariate (Herbst 1953)

Ministerien	Überhänge am 1. 9. 1953 laut Meldung vom Mai 1953	Überhänge am 1. 9. 1953 laut Meldung vom 30. 9. 1953	bis zum 31.10. 1953 werden untergebracht	Überhänge nach dem 31. 10. 1953
Hüttenwesen und Erzbergbau	1 265	1 908	1 209	699
Schwermaschinenbau	2 631	2 853	1 399	1 454
Allgemeiner Maschinenbau	2 798	2 507	917	1 590
Transportmittel- und Landmaschinenbau	1 361	1 732	854	878
Eisenbahnwesen	1 706	1 612	722	890
Leichtindustrie	1 527	–	–	358
Aufbau	106	287	257	30
Post- und Fernmeldewesen	24	1 266	1 266	–
Nahrung und Genußmittel	230	keine Angaben	keine Angaben	50
Kohle	1 100	1 701	1 067	634
Energie	835	1 284	1 061	223
Chemie	987	keine Angaben	keine Angaben	360
Gesamt	14 570	15 150	8 752	7 166

Quelle: BAB, DQ 2/1840, Abschlußbericht des Ministeriums für Arbeit (Abt. Arbeitskraftlenkung) vom 20. 10. 1953, S. 2.

Staatssekretärin Malter gab Ende Oktober 1953 eine Anordnung an die untergeordnete Arbeitsverwaltung weiter, in der nochmals die Bedeutung der Weiterbeschäftigung von Jungfacharbeitern unterstrichen wurde. Die Entlassung von auslernenden Jugendlichen bedurfte der Zustimmung durch die zuständige Abteilung Arbeit und Berufsausbildung. Diese durfte wiederum nur erteilt werden, „wenn im Betrieb unter Ausschöpfung aller Möglichkeiten, insbesondere der in-

---

[10] BAB, DQ 2/1640, Bericht des Ministeriums für Arbeit vom 14. 9. 1953, S. 4.
[11] Ebenda, S. 5.
[12] BAB, DQ 2/1640, Bericht des Ministeriums für Arbeit vom 30. 9. 1953, S. 1.

nerbetrieblichen Umsetzung, keine weitere Beschäftigung erfolgen kann"[13]. Die Anordnung, die bis zum 31. Dezember befristet und nicht zur Veröffentlichung in der Presse bestimmt war, untersagte unter Berufung auf einen Ministerratsbeschluß vom 16. März ausdrücklich die Entlassung von weiblichen Jungfacharbeitern. Doch auch diese Maßnahme führte nicht zu der erhofften Beruhigung auf dem Arbeitsmarkt: Jugendliche, die ihre Ausbildung beendet hatten, blieben nach wie vor ein Sorgenkind der Arbeitsverwaltung, da nicht für alle ein entsprechender Arbeitsplatz zur Verfügung gestellt werden konnte. Der Ministerrat beauftragte am 12. Dezember 1953 das Ministerium für Arbeit, in Zusammenarbeit mit dem Staatssekretariat für Berufsausbildung „Maßnahmen einzuleiten, um die Weiterbeschäftigung der im Jahre 1954 auslernenden Lehrlinge entsprechend der beruflichen Ausbildung zu gewährleisten"[14]. In der Schwerindustrie und im Maschinenbau wurden offenbar Anfang 1954 rund 7800 Lehrlinge von den auszubildenden Betrieben nicht übernommen. Das Ministerium für Schwerindustrie ging jedoch von einer niedrigeren Zahl aus, da zu diesem Zeitpunkt noch nicht alle Betriebsüberprüfungen durchgeführt worden waren[15]. Bereits Ende 1953 hatte das Arbeitsministerium mit der Staatlichen Plankommission vereinbart, eine „regionale Nachplanung" durch die Abteilungen Arbeit und Berufsausbildung bei den Räten der Kreise und Städte durchführen zu lassen[16]. Dabei sollten für alle Jugendlichen, die nicht im Rahmen der Berufsausbildung erfaßt und mit Arbeit versorgt wurden, Arbeitsplätze geschaffen werden. Die von den Arbeitskräfteplänen vorgegebene Zahl der Neueinstellungen durfte allerdings nicht überschritten werden. Die Abteilung Arbeitskraftlenkung des Ministeriums für Arbeit ging von einer Gesamtzahl von 71 000 Jugendlichen aus, die noch ohne Aussicht auf Beschäftigung und im Verlauf des Jahres 1954 „in ein Arbeitsverhältnis zu lenken" waren[17].

Eine wesentliche Hürde bei der „Nachplanung" bildeten erneut die Betriebe, die zur Veränderung ihrer Arbeitskräftenachfrage letztlich nicht gezwungen werden konnten. Den volkseigenen Betrieben gelang es mitunter sogar, die übergeordneten Verwaltungen – die Vereinigungen Volkseigener Betriebe (VVB) bzw. die zuständigen Ministerien und Staatssekretariate – für ihre Interessen zu gewinnen. So meldete etwa die Hauptverwaltung Braunkohle, daß die Bemühungen, Jugendliche mit einem Lehrlingsabschluß innerhalb des jeweiligen Bezirkes beruflich unterzubringen, „nur einen Teilerfolg zu verzeichnen hatten". Das Ministerium für Arbeit wurde daher gebeten, „gebietsnahe und damit zumutbare Arbeitsplätze für diese Jungfacharbeiter namhaft zu machen"[18]. Ein grundsätzliches Problem der bisherigen Berufsausbildung trat nunmehr deutlich hervor: Die Ausbildung von Lehrlingen zu Facharbeitern war in der Vergangenheit in wachsendem Maße an Großbetriebe angebunden gewesen. Somit erfolgte die Ausbildung

---

13 BAB, DQ 2/1840, Anordnung vom 26. 10. 1953.
14 BAB, DQ 2/725, Bericht des Ministeriums für Arbeit vom 27. 1. 1954.
15 BAB, DQ 2/1842, Ministerium für Schwerindustrie (Zentrale Abt. für Arbeit) am 18. 3. 1954 an das Ministerium für Arbeit (Abt. Arbeitskraftlenkung).
16 BAB, DQ 2/1651, Bericht der Abt. Arbeitskraftlenkung vom 20. 2. 1954, S. 1.
17 Ebenda, S. 5.
18 BAB, DQ 2/1847, Ministerium für Schwerindustrie (HV Braunkohle, Revierleitung Borna) am 2. 3. 1954 an das Ministerium für Arbeit.

dort nicht nach Kriterien des Bedarfs, sondern entsprechend den vorhandenen Kapazitäten der Lehrwerkstätten[19]. Im Zuge des ersten Fünfjahrplans und der allgemein verbreiteten Erwartung einer rasant ansteigenden Arbeitskräftenachfrage war es primär um die quantitative Ausweitung der Lehrlingsausbildung gegangen. Eine bedarfsgerechte Planung hatte auf diesem Gebiet kaum stattgefunden. Schon Anfang der fünfziger Jahre waren Schwierigkeiten beim Auf- und Ausbau der Schwerindustrie sichtbar geworden, die Auswirkungen auf den Bedarf an Arbeitskräften hatten. Daher mußten Arbeitsverwaltung und Staatliche Plankommission frühzeitig erkennen, daß nicht alle Auszubildenden nach Beendigung der Lehre im auszubildenden Betrieb weiterbeschäftigt werden konnten.

Nachdem es dem Ministerium für Arbeit nicht gelungen war, die berufliche Eingliederung sämtlicher Lehrlinge zu gewährleisten, schaltete sich das Präsidium des Ministerrates im Sommer 1954 ein. Das staatliche Führungsgremium faßte einen Beschluß, der auf Vorarbeiten des Arbeitsministeriums basierte und die Weiterbeschäftigung der Jugendlichen sichern sollte, die im Herbst 1954 ihre Lehre beendeten[20]. Darin wurden die Fachministerien aufgefordert, zunächst den Facharbeiterbedarf in ihrem Zuständigkeitsbereich festzustellen. Einen wichtigen Bereich stellte dabei der primäre Sektor dar: Der DDR-Ministerrat vermutete den größten Bedarf an Facharbeitern in der Land- und Forstwirtschaft. Offenbar sollten vor allem ausgelernte Schlosser, Schmiede und Dreher, die im Arbeitskräfteplan des Ministeriums für Maschinenbau nicht berücksichtigt werden konnten, in den MTS, Volkseigenen Gütern sowie den landwirtschaftlichen Produktionsgenossenschaften beruflich untergebracht werden. Nach Angaben des Ministeriums für Arbeit würden 1954 voraussichtlich 22 600 Jugendliche nicht im Rahmen der Arbeitskräftepläne und damit nicht im erlernten Beruf weiter beschäftigt werden können[21]. Der gefaßte Beschluß des Präsidiums des Ministerrates hatte im übrigen eine deutliche deutschlandpolitische Stoßrichtung. So sollte mit Hilfe dieser arbeitsmarktpolitischen Offensive zugunsten von Jugendlichen die Überlegenheit des ostdeutschen Wirtschaftssystems und Gesellschaftsmodells gegenüber dem westdeutschen Weg demonstriert werden: „Im Gegensatz zu Westdeutschland, wo 1 050 000 Jugendliche [sic] arbeitslos sind, verkürzt arbeiten oder Notstandsarbeiten verrichten müssen, sichert die Arbeiter- und Bauernmacht in der Deutschen Demokratischen Republik jedem Jugendlichen einen Lehr- oder Arbeitsplatz."[22] Ein halbes Jahr später befaßte sich das Präsidium des Ministerrates mit den Planungen, die Jugendlichen weiter zu beschäftigen, die im Frühjahr bzw. Herbst 1955 ihre Lehre abschließen würden[23]. Eine entsprechende Beschlußvorlage[24] wurde allerdings nicht verabschiedet, sondern an das Ministerium für Arbeit und Berufsausbildung „zur eigenen Erledigung" zurückverwiesen. Zugleich

[19] Vgl. ebenda.
[20] BAB, DC 20 I/4–74, Bl. 3 und 14–18, Protokoll der Sitzung des Präsidiums des Ministerrates am 1. 7. 1954.
[21] Der Überhang an Jungfacharbeitern verteilte sich folgendermaßen: Ministerium für Maschinenbau (17 900), Ministerium für Schwerindustrie (4300) und Ministerium für Eisenbahnwesen (400). BAB, DC 20 I/4–74, Bl. 88–95, hier Bl. 91, Bericht vom 25. 6. 1954.
[22] BAB, DC 20 I/4–74, Bl. 14–18, hier Bl. 14.
[23] BAB, DC 20 I/4–94, Bl. 7, Protokoll der Sitzung des Präsidiums des Ministerrates am 6. 1. 1955.
[24] BAB, DC 20 I/4–95, Bl. 58–63.

erhielt das Ministerium den Auftrag, sich mit den jeweiligen Ministerien, den Räten der Bezirke und dem FDGB-Bundesvorstand abzustimmen „und die dazu erforderlichen Anordnungen" herauszugeben. Darüber hinaus regte der Ministerrat die Verlängerung der Lehrzeit an, um ein Ansteigen der Jugendarbeitslosigkeit auszuschließen.

Die sogenannten Jungfacharbeiter stellten eine quantitativ kleine Gruppe der Jugendlichen dar, die sich in einem Berufsausbildungsverhältnis befanden. Aus Sicht der Arbeitsverwaltung standen sie jedoch im Mittelpunkt des Interesses: Der erste Fünfjahrplan beinhaltete eine große Nachfrage nach Facharbeitern, die Anfang der fünfziger Jahre noch nicht im erwünschten Maße zur Verfügung standen. Daher suchte das Ministerium für Arbeit und Berufsausbildung die Ausbildung von Jugendlichen zu Facharbeitern zu forcieren. Die damit zusammenhängenden Folgeprobleme – ein sich rasch ausbildender Überhang an Jungfacharbeitern – waren in den Anfangsplanungen offensichtlich nicht berücksichtigt worden. Wirft man einen Gesamtblick auf die Berufsausbildung in der DDR Mitte der fünfziger Jahre, so werden konjunkturelle Schwankungen deutlich. Die Zahl der tatsächlich vorgenommenen Berufseinstellungen lag zum Teil deutlich unter den Planungen für 1951 und 1953. Erst 1954 schien sich diese Deckungslücke zu schließen: Nunmehr fanden mehr berufliche Einstellungen statt, als in den Arbeitskräfte- und Ausbildungsplänen ursprünglich angesetzt worden waren. Das Ministerium für Arbeit und Berufsausbildung führte diese Entwicklung darauf zurück, daß die Anzahl der Schulabgänger der 8. Klassen der Grundschulen bedeutend niedriger lag als der Plan an Neueinstellungen vorsah[25]. Insgesamt betrachtet sank der Anteil der Schulabgänger, die eine berufliche Ausbildung aufnahmen, was vermutlich unter anderem auf einen nicht unbeträchtlichen Teil an angelernten bzw. ungelernten Arbeitskräften hinweist.

Tabelle 31: Entwicklung der Berufsausbildung 1950–1954 (in Tausend)

	Jugendliche, die in einem Berufsausbildungsverhältnis standen	darunter die Anzahl der weiblichen Lehrlinge	Neueinstellungen laut Berufsausbildungsplan	tatsächlich vorgenommene Neueinstellungen	Anteil der Schulabgänger, die eine Berufsausbildung aufnahmen	Anzahl der Jugendlichen, die die Ausbilung beendeten
1950	522	210	keine Angaben	keine Angaben	keine Angaben	keine Angaben
1951	572	228	260	240	72%	132
1952	511	180	207	207	72%	190
1953	523	211	229	212	71%	231
1954	494	204	170	188	64%	190

Quelle: BAB, DQ 2/1813, Bericht des Ministeriums für Arbeit und Berufsausbildung (Abt. Nachwuchslenkung und Prüfungswesen) vom 30. 3. 1955, S. 1.

[25] BAB, DQ 2/1813, Bericht des Ministeriums für Arbeit und Berufsausbildung vom 30. 3. 1955, S. 1.

Bereits das Gesetz „über die Teilnahme der Jugend am Aufbau der Deutschen Demokratischen Republik und die Förderung der Jugend in Schule und Beruf, bei
Sport und Erholung" vom 8. Februar 1950 enthielt einen Abschnitt zur Berufsausbildung, der allerdings sehr allgemein gehalten war[26]. Eine Ausnahme bildete
unter Berufung auf den Volkswirtschaftsplan 1950 der Hinweis, daß 41 neue Berufsschulen mit 26500 Plätzen gebaut und 80 Berufsschulen mit 36000 Plätzen
wieder errichtet werden sollten. Außerdem war die Zahl der Schüler in Berufsschulen auf 720000, die Zahl der Schüler in Betriebsberufsschulen auf 90000 zu
erhöhen. Die vier Jahre später veröffentlichte fünfte Anordnung zur Durchführung dieses Gesetzes schrieb die praktizierte Berufsausbildung nur noch einmal
fest und unternahm nicht den Versuch, die geschilderten Fehlplanungen grundsätzlich zu korrigieren[27].

Die DDR-Regierung begann 1955 damit, Maßnahmen zu ergreifen, um die ausgebildete akademische Funktionselite[28] zielgerichtet zu lenken. Eine entsprechende Verordnung regelte unter anderem den Zugang zu den Universitäten,
Hoch- und Fachschulen[29]. Unter Beteiligung sämtlicher Fachministerien und
Staatssekretariate sollte ein Absolventenverteilungsplan entstehen, der nach dem
jeweiligen Bedarf aufzustellen war. Darüber hinaus verfolgte die Verordnung das
Ziel, die Fluktuation in diesem Bereich erheblich zu reduzieren. So mußten sich
die Absolventen, die von sogenannten Absolventenlenkungskommissionen verteilt wurden, verpflichten, nach Abschluß des Studiums drei Jahre an der ihnen
zugewiesenen Arbeitsstelle tätig zu sein[30]. Mit dieser Verordnung wurde in zunehmendem Maße der politische Ansatz, ein Gesamtkonzept bei der Berufsausbildung zu verfolgen, durch eine partielle Differenzierung ergänzt und überlagert.
Unter dem Eindruck der volkswirtschaftlichen Gesamtplanung, welche die Bedarfswünsche der einzelnen Fachministerien zu berücksichtigen hatte, begannen
das Arbeitsministerium und der Ministerrat pragmatische Einzelfallmaßnahmen
zu ergreifen.

Der Ministerrat und das Ministerium für Arbeit und Berufsausbildung wandten sich zeitgleich der Gewinnung jüngerer Arbeitskräfte zu. Der Ministerrat
hatte dazu am 3. Februar 1955 einen „Plan [...] zur Förderung der Jugend" verabschiedet, der unter anderem die Vermittlung von 181000 Jugendlichen in Lehrstellen vorsah[31]. Aus den Reihen der Schulabgänger sollten – so sah es der Plan vor
– die „Besten" für die Berufe des Bergbaus, der Energiewirtschaft, der chemischen
Industrie und der Landwirtschaft gewonnen werden. Dabei erhielten die zuständigen Ministerien die Aufgabe, „unter der Leitung der Staatlichen Plankommis-

---

26 Gesetzblatt der DDR 1950, S. 95–99, hier S. 97 f.
27 Gesetzblatt der DDR 1954, S. 125–129. Die Anordnung war zuvor vom Politbüro der SED gebilligt worden. SAPMO, DY 30/J IV 2/2/344, Bl. 3 und Bl. 56–68, Protokoll der Sitzung des Politbüros am 26. 1. 1954.
28 Vgl. zu den Hochschullehrern die sozialgeschichtliche Studie von Jessen, Akademische Elite und
kommunistische Diktatur.
29 Verordnung über die Berufsberatung und die Berufslenkung der Absolventen der Universitäten,
Hoch- und Fachschulen vom 3. 2. 1955, in: Gesetzblatt der DDR 1955, Teil I, S. 113–115. Ein Entwurf des Staatssekretariats für Hochschulwesen vom 30. 12. 1954 befindet sich in: BAB, DQ 2/
536.
30 Gesetzblatt der DDR 1955, Teil I, S. 114 (§ 5, Abs. 1).
31 Gesetzblatt der DDR 1955, Teil I, S. 117–121, hier S. 118 (§ 9).

sion dafür zu sorgen, daß [...] der Nachwuchsplan restlos erfüllt wird". Darüber hinaus wurden die Leiter der volkseigenen und ihnen gleichgestellten Betriebe angewiesen, mit den bereits im Betrieb beschäftigten sowie mit den neu einzustellenden Jugendlichen langfristige Verträge für die „berufliche Weiterentwicklung" abzuschließen[32]. Das Ministerium für Volksbildung sollte ferner dafür sorgen, daß „in noch größerem Umfang mit den Oberschülern des letzten Schuljahres Betriebsbesuche in den wichtigsten Betrieben der Industrie- und Landwirtschaft durchgeführt werden"[33]. Damit beabsichtigte die DDR-Staatsführung eine engere Verknüpfung von Arbeitskräftelenkung, Berufs- und Schulausbildung. Grundsätzlich zeigte sich aber auch hier, wie schwierig es für die Planungsbehörden war, den Bedarf an Ausbildungs- sowie an Arbeitsplätzen für jeden Wirtschaftsbereich im voraus genau einschätzen zu können. Auch der sowjetische Berater im Ministerium für Arbeit und Berufsausbildung F. Kotow wies auf dieses Dilemma hin, machte aber letztlich die Arbeitsverwaltung sowie die Staatliche Plankommission dafür verantwortlich: Die „Arbeiter der Planorgane" hätten dem Berufsausbildungswesen „bei der Aufstellung des Planes aufgrund Perspektivbilanz qualifizierter Kader keine Hilfe erwiesen"[34]. Insgesamt stellte der Beirat in seinem Bericht ein „verhältnismäßig niedriges Anwachsen [sic] der Anzahl von Facharbeitern in der Kohleindustrie und in der Landwirtschaft" fest[35]. Die SED-Führung vermied es zunächst jedoch, einen eigenen Beschluß zur Berufsausbildung zu fassen. Zwar diskutierte das Sekretariat des ZK auf seiner Sitzung am 11. Januar 1956 über einen Maßnahmenkatalog für die Verbesserung der Berufsausbildung. Dieser wurde aber nur zur Kenntnis genommen und dem Arbeitsministerium zur weiteren „ideologischen" Überarbeitung übergeben[36]. Kurz darauf erteilte der Ministerrat dem Ministerium für Arbeit und Berufsausbildung den Auftrag, „zur weiteren Verbesserung der Berufsausbildung [...] geeignete Vorschläge zu unterbreiten"[37]. Im Verlauf des Jahres 1956 sollten – so das ambitionierte Ziel des Ministerrates – insgesamt 179000 Jugendliche in Ausbildungsplätze und 71000 in Arbeitsstellen vermittelt werden. Die Durchführung des Beschlusses blieb dem Arbeitsministerium überlassen.

In der Folgezeit versuchte das Arbeitsministerium, die Berufsausbildung strukturell zu verbessern. Dazu gehörte auch, die entstandene Konkurrenz zwischen Werksleitung und Betriebsberufsschule aufzulösen und eine Entscheidung über die Unterstellung herbeizuführen. Ein Entwurf über die Berufsausbildung der Jugend in der volkseigenen und genossenschaftlichen Wirtschaft sah schließlich die Unterordnung des Direktors der Betriebsberufsschule unter den Betriebsleiter vor[38]. Das Ministerium für Leichtindustrie, das diesen Vorschlag ausdrücklich be-

[32] Ebenda, S. 119 (§ 12).
[33] Ebenda (§ 14).
[34] SAPMO, NY 4090/330, Bl. 164–176, hier Bl. 165, Bericht des Beirats beim Ministerium für Arbeit und Berufsausbildung (F. Kotow) vom 6. 7. 1955 an den Vorsitzenden des Ministerrates Otto Grotewohl.
[35] Ebenda, Bl. 169.
[36] SAPMO, DY 30/J IV 2/3/499, Bl. 5. Die Vorlage befindet sich im Arbeitsprotokoll: SAPMO, DY 30/J IV 2/3 A/499.
[37] SAPMO, DY 30/IV 2/16/223, Bl. 3, Plan des Ministerrates zur Förderung der Jugend im Jahre 1956 vom 30. 1. 1956.
[38] BAB, DC 20 Teilbestand Ulbricht/3968, Bl. 2–16, hier Bl. 13.

grüßte, erhoffte sich davon eine praxisverbundene Ausbildung und eine noch engere Verzahnung mit den einzelnen Betrieben[39]. Weitere Vorschläge der Staatlichen Plankommission liefen auf eine Ausdehnung der Berufsausbildung in einzelnen Wirtschaftszweigen, vor allem der Landwirtschaft, hinaus[40]. Außerdem sollte die zu Beginn der fünfziger Jahre begonnene Weiterbeschäftigung von Rentnern aufgehoben werden, um diese Arbeitsplätze für Jugendliche freizumachen[41]. Diese Maßnahme mußte allerdings von einer Erhöhung der Mindestrenten begleitet werden. Hierbei entwickelte sich ein Zielkonflikt: Auf der einen Seite hatten die SED-Führung und die Arbeitsverwaltung in der Vergangenheit stets die Ausdehnung des Arbeitskräftepotentials proklamiert, was eine Beteiligung von erwerbsfähigen Rentnern in der Arbeitswelt mit einschloß. Auf der anderen Seite war die Zahl der zur Verfügung stehenden Arbeitsplätze offenbar doch begrenzt, so daß die Planungsinstanzen eine Prioritätenliste erstellen mußten, auf der die Rentner schnell in eine Minderheitenposition gerieten. Letztlich waren der Bedarf an qualifizierten Facharbeitern in der volkseigenen Wirtschaft und die Konkurrenzsituation zur Bundesrepublik Deutschland, die sich unter anderem im Vergleich der jeweiligen Arbeitslosenstatistiken durch den DDR-Ministerrat niederschlug, ausschlaggebend für die Bevorzugung der Jugendlichen.

Nachdem der stellvertretende Vorsitzende des Ministerrates Selbmann Bedenken gegen den eingebrachten Beschlußentwurf geäußert hatte, wurde dieser zunächst zurückgezogen. Arbeitsminister Macher wurde beauftragt, den Entwurf nochmals zu überarbeiten und nach Beratung mit dem stellvertretenden Vorsitzenden des Ministerrates Rau erneut einzureichen[42]. Am 28. Juni 1956 verabschiedete der Ministerrat den Beschluß über die Berufsausbildung der Lehrlinge in der sozialistischen Wirtschaft, der die Betriebsberufsschulen den Betriebsleitungen unterstellte[43].

Ähnlich wie bei der Debatte über die Neuordnung der Arbeitskräftelenkung rückten im Verlauf der Diskussion über die Verbesserung der Berufsausbildung die Bezirksverwaltungen in den Mittelpunkt des Interesses. Erste konzeptionelle Vorschläge gingen in Richtung einer Stärkung der „örtlichen Organe", denen etwa das Recht eingeräumt werden sollte, „grundsätzliche Änderungen der Planvorschläge herbeizuführen"[44]. Auf diese Weise erhoffte man sich außerdem eine Lösung der Wohnraumproblematik: Die Lenkung von Lehrlingen hing oftmals mit der Situation auf dem regionalen Wohnungsmarkt zusammen. Ein Schattendasein führte auch in diesem Bereich die Privatwirtschaft, die von der Arbeitsverwaltung und der Staatlichen Plankommission nachrangig behandelt wurde. Die Kreise bzw. Bezirke wurden aufgefordert, „eigenverantwortliche Vorschläge, auf der Grundlage einer vom Ministerium für Arbeit und Berufsausbildung herauszuge-

[39] BAB, DC 20 I/4–187, Bl. 93, Staatssekretär im Ministerium für Leichtindustrie (Teichmann) am 21. 3. 1956 an das Ministerium für Arbeit und Berufsausbildung.
[40] BAB, DE 1/6013, Bl. 1–7, hier Bl. 6, Disposition der HA Planung der Arbeitskräfte vom 27. 4. 1956.
[41] Nach Angaben der SPK waren im Frühjahr 1956 rund 500000 Personen im Rentenalter beschäftigt. Ebenda, Bl. 3.
[42] BAB, DC 20 I/4–176, Bl. 4, Protokoll der Sitzung des Präsidiums des Ministerrates am 17. 5. 1956.
[43] Gesetzblatt der DDR 1956, Teil I, S. 568–570, hier S. 568.
[44] BAB, DQ 2/730, Vorschläge zur Nachwuchsplanung und -lenkung [1956], S. 1.

benden Direktive, aus[zu]arbeiten"[45]. Die eingereichten Planvorschläge mußten anschließend vom Ministerium bestätigt werden.

Zwischen dem Ministerium für Arbeit und Berufsausbildung und der Staatlichen Plankommission bahnte sich im Sommer 1956 ein Konflikt über die Zuständigkeit für die Berufsausbildung an. Während die oberste Planungsbehörde dafür plädierte, die Planung in diesem Bereich vollständig der Arbeitsverwaltung zu übergeben, sprach sich Arbeitsminister Macher vehement dagegen aus. Seiner Auffassung nach sollte die „Planung der Nachwuchskader dort erfolgen [...], wo die Produktion und die Arbeitskräfte zusammengefaßt geplant werden, d.h. in den Fachministerien und der Staatlichen Plankommission"[46]. Macher erklärte sich bereit, die für die Privatwirtschaft bereits eingeleiteten Maßnahmen zu Ende zu führen und „den Planvorschlag zu übergeben". Neben den Fachministerien wollte er auch die Bezirksverwaltungen in die Verantwortung nehmen, die – so sein Vorschlag – die Nachwuchsplanung für die Privatbetriebe zu übernehmen hatten. Der Arbeitsminister machte abschließend unmißverständlich klar, daß die von der Staatlichen Plankommission (Hauptabteilung Planung der Arbeitskräfte) vorgeschlagenen Aufgaben für das Ministerium für Arbeit und Berufsausbildung „von uns nicht durchgeführt werden"[47]. Zur eigenen Entlastung schlug der Leiter des Hauptreferats Berufsausbildung Ender vor, auf zentraler Ebene ein „selbständiges Organ" zu schaffen, das die Arbeit auf dem Gebiet der gesamten Berufsausbildung koordinieren sollte[48].

Die Überlegungen zur institutionellen Neuordnung der Berufsausbildung, die sich mit dem Ziel einer weiteren Umwandlung der Wirtschaft zu Lasten des privaten Sektors verknüpften, wurden jedoch rasch wieder fallengelassen. Dies hing unter anderem mit den zunächst ausbleibenden, später sich wandelnden Vorgaben der SED-Führung zusammen. Der V. Parteitag bremste letztlich einige Reformvorschläge ab, die zuvor entwickelt worden waren, und proklamierte statt dessen einen „neuen" Wirtschaftskurs: die „ökonomische Hauptaufgabe". Wie weiter oben gezeigt werden konnte, hatte dies auch Konsequenzen für die Überarbeitung des Arbeitsrechts und der bis dahin praktizierten Arbeitskräftelenkung gehabt. Der stellvertretende Minister für Volksbildung Wießner sah sich sogar noch im Frühjahr 1959 veranlaßt, auf einer Versammlung seines Ministeriums Selbstkritik zu üben[49] und die Verantwortung für „den Tempoverlust und den Revisionismus auf dem Gebiet der Berufsausbildung" zu übernehmen[50]. Die Schulkommission und die Wirtschaftskommission beim Politbüro des ZK der SED arbeiteten unter Leitung von Kurt Hager Vorschläge zur „Qualifizierung der Werktätigen und zur sozialistischen Entwicklung der Berufsausbildung in der DDR" aus[51], die ganz unter dem Eindruck des V. Parteitages standen. Es war offensichtlich das Bestreben der beiden Kommissionen, ein einheitliches Gesamtkonzept für die Berufsausbildung in der „sozialistischen Wirtschaft" zu entwerfen. Dieses

---

[45] Ebenda, S. 2.
[46] BAB, DQ 2/537, Minister Macher am 25. 7. 1956 an den SPK-Vorsitzenden Leuschner, S. 1.
[47] Ebenda, S. 2.
[48] BAB, DQ 2/577.
[49] SAPMO, DY 30/IV 2/2.029/35, Bl. 354–361, Diskussionsbeitrag Wießner.
[50] Vgl. ebenda, Bl. 353, Leiter der ZK-Abt. Volksbildung (Neugebauer) am 20. 4. 1959 an Apel.
[51] SAPMO, DY 30/J IV 2/2 A/697, Vorlage Kurt Hagers vom 16. 5. 1959.

sah unter anderem auch eine Gewichtung der verschiedenen Akteure vor: Die Tätigkeits- und Aufgabenfelder der staatlichen Verwaltungen, der SED und der Massenorganisationen sollten – so die Idealvorstellung – aufeinander abgestimmt werden. Das Politbüro reichte den Entwurf wenige Tage später zur nochmaligen Überarbeitung wieder zurück. Gleichzeitig wurde der Vorschlag einer grundsätzlichen Revision verworfen: „Die Berufsausbildung braucht gegenwärtig über den jetzigen Rahmen nicht hinauszugehen."[52] Damit war diese Debatte, die im wesentlichen zwischen der SED-Führung, der zuständigen ZK-Abteilung und der Staatlichen Plankommission geführt worden war, beendet[53]. Ende Oktober 1959 brachte die NDPD auf Anfrage erstmals eine eigene Vorlage ein, die jedoch von der SED-Führung nicht mehr aufgegriffen wurde[54]. Die Blockpartei übernahm dabei kritiklos die Bündniskonzeption der SED: Oberstes Prinzip sei die Festigung des Bündnisses mit der Arbeiterschaft sowie die Unterstützung bei der Durchsetzung der führenden Rolle der Arbeiterschaft und ihrer Partei. Entsprechend ihrem Auftrag als Transmissionsriemen der Hegemonialpartei betonte die NDPD außerdem: „Zielsetzung aller neu zu schaffenden und neu entstehenden Einrichtungen der Schulungs- und Bildungsarbeit ist die Förderung der politisch-moralischen und sozial-ökonomischen Umwandlung des Mittelstandes."[55]

[52] SAPMO, DY 30/J IV 2/2/647, Bl. 5 f., Protokoll der Sitzung des Politbüros am 19. 5. 1959.
[53] Der Entwurf über die „Grundsätze zur weiteren Entwicklung des Systems der Berufsausbildung in der DDR" wurde erst im Zusammenhang mit der Vorbereitung des III. Berufspädagogischen Kongresses vom Politbüro abgesegnet. SAPMO, DY 30/J IV 2/2/693, Bl. 6 und Bl. 18–55. Dieser sah unter anderem die Bildung von „Betriebsakademien" vor. Ebenda, Bl. 37. Eine erheblich reduzierte und veränderte Fassung, die ausschließlich die Zuständigkeiten der beteiligten Verwaltungen (Ministerium für Volksbildung, Staatliche Plankommission, Staatssekretariat für Hoch- und Fachschulwesen, örtliche Räte) regelte, erschien am 13. 8. 1960 im Gesetzblatt. Vgl. Gesetzblatt der DDR 1960, Teil I, S. 441 f., Beschluß über die weitere Entwicklung des Systems der Berufsausbildung in der DDR vom 30. 6. 1960.
[54] Die Vorlage der NDPD vom 23. 10. 1959 konzentrierte sich vor allem auf die Berufsausbildung für das Handwerk, die private und halbstaatliche Industrie sowie den privaten Einzelhandel. SAPMO, DY 30/IV 2/9.05/118, Bl. 1–7.
[55] SAPMO, DY 30/IV 2/9.05/118, Bl. 41–43, Prinzipien für die Erwachsenenweiterbildung der verschiedenen Schichten des Mittelstandes vom 6. 11. 1959.

5. Die kurzfristige Regulierung von Versorgungsengpässen und Überhängen

Entlassungen in der Schwerindustrie und Arbeitskräftebedarf in der Landwirtschaft

Bei der Arbeitskräfteplanung und -lenkung kristallisierten sich schon frühzeitig systemimmanente Probleme heraus, die ab Mitte der fünfziger Jahre immer mehr zum Tragen kamen und zu einem prägenden Kennzeichen sozialistischer Planwirtschaft werden sollten. Die Arbeitsverwaltung mußte erkennen, daß ihre Bedarfsplanung unzureichend gewesen war, da sich im sekundären Sektor, vor allem bei der Schwerindustrie, ein Arbeitskräfteüberhang bemerkbar machte. Der vorrangige Ausbau der Grundstoff- und Schwerindustrie zeigte somit deutliche negative Folgewirkungen. Die Zentrale Kommission für Staatliche Kontrolle (ZKSK) meldete zunächst Mitte Januar 1955, daß in einigen Betrieben im Bezirk Dresden „Entlassungen von Arbeitskräften in größerem Umfang vorgenommen werden"[1]. Die Entlassungen gingen in der Regel auf die von den zuständigen Ministerien erstellten Arbeitskräftepläne zurück, die eine Laufzeit von zwölf Monaten hatten: So mußte beispielsweise das VEB Transformatoren- und Röntgenwerk Dresden auf Veranlassung des Ministeriums für Maschinenbau 433 Arbeiter seiner insgesamt 4221 Belegschaftsmitglieder entlassen[2]. Der Bericht listete noch weitere Betriebe auf, bei denen sogenannte Freisetzungen notwendig geworden waren. Von der Entlassungswelle wurden in zunehmenden Maße auch Betriebe der Konsum- und Leichtindustrie erfaßt. Es deutet einiges darauf hin, daß diese Entwicklung auch auf das Bestreben der Staatlichen Plankommission und der Industrieministerien zurückzuführen war, in den Betrieben Arbeitskräftehortung zu verhindern bzw. Arbeiter, die dort nicht mehr für die Produktion benötigt wurden, für andere Aufgaben „umzusetzen". Den entlassenen Arbeitern konnte jedoch oftmals nicht sofort ein neuer Arbeitsplatz angeboten werden, so daß zumindest vorübergehend mit einem Ansteigen der Erwerbslosenzahlen zu rechnen war[3]. Bei der Vorbereitung des Volkswirtschaftsplanes ging die SED-Führung für das zweite Quartal 1955 von insgesamt 67 800 Entlassungen aus, allein 60 000 beim Maschinenbau[4].

Gleichzeitig wurde ein Arbeitskräftebedarf im primären Sektor gemeldet. Der Mangel an Landarbeitern war für die DDR nichts Neues und hatte auch schon zuvor die Führungsgremien der SED sowie des Ministerrates eingehend beschäftigt. So hatte etwa der Ministerrat auf seiner Sitzung am 2. Mai 1952 ein Maßnahmenbündel verabschiedet, um Arbeitskräfte für die Landwirtschaft bereitzustellen[5]. Allerdings strebte man seinerzeit nicht so sehr die Umsetzung von Arbeitskräften zwischen den verschiedenen volkswirtschaftlichen Sektoren an, sondern die Er-

---

[1] BAB, DC 1/1055, Bericht der ZKSK vom 17. 1. 1955, S. 1. Die folgenden S. 516–525 habe ich in einer ersten verkürzten Fassung bereits an anderer Stelle veröffentlicht. Vgl. Hoffmann, Im Laboratorium der Planwirtschaft, S. 654–662.
[2] BAB, DC 1/1055, Bericht der ZKSK vom 17. 1. 1955, S. 2.
[3] BAB, DQ 2/853, Bericht der Abt. Arbeitskraftlenkung vom 22. 1. 1955.
[4] SAPMO, DY 30/J IV 2/2/418, Bl. 30.
[5] BAB, DC 20 I/3–105, Bl. 4.

weiterung des Beschäftigtenstandes. Es sollten „in höherem Maße arbeitseinsatzfähige Sozialfürsorgeunterstützungsempfänger" in der Landwirtschaft eingesetzt werden, die neben dem gesetzlichen Tariflohn ihre Leistungen aus der Sozialfürsorge weiterhin ungekürzt erhalten sollten[6]. Nach Angaben des Ministeriums für Arbeit waren im Monat Mai 1952 insgesamt 12 000 Sozialfürsorgeempfänger entsprechend tätig[7], wobei ein großer Teil dieser Gruppe aber schon vor Beginn der Werbeaktion in der Landwirtschaft beschäftigt gewesen sein dürfte. Das Ministerium für Land- und Forstwirtschaft veröffentlichte am 21. März 1955 eine Richtlinie „für den Wettbewerb zur Steigerung der Produktion und Erfüllung des Volkswirtschaftsplanes 1955 in der Landwirtschaft"[8]. Eng verbunden mit dieser Mobilisierungskampagne war die zeitgleich erschienene Richtlinie für die Aktion „Industriearbeiter aufs Land", die zuvor vom ZK der SED abgesegnet worden war[9]. Die Durchführung oblag den Räten der Kreise und Bezirke. Diese Aktion besaß nicht nur den skizzierten arbeitsmarktpolitischen Hintergrund (Arbeitskräftemangel), sondern muß auch in enger Verbindung mit der SED-Landwirtschaftspolitik gesehen werden: Der Aufbau der Landwirtschaftlichen Produktionsgenossenschaften (LPG), der zunächst 1953 gestoppt worden war, sollte auf diese Weise wieder etwas vorangetrieben werden[10]. Die Vorstellung, die personelle Überbesetzung in der Industrie zur Stärkung der Landwirtschaft zu nutzen, schien zunächst der richtige Lösungsansatz zu sein, stieß allerdings bei der praktischen Umsetzung auf gewaltige Probleme. Auch hier wurde eine Koordinierungsbereitschaft und -fähigkeit der einzelnen Verwaltungen auf zentraler, bezirklicher und lokaler Ebene vorausgesetzt, die in der zeitlichen und inhaltlichen Abfolge nicht erbracht werden konnte. So war es letztlich auch nicht verwunderlich, daß der Bericht der ZKSK über den Verlauf dieser Aktion aus Sicht der SED-Führung niederschmetternd ausfiel: Im einzelnen wurde kritisiert, daß der Arbeitskräftebedarf in den Kreisen oftmals nicht ermittelt wurde, so daß die Arbeitsverwaltung auch keine verläßlichen Daten für ihre weitere Planung besaß[11].

Für die Durchführung der Aktion „Industriearbeiter aufs Land" wurden nicht nur die staatlichen Verwaltungen auf der zentralen und lokalen Ebene, sondern auch die Massenorganisationen eingebunden. So forderte der Minister für Arbeit und Berufsausbildung Fritz Macher den Vorsitzenden des FDGB-Bundesvorstandes Herbert Warnke am 6. August 1955 auf, unterstützende Maßnahmen einzuleiten[12]. Besonders „ungenügend" sei die bisherige Werbetätigkeit der Betriebsgewerkschaftsleitungen in den Industriebetrieben gewesen. Noch deutlicher wurde die Staatliche Plankommission (HA Planung der Arbeitskräfte), die bei einem Instrukteureinsatz im Bezirk Halle SED und FDJ in die Kritik mit einschloß.

---

[6] Ebenda, Bl. 10 f., Anlage 1 zum Protokoll.
[7] Ebenda, Bl. 50–56, Minister für Arbeit, Roman Chwalek, am 9. 7. 1952 an den Chef der Regierungskanzlei und Staatssekretär der Regierung, Fritz Geyer.
[8] BAB, DQ 2/2124.
[9] Ebenda.
[10] BAB, DO 1/8/175, Bl. 31 f., Schreiben des Ministers für Land- und Forstwirtschaft, Hans Reichelt, am 7. 7. 1955 an den Minister des Innern, Karl Maron.
[11] Ebenda, Bl. 40–54, Bericht der ZKSK, Arbeitsgruppe Arbeit und Gesundheitswesen, vom 27. 7. 1955.
[12] SAPMO, DY 34, 45/143/6058.

Sie kam in einem bilanzierenden Bericht zum Ergebnis, daß die Tätigkeit der eingesetzten Kommissionen in den Bezirken und Kreisen „dadurch gehemmt [werde], daß die Vertreter der Partei, des FDGB und der FDJ nicht regelmäßig und nicht aktiv an der Arbeit teilnehmen" würden[13]. Dagegen wies der FDGB-Bundesvorstand die Verantwortung für den schleppenden Fortgang der Aktion den Industrieministerien zu[14].

Obwohl zwischen dem Ministerium für Land- und Forstwirtschaft und einzelnen Industrieministerien Vereinbarungen getroffen worden waren[15], um die gemeinsamen Werbemaßnahmen abzustimmen, war die Zusammenarbeit keineswegs reibungslos. So entwickelte sich in der Folgezeit eine Kontroverse zwischen den beteiligten Ressorts in Berlin, die längere Zeit andauerte und letztlich den erhofften Erfolg der Aktion erheblich beeinträchtigte. So hatte der Minister für Arbeit vorgeschlagen, sogenannte Landjugendbrigaden zu bilden, die außerhalb der bereits bestehenden Organisationsstrukturen in den Dörfern (also neben den Landwirtschaftlichen Produktionsgenossenschaften und den Volkseigenen Gütern) aufgebaut werden sollten. Dadurch erhoffte sich Minister Macher offensichtlich eine rasche Mobilisierung zusätzlicher Arbeitskräfte, wobei deutliche Kritik an der mangelhaften Kooperation auf seiten der bestehenden LPG geübt wurde: Diese hätten sich nämlich unter Verweis auf „ökonomische Gründe" bisher geweigert, Jugendliche als Lehrlinge einzustellen, „weil man die Ansicht vertritt, daß die Genossenschaften nicht in der Lage sind, die Jugendlichen zugleich gesellschaftlich und moralisch zu beeinflussen und zu erziehen"[16]. Der Staatssekretär für Berufsausbildung Rudi Wießner sprach sich gegen diesen Vorschlag aus und betonte, daß es nicht richtig sei, das Arbeitskräfteproblem in der Landwirtschaft auf diese Weise zu lösen. Er versuchte, die Verantwortung dem Landwirtschaftsministerium zuzuschieben: Die Genossenschaften müßten davon überzeugt werden, „Lehrlinge einzustellen, auszubilden und zu jungen Genossenschaftsbauern im Kollektiv der Genossenschaft zu erziehen"[17].

Zur besseren Koordinierung wurde vermutlich im Sommer 1955 eine Zentrale Kommission gebildet[18], in der Mitarbeiter nahezu sämtlicher Ministerien vertreten waren. Die Arbeit der Kommission beschränkte sich jedoch im wesentlichen auf die Durchführung von Werbekampagnen, bei der auch die Massenorganisationen (vor allem FDGB und FDJ) beteiligt wurden[19], sowie auf die Zusammenstellung von Instrukteurgruppen, welche die Aktion zu überwachen hatten[20]. Bis Anfang August 1955 konnten einem Bericht zufolge, den das Sekretariat des ZK in Auftrag gegeben hatte, rund 20700 „Industriekader" auf dem Lande eingesetzt

---

[13] BAB, DE 1/8739, Bl. 72–74, hier Bl. 73, Bericht der SPK (HA Planung der Arbeitskräfte) vom 30. 6. 1955.

[14] SAPMO, DY 34, 45/143/6058, Hausmitteilung des FDGB-Bundesvorstandes vom 6. 8. 1955.

[15] Vgl. BAB, DQ 2/2124, Vereinbarung zwischen dem Ministerium für Allgemeinen Maschinenbau und dem Ministerium für Land- und Forstwirtschaft.

[16] BAB, DQ 2/2123, Wießner am 19. 10. 1955 an Minister Macher.

[17] Ebenda.

[18] Vgl. BAB, DQ 2/2124, Bericht der Abt. Arbeitskraftlenkung vom 1. 8. 1955.

[19] Vgl. BAB, DQ 2/2123, Protokoll über die Sitzung der zentralen Kommission der Aktion „Industriearbeiter aufs Land" am 20. 2. 1956.

[20] Vgl. ebenda, Protokoll über die Sitzung der zentralen Kommission der Aktion „Industriearbeiter aufs Land" am 3. 9. 1956.

werden[21]. Eine Aufschlüsselung nach den Berufsgruppen, die unter anderem Rückschlüsse auf die Qualifizierung zuläßt, zeigt deutlich, daß die Mehrzahl in unteren und mittleren Positionen des landwirtschaftlichen Sektors neu einsteigen mußte. Die mit Abstand größte Gruppe waren die Landarbeiter (9500), gefolgt von 2000 Traktoristen und etwa 1000 Bauarbeitern bzw. Handwerkern. Das Ziel, mit Hilfe der „Industriekader" die Umstrukturierung der Landwirtschaft zu beschleunigen, war dagegen nicht im erhofften Maße erreicht worden[22]. Der Bericht kritisierte daher auch, daß die Aktion „Industriearbeiter aufs Land" noch zu sehr als „Arbeitskräfteumgruppierung" angesehen und nicht erkannt werde, „welche große Hilfe ausgewählte politische und fachliche Kader aus der Industrie für die Entwicklung der Landwirtschaft bedeuten".

Mit der Gewinnung von Arbeitskräften für die Landwirtschaft traten wiederum Schwierigkeiten bei der Versorgung mit Wohnraum auf, die von den beteiligten Ministerien im Vorfeld nicht berücksichtigt worden waren. Die Kommunalverwaltung wurde deshalb kurzfristig angewiesen, für die zugewanderten Arbeiter Wohnungen zur Verfügung zu stellen[23]. Als entscheidendes Hindernis erwies sich die Bezahlung, da sich vor allem die Industriearbeiter stets in höheren Lohngruppen als die Landarbeiter befanden. Die berufliche Umgruppierung in die Landwirtschaft war für sie automatisch mit einem Einkommensverlust verbunden. Angesichts der zusätzlichen Anreize wie etwa der Prämien, mit denen Großbaustellen Arbeitskräfte anwerben konnten, hatte die Landwirtschaft in der Zeit zuvor immer mehr an Attraktivität verloren[24]. Das Ministerium für Land- und Forstwirtschaft hatte zwar Ende November 1955 die Gewährung eines Lohnausgleiches angekündigt, allerdings dabei eine monatliche Höchstgrenze von 500 DM festgesetzt[25].

Der Bericht der zentralen Instrukteurgruppe über die Durchführung der Umsetzungsaktion fiel für das Jahr 1956 sehr ernüchternd aus[26]. Der Bedarf an 20000 landwirtschaftlichen Arbeitskräften, der auf die Industrieministerien und Massenorganisationen aufgeteilt worden war, konnte am Jahresende nicht befriedigt werden. So hatte das Ministerium für Schwermaschinenbau von 2412 nur 1850 Arbeitskräfte zur Verfügung stellen können; das Ministerium für Leichtindustrie hatte bei einer Auflage von 2670 sogar nur 987 Arbeiter bereitgestellt. Das Ministerium für Allgemeinen Maschinenbau konnte überhaupt kein Ergebnis vorlegen. Unterschiedlich wurde auch die Mitarbeit der beiden Massenorganisationen bewertet: Während die Instrukteurgruppe die Tätigkeit der FDJ insgesamt recht positiv einschätzte, stufte sie die Mitarbeit des FDGB „bis auf einige Ausnahmen [als] ungenügend" ein. Insgesamt beanstandeten die Instrukteure die mangelnde

---

[21] SAPMO, DY 30/J IV 2/3/483, Bl. 4 und 34–41, hier Bl. 34, Anlage zum Protokoll der Sitzung des Sekretariats des ZK vom 10. 8. 1955.

[22] Der Bericht zählte 46 MTS-Direktoren, 19 Betriebsleiter für VEG, 213 LPG-Vorsitzende, 65 Leiter der ÖLB und 114 Technische Leiter für MTS und VEG auf. Ebenda.

[23] W. Stechert, Die Sicherung der Unterbringung der Arbeitskräfte in der Landwirtschaft – eine Hauptaufgabe der Wohnraumlenkung, in: Arbeit und Sozialfürsorge 1955, S. 393 f. und S. 425 f.

[24] BAB, DQ 2/2123, Protokoll über die Sitzung der Zentralen Kommission der Aktion „Industriearbeiter aufs Land" am 24. 9. 1956, S. 3.

[25] Ebenda, Verfügungen und Mitteilungen des Ministeriums für Land- und Forstwirtschaft vom 28. 11. 1955, S. 2.

[26] Zum folgenden: SAPMO, DY 34/22301, Analyse der Instrukteurgruppe vom 21. 12. 1956.

Vorbereitung des Arbeitseinsatzes der Industriearbeiter und verwiesen dabei besonders auf die nach wie vor bestehende mangelhafte Wohnraumversorgung. Im Sommer 1957 wurde die Zahl der Mitglieder bei der Zentralen Kommission erheblich reduziert und gleichzeitig das Ministerium für Land- und Forstwirtschaft mit der weiteren Federführung beauftragt[27]. Das personell verkleinerte Gremium beschloß kurz darauf, die Aktion „Industriearbeiter aufs Land" nicht mehr fortzusetzen[28]. Statt dessen sollten nur noch die Landwirtschaftlichen Produktionsgenossenschaften in Mecklenburg bevorzugt mit Arbeitskräften versorgt werden.

Abbau von Arbeitsplätzen im Uranbergbau

Als weiterer Testfall für die DDR-Planwirtschaft erwies sich die berufliche Unterbringung von entlassenen Wismut-Arbeitern ab Spätsommer 1956. Diese Entwicklung hing direkt zusammen mit der zunehmenden Mechanisierung sowie der Stillegung unrentabler Schachtanlagen im Erzgebirge, die seit Mitte der fünfziger Jahre eine deutliche Reduzierung des Belegschaftsstandes verursacht hatten[29]. Informationen der Generaldirektion der SDAG Wismut zufolge sollten bis Ende 1956 sechs Schächte und zwei Aufbereitungsbetriebe stillgelegt werden; das bedeutete die Entlassung von rund 5800 Arbeitskräften, von denen nur ein geringer Teil in anderen Objekten des Uranbergbaus untergebracht werden konnte[30]. Die Arbeitsverwaltung war auf diese Entwicklung nicht vorbereitet; erneut mußte sie sich mit der Bewältigung der sozialen und wirtschaftlichen Folgen auseinandersetzen. Auf Veranlassung des Sekretariats des ZK der SED sollten die Staatliche Plankommission, die Industrieministerien sowie das Arbeitsministerium Vorschläge ausarbeiten, „welche industriellen Objekte im Wismutgebiet aufgebaut werden können, um die bestehenden Anlagen auszunutzen und die Arbeitskräfte, die dort seßhaft sind [...] zu beschäftigen"[31]. Die Kaderleiter der SDAG Wismut planten zunächst, die zur Entlassung anstehenden Arbeiter innerhalb des Unternehmens zu versetzen[32]. Das Berliner Arbeitsministerium setzte schließlich doch eine andere Strategie durch, da die Beschäftigtenzahl im Uranbergbau langfristig gesenkt werden mußte und somit eine Umgruppierung innerhalb der SDAG Wismut nicht in Frage kam. Statt dessen sollten die Arbeitskräfte an große volkseigene Betriebe der Schwer- und Grundstoffindustrie in der gesamten DDR vermittelt werden[33]. Die Bereitstellung von neuen Arbeitsplätzen blieb anfangs jedoch

---

[27] Ebenda, Ministerium für Land- und Forstwirtschaft an den FDGB-Bundesvorstand (Juli 1957).
[28] Ebenda, Kurze Information über die Beratung zur Sicherung des Arbeitskräftebedarfs für die Landwirtschaft im Ministerium für Land- und Forstwirtschaft am 16. 7. 1957.
[29] Karlsch, Der Aufbau der Uranindustrien in der SBZ/DDR und ČSR als Folge der sowjetischen „Uranlücke", S. 15.
[30] SAPMO, DY 30/J IV 2/3 A/532, Informationen der ZK-Abt. Grundstoffindustrie vom 25. 8. 1956. Vertreter der Generaldirektion der SDAG Wismut hatten diesen Sachverhalt auf einer Besprechung am 24. 8. 1956 mitgeteilt, an der der 1. Sekretär der SED-Gebietsparteileitung Wismut (Alois Bräutigam) und jeweils ein Vertreter des Zentralvorstandes der IG Wismut, des Ministeriums für Arbeit und der ZK-Abt. Grundstoffindustrie (Bertold Handwerker) teilnahmen.
[31] SAPMO, DY 30/J IV 2/3/527, Bl. 2, Protokoll der Sitzung des Sekretariats vom 5. 9. 1956.
[32] BAB, DQ 2/2104, Aktenvermerk des VEB Bau-Union Magdeburg vom 23. 10. 1956.
[33] Ebenda.

eine Aufgabe der SDAG Wismut[34] sowie der betroffenen Bezirks- und Kreisverwaltungen, während sich andere Großbetriebe und Bezirksverwaltungen auffallend zurückhielten.

Die Bezirksverwaltungen im Erzgebirge waren mit der arbeitsmarktpolitischen Aufgabe bald überfordert und baten die Staatliche Plankommission Anfang 1957 um Unterstützung[35]. Das Ministerium für Arbeit und Berufsausbildung beschränkte seine Aktivitäten zunächst darauf, Mitarbeiter in die betroffenen Kreise zu entsenden, um die Zahl der Entlassungen sowie die beruflichen „Umsetzungen" zu registrieren[36]. Eine Lenkung und Steuerung war zu diesem Zeitpunkt nicht erkennbar. Dies änderte sich erst Anfang März, nachdem das Sekretariat des ZK der SED beschlossen hatte, eine Kommission unter Vorsitz von Minister Macher zu bilden, die „geeignete Vorschläge zur anderweitigen Beschäftigung dieser freiwerdenden Arbeitskräfte" ausarbeiten sollte[37]. Gleichzeitig legte das SED-Führungsgremium fest, daß die entlassenen Arbeiter entweder in andere Betriebe innerhalb und außerhalb des Bezirkes Karl-Marx-Stadt zu vermitteln seien oder durch Verlegung von Betriebsteilen bzw. Errichtung zusätzlicher Produktionsstätten neue Arbeitsplätze finden sollten.

Trotz dieser Beschlüsse ging die berufliche Wiedereingliederung der entlassenen Arbeiter des Uranbergbaus nur langsam voran. Neue Beschäftigungsmöglichkeiten in nennenswertem Umfange boten nach Ansicht der Staatlichen Plankommission der Steinkohlenbergbau[38] sowie das neue industrielle Großprojekt ‚Schwarze Pumpe', die jedoch nicht alle arbeitslosen Wismut-Arbeiter aufnehmen konnten. Die einseitige Ausrichtung auf den Uranbergbau schloß eine neue berufliche Perspektive für die Mehrzahl der entlassenen Arbeiter in den Bezirken des Erzgebirges weitgehend aus[39]. Eine reibungslose Umgruppierung wurde somit unwahrscheinlich; mit einem Ansteigen der Arbeitslosenzahlen mußte gerechnet werden. Das Ministerium für Arbeit und Berufsausbildung ging für das Jahr 1957 von insgesamt 17 000 Entlassungen aus; besonders hart betroffen waren die Stadtkreise Johanngeorgenstadt (4200), Schneeberg (6800) sowie der Kreis Auerbach (2700)[40]. Darüber hinaus zeigte sich schon frühzeitig, daß zahlreiche Bergarbeiter eine neue Beschäftigung mit geringeren Verdienstmöglichkeiten wie etwa in der Textil- und Papierindustrie oder der Landwirtschaft ablehnten: „Durch die bei der SDAG Wismut eingeführten zahlreichen Vergünstigungen [...] sind die Kumpels

---

[34] BAB, DQ 2/2104, Abt. Arbeitskraftlenkung am 4. 1. 1957 an den Rat des Bezirkes Magdeburg (Abt. Arbeit und Berufsausbildung).

[35] SAPMO, NY 4090/359, Bl. 88, Rat des Bezirkes Karl-Marx-Stadt am 7. 2. 1957 an den Vorsitzenden der Staatlichen Plankommission Bruno Leuschner.

[36] BAB, DQ 2/2129, Vermerk der Abt. Arbeitskraftlenkung vom 18. 2. 1957.

[37] BAB, DQ 2/1698, Stellvertretender Ministerpräsident Fritz Selbmann am 8. 3. 1957 an Minister Macher. Der Kommission sollten „verantwortliche" Vertreter der Staatlichen Plankommission, des Ministeriums für Allgemeinen Maschinenbau, des Ministeriums für Leichtindustrie, des FDGB-Bundesvorstandes, des Rates des Bezirkes Karl-Marx-Stadt und der Generaldirektion der SDAG Wismut angehören.

[38] BAB, DE 1/413, Bl. 6–11, hier Bl. 6, Bericht der Staatlichen Plankommission über die Arbeitskräftelage im Wismut-Gebiet Johanngeorgenstadt vom 22. 9. 1956.

[39] BAB, DC 1/1063, Bericht (Entwurf) der ZKSK über die Lage und die notwendigen Veränderungen der Wirtschaftsstruktur im Bergbaugebiet der SDAG Wismut [Mitte März 1957], S. 3.

[40] BAB, DQ 2/2129, Bericht der Abt. Arbeitskraftlenkung vom 15. 3. 1957, S. 1.

gegenüber den Beschäftigten in anderen Industriezweigen verwöhnt worden."[41] Als weiteres Hindernis erwies sich erneut die mangelhafte Wohnraumversorgung, die der Arbeitskräftelenkung auch in diesem Fall im Wege stand. Auf Anweisung des Sekretariats des ZK der SED stellte Arbeitsminister Macher schließlich eine Kommission zusammen, die geeignete Beschäftigungspläne ausarbeiten sollte[42]. Der Handlungsspielraum war jedoch eng gesetzt, wie der Leiter der Hauptabteilung Investitionen bei der Staatlichen Plankommission, Friedrich Lange[43], bereits auf der ersten Sitzung hervorhob. So durften sich die Neuinvestitionen im Zusammenhang mit der beruflichen Eingliederung von entlassenen Wismut-Arbeitern nur im Rahmen des bereits laufenden Volkswirtschaftsplanes 1957 bewegen. Über den Plan hinausgehende Investitionen konnten deshalb nicht mehr vorgenommen werden. Alle Ministerien sollten daher überprüfen, „welche bereits vorhandenen Produktionskapazitäten in die Wismut-Kreise verlagert werden können"[44]. Darüber hinaus befürwortete die Mehrheit der Kommissionsmitglieder eine Weiterleitung der „freigewordenen Arbeitskräfte" in die Landwirtschaft. Mit der kurz zuvor eingeleiteten Aktion „Industriearbeiter aufs Land" schien sich eine Lösung anzubahnen. Diesem Vorschlag widersprach nur das Ministerium für Land- und Forstwirtschaft, auf das nunmehr größere Koordinierungsaufgaben zukamen[45]. Für die Landwirtschaft konnten aufgrund des bereits beschriebenen Scheiterns dieser Aktion nur äußerst wenige Bergarbeiter gewonnen werden: 1956 610 und im I. Quartal 1957 250 Arbeitskräfte[46].

Die Tatsache, daß es sich bei der SDAG Wismut um ein Unternehmen handelte, das nach wie vor unter maßgeblichem sowjetischen Einfluß stand, erschwerte zusätzlich die langfristige Planung. So wurde die deutsche Arbeitsverwaltung spät und unzureichend über die Zahl der entlassenen Wismut-Arbeiter und deren berufliches Qualifikationsprofil informiert. Der ZKSK-Vorsitzende empfahl daraufhin dem Arbeitsminister, „eine enge Verbindung mit der Generaldirektion der SDAG Wismut zu halten"[47]. Neben dem Ministerium für Land- und Forstwirtschaft setzten auch die übrigen an der Aktion beteiligten Ministerien eigene „Werber" im Erzgebirge ein, um Arbeitskräfte zu vermitteln. Sicherheitsbedenken von seiten der sowjetischen Werksleitungen verhinderten allerdings oftmals schon den

41 BAB, DC 1/1063, Bericht (Entwurf) der ZKSK über die Lage und die notwendigen Veränderungen der Wirtschaftsstruktur im Bergbaugebiet der SDAG Wismut [Mitte März 1957], S. 3.
42 SAPMO, DY 34, 45/143/6058, Minister Macher am 16. 3. 1957 an den Sekretär für Lohnfragen beim FDGB-Bundesvorstand, Otto Lehmann. Die Kommission setzte sich zusammen aus Vertretern der Staatlichen Plankommission, der Staatlichen Geologischen Kommission, des Ministeriums für Kohle und Energie, des Ministeriums für Allgemeinen Maschinenbau, des Ministeriums für Leichtindustrie, des Ministeriums für Berg- und Hüttenwesen, des Ministeriums für Land- und Forstwirtschaft, des Ministeriums für Aufbau, des Staatssekretariats für Örtliche Wirtschaft, des FDGB-Bundesvorstandes, der SDAG Wismut, des Rates des Bezirkes Karl-Marx-Stadt, des Rates der Stadt Johanngeorgenstadt und des Amtes für Technik. BAB, DQ 2/1251, Protokoll über die 1. Sitzung der Kommission für die Umsetzung der freiwerdenden Arbeitskräfte bei der SDAG Wismut am 22. 3. 1957, S. 1.
43 Angaben zu Lange in: SBZ-Handbuch, S. 962.
44 BAB, DQ 2/1251, Protokoll über die 1. Sitzung der Kommission für die Umsetzung der freiwerdenden Arbeitskräfte bei der SDAG Wismut am 22. 3. 1957, S. 2.
45 Ebenda, S. 3.
46 BAB, DQ 2/2129, Protokoll über die 2. Sitzung der Kommission für die Umsetzung der freiwerdenden Arbeitskräfte bei der SDAG Wismut am 5. 4. 1957.
47 BAB, DQ 2/1698, ZKSK-Vorsitzender am 3. 5. 1957 an Minister Macher, S. 2.

Zugang zu den Schachtanlagen[48]. Nach Angaben von Arbeitsminister Macher konnte ein großer Teil der Bergarbeiter, deren Entlassung für 1957 geplant war, bereits im Juni ein neues Beschäftigungsverhältnis vorweisen. Damit hatte sich die Situation leicht entspannt, und Macher hielt sogar das Weiterbestehen der Kommission „nicht mehr für erforderlich"[49].

Der Stein- und Braunkohlenbergbau befand sich Mitte der fünfziger Jahre in einer strukturellen Krise. Die ohnehin sehr begrenzten Steinkohlevorkommen gingen sichtbar zur Neige, so daß in diesem Bereich mit einem Anstieg der Erwerbstätigen nicht zu rechnen war. Darüber hinaus hatte das Staatssekretariat für Staatssicherheit am 18. November 1954 auf erhebliche Fehlmengen bei der Kohleförderung hingewiesen[50]. Als wesentliche Ursachen wurden Havarien und die nicht rechtzeitige Durchführung von Bauvorhaben genannt. Das Staatssekretariat, das in der zweiten Hälfte der fünfziger Jahre immer stärker die Gesamtwirtschaft zu kontrollieren versuchte, sich dabei aber zunächst auf Kaderfragen und Spionageangelegenheiten beschränkte[51], machte für die „häufig aufgetretenen Zugunfälle [...] feindliche Elemente im Auftrag der imperialistischen Geheimdienste" verantwortlich[52]. Die SED-Führung reagierte im Herbst 1956, befürchtete sie doch negative Folgen für die industrielle Produktion und mittelbar auch für den Arbeitsmarkt. Das Politbüro ging nämlich davon aus, daß sich die Brennstoff-Reserve von 29 Tagen (1955) auf acht Tage reduzieren würde[53]. Zur Sicherstellung der Versorgung mit Kohle nahm das Politbüro Verhandlungen mit den Mitgliedstaaten des Rates für gegenseitige Wirtschaftshilfe (RGW) auf, um die Kohlezulieferungen zu erhöhen[54], die vor allem aus Polen stark ins Stocken geraten waren. Dadurch war letztlich auch die Produktion in den Stahl- und Walzwerken äußerst gefährdet. Außerdem wurden die Bergarbeiter in der DDR zur Steigerung ihrer Arbeitsleistung mobilisiert. Das Sekretariat des ZK der SED beschloß in dem Zusammenhang am 29. März 1957, eine „zentrale Kohle- und Energiekonferenz" durchzuführen, an der Wirtschaftsfunktionäre, Mitglieder der Parteileitungen und der Gewerkschaften teilnehmen sollten[55]. Kurz zuvor hatte der Ministerrat der DDR am 21. März 1957 das Kohle- und Energieprogramm beschlossen[56]. In dem Zusammenhang entwickelte die ZK-Abteilung Industrie einen „Plan zur Mobilisierung aller Werktätigen zur Erfüllung des Kohle- und Energieprogramms unserer Republik"[57], den das Sekretariat des ZK der SED grundsätzlich bestätigte[58].

[48] Ebenda, Vermerk der Abt. Arbeitskraftlenkung vom 6. 5. 1957.
[49] Ebenda, Macher an den stellvertretenden Vorsitzenden des Ministerrates Fritz Selbmann, Juni 1957.
[50] BStU, MfS, DA 55/54, S. 2.
[51] Vgl. Anatomie der Staatssicherheit. Die Hauptabteilung XVIII.
[52] BStU, MfS, DA 55/54, S. 2.
[53] SAPMO, DY 30/J IV 2/2/508, Bl. 6 und 8–30, hier Bl. 8, Protokoll der Sitzung des Politbüros am 30. 10. 1956.
[54] SAPMO, DY 30/J IV 2/3/551, Bl. 1, Protokoll der Sitzung des Sekretariats des ZK am 6. 3. 1957.
[55] SAPMO, DY 30/J IV 2/3/554, Bl. 7f.
[56] Hübner, Zum Kohle- und Energieprogramm der DDR 1957.
[57] SAPMO, DY 30/J IV 2/3 A/562, Vorlage vom 8. 4. 1957.
[58] SAPMO, DY 30/J IV 2/3/557, Protokoll der Sitzung des Sekretariats des ZK vom 17. 4. 1957; SAPMO, DY 30/J IV 2/3/563, Bl. 9, Protokoll der Sitzung des Sekretariats des ZK vom 29. 5. 1957.

Die Kohlegewinnung sollte also insgesamt enorm gesteigert werden. Hintergrund dafür war unter anderem auch der Aufbau des Braunkohleveredelungswerkes ‚Schwarze Pumpe' bei Hoyerswerda. Eine Folge des Kohle- und Energieprogramms war der verstärkte Einsatz von Investitionsmitteln und Arbeitskräften in diesem Wirtschaftszweig, wodurch sich unter anderem das geplante Arbeitskräftekontingent vergrößerte. Das Kohle- und Energieprogramm kann als Versuch angesehen werden, einzelne zentrale Bereiche der Schwerindustrie wieder bevorzugt mit Investitionsmitteln und Arbeitskräften zu versorgen. Ende der fünfziger Jahre begann die Chemische Industrie an Bedeutung zu gewinnen. Dabei setzte ein Anstieg der Bruttoproduktion ein, der bald über dem der übrigen Bereiche der Grundstoffindustrie lag[59]. Die „Chemisierung" der Wirtschaft[60] koppelte die SED-Führung in Absprache mit dem RGW Ende der fünfziger bzw. Anfang der sechziger Jahre mit verstärkten Bemühungen um eine eigene Erdöl- und Erdgasgewinnung, die jedoch angesichts der geringfügigen Vorräte nahezu erfolglos blieb.

Tabelle 32: Entwicklung des Arbeitskräftebestandes in den Betrieben der HV Stein- und Braunkohle (1955/56)

Jahr	Gesamt-beschäftigte der HV Steinkohle	Zu-gänge	Ab-gänge	Gesamt-beschäftigte der HV Braunkohle	Zu-gänge	Ab-gänge
1955	26230	5714	7320	111135	19288	20840
1956	25927	5965	6269	109499	17696	17186

Quelle: BAB, DQ 2/1698, Bericht der Abt. Arbeitskraftlenkung vom 15. 4. 1957.

Der Rückgang der Beschäftigtenzahlen im Stein- und Braunkohlenbergbau hatte bis 1956 trotz vielfältiger Bemühungen der beteiligten Fachministerien letztlich nicht aufgehalten werden können. Mit der beschäftigungspolitischen Offensive, die primär auf das Ziel zurückzuführen war, die Fördermengen an Braun- und Steinkohle zu erhöhen, vergrößerte sich auch der Belegschaftsstand. Bei den Betrieben der Hauptverwaltung Braunkohle wurden im 1. Halbjahr 1957 bereits 117369 Beschäftigte gezählt[61]. Bei der Hauptverwaltung Steinkohle war dagegen die Zahl der Beschäftigten nicht gestiegen, sondern weiter auf 25193 zurückgegangen[62]. Damit blieben die Möglichkeiten begrenzt, alle entlassenen Wismut-Arbeiter in diesen Bergbauzweigen beruflich zu integrieren.

Die Stillegung von Schachtanlagen der SDAG Wismut und die damit zusammenhängende Verkleinerung der Belegschaft war im Sommer 1957 noch keines-

---

[59] Roesler, Die Herausbildung der sozialistischen Planwirtschaft in der DDR, S. 288.
[60] Vgl. Karlsch, Der Traum vom Öl, S. 73.
[61] BAB, DQ 2/1698, Analyse vom 19. 8. 1957, S. 2.
[62] Ebenda.

wegs abgeschlossen, sondern setzte sich auch im Herbst weiter fort[63]. In einigen Schachtanlagen ergab sich nach Mitteilung der Wismut-Generaldirektion ein neuer Arbeitskräfteüberhang von insgesamt 4650 Personen. Die beteiligten Ministerien sowie die Regional- und Lokalverwaltungen sahen sich somit erneut mit der Aufgabe konfrontiert, Beschäftigungsmöglichkeiten für die entlassenen Arbeiter anzubieten. Größere Betriebe der volkseigenen Industrie, in erster Linie wieder der Stein- und Braunkohlebergbau sowie die Bauindustrie, sollten zusätzliche Arbeitsplätze anbieten. Darüber hinaus planten die beteiligten Stellen eine Umsetzung der nicht ortsansässigen Arbeitskräfte. Wismut-Arbeiter, deren Wohnsitz außerhalb des Erzgebirges lag, sollten in ihre Heimatgebiete zurückkehren. Damit wurde das Problem der beruflichen Unterbringung aus Sicht der SDAG Wismut externalisiert, da auf diese Weise sämtliche DDR-Bezirke zur Bewältigung des Arbeitsmarktproblems herangezogen wurden. Die langfristige Planung wurde aber auch in diesem Fall dadurch behindert, daß die Kommunalverwaltungen in den betroffenen Kreisen der SDAG Wismut im Januar 1958 über keine konkreten Zahlenangaben verfügten[64]. Von einer neuen Entlassungswelle waren nach Angaben der Hauptabteilung Kader (SDAG Wismut) bis zum Ende des I. Quartals 1958 rund 5500 Arbeiter betroffen[65]. Besonders schwierig gestaltete sich die Lage in Johanngeorgenstadt, da es sich bei den zur Entlassung anstehenden Arbeitskräften (2000) nur um Ortsansässige handelte. Da die Aufnahmekapazitäten für zusätzliche Arbeitskräfte in den dortigen volkseigenen Betrieben „sehr gering" waren, stieg die Zahl der Arbeitsuchenden, „wodurch eine noch nicht dagewesene Unzufriedenheit [in] der Bevölkerung entstanden" sei[66].

Die Kommunalverwaltungen wurden von der Generaldirektion der SDAG Wismut – darauf ist bereits hingewiesen worden – spät über die konkrete Zahl der Entlassungen informiert. Ebenso problematisch erwies sich die statistische Erfassung über die berufliche Umsetzung dieser Wismut-Arbeiter, was ursächlich mit den stark eingeschränkten Möglichkeiten der Arbeitsämter zusammenhing. Diese waren 1951 als selbständige Dienststellen aufgelöst worden und hatten eine ganze Reihe von zentralen Aufgaben an die Kreisverwaltungen bzw. ab Sommer 1952 an die Bezirksverwaltungen abtreten müssen[67]. Darüber hinaus war die Arbeitskräftewerbung grundsätzlich den Betrieben übertragen worden. Damit hatte letztlich die Arbeitsverwaltung ihre koordinierende Funktion verloren. Das erklärt auch die Notiz einer ZKSK-Mitarbeiterin Mitte Februar 1958: „Wo die restlichen ca. 1500 Arbeitskräfte verblieben sind, ist nicht bekannt, da es keine Möglichkeit gibt, die Arbeitskräfte zu registrieren."[68]

---

[63] BAB, DQ 2/1698, Bericht der Abt. Arbeitskraftlenkung vom 11. 11. 1957 über die Lage bei der SDAG Wismut, S. 1.

[64] BAB, DQ 2/2129, Niederschrift über die am 23. 1. 1958 stattgefundene Besprechung mit kommunalen Abteilungsleitern (Abt. für Arbeit).

[65] Ebenda, Bericht der Abt. Arbeitskraftlenkung vom 27. 1. 1958.

[66] Ebenda, Stellvertreter des Generaldirektors der SDAG Wismut, R. Schröder, am 31. 1. 1958 an Minister Macher, S. 2.

[67] Verordnung über die Aufgaben der Arbeitsverwaltungen und über die Lenkung der Arbeitskräfte vom 12. 7. 1951, in: Gesetzblatt der DDR 1951, S. 687–689. Frerich/Frey bezeichnen die Arbeitsämter fälschlicherweise als „Sonderbehörden". Frerich/Frey, Sozialpolitik in der DDR, S. 176.

[68] BAB, DC 1/1063, Notiz der Kontrolleurin Ruth K. (ZKSK, Arbeitsgruppe Arbeit und Berufsausbildung) vom 18. 2. 1958.

IV. Ausblick: Arbeitskräftelenkung nach dem Mauerbau (1961–1963)

Eingliederung der „Grenzgänger"

Der Mauerbau hatte allem Anschein nach keine gravierenden Folgen für die Arbeitskräfteplanung und -lenkung. Die massenhafte Fluchtbewegung in den Westen Deutschlands konnte zwar vollständig unterbunden werden, auf die Arbeitsweise der Planungsbehörden hatte dieses Ereignis jedoch keine tiefgreifenden Auswirkungen. Eine langfristige Planung ist nämlich nicht erkennbar; statt dessen dominiert der Eindruck, daß nach wie vor Ad-hoc-Maßnahmen vorherrschendes Kennzeichen staatlicher „Arbeitsmarkt"-Politik blieben. Bereits am 14. August 1961 gab der DDR-Ministerrat eine Anordnung heraus, welche die Eingliederung von Rückkehrern und Erstzuziehenden sowie von sogenannten Grenzgängern in den Arbeitsprozeß regeln sollte[1]. Dahinter standen primär sicherheitspolitische Überlegungen: So wurden beispielsweise die Betriebe aufgefordert, über die „Einhaltung der Prinzipien der Kaderarbeit [...]" eine genaue Kontrolle auszuüben". Die Betriebsleiter wurden verpflichtet, „alle Maßnahmen zu treffen, die zur Erhöhung der Wachsamkeit und Sicherheit in den Betrieben notwendig sind". Während die Politik gegenüber den Remigranten bereits in den fünfziger Jahren vergleichsweise restriktiv betrieben wurde, kam mit den „Grenzgängern" eine neue Personengruppe hinzu, die der SED-Führung Kopfzerbrechen bereitete. Es wurde befürchtet, daß die westlichen Geheimdienste die Gunst der Stunde nutzen würden, um Agenten in die DDR einzuschleusen. Aus diesem Grunde beobachtete die SED Personen, die ihren Wohn- oder Arbeitsplatz bis zum 13. August in West-Berlin hatten, ganz besonders mißtrauisch. Die genannte Gruppe wurde nicht als Bereicherung des ostdeutschen Arbeitskräftepotentials, sondern als innenpolitisches Sicherheitsrisiko wahrgenommen.

Die Staatliche Plankommission beschäftigte sich erstmals Ende August mit der Problematik und legte einen Direktiventwurf vor, der Vorschläge zur beruflichen Eingliederung der ehemaligen Grenzgänger machte. Diese enthielten allerdings keine konkreten Beschäftigungsmöglichkeiten, sondern nur allgemein gehaltene Überlegungen. Im Vordergrund stand dabei die bedarfsgerechte Steuerung. Darüber hinaus durfte die Integration in die Teilarbeitsmärkte nach Ansicht der Staatlichen Plankommission „nicht zu einer Erhöhung der Lagerbestände oder der unvollendeten Produktion führen"[2]. Das sei notwendig, um „Disproportionen zwischen Kaufkraft und Warenfonds infolge des Ansteigens der Lohnsumme" zu vermeiden[3]. Letztlich sollte die Konzentration in wenigen Wirtschaftszweigen und damit die Bildung von Arbeitskräfteüberhängen verhindert werden. Obwohl eine längerfristige Planung unter ökonomischen Gesichtspunk-

---

[1] BAB, DC 1/1060.
[2] BAB, DE 1/12655, Bl. 1–4, hier Bl. 1, Entwurf einer Direktive der SPK (Abt. Arbeitskräfte) vom 26. 8. 1961.
[3] Ebenda, Bl. 2.

ten favorisiert wurde, vermied es die zuständige Abteilung Arbeitskräfte, ein detailliertes Konzept vorzulegen. Der Direktivenentwurf sprach die Empfehlung aus, eine Überschreitung der Arbeitskräftepläne, die für diese Aufgabe grundsätzlich hingenommen wurde, in den Betrieben des Verkehrswesens sowie des Binnenhandels zu vermeiden. Die Kommunalverwaltungen wurden des weiteren aufgefordert, darauf hinzuwirken, „daß die Arbeitsaufnahme in privaten Betrieben nur in dem Umfange erfolgt, der zur Verbesserung der Versorgung der Bevölkerung mit Dienstleistungen und zur Erfüllung des Programms der Massenbedarfsgüter-Produktion notwendig und begründet ist"[4]. Die Zentrale Kommission für Staatliche Kontrolle ging von insgesamt 90 000 Grenzgängern aus: Darunter befanden sich 50 000 im Großraum Berlin, 32 000 in Potsdam und 8000 in Frankfurt/Oder[5]. Bis einschließlich 26. August 1961 waren 40 827 registriert worden; 27 181 konnten bereits in Betriebe vermittelt werden. Obwohl zu diesem Zeitpunkt noch nicht einmal die Hälfte der erwarteten Anzahl an Grenzgängern beruflich eingegliedert worden war, sah das Präsidium des Ministerrates keinen weiteren Handlungsbedarf. Eine Beschlußvorlage des Komitees für Arbeit und Löhne, die arbeitsrechtliche Regelungen enthielt, wurde so z. B. zurückgewiesen[6]. Offensichtlich ging der Ministerrat davon aus, daß sich die Integration automatisch vollziehen werde.

Versorgung von Schwerpunktbetrieben mit Arbeitskräften

Obwohl die Staatliche Plankommission und das Komitee für Arbeit und Löhne stets betont hatten, daß eine der zentralen Aufgaben der staatlichen Arbeitskräftelenkung darin bestand, den Arbeitskräftebedarf in den sogenannten Schwerpunktbetrieben abzudecken, sah die Praxis oftmals etwas anders aus. Der Handlungsspielraum der staatlichen Verwaltungen war im übrigen eng bemessen, weil unter der arbeitsfähigen Bevölkerung kaum noch frei verfügbare Reserven vorhanden waren. Diese Erkenntnis hatte sich bereits Mitte der fünfziger Jahre durchgesetzt. Hinzu kam die Tatsache, daß die Arbeitsverwaltung bzw. die Staatliche Plankommission in der Vergangenheit häufig die Erfahrung machen mußte, daß andere Bezirke sich dagegen sträubten, im Zuge des überbezirklichen Ausgleichs Arbeitskräfte abzugeben. Die Berliner Fachministerien und die oberste Planungsbehörde gingen deshalb einer Auseinandersetzung mit den Bezirksverwaltungen aus dem Weg und vermieden es immer öfter, konkrete Anweisungen zur Umgruppierung von Arbeitskräften zu erteilen.

Im Bezirk Cottbus hatte sich nach Angaben des dortigen Wirtschaftsrates die Arbeitskräftelage seit Ende der fünfziger Jahre besonders zugespitzt. So wurde Mitte Juli 1961 ein zusätzlicher Bedarf von rund 4000 Arbeitskräften angezeigt, darunter befanden sich allein 1800 Arbeitskräfte für die VVB Braunkohle[7]. Da der

---

[4] Ebenda, Bl. 4.
[5] BAB, DC 1/1060, Vermerk des Bereiches Planung-Finanzen-Außenhandel vom 30. 8. 1961, S. 2.
[6] BAB, DC 20 I/4–487, Bl. 4, Protokoll der Sitzung des Präsidiums des Ministerrates vom 8. 9. 1961. Die eingereichte Vorlage befindet sich in: BAB, DC 20 I/4–488, Bl. 157–159.
[7] BAB, DE 1/8999, Bl. 109 f., hier Bl. 109, Vorlage des Rates des Bezirkes Cottbus (Wirtschaftsrat) vom 18. 7. 1961.

Wirtschaftsrat von einem Rückgang der arbeitsfähigen Bevölkerung bis zum 31. Dezember 1962 in Höhe von 20 600 ausging und weitere Arbeitskraftreserven im Bezirk nicht zur Verfügung standen, sollte die Staatliche Plankommission eingeschaltet werden, um im Rahmen des überbezirklichen Ausgleichs Arbeitskräfte bevorzugt zu erhalten[8]. Andernfalls – so die Drohung – ließe sich der Bedarf der Schwerpunktbetriebe nur „durch tiefgreifende Veränderungen in anderen Industriezweigen lösen". Das würde wiederum die „Schließung bzw. fühlbare Einschränkung einer großen Anzahl zentral- und örtlichgeleiteter Betriebe" bedeuten. Die dadurch hervorgerufenen Produktionsausfälle müßten „durch entsprechende Maßnahmen" der Staatlichen Plankommission in anderen Bezirken ausgeglichen werden. Der Wirtschaftsrat beim Rat des Bezirkes Cottbus erneuerte Ende Juli das Hilfeersuchen und konnte zumindest erreichen, daß einen Monat später eine Aussprache mit „leitenden Funktionären" der Staatlichen Plankommission anberaumt wurde[9]. Die zuständige SPK-Abteilung Arbeitskräfte wies jedoch in einer Stellungnahme das Anliegen des Bezirkes zurück: „Ohne Zweifel stehen vor dem Bezirk schwere Aufgaben. Die Darlegung der Probleme ist jedoch übertrieben."[10] Außerdem mache der Wirtschaftsrat nicht deutlich, „welchen Anteil bzw. bis wohin der Bezirk durch eigene Maßnahmen die Probleme lösen will und welche Aufgaben durch die Staatliche Plankommission gelöst werden müßten". Damit blieb der Bezirk bei der Abdeckung des Arbeitskräftebedarfs weitgehend auf sich allein gestellt.

Die Staatliche Plankommission beließ es bei der Ausarbeitung der Volkswirtschaftspläne dabei, für einzelne Industriezweige Obergrenzen bei der Beschäftigung einzuführen. So sollte die metallverarbeitende Industrie die im Plan vorgegebenen Produktionsziffern mit 747 000 Arbeitskräften erreichen; für die der Abteilung Chemie unterstehenden Betriebe wurde die Gesamtzahl mit 216 000 angegeben[11]. An die Räte der Bezirke sollten dagegen nur „Orientierungsziffern" herausgegeben werden, „und zwar für den Bezirk insgesamt und untergliedert nach Wirtschaftsbereichen". Das Politbüro der SED legte bei der Vorbereitung des Volkswirtschaftsplanes 1962 die Erhöhung der Arbeitsproduktivität in der volkseigenen Industrie bzw. Bauindustrie fest (6,5 und 9,4 Prozent) und nahm den Rückgang der Beschäftigtenzahlen, der nunmehr mit 60 000 angesetzt wurde, zur Kenntnis[12]. Basierend auf einem Vorschlag der Staatlichen Plankommission sprach sich das SED-Führungsgremium dafür aus, die Zahl der „Sonstigen Beschäftigten", d.h. des Verwaltungspersonals zu kürzen[13]. Ungefähr einen Monat später legte das Politbüro fest, daß die „Frage der Arbeitskräfte [...] nur zu lösen [sei] durch die Steigerung der Arbeitsproduktivität und die Einführung moderner

[8] Ebenda.
[9] BAB, DE 1/8999, Bl. 107f., Vorsitzender des Wirtschaftsrates beim Rat des Bezirkes Cottbus (Müller) am 29. 7. 1961 an den stellvertretenden Vorsitzenden des Ministerrates Leuschner.
[10] Ebenda, Bl. 104–106, hier Bl. 104, Stellungnahme der SPK-Abt. Arbeitskräfte vom 15. 9. 1961.
[11] BAB, DE 1/3517, Bl. 4f., hier Bl. 4, Protokoll der Beratung über die Kontrollziffern zum Volkswirtschaftsplan 1962 für die Entwicklung der Arbeitskräfte, der Arbeitsproduktivität und des Lohnes am 22. 9. 1961.
[12] SAPMO, DY 30/J IV 2/2/810, Bl. 3 und 10–15, hier Bl. 14, Protokoll der Sitzung des Politbüros am 23. 1. 1962.
[13] Ebenda, Bl. 32.

Maschinen". Darüber hinaus wurden zwar wirtschaftsstrukturpolitische Entscheidungen erwogen, allerdings ohne weitere konkrete Ausführung. Letzteres bezog sich vermutlich auf die Standortwahl neuer Großbetriebe. An diesem Beschluß wird deutlich, daß sich die SED-Führung mit der Tatsache abgefunden hatte, daß neue Arbeitskräfte nicht mehr zu gewinnen waren. Statt dessen richteten sich die Hoffnungen auf die Steigerung der Arbeitsproduktivität und die wachsende Technisierung des Produktionsablaufes. Das Politbüro verkannte allerdings, daß diese beiden Entwicklungen die Möglichkeit zur Schließung unrentabler Produktionsanlagen und damit zur Entlassung von Arbeitskräften wieder erhöhten.

Beschäftigung ausländischer Arbeitskräfte

Angesichts des Arbeitskräftemangels, der in einzelnen Wirtschaftszweigen und für bestimmte Berufsgruppen (vor allem Facharbeiter) bereits in der ersten Hälfte der fünfziger Jahre erkennbar geworden war, schien sich die Anwerbung ausländischer Arbeiter geradezu anzubieten. Zwei Faktoren schränkten jedoch die Erfolgsaussichten dieses arbeitsmarktpolitischen Konzeptes frühzeitig ein. Mit dem Ausbruch des Kalten Krieges kamen Erwerbstätige aus dem westlich-kapitalistischen Ausland bald nicht mehr in Frage. Die Spionagefurcht überlagerte dabei in der DDR das Interesse an der Gewinnung zusätzlicher Arbeitskräfte. Darüber hinaus hielt vermutlich die Tatsache, daß während der nationalsozialistischen Herrschaft mehrere Millionen Fremdarbeiter vor allem aus Osteuropa im Deutschen Reich ausgebeutet worden waren[14], die SED-Führung davon ab, bei den Regierungen der RGW-Mitgliedsstaaten vorstellig zu werden und um die Entsendung von Arbeitern zu bitten. Gleichwohl spielte das Thema auch in den internen Planungen von SED, Ministerrat und Fachministerien keine Rolle. Das selbst auferlegte Denkverbot wurde interessanterweise erst nach dem Mauerbau langsam aufgehoben. Während die DDR in den fünfziger Jahren damit begonnen hatte, Bürgerkriegsflüchtlinge längerfristig und Studenten „befreundeter" Staaten zeitweise aufzunehmen, setzte erst Anfang der sechziger Jahre ein qualitativer Wandel ein[15]. Ergänzend sei darauf hingewiesen, daß es in einzelnen brandenburgischen Grenzregionen schon vor dem 13. August 1961 polnische Pendler gab, die in volkseigenen Betrieben arbeiteten. Dieses Phänomen war jedoch weniger das Ergebnis gezielter Arbeitskräfteanwerbung, sondern vielmehr der Tatsache geschuldet, daß es sich hier um eine deutsch-polnische Grenzregion handelte, die die Möglichkeit zur individuellen, grenzüberschreitenden Arbeitsplatzsuche eröffnete[16].

Die DDR hatte von der Sowjetunion bereits vor dem Mauerbau Arbeitskräfte erhalten. Dabei handelte es sich jedoch nur um wenige, ausgewählte Spezialisten, die für einen relativ kurzen Zeitraum in die DDR kamen, um dort beim Aufbau

---

[14] Vgl. dazu Herbert, Fremdarbeiter.
[15] Vgl. Elsner/Elsner, Ausländer und Ausländerpolitik in der DDR. Die Debatte über die Beschäftigung von Arbeitskräften aus den ost- und ostmitteleuropäischen Staaten wird allerdings nicht erörtert bei Ihme-Tuchel, Das ‚nördliche Dreieck'.
[16] Vgl. Gayko, Die Industrialisierung des brandenburgischen Grenzsaums.

einzelner Betriebsteile in der Schwerindustrie behilflich zu sein[17]. Der Ministerrat und die SED-Führung begannen offensichtlich erst Ende Juli 1961 die Rekrutierung von ausländischen Arbeitskräften systematischer zu betreiben. So legte etwa der stellvertretende Vorsitzende des Ministerrates Bruno Leuschner eine entsprechende Vorlage am 24. Juli dem 1. Sekretär des ZK der SED Walter Ulbricht vor[18]. Die Anwerbung konzentrierte sich zunächst auf die Länder China, Bulgarien, Polen, Ungarn und Kuba und sollte über die jeweiligen kommunistischen Parteien abgewickelt werden[19]. Das Politbüro bestätigte die eingereichte Vorlage, bei der aber nur noch Bulgarien, Polen und Ungarn als Herkunftsländer genannt wurden[20]. Geplant war die Beschäftigung von rund 15 000 Bulgaren, 10 000 Polen und 5000 Ungarn. Diese sollten in der Metallurgie (2000), dem Untertage-Bergbau (1000), Braunkohlen-Tagebergbau (4000), dem Maschinenbau (7000), der Textilindustrie (3000), Energiewirtschaft (1000), Chemie (4000), Bauwirtschaft (4000), Betriebs- und Regelungstechnik (2000), Leichtindustrie (1000) und Fischverarbeitung (1000) eingesetzt werden[21]. Die Beschäftigung sollte darüber hinaus auf einen Zeitraum zwischen drei und fünf Jahren beschränkt werden[22]. Der Vorsitzende der Staatlichen Plankommission Karl Mewis sprach sich dagegen für die Aufnahme von 50 000 ausländischen Arbeitskräften aus und verwies in dem Zusammenhang auf eine Deckungslücke von etwa 70 000 Arbeitskräften, die der DDR-Volkswirtschaft 1962 noch nicht zur Verfügung stehen würden[23].

Im Juli 1961 waren einige Hauptabteilungen, die sich mit der Anleitung und Kontrolle der Industrie befaßten, aus der Staatlichen Plankommission ausgegliedert und dem neu gebildeten Volkswirtschaftsrat unterstellt worden, der bis 1965 existierte[24]. Somit mußte der Plan zur Beschäftigung ausländischer Arbeitskräfte mit dem neuen Gremium abgestimmt werden[25]. Ungefähr zeitgleich beschloß das Präsidium des Ministerrates, eine Arbeitsgruppe unter der Leitung eines Sonderbeauftragten zu bilden. Dieser sollte dem Vorsitzenden der Staatlichen Plankommission unterstehen und Verhandlungen mit den zuständigen Stellen in der Sowjetunion und Bulgarien führen[26]. Bereits Anfang September nahm Horst Böttger seine Tätigkeit als Sonderbeauftragter auf und begann umgehend damit, erste Sondierungsgespräche mit Vertretern der sowjetischen bzw. bulgarischen Regierung

---

[17] BAB, DE 1/9401, Bl. 41–44, Auszug aus dem Protokoll der Verhandlungen UdSSR-DDR am 30. 5. 1961.

[18] SAPMO, NY 4182/1207, Bl. 189.

[19] In der Politbürovorlage war China handschriftlich gestrichen worden. SAPMO, DY 30/J IV 2/ 2A/840.

[20] SAPMO, DY 30/J IV 2/2/780, Bl. 6 und Bl. 15–27, Protokoll der Sitzung des Politbüros am 28. 7. 1961.

[21] Ebenda, Bl. 15–17.

[22] SAPMO, NY 4182/967, Bl. 87–92, hier Bl. 88, Beschluß über den Einsatz von Arbeitskräften aus den Volksrepubliken Bulgarien, Polen und Ungarn in der DDR. Grundsätzliche Unterschiede zur Politbürovorlage bestanden nicht.

[23] BAB, DE 1/3363, Bl. 1–3, hier Bl. 1, Innerdienstliche Anweisung vom 11. 8. 1961 zur Ausarbeitung von Vorschlägen zur Gewinnung und den Einsatz von Arbeitskräften aus den befreundeten sozialistischen Ländern in der Volkswirtschaft der DDR.

[24] Vgl. DDR-Handbuch, S. 993–995; Herbst/Ranke/Winkler, So funktionierte die DDR. Bd. 2, S. 954–958.

[25] Vgl. BAB, DE 1/9410, Bl. 202 f., Mewis am 1. 9. 1961 an den Vorsitzenden des Volkswirtschaftsrates (Minister Neumann).

[26] Ebenda, Bl. 204–207.

zu führen[27]. Der stellvertretende Vorsitzende des Ministerrates Leuschner äußerte grundsätzliche Bedenken gegen die Arbeitsaufnahme von sowjetischen Arbeitern in der DDR: „Ich möchte darauf aufmerksam machen, daß ich das für politisch falsch halte, und zwar sowohl von unserem als auch vom Standpunkt der sowjetischen Genossen. Sowjetbürger können doch bei uns nur als Spezialisten und Facharbeiter tätig sein."[28] Mit dieser Auffassung stand Leuschner zunächst noch weitgehend allein, konnte sich aber rasch gegen die Staatliche Plankommission und den Volkswirtschaftsrat durchsetzen[29]. Aus der Sowjetunion sollten damit nach wie vor nur spezialisierte Fachkräfte angeworben werden; an eine quantitativ breite Arbeitskräftegewinnung war hier nicht mehr gedacht.

Während die bilateralen Verhandlungen vom DDR-Ministerrat sorgfältig vorbereitet wurden, blieben die sozialen Folgeprobleme in der Debatte noch ausgespart: Die Frage der Entlohnung ausländischer Arbeitskräfte sowie deren Versorgung mit Lebensmitteln und Wohnraum wurden zwar vom Ministerium der Finanzen angedeutet, jedoch nicht weiter vertieft[30]. Statt dessen liefen die Vorbereitungen für ein deutsch-sowjetisches Abkommen über den Einsatz sowjetischer Spezialisten und Arbeiter in DDR-Betrieben weiter. Das Ministerium des Innern befaßte sich mit den damit zusammenhängenden Paß- und Ausweisfragen und legte eine entsprechende gesetzliche Regelung vor[31]. Abänderungs- bzw. Ergänzungsvorschläge reichte außerdem das Ministerium für Außenhandel und Innerdeutschen Handel[32] ein, die jedoch keine grundsätzlichen Veränderungen enthielten. Die Verhandlungen befanden sich im Spätsommer 1961 schon in einem fortgeschrittenen Stadium: Ende September hatte sich eine Regierungsdelegation unter Leitung von Karl Mewis und Günter Mittag in Moskau aufgehalten, um den Arbeitskräftebedarf in der DDR mit den zuständigen Kollegen der Staatlichen Plankommission der UdSSR zu beraten[33]. Ein vorgelegter Muster-Arbeitsvertrag war von sowjetischer Seite gebilligt worden. Dagegen sollten die eingereichten Berufslisten noch von sowjetischen „Experten" begutachtet werden.

Das Politbüro, das über den Fortgang der Verhandlungen offenbar immer unterrichtet war, verabschiedete am 9. Oktober 1961 ein Grundsatzpapier, das an den Ministerrat weitergereicht wurde[34]. Darin bestätigte die SED-Führung, daß aus der UdSSR ausschließlich Facharbeiter, Techniker und Ingenieure gewonnen werden sollen. Die Unterbringung sowie die „soziale und kulturelle Betreuung" der ausländischen Arbeitskräfte wurde ebenfalls angesprochen. Von entscheidender Bedeutung war die Feststellung des Politbüros, daß die arbeits- und sozialrechtlichen sowie die lohnpolitischen Regelungen in „speziellen Abkommen"

[27] Ebenda, Bl. 186 f., Böttger am 18. 9. 1961 an Mewis.
[28] SAPMO, NY 4182/1207, Bl. 187, Leuschner am 14. 9. 1961 an Ulbricht.
[29] Vgl. ebenda, Bl. 188, Mewis am 22. 9. 1961 an Apel.
[30] BAB, DE 1/9409, Bl. 55, 1. Stellvertreter des Ministers der Finanzen am 22. 9. 1961 an den stellvertretenden SPK-Vorsitzenden Ackermann.
[31] Ebenda, Bl. 51 f., Minister des Innern am 2. 10. 1961 an den stellvertretenden SPK-Vorsitzenden Ackermann.
[32] Ebenda, Bl. 53 f., Minister für Außenhandel und Innerdeutschen Handel am 2. 10. 1961 an den stellvertretenden SPK-Vorsitzenden Ackermann.
[33] BAB, DE 1/9405, Bl. 151–155, Bericht vom 3. 10. 1961 über die Beratungen zum Einsatz von Arbeitskräften aus der UdSSR.
[34] SAPMO, DY 30/J IV 2/2/794, Bl. 4 und Bl. 27–34.

zwischen den beiden Regierungen zu fixieren waren[35]. Darüber hinaus sollte mit jedem Beschäftigten, der in die DDR kam, ein Arbeitsvertrag abgeschlossen werden. Die Staatliche Plankommission erhielt den Auftrag, „die Gewinnung und den Einsatz von vorerst 50 000 Arbeitskräften (40 000 UdSSR, 10 000 Bulgarien) vorzubereiten und zu sichern"[36]. Der berufliche Einsatz der ausländischen Arbeitskräfte war nach dem Willen des Politbüros zunächst auf die Bezirke Rostock, Cottbus, Halle, Magdeburg, Karl-Marx-Stadt, Dresden, Leipzig und Frankfurt/Oder zu beschränken[37]. Am 26. Oktober stimmte das Präsidium des Ministerrates dem Beschluß über den Einsatz von ausländischen Arbeitskräften zu[38].

Die Vertreter der sowjetischen Staatlichen Plankommission zeigten bei einem Gespräch Anfang November in Moskau wenig Interesse an einer raschen Einigung. Sonderbeauftragter Böttger gewann vielmehr den Eindruck, daß die sowjetische Seite die Anfrage der DDR-Regierung eher dilatorisch behandelte[39]. So waren beispielsweise die von der deutschen Delegation fünf Wochen zuvor übergebenen Dokumente nicht geprüft worden, so daß die Verhandlungen nicht produktiv fortgesetzt werden konnten. Trotz mehrerer Anfragen gelang es auch dem SED-Politbüro nicht, die zuständigen Stellen in Moskau für das eigene Anliegen zu gewinnen[40]. Der Vertreter von GOSPLAN in der DDR Ostaptschuk machte in einem Gespräch mit Mewis Mitte November die Bemerkung, „daß es doch wohl nicht notwendig sei, Arbeitskräfte aus der Sowjetunion anzufordern"[41]. Damit deutete sich vorsichtig ein Kurswechsel an. Ostaptschuk, den Mewis ausdrücklich bat, die Beschlußlage der SED-Führung und des DDR-Ministrrates in Moskau nochmals vorzutragen, reiste kurz nach der Unterredung in die sowjetische Hauptstadt. Ähnliche Signale kamen auch vom sowjetischen Botschafter in der DDR Michail G. Perwuchin, der in einem Gespräch mit Ulbricht darauf hinwies, daß „man das Ersuchen auf Zurverfügungstellung sowjetischer Arbeitskräfte auf Grund der neuen Situation überprüfen" müsse[42]. Es lohne sich nicht, unqualifizierte Arbeiter anzuwerben. Was die Beschäftigung qualifizierter Arbeitskräfte betraf, so vertrat Perwuchin die Ansicht, daß es sich dabei „nur um eine kleine Zahl handeln" könne. Damit war erneut deutlich geworden, daß die Sowjetunion kein gesteigertes Interesse daran hatte, der DDR in dieser Frage unter die Arme zu greifen. Es drängt sich vielmehr der Eindruck auf, daß die DDR mit ihren bestehenden Problemen, den Arbeitskräftebedarf in der Wirtschaft abzudecken, weitgehend allein gelassen werden sollte.

Während sich die Gespräche mit der Sowjetunion in einer Sackgasse befanden, begannen die Verhandlungen mit Vertretern der bulgarischen Regierung erst An-

---

[35] Ebenda, Bl. 28.
[36] Ebenda, Bl. 29.
[37] Ebenda, Bl. 30.
[38] BAB, DC 20 I/4–504, Bl. 3 f. Vgl. BAB, DE 1/9401, Bl. 56–67, Direktive vom 14. 11. 1961 zur Durchführung des Beschlusses des Präsidiums des Ministerrates vom 26. 10. 1961.
[39] BAB, DE 1/9405, Bl. 144–148, Aktenvermerk Böttgers über die Verhandlungen bei GOSPLAN der UdSSR am 3. 11. 1961.
[40] Vgl. SAPMO, NY 4182/1207, Bl. 198–201, hier Bl. 200, Kurzinformation über ein Gespräch zwischen Nowikow, dem DDR-Botschafter Dölling und dem SPK-Mitarbeiter Henke am 10. 11. 1961.
[41] SAPMO, NY 4182/1207, Bl. 208 f., hier Bl. 208, Information von Mewis vom 16. 11. 1961.
[42] Ebenda, Bl. 190, Walter Ulbricht am 13. 12. 1961 an den SPK-Vorsitzenden Mewis.

534   IV. Ausblick: Arbeitskräftelenkung nach dem Mauerbau

fang November 1961[43]. Drei Wochen später reisten Mitglieder des FDGB-Bundesvorstand, vermutlich in enger Absprache mit der SED-Führung und dem Ministerrat, nach Sofia, um Beratungen mit dem Zentralrat der bulgarischen Gewerkschaften zu führen. Auf diese Weise sollten offensichtlich die Bemühungen unterstützt werden, bulgarische Arbeitskräfte zu gewinnen[44]. Auch die Anwerbung bulgarischer Arbeiter erwies sich schon bald als äußerst schwierig. Vertreter der Regierung in Sofia reagierten Ende 1961 sehr zurückhaltend auf das Drängen aus Berlin und begründeten dies mit akut aufgetretenen „Arbeitskräfteschwierigkeiten" im Bauwesen, in der Baustoffindustrie und im Bergbau, die „ein volles Eingehen auf die DDR-Forderungen" nicht zulasse[45]. Erschwerend kam hinzu, daß die bulgarische Regierung kurz zuvor eine Verordnung erlassen hatte, die es bulgarischen Staatsbürgern untersagte, individuelle Arbeitsverträge mit ausländischen Arbeitgebern zu unterzeichnen[46]. Als Ausweg wurde von seiten der Regierung Bulgariens vorgeschlagen, die angeworbenen Arbeitskräfte über eine bulgarische Exportfirma in der DDR zu beschäftigen[47]. Nach Einschätzung des Leiters der wirtschaftspolitischen Abteilung innerhalb der DDR-Botschaft Bromme, der bei der Vorbereitung der bilateralen Gespräche eingeschaltet worden war, bestand unter diesen Voraussetzungen „keine Aussicht auf Einigung"[48]. Darüber hinaus hatte die bulgarische Seite offenbar Lohnforderungen aufgestellt, die nach Auffassung Brommes völlig überhöht waren. Die Staatliche Plankommission schloß sich dieser Beurteilung an und hielt den bulgarischen Vertragsentwurf „nicht einmal als Verhandlungsgrundlage akzeptabel"[49]. Der bulgarischen Regierung wurde sogar vorgeworfen, einen finanziellen Gewinn aus dem geplanten beiderseitigen Abkommen erzielen zu wollen: „Nimmt man dazu den Lohn und den Anteil der bulgarischen Arbeiter an der gesellschaftlichen Konsumtion sowie andere kleinere materielle Forderungen und stellt die Gesamtkosten der sehr geringen Akkumulationsrate der DDR gegenüber, so verwandelt sich die sozialistische Hilfe Bulgariens für die DDR in ein lukratives Geschäft für Bulgarien."[50] Der stellvertretende Vorsitzende der Staatlichen Plankommission Ackermann schlug deshalb vor, weitere „Verhandlungen auf dieser Basis abzulehnen"[51].

Obwohl bereits im Herbst 1961 Maßnahmen zur beruflichen Eingliederung der ausländischen Arbeitskräfte in einigen Bezirken ergriffen worden waren, mußte das Gesamtvorhaben Anfang 1962 wieder abgebrochen werden. Einzelne Bezirksverwaltungen hatten noch im Dezember 1961 Vorschläge zur beruflichen

---

43 BAB, DE 1/9405, Bl. 136–139, Aktenvermerk Böttgers vom 6. 11. 1961.
44 BAB, DE 1/9409, Bl. 152–154, Aktennotiz über Beratung am 28. 11. 1961.
45 Ebenda, Bl. 104 f., hier Bl. 105, Botschaft der DDR in Bulgarien am 6. 12. 1961 an den SPK-Sonderbeauftragten Böttger.
46 Ebenda, Bl. 104.
47 BAB, DE 1/9409, Bl. 78–80, hier Bl. 78, Notiz der DDR-Botschaft in Bulgarien (wirtschaftspolitische Abt.) vom 11. 12. 1961; ebenda, Bl. 81–91, hier Bl. 82, Abkommen (Entwurf) zwischen der Regierung der VR Bulgarien und der Regierung der DDR über die Entsendung von bulgarischen Arbeitern zum Arbeitseinsatz in die DDR (Art. 5).
48 BAB, DE 1/9409, Bl. 78–80, hier Bl. 80, Notiz Brommes vom 11. 12. 1961.
49 Ebenda, Bl. 75–77, hier Bl. 75, Stellungnahme (Entwurf) der SPK vom 12. 12. 1961.
50 Ebenda, Bl. 77.
51 BAB, DE 1/9409, Bl. 72–74, hier Bl. 74, Schreiben (Entwurf) Ackermanns vom 12. 12. 1961 an Mewis.

und wohnlichen Unterbringung ausgearbeitet und der Staatlichen Plankommission vorgelegt[52]. Da die Gruppe der ausländischen Arbeitskräfte in den Planungen überschaubar war (maximal 50 000), schien die Lösung der damit zusammenhängenden sozialpolitischen Fragen (Versorgung mit Lebensmitteln und Wohnraum) nicht unrealistisch zu sein. Dies deuten zumindest vereinzelte Stellungnahmen von Bezirksverwaltungen an, die sich im übrigen eine Abdeckung ihres regional bestehenden Arbeitskräftebedarfes erhofften[53]. Entscheidend war jedoch das veränderte Verhalten der sowjetischen und bulgarischen Regierung, die immer mehr Hürden aufbauten, so daß sich das Interesse auf seiten der DDR-Regierung verringerte. Die unmißverständlichen Äußerungen einzelner sowjetischer Funktionsträger führten letztlich dazu, daß das ursprünglich geförderte Projekt, Arbeiter aus der UdSSR für einen befristeten Arbeitseinsatz in der DDR zu gewinnen, aufgegeben wurde. Die Staatliche Plankommission, die von der SED-Führung die Mitteilung erhalten hatte, daß der Politbürobeschluß vom 9. Oktober 1961 aufgehoben werden mußte, versuchte alternative Konzepte zu entwickeln, die vor allem auf eine erhebliche Reduzierung der in Frage kommenden Arbeitskräfte hinausliefen. So sollte der Personenkreis auf sowjetische Ingenieure bzw. Spezialisten für den Volkswirtschaftsrat und das Ministerium für Bauwesen sowie 200–300 Ärzte aus Bulgarien reduziert werden[54]. Wenige Tage später vermerkte der Mitarbeiter aus dem Büro des Sonderbeauftragten der Staatlichen Plankommission desillusioniert: „Aus dem vorher Gesagten geht also klar hervor, daß es zweckmäßiger ist, die eigenen Reserven aufzudecken und zu nutzen als ausländische Spezialisten in größeren Gruppen für einen Arbeitseinsatz in der DDR zu gewinnen."[55] Das Politbüro hob schließlich am 6. Februar 1962 den Beschluß „über den Einsatz von Arbeitskräften aus dem Ausland" vom 9. Oktober 1961 wieder auf[56]. Der stark reduzierte und auf bestimmte Wirtschaftszweige eingeschränkte Einsatz von Spezialisten und Facharbeitern sollte in Zukunft über zweiseitige Abkommen erfolgen.

---

[52] Vgl. BAB, DE 1/9407, Bl. 85–87, Stellungnahme des Rates des Bezirkes Halle vom 16. 12. 1961.
[53] Ebenda, Bl. 194 f., Leiter der Bezirksplankommission Potsdam (R. Müller) am 18. 12. 1961 an die SPK (Mewis).
[54] BAB, DE 1/9401, Bl. 36, Aktennotiz Hennes (Büro des SPK-Sonderbeauftragten) vom 2. 1. 1962.
[55] Ebenda, Bl. 37–39, Notiz Hennes vom 5. 1. 1962.
[56] SAPMO, DY 30/J IV 2/2/812, Bl. 5. Vgl. Röhr, Polnische Arbeitskräfte in der DDR, S. 188.

Zusammenfassende Schlußbetrachtung

Die Arbeitskräfteplanung war ein immanenter und zentraler Bestandteil der Planwirtschaft in der SBZ/DDR. Der Übergang vom System der kriegsbedingten Zwangsbewirtschaftung zur Zentralverwaltungswirtschaft vollzog sich nicht geradlinig und nicht sofort nach Ende des Zweiten Weltkrieges. Es gab zwar schon frühzeitig einige Weichenstellungen, die prägenden Charakter für die ostdeutsche Wirtschaftsordnung hatten: Dazu zählten die Bodenreform, Sequestrierung und Beschlagnahmung von Bankguthaben sowie die sogenannte Industriereform, welche den schwerindustriellen Bereich der privaten Hand entzog und der staatlichen zuführte. Gleichwohl war damit nicht automatisch die Ausformung und Entwicklung des planwirtschaftlichen Systems verbunden, das sich erst im Verlauf der fünfziger Jahre zu einem komplexen und ausdifferenzierten Steuerungssystem entwickelte. Dieses stand im Mittelpunkt der vorliegenden Studie, die in Anlehnung an János Kornai in drei große Kapitel unterteilt wurde, die jeweils einen eigenen inhaltlichen Schwerpunkt besaßen. Im Mittelpunkt des ersten Kapitels stand die Bewältigung der unmittelbaren Kriegsfolgelasten für den Arbeitsmarkt und die beginnende Mobilisierung der Arbeitskräftereserven für die wirtschaftspolitischen Ziele von SMAD und SED. Kapitel zwei beschäftigte sich vor allem mit der fortgesetzten Arbeitskräftegewinnung und dem Erreichen eines Gleichgewichtszustandes. Im Verlauf des ersten Fünfjahrplanes hatte sich gezeigt, daß das zur Verfügung stehende Arbeitskräftepotential weitgehend ausgeschöpft und die Arbeitslosenrate nahezu bedeutungslos geworden war. Die Allokation des Produktionsfaktors, d.h. die bedarfsgerechte Zu- und Verteilung der Arbeitskräfte, war das zentrale Thema des dritten Kapitels. Die Schwächen der Planwirtschaft waren Mitte der fünfziger Jahre unübersehbar geworden. Nunmehr bestand für die Staatliche Plankommission und die Hegemonialpartei SED die vordringliche Aufgabe darin, Konzepte und Strategien zu entwickeln, um kurzfristig aufgetretene Defizite der zentralen Lenkung rechtzeitig zu erkennen und zu beseitigen.

Für die Arbeitskräfteplanung und -lenkung besaßen die Arbeitsämter eine zentrale Funktion. Diese Lenkungsinstanzen mußten nach Ende des Zweiten Weltkrieges teilweise wieder aufgebaut werden, was zum einen auf die einsetzende Entnazifizierung und zum anderen auf die wirtschaftspolitischen Ziele der Arbeiterparteien zurückzuführen war. Die Säuberung des öffentlichen Dienstes hatte zwar auch die Arbeitsverwaltung erfaßt, jedoch nicht zu solchen personalpolitischen Einschnitten geführt wie beispielsweise bei Polizei, Justiz, Lehrerschaft und Landesverwaltungen. Da die sowjetische Besatzungsmacht den personellen Aufbau der Arbeitsverwaltung sehr argwöhnisch beobachtete und regelmäßig eine Reduzierung der Personal- und Verwaltungskosten anmahnte, waren den Plänen der SED, große Lenkungsapparate zu errichten, enge Grenzen gesetzt. Hinzu kam, daß Moskau zwar frühzeitig den Aufbau von Zentralverwaltungen zugelassen hatte, diesen allerdings kaum Kompetenzen einräumen wollte. Dies hing vermutlich auch mit deutschlandpolitischen Überlegungen zusammen: Eine Einigung mit den drei westlichen Besatzungsmächten wurde bevorzugt und die Zentralisierung zunächst einmal gebremst. Davon profitierten wiederum die Landesverwaltungen, die die Gestaltungsfreiräume zum Teil nutzen konnten. Über den strukturellen Aufbau der Arbeitsverwaltung entbrannte rasch eine Auseinandersetzung: Dabei mußte zwischen Kommunalisierung oder Zentralisierung entschieden werden. Die SMAD hatte zunächst allgemein eine Kommunalisierung favorisiert, während die SED eine Zentralisierung forderte, um die beginnende Wirtschaftsplanung institutionell abstützen zu können. Erst mit der Gründung der Deutschen Wirtschaftskommission (DWK) konnte diese Frage zugunsten der letzten Variante entschieden werden. Die SED-Führung hatte letztlich das überzeugende Argument auf ihrer Seite, daß eine bedarfsgerechte Planung und Lenkung der Arbeitskräfte einer zentralisierten Arbeitsverwaltung bedurfte. Vor allem die Kommunalverwaltungen, die sich vehement für eine Übernahme der Arbeitsämter ausgesprochen hatten, mußten somit eine Niederlage einstecken. Der bereits 1946 erfolgte dreigliedrige Aufbau mit der Deutschen Verwaltung für Arbeit und Sozialfürsorge (DVAS) an der Spitze führte nun zu einer zentralisierten Ausrichtung der Verwaltung, die zu Lasten der Landesverwaltungen ging.

Neben den institutionellen gab es in den ersten Nachkriegsjahren auch arbeitsrechtliche Weichenstellungen, die von entscheidender Bedeutung für die Arbeitskräftelenkung waren. Zentralen Stellenwert besaßen zunächst SMAD-Befehl Nr. 65 und Kontrollratsbefehl Nr. 3, die unter anderem die Arbeitseinweisung festschrieben. Diese Zwangsmaßnahme hing mit den Reparationsansprüchen der vier Siegermächte zusammen: Arbeitseinweisung gab es daher nicht nur in der SBZ, sondern auch in den drei westlichen Besatzungszonen. Während jedoch die Westmächte von diesem Instrument frühzeitig Abschied nahmen, blieb es in der SBZ auch weiterhin Bestandteil staatlicher Arbeitsmarktpolitik. Die zum Teil wilde Rekrutierungspraxis von sowjetischen Dienststellen in der SBZ konnte erst im Juni 1948 etwas eingedämmt werden: Die Verordnung über die Sicherung und den Schutz der Rechte bei Einweisungen von Arbeitskräften legte den Rahmen der Zwangseinweisung deutlich fest: So wurde etwa der zeitliche Umfang genau fixiert sowie eine Entschädigungszahlung und ein formelles Einspruchsrecht eingeführt. Diese Verordnung hatte bis 1954 Rechtsgültigkeit und war eine der wichtigsten arbeitsrechtlichen Bestimmungen. Aufgrund des Zwangscharakters dieser Maßnahme war die Nähe zur nationalsozialistischen Arbeitsmarktpolitik nicht von der Hand zu weisen. Darauf machten nicht nur betroffene Arbeiter, sondern auch Vertreter der SED-Führung und der Hauptverwaltung für Arbeit und Sozialfürsorge (HVAS) aufmerksam. In diesem Zusammenhang ist auch das Arbeitsbuch zu nennen, das Anfang 1947 wieder eingeführt wurde und der vollständigen Erfassung der erwerbstätigen Bevölkerung diente. Andere gesetzliche Bestimmungen wie das Gesetz zur Bekämpfung von Scheinselbständigkeit und die Verordnung über eine Erhebung zur Fluktuation, Arbeitsdisziplin und Leistung hatten eine unterstützende Funktion und sollten dazu beitragen, die erwerbsfähige Bevölkerung für den Arbeitsmarkt zu mobilisieren.

Angesichts der wirtschaftlichen und sozialen Folgen des Zweiten Weltkrieges stand die ostdeutsche Arbeitsverwaltung vor gewaltigen Aufgaben: Sie mußte unter anderem sowjetischen Reparationsforderungen nachkommen, die rückkehrenden Soldaten in die Arbeitswelt wieder eingliedern und die Flüchtlinge und Vertriebenen mit Arbeit versorgen. Die Registrierung der arbeitsfähigen und er-

werbstätigen Bevölkerung verzögerte sich, so daß die DVAS in den ersten Nach-
kriegsmonaten noch keinen vollständigen Überblick über die Entwicklung auf
dem Arbeitsmarkt besaß. Dennoch konnte eine systematische und regelmäßige
Erfassung bereits im Frühjahr 1946 flächendeckend durchgeführt werden. Der
rasche Rückgang der Arbeitslosenzahlen schien zunächst die Richtigkeit der von
der DVAS eingeleiteten Maßnahmen zu bestätigen. Der erneute Anstieg der Arbeitslosenzahlen im Winter 1946/47 stellte nur eine kurze Episode dar; bis zum
Sommer 1947 sanken diese nämlich auf ein Rekordtief und blieben bis zum
Herbst 1948 auf niedrigem Niveau. Erst das unerwartete Ansteigen im Winter
1948/49 rief bei den politisch Verantwortlichen in den DWK-Hauptverwaltungen
sowie bei der SED-Führung Beunruhigung hervor. Daraus wurde letztlich die
Konsequenz gezogen, mit staatlichen Beschäftigungsprogrammen einzugreifen.
Von der Arbeitslosigkeit waren von Anfang an die Frauen besonders betroffen:
Sie wurden auf dem Arbeitsmarkt sukzessive verdrängt. Wirtschaftspolitische
Programme der SED zur Förderung der Frauenbeschäftigung hatten oftmals nur
propagandistische Wirkung. Hier zeigte sich auch die begrenzte Durchschlags-
kraft staatlicher Arbeitsmarktpolitik. So weigerten sich zahlreiche Betriebsleiter,
Frauen einzustellen.

Der Rückgang der Arbeitslosenquote war auf mehrere Faktoren zurückzuführen. Die staatliche Arbeitskräftelenkung hatte daran zweifellos einen erheblichen
Anteil: Es gehörte zu den Maximen der Arbeitsämter, Erwerbslose entsprechend
ihrer beruflichen Qualifikation in Arbeit zu vermitteln. Wir haben allerdings bei
der Darstellung der einzelnen Beschäftigungsprogramme sowie des zwischen-
und überbezirklichen Ausgleichs sehen können, daß diese interventionspolitische
Maßnahme mit Folgeproblemen verknüpft war, die den Erfolg letztlich ein-
schränkten. Daher ist es notwendig, weitere Faktoren in den Blick zu nehmen, die
zum Anstieg der Beschäftigtenzahl und zum Absinken der Erwerbslosenzahlen
beigetragen haben. Dazu gehörte vor allem, daß der Zugang zu Leistungen der
Arbeitslosenversicherung und Sozialfürsorge erheblich erschwert wurde. Gleichzeitig weitete die HVAS jedoch die Arbeitseinsatzpflicht aus und verursachte mit
dieser Maßnahme einen erneuten Anstieg der Arbeitslosenzahlen Ende 1948/An-
fang 1949[1]. Das verfassungsrechtlich festgelegte Recht auf Arbeit wurde somit
frühzeitig mit einer Arbeitspflicht de facto verbunden, auch wenn die entsprechende Bestimmung erst 1961 Einzug in das Arbeitsrecht fand. Dahinter stand das
Ziel, das Arbeitskräftepotential weitgehend auszuschöpfen und diejenigen in die
Arbeitswelt zu zwingen, die bisher nicht erwerbstätig waren. Deshalb sollten unter anderem auch die Schwerbeschädigten beruflich integriert werden. Wie bei der
propagierten Ausdehnung der Frauenerwerbstätigkeit zeigten sich jedoch auch
hier die Grenzen der SED-Wirtschaftspolitik. Viele Kombinats- und Werksleiter
versuchten die eingeführten Quoten zu umgehen. Da die SED und die Arbeitsverwaltung Sanktionsmittel in diesem Fall nicht einführten, blieb der Erfolg dieser
arbeitsmarktpolitischen Maßnahme äußerst begrenzt.

Die Anforderungen der sowjetischen Besatzungsmacht schränkten den Handlungsspielraum der Arbeitsverwaltung von Anfang an erheblich ein. Die SMAD

---

[1] Boldorf, Sozialfürsorge in der SBZ/DDR, S. 236.

und die SMA in den Ländern und Provinzen, ja sogar einzelne sowjetische Dienststellen auf Kreisebene verlangten häufig von den Arbeitsämtern, Kontingente von Arbeitskräften für Demontagetätigkeiten oder für die Arbeit in den Sowjetischen Aktiengesellschaften (SAG) zusammenzustellen. Diese Form der Reparation geschah im einzelnen unkoordiniert, obwohl die Besatzungsmacht ihrerseits bemüht war, entsprechende Richtlinien herauszugeben und auch durchzusetzen, um dadurch die Tätigkeit der deutschen Arbeitsverwaltung zu erleichtern. Das gelang jedoch in den ersten beiden Nachkriegsjahren weitgehend nicht. In dem Zusammenhang ist zwischen kurz- und langfristigen Anforderungen zu unterscheiden. Langfristige Aufträge der sowjetischen Dienststellen hatten in der Regel eine mehrwöchige Laufzeit und konnten von den Arbeitsämtern oft erfüllt werden. Sehr viel schwieriger waren dagegen die kurzfristigen Forderungen, die innerhalb von wenigen Tagen zu erfüllen waren. Mit dieser Aufgabe war die deutsche Arbeitsverwaltung oftmals überfordert.

Bis zur DDR-Gründung bestand eine Hauptaufgabe der Arbeitsämter darin, Arbeitskräfte für den Uranbergbau im Erzgebirge bereitzustellen. Gerade in diesem Wirtschaftsbereich trug das Instrument der Zwangseinweisung, das von den Arbeitsämtern eingesetzt werden mußte, um den Anforderungen einigermaßen nachkommen zu können, zu einer erheblichen Verschlechterung der Stimmungslage der Belegschaften, aber auch der Gesamtbevölkerung bei. Die Kritik richtete sich rasch gegen die SMAD, die Sowjetunion und die SED, die frühzeitig als „Russenpartei" abgestempelt wurde. Bei der Gegenüberstellung der Arbeitsvermittlungen und der Arbeitseinweisungen relativiert sich jedoch die Bedeutung dieser Zwangsmaßnahme. Für 1947 lassen sich wohl 9,8 Prozent aller Arbeitsvermittlungen als Zwangseinweisung einstufen[2]. Dabei entfiel ein Großteil der Zwangseinweisungen auf den Uranbergbau. Bereits 1947 setzte zunächst auf deutscher, später auch auf sowjetischer Seite ein Lernprozeß ein, der dazu führte, daß die Zwangseinweisung immer seltener praktiziert und statt dessen Anreize (Entlohnung, Wohnung, Lebensmittelversorgung) verstärkt zur Lenkung von Arbeitskräften in den Uranbergbau eingesetzt wurden. Einen qualitativen Wechsel brachte in dieser Frage erst der SMAD-Befehl Nr. 234, der langfristig gesehen den Wandel von den harten zu den weichen Maßnahmen einläutete. Die Einwände, die sowohl SED, FDGB als auch DVAS in Karlshorst ständig vorgetragen hatten, zeigten ihre Wirkung: Die sowjetische Besatzungsmacht verzichtete in zunehmendem Maße auf das Instrument der Zwangseinweisung. Hintergrund dafür bildete auch das übergeordnete Ziel, die Arbeitsproduktivität in den Betrieben zu erhöhen. Dies ließ sich nun auch aus Sicht der SMAD besser unter Einsatz von materiellen Anreizen realisieren. Nach den Vorstellungen der SMAD sollten unter anderem eine zusätzliche Lebensmittelversorgung eingeführt und die ärztliche Versorgung in den Betrieben verbessert werden. Die Differenzierung der Stück- und Akkordlöhne diente zunächst einmal der Steigerung der Arbeitsproduktivität, hatte aber gleichzeitig eine Anreizfunktion für Arbeitsuchende.

Zwischen 1945 und 1949 wurden die wichtigsten Instrumente für die Arbeitskräftelenkung entwickelt und erprobt. Mit der Zwangseinweisung war der zwi-

2   Zank, Wirtschaft und Arbeit, S. 106.

schen- und überbezirkliche Ausgleich eng verbunden. Dabei sollten nach den Vorstellungen der HVAS regionale Arbeitskräfteüberhänge rechtzeitig erkannt und zu einem Ausgleich gebracht werden. Dies konnte in der Frühphase auch durch die Arbeitseinweisung erfolgen. Doch auch hier zeigten sich schon bald die Mängel dieses Instruments: Die Motivation der zwangsweise verpflichteten Arbeitskräfte war oftmals nicht sonderlich hoch, wie die Arbeitsämter in ihren Berichten immer häufiger beklagten. Darüber hinaus setzte der zwischen- und überbezirkliche Ausgleich eine vollständige Kenntnis der Teilarbeitsmärkte mit den regionalen Sonderentwicklungen bei den Arbeitsämtern voraus, die in dem erhofften Maße kaum zu erreichen war. Erschwerend machte sich auch hier die unzureichende Wohnraumversorgung bemerkbar, die einer geplanten Umsetzung oft im Wege stand. Deshalb griff die Arbeitsverwaltung zu anderen Instrumenten, die jedoch stets mit der sowjetischen Besatzungsmacht abgestimmt werden mußten. Die geringsten Handlungsspielräume besaß die Arbeitsverwaltung bei der Lohnpolitik, die fast ausschließlich in den Händen der SMAD lag. Sie bestimmte letztlich die Erhöhung einzelner Löhne und Gehälter, wobei die deutschen Verwaltungen es durchaus verstanden, eigene Vorschläge einzubringen und die sowjetische Seite dafür zu gewinnen. Ein weiteres Steuerungsinstrument war der Wohnungsbau, der jedoch angesichts der Ausgangslage (z.T. hoher Zerstörungsgrad in den Städten und geringer finanzieller Spielraum) nur von nachrangiger Bedeutung sein konnte. Sehr viel wichtiger schien die Umschulung zu sein, die allmählich aufgebaut wurde. Sie war eine Reaktion auf die wachsende Zahl von Fehlvermittlungen, über die sich Betriebe und Arbeitsämter gleichermaßen beklagten. Für die spätere Entwicklung in den fünfziger Jahren waren jedoch die staatlichen Beschäftigungsprogramme entscheidend. Obwohl diese Programme das gesteckte Ziel nie erreichten, wurde hier doch der Grundstein für den ab 1950 erfolgenden Aufbau der Schwerindustrie gelegt. Der massive Auf- und Ausbau von Stahl- und Walzwerken, Betrieben der Eisenindustrie usw. erhöhte schlagartig die Nachfrage nach Arbeitskräften. Wesentliche Veränderungen vollzogen sich außerdem mit der Errichtung der Planwirtschaft, die langsam erfolgte. Dabei wurde die Arbeitskräfteplanung in die allgemeine Wirtschaftsplanung integriert.

Bei der Untersuchung der Instrumente, die in der SBZ zur Lenkung des Arbeitskräftepotentials eingesetzt wurden, stellt sich die Frage, inwieweit eine gruppenspezifische Arbeitsmarktpolitik festzustellen ist. Bei der großen Gruppe der „Umsiedler", d.h. der Flüchtlinge und Vertriebenen, ist dies nur ansatzweise zu erkennen. Arbeitsmarktpolitische Maßnahmen, welche die Integration in die Arbeitswelt erleichtern sollten, gab es nur für kleine Personenkreise, so z.B. für die Handwerker des Gablonzer Kunsthandwerks, die in Thüringen wieder angesiedelt wurden. Ansonsten waren die Vertriebenen auf dem Arbeitsmarkt in der Regel sich selbst überlassen: Auch dort traten sie in Konkurrenz zu der einheimischen Bevölkerung und mußten oftmals Benachteiligungen in Kauf nehmen. Generell galt, daß die finanziellen Möglichkeiten der Landes- und Zentralverwaltungen zu sehr beschränkt waren, um kreditfinanzierte Beschäftigungsprogramme für einzelne soziale Gruppen durchführen zu können. Darüber hinaus sollte bei den „Umsiedlern" ein politisches Sonderbewußtsein nicht gefördert werden, so daß die SED-Führung und die Arbeitsverwaltung darauf verzichteten, entspre-

chende Programme zu konzipieren und umzusetzen. Die Ambivalenz der arbeitsmarktpolitischen Maßnahmen für Frauen ist bereits erörtert worden. Größere Bedeutung gewann noch die Aus- und Weiterbildung von Jugendlichen. Mit Hilfe
von sorgfältig angelegten Nachwuchsplänen sollte der effiziente Einsatz von ausgebildeten Jungfacharbeitern garantiert werden. Auch wenn die öffentliche Haushaltslage dem Vorhaben klare Grenzen setzte, so bedeutete dieser Schritt doch
längerfristig eine qualitative Veränderung. Im Zuge der noch weiter zu entwik-
kelnden Wirtschaftsplanung nahm nämlich die Nachwuchsplanung einen eigenen
Schwerpunkt ein. Für die Arbeitskräftelenkung war der Einsatz von Strafgefangenen letztlich bedeutungslos. Dieses Instrument, das sich im wesentlichen aus juristischen Reformbestrebungen speiste, ließ sich in der Praxis kaum anwenden.
Aufgrund des Gefangenstatus war die Mobilität des ohnehin kleinen Personenkreises, der für diese Maßnahme in Frage kam, stark eingeschränkt.

Eine volkswirtschaftliche Gesamtplanung und -lenkung konnte in den ersten
Nachkriegsjahren noch nicht stattfinden. Das ließ die sowjetische Besatzungsmacht zunächst noch nicht zu, wobei deutschlandpolitische Rücksichtnahmen
vermutlich ein wesentliches Motiv waren. Darüber hinaus bedurfte die Errichtung
der ostdeutschen Planwirtschaft – wie mehrmals erläutert – einer längeren Vorbe-
reitungs- und Einarbeitungsphase. Vor dem Hintergrund der zunehmenden Bedeutung der Zentralverwaltungen sowie der SED als den maßgeblichen Akteuren
bei der wirtschaftlichen Neuordnung erfolgte ungefähr ab 1948 der Übergang zur
Zentralverwaltungswirtschaft. Einschneidende Stationen waren der Halbjahrplan
1948 sowie der Zweijahrplan 1949/50. Bereits 1947 war mit der Gründung der
DWK eine mächtige Lenkungszentrale entstanden, die rasch an Bedeutung gewann und die de facto die Vorläuferin der DDR-Regierung war. Zwar hatten die
deutschen Verwaltungen schon zuvor Monats- und Quartalsberichte über die
wirtschaftliche Entwicklung in der SBZ zusammenstellen müssen. Diese waren
jedoch ausschließlich für die SMAD bestimmt und besaßen in erster Linie Infor-
mationscharakter. Dabei übernahm die Arbeitsverwaltung in gewisser Weise eine
Pionierfunktion: Bereits im Frühjahr 1946 hatte sie ein differenziertes Berichts-
und Meldewesen entwickelt, auf das nunmehr zurückgegriffen werden konnte.
Dabei wurde aber deutlich, daß die sich immer stärker herausbildende Planwirtschaft eine partielle Abkehr von der bisherigen Arbeitsmarktpolitik bedeutete:
Aufgaben und Ziele der Arbeitsämter wurden nunmehr auf die übergeordneten
Ziele der allgemeinen Wirtschaftsplanung ausgerichtet bzw. an diese Vorgaben angepaßt. Die Aufstellung des Zweijahrplanes bzw. des Fünfjahrplanes machte die
Planung des Arbeitskräftepotentials zwangsläufig erforderlich. Arbeitskräfteplanung und -lenkung entwickelten sich so zu Teilbereichen der Wirtschaftspläne.
Eine der wichtigsten Konsequenzen bestand darin, daß die gesonderte Beobachtung einzelner sozialer Gruppen durch die Arbeitsämter und die Staatliche Plankommission immer mehr vernachlässigt wurde und Mitte der fünfziger Jahre nahezu vollständig verschwand. Bereits 1949 war die gesonderte statistische Erfassung der „Umsiedler" aufgegeben worden, was im übrigen auch der politischen
Linie der SED gegenüber dieser Gruppe entsprach.

Anfang der fünfziger Jahre begann auf Anweisung der SED-Führung und in
enger Absprache mit der sowjetischen Besatzungsmacht der forcierte Auf- und

Ausbau der Schwerindustrie. Während einzelne Stahl- und Walzwerke, wie das in Hennigsdorf, bereits vor 1945 bestanden hatten und wieder aufgebaut werden konnten, ging das Eisenhüttenkombinat Ost (EKO) auf den kompletten Neubau eines Industriestandortes zurück. Weil die dafür notwendige Infrastruktur erst noch aufgebaut werden mußte, wurden umgehend Investitionsmittel und Arbeitskräfte gezielt in diesen und andere neue schwerindustrielle Wirtschaftsstandorte gelenkt. Die zeitliche Verzögerung – das Programm begann nicht unmittelbar nach Kriegsende, sondern fünf Jahre später – erklärt sich zum Teil aus der Demontagepolitik der Sowjetunion, die zunächst ihre Reparationsziele verfolgte. Eine weitere Ursache war die beginnende Teilung Deutschlands: Mit der Gründung der DDR und der bereits vorher beginnenden politischen und wirtschaftlichen Trennung der vier Besatzungszonen sowie ihrer Einbindung in zwei konträre Blocksysteme setzte sich bei den politisch Verantwortlichen in der SBZ/DDR immer mehr die Vorstellung durch, die ostdeutsche Wirtschaft von Zulieferungen aus dem Westen unabhängig machen zu wollen. Darüber hinaus schien der Aufbau einer eigenen Schwerindustrie als Anschub für den ökonomischen Aufbau des Landes unabdingbar zu sein. Und schließlich wies das sowjetische Vorbild in eine gleiche wirtschaftspolitische Richtung.

Der schnelle Aufbau der Schwerindustrie zog eine hohe Nachfrage nach ausgebildeten Facharbeitern sowie nach an- und ungelerntem Personal nach sich. Dabei war vor allem die Rekrutierung von qualifizierten Fachkräften problematisch, da diese in der ursprünglich vorgesehenen Zahl noch nicht zur Verfügung standen. Somit mußten Facharbeiter erst noch ausgebildet werden, während der Bedarf an an- und ungelernten Arbeitskräften rascher befriedigt werden konnte. Deshalb entwickelte sich die Facharbeiterausbildung zu einem zentralen Aufgabenbereich der zuständigen Verwaltungen. SED-Führung und Arbeitsministerium mußten nämlich befürchten, daß die im Rahmen des Fünfjahrplans aufgestellten Produktionsziele andernfalls nicht zu erfüllen waren. Schnelle Erfolge konnten jedoch nicht erwartet werden. Hinzu kam, daß sich die einzelnen Stahl- und Walzwerke nicht in der Lage sahen, die eigene Lehrlingsausbildung erheblich zu vergrößern, da hierfür wiederum zusätzliche Lehrkräfte, Verwaltungspersonal und Sachmittel benötigt wurden. Somit erfolgte die Berufsausbildung teilweise am Bedarf vorbei. Dies hing wiederum auch mit der ständig wachsenden und sich verändernden Nachfrage nach ausgebildetem Fachpersonal sowie den Ausbildungszeiten zusammen.

Neben der Nachwuchsförderung gewann auch die Lohnpolitik weiter an Bedeutung. In den fünfziger Jahren waren dies die beiden wichtigsten Instrumente der Arbeitskräftelenkung. Bei der Festsetzung der Löhne ergab sich eine Reihe von Folgeproblemen, die vom Arbeitsministerium berücksichtigt werden mußten. So hatte etwa der mit dem SMAD-Befehl Nr. 234 eingeführte Leistungslohn in der volkseigenen Industrie eine Überarbeitung des gesamten Lohngefüges nach sich gezogen. Die SED befand sich in dem Dilemma, daß sie auf der einen Seite eine Besserstellung der unteren Einkommensgruppen und damit eine Angleichung der Löhne propagierte, auf der anderen Seite aber eine Differenzierung der Löhne betreiben mußte, um das Ziel einer Steigerung der Arbeitsproduktivität zu verwirklichen. Letztlich sollten aber die Löhne nach den Vorstellungen der SED-

Führung und des Ministerrates in unregelmäßigen Abständen der Produktivitäts-
entwicklung angepaßt werden. Aufgrund der angespannten Haushaltslage trat in
dieser Angelegenheit das Finanzministerium häufig als Kritiker auf und konnte
oftmals übereilte lohnpolitische Maßnahmen blockieren. Oberste Priorität genossen Arbeiter der Schwerindustrie, die in der Regel als erste in den Genuß von
Lohnerhöhungen kamen. Es kann festgehalten werden, daß in der SBZ/DDR
Löhne, die von der SED und der Staatlichen Plankommission zentral festgelegt
wurden, nicht nur die Funktion hatten, zur Produktivitätssteigerung in den Betrieben beizutragen, sondern nach wie vor eine wenn auch eingeschränkte markt-
regulierende Aufgabe wahrnahmen. Mit anderen Worten: Löhne behielten auch
weiterhin ihre Anreizfunktion innerhalb des planwirtschaftlichen Systems.

Einige institutionelle Veränderungen zu Beginn der fünfziger Jahre wirkten
sich nachteilig auf die Entwicklung der Arbeitskräfteplanung und -lenkung aus.
Als erstes ist die Auflösung der Arbeitsämter zu nennen, die auf der Verordnung
vom 12. Juli 1951 über die Aufgaben der Arbeitsverwaltungen und über die Lenkung der Arbeitskräfte basierte. In Anlehnung an das sowjetische Vorbild sollten
zukünftig die Industrieministerien für die Steuerung der Arbeitskräfte zuständig
sein. Es konnte nachgewiesen werden, daß die sowjetische Besatzungsmacht in
diesem Punkt ihren Einfluß geltend machte und die Neuordnung dieses Verwal-
tungszweiges durchsetzte. In der Folgezeit wurden bei den Bezirksverwaltungen
Abteilungen für Arbeit und Berufsausbildung gebildet, die einen Teil der Aufgaben wahrnehmen sollten, die zuvor von den Arbeitsämtern ausgefüllt worden waren. Mit der Verordnung vom 12. Juli 1951 verabschiedete sich die DDR von einer
eigenständigen Arbeitsverwaltung, die seit dem Ende des 19. Jahrhunderts ein fester Bestandteil der deutschen öffentlichen Verwaltung gewesen war. Daneben gewann eine weitere Entwicklung an Bedeutung: Mit der Auflösung der Länder und
der Bildung der Bezirke im Sommer 1952 wurde die Kommunalverwaltung noch
stärker in die Arbeitskräftelenkung einbezogen. Das sollte aus Sicht der SED und
der Staatlichen Plankommission die Effektivität der Planung erhöhen, führte aber
andererseits auch dazu, daß sich etwa der zwischenbezirkliche Ausgleich von Arbeitskräften schwieriger gestaltete, da nunmehr die Städte und Kreise die ihnen
zugewiesenen Aufgaben mitunter dazu nutzten, ihre eigenen Interessen und Ziele
zu verfolgen.

Weitaus wichtiger wurde jedoch die Zusammenarbeit zwischen Arbeitsverwaltung und Staatlicher Plankommission, die etwa seit Mitte der fünfziger Jahre für
die Aufstellung der Arbeitskräftepläne zunehmend relevanter wurde. Die Aufgaben des 1958 aufgelösten Ministeriums für Arbeit und Berufsausbildung übernahmen in der Folgezeit die Staatliche Plankommission und das Komitee für Arbeit
und Löhne. Auch das Komitee für Arbeit und Löhne, das von Februar 1958 bis
Mai 1963 existierte, wurde mehrmals umstrukturiert und gelangte rasch in den
Zuständigkeitsbereich der Staatlichen Plankommission, wo es letztlich auch verblieb. Völlig neuartigen Charakter besaß die Staatliche Plankommission, die Ende
1950 errichtet wurde und die Aufgaben übernahm, die zuvor die Hauptverwaltung Wirtschaftsplanung bzw. das Ministerium für Planung wahrgenommen hatten. Damit entstand eine Einrichtung, die sukzessive Aufgaben zugewiesen bekam, die bisher im Zuständigkeitsbereich einzelner Fachministerien gelegen hat-

ten. Diese zentrale institutionelle Weichenstellung, die sich bereits vor 1949 abgezeichnet hatte, hing eng mit der Entscheidung zusammen, die Volkswirtschaft zentral zu planen und zu steuern. Bereits im Frühjahr 1951 war die Staatliche Plankommission zuständig für die Planung der Investitionen, Arbeitskräfte und Warenzirkulation in den Wirtschaftsbereichen Industrie, Landwirtschaft, Verkehr, Kultur und Gesundheitswesen. Auch wenn sich die Staatliche Plankommission rasch als oberste Planungsbehörde etablieren konnte, so blieben doch Konflikte mit den jeweiligen Fachministerien nicht aus. Einzelne Forscher stellten noch jüngst das Institutionengefüge der DDR-Planwirtschaft als klar hierarchisch gegliedertes und aufeinander abgestimmtes System dar[3]. Dieser Interpretation kann in der vorliegenden Studie nicht gefolgt werden. Die SED-Führung beanspruchte zwar in allen Politikbereichen die oberste Entscheidungsbefugnis, sie überließ es aber häufig den untergeordneten Verwaltungen, Problemlösungen auszuarbeiten. Dabei mußten beispielsweise die Fachministerien oftmals einen Konsens untereinander herstellen, da Politbüro und Sekretariat des ZK Entscheidungen verschoben oder diesen aus dem Weg gingen. Diese Verwaltungspraxis erinnert daher eher an polykratische Strukturen, wie sie für das nationalsozialistische Regime bereits frühzeitig herausgearbeitet worden sind[4]. In der SBZ/DDR bestand somit keine in sich geschlossene und klar aufeinander abgestimmte Zentralverwaltungswirtschaft.

Während es dem Arbeitsministerium und der Kommunalverwaltung in den ersten Jahren nach der DDR-Gründung noch einigermaßen gelungen war, den Bedarf an Arbeitskräften insgesamt abzudecken, zeichneten sich seit Mitte der fünfziger Jahre immer größere Schwierigkeiten bei der Arbeitskräfteplanung und -lenkung ab. Die beteiligten Ressorts und Verwaltungen mußten zur Kenntnis nehmen, daß die vorausschauende Bedarfsplanung unzureichend gewesen war. Dies lag zum einen an der „Republikflucht", die erhebliche Auswirkungen auf die Struktur der Erwerbsbevölkerung hatte. SED-Führung, Staatliche Plankommission und Arbeitsministerium befanden sich in dieser Frage von Anfang an in der Defensive: Sie mußten auf das unkalkulierbare und unberechenbare Massenphänomen reagieren – bis zum Mauerbau kehrten mindestens 2,75 Millionen Menschen der DDR den Rücken – und etwa den Verlust an Facharbeitern in einzelnen Wirtschaftsbranchen auszugleichen versuchen. Eine langfristige Planung des Arbeitskräfteeinsatzes war angesichts der stetigen Abwanderung in den Westen Deutschlands nicht durchführbar. Alle eingeleiteten Gegenmaßnahmen der Staats- und Parteiführung konnten diese Entwicklung, die unter anderem mit einem Legitimationsverlust des neuen Staates und der Hegemonialpartei verbunden war, nicht aufhalten. Erst mit dem Mauerbau 1961 wurde der bis dahin noch über Berlin ungehinderte Zugang in die Bundesrepublik radikal unterbunden. Der Arbeitskräftemangel in einzelnen Wirtschaftszweigen hing zum anderen mit systemimmanenten Schwächen zusammen. So machte sich in Teilen der Schwerindustrie ein Arbeitskräfteüberhang bemerkbar. Entlassungen standen unmittelbar bevor

[3] Schroeder, Der SED-Staat, S. 489–502.
[4] Vgl. Broszat, Der Staat Hitlers; Frei, Der Führerstaat; Hüttenberger, Nationalsozialistische Polykratie.

und stellten die kommunalen und zentralen Verwaltungen vor eine ungewohnte und unerwartete Aufgabe, glaubte man doch zu diesem Zeitpunkt, die Arbeitslosigkeit endgültig überwunden zu haben. Zur gleichen Zeit registrierte das Arbeitsministerium einen Mangel an Arbeitskräften in der Landwirtschaft, da diese Jahre zuvor in die Industrie gelenkt worden waren. Die staatlichen Behörden waren nunmehr mit den Unzulänglichkeiten ihres eigenen Planungs- und Lenkungssystems konfrontiert. Der Rückgang der Beschäftigtenzahlen im Uranbergbau vergrößerte den Druck auf die kommunalen Abteilungen Arbeit und Berufsausbildung, die sich hilfesuchend an die SED-Führung und die Staatliche Plankommission in Berlin wandten. Den entlassenen Arbeitern mußten kurzfristig neue Arbeitsplätze angeboten werden. Diese Aufgabe konnte erst über einen längeren Zeitraum hinweg befriedigend gelöst werden.

Angesichts dieser sich zuspitzenden Rahmenbedingungen war es nicht weiter verwunderlich, daß das Arbeitsministerium und die Staatliche Plankommission 1956/57 Überlegungen anstellten, die Instrumente der Arbeitskräftelenkung zu überprüfen und die Verordnung vom 12. Juli 1951 grundlegend zu überarbeiten. Dabei verfolgten die beteiligten Stellen das Ziel, die Kompetenzen der einzelnen Planungsinstanzen auf zentraler, regionaler und lokaler Ebene besser aufeinander abzustimmen und zu einer Arbeitseinweisung zurückzukehren. Hintergrund dafür bildete auch die Fluktuation von Arbeitskräften zwischen den einzelnen Betrieben, die von staatlicher Seite kaum gesteuert werden konnte. Auch wenn diese Planungen letztlich nur theoretische Überlegungen beinhalteten und keinerlei praktische arbeitsrechtliche Konsequenzen hatten, sind sie zunächst einmal als Indiz für eine gewisse Ratlosigkeit zu werten, die sich vor allem auf seiten der Staatlichen Plankommission ausgebreitet hatte, und implizierten das Eingeständnis der Erfolglosigkeit der bisher eingeleiteten Maßnahmen. Die zwischen der SED-Führung, dem Ministerium für Arbeit und Berufsausbildung, dem Komitee für Arbeit und Löhne und der Staatlichen Plankommission geführte Debatte erstreckte sich nicht nur auf den möglichen Neuaufbau einer eigenständigen Arbeitsverwaltung, wie sie bis zur Auflösung der Arbeitsämter 1951 bestanden hatte, sondern drehte sich generell um die Aufgaben und Ziele einer zentralen Arbeitskräftelenkung. Für die Wiedereinführung einer Arbeitseinweisung, die jedoch an das Einverständnis der Betroffenen gekoppelt wurde, plädierte nur das Komitee für Arbeit und Löhne. Vor allem der stellvertretende Vorsitzende des Ministerrates Heinrich Rau wandte sich gegen diesen Vorschlag und konnte sich damit innerhalb des DDR-Ministerrates und der SED-Führung durchsetzen. Beide befürchteten offenbar eine Verschlechterung der Stimmungslage in der Bevölkerung und ein Ansteigen der Flüchtlingszahlen. Deshalb wurde die Verabschiedung der geplanten Verordnung zur Reorganisation der Arbeitskräftelenkung vorerst zurückgestellt. Rund zwei Wochen nach dem Mauerbau erfolgte die Verabschiedung der Verordnung zur Verbesserung der Arbeitskräftelenkung und Berufsberatung, welche die seit 1951 in die Bedeutungslosigkeit abgesunkene Arbeitsverwaltung wieder aufwertete. Damit wurden außerdem Arbeitskräftelenkung und Berufsberatung institutionell miteinander verbunden. Dagegen waren die anfänglichen Pläne zur Wiedereinführung einer begrenzten Arbeitseinweisung vollständig fallengelassen worden.

Die Arbeitskräftelenkung erfolgte nicht nur durch bürokratische Koordinierung, sondern auch durch Instrumente, die marktkoordinierende Funktionen besaßen. Damit bestätigt sich die Vermutung Kornais, der von einem Mischsystem ausgegangen war, das in sozialistischen Wirtschaftssystemen Steuerungsaufgaben wahrnimmt[5]. Von entscheidender Bedeutung ist allerdings in einem weiteren Schritt, die einzelnen Instrumente in ihrer Bedeutung und im Zeitverlauf zu gewichten. Wir haben gesehen, daß die Lohnpolitik anfangs von der Besatzungsmacht nahezu alleine festgelegt wurde. Doch bereits in dieser Phase ist erkennbar, daß die vorgenommenen Lohn- und Gehaltserhöhungen mit den wirtschaftspolitischen Leitideen korrespondierten, die eben eine Bevorzugung der Schwerindustrie vorsahen. Die Lohnpolitik gewann in den fünfziger Jahren zunehmend an Bedeutung und hatte auch noch andere Aufgaben zu erfüllen. So sollten die Löhne und Gehälter produktivitätsorientiert gestaltet werden und letztlich zu einer Steigerung der Arbeitsproduktivität beitragen. Während die Lohnpolitik in der Frühphase das Ziel verfolgte, Arbeiter in die rasch aufzubauenden Schwerpunktbetriebe zu locken, änderte sich dies ab Mitte der fünfziger Jahre. Nunmehr ging es darum, Stammbelegschaften zu bilden und die Arbeiter an ihren Betrieb zu binden. Die Wohnungsbaupolitik stellte ein anderes Hauptinstrument dar. Angesichts des allgemeinen Wohnraummangels schien der massive Ausbau von Wohnstädten in unmittelbarer Nähe zu Kombinaten und Großbetrieben eine Anreizfunktion zu besitzen. Finanzierungsschwierigkeiten, Material- und Bauarbeitermangel verzögerten jedoch häufig den Bauabschluß und trugen dazu bei, daß dem Wohnungsbau nicht die von der SED erhoffte Rolle zukam. Ein langfristig angelegtes Instrument zur Arbeitskräftelenkung war außerdem die Berufsberatung und -ausbildung. Der Facharbeitermangel in einzelnen Wirtschaftszweigen sollte auf diese Weise behoben werden. Doch auch hier machte sich eine zeitliche Verzögerung bemerkbar: Eine bedarfsgerechte Ausbildung war letztlich nicht vollständig zu realisieren, da sich der Bedarf kurzzeitig ändern konnte und die langen Ausbildungszeiten eine rasche Bedarfsdeckung unmöglich machten. Was für die Arbeitskräfteplanung und -lenkung generell galt, traf somit auch für die Berufsausbildung zu: Die beteiligten Ministerien und Verwaltungen standen vor der fast unlösbaren Aufgabe, mit dem richtigen Arbeitskräftebestand zum richtigen Zeitpunkt am richtigen Ort zu sein. Mit dem ersten Fünfjahrplan wuchsen die bürokratischen Koordinierungsinstrumente. Den einzelnen Fachministerien und den Vereinigungen Volkseigener Betriebe wurde der jeweilige Arbeitskräftebestand zentral vorgegeben, der wiederum durch Eingaben einzelner Betriebe revidiert werden konnte. Insofern mußte die dafür letztlich verantwortliche Staatliche Plankommission eine gewisse Flexibilität an den Tag legen. Gleichwohl änderte sich im Untersuchungszeitraum kaum etwas Wesentliches an der prinzipiellen Bevorzugung des schwerindustriellen Sektors bei der Zuteilung von Arbeitskräften. Dagegen blieb die Leicht- und Konsumgüterindustrie von nachrangiger Bedeutung; dies galt ebenso für den privaten Wirtschaftssektor.

Bei den Entscheidungen der SED-Führung, die in nahezu allen Sachfragen die absolute Kompetenz allein für sich reklamierte, vermischten sich oftmals ökono-

---

[5] Kornai, Das sozialistische System, S. 255.

mische und politische Motive. Das hatte zwangsläufig Auswirkungen auf die Arbeitskräftelenkung in der DDR: Im Rahmen des ersten Fünfjahrplanes wurde der Schwerpunkt bei der Zuteilung von Investitionsmitteln und Arbeitskräften eindeutig auf den Ausbau der Schwerindustrie gelegt. Diese Prioritätensetzung wurde stets beibehalten. Die Folgen dieser einseitigen Allokation sollten etwa bei der Aktion „Industriearbeiter aufs Land" ausgeglichen werden, die zugleich mit einem weiteren Ziel verknüpft wurde: der gewünschten Stärkung der Landwirtschaftlichen Produktionsgenossenschaften. Für die SED-Führung waren somit wirtschaftliche und ideologische Ziele eng miteinander verbunden; eine Trennung zwischen beiden Bereichen mit dem Ziel der Verbesserung des Steuerungssystems schien nicht möglich zu sein. Vorsichtige Ansätze zu einer Wirtschaftsreform während der sechziger Jahre, die den Betrieben mehr Handlungsspielraum zugestehen sollte, scheiterten auch daran, daß sich für die Hegemonialpartei SED damit die Machtfrage stellte[6].

Bei der Analyse der DDR-Zentralverwaltungswirtschaft bietet sich ein Vergleich mit der NS-Wirtschaftspolitik an, der nicht im Zentrum der vorliegenden Studie lag und an dieser Stelle auch nicht nachgeholt werden soll. Es seien dennoch einige Randbemerkungen erlaubt, da in der wissenschaftlichen Debatte in den letzten Jahre mitunter allzu leichtfertige und vorschnelle Synopsen vorgenommen wurden[7]. In enger Anlehnung an Überlegungen Walter Euckens gelangten etwa Jürgen Schneider und Wolfgang Harbrecht zum Ergebnis, daß die „nationalsozialistische, marktlose, gelenkte Wirtschaft [...] in der Sowjetisch besetzten Zone (SBZ)/DDR zur markt- und unternehmerlosen sozialistischen Zentralplanwirtschaft nach sowjetischem Modell ausgebaut" wurde[8]. Diese primär ordnungstheoretische Betrachtungsweise ist sehr holzschnittartig und der historischen Entwicklung in der SBZ/DDR nicht ganz angemessen. Am Beispiel der Arbeitskräftelenkung konnte nachgewiesen werden, daß die Zentralverwaltungswirtschaft keineswegs unmittelbar nach Kriegsende vollständig aufgebaut werden konnte und im Sinne der SED-Führung sofort funktionstüchtig war. Darüber hinaus liegt dieser Interpretation implizit ein Sowjetisierungsmodell zugrunde, welches deutsche Handlungsspielräume fast unberücksichtigt läßt und von der historischen Forschung in letzter Zeit zunehmend in Frage gestellt wird[9]. Zweifellos gab es Gemeinsamkeiten zwischen der Arbeitsmarktpolitik im Dritten Reich und in der SBZ/DDR. Zahlreiche Instrumente wie beispielsweise das Arbeitsbuch, die Lohnfestsetzung oder die Arbeitseinweisung lassen sich in beiden Diktaturen finden. Die Entscheidung zugunsten einer zentralen Steuerung des Arbeitsmarktes, die während der nationalsozialistischen Herrschaft vor allem kriegsbedingt erfolgte und funktionalen Charakter besaß, zog die erwähnten Maßnahmen nahezu automatisch nach sich. Von ausschlaggebender Bedeutung für eine vergleichende Beurteilung ist jedoch der jeweilige historische Kontext. Dieser beeinflußte unter anderem die weitere Entwicklung und den Stellenwert der Lenkungsinstrumente.

[6] Vgl. Steiner, Die DDR-Wirtschaftsreform.
[7] Vgl. Schneider/Harbrecht, Einführung: Wirtschaftspolitische Experimente im Laboratorium Kriegswirtschaft/Weimar/Drittes Reich (1914–1948) und in Sowjetrußland (ab 1917).
[8] Ebenda, S. XLIII.
[9] Vgl. Jarausch/Siegrist, Amerikanisierung und Sowjetisierung in Deutschland 1945–1970.

So beseitigten etwa die nationalsozialistischen Machthaber nicht die private Verfügungsgewalt über die Produktionsfaktoren. Die NS-Kriegswirtschaft organisierte in der Phase des „Totalen Krieges" zwar eine nahezu vollständige Verteilung der knappen Ressourcen. Insgesamt kann aber von einer zum Teil engen Kooperation von politischer Führung und Industrieunternehmern ausgegangen werden[10]. In der SBZ/DDR ist dagegen eine ganz andere Entwicklung zu beobachten: Hier wurden frühzeitig Schlüsselindustrien enteignet und verstaatlicht. Im Zusammenhang mit der Bodenreform, der Sequestrierung und der Beschlagnahmung von Bankguthaben wurde das freie Unternehmertum schon frühzeitig ausgeschaltet, auch wenn sich in einzelnen Wirtschaftszweigen – z.B. beim Handwerk – private Betriebe bis Anfang der siebziger Jahre halten konnten. Durch die Kollektivierung Ende der fünfziger bzw. Anfang der sechziger Jahre wurde auch in der Landwirtschaft die private Eigentumsform weitgehend zurückgedrängt. Darüber hinaus hatte das NS-Regime während des Zweiten Weltkriegs auf ein riesiges Arbeitskräftereservoir zurückgegriffen, um den Arbeitskräftebedarf für die Kriegsführung zu befriedigen: die Fremdarbeiter[11]. In der vorliegenden Studie konnte gezeigt werden, daß die DDR erst nach dem Mauerbau sehr zaghaft versuchte, ausländische Arbeitskräfte aus den „befreundeten Staaten" zu gewinnen. Die Beschäftigung ausländischer Arbeiter setzte jedoch erst einige Jahre später ein und erreichte zu keinem Zeitpunkt eine herausragende Bedeutung[12]. Somit werden grundlegende Unterschiede deutlich, die zumindest einen bruchlosen Übergang von der NS-Kriegswirtschaft zur ostdeutschen Zentralverwaltungswirtschaft in Frage stellen.

---

[10] Frei, Der Führerstaat, S. 90–92; Petzina, Autarkiepolitik, S. 196–198.
[11] Im August 1944 befanden sich 7,65 Millionen ausländische Arbeitskräfte (26,5% der Gesamtbeschäftigten) im „Großdeutschen Reich", darunter 1,9 Millionen Kriegsgefangene. Herbert, Fremdarbeiter, S. 270.
[12] Die Ausländerquote betrug in der DDR 1989 1,1% (191000 Personen). Elsner/Elsner, Ausländer und Ausländerpolitik in der DDR, S. 5.

Verzeichnis der Tabellen und Grafiken

Abkürzungen

Abt.	Abteilung
ABUS	Ausrüstung von Bergbau und Schwerindustrie
ACDP	Archiv für Christlich-Demokratische Politik, St. Augustin
ADL	Archiv des Deutschen Liberalismus, Gummersbach
AfS	Archiv für Sozialgeschichte
AG	Aktiengesellschaft
AK	Arbeitskräfte
APUZ	Aus Politik und Zeitgeschichte
AVAVG	Gesetz über Arbeitsvermittlung und Arbeitslosenversicherung
AVP RF	Archiw wneschnei politiki Rossijskoi Federazii, Moskau
BAB	Bundesarchiv, Berlin-Lichterfelde
Bd.	Band
Bl.	Blatt
BLHA	Brandenburgisches Landeshauptarchiv, Potsdam-Bornim
BStU	Der Bundesbeauftragte für die Unterlagen des Staatssicherheitsdienstes der ehemaligen DDR
BzG	Beiträge zur Geschichte der Arbeiterbewegung
CDU	Christlich-Demokratische Union
ČSR	Tschechoslowakische Republik
DA	Deutschland Archiv
DAF	Deutsche Arbeitsfront
DDR	Deutsche Demokratische Republik
DFD	Demokratischer Frauenbund Deutschlands
DJV	Deutsche Zentralverwaltung für Justiz
DM	Deutsche Mark (DM Ost)
DVAS	Deutsche Verwaltung für Arbeit und Sozialfürsorge
DVdI	Deutsche Verwaltung des Innern
DWK	Deutsche Wirtschaftskommission
EKO	Eisenhüttenkombinat Ost
FDGB	Freier Deutscher Gewerkschaftsbund
FDJ	Freie Deutsche Jugend
GG	Geschichte und Gesellschaft
GOSPLAN	Gosudarstwennaja Planowaja Komissija (Staatliche Plankommission)
HA	Hauptabteilung

HV	Hauptverwaltung
HVAS	Hauptverwaltung Arbeit und Sozialfürsorge
HVDVP	Hauptverwaltung Deutsche Volkspolizei
HZ	Historische Zeitschrift
IG	Industriegewerkschaft
IHK	Industrie- und Handelskammer
IWK	Internationale Wissenschaftliche Korrespondenz zur Geschichte der Arbeiterbewegung
Kap.	Kapitel
KPD	Kommunistische Partei Deutschlands
LA	Landesarchiv
LAA	Landesarbeitsamt
LDP(D)	Liberal-Demokratische Partei (Deutschlands)
LHA	Landeshauptarchiv
LPG	Landwirtschaftliche Produktionsgenossenschaft
MAS	Maschinen-Ausleih-Station
MdI	Ministerium des Innern
MTS	Maschinen-Traktoren-Station
MW	Ministerium für Wirtschaft
NATO	North Atlantic Treaty Organization
NDPD	National-Demokratische Partei Deutschlands
Nr.	Nummer
NS	Nationalsozialismus
NSDAP	Nationalsozialistische Deutsche Arbeiterpartei
ÖLB	Örtlich geleiteter Landwirtschaftsbetrieb
Rep.	Repertorium
RGW	Rat für gegenseitige Wirtschaftshilfe
RM	Reichsmark
SächsHStA	Sächsisches Hauptstaatsarchiv, Dresden
SAG	Sowjetische Aktiengesellschaft
SAPMO	Stiftung Archiv der Parteien und Massenorganisationen der DDR im Bundesarchiv
SBZ	Sowjetische Besatzungszone
SDAG	Sowjetisch-Deutsche Aktiengesellschaft
SED	Sozialistische Einheitspartei Deutschlands
SKK	Sowjetische Kontrollkommission
SMA	Sowjetische Militäradministration
SMAD	Sowjetische Militäradministration in Deutschland

| SPD | Sozialdemokratische Partei Deutschlands |
| SPK | Staatliche Plankommission |

TH	Technische Hochschule
ThHStA	Thüringisches Hauptstaatsarchiv, Weimar
UdSSR	Union der Sozialistischen Sowjetrepubliken

VdgB	Vereinigung der gegenseitigen Bauernhilfe
VdN	Verfolgter des Naziregimes
VEB	Volkseigener Betrieb
VEG	Volkseigenes Gut
VfZ	Vierteljahrshefte für Zeitgeschichte
VR	Volksrepublik
VSWG	Vierteljahrschrift für Sozial- und Wirtschaftsgeschichte
VVB	Vereinigung Volkseigener Betriebe

ZA	Zentralarchiv
ZfG	Zeitschrift für Geschichtswissenschaft
ZK	Zentralkomitee
ZKSK	Zentrale Kommission für Staatliche Kontrolle
ZS	Zentralsekretariat
ZVAS	Zentralverwaltung für Arbeit und Sozialfürsorge
ZVU	Zentralverwaltung für deutsche Umsiedler

Quellen- und Literaturverzeichnis

A. Ungedruckte Quellen

Stiftung Archiv der Parteien und Massenorganisationen der DDR im Bundesarchiv, Berlin (SAPMO)

RY	*KPD*
1/I 1/1	Parteitage der KPD
1/I 1/2	Parteikonferenzen der KPD
1/I 2/2	Zentrale/ZK
1/I 2/5	Sekretariat des ZK der KPD
1/I 3/1–2	KPD-Bezirk Berlin-Brandenburg-Lausitz-Grenzmark
1/I 3/8–10	KPD-Bezirk Sachsen
1/I 3/12	KPD-Bezirk Magdeburg/Anhalt
1/I 3/13	KPD-Bezirk Thüringen
1/I 3/11	KPD-Bezirk Halle-Merseburg
DY 28	*SPD nach 1945*
II 1	Parteitage und -konferenzen
II 2	SPD-Zentralausschuß
DY 29	*Aktionsgemeinschaft KPD/SPD*
III 70–83	Aktions- und Arbeitsgemeinschaft KPD/SPD 1945/46
DY 30	*SED*
IV 2/2.1	Protokolle des Zentralsekretariats (1946–1949)
IV 2/2	Protokolle des Politbüros (1949–1953)
J IV 2/2	Protokolle des Politbüros (1953–1965)
J IV 2/2 A	Arbeitsprotokolle des Politbüros (1953–1965)
J IV 2/3	Protokolle des Sekretariats des ZK (1949–1965)
J IV 2/3 A	Arbeitsprotokolle des Sekretariats des ZK (1949–1965)
IV 2/2.027	ZK-Abteilung Gewerkschaften und Sozialpolitik
IV 2/6.11	ZK-Abteilung Gewerkschaften und Sozialpolitik
IV 2/2.022	Teilbestand Sekretariat Paul Merker
IV 2/2.029	Büro Erich Apel und Wirtschaftskommission beim Politbüro 1951–1962
IV 2/2.101	Wirtschaftskommission beim Politbüro des ZK
IV 2/6.02	ZK-Abteilung Wirtschaftspolitik
IV 2/6.03	Abteilung Grundstoffindustrie
IV 2/6.04	Abteilung Maschinenbau und Metallurgie
IV 2/9.05	ZK-Abteilung Volksbildung
IV 2/13	ZK-Abteilung Staat und Recht
IV 2/16	ZK-Abteilung Jugend
IV 2/17	ZK-Abteilung Frauen
J IV 2/201	Büro Walter Ulbricht
J IV 2/202	Büro Walter Ulbricht
J IV 2/2 J	Berichte und Informationen an das Politbüro
J IV 2/3 J	Berichte und Informationen an das Sekretariat des ZK
NY	*Nachlässe*
4017	Nachlaß Martha Arendsee

4036	Nachlaß Wilhelm Pieck
4076	Nachlässe Hermann und Jenny Matern
4090	Nachlaß Otto Grotewohl
4182	Nachlaß Walter Ulbricht
4405	Nachlaß Roman Chwalek
4406	Nachlaß Adolf Deter
4409	Nachlaß Bernhard Göring
4421	Nachlaß Grete Groh-Kummerlöw
4473	Nachlaß Helmut Lehmann
4495	Nachlaß Friedel Malter

DY 34   *FDGB-Bundesvorstand*
Tagung des Bundesvorstandes
Sekretariat des FDGB-Bundesvorstandes (1948–1962)
Büro des Präsidiums
Präsidiumssitzungen (1952–1965)
Vorstandssekretariat (1946–1949)
Büro Herbert Warnke
Büro Bernhard Göring
Büro Alexander Starck
Büro Otto Lehmann
Büro Zöllner
Hauptabteilung I (Organisation; 1945–1949)
Hauptabteilung II (Wirtschaftspolitik)
Hauptabteilung III (Sozialpolitik)
Abteilung Organisation (ab 1950)
Abteilung Arbeit und Löhne (1950–1960)
Büros der Sekretäre für Arbeit und Löhne
Abteilung Sozialpolitik (ab 1950)
Abteilung Recht
Betriebsräte

DY 37   *IG Bergbau*

DY 46   *IG Metall*

DY 52   *ZV IG Wismut*

Bundesarchiv, Berlin-Lichterfelde (BAB)

DC 15	Deutsche Wirtschaftskommission
DC 20	Ministerrat
DC 20 I/3	Sitzungen und Beschlüsse des Ministerrates
DC 20 I/4	Präsidium des Ministerrates
DC 20/Ulbricht	Ministerrat, Teilbestand Ulbricht
DE 1	Staatliche Plankommission
DG 2	Ministerium für Schwerindustrie
DO 1/7	Ministerium des Innern, Deutsche Verwaltung des Innern
DO 1/8	Ministerium des Innern, örtliche Räte
DO 1/11	Ministerium des Innern, Hauptverwaltung Deutsche Volkspolizei
DO 2	Zentralverwaltung für deutsche Umsiedler
DQ 2	Ministerium für Arbeit und Berufsausbildung
DQ 3	Staatssekretariat für Arbeit und Löhne

Bundesarchiv, Archivdepot Coswig

DC 1   Zentrale Kommission für Staatliche Kontrolle
DE 4   Volkswirtschaftsrat

Brandenburgisches Landeshauptarchiv, Potsdam-Bornim (BLHA)

Ld. Br. Rep. 202 A	Büro des Ministerpräsidenten
Ld. Br. Rep. 206	Wirtschaftsministerium
Ld. Br. Rep. 250	Landratsämter
Ld. Br. Rep. 271	VVB Land Brandenburg
Ld. Br. Rep. 330	KPD-Bezirksleitung 1945/46
Ld. Br. Rep. 331	SPD-Bezirksvorstand 1945/46
Ld. Br. Rep. 332	SED-Landesvorstand Brandenburg
Ld. Br. Rep. 333	Aktionsgemeinschaft KPD/SPD 1945/46
Ld. Br. Rep. 502	VEB Walzwerk Kirchmöser
Ld. Br. Rep. 502	Stahl- und Walzwerk Hennigsdorf
Ld. Br. Rep. 502	VEB Stahl- und Walzwerk Brandenburg (Abgabe 1985 und 1986)
Ld. Br. Rep. 547	FDGB-Landesvorstand
Ld. Br. Rep. 903	VEB Synthesewerk Schwarzheide
Rep. 270	VVB (Z) Welzow
Rep. 530	Bezirk Potsdam
Rep. 901	VVB Braunkohle, Sitz Senftenberg
Rep. 901	VEB Braunkohlenwerk Plessa

Landesarchiv Magdeburg-Landeshauptarchiv (LAM-LHA)

Rep. K Minpräs	Büro des Ministerpräsidenten
Rep. K MW	Ministerium für Wirtschaft und Verkehr
Rep. K MdF	Ministerium der Finanzen
Rep. K MdI	Ministerium des Innern

Rep. K Bezirksverwaltung Magdeburg
Rep. K Industriewerke Sachsen-Anhalt
Direktorat der Kohlenindustrie Sachsen-Anhalt
Braunkohlenverwaltung Magdeburg, VVB der Kohlenindustrie
VEB Bergbau- und Hüttenkombinat Calbe (Saale)
VEB Kupfer- und Blechwalzwerk „Michael Niederkirchner" Ilsenburg
FDGB-Landesvorstand Sachsen-Anhalt

Sächsisches Hauptstaatsarchiv, Dresden

Landesregierung Sachsen, Ministerpräsident
Landesregierung Sachsen, Ministerium für Arbeit und Sozialfürsorge
Landesregierung Sachsen, Ministerium für Wirtschaft und Arbeit (Landesplanung)
Landesregierung Sachsen, Ministerium für Wirtschaft
Bezirkstag/Rat des Bezirkes Dresden
Steinkohlenwerk Zauckerode
Gesellschaft Gießerei-Industrie Sachsen, Johanngeorgenstadt
VEB Steinkohlenwerk „Willi Agatz" Freital
VEB Steinkohlenverwaltung Zwickau
Kaliindustrie
KPD-Bezirksleitung Sachsen

SPD-Landesvorstand Sachsen
Aktions- und Arbeitsgemeinschaft von KPD und SPD
SED-Landesleitung Sachsen
SED-Bezirksleitung Dresden
FDGB-Landesvorstand Sachsen

Thüringisches Hauptstaatsarchiv, Weimar

Land Thüringen, Büro des Ministerpräsidenten
Der Ministerpräsident, HA Wirtschaftsplanung
Land Thüringen, Ministerium für Wirtschaft und Arbeit
Rheinmetall Borsig, SAG Sömmerda
VEB Kombinat Kali
VVB Mineral und Erze
I/1   KPD 1945/46
II/1   SPD 1945/46
III   Aktionseinheit KPD/SPD
IV   SED-Landesleitung

Archiv für Christlich-Demokratische Politik, St. Augustin (ACDP)

VII/10   Vorstand
VII/11   Sekretariat des Hauptvorstandes
VII/12   Parteiarbeit
VII/13   Sachthemen
III/31   LV Thüringen
III/35   LV Sachsen

Archiv des Deutschen Liberalismus, Gummersbach (ADL)

Protokolle des Zentralvorstandes
Protokolle des Hauptausschusses
Protokolle des Politischen Ausschusses des Zentralvorstandes
Protokolle des Sekretariats des Zentralvorstandes
Sekretariat des Vorsitzenden
Ausschuß für Sozialpolitik
Landesverband Brandenburg, Landesvorstand
Landesverband Sachsen, Landesvorstand
Landesverband Sachsen-Anhalt, Landesvorstand
Landesverband Thüringen, Landesvorstand

Der Bundesbeauftragte für die Unterlagen des Staatssicherheitsdienstes der ehemaligen DDR, (BStU), Zentralarchiv (ZA), Berlin

Dokumentenstelle (DSt)
Juristische Hochschule des MfS (JHS)
Kader und Schulung (KuSch/KS)
Sekretariat des Ministers (SdM)
Zentrale Arbeitsgruppe Geheimnisschutz (ZAGG)
Zentrale Auswertungs- und Informationsgruppe (ZAIG)

Archiw wneschnei politiki Rossijskoi Federazii, Moskau (AVP RF)

Fonds 458, opis 3
Fonds 458, opis 72

B. Gedruckte Quellen

Akten zur Vorgeschichte der Bundesrepublik Deutschland 1945–1949. Bd. 4: Januar-Dezember 1948, bearb. von Christoph Weisz/Hans-Dieter Kreikamp/Bernd Steger, München 1983.

Amtsblatt des Kontrollrats in Deutschland, hrsg. vom Alliierten Sekretariat, Berlin o.J.

Die Arbeit. Theoretische Zeitschrift des Freien Deutschen Gewerkschaftsbundes, o.O. 1947 ff.

Arbeit und Sozialfürsorge, Berlin (Ost) 1946 ff.

Die neue Arbeitsgerichtsbarkeit, Berlin 1947.

Befehle des Obersten Chefs der Sowjetischen Militärverwaltung in Deutschland. Aus dem Stab der Sowjetischen Militärverwaltung in Deutschland, Sammelheft 1 und 2, Berlin 1946.

Berichte der Landes- und Provinzialverwaltungen zur antifaschistisch-demokratischen Umwälzung 1945/46. Quellenedition, Berlin (Ost) 1989.

Bonwetsch, Bernd/Bordjugov, Gennadij/Naimark, Norman M. (Hrsg.): Sowjetische Politik in der SBZ 1945–1949. Dokumente zur Tätigkeit der Propagandaverwaltung (Informationsverwaltung) der SMAD unter Sergej Tjul'panov, Bonn 1998.

Buddrus, Michael: „... im Allgemeinen ohne besondere Vorkommnisse". Dokumente zur Situation des Strafvollzugs der DDR nach der Auflösung der sowjetischen Internierungslager 1949–1951, in: DA 29 (1996), S. 10–33.

Conelly, John: Zur „Republikflucht" von DDR-Wissenschaftlern in den fünfziger Jahren, in: ZfG 42 (1994), S. 331–352.

Dokumente der Sozialistischen Einheitspartei Deutschlands, Bd. I ff., Berlin (Ost) 1952 ff.

Dokumente zur Geschichte der kommunistischen Bewegung in Deutschland. Reihe 1945/1946. Hrsg. von Günter Benser und Hans-Joachim Krusch. Bd. 3: Protokoll der Reichsberatung der KPD 8./9. Januar 1946, bearb. von Günter Benser und Hans-Joachim Krusch, München u. a. 1995.

Eckelmann, Wolfgang/Hertle, Hans-Hermann/Weinert, Rainer: FDGB intern. Innenansichten einer Massenorganisation der SED, Berlin 1990.

Einheitsdrang oder Zwangsvereinigung? Die Sechziger Konferenzen von KPD und SPD 1945 und 1946. Mit einer Einführung von Hans-Joachim Krusch und Andreas Malycha, Berlin 1990.

Engelmann, Roger/Schumann, Silke: Der Ausbau des Überwachungsstaates. Der Konflikt Ulbricht-Wollweber und die Neuausrichtung des Staatssicherheitsdienstes der DDR 1957, in: VfZ 43 (1995), S. 341–378.

Entnazifizierung. Politische Säuberung und Rehabilitierung in den vier Besatzungszonen 1945–1949, hrsg. von Clemens Vollnhals, München 1991.

Foitzik, Jan: Berichte des Hohen Kommissars der UdSSR in Deutschland aus den Jahren 1953/54. Dokumente aus dem Archiv für Außenpolitik der Russischen Föderation, in: Materialien der Enquete-Kommission „Aufarbeitung von Geschichte und Folgen der SED-Diktatur in Deutschland", hrsg. vom Deutschen Bundestag, Bd. II/2, Baden-Baden/Frankfurt am Main 1995, S. 1350–1541.

Ders.: „Hart und konsequent ist der neue politische Kurs zu realisieren". Ein Dokument zur Politik der Sowjetunion gegenüber der DDR nach Berijas Verhaftung im Juni 1953, in: DA 33 (2000), S. 32–49.

Vorstand des FDGB (Hrsg.): Geschäftsbericht des Freien Deutschen Gewerkschaftsbundes 1946, Berlin (Ost) 1947.

Bundesvorstand des FDGB (Hrsg.): Aus der Arbeit des Freien Deutschen Gewerkschaftsbundes 1947–1949, Berlin (Ost) 1950.

Ders. (Hrsg.): Geschäftsbericht des Bundesvorstandes des FDGB zum 4. FDGB-Kongreß 1950–1954, Berlin (Ost) o.J.

Ders. (Hrsg.): Rechenschaftsbericht des Bundesvorstandes an den 5. FDGB-Kongreß 1955–1959, Berlin (Ost) o.J.

Gesetzblatt der Deutschen Demokratischen Republik 1949 ff., Berlin (Ost) 1949 ff.

„Gruppe Ulbricht" in Berlin, April bis Juni 1945. Von den Vorbereitungen im Sommer 1944 bis zur Wiederbegründung der KPD im Juni 1945. Eine Dokumentation. Mit einem Geleitwort von Wolfgang Leonhard, hrsg. und eingel. von Gerhard Keiderling, Berlin 1993.

Gniffke, Erich W.: Jahre mit Ulbricht, Köln 1966.

Herrnstadt, Rudolf: Das Herrnstadt-Dokument. Das Politbüro der SED und die Geschichte des 17. Juni 1953, hrsg. von Nadja Stulz-Herrnstadt, Hamburg 1990.

Hoffmann, Dierk/Schmidt, Karl-Heinz/Skyba, Peter (Hrsg.): Die DDR vor dem Mauerbau. Dokumente zur Geschichte des anderen deutschen Staates 1949–1961, München/Zürich 1993.

Judt, Matthias (Hrsg.): DDR-Geschichte in Dokumenten. Beschlüsse, Berichte, interne Materialien und Alltagszeugnisse, Berlin 1997.

Kranig, Andreas: Arbeitsrecht im NS-Staat. Texte und Dokumente, Köln 1984.

Malycha, Andreas: Auf dem Weg zur SED. Die Sozialdemokratie und die Bildung einer Einheitspartei in den Ländern der SBZ – Eine Quellenedition, Bonn 1995.

Neuaufbau der deutschen Wirtschaft. Richtlinien der KPD zur Wirtschaftspolitik, Berlin 1946.

Pieck, Wilhelm: Aufzeichnungen zur Deutschlandpolitik 1945–1953, hrsg. von Rolf Badstübner/Wilfried Loth, Berlin 1993.

Potsdam 1945. Quellen zur Konferenz der „Großen Drei", hrsg. von Ernst Deuerlein, München 1963.

Protokoll der Verhandlungen des II. Parteitages der Sozialistischen Einheitspartei Deutschlands, 20. bis 24. September 1947, Berlin (Ost) 1947.

Protokoll des III. Parteitages der Sozialistischen Einheitspartei Deutschlands, 20. bis 24. Juli 1950, Berlin (Ost) 1951.

Protokoll der Verhandlungen des IV. Parteitages der Sozialistischen Einheitspartei Deutschlands, 30. März bis 6. April 1954, Berlin (Ost) 1954.

Protokoll des V. Parteitages der Sozialistischen Einheitspartei Deutschlands, 10. bis 16. Juli 1958, Berlin (Ost) 1959.

Protokoll der 1. Parteikonferenz der Sozialistischen Einheitspartei Deutschlands, 25. bis 28. Januar 1949, Berlin (Ost) 1949.

Protokoll der II. Parteikonferenz der Sozialistischen Einheitspartei Deutschlands, 9. bis 12. Juli 1952, Berlin (Ost) 1952.

Protokoll der Verhandlungen der III. Parteikonferenz der Sozialistischen Einheitspartei Deutschlands, 24. bis 30. März 1956, Berlin (Ost) 1956.

Protokolle der Provisorischen Volkskammer, 1949/50.

Protokolle der Volkskammer der Deutschen Demokratischen Republik, 1951 ff.

Scherstjanoi, Elke: „Wollen wir den Sozialismus?". Dokumente aus der Sitzung des Politbüros des ZK der SED am 6. Juni 1953, in: BzG 33 (1991), S. 658–680.

Dies.: Die sowjetische Deutschlandpolitik nach Stalins Tod 1953. Neue Dokumente aus dem Archiv des Moskauer Außenministeriums, in: VfZ 46 (1998), S. 497–549.

Schollwer, Wolfgang: Potsdamer Tagebuch 1948–1950. Liberale Politik unter sowjetischer Besatzung, hrsg. von Monika Faßbender, München 1988.

Selbmann, Fritz: Planung und Wirtschaftspolitik, Dresden 1947.

Ders.: Volksbetriebe im Wirtschaftsplan, Berlin 1948.

Ders.: Für eine gesamtdeutsche Wirtschaftspolitik, Berlin (Ost) 1949.

Das SKK-Statut. Zur Geschichte der Sowjetischen Kontrollkommission in Deutschland 1949 bis 1953. Eine Dokumentation. Im Auftrag des Instituts für Zeitgeschichte zusammengestellt und eingeleitet von Elke Scherstjanoi, München 1998.

Staritz, Dietrich: Die SED, Stalin und die Gründung der DDR. Aus den Akten des Zentralen Parteiarchivs des Instituts für Geschichte der Arbeiterbewegung (ehemals Institut für Marxismus-Leninismus beim ZK der SED), in: APUZ B 5/91, S. 3–16.

Ders.: Stalin und der „Aufbau des Sozialismus" in der DDR. Aus den Akten des Zentralen Parteiarchivs, in: DA 24 (1991), S. 686–700.

Statistisches Jahrbuch der Deutschen Demokratischen Republik, Berlin (Ost) 1955 ff.

Steiner, André: Politische Vorstellungen und ökonomische Probleme im Vorfeld der Errichtung der Berliner Mauer. Briefe Walter Ulbrichts an Nikita Chruschtschow, in: Hartmut Mehringer (Hrsg.): Von der SBZ zur DDR, München 1995, S. 233–268.

Stöckigt, Rolf: Ein Dokument von großer historischer Bedeutung vom Mai 1953, in: BzG 32 (1990), S. 648–654.

Suckut, Siegfried: Blockpolitik in der SBZ/DDR 1945–1949. Die Sitzungsprotokolle des zentralen Einheitsfront-Ausschusses. Eine Quellenedition, Köln 1986.

Ders.: Die Entscheidung zur Gründung der DDR. Die Protokolle der Beratungen des SED-Parteivorstandes am 4. und 9. Oktober 1949, in: VfZ 39 (1991), S. 125–175.

Ulbricht, Walter: Unsere Wirtschaftspolitik 1949. Referat und Schlußwort auf der Ersten Parteikonferenz der SED, Berlin (Ost) 1949.

Vergleich von Bildung und Erziehung in der Bundesrepublik Deutschland und in der Deutschen Demokratischen Republik (=Materialien zur Lage der Nation, hrsg. vom Bundesministerium für innerdeutsche Beziehungen), wissenschaftl. Leitung: Oskar Anweiler, Köln 1990.

Volksrichter in der SBZ/DDR 1945 bis 1952. Eine Dokumentation, hrsg. u. eingel. von Hermann Wentker, München 1997.

Weber, Hermann (Hrsg.): Parteiensystem zwischen Demokratie und Volksdemokratie. Dokumente und Materialien zum Funktionswandel der Parteien und Massenorganisationen in der SBZ/DDR 1945–1950, Köln 1982.

Ders.: DDR. Dokumente zur Geschichte der Deutschen Demokratischen Republik 1945–1985, München 1986.

Wengst, Udo: Der Aufstand am 17. Juni 1953 in der DDR. Aus den Stimmungsberichten der Kreis- und Bezirksverbände der Ost-CDU im Juni und Juli 1953, in: VfZ 41 (1993), S. 277–321.

Der Wirtschaftsplan 1949/50. Wiederherstellung und Entwicklung der Friedenswirtschaft in der sowjetischen Besatzungszone, Berlin (Ost) 1948.

Wolkow, Wladimir K.: Die deutsche Frage aus Stalins Sicht (1947–1952), in: ZfG 48 (2000), S. 20–49.

Zentralverordnungsblatt, Jahrgang 1947, hrsg. namens aller Zentralverwaltungen von der

Deutschen Justizverwaltung der sowjetischen Besatzungszone in Deutschland, Berlin 1947.

Zentralverordnungsblatt. Amtliches Organ der Deutschen Wirtschaftskommission und ihrer Hauptverwaltungen sowie der Deutschen Verwaltungen für Gesundheitswesen, Inneres, Justiz und Volksbildung, Jahrgang 1948, hrsg. von der Deutschen Justizverwaltung der sowjetischen Besatzungszone in Deutschland, Berlin 1948.

Zentralverordnungsblatt. Amtliches Organ der Deutschen Wirtschaftskommission und ihrer Hauptverwaltungen sowie der Deutschen Verwaltungen für Inneres, Justiz und Volksbildung, Jahrgang 1949, hrsg. von der Deutschen Justizverwaltung der sowjetischen Besatzungszone in Deutschland, Berlin 1949.

Literatur

Abelshauser, Werner: Wirtschaft in Westdeutschland 1945–1948. Rekonstruktion und Wachstumsbedingungen in der amerikanischen und britischen Zone, Stuttgart 1975.

Ders.: Wirtschaftsgeschichte der Bundesrepublik Deutschland (1945–1980), Frankfurt am Main 1983.

Ders.: Der Ruhrkohlenbergbau seit 1945. Wiederaufbau, Krise, Anpassung, München 1984.

Ders. (Hrsg.): Die Weimarer Republik als Wohlfahrtsstaat. Zum Verhältnis von Wirtschafts- und Sozialpolitik in der Industriegesellschaft, Stuttgart 1987.

Ders.: Kriegswirtschaft und Wirtschaftswunder. Deutschlands wirtschaftliche Mobilisierung für den Zweiten Weltkrieg und die Folgen für die Nachkriegszeit, in: VfZ 47 (1999), S. 503–538.

Altrichter, Helmut: Die Bauern von Tver. Vom Leben auf dem russischen Dorfe zwischen Revolution und Kollektivierung, München 1984.

Ambrosius, Gerold: Funktionswandel und Strukturveränderung der Bürokratie 1945–1949: Das Beispiel der Wirtschaftsverwaltung, in: Politische Weichenstellungen im Nachkriegsdeutschland 1945–1953, hrsg. von Heinrich August Winkler, Göttingen 1979, S. 167–207.

Ders.: Der Beitrag der Vertriebenen und Flüchtlinge zum Wachstum der westdeutschen Wirtschaft nach dem Zweiten Weltkrieg, in: Jahrbuch für Wirtschaftsgeschichte 1996/2, S. 39–71.

Anatomie der Staatssicherheit. Geschichte, Struktur und Methoden. MfS-Handbuch, hrsg. von Siegfried Suckut/Clemens Vollnhals/Walter Süß/Roger Engelmann. Die Hauptabteilung XVIII: Volkswirtschaft, bearb. von Maria Haendcke-Hoppe-Arndt, Berlin 1997.

Arbeitslosigkeit in der Arbeitsgesellschaft. Hrsg. von Wolfgang Bonß und Rolf G. Heinze, Frankfurt am Main 1984.

Baar, Lothar/Karlsch, Rainer/Matschke, Werner: Kriegsschäden, Demontagen und Reparationen, in: Materialien der Enquete-Kommission „Aufarbeitung von Geschichte und Folgen der SED-Diktatur in Deutschland", hrsg. vom Deutschen Bundestag, Bd. II/2, Baden-Baden/Frankfurt am Main 1995, S. 868–988.

Ders./Müller, Uwe/Zschaler, Frank: Strukturveränderungen und Wachstumsschwankungen. Investitionen und Budget in der DDR 1949 bis 1989, in: Jahrbuch für Wirtschaftsgeschichte 1995/2, S. 47–74.

Ders./Petzina, Dietmar (Hrsg.): Deutsch-Deutsche Wirtschaft 1945 bis 1990. Strukturveränderungen, Innovationen und regionaler Wandel. Ein Vergleich, St. Katherinen 1999.

Bähr, Johannes: Entstehung und Folgen des Arbeitsgerichtsgesetzes von 1926. Zum Verhältnis von Arbeiterschaft, Arbeiterbewegung und Justiz zwischen Kaiserreich und Nationalsozialismus, in: Arbeiter im 20. Jahrhundert, hrsg. von Klaus Tenfelde, Stuttgart 1991, S. 507–532.

Ders.: Institutionenordnung und Wirtschaftsentwicklung. Die Wirtschaftsgeschichte der DDR aus der Sicht des zwischendeutschen Vergleichs, in: GG 25 (1999), S. 530–555.

Ders./Petzina, Dietmar (Hrsg.): Innovationsverhalten und Entscheidungsstrukturen. Vergleichende Studien zur wirtschaftlichen Entwicklung im geteilten Deutschland 1945–1990, Berlin 1996.

Bajohr, Stefan: Weiblicher Arbeitsdienst im „Dritten Reich". Ein Konflikt zwischen Ideologie und Ökonomie, in: VfZ 28 (1980), S. 331–357.

Barthel, Horst: Die wirtschaftlichen Ausgangsbedingungen der DDR. Zur Wirtschaftsentwicklung auf dem Gebiet der DDR 1945–1949/50, Berlin (Ost) 1979.

Bauerkämper, Arnd: Von der Bodenreform zur Kollektivierung. Zum Wandel der ländlichen Gesellschaft in der Sowjetischen Besatzungszone Deutschlands und DDR 1945–1952, in: Hartmut Kaelble/Jürgen Kocka/Hartmut Zwahr (Hrsg.): Sozialgeschichte der DDR, Stuttgart 1994, S. 119–143.

Ders. (Hrsg.): „Junkerland in Bauernhand"? Durchführung, Auswirkungen und Stellenwert der Bodenreform in der Sowjetischen Besatzungszone, Stuttgart 1996.

Ders.: Die vorgetäuschte Integration. Die Auswirkungen der Bodenreform und Flüchtlings-siedlung auf die berufliche Eingliederung von Vertriebenen in die Landwirtschaft in Deutschland 1945–1960, in: Geglückte Integration? Spezifika und Vergleichbarkeiten der Vertriebenen-Eingliederung in der SBZ/DDR, hrsg. von Dierk Hoffmann und Michael Schwartz, München 1999, S. 193–214.

Ders.: Aufwertung und Nivellierung. Landarbeiter und Agrarpolitik in der SBZ/DDR 1945–1960, in: Peter Hübner/Klaus Tenfelde (Hrsg.): Arbeiter in der SBZ/DDR, Essen 1999, S. 245–267.

Ders./Sabrow, Martin/Stöver, Bernd (Hrsg.): Doppelte Zeitgeschichte. Deutsch-deutsche Beziehungen 1945–1990, Bonn 1998.

Belwe, Katharina: Zu den Hintergründen der Fluktuation in der DDR, in: DA 13 (1980), S. 601–611.

Dies.: Die Fluktuation Werktätiger als Ausdruck sozialer Konflikte in der DDR, Bonn 1982.

Dies.: Probleme der Arbeitskräftefreisetzung in der DDR, Bonn 1984.

Dies.: „Weniger produzieren mehr". Probleme der Freisetzung von Arbeitskräften in der DDR, in: DA 17 (1984), S. 496–509.

Dies.: Migration in der DDR. Landflucht und Verstädterung, in: DA 20 (1987), S. 515–530.

Bender, Gerd: Arbeitsvermittlung und Arbeitslosenversorgung in der Weimarer Republik. Ein sozialrechtshistorischer Überblick, in: Arbeitsvermittlung und Arbeitslosenversor-gung in der neueren deutschen Rechtsgeschichte, hrsg. von Hans-Peter Benöhr, Tübingen 1991, S. 137–169.

Benz, Wolfgang: Vom Freiwilligen Arbeitsdienst zur Arbeitsdienstpflicht, in: VfZ 16 (1968), S. 317–346.

Ders.: Potsdam 1945. Besatzungsherrschaft und Neuaufbau im Vier-Zonen-Deutschland, Frankfurt am Main 1986.

Berghoff, Hartmut (Hrsg.): Konsumpolitik. Die Regulierung des privaten Verbrauchs im 20. Jahrhundert, Göttingen 1999.

Bessel, Richard: Germany after the First World War, Oxford 1993.

Ders./Jessen, Ralph (Hrsg.): Die Grenzen der Diktatur. Staat und Gesellschaft in der DDR, Göttingen 1996.

Die Bevölkerungsbilanz der sowjetischen Besatzungszone 1939 bis 1954, hrsg. vom Bundes-ministerium für gesamtdeutsche Fragen, Bonn 1954.

Bilanz der Arbeitskräfte und Arbeitsmarktlage in der Sowjetischen Besatzungszone, insbe-sondere in den Jahren 1949 und 1950, Bonn/Berlin 1951.

Blücher, Viggo Graf: Industriearbeiterschaft in der Sowjetzone. Eine Untersuchung der Ar-beiterschaft in der volkseigenen Industrie der SBZ, Stuttgart 1959.

Boldorf, Marcel: Eingliederung der Kriegsopfer und Schwerbeschädigten Ostdeutschlands in den Arbeitsprozeß 1945–1951, in: Christoph Buchheim (Hrsg.): Wirtschaftliche Folge-lasten des Krieges in der SBZ/DDR, Baden-Baden 1995, S. 403–415.

Ders.: Sozialfürsorge in der SBZ/DDR 1945–1953. Ursachen, Ausmaß und Bewältigung der Nachkriegsarmut, Stuttgart 1998.

Ders.: Fürsorgeunterstützung in Deutschland unter dem Einfluß der Zwangsmigrationen der Nachkriegszeit (1945–1952), in: Geglückte Integration? Spezifika und Vergleichbarkeiten der Vertriebenen-Eingliederung in der SBZ/DDR, hrsg. von Dierk Hoffmann und Michael Schwartz, München 1999, S. 233–246.

Borchardt, Knut: Wirtschaftliches Wachstum und Wechsellagen 1914–1970, in: Hermann Aubin/Wolfgang Zorn (Hrsg.): Handbuch der deutschen Wirtschafts- und Sozialgeschichte, Bd. 2, Stuttgart 1976, S. 198–275.

Ders.: Trend, Zyklus, Strukturbrüche, Zufälle: Was bestimmt die deutsche Wirtschaftsgeschichte des 20. Jahrhunderts?, in: VSWG 64 (1977), S. 145–178.

Ders.: Zwangslagen und Handlungsspielräume in der großen Weltwirtschaftskrise der frühen dreißiger Jahre: Zur Revision des überlieferten Geschichtsbildes, in: ders. (Hrsg.): Wachstum, Krisen, Handlungsspielräume der Wirtschaftspolitik. Studien zur Wirtschaftsgeschichte des 19. und 20. Jahrhunderts, Göttingen 1982, S. 165–182.

Bouvier, Beatrix: Ausgeschaltet! Sozialdemokraten in der Sowjetischen Besatzungszone und in der DDR 1945–1953, Bonn 1996.

Dies.: Forschungen zur DDR-Geschichte. Aspekte ihrer Konjunktur und Unübersichtlichkeit, in: AfS 38 (1998), S. 555–590.

Boyer, Christoph: Zwischen Zwangswirtschaft und Gewerbefreiheit. Handwerk in Bayern 1945–1949, München 1992.

Ders.: „Die Kader entscheiden alles …" Kaderpolitik und Kaderentwicklung in der zentralen Staatsverwaltung der SBZ und der frühen DDR (1945–1952), Dresden 1996.

Ders./Skyba, Peter (Hrsg.): Repression und Wohlstandsversprechen. Zur Stabilisierung von Parteiherrschaft in der DDR und der ČSSR, Dresden 1999.

Ders./Skyba, Peter: Sozial- und Konsumpolitik als Stabilisierungsstrategie. Zur Genese der „Einheit von Wirtschafts- und Sozialpolitik" in der DDR, in: DA 32 (1999), S. 577–590.

Braun, Jutta: Die Zentrale Kommission für Staatliche Kontrolle 1948–1953 – Wirtschaftsstrafrecht und Enteignungspolitik, in: Jutta Braun/Nils Klawitter/Falco Werkentin: Die Hinterbühne politischer Strafjustiz in den frühen Jahren der SBZ/DDR, Berlin 1997, S. 6–23.

Brentzel, Marianne: Die Machtfrau. Hilde Benjamin 1902–1989, Berlin 1997.

Broszat, Martin: Der Staat Hitlers. Grundlegung und Entwicklung seiner inneren Verfassung, München 1969.

Buchheim, Christoph: Die Währungsreform 1948 in Westdeutschland, in: VfZ 36 (1988), S. 189–231.

Ders.: Die Wiedereingliederung Westdeutschlands in die Weltwirtschaft 1945–1958, München 1990.

Ders. (Hrsg.): Wirtschaftliche Folgelasten des Krieges in der SBZ/DDR, Baden-Baden 1995.

Ders.: Wirtschaftliche Folgen der Integration der DDR in den RGW, in: ders. (Hrsg.): Wirtschaftliche Folgelasten des Krieges in der SBZ/DDR, Baden-Baden 1995, S. 341–361.

Ders.: Kriegsfolgen und Wirtschaftswachstum in der SBZ/DDR, in: GG 25 (1999), S. 515–529.

Buck, Hannsjörg F.: Technik der Wirtschaftslenkung in kommunistischen Staaten. Funktionsweise und Funktionsschwächen der Zentralplanwirtschaft sowjetischen Typs in der UdSSR, in Mitteldeutschland und in den osteuropäischen Ländern, 2 Bde., Coburg 1969.

Buddrus, Michael: Die Organisation „Dienst für Deutschland". Arbeitsdienst und Militarisierung in der DDR, Weinheim–München 1994.

Bust-Bartels, Axel: Herrschaft und Widerstand in den DDR-Betrieben. Leistungsentlohnung, Arbeitsbedingungen, innerbetriebliche Konflikte und technologische Entwicklung, Frankfurt am Main 1980.

Cassel, Dieter (Hrsg.): Wirtschaftspolitik im Systemvergleich. Konzeption und Praxis der

Wirtschaftpolitik in kapitalistischen und sozialistischen Wirtschaftssystemen, München 1984.

Castell, Adelheid zu: Die demographischen Konsequenzen des Ersten und Zweiten Weltkriegs für das Deutsche Reich, die Deutsche Demokratische Republik und die Bundesrepublik Deutschland, in: Zweiter Weltkrieg und sozialer Wandel. Achsenmächte und besetzte Länder, hrsg. von Waclaw Dlugoborski, Göttingen 1981, S. 117–137.

Ciesla, Burghard: Der Spezialistentransfer in die UdSSR und seine Auswirkungen in der SBZ und DDR, in: APUZ B 49/50 (1993), S. 24–31.

Ders.: „Intellektuelle Reparationen" der SBZ an die alliierten Siegermächte? Begriffsgeschichte, Diskussionsaspekte und ein Fallbeispiel – Die deutsche Flugzeugindustrie 1945–1946, in: Christoph Buchheim (Hrsg.): Wirtschaftliche Folgelasten des Krieges in der SBZ/DDR, Baden-Baden 1995, S. 79–109.

Ders.: Hinter den Zahlen. Zur Wirtschaftsstatistik und Wirtschaftsberichterstattung in der DDR, in: Akten. Eingaben. Schaufenster. Die DDR und ihre Texte, hrsg. von Alf Lüdtke und Peter Becker, Berlin 1997, S. 39–55.

Connor, Ian: Die Integration der Flüchtlinge und Vertriebenen in den Arbeitsprozeß nach 1945, in: Jahrbuch für ostdeutsche Volkskunde 32 (1989), S. 185–205.

Creuzberger, Stefan: Die sowjetische Besatzungsmacht und das politische System der SBZ, Weimar/Köln/Wien 1996.

DDR-Handbuch. Hrsg. vom Bundesministerium für innerdeutsche Beziehungen. Wissenschaftliche Leitung: Hartmut Zimmermann unter Mitarbeit von Horst Ulrich und Michael Fehlauer, 3. überarb. u. erw. Aufl. Köln 1985.

Deutschland unter alliierter Besatzung 1945–1949/55. Ein Handbuch, hrsg. von Wolfgang Benz, Berlin 1999.

Diedrich, Torsten: „Dienst für Deutschland". Eine Wehr- und Arbeitsorganisation für die Jugend der DDR, in: DA 27 (1994), S. 830–841.

Ders.: Aufrüstungsvorbereitung und -finanzierung in der SBZ/DDR in den Jahren 1948 bis 1953 und deren Rückwirkungen auf die Wirtschaft, in: Volksarmee schaffen – ohne Geschrei! Studien zu den Anfängen einer „verdeckten Aufrüstung" in der SBZ/DDR 1947–1952. Im Auftrag des Militärgeschichtlichen Forschungsamtes hrsg. von Bruno Thoß, München 1994, S. 273–336.

Dietrich, Martina/Eichholtz, Dietrich: Soziale Umbrüche in Brandenburg 1943–1945, in: Brigitte Berlekamp/Werner Röhr (Hrsg.): Terror, Herrschaft und Alltag im Nationalsozialismus. Probleme einer Sozialgeschichte des deutschen Faschismus, Münster 1995, S. 123–161.

Dlugoborski, Waclaw (Hrsg.): Zweiter Weltkrieg und sozialer Wandel. Achsenmächte und besetzte Länder, Göttingen 1981.

Dost, Axel: Arbeitsrecht, in: Uwe-Jens Heuer (Hrsg.): Die Rechtsordnung der DDR. Anspruch und Wirklichkeit, Baden-Baden 1995, S. 95–145.

Drexler, Alexander: Planwirtschaft in Westdeutschland 1945–1948. Eine Fallstudie über die Textilbewirtschaftung in der britischen und Bizone, Wiesbaden 1985.

Dudek, Peter: Erziehung durch Arbeit. Arbeitslagerbewegung und freiwilliger Arbeitsdienst 1920–1935, Opladen 1988.

Eckart, Karl: Die wirtschaftspolitische Bedeutung der Schwarzmetallurgie (=Eisen- und Stahlindustrie) in der DDR, in: Diktaturen in Europa im 20. Jahrhundert – der Fall DDR, hrsg. von Heiner Timmermann, Berlin 1996, S. 567–580.

Elsner, Eva-Maria/Elsner, Lothar: Ausländer und Ausländerpolitik in der DDR, Berlin 1992.

Engelmann, Roger: Diener zweier Herren. Das Verhältnis der Staatssicherheit zur SED und den sowjetischen Beratern 1950–1959, in: Staatspartei und Staatssicherheit. Zum Verhältnis von SED und MfS, hrsg. von Siegfried Suckut und Walter Süß, Berlin 1997, S. 51–72.

Engeln, Ralf: Die industriellen Beziehungen im Uranbergbau der SAG Wismut, in: Rainer Karlsch/Harm Schröter (Hrsg.): „Strahlende Vergangenheit". Studien zur Geschichte des Uranbergbaus der Wismut, St. Katharinen 1996, S. 171–208.

Ders.: Betriebliche Arbeitsbeziehungen bei der AG Wismut und in der volkseigenen Industrie im Vergleich 1946–1953, in: Peter Hübner/Klaus Tenfelde (Hrsg): Arbeiter in der SBZ/DDR, Essen 1999, S. 393–411.

Erker, Paul: Ernährungskrise und Nachkriegsgesellschaft. Bauern und Arbeiterschaft in Bayern 1943–1953, Stuttgart 1990.

Ders.: Keine Sehnsucht nach der Ruhr. Grundzüge der Industrialisierung in Bayern 1900–1970, in: GG 17 (1991), S. 480–511.

Ders./Pierenkemper, Toni (Hrsg.): Deutsche Unternehmer zwischen Kriegswirtschaft und Wiederaufbau. Studien zur Erfahrungsbildung von Industrie-Eliten, München 1999.

Ernst, Anna-Sabine: „Die beste Prophylaxe ist der Sozialismus". Ärzte und medizinische Hochschullehrer in der SBZ/DDR 1945–1961, Münster/New York/München/Berlin 1997.

Erobert oder befreit? Deutschland im internationalen Kräftefeld und die sowjetische Besatzungszone (1945/46), hrsg. von Hartmut Mehringer, Michael Schwartz und Hermann Wentker, München 1999.

Etzel, Matthias: Die Aufhebung von nationalsozialistischen Gesetzen durch den Alliierten Kontrollrat (1945–1948), Tübingen 1992.

Fässler, Peter E.: „Diversanten" oder „Aktivisten"? Westarbeiter in der DDR (1949–1961), in: VfZ 49 (2001), S. 613–642.

Faust, Anselm: Arbeitsmarktpolitik in Deutschland: Die Entstehung der öffentlichen Arbeitsvermittlung 1890–1927, in: Toni Pierenkemper und Richard Tilly (Hrsg.): Historische Arbeitsmarktforschung. Entstehung, Entwicklung und Probleme der Vermarktung von Arbeitskraft, Göttingen 1982, S. 253–276.

Ders.: Arbeitsmarktpolitik im Deutschen Kaiserreich. Arbeitsvermittlung, Arbeitsbeschaffung und Arbeitslosenunterstützung 1890–1918, Stuttgart 1986.

Ders.: Arbeitsvermittlung und Arbeitslosenversorgung in Deutschland von der Mitte des 19. Jahrhunderts bis zum Ende des Kaiserreichs, in: Arbeitsvermittlung und Arbeitslosenversorgung in der neueren deutschen Rechtsgeschichte, hrsg. von Hans-Peter Benöhr, Tübingen 1991, S. 105–135.

Feldman, Gerald D.: Economic and Social Problems of the German Demobilization, 1918–19, in: Journal of Modern History 47 (1975), S. 1–23.

Ders.: Die Demobilmachung und die Sozialordnung der Zwischenkriegszeit in Europa, in: GG 9 (1983), S. 156–177.

Feth, Andrea: Hilde Benjamin – Eine Biographie, Berlin 1997.

Fichter, Michael: Aufbau und Neuordnung: Betriebsräte zwischen Klassensolidarität und Betriebsloyalität, in: Martin Broszat u. a. (Hrsg.): Von Stalingrad zur Währungsreform. Zur Sozialgeschichte des Umbruchs in Deutschland, München 1988, S. 469–549.

Fiedler, Martin: Betriebliche Sozialpolitik in der Zwischenkriegszeit. Wege der Interpretation und Probleme der Forschung im deutsch-französischen Vergleich, in: GG 22 (1996), S. 350–375.

Filtzer, Donald: Soviet Workers and Stalinist Industrialization. The formation of modern Soviet production relations, 1928–1941, London/Sydney 1986.

Ders.: Soviet Workers and De-Stalinization. The consolidation of the modern system of soviet production relations, 1953–1964, Cambridge Univ. Press 1992.

Fisch, Jörg: Reparationen nach dem Zweiten Weltkrieg, München 1992.

Fitzpatrick, Sheila: Stalin's peasants. Resistance and survival in the Russian village after collectivization, Oxford University Press 1994.

Foitzik, Jan: Sowjetische Militäradministration in Deutschland (SMAD) 1945–1949. Struktur und Funktion, Berlin 1999.

Foschepoth, Josef: Potsdam und danach: Die Westmächte, Adenauer und die Vertriebenen, in: Wolfgang Benz (Hrsg.): Die Vertreibung der Deutschen aus dem Osten. Ursachen, Ereignisse, Folgen, Frankfurt am Main 1995 (aktualisierte Neuausgabe), S. 86–113.

Frei, Norbert: Der Führerstaat. Nationalsozialistische Herrschaft 1933 bis 1945, München 1987.

Frerich, Johannes/Frey, Martin: Handbuch der Geschichte der Sozialpolitik in Deutschland, Bd. 2: Sozialpolitik in der Deutschen Demokratischen Republik, München 1993.

Frese, Matthias: Betriebspolitik im „Dritten Reich". Deutsche Arbeitsfront, Unternehmer und Staatsbürokratie in der westdeutschen Großindustrie 1933–1939, Paderborn 1991.

Fricke, Karl Wilhelm: Politik und Justiz in der DDR. Zur Geschichte der politischen Verfolgung 1945–1968. Bericht und Dokumentation, Köln [2]1990.

Fritz, Wolfgang: Die amtliche Erwerbstätigenstatistik in der DDR, in: Historical Social Research 22 (1997), S. 300–357.

Frölich, Jürgen (Hrsg.): „Bürgerliche" Parteien in der SBZ/DDR. Zur Geschichte von CDU, LDP(D), DBD und NDPD 1945 bis 1953, Köln 1995.

Führer, Karl Christian: Arbeitslosigkeit und die Entstehung der Arbeitslosenversicherung in Deutschland 1902–1927, Berlin 1990.

Ders.: Mieter, Hausbesitzer, Staat und Wohnungsmarkt. Wohnungsmangel und Wohnungszwangswirtschaft in Deutschland 1914–1960, Stuttgart 1995.

Ganßmann, Heiner: Die nichtbeabsichtigten Folgen einer Wirtschaftsplanung. DDR-Zusammenbruch, Planungsparadox und Demokratie, in: Der Zusammenbruch der DDR. Soziologische Analyse, hrsg. von Hans Joas und Martin Kohli, Frankfurt a. M. 1993, S. 172–193.

Gayko, Axel: Die Industrialisierung des brandenburgischen Grenzraums an Oder und Neiße in den 50er und 60er Jahren. Bevölkerung und Arbeitsmarkt unter Berücksichtigung polnischer Grenzpendler, in: Peter Hübner/Klaus Tenfelde (Hrsg.): Arbeiter in der SBZ/DDR, Essen 1999, S. 205–234.

Geyer, Martin H.: Die Reichsknappschaft. Versicherungsreformen und Sozialpolitik im Bergbau 1900–1945, München 1987.

Ders.: Soziale Sicherheit und wirtschaftlicher Fortschritt. Überlegungen zum Verhältnis von Arbeitsideologie und Sozialpolitik im „Dritten Reich", in: GG 15 (1989), S. 382–406.

Gleitze, Bruno: Die Wirtschaftsstruktur der Sowjet-Zone und ihre gegenwärtigen sozial- und wirtschaftsrechtlichen Tendenzen, Bonn 1951.

Ders.: Ostdeutsche Wirtschaft. Industrielle Standorte und volkswirtschaftliche Kapazitäten des ungeteilten Deutschland, Berlin 1956.

Gries, Rainer: Die Rationengesellschaft. Versorgungskampf und Vergleichsmentalität: Leipzig, München und Köln nach dem Kriege, Münster 1991.

Grossbölting, Thomas: Zwischen ökonomischer Marginalisierung und SED-Bündnispolitik: das Handwerk in der Sowjetischen Besatzungszone, in: ZfG 48 (2000), S. 405–422.

Grünert, Holle: Beschäftigungssystem und Arbeitsmarkt in der DDR, Opladen 1997.

Gruner-Domić, Sandra: Zur Geschichte der Arbeitskräftemigration in die DDR. Die bilateralen Verträge zur Beschäftigung ausländischer Arbeiter (1961–1989), in: IWK 1996, S. 204–230.

Günther, Adalbert: Die Aktion „Industriearbeiter aufs Land!". Maßnahmen der SED zur

Behebung des Arbeitskräftemangels in der Landwirtschaft, in: SBZ-Archiv 5 (1954), S. 277 f.

Gutmann, Gernot/Klein, Werner: Herausbildungs- und Entwicklungsphasen der Planungs-, Lenkungs- und Kontrollmechanismen im Wirtschaftssystem, in: Materialien der Enquete-Kommission „Aufarbeitung von Geschichte und Folgen der SED-Diktatur in Deutschland", hrsg. vom Deutschen Bundestag, Bd. II/3, Baden-Baden/Frankfurt am Main 1995, S. 1579–1647.

Gutmann, Gernot/Buck, Hannsjörg F.: Die Zentralplanwirtschaft der DDR – Funktionsweise, Funktionsschwächen und Konkursbilanz, in: Am Ende des realen Sozialismus. Beiträge zu einer Bestandsaufnahme der DDR-Wirklichkeit in den 80er Jahren, hrsg. von Eberhard Kuhrt in Verbindung mit Hannsjörg F. Buck und Gunter Holzweißig im Auftrag des Bundesministeriums des Innern, Bd. 2, Opladen 1996, S. 7–51.

Hachtmann, Rüdiger: Industriearbeit im „Dritten Reich". Untersuchungen zu den Lohn- und Arbeitsbedingungen in Deutschland 1933–1945, Göttingen 1989.

Ders.: Arbeitsverfassung, in: Drei Wege deutscher Sozialstaatlichkeit. NS-Diktatur, Bundesrepublik und DDR im Vergleich, hrsg. von Hans Günter Hockerts, München 1998, S. 27–54.

Hackenberg, Gerd R.: Wirtschaftlicher Wiederaufbau in Sachsen 1945–1949/50, Köln/Weimar/Wien 2000.

Haerendel, Ulrike: Berufliche Mobilität von Flüchtlingen im Nachkriegsbayern, Frankfurt am Main u. a. 1994.

Halder, Winfrid: „Prüfstein … für die politische Lauterkeit der Führenden"? Der Volksentscheid zur „Enteignung der Kriegs- und Naziverbrecher" in Sachsen im Juni 1946, in: GG 25 (1999), S. 589–612.

Ders.: „Modell für Deutschland". Wirtschaftspolitik in Sachsen 1945–1948, Paderborn/München/Wien/Zürich 2001.

Harrison, Hope Millard: The bargaining power of weaker allies in bipolarity and crisis: The dynamics of Soviet-East German relations, 1953–1961, Ann Arbor 1993.

Harsch, Donna: Society, the State and Abortion in East Germany, 1950–1972, in: American Historical Review 102 (1997), S. 53–84.

Heidemeyer, Helge: Flucht und Zuwanderung aus der SBZ/DDR 1945/1949–1961. Die Flüchtlingspolitik der Bundesrepublik Deutschland bis zum Bau der Berliner Mauer, Düsseldorf 1994.

Ders.: Vertriebene als Sowjetzonenflüchtlinge, in: Vertriebene in Deutschland. Interdisziplinäre Ergebnisse und Forschungsperspektiven, hrsg. von Dierk Hoffmann, Marita Krauss und Michael Schwartz, München 2000, S. 237–249.

Heimann, Christian: Systembedingte Ursachen des Niedergangs der DDR-Wirtschaft. Das Beispiel der Textil- und Bekleidungsindustrie 1945–1989, Frankfurt am Main u. a. 1997.

Heimkehr 1948. Geschichte und Schicksale deutscher Kriegsgefangener, hrsg. von Annette Kaminsky, München 1998.

Heldmann, Philipp: Konsumpolitik in der DDR. Jugendmode in den sechziger Jahren, in: Hartmut Berghoff (Hrsg.): Konsumpolitik. Die Regulierung des privaten Verbrauchs im 20. Jahrhundert, Göttingen 1999, S. 135–158.

Helwig, Gisela: Zwischen Familie und Beruf. Die Stellung der Frau in beiden deutschen Staaten, Köln 1974.

Dies.: Am Rande der Gesellschaft. Alte und Behinderte in beiden deutschen Staaten, Köln 1980.

Dies.: Frau und Familie. Bundesrepublik Deutschland – DDR, (2. völlig überarb. Aufl.) Köln 1987.

Henke, Klaus-Dietmar: Der Weg nach Potsdam – Die Alliierten und die Vertreibung, in: Wolfgang Benz (Hrsg.): Die Vertreibung der Deutschen aus dem Osten. Ursachen, Ereignisse, Folgen, (aktualisierte Neuausgabe) Frankfurt am Main 1995, S. 58–85.

Hentschel, Volker: Geschichte der deutschen Sozialpolitik 1880–1980. Soziale Sicherung und kollektives Arbeitsrecht, Frankfurt am Main 1983.

Ders.: Wirtschafts- und sozialhistorische Brüche und Kontinuitäten zwischen Weimarer Republik und Drittem Reich, in: Zeitschrift für Unternehmensgeschichte 28 (1983), S. 39–80.

Ders.: Ludwig Erhard. Ein Politikerleben, München 1996.

Herbert, Ulrich: Fremdarbeiter. Politik und Praxis des „Ausländer-Einsatzes" in der Kriegswirtschaft des Dritten Reiches, Bonn [2]1986.

Ders.: Arbeiterschaft im „Dritten Reich". Zwischenbilanz und offene Fragen, in: GG 15 (1989), S. 320–360.

Herbst, Andreas/Ranke, Winfried/Winkler, Jürgen (Hrsg.): So funktionierte die DDR. 3 Bde., Reinbek bei Hamburg 1994.

Herbst, Ludolf: Die Krise des Nationalsozialistischen Regimes am Vorabend des Zweiten Weltkrieges und die forcierte Aufrüstung, in: VfZ 26 (1978), S. 347–392.

Ders.: Der Totale Krieg und die Ordnung der Wirtschaft. Die Kriegswirtschaft im Spannungsfeld von Politik, Ideologie und Propaganda 1939–1945, Stuttgart 1982.

Ders.: Die DDR und die wirtschaftliche Integration des Ostblocks in den sechziger Jahren, in: Christoph Buchheim (Hrsg.): Wirtschaftliche Folgelasten des Krieges in der SBZ/DDR, Baden-Baden 1995, S. 363–380.

Heydemann, Günther/Beckmann, Christopher: Zwei Diktaturen in Deutschland. Möglichkeiten und Grenzen des historischen Diktaturenvergleichs, in: DA 30 (1997), S. 12–40.

Heyl, Friedrich von: Der innerdeutsche Handel mit Eisen und Stahl 1945–1972. Deutschdeutsche Beziehungen im Kalten Krieg, Köln/Weimar/Wien 1997.

Hildermeier, Manfred: Interpretationen des Stalinismus, in: HZ 264 (1997), S. 655–674.

Ders.: Geschichte der Sowjetunion 1917–1991. Entstehung und Niedergang des ersten sozialistischen Staates, München 1998.

Hockerts, Hans Günter: Sozialpolitische Entscheidungen im Nachkriegsdeutschland. Alliierte und deutsche Sozialversicherungspolitik 1945 bis 1957, Stuttgart 1980.

Ders.: Grundlinien und soziale Folgen der Sozialpolitik in der DDR, in: Hartmut Kaelble/Jürgen Kocka/Hartmut Zwahr (Hrsg.): Sozialgeschichte der DDR, Stuttgart 1994, S. 519–544.

Ders.: Soziale Errungenschaften? Zum sozialpolitischen Legitimitätsanspruch der zweiten deutschen Diktatur, in: Jürgen Kocka/Hans-Jürgen Puhle/Klaus Tenfelde (Hrsg.): Von der Arbeiterbewegung zum modernen Sozialstaat. Festschrift für Gerhard A. Ritter zum 65. Geburtstag, München u.a. 1994, S. 790–804.

Ders.: Einführung, in: Drei Wege deutscher Sozialstaatlichkeit. NS-Diktatur, Bundesrepublik und DDR im Vergleich, hrsg. von Hans Günter Hockerts, München 1998, S. 7–25.

Hoffmann, Dierk: Sozialpolitische Neuordnung in der SBZ/DDR. Der Umbau der Sozialversicherung 1945–1956, München 1996.

Ders.: Vertriebenenintegration durch Arbeitsmarktlenkung? Zur Beschäftigungspolitik der SBZ/DDR (1945–1950), in: Geglückte Integration? Spezifika und Vergleichbarkeiten der Vertriebenen-Eingliederung in der SBZ/DDR, hrsg. von Dierk Hoffmann und Michael Schwartz, München 1999, S. 173–192.

Ders.: Der Weg in die Planwirtschaft. Arbeitskräftelenkung in der SBZ/DDR 1945–1961, in: DA 32 (1999), S. 209–223.

Ders.: Die Lenkung des Arbeitsmarktes in der SBZ/DDR 1945–1961. Phasen, Konzepte und

Instrumente, in: Peter Hübner/Klaus Tenfelde (Hrsg.): Arbeiter in der SBZ/DDR, Essen 1999, S. 41–80.

Ders.: Arbeitsmarkt, Zweijahresplan und Wirtschaftsverwaltung. Die Auseinandersetzung über Kommunalisierung oder Zentralisierung der Arbeitsämter, in: Das letzte Jahr der SBZ. Politische Weichenstellungen und Kontinuitäten im Prozeß der Gründung der DDR, hrsg. von Dierk Hoffmann und Hermann Wentker, München 2000, S. 107–132.

Ders.: Binnenwanderung und Arbeitsmarkt. Beschäftigungspolitik unter dem Eindruck der Bevölkerungsverschiebung in Deutschland nach 1945, in: Vertriebene in Deutschland. Interdisziplinäre Ergebnisse und Forschungsperspektiven, hrsg. von Dierk Hoffmann, Marita Krauss und Michael Schwartz, München 2000, S. 219–235.

Ders.: Im Laboratorium der Planwirtschaft. Von der Arbeitseinweisung zur Arbeitskräftewerbung in der SBZ/DDR (1945–1961), in: VfZ 48 (2000), S. 631–666.

Ders.: Sozialistische Rentenreform? Die Debatte über die Verbesserung der Altersversorgung in der DDR 1956/57, in: Geschichte und Gegenwart der Rentenversicherung in Deutschland. Beiträge zur Entstehung, Entwicklung und vergleichenden Einordnung der Alterssicherung im Sozialstaat, hrsg. von Stefan Fisch und Ulrike Haerendel, Berlin 2000, S. 293–309.

Hoffmann, Heinz: Die Betriebe mit staatlicher Beteiligung im planwirtschaftlichen System der DDR 1956–1972, Stuttgart 1999.

Hoffmann, Julius: Jugendämter im Wandel. Zur staatlichen Kinder- und Jugendpolitik in der SBZ/DDR (1945–1950), in: Jahrbuch für zeitgeschichtliche Jugendforschung 1994/95, S. 40–57.

Hoffmann, Manfred: Wohnungspolitik der DDR – das Leistungs- und Interessenproblem, Düsseldorf 1972.

Ders.: Sozialistische Mietenpolitik in der DDR, in: Zeitschrift für die gesamte Staatswissenschaft 129 (1973), S. 246–291.

Hofmann, Werner: Die Arbeitsverfassung der Sowjetunion, Berlin (West) 1956.

Hohmann, Joachim S.: „Wenn Sie dies lesen, bin ich schon auf dem Weg in den Westen." „Republikflüchtige" DDR-Lehrer in den Jahren 1949–1961, in: ZfG 45 (1997), S. 311–330.

Holzwarth, Klaus: Die Anfänge der zentralen Wirtschaftsplanung in der SBZ, in: Christoph Buchheim (Hrsg.): Wirtschaftliche Folgelasten des Krieges in der SBZ/DDR, Baden-Baden 1995, S. 247–269.

Hübner, Peter: Zum Kohle- und Energieprogramm der DDR 1957, in: ZfG 32 (1984), S. 195–205.

Ders.: Sozialhistorische Aspekte der industriellen Standortproblematik in der DDR. Bemerkungen zu einem Beitrag von Jörg Roesler, in: ZfG 36 (1988), S. 41–50.

Ders.: Balance des Ungleichgewichts. Zum Verhältnis von Arbeiterinteressen und SED-Herrschaft, in: GG 19 (1993), S. 15–28.

Ders.: Konsens, Konflikt und Kompromiß. Soziale Arbeiterinteressen und Sozialpolitik in der SBZ/DDR 1945–1970, Berlin 1995.

Ders.: Arbeiter und sozialer Wandel im Niederlausitzer Braunkohlenrevier von den dreißiger Jahren bis Mitte der sechziger Jahre, in: Ders. (Hrsg.): Niederlausitzer Industriearbeiter 1935 bis 1970. Studien zur Sozialgeschichte, Berlin 1995, S. 23–59.

Ders./Tenfelde, Klaus (Hrsg.): Arbeiter in der SBZ-DDR, Essen 1999.

Hürtgen, Renate: Die „vergessene" Demokratisierung. Die Rolle des FDGB in den DDR-Betrieben der sechziger Jahre, in: DA 33 (2000), S. 50–59.

Hüttenberger, Peter: Nationalsozialistische Polikratie, in: GG 2 (1976), S. 417–442.

Ihme-Tuchel, Beate: Das „nördliche Dreieck". Die Beziehungen zwischen der DDR, der Tschechoslowakei und Polen in den Jahren 1954 bis 1962, Köln 1994.

Geglückte Integration? Spezifika und Vergleichbarkeiten der Vertriebenen-Eingliederung in der SBZ/DDR, hrsg. von Dierk Hoffmann und Michael Schwartz, München 1999.

Inventar der Befehle des Obersten Chefs der Sowjetischen Militäradministration in Deutschland (SMAD) 1945–1949. Offene Serie. Im Auftrag des Instituts für Zeitgeschichte zusammengestellt und bearbeitet von Jan Foitzik, München/New Providence/London/Paris 1995.

Jahn, Manfred: Zur sächsischen Spezifik der Aufnahme von vertriebenen Deutschen 1945 bis 1949. Das Fallbeispiel Uranbergbau, in: Geglückte Integration? Spezifika und Vergleichbarkeiten der Vertriebenen-Eingliederung in der SBZ/DDR, hrsg. von Dierk Hoffmann und Michael Schwartz, München 1999, S. 215–229.

Das letzte Jahr der SBZ. Politische Weichenstellungen und Kontinuitäten im Prozeß der Gründung der DDR, hrsg. von Dierk Hoffmann und Hermann Wentker, München 2000.

Jánossy, Franz (unter Mitarbeit von Maria Holló): Das Ende der Wirtschaftswunder. Erscheinung und Wesen der wirtschaftlichen Entwicklung, Frankfurt am Main 1969.

Jarausch, Konrad/Siegrist, Hannes (Hrsg.): Amerikanisierung und Sowjetisierung in Deutschland 1945–1970, Frankfurt am Main/New York 1997.

Jessen, Ralph: Akademische Elite und kommunistische Diktatur. Die ostdeutsche Hochschullehrerschaft in der Ulbricht-Ära, Göttingen 1999.

Jodl, Markus: Amboss oder Hammer? Otto Grotewohl. Eine politische Biographie, Berlin 1997.

Just, Regine: Zur Lösung des Umsiedlerproblems auf dem Gebiet der DDR 1945 bis Anfang der fünfziger Jahre, in: ZfG 35 (1987), S. 971–984.

Dies.: Die Integration der Umsiedler im Land Sachsen, in: Sächsische Heimatblätter 35 (1989), S. 145–174.

Kaelble, Hartmut/Kocka, Jürgen/Zwahr, Hartmut (Hrsg.): Sozialgeschichte der DDR, Stuttgart 1994.

Kaiser, Monika: Sowjetischer Einfluß auf die ostdeutsche Politik und Verwaltung 1945–1970, in: Konrad Jarausch/Hannes Siegrist (Hrsg.): Amerikanisierung und Sowjetisierung in Deutschland 1945–1970, Frankfurt am Main/New York 1997, S. 111–133.

Dies.: Machtwechsel von Ulbricht zu Honecker. Funktionsmechanismen der SED-Diktatur in Konfliktsituationen 1962 bis 1972, Berlin 1997.

Kaltenborn, Steffi: Der Versuch zur Wiederbelebung des Gablonzer Kunsthandwerks im Land Thüringen – Utopie oder reale Möglichkeit?, in: Christoph Buchheim (Hrsg.): Wirtschaftliche Folgelasten des Krieges in der SBZ/DDR, Baden-Baden 1995, S. 383–402.

Dies.: Wohn- und Lebensverhältnisse von Vertriebenen 1948 in Thüringen, in: Geglückte Integration? Spezifika und Vergleichbarkeiten der Vertriebenen-Eingliederung in der SBZ/DDR, hrsg. von Dierk Hoffmann und Michael Schwartz, München 1999, S. 273–287.

Karlsch, Rainer: Zur Industrialisierung industriearmer Gebiete. Anmerkungen zu den Diskussionsbeiträgen von Peter Hübner und Jörg Roesler, in: ZfG 38 (1990), S. 235–240.

Ders.: Allein bezahlt? Die Reparationsleistungen der SBZ/DDR 1945–53, Berlin 1993.

Ders.: Der Traum vom Öl – zu den Hintergründen der Erdölsuche in der DDR, in: VSWG 80 (1993), S. 63–87.

Ders.: „Ein Staat im Staate". Der Uranbergbau der Wismut AG in Sachsen und Thüringen, in: APUZ B 49/50 (1993), S. 14–23.

Ders./Bähr, Johannes: Die Sowjetischen Aktiengesellschaften (SAG) in der SBZ/DDR. Bildung, Struktur und Probleme ihrer inneren Entwicklung, in: Karl Lauschke und Thomas Welskopp (Hrsg.): Mikropolitik im Unternehmen. Arbeitsbeziehungen und Machtstrukturen in industriellen Großbetrieben des 20. Jahrhunderts, Essen 1994, S. 214–255.

Ders.: Der Aufbau der Uranindustrien in der SBZ/DDR und ČSR als Folge der sowjetischen „Uranlücke", in: ZfG 44 (1996), S. 5–24.

Ders./Schröter, Harm (Hrsg.): „Strahlende Vergangenheit". Studien zur Geschichte des Uranbergbaus der Wismut, St. Katharinen 1996.

Ders.: „Man hat den Beruf nicht gewollt, aber man hat ihn geliebt." Heimkehrer bei der Wismut AG, in: Heimkehr 1948. Geschichte und Schicksale deutscher Kriegsgefangener, hrsg. von Annette Kaminsky, München 1998, S. 255–273.

Ders./Zacharov, Vladimir V.: Ein GULag im Erzgebirge? Besatzer und Besiegte beim Aufbau der Wismut AG, in: DA 32 (1999), S. 15–34.

Kleßmann, Christoph: Die doppelte Staatsgründung. Deutsche Geschichte 1945–1955, Bonn [4]1986.

Ders.: Zwei Staaten, eine Nation. Deutsche Geschichte 1955–1970, Bonn 1988.

Ders.: Die stilisierte Klasse – Arbeiter und Arbeiterbewegung in der Entstehungsphase der DDR (1945 bis 1948), in: AfS 39 (1999), S. 19–71.

Kluge, Ulrich/Halder, Winfrid: Die befohlene Wirtschaftsordnung in Sachsen 1945/46, in: Jürgen Schneider und Wolfgang Harbrecht (Hrsg.): Wirtschaftsordnung und Wirtschaftspolitik in Deutschland (1933–1993), Stuttgart 1996, S. 91–138.

Kohli, Martin: Die DDR als Arbeitsgesellschaft? Arbeit, Lebenslauf und soziale Differenzierung, in: Hartmut Kaelble/Jürgen Kocka/Hartmut Zwahr (Hrsg.): Sozialgeschichte der DDR, Stuttgart 1994, S. 31–61.

Kopstein, Jeffrey: Chipping away at the State: Worker's Resistance and the Demise of East Germany, in: World Politics 48 (1996) 2, S. 391–423.

Ders.: The Politics of Economic Decline in East Germany, 1945–1989, Chapel Hill and London 1997.

Kornai, János: Economics of Shortage, 2 Bde., Amsterdam/New York/Oxford 1980.

Ders.: Das sozialistische System. Die politische Ökonomie des Kommunismus, Baden-Baden 1995.

Kotkin, Stephen: Magnetic Mountain. Stalinism as a Civilization, Univ. of California Press 1995.

Kowalczuk, Ilko-Sascha/Mitter, Armin/Wolle, Stefan (Hrsg.): Der Tag X – 17. Juni 1953. Die „Innere Staatsgründung" der DDR als Ergebnis der Krise 1952/54, Berlin 1995.

Kranig, Andreas: Lockung und Zwang. Zur Arbeitsverfassung im Dritten Reich, Stuttgart 1983.

Ders.: Nationalsozialistische Arbeitsmarkt- und Arbeitseinsatzpolitik, in: Arbeitsvermittlung und Arbeitslosenversorgung in der neueren deutschen Rechtsgeschichte, hrsg. von Hans-Peter Benöhr, Tübingen 1991, S. 171–216.

Krumbein, Wolfgang: Wirtschaftsteuerung in Westdeutschland 1945 bis 1949. Organisationsformen und Steuerungsmethoden am Beispiel der Eisen- und Stahlindustrie in der britischen/Bi-Zone, Stuttgart 1989.

Kühr, Rüdiger: Die Reparationspolitik der UdSSR und die Sowjetisierung des Verkehrswesens der SBZ. Eine Untersuchung der Entwicklung der Deutschen Reichsbahn 1945–1949, Bochum 1996.

Laufer, Jochen: Die UdSSR und die deutsche Währungsfrage 1944–1948, in: VfZ 46 (1998), S. 455–485.

Leinweber, Ralf: Das Recht auf Arbeit im Sozialismus. Die Herausbildung einer Politik des Rechts auf Arbeit in der SBZ/DDR 1945 bis 1961, Marburg 1983.

Lemke, Michael: Die Sowjetisierung der SBZ/DDR im ost-westlichen Spannungsfeld, in: APUZ B 6 (1997), S. 41–53.

Lewek, Peter: Arbeitslosigkeit und Arbeitslosenversicherung in der Weimarer Republik 1918–1927, Stuttgart 1992.

Lindenberger, Thomas: Die Diktatur der Grenzen. Zur Einleitung, in: Ders. (Hrsg.): Herrschaft und Eigen-Sinn in der Diktatur. Studien zur Gesellschaftsgeschichte der DDR, Köln/Weimar/Wien 1999, S. 13–44.

Lohmann, Ulrich: Die Entwicklung des Sozialrechts in der DDR, Opladen 1996.

Loth, Wilfried: Stalins ungeliebtes Kind. Warum Moskau die DDR nicht wollte, Berlin 1994.

Ludz, Peter Christian (Hrsg.): Studien und Materialien zur Soziologie der DDR, Köln/Opladen 1964.

Ders.: Parteielite im Wandel. Funktionsaufbau, Sozialstruktur und Ideologie der SED-Führung. Eine empirisch-systematische Untersuchung, Köln/Opladen [2]1968.

Lüttinger, Paul (unter Mitwirkung von Rita Rossmann): Integration der Vertriebenen. Eine empirische Analyse, Frankfurt am Main /New York 1989.

Mählert, Ulrich: Die Freie Deutsche Jugend 1945–1949. Von den „Antifaschistischen Jugendausschüssen" zur SED-Massenorganisation: Die Erfassung der Jugend in der Sowjetischen Besatzungszone, Paderborn u. a. 1995.

Mai, Gunther: Der Alliierte Kontrollrat in Deutschland 1945–1948. Alliierte Einheit – deutsche Teilung?, München 1995.

Maier, Robert: Die Stachanov-Bewegung 1935–1938. Der Stachanovismus als tragendes und verschärfendes Moment der Stalinisierung der sowjetischen Gesellschaft, Stuttgart 1990.

Major, Patrick: Vor und nach dem 13. August 1961: Reaktionen der DDR-Bevölkerung auf den Bau der Berliner Mauer, in: AfS 39 (1999), S. 325–354.

Malycha, Andreas: Partei von Stalins Gnaden? Die Entwicklung der SED zur Partei neuen Typs in den Jahren 1946 bis 1950, Berlin 1996.

Ders.: Die SED. Geschichte ihrer Stalinisierung 1946–1953, Paderborn u. a. 2000.

Mampel, Siegfried: Beiträge zum Arbeitsrecht in der Sowjetischen Besatzungszone Deutschlands, Bonn/Berlin 1963.

Ders.: Die sozialistische Verfassung der Deutschen Demokratischen Republik. Kommentar, Frankfurt am Main [2]1982.

Marcon, Helmut: Arbeitsbeschaffungspolitik der Regierungen Papen und Schleicher. Grundsteinlegung für die Beschäftigungspolitik im Dritten Reich, Bern/Frankfurt am Main 1974.

Martin, Thomas: „Und nichts war uns geblieben". Der Weg der Freitaler Stahl-Industrie GmbH zum Volkseigenen Betrieb (1945–1948), Stuttgart 1997.

Mason, Timothy W.: Zur Entstehung des Gesetzes zur Ordnung der nationalen Arbeit vom 20. Januar 1934: Ein Versuch über das Verhältnis „archaischer" und „moderner" Momente in der neuesten deutschen Geschichte, in: Hans Mommsen u. a. (Hrsg.): Industrielles System und politische Entwicklung in der Weimarer Republik, Düsseldorf 1974, S. 322–351.

Ders.: Sozialpolitik im Dritten Reich. Arbeiterklasse und Volksgemeinschaft, Opladen [2]1978.

Matschke, Werner: Die industrielle Entwicklung in der Sowjetischen Besatzungszone Deutschlands (SBZ) von 1945 bis 1948, Berlin (West) 1988.

Mehls, Hartmut: Arbeiterwohnungsbau und Wohnerfahrungen in Hoyerswerda zwischen 1955 und 1965, in: Peter Hübner (Hrsg.): Niederlausitzer Industriearbeiter 1935 bis 1970. Studien zur Sozialgeschichte, Berlin 1995, S. 233–262.

Mehringer, Hartmut (Hrsg.): Von der SBZ zur DDR. Studien zum Herrschaftssystem in der Sowjetischen Besatzungszone und in der Deutschen Demokratischen Republik, München 1995.

Meinicke, Wolfgang: Zur Entnazifizierung in der sowjetischen Besatzungszone unter Berücksichtigung von Aspekten politischer und sozialer Veränderungen (1945 bis 1948), Diss. A, Berlin (Ost) 1983.

Ders.: Die Entnazifizierung in der sowjetischen Besatzungszone 1945 bis 1948, in: ZfG 32 (1984), S. 968–979.

Ders.: Flüchtlinge, Umgesiedelte, Vertriebene in der Sowjetischen Besatzungszone. Ein kurzer historischer Überblick, in: ders./Plato, Alexander von: Alte Heimat – neue Zeit. Flüchtlinge, Umgesiedelte, Vertriebene in der Sowjetischen Besatzungszone und in der DDR, Berlin 1991, S. 23–81.

Melis, Damian van: Entnazifizierung in Mecklenburg-Vorpommern. Herrschaft und Verwaltung 1945–1948, München 1999.

Melzer, Manfred: Anlagevermögen, Produktion und Beschäftigung der Industrie im Gebiet der DDR von 1936 bis 1978 sowie Schätzung des künftigen Angebotspotentials, Berlin 1980.

Merl, Stephan: Die Anfänge der Kollektivierung in der Sowjetunion. Übergang zur staatlichen Reglementierung der Produktions- und Marktbeziehungen im Dorf (1928–1930), Wiesbaden 1985.

Ders.: Bauern unter Stalin. Die Formierung des sowjetischen Kolchossystems 1930–1941, Berlin 1990.

Meuschel, Sigrid: Legitimation und Parteiherrschaft. Zum Paradox von Stabilität und Revolution in der DDR 1945–1989, Frankfurt am Main 1992.

Milward, Alan S.: Arbeitspolitik und Produktivität in der deutschen Kriegswirtschaft unter vergleichendem Aspekt, in: Kriegswirtschaft und Rüstung 1939–1945, hrsg. von Friedrich Forstmeier und Hans-Erich Volkmann, Düsseldorf 1977, S. 73–91.

Mitter, Armin/Wolle, Stefan: Untergang auf Raten. Unbekannte Kapitel der DDR-Geschichte, München 1993.

Mühlfriedel, Wolfgang/Wießner, Klaus: Die Geschichte der Industrie der DDR bis 1965, Berlin (Ost) 1989.

Müller, Rolf-Dieter/Ueberschär, Gerd R.: Kriegsende 1945. Die Zerstörung des Deutschen Reiches, Frankfurt am Main 1994.

Müller, Rolf-Dieter: Albert Speer und die Rüstungspolitik im Totalen Krieg, in: Das Deutsche Reich und der Zweite Weltkrieg, hrsg. vom Militärgeschichtlichen Forschungsamt, Bd. 5/2: Kriegsverwaltung, Wirtschaft und personelle Ressourcen 1942–1944/45, Stuttgart 1999, S. 275–773.

Muth, Wolfgang: Berufsausbildung in der Weimarer Republik, Stuttgart 1985.

Naimark, Norman M.: The Russians in Germany. A History of the Soviet Zone of Occupation, 1945–1949, Cambridge (Mass.)/London 1995.

Normdurchsetzung in osteuropäischen Nachkriegsgesellschaften (1944–1989). Einführung in die Rechtsentwicklung mit Quellendokumentation. Bd. 1: Sowjetische Besatzungszone in Deutschland – Deutsche Demokratische Republik (1945–1960), hrsg. von Heinz Mohnhaupt und Hans-Andreas Schönfeldt, Frankfurt am Main 1997.

North, Douglass C.: Institutionen, institutioneller Wandel und Wirtschaftsleistung, Tübingen 1992.

Nove, Alec: Das sowjetische Wirtschaftssystem, Baden-Baden 1980.

Oertzen, Christine von/Rietzschel, Almut: Das „Kuckucksei" Teilzeitarbeit. Die Politik der Gewerkschaften im deutsch-deutschen Vergleich, in: Gunilla-Friederike Budde (Hrsg.): Frauen arbeiten. Weibliche Erwerbstätigkeit in Ost- und Westdeutschland nach 1945, Göttingen 1997, S. 212–251.

Oertzen, Christine von: Teizeitarbeit und die Lust am Zuverdienen. Geschlechterpolitik und gesellschaftlicher Wandel in Westdeutschland 1948–1969, Göttingen 1999.

Overy, Richard J.: Die Mobilisierung der britischen Wirtschaft während des Zweiten Weltkrieges, in: Kriegswirtschaft und Rüstung 1939–1945, hrsg. von Friedrich Forstmeier und Hans-Erich Volkmann, Düsseldorf 1977, S. 287–313.

Ders.: „Blitzkriegswirtschaft"? Finanzpolitik, Lebensstandard und Arbeitseinsatz in Deutschland 1939–1942, in: VfZ 36 (1988), S. 379–435.

Paulmann, Johannes: Staat und Arbeitsmarkt in Großbritannien. Krise, Weltkrieg, Wiederaufbau, Göttingen/Zürich 1993.

Peter, Roland: Rüstungspolitik in Baden. Kriegswirtschaft und Arbeitseinsatz in einer Grenzregion im Zweiten Weltkrieg, München 1995.

Petzina, Dietmar: Autarkiepolitik im Dritten Reich. Der nationalsozialistische Vierjahresplan, Stuttgart 1968.

Ders.: Die Mobilisierung deutscher Arbeitskräfte vor und während des Zweiten Weltkrieges, in: VfZ (1970), S. 443–455.

Ders.: Soziale Lage der deutschen Arbeiter und Probleme des Arbeitseinsatzes während des Zweiten Weltkriegs, in: Zweiter Weltkrieg und sozialer Wandel. Achsenmächte und besetzte Länder, hrsg. von Waclaw Dlugoborski, Göttingen 1981, S. 65–86.

Pierenkemper, Toni: Historische Arbeitsmarktforschung. Vorüberlegungen zu einem Forschungsprogramm, in: Ders. und Richard Tilly (Hrsg.): Historische Arbeitsmarktforschung. Entstehung, Entwicklung und Probleme der Vermarktung von Arbeitskraft, Göttingen 1982, S. 9–36.

Pirker, Theo/Lepsius, Rainer M./Weinert, Rainer/Hertle, Hans-Hermann: Der Plan als Befehl und Fiktion. Wirtschaftsführung in der DDR. Gespräche und Analysen, Opladen 1995.

Podewin, Norbert: Walter Ulbricht. Eine neue Biographie, Berlin 1995.

Port, Andrew: When workers rumbled: the Wismut upheaval of August 1951 in East Germany, in: Social History 22 (1997), S. 145–173.

Ders.: The „Grumble Gesellschaft". Industrial Defiance and Worker Protest in Early East Germany, in: Peter Hübner/Klaus Tenfelde (Hrsg.): Arbeiter in der SBZ/DDR, Essen 1999, S. 787–810.

Poutrus, Kirsten: Von den Massenvergewaltigungen zum Mutterschutzgesetz. Abtreibungspolitik und Abtreibungspraxis in Ostdeutschland, 1945–1950, in: Richard Bessel/Ralph Jessen (Hrsg.): Die Grenzen der Diktatur. Staat und Gesellschaft in der DDR, Göttingen 1996, S. 170–198.

Preller, Ludwig: Sozialpolitik in der Weimarer Republik, (ND der 1949 ersch. Ausg.) Düsseldorf 1978.

Prinz, Michael: Vom neuen Mittelstand zum Volksgenossen. Die Entwicklung des sozialen Status der Angestellten von der Weimarer Republik bis zum Ende der NS-Zeit, München 1986.

Pschyrembel, Willibald: Klinisches Wörterbuch mit klinischen Syndromen, Berlin/New York [253]1977.

Rademacher, Horst: Die Arbeitskräfteressourcen unserer Gesellschaft und ihr rationeller Einsatz, in: Einheit 15 (1960), S. 51–64.

Raphael, Lutz: Experten im Sozialstaat, in: Drei Wege deutscher Sozialstaatlichkeit. NS-Diktatur, Bundesrepublik und DDR im Vergleich, hrsg. von Hans Günter Hockerts, München 1998, S. 231–258.

Recker, Marie-Luise: Nationalsozialistische Sozialpolitik im Zweiten Weltkrieg, München 1985.

Rexin, Manfred: Veränderungen der Berufs- und Beschäftigtenstruktur und Probleme der

Arbeitskräftelenkung in der DDR, in: Studien und Materialien zur Soziologie der DDR, hrsg. von Peter Christian Ludz, Köln/Opladen 1964, S. 59–85.

Richter, Michael: Die Ost-CDU 1948–1952. Zwischen Widerstand und Gleichschaltung, Düsseldorf 1990.

Ritschl, Albrecht: Über die Höhe und Struktur der gesamtwirtschaftlichen Investitionen in Deutschland 1935–38, in: VSWG 79 (1992), S. 156–176.

Ders.: Aufstieg und Niedergang der Wirtschaft der DDR: Ein Zahlenbild 1945–1989, in: Jahrbuch für Wirtschaftsgeschichte 1995/2, S. 11–46.

Ders./Spoerer, Mark: Das Bruttosozialprodukt in Deutschland nach den amtlichen Volkseinkommens- und Sozialproduktsstatistiken 1901–1995, in: Jahrbuch für Wirtschaftsgeschichte 1997/2, S. 27–54.

Ritter, Gerhard A.: Der Sozialstaat. Entstehung und Entwicklung im internationalen Vergleich, 2. überarb. u. erheb. erw. Aufl. München 1991.

Ders.: Über Deutschland. Die Bundesrepublik in der deutschen Geschichte, München 1998.

Ritzschel, Almut: Frauenerwerbstätigkeit und Teilzeitarbeit in der DDR 1957 bis 1970, in: Potsdamer Bulletin für Zeithistorische Studien, Nr. 9 (April 1997), S. 34–42.

Röhr, Rita: Polnische Arbeitskräfte in der DDR 1960–1970, in: Peter Hübner/Klaus Tenfelde, (Hrsg.): Arbeiter in der SBZ/DDR, Essen 1999, S. 185–204.

Roeling, Rob: Arbeiter im Uranbergbau: Zwang, Verlockungen und soziale Umstände (1945–1952), in: Rainer Karlsch/Harm Schröter (Hrsg.): „Strahlende Vergangenheit". Studien zur Geschichte des Uranbergbaus der Wismut, St. Katharinen 1996, S. 99–133.

Roesler, Jörg: Die Herausbildung der sozialistischen Planwirtschaft in der DDR. Aufgaben, Methoden und Ergebnisse der Wirtschaftsplanung in der zentralgeleiteten volkseigenen Industrie während der Übergangsperiode vom Kapitalismus zum Sozialismus, Berlin (Ost) 1978.

Ders./Schwärzel, Renate/Siedt, Veronika: Produktionswachstum und Effektivität in Industriezweigen der DDR 1950–1970, Berlin (Ost) 1983.

Ders./Siedt, Veronika/Elle, Michael: Wirtschaftswachstum in der Industrie der DDR 1945–1970, Berlin (Ost) 1986.

Ders.: Die Integration der Umsiedler in die Volkswirtschaft der DDR und die Entstehung der Umsiedler-Neubauern, Ms. o.O. [1986].

Ders.: Zum Strukturwandel in der Industrie der DDR während der fünfziger Jahre. Fakten und Überlegungen, in: ZfG 35 (1987), S. 138–149.

Ders.: Zur Industrialisierung des Nordens der DDR in den fünfziger Jahren, in: ZfG 36 (1988), S. 1011–1023.

Ders.: Die Haltung der ostdeutschen Parteien zur Planwirtschaft und Marktwirtschaft 1945–1949, in: Deutsche Studien 28 (1990), S. 360–377.

Ders.: Zwischen Plan und Markt. Die Wirtschaftsreform in der DDR zwischen 1963 und 1970, Berlin 1991.

Roseman, Mark: Recasting the Ruhr, 1945–1958. Manpower, Economic Recovery and Labour Relations, New York/Oxford 1992.

Roth, Heidi/Diedrich, Torsten: „Wir sind Kumpel – uns kann keiner." Der 17. Juni 1953 in der SAG-Wismut, in: Rainer Karlsch/Harm Schröter (Hrsg.): „Strahlende Vergangenheit". Studien zur Geschichte des Uranbergbaus der Wismut, St. Katharinen 1996, S. 228–259.

Rouette, Susanne: Sozialpolitik als Geschlechterpolitik. Die Regulierung der Frauenarbeit nach dem Ersten Weltkrieg, Frankfurt am Main/New York 1993.

Sachse, Carola/Siegel, Tilla/Spode, Hasso/Spohn, Wolfgang: Angst, Belohnung, Zucht und Ordnung. Herrschaftsmechanismen im Nationalsozialismus, Opladen 1982.

Sachse, Carola: Ein „heißes Eisen". Ost- und westdeutsche Debatten um den Hausarbeitstag, in: Gunilla-Friederike Budde (Hrsg.): Frauen arbeiten. Weibliche Erwerbstätigkeit in Ost- und Westdeutschland nach 1945, Göttingen 1997, S. 252–285.

SBZ-Handbuch. Staatliche Verwaltungen, Parteien, gesellschaftliche Organisationen und ihre Führungskräfte in der Sowjetischen Besatzungszone Deutschlands 1945–1949. Im Auftrag des Arbeitsbereiches Geschichte und Politik der DDR an der Universität Mannheim und des Instituts für Zeitgeschichte München hrsg. von Martin Broszat und Hermann Weber, München 1990.

Schenk, Fritz: Magie der Planwirtschaft, Köln/Berlin 1960.

Ders.: Im Vorzimmer der Diktatur. 12 Jahre Pankow, Köln/Berlin 1962.

Scherstjanoi, Elke: „In 14 Tagen werden Sie vielleicht schon keinen Staat mehr haben". Vladimir Semenov und der 17. Juni 1953, in: DA 31 (1998), S. 907–937.

Schildt, Axel: Wohnungspolitik, in: Drei Wege deutscher Sozialstaatlichkeit. NS-Diktatur, Bundesrepublik und DDR im Vergleich, hrsg. von Hans Günter Hockerts, München 1998, S. 151–189.

Schneider, Jürgen: Von der nationalsozialistischen Kriegswirtschaftsordnung zur sozialistischen Zentralplanung in der SBZ/DDR, in: Jürgen Schneider und Wolfgang Harbrecht (Hrsg.): Wirtschaftsordnung und Wirtschaftspolitik in Deutschland (1933–1993), Stuttgart 1996, S. 1–90.

Ders./Harbrecht, Wolfgang: Einführung: Wirtschaftspolitische Experimente im Laboratorium Kriegswirtschaft/Weimar/Drittes Reich (1914–48) und in Sowjetrußland (ab 1917), in: dies. (Hrsg.): Wirtschaftsordnung und Wirtschaftspolitik in Deutschland (1933–1993), Stuttgart 1996, S. VII–XLIII.

Schneider, Michael C.: Bildung für neue Eliten. Die Gründung der Arbeiter- und Bauern-Fakultäten, Dresden 1998.

Schröder, Hans-Henning: Arbeiterschaft, Wirtschaftsführung und Parteibürokratie während der Neuen Ökonomischen Politik: Eine Sozialgeschichte der bolschewistischen Partei 1920–1928, Wiesbaden 1982.

Ders.: Industrialisierung und Parteibürokratie in der Sowjetunion. Ein sozialgeschichtlicher Versuch über die Anfangsphase des „Stalinismus" 1928–1934, Berlin 1988.

Schroeder, Klaus: Der SED-Staat. Geschichte und Strukturen der DDR, München 1998.

Schürer, Gerhard: Gewagt und verloren. Eine deutsche Biographie, Frankfurt/Oder 1996.

Schulz, Günther: Wiederaufbau in Deutschland. Die Wohnungsbaupolitik in den Westzonen und der Bundesrepublik 1945 bis 1957, Düsseldorf 1994.

Schwartz, Michael: Vom „Flüchtling" zum Neubürger. Vertriebenenintegration als gesellschaftspolitisches Problem der deutschen Nachkriegsgesellschaften, in: Transroda. Deutsch-Polnisches Informationsbulletin, H. 10/11, April 1995, S. 26–39.

Ders.: Zwischen Zusammenbruch und Stalinisierung. Zur Ortsbestimmung der Zentralverwaltung für deutsche Umsiedler (ZVU) im politisch-administrativen System der SBZ, in: Hartmut Mehringer (Hrsg.): Von der SBZ zur DDR. Studien zum Herrschaftssystem in der Sowjetischen Besatzungszone und in der Deutschen Demokratischen Republik, München 1995, S. 43–96.

Ders.: Vertreibung und Vergangenheitspolitik. Ein Versuch über geteilte deutsche Nachkriegsidentitäten, in: DA 30 (1997), S. 177–195.

Ders.: Apparate und Kurswechsel. Zur institutionellen und personellen Dynamik von „Umsiedler"-Politik in der SBZ/DDR 1945–1953, in: Geglückte Integration? Spezifika und Vergleichbarkeiten der Vertriebenen-Eingliederung in der SBZ/DDR, hrsg. von Dierk Hoffmann und Michael Schwartz, München 1999, S. 105–135.

Ders.: Vertrieben in die Arbeiterschaft: „Umsiedler" als „Arbeiter" in der SBZ/DDR 1945–

1952, in: Peter Hübner/Klaus Tenfelde (Hrsg.): Arbeiter in der SBZ/DDR, Essen 1999, S. 81–128.

Ders.: „Ablenkungsmanöver der Reaktion". Der verhinderte Lastenausgleich in der SBZ/DDR, in: DA 32 (1999), S. 397–409.

Schwarz, Hans-Peter: Die Ära Adenauer. Gründerjahre der Republik 1949–1957, Stuttgart 1981.

Schwarzer, Doris: Arbeitsbeziehungen im Umbruch gesellschaftlicher Strukturen. Bundesrepublik Deutschland, DDR und neue Bundesländer im Vergleich, Stuttgart 1996.

Schwarzer, Oskar: Der Lebensstandard in der SBZ/DDR 1945–1989, in: Jahrbuch für Wirtschaftsgeschichte 1995/2, S. 119–146.

Ders.: „Die Währung der DDR beruht ... auf der gesunden Grundlage der sozialistischen Gesellschaftsordnung". Wechselkurse zwischen Mark der DDR und D-Mark, in: Jürgen Schneider und Wolfgang Harbrecht (Hrsg.): Wirtschaftsordnung und Wirtschaftspolitik in Deutschland (1933–1993), Stuttgart 1996, S. 173–205.

Ders.: Sozialistische Zentralplanwirtschaft in der SBZ/DDR. Ergebnisse eines ordnungspolitischen Experiments (1945–1989), Stuttgart 1999.

Die SED. Geschichte – Organisation – Politik. Ein Handbuch, hrsg. von Andreas Herbst/Gerd-Rüdiger Stephan/Jürgen Winkler, Berlin 1997.

Sengenberger, Werner: Arbeitsmarktstruktur. Ansätze zu einem Modell des segmentierten Arbeitsmarkts, Frankfurt am Main/München 1975.

Ders. (Hrsg.): Der gespaltene Arbeitsmarkt. Probleme der Arbeitsmarktsegmentation, Frankfurt am Main/New York 1978.

Seraphim, Peter-Heinz: Die Heimatvertriebenen in der Sowjetzone, Berlin 1954.

Siegel, Tilla: Leistung und Lohn in der nationalsozialistischen „Ordnung der Arbeit", Opladen 1989.

Siegelbaum, Lewis H.: Stakhanovism and The Politics of Productivity in the USSR, 1935–1941, Cambridge Univ. Press 1988.

Silverman, Dan P.: Fantasy and Reality in Nazi Work-Creation Programs, 1933–1936, in: Journal of Modern History 65 (1993), S. 113–151.

Ders.: Hitler's Economy. Nazi Work Creation Programs, 1933–1936, Cambridge (Mass.)/London 1998.

Skyba, Peter: Vom Hoffnungsträger zum Sicherheitsrisiko. Jugend in der DDR und Jugendpolitik der SED 1949–1961, Köln/Weimar/Wien 2000.

Slusser, Robert (Hrsg.): Soviet Economic Policy in Postwar Germany. A Collection of Papers by Former Soviet Officials, New York 1953.

Social Dimensions of Soviet Industrialization, edited by William G. Rosenberg and Lewis H. Siegelbaum, Bloomington and Indianapolis 1993.

Soldt, Rüdiger: Zum Beispiel Schwarze Pumpe: Arbeiterbrigaden in der DDR, in: GG 24 (1998), S. 88–109.

Sommer, Ulf: Die Liberal-Demokratische Partei Deutschlands. Eine Blockpartei unter der Führung der SED, Münster 1996.

Sowart, Ralph: Planwirtschaft und die „Torheit der Regierenden". Die „Ökonomische Hauptaufgabe der DDR" vom Juli 1958, in: Jahrbuch für Historische Kommunismusforschung 1999, S. 157–190.

Springer, Philipp: „Da konnt' ich mich dann so 'n bißchen entfalten." Die Volkssolidarität in der SBZ/DDR 1945–1969, Frankfurt am Main u.a. 1999.

Staritz, Dietrich: Zum Verhältnis von Planungssystem und Partizipation in der DDR, in: DA 11 (1978), S. 1049–1070.

Ders.: Die Gründung der DDR. Von der sowjetischen Besatzungsherrschaft zum sozialistischen Staat, (3. überarbeitete und erweiterte Neuauflage) München 1995.

Ders.: Geschichte der DDR. Erweiterte Neuausgabe, Frankfurt am Main 1996.

Steiner, André: Zwischen Länderpartikularismus und Zentralismus. Zur Wirtschaftslenkung in der SBZ bis zur Bildung der Deutschen Wirtschaftskommission im Juni 1947, in: APUZ, B 49/50 (1993), S. 32–39.

Ders.: Sowjetische Berater in den zentralen wirtschaftsleitenden Instanzen der DDR in der zweiten Hälfte der fünfziger Jahre, in: Jahrbuch für Historische Kommunismusforschung 1993, S. 100–117.

Ders.: Wirtschaftliche Lenkungsverfahren in der Industrie der DDR Mitte der fünfziger Jahre. Resultate und Alternativen, in: Christoph Buchheim (Hrsg.): Wirtschaftliche Folgelasten des Krieges in der SBZ/DDR, Baden-Baden 1995, S. 271–293.

Ders.: Beständigkeit oder Wandel? Zur Entwicklung der Industriestruktur der DDR in den sechziger Jahren, in: Jahrbuch für Wirtschaftsgeschichte 1995/2, S. 101–118.

Ders.: Die DDR-Wirtschaftsreform der sechziger Jahre. Konflikt zwischen Effizienz- und Machtkalkül, Berlin 1999.

Ders.: Die Deutsche Wirtschaftskommission – ein ordnungspolitisches Machtinstrument?, in: Das letzte Jahr der SBZ. Politische Weichenstellungen und Kontinuitäten im Prozeß der Gründung der DDR, hrsg. von Dierk Hoffmann und Hermann Wentker, München 2000, S. 85–105.

Ders.: Startbedingungen, Wirtschaftssystem und Wachstum. Die Wirtschaftsgeschichte der DDR im Licht der Forschung der letzten zehn Jahre, in: Jahrbuch für Historische Kommunismusforschung 2000/2001, S. 447–472.

Steinert, Johannes-Dieter: Die große Flucht und die Jahre danach. Flüchtlinge und Vertriebene in den vier Besatzungszonen, in: Ende des Dritten Reiches – Ende des Zweiten Weltkriegs. Eine perspektivische Rückschau, hrsg. von Hans-Erich Volkmann, München 1995, S. 557–579.

Stiebitz, Karen: Heinz Such (1910–1976). Ein Jurist zwischen bürgerlicher Rechtsdogmatik und sozialistischer Rechtsgewinnung, Köln/Weimar/Wien 1999.

Stokes, Raymond G.: Autarky, Ideology, and Technological Lag: The Case of the East German Chemical Industry, 1945–1964, in: Central European History 28 (1995), S. 29–45.

Ders.: Chemie und chemische Industrie im Sozialismus, in: Naturwissenschaft und Technik in der DDR, hrsg. von Dieter Hoffmann und Kristie Macrakis, Berlin 1997, S. 283–296.

Ders.: In Search of the Socialist Artefact: Technology and Ideology in East Germany, 1945–1962, in: German History 15 (1997), S. 221–239.

Stolper, Wolfgang F. (with assistance of Karl W. Roskamp): The Structure of the East German Economy, Cambridge/Mass. 1960.

Suckut, Siegfried: Die Betriebsrätebewegung in der Sowjetisch Besetzten Zone Deutschlands (1945–48), Frankfurt am Main 1982.

Süß, Walter: Die Arbeiterklasse als Maschine. Ein industrie-soziologischer Beitrag zur Sozialgeschichte des aufkommenden Stalinismus, Wiesbaden 1985.

Sywottek, Arnold: Deutsche Volksdemokratie. Studien zur politischen Konzeption der KPD 1935–1946, Düsseldorf 1971.

Ders.: „Kriegswirtschaft" und „demokratische Wirtschaft". Zur Diskussion um die „Übergangsgesellschaft" am Beispiel der SBZ 1945–1948, in: Dirk Stegmann/Bernd-Jürgen Wendt/Peter-Christian Witt (Hrsg.): Industrielle Gesellschaft und politisches System. Beiträge zur politischen Sozialgeschichte. Festschrift für Fritz Fischer zum 70. Geburtstag, Bonn 1978, S. 151–171.

Thalheim, Karl C.: Die Wirtschaft der Sowjetzone in Krise und Umbau, Berlin (West) 1964.

Ther, Philipp: Deutsche und polnische Vertriebene. Gesellschaft und Vertriebenenpolitik in der SBZ/DDR und in Polen 1945–1956, Göttingen 1998.

Thiel, Wera: Arbeitsrecht in der DDR. Ein Überblick über die Rechtsentwicklung und der Versuch einer Wertung, Opladen 1997.

Tilly, Richard H.: Märkte – Mächte – Arbeit. Beiträge zur Arbeitsmarktforschung, in: Toni Pierenkemper und Richard H. Tilly (Hrsg.): Historische Arbeitsmarktforschung. Entstehung, Entwicklung und Probleme der Vermarktung von Arbeitskraft, Göttingen 1982, S. 277–288.

Vergleich von Bildung und Erziehung in der Bundesrepublik Deutschland und in der Deutschen Demokratischen Republik, wissenschaftliche Kommission unter Leitung von Oskar Anweiler, Köln 1990.

Die Vertreibung der Deutschen aus dem Osten. Ursachen, Ereignisse, Folgen, hrsg. von Wolfgang Benz, (aktualisierte Neuausgabe) Frankfurt am Main 1995.

Vertriebene in Deutschland. Interdisziplinäre Ergebnisse und Forschungsperspektiven, hrsg. von Dierk Hoffmann, Marita Krauss und Michael Schwartz, München 2000.

Wagner, Georg: Sozialstaat gegen Wohnungsnot. Wohnraumbewirtschaftung und sozialer Wohnungsbau im Bund und in Nordrhein-Westfalen 1950–1970, Paderborn 1995.

Weber, Hermann: Geschichte der DDR, München ²1986.

Ders.: Die DDR 1945–1990, 3. überarb. u. erw. Aufl. München 2000.

Weber, Petra: Justiz und Diktatur. Justizverwaltung und politische Strafjustiz in Thüringen 1945–1961, München 2000.

Drei Wege deutscher Sozialstaatlichkeit. NS-Diktatur, Bundesrepublik und DDR im Vergleich, hrsg. von Hans Günter Hockerts, München 1998.

Welsh, Helga A.: Revolutionärer Wandel auf Befehl? Entnazifizierungs- und Personalpolitik in Thüringen und Sachsen (1945–1948), München 1989.

Dies.: „Antifaschistisch-demokratische Umwälzung" und politische Säuberung in der sowjetischen Besatzungszone Deutschlands, in: Klaus-Dietmar Henke/Hans Woller (Hrsg.): Politische Säuberung in Europa. Die Abrechnung mit Faschismus und Kollaboration nach dem Zweiten Weltkrieg, München 1991, S. 84–107.

Welskopp, Thomas: Der Betrieb als soziales Handlungsfeld. Neuere Forschungsansätze in der Industrie- und Arbeitergeschichte, in: GG 22 (1996), S. 118–142.

Wentker, Hermann: Justiz in der SBZ/DDR 1945–1953. Transformation und Rolle ihrer zentralen Institutionen, München 2001.

Wenzel, Siegfried: Wirtschaftsplanung in der DDR. Struktur – Funktion – Defizite, Berlin 1992.

Ders.: Plan und Wirklichkeit. Zur DDR-Ökonomie. Dokumentation und Erinnerungen, St. Katharinen 1998.

Wenzke, Rüdiger: Auf dem Weg zur Kaderarmee. Aspekte der Rekrutierung, Sozialstruktur und personellen Entwicklung des entstehenden Militärs in der SBZ/DDR bis 1952/53, in: Volksarmee schaffen – ohne Geschrei! Studien zu den Anfängen einer „verdeckten Aufrüstung" in der SBZ/DDR 1947–1952. Im Auftrag des Militärgeschichtlichen Forschungsamtes hrsg. von Bruno Thoß, München 1994, S. 205–272.

Werner, Stefan: Wirtschaftsordnung und Wirtschaftsstrafrecht im Nationalsozialismus, Frankfurt am Main/Bern/New York/Paris 1991.

Werum, Stefan: „Wir sind die Illegalen!" Zum Wandel der Funktionen und Organisationsstrukturen des Freien Deutschen Gewerkschaftsbundes 1948–1952/53, in: AfS 39 (1999), S. 73–121.

Wienert, Helmut: Die Stahlindustrie in der DDR, Berlin 1992.

Wille, Manfred: Entnazifizierung in der SBZ 1945–1948, Magdeburg 1993.

Ders.: Die Industrie Sachsen-Anhalts im Spannungsfeld zwischen Neuaufbau, Besatzungsregime und gesellschaftlichen Umbrüchen 1945–1947, in: Christoph Buchheim (Hrsg.): Wirtschaftliche Folgelasten des Krieges in der SBZ/DDR, Baden-Baden 1995, S. 141–168.

Winkler, Dörte: Frauenarbeit im „Dritten Reich", Hamburg 1977.

Wisotzky, Klaus: Der Ruhrbergbau am Vorabend des Zweiten Weltkriegs. Vorgeschichte, Entstehung und Auswirkung der „Verordnung zur Erhöhung der Förderleistung und des Leistungslohnes im Bergbau" vom 2. März 1939, in: VfZ 30 (1982), S. 418–461.

Ders.: Der Ruhrbergbau im Dritten Reich. Studien zur Sozialpolitik im Ruhrbergbau und zum sozialen Verhalten der Bergleute in den Jahren 1933 bis 1939, Düsseldorf 1983.

Wolf, Herbert/Sattler, Friederike: Entwicklung und Struktur der Planwirtschaft der DDR, in: Materialien der Enquete-Kommission „Aufarbeitung von Geschichte und Folgen der SED-Diktatur in Deutschland", hrsg. vom Deutschen Bundestag, Bd. II/4, Baden-Baden/Frankfurt am Main 1995, S. 2889–2940.

Wolffsohn, Michael: Industrie und Handwerk im Konflikt mit staatlicher Wirtschaftspolitik? Studien zur Politik der Arbeitsbeschaffung in Deutschland 1930–1934, Berlin (West) 1977.

Woller, Hans: Gesellschaft und Politik in der amerikanischen Besatzungszone. Die Region Ansbach und Fürth, München 1986.

Wolsing, Theo: Untersuchungen zur Berufsausbildung im Dritten Reich, Kastellaune u.a. 1977.

Wulff, Birgit: Arbeitslosigkeit und Arbeitsbeschaffungsmaßnahmen in Hamburg 1933–1939. Eine Untersuchung zur nationalsozialistischen Wirtschafts- und Sozialpolitik, Frankfurt am Main/Bern/New York/Paris 1987.

Zank, Wolfgang: Wirtschaftsplanung und Bewirtschaftung in der Sowjetischen Besatzungszone – Besonderheiten und Parallelen im Vergleich zum westlichen Besatzungsgebiet, 1945–1949, in: VSWG 71 (1984), S. 485–504.

Ders.: Nur aus Ruinen auferstanden? – Das „Wirtschaftswunder DDR" im Licht einiger theoretischer Erklärungsansätze, in: deutsche studien (1985), S. 327–347.

Ders.: Wirtschaft und Arbeit in Ostdeutschland 1945–1949. Probleme des Wiederaufbaus in der Sowjetischen Besatzungszone Deutschlands, München 1987.

Zatlin, Jonathan R.: Ausgaben und Eingaben. Das Petitionsrecht und der Untergang der DDR, in: ZfG 45 (1997), S. 902–917.

Zollitsch, Wolfgang: Arbeiter zwischen Weltwirtschaftskrise und Nationalsozialismus. Ein Beitrag zur Sozialgeschichte der Jahre 1928 bis 1936, Göttingen 1990.

Zschaler, Frank: Die Entwicklung einer zentralen Finanzverwaltung in der SBZ/DDR 1945–1949/50, in: Hartmut Mehringer (Hrsg.): Von der SBZ zur DDR. Studien zum Herrschaftssystem in der Sowjetischen Besatzungszone und in der Deutschen Demokratischen Republik, München 1995, S. 97–138.

Ders.: Die vergessene Währungsreform. Vorgeschichte, Durchführung und Ergebnisse der Geldumstellung in der SBZ 1948, in: VfZ 45 (1997), S. 191–223.

Personenverzeichnis